Adel Theodor Khoury / Ludwig Hagemann / Peter Heine

Islam-Lexikon A–Z

Herder spektrum
Band 5780

Das Buch
Der Islam ist weltweit auf dem Vormarsch. Er herrscht im Mittleren Osten, in Kleinasien, im Kaukasusgebiet, im Norden des indischen Subkontinents, in Südasien und Indonesien, in Nord- und Ostafrika. Aber auch in einem zunehmend multikulturell bestimmten Europa gewinnt er Einfluss auf immer mehr Menschen. Faszination, aber auch Befürchtungen verbinden sich mit ihm. Und in einem weit größeren Ausmaß als das Christentum prägt diese Religion alle Lebensbereiche ihrer Anhänger: Moral, Recht, Politik, Kultur, Wissenschaft, Geschichte – alles sucht seine Begründung im Koran. Je näher der Islam uns kommt, umso notwendiger ist es, sich mit seinen Hintergründen zu beschäftigen. Dieses Lexikon erschließt die komplexe Welt des Islams in einmaliger Weise. In über 450 Artikeln behandelt es die theologische Lehre, die gesetzlichen Bestimmungen, die kulturellen Ausprägungen, die religionsgeschichtlichen Weichenstellungen, die verschiedenen Bewegungen, die weltpolitischen Zielsetzungen und die Ansatzpunkte für einen interreligiösen und interkulturellen Dialog. Auch Phänomene wie Islamismus und Integrationsproblematik werden ausführlich behandelt. Weiterführende Literaturhinweise und ein Register erleichtern die Orientierung. Alle zum Verständnis wesentlichen Koranstellen sind im Anhang dokumentiert. Das konkurrenzlose Standardwerk von herausragenden Islamkennern deutscher Sprache in neubearbeiteter und aktualisierter Ausgabe.

Die Autoren
Adel Theodor Khoury, geb. 1930 im Libanon, Univ.-Prof. a.D., Dr. phil., Religionswissenschaftler und Islamologe an der Universität Münster.

Ludwig Hagemann, geb. 1947, Professor em. für Systematische Theologie und Religionsgeschichte an der Universität Mannheim.

Peter Heine, geb. 1944, Professor für Islamwissenschaft des nicht-arabischen Raumes und Direktor des Instituts für Asien- und Afrikawissenschaften an der Humboldt-Universität Berlin.

Adel Theodor Khoury
Ludwig Hagemann
Peter Heine

Islam-Lexikon A–Z

Geschichten – Ideen – Gestalten

HERDER

FREIBURG · BASEL · WIEN

Gedruckt auf umweltfreundlichem, chlorfrei gebleichtem Papier

Überarbeitete und aktualisierte Neuausgabe

www.herder.de

Satz: SatzWeise, Föhren
Druck und Bindung: fgb · freiburger graphische betriebe 2006
www.fgb.de
Umschlaggestaltung und Konzeption:
R·M·E München, Roland Eschlbeck, Liana Tuchel
Umschlagmotiv: © Bildarchiv Steffens, Mainz
ISBN-13: 978-3-451-05780-9
ISBN-10: 3-451-05780-8

Inhalt

Vorwort

Der Islam rückt uns näher. Es vergeht kein Tag, an dem wir nicht mit der Welt des Islams konfrontiert werden. Die Muslime sind unsere unmittelbaren Nachbarn in den Städten und den vielen Gemeinden geworden. Sie sind nicht nur unsere Handelspartner in der weiten Welt, sondern auch unsere Gesprächspartner in der Bemühung der Menschen, die allgemein anerkannten sittlichen Werte zu bekräftigen und zu bewahren und eine humanere Gesellschafts- und Weltordnung zu gestalten und durchzusetzen. Leider haben die letzten Jahre und, noch stärker, die letzten Monate der Welt eine Krise nach der anderen beschert und den Menschen im Westen den Eindruck vermittelt, dass sie mit einem Islam zu rechnen haben, der militant seine Vorstellungen betont und mit aggressiver Intoleranz seinen Platz in der Weltgemeinschaft zu behaupten sucht. So werden die Vorurteile, die eine lange, noch nicht überwundene Geschichte der Feindschaft zwischen westlicher und islamischer Welt hervorgerufen und zementiert haben, wieder wach. Das Misstrauen wächst nach einer Phase der relativen Beruhigung argwöhnischer Gefühle wieder. Die Furcht vor einer erneuten Umklammerung Europas und der westlichen Welt durch einen fundamentalistisch politisierten Islam greift um sich.

In dieser explosiven Situation, in der die Christen und die westliche Welt Angst vor dem Islam verspüren, in der die Muslime ihrerseits Angst vor dem überlegenen Westen haben, tut es Not, das große Informationsdefizit sowohl der Christen und der Menschen in der westlichen Welt über den Islam als auch der Muslime über das Christentum abzubauen, um einer erneuten, in ihren Folgen verheerenden Konfrontation vorzubeugen und den Weg zu einer besseren Verständigung und zu einer friedlichen und fruchtbaren Zusammenarbeit zu ebnen.

Dieses Lexikon will hier einen Beitrag zur besseren Information – zu einer Information, die die Religion und die Welt des Islams sach- und menschengerecht behandelt – und zum Abbau von Missverständnissen und Misstrauen leisten. Die Autoren der hier vorgelegten Stichwörter lassen sich von den Aussagen und der Ermahnung des Zweiten Vatikanischen Konzils leiten, die es in seiner „Erklärung über das Verhältnis der Kirche zu den nichtchristlichen Religionen“ (Nostra aetate, 3) formuliert hat:

Mit Hochachtung betrachtet die Kirche auch die Muslime, die den alleinigen Gott anbeten, den lebendigen und in sich seienden, barmherzigen und allmächtigen, den Schöpfer Himmels und der Erde, der zu den Menschen gesprochen hat. Sie mühen sich, auch seinen verborgenen Ratschlüssen sich mit ganzer Seele zu unterwerfen, so

wie Abraham sich Gott unterworfen hat, auf den der islamische Glaube sich gerne beruft. Jesus, den sie allerdings nicht als Gott anerkennen, verehren sie doch als Propheten, und sie ehren seine jungfräuliche Mutter Maria, die sie bisweilen auch in Frömmigkeit anrufen. Überdies erwarten sie den Tag des Gerichtes, an dem Gott alle Menschen auferweckt und ihnen vergilt. Deshalb legen sie Wert auf sittliche Lebenshaltung und verehren Gott besonders durch Gebet, Almosen und Fasten.
Da es jedoch im Lauf der Jahrhunderte zu manchen Zwistigkeiten und Feindschaften zwischen Christen und Muslimen kam, ermahnt die Heilige Synode alle, das Vergangene beiseite zu lassen, sich aufrichtig um gegenseitiges Verstehen zu bemühen und gemeinsam einzutreten für Schutz und Förderung der sozialen Gerechtigkeit, der sittlichen Güter und nicht zuletzt des Friedens und der Freiheit für alle Menschen.

Dialog und Zusammenarbeit sollen Christen und Muslime füreinander öffnen und sie einander näherbringen, sie sollen ihnen ermöglichen, in unserer einen Welt die Solidarität aller mit allen, die universale Geschwisterlichkeit zu erfahren. Christen und Muslime sind dazu aufgerufen, nicht mehr gegeneinander zu kämpfen und Gegner zu bleiben. Sie dürfen sich nicht damit begnügen, nebeneinander wie Fremde zu leben und sich gegenseitig als Konkurrenten zu betrachten. Sie müssen miteinander zusammenarbeiten und Partner sein. Ja sie sollten es auch erstreben, in einer hoffentlich nicht allzu fernen Zukunft füreinander einzutreten und Freunde zu werden.

A. Th. Khoury

Die Mitarbeiter

Prof. Dr. Ludwig Hagemann (Mannheim): Abraham, Altes Testament, Aʿraf, Andalusien, Auferstehung, Barmherzigkeit, Beerdigung der Toten, Bibel, Bibliothek, Bücher (Heilige)/Schriften, Christen, Christentum, Christentum und Islam, Dialog (1) christlich-islamischer, (2) interreligiöser, (3) interkultureller, Eschatologie, Ethik/Moral, Evangelium, Gabriel, Gott/Allah, Hölle, Inspiration, Islam, Ismael, Jesus Christus, Juden/Judentum, Jüngstes Gericht, Katholische Kirche und der Islam, Leiden, Mauren, Maria, Mose, Neues Testament, Noach, Ökumenismus, Offenbarung, Paradies, Prophet/Propheten, Psalmen, Reue/Umkehr, Schriftbesitzer, Sünde, Thora, Tod, Trinität, Wort Gottes, Allgemeine Literaturhinweise zum Islam.

Prof. Dr. Peter Heine (Berlin): ʿAbbasiden, Aberglaube, Abgabe (gesetzliche), Abu Bakr, Afrika (Islam in), Ahl-i haqq, Ahmadiyya, ʿA'isha, Aleviten, ʿAli, Araber, Arabisch, Arabismus, Arbeit, Armenküche, ʿAshuraʾ, Asien (Islam in), Astrologie, Atatürk, Atheismus, Aufklärung, Australien und Ozeanien (Islam in), Averroes, Avicenna, Azhar, Babismus, Baha'i, Basmala, Batiniyya, Bektashiyya, Beschneidung, Beute, Bild/Bildverbot, Bruderschaften, Derwisch, Dhikr, Djamaʿa (Gemeinschaft), Djinn, Drusen, Dualismus, Eid, Erziehung, Europa (Islam in), Evangelische Kirchen und Islam, Ewigkeit, Fasten, Fatima, Fatwa, Feste/Festkalender, Freitag, Gastfreiheit, Gastfreundschaft, Gelehrte (ʿUlamaʾ), Gemeinde (Umma), Glaubensbekenntnis, Glücksspiel, Götzen, Gottesstaat, Gott ist groß, Gruß/Grußformen, Hafiz, Halbmond, Handel, Harem (Harim), Hashimiten, Heilige Stätten, Hidjra, Husain, Ibaditen, Ibn Hazm, Ibn Khaldun, Ibn Taimiyya, Imam, Initiation, Integrationsproblematik, Internationale Organisationen, Islamische Kultur/Zivilisation, Islamische Länder/Völker, Islamismus, Ismaʿiliten, Jagdtiere, Kaʿba, Kalender, Kanzel, Khalif, Kleidung, Kopfbedeckung, Kreuzzüge, Kult und Gottesdienst, Mahdi, Marktordnung, Materialismus, Medina, Medizin, Mekka, Menschenrechte, Messias/Messianismus, Mewlewiyye (Maulawiyya), Minarett, Mission, Modernismus, Monate, Monotheismus, Moschee, Muezzin, Muslimbrüder, Opfer, Osmanen, Passionsspiel, Politische Richtungen, Prophetenabkömmlinge, Prostitution, Rauschmittel, Reconquista, Reformismus, Re-Islamisierung, Rosenkranz, Sabi'a/Sabäer, Säkularisation, Säkularisierung, Salafiyya, Saudi-Arabien, Schächtung/Schlachtung, Schleier, Sekten, Shaykh al-Islam, Shura, Sklaven, Speisegesetze, Staat/Staatslehre, Stiftungen/Waqf, Sultan, Tier/Tiere, Tieropfer, ʿUmar, Umayyaden, Umayyaden von Cordoba, Unzucht, ʿUthman, Verfassung, Verwestlichung, Völkerrecht, Volksglaube, Wahhabiten, Wallfahrt, Wein, Wirtschaft, Zandaqa, Zinsen/Zinsnehmen.

Prof Dr. Adel Theodor Khoury (Münster): Abfall vom Glauben/Apostasie, Abrogation, Adam, Afghani, Apologetik, Aristoteles, Askese, Basri (Hasan), Bistami, Brüderlichkeit, Buße, Diaspora, Diplomatische Beziehungen, Ehe und Familie, Eigentum, Engel, Erwählung, Exegese, Frau, Freiheit/Willensfreiheit, Frieden, Fundamentalismus, Gebet, Geburtenregelung, Geist, Gelübde, Gerechtigkeit, Gesetz, Gewalt, Ghazzali, Glaube, Gnade, Gute (das), Hadith, Halladj, Hanafiten, Hanbaliten, Hanif, Heilige/Heiligenverehrung, Heiliger Krieg, Himmelsreise Muhammads, Ibn ʿArabi, Jerusalem, Koran, Liebe Gottes, Malikiten, Medizinische Ethik, Mensch, Muhammad, Mystik, Nacht der Bestimmung, Nächstenliebe, Paraklet, Philosophie, Polytheismus/Polytheisten, Rechtsschulen, Rechtssystem, Religion, Schicksal, Schiismus/Schiiten, Seele, Selbstmord, Sexualität, Shafiʿiten, Spiritualität, Strafrecht, Sunnismus/Sunniten, Teufel, Teufelsaustreibung, Toleranz, Tugend, Verfälschung, Vorsehung, Weltverständnis/Weltverantwortung, Wunder. – Vorwort, Koranstellen, Zeittafel, Allgemeine Literaturhinweise zum Islam.

Umschrift arabischer Buchstaben

Um die Benutzung des Lexikons nicht mit besonderen Zeichen zu erschweren, wurde auf eine genaue und komplexe Um- schrift arabischer Buchstaben verzichtet. Es werden nur folgende Zeichen benutzt:

ʾ	Explosionslaut
th	englisches „th“ (wie in thing)
dj	französisches „j“
djj	französisches „jj“
kh	ch (wie in ach)
dh	englisches „th“ (wie in the)
z	französisches „z“
sh	sch
ʿ	stimmhafter Reibelaut
gh	Gaumen-„r“
w	englisches „w“
y	deutsches „j“

Karte

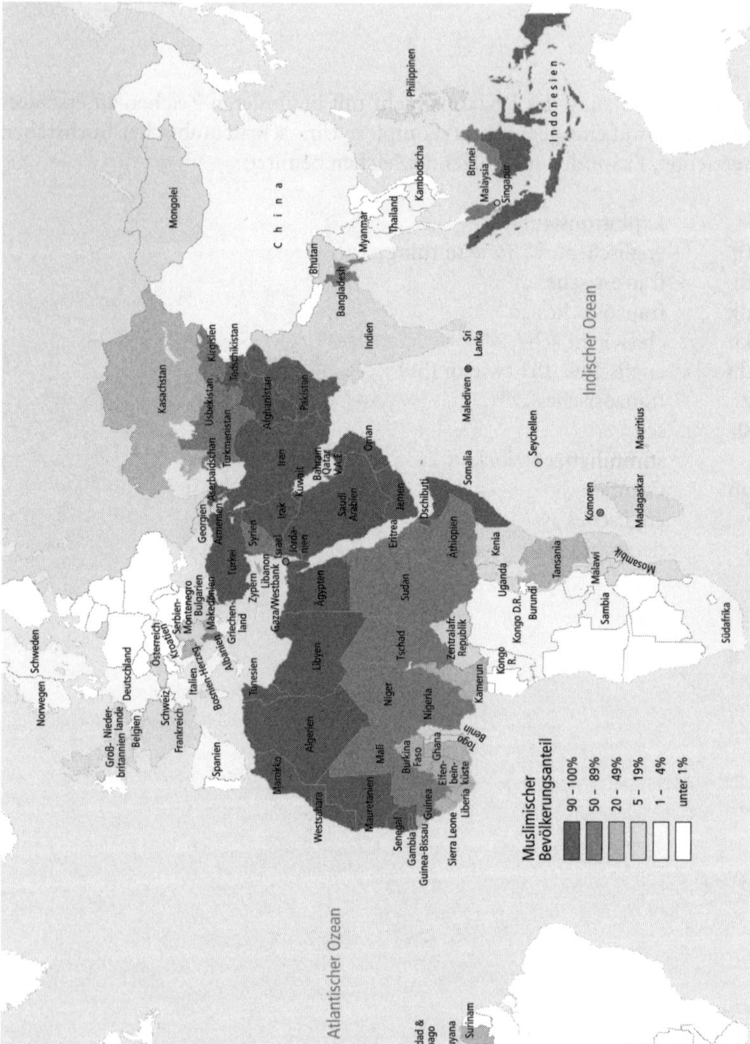
Muslimischer
Bevölkerungsanteil
90 - 100%
50 - 89%
20 - 49%
5 - 19%
1 - 4%
unter 1%
Atlantischer Ozean
Indischer Ozean
Norwegen
Schweden
Groß-britannien
Nieder-lande
Belgien
Deutschland
Schweiz
Frankreich
Österreich
Kroatien
Serbien-Montenegro
Bulgarien
Makedonien
Italien
Bosnien-Herzeg.
Albanien
Griechen-land
Spanien
Marokko
Algerien
Tunesien
Libyen
Ägypten
Westsahara
Mauretanien
Mali
Niger
Tschad
Sudan
Senegal
Gambia
Guinea-Bissau
Guinea
Sierra Leone
Liberia
Elfen-bein-küste
Burkina Faso
Ghana
Togo
Benin
Nigeria
Kamerun
Zentralafr. Republik
Kongo R.
Kongo D.R.
Uganda
Burundi
Kenia
Äthiopien
Eritrea
Dschibuti
Somalia
Tansania
Malawi
Mosambik
Sambia
Südafrika
Madagaskar
Komoren
Seychellen
Mauritius
Malediven
Sri Lanka
Zypern
Libanon
Israel
Gaza/Westbank
Jorda-nien
Syrien
Türkei
Georgien
Armenien
Aserbaidschan
Irak
Iran
Kuwait
Bahrain
Qatar
V.A.E.
Saudi Arabien
Jemen
Oman
Turkmenistan
Usbekistan
Kasachstan
Kirgisien
Tadschikistan
Afghanistan
Pakistan
Indien
Bangladesh
Bhutan
Myanmar
Thailand
Kambodscha
Malaysia
Singapur
Brunei
Indonesien
Philippinen
China
Mongolei
Trinidad & Tobago
Guyana
Surinam

A

ʿAbbasiden

Entstehung der ʿAbbasiden

Die Vorgeschichte der zweiten großen Dynastie der islamischen Welt, die sich nach al-ʿAbbas, einem Halbbruder des Vaters des Propheten Muhammad benannte, begann zu Ende des 7. Jahrhunderts, als sich unzufriedene Muslime unterschiedlichster regionaler, ethnischer und sozialer Herkunft unter der Führung eines Sohnes ʿAlis, Muhammad ibn Hanafiyya, und seiner Erben sammelten, um aktiv gegen das Regime der Umayyaden von Damaskus zu arbeiten. Muhammad ibn Hanafiyya behauptete, dass ʿAli ihm das Imamat bei seinem Tode übertragen habe. Der religiöse Hintergrund dieser Opposition bestand aus Anhängern unterschiedlicher Formen des Schiismus. Während sich die Umayyaden dieser Angriffe zunächst leicht erwehren konnten, erwuchs ihnen mit Abu Muslim (gest. 754), der im persischen Khorasan mit großem Erfolg gegen sie agitierte, ein ernst zu nehmender Gegner. Abu Muslim war ein Iraner unbekannter Herkunft, der von Ibrahim, dem Sohn Muhammad ibn ʿAlis, als Missionar für die Sache der ʿAbbasiden in den Iran geschickt wurde. Dort machte er sich die Unzufriedenheit der Iraner gegen die arabische Vorherrschaft im Umayyadenreich zu Nutze. Im Zuge dieser Bewegung schlossen sich ihm auch zahlreiche zoroastrische und buddhistische Fürsten an, die nun erst zum Islam konvertierten. Die Propaganda Abu Muslims hatte deutliche messianistische Elemente. Das wird vor allem deutlich aus der Tatsache, dass er schwarze Fahnen hisste, die nach den entsprechenden Traditionen zu den Zeichen der bevorstehenden Ankunft des Messias gezählt werden. Da sich die Umayyaden zur gleichen Zeit im Iraq mit Aufständen der Kharidjiten (s. ʿAli) und einer Gruppe gemäßigter Schiiten auseinander setzen mussten und die arabischen Siedler im Iran, die eine ernst zu nehmende Gegnerschaft für Abu Muslim darstellten, untereinander zerstritten waren, gelang es ihm bis zum Jahre 745, Khorasan und den übrigen Iran unter seine Kontrolle zu bringen. Im Jahre 749 konnten die in verschiedenen Heeren zusammengefassten Anhänger der ʿAbbasiden die Umayyaden aus dem Iraq vertreiben. Nach dem Tode des ʿAbbasidenführers Ibrahim al-Imam wurden dessen Bruder Abu l-ʿAbbas 749 zum Khalifen ausgerufen. Er nahm den Namen as-Saffah an. Dieser Herrschername ist signifikant für das chiliastische Moment in der ʿabbasidischen Revolution; denn er bedeutet „derjenige, der reichlich gibt". Eine der Eigenschaften, die dem Mahdi (s. dort) als der messianischen Figur des Islams zugeschrieben wird, ist die der Großzügigkeit. Noch ein Jahr lang dauerten die Auseinandersetzungen mit den geschlagenen Umayyaden an, bis deren letzter Herrscher, Marwan, schließlich 750 in Ägypten getötet wurde.

Das Khalifat der ʿAbbasiden

Die erste Phase der neuen Dynastie war geprägt von inneren Auseinandersetzungen zwischen verschiedenen Zweigen der Herrscherfamilie selbst, von dieser mit ihren Helfern in der Revolution und schließlich mit den verschiedenen Gruppen, die die Revolution unterstützt hatten. Dabei spielte vor allem die Tatsache eine Rolle, dass die Schiiten, die die ʿabbasidische Bewegung besonders unterstützt hatten, sich nun getäuscht sahen, da sie von den Früchten des Sieges nichts sehen konnten; denn die ʿAbbasiden machten deutlich, dass sie bei aller bisherigen Neigung für die Anhänger ʿAlis weiterhin an der sunnitischen Orthodoxie festhalten wollten. Für eine Konsolidierung der Position der ʿAbbasiden sorgte der zweite Khalif, al-Mansur, der Gründer Baghdads. Er schuf ein zentrales Verwaltungssystem, das von der Hauptstadt Baghdad aus gesteuert wurde. Dabei unterstützten ihn Wezire aus der Familie der aus dem Iran stammenden Barmakiden, die für zahlreiche der folgenden ʿAbbasidenherrscher ebenfalls von großer Bedeutung sein sollten. Durch die Beteiligung der Barmakiden an der Regierungsverantwortung verstärkte sich der iranische Einfluss im ʿAbbasidenreich. Das kommt zum Ausdruck durch die Tatsache, dass zwar sassanidische Hof- und Verwaltungstechniken eingeführt wurden, dass aber auch mehr und mehr persische Kultur und Kunst an Einfluss gewann. Diese Entwicklung ging zu Lasten der arabischen Stammessolidarität. Statt dessen wurde die islamische Orthodoxie betont, um so dem kosmopolitischen ʿAbbasidenreich eine einheitliche ideologische Grundlage zu verschaffen. Ebenso stärkte die Hervorhebung der religiösen Stellung des Khalifen dessen Autorität, was wiederum auf Kosten der traditionellen Religionsgelehrten ging. Am deutlichsten wurde dies mit dem Versuch des Khalifen al-Mutawakkil, eine von der hellenistischen Philosophie beeinflusste Form des Islams, die Muʿtazila, als alleinige Konfession des Islams einzuführen. Das ʿAbbasidenreich erwies sich schon 50 Jahre nach seiner Entstehung als zu groß, um mit den üblichen Kommunikations-, Verkehrs- und Verwaltungstechniken kontrolliert zu werden. In den weiter von der Herrschaftszentrale entfernten Gebieten entstanden lokale Dynastien, auf deren politisches und militärisches Handeln die Khalifen oder ihre Administration keinen Einfluss mehr hatten. Lediglich die formale Zustimmung zur Investitur blieb die einzige Möglichkeit des Khalifen, seine Oberhoheit zu deklarieren. Da auch die Steuereinnahmen dieser Regionen ausfielen, waren die Khalifen später gezwungen, ihre Zustimmungserklärungen gegen entsprechende Zahlungen abzugeben. Doch auch im Iraq selbst nahm die Macht der Khalifen mehr und mehr ab. In vielen Fällen gerieten sie unter den Einfluss ihrer – vor allem aus türkischen Truppen bestehenden – Leibgarden. Es kam zu schweren Konflikten zwischen diesen Garden und der Bevölkerung Baghdads, die dazu führten, dass der Khalif al-Muʿtasim sich veranlasst sah, seine Residenz in Samarra, nördlich der alten Hauptstadt, zu errichten. Die hier regierenden Khalifen waren den Wünschen und der Willkür ihrer Prätorianer in noch stärkerem Maße ausgesetzt. Lediglich der Khalif al-Mutawakkil versuchte, sich aus dieser Bevormundung herauszuwinden, indem er wieder nach Baghdad zurückkehrte und versuchte, mit Hilfe der Bevölkerung und der islamischen Theologen die Macht der Garden zu brechen. Ein Erfolg war ihm bei diesem Versuch jedoch nicht beschieden. Die faktische Macht der ʿAbbasiden kam zu einem Ende, als sie 945 unter die Kontrolle der schiitischen Regionaldynastie der Buyiden gerieten, die für viele Jahre die Politik des ʿabbasidischen Restreiches bestimmten. Bis zur Zerstörung Baghdads im Jahr 1258 blieb das Khalifat eine rein titulare Institution, die den sunnitischen Islam repräsentierte. Nach der Eroberung Baghdads durch die Mongolen führte die ʿAbbasidendynastie eine Schattenexistenz unter den Mamlukensultanen in Kairo, bis schließlich der letzte ʿAbbasidenkhalif 1517 vom Osmanensultan Selim I. abgesetzt wurde.

Nicht-arabische Einflüsse

Während die Umayyaden eine eindeutig arabische Dynastie waren, gerieten die ʿAbbasiden unter starken iranischen Einfluss. Dokumentiert wird diese Tatsache nicht zuletzt durch die Verlegung der Hauptstadt von Damaskus nach Baghdad. In den Armeen des ʿabbasidischen Khalifen ging der arabische Einfluss zu Gunsten von Iranern und Türken ebenfalls zurück. Die Verwaltung des Reiches wurde nach dem iranischen Vorbild ausgerichtet. So bildete man eine Reihe von Ministerien (diwan), die allesamt von einem Wezir kontrolliert wurden. Diese Form der Administration islamischer Staaten blieb bis zum Beginn des Kolonialzeitalters erhalten. Im Grunde waren es die ʿAbbasiden, die den Islam als einheitliches, als universales Kultursystem etablierten und die ethnische Vorherrschaft der Araber zurückdrängten. Die ʿAbbasiden kamen als religiöse Bewegung an die Macht, und sie suchten in der Religion die Basis für die Autorität, mit der sie ihr Reich regierten. Obwohl es ihnen gelang, den sunnitischen Islam als „Konfession" zu festigen, sahen sie sich doch einer einflussreichen religiösen Opposition gegenüber, die vor allem schiitischer Herkunft war. Es ist insbesondere die Siebener-Schia, die in der Gestalt der Dynastie der Fatimiden in Nordafrika und in Ägypten den ʿAbbasiden schwer zu schaffen machte.

Literatur: *M. M. Ahasan,* Social Life under the Abbasides, London 1979; *H. Busse.* Khalif und Großkönig, Beirut 1969; *A. Mez.* Die Renaissance des Islams, Heidelberg 1924; *J. van Ess,* Theologie und Gesellschaft im 2. und 3. Jahrhundert Hidschra. Eine Geschichte des religiösen Denkens im frühen Islam, 6 Bde., Berlin

1991–1997; *W. Muir*, The Chaliphate, its Rise, Decline and Fall, Edinburgh 1924.

P. Heine

ʿAbduh ↗ *Muhammad ʿAbduh*

Aberglaube

Wenn unter Aberglaube Glaubensformen, Vorstellungen und religiöse Praktiken verstanden werden, die von der offiziellen Doktrin einer Religion abweichen und in vielen Fällen nur in einem begrenzten geografischen Bereich festzustellen sind, kann er im Islam nur eine untergeordnete Rolle spielen; denn die Doktrin des Islams besteht im Grunde lediglich aus zwei Elementen: dem Glauben an den einen Gott sowie an die Prophetenschaft Muhammads, die sich im Koran dokumentiert. Im Koran als der höchsten rechtlichen Autorität des Islams finden sich zahlreiche Hinweise auf Wesen und Phänomene, die in anderen Zusammenhängen und in anderen Religionen als Aberglaube bezeichnet würden. In diesen Texten ist die Rede von Djinnen, Wesen aus Feuer, die gut oder böse sein können, die dem Menschen schaden oder nutzen. Dort ist aber auch die Magie ein Thema. So heißt es in Sure 113: „Sprich: Ich suche Zuflucht beim Herrn des Frühlichtes vor dem Unheil dessen, was Er erschaffen hat, und vor dem Unheil der Finsternis, wenn sie einsetzt; und vor dem Unheil der Hexen, die auf Knoten blasen …" Der Glaube von Muslimen an die Existenz derartiger Phänomene kann daher nicht als Aberglaube verstanden werden. So mussten noch islamische Reformer des beginnenden 20. Jahrhunderts wie Muhammad Rashid Rida die im Koran bezeugte Existenz von Djinnen in Rechtsgutachten bestätigen. Sie als Beschreibung von Bakterien und anderen Überträgern von Krankheiten zu interpretieren, wurde auch von ihm als nicht zulässig angesehen. Die zahlreichen Mittel, mit denen sich die Gläubigen vor Schaden zu schützen suchten, die sie Djinnen oder anderen Geisterwesen zuschrieben, stellen lediglich eine logische Konsequenz aus der Akzeptanz dieser Wesen dar. Man wird also verschiedene Formen von organisiertem Exorzismus schwerlich als Aberglauben definieren können, auch wenn sie noch so merkwürdig anmuten. Zahlreiche andere Phänomene aus der religiösen Praxis weiter Bevölkerungsschichten finden dagegen keine Unterstützung in den heiligen Texten der Muslime. Hier ist vor allem die islamische Heiligenverehrung zu nennen. In der Mehrzahl der Fälle lässt sie sich aus den Religionen herleiten, die vor der Islamisierung in den jeweiligen Regionen verbreitet waren, seien dies nun Christentum, indische Religionen oder westafrikanische Ahnenkulte. Ihre Rituale sind islamisiert worden und haben dazu beigetragen, dass der Islam sich in der jeweiligen Bevölkerung fest verwurzelte. Daher gab und gibt es eine Mehrheit von Muslimen, die an die Macht von Heiligen, für sie bei Gott zu intervenieren, fest glauben. In einem gewissen Maß hat dieser Glaube lediglich einen lokalen oder regionalen Charakter. Bestimmte Heilige werden nur in einer Region verehrt. Doch schließt sich die Heiligenverehrung an verschiedenen Orten nicht gegenseitig aus. Die Anhänger der verschiedenen Heiligen kennen ganze Genealogien, die sie miteinander verbinden. Die Verehrer eines Heiligen leugnen nicht die Heiligkeit und Macht eines anderen. Man muss daher bei der Heiligenverehrung im Islam von einem universalen Phänomen sprechen. Eine Anzahl von muslimischen Religionsgelehrten sieht diese Praktiken ohne große Begeisterung, ist aber kaum in der Lage, sie wirksam zu bekämpfen. Islamische Modernisten und Reformer haben aus religiösen und politischen Gründen versucht, gegen die Heiligenverehrung vorzugehen. Sie sahen in ihr einen Angriff auf den islamischen Monotheismus und damit den größten Verstoß gegen die Doktrin des Islams. Außerdem machten sie die lokalen und regionalen Traditionen der Heiligenverehrung verantwortlich für die politische Schwäche der islamischen Welt gegenüber den europäischen Kolonialmächten. Dennoch war die Heiligenverehrung zu stark, als dass sie durch derartige Aktivitäten hätte in Gefahr gebracht werden können. Angesichts seiner weiten Verbreitung ist es daher schwierig, die Heiligenverehrung dem islamischen Aberglauben zuzurechnen.

Am ehesten kann man noch Vorstellungen, die mit dem „Bösen Blick“ verbunden sind, dem Aberglauben zurechnen. Sie sind in vielen Teilen der islamischen, aber auch ganz allgemein der mediterranen Welt verbreitet. Besonders glückliche oder erfolgreiche Personen sind durch den Neid anderer Menschen gefährdet. Gefährdet sind kleine Kinder, Jungen zumal, Bräute und Frauen im Kindbett. Die Abneigung gegenüber einer anderen Person wird durch die Augen übertragen und kann verschiedene Formen von Schaden verursachen. Kinder können infolge des Bösen Blickes sterben und Frauen unfruchtbar werden. In manchen Fällen sind sich die Träger des Bösen Blicks dieser unheilvollen Fähigkeit gar nicht bewusst. Personen, die ihre Begabung kennen, setzen sie willentlich ein. Gegen den Bösen Blick kann man sich durch verschiedene Mittel schützen. Dazu gehören Amulette, die die Form von Augen haben, und andere magische Praktiken wie das Anbringen von Abwehrsprüchen und Zeichnungen an Häusern. Kleine Jungen werden in Mädchenkleider oder in besonders armselige Kleider gesteckt, damit sie keine Aufmerksamkeit erregen. Bräute werden verschleiert. In besonders schöne Gegenstände wie Teppiche werden bewusst Fehler eingearbeitet, um die Gefahr des Bösen Blicks zu vermeiden.

Literatur: *M. Horten,* Die religiöse Gedankenwelt des Volkes im heutigen Islam, Halle 1917/18; *R. Kriss u. H. Kriss-Heinrich,* Volksglaube im Bereich des Islams, 2 Bde., Wiesbaden 1960/62; *R. Doutté,* Magie et Religion, Alger 1908; *V. Crapanzano,* Die Hamadsha, Stuttgart 1981; *B. Donaldson,* The Wild Rue. A Study of Muhammadan Magic and Folklore in Iran, London 1938; *M. Gilsenan,* Recognizing Islam, London 1982; *T. Hauschild,* Der Böse Blick. Ideengeschichtliche und sozialpsychologische Untersuchungen,

Berlin *1982; R. Weffler,* Islam in Practice. Religious Beliefs in a Persian Village, New York 1988.

P. HEINE

Abfall vom Glauben/Apostasie

Strafe der Apostasie

Für die Menschen, die den Islam angenommen haben, bilden der Glaube und das Gesetz des Islams als Ausdruck des Willens Gottes die Mitte ihres Lebens. Der Glaube bedingt alle anderen Dimensionen des Lebens und des Handelns, er verleiht ihrem Werk Bestand und Wert. Der Unglaube ist die schwerste Sünde, er macht die Werke des Menschen nichtig und wertlos (vgl. Koran 2,217; 6,147; 33,19). Gott nimmt die Spenden der Ungläubigen nicht an (9,54), und er vergibt auch nicht dem, der in seinem Unglauben stirbt (47,34).

Ähnlich beurteilt der Koran den Abfall vom Glauben und verurteilt mit äußerster Strenge die Abtrünnigen: Ihre Buße wird nicht angenommen werden, der Fluch Gottes und der Engel und der Menschen insgesamt liegt auf ihnen, und wenn sie in diesem Zustand sterben, werden sie im Höllenfeuer ewig weilen … (vgl. 3,86–91; 16, 106–107; 4,137; 5,7).

Der Wortlaut des Korans sieht aber als Strafe für den Abfall vom Glauben nur den Zorn Gottes und eine jenseitige Pein vor. Einige Rechtsgelehrte des Islams zitieren jedoch in diesem Zusammenhang eine Koranstelle, die sich zwar direkt auf die Heuchler in den Reihen der Muslime bezieht, die aber auch auf den Fall der Apostasie angewandt wird: 4,88–89. Der Koran befiehlt dort, irregegangene Heuchler als Gefahr für den Bestand der Gemeinschaft anzusehen und, „wenn sie sich abkehren“, sie zu greifen und zu töten, wo immer die Gläubigen sie finden.

Aber maßgeblich für die praktische rechtliche Behandlung der Apostasie ist neben dem Koran auch die Tradition des Propheten Muhammad und seiner ersten Gemeinde. Von Muhammad sind Sprüche überliefert, die die Apostasie mit der Todesstrafe belegen: „Wer seine Religion wechselt, den tötet!“ (Bukhari). – „Das Blut eines Muslims ist nur in drei Fällen freigegeben: bei Apostasie nach dem Glauben, bei Unzucht nach legitimer Eheschließung und bei einem nicht als Blutrache verübten Mord“ (Bukhari; Muslim). Auch nach dem Tode Muhammads wurde diese Vorschrift angewandt, vornehmlich in Zusammenhang mit dem Krieg gegen die arabischen Stämme, die sich vom Islam abgewandt hatten (sog. Ridda-Krieg), und danach auch unter dem Khalifen ʿUmar.

So sind sich die Gelehrten der verschiedenen Rechtsschulen des Islams darüber einig, dass der Abfall vom Glauben mit der Hinrichtung des Renegaten geahndet werden muss, denn die Apostasie gilt als Auflehnung gegen Gott und als Aufkündigung der Mitgliedschaft in der islamischen Gemeinschaft und damit als eine direkte Gefährdung dieser Gemeinschaft in ihrem Bestand.

Mahmud Shaltut, Azhar-Shaykh und anerkannte Autorität im Islam, wendet gleichwohl ein: „Viele Rechtsgelehrte meinen, dass solche Strafen durch die Überlieferungen, die von einzelnen Gewährsmännern tradiert werden, nicht bestätigt werden können und dass der Unglaube allein kein Grund ist, das Blut (des Ungläubigen) freizugeben, sondern der Grund zur Freigabe des Blutes ist die Bekämpfung der Gläubigen, der Angriff gegen sie und der Versuch, sie von ihrem Glauben abzubringen" (al-Islam ʿaqida wa shariʿa, Beirut, 8. Aufl. o. J. etwa 1978, S. 281).

Tatbestand der Apostasie

Da es im Falle der Apostasie um die Todesstrafe geht, fordern die muslimischen Rechtsgelehrten, dass der Abfall vom Glauben zuerst eindeutig und zweifelsfrei festgestellt wird. Dazu habe der große Rechtsgelehrte Malik gesagt: „Wenn jemand etwas sagt oder tut, was auf 99 Weisen als Unglaube und auf nur eine Weise als Glaube verstanden werden kann, so ist die Sache als Glaube zu deuten."

Zur Feststellung des Tatbestandes der Apostasie dienen deutliche, rechtsrelevante Tatsachen. Darunter versteht man eindeutige Äußerungen oder Taten, z. B. die Lästerung Gottes, das Beschimpfen des Propheten Muhammad, die Leugnung unstrittiger religiöser Pflichten, auch sogar die Leugnung der ausdrücklichen Speiseverbote des Islams.

Eindeutige Zeichen der Apostasie können auch Taten sein, wie die Anbetung von Idolen, die verächtliche Behandlung des Korans, die Ausübung der Zauberei, das aus Überzeugung vorgenommene Sich-Anschließen an die Feinde des Islams. Zur einwandfreien Feststellung des Tatbestandes der Apostasie gehört ferner das Zeugnis von zwei glaubwürdigen Männern, die übereinstimmend dieselbe Aussage oder dieselbe Handlung bezeugen, aufgrund derer sie den Angeklagten der Apostasie bezichtigen.

Der Tatbestand der Apostasie kann aber nur im Fall eines erwachsenen, seiner Sinne mächtigen und nicht unter Zwang stehenden Muslims zur Verhängung der entsprechenden Strafe durch den Richter führen. So ist ein Kind rechtlich der Apostasie und auch der Strafe nicht fähig. Desgleichen sind Geisteskranke, Betrunkene usw. von der Anwendung der hier behandelten Vorschriften ausgenommen. Wer unter Zwang handelt und glaubensfeindliche Aussagen macht, wird nicht zur Rechenschaft gezogen und zum Tod verurteilt (vgl. Koran 16, 106).

Apostasie der Frau

Die Frage, ob die Apostasie bei Frauen genauso geahndet werden soll wie bei Männern, ist zwischen den Rechtsschulen umstritten. Die Schafiʿiten, die Malikiten und die Hanabaliten halten die Apostasie der Frau für genauso schwer wie die des Mannes, daher verlangen sie die Todesstrafe auch für die Frau. Auch habe Muhammad in seinem Spruch „Wer seine Religion wechselt, den tötet!" keinen Unterschied zwischen Mann und Frau gemacht. Im Übrigen seien zur Zeit Muhammads abtrünnige Frauen den Vorschriften der Apostasie (Aufruf zur Reue und Todesstrafe) unterworfen worden.

Die Hanafiten, deren Schule u. a. in der Türkei vorherrscht, plädieren dafür, die Frau zur Rückkehr zum islamischen Glauben durch Schläge oder Gefängnis zu bewegen (vgl. Koran 24, 2; 4, 15). Sie gründen ihre Meinung darauf, dass Muhammad die Tötung der Frauen im Heiligen Krieg verboten habe, dass die Apostasie der Frau nicht dieselbe freie Entscheidung sei und dieselbe Wirkung im Leben der Gemeinschaft habe wie die des Mannes und dass man daher auf die Frau nicht dieselbe Strafe anwenden könne wie auf den Mann. Im Übrigen habe Muhammad selbst es getadelt, dass eine Frau wegen Apostasie getötet wurde. Die, deren Tod er bejaht hatte, war nicht nur eine Abtrünnige gewesen, sondern auch eine Hexe und eine Dichterin, und sie hatte 30 Söhne gehabt, die sie gegen den Propheten aufhetzte. Aus diesen Gründen habe er befohlen, sie zu töten.

Interessant ist folgendes Argument der Hanafiten: In Glaubensfragen wird die Strafe im Prinzip im Jenseits verhängt. Wer die Entscheidung schon hier herbeiführen will, handelt gegen den Zweck Gottes, die Menschen in ihrem Glauben und in ihrer Frömmigkeit auf die Probe zu stellen. Eine Ausnahme bildet die Bekämpfung der Gemeinschaft, was im Falle der Frauen nicht gegeben ist. Andererseits ist die Strafe ein Mittel, die Interessen der Gemeinschaft zu schützen. Dies wird aber nur erreicht, wenn man nur die tötet, die fähig sind, gegen die Gläubigen zu kämpfen, d. h. die Männer.

Frist zur Umkehr

Eine andere umstrittene Frage ist die Notwendigkeit, den Abtrünnigen vor der Hinrichtung zur Reue und Umkehr aufzurufen. Die Mehrheit der Rechtsgelehrten plädiert dafür, dass der Abtrünnige zur Rückkehr aufgerufen werden soll. Man muss ihn warnen und ihm eine Frist von drei Tagen gewähren, damit er sich doch noch für die Rückkehr zum Glauben entscheiden und sich zur Solidarität mit der Gemeinschaft bekennen kann. Tut er das nicht, dann muss er hingerichtet werden, denn das sei die Praxis gewesen, die von Muhammad empfohlen wurde. Auch werden die Feinde vor der Durchführung des Heiligen Kampfes zur Annahme des Islams gerufen (vgl. Koran 17, 15; 4, 88–89).

Weitere Folgen

Die Apostasie zieht weitere Folgen nach sich. Sie macht eine bestehende Ehe nichtig, daher muss der Abtrünnige von seinem Ehepartner getrennt werden. Sollte er sein Verbrechen bereuen und wieder zum Glauben zurückkehren, so muss er, bevor er zu seinem Partner zurückkehrt, einen neuen Ehevertrag abschließen. Eine im Rahmen seiner neuen nicht-islamischen Gemeinschaft eventuell eingegangene Ehe wird als nichtig betrachtet.

Was die Erbschaft des Abtrünnigen anbelangt, so bestehen darüber hauptsächlich zwei Meinungen. Die einen entscheiden, dass das Eigentum des Abtrünnigen, der als religionslos gilt, dem allgemeinen Besitz der Gemeinschaft zugeschlagen werden soll, denn Gläubige können einen rechtlich für glaubenslos erklärten Menschen nicht beerben. Die Hanafiten unterschieden zwischen dem, was jemand vor seiner Apostasie besaß (das wird von seinen muslimischen Angehörigen geerbt), und dem, was er sich nach der Apostasie erworben hat (das wird dem Besitz der Allgemeinheit zugeschlagen). Zum Eigentumsrecht und zu den sonstigen rechtlichen Handlungen des Abtrünnigen gibt es verschiedene Meinungen. Die Mehrheit betrachtet das Recht des Abtrünnigen auf sein Eigentum als weiterhin bestehend. Seine Handlungen (wie Kauf und Verkauf, Vertrag usw.) sind zunächst einmal storniert. Wenn der Abtrünnige sich wieder zum Islam bekennt, dann werden sie wieder gültig; wenn er auf seiner Apostasie besteht, dann werden sie nichtig. Abu Yusuf und der große Hanafit Shaybani meinen jedoch, dass rechtsrelevante Handlungen des Abtrünnigen gültig und wirksam sind.

Literatur: *S. M. Zwemer,* The Law of Apostasy in Islam, London 1924 (deutsch: Das Gesetz wider den Abfall vom Glauben, Gütersloh 1926); *S. A. Rahman,* Punishment of Apostasy in Islam, Lahore 1972; *A. Th. Khoury,* Toleranz im Islam, Altenberge [2]1986, 29–30.110–115; *ders.,* Abfall vom Glauben im Koran und im Rechtssystem, in: *A. Th. Khoury/P. Heine/J. Oebbecke,* Handbuch Recht und Kultur des Islams in der deutschen Gesellschaft, Gütersloh 2000, 237–241; *K. Abou El-Fadl,* Rebellion and Violence in Islamic Law, Cambridge 2001.

A. TH. KHOURY

Abgabe (gesetzliche)

Wie alle anderen staatlichen Systeme kennt auch der islamische Staat von frühester Zeit an zahlreiche Formen von Abgaben und Steuern. An erster Stelle ist hier die ausschließlich den Muslimen auferlegte Armensteuer (Zakat, Sadaqa) zu nennen. Schon von Beginn an betraf die muslimische Frömmigkeit nicht nur den religiösen Aspekt, der die Beziehung des Einzelnen zu Gott betonte, sondern zugleich wurde im Koran und in dem vorbildhaften Verhalten des Propheten (Sunna) auch auf die Verantwortlichkeit des Gläubigen gegenüber dem Nächsten hingewiesen. Aus dieser „Solidarität" der Gläubigen untereinander entwickelte sich die obligatorische Armensteuer und das freiwillige Almosen. Die beiden Begriffe dafür, „Zakat" und „Sadaqa", werden im Koran häufig erwähnt und sind in dieser Schrift noch austauschbar. Eine Differenzierung in die Steuer (Zakat) und die freiwillige Gabe (Sadaqa) erfolgte erst in späterer Zeit. Die begriffliche und inhaltliche Unterscheidung ist jedoch für das Verständnis der muslimischen Frömmigkeit und Glaubenspraxis von Bedeutung.

Abgabe der Muslime

Die frühe Entwicklung des muslimischen Verhaltens bei der Verteilung von Almosen ist uns aus verschiedenen Quellen bekannt. Vor der Hidjra ist im Koran vom Teilen des Reichtums mit den Armen die Rede. Da jedoch die Mehrzahl der Anhänger des Propheten in Mekka arm war, konnten sich nur wenige

Muslime davon angesprochen fühlen. Nachdem sich die Muslime in Medina etabliert hatten, bekam die Aufforderung zum Almosen einen aktuelleren Sinn. Es entstand nun ein muslimisches Fürsorgesystem, bei dem die Gläubigen, denen es wirtschaftlich gut ging, den ärmeren Glaubensgenossen von ihrem Wohlstand etwas abgaben. Welchen Umfang die Gabe genau haben musste, sagt der Koran nicht. „Sie fragen dich, was sie spenden sollen. Sprich: Das Entbehrliche“ (2,219). Erst im Verlauf der Interpretation dieser Koranstelle entstand ein zu versteuernder Mindestsatz auf jeden Besitz. Danach musste auf Getreide und Obst zur Erntezeit die „Zakat“ gezahlt werden, auf Vieh, wenn es ein Jahr lang frei geweidet hatte, bei Edelmetallen nach einem vollen Jahr des Besitzes; bei Handelswaren werden die Bestände „Zakat“-pflichtig, die sich am Ende eines Jahrs auf dem Lager befinden. Die Höhe der „Zakat“ ist unterschiedlich. Sie variiert je nach den besonderen Umständen zwischen fünf und zehn Prozent. So ist der normale Satz bei Obst und Getreide zehn Prozent, falls jedoch bei der Produktion künstliche Bewässerung notwendig ist, reduziert sich der Satz auf fünf Prozent. Die Empfänger der Erträge aus der „Zakat“ lassen sich wie folgt kategorisieren: „Die Almosen sind bestimmt für die Armen, die Bedürftigen, die, die damit befasst sind, die, deren Herzen vertraut gemacht werden sollen, die Gefangenen, die Verschuldeten, für den Einsatz auf dem Wege Gottes und für die Reisenden“ (9,60).

Die Praxis der Erhebung der „Zakat“ hat sich im Laufe der historischen Entwicklung und je nach Region unterschiedlich gestaltet. Gegenwärtig wird diese Steuer in Pakistan und Saudi-Arabien im Rahmen der gesamten Steuererhebung abgeführt. In anderen Ländern, z. B. in der Türkei, besteht eine derartige Regelung nicht. Hier erfolgt sie auf freiwilliger Basis. Besonders im Fastenmonat Ramadan und zu den hohen islamischen Feiertagen verteilen die Gläubigen Almosen, wobei sich nahezu „Geschäftsbeziehungen“ zwischen Gebenden und Empfängern entwickelt haben. In diesen Fällen gibt ein Muslim stets einem bestimmten Armen eine gewisse Geldsumme. Die feste religiöse Verankerung des Almosengebens hat auch dazu geführt, dass die Stellung des Bettlers in der islamischen Gesellschaft bis in die Gegenwart eine andere ist als in den westlichen Industriegesellschaften. Ein Bettler übt einen ehrenhaften, ja einen verdienstvollen Beruf aus, da er ja dem Muslim die Möglichkeit gibt, seiner Glaubenspflicht des Almosengebens nachzukommen. Es gehört zu den Regeln der Höflichkeit, sich bei ihm dafür zu bedanken, wenn man das Almosen gibt.

Für viele Muslime bedeutet „Zakat“ darüber hinaus eine ehrwürdige Tradition, die die Einrichtung eines modernen Sozialstaates um Jahrhunderte vorweggenommen habe. Manche sehen in ihr geradezu die Verwirklichung der Idee der sozialen Gerechtigkeit. „Zakat“ und „Sadaqa“ werden als „Institutionen gegenseitiger sozialer Verantwortung" beschrieben. Die vor allem im Zusammenhang mit der Ideologie des pan-arabischen Nasserismus entwickelten Vorstellungen eines islamischen Sozialismus gingen von derartigen Interpretationen des Gebots des Almosengebens aus.

Abgabe der Schutzbürger
Christen, Juden und Zoroastrier (koll.: ahl al-dhimma; individuell: dhimmi) im islamischen Staat zahlen keine „Zakat" oder „Sadaqa". Ihnen ist die „Djizya" (Kopfsteuer) auferlegt. Dafür waren sie von der Verpflichtung zum Militärdienst befreit. Man hat diese Abgabe daher auch als „Wehrsteuer" bezeichnet. Auch im Byzantinischen Reich hatten Nicht-Christen eine vergleichbare Steuer zu zahlen. Die rechtliche Basis für die „Djizya" bietet der Koran: „Kämpft gegen diejenigen, die nicht an Gott und nicht an den Jüngsten Tag glauben und nicht verbieten, was Gott und sein Gesandter verboten haben, und nicht der Religion der Wahrheit angehören – von denen, denen das Buch zugekommen ist, bis sie von dem, was ihre Hand besitzt, Tribut entrichten als Erniedrigte" (9,29). In früh-islamischer Zeit wurde weder die Höhe noch die Form der Zahlung festgelegt. Es wurde auch nicht geklärt, ob es sich um eine Kumulativsteuer für die jeweilige Religionsgemeinschaft oder um eine Individualsteuer handelte. Erst in der ʿAbbasidenzeit hat die Administration präzise Regeln für diese Steuer geschaffen. Sie durfte nur von erwachsenen, freien, gesunden Männern erhoben werden. Frauen, alte Männer, Invalide oder Sklaven sind von ihr ausgenommen. Fremde sind ebenfalls von der „Djizya" ausgeschlossen, falls sie sich nicht permanent im islamischen Staat niederlassen. Nicht-Muslime in Grenzregionen, die zum Kriegsdienst in muslimischen Heeren herangezogen wurden, war die „Djizya" in dem entsprechenden Jahr erlassen. Es handelte sich also um eine Individualsteuer. Trat ein „Dhimmi" zum Islam über, brauchte er diese Steuer nicht mehr zu zahlen. Es gab jedoch zumindest in Ägypten auch eine Form der „Djizya", die als Kumulativsteuer erhoben wurde. Sie bestand hier zusätzlich neben der Individual-Steuer. Diese so genannte Kopfsteuer wurde einmal im Jahr, in der Regel zu Beginn des Mondjahrs, erhoben. Üblicherweise wurde sie in Geld gezahlt, Naturalzahlungen waren die Ausnahme. Zunächst waren Priester und Mönche von der Kopfsteuer ausgenommen. Erst gegen Ende des ersten Jahrhunderts der Hidjra hatte auch dieser Personenkreis z.B. in Ägypten die „Kopfsteuer" zu zahlen. Die Höhe der „Djizya" wird in den Quellen mit einem, zwei oder drei Goldstücken (Dinar), je nach Einkommen und Vermögen des zu Besteuernden, angegeben. Man kann davon ausgehen, dass es sich bei dieser Summe um etwa zehn Prozent des Jahreseinkommens handelte. Für die erfolgte Zahlung erhielt der Steuerzahler eine schriftliche Quittung. In Zeiten, in denen die islamische Staatsmacht auf die religiösen Minderheiten stärkeren Druck ausübte,

bestand die Quittung aus einer Metallmarke, die um den Hals getragen werden musste, oder man drückte einen Stempel auf die Hand des Zahlers. Im Übrigen verweisen die erhaltenen Vorschriften darauf, dass bei der Eintreibung der „Djizya" keine besonderen Zwangsmittel angewandt werden sollten.

Eigentumssteuer
Von dieser Personensteuer, sei sie nun Individual- oder Kollektivsteuer, muss eine andere Form der Steuer, die auf Landbesitz (Kharadj), unterschieden werden. Seit dem Beginn der islamischen Expansion hatte die Administration des muslimischen Staates dafür gesorgt, dass Verfügungen in Bezug auf die Steuererhebungen in den eroberten Dörfern, Städten und Landstriche getroffen wurden. Damit wurde zunächst einmal die muslimische Oberhoheit und Souveränität dokumentiert. Durch Zahlung dieser Steuer auf den Landbesitz wurde das Besitzrecht des zunächst nicht-muslimischen Eigentümers gesichert. „Kharadj" ist im Übrigen nur eine Fortführung von Steuerformen auf Land, wie sie bereits vor der islamischen Eroberung bestanden hatten. Die Landsteuer wurde jedoch nicht den individuellen Besitzern abverlangt, sondern einem ganzen Dorf kollektiv auferlegt. Die Form der Zahlung dieser Abgabe wurde den lokalen Autoritäten überlassen. Wenn sich die Einwohnerzahl veränderte, wirkte sich das nicht auf die Höhe des „Kharadj" aus. Sie blieb unverändert. Vor allem in Zeiten, in denen eine starke Landflucht zu beobachten war, versuchten die Verwaltungen so, die erheblichen Bevölkerungsverschiebungen zu steuern. Da die Steuer auf das Land erhoben wurde, blieb sie auch dann bestehen, wenn sich ein Einzelner oder die Einwohnerschaft eines ganzen Dorfes von ihrer alten Religion ab- und dem Islam zuwandte. Die Höhe der Zahlungen war nach islamischem Recht von verschiedenen Faktoren abhängig. Gegenden, in denen sich die Bewohner gegen die islamischen Eroberungen gewehrt hatten, wurden höher besteuert als die, die im Rahmen von Vertragsverhandlungen unter die islamische Oberhoheit gelangt waren. Land, das künstlich bewässert werden musste, hatte eine geringere Steuerlast zu tragen als dasjenige, bei dem dieser Aufwand nicht notwendig war. Die Höhe der Steuer war auch von der Fruchtbarkeit eines Gebiets abhängig, die aus der Erfahrung mehrjähriger Beobachtung der Erträge geschlossen wurde. Bei Missernten konnte die Steuer reduziert oder ganz erlassen werden. Mit der wachsenden Bedeutung der Geldwirtschaft durfte der „Kharadj" nicht mehr in Naturalien beglichen werden. Aus dieser Bestimmung ergaben sich für die Landwirte erhebliche Probleme, die insgesamt zu einer Verarmung der ländlichen Bevölkerung führten. Der Steuertermin lag in der Regel vor dem Erntetermin. Zu diesem Zeitpunkt verfügten die Bauern nicht über die für die Steuerzahlung notwendigen Geldbeträge. Vielmehr mussten sie sie zu Wucherzinsen von Getreidespekulanten bor-

gen. Diese zogen aus den zur Erntezeit in der Regel niedrigen Getreidepreisen durch Spekulationen auf eine zu erwartende Preissteigerung weitere Gewinne. Falls eine Zahlung in Naturalien möglich war, gerieten die Landwirte häufig in Situationen vergleichbar denen von Pächtern, die einen beträchtlichen Teil ihrer Ernte an einen Grundherrn abliefern mussten. Noch schwieriger wurde es, als die Herrscher der verschiedenen islamischen Staaten dazu übergingen, die Steuereinkommen einer bestimmten Region an staatliche oder militärische Würdenträger als Einkommen abzutreten. Sie versteigerten dieses Steuerrecht später sogar gegen entsprechende Zahlungen an Steuerpächter, welche sich dann ihrerseits bemühten, möglichst viel aus den ihnen zugesprochenen Gebieten herauszupressen.

Weitere Abgaben

Neben diesen vom islamischen Recht allgemein akzeptierten Steuern und Abgaben finden sich aber auch noch verschiedene andere Zahlungsformen, mit deren Hilfe der islamische Staat seine Finanzen aufbesserte. Sie werden von frommen Muslimen wie von Vertretern des islamischen Rechts strikt abgelehnt, spielten aber dennoch für die Deckung des Budgets eine wichtige Rolle. Wenn islamische Historiker die besondere Frömmigkeit eines Herrschers hervorheben wollen, weisen sie häufig darauf hin, dass in seiner Regierungszeit derartige Steuern, die nicht islamischen Ursprungs waren, abgeschafft worden seien. Diese Steuern wurden jedoch nur für kurze Zeit aufgehoben. In diese Kategorie von Steuern gehört die Handelsabgabe (ʿushur und maks), die bis zu 30 Prozent des Warenwerts betragen konnte. Unter shariʿarechtlichen Gesichtspunkten war sie noch zu akzeptieren, wenn sie als Außenhandelsabgabe – als Zoll – erhoben wurde. Sie war jedoch auch innerhalb der muslimischen Staaten zu zahlen, und zwar bei Zollstationen, die entlang der Handelsstraßen eingerichtet waren. Weiterhin wurden auch die Märkte der unterschiedlichsten Produkte mit dieser Steuer belegt. In gleicher Weise hatten Gewerbetreibende eine Steuer auf ihre Produkte zu entrichten. Weitere Einkommensquellen des Staates ergaben sich durch Geldstrafen, Quittungsgebühren, Fischereiabgaben, Geschenke zu Beginn des Jahres, Mühlengebühren, Gebühren für Bäder, für Ölpressen usw. Besonders feindlich waren die Frommen und Rechtsgelehrten einer Duldungsabgabe (daman) gegenüber eingestellt. Einrichtungen wie Weinlokale und Bordelle, in denen gegen wichtige Vorschriften des islamischen Rechts und der islamischen Ethik verstoßen wurde, konnten nur existieren, weil die staatlichen Stellen von deren Betreibern beträchtliche Summen erhielten und ihnen damit öffentlichen Schutz gegen Aktionen erzürnter Muslime sicherten.

Abgabe bei den Schiiten

Während die genannten Abgaben in der gesamten islamischen Welt üblich waren oder noch sind, kennt der schiitische Islam eine weitere spezielle Form, den „Khums“. Während die

Sunniten den Koranvers „Und wisst: Wenn ihr etwas erbeutet, so gehört ein Fünftel davon Gott und dem Gesandten, und den Verwandten, den Waisen, den Bedürftigen, dem Reisenden …" (8,41) lediglich auf Kriegsbeute bezogen, wird er bis heute von schiitischen Gelehrten auf jeglichen Gewinn bezogen; er ist damit eine Einkommensteuer. Sie wurde, wie es der zitierte Koranvers vorschreibt, in sechs Teile aufgeteilt. Je ein Teil ist für Waisen, Bedürftige und Reisende aus der Prophetenfamilie, also „Sayyids", reserviert, die andere Hälfte wird als „sahm-e imam" (Anteil des Imams) bezeichnet und kommt seit dem 19. Jahrhundert dem höchsten schiitischen Gelehrten, dem „Mardjaʿ at-taqlid" zugute. Neben den Einkünften aus Frommen Stiftungen (Waqf) und den Gebühren aus ihren notariellen Funktionen besaßen die schiitischen Gelehrten damit eine dritte, vom Staat unabhängige Einkommensquelle, die sie vor staatlicher Einflussnahme lange Zeit sicherte. Darüber hinaus kassierten und kassieren sie z. B. im Iraq den „Radd mazalim", eine Summe Geldes, die diejenigen zahlen, die im Dienst des Staats stehen, was strikte Schiiten nicht tun sollten, da dieser Arbeitgeber als illegitim angesehen wird. Schließlich sei noch die Abgabe „Saum wa Salat" genannt, mit der Personen für Gebet und Fasten bezahlt werden, die sie für andere verrichten.

Literatur: *C. H. Becker,* Islamstudien, 2 Bde., Leipzig 1928/1932; *F. Løkkegaard,* Islamic Taxation in the Classic Period, Copenhagen 1950; *D. Dennet,* Conversion and Poil-Tax in Early Islam, Cambridge 1950; *F. Hussein,* Das Steuersystem in Ägypten, Frankfurt 1982; *N. Calder,* Zakat in Imami Shiʿi Jurisprudence, in: Bulletin of the School of Oriental and African Studies 44 (1981), 468–480.

P. Heine

Abraham

Abraham (arab. Ibrahim) spielt im Glauben der Muslime eine große Rolle.

In den frühen Suren des Korans – vorwiegend aus der zweiten mekkanischen Phase der Verkündigung Muhammads – gilt Abraham als Gottgesandter mit dem Auftrag, das Volk der Juden zu ermahnen und es an die Notwendigkeit der Verehrung des einen und einzigen Gottes zu erinnern. Zu späterer Zeit – in der medinischen Periode seiner Verkündigung –, nachdem sich Muhammad von den Juden abgesetzt hatte, wird Abraham als der erste Muslim bezeichnet, der zusammen mit seinem Sohn Ismael (Ismaʿil) das Heiligtum der Kaʿba in Mekka gegründet habe (2,118 ff.; 3,60 ff.).

In anschaulicher Weise schildert der Koran Abrahams Weg zu Gott, seine Abkehr vom Polytheismus und seine Hinwendung zum Monotheismus. Voraussetzung für seinen Weg zu Gott, so der Koran, war Abrahams Vertrauen, dass Gott ihm den rechten Weg zeigen werde (6,77b).

Der Koran begründet diese Haltung so: Weil Abraham ein „gesundes Herz" (37,84), das „rechte Verhalten" (21,51) und ein besonderes „Wissen" (19,43) besaß – Eigenschaften und Qualitäten, die er nicht sich selbst, sondern Gott verdankte –, fand er zum Glauben an den einen und einzigen Gott. So von Gott beschenkt, wusste Abraham die Zeichen der Schöpfung zu deuten und konnte durch Betrachtung der Sterne, des Mondes und der Sonne letztlich den erkennen, „der Himmel und Erde erschaffen hat“: Gott (6,75–79).

Diese Glaubensweisheit, dass es einen einzigen Gott gibt, bleibt für Abraham nicht ohne Konsequenzen. Er selbst wird gegen den erbitterten Widerstand seines Vaters Azar (nach Ex 11,26: Terach) seinen Zeitgenossen (Koran 37,85–87; 19,48) zum Verkünder dieses Glaubens. Sein Bekenntnis zu Gott, dem Schöpfer und Richter, gibt der Koran so wieder: „... der mich erschaffen hat und mich nun rechtleitet, und der mir zu essen und zu trinken gibt und, wenn ich krank bin, mich heilt, und der mich sterben lässt und dann wieder lebendig macht, und von dem ich erhoffe, dass Er mir am Tag des Gerichts meine Verfehlung vergebe“ (26,78–82).

Dieser Glaube an Gott zwingt Abraham zur Tat: Er zerstört die Götterbilder seiner Landsleute (21,58; 37,88–96), die ihn dann nach einem Disput ergreifen und ins Feuer werfen. Gott aber errettet ihn und bestätigt so Abrahams göttlichen Sendungsauftrag (21,68–69; 37, 97–98). Aufgrund dieses göttlichen Eingreifens und der wunderbaren Sendungsbestätigung hat ein Teil von Abrahams Landsleuten, so sagt die muslimische Überlieferung, zum Glauben an den einen und einzigen Gott gefunden; unter ihnen war nach dem Koran auch Lot (29,26).

Abraham trennte sich, so die Überlieferung weiter, von seiner Familie und seiner Sippe und wanderte zusammen mit seiner Frau Sara und dem gläubig gewordenen Lot aus dem Land der Ungläubigen über Harran nach Sham – Palästina – aus (vgl. 19,48; 21,71; 9,114; vgl. Ex 12,1 ff.).

Nach seiner Auswanderung ergeht an Abraham die Verheißung einer auserwählten Nachkommenschaft (11,69.71–73; 6,84; 19,27.49; 21,72; vgl. Gen 15,1 ff.).

Trotz seiner göttlichen Erwählung und Sendung wird Abraham in eine schwere Glaubensprüfung geführt: er soll seinen Sohn opfern (37,102; vgl. Gen 22,1 ff.). Beide – Vater und Sohn – ergeben sich in den unerforschlichen Willen Gottes (37,103). Als Abraham dann seine Bereitschaft, den göttlichen Befehl zu vollstrecken, unter Beweis stellen will, verhindert Gott durch sein Eingreifen die Tötung des Sohnes (37,104–107; vgl. Gen 22,11 ff.). Über die Beantwortung der Frage, welcher Sohn denn geopfert werden sollte, Isaak oder Ismael, gehen die Meinungen der Muslime auseinander. Die Mehrheit der früheren Kommentatoren spricht sich in Übereinstimmung mit der biblischen Überlieferung für Isaak aus.

Abrahams Opfer gilt im Islam als Vorbild des rituellen Opfers während der Wallfahrtszeit in der Nähe von Mekka (vgl. 37,107; 3,124), wenn der Pilger die vorgeschriebenen Riten, u.a. das Schlachten von Opfertieren – Kamel, Rind, Schaf oder Ziege – vollzieht (vgl. 22,28; 30). Dieses Opferfest (ʿId al-Adha), das in der gesamten islamischen Welt gefeiert wird, findet am zehnten Tag des Wallfahrtsmonats (Dhu l-Hidjja) statt.

Nicht nur im Hinblick auf das rituelle Opfer zur Wallfahrtszeit wird Abraham als Vorbild angesehen, sondern er gilt als das Vorbild aller Gott ergebenen Gläubigen schlechthin (vgl. 2,124; vgl. Gal 3,8). In diesem Sinne wird er als der erste Muslim vorgestellt. Ihm und seinem Sohn Ismael wird die Errichtung des Heiligtums der Kaʿba in Mekka zugeschrieben (2,127; 128; 3,95–97; 14,35–41; vgl. 1 Kön 8, 22–61; 2 Chron 6,12–42). Bereits Abraham erfüllte die Pflichten eines Muslims: Glaube (6,75–79), Gebet und Almosen (27,73), Wallfahrt (22, 26–29), gute Werke (21,73). Deswegen bekennt sich Muhammad mit Nachdruck zum Glauben Abrahams (3,68). Nach dem Koran (16,123) hat Gott selber an Muhammad die Weisung ausgegeben: „Folge der Glaubensrichtung Abrahams!“ Der Koran spricht gar von den „Blättern Abrahams“ (87,18); danach hat offensichtlich bereits Abraham von Gott eine Offenbarungsschrift erhalten.

Schließlich gilt Abraham als Urahne und Vater der Propheten. Muhammad nimmt unter den Nachkommen Abrahams eine bevorzugte Stellung ein, die so erklärt wird: Abraham hatte zwei Söhne, Ismael, den Sohn der Hagar, und Isaak, den Sohn der Sara. Aus Isaaks Geschlecht leiten sich die im Koran (6,84–87) genannten zahlreichen Propheten und Gesandten Gottes ab, wohingegen aus Ismaels Geschlecht nur ein einziger, aber ein umso gewichtiger Nachfahre stammt, der von Gott zum Propheten und Gesandten bestellt wurde: Muhammad. Ihn hat bereits Abraham im Gebet erfleht (2,129).

So sind nach islamischem Verständnis aus Abrahams Stammbaum zwei gewichtige Zweige hervorgegangen: auf der einen Seite Muhammad, auf der anderen Seite die Gesamtheit der übrigen Propheten.

Mit seiner Deutung von Abraham geht der Koran über das hinaus, was die jüdisch-christliche Tradition sagt. Durch die eigene Rückbindung seines Glaubens an den Glauben Abrahams weist Muhammad die Ansprüche von Juden und Christen zurück, in der Tradition Abrahams zu stehen (2,135.140). Bei aller Verschiedenheit der Interpretationen sind aber doch wesentliche Gemeinsamkeiten erkennbar. Die Segensverheißung (6,84; 19,27.49; 21,72; vgl. Gen 12,1 ff.) gründet in Abrahams Glaubensgehorsam (37,99; vgl. Gen 22,18). Seine Bereitschaft, seinen Sohn zu opfern (37,99–113; 2,124; vgl. Gen 22,1 ff.), offenbart seine Glaubenstreue. Deswegen wird er im Koran „Vertrauter“ (4,125), in der Bibel „Gottes Freund“ (Jak 2,23) genannt.

Literatur: *Y. Moubarac,* Abraham dans le Coran (Études musulmanes V), Paris 1958; *H. Stieglecker,* Die Glaubenslehren des Islams, Paderborn/München/Wien 1962, [2]1983, 196–210; *L. Hagemann,* Propheten – Zeugen des Glaubens. Koranische und biblische Deutungen (Religionswissenschaftliche Studien 26), Würzburg/Altenberge [2]1993, 51–60; *ders.*, Christentum und Islam zwischen Konfrontation und Begegnung (Religionswissenschaftliche Studien 4), Würzburg/Altenberge [3]1994, 36 ff. (Lit.); *K.-J. Kuschel*, Streit um Abraham. Was Juden, Christen und Muslime trennt – und was sie eint, München/Zürich 1994, Neuausgabe Düsseldorf 2001; *R. G. Kratz/T. Nagel (Hrsg.)*, Abraham, unser Vater. Die gemeinsamen Wurzeln von Judentum, Christentum und Islam, Göttingen 2003.

L. HAGEMANN

Abrogation/Aufhebung

Abrogation ist ein exegetischer Begriff zur Deutung einiger Stellen des Korans oder der prophetischen Überlieferung (Hadith). Damit ist die Annahme gemeint, dass Texte bzw. Vorschriften des Korans bzw. des Hadith verändert, aufgehoben oder gar gestrichen werden können.

Bereits im Koran findet man als Einwand gegen den göttlichen Ursprung und die Autorität der koranischen Botschaft den Hinweis darauf, dass der Koran Vorschriften verkündet und sie dann wieder zurücknimmt oder durch andere ersetzt, d. h. unter Berufung auf die Autorität Gottes bereits sanktionierte Bestimmungen doch noch verändert und ihnen widerspricht. Dieser Einwand ist umso ernster zu nehmen, als der Koran selbst immer wieder betont, dass die Worte Gottes, sein Verhalten und sein Weg unabänderlich sind: „Und verlies, was dir vom Buch deines Herrn offenbart worden ist. Niemand wird seine Worte abändern können“ (18,27; vgl. 6,34.115; 17,77; 33,62; 35,43; 50,29). Auch bekräftigt der Koran folgenden Grundsatz zur Beurteilung der göttlichen Herkunft seiner Botschaft: „Betrachten sie denn nicht sorgfältig den Koran? Wenn er von einem anderen als Gott wäre, würden sie in ihm viel Widerspruch finden“ (4,82).

Aber der Koran erwähnt auch die Möglichkeit, dass der Prophet die ihm offenbarte Botschaft vergisst oder dass Gott seine eigenen Vorschriften aufhebt bzw. ändert (87,6.7; 17,86). Dies veranlasst die Ungläubigen, Zweifel an der Echtheit solcher Verlautbarungen anzumelden: „Und wenn Wir ein Zeichen anstelle eines (anderen) Zeichens eintauschen – und Gott weiß besser, was Er herabsendet –, sagen sie: (Das) erdichtest du nur“ (16,101).

Der Koran weist den Einwand zurück, indem er auf das bessere Wissen Gottes um seine eigene Offenbarung (87,7; 16,101), auf seine freie Verfügungsgewalt über die Offenbarung und den Ausdruck seines souveränen Willens hinweist (17,86). Im Übrigen ziele die Aufhebung bestimmter Verse darauf, sie durch ähnliche oder gar bessere zu ersetzen (2,106). Der Prophet selbst besitzt jedoch keine Vollmacht zur Abänderung dessen, was ihm von Gott zur Verkündigung mitgeteilt wird (10,15).

Die islamische Exegese hat diese Frage immer wieder behandelt. Einige Autoren verneinen, dass es überhaupt eine Aufhebung koranischer Verse gibt. Sie versuchen in ihrer Deutung des Korans, alle in der offiziellen Koranausgabe befindlichen Verse in Übereinstimmung miteinander zu erklären. Die Mehrheit geht jedoch mit dem Koran selbst konform und stellt komplette Listen der Verse auf, die unter diese Rubrik fallen. Man unterscheidet dann zwischen den aufgehobenen Rechtsbestimmungen, deren Wortlaut zwar immer noch im offiziellen Text des Korans gelesen wird, die aber keine juristische Gültigkeit mehr besitzen, und den Versen, die zwar aus dem zu rezitierenden Korantext gestrichen worden sind, juristisch aber weiterhin gültig sind. Welche Texte zu welcher näheren Kategorie gehören, und welche Texte welche anderen aufheben, darüber gibt es zwischen den Rechtsschulen nicht immer Einhelligkeit. Auch unter den Aussprüchen und Entscheidungen des Hadith gilt es manchmal zu unterscheiden zwischen dem, was durch eine koranische Bestimmung aufgehoben worden ist – z. B. die Änderung der Gebetsrichtung von Jerusalem (Tradition) nach der Kaʿba in Mekka (2, 144) – und dem, was sogar eine koranische Bestimmung selbst aufhebt: So sei die koranische Vorschrift, zugunsten der Eltern und Angehörigen ein Testament zu machen, durch die Feststellung des Hadith aufgehoben worden: „In Bezug auf die natürlichen Erben braucht man keine testamentarischen Verfügungen zu treffen."

Literatur: *A. Th. Khoury,* Einführung in die Grundlagen des Islams, Würzburg/Altenberge [4]1995, Neudruck 1999, S. 72–73; *L. Gardet/M.-M. Anawati,* Introduction à la théologie musulmane, Paris 1948, 393.402.

A. Th. Khoury

Abu Bakr

Abu Bakr, mit dem Beinamen al-Siddiq (der Wahrhaftige), lebte ca. 570–634. Er war einer der ersten Mekkaner, die außerhalb der Familie des Propheten an die Sendung Muhammads glaubten. Schon vor der Hidjra war er einer der wichtigsten Anhänger des Propheten. Nach den Traditionen sind die Beziehungen zwischen Muhammad und Abu Bakr geradezu freundschaftlich gewesen. Abu Bakr begleitete Muhammad 620 nach Medina und war in der Folge einer seiner engsten Berater in militärischen und administrativen Fragen des sich entwickelnden islamischen Staatswesens. Muhammad machte ihn zum Führer seiner Abschiedswallfahrt im Jahre 9 der Hidjra und bestimmte ihn zum Vorbeter (Imam) während seiner letzten Krankheit. Diese beiden Vorgänge wurden nach dem Tod des Propheten als Zeichen für dessen Absicht angesehen, Abu Bakr zum ersten Khalifen (Stellvertreter des Propheten) zu machen. Sein Khalifat (632–634) war politisch und militärisch gekennzeichnet durch die Tatsache, dass zahlreiche arabische Stämme, die sich dem Staat von Medina zu Lebzeiten des Propheten Muhammad angeschlossen hatten, nach dessen Tod abtrünnig wurden. Die arabischen Historiker meinen, dass es religiöse Gründe gewesen seien, die zu dieser Abfallsbewegung (ridda) geführt hätten. Frühe Orientalisten, wie J. Wellhausen oder L. Caetani, sahen eher politische Gründe. Schließlich darf in diesem Zusammenhang auch nicht außer Acht ge-

lassen werden, dass die arabischen Stammesgesellschaften segmentär gegliedert sind und von daher ohnehin eine geringe politische Kohärenz aufweisen, die von der Stärke des jeweiligen Stammesführers abhängt. In diesem Fall wurde der Prophet in dieser Funktion gesehen, und mit seinem Tode erlosch seine Autorität und damit die Loyalität der Stämme. Abu Bakr gelang es, die Mehrheit der abgefallenen Stämme wieder unter die Kontrolle Medinas zu bringen. Durch diese militärische Leistung bewahrte er den islamischen Staat und damit den Islam vor dem Untergang. Zugleich setzte er die von Muhammad begonnene islamische Expansion nach Syrien, Iraq und Iran fort, womit er nicht zuletzt die Loyalität der arabischen Stämme sicherte.
Abu Bakr wird in den Quellen als ein bescheidener und unprätentiöser Mann geschildert und gilt heute als eine der großen Figuren vor allem des sunnitschen Islams. Die Schiiten dagegen verübeln ihm, dass er sich gegen den Neffen und Schwiegersohn ʿAli in der Nachfolgediskussion durchgesetzt hat. In ihren Trauerprozessionen sind rituelle Verfluchungen Abu Bakrs üblich.

Literatur: *C. H. Becker,* Islamstudien, 3 Bde., Leipzig 1928/1932; *M. Watt.* Muhammad at Mekka, Oxford 1953; *ders.,* Muhammad at Medina, Oxford 1956; *W. Madelung,* The Succession to Muhammad. A Study of the early Coliphate, Cambridge 1997.

P. Heine

Abu Hanifa ↗ *Hanafiten*

Adam

Adam ist der erste Mensch, er wird der Vater der Menschen genannt. Über die Entstehung Adams enthält der Koran Angaben, die an die Beschreibung in der Bibel (Gen 1–4) und an die Ausführungen jüdischer und christlicher Legenden knüpfen. Diese Legenden haben darüber hinaus auch die Erzählungen der islamischen Literatur inspiriert: im Hadith (s. dort), in den Erzählungssammlungen, in den Geschichtsbüchern sowie in den Korankommentaren.

Aussagen des Korans

Für den Koran ist der Mensch, dessen Prototyp Adam ist, das Geschöpf, das Gott vor allen anderen ausgezeichnet und bevorzugt hat (17,70). Himmel, Erde und Luftraum sowie die Himmelskörper wurden von Gott in den Dienst des Menschen gestellt (7,54; 55,1–10; 6,97; 20,53–55 usw.).
Vor der Erschaffung Adams teilt Gott den Engeln sein Vorhaben mit: „Ich werde auf der Erde einen Nachfolger einsetzen“ (2,30), einen Nachfolger früherer, untergegangener Generationen oder einen Nachfolger des Schöpfers, damit er die Schöpfung nach den Gesetzen Gottes verwalte. Trotz der Einwände der Engel erschafft Gott Adam und zeichnet ihn durch ein besseres Wissen um die Dinge über die Engel aus.
Bei der Erschaffung Adams hat Gott nach dem Koran ein besonderes Verfahren angewandt: Er hat ihn aus Erde (u.a. 18,37), aus Ton und Schlamm (23,12; 15,26) gebildet und ihm von seinem Geist eingebla-

sen (15,28–29). Dabei hat er ihm eine schöne Gestalt gegeben (95,4; 40,64) und ihn mit „Gehör, Augenlicht und Herz“ (67,23; 23,78; 32,9; 16,78), mit Augen, Zunge und Lippen (90,8–9) ausgestattet. Gott tritt bei seiner schöpferischen Tätigkeit jedoch nicht durchweg als Bildner und Gestalter auf. Seine ureigene Art besteht vielmehr darin, durch die Kraft seines schöpferischen Wortes den Menschen ins Dasein zu rufen: „Mit Jesus ist es vor Gott wie mit Adam. Er erschuf ihn aus Erde, dann sagte Er zu ihm: Sei!, und er war“ (3,59).

Zur Erschaffung der Frau enthält der Koran nur undeutliche Angaben: „O ihr Menschen, fürchtet euren Herrn, der euch aus einem einzigen Wesen erschuf, aus ihm seine Gattin erschuf und aus ihnen beiden viele Männer und Frauen entstehen und sich ausbreiten ließ“ (4,1; vgl. 6,98; 7,189; 16,72; 39,6); – „Und es gehört zu seinen Zeichen, dass Er euch aus euch selbst Gattinnen erschaffen hat, damit ihr bei ihnen wohnet“ (30,21). Es gibt in der islamischen Überlieferung eine Erzählung über die Erschaffung Evas, die sich wie eine Parallele zu den Angaben der Bibel anhört: „Als Gott … Adam im Paradies wohnen ließ, war dieser allein und hatte niemanden, mit dem er vertrauten Umgang pflegen konnte. Da ließ Gott Schlaf über ihn kommen. Dann nahm er aus seiner Seite eine seiner Rippen heraus und setzte an ihre Stelle Fleisch. Aus ihr schuf er Eva“ (nach Ibn ʿAbbas).

Adam und Eva wohnten im Paradies Gottes. Gott erlaubte ihnen, von allem zu essen mit Ausnahme des einen Baumes. Aber Satan verführte sie, sie übertraten das Verbot Gottes und wurden daraufhin aus dem Paradies vertrieben (vgl. 7,19–25; 2,35–36). Adam bekannte das Unrecht, das sie getan hatten (7,23), er zeigte Reue und Umkehr, und Gott nahm seine Umkehr an und wandte sich ihm gnädig zu (2,37).

Die Zuwendung Gottes drückt sich darin aus, dass er ihm eine Verpflichtung auferlegt und eine Art Verheißung und Bund angeboten hat, aber Adam vergaß diese Verpflichtung (20,115). Dennoch spricht der Koran von der Erwählung Adams: „Dann erwählte ihn sein Herr, und Er wandte sich ihm zu und leitete (ihn) recht“ (20,122; vgl. 3,33). So ist Adam Träger der Offenbarung Gottes und der erste Prophet, der die Lehren und die Rechtsbestimmungen Gottes an seine Nachkommenschaft weiterzugeben hat.

Anzumerken ist hier, dass die islamische Theologie zwar von der Ursünde Adams spricht, aber die christliche Lehre von der Erbsünde ablehnt. Denn Gott hat doch Adam verziehen (2,37; 7,2.3; 20,122); überdies stellt der Koran fest: „Jede Seele erwirbt (das Böse) nur zu ihrem eigenen Schaden. Und keine Last tragende (Seele) trägt die Last einer anderen“ (6,164).

Zu den Legenden über Adam, seine Erschaffung, die Erschaffung Evas, ihr Leben im Paradies, ihren Fall und ihre Vertreibung aus dem Paradies siehe A. Wünsche, H. Speyer, A. Katsch, M. Gaudefroy-Demombynes, A. Th. Khoury in den Literaturhinweisen.

Literatur: *A. Wünsche,* Schöpfung und Sündenfall des ersten Menschenpaares im jüdischen und moslemischen Sagenkreis, Leipzig 1906; *H. Speyer,* Biblische Erzählungen im Qoran, Gräfenhainichen 1931, Neudruck: Hildesheim 1961, 41–83; *A. I. Katsh,* Judaism in Islam, New York 1954, 26–60; *M. Gaudefroy-Demombynes,* Mahomet, Paris 1957, 314–322; *A. Th. Khoury,* Polémique byzantine contre l'Islam, Leiden 1972, 145–153; *A. Th. Khoury,* Der Koran. Übersetzung und wissenschaftlicher Kommentar, Bd. I, Gütersloh 1990, 217–244.

A. Th. Khoury

Afghani

Kurzbiografie

Afghani (1838/39–1897) wurde im Osten Afghanistans oder im Iran geboren. Er gehörte nach eigener Aussage zur sunnitischen Schule der Hanafiten. In Kabul lernte er die philosophischen, theologischen und mystischen Richtungen eher kennen als die Einzelheiten des islamischen Rechtssystems. Nach dem Scheitern einer politischen Karriere in Afghanistan (1857–1869) begab er sich zu einem kurzen Aufenthalt nach Kairo, dann nach Istanbul (1870). Nach anfänglicher Begeisterung befürchteten die Behörden, dass seine fortschrittlichen Ideen dem Islam abträglich sein könnten. So kehrte er 1871 nach Kairo zurück, wo sich eine Gruppe junger Intellektueller um ihn versammelte, unter denen sich der spätere Politiker Saʿd Zaghlul und der spätere große Reformator Muhammad ʿAbduh befanden. In seinen Vorträgen suchte er, den Geist von jedem Dogmatismus und von der blinden Nachahmung bekannter Werke zu befreien, und dies durch die Pflege der Reflexion anhand der Grundsätze und Methoden der Philosophie, der Wissenschaften und der Mystik. Darüber hinaus wollte er Ägypten und die anderen islamischen Länder von der Herrschaft der Europäer befreien, ihre Einheit herbeiführen und der Willkür der Regierenden durch Einführung von Verfassungen entgegenwirken. So ermutigte er seine Schüler, Zeitungen und Presseorgane zu gründen. Auch wurden in seiner Freimaurerloge (dem französischen „Grand Orient" angegliedert) politische Fragen diskutiert und Reformpläne erörtert. Da er der Regierung und den britischen Kolonialherren suspekt geworden war, musste er 1879 Ägypten verlassen.

Afghani begab sich nach Hydarabad in Indien. Dort griff er eine Gruppe von Muslimen um Sayyid Ahmad Khan Bahadur an, der mit Unterstützung der Briten das anglo-islamische Kolleg von Aligarth errichtete und den Wissenschaften den Vorzug vor den religiösen Studien gab. Afghani warf ihnen in seinem Pamphlet „Widerlegung der Materialisten" (al-radd ʿala l-dahriyyin) vor, die Hoffnung der Muslime, ihre Zukunft mit Hilfe der Religion aufzubauen, zu erschüttern.

Im Frühjahr 1883 hielt sich Afghani kurz in London auf, dann fuhr er nach Paris weiter, um Unterstützung für die Sache Ägyptens gegen die Politik der Engländer zu suchen. In Paris schloss sich ihm Muhammad ʿAb-

duh an. Beide gründeten eine Art islamische Geheimgesellschaft mit dem Ziel, sich für die Reformierung des Islams und für die Anliegen der islamischen Gemeinschaft einzusetzen. Ihre Zeitschrift „al-ʿUrwa al-wuthqa“ (Die feste Handhabe: vgl. Koran 2,256; 31,22) befasste sich mit politischen Fragen und mit dem kranken, reformbedürftigen Zustand der islamischen Welt.
Dann folgte eine rastlose Zeit: London, Teheran, Russland, München, Iran, Iraq, London (1885–1892). Ein letzter Aufenthalt in Istanbul (1892–1897) brachte ihm Enttäuschungen. Afghani, der sich für die Zulassung konstitutioneller Freiheiten und für eine Reform des Islams aussprach, stand unter dem verstärkten Druck seiner Gegner. Er starb am 9. März 1897. Seine sterblichen Überreste wurden 1944 nach Kabul übergeführt und in einem Mausoleum bestattet.

Religiöse und politische Ideen
Gemäß dem Selbstverständnis des Islams, Religion und Staat zugleich zu sein, dachte Afghani darüber nach, wie man die islamischen Staaten durch eine Wiederbelebung ihrer Religion aus dem Einflussbereich der europäischen Kolonialmächte lösen und ihnen eine begründete Selbstständigkeit verleihen kann. Afghani beklagt den desolaten Zustand der Muslime: Sie seien unwissend, uneinig und unfähig, den richtigen Weg des Fortschritts einzuschlagen. Er plädierte für eine Renaissance des Islams als Religion und als Kulturträger, d.h. als Faktor der sozialen Entwicklung, der persönlichen Entfaltung, des Vertrauens in die Vernunft, des Strebens nach Fortschritt, der Herstellung einer solidarischen Gemeinschaft.

Die neue solidarische Gemeinschaft (umma)
Gegen die Bevormundung und Beherrschung durch die europäischen Mächte ist eine wiedergewonnene Solidarität der Muslime notwendig. Diese müssen ihre Zerrissenheit überwinden und eine enge Zusammenarbeit anstreben. Auch wenn es unrealistisch erscheine, die politische Einheit der islamischen Welt herzustellen, so müsse gleichwohl eine religiöse Instanz eingerichtet werden, die die Zusammenarbeit zwischen den Regierenden ermöglicht. Sollten die Regierenden die Belange der Gemeinschaft nicht achten, dann verlören sie den Anspruch auf die Loyalität ihrer Untertanen.
Auch die Meinungsverschiedenheiten zwischen den Richtungen und Gruppen im Islam sollten auf ihr wahres Maß reduziert werden. Vor allem Sunniten und Schiiten sollten sich ihrer grundlegenden Einigkeit bewusst werden und sich zur Zusammenarbeit entschließen.
Grundlage der Solidarität der Gemeinschaft zwischen den verschiedenen Ländern kann die gemeinsame Sprache sein oder auch die gemeinsamen Werte, die die Menschen durch ihre Vernunft erkennen und bejahen. Solidarität kann auch zwischen den Muslimen und den Nicht-Muslimen bestehen, wenn sie alle für die nationalen Interessen eintreten.

Für die Muslime bleibt jedoch die islamische Religion die festeste und umfassendste Grundlage ihrer Solidarität. Der Islam sei mit der Identität der islamischen Welt so eng verbunden, dass der Verlust der islamischen Lebensordnung die Auflösung der Gemeinschaft bedeuten würde. Afghani betrachtete die Lage der islamischen Gemeinschaft seiner Zeit als bedrohlich, denn diese war politisch zersplittert, religiös gespalten und sozial inaktiv. Dieser Zustand könnte dadurch behoben werden, dass vor allem die religiösen Führer zu einem geläuterten Verständnis der wahren Lehre des Islams fänden.

Reform des Islams

Wenn Afghani seine Gedanken über einen lebendigen und fortschrittsfördernden Islam ausdrückt, richtet er sich nicht nur an die Muslime, sondern auch an die Europäer, die den Islam kritisieren. Für ihn gibt es zwischen Offenbarung und Vernunft keinen Widerspruch, sondern grundsätzliche Übereinstimmung, denn beide führten zu denselben Ergebnissen, wobei die prophetische Botschaft der Masse der Gläubigen den Weg weise, während die Philosophie und die Vernunft den Weg der „Wenigen" darstelle. Der Islam sei Glaube an die Transzendenz Gottes und Glaube an die menschliche Vernunft zugleich. Er fordere die Muslime dazu auf, ihre Vernunft zu gebrauchen in der Gewissheit, dass zwischen Vernunft und göttlicher Wahrheit und Ordnung kein Widerspruch bestehe.

Ein geläuterter Islam ist nach Afghani ein aktiver Islam. Der Fatalismus ist keine authentische islamische Haltung. Der Islam spornt zum aktiven Handeln an, entsprechend den Gesetzen und Vorschriften der Religion Gottes. So wird die Gemeinschaft stark, denn der Islam befürwortet eine umfassende Solidarität der Menschen und ihren Einsatz füreinander. Gemeinsamer Glaube und Solidarität könnten der islamischen Welt eine neue Epoche bescheren: Größe, Stärke, Tugend, kulturelle Blüte und Glück.

Afghani musste erleben, dass die Trägheit der islamischen Welt dazu führte, dass alle seine schönen Ideen nicht fruchteten. Später wurden sie jedoch von den Reformern wieder aufgenommen.

Literatur: *C. C. Adams,* Islam and Modernism in Egypt, London 1933, 4–17; *I. Goldziher/J. Jomier,* Djamal al-Din al-Afghani, in: The Encyclopaedia of Islam, Neue Ausgabe, Bd. II, Leiden/London, 417–419; *A. Th. Khoury,* Djamal al-Din al-Afghani, ein islamischer Reformator, in: Islam und der Westen, Jg. 3,4 (Altenberge 1983), 4–11.

A. Th. Khoury

Afrika, Islam in

Wenn man den afrikanischen Kontinent unter kulturellen Aspekten strukturiert, so ergibt sich eine Zweiteilung in einen weißen und in einen schwarzen Teil. Die Einflussnahme des Islams auf den Kontinent nahm ihren Ausgang von Ägypten aus und richtete sich zunächst auf den nördlichen Teil Afrikas, den Maghreb, der heute aus den Staaten Libyen, Tunesien, Algerien, Marokko und Mauretanien besteht. Die Bevölkerung dieser Region bestand vor allem aus unterschiedlichen Berbergruppen. Schon um 670 entstanden hier die ersten staatlichen Strukturen unter islamischer Vorherrschaft. Das islamisierte Nordafrika wurde zu einem der wesentlichen Ausgangspunkte der islamischen Expansion nach Europa, vorrangig auf die Iberische Halbinsel und nach Sizilien. Von hier aus erfolgte auch die Verbreitung des Islams in West- und Zentralafrika.

Der Islam in Nordafrika

Aufgrund der unterschiedlichen kulturellen und ethnischen Verhältnisse zwischen den Ursprungsländern des Islams und Nordafrika musste sich hier ein spezifisch maghrebinischer Islam entwickeln. Nicht zuletzt aufgrund der Tatsache, dass der Zugang nach Nordafrika von Ägypten aus über den Landweg zahlreiche Risiken barg und der Seeweg ebenfalls nicht unproblematisch war, hat der nordafrikanische Islam eine andere Entwicklung genommen als der in der übrigen arabischen Welt. Dieser maghrebinische Islam ist gekennzeichnet durch die einheitliche Autorität der malikitischen Rechtsschule einerseits und andererseits durch islamische Sonderformen, die noch im Bereich des sunnitischen Islams und in verschiedenen Häresien zum Ausdruck kommen. An den berühmten Stätten islamischer Gelehrsamkeit wie den Zaituna in Tunis oder den verschiedenen Hochschulen in Fez entstanden theologische Traditionen, die denen der östlichen arabischen Welt an Bedeutung und Ausstrahlung nicht nachstehen. Die tägliche religiöse Praxis unterscheidet sich von der in den weiter östlich gelegenen islamischen Regionen. In einem sehr viel stärkeren Maß als in anderen Teilen der islamischen Welt pflegen die nordafrikanischen Muslime die Heiligenverehrung. Heiligen Männern und Frauen (Marabut) sprechen die Gläubigen besondere übernatürliche Fähigkeiten zu, die unter dem Begriff „Baraka“ subsumiert werden können. Diese „Baraka“ kann durch ein heiligmäßiges Leben erworben, aber auch von einem Vorfahren geerbt werden. Auf diese Weise können ganze Dynastien von islamischen Heiligen entstehen. „Baraka“ verleiht nicht nur religiöse, sondern auch politische Autorität und kann zu wirtschaftlicher Macht führen. Heiligenfamilien boten in Zeiten politischer Anarchie die einzigen Autoritätsstrukturen. Sie waren dann in der Lage, zwischen verfeindeten Stämmen zu vermitteln. In ihnen sind aber zugleich auch die konsequentesten Gegner einer politischen und kulturellen Durchdringung mit fremdem Gedankengut, das durch die europäischen Kolonialmächte des vorindustriellen und des industriellen Zeitalters in Nordafrika Einzug hielt, zu sehen.

Die segmentären Berbergesellschaften Nordafrikas mit ihren stark egalitären Tendenzen waren ausgesprochen anfällig für die Übernahme solcher häretischer islamsicher Vorstellungen, in denen das egalitäre Moment des Islams im Vordergrund der Lehre stand. Der Erfolg von islamischen Sondergruppierungen in

Nordafrika wie den Ibaditen (s. dort), die noch heute auf der tunesischen Insel Djerba und im algerischen Mzab existieren, ist unter anderem auf diese kulturellen Verhältnisse zurückzuführen. Daneben spielte sicherlich auch die Tatsache eine Rolle, dass diese Sekten eine ideologische Grundlage für die Ablehnung zentralstaatlicher Autorität, wie sie der sunnitische Islam postuliert, boten. Erst die gemeinsame Erfahrung der kriegerischen Auseinandersetzung mit den Kolonialmächten und die Verbesserung der Kommunikationswege haben dazu geführt, dass der nordafrikanische Islam in die allgemein islamischen Entwicklungen eingebunden werden konnte. Dennoch stellt er noch heute eine der zahlreichen regionalen Sonderformen des Welt-Islams dar.

Der Islam in Schwarzafrika

Die Islamisierung des schwarzen Teils des afrikanischen Kontinents erfolgte von unterschiedlichen Ausgangspunkten aus. Westafrika und Teile Zentralafrikas lernten den Islam durch die Vermittlung nordafrikanischer Muslime kennen. An der afrikanischen Ostküste siedelten sich Muslime von der Arabischen Halbinsel und aus dem Iran an. Es reisten aber auch indische Muslime an diese Küsten und machten die dort ansässige Bevölkerung mit dem Islam bekannt.

Westafrika

Für die Islamisierung Westafrikas, die seit dem 7. Jahrhundert erfolgte, lassen sich die stets gleichen Strukturen feststellen. Geografisch betrachtet schreitet sie von Norden nach Süden fort und verläuft innerhalb der Gesellschaftsskala von oben nach unten. Die Muslime aus Nordafrika, die an Handelswaren wie Sklaven und Gold interessiert waren, wofür sie vor allem Salz anboten, hatten vor allem Kontakte mit den Königshöfen der Reiche Ghana, Mali oder Songhay. Diese Händler verfügten über Fähigkeiten und Techniken, die hier nicht bekannt waren. Ihre Kenntnisse wurden von den westafrikanischen Herrschern in Anspruch genommen. Muslime erhielten die Funktion des Staatsschreibers, vor allem aber setzten die Herrscher sie als Verantwortliche für die Finanzen ihrer Staaten ein. Durch ihr Vorbild machten sie die Angehörigen der Höfe mit den islamischen Dogmen und rituellen Praktiken bekannt. Da die Kultur der Muslime als überlegen angesehen wurde, schlossen sich viele Angehörige der herrschenden Schichten der neuen Religion an. Und diese waren wiederum Vorbild für die übrige Bevölkerung, die nach und nach den Islam annahm. Dies geschah umso leichter, als sich der Islam mit seinem relativ einfachen Dogma recht flexibel in der Akzeptanz von fremden religiösen Vorstellungen zeigt. Er gestattet die „Islamisierung" zahlreicher autochthoner Vorstellungen. Ahnengeister können dabei zu Djinnen werden und Götter zu Engeln. Zahlreiche vor-islamische rituelle Praktiken wurden in den westafrikanischen Islam übernommen und bis zum Beginn des 18. Jahrhunderts kann man von einer weitgehenden

Symbiose zwischen islamischen und traditionell afrikanischen religiösen Vorstellungen sprechen.
Zu den Pflichten jedes Muslims gehört, dass er einmal in seinem Leben die Wallfahrt (s. dort) nach Mekka unternimmt. Auch westafrikanische Muslime gelangten auf diese Weise in das Zentrum der islamischen Welt und lernten hier einen Islam kennen, der sich von dem in ihrer Heimat praktizierten unterschied und den sie als den wahren, den reinen Islam anerkannten. Nach ihrer Rückkehr bemühten sie sich, diese Form des Islams auch unter ihren westafrikanischen Religionsgenossen zu verbreiten. Wenn dies nicht durch Predigten und gutes Vorbild gelang, griffen sie auch zu den Waffen, um zum wahren Islam zu bekehren. Aus diesen reformatorischen Aktionen, vor allem der Ethnie der Fulbe, entstanden eine Anzahl von islamischen Staaten, die bis zum Beginn der kolonialen Vorherrschaft in den nördlichen Teilen Westafrikas die Vormachtstellung innehatten.
Doch auch die Kolonialmächte sorgten für eine Verbreitung des Islams. Für sie stellte er eine der politischen Strukturen dar, die für die koloniale Durchdringung verwendet werden konnten. Aus diesen Überlegungen heraus behinderten sie auf der einen Seite die christliche Mission in ihrer Glaubensverbreitung und sorgten auf der anderen für eine Befriedung vor allem der südlichen Regionen Westafrikas. Diesen Zustand wussten die muslimischen Händler des westafrikanischen Nordens für sich zu nutzen, indem sie ihre Aktivitäten dorthin ausweiteten. Die Entwicklung, die sich Jahrhunderte zuvor im Norden der Region abgespielt hatte, wiederholte sich nach gleichem Muster. So kam es auch hier zu einer teilweisen Islamisierung der vorhandenen Ethnien. Sie verstärkte sich vor allem im Verlauf des antikolonialen Kampfes. Für viele westafrikanische Nationalisten war das Christentum die Religion der Unterdrücker. Der Islam dagegen wurde als Glaubenssystem der Staaten der „Dritten Welt" angesehen: Zwar wurden die traditionellen religiösen Vorstellungen nicht mehr akzeptiert, das Christentum jedoch als äquivalent mit dem Kolonialismus abgelehnt. Folglich blieb nur der Islam als „modernere" Religion, der man sich anschließen konnte. So waren es gerade nach der Unabhängigkeit der verschiedenen westafrikanischen Staaten vor allem Angehörige der jeweiligen Oberschichten, die sich dem Islam anschlossen. In einer weiteren Phase der Islamisierung in Afrika spielt die wachsende Bedeutung islamischer internationaler Organisationen eine wichtige Rolle. Diese finanzstarken Einrichtungen mit Sitz in Mekka bemühen sich, durch die Unterstützung von „orthodoxen" islamischen Einrichtungen – wie Schulen und Hochschulen –, diese für eine Vertiefung und Intensivierung von islamischem Gedankengut zu sichern. Da sie zugleich mit einem der finanzstärksten Staaten der Welt, Saudi-Arabien, eng verbunden sind, finden diese Bemühungen auch Unterstützung über politische und diplomatische Kanäle. Es ist ihnen vor allem gelungen, Grundlagen für eine

Angleichung des westafrikanischen Islams an gesamtislamische Vorstellungen und Praktiken zu schaffen.

Ostafrika

In Ostafrika blieb die Islamisierung vor allem auf die Küstenregionen beschränkt. Hier hatten sich schon Mitte des 8. Jahrhunderts Kaufleute von der Arabischen Halbinsel angesiedelt, die für eine Verbreitung des Islams sorgten. Intensiviert wurde die Islamisierung an der ostafrikanischen Küste zwei Jahrhunderte später im Rahmen der so genannten Shirazi-Kultur. Iraner, die bei ihren Handelsunternehmungen an die ostafrikanische Küste gelangten, heirateten einheimische Bantu-Frauen, die häufig den Islam annahmen. Nach wenigen Generationen herrschte das Bantu-Element in dieser Bevölkerung vor. Iranische, arabische und afrikanische Kulturelemente verschmolzen nun zu den Vorformen dessen, was als Suaheli-Islam in die Literatur eingegangen ist. Dieser besondere ostafrikanische Islam zeichnet sich durch auffallende Bantu-Elemente im rituellen wie im sozialen Bereich aus. Der Suaheli-Islam blieb zunächst jedoch vor allem auf die Küstensiedlungen beschränkt. Mit dem Aufkommen der portugiesischen Seemacht im 16. und 17. Jahrhundert gerieten diese islamischen Niederlassungen unter schweren Druck nicht nur vonseiten der Portugiesen, sondern auch aus dem Landesinnern. Daher wurde eine weitere Verbreitung und Intensivierung des Islams zunächst unmöglich. In der Mitte des 17. Jahrhunderts begannen die Araber Omans jedoch, die Seeherrschaft der Portugiesen infrage zu stellen. 1698 besiegten sie die Europäer bei Mombasa und wurden bis zur Mitte des 19. Jahrhunderts die entscheidende politische Macht der Region. Ostafrika wurde für die Sultane von Oman wirtschaftlich und politisch so bedeutend, dass sie ihren Regierungssitz nach Sansibar verlegten. Die unter osmanischem Einfluss ermöglichte Sicherung der Handelsplätze führte zu weiteren kaufmännischen Aktivitäten, die sich nun auch auf das Landesinnere richteten. Mit den Händlern drang auch der Islam weiter vor. Eine weitere Ausweitung erlebte der Islam im Kolonialzeitalter durch die Einwanderung von indischen Muslimen einerseits und durch die antikolonialistische Haltung vieler Afrikaner schon zu Beginn des 20. Jahrhunderts andererseits. Vor allem in Zeiten der Auseinandersetzung zwischen den Kolonialmächten konnte der Islam immer mehr Anhänger gewinnen. Die Re-Afrikanisierung in vielen Staaten Ostafrikas hat seit den 70er Jahren des 20. Jahrhunderts zu einem leichten zahlenmäßigen Rückgang der Muslime geführt. Zugleich bedeutete dieser Rückgang jedoch auch eine deutliche Vereinheitlichung unter den verbliebenen Muslimen und damit eine Stärkung des Suaheli-Islams.

Literatur: Nordafrika *J. Abu-Nasr,* A History of the Maghrib, Cambridge 1975; *D. Eichelman,* Moroccan Islam. Tradition and Society in a Pilgrimage Center, Houston 1976; *E. Doutté,* Magie et Religion dans l'Afrique du Nord, Alger 1908; C. *Geertz,*

Religiöse Entwicklungen im Islam. Beobachtet in Marokko und Indonesien, Frankfurt 1988; *E. Gellner,* The Saints of the Atlas, London 1969; *E. Westermarck,* Pagan Survivals in Mohammedan Civilisation, London 1933.

Westafrika *B. Blanckmeister,* Din wa Dawla. Islam, Politik und Ethnizität im Hausaland und Adamawa, Emsdetten 1989; *E. Bovill,* The Golden Trade of the Moors, London 1968; *P. Heine,* Die westafrikanischen Königreiche Ghana, Mali und Songhay aus der Sicht der arabischen Autoren des Mittelalters, Münster 1973; *P. Heine/ R. Stipek,* Islam und Ethnizität, Gelsenkirchen 1982; *J. O. Runwick/R. S. O'Fahey,* Arabic Literature of Africa, Bde. 1 u. 2, Leiden 1998; *R. Oßwald,* Die Handelsstädte der Westsahara, Berlin 1986; S. *Trimingham,* A History of Islam in West Africa, Oxford 1972; *J. Willis (Ed.),* Studies in Westafrican Islamic History, London 1979.

Ostafrika *K. Hock,* Gott und Magie im Swahili-Islam, Köln 1987; *A. Nimtz,* Islam and Politics in East Africa, Minneapolis 1980; *R. Pouwels,* Horn and Crescent. Cultural Change and Traditional Islam on the East African Coast, Cambridge 1987; *E. Ruete,* Leben im Sultanspalast, Frankfurt 1989; *R. Reusch,* Der Islam in Ost-Afrika, Leipzig 1930; *S. Trimingham,* Islam in East Africa, Oxford 1964.

P. Heine

Ahl-i haqq

Die Anhänger der Geheimreligion „Ahl-i haqq" (Besitzer der Wahrheit) leben vor allem im westliche Iran, in Luristan, Kurdistan und Azerbaidjan, aber auch im Transkaukasusgebiet. Sie sind nicht sehr streng organisiert, es fehlt ihnen auch die kanonische Einheit. Man hat sie daher einmal als „Föderation verwandter Bewegungen" bezeichnet. Ihre Anhänger rekrutieren sich vor allem aus den unteren Gesellschaftsschichten. Häufig handelt es sich bei ihren Wohnorten um ausgesprochene Rückzugsgebiete. Zentrales Dogma der Ahl-i haqq ist der Glaube an sieben aufeinander folgende göttliche Manifestationen. In deren Gefolge kommt es zu je fünf Epiphanien göttlicher Hypostasen, die als Engel oder Minister bezeichnet werden. Zunächst befand sich die Gottheit in einer Perle. Das erste Mal trat sie als „Khawandagar", als Schöpfer der Welt, in Erscheinung. Die zweite Manifestation ereignete sich in der Gestalt ʿAlis. Damit beginnt die islamische Ära, die jedoch nur eine Vorstufe auf dem Weg zur vollkommenen Erkenntnis ist. Von besonderer Bedeutung ist die vierte Manifestation der Gottheit in Sultan Sohak, mit dem die wichtigste Ära der Menschheit beginnt. Über die weiteren Manifestationen bestehen innerhalb der Gruppe offenbar Meinungsverschiedenheiten. Der Glaube an die Reinkarnation der Gottheit findet seine Parallele im Glauben an die Seelenwanderung des Menschen. Dieser muss einen Zirkel von 1001 Reinkarnationen durchlaufen, wobei er für seine guten Taten belohnt wird. Die Möglichkeiten der Reinigung sind jedoch durch die beiden möglichen Existenzformen des Menschen begrenzt. Sie sind nämlich entweder aus gelbem Ton oder aus schwarzer Erde geschaffen. Zu den Bösen aus schwarzer Erde gehören historische Gestalten wie Muʿawiya, der umayyadische Gegenspieler ʿAlis, oder ʿA'isha, die Lieblingsfrau Muhammads, die auch bei den Schiiten verhasst ist. Nur für die aus gelbem Ton geschaffenen Menschen besteht die Möglichkeit, sich durch Leiden der Gottheit zu nähern. Die Vorstellungen der „Ahl-i haqq" beinhalten auch sehr starke chiliastische Züge. Sie erwarten dringend das Erscheinen des „Herrn der Zeiten" (sahib-i zaman). Dieser wird in der Nähe der Stadt Sharizur oder des kurdischen Sultaniyya erwartet. Bei diesem Jüngsten Gericht werden alle weltlichen Herrscher ausgelöscht. Die Guten gelangen dann in das Paradies. Darunter verstehen die „Ahl-i haqq" die Anschauung der Schönheiten Gottes.

In ihren Ritualen unterscheiden sich die Ahl-i haqq von der Mehrheit der Muslime beträchtlich. Weniger Wert wird auf individuelle Gebete gelegt. Vielmehr sind Versammlungen für die Gemeinschaft von großer Bedeutung, da auf ihnen „alle Schwierigkeiten eine Lösung finden". Das Gemeinschaftsleben ist durch sehr starke kollektive Aspekte gekennzeichnet und die Zusammenkünfte der Gemeinschaft finden in regelmäßigen Abständen statt. Während dieser Treffen werden unter Musikbegleitung Texte (kalam) rezitiert. Bei besonderen Gelegenheiten finden auch „Dhikr"-Übungen statt. Dabei gelangen einzelne Gläubige durch verschiedene Formen von Autosuggestion in einen Trancezustand, der mit partieller oder vollständiger Anästhesie verbunden ist. Den zentralen Aspekt der Gemeinschaftsversammlungen bilden jedoch Opfer. Sie bestehen aus „rohen" und „gekochten" Opfergaben. Bei den „rohen" Opfergaben handelt es sich um männliche Tiere wie Ochsen, Hammel oder Hähne, die geschlachtet werden. Danach trennt man das Fleisch von den Knochen, die vergraben werden. Das Fleisch wird unter den Teilnehmern der Versammlung verteilt. Die „gekochten" Opfergaben bestehen aus gekochten oder anderweitig vorbereiteten Lebensmitteln bis hin zu Zucker oder Brot.

Da es sich bei der Gruppe der Ahl-i haqq um eine Geheimreligion handelt, ist die Aufnahme in die Gemeinschaft mit einem besonderen Übergangsritus verbunden. Er findet im Rahmen der Versammlungen statt. Der Initiand, in der Regel ein Kind, benötigt einen geistigen Führer, den „Pir". Während der Zeremonie umstehen ihn fünf Mitglieder der Gemeinschaft, die die fünf Engel symbolisieren. Der „Pir" zerbricht eine Muskatnuss, die als Substitut für den Kopf des Initianden dient. Diese Nuss trägt das neue Mitglied der Gruppe hinfort als Amulett zusammen mit einem Silberplättchen, auf dem das islamische Glaubensbekenntnis in der schiitischen Form eingraviert ist. Zwischen dem Initianden und der Familie des „Pir" entstehen durch den Übergangsritus besondere Verflechtungen, die Verwandtschaftsbeziehungen vergleichbar sind. So darf der Initiand kein Mitglied der Familie seines geistigen Führers heiraten. Es gibt besondere Beziehungen zwischen einem oder mehreren Männern und einer Frau, die einander Bruder und Schwester nennen. Diese werden als eine Form der Antizipation der Auferstehung angesehen. Im Gegensatz zu den Muslimen fasten die Ahl-i haqq nur an drei Tagen im Jahr, dann allerdings rigoros.

Die Vorstellungen der Ahl-i haqq vereinen in sich religiöse Traditionen des Manichäismus (z. B. die Urexistenz der Gottheit in einer Perle), indische Vorstellungen (wie die der Wiedergeburt) und manches andere. Da es sich bei den Trägern dieser Glaubensvorstellungen zudem um einfache, wenig gebildete Personen handelt, ist es nicht verwunderlich, dass Vorstellungen von Wundern, Magie und anderen Phänomenen einer Volksreligion bei ihnen eine erhebliche Rolle spielen. Insgesamt kann man Teilen der „Ahl-i haqq" Aspekte einer stark ethnisch bestimmten, turkmenischen Heterodoxie nicht absprechen, wie sie auch bei anderen Gruppen, etwa den Kizilbash oder Yezidi, anzutreffen sind.

Literatur: *P. Franke,* Göttliche Karriere eines syrischen Hirten, Berlin 1994; *H. Halm,* Die islamische Gnosis. Die extreme Schia und die Alawiten, Zürich 1982; *K. E. Müller;* Kulturhistorische Studien zur Genese pseudoislamischer Sektengebilde in Vorderasien, Wiesbaden 1967.

P. Heine

Ahmadiyya

Die Ahmadiyya entstand vor allem im indischen Pundjab aus den Lehren des Mirza Ghulam Ahmad (1839–1908), der seit 1880 zahlreiche Publikationen vor allem mystischen Inhalts veröffentlicht hatte. Am 4. 3. 1889 erklärte er, er habe eine Offenbarung von Gott erhalten, nach der es ihm gestattet sei, die „Bay'a", die Treueerklärung von Anhängern, zu akzeptieren. Darauf schlossen sich ihm eine Anzahl von Jüngern an. Zu Konflikten mit einer muslimischen Mehrheit kam es, als er 1891 behauptete, er sei Masih (Christus) und Mahdi. Im Laufe der Zeit wurden seine Ansprüche noch komplexer, so z. B. als er 1904 an die Öffentlichkeit trat und erklärte, er sei ein „Avatar" von Krishna und schließlich der „Buruz", die Erscheinung Muhammads.

Die mystischen Elemente seiner Lehren spielen ebenfalls eine wichtige Rolle und machen heute wahrscheinlich die Anziehungskraft für Europäer und Amerikaner aus. Um Mirza Ghulam Ahmad gruppierte sich ein Kern von Anhängern, die sich nach seinem Tode als Gemeinschaft organisierten, die von einem Khalifen geführt wird.

Von dieser ersten Organisation spaltete sich dann eine kleine Gruppe ab, die Mirza Ghulam Ahmad nicht als Propheten, sondern als „Mudjaddid", als Erneuerer des Islams, versteht. Die größere Gemeinschaft zählt nach eigenen Angaben heute ca. eine Million Mitglieder. Ihr religiöses Zentrum liegt in Rabwah/Pakistan. Der grundsätzliche Konflikt dieser Gruppierung mit der muslimischen Mehrheit besteht in der Bewertung der Rolle des Mirza Ghulam Ahmad, den seine Anhänger als Propheten ansehen. Diese Auffassung widerspricht dem islamischen Dogma, dass Muhammad „das Siegel der Pro-

pheten“ (Koran 33, 40) sei. Hingegen stimmen die Anhänger der Ahmadiyya in ihrer sonstigen rituellen und religiösen Praxis mit dem Mehrheitsislam weitgehend überein. Sie werden immer wieder zu Apostaten erklärt, was, zumindest in Pakistan, zu zahlreichen Einschränkungen der religiösen Praxis und zu Belästigungen der Anhänger durch Einzelpersonen, aber auch durch staatliche Stellen geführt hat. Höhepunkt dieser Auseinandersetzung, die in Pakistan 1953 sogar zu bürgerkriegsähnlichen Zuständen geführt haben, war 1974 eine Erklärung der pakistanischen Nationalversammlung, die die Mitglieder der Ahmadiyya aus der religiösen Gemeinschaft des Islams ausschloss. Die Reaktion darauf bestand in einer starken Auswanderungsbewegung, bei der ein Netz von kleinen Ahmadiyya-Gemeinden in vielen Teilen der Welt den Exilanten Aufnahme und Betreuung bot.
Vor allem Angehörige der „neuen Eliten“ fühlten sich zur Ahmadiyya hingezogen, was zu einer gewissen Aufgeschlossenheit der Ahmadiyya gegenüber westlicher Technologie und Geisteswelt beitrug. Dabei mag auch die Tatsache eine Rolle gespielt haben, dass Mirza Ghulam Ahmad von Anfang an eine intensive Missionierung nicht nur unter Muslimen, sondern auch von Hindus, Sikhs und Christen des indischen Subkontinents begann. In der Folge weiteten sich diese Bemühungen auf andere Länder, vor allem nach Westafrika, aber auch nach Europa, aus. Besonders in Nigeria und Ghana hatte die Mission der Ahmadiyya große Erfolge, zu denen die Einrichtung von Krankenhäusern und Schulen beitrug. Von besonderer Bedeutung war vor allem aber die Tatsache, dass die Ahmadiyya das Dogma von der Unnachahmlichkeit des Korans nicht so verstand, dass es eine Übersetzung des Heiligen Buches der Muslime in andere Sprachen unmöglich machte. Festzuhalten ist in diesem Zusammenhang, dass die Ahmadiyya-Mission die erste muslimische Reaktion auf christliche Missionsbemühungen darstellt. Durch sie und gegen sie hat sich erst nach ihrem Auftreten eine islamische Missionsbewegung, vor allem in Westafrika, entwickelt. Inzwischen steht die Ahmadiyya-Mission unter starkem Druck von muslimischen Missionaren der orthodoxen Lehre, die durch internationale Muslim-Organisationen bei ihrer Arbeit gefördert und koordiniert werden.

Literatur: *M. D. Ahmed,* Ausschluss der Ahmediyya aus dem Islam, in: Orient 16 (1973), 123–151; *Y. Friedmann,* Prophety Continuous. Aspects of Ahmadiyya Religious Thought and its Medieval Background, Berkeley 1988; *M. Iqbal,* Islam and Ahmedism, Lahore 1936.

P. HEINE

ʿA'isha

Die dritte Frau des Propheten Muhammad war die Tochter Abu Bakrs. Die islamische Tradition spricht von ihr als seiner Lieblingsfrau. Sie wurde mit dem Propheten schon als Kind verheiratet. Die Hochzeit erfolgte noch in Mekka. In ihrem Charakter unterschied sich diese Ehe nicht von anderen Ehen Muhammads; denn alle waren politischer Natur. Durch die

Verbindung mit ʿA'isha wurde die Beziehung des Propheten zu dem einflussreichen und wohlhabenden Abu Bakr gestärkt. Die Quellen beschreiben ʿA'isha als außerordentlich schön, und Muhammad war ihr sehr zugetan. Sie war eine der wenigen Personen der frühen islamischen Gemeinde, die es sich leisten konnte, Muhammad gegenüber kritische Bemerkungen zu machen. Bekannt ist sie nicht zuletzt durch einen Skandal. In diesem Zusammenhang berichten die Quellen folgendes Ereignis: ʿA'isha hatte den Propheten und sein Heer auf einen Kriegszug begleitet. Bei einem letzten Halt vor der Rückkehr nach Medina entfernte sie sich von der Truppe, die aufbrach, ohne ihr Fehlen bemerkt zu haben. Ein junger Mann begleitete ʿA'isha nach Medina zurück, was Anlass zu vielfachem üblem Gerede gab. Eine Offenbarung (Koran 24, 11 ff.) machte jedoch ihre Unschuld deutlich und setzt zugleich fest, dass vier Zeugen für die Bestätigung einer Unzuchtshandlung notwendig sind.

Nach dem Tod des Propheten soll sie sich intensiv in die Auseinandersetzungen um die Führung der islamischen Gemeinde eingemischt haben. Sicher ist, dass sie nach der Ermordung des dritten Khalifen ʿUthman an den Nachfolgeauseinandersetzungen zwischen ʿAli und seinen Gegnern auf deren Seite gegen ʿAli agiert hat. Ihr Engagement ging sogar so weit, dass sie an der so genannten Kamelschlacht teilnahm. Nachdem ʿAli hier obsiegt hatte, zog sie sich wieder nach Medina zurück, wo sie 678 starb. Für die historische und religiöse Überlieferung gilt sie als eine Hauptautorität für die Weitergabe von Prophetentraditionen. Da sie als Gegnerin von ʿAli bekannt ist, erkennt die schiitische Hadith-Wissenschaft ihre Autorität nicht an. Auch neuere fundamentalistische Positionen lehnen sie als kompetente Überlieferin ab. Für viele Musliminnen der sunnitischen Welt ist sie ein Vorbild in der Lebensführung. So ist denn auch der Name ʿA'isha einer der häufigsten Frauennamen im sunnitischen Islam.

Literatur: *N. Abbott,* Aisha, the Beloved of Mohammed, Chicago 1942; *M. Watt.* Muhammad at Mekka, Oxford 1953; *ders.,* Muhammad at Medina, Oxford 1956; *G. Schoeler,* Charakter und Authentie der muslimischen Überlieferung über das Leben Muhammeds, Berlin 1996.

P. Heine

Aleviten

Bezeichnung einer besonders in der östlichen Türkei lebenden Religionsgemeinschaft vor allem kurdischer und turkmenischer Ethnie mit dogmatischen Vorstellungen, die sich aus dem schiitischen Islam entwickelt haben. Sie werden in der älteren Literatur auch als Qizilbasch (Rotköpfe) bezeichnet. Die Aleviten glauben an eine Wahrheit, die allmächtig, ewig und allgegenwärtig ist. Diese Macht erlegt dem Menschen Pflichten und Aufgaben auf, die durch ʿAli, der z. B. auch Mose und Jesus mit ihren Sendungen beauftragt hat, vermittelt werden. Die Aleviten glauben an eine Präexistenz ʿAlis, der auch heute noch präsent ist und seinen Anhängern durch die

Vermittlung des Heiligen Geistes erscheinen kann. Alle voll initiierten Aleviten sind ʿAli begegnet, der ihnen die nicht beantwortbaren Fragen des Lebens beantwortet hat. Dieser Kontakt kann jedoch nur von ʿAli ausgehen.

Die Rituale der Aleviten weisen Parallelen, aber auch Unterschiede zu islamischen Ritualen auf. Sie kennen Gebete und Gottesdienste, sind aber nicht verpflichtet, diese unter festgelegten Voraussetzungen wie der rituellen Reinheit zu vollziehen. Sie erkennen die heiligen Schriften von Juden, Christen und Muslimen an, verfügen aber auch über eigene. Vor allem aber wird die alevitische Lehre durch eine Kette von mündlichen Traditionen weitergegeben. Die Aleviten kennen auch eine Art von Sündenbekenntnis, was zu Vermutungen über ein zu Grunde liegendes christliches Substrat Anlass gegeben hat. Der eigentliche Gottesdienst besteht aus der Rezitation von Texten aus Bibel und Koran, der Lesung und Interpretation von Geboten ʿAlis und aus Gebeten. Männer und Frauen nehmen gemeinsam an diesem Ritual teil. Zu den Pflichten der Aleviten gehört auch das Fasten, das in den ersten zehn Tagen des islamischen Monats Muharram stattfindet und mit dem Gedenktag des Todes von Husain, dem Sohn ʿAlis, endet. Während der Fastenperiode dürfen die Fastenden nur alle drei Tage eine leichte Mahlzeit zu sich nehmen. Polygynie und die Verschleierung der Frauen ist unter den Aleviten nicht üblich. Frauen können in der Familie eine führende Rolle einnehmen, wenn sie dazu besser geeignet sind als die Männer.

In der Türkei gelten die Aleviten als aufgeschlossener und fortschrittlicher als sunnitische Muslime. In der Vergangenheit waren sie oft Verfolgungen durch die sunnitische Mehrheit ausgesetzt. Manche waren in den 70er und 80er Jahren des 20. Jahrhunderts stark von marxistischen Vorstellungen beeinflusst. Seit einigen Jahren lässt sich eine Rückkehr zu religiösen Vorstellungen auch bei ehemals linken Aleviten beobachten. Eine große Zahl der aus der Türkei nach Deutschland zugewanderten Arbeitsmigranten gehört der Gruppe der Aleviten an. Sie sind gut organisiert und verfügen über zahlreiche religiöse und soziale Zentren. Die türkischen Aleviten dürfen nicht mit der Gruppe gleichen Namens in Syrien verwechselt werden, die auch als Nusairier bezeichnet werden.

Literatur: *I. Melikof*, Le problème Kizilbas, in: Turcica 6 (1975); *P. Heine*, Islam. Politik und Identität. Zur Problematik der Alevitenminderheit in der Türkei, in: *L. Hagemann u. E. Pulsfort (Hrsg.)*, „Ihr alle seid Brüder". Festschrift für A. Th. Khoury, Altenberge 1990, 226–243.

P. Heine

ʿAli

ʿAli war Neffe und Schwiegersohn des Propheten Muhammad und vierter Khalif. Er war als einer der ersten von der Sendung des Propheten überzeugt. Schon im Alter von zehn Jahren, als er in den Haushalt Muhammads aufgenommen wurde, soll er Muslim geworden sein. Über seine

Rolle und seine Funktionen zu Lebzeiten des Propheten fanden zwischen Sunniten und Schiiten schwere Auseinandersetzungen statt. So soll er die Nacht, in der der Prophet Mekka verließ, um sich nach Medina zu begeben, in dessen Bett verbracht und so die mekkanischen Gegner der Muslime getäuscht haben. An allen großen Schlachten der islamischen Frühgeschichte bis zum Tod des Propheten nahm er teil und wurde von Muhammad auch mit quasi-diplomatischen Aufträgen bedacht.

Nach dem Tod des Propheten im Jahr 632 entstand zwischen ʿAli und Abu Bakr eine Auseinandersetzung um die Frage der Leitung der Gemeinde. Obwohl sich Abu Bakr durchsetzen konnte, weigerte sich ʿAli, diese Tatsache anzuerkennen. Seine Anhänger bildeten die Partei ʿAlis (shiʿat ʿAli). Auch mit dem zweiten Khalifen, ʿUmar, waren die Beziehungen nicht sehr viel besser. ʿAli war zwar ein Berater des Khalifen; doch hielt dieser sich in seiner politischen Tätigkeit kaum an seine Vorschläge, was die gegenseitige Wertschätzung nicht verstärkte. Ganz besonders schlecht war sein Verhältnis zum dritten Khalifen, ʿUthman. Diesen griff er wiederholt heftig an.

Diese Konflikte entwickelten sich aus Meinungsunterschieden erstens über die Frage der Verteilung der Beute aus den Kriegszügen der Muslime, zweitens über mögliche Neuerungen im rituellen Bereich und drittens durch ʿAlis Ansicht, dass die Führung der Muslime in der Hand der Familie des Propheten Muhammad, der Haschimiten, liegen und nicht für alle Angehörigen des Stammes der Quraysh möglich sein sollte. Motiv vor allem für den ersten Punkt war seine Ansicht, dass alle Möglichkeiten, auch die Kriegsbeute, für die Verbreitung des Islams genutzt werden sollten.

Aufgrund seiner Opposition gegen die herrschende Gruppierung wandten sich ägyptische Rebellen, die nach Medina zu Verhandlungen gekommen waren, an ʿAli, der als einer der Vermittler auftrat. Als die Rebellen den Khalifen töteten, hatten sie dazu zwar nicht seine Billigung; doch scheinen sie aus seinem Verhalten auf seine stillschweigende Zustimmung geschlossen zu haben. Seine Inaktivität brachte ihm den Vorwurf ein, er habe mit den Attentätern konspiriert. Verstärkt wurden diese Anschuldigungen durch das Verhalten der Rebellen, weil sie ihn zum Khalifen vorschlugen und bei der anschließenden Wahl dafür sorgten, dass sich eine Mehrheit der Wahlberechtigten für ʿAli entschied. Gegnerschaft gegen diese Wahl entstand sofort in Medina selbst, in Mekka, in Ägypten, vor allem aber in Syrien, wo ein naher Verwandter ʿUthmans, Muʿawiya, als Gouverneur in Damaskus residierte. Um diese Gegner seines Khalifats zur Anerkennung seiner Herrschaft zu zwingen, sammelte ʿAli Truppen, um nach Syrien zu ziehen. Zunächst musste er sich jedoch mit einer Gruppe von Gegnern auseinander setzen, unter denen sich auch ʿA'isha, die Lieblingsfrau des Propheten, befand. In diesem Fall gelang es ʿAli, mit Hilfe der im Iraq stationier-

ten Truppen die Oberhand zu behalten.
Gegen Muʿawiya hatte er einen schweren Stand. Anlass für die Auseinandersetzungen war die Forderung des syrischen Statthalters, ihm, einem Verwandten, die Mörder ʿUthmans auszuliefern. ʿAli lehnte diese Forderung ab. Die eigentliche Ursache des Konflikts lag jedoch wohl eher in der Frage danach, ob Syrien oder Iraq das zukünftige Machtzentrum des jungen islamischen Reiches sein sollte. In der Schlacht von Siffin im Jahr 657 schien sich ʿAli zunächst durchsetzen zu können. Dann jedoch steckten die Truppen Muʿawiyas Koranblätter auf ihre Lanzen und signalisierten dadurch, dass sie den Streit durch einen neutralen Schiedsspruch, der auf dem Koran basieren sollte, beilegen wollten. ʿAli gab dazu seine Zustimmung, und die beiden Armeen zogen sich in ihre Basen zurück. ʿAlis Reaktion war allerdings nicht unumstritten. Eine Gruppe seiner Anhänger lehnte dieses Vorgehen ab, da die Entscheidung in dieser Auseinandersetzung nicht von Menschen, sondern nur von Gott getroffen werden sollte. ʿAli versuchte, diesen Konflikt innerhalb des eigenen Lagers durch Verhandlungen zu entschärfen, war dabei jedoch nur teilweise erfolgreich. Eine beträchtliche Anzahl seiner Anhänger, die in der Folge als Kharidjiten bezeichnet wurden, wandten sich von ihm ab, verließen sein Lager und sammelten sich in Nahrawan in der Nähe des Tigris. Inzwischen war die Entscheidung des Schiedsgerichts zu ʿAlis Überraschung gegen ihn gefallen. In Syrien war Muʿawiya als Khalifen gehuldigt worden. Daher sammelte ʿAli sein Heer, um den Rivalen zu bekämpfen. Zunächst wandte er sich jedoch nach Nahrawan, um die Kharidjiten zur Rückkehr zu bewegen. Dabei war er nur mäßig erfolgreich. Daher griff er die Abtrünnigen an und vernichtete sie.
Dieser Vorgang hatte in vielfacher Hinsicht negative Konsequenzen für ʿAli. Zu den Getöteten gehörten viele frühe, fromme Muslime, was dem Prestige ʿAlis schadete. Als Reaktion auf diese Ereignisse verließen ihn noch mehr Anhänger, so dass er seinen Feldzug gegen Syrien nicht beginnen konnte und geschwächt nach Kufa zurückkehren musste. Dort wurde er aus Rache für die in der Schlacht von Nahrawan gefallenen Kharidjiten im Jahre 661 ermordet. Um sein für ein Jahrhundert geheim gehaltenes Grab entstand später die Stadt Nadjaf.
ʿAli war ein mäßig begabter Politiker. Die Quellen beschreiben ihn als unsicher und unflexibel. Seine starre Haltung mag aus seiner starken Überzeugung von der Sendung Muhammads herrühren. Er wird als sehr fromm und korrekt in der Erfüllung der islamischen Glaubenspflichten beschrieben. Seine Frömmigkeit macht es erklärbar, dass er gegen Abtrünnige unbarmherzig auch mit Waffengewalt vorging, sich aber andererseits dem Schiedsgericht von Siffin unterwarf. Die Überlieferung rühmt ihn im Übrigen wegen seiner großen Beredsamkeit und einer beträchtlichen literarischen Begabung. Zitate aus einem Diwan und einer

Sammlung seiner Aussprüche gehören zu dem, was Araber als beispielhafte arabische Sprachbeherrschung und Literatur ansehen.
In der religionsgeschichtlichen Bewertung geht die Bedeutung ʿAlis weit über diese historischen Fakten hinaus. Nach Meinung seiner Anhänger, der Schiiten, sind er und seine Nachfolger ihre Imame. Nur bei ihnen liegt die spirituelle Leitung der Gemeinde. Die Schiiten sind der Überzeugung, dass die islamische Gemeinde zu allen Zeiten eines von Gott inspirierten und sündenfreien Leiters bedarf. Gottes Eigenschaft der Güte impliziert, dass eine solche Person immer vorhanden ist.
Nach schiitischer Auffassung ist ʿAli der erste dieser Imame nach Muhammad, dem der Prophet zudem die innere Bedeutung des Korans erklärt hat, so dass er das Wort Gottes vollkommener als jeder andere kennt. Diese Einschätzung seiner Person ist die Basis für die Erweiterung des islamischen Glaubensbekenntnisses bei den Schiiten: Es gibt keinen Gott außer Gott, Muhammad ist der Gesandte Gottes – und ʿAli ist der Freund Gottes. Die Schiiten schreiben ʿAli alle nur vorstellbaren positiven Eigenschaften zu. Dazu gehört vor allem sein Sinn für soziale Gerechtigkeit und seine Sorge für die Armen und Schwachen. Daher sind es während der gesamten islamischen Geschichte bis zum heutigen Tag vor allem die Randgruppen der islamischen Gesellschaften, die ihn besonders verehren. Diese Verehrung hat teilweise Züge angenommen, die auch von schiitischen Muslimen nicht mehr akzeptiert werden. „Ghuluw" (Übertreibung) hat dazu geführt, dass man den Tod ʿAlis leugnete oder ihn mit Allah gleichsetzte. Diese extremen Formen der ʿAli-Verehrung führte zur Bildung verschiedener Sekten wie die Ismaʿiliyya oder die Ahl-i haqq.

Literatur: *L. Veccia Vaglieri.* Il conflitto Ali-Muʿawiya e la secessione kharigita reisaminati alla lure di fonti ibadite, in: AIUON 1952, 1–94; *W. Ende:* Der schiitische Islam, in: *W. Ende/U. Steinbach (Hrsg.).* Der Islam in der Gegenwart. München 1984, 70–90; *J. Friedlander,* Heterodoxies of the Shiites, New York 1909; *H. Halm,* Die Schia, Darmstadt 1988; *I. Schober,* Das Heiligtum ʿAli b. Abi Talibs in Najaf. Grabstätte und Wallfahrt, Frankfurt 1991; *W. Madelung,* The Succession to Muhammad. A Study of the early Coliphate, Cambridge 1997.

P. Heine

Alkoholische Getränke ↗ *Wein*

Allah ↗ *Gott*

Almosen ↗ *Abgabe*

Altes Testament

Von den Büchern des Alten Testaments (s. Bibel) nennt der Koran nur die Thora (s. dort) bzw. den Pentateuch (taurat) und die Psalmen (zabur) mit Namen. Die alttestamentlichen Erzählungen, die sich im Koran finden, hat Muhammad durch Umgestaltung seiner theologischen Linie angepasst.

Literatur: *s. Bibel.*

L. Hagemann

Apologetik

Die Funktion der Apologetik erfüllt in der islamischen Religionslehre der so genannte Kalam, d. h. die Wissenschaft vom Wort (vom Wort Gottes, oder besser: von der Beweisführung). Sie hilft, die Echtheit der prophetischen Sendung, die Wahrheit der Offenbarung und der islamischen Glaubensinhalte sowie die Bestimmungen der Ordnungsvorstellungen des Islams gegen die Einwände und Angriffe der Nicht-Muslime zu verteidigen. Die erste Reflexion über religiöse Fragen im Islam entstand anlässlich des Streites um die Nachfolge Muhammads, der nach sunnitischer Auffassung starb, ohne seine Nachfolge an der Spitze der Gemeinde geregelt zu haben. Die Frage nach der Legitimität der „Gesamtleitung der Gemeinschaft" (imama) spaltete die Frühgemeinde in Parteien, deren Hauptkontrahenten die Sunniten und die Schiiten waren. Bereits unter den Umayyaden (661–750) und später im Zuge der religiösen Auseinandersetzungen zwischen den Muslimen auf der einen und den Christen, den Juden und den Persern auf der anderen Seite entwickelten sich die ersten zaghaften theologischen Überlegungen über den Glauben und die Argumente zur Verteidigung der islamischen Lehre.

Unter den ʿAbbasiden (ab 750), als die griechische und hellenistische Philosophie zunehmend rezipiert wurde, mussten die Gelehrten des Islams ihren Glauben verteidigen und seine Aussagen über Gott, die Schöpfung, den Menschen (seine Handlungen und sein Schicksal) und über die Prophetie und die letzten Dinge mit den Lehren der Philosophie konfrontieren und zugleich die Haltung des Islams zur Philosophie überhaupt festlegen. Denn es stellte sich immer dringender die Frage, ob Glaube und die Aufnahme philosophischen Denkens vereinbar sind, ob Zweifel oder Untreue gegenüber den Vorschriften des Gesetzes den Glauben so beeinträchtigen, dass der Betreffende nicht mehr als Gläubiger zu gelten hat und also des Abfalls vom Glauben bezichtigt werden darf. Dies bedingte, dass die theologische Reflexion eher eine defensive Apologetik wurde und sich weniger der Aufhellung der Glaubensinhalte und der Vertiefung religiöser Aussagen widmete. Eine Einengung des Horizontes des Kalam als Wissenschaft von der Beweisführung war die Folge. Es ging nämlich immer mehr darum, erst den Standpunkt des Gegners zu definieren und also in den Mittelpunkt zu stellen, um ihn wirksamer widerlegen zu können. So entwickelte sich der Kalam sozusagen am Rande des religiösen Lebens und konnte keinen bestimmenden Einfluss nehmen auf das Leben der Gemeinde, auf die Ausgestaltung ihrer Religiosität und die Festlegung ihrer Lebensordnung. Am Schluss der Entwicklung konnte der Kalam lediglich als Hilfsmittel, und zwar nur für Zweifler und so genannte kranke Geister, angesehen und dann auch diskreditiert werden.

Die Apologetik des Islams kennt zwei Formen der Darstellung. Der erste Schritt besteht darin, die Position der eigenen Gemeinschaft bzw. Schule in so genannten Glaubensbekenntnissen (ʿaqa'id) darzulegen. Solche Glaubensbekenntnisse können sich entwickeln, je nachdem, ob neue Einwände oder Differenzen im Verständnis der Lehre aufkommen. Daher liefern sie wertvolle Informationen über den Stand des geistigen und religiösen Denkens in den verschiedenen Epochen der Geschichte des Islams. Im 14. Jahrhundert, als der Islam die Gegenströmungen ausgemerzt hatte und nun eine unumstrittene Herrschaft ausübte, erlahmte auch das theologische (apologetische) Denken. Von da an wurden die Glaubensbekenntnisse nicht mehr neu aufgelegt, ergänzt und mit neu gestalteten Argumenten versehen, sondern nur noch Kommentare und Kurzdarstellungen früherer Werke der klassischen Zeit verfasst. Hier sind die Gegner nicht mehr die Ungläubigen oder die Philosophen: hier gilt es eher, die Abweichler bzw. Häretiker zurückzuweisen.

Der zweite Schritt der apologetischen Methode ist die Widerlegung der Gegner. Dabei wird die Methode der Logiker angewandt: ein Syllogismus in drei Sätzen. Oder es wird wie in früheren Zeiten die Methode der Rechtsgelehrten bevorzugt, die auf der Beweisführung (istidlal) oder der Analogie (qiyas) gründet. Sie „geht von Gleichartigem zu Gleichartigem, von Gleichartigem zum Gegenteil, vom Mehr zum Weniger, vom Weniger zum Mehr über und stützt sich dabei immer auf ein Zeugnis der Autorität“ (Louis Gardet).

Heute unterscheidet die islamische Theologie zwischen zwei Kategorien von Lehrsätzen. Die Glaubensaussagen (samʿiyyat: was vom Hören kommt) gründen auf der Autorität Gottes und seiner Offenbarung im Koran und werden durch die Tradition überliefert: Das sind die Aussagen über die positiven Attribute Gottes, über die prophetische Sendung, über Glauben und Unglauben, über die Gesamtleitung der Gemeinschaft sowie über die letzten Dinge. Neben diesen Aussagen gibt es Lehrsätze, die man ʿaqliyyat, d. h. dem Verstand zugänglich, nennt und die sich beziehen auf die Existenz Gottes, auf seine Werke, auf das Menschenbild usw.

Heute hat die islamische Theologie neben der Aufgabe, die Glaubenserkenntnis zu vertiefen und zur Besserung der Qualität islamischer Religiosität beizutragen, sich der Notwendigkeit zu stellen, eine Neuorientierung in der modernen Welt vorzunehmen und zu kämpfen gegen die Angst vor einer wissenschaftlichen Exegese und einer aufklärerischen Religionskritik.

Literatur: *M. Steinschneider,* Polemische und apologetische Literatur in arabischer Sprache zwischen Muslimen, Christen und Juden, Leipzig 1877; *W. C. Smith,* Der Islam in der Gegenwart, Frankfurt 1963; *L. Gardet,* Islam, Köln 1968; *T. Nagel,* Geschichte der islamischen Theologie, München 1994.

A. Th. Khoury

Araber

Die Araber sind eine große ethnische Gruppe semitischer Herkunft von ca. 150 Millionen Menschen. Sie bewohnen überwiegend den geografischen

Raum zwischen Marokko im Westen und dem Iraq im Osten. Die nördliche Grenze ihres Siedlungsgebiets ist das Mittelmeer, im Süden die Sahara und das Arabische Meer. Arabische Minderheiten leben in der Sahara und im Sahel, im Iran und in Zentralasien. Größere arabische Emigrantengruppen sind in den USA und in Lateinamerika zu finden. Angesichts dieser gewaltigen geografischen Verteilung sind Zuordnungskritieren nur sehr allgemein festzulegen. Gemeinsame physisch-anthropologische Züge, Sozialstrukturen, Wirtschaftsformen, religiöse Bekenntnisse und Praktiken und historische Traditionen lassen sich kaum feststellen. Als Gemeinsamkeit bleibt im Grunde neben der arabischen Sprache (s. Arabisch) nur das ethnische Selbstbewusstsein, d. h. eine Person identifiziert sich mit dem arabischen Erbe und den kulturellen Werten und Vorstellungen, die mit einem Arabertum verbunden werden. Dabei spielt es keine Rolle, ob jemand Ägypter oder Mauretanier, Nomade oder Ingenieur, Muslim oder Christ ist.

Gesellschaftsstruktur

Die arabische Kultur entstand auf der Arabischen Halbinsel in einer ökologischen Situation, die gekennzeichnet war auf der einen Seite von großen Trockengebieten, die lediglich eine nomadische Lebensweise ermöglichten, und andererseits von Oasen, in denen ein sesshaftes, städtisches Leben möglich war. Trotz dieser Dichotomie sind die Normen und Traditionen, die in diesem Raum entwickelt wurden, Ergebnis des harten Lebens der Bewohner der Wüste und Oasenstädte. Die arabischen Nomaden, die Beduinen, leben in einem Gebiet, das keinen erfolgreichen Anbau von Feldfrüchten ermöglicht. Sie betreiben daher einen Pastoralnomadismus, der sich dadurch auszeichnet, dass die Gruppe in weiten, festgelegten Schweifgebieten nach Wasser und Nahrung für ihre Herden suchen (horizontaler Nomadismus) und sich bei der Bestimmung ihrer Lagerplätze nach den jeweiligen Gegebenheiten richten müssen. Die Sozialstruktur dieser Beduinengesellschaft kennt als kleinste Einheit den Haushalt (bayt), der aus einem Ehepaar, seinen unverheirateten Kindern und den verheirateten Söhnen mit ihren Frauen und Kindern besteht. Mehrere solche Zeltgemeinschaften, die vor allem während der Wanderungen Aktionseinheiten bilden, sind eine „Dar“. Die nächst größere Einheit ist die Abstammungslinie (fakhdh), der der Clan folgt. Mehrere Clans zusammen bilden den Stamm (qabila). Der Zusammenhang dieser Gruppierung beruht auf der Tatsache, dass alle ihre Abkunft von einem gemeinsamen männlichen Vorfahren postulieren. Im Übrigen ist die Beduinengesellschaft stark segmentiert. Unter segmentären Gesellschaften versteht man solche Gruppen, die in häufig symmetrischer Weise aus einander ähnlichen Untergruppen zusammengesetzt sind, die keine speziellen Unterscheidungsmerkmale aufweisen und untereinander keine politische oder andere Priorität haben. Die Untergruppen sind wieder symmetrisch unterteilt. Diese Unterteilung der Gruppen wird so lange fortgesetzt, bis die Kernfamilie erreicht ist. Die aus dieser Ordnung resultierenden Verpflichtungen für das einzelne Mitglied in einer segmentären Gesellschaft werden vor allem im Fall der Blutrache nach der Tötung eines Gruppenmitglieds zwingend. Der Tatbestand der Tötung wird nicht nur als sozialer oder ökonomischer Verlust angesehen, sondern ist auch und vor allem eine Verletzung der Ehre der Verwandtschaftsgruppe, aus der der Getötete kommt. Nur in solchen Situationen kommt es notwendigerweise zu gemeinsamen Aktionen größerer Gruppen. Im Übrigen leben die einzelnen Haushalte unabhängig, selbstständig und eigenverantwortlich. Sie sind akephal, d. h. sie verfügen nicht über eine hierarchische politische Struktur, vielmehr verstehen sich die einzelnen Gruppenmitglieder als politisch gleichwertig. Zwar gibt es politische und militärische Führer, die zunächst jedoch nur aufgrund ihrer persönlichen Überzeugungskraft und ihres Rufes in der Lage sind, größere Gruppen zu Aktionseinheiten zusammenzufassen. Da sich aber auch in der beduinischen Gesellschaft Formen der wirtschaftlichen Schichtenbildung finden, haben sich Klientelverhältnisse entwickelt, die das deklarierte Gleichheitsideal relativieren. Die ökonomische Ungleichheit findet sich in einem noch stärkeren Maße bei den sesshaften, in der Regel Ackerbau betreibenden Arabern. Das wirkt sich auf die Formen der Sozialstruktur weniger aus als auf die politischen Strukturen, die fast ausschließlich auf einem Patron-Klienten-Verhältnis aufgebaut sind.

Werteskala

Wichtiger als wirtschaftlicher oder politischer Erfolg ist in der Werteskala der arabischen Gesellschaft jedoch die Ehre (hurma). Die Ehre eines Mannes hängt ab von seinem würdevollen Verhalten, seiner Frömmigkeit, Geduld, Klugheit, besonders aber vom Verhalten der Frauen seiner Familie. Wenn diese bescheiden und zurückhaltend sind, vor allem aber, wenn sie vor und nach ihrer Verheiratung ihren makellosen Ruf bewahren, ist die Ehre der Männer der Familie gesichert. Um diesen Ruf zu sichern, gibt es unterschiedliche Mittel, von denen eins die Verheiratung des Mädchens mit seinem Cousin väterlicherseits (ibn ʿamm) ist. Diese Heiratspräferenz findet sich in zahlreichen anderen islamischen ethnischen Gruppen von den Arabern übernommen.

Der Islam und die Araber

Für den Islam als religiöses System sind aus der Gesellschaftsstruktur der Araber zwei wichtige Momente angesprochen worden. Der Islam ist eine Religion, die keine rassischen oder ethnischen Unterschiede kennt. Vor Gott sind alle Muslime gleich. Dennoch haben die Araber eine besondere Position im Spektrum der islamischen Völkergemeinschaft. Ihre Sprache ist es, in der der Koran offenbart worden ist; sie ist die klassische Sprache der islamischen Theologie. Diejenigen, die diese Sprache als Muttersprache sprechen, genießen ein besonderes Prestige. Der Prophet Muhammad war ein Araber, und von daher werden Araber von anderen ethnischen Gruppen als ihm näher stehend angesehen und in manchem nachgeahmt. Das gilt z. B. für die geschilderte Heiratspräferenz. Das andere islamische Moment, das seinen Ursprung in den sozialen und politischen Verhältnissen der Araber hat, beruht auf der Tatsache, dass der (sunnitische) Islam keine offenen hierarchischen Strukturen entwickelt hat. Was gilt, sind Frömmigkeit und Gelehrsamkeit, Eigenschaften, die jeder erwerben kann. Durch sie kann man persönliche Autorität erlangen, die jedoch durch eine Institution kaum gesichert werden kann. Es herrscht in diesem Bereich im Grunde die gleiche Egalität wie in der beduinischen Stammesgesellschaft.

Literatur: *H. Ammar,* Growing up in an Egyptian Village, London 1954; *T. Asad,* The Kababish Arab: Power, Authority and Consent in a Nomadic Tribe, New York 1970; *J. Charmichael,* The Shaping of the Arabs: A Study in Ethnic Identitiy, London 1969; *C. Coon,* Caravan: Story of the Middle East, Berkeley 1958; *P. Heine,* Einführung in die Ethnologie des Nahen und Mittleren Ostens, Berlin 1988; *R. Lawless,* The Middle Eastem Village. Changing Economic and Social Relations, London 1987; *M. Rodinson,* Les Arabes, Paris 1979.

P. Heine

Arabien

Die etwa rechteckige Arabische Halbinsel erstreckt sich über eine Länge von 2200 km und eine Breite von 1200 km. Sie ist im Westen, Süden und Osten vom Roten Meer, dem Golf von Aden, der Arabischen See und dem Persisch-Arabischen Golf umgeben, im Norden geht sie in die Syrische Wüste über. Die Halbinsel ist gekennzeichnet durch eine riesige, nach Osten geneigte, zentrale Wüstenlandschaft, die „Arabische Tafel". An ihrem nördlichen, westlichen und zum Teil auch am südlichen Rand befinden sich mächtige Gebirgszüge, in deren Nachbarschaft sich im Norden und Westen Vulkangebiete befinden. Gebirge, Schichtstufen, Sandseen und Lavablockfelder prägen die Landschaft immer wieder.

Die Staaten der Arabischen Halbinsel sind Saudi-Arabien, Kuwait, Bahrain, Katar, die Vereinigten Arabischen Emirate, Oman und Jemen. Man schätzt die Gesamteinwohnerzahl aller Staaten auf 21 Millionen.

Die Geschichte der Arabischen Halbinsel ist durch die Tatsache gekennzeichnet, dass sie, nachdem sich das politische Zentrum der islamischen Welt nach Damaskus und später nach Baghdad verschoben hatte, weitgehend in den Schatten der historischen Entwicklung geriet. Lediglich die Tatsache, dass nur die Kontrolle über das Pilgerzentrum Mekka einem islamischen Herrscher das notwendige Ansehen verschaffte, um Anspruch auf die Führung der gesamten islamischen Welt erheben zu können, führte dazu, dass verschiedene Dynastien versuchten, dieses Gebiet zu kontrollieren. Diese Kontrolle war niemals vollkommen. Es konnten zahlreiche kleine Herrschertümer entstehen, in denen sich islamische Häretiker zusammenfanden, die in den unwirtlichen Rückzugsgebieten der Arabischen Halbinsel einige Sicherheit fanden. Daher gibt es bis auf den heutigen Tag auf der Halbinsel zahlreiche Sekten, die hier Staaten bilden konnten. Als Beispiele seien genannt die Schiiten von Bahrain, die Ibaditen von Oman und die Zaiditen im Yemen. Im Grunde stellt auch der wahhabitische Islam in Saudi-Arabien eine islamische Sonderform dar. Dabei muss jedoch betont werden, dass die Wahhabiten (s. dort), die sich selbst die Bezeichnung „al-Muwahhidun" oder „Ahl al-tauhid" (Bekenner der Einheit Gottes) geben, von sich meinen, dass sie in keiner Weise eine eigene Lehrmeinung vertreten, sondern lediglich zur Befolgung der Schule des Ahmad ibn Hanbal aufrufen. Die häufig anzutreffende Identifizierung wahhabitischer Ziele und beduinischer Vorstellungen ist historisch falsch. Beduinische Traditionen wurden und werden allerdings von der herrschenden Dynastie zur Stärkung ihrer innenpolitischen Stellung benutzt. Lange Zeit war Saudi-Arabien der einzige islamische Staat der Neuzeit, bei dem das Postulat von „Din wa daula", also der Durchdringung eines gesamten staatlichen Gemeinwesens mit den Forderungen des Islams, Realität war. Und auch heute noch ist es das deklarierte Ziel der saudischen Staatsführung, ein Gemeinwesen zu leiten, das den Idealen eines islamischen Staates entspricht.

Eine besondere Bedeutung hat die Arabische Halbinsel für die Muslime in der gesamten islamischen Welt. Es ist die Religion, in der sich die bedeutendsten Heiligtümer des Islams, die heiligen Städte Mekka und Medina, befinden, es ist die Region, in der der Prophet Muhammad geboren und der Koran offenbart wurde. Auf der Arabischen Halbinsel befindet sich die Wiege des Islams. Diese Tatsache hat dazu geführt, dass Muslime, vor allem aus den Randgebieten der islamischen Welt, die Arabische Halbinsel in einem besonderen Licht betrachteten. Der andalusische Rechtsgelehrte und Autor eines Pilgermanuals Ibn Djubair (1145–1217) beschreibt die Halbinsel in den schönsten Farben und behauptet, dass die Früchte und Gemüse dort besser seien als in seiner spanischen Heimat. Für viele Muslime stellt die Arabische Halbinsel ein „Heiliges Land" dar.

Literatur: *E. Wohlfahrt,* Arabische Halbinsel, Berlin 1980; *F. Altheim/R. Stiehl,* Die Araber in der Alten Welt, 6 Bde., Berlin 1963–1968; *O. Baumhauer,* Arabien, Dokumente zur Entdeckungsgeschichte, Stuttgart 1965; *D. Hopwood (Ed.),* The Arabian Peninsula, London 1971.

P. Heine

Arabisch

Arabisch ist die bedeutendste islamische Sprache. Es gehört zur Gruppe der hamito-semitischen Sprachen und innerhalb dieser zu der südwestsemitischen Untergruppe. Es ist aber auch verwandt zu den nordwestsemitischen Sprachen. Älteste Dokumente des Arabischen gehen auf das 8. Jahrhundert vor Christus zurück. Während es sich bei diesen assyrischen Belegen vor allem um Namenslisten handelt, sind die dedanitischen, lihyanischen, thamudischen und safatenischen Graffiti schon so umfangreich, dass von ihnen erste grammatische Skizzen erstellt werden konnten. Die Schrift dieses frühen Arabisch war Nabatäisch, vor allem aber Aramäisch. Kennzeichnend auch für diese frühe Sprachform ist die Tatsache, dass sie in zwei Dialektgruppen aufgeteilt war, dabei wird eine östliche Gruppe (in der Golfregion) und eine westliche Gruppe (z. B. im Hidjaz) unterschieden, während die jemenitischen Dialekte auch in dieser frühen Zeit einen besonderen Platz einnehmen.

Die ältesten Texte eines „klassischen" Arabisch stammen aus dem 3. Jahrhundert nach Christus. In Zabad finden sich christliche Inschriften in Arabisch, die von einer griechischen Übersetzung begleitet sind. Sie stammen aus dem Jahre 512. Dies hat zu der Vermutung Anlass gegeben, dass die arabische Schrift von christlichen Missionaren erfunden worden sei. Weiter entwickelt wurden Sprache und Schrift am Hofe von Hira.

Heute wird Arabisch von ca. 140 Millionen Menschen gesprochen. Hauptverbreitungsgebiete sind die Arabische Halbinsel, das Gebiet des Fruchtbaren Halbmondes (Iraq, Syrien, Libanon, Palästina), Ägypten, Sudan, Nordafrika (Libyen, Tunesien, Algerien, Marokko, Mauretanien), ferner Djibuti, Zanzibar, Malta und einige Sprachinseln in Afghanistan und den zentralasiatischen Teilen der Sowjetunion. Eine besondere und grundsätzliche Schwierigkeit der sprachlichen Situation des Arabischen beruht auf der Tatsache, dass zwischen der Schriftsprache und den Umgangssprachen unterschieden werden muss. Während die Schriftsprache für die schriftlichen Fixierungen von Texten und in seltenen Fällen in rhetorisch hochstehenden Reden und mündlichen Verlautbarungen Verwendung findet, ist die Umgangssprache das fast ausschließliche Medium jeder Form von mündlichem Austausch. Die Anwendung der Umgangssprache ist nicht schicht- oder klassenspezifisch; daher sind Bezeichnungen wie Dialekt oder Soziolekt unzutreffend. Die verschiedenen Umgangssprachen unterscheiden sich bis zur gegenseitigen Unverständlichkeit der jeweiligen Sprecher voneinander; die Differenz zur Schriftsprache ist beträchtlich. Araber müssen die Schriftsprache wie eine Fremdsprache in der Schule lernen.

In der arabischen Schrift werden neben den Konsonanten nur die langen Vokale ausgedrückt. Für die kurzen Vokale existieren zwar Vokalzeichen, die jedoch kaum Anwendung finden. Der Leser muss daher die Morphologie und Syntax des Arabischen beherrschen, um einen schriftlich fixierten Text verstehen zu können. Dies ist möglich, da das Arabische, ähnlich dem Hebräischen, auf einem Wurzelsystem aufbaut. Das heißt, man verändert eine Wurzel XYZ stets durch die Hinzufügung der gleichen Pärfixe, Infixe oder Suffixe, die die Vokalisierung des jeweiligen Morphems bestimmen. Bis zu einem ge-

wissen Grade ist auch die jeweilige Bedeutung des Morphems vorhersagbar, wenn man die Grundbedeutung der Wurzel kennt.
Für die islamische Welt ist das Arabische als Sprache deshalb von überragender Bedeutung, weil in ihm der Koran, das Heilige Buch der Muslime, offenbart wurde. Der arabische Koran ist für die Muslime das Wort Gottes. Arabisch ist daher die Sprache Gottes. Es gehört zu den Dogmen des Islams, dass der Koran unnachahmlich ist.
Dies bedeutet, dass er auch nicht in andere Sprachen übersetzt werden kann. Heute vorhandene Übersetzungen in andere islamische Sprachen, vor allem ins Türkische, Urdu oder das Malayische werden daher als Korankommentare apostrophiert. Im Grunde muss jeder Muslim das Arabisch des Korans lernen, um das Wort Gottes völlig verstehen zu können. Dieses Postulat hat zu dem hohen Prestige dieser Sprache in der gesamten islamischen Welt geführt.
Nachweisbar ist diese Wertung an der Tatsache, dass zahlreiche islamische Völker das arabische Alphabet benutzt haben, um ihre eigenen Sprachen schriftlich wiederzugeben. Genannt seien hier das Persische, das Urdu, die westafrikanische Verkehrssprache Hausa, die ostafrikanische Verkehrssprache Suaheli oder bis 1923 das Osmanisch-Türkische. Die Mehrzahl der bedeutenden Werke der klassischen und modernen islamischen Theologie ist auf Arabisch verfasst worden. Daher ist es für jeden islamischen Religionsgelehrten unabdingbar, dass er die Sprache des Korans und des Propheten Muhammad beherrscht. Die Fähigkeit, Arabisch zu lesen und zu sprechen, hat in einigen rezenten Fällen dazu geführt, dass in Westafrika ethnische Gruppen, die sich durch länger islamisierte Gruppen bevormundet fühlten, ein besonderes Interesse am Arabischen bekundeten, um sich auf diese Weise als besonders fromme Muslime hervorzutun.

Literatur: *W. Fischer,* Grundriss der Arabischen Philologie, 2 Bde., Wiesbaden 1985; *K. Versteegh,* The Arabic Language, Edinburgh ²2001; *J. Fück,* Arabiya. Untersuchungen zur arabischen Sprach- und Stilgeschichte, Berlin 1950; *H. Wehr,* Die Besonderheiten des heutigen Hocharabischen. Mit Berücksichtigung der Einwirkung der europäischen Sprachen, in: Mitteilungen des Seminars für orientalische Sprachen 37 (1934), 1–64.

P. Heine

Arabismus (Pan-Arabismus)

Der Pan-Arabismus ist eine nahöstliche Ideologie, die in den 50er und 60er Jahren des 20. Jahrhunderts politische Relevanz erhielt. Bis zur Mitte des 19. Jahrhunderts war der islamischen Welt der Begriff „Nation" unbekannt. Man unterschied zwischen „Dar al-islam" (Gebiet des Islams) und „Dar al-harb" (Gebiet des Krieges) und benutzte den Begriff der „Umma", der im Übrigen die Gemeinschaft aller Muslime beschreibt. Mit der Übernahme des Nationenbegriffs ergaben sich im Grunde keine Veränderungen in diesem Konzept, da man nun im Rahmen der Ideologie des Pan-Islamismus von

einer einheitlichen islamischen Nation ausging.
Erst mit dem Beginn des 20. Jahrhunderts entstand im Vorderen Orient eine Form von Nationalismus, die vornehmlich territoriale Aspekte beinhaltete. Manchen Nordafrikanern wurde deutlich, dass die Kultur und die Traditionen des Maghreb in sich eine Einheit bildeten und sich von denen der arabischen Regionen östlich des Nils unterschieden. In Ägypten beriefen sich zahlreiche Intellektuelle auf das vor-islamische, das pharaonische Erbe des Niltals, und im syro-libanesischen Raum bezog man sich auf die ebenfalls vor-islamische phönizische Kultur. Man sah die einzelnen Staaten jeweils als historische Einheit, die sich von den kulturellen und politischen Traditionen der Nachbarstaaten unterschieden.
Diese Partikular-Nationalismen standen in Konkurrenz zum Pan-Arabismus, dessen erste Formulierungen auf Autoren wie ʿAbd al-Rahman al-Kawakibi und Muhammad Rashid Rida um die Zeit der Jahrhundertwende zurückgehen. Bei diesem Konzept stand das politische Moment zunächst im Hintergrund. Es ging den Vertretern dieser Vorstellungen vor allem um die Sicherung des arabischen Primats im Islam. Nach und nach wurde dieser Anspruch von arabischen Intellektuellen und Offizieren innerhalb des Osmanischen Reiches übernommen. Dies war auch das Konzept, mit dessen Hilfe es der britischen Regierung während des Ersten Weltkrieges gelang, den Sharifen von Mekka und seine Anhänger zu einem Aufstand gegen die Kräfte des Osmanischen Reiches zu bewegen.
Nach anfänglich wenig entwickelten theoretischen Vorstellungen über einen gesamtarabischen Nationalismus war es Satiʿ al-Husri, der eine komplexe und in sich stimmige politische Theorie des Pan-Arabismus entwickelte. Dabei wurde er besonders von deutschen Autoren wie Herder, Fichte und Arndt beeinflusst. Außerdem spielen bei seinen Überlegungen auch die Theorien Ibn Khalduns eine wichtige Rolle. Jedoch setzten sich die Vorstellungen Satiʿ al-Husris erst nach dem Zweiten Weltkrieg durch. Dieser Erfolg entwickelte sich angesichts der Ohnmacht der arabischen Staaten gegenüber der Schaffung des Staates Israel. Betont wurde nun die gemeinsame Sprache, Geschichte und Kultur der Araber. Das Konzept hatte das Ziel, den Partikularismus der einzelnen Staaten der Region zu überwinden und zugleich einen der Gründe für die Schwäche und Abhängigkeit der arabischen Welt von den europäischen Kolonialmächten zu beseitigen.
Politisch wirksam wurde der Pan-Arabismus in drei Formen: in dem nach dem ägyptischen Präsidenten Gamal Abd al-Nasir benannten „Nasserismus", der Ideologie der in Syrien entstandenen Baath-Partei, deren Programm nicht zuletzt von dem syrischen Christen Michel ʿAflaq bestimmt worden ist, und den Vorstellungen, die der libysche Staatsführer al-Qadhdhafi entwickelt hat. Es finden sich jedoch bei ihm,

wie auch schon bei Abd al-Nasir, Tendenzen hin zu einer Überwindung des Pan-Arabismus und zur Einbindung der arabischen in die so genannte „Dritte Welt“. Allen Formen des Pan-Arabismus ist gemeinsam, dass sie versuchen, die kulturellen Übereinstimmungen der arabischen Welt zu betonen, die vorhandenen Unterschiede, auch die religiösen, bleiben unbeachtet. An eben diesen Unterschieden aber scheiterten die zahlreichen, zum Teil kurzlebigen Versuche von Staatenbildung aus verschiedenen Einzelstaaten, wie z. B. die Union aus Ägypten und Syrien, die Vereinigte Arabische Republik (1958–1961) oder die nicht weniger erfolglosen Versuche von al-Qadhdhafi, eine Union zwischen Libyen und anderen Staaten in Nordafrika herzustellen.

Die einzige dauerhafte politische Konsequenz, die sich aus der Ideologie des Pan-Arabismus ergeben hat, ist die Gründung der Arabischen Liga. Diese Organisation bemüht sich, die Außenpolitik der arabischen Staaten und die Politik gegenüber Israel zu koordinieren. Daneben bemüht sie sich um die Schaffung eines gemeinsamen arabischen Marktes und unterhält eine Kulturorganisation. Schwere Rückschläge erlitt der Pan-Arabismus als politisches Instrument infolge der militärischen Niederlagen in den verschiedenen kriegerischen Auseinandersetzungen mit dem Staat Israel. Als Ideologie hat er dadurch jedoch weit weniger Schaden genommen, da er als Spiegelbild des israelischen Nationalismus, des Zionismus, erscheint. Eine andere Konkurrenz für den Pan-Arabismus entstand mit dem islamischen Fundamentalismus seit dem Beginn der 1970er Jahre. Es hat sich jedoch nicht zuletzt in den Golfkriegen (1980–1988 und 1990–1991) gezeigt, dass das Gefühl, einer einheitlichen Nation anzugehören, in der arabischen Welt weder durch neue Ideologien noch durch politische, militärische oder andere Rückschläge ausgelöscht ist.

Literatur: *A. Hourani,* Arabic Thought in the Liberal Age, Oxford 1962; *S. Haim,* Arab Nationalism, Berkeley 1962; *A. Laroui,* L'idéologie arabe contemporaine, Paris 1970; *B. Tibi,* Nationalismus in der Dritten Welt am arabischen Beispiel, Frankfurt/M. 1971.

P. Heine

Aʿraf

Zwischen Paradies und Hölle, den Stätten der ewigen Vergeltung, gibt es nach dem Koran noch einen dritten Ort bzw. eine Art Zwischenzustand im Jenseits, die Aʿraf (vgl. 7,46–48). In sie kommen jene Menschen, deren gute und böse Taten sich aufheben und ausgleichen. Anders als im Paradies und in der Hölle bleiben sie dort nicht für immer und ewig, sondern nur auf Zeit: Schließlich werden sie, sofern sie gläubig gewesen sind, ins Paradies eingehen (s. auch Hölle, Paradies, Jüngstes Gericht).

Literatur: *s. Hölle, Paradies, Jüngstes Gericht.*

L. Hagemann

Arbeit

Die Bewertung von Arbeit oder wirtschaftlichem Handeln im Islam ist deshalb von besonderer Bedeutung, weil mit ihr zum einen das Vorurteil des islamischen Fatalismus zusammenhängt und zum anderen die Beantwortung der Frage nach der unterschiedlichen Entwicklung der westlichen und der islamischen Welt versucht wird.

Koran und Arbeit

Arbeit in der Bedeutung von Aktivität des Menschen zur Erzielung von Gewinn oder Mehrwert wird im Koran an vielen Stellen positiv beurteilt; denn wenn die tägliche Nahrung des Menschen, die Früchte und die Weideplätze als Wohltat Gottes bezeichnet werden (z.B. 80,24ff.), ergibt sich daraus logischerweise, dass die Bauern, Gärtner und Viehzüchter zu ihrer Arbeit ermutigt werden – nur durch sie ist es überhaupt möglich, dass diese göttlichen Gaben gedeihen. Von Gott selbst wird berichtet, dass er dem Menschen bei der Arbeit hilft. So unterstütze er David, der im Koran als Waffenschmied eine Rolle spielt: „... Und wir machten für ihn das Eisen geschmeidig" (34,10), und wenig weiter berichtet der Koran: „Sie machten für ihn, was er wollte an Heiligtümern, Bildwerken, Schüsseln wie Trögen und feststehenden Kesseln. – Verrichtet, ihr Sippe Davids, eure Arbeit in Dankbarkeit" (34,13). Arbeit ist also nach koranischer Vorstellung eine Aufgabe des Menschen, zu der er von Gott verpflichtet ist. Auch der Muslim soll sich die Erde untertan machen. Die Erfüllung dieser Aufgabe ist aber nicht Selbstzweck. Sie darf nicht der Anhäufung von Reichtümern, der Kapitalakkumulation dienen. Sie hat die Sicherung des Lebensunterhalts aller Muslime zum Ziel. Was der Einzelne aus dem Gewinn seiner Arbeit nicht benötigt, soll er für Bedürftige aller Art, für Arme und Kranke, Witwen und Waisen, Reisende und Gefangene auch über die Armensteuer (zakat) hinaus aufwenden. Jeder übertriebene Aufwand in der Lebenshaltung wird vom Islam kritisch beurteilt. Nicht zuletzt aus diesem Grund wird die Verwendung von Gegenständen aus Gold oder Kleidung aus Brokat vom Islam verboten. Kein Muslim soll sich zur Ruhe begeben, wenn er weiß, dass sein Glaubensbruder noch hungrig ist. Armenküchen und viele andere soziale Einrichtungen legen in der islamischen Welt von dieser Haltung Zeugnis ab. Arbeit hat also vor allem auch eine soziale Komponente. Eine andere Möglichkeit der „Kapitalanlage" ist auch der Bau von Moscheen oder die Unterhaltung von Stätten islamischer Gelehrsamkeit in Form von „Frommen Stiftungen". Jede Handlung, die dem Gewinn wirtschaftlicher Macht dient, wird vor allem von der gegenwärtigen islamischen Wirtschaftsethik abgelehnt, weil sie zu sozialer Ungerechtigkeit führt und damit einen Verstoß gegen die Gebote Gottes darstellt. Daraus resultiert zum Beispiel auch eine Ablehnung jeder Form von Reklame zur Durchsetzung von Produkten oder Dienstleistungen auf dem Markt.

Unterentwicklung
Häufig wird ein islamischer Fatalismus, die Lehre von der Allmacht Gottes und der daraus resultierenden Prädestination des Menschen, als Ursache für die wirtschaftliche und technologische Unterentwicklung der islamischen Welt im Vergleich zum Westen angeführt. Gewiss kennt auch der Islam fatalistische Tendenzen, die in dem absoluten Vertrauen des Muslims auf die Allmacht Gottes ruhen, der alles zum Guten wendet. Besonders deutlich wird diese Haltung vor allem in den verschiedenen Formen der islamischen Mystik. Doch sind diese Tendenzen nicht stärker als im Christentum auch. Im Übrigen ist es ja gerade die „Protestantische Ethik" mit ihrer Prädestinationslehre, die zumindest nach der Darstellung von Max Weber zur Ausprägung des modernen Kapitalismus geführt hat. Demnach sollte Fatalismus eher zur wirtschaftlichem Handeln führen. Es sind neben einer Vielzahl historischer Gründe wohl vor allem die sozialen Aspekte der Arbeit, die dazu geführt haben, dass es in der islamischen Wirtschaftsgeschichte nicht zu den Kapitalansammlungen gekommen ist, die für die großen Investitionen, für eine industrielle Revolution, wie sie sich im Europa des 18. Jahrhunderts abgespielt hat, nötig sind.
Daneben spielt aber auch die Tatsache eine Rolle, dass das Leben des Muslims auf Gott und auf das Jüngste Gericht hin ausgerichtet sein soll. Gottes Willen durch Studium oder Meditation kennen zu lernen und zu erfüllen ist wichtiger als die Ansammlung von Reichtümern. Auch im Islam steht das Beten vor dem Arbeiten.
In diesem Zusammenhang ist nur auf eine islamische Sonderform hinzuweisen, in der diese Reihenfolge umgedreht worden ist. Dabei handelt es sich um die in Mauretanien und vor allem im Senegal ansässige islamische Bruderschaft der Muridiyya, die um die Jahrhundertwende von Ahmadu Bamba gegründet wurde. Die Lehre dieser Bruderschaft beinhaltet eine Arbeitsethik, in der für die einfachen Mitglieder der Bruderschaft die Arbeit an erster Stelle steht. In einer Art Arbeitsteilung nehmen diesen die in der Hierarchie ranghöheren Mitglieder ihre Verpflichtung zum Gebet ab, zu dem Erstere wegen ihrer Arbeitsverpflichtung nicht kommen. Aus dieser Aufgabenverteilung heraus entwickelte sich die Bruderschaft der Muridiyya zu einem der bestimmenden Wirtschaftsfaktoren im Senegal. Einen hohen ethischen Wert erhielt die Arbeit auch in den Lehren des westafrikanischen Reformers Uthman dan Fodio, der in seinen Predigten und sonstigen Äußerungen seine Anhänger immer wieder aufforderte, ihre Arbeiten sorgfältig durchzuführen, und eine Befolgung dieser Forderung öffentlich lobte.

Literatur: *L. Behrman,* Muslim Brotherhoods and Politics in Senegal, Cambridge 1970; *J. Boyd,* The Chaliph's Sister, London 1988; *M. Cook,* Studies in the Economic History of the Middle East, London 1970; *P. Gran,* Islamic Roots of Capitalism. Egypt 1760–1840, Austin 1979; *M. Rodinson,* Islam und Kapitalismus, Frankfurt/

M. 1971; *M. Schatzmiller,* Labour in the Medieval Islamic World, Leiden 1994; *W. Schluchtner (Hrsg.),* Max Webers Sicht des Islams, Frankfurt/M. 1987.

P. Heine

Aristoteles

Die griechische und hellenistische Philosophie wurde in der arabisch-islamischen Welt zunächst einmal durch die Überlieferung und die Übersetzungsarbeit orientalischer Christen bekannt. Der ʿAbbasiden-Khalif al-Ma'mun (813–833), Gründer der von dem Christen Hunayn ibn Ishaq geleiteten Akademie „Haus der Gelehrsamkeit" (bayt al-hikma), ließ die Werke der griechischen Philosophen (platonische, stoische, pythagoreische und neuplatonische) und vor allem des „ersten Lehrers" (Aristoteles) von Byzanz holen. So wurde das aristotelische Denken zwar rezipiert, aber vermischt mit fremdem Gedankengut.

Die Aufnahme der aristotelischen Lehre durch das arabisch-islamische Denken hing vielfach ab von der Tradition, die bei den syrischen Christen vorherrschte. So wurden vor allem die Schriften vermittelt, die die Grundlage des christlichen Theologiestudiums bildeten (Logik, Psychologie, Metaphysik), dazu die Kommentare, auch die, welche eine Harmonisierung zwischen platonischer und aristotelischer Lehre, manchmal durch Übernahme fremder Elemente aus der pythagoreischen und stoischen Tradition, anstrebten. Dabei wurden neuplatonische Werke herangezogen, die man Aristoteles zuschrieb und daher großes Ansehen genossen. Erst die akribische kritische Arbeit von Ibn Rushd (Averroes: 1126–1198) in Spanien brachte die reine Lehre des Aristoteles ans Licht.

Der christlichen Tradition entsprechend begannen die muslimischen Philosophen, sich mit der Frage nach der Vereinbarkeit von Philosophie und Religion zu beschäftigen. Philosophisch orientierte Denker wollten die Wahrheit der Vernunft als die höchste Instanz betrachten und die religiöse Offenbarung der Kontrolle der Vernunft unterziehen. Die Theologen lehnten diesen Anspruch ab und stellten sich gegen den aufkommenden Atheismus der Freidenker (zanadiqa). Die Philosophen reagierten darauf, indem sie versuchten, die Vereinbarkeit von Glaube und Vernunft, Religion und Philosophie nachzuweisen.

Gerade der Widerstand der Theologen und der Rechtsgelehrten im Islam hat verhindert, dass die aristotelische Lehre und die Philosophie im Allgemeinen die breite Masse der Muslime je erreichen und vom Islam je ganz assimiliert werden konnte. So blieb sie bis auf Teile der aristotelischen Logik einer intellektuellen Schicht vorbehalten. Der Aristotelismus und die Philosophie spielten im Allgemeinen in der Geschichte des Islams insofern eine Rolle, als die Rezeption dieses Denkens manchmal zu einem Zeichen des Unglaubens erklärt wurde und zu Gegenreaktionen, ja Verfolgungen führte.

Literatur: *Abdrrahman Badawi.* La transmission de la philosophie grecque au monde arabe, Paris 1968; *H. Gätje,* Studien zur Überlieferung der aristotelischen Psychologie im Islam, Heidelberg 1971; *A. Th. Khoury,* Aristoteles/Aristotelismus III, in: Theologische Realenzyklopädie, Bd. III, Berlin 1978, 777–779.

A. Th. Khoury

Armenküche

Neben den Almosen in geldlicher Form kannte die islamische Gesellschaft zahlreiche weitere Einrichtungen, die der Linderung der Not von Armen vor allem in den Städten dienten. Dabei handelte es sich in der Regel um „Fromme Stiftungen" (waqf, pl. auqaf), die von frommen und wohlhabenden Muslimen eingerichtet wurden. Diese „Frommen Stiftungen" unterhielten Schulen und Krankenhäuser, boten Armen und Reisenden Unterkunft und betrieben Armenküchen (Arabisch: ʿamarat, Persisch: shishan). In den meisten Fällen stand dabei zunächst die Unterhaltung einer religiösen Schule im Vordergrund. Später wurde dann verstärkt für die leibliche Nahrung von Bedürftigen gesorgt.

Die Stiftungsurkunden, von denen viele erhalten geblieben sind, machen genaue Angaben über die Form, in der die Armenküchen betrieben werden sollen. Zum Teil waren die Einkommen, aus denen diese frommen Werke finanziert wurden, genau festgelegt. So heißt es in einer Stiftungsurkunde aus dem iranischen Ardabil, dass nur solche Einkünfte für die Armenspeisungen verwendet werden sollten, die rechtmäßig (halal) erworben waren. Ferner wurde festgelegt, wer in diesen Küchen gespeist werde. In der Regel handelte es sich um Arme, Pilger, Reisende und fromme Gelehrte. Die Zahl der zu beköstigenden Personen war unterschiedlich. Es sollen zwischen 20 und 2000 Menschen in den Armenküchen versorgt worden sein. In vielen Stiftungsküchen waren professionelle Köche tätig, die in dem laut Stiftungsurkunden vorgesehenen Umfang für die Verköstigung der Bedachten zu sorgen hatten. Die Stiftungsurkunden weisen auch aus, wie viel Geld für die verschiedenen Zutaten aufgewendet und was gekocht werden sollte. So wissen wir, dass in manchen Armenküchen täglich wechselnde Gerichte zubereitet werden sollten, bei denen auch kostspielige Zutaten verwendet wurden.

Je nach Größe der frommen Einrichtungen gab es mehrere Mitarbeiter in der Küche. An ihrer Spitze stand der Rendant (shaikh), der für die Lebensmittelbevorratung zu sorgen hatte. Für das eigentliche Kochen war der Koch (tabbakh) verantwortlich, der diese Arbeit mit einigen Gehilfen (tilmidh) durchführte. Meist wurden Suppen und Eintöpfe für die Bedürftigen zubereitet. Aufgrund dieser Tatsache spricht man direkt von „Frommen-Suppen-Stiftungen". Als Beigabe dazu reichte man Fleisch und Brot. An besonderen Feiertagen wurden von den Köchen jedoch aufwändigere Gerichte zubereitet. Zum Teil werden die Armenküchen noch bis in die Gegenwart hinein betrieben.

Literatur: *P. Heine,* Kulinarische Studien. Untersuchungen zur Kochkunst im arabisch-islamischen Mittelalter, Wiesbaden 1988; *B. G. Fragner,* Das Ardabiler Heiligtum in Urkunden, in: WZKM 67 (1975), 169–215; *ders.*, Zur Erforschung der kulinarischen Kultur Irans, in: Die Welt des Islams 23/4 (1984) 320–360.

P. Heine

Ashʿariten ↗ *Sunnismus*

ʿAshuraʾ

ʿAshuraʾ ist der Name eines freiwilligen Fastentages am 10. Tag des islamischen Monats Muharram, in vielen Teilen der islamischen Welt auch als Trauertag begangen. Der Ursprung dieses Fastentages steht möglicherweise in Verbindung mit jüdischen oder christlichen Fasttagen. Es gibt jedoch auch Hinweise darauf, dass dieser Tag auch im vorislamischen Arabien als heiliger Tag begangen wurde.

Heute wird er in der gesamten sunnitischen Welt zur Erinnerung an den Tag begangen, an dem Noach die Arche verließ. Zugleich wird er von Schiiten als Gedenken an den Tod des Propheten-Enkels Husain in der Schlacht von Kerbela im Jahre 680 begangen. Dies ist auch für viele Sunniten ein Anlass zur Trauer.

Für die Schiiten jedoch ist dieser Tag der Höhepunkt einer zehntägigen Trauerperiode, die am 1. Muharram beginnt und in der aller Gefallenen der Schlacht von Kerbela und aller schiitischen Märtyrer gedacht wird. Dieses Gedenken findet auf verschiedene, sich an Intensität bis zum Tag ʿAshuraʾ hin steigernde Weise statt. Dabei werden Lesungen durchgeführt, in denen das Leiden der schiitischen Märtyrer unter großen Emotionen der Zuhörer rezitiert wird und sich die Teilnehmer besonders intensiv der historischen Ungerechtigkeit des Ausschlusses der „Ahl al-bait“ (Familie des Propheten) von der politischen Führung der islamischen Welt erinnern. Den Höhepunkt dieser Feierlichkeiten bilden Flagellantenprozessionen und Passionsspiele (taʿziya), bei denen das Geschehen in der Schlacht von Kerbela dargestellt wird.

Diese Passionsspiele sind eine der wenigen dramatischen Literaturformen, die in der islamischen Welt entstanden sind. In diesen Schauspielen wird ebenfalls die Unterdrückung der Schiiten zum Ausdruck gebracht. Zugleich sind diese dramatischen Darstellungen auch ein Hinweis auf die sozialen Verhältnisse innerhalb der schiitischen Gemeinschaften; Mitglieder aus den Klerikerfamilien verkörpern die Helden und großen Heiligen der Schia, während die Gegner und Mörder Husains von Angehörigen der schiitischen Unterschicht gespielt werden. In den Geißler-Umzügen und in den Passionsspielen wird stets ein ungesatteltes Pferd mitgeführt, das an den in der Verborgenheit weilenden Mahdi erinnert, dessen baldige Ankunft die Schiiten sehnlichst erwarten.

Im weitgehend malikitischen Nordafrika finden sich einige Sonderformen des ʿAshuraʾ-Festes. Hier steht nicht so sehr das Fasten als vielmehr das Almosengeben im Vordergrund. An diesem Tag sammeln die Koranschüler milde Gaben für ihre Lehrer. Man besucht die Friedhöfe und legt Myrtenzweige auf die Gräber. Offenbar sind auch Momente von Fruchtbarkeitsriten mit diesem Fest verbunden. Das kommt nicht zuletzt in der Tatsache zum Ausdruck, dass an diesem Tag Eier und Geflügel gegessen werden, dass Feuer- und Wasserriten durchgeführt und Heiratsfeierlichkeiten veranstaltet werden. Daneben lassen sich auch Riten beobachten, die mit dem mittelalterlichen europäischen Karneval vergleichbar sind. So wird ein Sultan der Studenten gewählt, der für einen Tag herrschen darf, es finden aber auch unechte Gerichtsverhandlungen statt, in denen burlesk aufgeputzte alte Männer oder Frauen abgeurteilt werden. Es ist nicht auszuschließen, dass es sich bei diesen Praktiken um vorislamische Riten handelt, die mit dem landwirtschaftlichen Jahreszyklus in Verbindung stehen. Durch die Übernahme des islamischen Mondjahres wechseln der ʿAshuraʾ-Tag und damit auch die mit ihm verbundenen Riten durch das gesamte Sonnenjahr.

Literatur: *E. W. Lane,* An Account of the Manners and Customs of the Modern Egyptians, London 1860; *E. Neubauer,* Muharram-Bräuche im heutigen Persien, in: Der Islam 49 (1972), 249–272; *P. Heine,* Ross ohne Reiter. Überlegungen zu den Taʿziya-Feiern der Schiiten des Iraq, in: ZMR 69 (1979), 25–33; *ders.,* Die Islamisierung von ʿAshuraʾ. Verstädterung von islamischen Riten in Marokko, in: Tribus 39 (1990), 159–164; *W. Ende,* The Flagellations of Muharram and the Shiʿite Ulama, in: Der Islam 55 (1978), 19–36.

P. Heine

Asien, Islam in

Ausbreitung

Die Ausbreitung des Islams und die Intensität, mit der er in den verschiedenen Regionen des asiatischen Kontinents gelebt wird, ist durch eine Vielzahl von historischen, wirtschaftlichen, sozialen und politischen Entwicklungen beeinflusst. Im Mittelpunkt der Geschichte der Islamisierung Asiens steht zunächst die Tatsache, dass die Ursprungsorte des Islams, Mekka und Medina, auf diesem Kontinent liegen und dass seine Ausbreitung in den Anfängen durch die verschiedenen friedlichen und kriegerischen Formen von hier ihren Ausgang nahm. Die Islamisierung der heutigen Kernländer der islamischen Welt war zunächst die Folge der militärischen Expansion arabischer Beduinentruppen, denen es bis zum Beginn des 8. Jahrhunderts (711/2) gelungen war, die Kontrolle Asiens bis nach Sind und Zentralasien auszudehnen. Die Veränderungen durch diesen Wechsel der politischen Macht waren zunächst nicht bedeutend. Da die einheimischen Religionen in den verschiedenen Ländern – wie Christentum oder Zoroastrismus – überwiegend von den Muslimen geduldet wurden, kam es nur in wenigen Fällen zu Zwangskonversionen. Hauptabsicht der muslimischen Herrscher war es, das islamische Recht (shariʿa) in all den Bereichen des öffentlichen Lebens und für alle Untertanen gleich welcher Religionszugehörigkeit durchzusetzen, in denen es nach islamischem Selbstverständnis zu gelten hatte. Da die Angehörigen der geduldeten Religionen die Kopfsteuer (djizya, s. Abgaben) zahlen mussten, verhinderten die muslimischen Herrscher in einigen Fällen geradezu eine Islamisierung ihrer nicht-muslimischen Untertanen, um keine Steuerausfälle zu erleiden. Um die ausgedehnten Gebiete, die durch ihre Eroberungen an die Araber fielen, kontrollieren zu können, behielten die neuen Herren die alten Strukturen und das Verwaltungspersonal weitgehend bei. Sie übernahmen sogar zahlreiche Verhaltensmuster und Praktiken der traditionellen Kulturen, auf deren Grundlagen sie die neuen staatlichen Organisationsstrukturen errichteten. Doch nicht nur im politisch-administrativen Entscheidungsbereich kam es zu Formen der Assimilierung islamischer Vorstellungen an die vorhandenen „Substrat-Kulturen", sondern auch im religiösen Bereich selbst. Neu-Muslime, deren Zahl im Lauf der Entwicklung immer größer wurde, brachten ältere religiöse Praktiken wie die Heiligenverehrung oder Mystik, vor allem aber philosophisch-theologische Fragen mit in den Islam. Erst unter ihrem Einfluss und in der Auseinandersetzung mit diesen religiösen Formen entwickelte sich eine islamische Theologie im eigentlichen Sinne. Angesichts der kulturellen Unterschiede zwischen den verschiedenen traditionellen Kulturen Vorder- und Mittelasiens ist die Ausprägung regionaler Färbungen des Islams in dieser Region des Kontinents nicht erstaunlich. In der Flexibilität des Islams bei der Aufnahme derartiger Kulturzüge in sein Lehrgebäude und seine religiöse Praxis liegt wohl der wichtigste Grund für die Islamisierung der Mehrheit der Bevölkerung der verschiedenen Teile Vorder- und Zentralasiens. Den ursprünglichen Religionen hingen danach nur noch Minderheiten der Bevölkerung an. Für den Iran ist diese Entwicklung in der ersten Hälfte des 11. Jahrhunderts abgeschlossen. Ähnliches kann auch für Syrien und Ägypten gesagt werden. Erwähnenswert ist jedoch, dass es immer Rückzugsgebiete gab, in denen sich Minderheiten oder religiöse Sonderformen bis weit in die Neuzeit hinein halten konnten.

Zentralasien und Ferner Osten

Je weiter man sich von den zentralislamischen Ländern entfernt, umso mehr verändern sich die Muster, nach denen die Islamisierung vor sich ging. Zu militärischen Eroberungen kam es hier in den wenigsten Fällen. Der allgemeine militärische und politische Druck verschiedener großer Reitervölker aus den Steppen Zentralasiens seit dem Beginn des 12. Jahrhunderts führte auch nach Westen und beendete die militärischen Möglichkeiten muslimischer Herrscher aus dem Vorderen oder Mittleren Osten. An deren Stelle als Träger der Verbreitung des Islams traten nun islamische Händler, die auch schon zuvor in diese Richtung aktiv gewesen waren. Gleichgültig, um welche fernöstliche Region es sich handelt, es sind Kaufleute aus der arabischen Welt und aus dem Iran gewesen, die den Islam bis nach

China, Indonesien oder auf die Philippinen trugen. Hier machte sie die einheimische Bevölkerung durch ihr Vorbild mit dem Islam bekannt. Vielfach entstanden, häufig in großen Handels- und Hafenstädten, kleine islamische Gemeinden, die sich dann ausweiten konnten, wenn die jeweilige kulturelle und soziale Situation es zuließ.

Die Dynamik einer Gemeinde entwickelte sich dann am schnellsten, wenn die Muslime als Träger einer überlegenen Kultur oder Zivilisation erkannt wurden. Dies traf auf einige Inseln des indonesischen Archipels wie Sumatra oder für das philippinische Mindanao zu. Sahen sich die Muslime ebenbürtigen oder überlegenen Kulturen gegenüber, mussten sie sich selbst häufig in einem Maß anpassen, dass es schwer fällt, den Islam auf Anhieb zu erkennen.

Auf Java lässt sich diese Entwicklung nachweisen. Hier ist eine von stark meditativen Momenten gekennzeichnete Form eines islamischen Synkretismus entstanden, gegen den fromme indonesische Muslime, die durch engere Kontakte mit dem Islam des Vorderen Orients bekannt geworden waren, seit dem Beginn des 19. Jahrhunderts vorgingen.

Derartige Reformbewegungen haben dazu geführt, dass der Islam in Indonesien oder Malaysia inzwischen einen deutlich orthodoxen Charakter erhalten hat, wenn auch seine besondere regionale Ausprägung weiterhin erkennbar bleibt. Gegenüber Kulturen wie der chinesischen waren Muslime in einem hohen Maß zur Geheimhaltung gezwungen, um ihre Religion ausüben zu können. Als fremde Minderheit sahen sie sich zudem häufig Verfolgungen ausgesetzt. Dieser unsichere soziale Status hat zu einer weitgehenden Assimilierung geführt. Kennzeichnend für die Situation des Islams im Fernen Osten ist auch, dass sich hier einzelne ethnische Minderheiten dem Islam angeschlossen haben, die so in einer fremd-ethnischen Situation durch das Bekenntnis zu dieser Religion ihre eigene Identität hervorheben. Das gilt vor allem für die Länder Indochinas und für die nordwestlichen Teile Chinas.

Der Islam in Mittelasien

In den nach der Auflösung der Sowjetunion entstandenen unabhängigen Staaten und den von Muslimen bewohnten Teilen der GUS ist der Islam in den vergangenen 18 Jahren wieder deutlicher in Erscheinung getreten. Es zeigt sich, dass die atheistische Propaganda der 1930er und 1940er Jahre nicht so erfolgreich gewesen ist, wie deren Akteure gehofft hatten. Die fehlenden hierarchischen Strukturen des Islams hatten sich hier als ein wichtiges Moment der Resistenz erwiesen. Der Islam war zudem ein unverkennbares ethnisches, kulturelles und nationales Identifikationsmerkmal gegenüber aus den europäischen Teilen der Sowjetunion stammenden Zuwanderern und Funktionären gewesen und bleibt es auch noch jetzt in den verschiedenen Konflikten in einigen Teilen Mittelasiens und des Kaukasus. Dennoch war das islamische Leben durch die lange Abschottung vom Welt-Islam intellektuell mehr oder weniger verarmt. Große internationale islamische Organisationen und einzelne Staaten wie der Iran oder die Türkei haben sich seit dem Beginn der 1990er Jahre darum bemüht, durch Buchspenden, Stipendien und durch die Entsendung von Gelehrten Abhilfe zu schaffen.

Literatur: *R. Bulliet,* Conversion to Islam in the Medieval Period. An Essay in Quantitative History, Cambridge 1979; *S. Dale,* Islamic Society on the South Asian Frontier. The Mappilas of Malabar 1498–1922, London 1980; *C. Dobbin,* Islamic Revivalism in a Changing Peasant Economy. Central Sumatra 1784–1847, London 1983; *W. Draguhn (Hrsg.),* Der Einfluss des Islams auf Politik, Wirtschaft und Gesellschaft in Südostasien, Hamburg 1983; *K. Ewing (Hrsg.),* Shariʿat and Ambiguity in South Asian Islam, Berkeley 1988; *C. Geertz,* Religiöse Entwicklungen im Islam. Beobachtet in Marokko und Indonesien. Frankfurt/M. 1988; *P. Heine/R. Stipek,* Ethnizität und Islam. Differenzierung und Integration muslimischer Bevölkerungsgruppen, Gelsenkirchen 1984; *G. Humbly (Hrsg.),* Zentralasien (Fischer Weltgeschichte 16), Frankfurt 1966; *R. Israel,* Muslims in China. A Study in Cultural Confrontation, London 1978; *A. Kettani,* Muslim Minorities in the World Today, London 1986; *M. Rywkin,* Moskow's Muslim Challenge. Soviet Central Asia, London 1982; *V. Stahr,* Südostasien und der Islam, Darmstadt 1997.

P. HEINE

Askese

Die Askese im Koran

Die Askese im Islam hat ihre Wurzeln im Koran. In der allerersten Periode der koranischen Botschaft in Mekka (610–622) werden die Schrecken des nahen Gerichts Gottes eindringlich beschrieben, das über die Menschen hereinbricht, die ein gottloses Leben führen. Der Zorn Gottes kann nur durch eine reumütige Umkehr abgewendet werden. Der Koran verurteilt die Torheit der Menschen, die „für den Besitz eine allzu große Liebe" hegen (89,20). Er erinnert sie mit Nachdruck daran, dass die kommende Welt besser ist als das Diesseits (vgl. 87,16–17; 28,60). Die natürliche Habsucht des Menschen lässt ihn aber selten die Probe (18,7) bestehen. Der Mensch glaubt, durch seinen Reichtum alles Nötige erlangt zu haben. Diese Selbsttäuschung führt zu einem schlimmen Ende (vgl. 92,8–11; 104,1–4; 96,6–7).

Wer sich also von dieser Welt verblenden und sich dadurch von der Suche nach dem Willen Gottes und dem jenseitigen Lohn ablenken lässt, der hat eine schwere Strafe zu erwarten (vgl. 11,15–16). Diejenigen dagegen, die den Versuchungen dieser Welt widerstehen, werden bei Gott reichen Lohn erhalten (64,15–16). Als Vorbild scheint die Haltung der Asketen in den Gotteshäusern (sind es die christlichen Klöster gewesen?) zu dienen – „in Häusern, für die Gott erlaubt hat, dass sie errichtet werden und dass darin seines Namens gedacht wird. Ihn preisen darin, am Morgen und am Abend, Männer, die weder Handel noch Kaufgeschäft ablenken vom Gedenken Gottes, von der Verrichtung des Gebets und der Entrichtung der Abgabe, die einen Tag fürchten, an dem Herzen und Augenlicht umgekehrt werden, damit Gott ihnen das Beste vergelte von dem, was sie getan haben, und ihnen von seiner Huld noch mehr gebe …" (24,36–38; vgl. zu den entsprechenden Eigenschaften frommer muslimischer Männer: 9,112, und Frauen: 66,5).

Nach der Auswanderung von Mekka nach Medina im Jahr 622 musste Muhammad die Aufgabe eines politischen Führers übernehmen. Damit war eine intensivere Beschäftigung mit den Dingen dieser Welt verbunden und auch die Bemühung, sie so zu regeln, dass das Leben der Muslime geschützt und gefördert wurde. Darüber hinaus wurden Erfolge und Siege über die Widersacher als Zeichen des Wohlwollens Gottes und als Belohnung für die Gläubigen gedeutet (vgl. 48,28). Muhammad musste jedoch fürchten, dass die Muslime sich der Selbstgefälligkeit hingeben könnten. So mahnte sie der Koran zu steter Aufrichtigkeit. Sie dürfen im Streben nach den Gütern des diesseitigen Lebens den Menschen nicht Unrecht tun (4,94). Die Muslime laufen Gefahr, zu sehr nach dem Diesseits zu trachten, während Gott für sie das Jenseits will (vgl. 8,67). Sie sollen bedenken: „Was bei euch ist, geht zu Ende; was bei Gott ist, hat Bestand" (16,96; vgl. 87,17–17). Sie sollen umkehren und sich bußfertig wieder Gott zuwenden (25,71), auch wenn sie die köstlichen Dinge, die ihnen Gott beschert, genießen dürfen (vgl. 5,4.5.87).

So sieht der Koran die Welt und ihre verschiedenen Güter als eine Versuchung an, die den Gläubigen von der Suche nach Gott und seinem Willen abbringen kann, und auch als ein Hindernis, das den Frommen den Weg des Gehorsams und der Treue erschwert. Der Koran betrachtet aber auch die Welt als ein Geschenk der Barmherzigkeit Gottes an die Gemeinschaft der Gläubigen. Diese Gnade wird jedoch nur denen verheißen und erwiesen, die ihre Pflicht erfüllen und im Einsatz für die Sache Gottes und die Interessen des Islams und im Streit an der Seite des Propheten Muhammad stehen.

Aber schon zur Zeit der Umayyaden (661–750), als nun das islamische Reich mächtig wurde, neigten viele dazu, die „köstlichen Dinge" dieser Welt zu genießen, ohne sich um Askese und Verzicht zu kümmern. Immer mehr Gelehrte bezeichneten die Askese als eine dem Islam fremde Form der Suche nach dem Wohlwollen Gottes. Man brachte sogar angebliche Sprüche Muhammads in Umlauf, die die Askese und die Weltabgewandtheit als einen Irrweg verurteilten.

Islamische Asketen

Widerstand gegen diese Tendenz leisteten die Frommen, die das harte und opferreiche Leben der Frühgemeinde als Vorbild islamischer Lebensführung betrachteten. Diese Asketen wurden ʿUbbad, Gottesdiener, genannt.

Die frühislamische Askese ist eine

praktische Frömmigkeit, die sich auf die gewissenhafte Erfüllung der religiösen Grundpflichten der Muslime stützt. Große Bedeutung haben dabei die lautere Gesinnung, die aufrichtige Absicht, die ernste Reue und die wirksame Gottesfurcht. Die Asketen betrachten die Welt und die Beschäftigung mit den Dingen des diesseitigen Lebens als eine verhängnisvolle Versuchung. Jede Stunde bringe den Menschen dem Tod näher, sie zwinge ihn bald vor das Gericht Gottes. So müsse man zusehen, dass man vor Gott bestehen könne. Dazu helfen Übungen wie Wachen und Fasten, die Loslösung von den Fesseln des weltlichen Lebens und die strenge Befolgung der religiösen und gesetzlichen Bestimmungen. Eine besondere Stellung nehmen in der islamischen Askese folgende Punkte ein.

Die Reinheit

Die Asketen sind bemüht, eine tadellose Reinheit zu erreichen. Sie enthalten sich nicht nur dessen, was der Koran ausdrücklich verbietet (wie Schweinefleisch, Blut, Wein usw.), sondern sie lehnen alles ab, was durch Unrecht, Unlauterkeit und sündhaftes Handeln erworben wurde. Als ungerecht und unrein wird z. B. angesehen, was durch Betrug in den Dienstleistungen, im Handwerk und im Geschäftsleben oder durch die Vermittlung gottloser Menschen erworben wird.

Diese ängstliche Bemühung um höchste Reinheit führte einige Asketen zu einer übertriebenen Vorsicht: Sie meinten u. a., dass man eigentlich nur das essen dürfe, was die unberührte Natur hervorbringe, und nur das Wasser trinken dürfe, das als natürlicher Regen herabfalle. Daraus entwickelte sich eine genauest betriebene Selbsterforschung und eine sehr kritische Haltung gegenüber anderen Menschen.

Das Fasten

Die muslimischen Asketen haben sich dem Fasten zugewandt, um ihre Begierden und Leidenschaften zu bekämpfen. Wer nur Brot und Salz zu sich nehme, beherrsche seine Seele und halte ihre Aufsässigkeit nieder, er mache sich dem Guten zugetan und festige seinen Willen, sich dem Willen Gottes zu unterwerfen. Das Fasten wurde auch als Mittel angesehen, sich auf das Gebet zu konzentrieren, denn es lege innere Kräfte frei und helfe zu einer intensiveren Konzentration.

Die späteren Mystiker im Islam reagierten auf übertriebene Formen des Fastens und betonten, dass das Fasten nur ein Mittel und kein Selbstzweck sei – ein Mittel, sich Gott und seinem Willen hinzugeben und die Kontrolle über sich selbst zu erlangen; es besitze daher keinen absoluten Wert, sondern sei eine empfehlenswerte Übung, aber eben von einer nur relativen Bedeutung.

Der Verzicht auf Ehe und Familie

Der Koran spricht sich für die Ehe aus (24,32). Er lobt zwar die Mönche im Allgemeinen, macht jedoch einen Vorbehalt im Hinblick auf die Ehelosigkeit (57,27). Die islamische Tradition prägte ihrerseits einen zölibatsfeindlichen Spruch: „Es gibt kein

Mönchtum im Islam", oder: „Es gibt keinen Zölibat im Islam" (in der Hadith-Sammlung von Abu Dawud). Muhammad, so die Überlieferung, habe auch einmal einem Muslim, der ohne plausible Gründe nicht heiraten wollte, gesagt: „Du hast dich also entschlossen, zu den Brüdern des Teufels zu zählen! Entweder willst du ein christlicher Mönch werden, dann schließ dich ihnen offen an, oder du bist einer von uns, dann musst du unserem Weg folgen. Unser Weg ist die Ehe."

Trotz dieser und weiterer ähnlicher Aussprüche haben sich manche Asketen zu einem ehelosen Leben entschlossen. Diejenigen, die verheiratet waren, betonen dennoch die Vorzüge des zölibatären Lebens und die Schwierigkeiten, die ein Ehe- und Familienleben dem Asketen bereiten. Der Verheiratete, so wurde angemerkt, sieht seinen inneren Frieden bedroht und seine Suche nach dem Antlitz Gottes durch die Sorge um die Familie erschwert. Deswegen wünschten sich einige Asketen die Befreiung von diesen Fesseln. Das Verlassen der Gattin und der Familie wurde sogar von einigen als zulässig betrachtet, wenn der Asket sich ausschließlich seinen frommen Übungen widmen wollte.

Der Verzicht auf die Gesellschaft; die Einsamkeit

Einige Asketen verstanden den Verzicht auf die Welt auch als Abwendung von der Gesellschaft der Menschen. In der Einsamkeit suchten sie die Ruhe, die ihnen die Verrichtung der religiösen Übungen leichter machen konnte. Der Umgang mit den Menschen – davon waren sie überzeugt – bringe doch nur äußere Geschäftigkeit und ziehe in die Nähe sündiger Menschen. Am besten sollte der Asket sein Leben so führen, als wäre er allein vor Gott und als wären die Menschen überhaupt nicht vorhanden.

Später wurde der Akzent weniger auf die räumliche Einsamkeit als auf die innere Zurückgezogenheit gelegt. Die Ruhe des Geistes und der Friede der Seele seien auch inmitten der lärmenden Menge erreichbar. Im Übrigen sei die Bemühung um das Gute in der Gesellschaft auch Pflicht des Asketen. Auch er habe die Pflicht, „das Rechte zu gebieten und das Verwerfliche zu verbieten" (3,110). Außerdem ist die Gemeinschaft frommer Menschen auch ein Ansporn für den Asketen selbst.

Im Laufe der Zeit bildete sich eine differenzierte Haltung zu den asketischen Übungen. Dies förderte die Entstehung der islamischen Mystik.

Literatur: *G.-C. Anawati/L. Gardet,* La mystique musulmane, Paris [2]1968; *T. Andrae,* Islamische Mystiker (Urban-Bücher 46), Stuttgart [2]1980; *A. Th. Khoury,* Gebete des Islam, Gütersloh 1995.

A. Th. Khoury

Astrologie

Grundlagen der Astrologie

Die Beobachtung der Gestirne hatte schon bei den vorislamischen Arabern eine große Rolle gespielt. Die Sterne wiesen den Nomaden ihren Weg, wurden von ihnen aber auch als höhere Mächte angesehen, die in der Lage waren, dem Menschen Unglück und Krankheiten zu bringen. Die Bewohner der arabischen Wüste waren in der Lage, die Laufbahn der Gestirne zu berechnen, um sich über ihren Standort oder die Tageszeit zu orientieren, zugleich aber auch, um drohenden Unglücksfällen auszuweichen oder Vorsorge gegen sie zu treffen. Viele dieser Vorstellungen sind in das Wertesystem des Islams übergegangen, sei es, dass sie allgemein akzeptiert wurden, sei es, dass sie Teil lokaler oder regionaler Praktiken wurden. Nicht minder wichtig für die islamische Astrologie wurde die Rezeption des hellenistischen Erbes. Im Rahmen der in der ʿAbbasidenzeit durchgeführten Übersetzungsaktivitäten wurden nicht nur Philosophie, sondern zunächst und vor allem medizinische, naturwissenschaftliche und auch astrologische Werke griechischer Autoren ins Arabische übersetzt. Hier ist an erster Stelle der „Almagest“ des Ptolemaios zu nennen. Ausgehend von dem ptolemaischen Weltmodell meinten die Astrologen, dass zwischen einzelnen Himmelszeichen und den Planeten besondere Beziehungen bestünden. Die stärkere oder geringere Bedeutung eines Planeten war davon abhängig, ob er sich zu einem bestimmten Augenblick in einem solchen Himmelszeichen befand. Die Araber übernahmen von Ptolemaios fünf solcher Zeichen aus Planetenkonstellationen, von denen das „Haus“ das bekanntste ist.

Astrologie im Islam

Für wie bedeutend die Kenntnis der Sterne im islamischen Mittelalter gehalten wurde, zeigt eine Äußerung des bedeutenden arabischen Astronomen al-Battani (gest. 929), der meinte, dass die Wissenschaft von den Sternen „gleich nach den Dingen, die jeder Mensch von den Gesetzen und Einrichtungen der Religion kennen muss“, rangieren. Viele Gelehrte und Theologen, Ärzte, Philosophen und Mathematiker der mittelalterlichen islamischen Welt waren zugleich Astrologen. Erinnert sei nur an den bedeutenden persischen Mathematiker und Dichter Omar-e Khayyam (1034–1123). An der Mehrzahl der islamischen Höfe bis hin zu dem des osmanischen Sultans Abdulhamid (1876–1909) fand sich das Amt des Hofastrologen. Inhaber dieses Amtes hatten oft einen erheblichen Einfluss auf die jeweilige Politik. Vor allem in der Medizin spielte die Sternkunde eine beträchtliche Rolle. Auch heute wissen Ärzte, dass das Befinden von Kranken vor allem vom Wetter, der Jahreszeit und dem Stand der Gestirne abhängig ist. Klimatische, meteorologische und astronomische Faktoren bestimmen den Lebensrhythmus der Menschen, sind also für den Verlauf, die Prognose und die Therapie einer Krankheit von Bedeutung. In einer Zeit, in der andere Krankheitsursachen noch wenig erforscht waren, konzentrierte man sich vor allem auf diese Faktoren. Dabei wurden die einzelnen Himmelszeichen bestimmten Körperteilen zugeordnet. Das Zeichen des Widders bezog sich auf den Kopf, das des Stiers auf Hals und Nacken, doppelt vorhandene Gliedmaßen, wie Arme und Beine, wurden durch

die „Zwillinge" regiert. Der „Löwe" beherrschte das Herz etc. Durch die Berechnung der Stellung des Planeten zu einem bestimmten Sternzeichen wurde dann die Krankheit diagnostiziert, eine Prognose gestellt und eine Therapie verschrieben.
Die Sterne hatten nach diesen Vorstellungen jedoch nicht nur Einfluss auf das körperliche Befinden von Menschen, sondern konnten ihre Kraft auch auf Talismane übertragen, die den jeweiligen Träger vor Übel verschiedenster Art schützen sollten. Astrologen berechneten die Stellung der Gestirne zum Zeitpunkt der Geburt eines Menschen, um etwas über seine Zukunft aussagen zu können. Man untersuchte die Stellung der Gestirne zur Zeit der Tag-und-Nacht-Gleiche, um Voraussagen über den Verlauf der Ereignisse des kommenden Jahres zu machen, und analysierte die Planetenkonstellation bei der Thronbesteigung eines Herrschers in der Hoffnung, den Verlauf seiner Regierung vorauszusehen. Astrologen wurden herangezogen, um den günstigsten Zeitpunkt für den Beginn eines Kriegszuges, die Errichtung eines Bauwerks oder die Gründung einer Stadt zu berechnen. So ist uns das Gründungshoroskop der Stadt Baghdad oder die Kenntnis der Umstände des Baubeginns von Kairo erhalten geblieben. Eine wichtige Rolle spielte die Kenntnis der Stellung der Gestirne auch bei der Arbeitsplanung in der Landwirtschaft. Dabei ging es nicht nur um allgemeine, auf das Klima und die Jahreszeit bezogene Berechnungen, sondern auch um Fragen des Beginns einzelner landwirtschaftlicher Tätigkeiten wie das Beschneiden von Obstbäumen oder das Pflügen.

Einfluss auf Europa
Die islamische Astrologie beeinflusste wiederum das mittelalterliche Europa. Eine Vielzahl von arabischen und persischen astrologischen Werken wurden ins Lateinische übersetzt. Auch in der Gegenwart spielen astrologische Vorstellungen noch eine große Rolle in der islamischen Welt. So ist es vor allem der Mond, dem heute im Volksglauben erhebliche Bedeutung zugemessen wird. Häufig sind die entsprechenden Praktiken mit Wünschen rund um die Gesundheit verbunden. So herrscht im Iran der Glaube, dass jeder, der die erste Sure des Korans bei Neumond sechsmal bete, von Augenkrankheiten verschont bleiben werde. Aber auch zukünftige Ereignisse, so die Vorstellung, können durch das Auftreten des Neumondes bestimmt werden. So glaubt man, dass die Tatsache, dass Neumond auf einen Samstag falle, einen strengen Winter voraussage. Insgesamt kann man feststellen, dass der Glaube an die Kraft der Gestirne in der islamischen Welt bis in die Gegenwart weit verbreitet ist. Er wird nicht in jedem Fall als Aberglaube aufgefasst, sondern ist Teil eines komplexen Weltbildes, in dem Gott in der Doktrin alle Macht zugesprochen wird, in dem jedoch zum Verständnis und zur Erklärung erschreckender und unerwarteter Ereignisse auch andere Faktoren hinzugezogen werden.

Literatur: *D. Brandenburg,* Medizin und Magie. Heilkunde und Geheimlehre des islamischen Zeitalters, Berlin 1975; *J. Schacht/E. Bosworth (Eds.)*, The Legacy of Islam, Oxford 1974; *P. Kunitsch*, Zur Namensgebung Kairos, in: Der Islam 52 (1975), 209, 255; *B. Donaldson*, The Wild Rue. A Study of Muhammadan Magic and Folklore in Iran, London 1938.

P. HEINE

Atatürk

Mustafa Kemal (1881–1938), der den Beinamen „Atatürk" (Vater der Türken) erhielt, ist Gründer und erster Präsident der Türkischen Republik. In seiner Heimatstadt Saloniki begann er mit dem Eintritt in eine Kadettenschule im Alter von zwölf Jahren eine militärische Karriere, die ihn über zahlreiche militärische und diplomatische Positionen bis zum Inspekteur der osmanischen Nordarmee in Erzerum im Jahre 1919 führte. Durch seine Teilnahme am Krieg gegen Italien in Tripolitanien 1911–12 und an verschiedenen Fronten während des Ersten Weltkriegs hatte er seine operativen und strategischen Fähigkeiten unter Beweis gestellt. Er war jedoch auch politisch aktiv und gründete eine geheime Organisation, die gegen die Despotie des Sultans Abdulhamid gerichtet war. In die Revolution der jungtürkischen Offiziere war er jedoch nur wenig eingebunden.

Mit den harten Waffenstillstandsbedingungen, die dem Osmanischen Reich nach dem Ersten Weltkrieg auferlegt wurden, war Mustafa Kemal nicht einverstanden. Deshalb nahm er mit der ihm treu ergebenen osmanischen Nordarmee den Kampf um einen neuen türkischen Staat gegen die Alliierten, vor allem gegen die Griechen, aber auch gegen die noch existierende osmanische Regierung in Istanbul auf. In einer langen militärischen Auseinandersetzung gelang es ihm, seine Gegner zu schlagen. Im November 1922 erklärte er den Sultan Mehmed VI. für abgesetzt. Die Türkische Republik wurde ausgerufen, deren Hauptstadt Ankara wurde. Auf der Konferenz von Lausanne 1922/23 wurde die Unabhängigkeit der Türkischen Republik in den weitgehend noch heute bestehenden Grenzen allgemein anerkannt. In Ankara tagten nach den Verhandlungen von Lausanne die verschiedenen von Atatürk beherrschten „Volkskongresse", die auf einem Einparteiensystem, dem der Republikanischen Volkspartei, basierten.

Nach der Etablierung des neuen Staats- und Regierungssystems begann Atatürk mit einer konsequenten Modernisierung und Säkularisierung der Türkei. Es war sein Bemühen, das Land in kurzer Zeit auf einen technologischen und zivilisatorischen Stand zu bringen, der dem der westeuropäischen Länder entsprach. Dazu leitete er zahlreiche Reformen ein. Die auffälligste betraf die Kleidervorschriften. Der traditionelle Fez der Männer, vor allem aber der Schleier der Frauen wurde als Symbol der Rückständigkeit verboten. Von ungleich größerer Bedeutung ist aber vor allem die Sprach- und Schriftreform. Türkisch wurde bis 1928 mit arabischen Buchstaben geschrieben, das Osmanisch-Türkische enthielt ferner eine große Anzahl von aus dem Arabischen, aber auch aus dem Persischen stammenden Fremdwörtern. Durch das Gesetz über die „Annahme und Anwendung der türkischen Schrift“ wurde an Stelle des Arabischen eine modifizierte Lateinschrift eingeführt. Verschiedene Kommissionen und Akademien reinigten das Türkische von arabischen und persischen Fremdworten.

Ohne Zweifel wurde durch die Schrift- und Sprachreform eine wichtige Voraussetzung für eine weitgehende Alphabetisierung der Türkei geschaffen, die eine Basis für die Entwicklung des Landes war.

In engem Zusammenhang damit stand die Einrichtung der „Volkshäuser“ (Halk evleri). Sie erhielten die Aufgabe, vor allem auf dem Lande allen Bevölkerungsschichten Wissen und praktische Kenntnisse zu vermitteln. Zugleich dienten sie zur Indoktrination der Bevölkerung mit der Ideologie des Kemalismus. Dieser ist gekennzeichnet durch die Schlagworte: Populismus, Säkularismus, Etatismus, Nationalismus, Reformismus und Republikanismus.

Der Populismus wandte sich gegen jede Form von Ungleichheit der türkischen Bürger, bedeutete aber zugleich auch eine Ablehnung jedes Regionalismus. Dies hatte zur Folge, dass Minderheiten einer starken Türkisierungspolitik ausgesetzt waren. Der Säkularismus machte die Zurückdrängung des Islams aus dem öffentlichen Leben zum Programm. Das Khalifat wurde 1924 durch einen Beschluss der türkischen Nationalversammlung abgeschafft, sehr zum Schrecken der übrigen islamischen Welt. Islamische religiöse Würdenträger und Gelehrte verloren ihre herausgehobenen gesellschaftlichen Positionen. Eine Vielzahl von religiösen Institutionen und Schulen wurden aufgelöst. Der Islam war nicht mehr Staatsreligion. Das islamische Recht wurde durch moderne Rechtssysteme ersetzt, Derwisch-Orden wurden verboten, ihre Klöster aufgelöst und Religion insgesamt zur Privatsache erklärt. Etatismus bedeutete eine staatliche Kontrolle der wichtigsten Wirtschaftssektoren vor allem im Beeich der Industrialisierung. Nationalismus meinte eine Form von türkischem Nationalismus, die sich weitgehend auf Anatolien beschränkte und pantürkische Vorstellungen ablehnte. Nationalismus bedeutete aber auch, dass die türkische Sprache und anatolisch-türkische Kultur weithin paradigmatisch wurden. Auch im religiösen Bereich wurde dieser Nationalismus konsequent verfolgt, indem der Gebetsruf und das Gebetsritual nur noch in türkischer Sprache erfolgen durften. Reformismus, zunächst als Revolutionismus bezeichnet, bedeutete die Bereitschaft der gesamten türkischen Gesellschaft, traditionelle Institutionen durch moderne zu ersetzen. Republikanismus schließlich war die Einbindung der Staatsform in die kemalistische Ideologie.

Im Vergleich zu den zeitgenössischen Reformpolitikern in der islamischen Welt, wie König Amanullah in Afghanistan oder Shah Reza im Iran, waren die gesellschaftlichen und kulturellen Veränderungen, die durch die Reformen Atatürks initiiert wurden, am deutlichsten und dauerhaftesten. Dennoch ist es auch ihm nicht gelungen, den Islam aus dem gesellschaftlichen Leben der Türkei zu verdrängen.

Literatur: *H. Melzig,* Kemal Atatürk, Frankfurt 1937; *J. Glasneck,* Kemal Atatürk und die moderne Türkei, Berlin 1971; *R. Robinson,* The First Turkish Republic: A Case Study in National Development, Cambridge 1963; *D. Webster,* The Turkey of Atatürk: The Social Process in the Turkish Reformation, Philadelphia 1939; *J. Landau (Ed.),* Atatürk and the Modernization of Turkey, Leiden 1984.

P. Heine

Atheismus

Im islamischen Recht gilt Unglaube (arab.: kufr), und dazu wird auch der Atheismus gezählt, von jeher als die größtmögliche Sünde. Problematisch war festzulegen, wer denn ungläubig ist und wer nicht. Rechtsgelehrte stellten einen genauen Katalog von Anzeichen für Unglauben auf, zu denen das ungebührliche Aussprechen des Namen Gottes oder des Propheten Muhammad, aber auch das Weintrinken gehörte. In der mittelalterlichen islamischen Gesellschaft konnte jedes antinomistische oder auch nur unkonventionelle Verhalten zum Vorwurf des „Kufr" führen und bedeutete dann eine konkrete Gefahr für Leib und Leben des Beschuldigten. Lebhafte Diskussionen wurden unter islamischen Juristen darum geführt, ob ein „Kafir" rituell unrein sei oder nicht.

Moderne Formen von westlichen Atheismen konnten in der islamischen Welt keinen Boden gewinnen. Die Zahl überzeugter Kommunisten oder Materialisten war immer sehr gering. Den beiden Hauptvertretern des islamischen Modernismus, al-Afghani und Muhammad ʿAbduh, ist gelegentlich der Vorwurf des Atheismus gemacht worden. Doch waren diese Vorwürfe in dieser Form nicht berechtigt. Hier wurden aus der islamischen Religionsgeschichte überlieferte Formeln schematisch wieder aufgenommen. Auch überzeugte Vertreter der türkischen Säkularisierungsbemühungen von Kemal Atatürk bezeichneten sich als laizistisch, aber nicht als atheistisch.

Literatur: *N. Keddie,* Islamic Response to Imperialism. Political and Religious Writings of Sayyid Jamal ad-Din al-Afghani, Berkeley 1968; *R. Peters/G. J. De Vries,* Apostasy in Islam, in: Die Welt des Islams 17 (1976/7), 1–25.

P. Heine

Auferstehung

Der Glaube an ein Leben nach dem Tod gehört entgegen der altarabischen Glaubenstradition zum Kern der Botschaft Muhammads. Mit dem Tag der Auferstehung schließt sich, so das islamische Verständnis, der Kreislauf des Lebens, der von der Erschaffung des Menschen im Diesseits über seinen Tod hinaus zur Auferstehung ins Jenseits führt (vgl. 23,12–16). Diese Auferstehung ist nach dem Koran als Wiederholung der Schöpfung zu verstehen: Die erste Schöpfung Gottes, die Existenz im Diesseits, findet ihre Vollendung in einer radikal neuen Schöpfung, der

Existenz im Jenseits (vgl. 27,64; 30,11).

Literatur: *s. Eschatologie.*

L. HAGEMANN

Aufhebung ↗ *Abrogation*

Aufklärung

Die europäische Aufklärung in ihrer philosophisch begründeten Bemühung um Rationalität und die Ablösung religiös bestimmter Lebenshaltung hat in der islamischen Welt nur einen begrenzten Einfluss gehabt. Am stärksten geprägt von den Gedanken Voltaires, Rousseaus oder Montesquieus sind diejenigen Ägypter, die mit der ersten Studienmission 1826 nach Paris kamen. Hier ist vor allem Rifat al-Tahtawi zu nennen, der den Versuch unternahm, vor allem die politischen Implikationen der Aufklärung mit den Vorstellungen des islamischen politischen Denkens zu verbinden. Forderungen der Aufklärung, dass eine Gesellschaft vom Prinzip der Gerechtigkeit geleitet werden solle oder dass der Zweck der Herrschaft die Wohlfahrt der Beherrschten sei, sind durchaus mit islamischen Vorstellungen zu verbinden. Dies gilt vor allem für Rousseaus Konzept vom Gesetzgeber, der in der Lage ist, vernünftige Gesetze zu formulieren, die er aber in einer Form religiöser Symbolik darstellt, damit die Mehrzahl der Menschen sie verstehen und als normativ akzeptieren kann. Hier wurden von Tahtawi Parallelen zum Propheten Muhammad gesehen. Neu waren Vorstellungen wie die, dass das Volk aktiv an der Regierung des Staates beteiligt werden solle und dass man daher ein allgemeines Erziehungssystem einrichten müsse, vor allem aber, dass Gesetze sich je nach wechselnden historischen und sozialen Gegebenheiten ändern müssten. In seinen zahlreichen Veröffentlichungen trat Tahtawi für diese Vorstellungen ein, hatte jedoch nur eine begrenzte Wirkung.

Mehr Wirkung erreichten dagegen Organisationen, die von den Ideen der Aufklärung geprägt waren, wie die der Freimaurer. Logen, in die auch Ägypter aufgenommen wurden, waren schon 1798 im Zusammenhang mit der Expedition Napoleons nach Ägypten gegründet worden. In der zweiten Hälfte des 19. Jahrhunderts waren sie ein Sammelbecken für die arabischen Modernisten unterschiedlichster Positionen, z. B. von islamischen Reformern wie al-Afghani oder Muhammad ʿAbduh, der auch Mufti von Ägypten war. Außerdem gehörten Schriftsteller und Journalisten wie al-Muwailihi und Ibrahim al-Laqqani, Offiziere wie Latif Salim und Saʿid Nasr bis hin zu Politikern wie Saʿd Zaghlul zu diesen Kreisen. Es ist auch bekannt, dass Anhänger der freimaurerischen Idee nicht ohne Einfluss an den verschiedenen Höfen, so in Kairo oder in Istanbul, waren.

Literatur: *A. Al-Azmeh,* Die Islamisierung des Islam. Imaginäre Welten einer politischen Theologie, Frankfurt 1996; *A. Hourani,* Arabic Thought in the Liberal Age, Oxford 1962; *J. Landau,* Prolegomena to a Study of Secret Societies in Modem Egypt, in: Middle Eastern Studies I (1965), 1–52.

P. HEINE

Australien und Ozeanien, Islam in Obwohl davon ausgegangen werden kann, dass muslimische Händler auf ihrem Weg von der Arabischen Halbinsel nach China den westlichen Pazifik befahren haben, gibt es keine Anzeichen dafür, dass sie sich auf den Inseln Ozeaniens niedergelassen haben, wie sie es in Java oder Sumatra taten. Erst nach der Festigung des Islams auf diesen Inseln im 16. Jahrhundert begannen Muslime, die Nordküste Australiens, Neuguinea und die benachbarten Inseln regelmäßig zu besuchen. Jedenfalls berichten die ersten europäischen Entdecker von der Existenz muslimischer Fischer und Händler in Nordaustralien. Eine wirkliche Bedeutung erlangte der Islam in dieser Region allerdings erst durch die Einwanderungen unterschiedlicher muslimischer ethnischer Gruppen. Dabei können wenigstens acht verschiedene Gruppierungen unterschieden werden. In der ersten Einwanderungsphase waren es Malayen, die von 1850 an als Perlentaucher und Arbeiter für die Zuckerplantagen nach Nord- und Nordwestaustralien kamen. Fast gleichzeitig mit dieser Gruppe von Muslimen wurden so genannte Afghanen nach Australien gebracht. Diese sollten in den ariden Gebieten des Landes bei der wirtschaftlichen Entwicklung helfen. Die Einwanderung dieser beiden Gruppierungen dauerte bis ca. 1930 an. Ab 1872 schickte die französische Regierung algerische Aufständische nach Neukaledonien. Für die Zeit zwischen 1869 und 1916 ist eine starke Einwanderung muslimischer Inder auf die Fidji-Inseln und nach Queensland in Australien festzustellen. Dabei handelte es sich ebenfalls um Kontraktarbeiter für die Zuckerplantagen. Einige Händler aus Gudjarat verschlug es auch nach Neuseeland. Eine fünfte Gruppe bilden Flüchtlinge aus Albanien, die nach dem Ersten Weltkrieg bis ca. 1950 nach Australien und Neuseeland einwanderten. Nach dem Zweiten Weltkrieg kamen zu diesen Balkan-Muslimen Flüchtlinge aus Jugoslawien und türkische Muslime aus Zypern hinzu. Die Einwanderungswelle dieser beiden Gruppen hielt bis etwa 1960 an. Aus den verschiedensten nah- und mittelöstlichen Ländern gelangten Muslime nach 1960 in den pazifischen Raum. Sie kamen vor allem aus Palästina und dem Libanon, aber auch aus Ägypten, Griechenland, Pakistan und Syrien.

Der Anteil von Muslimen an der Gesamtbevölkerung ist in Neukaledonien und auf den Fidji-Inseln mit neun bis zehn Prozent am höchsten. In absoluten Zahlen ausgedrückt leben mit 170 000 Personen die meisten Muslime in Australien. Durch Institutionen oder Organisationen präsent sind Muslime in Australien, Fidji, Neuseeland, Neukaledonien, Tonga und Papua-Neuguinea. Insgesamt leben im pazifischen Raum 260 000 Muslime. Sie machen gut ein Prozent der Gesamtbevölkerung aus.

Literatur: *M. A. Kettani,* Muslim Minorities in the World Today, London 1986; *P. Heine,* Das Verbreitungsgebiet der islamischen Religion, in: *W. Ende/U. Steinbach (Hrsg.),* Der Islam in der Gegenwart, München 1989, 132–151.

P. HEINE

Averroes

Der berühmteste mittelalterliche Kommentator des Aristoteles, der Naturwissenschaftler, Philosoph und Theologe Ibn Rushd (lat.: Averroes), wurde 1126 in Cordoba geboren und starb 1198 in Marrakesch. Aus einer andalusischen Juristenfamilie stammend, erhielt er zunächst eine Ausbildung in islamischem Recht malikitischer Prägung, studierte jedoch auch Medizin. Schon früh wurde ferner sein Interesse für die Philosophie deutlich. Seit 1153 lebte er in Marrakesch, wo er sich zunächst mit Astronomie befasste. In diesem Zusammenhang kam er wohl zum ersten Mal intensiver mit den Werken des Aristoteles in Berührung. Der Almohadenherrscher Abu Yaʿqub Yusuf I. (1163–1184) war es, der den jungen Mann alsbald förderte, indem er ihn zum Qadi und Ober-Qadi in verschiedenen Städten des Almohadenreiches berief, ihn aber zeitweise auch zu seinem Leibarzt machte. Auch unter dem Nachfolger von Abu Yaʿqub, Yaʿqub al-Mansur (1184–1199), fand er noch eine Zeit lang herrscherliches Wohlwollen. Seine letzten Lebensjahre waren jedoch durch eine Reihe von Verfolgungen verdüstert. Vor allem aus politischen Gründen verlor er die Unterstützung des Herrschers. Seine Lehren wurden für nicht mit dem Islam in Übereinstimmung erklärt und seine Bücher verbrannt. Allerdings erlebte er noch kurz vor seinem Tode eine formelle Rehabilitierung.

Die kaum abschätzbare Bedeutung, die der lateinische Averroes für die Entwicklung der mittelalterlichen europäischen Scholastik hatte, kontastriert zum Einfluss des arabischen Ibn Rushd auf die islamische Geisteswelt. Hier liegt wohl auch die Ursache dafür, dass die Mehrzahl seiner Werke in lateinischer, zum Teil auch in hebräischer und nicht in arabischer Sprache überliefert worden sind. Von grundsätzlicher Bedeutung für die Mehrzahl seiner Arbeiten ist die Tatsache, dass er sich den Werken des Aristoteles nicht über Kommentare und Rezeptionen näherte, sondern direkt auf die Texte selbst zuging. Die problematische Position der Philosophie in der islamischen Geisteswelt hat dazu geführt, dass von manchen westlichen Gelehrten die Meinung vertreten worden ist, dass Ibn Rushd in seinen Aristoteles-Kommentaren unter dem Deckmantel der Wiedergabe aristotelischer Gedanken seine eigenen Vorstellungen zum Ausdruck gebracht habe. Eines seiner zentralen Themen war die Frage nach dem Verhältnis von Wissenschaft und Glauben. Immer wieder versuchte er mit Hilfe von Koranzitaten und anderen Belegen aus den autoritativen Texten des Islams, die prinzipielle Übereinstimmung dieser beiden Begriffe im Hinblick auf die Wahrheit zu beweisen. Für ihn besteht kein Gegensatz zwischen der Wahrheit des Glaubens und der der Wissenschaft, auch wenn dies auf den ersten Blick so scheinen mag. Ibn Rushd hat sich mit der Kritik, die von islamischen Rechtsgelehrten an der Philosophie geübt wurde, scharf auseinander gesetzt, ist mit seinen Argumenten jedoch nicht durchgedrungen. Daher ist seine Wirkungsgeschichte im Gegensatz zum Abendland in der islamischen Welt nur sehr gering.

Literatur: *R. Arnaldez,* La pensée religieuse d'Averrroes. 1–3, in: Studia Islamica 8 (1957)–10 (1959); *Anke von Kügelgen,* Averroes und die arabische Modeme, Leiden 1994; *F. E. Peters,* Aristoteles Arabus, Leiden 1968; *S. M. Stern/A. Hourani (Eds.),* Islamic Philosophy and Classical Tradition, London 1972; *R. Walzer,* Greek into Arabic, Oxford 1962.

P. Heine

Avicenna

Der im Westen als Avicenna bekannte Ibn Sina wurde 980 in der Nähe von Bukhara in Zentralasien geboren. Sein Vater arbeitete am Hofe der Samaniden-Dynastie. Er erhielt eine traditionelle Erziehung, überragte seine Lehrer aber schon bald. Vor allem in den Naturwissenschaften und der Medizin bildete er sich selber fort und galt schon bald als einer der besten Ärzte Zentralasiens. Nach dem Tod seines Vaters trat er in die Verwaltung des Samaniden-Reiches ein und erlebte dabei in verschiedenen Funktionen Höhen und Tiefen. Schließlich gelangte er nach Isfahan, wo er mehrere Jahre in Ruhe arbeiten konnte. 1037 starb er in Hamadan.

Die Mehrzahl seiner Werke, von denen nur ein Bruchteil erhalten geblieben ist, entstand unter ungünstigen Umständen, da er für seinen Lebensunterhalt anderweitig arbeiten musste und für seine Studien und die Formulierung seiner Texte nur nachts Zeit fand. Manches soll er während seiner Reise zu Pferde geschrieben haben, anderes im Gefängnis. Von der ständigen Konfrontation mit dem konkreten, dem täglichen Leben ist seine Arbeit geprägt. Er kritisierte die Praxisferne des Aristoteles und unternahm den ganz modernen Versuch, Theorie und Praxis in Übereinstimmung zu bringen. Leider wissen wir über seine Vorstellungen noch zu wenig, solange seine Hauptwerke nicht bekannt geworden sind. Ibn Sina bemühte sich um das Verhältnis der philosophischen Begriffe von Wesen und Existenz, die für ihn von einem notwendigen Sein abhängig sind. Auch für ihn, wie für die anderen Philosophen der islamischen Welt, ging es um eine Versöhnung wissenschaftlichen Denkens mit Glauben und mystischer Erfahrung, zwischen denen er keine Unterschiede feststellen konnte. Während seine philosophischen Schriften ihre Wirkung vor allem in Europa hatten, wird sein Name in der islamischen Welt mit seinen medizinischen Werken, vor allem mit seinem Werk über die Augenheilkunde, in Verbindung gebracht.

Literatur: *H. Corbin,* Avicenne et le récit visionnaire, 2 Bde. Paris 1954; *D. Gutas,* Avicenna and the Aristotelian Tradition, Leiden 1988; *E. F. Peters,* Aristoteles Arabus, Leiden 1968; *R. Walzer,* Greek into Arabic, Oxford 1962.

P. Heine

Azhar

Azhar ist der Name einer Moschee und der bedeutendsten theologischen Hochschule der sunnitischen Welt in Kairo. Die Moschee wurde im 10. Jahrhundert von den Fatimiden gegründet. Diese führten in dieser Stätte die Ausbildung ihrer Propagandisten durch.

Nachdem die sunnitischen Ayyubiden in Ägypten die Macht übernommen hatten, wurde die Azhar zur wichtigsten Ausbildungsstätte für sunnitische Religionsgelehrte in Ägypten umgewandelt. Zahlreiche Herrscher Ägyptens und die osmanischen Sultane stellten Mittel zur Erweiterung der Gebäude zur Verfügung, die nicht nur als Moschee und Universität dienten, sondern auch Pilgern aus dem Maghreb und Westafrika und den Obdachlosen Kairos eine Unterkunft boten. Daneben standen Stipendien für ägyptische Studenten, aber auch für solche aus anderen Ländern, z. B. aus Westafrika oder Indonesien, zur Verfügung.

Das regelmäßige Engagement von wohlhabenden und einflussreichen Persönlichkeiten für die Azhar führte dazu, dass zu Professoren an dieser Hochschule hervorragende Gelehrte berufen wurden, deren Ruf zu einem starken Anwachsen der Studentenzahlen führte. Da ein beträchtlicher Teil von ihnen aus weit entfernten Ländern der islamischen Welt stammte, verbreitete sich die Autorität der Universität in der gesamten sunnitischen Welt. Neben ihr können nur wenige nordafrikanische theologische Hochschulen wie die Zaituna in Tunis oder die Qarawiyyin-Moschee in Fez bestehen. Eine Lehrstätte von vergleichbar überragender Bedeutung ist im schiitischen Islam entstanden. Die traditionelle Form und die Fächer, die an der Hochschule gelehrt wurden, blieben bis zur zweiten Hälfte des 19. Jahrhunderts unverändert. Die wichtigsten Fächer waren Tafsir (Korankommentierung), Hadith (Prophetentraditionen), Fiqh (islamisches Recht) aller vier sunnitischen Rechtsschulen, während schiitischer Fiqh nicht gelehrt wird, Kalam (Apologetik), Falsafa (Philosophie) und Tasawwuf (Mystik).

Die Wissensvermittlung ging dergestalt vor sich, dass der Dozent im Hof der Moschee an eine Säule gelehnt saß und den ihn umgebenden Zuhörern einen Text referierte, den diese auswendig zu lernen hatten. Dieser Text war in der Regel eines der bedeutenden Werke großer Gestalten der islamischen Geistesgeschichte. Zum Lehrstoff gehörte ferner auch der Kommentar des Dozenten zu diesem Werk. Die verschiedenen aufeinander folgenden Generationen von Dozenten lieferten dann Subkommentare zu den Darstellungen ihrer Vorgänger, produzierten Zusammenfassungen dieser Konvolute, die dann wieder kommentiert wurden. Die intellektuellen Fähigkeiten der Studenten wurden davon in Anspruch genommen, all dies auswendig zu lernen. Das Mitschreiben der Vorlesungen war unüblich. Als tatsächlich beherrschter Stoff wird bis heute nur der angesehen, den man memoriert hat. Besondere pädagogische oder didaktische Anstrengungen wurden von den Dozenten nicht unternommen. Mathematik wurde kaum gelehrt, und Astronomie war beschränkt auf die Berechnung der korrekten Gebetszeiten und des Beginns der Mondmonate.

Diese Form des akademischen Betriebs hatte und hat den Vorteil, Traditionen unverfälscht zu bewahren, ist aber wenig geeignet, intellektuelle Kreativität und Kritikfähigkeit zu fördern. Durch die Konfrontation mit der europäischen Zivilisation in der Folge der kolonialistischen Ausbreitung wurden die Grenzen dieser scholastischen Form des akademischen Betriebes deutlich. So begannen seit 1872 Reformversuche, die die Hochschule in die Lage versetzen sollten, die verschiedensten Wissenschaften auch mit einer modernen, d.h. westlichen Methode zu betreiben. Diese Reformen führten zu einer Veränderung der Organisationsstruktur der Azhar. Der Fächerkanon wurde erweitert. Geschichte, Pädagogik, neue Philologien, Gesellschaftswissenschaften, Mathematik, Medizin und Naturwissenschaften wurden eingeführt und entsprechende Fakultäten eingerichtet. An der Azhar, an der nur männliche Studenten aufgenommen worden waren, wurden Studentinnen zugelassen, und die Hochschule verließ den lokalen Rahmen Kairos und gründete Filialeinrichtungen zunächst in anderen Städten Ägyptens und später auch in anderen Ländern.

Heute unterhält al-Azhar auch Sekundarschulen. Der Unterschied zu anderen modernen Hochschulen Ägyptens besteht darin, dass an der Azhar die theologischen Disziplinen intensiv gepflegt werden und das religiöse Moment in den modernen Fächern stets eine wichtige Rolle spielt.

Die Universität erhielt im Jahre 1896 ein Leitungsgremium, das aus drei Vertretern der Hochschule und zwei Regierungsvertretern bestand. Das Eintrittsalter der Studenten in die Azhar wurde zunächst auf 15 Jahre festgelegt, Lese- und Schreibfähigkeit sowie die auswendige Beherrschung der Hälfte das Korans wurden erwartet. Hatten die Absolventen bis zu dieser Neuregelung von ihren Dozenten eine schriftliche Erlaubnis (idjaza) erhalten, die bei ihnen gehörten Texte weiterzugeben, wurden nun Abschlussexamen eingeführt, die man nach acht oder zwölf Studienjahren ablegen konnte. Während diese organisatorischen und inhaltlichen Veränderungen und Erweiterungen des Studiums kaum Probleme bereiteten, stellte sich die methodische Veränderung als ungleich schwieriger heraus. Immer wieder beklagen sich bis in die heutige Zeit Studenten vor allem der theologischen Fächer über die Schwerfälligkeit, den mangelnden Gegenwartsbezug und die Sterilität des Unterrichts. Immer noch steht das Memorieren als Methode der Wissensaneignung im Vordergrund.

Eine Institution, die sich als Hüterin der islamischen Tradition und Kultur versteht und die zu Recht über große Autorität weit über die Grenzen des mittleren Ostens verfügt, spielte und spielt auch eine bedeutende politische Rolle. Lange Zeit waren die Lehrer der Azhar finanziell unabhängig dergestalt, dass ihr Lebensunterhalt durch „Fromme Stiftungen“ (Auqaf) gesichert wurde. Allerdings ließen diese Einkünfte nur ein sehr bescheidenes Leben zu. Im Zuge einer Neu-

ordnung des Auqaf-Wesens wurden nun staatliche Gehälter an die Dozenten und übrigen Mitarbeiter der Hochschule gezahlt.
Diese Form der Besoldung führte zu einer größeren Abhängigkeit der Gelehrten von der jeweiligen ägyptischen Regierung. So ist zu beachten, dass Vertreter der Azhar häufig politische Positionen vertreten haben, die den ägyptischen Regierungsinteressen entsprachen. Vor der Revolution von 1952 verteidigten Azhar-Scheichs die Monarchie energisch, um dann den arabischen Sozialismus Nasser'scher Prägung als eine urislamische Erscheinung zu loben. Diese Haltung, die nicht zuletzt dadurch ermöglicht wurde, dass die Regierungen direkten Einfluss auf die Ernennung des Rektors der Azhar nehmen konnten, hat der Autorität der Hochschule geschadet. Schon die Muslim-Brüder der 1940er Jahre kritisierten die Situation der Azhar wegen ihrer Abhängigkeit von den herrschenden politischen Kräften. Diese distanzierte Haltung zahlreicher so genannter fundamentalistischer Gruppierungen in Ägypten zur Azhar hat sich bis in die Gegenwart fortgesetzt. Einen Teil ihrer Autorität hat die Hochschule auch durch die Tatsache eingebüßt, dass viele ihrer Absolventen mit juristischen Examina mit Schwierigkeiten zu kämpfen haben, eine Anstellung zu finden. Sie treffen auf Konkurrenten, die auf westlichen oder moderneren ägyptischen Hochschulen eine entsprechende Ausbildung genossen haben und für die Aufgaben in einer modernen Verwaltung etc. adäquater vorbereitet erscheinen.

Literatur: *B. Dodge,* Al-Azhar: A Millenium of Muslim Learning, Washington 1961; *A. C. Eccel,* Egypt, Islam and Social Change – Al-Azhar in Conflict and Accommodation, Berlin 1984; *D. Eickelman,* Knowledge and Power in Morocco. The Education of a Twentieth-Century Notable, Princeton 1985; *W Lemke,* Mahmut Shaltut und die Reform der Azhar, Frankfurt 1980; *M. Abaza,* Debates on Islam and Knowledge in Malaysia and Egypt, London 2002.

P. Heine

B

Babismus

Babismus ist eine aus dem Islam entstandene neue Religion, die von dem aus dem persischen Schiraz stammenden Sayyid ʿAli Muhammad gegründet wurde. Sayyid ʿAli wurde 1819 geboren; er begann schon sehr früh mit meditativen Übungen und ging zugleich seinem Beruf als Kaufmann nach. Bei einer Pilgerfahrt nach Kerbela lernte er das Oberhaupt der Shaikhiyya, Sayyid Kazim Rashti, kennen, der von ihm stark beeindruckt war. Die Shaikhiyya versuchte, mit der Suche nach dem geheimen Vertrauensmann des 12. Imams, dem Bab (wörtlich: Tor, Tür), Zugang zu dem erwarteten Mahdi zu erlangen. Kurz vor seinem Tod sandte Rashti einige seiner Anhänger aus, um diesen Bab zu finden. Einer dieser Kundschafter meinte, in Sayyid ʿAli Muhammad den Bab gefunden zu haben. Als Beweis dafür diente ihm die Tatsache, dass Sayyid ʿAli außerordentlich schnell einen Kommentar zur Sure Yusuf verfasste, wobei er den Text zugleich mit schöner Stimme mitsprach. Dieser Text gilt den Anhängern des Bab als die erste Offenbarung. Im Jahre 1844 trat der Bab an die Öffentlichkeit. Aus dem, was wir von seinem Selbstverständnis wissen, ist nicht ganz klar, ob er sich als Bab (Vorläufer) des Mahdi verstand oder meinte, er sei selbst dieser erwartete Messias; denn vier Jahre später abrogierte er die Shariʿa im Bezug auf Gebet, Fasten, Erbrecht und Heirats- bzw. Scheidungsregelungen und stellte sich damit außerhalb des Islams. An die Stelle des islamischen Rechts traten neue Regelungen bis hin zu einer neuen Qibla. Gebetsrichtung sollte danach der Ort sein, an dem sich der Bab aufhielt. Der Antinomismus dieser Bewegung in Bezug auf den Islam wird auch in der Tatsache deutlich, dass eine seiner Anhängerinnen, die Dichterin Qurrat al-ʿAyn, vor ihren Glaubensbrüdern unverschleiert erschien. Alle eschatologischen Aussagen des Korans interpretierte der Bab nicht nur als Hinweise auf das Ende der existierenden Welt, sondern auch auf das Ende eines prophetischen Zirkels. Danach vernichtet Gott die Welt zu Ende eines jeden Zirkels, um sie auf das Wort eines neuen Propheten hin wieder neu zu erschaffen. All diese Regelungen und Vorstellungen gingen einher mit der eschatologischen Erwartung „dessen, den Gott erscheinen lassen wird". Der Erfolg, den der Bab errang, beruhte nicht zuletzt auf der Tatsache, dass die sozialen wie die religiösen Verhältnisse im Persien des 19. Jahrhunderts durch zahlreiche Missstände gekennzeichnet waren. Gegen die sich schnell ausbreitende Bewegung gingen die persischen Behörden und die schiitische Geistlichkeit mit aller

Härte vor: Zahlreiche Anhänger des Bab und er selbst wurden hingerichtet. Seine Anhänger wehrten sich gegen die Verfolgungen, indem sie sich gegen die Truppen der Regierung in den Zitadellen verschiedener persischer Städte verbarrikadierten und ihnen zum Teil monatelang Widerstand leisteten und 1852 auch einen Attentatsversuch auf den Schah Nasir al-Din unternahmen. Nach dem Tod des Bab spaltete sich die Bewegung in eine Gruppe, die Subh-i Azal als den Nachfolger des Bab ansahen, und eine andere, die sich zur Gemeinschaft der Baha'i zusammenfanden.

Literatur: *A. Bausani,* Il Martirio del „Bab" secondo la narrazione di Nabil Zarandi, in: Oriente Moderne, 1950, 100–207; *E. G. Brown,* Materials to the Study of the Babi Religion, Cambridge 1918; *D. MacLoin,* Rituals in Babism and Baha'ism, London 1994; *W Schmucker,* Sekten und Sondergruppen, in: *W. Ende/U. Steinbach (Hrsg.),* Der Islam in der Gegenwart, München 1984, 505–523

P. Heine

Baha'i

Baha'i ist eine Religion, gegründet von dem 1817 in Teheran geborenen Mirza Husain Ali Nuri, der sich den Namen Baha Allah gegeben hatte; von ihm leitet sich der Name ab. Von Jugend an zeigte Baha Allah ein starkes Interesse an religiösen Fragestellungen. Sehr früh begann er auch mit der Fixierung seiner Gedanken, die von seinen Anhängern als Offenbarungen angesehen werden. Im Jahre 1844 schloss er sich dem Bab (s. dort) an und erlitt das Schicksal seiner Anhänger, indem er lange Gefängniszeiten und Exil erleiden musste. Im Baghdader Exil erklärte er 1863 seinen Anhängern, er sei derjenige, „den Gott erscheinen lassen wird". Bei internen Auseinandersetzungen um diese Position des erwarteten Mahdi konnte er sich gegen seinen Halbbruder Subh-i Azal durchsetzen. Aufgrund seines Erfolges und der zahlreichen Besucher, die er in Baghdad empfing, veranlasste der persische Konsul die Verlegung von Baha Allah nach Istanbul, von wo er dann weiter nach Akka gelangte, wo Baha Allah 1892 starb. Sein Sohn Abbas Efendi, der den Namen ʿAbd al-Baha trug, wurde von den Anhängern Baha Allahs, den Baha'i, als der autorisierte Interpret der Lehren des Religionsgründers anerkannt.

Die Baha'i verfügen über eine elaborierte Doktrin, die vor allem auf Europäer und Amerikaner anziehend wirkte. Nach diesen Vorstellungen ist Gott eine gänzlich transzendente und nicht erkennbare Entität. Das bedeutet, dass sich die Baha'i gegen jede Form der mystischen Erkenntnis Gottes wenden. Die Vorstellungen der Baha'i von der Entstehung der Welt halten ein fragiles Gleichgewicht zwischen Erschaffung und Emanation; denn die nicht erkennbare Essenz Gottes hat sich selbst manifestiert und damit etwas geschaffen, was selbst nicht Gott ist. Die mit dem Begriff der Schöpfung verbundene Vorstellung vom Beginn der Existenz der Welt wird von den Baha'i nicht vertreten. Sie glauben, dass die Welt ewig ist.

Eine besondere Form der göttlichen

Manifestation sind die Propheten. Der Prophet ist sowohl ein Mensch als auch der klarste Spiegel, in dem Gott reflektiert wird; daher ist es nicht falsch, den Propheten im Sinne einer Verkürzung als Gott zu bezeichnen. Die Manifestationen Gottes durch Propheten entstehen ständig neu. Propheten sind neben Adam und den Propheten von Judentum, Christentum und Islam auch Zarathustra, während Buddha und Konfuzius als Weise betrachtet werden. In der Reihe der Propheten folgte auf Muhammad der Bab und auf diesen dann Baha Allah. Die Baha'i gehen davon aus, dass die Kette der Propheten über ihn hinaus fortgesetzt wird, allerdings würden bis zum Erscheinen eines neuen Propheten 1000 Jahre vergehen. Die Propheten sind den jeweiligen historischen und kulturellen Phasen, in denen sie auftreten, am meisten angemessen. Die verschiedenen Propheten sind in Gruppen eingeteilt. So beginnt eine Gruppe mit Adam und endet mit dem Bab.

Die Zeit der Gruppe, die mit Baha Allah begonnen habe, werde mindestens 50000 Jahre dauern. Da die Baha'i die Lehren aller Propheten anerkennen, ist ihnen der Vorwurf des Synkretismus gemacht worden. Dieser wird von ihnen mit der Begründung abgelehnt, dass sie die Lehre desjenigen Propheten in den Vordergrund stellen, der der jeweiligen Gegenwart am deutlichsten gemäß ist. Die Baha'i unterscheiden fünf Typen von Geist: den tierischen und den pflanzlichen Geist, den menschlichen Geist, den Geist des Glaubens und den Heiligen Geist. Zu den wichtigsten Prinzipien der Moral- und Soziallehre der Baha'i gehört die Einheit der Menschheit, die Notwendigkeit der unabhängigen Suche nach der Wahrheit, die essenzielle Einheit aller Religionen, die Aufgabe der Religion, die Einheit zu fördern, die notwendige Übereinstimmung von Religion und Wissenschaft, die Gleichberechtigung beider Geschlechter, was auch die gleichen Pflichten beinhaltet, die Ablehnung jeder Form von Vorurteilen, seien sie nationaler, religiöser, politischer, wirtschaftlicher oder anderer Art, die Suche nach dem Weltfrieden, die Aufgabe, für eine universelle und allgemeine Erziehung zu sorgen, die Lösung sozialer Probleme auf religiöser Basis durch die Abschaffung von übergroßem Reichtum und tiefster Armut, die Benutzung einer internationalen Sprache als Verständigungssystem, die Einrichtung eines Internationalen Gerichtshofes.

Die Baha'i kennen kein öffentliches Ritual oder Sakrament. Zu den religiösen Pflichten eines Baha'i gehört alle 19 Tage eine Gemeindefeier, eine Fastenperiode von 19 Tagen, die absolute Vermeidung von Alkohol und dreimal täglich ein festgelegtes Gebet. Die Baha'i verfügen über eine komplexe Administration, die sie für gottgegeben halten. Die einzelnen Gemeinden haben eine aus neun Personen bestehende Führung, die durch eine jährlich stattfindende Wahl bestimmt wird. Die Wahl wird als eine Erfüllung von Gottes Willen angesehen; daher sind die Gewählten ihren Wählern auch nicht verantwortlich, da diese nur Instrumente des göttlichen Willens sind. Falls genügend Gemeinden vorhanden sind, wird von diesen durch ein Wahlgremium eine nationale Baha'i-Führung, die ebenfalls aus neun Personen besteht, für ein Jahr gewählt. Von Mitgliedern der nationalen Führungsgremien wird dann ein universales Führungsorgan durch Wahl bestimmt. Die einzelnen Gremien verfügen auch über eine juridische Macht. Konflikte auf den verschiedenen Ebenen sollen von den jeweiligen Führungsgremien gelöst werden. Die Baha'i kennen ferner Gemeindezentren, in denen auch Gebetsräume vorhanden sind.

Da die Mehrzahl der Baha'i im Vorderen Orient Muslime waren oder von Muslimen abstammen, werden sie von islamischen Gelehrten als Apostaten angesehen. Auch in neuerer Zeit sahen sie sich deshalb in verschiedenen Ländern Repressionen ausgesetzt. Diese Aktionen haben einen Höhepunkt in den Baha'i-Verfolgungen im Iran nach der Islamischen Revolution von 1979 gefunden.

Literatur: *R. Jockel,* Die Glaubenslehren der Baha'i-Religion, Darmstadt 1951; *M. Fischer/M. Abedi,* Debating Muslims, Madison 1990; *D. MacLoin,* Rituals in Babism and Baha'ism, London 1994; *K. Borrmann,* Das Aqdas, Würzburg 2005.

P. HEINE

Barmherzigkeit

Außer dem Islam gibt es keine Weltreligion, die sich auf eine heilige Schrift stützen kann, in der bis auf eine Ausnahme alle Kapitel durchweg mit dem Lobpreis auf Gott, den Barmherzigen, eingeleitet werden. Jede Sure des Korans – abgesehen von der neunten – beginnt mit der so genannten Basmala: „Im Namen Gottes, des Erbarmers, des Barmherzigen." Damit begegnet uns im Koran diese Gottesanrede am häufigsten. Allein schon diese Tatsache verdient, beachtet und gewürdigt zu werden.

Gott, der Erbarmer (ar-rahman) und der Barmherzige (ar-rahim)

„Gott gehören die schönsten Namen", betont der Koran mehrfach (7,180; 17,110; 20,8; 59,24). Zu ihnen zählen die Epitheta „der Erbarmer" (ar-rahman) und „der Barmherzige" (ar-rahim).

Herkunft und Bedeutung von rahman und rahim

Unter den von der Wortwurzel rhm abgeleiteten Verbal- und Nominalformen haben die beiden Nomina rahman und rahim „durch den Islam eine zentrale Bedeutung" erhalten (A. Falaturi). Es scheint so zu sein, dass Muhammad die wohl aus dem südarabischen Raum stammende Bezeichnung ar-rahman eine Zeit lang als Eigenname, gleichbedeutend mit Allah (Gott), gebrauchte – was seine mekkanischen Landsleute bekanntlich als Neuerung verwarfen –, und mit rahim zu der bekannten Formel der Basmala verband.

Während ar-rahman, der Erbarmer, nur von Gott ausgesagt wird, kann ar-rahim, der Barmherzige, auch Menschen prädizieren. Ob eine inhaltliche Differenz zwischen rahman und rahim besteht, ist umstritten. Um sie nicht als Dublette erscheinen zu lassen, mühen sich die muslimischen Kommentatoren, beiden je eigene Sinngehalte zu geben. Zusammenfassend lässt sich folgende Inhaltsbestimmung ausmachen: Der Erbarmer ist „der Sich-Erbarmende, von dem die Auswirkungen der Barmherzigkeit ausgehen, und zwar in der konkreten Tat, der die Gnaden und das Gute breit austeilt" (A. Th. Khoury). Barmherzig „bedeutet einen beständigen Habitus" und weist hin „auf den Ursprung der aktuellen Barmherzigkeit in Gott, d. h. auf seine beständige Bereitschaft, sich zu erbarmen" (A. Th. Khoury).

Barmherzigkeit als oberstes göttliches Handlungsprinzip

Dass Gott barmherzig ist, bestätigt der Koran immer wieder, ja es heißt sogar, er habe sich zur Barmherzigkeit verpflichtet: „Sprich: Wem gehört, was in den Himmeln und auf der Erde ist? Sprich: (Es gehört) Gott. Vorgeschrieben hat er sich selbst die Barmherzigkeit. Er wird euch zum Tag der Auferstehung versammeln, an dem kein Zweifel möglich ist ..." (6,12). Ferner: „Und wenn diejenigen, die an unsere Zeichen glauben, zu dir kommen, so sprich: Friede über euch! Euer Herr hat sich selbst die Barmherzigkeit vorgeschrieben: Wenn nun einer von euch aus Unwissenheit Böses tut, aber danach umkehrt und Besserung zeigt, so ist Er voller Vergebung und barmherzig" (6,54). Beide Koranstellen sprechen von der Barmherzigkeit Gottes als einer selbstauferlegten Verpflichtung. Islamische Gelehrte sehen in diesen Koranbelegen ihre Überzeugung begründet, „dass die Barmherzigkeit und nur diese in einmaliger Weise das oberste göttliche Handlungsprinzip darstellt" (A. Falaturi).

Zeichen der Barmherzigkeit Gottes

„Schau auf die Spuren der Barmherzigkeit Gottes", fordert Koran 30,50. D. h., wer die Wirklichkeit recht zu deuten vermag, wird der Barmherzigkeit Gottes auf die Spur kommen, sie zeigt sich nämlich allenthalben: in der Natur und ihren Erscheinungen, in der Geschichte seines Handelns mit den Menschen, in der Propheten- und Offenbarungsgeschichte.

„Schau auf die Spuren der Barmherzigkeit Gottes, wie Er die Erde nach ihrem Absterben wieder belebt. Ein solcher (Gott) kann wahrlich (auch) die Toten wieder lebendig machen. Und Er hat die Macht zu allen Dingen" (Koran 30,50). Der ständige Wechsel in der Natur und die sich erneuernde Fruchtbarkeit der Erde werden als Barmherzigkeit Gottes verstanden, die allen Menschen gilt, ob sie nun an ihn glauben oder nicht. „Und Er ist es, der die Winde als frohe Kunde seiner Barmherzigkeit vorausschickt. Und Wir lassen vom Himmel ein reines Wasser herabkommen, um damit eine abgestorbene Ortschaft zu beleben und um es vielen von dem, was Wir erschaffen haben, Vieh und Menschen, zu trinken zu geben. Und Wir haben es unter ihnen auf verschiedene Weise dargestellt, damit sie es bedenken ..." (Koran 25,48 ff.). Hinter der Vielfalt der Naturphänomene, so der Koran, wird Gottes Barmherzigkeit sichtbar: „Die Barmherzigkeit Gottes ist dem Rechtschaffenen nahe. Und Er ist es, der die Winde als frohe Kunde seiner Barmherzigkeit vorausschickt. Wenn sie dann eine schwere Bewölkung herbeitragen, treiben Wir sie zu einem abgestorbenen Land, senden dadurch das Wasser hernieder und bringen dadurch allerlei Früchte hervor. So bringen Wir (auch) die Toten hervor, auf dass ihr es bedenket. Und das gute Land bringt seine Pflanzen mit Erlaubnis seines Herrn hervor. Und das (Land), das schlecht ist, bringt nur mühsam etwas hervor. So legen Wir die Zeichen auf verschiedene Weise dar für Leute, die dankbar sind" (7,56b–58). Gottes Schöpfung ist in ihrer Vielgestaltigkeit ein deutliches Zeichen für seine uneingeschränkte Barmherzigkeit, die „alle Dinge" umfasst (7,156): „Und Er ist es, der den Regen herabkommen lässt, nachdem sie (seine Diener) die Hoffnung aufgegeben haben, und der seine Barmherzigkeit ausbreitet. Und Er ist der Freund und des Lobes würdig" (42,28).

Nicht nur an seiner Schöpfung kann Gottes Barmherzigkeit abgelesen werden, von ihr kündet auch die ganze Geschichte seines Handelns an und mit den Menschen, was sich besonders deutlich innerhalb der Prophetengeschichte zeigt: „Und Wir ließen Mose das Buch zukommen, nachdem Wir die früheren Generationen haben verderben lassen, als Einsicht bringende Zeichen für die Menschen und als Rechtleitung und Barmherzigkeit, auf dass sie es bedenken" (28,43; 6,154; 7,154). Die Thora erweist sich als Zeichen der göttlichen Barmherzigkeit, sie hat eine Vorbildfunktion für den Koran: Ihm „ging das Buch des Mose als Vorbild und Barmherzigkeit voraus" (46,12; 11,17). Auch Jesus, der Verkünder des Evangeliums, wird als ein „Zeichen für die Menschen" dargestellt. Bei der Ankündigung seiner Geburt heißt es: „Wir wollen ihn zu einem Zeichen für die Menschen und zu einer Barmherzigkeit von Uns machen" (19,21). In besonderer, weil in abschließend-letztgültiger Weise zeigt sich Gottes Barmherzigkeit innerhalb der Prophetengeschichte in ihrer Erfüllung in Muhammad, dem Verkünder des Islams: „Und Wir haben dich nur deshalb (mit der Offenbarung) gesandt, um den Menschen in aller Welt Barmherzigkeit zu erweisen" (21,107). Und das Heilige Buch der Muslime, der Koran, ist das fortwährend präsentische Zeichen der göttlichen Barmherzigkeit: Er ist „eine Rechtleitung und Barmherzigkeit für die Gläubigen" (27,77; 16,89; 31,2–3; 7,52), er bringt ihnen „Heilung und Barmherzigkeit" (17,82). So darf die ganze Propheten- und Offenbarungsgeschichte als je neues göttliches Angebot der Rechtleitung und Barmherzigkeit angesehen werden, und zwar nicht primär als Korrektur der strafenden Gerechtigkeit Gottes, sondern als die von Gott selbst „vollzogene Wohltat an das ganze Menschengeschlecht" (J. Bouman).

Der Mensch vor dem Angebot der göttlichen Barmherzigkeit

Das generelle Angebot der göttlichen Barmherzigkeit, wie sie sich in der

Schöpfung, in der Propheten- und Offenbarungsgeschichte zeigt, fordert die Antwort des Menschen heraus.

– Gottes Rechtleitung
Insbesondere im Koran selbst, in dem die von Gott ausgehende Initiative in ihrer höchsten Vollendung als Belehrung und Rechtleitung zum Ausdruck kommt, kann der gläubige Mensch jenen Handlungsmaßstab finden, der ein der Barmherzigkeit Gottes entsprechendes menschliches Verhalten nach sich zieht. Denn: „Gott sagt die Wahrheit, und Er führt den (rechten) Weg“ (33,4). Er selbst ist also der sicherste Garant für die beste Rechtleitung der Gläubigen. Deswegen sollen sie sich bemühen, den koranischen Vorschriften entsprechend zu leben. Kernstück dieser Vorschriften sind die religiösen Pflichten, die auch als Hauptstützen, Pfeiler oder Säulen des Islams bezeichnet werden.

– Gottes Vergebungsbereitschaft
Gottes Barmherzigkeit zeigt sich nicht nur in seiner Rechtleitung des Menschen, sondern auch in seiner Vergebungsbereitschaft: Gott vergibt, wem er will, so sagt der Koran immer wieder. Vorbedingung dafür ist der Glaube und die Nachfolge des Propheten: „Sprich: Wenn ihr Gott liebt, dann folgt mir, so wird Gott euch lieben und euch eure Sünden vergeben. Und Gott ist voller Vergebung und barmherzig“ (3,31). Unter diesen Umständen erlangt derjenige, der gesündigt hat, durch Reue und Umkehr Vergebung seiner Schuld: „Er ist es, der die Umkehr von seinen Dienern annimmt und die Missetaten verzeiht. Und Er weiß, was ihr tut“ (42,25). Deswegen ruft der Koran die Gläubigen zu Reue und Umkehr auf: „Bekehrt euch allesamt zu Gott, ihr Gläubigen, auf dass es euch wohl ergehe“ (24,31). Denn durch Reue und Umkehr lässt Gott sich versöhnen.

Barmherzigkeit und Gerechtigkeit
Barmherzigkeit und Gerechtigkeit sind nicht voneinander zu trennen. Sie gehören eng zusammen. Bei aller Barmherzigkeit, die Gott den Menschen gegenüber walten lässt, ist und bleibt er der gerechte Richter am Ende der Zeit. Jener Tag, so sagt der Koran, wird ein „Tag der Abrechnung“ (38,53) für alle Menschen sein.
Richter ist Gott allein. Bei aller Barmherzigkeit ist er ein gerechter Richter: Niemandem wird Unrecht getan, denn „Gott weiß über alle Dinge Bescheid“ (24,64). An jenem Tag, „an dem ihr zu Gott zurückgebracht werdet“, wird „jeder Seele voll zurückerstattet, was sie erworben hat. Und ihnen wird nicht unrecht getan“ (2,281).

Barmherzigkeit und Liebe
Auch der Koran weiß um die Liebe Gottes zu den Menschen: Gott liebt die Gläubigen, die Gehorsamen, die, die das Gute tun. Auch die, die sich bekehren, die auf ihn vertrauen und auf seinem Wege kämpfen, sind von Gottes Liebe umfangen. Allerdings ist seine Liebe zu den Menschen stets an bestimmte Bedingungen geknüpft: Bedingungen des Glaubens

und Vertrauens zählen ebenso dazu wie Bedingungen des rechten Handelns, wie es der Koran vorschreibt. Daraus ergibt sich, dass Gott diejenigen nicht liebt, die seine Vorschriften überschreiten. Nur denen, „die glauben und die guten Werke tun, wird der Erbarmer Liebe bereiten" (19,96). Glaube bzw. Unglaube und die daraus resultierende menschliche Handlungsweise sind für das endgültige Schicksal des Menschen entscheidend: Wer glaubt und gute Werke vollbringt, darf auf das Paradies hoffen; wer nicht glaubt und dessen Taten böse sind, wird in die Hölle eingehen. Deswegen ist es wichtig, bei Versagen Gott immer wieder um Vergebung zu bitten, um dann erneut seine Liebe erfahren zu können: „Und bittet euren Herrn um Vergebung, und dann wendet euch Ihm zu. Mein Herr ist barmherzig und liebevoll" (11,90; 85,14).

Barmherzigkeit, Vergebung und Liebe vor dem Anspruch der Gerechtigkeit
Wenn auch islamischerseits gern darauf verwiesen wird, dass die Barmherzigkeit das oberste göttliche Handlungsprinzip ist, so ist andererseits doch auch festzustellen, dass Gottes Barmherzigkeit, seine Vergebungsbereitschaft und Liebe Grenzen haben können. Barmherzigkeit, Vergebung und Liebe werden nur denen gewährt, die an Gott glauben, die die von ihm im Koran vorgeschriebenen Werke tun und die ihn bei Vergehen um Verzeihung bitten. Johan Bouman folgert zunächst daraus, dass diese „konditionelle Entfaltung bedeutet, dass sinngemäß diese drei Begriffe nur innerhalb der göttlichen Gerechtigkeit fungieren." Weil Gott ein gerechter Richter ist, fällt er stets ein gerechtes Urteil: Er belohnt das Gute und bestraft das Böse. Deswegen bleibt für J. Bouman das Hauptdogma „die strikte dichotomische Gerechtigkeit, die der Ausübung der Barmherzigkeit, Vergebung und Liebe Grenzen setzt". Doch ist damit – wie er selbst sagt – noch nicht das letzte Wort gesprochen. Denn Gott kann in seiner Barmherzigkeit kraft eigener souveräner und freier Verfügung „auch ganz anders entscheiden". Er ist nicht zwangsläufig gebunden, das Gute zu belohnen und das Böse zu bestrafen. Deswegen unterscheidet Maulana Muhammad Ali zwischen Gott als Richter und als Herrn: „Der wesentliche Unterschied zwischen einem Richter und einem Herrn besteht darin, dass der Eine verpflichtet ist, gerecht zu handeln und den Übeltäter für alles Böse zu bestrafen. Der Herr hingegen kann nach freiem Ermessen handeln. Er straft entweder den Übeltäter, oder vergibt ihm sogar seine größten Missetaten", abgesehen vom Unglauben in seinen verschiedenen Schattierungen, so müsste man hinzufügen. So kann also Gottes „souveräne Willensentscheidung mit der Ausübung der Gerechtigkeit komplementiert werden", wie aus Koran 29,16–27 herauszulesen ist. Hier wird nicht nur gesagt, dass Gott bestraft, wen er will, und sich erbarmt, wessen wer will, sondern auch, dass diejenigen, die nicht an die Zeichen Gottes und das Gericht glauben, keine Barmherzigkeit er-

warten dürfen. „Beide Möglichkeiten stehen einander komplementär gegenüber. Auf der einen Seite die uneingeschränkte Verkündigung der numinosen Willensentscheidung, fast immer als Teilstück der Verkündigung seiner Allmacht in den Himmeln und auf Erden, als komplementärer Gegenpol die Strukturierung dieser Willensentscheidung mit der Gerechtigkeit. Die sich aus diesem Sachverhalt anbietende Schlussfolgerung kann nur sein, dass auch die strikte dichotomische Vollstreckung der Gerechtigkeit als ein souveränes, numinoses Handeln Gottes verstanden werden soll" (J. Bouman).

Literatur: *D. Rahbar,* God of Justice, Leiden 1960; *J. Bouman,* Gott und Mensch im Koran. Eine Strukturform religiöser Anthropologie anhand des Beispiels Allah und Muhammad (Impulse der Forschung, Bd. 22), Darmstadt 1977; *L. Hagemann,* „Im Namen Gottes, des Erbarmers, des Barmherzigen", in: *ders./A. Th. Khoury (Hrsg.),* Blick in die Zukunft. Festschrift für *S. Balić* (Religionswissenschaftliche Studien 45), Würzburg/Altenberge 1998, 1–7.

L. Hagemann

Basmala

Bezeichnung der Formel „Bi-smi-llahi r-rahmani r-rahim" (Im Namen Gottes, des Erbarmers, des Barmherzigen). Die Bedeutung der beiden wurzelgleichen Worte „rahman" und „rahim" hat zu verschiedenen Überlegungen Anlass gegeben. So gilt es als sicher, dass „rahman" als Gottesname schon vor dem Islam in Süd- und Zentralarabien gebraucht wurde. Die Mekkaner der vorislamischen Zeit lehnten diesen Namen als Theonym ab. Daher wurde die Vermutung geäußert, dass die Verwendung dieses Namens im Koran die Funktion gehabt habe, die absolute Barmherzigkeit Gottes zu betonen. „Rahman" wird in den Texten des Korans sehr viel seltener verwendet als „Rahim", eine Bezeichnung, die auch zu den „schönen Namen" Gottes gehört. Bis auf Sure 9 wird jede Sure des Korans mit der Basmala eingeleitet. Im Text selbst wird die Formel zweimal gebraucht. Da das Pflichtgebet der Muslime (salat) mit der Einleitungssure (fatiha) beginnt und diese wiederum mit der Basmala eingeleitet wird, beginnt jedes muslimische Gebet mit dieser Formel. Darüber hinaus hat diese Einleitungsfunktion zur Folge gehabt, dass sunnitische wie schiitische Muslime den Beginn jeder bedeutsameren Handlung mit dieser Formel kennzeichnen. Sie erflehen damit den Segen Gottes für ein gutes Gelingen ihres Vorhabens. Sie tun dies mündlich bei dem Beginn einer Reise, vor dem Essen oder als Spieler vor einem Fußballspiel. Diese Praxis beruht vor allem auf einem Ausspruch des Propheten Muhammad: „Alle Dinge von Bedeutung, die ohne die Nennung Gottes begonnen werden, sind unvollständig"; und nach einer anderen Tradition soll der Prophet gesagt haben, dass hinter jedem, der ein Reittier besteigt, ohne dass er den Namen Gottes nennt, der Teufel aufsteigt. Nach volkstümlichen Vorstellungen hat Gott die Formel auf die Brust Adams, auf den Flügel Gabriels und auf die Zunge Jesu geschrieben. Büchern wird die Basmala genauso vorausgeschickt wie politischen Reden. Wenn es sich auch in vielen Fällen lediglich um ein formelhaftes Verhalten handeln mag, so macht es doch deutlich, dass die Person, die die Basmala ausspricht oder schreibt, sich als gläubiger Muslim versteht, der diesen Glauben auch bezeugt. Fehlt diese Formel zu Beginn eines Buches, so gibt der Autor zu erkennen, dass seine Haltung dem Islam gegenüber von einer gewissen Distanz geprägt ist. Die Formel wird gerne auch in schriftlicher Form verwendet. Die grafische Form des Textes bietet die Möglichkeit zu kalligrafischen Bemühungen muslimischer Künstler. Die Basmala wird in dieser Form auf Windschutzscheiben von Fahrzeugen geklebt und wird so zu einem Amulett. Gleiches kann auch von entsprechenden Schmuckstücken gesagt werden, und die Produzenten von Talismanen verwenden die Basmala in jedem Fall. Die Basmala schützt zudem gegen den Bösen Blick oder gegen die Nachstellungen von Djinnen. Auch in der Natur, in den Adern eines Blatts oder in der Zeichnung eines Schmetterlings finden Muslime die Formel vom Schöpfer geschrieben. Und dem sterbenden Muslim bringt der Todesengel einen Apfel aus dem Paradies, in den die Basmala eingeritzt ist. So ist die Formel zu einem der eindeutigsten Bekenntnisse eines Muslims über seine Religionszugehörigkeit geworden.

Literatur: *I. Goldziher,* Bismillah, in: Gesammelte Schriften Bd. 5, Hildesheim 1970, 167–169; *J. Jomier,* Le nom divin „al-Rahmān“ dans le Coran, in: Mélanges Louis Massignon, Bd. 2, Damaskus 1957, 361–381; *A. Kriss/H. Kriss-Heinrich,* Volksglauben im Bereich des Islam, 2 Bde., Wiesbaden 1960–1962.

P. Heine

Basri (Hasan al-Basri)

Hasan al-Basri, eine der markantesten Gestalten der früh-islamischen Gemeinde, wurde 642 wahrscheinlich in Medina geboren, wuchs aber in Basra im Iraq auf, wo er auch 728 starb. Er hinterließ Predigten, einen Korankommentar, ein theologisches Werk, in dem seine Lehre über Fragen des Glaubens, der Moral und des Gesetzes überliefert wird, sowie eine Sammlung von geistlichen Ratschlägen, die seine Schüler überliefert haben. Basris Lehre kann unter folgenden Gesichtspunkten zusammengefasst werden:

Zu der politischen Krise, die nach der Ermordung des Khalifen ʿUthman (656–661) die Gemeinschaft erschütterte, formulierte er eine Stellungnahme, die zur sunnitischen Lehre wurde. Hasan geht von der Einheit der Gemeinschaft, die ungespalten bleiben muss, aus. Daraus folgt, dass der Muslim die Pflicht hat, der Obrigkeit zu gehorchen, solange ihre Entscheidungen nicht gegen den islamischen Glauben verstoßen. Außerdem muss er in der Gemeinschaft bleiben und Brüderlichkeit üben, indem er gegebenenfalls seine Meinung über Fehler und Übertretungen des politischen Führers äußert, der Gemeinschaft gut rät und der inneren Auswanderung abschwört. Durch Buße und Umkehr soll man die sozialen Ungerechtigkeiten beseitigen, nicht durch Gewaltanwendung. So hat der Muslim die politische Ordnung der Gemeinschaft zu respektieren, auch wenn er Ungerechtigkeit erfährt und das private Leben der politischen Führer verurteilt.

In seiner Exegese zeichnet sich Basri durch Zurückhaltung gegenüber den Legenden aus, zu denen die knappen Stellen des Korans Anlass geben. Er hält sich an den Wortlaut des Korans, liest jedoch den Text in der Form einer geistlichen Meditation, denn er empfiehlt, die damaligen Anweisungen des Korans für das Handeln der Menschen in ihrer jeweiligen Zeit fruchtbar zu machen.

Zu einem geordneten Gemeinschaftsleben gehören nach Basri über die rituellen Pflichtübungen hinaus brüderliche Hilfeleistungen. Denn der Glaube müsse durch Werke der Frömmigkeit und der Gotteshingabe immer wieder belebt und gestärkt werden. Die Frömmigkeit sei übrigens keine Sache der Gefühle, sie müsse auf einer vernünftigen Grundlage und nicht auf fantasievollen Erzählungen und Legenden aufgebaut werden. Bei alledem muss man auf eine lautere Absicht Wert legen, daher sei eine strenge Gewissenserforschung notwendig, die zur Zurückhaltung bei der Zurechtweisung der anderen und beim Erteilen von Ratschlägen ermahnt. Auch hilft sie, ein rechtschaffenes, asketisches Leben zu führen: Weltverzicht, Überwindung der Verführungen des Diesseits, Kontrolle über das Handeln (Klarheit über Motive und Zusammenhänge vor der Tat und Erkennen der Fehler danach), Bereitschaft zu Reue und Umkehr, endlich Gottesfurcht.

Hasan al-Basri hat großen Einfluss auf die Deutung des Korans, die Bildung der islamischen Lehre, die Entwicklung der islamischen Spiritualität sowie einer überzeugenden Art des Predigens ausgeübt.

Literatur: *L. Massignon,* Essai sur les origines du lexique technique de la mystique musulmane, Paris [2]1968 (I. Aufl. 1922); *H. Ritter,* Hasan al-Basri. Studien zur Geschichte der islamischen Frömmigkeit I, in: Der Islam 21 (1933), 1–83; *ders.,* Hasan al-Basri, in: The Encyclopaedia of Islam III, Leiden/London 1966, 247b–248b.

A. TH. KHOURY

Batiniyya

Ältere Bezeichnung für die Isma'iliten, aber auch ganz allgemein der polemisch verwendete Name für alle, die der inneren (batin) Bedeutung des Korans den Vorzug gegenüber der wörtlichen, äußeren (zahir) geben. Unter Isma'iliten entwickelte sich eine besondere Form der Koranauslegung (ta'wil), die als „Ta'wil batini“ bezeichnet wird. Sie bezeichnet eine Interpretationsmethode, die einen stark allegoristischen Charakter hat, die hierarchischen Strukturen des Isma'iliyya unterstützt und nur wenigen eingeweihten Wissenden zugänglich ist.

Seinen Ursprung hat der „Ta'wil batini“ im Iraq des 8. Jahrhunderts. Einflüsse aus der symbolischen Exegese des Origenes und der Gnostik sind nicht zu verkennen. Als eine der ersten Interpretationen dieser Art wird die eines iraqischen Schiiten bezeichnet, der die Koranstelle, in der sich die Berge weigern, den Glauben anzunehmen, als Symbol für die Weigerung ʿUmars, ʿAli anzuerkennen, sieht. Von einem anderen aus diesem Umkreis wird berichtet, er habe die im Koran genannten Himmel als die schiitischen Imame und die Erde als deren Anhänger interpretiert.

Das Batini-System kann in vier Aspekte unterteilt werden: Batin, Taʾwil, Khass wa ʿAmm, Taqiyya. Die Anhänger der Batiniyya gehen davon aus, dass jeder heilige Text eine verborgene innere (batin) Bedeutung hat, die sich von der wörtliche, äußeren (zahir) unterscheidet. Diese Methode wenden sie nicht nur auf die offenbar metaphorischen Textstellen an, sondern auch auf die historischen Berichte, moralischen Ermahnungen oder rechtlichen und rituellen Vorschriften. Die Methoden, mit denen man der inneren Bedeutung der Texte auf die Spur kommen kann, sind vielfältig. Personen, Handlungen und Sachen werden auf ihren symbolischen Wert hin untersucht; ganze Textpassagen werden als Allegorien aufgefasst und Zahlen- und Buchstabensymbolik sind häufig benutzte Techniken. Die Batiniyya wendet diese Methoden nicht nur auf den Koran, sondern auch auf die Bibel und andere heilige Texte an und schließlich auch auf die gesamte Natur; denn „batin“ repräsentiert die esoterische Welt einer spirituellen Realität, die durch die sichtbare Welt verborgen wird.

Nach dieser Auffassung ist es die eigentliche Funktion der Heiligen Schriften, Hinweise auf die verborgene, spirituelle Wirklichkeit zu geben. Daher ist die Entdeckung des symbolischen Inhalts der Texte ebenso wichtig wie die Offenbarung selbst. Jedem Träger einer Offenbarung wird durch Gott ein Bevollmächtigter (wasi) gegeben, der von ihm die Fähigkeit der Erklärung der inneren Bedeutung der Texte erhält. Der „Wasi“ gibt diese innere Bedeutung an einige wenige, auserwählte Personen, seine Anhänger, weiter. Für den Islam ist Muhammad der Träger der Offenbarung, die in ihrem wörtlichen Sinne der Menschheit allgemein zugänglich ist, und als den „Wasi“, der die Befähigung zum „Taʾwil“ besitzt, sieht man ʿAli. Daraus folgt, dass man die Menschheit einteilen kann in die breite, unwissende Allgemeinheit (ʿamm) und die Elite (khass), die die verborgene Bedeutung der Schriften kennt. Die Aufnahme in diese Elite erfolgt durch einen Initiationsritus, in dem der Adept mit dem Imam, der die höchste Autorität für den Taʾwil ist, bekannt wird und sich diesem gegenüber zum Gehorsam verpflichtet.

In einigen Gruppierungen, wie in der Ismaʿiliyya, hat sich eine Hierarchie von Lehrern entwickelt, die zwischen dem einfachen Initianden und dem Imam vermitteln, da diesem die Kenntnis des „Batin“ nur stufenweise vermittelt wird. Das „Batin“ muss geheim bleiben, seine Kenntnis darf nicht mit der Mehrheit, „ʿAmm“, geteilt werden, da dann die Gefahr von Missverständnissen und der unautorisierten Weitergabe bestünde. Um dies zu ermöglichen, müssen die Eingeweihten sich der Technik der „Taqiyya“ bedienen. Taqiyya ist das Verbergen einer eigentlichen religiösen

Überzeugung, um das Geheimnis der Gemeinschaft zu bewahren und die Wissenden zu schützen. Vor allem die „Taqiyya" hat verschiedene inhaltliche und organisatorische Folgen gehabt.
Da das „Batin" möglichst wenig verbreitet werden durfte, entwickelte sich die Interpretation der Texte in den verschiedenen Gruppen der Isma'iliyya uneinheitlich, und in einigen Aspekten zum Teil sogar widersprüchlich. In drei Bereichen ist jedoch eine bemerkenswerte Einheitlichkeit festzustellen. Es wurde eine Kosmologie entwickelt, die deutlich von neoplatonischen Vorbildern beeinflusst ist, und die islamische Eschatologie wurde als zyklische Religionsgeschichte mit Tendenzen zur Reinkarnation interpretiert. Derartige Vorstellungen sind im sunnitischen Islam sehr ungewöhnlich, wenn man einmal von der Geschichtstheorie des Ibn Khaldun absieht. Im organisatorischen Bereich entwickelte sich eine Hierarchie, die mehr oder weniger der Anordnung der verschiedenen Würdenträger des neuplatonischen Kosmos entspricht. In einigen Fällen hat die im Vordergrund stehende Bedeutung des „Batin" zu antinomistischen Tendenzen geführt. Dies wirkte sich wiederum dergestalt aus, dass vor allem sunnitische Polemiker bis in die Gegenwart jede Interpretation des Korans, die die wörtliche Bedeutung des Textes in den Hintergrund zu stellen schien, als „batini" verunglimpften und in polemischen Auseinandersetzungen jede Form von Schia als Batiniyya bezeichnete.

Literatur: *J. von Ess,* Theologie und Gesellschaft im 2. und 3. Jahrhundert Hidschra. Eine Geschichte des religiösen Denkens im freien Islam, 5 Bde., Berlin 1991–1993; *I. Goldziher,* Die Richtungen der islamischen Koranauslegung, Leiden 1920; *ders.,* Streitschrift der Gazali gegen die Batiniyya-Sekte, Leiden 1905.

P. Heine

Bayezid ↗ *Bistami*

Beerdigung der Toten

Entsprechend dem Brauch in orientalischen Ländern sollen auch nach islamischer Tradition Trauergottesdienst (Begräbnisgebet) und Begräbnis (Erdbestattung) möglichst bald nach dem Tod eines Verstorbenen erfolgen. Zunächst wird der/die Verstorbene einer rituellen Waschung unterzogen, in Laken gehüllt und auf eine Bahre gelegt. Koranrezitationen begleiten dieses Zeremoniell. In der arabischen Volkstradition spielen Totenklage und Totentanz, nicht selten von dafür bezahlten „Klageweibern" ausgeführt, eine wichtige Rolle. Wenn nach dem Herrichten der Leiche das häusliche Ritual beendet ist – dazu zählt auch die Regelung des Nachlasses –, wird der/die Verstorbene meist noch am selben Tag in einem Trauerzug in bzw. vor die Moschee gebracht. Dort wird in der Regel das Begräbnisgebet, manchmal auch als Totengebet bezeichnet, gesprochen. Die Teilnahme an diesem Gebet ist nach islamischer Tradition als allgemeine Verpflichtung anzusehen, nicht als persönliche Pflicht des Einzelnen, d. h. sofern genügend Personen anwesend sind, muss sich der Einzelne nicht daran beteiligen. Ist eine Frau verstorben, stellt der Imam (Vorbeter) sich an das Fußende der Bahre, ist ein Mann gestorben, an das Kopfende, und er eröffnet das Gebet, indem er die rechte Absicht bekundet. Er rezitiert viermal „Allahu akbar" (Gott ist der Größte), dazwischen wird jeweils ein kurzes Gebet gesprochen – zunächst die Fatiha, die Eröffnungssure des Korans, dann eine Eulogie auf den Propheten Muhammad, ferner ein Gebet für den Toten und schließlich ein Gebet für alle Anwesenden. Das Begräbnisgebet endet mit einem zweifachen Friedensgruß nach rechts und links. Danach begleiten der Imam und die anwesenden Männer die Tote bzw. den Verstorbenen zum Grab. An der eigentlichen Beerdigung nehmen grundsätzlich nur Männer teil. Während des Trauerzugs von der Moschee zum Friedhof, der meist außerhalb der Wohnsiedlungen liegt, wechseln sich die Leichenträger ab; es gilt als ehren- und verdienstvoll, wenn männliche Passanten den Leichnam einige Schritte begleiten oder gar mit tragen helfen. Die eigentlichen Grabzeremonien und -rituale sind recht kurz. Dazu zählt neben Koranrezitationen u.a. die Belehrung des Verstorbenen durch den Imam, welche Antworten bei der bevorstehenden Befragung im Grab den Grabesengeln Munkar und Nakir zu geben sind. Gemäß der Überlieferung werden die Verstorbenen nach der Bestattung im Grab auf ihren Glauben hin befragt: „Wer ist dein Gott? Wer ist dein Prophet? Was ist deine Religion? Wohin zeigt deine Gebetsrichtung?" Wenn der/die Verstorbene richtig zu antworten weiß („Allah – Muhammad – Islam – Mekka"), erfährt er/sie durch die Engel Mubashshar („Frohe Botschaft") und Bashir („Verkünder froher Botschaft") die Verheißung des Paradieses. Sind die Antworten falsch, steht Peinigung durch die Engel Munkar („das Verwerfliche") und Nakir („das Negative") bevor, so sagt es die koranische Überlieferung (vgl. 41,30; 16,32–47,27; 8,50). Auf der rechten Seite liegend, mit dem Gesicht nach Mekka wird der/die Verstorbene beigesetzt. Die Anwesenden sprechen abschließend das islamische Glaubensbekenntnis (shahada). Nach der Beerdigung gehen die Männer gewöhnlich ins Trauerhaus, um den Angehörigen ihr Beileid auszusprechen. Während der (vierzigtägigen) Trauerzeit tragen die Angehörigen meist schwarze Kleidung. Wenngleich es keine allgemein verbindlichen Vorschriften hinsichtlich dieser Trauerzeit gibt, ist es Sitte, in dieser Zeit Arme zu beköstigen und sich zu Gebet und Koranrezitation zusammenzufinden. Islamische Friedhöfe vermitteln zuweilen einen recht kargen Eindruck; die Gräber sind schlicht mit Steinen/Steinplatten oder Ziegeln bedeckt, mit Kopf- und Fußstelen versehen, wo die Namen der Verstorbenen zu lesen sind. Obwohl sich die islamische Überlieferung gegen Grabbauten oder Mausoleen wendet, erhielten etwa seit dem 9. Jahrhundert führende Persönlichkeiten des öffentlichen Lebens oft prächtige Grabmäler.

Literatur: s. Eschatologie

L. Hagemann

Bektashiyya
Derwisch-Organisation in der Türkei und in Südeuropa; Gründer des Ordens ist Hadjji Bektash Wali, dessen Erscheinen in Anatolien für das 13. Jahrhundert nachgewiesen ist. Dem besonderen Ritual und den Lehren des Ordens gab allerdings erst Balim Sultan im 16. Jahrhundert die endgültige Form.

Synkretismus
Vorläuferorganisationen der Bektashiyya und anderer Derwisch-Orden waren im 11. Jahrhundert im Turkestan entstanden und hatten sich dann auch nach Anatolien ausgebreitet. Die frühen Organisationen waren Träger ausgesprochen synkretischer Vorstellungen und hatten zahlreiche vor-islamische und hermetische Elemente aufgenommen. Es war vor allem die Bektashiyya, die derartige Vorstellungen in Anatolien vertrat. Darüber hinaus hatte die Bektashiyya in den Regionen, in denen eine christliche Substratreligion vorhanden war, also in Südanatolien und auf dem Balkan, auch christliche Inhalte in ihr Gedankengut aufgenommen. Zu den aus dem Christentum stammenden Elementen im Ritual der Bektashiyya gehört, dass aus Anlass der Initiation eines neuen Mitglieds Wein und Brot, aber auch Käse verteilt werden, was an die heilige Kommunion, wie sie von den Artotyriten gefeiert wurde, erinnert. Die Bektashiyya kennt ferner das Sündenbekenntnis des Mitglieds vor den Ordensoberen, die ihrerseits Vergebung gewähren. Eine kleine Gruppe innerhalb des Ordens lebt zölibatär. Diese Mitglieder tragen einen Ohrring als Unterscheidungsmerkmal. Frauen dürfen unverschleiert an den Feiern der Bektashiyya teilnehmen. Dieser Synkretismus hat dazu geführt, dass zwischen der Bektashiyya und anderen extremen Sekten und Gemeinschaften im Umkreis des Islams Kontakte entstanden, die zu vielen Fehlinterpretationen geführt haben. Die Haltung der Bektashiyya zum Islam ist gekennzeichnet durch Techniken, die sich auch in der populären islamischen Mystik finden. Daneben sind eindeutige antinomistische Tendenzen festzustellen. Auf die islamischen Glaubenspflichten wie Gebet oder Fasten wird kein besonderer Wert gelegt. Weingenuss oder homosexuelle Praktiken sollen im Orden ebenfalls verbreitet gewesen sein. Bei derartigen Feststellungen kann es sich allerdings um Vorurteile und Polemiken sunnitischer Gegner der Bektashiyya handeln.
In ihren geheimen Lehren wird deutlich, dass es vor allem schiitische Traditionen sind, die die Bektashiyya kennzeichnen. So erkennen sie die Autorität der zwölf Imame der Schia an. Im Zentrum ihrer Verehrung steht ʿAli, den sie mit Allah und Muhammad zu einer Dreifaltigkeit verbinden. Die schiitischen Tendenzen der Gemeinschaft werden nicht zuletzt daran deutlich, dass die Bektashiyya wie die Schiiten in den ersten zehn Tagen des Monats Muharram der schiitischen Märtyrer, vor allem derer, die in jungen Jahren umgekommen sind, gedenken. Viele Forscher, die die Glaubenslehren der

Bektashiyya analysiert haben, meinen, dass es sich vor allem um eine vor-islamische anatolische Religion handelt.

Praktiken und Organisationen

Niedergelegt sind die Lehren der Bektashiyya in Fadl Allah Hurufis persischem Djawidan und in dem türkischen Ashqname des Ferishteoghlu, die für die Mitglieder des Ordens kanonische Bedeutung haben. In vielen Fällen ließen sich die Bektashi in der Nähe von bekannten Wallfahrtsorten nieder, deren Heiligkeit sie mit ihren eigenen Traditionen in Verbindung brachten. Wundern, die die Heiligen der Bektashiyya an solchen Orten bewirkt haben sollen, wird ein eher schamanistischer Charakter zugeschrieben. An der Spitze der Organisation steht der Celebi, der im Hauptkloster des Ordens, in Hadjdji Bektash in Zentralanatolien in der Nähe von Kayseri, residierte. Das Amt ging seit dem 18. Jahrhundert vom Vater auf den Sohn über, war aber nicht notwendig hereditär. Die Zölibatäre dagegen haben ihren eigenen Meister, den Dede. Sie vor allem sind es, die in Klöstern (Tekke) leben, die jeweils von einem „Baba" geleitet werden. In den Klöstern leben die voll initiierten Derwische. Neben ihnen gibt es diejenigen Mitglieder, die lediglich den ersten Aufnahmeeid geleistet haben (muhibb), und schließlich die nicht initiierten Anhänger (ʿashiq). Neuere Untersuchungen haben gezeigt, dass auch in den Klöstern der Bektashiyya eine Schichtung zwischen den Mitgliedern der Familie auf der einen und den Dienern auf der anderen Seite festzustellen ist. Die Klöster waren für ihren Unterhalt auf die Gaben der Bevölkerung in der Umgebung angewiesen. In der Frühzeit der Geschichte des Ordens bestanden deutliche Abhängigkeiten der Bektashiyya von turkmenischen Nomadengruppen. Später brachten die Klöster beträchtlichen Landbesitz, aber auch große Viehherden unter ihre Kontrolle. In Einzelfällen waren mehrere Dörfer einem Kloster tributpflichtig. Die Mitgliedschaft im Orden war also auch unter materiellen Gesichtspunkten attraktiv. Über die Verteilung der Einkünfte der Klöster wachten die Vorsteher, die daher eine staatliche Approbierung benötigten. Auseinandersetzungen um diese Positionen sind nicht eben selten gewesen und mancher Scheich eines Klosters fand einen gewaltsamen Tod. Die Tracht der Bektashiyya ist besonders gekennzeichnet durch eine weiße Mütze mit vier oder zwölf Falten. Die vier Falten symbolisieren die „vier Tore": Shariʿa (islamisches Recht), Tariqa (Orden), Maʿrifa (Erkenntnis), Haqiqa (Wahrheit), während sich die zwölf Falten auf die zwölf Imame beziehen. Zur Ausstattung eines Mitgliedes der Bektashiyya gehören ferner ein Rosenkranz, der um den Hals getragen wird, und eine Doppelaxt.

Neuere Geschichte

Die Bektashiyya hatte großen Einfluss auf die religiösen Vorstellungen und Praktiken der anatolischen Bevölkerung. Darüber hinaus gelang es ihr, enge organisatorische Kontakte mit dem osmanischen Elitecorps der Janitscharen zu entwickeln und entsprechenden politischen Einfluss im Osmanischen Reich zu erlangen. Wie intensiv diese Beziehungen waren, ist jedoch bisher nicht eindeutig festzustellen. Als 1826 die Janitscharentruppe aufgelöst wurde, bedeutete das auch ein vorläufiges Ende des Einflusses des Ordens. Der Orden wurde aufgelöst, die Klöster zerstört. Der Besitz der Bektashiyya wurde verkauft. Der Erlös aus diesen Verkäufen gelangte in das allgemeine staatliche Budget. Doch gelang es der Organisation, sich zu regenerieren, und die Klöster wurden wieder aufgebaut. Es kam zu einem vor allem literarischen Aufblühen und auch wieder zu einem gewissen politischen Einfluss.

Nach der Auflösung des Osmanischen Reiches im Jahre 1918 in mehrere Nationalstaaten erhielt der straff organisierte Orden einen internationalen Charakter. Für die türkische Reformpolitik des Mustafa Kemal Atatürk galt die Bektashiyya als eines der Symbole für Obskuratismus und Widerstand gegen jede Europäisierung der Türkei. Daher wurde der Orden im Jahre 1925 aufgelöst. Außerhalb der Türkischen Republik konnte das Ordensleben jedoch ungestört weitergehen. In der Türkei ließ sich die Bektashiyya auch nicht vollständig unterdrücken und besteht in mehr oder weniger offener Form weiter, hatte sich aber ständig mit Angriffen säkularistischer, aber auch streng sunnitischer Kreise auseinander zu setzen. Auf dem Balkan gelang es den verschiedenen Bektashi-Gruppen, sich modernen Gegebenheiten anzupassen und auf die veränderten politischen Verhältnisse zu reagieren.

Während des Zweiten Weltkrieges beteiligten sich auch die Bektashi am Widerstand gegen die italienische und deutsche Okkupation. Während die Aktivitäten der Bektashiyya in Jugoslawien nach dem Krieg unbehelligt fortgesetzt wurden, hat sich der Orden in Albanien vor allem seit 1965 gegen staatliche Unterdrückungsmaßnahmen zu behaupten.

Literatur: *G. Jacob,* Beiträge zur Kenntnis des Derwischordens der Bektaschis, Leiden 1908; *ders.,* Die Bektaschijje in ihrem Verhältnis zu verwandten Erscheinungen, München 1909; *J. K. Birge,* The Bektashi Order of Derwishes, London 1937, 1962; *M. Ergöz,* Turkiye de Alevilik-Bektashilik, Istanbul 1977; *I. Melikoff,* Le problème Kizilbas, in: Turcica 6 (2975), 49–67; *S. Faroqhi,* Bektaschiklöster in Anatolien von 1826 – Fragestellung und Quellenprobleme, in: Der Islam 53 (1976), 28–69; *A. Popovic/G. Veinstein (Eds.),* Les ordres mystiques dans l'Islam, Paris 1986.

P. Heine

Beschneidung

Ursprung und Bedeutung

Nach einer weit verbreiteten Ansicht wird neben der Verweigerung des Konsums von Schweinefleisch und Alkohol die Beschneidung von männlichen und weiblichen Kindern als typisches Phänomen des Islams angesehen. Weder die Beschneidung von Jungen (khitan) noch die von Mädchen (khafd) werden im Koran als religiöse Pflicht aufgeführt. Beide

Praktiken waren jedoch offenbar in vor-islamischer Zeit auf der Arabischen Halbinsel gebräuchlich und werden in Verbindung mit dem Schneiden von Nägeln und dem Kürzen der Schnurrbarthaare genannt. In einer Vielzahl von als echt angesehenen Prophetentraditionen (hadith) werden sie als üblich für die frühen islamischen Gemeinden geschildert. Zahlreiche Gestalten der islamischen Heilsgeschichte werden mit der Praxis der Beschneidung in Verbindung gebracht. So berichtet die islamische wie die biblische Tradition, dass der Patriarch Abraham im Alter von 80 Jahren beschnitten worden sei. Die verschiedenen islamischen Rechtsschulen bewerten die Beschneidung unterschiedlich positiv. Während die Schafiʿiten sie für eine religiöse Pflicht halten, sind die Malikiten der Ansicht, dass es sich um „Sunna" handelte, also eine Befolgung des Vorbilds des Propheten Muhammad.

Wie in vielen anderen traditionellen Gesellschaften ist auch in der islamischen Welt die Beschneidung ein Übergangsritus, durch den ein Individuum aus einem sozialen Status in einen anderen übertritt. Medizinische Begründungen wie die Vermeidung von Phimose sind moderne Rationalisierungen von sozialen Vorgängen. Initiationsriten sind häufig mit körperlichen Eingriffen wie der Anbringung von Narben, Tatauierungen, Amputationen und anderen körperlichen Veränderungen verbunden. In vielen Fällen geht die Unterrichtung der Betroffenen in bestimmten Praktiken und Fähigkeiten dem Ritual voraus. Die Übergangsriten sind die Voraussetzung für die Aufnahme bestimmter sozialer Aktivitäten und Aufgaben. Daher sind die Initianden trotz der mit dem Ritus verbundenen Schrecken und Schmerzen häufig begierig, sich diesem zu unterziehen.

Ritus der Beschneidung

Relativ gut informiert sind wir über die Beschneidung der muslimischen Jungen. Sie findet zwischen dem siebten Tag nach der Geburt und dem 15. Lebensjahr statt. Auf jeden Fall muss sie durchgeführt werden, bevor der Junge das Erwachsenenalter erreicht hat. Da der Ritus mit erheblichen Kosten verbunden ist, wird er häufig für mehrere Kinder gemeinsam durchgeführt, so dass Jungen unterschiedlichen Alters in der gleichen Zeremonie beschnitten werden. Der eigentliche Vorgang besteht darin, dass ein Teil der Vorhaut des Penis abgetrennt wird. Die Operation wird häufig durch einen Barbier durchgeführt. Doch hat sich in neuerer Zeit für diese Aufgabe ein gewisses Spezialistentum entwickelt. Die Beschneidung der Jungen ist mit einem großen Fest verbunden, zu dem Umzüge, Gastmahle und Geschenke für den Initianden gehören. Erst danach wird er als echter Muslim angesehen.

Während die Beschneidung der Jungen ein öffentliches Ereignis ist, bleibt die Beschneidung der muslimischen Mädchen ein Vorgang innerhalb der Welt der Frauen. Ein weiterer Unterschied zu der Beschneidung von Jungen besteht darin, dass sich hier zahlreiche regionale Unterschiede in den angewendeten Praktiken finden. In der Regel werden die Mädchen später als die Jungen, aber vor dem Erreichen der Pubertät beschnitten. Der eigentliche Eingriff kann aus einem kleinen Einschnitt am oberen Teil der Scheide, aber auch aus einer völligen Entfernung der Klitoris und der Schamlippen bestehen. Häufig ist er mit einer Infibulation verbunden. Die Durchführung dieser Operationen obliegt Hebammen oder alten Frauen. Neuerdings werden sie auch von Krankenschwestern durchgeführt. Die Eingriffe haben nicht zuletzt aufgrund der mangelnden Beachtung hygienischer Gegebenheiten häufig schwere, ja tödliche Erkrankungen zur Folge. Daher wurde vor allem die radikale Beschneidung der Mädchen in einigen Staaten der islamischen Welt verboten. Dennoch wird sie weiter praktiziert. Frauen, die diese Operationen durchführen, haben im Gegensatz zu ihren männlichen Kollegen in der Öffentlichkeit einen sehr schlechten Ruf. In der Welt der Frauen werden sie dagegen mit ängstlicher Verehrung behandelt. Viel stärker als bei den Jungen ist die Beschneidung von Mädchen mit der Vermittlung von Wissen um Sexualität verbunden. In einigen Regionen der islamischen Welt müssen die Initiandinnen in der Vorbereitung auf die Beschneidung auch bestimmte Tänze erlernen, von denen angenommen wird, dass sie das sexuelle Interesse der Männer erregen. Doch auch bei den Mädchen steht das soziale Moment des Übergangsritus aus einem in einen anderen sozialen Status im Vordergrund. Dabei machen sich in sehr viel stärkerem Maß als bei den Jungen bei der Beschneidung der Mädchen vor-islamische Vorstellungen bemerkbar. Das zeigt nicht zuletzt die Tatsache, dass z. B. in Ägypten diese Praktiken nicht nur bei Muslimen, sondern auch bei Kopten üblich sind. In jüngerer Zeit hat es um die Beschneidung von Mädchen heftige Auseinandersetzungen gegeben, da sie von Reformern als mit der Menschenwürde der Frau nicht vereinbar angesehen wird.

Literatur: *B. Boehringer-Abdalla,* Frauenkultur im Sudan, Frankfurt/M. 1987; *H. Jaussen,* Coutumes des Arabes au pays de Moab, Paris 1948; *C. Kieffer,* A propos de la circoncision à Caboul et dans le Logar, in: Festschrift für W. Eilers, Wiesbaden 1967, 191–201; *H. Masse,* Croyances et coutumes persanes, Paris 1938; *Y. El Masry,* Die Tragödie der Frau im arabischen Orient, München 1963; *O. Meinardus,* Mythological, Historical and Sociological Aspects of the Practice of Female Circumcision among the Egyptians, in: Acta Ethnographica 16 (1967), 387–397.

P. Heine

Beute

Kriegsbeute (fay') ist eine in den Islam übernommene altarabische Praxis, nach der die vor allem aus Vieh bestehende Beute aus Kriegszügen entweder in Vierteln oder in Fünfteln unter den Siegern verteilt wurde. Nach der Schlacht von Badr wurde diese Form der Beuteteilung durch den Koran bestätigt: „Und wisst, wenn ihr etwas erbeutet, so gehört ein Fünftel davon Gott und dem Gesandten, und den Verwandten und den Waisen, den Bedürftigen, dem Reisenden …" (8,41). Da es sich jeweils um ein Fünftel handelte, wurde auch die Bezeichnung „Khums" (arabisch: Fünftel) verwendet. Eine Sonderregelung zu Gunsten des Führers der militärischen Unternehmung war, dass dieser sich, über seinen Anteil hinaus, jeden Teil der Beute sichern konnte, der ihm gefiel. Dieses Recht (safiyya) war begrenzt. Der Begriff blieb jedoch erhalten und wurde für Staatsdomänen verwendet. Mit der wachsenden Ausbreitung des Islams, die ja nicht in jedem Fall durch kriegerische Auseinandersetzungen erfolgte, sondern auch durch den Abschluss von Verträgen, waren neue Regelungen erforderlich. So bestimmte dann der Koran (59,7–10), dass in den Fällen, in denen es durch Vertrag (sulhan) zur Inbesitznahme eines Gebiets oder einer Stadt gekommen war, die Beute in ihrer Gesamtheit dem Propheten zukommen müsse, der sie zum Nutzen der muslimischen Gemeinschaft verwenden sollte. In all den Fällen, in denen die Beute aus Land bestand, wurde eine jährliche Steuer fällig, so dass „Fay'" auch in der Bedeutung von „Steuer" Verwendung findet. Diese sollte wieder zum Wohle aller Muslime benutzt werden, so dass Parallelen zu den Frommen Stiftungen (Waqf, Hubs) zu sehen sind. Nicht ganz in Übereinstimmung mit dem Vorbild des Propheten wurde als Fay'-Land dasjenige angesehen, das durch bedingungslose Kapitulation (ʿanwatan) nach einer militärischen Auseinandersetzung in die Hände der Muslime gelangt war. Es konnte dann unter die muslimischen Kämpfer verteilt werden, wobei die Einwohner versklavt wurden. Dann hatten die neuen Besitzer die Ushr-Steuer zu zahlen. Die andere Möglichkeit war, dass das Land in Staatsbesitz überging und die Einwohner es gegen die Zahlung des Kharadj bearbeiteten. Insgesamt ist Fay' die Begründung dafür, dass auf bestimmte Formen von Landbesitz besonders hohe Steuern erhoben wurden, während das per „Sulh" (Vertrag) gewonnene Land mit weniger hohen Abgaben belastet wurde. Da jedoch auch diese Landsteuer mit dem Begriff „Kharadj" bezeichnet wurde, wird es im Laufe der historischen Entwicklung immer schwieriger, die beiden Arten der Besteuerung zu differenzieren. Die wirtschaftlichen Auswirkungen der beiden Besteuerungsformen zeigten nach und nach große Ähnlichkeit.

Literatur: *F. Lekkegaard,* Islamic Taxation in the Classical Period. Kopenhagen 1950.

P. Heine

Bibel

Das Wort Bibel (= Buch), die Heilige Schrift (s. dort) der Christen (s. dort), bestehend aus dem Alten Testamen und dem Neuen Testament (s. dort), leitet sich ab vom griechischen ta biblia bzw. biblos (= beschriebenes Blatt, Buchrolle).

Überzeugt davon, dass die biblischen Schriften geoffenbartes Wort Gottes (s. dort) seien, zeigte sich Muhammad an deren Inhalt interessiert.

Auch wenn er sich selbst nie direkt und unmittelbar mit diesen Schriften auseinander gesetzt hat, sondern lediglich vom Hörensagen darum wusste, hat er verschiedene biblische Traditionen aufgegriffen, die auf diese Weise – verwoben mit nichtbiblischen Elementen – verstreut Eingang in den Koran gefunden haben, wie – aus dem Alten Testament – die Schöpfung der Welt, Erzählungen über Adam und Eva, Kain und Abel, Noach und die Sintflut, über Abraham und seine Söhne Isaak und Ismael, über Jakob, über Mose und Aaron und ihre Kontroverse mit dem Pharao, ausführlich über Josef, über den Durchzug der „Kinder Israels" durch das Meer und ihre Wüstenwanderung, ferner Anspielungen und Hinweise auf Lot, Elija und Elischa, Ezechiel und Jona, die Könige Saul, David und Salomo, wobei Muhammad die biblischen Gestalten, losgelöst aus ihrem biblischen Kontext, des Öfteren einfach aneinander reiht (vgl. 37,37–148; 38,16–48). Bezüglich der koranischen Prophetenerzählungen (s. Propheten) und Straflegenden, die sich auf die frühere Heilsgeschichte beziehen, ist zu bedenken, dass sie immer das gleiche Aussageziel verfolgen, nämlich den Untergang der Ungläubigen sowie die Errettung der Gläubigen unter Beweis zu stellen. Sie haben somit durchweg einen typisierten und schematisierenden Charakter: Aus dem Blickwinkel seiner eigenen Situation, in der er stand, wirkte und auch litt, hat Muhammad die einzelnen Episoden der Geschichte betrachtet und gleichsam seine Erfahrungswelt von Mekka in die Vergangenheit projiziert, so dass die früheren Propheten zu Spiegelbildern seiner selbst werden. Die koranischen Prophetengeschichten haben ihren „Sitz im Leben" in Muhammads eigenem Selbstverständnis und der daraus resultierenden Notwendigkeit der eigenen Rechtfertigung vor seinen Landsleuten.

Aus dem Neuen Testament finden sich im Koran Verweise auf Johannes den Täufer und seinen Vater Zacharias, des Weiteren – zumal aus der apokryphen Literatur – Erzählungen über die Geburts- und Kindheitsgeschichte Jesu (s. dort) sowie seiner Mutter Maria (s. dort). Dabei hat Muhammad diese Traditionen seinem theologischen Konzept angepasst.

Literatur: *J. Horovitz,* Koranische Untersuchungen, Berlin 1926; *H. Speyer,* Die biblischen Erzählungen im Qoran, Hildesheim [2]1961; *D. Thyen,* Bibel und Koran im Vergleich, Altenberge 1984; *ders.,* Bibel und Koran. Eine Synopse gemeinsamer Überlieferungen, Köln/Wien 1989; *L. Hagemann,* Propheten – Zeugen des Glaubens. Koranische und biblische Deutungen (Religionswissenschaftliche Studien 26), Würzburg/Altenberge [2]1993; *A. Th. Khoury/L. Hagemann,* Christentum und Christen im Denken zeitgenössischer Muslime (Religionswissenschaftliche Studien 7), Würzburg/Altenberge [2]1994; *H. Zirker,* Christentum und Islam. Theologische Verwandtschaft und Konkurrenz, Düsseldorf [2]1992.

L. Hagemann

Bibliothek

Inspiriert durch das Heilige Buch der Muslime, den Koran, als Manifestation göttlicher (arabischer) Sprache angesehen, als endgültige Festschreibung göttlichen Willens verehrt und als Fundament, Ausgangspunkt und Medium allen Wissens schlechthin geglaubt, erfreute sich die künstlerische Entfaltung der Schrift und der Buchkunst in der islamischen Kultur besonderer Wertschätzung, ja Hochachtung. Zwischen dem 8. und 15. Jahrhundert reich mit privaten und öffentlichen Bibliotheken ausgestattet, nahm das Studium des Korans, seiner Kommentare und Rechtsbücher breiten Raum ein. Philosophische, medizinische und naturwissenschaftliche Forschungen und Kenntnisse, verbunden mit breitgefächerter Übersetzertätigkeit, machten über theologische Kreise hinaus alle seinerzeit verfügbaren Wissensgebiete dank eines nachhaltig wirksamen Mäzenatentums (Stiftungen durch Wezire, Emire, Khalifen) auch Interessenten zugänglich, die nicht privilegierter Herkunft waren. Orte der Lehre (Belehrung) und Bildung waren ursprünglich die Moscheen; ihnen waren später Schulen (Madrassen) und weitere Lehreinrichtungen angeschlossen, die eine umfassende Bildung garantieren sollten. Die angegliederten Bibliotheken standen nicht nur vor Ort Lehrenden und Lernenden, sondern auch Externen zur Verfügung. Zu den großen, angesehenen und solide ausgestatteten Bibliotheken zählten ab dem 9. Jahrhundert in Baghdad die Bibliothek der Akademie Bait al-hikma („Haus der Weisheit"), 830 unter dem abbasidischen Khalifen al-Ma'mun gegründet, mit bedeutender Übersetzerschule. Philosophische und naturwissenschaftliche Werke aus dem Griechischen, u. a. von Aristoteles, Galen, Hippokrates, Platon, Plotin wurden ins Arabische übersetzt. In Baghdad wäre auf weitere Bibliotheken hinzuweisen, einmal auf die 993 vom schiitischen Bujiden-Wezir Sabur Ibn Ardaschir gegründete Bibliothek, zum anderen auf die 1065–67 auf den sunnitischen Seldschuken-Wezir Nizam al-Mulk zurückgehende Nizamiyya, die 1395 mit der 1234 von Khalif al-Mustansir gegründeten theologischen Schule, der Mustansiriya, fusionierte. Ebenso bekannt war die schiitische „Stätte der Wissenschaft (dar al-ʿilm) in Kairo: Der Fatimiden-Khalif al-Aziz Billah (gest. 996) ließ dort eine der al-Azhar Moschee angegliederte Bibliothek errichten, die unter Khalif al-Hakim (gest. 1021) erweitert und mit einer Akademie versehen wurde. Im Westen war die Bibliothek des Umayyaden-Khalifen Hakam II. von Cordoba (gest. 973) an der dortigen Großen Moschee (La Mezquita) von besonderer Bedeutung für die Ausstrahlung islamischer Wissenschaft und Übersetzertätigkeit auf nicht-islamische Zentren und Studienorte. Weitere umfangreichere Bibliotheken entstanden später, u. a. in Toledo, wo 1143 die erste lateinische Koranübersetzung erstellt wurde. Die Blütezeit der arabisch-islamischen Bibliotheken endete gleichsam mit dem Sturz der Abbasiden-Khalifen in Baghdad 1258. Keine der großen öffentlichen

Bibliotheken des islamischen Orients sollte die kriegerischen Wirren und Auseinandersetzungen mit Kreuzfahrern, Mongolen und Seldschuken überstehen; im Westen auf der Iberischen Halbinsel verursachte die nach der Reconquista einsetzende Inquisition beträchtlichen Schaden. Unter den Osmanen entwickelte sich Istanbul zum Zentrum islamischer Handschriften-Sammlungen. Die Bibliothek der Mogul-Dynastie in Indien (1526–1858) lösten nach deren Entmachtung die Engländer auf. Im 20. Jahrhundert entstanden dann in den meisten islamischen Staaten Nationalbibliotheken.

Literatur: *W. Heffening/J. D. Pearson,* Art. Maktaba, in: EI[2]; *K. Holter,* Der Islam, in: Handbuch der Bibliothekswissenschaft, Bd. 3, Hälfte 1, Wiesbaden 1955, 188–242.

L. HAGEMANN

Bild und Bilderverbot

In den vormonotheistischen Naturreligionen besaßen und besitzen auch in der Gegenwart bildliche Darstellungen eine große Macht. Man zollte ihnen Dank, Opfer und Verehrung. Bild und Wirklichkeit wurden und werden nicht unterschieden. Das Dargestellte ist im Abbild gegenwärtig. Während aber das Alte Testament Bilder streng verbietet (Ex 20,4–5) und es im Christentum vielfältiger theologischer Auseinandersetzung bedurfte, um 843 die Frage nach der Erlaubtheit von bildlichen Darstellungen von Personen und religiösen Ereignissen positiv zu beantworten, enthält der Koran an keiner Stelle ein ausdrückliches Bilderverbot.

Dennoch ist auch der Islam seinem Wesen nach nicht bilderfreundlich. Gott offenbart sich im Islam durch die Worte des Korans, durch einen Text. Da die göttliche Wahrheit dem menschlichen Anblick entzogen und jede menschliche Vorstellung von ihr also ein Trugbild ist, gibt sich der fromme Muslim nicht mit diesem Trugbild und erst recht nicht mit dessen Abbildung ab. Eine Vielzahl von Prophetenaussprüchen weist auf die Ablehnung von Bildern hin, bei denen vor der Gefahr der Idolatrie im Zusammenhang mit bildlichen Darstellungen gewarnt wird. Auf Grund dieser Einstellung werden die Sakralbauten des Islams allein durch kalligrafische Ausschmückungen verschönt. Die Argumentation der Prophetentraditionen geht von der Tatsache aus, dass im Arabischen das Wort für „bilden" auch die Bedeutung „erschaffen" haben kann. Gott als der Schöpfer wird auch als Bildner bezeichnet. Daraus schließen die Hadith-Texte, dass Maler oder Bildhauer als Bildner versuchen, Gott ähnlich oder ebenbürtig zu sein. Dafür werden sie beim Jüngsten Gericht zur Verantwortung gezogen und schwer bestraft.

Trotz dieses Verbots, an dem bis auf den heutigen Tag orthodoxe Kreise streng festhalten, entstanden in der islamischen Welt reichhaltige künstlerische Ausdrucksformen. Eine plastische Kunst hat sich, von wenigen Ausnahmen abgesehen, generell nicht entwickelt. Die Reaktionen künstlerisch begabter Muslime auf das Bilderverbot im Laufe einiger Jahrhunderte stellen sich unterschiedlich dar.

Ein Teil ignorierte das Verbot, und es entstand vor allem in der Buchmalerei und der Illustration eine reiche Tradition in den verschiedensten Teilen der islamischen Welt.

Die als wirklich islamisch zu bezeichnenden bildlichen Darstellungen stammen aus dem 13. Jahrhundert. Die zuvor von islamischen Herrschern, der Umayyaden- und der ʿAbbasidendynastie in Auftrag gegebenen Bildwerke stehen noch ganz in der Tradition der hellenistischen bzw. persischen Kunst. In vielen Fällen waren es zunächst griechische oder persische Künstler, die Aufträge zur Ausschmückung von Moscheen oder Schlössern ausführten.

Bei der frühesten islamischen Malerei handelt es sich um Buchmalerei. Ursache dafür mag gewesen sein, dass ein Erstarken des Einflusses von Religionsgelehrten es geraten scheinen ließ, diese Verstöße gegen das Bilderverbot nicht publik werden zu lassen und sie auf den engsten privaten Rahmen zu beschränken. Hauptthemen dieser neuen bildlichen Ausdrucksformen waren vor allem Illustrationen von wissenschaftlichen Abhandlungen und einigen Werken der Unterhaltungsliteratur. Diese frühe Buchmalerei wird nach ihrem Entstehungsort als Malerei der Baghdader Schule bezeichnet. Sie stellt eine eindeutige Weiterentwicklung der antiken Formensprache dar, weil sie diese in eine abstrakte Symbolsprache überträgt. Ein Jahrhundert später entwickelt sich, immer noch im Rahmen der Buchillustration, im Iran eine Landschaftsmalerei, die für viele Jahrhunderte thematisch bestimmend bleiben sollte. Ihr folgt in der osmanischen Malerei eine Kunstepoche, die sich durch ein hohes Maß an Dokumentation auszeichnet und daher weniger formalistisch wirkt als ihre Vorgänger.

Ein anderer Teil der künstlerischen Kräfte hielt sich an das Bilderverbot des Islams und fand seine Möglichkeiten des künstlerischen Ausdrucks in der Abstraktion. Medium dafür war die arabische Schrift, die in ihren zahlreichen verschiedenen Ausprägungen den Künstlern reiche Entfaltungsmöglichkeiten bot. Dabei war der Inhalt der zu gestaltenden Schrifttexte nur die Basis der gestalterischen Farb- und Formgebung. Von der Schrift aus war der Weg dann nicht mehr weit zu einer verschlungenen, mäandrierenden Abstraktion, die als Arabeske auch den Eingang in die europäische Kunst der verschiedensten Epochen gefunden hat.

An diesen zwei Linien entlang entwickelte sich eine Kunst, die man sowohl in der darstellenden, vor allem aber in der abstrakten Form als eigenständig und durch den Islam geprägt bezeichnen kann. Zwar lassen sich auch hier kunstgeschichtliche Entwicklungen sowie regionale Unterschiede feststellen, die aber – auch wenn man geografisch und historisch so weit voneinander entfernte Regionen wie das islamische Andalusien und das Indien der Mogulkaiser betrachtet – doch durchaus Vergleiche zulassen. Der Begriff der „islamischen Kunst“ ist also keine Fiktion von Kunsthistorikern.

Literatur: *M. Ipsioglu.* Das Bild im Koran. Ein Verbot und seine Folgen, Wien 1971; *ders.,* Meisterwerke islamischer Kunst, Stuttgart 1980; *R. Purer,* Das islamische Bilderverbot und die Schia, in: *E. Gräf (Hrsg.),* Festschrift Werner Caskel zum 70. Geburtstag, Leiden 1968, 224–232; *ders.* Die Entstehungszeit des islamischen Bilderverbots, in: Kunst des Orients 2 (1977), 158–181.

P. HEINE

Bistami (Abu Yazid al-Bistami)

Abu Yazid (803–875; von Iranern und Türken Bayezid genannt) stammt aus einer kleinen Stadt in Nordiran, Bistam, in der er sein Leben zurückgezogen verbrachte. Bekannt von ihm sind nur mündliche Äußerungen, die in einem Sammelband erhalten sind: al-Shatahat al-sufiyya (Die mystischen überzogenen Sprüche). Man kann darin kein System erkennen; die Sprüche geben Auskunft über die Erlebnisse des Augenblicks und sind somit nicht frei von Widersprüchen. Seine wichtigsten Aussagen kreisen um folgende Themen:

Obwohl er die strikte Erfüllung der religiösen Pflichten befürwortet, urteilt er, dass sie nicht zum Ziel und zur Erkenntnis Gottes führen können, sondern nur der Anlass sind, die Erleuchtung von Gott und die mystischen Erlebnisse zu erhalten, denn das Gebet ist für ihn vor allem Meditation, die eine große Konzentration des Geistes erfordert und von tiefer Ehrfurcht vor Gott begleitet ist. Außerdem pflegte er wie die anderen Mystiker Askese zu üben, um seine Triebseele unter Kontrolle zu halten.

In seiner ausschließlichen Suche nach Gott relativiert er alle Mittel und Erlebnisse, die der Mystiker kennt. Deswegen müssen sie alle überwunden werden, damit alle Absperrungen, die ihn von Gott trennen, beseitigt werden. Die gänzliche-Abwendung von allem ist die Devise: „Als Gott sah, dass ich es aufrichtig meinte mit meinem Verzicht auf die Welt, da war die erste Gnade, die er mir erwies, dass er mich mein Ich, meine Seele, vergessen ließ." Was er sucht, ist nicht, der Strafe zu entrinnen und die Belohnung zu erhalten, sondern Gott allein, die direkte Erkenntnis Gottes. Die Etappen des Weges zur totalen Entwerdung sind das Sich-Entledigen von der Welt (tadjrid oder tafrid), die Einsamkeit mit Gott, die Bejahung der Alleinigkeit Gottes (infirad), die unerreichbare Einsamkeit und absolute Alleinigkeit Gottes selbst (ifrad). Der Mystiker ist nicht mehr da, nur noch Gott besteht: „Ich streifte mein Ich ab, wie die Schlange ihre Haut abstreift; dann sah ich mein Wesen an, und es zeigte sich, dass ich ER war."

In dieser Gottesvereinigung wird der Mystiker so reden, als wäre er Gott selbst: Das sind die so genannten theopathischen Sprüche, in denen der Mystiker den Eindruck vermittelt, als würde er sich selbst erleben wie einer, der die Eigenschaften Gottes erworben hätte, wie im folgenden Spruch: „Erhaben bin ich, erhaben bin ich! Wie gewaltig bin ich! … Nichts ist in meiner Kutte als Gott."

Beim Erwachen stellt der Mystiker fest, dass trotz aller Erlebnisse Gott doch der Unerreichbare, der Erhabene, der absolut Transzendente bleibt; Gott ist die Absperrung, die nie überwunden werden kann. Letztendlich erlebt der Mystiker auch in seinen tiefsten Erfahrungen nur sich selbst, und er muss erkennen, dass dies alles doch nur eine Täuschung ist: „Ich flog im Raum und im Nicht-Raum dreimal 30000 Jahre. Als man mich zuließ zum erhabenen Thron, da erschien auch dort nur Bayezid. Ich rief: O Gott, hebe den Vorhang auf! Da kam aus dem Vorhang wieder Bayezid heraus.“ Man fragte Bistami einmal: „Wann gelangt der Mensch zu Gott?“ Er antwortete: „Du Armseliger, gelangt er den überhaupt zu Ihm?“

Literatur: *L. Massignon,* Essai sur les origines du lexique technique de la mystique musulmane, Paris [2]1968 (1. Aufl. 1922), 273–286; *H. Ritter,* Die Aussprüche des Bayezid Bistami. Eine vorläufige Skizze, in: Westöstliche Abhandlungen, Rudolf Tschudi zum 70. Geburtstag, Wiesbaden 1954, 231–243.

A. TH. KHOURY

Blut ↗ *Speisegesetze*

Botschafter ↗ *Diplomatische Beziehungen*

Bruderschaften

Islamische Bruderschaften (tariqa, pl. turuq) sind hierarchisch strukturierte, initiatorische Gemeinschaften von Männern, aber auch von Frauen, die auf einem mystischen Konzept des Islams beruhen. Dieses Konzept geht von der Vorstellung aus, dass der Mensch durch verschiedene mystische Techniken zur Erkenntnis Gottes oder zur Einheit mit ihm gelangen kann. Ursprünglich ist die islamische Mystik (tasawwuf), wie jede andere Mystik, eine individuelle Form der Gottsuche. Der Mystiker (sufi) ist als Einzelner auf dem Pfad der Erkenntnis Gottes. Sufi-Meister gaben ihre Erfahrungen jedoch an Schüler weiter. Die Schülergruppen wurden zu größeren Gemeinschaften. Das mystische Konzept des Islams fand schließlich seine organisatorische Form in zahlreichen Bruderschaften und bestimmt bis heute deren Lehre und rituelle Praxis.

Organisation

An der Spitze einer Bruderschaft steht der Lehrer des mystischen Weges (shaykh, murshid, pir). Er leitet seine religiöse und organisatorische Autorität aus der Tatsache her, dass er selbst von einem bedeutenden Lehrer der Mystik unterrichtet und in die mystischen Traditionen und Techniken eingeführt worden ist. Von diesem hat er dann seinerseits die Erlaubnis (idjaza) erhalten, als Lehrer tätig zu werden. Er muss in einer ununterbrochenen Kette mystischer Lehrer stehen, die sich möglichst auf den Propheten Muhammad selbst oder auf eine der bedeutenden Gestalten der islamischen Frühzeit zurückführen lässt. Das Vorbild dieser historischen Personen ist es neben dem Koran, das den zahlreichen unterschiedlichen Strömungen der Mystik des Islams die Rechtfertigung für einen großen Teil ihrer Lehre und rituellen Praxis bietet. In vielen Fällen handelt es sich bei den Shaykhs der Bruderschaften um charismatische Persönlichkeiten. Sie können häufig im Zusammenhang mit dem Ursprung der Bruderschaft auf ein Wunder verweisen, das langfristig auch den Nachfolgern in der Führung einer Bruderschaft Autorität verschafft; vor allem aber verfügt der Führer einer Bruderschaft über „Baraka" (s. dort), die an einer Reihe von Attributen wie Frömmigkeit, Spiritualität, Charakterstärke und therapeutischen Fähigkeiten erkennbar ist. „Baraka" ist jedoch nicht identisch mit Charisma. Sie kann durch Beten, Fasten und andere asketische Übungen erworben werden; vor allem aber wird sie vom Vater auf die Kinder vererbt. Gleichgültig, wie „Baraka" erworben wurde, sie wird auf jeden Fall als Gnade, die Gott verliehen hat, angesehen. „Baraka" äußert sich durch die Fähigkeit, Wunder (karamat) zu wirken. Diese Wunder stärken die Autorität des Führers einer Bruderschaft gegenüber seinen Anhängern.

Einfluss der Bruderschaften
In vielen Fällen entwickelten sich die Bruderschaften durch Spenden und Stiftungen ihrer Mitglieder zu wirtschaftlich potenten Organisationen. Bruderschaften mit einer Vielzahl von Mitgliedern waren auch in der Lage, einen beträchtlichen politischen Einfluss auszuüben. Sie konnten die Basisorganisationen für die Entstehung ganzer Staaten werden. Das gilt für den Safawidenstaat im Persien des 16. Jahrhunderts ebenso wie für einen modernen Staat wie das Königreich Libyen. Organisationen, die erheblich von der persönlichen Ausstrahlung ihres Führers abhängen und die durch ihre Führung über beträchtliches finanzielles Einkommen, Prestige und politischen Einfluss verfügen, sind einem hohen Maß an Auseinandersetzungen um die Führung ausgesetzt. In vielen Fällen gab es Spaltungsversuche. Diese Situation trat dann auf, wenn sich mehrere Nachkommen eines Shaykhs um eine vakante Führungsposition innerhalb einer Bruderschaft bemühten. Unterlag ein Prätendent, bemühte er sich häufig, eine eigene Organisation aufzubauen. Sein Erfolg war dabei abhängig von dem Maß an „Baraka", das er demonstrieren konnte.

Praktiken
Der Organisationsgrad der Bruderschaften hängt von ihrer Größe ab. Es kann sich um einen lokalen mystischen Lehrer mit wenigen Schülern handeln, die nicht selten in einer Form von klösterlicher Gemeinschaft in einem Konvent (khanqah, tekke, zawiya) ohne formalisierte Funktionen zusammenleben. Es gibt aber auch Bruderschaften mit einer großen Mitgliederzahl, die staatenübergreifend Einfluss nehmen und geradezu bürokratische Strukturen aufweisen. In diesen Fällen bestehen ziemlich hoch entwickelte Hierarchien. Diese basieren nicht nur auf praktischen Erwägungen, sondern auch auf dem von den Anhängern akzeptierten dogmatischen System und den praktizierten Ritualen. Diese Rituale sind es vor allem, in denen sich die verschiedenen Bruderschaf-

ten der islamischen Welt voneinander unterscheiden. Grundelemente der Rituale sind in fast allen Bruderschaften die Rezitation oder das Lesen von Gebetsformeln und Texten (wird, pl. aurad), liturgische Zusammenkünfte mit Gesang und Tanz (hadra), allgemeine Lebensregeln, die sich vor allem auf die sozialen Interaktionen der Mitglieder der Bruderschaft beziehen, und in einigen Fällen Vorschriften für besondere Fastenperioden und Exerzitien. Die engen sozialen Verbindungen, die die einzelnen Mitglieder einer Bruderschaft untereinander unterhalten, gehen weit über den Rahmen religiöser Gemeinsamkeiten hinaus. Aufgrund der einheitlichen religiösen Erfahrungen und Überzeugungen besteht zwischen ihnen häufig ein starkes Vertrauensverhältnis, das sich auch bei wirtschaftlichen, sozialen und politischen Aktivitäten auswirkt. In einigen Fällen führte es zur Entwicklung von Informationsstrukturen bei Händlern, die alle der gleichen Bruderschaft angehören, oder zur Zusammenarbeit auf politischem Gebiet. Dieses gemeinschaftsbildende Moment, das einem Einzelnen in einer Gesellschaft, die von großer Rechtsunsicherheit gekennzeichnet ist, ein gewisses Maß an Sicherheit bieten kann, war sicherlich eine der Ursachen für den großen Erfolg der Bruderschaften.

Ausbreitung

Bis in die Mitte des 20. Jahrhunderts war die überwiegende Mehrheit der Muslime in allen Teilen der islamischen Welt von Westafrika bis Indonesien in Bruderschaften organisiert. Sie verfügten im Übrigen über die einzige Struktur, die in der Lage war, einen effektiven Widerstand gegen den sich ausbreitenden europäischen Kolonialismus zu bieten. Der andere Grund für den Erfolg der Bruderschaften war sicherlich die Tatsache, dass zumindest der sunnitische Islam eine sehr nüchterne Religion ist, in der emotionale Bedürfnisse der Gläubigen nur schwer Befriedigung finden. Mit ihren mystischen Aspekten und den zum Teil ekstatischen Ritualen sprechen die Bruderschaften die Gefühle der Anhänger direkt an und ergänzen so den orthodoxen Islam. Dies hat die Kritik muslimischer Reformer zu allen Zeiten hervorgerufen. Bruderschaften stellen daher eine Form des Islams dar, die eine natürliche Opposition zu jeder Form von islamischem Fundamentalismus bildet. Die politische und wirtschaftliche Macht der Bruderschaften führte dazu, dass einige von ihnen durch staatliche Einrichtungen verboten und verfolgt wurden. Eine Verbesserung der religiösen Unterweisung in vielen islamischen Staaten hat seit den 1950er Jahren zu einer Verringerung des Einflusses der Bruderschaften geführt. Inzwischen hat das Interesse und der Zulauf zu ihnen jedoch wieder zugenommen. Die Gründe dafür sind vielfältig. Zu ihnen gehören sicherlich Reaktionen auf einen militanten islamischen Fundamentalismus, aber auch wirtschaftliche und soziale Gründe.

Literatur: *J. Abun-Nasr,* The Tidjaniyya. A Sufi Order in the Modern World, London

1965; *F. De Jong,* Turuq and Turuq-Linked Institutions in 19th Century Egypt, Leiden 1978; *A. Popovic/G. Veinstein (Hrsg.),* Les ordres mystiques dans l'Islam. Cheminements et situation actuelle, Paris 1985; *E. Gellner,* Saints of the Atlas, London 1969; *M. Gilsenan,* Saint and Sufi in Modern Egypt. An Essay in the Sociology of Religion, Oxford 1973; *R. Gramlich,* Die schiitischen Derwischorden Persiens, 3 Bde., Wiesbaden 1965–1981. *P. Heine/R. Stipek,* Ethnizität und Islam. Differenzierung und Integration muslimischer Bevölkerungsgruppen, Gelsenkirchen 1984; *D. Cruise/O'Bryan/C. Coulon (Hrsg.),* Charisma and Brotherhood in African Islam, *Oxford* 1988; *A. Cohen,* Customs and Politics in Urban Africa. A Study of Hausa Migrants in Yoruba Towns, Oxford 1969.

P. Heine

Brüderlichkeit

Die Brüderlichkeit ist das Merkmal der Solidarität der Muslime untereinander. Der Koran begründet diese Solidarität mit der Feststellung und Verordnung: „Die Gläubigen sind ja Brüder" (49,10); – „Die gläubigen Männer und Frauen sind untereinander Freunde" (9,71). Das Band ihrer Einheit in der Gemeinschaft, das Fundament ihrer Solidarität und die Grundlage ihrer Brüderlichkeit ist nicht die Blutsverwandtschaft, sondern der gemeinsame Glaube. Dadurch sind sie von Feinden zu Freunden, ja zu Brüdern geworden (3,103). Das will besagen, dass jenseits aller Nationalismen und aller verschiedenen Interessen der Gruppen der Völker und der Staaten die Muslime sich zu einem Universalismus des Islams bekennen, der im Ergebnis und wenigstens theoretisch für sie wichtiger als alle Partikularismen sein soll.

Im sozialen Bereich zeigt sich die Brüderlichkeit darin, dass die Muslime den anderen, vor allem den Armen, das Recht einräumen, an ihrem eigenen Vermögen teilzuhaben, und deswegen unter anderem die gesetzliche Abgabe entrichten (vgl. 70,24–25; 51,9), um der Gemeinschaft und dem Staat zu ermöglichen, seine sozialen Aufgaben zu erfüllen. Darüber hinaus haben sich die Muslime der Schwachen, der Bedürftigen und der Waisen anzunehmen, sie zu versorgen und ihnen jegliche Unterstützung zu geben (vgl. 107,1–2; 89,17–19 usw.). Besser als die strenge Befolgung ritueller Vorschriften ist diese Zuwendung zu den Armen ein vorzügliches Zeichen echter Frömmigkeit: „Frömmigkeit besteht nicht darin, dass ihr euer Gesicht nach Osten oder Westen wendet. Frömmigkeit besteht darin, dass man an Gott, den Jüngsten Tag, die Engel, das Buch und die Propheten glaubt, dass man, aus Liebe zu Ihm (zu Gott, oder: trotz seiner Liebe zu ihm, d.h. zum Geld), den Verwandten, den Waisen, den Bedürftigen, dem Reisenden und den Bettlern Geld zukommen lässt und es für den Loskauf der Sklaven und Gefangenen ausgibt, und dass man das Gebet verrichtet und die Abgabe entrichtet …" (2,177).

Zur Brüderlichkeit gehört auch, dass man die Großmut untereinander nicht vergisst (2,237), den verletzenden Spott meidet (49,11).

Die Muslime dürfen zwar erlittene Verletzungen nach strengem Recht wiedervergelten und Böses mit Bösem zurückweisen. Besser ist es jedoch, dem Täter zu verzeihen, denn „wenn ihr verzeiht, nachsichtig seid und vergebt, so ist Gott voller Vergebung und barmherzig" (64,14). Die Muslime „sollen verzeihen und nachlassen. Liebt ihr es nicht, dass Gott euch vergibt?" (24,22). Auch in den Todesfällen, in denen die Gläubigen das Recht haben, den Mörder hinrichten zu lassen bzw. Blutrache zu üben, empfiehlt der Koran, darauf zu verzichten und sich mit einer Wiedergutmachung in Form eines Blutgeldes zu begnügen (2,178).

Die beste Form der Bereitschaft zur Versöhnung und somit das beste Zeichen der Brüderlichkeit ist wohl, dass der Muslim das Böse mit Gutem vergilt, denn damit kann er seinen Widersacher zu einem Freund machen: „Nicht gleich sind die gute und die schlechte Tat. Wehre ab mit einer Tat, die besser ist, da wird der, zwischen dem und dir eine Feindschaft besteht, so, als wäre er ein warmherziger Freund" (4,34; vgl. 23,96; 13,22). Die brüderliche Solidarität der Muslime verpflichtet sie auch, zwischen streitenden Parteien Frieden zu stiften, notfalls durch die Niederkämpfung derer, die zu Unrecht die anderen angreifen und ihnen Gewalt antun (49,9).

In einigen Erzählungen des Hadith wird in eindringlicher Weise der Akzent auf die gegenseitige Liebe gesetzt, die zwischen den Muslimen herrschen soll. Eine davon erinnert an das Kapitel 25 des Matthäusevangeliums.

„Gott, der Hohe und Erhabene, wird am Tag der Auferstehung sagen: O Kind Adams, ich bin krank gewesen, und du hast mich nicht besucht.

Er wird sagen: O mein Herr, wie kann ich dich besuchen, wo du doch der Herr der Welten bist?

Er wird sagen: Wusstest du nicht, dass mein Diener Soundso krank war, und du hast ihn nicht besucht. Hättest du ihn besucht, hättest du mich bei ihm gefunden; wusstest du es nicht?

– O Kind Adams, ich habe dich um etwas zu essen gebeten, und du hast mir nicht zu essen gegeben.

Er wird sagen: O mein Herr, wie kann ich dir zu essen geben, wo du doch der Herr der Welten bist?

Er wird sagen: Wusstest du nicht, dass mein Diener Soundso dich um etwas zu essen gebeten hat, und du hast ihm nicht zu essen gegeben. Hättest du ihm zu essen gegeben, hättest du es bei mir gefunden; wusstest du es nicht?

– O Kind Adams, ich habe dich um etwas zu trinken gebeten, und du hast mir nicht zu trinken gegeben.

Er wird sagen: O mein Herr, wie kann ich dir zu trinken geben, wo du doch der Herr der Welten bist?

Er wird sagen: Mein Diener Soundso hat dich um etwas zu trinken gebeten, und du hast ihm nicht zu trinken gegeben. Hättest du ihm zu trinken gegeben, hättest du es bei mir gefunden; wusstest du es nicht?" (Sammlung von Muslim).

Literatur: *A. Th. Khoury,* Der Islam. Sein Glaube – seine Lebensordnung – sein Anspruch, Freiburg [6]2001; *ders.,* So sprach der Prophet. Worte aus der islamischen Überlieferung (GTB 785), Gütersloh 1988.

A. Th. Khoury

Bücher (Heilige) /Schriften

Die Buchwerdung des Wortes Gottes ist eine der zentralen Glaubensaussagen des Islams.

Neben dem Koran, dem Heiligen Buch der Muslime, werden zugleich die Thora, die Heilige Schrift der Juden, und das Evangelium, die Heilige Schrift der Christen, als von Gott geoffenbarte Bücher bezeichnet (Koran 3,3–4). Daneben findet sich im Koran 87,19 ein Hinweis auf die angeblichen „Blätter von Abraham", d.h. Seiten und Blätter einer ihm geoffenbarten Schrift (s. Abraham). Dementsprechend werden sowohl die Juden als auch die Christen als „Schriftbesitzer" (ahl al-kitab) angesehen, d.h. als Besitzer eines göttlichen Offenbarungsbuches (vgl. 2,105.145f.; 5,15.19 u.ö.). Ausführlich beschreibt der Koran das Verhältnis der drei Offenbarungsbücher in Sure 5,44–48: Thora, Evangelium und Koran sind von Gott auf Mose, Jesus und Muhammad herabgesandte Schriften, die sich gegenseitig bestätigen. Der Koran als letztes von Gott kommendes Offenbarungsbuch ist die Bestätigung von Thora und Evangelium und umgekehrt beglaubigen diese beiden früheren Offenbarungsbücher der Juden und der Christen den Koran (10,94). Alle drei von Gott geoffenbarten Bücher sind somit als eine inhaltliche Einheit zu sehen, und der Koran will nichts anderes sein als die arabische Fassung der den „Schriftbesitzern" – Juden und Christen – gegebenen einen Uroffenbarung, wie sie festgehalten ist in dem im Himmel aufbewahrten Urexemplar, „Urnorm des Buches" oder „Mutter des Buches" (umm al-kitab) genannt (3,7; 13,39; 43,3), das den verschiedenen Völkern nacheinander in ihren jeweiligen Sprachen offenbart worden ist. Die Araber waren bislang ohne Offenbarungsbuch (37,168). Muhammad brachte ihnen die arabische Version des im Himmel auf einer „wohlverwahrten Tafel" (lauh mahfuz) (85,22) hinterlegten Originals. Damit reiht sich die arabisch-islamische Gemeinschaft (umma) nunmehr gleichwertig an die Gemeinschaften an, an die schon früher die göttliche Heilsbotschaft ergangen war. Wenn auch die früheren Offenbarungsschriften als Artikulation der einen Offenbarung göttlichen Ursprungs waren, sind sie mit Erscheinen des Korans überholt. Sie hatten nur vorläufigen Charakter und gelten darüber hinaus als im Laufe der Zeit verfälscht (s. Verfälschung). Die definitiv-gültige Offenbarung Gottes brachte Muhammad (3,19; 5,3; 48,29 u.ö.) mit der Botschaft des Korans. Als abschließende und letztverbindliche Offenbarung Gottes stelle er die goldene Mitte zwischen der Thora der Juden und dem Evangelium der Christen dar (2,143).

Literatur: *A. Th. Khoury/L. Hagemann,* Christentum und Christen im Denken zeitgenössischer Muslime (Religionswissenschaftliche Studien 7), Würzburg/Altenberge [2]1994, 23ff. (Lit.); *L. Hagemann,* Christentum und Islam zwischen Konfrontation und Begegnung (Religionswissenschaftliche Studien 4), Würzburg/Altenberge [3]1994, 40–45, 51–61 (Lit.).

L. HAGEMANN

Buße

Buße und Umkehr bedeuten Reue und Traurigkeit über die begangenen Sünden und Vergehen, vor allem aber Abkehr vom Irrweg, der von Gott und seiner Rechtleitung und seinen Weisungen wegführt. Buße und Umkehr bedeuten, dass der Sünder wieder zum lebendigen Glauben zurückfindet. Der Koran mahnt die Gläubigen zur Reue und zur Buße (vgl. 5,74; 24,31; 66,8 usw.). Gott ist zwar barmherzig und bereit zu vergeben, wie der Koran in unzähligen Versen wiederholt (vgl. u.a. 2,173. 182.192.199.218), aber der Mensch kann keinen Anspruch auf diese Vergebung erheben, denn Gott vergibt alle Sünden (39,53), wem er will (vgl. u.a. 2,284; 3,129). So muss der Mensch Gott um Vergebung bitten und nach der Umkehr seinen Glauben durch gute Werke bezeugen. Wer glaubt, darf mit der Verzeihung seiner Sünden rechnen (vgl. 20,73; 26,51; 48,31). Auch wer sich bemüht, seine religiösen Pflichten zu erfüllen und gute Werke zu tun, darf auf die Vergebung Gottes hoffen. Dem Gläubigen, der z.B. das Pflichtgebet verrichtet, wird versichert: „Die guten Taten vertreiben die Missetaten" (11,114).

Von denen, die umkehren, glauben und gute Werke tun, sagt der Koran: „Gott wird ihnen ihre schlechten Taten gegen gute eintauschen; und Gott ist voller Vergebung und barmherzig" (25,70). Kleinere Sünden werden denen vergeben, die die schweren Sünden meiden (vgl. 4,31; 53,32).

Allen Sündern gibt der Koran folgende Zusicherung: „... die, wenn sie etwas Schändliches begangen oder sich selbst Unrecht getan haben, Gottes gedenken und um Vergebung für ihre Sünden bitten – und wer vergibt die Sünden außer Gott? – und auf dem, was sie getan haben, nicht beharren, so sie es doch wissen. Deren Lohn ist Vergebung von ihrem Herrn und Gärten, unter denen Bäche fließen (= Paradies) ..." (3, 135–136).

Gott verheißt also den Getreuen und denen, die umkehren und seine Vergebung erflehen, seine Zuwendung und den Lohn im Paradies sowie seine diesseitige Huld (16,30; vgl. 16,97; 3,148; 8,2–4 usw.). Den verstockten Sündern wird im Gegenteil der Verlust des Diesseits und des Jenseits angekündigt (22,11).

Literatur: *H. Stieglecker,* Die Glaubenslehren des Islam, Paderborn [2]1983, 640–656; *A. Th. Khoury,* Schuld und Umkehr im Islam, in: Schuld und Umkehr in den Weltreligionen, hrsg. von *M. Sievemich/K. Ph. Seif,* Mainz 1983, 61–83.

A. TH. KHOURY

C

Christen

Die Haltung Muhammads gegenüber den Christen war lange Zeit von Sympathie und Wohlwollen geprägt. Erst in einer späteren Phase seiner Verkündigung führten die politischen Umstände dazu, dass er gegen Ende seines Lebens eine härtere Gangart den Christen gegenüber einnahm. Um dem Islam zur alleinigen Herrschaft auf der Arabischen Halbinsel zu verhelfen, wurden nach und nach der Einfluss der jüdischen Stämme zurückgedrängt und die Wirkungsmöglichkeiten der Christen eingeschränkt. Schließlich kam die entscheidende Anweisung, Juden und Christen zu unterwerfen und sie dem Schutz der islamischen Gemeinschaft zu unterstellen (9,29).

In der frühen Phase der Verkündigung Muhammads erinnert seine Botschaft an die Themen und die Art der christlichen Prediger. Offensichtlich fühlte er sich den Christen verbunden. Als die frühislamische Gemeinde unter dem Druck seiner polytheistischen Landsleute in Mekka in Bedrängnis geriet, schickte er gar einen Teil seiner Anhänger im Jahre 615 in das christliche Abessinien (Äthiopien). Als Botschaft an den dortigen Negus übergab er den Muslimen den ersten Teil der Sure 19 über Maria, die Mutter Jesu (19,16–34), um kundzutun, dass sie jenen Marien- und Christusglauben hätten, der den Christen eigen war. Das war eine Art Zugehörigkeits- bzw. Verwandtschaftserklärung. Auch stellt sich der Koran auf die Seite der Christen und nennt die Märtyrer Nadjrans im Jemen die „Gläubigen", die „an Gott glauben" (85,7–8); er ergreift auch Partei für die christlichen Byzantiner gegen die heidnischen Perser (30,2–5). Im Laufe der Zeit und je nach den Umständen seines Kampfes um die Anerkennung seiner prophetischen Sendung und um die Sicherung der Existenz seiner Gemeinschaft vertrat Muhammad den Christen gegenüber eine differenziertere Meinung und nahm eine jeweils andere Haltung ein. Man kann die Angaben des Korans in diesem Zusammenhang wie folgt zusammenfassen: Es gibt zwei Arten von Christen: gute und schlechte. Die guten Christen stehen dem Islam recht nahe, die schlechten hingegen haben sich von der authentischen Botschaft Jesu entfernt, ja die wesentlichen Punkte verfälscht oder zumindest falsch interpretiert (s. Schriftverfälschung: tahrif). Mit ihnen gibt es keine Gemeinschaft. Den guten Christen – in manchen Aussagen sind die Christen überhaupt gemeint – gesteht der Koran zu, dass sie an Jesus Christus geglaubt haben und ihm treu geblieben sind. Deswegen sind sie den Ungläubigen bis zum Tag der Auferstehung überlegen (3,55), und sie finden bei Gott gegen sie Unterstützung (61,14). Denen, die sich in der Nachfolge Christi besonders ausgezeichnet haben, wird hohes Lob zuteil: „… Und wir setzten in die Herzen derer, die ihm folgten, Mitleid und Barmherzigkeit, und auch Mönchtum … Und so ließen wir denjenigen, die glauben, ihren Lohn zukommen …" (57,27). Vor allem das Leben der christlichen Mönche genießt im Koran hohe Anerkennung, der ihretwegen Partei für die Christen gegen die Juden ergreift, da sie nicht an Jesus geglaubt haben. An einer Stelle lobt der Koran die Mönche für ihre Rechtgläubigkeit und Frömmigkeit, für ihre Ausdauer in der Ausübung guter Werke und ihre Mahnung zur Tugend und Heiligkeit (2,113–115).

Nach koranischer Einschätzung stehen die guten Christen der Botschaft des Islams aufgeschlossen gegenüber. Sie erkennen in ihr eine göttliche Offenbarung und sind bereit, sie anzunehmen: „Und wenn er [der Koran] ihnen verlesen wird, sagen sie: ‚Wir glauben an ihn. Es ist die Wahrheit von unserem Herrn. Wir waren schon vor ihm gottergeben'" (28,53). Diese positive Haltung, die der Koran manchen Christen zuschreibt, führt Muhammad dazu, ihnen offen vorzuschlagen, sich zu ihm zu kehren und den Islam anzunehmen: „So glaubt an Gott und seinen Gesandten, den ungelehrten Propheten, der an Gott und seine Worte glaubt, und folgt ihm, auf dass ihr die Rechtleitung findet" (7,158). Denn schließlich sei er, Muhammad, ja in der Thora und im Evangelium angekündigt (7,157) und sogar von Jesus namentlich erwähnt worden (61,6). Einige Christen hätten in der Botschaft des Korans denn auch schon die Erfüllung der Verheißungen Gottes erkannt, wenn sie bezeugten: „‚Preis sei unserem Herrn! Das Versprechen unseres Herrn ist ausgeführt'" (17,108).

Aufgrund dieser vermeintlich offenen Haltung, wie sie der Koran bei manchen Christen zu erkennen glaubt, spricht er bis zuletzt freundlich und wohlwollend von ihnen. In Sure 5,82 heißt es: „… Und du wirst sicher finden, dass unter ihnen diejenigen, die den Gläubigen am nächsten stehen, die sind, welche sagen: ‚Wir sind Christen'. Dies deshalb, weil es unter ihnen Priester und Mönche gibt, und weil sie nicht hochmütig sind."

Auf der anderen Seite, so der Koran, gibt es neben den guten Christen auch die schlechten; jene nämlich, die sich sträuben, den Koran in seinem wesentlichen Inhalt als eben dieselbe göttliche Botschaft anzuerkennen, die bereits frühere Propheten verkündet haben, vorab Mose und Jesus. Das erhellt auch 2,120: „Weder die Juden noch die Christen werden mit dir zufrieden sein, bis du ihrer Glaubensrichtung folgst. Sprich: Nur die Rechtleitung Gottes ist die (wahre) Rechtleitung." Ebenso wie die Juden behaupten diese Christen, für sie sei nur das Christentum der einzige und wahre Heilsweg: „Sie sagen: ‚Es werden das Paradies nur die betreten, die Juden oder Christen sind'" (2,111.135).

Dieser Behauptung – nach Sure

gegen diejenigen, die nicht an Gott und nicht an den Jüngsten Tag glauben und nicht verbieten, was Gott und sein Gesandter verboten haben, und nicht der Religion der Wahrheit angehören – von denen, denen das Buch zugekommen ist, bis sie von dem, was ihre Hand besitzt, Tribut entrichten als Erniedrigung", fordert 9,29. Durch diese Bestimmung versetzt der Koran die Christen in den so genannten Dhimmi-Status, d.h. sie gelten als „Schutzbefohlene" des Islams, die von der islamischen Gemeinschaft zwar toleriert, nicht aber voll integriert werden, sondern von Fall zu Fall ihre Unterordnung durch Demütigungen zu spüren bekommen. Denn alle Welt soll wissen: Gott „ist es, der seinen Gesandten mit der Rechtleitung und der Religion der Wahrheit gesandt hat, um ihr die Oberhand zu verleihen über alle Religion, auch wenn es den Polytheisten zuwider ist" (9,33; vgl. 61,9; 48,28). Die noch unter Muhammad abgeschlossenen Unterwerfungsverträge mit den Juden und dann mit den Christen wurden zum Vorbild für die Verträge mit den Nicht-Muslimen in der Zeit der großen arabischen Eroberungen. Je nach Einstellung der politisch Herrschenden gab und gibt es staatliche Repressionen gegen die Christen; Zeiten der Unterdrückung und Verfolgung lösten Phasen und Perioden der Toleranz ab. Im Zuge der heutigen weltweiten Renaissance des Islams ist die Situation der Christen in mehrheitlich muslimischen Ländern kritisch-gespannt bis beängstigend-leidvoll.

Literatur: *A. Th. Khoury/L. Hagemann*, Christentum und Christen im Denken zeitgenössischer Muslime (Religionswissenschaftliche Studien 7), Würzburg/Altenberge ²1994 (Lit.).

L. HAGEMANN

Christentum

Im Christentum sieht der Islam „eine Vorgängerreligion, die aus jener Stammlinie herausgewachsen ist, auf der sich alle monotheistischen Religionen bewegen" (S. Balić).

Ursprünglich hatte Muhammad seine Botschaft in Kontinuität stehen sehen mit den früheren Offenbarungsschriften, der Thora und dem Evangelium. Immer wieder betont der Koran die Übereinstimmung zwischen Bibel und Koran (vgl. 3,84; 2,4.136; 4,105.163; 5,59). Diese Einheit der Offenbarungen ist durch die Vielheit der Offenbarungsschriften – Thora, Evangelium, Koran – nicht gefährdet, sondern wird durch deren inhaltliche Identität nachdrücklich bestätigt. Weil die Offenbarung grundsätzlich immer dieselbe ist und bleibt, gibt es letztlich auch nur eine sich auf verschiedene Art und Weise explizierende Religion. Diese Einheit der Religion gilt es zu wahren (42,13). Denn „Gott ist (gleichermaßen) unser und euer Herr" (41,15; vgl. 2,139; 29,46; s. Gott/Allah).

Als sich weder Juden noch Christen Muhammads Überzeugung von der inhaltlichen Identität aller Offenbarungsreligionen zu eigen machten und sich nicht dem Islam als der zeitlich letzten Offenbarung Gottes zuwandten, änderte er seine Haltung gegenüber den „Schriftbesitzern" und erhob verschiedene Einwände gegen sie:

1. Juden und Christen haben den ursprünglich von ihnen richtig verfassten Sinn der Schrift (Bücher [Heilige]/Schriften) verfälscht (s. Verfälschung).
2. Mit der Lehre von der Gottessohnschaft Jesu und der Deutung seines Todes gehen die Christen über das Selbstverständnis Jesu hinaus und tangieren in gefährlicher Weise die Einheit und Einzigkeit Gottes.
3. Mit ihrem ethischen Rigorismus werden weder die Juden noch die Christen der menschlichen Schwäche gerecht (s. Offenbarung). Damit hob sich Muhammad von den beiden Vorgängerreligionen – Judentum und Christentum – ab und versuchte auf eigene Weise, seinen Anspruch, die letztgültige Offenbarung Gottes gebracht zu haben, zu legitimieren.

Das Verhältnis zwischen Christentum und Islam war von frühester Zeit an von Konflikten geprägt. Bereits zu Lebzeiten Muhammads kam es zu Auseinandersetzungen und schließlich zum Befehl, die Christen zu unterwerfen, um dem Islam zur alleinigen Herrschaft auf der Arabischen Halbinsel zu verhelfen. Dieses konfliktreiche Verhältnis zwischen Christentum und Islam sollte über Jahrhunderte weg von gegenseitiger Bedrohung und kriegerischer Auseinandersetzung geprägt bleiben (vgl. Kreuzzüge; Christentum und Islam im Mittelalter); wenn es auch Phasen friedlichen Zusammenlebens gegeben hat, so überwiegt doch bis in unsere Zeit hinein die gegenseitige Befehdung und ein misstrauisches und rivalisierendes Nebeneinander. Mit dem Zeitalter des Kolonialismus, als der islamische Machtbereich der Herrschaft europäischer Mächte unterworfen wurde, setzte eine neue Phase der Auseinandersetzung zwischen Christentum und Islam ein, die bis dato noch andauert: Das Christentum wird als Religion des Kolonialismus und der Unterdrückung gesehen und als Handlanger des euro-amerikanischen Imperialismus beschrieben (s. Fundamentalismus). Die seit dem Zweiten Vatikanischen Konzil (1962–65) versuchte Annäherung zwischen den christlichen Kirchen und dem Islam kam über erste Anfänge nicht hinaus, und der vielfach beschworene Dialog ist ins Stocken geraten. Die massive Politisierung des Islams in jüngster Zeit hat neues Misstrauen wieder aufkommen lassen und alte Vorurteile aufgedeckt.

Literatur: *S. Balić,* Art. Christentum (islamisch), in: *A. Th. Khoury (Hrsg.),* Lexikon religiöser Grundbegriffe. Judentum – Christentum – Islam. Graz/Wien/Köln [2]1996, 144–148 (Lit.); *H. Busse,* Die theologischen Beziehungen des Islam zu Judentum und Christentum, Darmstadt 1988; *H. Zirker,* Christentum und Islam, Theologische Verwandtschaft und Konkurrenz, Düsseldorf [2]1992.

L. Hagemann

Christentum und Islam: Die Hypothek der Geschichte – Ein Überblick

Die Konfrontation zwischen Christentum und Islam

Schon bald nach dem Tode Muhammads zeigte sich die ungeheure politische Stoßkraft des Islams. In einer gewaltigen Expansion drangen die muslimischen Araber nach Osten und Westen vor. Bereits im Jahre 632 hatte sich die territoriale Ausdehnung des Islams auf die gesamte Arabische Halbinsel erstreckt. In der zweiten Hälfte des 7. Jahrhunderts eroberten sich die religiös-politisch mobilisierten Araber ganz Nordafrika, 711 fiel Spanien in die Hände der Muslime, das Westgotische Reich ging unter. Erst 732 gelang es Karl Martell, dem arabischen Ausdehnungsdrang durch den Sieg von Poitiers in dieser Region ein Ende zu setzen. Doch in anderen Teilen gingen die Eroberungen weiter: Im Osten war das Byzantinische Reich bedroht, im Westen fiel im 9. Jahrhundert Sizilien an die Araber. Von Unteritalien aus schlugen sie im Jahre 983 den römischen Kaiser Otto II.

Doch die Lage änderte sich. Die Muslime konnten sowohl aus Frankreich als auch von den Normannen aus Italien und Sizilien verdrängt werden. In Spanien allerdings hatten sie sich so fest etabliert, dass die Wiedereroberung, die Reconquista, bis zum Ende des Mittelalters dauerte (1492).

Dem Islam gegenüber befand sich die östliche wie westliche Christenheit in einer gewissen Hilflosigkeit und Verlegenheit. Als Christ wusste man sich im Besitz der vollkommenen und vollständigen Wahrheit. So wurde der Islam zunächst nicht recht ernst genommen. Betrachtete man ihn, so nicht um seinen Eigencharakter kennen zu lernen, sondern um ihn zu diskreditieren.

In Spanien, wo sich Christen und Muslime jahrhundertelang befehdeten und gleichzeitig zusammen unter muslimischer Herrschaft leben mussten, kam es mit der Zeit zu einem geistigen Austausch mit der islamischen Kultur. Die Mozaraber, jene in den 711 von den Muslimen eroberten und okkupierten Regionen Spaniens lebende christliche Minderheit, genossen den so genannten Dhimmi-Status, d.h., sie durften als „Schriftbesitzer" oder „Leute der Schrift" unter bestimmten Bedingungen, u.a. bei Bezahlung einer Kopfsteuer, ihren Glauben praktizieren. Ihnen war der Schutz ihres Lebens, ihres Eigentums und ihrer Glaubenspraxis, also eigener Kult, eigenes religiöses Gesetz, eigene Verwaltung usw., zugesichert. Während der Zeit der Umayyaden-Herrscher von 756 bis 1031 prägte – von wenigen Ausnahmen abgesehen – friedliches Zusammenleben das christlich-muslimische Verhältnis.

Legendarische Traditionen bei Byzantinern und Lateinern

In der Beurteilung des Islams aus christlicher Sicht sind verschiedene Perioden erkenntlich. Friedliche Koexistenz oder feindliche Konfrontation wirken sich nachhaltig in den Stellungnahmen der christlichen Autoren im Islam aus. In der Anfangsphase der Begegnung zwischen den beiden Religionen dominierte die Unkenntnis. Gut hundert Jahre nach dem Tod Muhammads setzte sich im Orient *Johannes von Damaskus* (675? bis vor 753) mit dem Islam auseinander. Sein Wissen über die neue Religion verdankte er seinem persönlichen Kontakt zu den Muslimen, unter denen er gelebt und gearbeitet hat. In „De Haeresibus", dem zweiten Teil seines theologischen Werkes „Die Quelle der Erkenntnis", zählt er den Islam zu den Häresien. Denn Muhammad sei insbesondere von einem arianischen Mönch informiert worden; das erklärt für Johannes dann auch die Tatsache, dass im Koran Christus zwar „Wort" und „Geist" Gottes genannt, seine Gottheit aber bestritten werde. So hielt er die Lehre Muhammads bezüglich der Christologie für eine christliche Häresie arianischer Prägung.

Diese These von der Beeinflussung Muhammads durch einen christlichen Mönch ist in der langen Tradition der anti-islamischen Polemik sowohl byzantinischer wie lateinischer Provenienz immer wieder aufgegriffen worden. Der Ursprung jener Legende von einem christlichen Lehrer Muhammads, der ihn unterwiesen habe, dürfte in der frühen islamischen Bahira-Erzählung liegen. Anlass dafür bot jener Vorwurf im Koran, wonach Muhammad von einem Menschen belehrt worden sei, der sich nicht der arabischen Sprache bediente: „Wir wissen wohl, dass sie (scil. die Ungläubigen) sagen: ‚Es lehrt ihn (scil. Muhammad) (ja) ein Mensch (was er als göttliche Offenbarung vorträgt)‘. (Doch) die Sprache dessen, auf die sie anspielen …, ist nicht-arabisch. Dies hingegen ist deutliche arabische Sprache" (16,103).

In der späteren byzantinischen und lateinischen Tradition erhielt der arianische Mönch, von dem bei Johannes Damaskenos die Rede war, die Namen Sergius, Nestorius, Georgios, Nikolaus, Johannes usw.; er erscheint sowohl als Nestorianer oder Monophysit wie auch als Arianer, ja auch als Apostat und sogar als Verfasser des Korans; am häufigsten wurde er indes als Nestorianer angesehen und als mysteriöse Informationsquelle Muhammads dargestellt.

Zu Beginn des 9. Jahrhunderts berichtet Theophanes Confessor (gest. 817) in Fortsetzung der Chronographie seines Freundes Georgios Synkellos eingehend Muhammads Werdegang und seinen Aufenthalt bei Juden und Christen. Diese im Mittelalter sehr bekannte Chronik wurde in ihrer lateinischen Übersetzung des *Anastasius Bibliothecarius* (gest. 879) als „Chronographia tripartita" auch für den abendländischen Raum wichtig. Darin ist ebenfalls von einem häretischen Mönch die Rede.

Mit dem Beginn der Kreuzzüge (1096) und in deren Verlauf mehren sich die Informationen der Lateiner über den Islam und seinen Stifter. Die Legende von der christlichen Beeinflussung Muhammads durch einen häretischen Mönch begegnet uns in den folgenden Jahrhunderten in den verschiedensten Variationen: Muhammad erscheint als das Opfer eines Mönches, der vergeblich das

Patriarchat von Jerusalem angestrebt habe und daraufhin als Zauberer in Libyen auftrat; von einem abendländischen Eremiten ist die Rede, dem es wegen seiner Häresie nicht gelungen war, Patriarch zu werden, und der dann Einfluss auf Muhammad genommen habe.

Erstmals im lateinischen Westen nennt *Petrus Venerabilis* (1094–1156), Abt von Cluny und Initiator der abendländischen Islamstudien, in seinem Brief an Bernhard von Clairvaux (um 1190–1153) einen nestorianischen Mönch mit Namen Sergius als Muhammads Informationsquelle. Sergius habe die Gottheit Christi bestritten und Muhammad für diese Überzeugung gewonnen.

In der Folgezeit vermischen sich verschiedene Überlieferungen: Sergius tritt als häretischer Mönch, Apostat und Verführer Muhammads auf. Die Tradition des in der Ostkirche gescheiterten Mönches wird verschiedentlich umgedeutet und in den Westen verlegt: Da ist von einem Kleriker die Rede, der in Rom vergeblich nach Höherem gestrebt habe. Im so genannten „Liber Nicolai" erscheint ein gewisser Nikolaus als Kardinal. Er wird als Nikolait beschrieben, der ein zügelloses Leben führte. Die Vorstellung, wonach Muhammad mit Nikolaos, einem der sieben von den Aposteln gewählten Diakonen, in Verbindung zu bringen sei oder seine Lehre mit der der Nikolaiten, einer gnostisch-libertinischen Bewegung, als deren Inaugurator die patristische Tradition im Anschluss an Irenäus den in der Apostelgeschichte genannten Nikolaos aus Antiochien sieht (vgl. Apg 6, 5), weist bereits Petrus Venerabilis zurück. Dennoch ist diese Legende weiterhin tradiert worden. Der Dominikaner *Jacob von Acqui* (Beginn des 14. Jahrhunderts) berichtet von einem abgefallenen Kleriker Nikolaus, der nach Persien reiste und sich mit Muhammad, einem Teufelsdiener, verband. Zu ihnen stieß ein Mönch Sergius, und alle drei ersannen gemeinsam eine neue Sekte, in der Muhammad zum Gott hochstilisiert worden sei.

Die Volksfantasie über Muhammad und die Entstehung des Islams kannte offensichtlich keine Grenzen. Alle diese legendären Traditionen verfolgen den offenkundigen Zweck, die neue Religion als nicht originell und ursprünglich darzustellen, vielmehr als Echo einer häretisch-christlichen Unterweisung, und sie damit als Fälschung abzustempeln. Auf diese Weise sollte der Anspruch des Korans, Offenbarungsschrift göttlichen Ursprungs zu sein, entkräftet werden. Hinzu kam die im Mittelalter immer wieder auftauchende Frage nach der Möglichkeit der so raschen Ausbreitung des Islams. Durch den Einbruch der Muslime in den Mittelmeerraum bis hin nach Spanien war der Orbis Christianus arg zusammengeschrumpft. Hatte er einst das gesamte Römische Reich umfasst, ja weit über dessen Grenzen hinausgereicht, so gingen mit dem Vordringen des Islams ganz Nordafrika, der Vordere und Mittlere Orient, ja selbst Teile Europas an ihn verloren. Wie war das möglich gewesen? Einen Grund dafür fand man in den kriegerischen Methoden, die der Islam bei seiner Ausbreitung an den Tag legte. Einen weiteren Grund sah man in der Zauberei. Und schon rankten sich um die Peson Muhammads die Legenden, die von seinen Zauberkünsten, seinen Verführungs- und Täuschungsmanövern wissen wollten. Zauberei aber galt als die Kunst der Magier, die ihrerseits wieder mit Persien in Zusammenhang gebracht wurden; hier musste also der Ursprung liegen, jener mysteriöse Lehrer, der so nachhaltig auf Muhammad eingewirkt haben sollte.

Erste Schritte für eine geistige Auseinandersetzung mit dem Islam

Es war die morgenländische Kirche, die als Erste die theologische Kontroverse, beginnend mit *Johannes von Damaskus*, aufnahm. Im lateinischen Westen sollten noch Jahrhunderte vergehen, bis für eine ernsthafte Auseinandersetzung die Voraussetzungen geschaffen waren.

Die erste lateinische Koranübersetzung

Erst die allmähliche Ausweitung des Blickfeldes durch mehr Information, Vermehrung praktischer Erfahrung und Gedankenaustausch brachte für den Westen eine neue Situation mit sich. Es war *Petrus Venerabilis* (1094–1156), der hier bahnbrechend wirkte. Auf seine Anregung geht die erste vollständige lateinische Koranübersetzung zurück. Da er selbst die arabische Sprache nicht beherrschte, war er auf Übersetzer angewiesen. Den aus England stammenden Robert von Ketton, der in Spanien an der Übersetzung astronomischer Schriften aus dem Arabischen arbeitete, konnte er für seine Vorhaben gewinnen. Er besorgte die erste lateinische Koranübersetzung (1143). Damit war der Grund gelegt für eine sachliche Auseinandersetzung mit dem Islam.

Außer dem Koran ließ Petrus Venerabilis noch weitere arabische Schriften ins Lateinische übersetzen.

Aus der Feder des Petrus Venerabilis selbst stammen verschiedene polemisch-apologetische Schriften, die ein bis dahin im Westen unbekanntes Wissen über Leben und Lehre Muhammads offenbaren.

Das Werk des Abtes von Cluny ist eine Hauptquelle geworden für die späteren polemisch-apologetischen Schriften der lateinischen Autoren über den Islam.

Beginn der Missionstätigkeit

Mit Beginn der Missionstätigkeit unter den Muslimen in Europa und im Orient Anfang des 13. Jahrhunderts durch die Orden der Franziskaner und Dominikaner setzte eine neue Phase islamisch-christlicher Auseinandersetzung ein. Hatte zunächst die Polemik gegen Muhammad und den Koran das Feld beherrscht, so setzten sich nunmehr apologetische Tendenzen durch. Wenn auch die Polemik weiterhin ihren festen Platz in der Auseinandersetzung mit dem Islam behielt – entsprechend den jeweiligen politischen Verhältnissen bald stärker, bald schwächer ausgeprägt –, ist doch eine Akzentverschiebung in der Einstellung zum Islam erkenntlich. Die neue Akzentuierung resultierte aus der erwachenden Intention, den Muslimen den christlichen Glauben zu predigen und ihnen Argumente für die Wahrheit der biblischen Botschaft zu liefern, hatten doch die Kreuzzüge zur Befreiung des Heiligen Landes nicht die erhoffte Wirkung erzielt. Mögen auch die Missionserfolge gering gewesen sein, zu sehen und anzuerkennen ist die Absicht, die die jetzt anbrechende Phase der Auseinandersetzung mit dem Islam kennzeichnet: die Einsicht in die Notwendigkeit einer theologischen Kontroverse und das Bemühen der Orden, dafür die Voraussetzungen zu schaffen.

Franz von Assisi selbst war 1219/20 der Wegbereiter, zunächst in Ägypten, dann in Syrien. In dem Wissen, dass eine missionarische Arbeit unter Muslimen eine vertiefte theologische Schulung sowie Kenntnis der arabischen Sprache und des Islams voraussetzte, haben die Dominikaner zu diesem Zweck eigene Sprachschulen gegründet. Ihre Ordensgelehrten wurden angewiesen, die mögliche Widerlegung der muslimischen Lehre systematisch zusammenzustellen, um so den in Spanien und im Heiligen Land tätigen Missionaren Hilfe und Orientierung bieten zu können.

Thomas von Aquin (1225–1274) schrieb seine „Summa contra Gentiles" aus der Intention heraus, die Wahrheit des christlichen Glaubens Ungläubigen gegenüber darzulegen. Dabei hat Thomas die eigenen Schwierigkeiten gespürt, die sich ihm bei der Apologie des christlichen Glaubens stellen: Sie liegen nach ihm zum einen in seiner unzureichenden Kenntnis des anderen und dessen Position und zum anderen in der Nichtanerkennung der Bibel als authentischem Wort Gottes durch Muslime und Ungläubige. Da also die biblischen Schriften in der Auseinandersetzung mit ihnen nicht als Grundlage und gemeinsames Fundament vorausgesetzt werden können, bleibt nur die natürliche Vernunft als gemeinsame Basis. Dieser Ausgangspunkt ist bemerkenswert. Er versteht sich aus der geistigen Situation des damaligen Paris, wo Thomas gelehrt hatte. Auf dem Hintergrund der beginnenden Renaissance hat er aus philosophisch-theologischer Argumentation heraus versucht, die Grundzüge des christlichen Glaubens darzulegen.

Darüber hinaus spricht Thomas aber auch direkt die Muslime an. Dabei zeigt sich, dass er nicht zu den großen Kennern des Islams gehört, wie etwa sein Mitbruder Ricoldus de Monte Crucis, auf den wir noch eingehen werden. Was sich bei Thomas über Muhammad und seine Lehre findet, ist aus der Tradition der antiislamischen Literatur reichlich bekannt, dass er aber in der Einschätzung des Islams durchaus eigene Wege ging, macht seine Auffassung deutlich, dass die Muslime nicht mit den Christen im Glauben an die Authentizität der biblischen Offenbarung übereinstimmen. Deswegen sieht er die Muslime nicht als Häretiker oder Apostaten an, sondern als „Heiden", d.h. Andersgläubige, obgleich Muhammad Belege für die Wahrheit nicht erbracht habe.

Die kleine Schrift „De rationibus fidei" ist eine knappe Exposition des christlichen Glaubens in Hinblick auf die Muslime. Von Polemik ist da wenig zu spüren. Im Vordergrund steht die Apologie des christlichen Glaubens.

Anders als Thomas ging *Ricoldus de Monte Crucis* (gest. 1320) vor. Von besonderer Bedeutung ist sein Werk „Contra legem Sarracenorum". Hier spricht ein Mann der Praxis, der nach umfangreicher Lehrtätigkeit in seinem Orden sich schließlich ganz der Missionsarbeit im Orient widmete. Während seines mehrjährigen Aufenthaltes in Baghdad erwarb er sich vollkommene Kenntnis der arabischen Sprache und einen soliden Einblick in die Theologie des Korans, um an Ort und Stelle mit Muslimen diskutieren zu können. In seinem Hauptwerk „Contra legem Sarracenorum" hat er versucht, sich in kritischer Weise mit Leben und Lehre Muhammads auseinander zu setzen. Die Rechtfertigung des christlichen Glaubens geschieht auf dem Hintergrund und – über Thomas hinausgehend – in Konfrontation mit der koranischen Theologie. Der Hauptakzent liegt auf der theologischen Auseinandersetzung zwischen christlichem und islamischem Glauben. Wenn auch polemische Äußerungen gegen Muhammad und den Koran nicht fehlen, so ist doch die Akzentverschiebung zu Gunsten apologetischer Interessen deutlich.

Die Wirkungsgeschichte dieser Schrift des Ricoldus zeigt sich über Nikolaus von Kues bis hin zu Martin Luther, der für ihre größte Verbreitung im deutschen Sprachraum sorgte.

Mit Recht gilt *Raymund Llull* (1232–1316) als der größte Muslimmissionar des Mittelalters. Auf Anraten von Raymund Penafort, der ihn 1264 auf die Missionsaufgabe hingewiesen hatte, begann Llull mit entsprechenden Sonderstudien. Sollte sein Wirken zunächst auf Palma und Umgebung beschränkt bleiben, weitete sich sein Blick mit der Zeit aus und erstreckte sich dann auf die gesamte arabische Welt. Sein Schrifttum ist immens. Sein Ziel war die Errichtung von Missionskollegien für die Fremdsprachenausbildung der Missionare; er forderte eine einheitliche Leitung der Missionsarbeit durch die Kurie. 1276 war Llull ein erster Erfolg beschieden: die Gründung des ersten Missionskollegs in Miramar (Mallorca). Es folgten Missionsreisen nach Nordafrika, Missionstätigkeit unter Muslimen und Juden in Neapel, auf Mallorca, Zypern, Sizilien. Immer engagiert, verzehrte sich Llull für die Missionsidee. Mehrfach standen seine Religionsdiskussionen für ihn auf Leben und Tod. Die von Llull in jüngeren Jahren vertretene strikte Ablehnung des Religionskrieges musste in späterer Zeit – wohl in Adaption an den herrschenden Zeitgeist – einer Idealisierung des Kreuzzugsgedankens weichen. Andererseits war Llull ganz von dem Gedanken beseelt und durchdrungen, dass ihm durch seine Disputier- und Beweismethode „rationes necessariae" zur Verfügung ständen, so dass die „via disputationis" Gewalt- und Zwangsmethoden vorzuziehen sei.

Durch die Anordnung des Konzils von Vienne (1312) zur Errichtung von je zwei Lehrstühlen zum Studium der orientalischen Sprachen an fünf Universitäten des Abendlandes (can. 11) fanden die rastlosen Bemühungen Llulls von höchster kirchlicher Seite Anerkennung und Zustimmung. Von entscheidender Bedeutung sind Llulls Religionsdiskussionen, die uns schriftlich vorliegen und von denen einige genannt seien. In seinem „Liber de gentili et tribus sapientibus" legen drei Weise – ein Muslim, ein Jude und ein Christ – einem Heiden ihren Glauben dar, der sich dann zum Glauben an einen Gott bekehrt, eine weitere religionsspezifische Wahl aber noch nicht trifft. – Über den Hervorgang des Heiligen Geistes sprechen nacheinander ein Grieche und ein Lateiner im „Liber de Sancto Spiritu". – Sein „Liber super psalmum Quicumque vult, sive Liber Tatari et Christiani" hat die Frage eines Tataren nach der ihm gemäßen Lebensordnung (lex) zum Inhalt. Weder ein Jude noch ein Muslim noch ein Christ können ihn überzeugen. Erst die Erklärung des Symbolums „Quicumque" durch den Eremiten Blanquerna lässt ihn zum Christentum übertreten. Es stellt sich die Frage nach der Missionsmethode: Dialog oder Kampf (Kreuzzug)? Die Frage bleibt offen. – In seiner „Disputatio fidelis et infidelis" diskutiert Llull in Wechselrede acht kontroverse Glaubensartikel. Trinität und Inkarnation sind häufige Themen seiner Diskussionen, sei es im „Liber de quinque sapientibus", in der „Disputatio Raimundi et Hamar Saraceni" oder im „Liber de novo modo demonstrandi sive ars praedicativa magnitudinis". Beide Glaubensmysterien sollen als denknotwendig und mit der Einheit Gottes vereinbar aufgewiesen werden. Llulls Versuch, argumentativ die Lehre des Korans zu entkräften, geht von der Beweisbarkeit christlicher Glaubensinhalte aus. Wirkliche muslimische Objektionen und Einwände kommen bei ihm zu kurz.

Reaktionen auf den Fall Konstantinopels (1453)

Erschüttert über das durch Mehmed II. am 29. Mai 1453 eroberte Konstantinopel verfasste *Nikolaus von Kues* (1401–1464) noch im gleichen Jahr seine Schrift „De pace fidei", ein visionäres Gespräch über den Frieden im Glauben zwischen Vertretern der verschiedensten Religionen und Weltanschauungen. Ein Jahr darauf beantwortete er den Brief seines alten Freundes *Johannes von Segovia* (gest. 1458) vom 4. Dezember 1454; darin hatte dieser die Frage gestellt, ob man nicht – von der notwendigen Verteidigung abgesehen – vielmehr den Weg des Friedens als den des Krieges zur Überwindung der Sekte Muhammads gehen solle. 1460/61 dann schrieb Nikolaus von Kues seine „Cribratio Alkorani"/„Sichtung des Korans", ein polemisch-apologetisches Werk, das den Koran auf christliches Gedankengut hin untersuchen will. Dass Cusanus sich intensiv um das Verständnis des Islams bemüht hat, zeigen das gründliche Studium und die Verwertung der von ihm benutzten Quellen.

In seinem umfangreichen Werk geht es Nikolaus von Kues um eine theologische Auseinandersetzung mit dem Islam. Die Polemik gegen Muhammad ist daher auf ein für die damalige angespannte Situation erstaunliches Maß reduziert. Die Intention seiner Arbeit lag darin, auch aus dem Koran die Wahrheit des Evangeliums zu eruieren. Diesen Ansatz konnte er wählen, weil er den Islam als eine aus dem Nestorianismus erwachsene christliche Häresie ansah. Unter Voraussetzung des Evangeliums wollte Nikolaus den Koran auf seinen biblischen Gehalt hin sichten und sieben. Mit diesem Vorverständnis ging Cusanus an den Koran heran, um ihn vom Evangelium her zu deuten. In diesem an den Koran herangetragenen Vorverständnis liegen auch die Wurzeln der so evangelientreuen Koraninterpretation des Cusanus.

Bei seiner Korananalyse ließ sich Nikolaus vom Motiv der „pia interpretatio“ leiten, d.h., es ging ihm um eine gutmütige, weitherzige und wohlwollende Interpretation des Korans. Die Art und Weise seines Vorgehens zeigt sich im Begriff der „manuductio“, d.h., er will die Muslime gleichsam an die Hand nehmen, um sie zum Verständnis des christlichen Glaubens zu führen. Als einzigartige Versuche eines Brückenschlages zum islamischen Glauben können seine „manudutiones ad trinitatem“ – „Hinführungen zum christlichen Trinitätsverständnis“ – gewertet werden. Ein besonderes Augenmerk richtete Nikolaus von Kues auf die Sichtung der koranischen Christologie. Die „unio hypostatica“ hielt er für die schwierigste Streitfrage zwischen Muslimen und Christen, hängt doch von Bejahung oder Verneinung der Gottessohnschaft Christi zugleich die Entscheidung für oder gegen ein trinitarisches Gottesverständnis ab. Scharf kritisiert Nikolaus von Kues die koranischen Paradiesvorstellungen. Doch vermittels seiner „pia interpretatio“ versucht er auch hier, die eschatologischen Aussagen des Korans mit denen der Bibel zu harmonisieren.

Das Verdienst der „Cribratio Alkorani“ des Nikolaus von Kues liegt darin, nach gemeinsamen theologischen Anknüpfungspunkten zwischen Islam und Christentum gesucht zu haben.

Anders versuchte *Papst Pius II.* (1458–64), dem Islam zu begegnen. Mit der dem Papst gewidmeten „Cribratio Alkorani“ hatte Nikolaus von Kues Pius II. Material an die Hand geben wollen. Doch von einer direkten Verwertung der Arbeit des Cusanus ist in dem Brief, den Pius II. 1461 an Mehmed II. schrieb, recht wenig zu spüren. Ganz abgesehen davon, dass der Papst die Idee eines Kreuzzuges gegen die Muslime noch einmal wieder aufleben und entsprechende Vorkehrungen treffen ließ – mangels Unterstützung scheiterte aber das geplante Unternehmen –, mutet der Brief recht seltsam an. Mit seiner Initiative, den Sultan zur Annahme des Christentums zu bewegen, hatte Pius II. kein Neuland betreten. Schon vor ihm hatten Päpste Ähnliches versucht. Sie waren ebenso erfolglos, wie er es sein sollte. In seinem 19 Kapitel umfassenden Brief an Mehmed II., in dem der Papst mas-

sive Angriffe gegen den Islam und seine Propheten vermieden hat, stellt Pius II. als Gegenleistung für einen etwaigen Übertritt Mehmeds zum Christentum ihm enormen politischen Machtzuwachs in Aussicht.
Die auf Veranlassung von Nikolaus von Kues verfasste Schrift „Contra perfidiam Mahometi" des *Dionysius Cartusianus* bietet wenig Originelles; seine Korankenntnisse bleiben hinter denen des Cusanus zurück. Erwähnt sei noch der „Tractatus contra principales errores perfidi Mahometi" des *Juan de Torquemada* (Johannes Turrecremata OP, 1388–1468), eines der einflussreichsten papalistischen Theologen seiner Zeit. Die theologischen Divergenzen zwischen Islam und Christentum werden undifferenziert behandelt.

Martin Luther und der Islam
Das Vordringen der Osmanen im 16. Jahrhundert – 1529 wurde Wien belagert, Budapest 1541 erobert – wirkte sich rückschlägig auf das christlich-muslimische Verhältnis aus. Die Fronten verhärteten sich und die christliche Polemik gegen den Islam wurde wieder schärfer.
In der Türkengefahr des Jahres 1529 hatte sich Martin Luther (1483–1546) in mehreren Türkenschriften an das Volk gewandt. Häufig nahm er auch in seinen Tischreden gegen die Türken und ihre Religion Stellung. Im Auftrag des Kurfürsten Johann Friedrich verfasste er 1541 die „Vermahnung zum Gebet wider den Türken". Der Kurfürst war in einem Schreiben an ihn herangetreten mit dem Auftrag, man „solle den Predigern im ganzen Kurfürstentum zu Sachsen förderlich und unverzüglich befehlen, dass sie das Volk in allen Predigten zum Gebet wegen des Türken bevorstehender Not und tyrannischer Handlung mit höchstem Ernst vermahnten und dass man Gottes Allmächtigkeit um gnädige Abwendung, auch allen denen, die wider den Türken stritten, gnädigen Sieg und Überwindung zu geben und zu verleihen, von ganzem Herzen emsiglich bitten solle" (WA 51, 578).
Ein Jahr später übersetzte Luther die Schrift „Contra legem Sarracenorum" des Ricoldus de Monte Crucis. Bereits seit 1539 kannte er diese Schrift, wie sich aus dem damals von ihm herausgegebenen „Libellus de ritu et moribus Turcorum" ergibt. Zusammen mit der „Cribratio Alkorani" des Nikolaus von Kues war sie für ihn über Jahre hinweg die einzige Informationsquelle über den Islam gewesen. Luther hatte zunächst Zweifel gehegt, ob die Darstellung des Ricoldus auch tatsächlich ein authentisches Bild vom Islam biete. Diese Bedenken schwanden jedoch, als er zu Fastnacht 1542 erstmals Einsicht in eine lateinische Koranausgabe nahm. Die von Luther angefertigte deutsche Übersetzung von „Contra legem Sarracenorum" trägt seine eigene Handschrift: Er kürzt oder ergänzt, wo es ihm angemessen zu sein scheint. Bei der Wiedergabe einzelner Wörter ist er sehr frei verfahren; er schlägt einen viel schärferen Ton in der Polemik gegen Muhammad und den Koran an als vor ihm Ricoldus. Die durch die Türkengefahr bedingte härtere Gangart in

der Polemik gegen den Islam ist nicht zu übersehen. In seiner „Vermahnung zum Gebet wider den Türken" macht Luther aus seiner Abneigung gegenüber dem Islam keinen Hehl, wenn er vom „Teuffelsdreck" oder vom „lesterlichen Mahmet" spricht.

Anfang 1543 verfasste Luther ein Vorwort für die von Theodor Bibliander erstmals in Druck gegebene lateinische Koranübersetzung des Robert von Ketton, die dieser ja im Auftrag des Petrus Venerabilis angefertigt hatte. Darin bekundet Luther seine Hoffnung, dass die Ausgabe die Abscheu vor Muhammads Lehre vergrößern werde. Dass Luther in heftiger Weise gegen den Islam polemisiert, ist durch die bedrohliche Situation seiner Zeit, die Angst vor den Türken bedingt. Hatte Petrus Venerabilis den Islam als in der Mitte zwischen Arius und dem Antichristen stehend bezeichnet, sind die Akzente bei Luther – 400 Jahre später – noch weiter zu Ungunsten des Islams verschoben: Er sieht in ihm nicht nur Heidentum, sondern eine entscheidende anti-christliche Macht der Endzeit.

Martin Luther gehört nicht zu denen, die sich um ein Verständnis zwischen Christentum und Islam bemüht haben. Dazu hatte er sich noch zu wenig mit der Theologie des Korans beschäftigt. Das Koranverständnis eines Nikolaus von Kues liegt – bei aller Fehlinterpretation – auf viel höherem Niveau. Zwar hebt Luther auch positive Aspekte des Islams heraus, doch angesichts der bedrohlichen Situation überwiegen polemische Äußerungen. Wenn er dem Islam positive Seiten abgewinnen kann, so beziehen sie sich auf das Verhalten der Muslime – Luther spricht immer von den Türken –, das ihm in mancherlei Hinsicht vorbildhaft erscheint.

Zusammenfassend lässt sich festhalten: Die Auseinandersetzung Martin Luthers mit dem Islam ist im Wesentlichen von zwei Faktoren bestimmt:

1. Sie ist geprägt von der damaligen militärischen Bedrohung Europas durch die Osmanen.
2. Sie steht ganz und gar im Zeichen seiner eigenen existenziell ausgetragenen Kontroverse mit Rom.

Von diesen psychologischen Zwängen her, dem militärischen Druck von außen und dem theologisch-affektiven Impetus von innen, erklärt sich Luthers massive Islamkritik. Durch seine Parallelisierung von Papsttum und Islam projizierte Luther das Bild eines seinerzeit entstellten Katholizismus in der ihm eigenen Weise der Zuspitzung auf den Islam und qualifizierte ihn als Religion der Werkgerechtigkeit papistischer Couleur ab. Seine Deutung des Islams als eine endzeitliche antichristliche Macht versperrte ihm den Blick für die dem Islam eigene Glaubensursprünglichkeit und Glaubensoriginalität.

Die Zeit der Aufklärung

Mit der Aufklärung – ein Begriff, der seit der Mitte des 18. Jahrhunderts in Westeuropa zur Charakterisierung der Gegenwart als des Zeitalters der Ratio und des Fortschritts im Namen der Vernunft gebräuchlich wird – be-

ginnt auch eine neue Phase in der islamisch-christlichen Geschichte.
Die im Namen der autonomen Vernunft geübte Kritik an der Gesellschaft mit ihren überkommenen Traditionen und Wertvorstellungen machte auch vor dem Christentum nicht Halt. Durch die Lockerung der Bindung an Dogma und Tradition wurde auch das Christentum genötigt, sich vor der Vernunft als oberstem Prinzip zu rechtfertigen. Die Vielfalt der christlichen Bekenntnisse wurde zum Anlass, nach einer sie transzendierenden Religion zu fragen, die in der gemeinsamen Menschenvernunft als dem Prinzip der Einheit gründete. Beherrschend war die Idee der Toleranz. Wenn auch die geistigen Wurzeln dieser Idee bis zu Nikolaus von Kues zurückreichen, gewann sie erst jetzt an Breitenwirkung. In dieser geistigen Atmosphäre konnte sich eine neue Sicht des Islams als außerchristlicher Religion entwickeln.
Hadrian Reland (1676–1718) veröffentlichte im Jahre 1705 sein Buch „De religione mohammedica" (Utrecht). Es ist die erste sachliche Darstellung des Islams aus christlicher Sicht und verdient, auch noch heute beachtet zu werden. Doch fand seine Publikation damals nicht nur positive Aufnahme; wegen angeblicher pro-islamischer Tendenzen setzte die katholische Kirche das Buch auf den Index. *Gotthold Ephraim Lessing* (1729–1781) gibt in dieser Zeit mit seiner Ringparabel „Nathan der Weise" Antwort auf die Frage, welche der drei monotheistischen Religionen – Judentum, Christentum, Islam – die wahre sei: Als Gabe Gottes ist jeder der drei Ringe insofern authentisch, als die Gabe nicht theoretisch angegangen, sondern praktisch zugeeignet werden soll. Der Besitzer soll vor Gott und den Menschen angenehm werden, das heißt: sich praktisch bewähren. Jede der drei Religionen spiegelt auf ihre Weise die Offenbarung Gottes wider.

Beginn historisch-kritischer Islamforschung
Mit Beginn des modernen Missionszeitalters im 19. Jahrhundert brach zwar eine neue Phase pastoral-praktischer Begegnung mit dem Islam an, doch der eigentliche Durchbruch zur modernen Islamforschung gelang erst im ausgehenden 19. und zu Beginn des 20. Jahrhunderts. Ignaz Goldziher (1850–1921) gilt neben Christian Snouk Hurgronje (1857–1936) und Karl Heinrich Becker (1836–1930) als der Begründer der Islamforschung im heutigen wissenschaftlichen Sinn. Daneben hat Theodor Nöldeke (1836–1930) mit der Erforschung des Korans neue Perspektiven eröffnet.
Wenn auch das wissenschaftliche Interesse am Islam, seiner Entstehung, frühen Entwicklung und missionarischen Ausbreitung gewachsen war, so hatte doch diese neue Einstellung zunächst kaum Einfluss auf christliche Theologie, ihre Repräsentanten und Kirchen. Erst in neuerer Zeit ist das der Fall. S. Dialog, christlich-islamischer.

Literatur: Umfassende Lit.-Zusammenstellung von *L. Hagemann,* Zur Auseinandersetzung des Christentums mit dem Islam

im Mittelalter und in der Neuzeit, in: Verkündigung und Forschung. Beihefte zu „Evangelische Theologie“, 32. Jg., I (1987), 43–62. Vgl. zur byzantinischen Tradition: *A. Th. Khoury,* Les théologiens byzantins et l'Islam. Textes et auteurs (VIIIe–XIIIe s.), Louvain ^{2}1969; *ders.,* Polémique byzantine contre l'Islam (VIIIe–XIIIe s.), Leiden 1971; *ders.,* Apologétique byzantine contre l'Islam (VIIIe–XIIIe s.), Altenberge 1982; *ders.,* Der theologische Streit der Byzantiner mit dem Islam, Paderborn 1969.
Zur lateinischen Tradition: *N. Daniel,* Islam and the West. The Making of an Image, Edinburgh ^{3}1966, Neudruck Oxford 1997; *R. W. Southern,* Das Islambild des Mittelalters, Stuttgart/Berlin/Köln/Mainz 1981; *G. C. Anawati,* Polémique, apologie et dialogue islamo-chrétiens. Positions classiques médiévales et positions contemporaines, in: Euntes Docete XXII (1969) 375–451; *J. Waardenburg,* L'Islam dans le miroir de l'Occident (Recherches Mediterrannéennes III), Paris/La Haye ^{3}1962; *ders.,* Islamisch-christliche Beziehungen, Würzburg/Altenberge 1992; *L. Hagemann,* Der Kur'ān in Verständnis und Kritik bei Nikolaus von Kues. Ein Beitrag zur Erhellung islamisch-christlicher Geschichte (Frankfurter Theologische Studien, Bd. 21), Frankfurt 1976; *ders. (Ed.),* Nicolai de Cusa Opera omnia vol. VII: Cribratio Alkorani, Hamburgi 1986; *ders./R. Glei,* Cribratio Alkorani – Sichtung des Korans. Lat.-dt. Parallelausgabe, 3 Bde., Hamburg 1989–91; *ders./R. Glei,* Thomas von Aquin, De rationibus fidei (Corpus Islamo-Christianum: Series Latina, vol. II), Würzburg/ Altenberge 1987; *ders.,* Christentum contra Islam. Eine Geschichte gescheiterter Beziehungen, Darmstadt ^{2}2005.

L. Hagemann

Consensus ↗ *Übereinstimmung, Rechtssystem*

D

Dämonen ↗ *Teufel*

Dekalog ↗ *Ethik/Moral*

Demokratie ↗ *Staatslehre*

Derwisch
Mit dem aus dem Persischen stammenden Wort „Derwisch" werden in einigen Ländern Personen bezeichnet, die Mitglieder einer islamischen Bruderschaft (tariqa) (s. Bruderschaft) sind. Da es auch parallele Organisationen für Frauen gibt, finden sich auch entsprechende Bezeichnungen für Frauen. Eine Etymologie, die als ursprüngliche Bedeutung des Wortes „Bettler" annimmt, ist umstritten. Dennoch hat sich diese Bedeutung durchgesetzt. Daher werden auch Personen, die durch fromme Sprüche und Anrufungen Gottes um Almosen bitten, als Derwische bezeichnet. Da es sich bei einer Anzahl von Bruderschaften um Organisationen handelt, im Verlauf von deren Ritualen es zu ekstatischen Ausbrüchen kommt, ist das Wort „Derwisch" in europäischen Vorstellungen mit einer gewissen Exaltiertheit verbunden, die jedoch in der Regel nicht den Tatsachen entspricht.
Literatur: *s. Bruderschaft.*

P. Heine

Dhikr
Das arabische Wort „Dhikr" bedeutet „Gedenken" und ist im Rahmen der islamischen Mystik zu einem Terminus technicus für das laute oder leise ausgesprochene Gedenken Gottes geworden, zu dem schon im Koran aufgefordert wird. Dies kann geschehen durch die ständige und unermüdliche Wiederholung eines der Namen Gottes im Rahmen eines von einer religiösen Gemeinschaft durchgeführten Ritus. Man kann davon ausgehen, dass sich diese Praxis im 13. Jahrhundert in der islamischen Welt durchgesetzt hat. Auch die Rituale der islamischen Bruderschaften (tariqa) (s. dort) bestehen zum großen Teil aus Dhikr. Diese Anrufungen können mit entsprechenden Körperbewegungen und Atemtechniken verbunden sein. Der entsprechende Name Gottes kann dabei von mehreren hundert Malen bis zu mehr als 12 000 Mal in unterschiedlichem Tempo und mit wechselnder Intensität ausgesprochen werden. Durch eine spezielle Atemtechnik, die Hyperventilation zur Folge hat, und besondere Körperbewegungen kommt es bei einigen Teilnehmern der Dhikr-Übungen zu ekstatischen Zuständen, die als religiöse Erfahrungen verstanden werden. Diese Rituale werden auch zu medizinischen Zwecken veranstaltet. Dabei werden vor allem Besessen-

heitsphänomene behandelt. In vielen Fällen haben sie eine sozial-hygienische Funktion. Dhikr-Übungen beinhalten jedoch auch eine gewisse Unterhaltungsfunktion. Dies gilt für die Teilnehmer selbst, für die die Übungen auch eine Art von Zeitvertreib sind. Daneben können zu diesen Veranstaltungen auch fremde Personen, sogar Nicht Muslime, gegen ein entsprechendes Entgelt als Zuschauer teilnehmen. Diese Praxis hat zu heftiger Kritik von Gegnern der Bruderschaften und von muslimischen Reformern geführt.

In vielen der Bruderschaften ist eine bestimmte Liturgie im Zusammenhang mit den Dhikr-Übungen vorgeschrieben. Dazu gehören dem Dhikr vorausgehende Koran-Rezitationen und Gebete, die von den Gründern der entsprechenden Bruderschaft formuliert worden sind. Durch den Inhalt ihrer Liturgie und durch den Dhikr selbst unterscheiden sich schließlich die einzelnen Bruderschaften voneinander.

Literatur: *L. Gardet,* La mention du Nom divin en mystique musulmane, in: Revue Thomiste 1952/3 und 1953/1; *M. Gilsenan,* Saint and Sufi in Modern Egypt., London 1973; *V. Crapanzano,* Die Hamadasha. Eine ethno-psychiatrische Untersuchung in Marokko, Stuttgart 1981.

P. Heine

Dialog

(1) christlich-islamischer

Die polemische und apologetische Konfrontation zwischen Christentum und Islam hat eine lange Geschichte (s. Christentum und Islam). So ist es nicht verwunderlich, dass die in langer Tradition angewachsenen emotionalen Barrieren zwischen Christen und Muslimen bis heute nicht abgebaut sind. Hüben wie drüben gibt es Gruppierungen, die das Gespräch verweigern. Dennoch hat sich im Verlauf der letzten Jahrzehnte eine Klimaverbesserung angebahnt, vorbereitet von Islamwissenschaftlern und Theologen wie – um nur einige zu nennen – Louis Massignon (1883–1962), Jacques Maritain (1882–1973), Georges L. Anawati (1905–1994) und Louis Gardet (1904–1986). Sie übten maßgeblichen Einfluss auf die Neubesinnung des Verhältnisses der römisch-katholischen Kirche zum Islam durch das Zweite Vatikanische Konzil (1962–1965) aus.

In dessen „Erklärung über das Verhältnis der Kirche zu den nichtchristlichen Religionen" heißt es: „Mit Hochachtung betrachtet die Kirche auch die Muslime, die den alleinigen Gott anbeten … den Schöpfer des Himmels und der Erde, der zu den Menschen gesprochen hat. Sie mühen sich, auch seinen verborgenen Ratschlüssen sich mit ganzer Seele zu unterwerfen, so wie Abraham sich Gott unterworfen hat, auf den der islamische Glaube sich gerne beruft. Jesus, den sie allerdings nicht als Gott anerkennen, verehren sie doch als Propheten, und sie ehren seine jungfräuliche Mutter Maria … Überdies erwarten sie den Tag des Gerichtes, an dem Gott alle Menschen auferweckt und ihnen vergilt." Schon in der „Dogmatischen Konstitution über die Kirche" hatte das Konzil festgestellt: „Der Heilswille umfasst auch die, welche den Schöpfer anerkennen, unter ihnen besonders die Muslime, die sich zum Glauben Abrahams bekennen und mit uns den einen Gott anbeten, den barmherzigen, der den Menschen am Jüngsten Tag richten wird." Damit hatte sich erstmals ein Konzil positiv mit dem Islam auseinandergesetzt und einen ersten Schritt getan, um mit ihm ins Gespräch zu kommen. Diese Initiative sollte nicht ohne Wirkung bleiben. Viele Unterredungen, Begegnungen, Symposien, Tagungen und Seminare haben seither stattgefunden, um ein besseres gegenseitiges Verständnis zu erreichen, wie es Papst Johannes Paul II. bei seinem Besuch in der Umayyadenmoschee in Damaskus am 6. Mai 2001 ausdrückte: „Ein besseres gegenseitiges Verständnis wird auf praktischer Ebene gewiss dazu führen, unsere beiden Religionen auf neue Art und Weise darzustellen: Nicht als Gegner, wie es in der Vergangenheit allzu oft geschehen ist, sondern als Partner für das Wohl der Menschheitsfamilie."

Auch im protestantischen Raum haben sich die Beziehungen zum Islam grundlegend geändert. Auf der Ebene des Ökumenischen Weltrates der Kirchen wurden 1967 Dialogrichtlinien im Umgang mit anderen Religionen und Überzeugungen vorgelegt, zehn Jahre später Empfehlungen insbesondere für den christlich-islamischen Dialog, bis schließlich 1982 in Colombo/Sri Lanka das erste offizielle Gespräch des Ökumenischen Rates der Kirchen mit dem Islamischen Weltkongress stattfand. Wiederholt hat auch die Evangelische Kirche Deutschlands (EKD) Stellung bezogen.

Die in den christlichen Kirchen vollzogene Neuorientierung im Verhältnis zum Islam wirkt fort in der diakonischen und karitativen Arbeit vor Ort, in der Betreuung muslimischer Kinder in christlichen Kindertageseinrichtungen und Schulen, in der ambulanten oder stationären Kranken-, Alten- und Behindertenpflege, in der Vorbereitung und Begleitung religionsverschiedener Ehen, im Strafvollzug und nicht zuletzt bei Trauer und Tod.

Auch im islamischen Raum ist in offiziellen Stellungnahmen von Dialogbereitschaft die Rede. Auf die Initiativen der christlichen Kirchen eingehend, bot sich 1975 der Islamische Weltkongress als Dialogpartner des Christentums an, die Weltmuslimliga signalisierte im selben Jahr ebenfalls Verständigungsbereitschaft. Höhepunkte dieser Entwicklung stellen vorerst zwei Ereignisse dar: die vom Islamischen Weltkongress und dem Ökumenischen Rat der Kirchen 1982 einberufene Konferenz zum „Christlich-Islamischen Dialog" in Colombo und der Besuch des Papstes 1985 in Marokko auf Einladung des damaligen Königs Hassan II.

Die offiziellen Dokumente von islamischer Seite können allerdings nicht darüber hinwegtäuschen, dass die proklamierte Dialogbereitschaft die Mehrheit der Muslime noch nicht erreicht hat. Viele, die bislang kaum oder gar keinen Kontakt zu Christen hatten, lehnen einen Dialog mit ihnen ab. Dazu zählen insbesondere radikale Gruppen und Strömungen aus den Reihen der Islamisten und Traditionalisten. Sie sehen die Christen als Ungläubige an, halten sie für unrein und meiden den Kontakt. Die Unterwerfung der Christen ist ihnen oberste Verpflichtung. Daneben gibt es andere Gruppierungen, die einen Dialog mit den Christen für überflüssig halten, da ja der Islam die definitiv-gültige Gestalt der Religion sei. Die Tatsache, dass sich nur vereinzelt einflussreiche Persönlichkeiten für den christlich-islamischen Dialog einsetzen, deutet auf den steinigen Weg hin, den die Christen in islamisch geprägten Gesellschaften noch vor sich haben.

Literatur: *M. Borrmans,* Wege zum christlich-islamischen Dialog, Frankfurt/M. 1985; *H. Busse,* Die theologischen Beziehungen des Islams zu Judentum und Christentum. Grundlagen des Dialogs im Koran und die gegenwärtige Situation, Darmstadt 1988; *H. Zirker,* Christentum und Islam. Theologische Verwandtschaft und Konkurrenz, Düsseldorf 1989; *A. Th. Khoury/L. Hagemann,* Christentum und Christen im Denken zeitgenössischer Muslime (Religionswissenschaftliche Studien 7), Würzburg-Altenberge [2]1994; *L. Hagemann/R. Albert (Hrsg.),* Dialog in der Sackgasse? Christen und Muslime zwischen Annäherung und Abschottung (Religionswissenschaftliche Studien 46), Würzburg/Altenberge 1998; *J. Sperber,* Dialog mit dem Islam, Göttingen 1999; *S. Leimgruber/A. Renz,* Christen und Muslime. Was sie verbindet – was sie unterscheidet, München [2]2005; *Deutsche Bischofskonferenz,* Christen und Muslime in Deutschland, Bonn 2003; *Rat der Evangelischen Kirche in Deutschland,* Christen und Muslime in Deutschland. Gestaltung der Begegnung mit Muslimen, Gütersloh 2000; *Evangelische Akademien in Deutschland e. V: (Hrsg.),* Christen und Muslime. Verantwortung zum Dialog, Darmstadt 2006.

(2) interreligiöser

Auch als *Dialog der Religionen* bezeichnet, will zur Begegnung von Vertretern der verschiedenen Religionen beitragen. Getragen von dem Bestreben, die Religion des anderen von innen her kennen zu lernen und zu verstehen, soll versucht werden, das Gemeinsame wie Unterscheidende der jeweiligen Glaubensüberzeugungen zu sichten und ihre praktischen Konsequenzen auszuloten. In einer mehr und mehr globalisierten Welt nimmt die Bedeutung des interreligiösen Dialogs ständig zu. Einen hohen symbolischen Stellenwert nimmt in diesem Zusammenhang das Gebetstreffen von Vertretern der verschiedenen Religionen in Assisi ein, das auf Einladung von Papst Johannes Paul II. im Oktober 1986 stattfand.

Auch innerhalb der islamischen Welt sind Stimmen zu hören, die zum gleichberechtigten Miteinander der Religionen aufrufen. Der Koran selbst, so die Argumentation, habe – ausgehend von der faktischen Pluralität der Religionsgemeinschaften (vgl. Koran 2,148; 5,48) – einen derartigen Dialog nicht nur befürwortet, sondern sogar selbst geführt (Koran 3,64) und Hinweise für die Gestaltung solcher interreligiösen Gespräche gegeben (Koran 16,125).

S. auch Dialog, interkultureller

Literatur: *H. Küng/J. van Ess/H. von Stietencron/H. Bechert,* Christentum und Weltreligionen. Hinführung zum Dialog mit Islam, Hinduismus, Buddhismus, München 1984, Neuausgabe 1998; *H. Küng,* Spurensuche. Die Weltreligionen auf dem Weg, München 1999, Neuausgabe 2004; *A. Th. Khoury/L. Hagemann,* Christentum und Christen im Denken zeitgenössischer Muslime (Religionswissenschaftliche Studien 7), Würzburg/Altenberge ²1994; *M. S. Abdullah,* Islam. Muslimische Identität und Wege zum Gespräch. Düsseldorf 2002.

(3) interkultureller

Auch *Dialog der Kulturen* genannt. Der Dialog der Religionen (s. Dialog, interreligiöser), ist stets eingebunden in den Zusammenhang ihrer soziokulturellen Verwurzelungen, d.h. der interreligiöse Dialog ist Teil des interkulturellen Dialogs. Der Prognose des Amerikaners Samuel P. Huntington geradezu entgegenwirkend, sucht der interkulturelle Dialog das Gespräch, will den Austausch, um Auseinandersetzungen zwischen den „Kulturkreisen" insgesamt als auch innerhalb konkurrierender Parallelgesellschaften mit je eigenen kulturellen Handlungsmustern und Wertorientierungen vorzubeugen. Hier gemeinsame Grundhaltungen als tragende Basis für ein gesellschaftliches Miteinander zu formulieren ist Aufgabe eines interkulturellen Dialogs. Als Modell eines solchen Dialogs sei hier die „Stiftung Weltethos" genannt, die zurückgeht auf die 1990 vom Tübinger Theologen Hans Küng vorgelegte Programmschrift „Projekt Weltethos". Ausgangspunkt ist die Idee, sich religions- und kulturübergreifend auf einen Grundkonsens im Ethos zu besinnen.

Literatur: *S. P. Huntington,* Kampf der Kulturen. The Clash of Civilisations. Die Neugestaltung der Weltpolitik im 21. Jahrhundert, München 1996; *H. Küng,* Projekt Weltethos, München 1990; *H. Küng/K.-J. Kuschel (Hrsg.),* Erklärung zum Weltethos. Die Deklaration des Parlamentes der Weltreligionen. München 1993; *H. Küng (Hrsg.),* Dokumentation zum Weltethos, München 2002; *G. Pico/R. von Weizsäcker/H. Küng (u. a.),* Brücken in die Zukunft. Ein Manifest für den Dialog der Kulturen. Eine Initiative von Kofi Annan, Frankfurt/M. 2001.

L. Hagemann

Diaspora

Außerhalb der Länder der islamischen Welt leben Millionen von Muslimen, über drei Millionen allein in der Bundesrepublik Deutschland. In einigen Städten sind sie in Gemeinden organisiert. Aber der Umstand, dass sie nur eine Minderheit bilden, konfrontiert sie mit verschiedenenartigen Problemen. Diese Probleme hängen mit dem Leben in einer Industriegesellschaft zusammen, einer Industriegesellschaft, die zudem aus einer anderen, nämlich christlichen Tradition erwachsen und immer noch von den Normen dieser Tradition zu einem beträchtlichen Teil geprägt ist. So stellt sich diesen Muslimen die Frage nach ihrer eigenen Identität inmitten einer nicht-islamischen Gesellschaft mit zunehmender Schärfe.

Lage der Minderheiten

Je nach der Situation, dem Bildungsstand und der persönlichen Neigung der Betroffenen treten bei ihnen verschiedene Reaktionen zu Tage. Zwischen der Gleichgültigkeit gegenüber und der Loslösung von der heimatlichen Tradition bei den einen und der Entwicklung fanatischer Ablehnungshaltungen bei den anderen gibt es alle Schattierungen der Entfremdung gegenüber dem eigenen Normensystem oder der Auflehnung gegen die Gesellschaft, in der sie gezwungen sind zu leben.

Diese Situation verschärft sich bei den Muslimen, die in ihrer heimatlichen Gemeinde Halt gefunden hatten und eine solche Gemeinde in der Fremde nicht wiederfinden oder nicht mehr wiederaufbauen können. Da die islamische Gemeinschaft – anders als die christlichen Kirchen – nicht hierarchisch strukturiert ist, kein Lehramt und keine Gemeindeleitung im christlichen Sinn kennt, fällt es frommen Muslimen schwer, einen Ersatz für die Gemeinde der Heimat zu finden, welche als Trägerin des religiösen und sozialen Lebens eine zentrale Rolle spielte.

Außerdem hat der Islam in seiner Rechtstradition und in seiner politischen Praxis hauptsächlich nur ein Modell des Zusammenlebens von Muslimen und Nicht-Muslimen ausgearbeitet. Dieses traditionelle Modell geht davon aus, dass die Muslime die Mehrheit bilden und die Herrschaft in Gesellschaft und Staat ausüben, die Gesetzgebung gestalten und die Rechtsprechung nach islamischem Recht und Gesetz besorgen. In den europäischen Industriestaaten erleben die Muslime dagegen eine andere, bislang ungewohnte Welt. Hier bilden sie nur eine Minderheit, deren Einfluss in der Gesellschaft verschwindend gering und deren Machtstellung unbedeutend ist. Sie bilden eine Minderheit, die darüber hinaus von den mächtigeren Gruppen argwöhnisch beobachtet wird und die alle Mühe hat, sich zu behaupten und ihre eigene Identität zu wahren.

Aus dieser Situation erwächst den Muslimen eine Unsicherheit in der Einschätzung ihres Rechtsstatus aus islamischer Sicht und in der Bewertung ihrer Rolle in der neuen Gesellschaft. Sie fühlen sich ziemlich ratlos angesichts der Notwendigkeit, umfassende Normen für ihr Zusammenleben mit Nicht-Muslimen zu entwickeln.

Wenn man darüber hinaus bedenkt, dass die meisten islamischen Gemeinden, soweit sich Gemeinden gebildet haben, nicht von ausreichend qualifizierten Gemeindeleitern geführt werden, kann man die Not erahnen, die für viele Muslime die neu entstandene Situation in der Fremde mit sich bringt.

Angesichts dieser Lage ist es nicht verwunderlich, dass die Muslime sich an Richtungen, Bewegungen, Gruppierungen, Vorstellungen und Verhaltensmustern orientieren, die sie in ihren Heimatländern kannten. Dies geschieht in zunehmendem Maße. So erlebt die islamische Bevölkerung im nicht-islamischen Ausland die Bildung von Gruppen und Bewegungen, die, wie in den Herkunfts-

ländern der verschiedenen Gemeinden, im Streit miteinander liegen. Jede von ihnen sucht mit Nachdruck zu bestimmen, was islamischer Glaube sei und wie islamisches Leben in der neuen Umgebung auszusehen habe.
Damit ist gesagt, dass die Muslime in der Fremde dieselben Richtungskämpfe erleben, die in den übrigen Ländern der islamischen Welt ausgetragen werden.

Richtungen und Gruppen
Eine dieser Richtungen setzt auf die vollständige Islamisierung der Gesellschaft und des Staatswesens. Sie lehnt jede Gesellschaftsordnung ab, die nicht die islamische ist. Sie akzeptiert nur eine politische Ordnung, die den Muslimen die absoluten Rechte der Mehrheit sichert, während die übrigen Bürger den Rechtsstatus von Schutzbefohlenen einzunehmen haben. Eine Integration islamischer Minderheiten in eine nicht-islamische Gesellschaft wird abgelehnt, denn sie würde letztlich eine Gleichstellung von Muslimen und Nicht-Muslimen bedeuten. Diese Haltung verstärkt sich bei den Gruppen, die ihre Hoffnung auf die heutige Renaissance des Islams setzen und deren Hauptziele vorbehaltlos übernehmen.
Andere gehen vom Totalitätsanspruch des Islams aus und unterstreichen die unmittelbare Einflussnahme des Islams auf die Rechtsnormen und Gesetze, die sich auf Familie, Gesellschaft und Staat beziehen. Daher weisen sie jeden laizistischen Versuch zurück, den Islam aus der Gesellschaft und dem Staat zu verdrängen. Auch tun sie sich deshalb mit den demokratischen Vorstellungen der pluralistischen Gesellschaft des Westens schwer, da der Islam traditionell von einer einheitlichen Gesellschaft ausgeht und darauf besteht, die islamischen Werte und Verordnungen als höchsten Maßstab im ganzen Leben zur Anwendung zu bringen. Traditionsgebundene Muslime, die solchen Vorstellungen weiterhin undifferenziert anhängen, sehen es als ein unüberwindbares Problem, für sich und ihre Gemeinschaft einen rechten Platz in einer Gesellschaft zu finden, deren Mehrheit und Ordnungsvorstellungen nicht islamisch sind.
Neben solchen Gruppen und Bewegungen, die sich zur Zeit im Aufwind befinden, gibt es eine andere Richtung, die heute hoffnungslos in der Minderheit ist oder sich nicht mehr deutlich zu äußern wagt. Diese Richtung will dem Islam im Kontext der Verhältnisse in der Weltgemeinschaft einen Weg eröffnen, der sich mit einer teilweisen Säkularisierung des Gemeinwesens verträgt. Die Verfechter dieser politischen Ansicht sind Personen und Gruppen, die mit der westlichen Kultur und Zivilisation nicht in Konflikt stehen, sondern sie in ihrer Grundgestalt als ein erwägenswertes Modell auch für muslimische Gemeinschaften betrachten.
Im Mittelfeld zwischen den Anhängern einer militanten Islamisierung und den Befürwortern einer säkularisierten Gesellschaftsordnung gibt es gemäßigte Richtungen, die zwar eine islamische Gestaltung des Le-

bens in der Gemeinschaft wünschen, jedoch offen sind für Kompromisse, die ihr Leben in der Diaspora nötig macht und die für ein gedeihliches Zusammenleben mit den anderen unumgänglich erscheinen.
Die überwiegende Mehrheit der Muslime in der Bundesrepublik Deutschland fühlt sich hin- und hergerissen zwischen diesen verschiedenen Richtungen und sucht oft in ratloser Unsicherheit ihren Weg in eine ungewisse Zukunft.
Die Ungewissheit über ihre Zukunft verstärkt sich bei den ausländischen Muslimen dadurch, dass sie nicht überschauen, was in Bezug auf ihren Aufenthalt, ihre Beschäftigung und Aufstiegschancen auf sie zukommt. Weitere Probleme betreffen den Rechtsstatus ihrer Religionsgemeinschaft, denn es ist bislang nicht gelungen, die Frage nach der Anerkennung des Islams als Körperschaft des öffentlichen Rechts voranzubringen. Auch ist es immer noch nicht überall gesichert, dass die muslimischen Kinder eine islamische Unterweisung im Glauben und in den sittlichen Normen ihrer Religion erhalten durch die Einführung des islamischen Religionsunterrichts als ordentliches Fach in den Schulen.
Zu der Sorge um die Zukunft der Gemeinschaft und der Kinder gesellt sich die Sorge der Muslime um die Erhaltung einigermaßen guter Beziehungen zu ihren Nachbarn. Denn die zunehmende Ausländerfeindlichkeit lässt das mühsam gewonnene Vertrauen dahinschwinden, verstärkt die Abwehrreaktion bei den Betroffenen und die Neigung zur Abkapselung und letztlich zur Ghettobildung.

Chancen der islamischen Diaspora
Trotz all dieser Schwierigkeiten hat die islamische Diaspora eine echte Chance, eine für sich günstige und für den Islam im Allgemeinen wegweisende Richtung zu finden und einzuschlagen. Diese Chance besteht aber nur, wenn die Muslime die Herausforderung, die ihr Leben in der Fremde bedeutet, annehmen. Sie dürfen ihre für sie bislang ungewohnte Situation nicht als Alibi nehmen und ihr Heil in der Flucht in extremistische Bewegungen und in radikale Haltungen suchen. Sie müssen den Mut haben, ein Leben als Minderheit zu akzeptieren und nach einer geeigneten Form des Zusammenlebens mit der Mehrheit einer Gesellschaft zu suchen, deren Wertesystem zwar christlich geprägt ist, die sich aber nicht mehr bewusst und betont an religiösen Vorstellungen und Normen orientiert.
Um ihre Chance in der Diaspora wahrnehmen zu können, muss die islamische Gemeinschaft das Land, in dem sie lebt und ihr Glaubenszeugnis gibt, im Grundsatz bejahen und nicht als Feindesgebiet betrachten. Das klassische Rechtssystem des Islams, wie es sich im Mittelalter gebildet hat, macht bereits die Unterscheidung zwischen dem Gebiet des Islams und dem Feindesgebiet davon abhängig, ob das islamische Gesetz in einem bestimmten Land Gültigkeit erlangt hat, wenigstens für die dort lebenden Muslime. Wo also das islamische Gesetz befolgt wird, wenn

auch von nur wenigen Muslimen, dort darf das betreffende Land nicht als islamfeindliches Gebiet bezeichnet und behandelt werden. Dies gilt, so meinen einige Rechtsgelehrte ausdrücklich, auch, wenn die Regierenden keine Muslime sind und auch wenn das islamische Gesetz nicht in der Gesamtheit seiner Bestimmungen und Vorschriften beachtet wird. Als Kriterium der Unterscheidung wird von der Mehrheit der Muslime folgende Feststellung gemacht: „Wenn ein Muslim in einem nicht-islamischen Land lebt, und dort Rechtssicherheit genießt und seinen Glauben frei bekennen kann, dann ist das Land nicht islamfeindlich …“ (M. S. Abdullah, Die Präsenz des Islam in der Bundesrepublik Deutschland. CIBEDO-Dokumentation 1, Köln 1978, S. 12).
So brauchen die Muslime z. B. in der Bundesrepublik Deutschland sich nicht in eine abwehrende und verschlossene Haltung zu begeben, die ihnen die Entfaltung ihres islamischen Glaubens besonders erschwert.
Diese Entfaltung des islamischen Glaubens und des islamischen Lebens in einer nicht-islamischen Gesellschaft muss auf Lösungen beruhen, die die Diaspora-Situation der Muslime berücksichtigt. Da gilt es festzustellen, dass das islamische Rechtssystem, auch in seiner klassischen Gestalt, eine von vielen verkannte Flexibilität und Offenheit aufweist. Gerade die Handhabung des Gesetzes im Sinne seiner Flexibilität und Offenheit bietet der islamischen Diaspora eine bislang ungenutzt gebliebene Chance. Diese Flexibilität und Offenheit zeigt sich z. B. in folgenden Punkten: Die Koranexegese ist nicht so steif, wie man sie oft darstellt. Die muslimischen Interpreten weisen darauf hin, dass die rechtlichen Bestimmungen, die sich auf gesellschaftliche Verhaltensregeln beziehen, offensichtlich durch die Umstände der damaligen Zeit bedingt sind und daher auch relativiert werden dürfen. Das bedeutet, dass sie in manchen Punkten anpassungsbedürftig sind, wenn neue Lebensumstände neue Lösungen erfordern. Die Rechtsgelehrten unterstreichen in diesem Zusammenhang die so genannten „Anlässe der Offenbarung“, ihren Sitz im Leben. Außerdem, so betonen einige Autoren, muss immer darauf geachtet werden, welcher eigentliche und tiefe Grund hinter den Vorschriften steckt. Es ist diese Intention der koranischen Bestimmungen, die es zu beachten und zu erfüllen gilt, und zwar manchmal über die konkreten Maßnahmen der Tradition hinaus. Endlich zeigt eine aufmerksame Lektüre des Korans, dass seine Bestimmungen aus verschiedenen Epochen stammen und eine Reaktion auf sehr unterschiedliche Situationen darstellen. Beim Eintreten neuer Situationen dürfen sich die Muslime wohl am Geist der koranischen Freiheit orientieren und sich das Lebensmodell entwerfen, das der koranischen Intention entspricht und sie in der Freiheit des Gottesglaubens bestärkt.
Dieselbe Flexibilität zeigt sich in der Anwendung der Überlieferungen, die auf Muhammad, den Verkünder des

Islams, zurückgehen. Die Autoren unterscheiden zwischen drei Kategorien von Traditionen, die nicht alle die gleiche Beweiskraft besitzen. Daher ist ihre Verbindlichkeit in vielen Fragen des modernen Lebens nicht solcherart, dass sie flexible Entscheidungen unmöglich macht.

Auch das Rechtssystem, das auf Koran und Überlieferung baut, weist dieselbe Flexibilität auf. Durch die Anwendung der Analogie, die Berücksichtigung des Gewohnheitsrechts, die Bejahung des eigenen Urteils qualifizierter Gelehrter besitzen die Muslime einen ziemlich breiten Raum für neue Lösungen. Die Dimension dieses Freiraumes wird deutlicher, wenn man die geltenden Grundsätze für die Bildung des eigenen Urteils berücksichtigt.

Neben den Grundsätzen des Glaubens und der gesunden Tradition darf der Rechtsgelehrte sich an folgenden Gesichtspunkten orientieren: das Interesse der Gläubigen, die Rechtssicherheit bei nicht eindeutiger Situation, sein Für-gut-Halten einer Lösung, die Billigkeit und die Gerechtigkeit in den Entscheidungen, die Absicht des Gesetzes, Erleichterung für die Menschen zu bringen.

Um aber die Hilfe, die ihnen Koran, Tradition und klassisches Rechtssystem bieten, in rechter Weise in Anspruch nehmen zu können, brauchen die Muslime in der Diaspora die Unterstützung ausgebildeter Gelehrter, die sie der Gefahr der Ghettoisierung entreißen und ihnen ein Gefühl der Sicherheit vermitteln. Diese Gelehrten dürfen nicht Lösungen, die in ihren Heimatländern entwickelt wurden und dort ihre Gültigkeit haben, unverändert importieren. Sie müssten sich der Aufgabe stellen, für die islamische Diaspora das Modell zu entwerfen, das zu ihrer konkreten Lebenssituation passt. Dazu müssten sie selbst das Leben in der Diaspora teilen oder wenigstens es sehr gut kennen.

Die Bildung eines Rechtsgelehrten-Rates für Europa, als Hilfe für die Muslime in den europäischen Ländern gedacht, ist grundsätzlich zu begrüßen. Ob dieser Rat auch die nötige Hilfe bringt, bleibt abzuwarten. Das Gelingen seiner Tätigkeit wird davon abhängen, ob seine Mitglieder über die konkreten Lösungen für die Probleme des Alltags hinaus auch die grundsätzlichen Richtlinien zu erkennen und zu formulieren vermögen, die für die Muslime in der Fremde erst eine echte Hilfe sind.

Außerdem wird die Haltung dieser Gelehrten selbst zur Diaspora-Situation und zur Verbindlichkeit der traditionellen Formen und Lösungen eine bedeutende Rolle spielen. Denn die islamischen Gemeinden in der Diaspora, in Europa und in der westlichen Welt, brauchen die Unterstützung einsichtiger und treuer Kenner der Tradition, der Identitätsmerkmale des Islams und der Entfaltungsmöglichkeiten seiner Lebensordnung.

Erst dann wird die islamische Diaspora ihre Unsicherheit abstreifen, ihren Glauben entfalten, die Freude und Freiheit erleben, die ihnen die Zusicherung des Wohlwollens des barmherzigen Gottes verheißt.

Literatur: *M. S. Abdullah,* Geschichte des Islams in Deutschland (Islam und westliche Welt 5), Graz/Wien/Köln 1981; *ders.,* ... und gab ihnen sein Königswort. Berlin – Preußen – Bundesrepublik, Altenberge 1987; *A. Th. Khoury,* Islamische Minderheiten in der Diaspora, München/Mainz 1985; *L. Hagemann/A. Th. Khoury,* Dürfen Muslime auf Dauer in einem nicht-islamischen Land leben?, Würzburg/Altenberge 1997.

A. TH. KHOURY

Diplomatische Beziehungen

Die Aufnahme diplomatischer Beziehungen als Errichtung ständiger Vertretungen des islamischen Staates in fremden Ländern ist dem klassischen Gesetzessystem des Islams unbekannt und widerspricht im Übrigen der Pflicht der islamischen Gesellschaft, die Nicht-Muslime so lange zu bekämpfen, bis sie den Islam annehmen und somit in die islamische Gemeinschaft integriert werden, oder bis sie sich dem islamischen Staat unterwerfen und ihm als Schutzbefohlene (dhimmis) angegliedert werden. Alle anderen Beziehungen sind grundsätzlich vorläufiger Natur und können daher nur für eine bestimmte Frist eingegangen werden. Diplomatische Beziehungen sind demnach nur vorübergehende Kontaktaufnahmen zu einem bestimmten konkreten Zweck und zur Erledigung bestimmter Anliegen. Der normale Zustand bleibt die Auseinandersetzung zwischen dem islamischen Staat und den Nicht-Muslimen.

Zwischenstaatliche Beziehungen wurden aufgenommen, um die Überbringung von Botschaften an die Regierungen fremder Länder zu ermöglichen, um mit ihnen eventuell Gefangene auszutauschen oder um bestimmte Abkommen auszuhandeln. Zu all diesen Zwecken wurden Abgesandte geschickt, die dann nach Beendigung ihrer Mission in ihr eigenes Land zurückkehrten. Solche Abgesandte unterlagen strenger Kontrolle und liefen auch immer wieder Gefahr, als Spione betrachtet und entsprechend behandelt zu werden.

Geschichtlicher Überblick

Nach der Tradition hat Muhammad Boten zu den Kaisern und Königen, zu den Machthabern und Gouverneuren der Nachbarländer geschickt, um ihnen den Aufruf zur Annahme des Islams zu übermitteln.

Die meisten diplomatischen Beziehungen, die dazu dienten, die Nicht-Muslime für den Islam zu gewinnen oder ihnen den Krieg zu erklären oder mit ihnen Friedensverträge auszuhandeln, bezogen sich unter den ersten Khalifen (632–661) und unter den Umayyaden (661–750) auf das Byzantinische Reich. Die Umayyaden Muʿawiya I. und ʿAbd al-Malik schlossen mit den Byzantinern mehrere Friedensverträge, einige sogar mit der Verpflichtung für den islamischen Staat, Tribut an die Byzantiner zu zahlen, um deren Übergriffe gegen die Grenzen des islamischen Reiches zu beenden. Somit hatte man im Innern freie Hand, um verschiedene Gefahren abzuwenden und gegen Aufständische vorzugehen.

Die islamischen Geschichtsschreiber sind in Bezug auf diese Verträge sehr zurückhaltend, sie erwähnen sie kaum und überliefern keine Stellen aus ihrem Inhalt. Vielleicht war es Scham oder theoretische Unsicherheit angesichts einer solchen Haltung, die mit den allgemein gültigen Grundsätzen des islamischen Gesetzes nicht leicht vereinbar war.

Unter den ʿAbbasiden entwickelte sich eine regere diplomatische Aktivität. Denn die islamischen Truppen wurden jährlich an den Grenzen zum Byzantinischen Reich eingesetzt. Daher entstand die Notwendigkeit, immer wieder mit den Byzantinern über den Austausch von Gefangenen und über eine eventuelle Zahlung von Lösegeldern zu verhandeln. Auch die Fatimiden (1174–1250) und die Mamluken (1250–1517) Ägyptens setzten diese Praxis fort.

Behandlung fremder Abgesandter

Abgesandte, insofern sie sich als solche erklären, genießen für die Dauer ihrer Mission eine Art diplomatischer Immunität. Sie haben sich korrekt zu verhalten und sich verbotener Handlungen, wie Spionage oder Waffenausfuhr, zu enthalten. Sie werden mit der gebührenden Ehre empfangen und im Gästehaus der islamischen Regierung untergebracht. Wenn sie eine Botschaft überbringen, die den Muslimen Vorteile bringt, so behandelt man sie großzügig und tauscht mit ihnen Geschenke aus. Nach Beendigung ihrer Mission werden sie mit allen Ehren zur Grenze begleitet.

Wenn sie aber eine ungünstige, ja feindselige Botschaft übermitteln, so werden sie schroff abgewiesen. Sollten sogar die Feindseligkeiten ausbrechen, während sie noch auf islamischem Gebiet verweilen, werden sie beschimpft und schlechter Behandlung unterworfen, ja gefangen genommen oder gar getötet. Es ist auch möglich, dass sie sofort als Feinde betrachtet werden, was unter anderem Gefangennahme oder gar Hinrichtung bedeuten kann.

Literatur: *M. Hamidullah,* The Muslim Conduct of State, Lahore [7]1977, 146–156; *M. Khadduri,* War and Peace in the Law of Islam, Baltimore 1955, 239–250.

A. TH. KHOURY

Djabriten ↗ *Freiheit*

Djamaʿa *(Gemeinschaft)*

Ursprünglich „Versammlung", bezeichnet das Wort „Djamaʿa" im Islam die Gemeinschaft der Gläubigen. Es wird von den islamischen Autoritäten mit dem Wort „Umma" nahezu gleichgesetzt. Zwar ist Djamaʿa kein koranischer Ausdruck, doch wird der Begriff schon in den ersten diplomatischen Schreiben Muhammads für die Gemeinde seiner Anhänger verwendet. Während in einer modernen Terminologie „Umma" in einigen Fällen eine säkularistische Konnotation erfahren hat, – so spricht man z.B. von der „umma ʿarabiyya" (arabische Nation) –, blieb „Djamaʿa" in einem sehr viel engeren Sinn im dogmatisch-religiösen Verständnis verhaftet. Diese Gemeinschaft der Gläubigen ist im Glauben miteinander verbunden und steht den Ungläubigen, aber auch den Sektierern und denen, die unstatthafte Neuerungen (bidʿa) praktizieren, gegenüber.

Eine besondere Bedeutung erfährt „Djamaʿa“ in der hanbalitischen Rechtsschule. Ihre Juristen verstehen darunter die Gesamtheit der als Autoritäten angesehenen Zeitgenossen (ashab) des Propheten Muhammad, deren Konsens (idjmaʿ, von der gleichen arabischen Wurzel) allein als verbindlich angesehen wird. Daher unterschieden einige hanbalistische Autoren wie Ibn Taymiyya zwischen „Umma“ als der Gemeinschaft der Gläubigen und „Djamaʿa“ als der Gruppe der altvorderen religiösen Autoritäten, deren Konsens-Entscheidungen zu befolgen sind (luzum al-djamaʿa). Die in dem Wort „Djamaʿa“ enthaltene Unterscheidung gegenüber anderen Gemeinschaften lässt sich an vielen historischen Beispielen nachweisen. So nannte der bedeutendste islamische Reformer des westafrikanischen Islams, Osman dan Fodio, die Gemeinschaft seiner Anhänger „Djamaʿa“. In der Tradition dieser Vorstellungen verstehen auch moderne islamische Reformer bei der Verwendung von „Djamaʿa“ diejenigen Muslime, deren Glaube und religiöse Praxis den Forderungen des Islams entspricht und die in der vollkommenen Nachfolge des Glaubens der Altvorderen (salaf) stehen. Nach den Lehren dieser Reformer ist es diese Gemeinschaft, die den Führer der Gemeinde bestimmen soll. Nur mit ihm an der Spitze verfügt die „Djamaʿa“ über ihre volle Bedeutung.

In einem sehr viel begrenzteren Sinn bezeichnet „Djamaʿa“ aber auch jede Gruppe von Muslimen, die sich zusammengefunden hat, um das Gebet zu verrichten. Das gilt natürlich besonders für die Gemeinschaft von Gläubigen, die am Mittag des Freitags (yaum al-djumʿa) oder an einem der islamischen Festtage den Ritus des Gemeinschaftsgebets vollzieht. Auch dieses gemeinsame Ritual ist nicht ohne den Imam, den Vorbeter, möglich.

Literatur: *M. Watt,* Muhammad at Medina, Oxford 1956; *H. Laoust,* Essai sur les doctrines sociales et politiques de Taqi ad-Din Ahmad Ibn Taimiyya, Kairo 1939; *J. Boyd,* The Caliph's Sister, London 1989.

P. Heine

Djamal al-Din al-Afghani ↗ *Afghani*

Djamiʿ ↗ *Moschee*

Djihad ↗ *Heiliger Krieg*

Djinn

Djinnen sind nach islamischer Auffassung intelligente, für die menschlichen Sinne nicht wahrnehmbare Wesen aus Dampf oder Feuer, die verschiedene körperliche Gestalten annehmen können und in der Lage sind, besonders schwere oder komplizierte Arbeiten zu vollführen. Mit diesem Begriff verbunden sind ursprünglich vor-islamische Nymphen und Satyrn, die die Wüsten bevölkern. Zu Lebzeiten Muhammads hatte sich auf der Arabischen Halbinsel im Bezug auf diese Wesen ein Vorstellungswandel hin zu vagen, unpersönlichen Gottheiten ergeben; Belege dafür liefern verschiedene Koranstellen, in denen berichtet wird, dass die Mekkaner verwandtschaftliche Beziehungen zwischen den Djinnen und Allah annahmen, ihnen opferten und ihre Hilfe suchten (37,158; 6,128; 72,6). Nach 55,14 wurden sie aus rauchlosem Feuer geschaffen. Die Botschaft des Islams richtet sich auch an sie. Ihnen werden die gleichen Strafen angedroht und die gleichen Belohnungen versprochen wie den Menschen. Vom offiziellen Islam wurde und wird ihre Existenz als gesichert angesehen und die islamische Jurisprudenz stellte zahlreiche Überlegungen zur rechtlichen Position der Djinnen in den verschiedensten Zusammenhängen an. Im Zentrum dieser Betrachtungen stehen die möglichen Beziehungen zwischen Djinnen und Menschen, die Frage von Liebesbeziehungen zwischen ihnen, Heiraten und der Stellung von Kindern aus derartigen Verbindungen. Auch bedeutende Vertreter der islamischen Philosophie wie al-Farabi waren der Ansicht, dass Djinnen existierten, während Ibn Sina sie völlig abstritt. Modernistische Koran-Exegeten interpretieren sie als medizinische Phänomene wie Mikroben oder Bakterien.

Die Tatsache, dass Djinnen im Koran Erwähnung finden, hat dazu geführt, dass in Regionen, in denen vor der Islamisierung Ahnenkulte und verschiedene Formen des Geisterglaubens vorhanden waren, synkretische Vorstellungen und Praktiken entstanden, in denen die vor-islamischen und islamischen Züge zusammenfanden. So kann man feststellen, dass in dem in den verschiedenen Religionen der islamischen Welt sehr unterschiedlichen Glauben an Djinnen Aspekte der früheren Religionen weiterleben.

Literatur: *D. Macdonald.* Religious Attitude and Life in Islam, Chicago 1908; *E. Lane.* Manners and Customs of the Modern Egyptians, London 1836; *E. Doutté.* Magie et Religion en Afrique du Nord, Algier 1908

P. HEINE

Dreifaltigkeit ↗ *Trinität*

Drusen

Entstehung

Bei dieser Gemeinschaft handelt es sich um eine religiöse Sonderform, die aus der schiitischen Isma'iliyya entstanden ist. Zentraler Punkt des Glaubens der Drusen ist ihre Überzeugung von der Göttlichkeit des Fatimiden-Khalifen al-Hakim (996–1021). Dieser war der Imam der Isma'iliten (s. dort) gewesen und hatte damit an der Spitze der religiösen Hierarchie dieser schiitischen Gruppe gestanden. Al-Hakim war in seinem persönlichen wie in seinem politischen Verhalten von außergewöhnlicher Exzentrik. Er trat mit scharfen Maßnahmen gegen sunnitische Muslime wie gegen koptische Christen oder Juden hervor, die er in einigen Fällen genauso schnell wieder zurücknahm, wie er sie eingeführt hatte. Allgemeingesellschaftlich wirkten sich seine zahlreichen frauenfeindlichen Aktionen aus. Einige seiner religionspolitischen Maßnahmen waren aber auch geeignet, die Kritik der Isma'iliten selbst hervorzurufen. In seinen letzten Lebensjahren hielt er sich offenbar für den

Mahdi, den vor allem von den Schiiten erwarteten Messias. Es waren vor allem zwei Propagandisten, al-Darazi und Hamza ibn ʿAli, die die Vorstellungen von al-Hakim als dem erschienenen Mahdi verbreiteten. Al-Darazi, von dem auch der Name der Drusen abgeleitet ist, verband den Anspruch al-Hakims mit den ismaʿilitischen Vorstellungen von einem höchsten kosmischen Intellekt, den er mit al-Hakim identifizierte. Hamza ibn ʿAli löste sich dann fast vollständig von den ismaʿilitischen Doktrinen, indem er die Doktrin der Emanation des kosmischen Einen und der Rückkehr zu ihm durch menschliche Gnosis entwickelte. Die Ismaʿiliyya glaubte an eine Kette von Emanationen, während Hamza die Präsenz dieses kosmischen Einen, nämlich in al-Hakim, betonte. Um den Khalifen entstand ein Kult, der seinerseits zu Unruhen in großen Teilen der ägyptischen Bevölkerung führte. Diese politisch untragbare Situation veranlasste einige Personen in der Umgebung des Khalifen, ihn im Jahre 1021 aus dem Weg zu schaffen. Die Art und Weise, in der man al-Hakim verschwinden ließ, wurde nicht aufgeklärt. Das geheimnisvolle Verschwinden führte dazu, dass seine Anhänger sich von Hamza ibn ʿAli überzeugen ließen, dass al-Hakim in der Verborgenheit (ghayba) existiere. Sein endgültiges Nichterscheinen in der Öffentlichkeit förderte die Missionstätigkeit, und einigen Propagandisten (daʿi) gelang es, vor allem unter der ländlichen Bevölkerung in Syrien Anhänger zu finden. Die Tatsache, dass es im Zusammenhang mit derartigen Propaganda-Aktivitäten zu Aufständen kam, lässt die Vermutung berechtigt erscheinen, dass die Missionare die wirtschaftlichen und sozialen Probleme dieser Bevölkerungsgruppe zu ihrem Vorteil nutzten. Der bedeutendste Daʿi in dieser Periode ist Bahaʾ al-Din al-Muqtana, der der Doktrin der Drusen ihre endgültige Gestalt gab. In einer Vielzahl von Briefen, die er an die verschiedensten ismaʿilitischen Gemeinden geschickt haben soll, legte er seine Lehren dar. Die Briefe wurden in den Rasaʾil al-hikma, den Sendschreiben der Weisheit, zusammengefasst. Nachdem auch al-Muqtana verschwunden war, verharrten die Drusen bis auf den heutigen Tag in der Erwartung der Rückkehr nicht nur von al-Hakim, sondern auch von al-Muqtana. Auf die Unterdrückung der Unruhen durch lokale oder regionale Herrscher reagierten die Anhänger der Lehren von al-Darazi, Hamza ibn ʿAli und al-Muqtana mit einer bewussten Marginalisierung. Sie zogen sich in einige Täler im Libanongebirge zurück, stellten die Missionsaktivitäten ein und akzeptierten auch keine freiwilligen Konversionen. Sie wurden zu einer isolierten Gemeinschaft, die ihre Lehren geheim hielt, eine strenge Endogamie praktizierte, eigene Sitten und Gebräuche entwickelte und die Organisation ihrer Gesellschaft monopolisierte. Die Führung der Gemeinschaft wurde von Familien traditionsreicher arabischer Stämme übernommen, die eine eigene Aristokratie bildeten. Die strenge Abgeschiedenheit und Endogamie haben im Laufe der Jahre zu besonderen physisch-anthropologischen Merkmalen bei den Drusen geführt. Die Drusengemeinschaft war durch die Lebensumstände gezwungen, verschiedene militärische Tugenden zu entwickeln, um sich als Minderheit gegen die sie umgebenden muslimischen oder christlichen Mehrheiten zur Wehr setzen zu können. Dieser Hang zum Kriegerischen hat sich bis auf den heutigen Tag erhalten. Heute bestehen drusische Gemeinschaften nicht nur im Libanon, sondern auch in Syrien, Jordanien, Israel und in der amerikanischen Diaspora.

Organisation und Riten

Die heutige Drusengemeinschaft ist unterteilt in Weise (ʿaqil) und Unwissende (djahil). Jeder erwachsene Druse, gleichgültig ob Mann oder Frau, kann durch eine Initiation „ʿAqil" werden. Er oder sie hat sich dazu umfangreichen Prüfungen zu unterziehen, muss sich streng an die moralischen und gesellschaftlichen Normen seiner Gemeinschaft halten, die rituellen Gebete gewissenhaft einhalten, darf nicht stehlen oder lügen. Auch die häufig praktizierte Blutrache ist ihm verboten. Die Weisen sind nach außen hin durch eine spezielle Kleidung erkennbar. Falls es einem Drusen während seines ganzen Lebens nicht gelingt, „ʿAqil" zu werden, hat er die Möglichkeit dazu in einem weiteren Leben. Weise, die sich durch besondere Frömmigkeit und Gelehrsamkeit auszeichnen, verschaffen sich als Scheichs besondere Autorität in ihrer Region. Es gibt zahlreiche Schulen, in denen zukünftige Scheichs die notwendigen Kenntnisse erlangen. Viele von ihnen ziehen sich auch in eine freiwillige, temporäre oder dauernde Klausur zurück. Sie müssen ein untadeliges Leben führen und haben vor allem die Aufgabe, interne Konflikte zu schlichten oder, wenn möglich, schon im Ansatz zu verhindern. Sie dienen den unwissenden Mitgliedern ihrer Gemeinde als religiöse und geistige Führer. Während ein ʿAqil seinen Lebensunterhalt durch seiner Hände Arbeit verdienen muss, lebt ein Scheich in der Regel von Almosen, die er von Unwissenden erhält. Alle Wissenden nehmen am Freitagabend an einer rituellen Feier (madjlis) teil, in der aus den geheimen Büchern der Drusen gelesen wird. Nicht-Initiierte dürfen zwar an diesen Veranstaltungen teilnehmen, sie dürfen diese Bücher jedoch nicht lesen. Die Geheimhaltung der in diesen Feiern vollzogenen Rituale führte dazu, dass viele falsche oder ungenaue Vorstellungen über diese Praktiken verbreitet wurden. Die Einrichtung von Ausbildungsstätten für die Scheichs hatte den Erfolg, dass sich die theologischen Vorstellungen der Drusen ständig weiterentwickelt haben, sodass man heute von einer modernen drusischen Theologie sprechen kann. Die theologischen Erklärungsversuche bedienen sich vor allem der Methode der mythischen Allegorese, um die ursprünglichen Glaubenssätze verständlich zu machen. Eine Opposition aufgeschlossener Drusen lebt vor allem in der amerikanischen Diaspora. Ihre

Mitglieder wenden sich gegen die Zweiteilung ihrer Gemeinschaft in Wissende und Nichtwissende, weil auf diese Weise eine Religion innerhalb der Religion entstehe. Diese Abgrenzungen führten nach ihrer Ansicht zu Ungerechtigkeit und Ungleichheit. Daher plädieren sie für eine Teilnahme aller an allem.

Bemerkenswert ist auch die Tatsache, dass sich moderne Drusen durchaus als zum Islam, aber auch zur arabischen Welt zugehörig betrachten. Grundlage dieses Lebensgefühls ist sicherlich auch die Tatsache, dass die Drusen vor allem von ihrer sunnitischen Umgebung stets mit Misstrauen betrachtet wurden. Von den Kreuzzügen bis zu den Nahostkriegen glaubte man bei ihnen nationalen Verrat und sektiererischen Egoismus zu erkennen. Diesen Einschätzungen versuchen die modernen Drusen entgegenzuwirken.

Literatur: *D. Bryer,* The Origins of the Druze Religion, in: Der Islam 52 (1975), 47–84, 239–626; 53 (1976), 5–27; *J. van Ess,* Chiliastische Erwartungen und die Versuchung der Göttlichkeit. Der Kalif al-Hakim (386–411 H.). Heidelberg 1977; *K. Firro,* A History of the Druzes, Leiden 1992; *W. Schmucker,* Krise und Erneuerung im libanesischen Drusentum, Bonn 1977; *A. Layish,* Marriage, Divorce and Succession in the Druze Family, Leiden 1982; *H. Wehr,* Zu den Schriften Hamsa's im Drusenkanon, in: Zeitschrift der Deutschen Morgenländischen Gesellschaft 96 (1942), 187–207.

P. Heine

Dualismus

Wie der Islam aus den im Rahmen einer Ausbreitung vorgefundenen verschiedenen christlichen Richtungen rituelle und dogmatische Aspekte integriert hat, so vollzog sich eine solche Übernahme noch einmal, als die arabischen Armeen in den Iran gelangten. Es entstanden religiöse Mischformen, bei denen dualistische Vorstellungen, wie sie im Mazdakismus vorherrschend sind, eine Rolle spielten. Angesichts der Tatsache, dass über die religiösen Verhältnisse im frühen Islam nur wenige Quellen vorhanden sind, bleiben Aussagen über den Dualismus im Islam recht unpräzise. In vielen Fällen wird in diesem Zusammenhang von „Zandaqa“ (s. dort) gesprochen, ein Begriff, der auf alle heterodoxen oder auch unkonventionellen Personen angewendet wurde. Es ist hier also eine gewisse Unsicherheit in den Begriffen festzustellen. Am deutlichsten wird die Gruppe der Khurramiyya mit dualistischen Vorstellungen in Verbindung gebracht.

Entstanden ist die Khurramiyya im iranischen Khorasan im Zusammenhang mit der ʿabbasidischen Propaganda gegen die Umayyaden; denn es war vor allem der wichtigste Propagandist der ʿAbbasiden, Abu Muslim, der mit seiner Bewegung einen beträchtlichen Anteil an der Ablösung der Umayyaden durch die ʿAbbasiden hatte und im Jahre 753 von Letzteren aus Furcht vor seinem Einfluss auf die politische Situation vor allem im Iran getötet wurde. So wurde er für viele Perser eine Identifikationsfigur ihrer nationalen Identität gegenüber den herrschenden fremdethnischen Arabern. In manchen Quellen wird die Khurramiyya geradezu als Muslimiyya bezeichnet, die Abu Muslim als ihren Imam betrachtete und ihn sogar als Inkarnation des göttlichen Geistes verehrte. Seine Anhänger ignorierten den Tod Abu Muslims und erwarteten seine Rückkehr als Messias, der die arabische Vorherrschaft beenden und die Kaʿba zerstören werde.

Die neu etablierte Dynastie der ʿAbbasiden hatte zunächst einige Mühe, diese Bewegung zu unterdrücken. Noch zwei Jahrzehnte nach dem Tod Abu Muslims trat in Transoxanien ein Mann auf, der sich als die Reinkarnation von Adam, Noach, Abraham, Mose, Jesus, Muhammad und Abu Muslim bezeichnete.

Die anti-arabischen und anti-islamischen Tendenzen innerhalb der Khurramiyya erreichten ihren Höhepunkt mit dem Aufstand des Babak al-Khurrami in Azerbaidjan, der mehr als 20 Jahre von 816 bis 838, dauerte. Der Aufstand breitete sich auch in der Gegend um Isfahan und Hamadan aus, ehe er niedergeschlagen werden konnte. Ein Teil der Aufständischen begab sich nach der Niederlage auf byzantinisches Gebiet und wurde in die Arme des Kaisers Theophilus eingegliedert, als dieser 838 gegen das ʿAbbasidenreich zu Felde zog.

Auch nach der Niederlage der Khurramiyya entstanden immer wieder neue, von dualistischen Vorstellungen unterstützte Aufstände, und die Quellen nennen khurramitische Gemeinden im gesamten Iran bis in das 12. Jahrhundert hinein. Leider sind die Angaben der muslimischen Quellen über die Doktrinen und Praktiken dieser Dualisten nicht sehr Vertrauen erweckend. Bei vielen Historikern wird lediglich auf die angebliche sexuelle Libertinage der Khurramiyya hingewiesen. Nur der Bericht des Mutahar al-Maqdisi gibt nähere Auskünfte. Danach glaubte die Khurramiyya an das Weltprinzip des Lichts, von dem sich das Prinzip des Dunkels abgespalten habe. Zu ihren Glaubensvorstellungen gehörte auch die von der Seelenwanderung. Danach können Seelen in die Körper von Menschen, Tieren, aber auch Engeln eintreten. Nach der Vorstellung der Khurramiyya ist die prophetische Offenbarung ein ununterbrochener Vorgang, da der gleiche göttliche Geist in allen Propheten wirkt. Nach al-Maqdisi hatte die Khurramiyya kein besonders fixiertes, religiöses Gesetz. Die Mitglieder waren in allen rechtlichen Fragen von ihren geistlichen Führern, den Imamen, abhängig. Es gab Boten, die die Verbindung zwischen den verschiedenen Gruppen der Khurramiyya aufrechterhielten. Bei den rituellen Geboten der Khurramiyya standen verschiedene Formen von körperlicher und ritueller Reinheit im Vordergrund. Die Mitglieder bemühten sich um Freundlichkeit und Hilfsbereitschaft auch gegenüber Fremden, um diese von ihren Vorstellungen zu überzeugen. Sie vermieden jede Form von Blutvergießen, es sei denn, sie hatten sich zum Aufstand entschlossen. Bei den Aufständen führten sie Fahnen mit, die geweiht worden waren. Sie verfügten wahrscheinlich auch über spezielle Plätze, an denen sie die Ankunft des Messias erwarteten. Sie glaubten, dass es sich bei diesem Messias um einen Nachkommen von Fatima, der Tochter des Abu Muslim, handele. Wein hielten sie für ein erlaubtes, ja besonders wichtiges Getränk. So ist es nicht verwunderlich, dass auch Personen außerhalb des Kreises der Khurramiyya, die dem Weinkonsum ergeben waren, mit dieser oder anderen Formen der „Zandaqa“ identifiziert wurden. Auch Mutahhar al-Maqdisi spricht von sexueller Libertinage, drückt sich jedoch sehr viel differenzierter aus, als das die anderen Autoren tun. So sei Promiskuität nur mit der Zustimmung der involvierten Frauen erlaubt gewesen. Hinter all dem steht die Vorstellung, dass alle menschlichen Bedürfnisse und Wünsche befriedigt werden sollten, solange dadurch niemand Schaden erleidet.

Die manichäische und mazdakitische Grundlage der Vorstellungen der Khurramiyya sind ausreichend belegt. Versuche, eine Verbindung dieser Vorstellungen mit extrem-schiitischen Positionen herzustellen, müssen mit Vorsicht betrachtet werden. Bei der Khurramiyya handelt es sich sicherlich auch um eine Reaktion auf die politische, wirtschaftliche und religiöse Vormachtsstellung der Araber im Iran und eine Bemühung, dem islamischen Universalismus auf der Basis der eigenen kulturellen Vorstellungen gegenüberzutreten.

Literatur: *B. Spuler,* Iran in früh-islamischer Zeit, Berlin 1949; *G. Vajda,* Die Zindiqs im Gebiet des Islam zu Beginn der Abbasidenzeit, in: *G. Widengren (Hrsg.),* Der Manichäismus, Darmstadt 1977, 418–463; *C. Colpe,* Anpassung des Manichäismus an den Islam (Abu Isa al-Warraq), in: *G. Widengren (Hrsg.),* Der Manichäismus, Darmstadt 1977, 464–476; *P. Heine,* Das Grab unter dem Weinstock, in: Die Welt des Orients 13 (1982), 114–126.

P. Heine

E

Ehe und Familie

Der Islam bejaht mit Entschiedenheit die Institution der Ehe und Familie. Als Ort der Entfaltung der einzelnen Partner sowie der harmonischen Beziehung zwischen Eltern und Kindern ist die Familie das vorzügliche Mittel, ein erfülltes Leben zu erzielen. So wird die Familie im Koran unter den vielen guten Dingen, die Gott den Menschen beschert hat, besonders hervorgehoben: „Und Gott hat euch aus euch selbst Gattinnen gemacht, und von euren Gattinnen Söhne und Enkel gemacht …“ (16,72)

Zweck der Ehe

Die Ehe und die Familie erfüllen in der Schöpfungsordnung einen vielfachen positiven Zweck für die Einzelnen und für die Gesellschaft.

Zunächst einmal ist die Ehe der natürliche Weg zur Zeugung von Nachkommenschaft. Erwachsene Menschen spüren eine in sich tief verankerte Neigung, Kinder zu bekommen. Auch die Gesellschaft meldet ihr Interesse daran an, dass eine ausreichende Nachkommenschaft heranwächst und die Zukunft der Gemeinschaft sichert. Außerdem entspricht die Zeugung von Kindern in den Augen des Islams dem Willen Gottes, der ja selbst der eigentliche Schöpfer der gezeugten Kinder ist (vgl. Koran 86,5–7; 75,36–39; 12,12–14 usw.). So habe Muhammad, der Verkünder des Islams, betont, die Erziehung von Nachkommenschaft sei ein Hauptzweck der Ehe. Die Tradition hat von ihm folgenden Spruch überliefert: „Heiratet und mehrt euch, denn am Jüngsten Tag will ich vor den übrigen Völkern mit euch Staat machen!“ Und: „Eine hässliche (wörtlich: schwarze) Frau, die viele Kinder zur Welt bringt, ist besser als eine schöne, die keine bekommt“ (zitiert nach Ghazzali).

Einen zweiten Hauptzweck erfüllt die Familie dadurch, dass sie der Ort einer echten Lebensgemeinschaft zwischen Ehepartnern auf der einen sowie zwischen Eltern und Kindern auf der anderen Seite ist.

Die islamische Familie gründet nämlich nach der Vorstellung des Korans auf der gegenseitigen Zuneigung und Liebe von Mann und Frau. Diese tiefe Bindung der Ehepartner aneinander bewertet der Koran als eines der Zeichen Gottes in seiner Schöpfung: „Und es gehört zu seinen Zeichen, dass Er euch aus euch selbst Gattinnen erschaffen hat, damit ihr bei ihnen wohnet“ (30,21).

Darüber hinaus bietet die Familie den einzelnen Mitgliedern Geborgenheit und Sicherheit. Der Ehemann ist verpflichtet, seine Frau und seine Kinder mit einem ausreichenden Lebensunterhalt zu versorgen. Die Ehefrau hat die Aufgabe, den

Haushalt zu führen und die Erziehung der Kleinkinder zu übernehmen. Damit erweist sich die Familie zunächst einmal als der Ort einer geordneten Lebensführung und einer partnerschaftlichen Arbeitsteilung. In der Familie entwickeln Eltern und Kinder außerdem ihren Gemeinschaftssinn und ihre Bereitschaft, selbstlos für die anderen da zu sein, ihnen in Liebe und Hingabe zu begegnen. Dies erlaubt ihnen, sich in der Gesellschaft so zu verhalten, dass die Menschen sich als eine Gemeinschaft und eine Familie fühlen. Denn, so die Aussage des Korans, die Menschheit ist eigentlich eine große Familie, alle Männer und Frauen stammen ja aus einem Menschenpaar (vgl. 7,189; 4,1).

Ein dritter Zweck der Ehe ist die Befriedigung des Geschlechtstriebs sowie die Institutionalisierung und damit auch die Kanalisierung des Geschlechtsverkehrs, was die Möglichkeit bietet, den Geschlechterumgang einer gewissen Kontrolle zu unterziehen, den wilden Verkehr zu unterbinden und eine unverantwortliche Zeugung von Kindern zu verhindern. Der Koran spricht sich ausdrücklich gegen den außerehelichen Geschlechtsverkehr aus (vgl. 70,31). Wer, ob Mann oder Frau, unverheiratet ist, „soll keusch bleiben" (24,33). Zwar hatten die Männer damals nach den Bestimmungen des antiken Sklavenrechts die Freiheit, außerhalb der Ehe Umgang mit Konkubinen aus den Reihen ihrer Sklavinnen zu haben (vgl. 70,29–30; 23,5–6). Im Normalfall besteht jedoch der Koran darauf, dass alle Unverheirateten keusch leben müssen, gleich ob es Männer (70,29; 23,5; 24,33) oder Frauen (24,33) sind.

Die Tradition hat von Muhammad einen Spruch überliefert, der die Ehe als einen wirksamen Schutz gegen Unzucht und sexuelle Gefährdung der Menschen beschreibt: „O ihr jungen Männer, wer von euch heiraten kann, der heirate; so bewahrt er am besten seine Augen vor unlauteren Blicken und seinen Körper vor Ausschweifung" (Hadith-Sammlung von Bukhari).

Auch die Gesellschaft misst der Institutionalisierung und der Kontrolle der Sexualität eine besondere Bedeutung zu. Denn ein wilder Geschlechtsverkehr hätte gravierende Konsequenzen für die Feststellung der Vaterschaft und damit für die Zusammengehörigkeit und den Zusammenhalt der Familie sowie für die Regelung der Erbfolge. Auch kann dadurch eine ordentliche Erziehung der Kinder zu nützlichen Mitgliedern der Gemeinschaft in besonderem Maße erschwert werden.

Pflicht zur Ehe

Koran und Tradition

Der Islam befürwortet die Ehe und meldet Bedenken gegen den Zölibat (zur Ehelosigkeit der christlichen Mönche vgl. 57,27). Die Haltung des Korans ist deutlich: „Und verheiratet die noch ledigen (Männer und Frauen) unter euch und die Rechtschaffenen von euren Sklaven und euren Sklavinnen." Im selben Vers antwortet er auf einen geläufigen Einwand: „Wenn sie arm sind, wird

Gott sie durch seine Huld reich machen. Und Gott umfasst und weiß alles“ (24,32). Als Beispiel für die Gläubigen könnten die Propheten angeführt werden, von denen der Koran bezeugt, dass sie geheiratet und Nachkommenschaft gezeugt haben (13,38).

Auch Muhammad, der vom Koran als Vorbild für die Gläubigen bezeichnet wird (33,21), hat geheiratet und hat die Ehe zu einem Bestandteil seines Weges, d.h. der von ihm sanktionierten Tradition, erklärt: „Es gehört zu meinem Weg (sunna) zu heiraten.“ Muhammad habe auch den Muslimen eingeschärft: „Heiratet und mehrt euch! ...“ Er habe diejenigen Männer und Frauen verflucht, die erklärten: Wir heiraten nicht. In einem Fall habe er einen Mann getadelt, der unverheiratet war und keine Gründe zur Rechtfertigung seines Standes anführen konnte: „Dann bist du nicht von unserer Gemeinde, dann bist du ein Bruder des Teufels.“ Muhammad habe nach einer anderen Überlieferung auch einmal gesagt: „Verhängt selbst keine Erschwernisse über euch selbst, damit euch keine schweren Lasten aufgebürdet werden. Denn andere Völker haben dies getan, und es ist ihnen schwer gemacht worden. Ihre Spuren sind in den Zellen der Klöster (der Mönche). Sie haben sie selbst ersonnen, wir haben sie ihnen nicht vorgeschrieben“ (vgl. auch Koran 57,27).

Rechtsschulen

Die Rechtsschulen des Islams haben diese Aussagen des Korans und der Tradition nicht als ein absolutes Gebot und eine in jedem Fall bindende Pflicht zur Ehe gedeutet. Im Folgenden soll die Interpretation der Rechtsschule der Hanafiten (die u.a. in der Türkei vorherrscht) wiedergegeben werden.

Geboten ist die Ehe für jeden, der sich vor Ausschweifungen, Unzucht, Ehebruch usw. schützen muss und ansonsten die Pflichten eines Ehepartners erfüllen kann.

Für den, der zwar auch ohne Heirat keusch leben kann, aber in der Lage ist, eine Ehe und ein ordentliches Familienleben zu führen, ist der Ehestand empfehlenswert. Die Vorteile, die damit verbunden sind, sind das verdienstvolle Handeln im Sinne des Korans und der Tradition, die Stärkung der islamischen Gemeinschaft durch Zeugung von Nachkommenschaft und islamische Erziehung der Kinder, die sittliche Festigung der Frau in der Geborgenheit eines geregelten Sexuallebens und einer geordneten Familienstruktur, die gegenseitige Fürsorge der Ehepartner füreinander und ihre gemeinsame Bemühung um das Wohl ihrer Kinder. Wer ohne einsichtige Gründe auf all diese Vorteile verzichtet, handelt nicht im Geiste des Islams.

Die Autoren berücksichtigen jedoch Einzelfälle, bei denen eine Heirat eher Schaden als Vorteil bringt. Für solche Fälle ist eine Eheschließung verboten. Dies gilt z.B., wenn der Mann zum Geschlechtsverkehr unfähig ist oder nicht im Stande ist, seiner Frau und seiner Familie den angemessenen Lebensunterhalt zu sichern. Wer also aus irgendeinem Grund die Pflichten, die aus einer

Ehe entstehen, nicht zu erfüllen vermag, darf nicht heiraten.

Eheschließung

Die Familie hat im Islam ihre in Altarabien herrschende patriarchalische Gestalt beibehalten. Der Mann ist Vorstand des Haushaltes, Hausvater und Vertreter der Familie im öffentlichen Leben. Er ergreift die Initiative bei der Brautsuche und hat die Mittel zusammenzubringen, die eine Eheschließung ermöglichen und das Leben der Familie später sichern. Er besitzt das Recht, ohne gerichtliche Feststellung seine Frau bzw. eine seiner Frauen zu entlassen. Er ist aber auch der Beschützer seiner Frau(en) und seiner Familie.

Der Koran erlaubt die Polygamie und hat die Zahl der legitimen Frauen, die ein Mann gleichzeitig haben darf, auf vier beschränkt (4,3). Er bestimmt jedoch, dass der Mann dann seine Frauen alle gleich und gerecht zu behandeln hat. Die Vorschrift bezieht sich auf das Eheleben, die Unterbringung und den Lebensunterhalt. Sollte aus irgendeinem Grund diese gerechte Behandlung der Frauen nicht zu verwirklichen sein, so darf der muslimische Mann nur eine Frau auf einmal heiraten. Unbenommen bleibt ihm das Recht des Herrn, sich uneingeschränkt Konkubinen aus den Reihen seiner Sklavinnen zu nehmen (4,3). In einem späteren Vers derselben Sure 4,129 stellt der Koran doch wieder fest: „Und ihr werdet es nicht schaffen, die Frauen gleich zu behandeln, ihr mögt euch noch so sehr bemühen …“ In dieser Anmerkung sehen die Muslime heute einen Hinweis auf die Bevorzugung der Einehe durch den Koran, ohne dass dadurch der Grundsatz der Polygamie aufgegeben wird.

Die Ehehindernisse rühren hauptsächlich von den Verwandtschaftsverhältnissen her. Ein Muslim darf also nahe Verwandte nicht heiraten: Mutter, Tochter, Schwester, Tante, Nichte, Nährmutter, Schwiegermutter, Stieftöchter von Frauen, mit denen der Geschlechtsverkehr schon vollzogen wurde, Schwiegertochter, Schwester der eigenen Frauen (4,22–23). Mit Polytheisten darf der Muslim bzw. die Muslimin die Ehe nicht eingehen, und dies wegen der Unvereinbarkeit zwischen dem Islam und dem Unglauben der Polytheisten (2,221; 60,10). Eine muslimische Frau, so die traditionelle Lehre, darf auch keinen Christen und keinen Juden heiraten, um ihren Glauben nicht zu gefährden, da ja der Mann über seine Frau wacht und die Gestalt des Familienlebens bestimmt. Darüber hinaus wird als unannehmbar betrachtet, dass die Kinder der muslimischen Frauen dem Glauben des nichtmuslimischen Vaters folgen. Die Ehe einer muslimischen Frau mit einem Christen muss daher sofort für ungültig erklärt und geschieden werden, die Frau muss sich unverzüglich vom Mann trennen, oder sie muss umgehend durch Intervention des Gerichts von ihm getrennt werden, es sei denn, der Mann tritt zum Islam über, dann wird die Ehe für gültig erklärt und bestätigt. Ein muslimischer Mann wiederum darf ohne Weiteres eine Christin oder eine Jüdin heiraten (5,5) und die Ehe vor dem muslimischen Standesbeamten schließen. In diesem Fall sieht der Islam keine Gefährdung des Glaubens des Mannes als gegeben an.

Auflösung der Ehe

Die Ehe ist automatisch aufgelöst, wenn ein Ehepartner zum Heiden wird (Gläubige dürfen ja keinen heidnischen Partner heiraten) oder wenn der Ehemann vom Islam abfällt (eine muslimische Frau darf keinen Nicht-Muslimen heiraten).

Der Mann kann auch einseitig die Ehe auflösen, wenn er seine Frau entlässt bzw. verstößt (talaq). Widerruflich bleibt die Entlassung, solange sie nicht dreimal bestätigt wurde. Eine dreimal bekräftigte Verstoßung der Frau ist endgültig, und die Ehe gilt als rechtskräftig geschieden. In diesem Fall darf der Mann die entlassene Frau nicht wieder zu sich nehmen, bis sie einen anderen geheiratet hat und von diesem rechtskräftig entlassen worden ist (vgl. 2,229–230).

Das islamische Recht kennt auch die Auflösung der Ehe durch beiderseitiges Einverständnis der Ehepartner und nennt sie einvernehmliche Trennung (khalʿ, oder: khulʿ).

Endlich kann die Ehe durch einen Richterspruch aufgelöst werden, auch auf Verlangen und Antrag der Frau. Die Gründe, die zur Anrufung des Gerichts berechtigen, sind unter anderem eine unheilbare Krankheit des Mannes, – die Tatsache, dass der Mann keinen Unterhalt mehr zahlt, – die Impotenz des Mannes, von der die Frau vor der Eheschließung nichts gewusst hat oder die erst nach der Heirat eintrat, – die Tatsache, dass der Mann seine Ehepflicht nicht erfüllt, – die zu lange Abwesenheit des Mannes, – sowie die unerträgliche Behandlung der Frau durch den Mann.

Wenn die Auflösung der Ehe erfolgt, dann hat die geschiedene Frau ein Recht auf eine ausreichende finanzielle Entschädigung und Absicherung, damit sie mit Anstand leben kann (2,241). Außerdem darf sie nicht sofort aus dem Haus weggeschickt werden, es sei denn, sie wurde wegen Unzucht verstoßen (65,1). Im Normalfall muss eine Wartezeit eingehalten werden, damit eine eventuelle Schwangerschaft festgestellt werden kann (2,228; 65,1). Diese Frist beträgt drei Menstruationsperioden. Während dieser Frist hat der Mann die Frau mit Anstand und Güte zu behandeln (65,2.6).

Im Fall einer Trennung der Eltern wird das Sorgerecht für die Kinder im Allgemeinen dem Vater und nach ihm dem nächsten männlichen Verwandten zuerkannt. Kleinkinder, Knaben bis zum 7. und Mädchen bis zum 9. Lebensjahr, werden vorerst der Mutter anvertraut.

Gestalt des Ehelebens und Stellung der Frau

Zur Stellung der Frau in der Gesellschaft kann man kurz Folgendes ausführen. In der islamischen Familie steht der Mann nach dem Koran (2,228) eine Stufe höher als die Frau, und dies aufgrund einer natürlichen Auszeichnung vonseiten Gottes und wegen der Pflichten, die er gegenüber den Frauen und den Kindern zu übernehmen und zu erfüllen hat

(4,34). So ist der Mann das Haupt der Familie und darf von seinen Frauen Gehorsam verlangen. Wenn diese sich auflehnen, dann darf der Mann sie ermahnen und auch im Eheverkehr und durch Züchtigung und Schläge bestrafen (4,34). Der Mann darf jedoch nicht seine Frau wie sein Eigentum behandeln und sie, wie in Altarabien, zu seiner Erbmasse rechnen (4,19). Diese Rangordnung zwischen Mann und Frau bedeutet jedoch nicht, dass das Eheleben in der islamischen Familie unerträglich ist. Grundsätzlich ist das Eheleben der Ausdruck gegenseitiger Liebe und Zuneigung, und gerade dies wird im Koran als ein Zeichen Gottes, ein Zeichen seiner Vorsehung und seiner Barmherzigkeit gegenüber den Menschen verstanden (30,21). So stehen den Frauen im Großen und Ganzen in der Ehe dieselben Rechte wie den Männern zu (2,228). Wenn der Umgang der Eheleute „auf rechtliche Weise" (2,228; 4,19) erfolgt, dann werden die Männer sich reiflich überlegen, ob sie ihre Frauen in Stunden des Zorns entlassen: „So ist es euch vielleicht etwas zuwider, während Gott viel Gutes in es hineinlegt" (4,19).

In der Gesellschaft hat die islamische Frau nach dem Verständnis der Tradition ihre vornehmste Aufgabe darin, die Partnerin des Mannes, die gute Hausfrau, die Mutter und Erzieherin der Kinder zu sein. Nur in ihrem Haus und vor ihren nächsten Angehörigen darf sie sich frei bewegen (24,31; 4,34). Draußen und vor unbefugten Augen hat sie ihre Reize zu bedecken, um sich keinen Belästigungen auszusetzen. Dies erklärt die Sitte, dass die Frauen verschleiert ausgehen. In Zusammenhang mit dieser Auffassung steht die geringe Rolle im öffentlichen Leben, die die Tradition der Frau zugedacht hat.

Restaurative Strömungen in den Kreisen der aktiven Traditionalisten und der kämpferischen Fundamentalisten setzen heute ihren Einfluss ein, um diese geschichtlich bedingten Vorstellungen und die Sitten und Bräuche, die in der Vergangenheit hier und da entwickelt und befolgt wurden, wiederherzustellen und für alle verpflichtend zu machen. Dagegen kämpfen nicht nur verschiedene Frauenbewegungen in der islamischen Welt an, sondern auch all diejenigen, die eine aktive Rolle der Frau in der Gestaltung des sozialen und politischen Lebens als angemessen und unentbehrlich betrachten und daher eine breitere Beteiligung der Frauen am Leben der Gesellschaft fordern.

Literatur: *Muhammad al-Ghazzālī,* Das Buch über die Ehe, Übersetzung von *Hans Bauer,* Halle/Saale 1917; *A. Th. Khoury/ P. Heine,* Ehe und Familie, in: *A. Th. Khoury/P. Heine/J. Oebbecke,* Handbuch Recht und Kultur des Islams in der deutschen Gesellschaft, Gütersloh 2000, 129–162.

A. TH. KHOURY

Ehelosigkeit

↗ *Askese*

Eid

Man kann in Bezug auf den Eid (qasam, half, yamin) im Islam zwei Formen feststellen. Es werden der juristische und der außerjuristische Eid unterschieden. Die jeweiligen Bezeichnungen differieren. Allerdings lässt sich hier keine Einheitlichkeit feststellen. Durch den außerjuristischen Eid (qasam) verpflichtet sich der Muslim, eine bestimmte Handlung zu tun oder zu unterlassen. Diese Beschreibung entspricht jedoch nicht seiner ursprünglichen Definition; denn im Koran ist es stets Gott, der sich zu einer bestimmten Handlung verpflichtet. Doch setzt schon in den in Medina offenbarten Suren eine Entwicklung ein, die auf die oben beschriebene Definition hindeutet. Dort wird der Eid schon mit dem Wort „Yamin“ bezeichnet.

Die Verpflichtung, die der Muslim durch seinen Eid eingeht, bindet ihn allein Gott gegenüber. Sie ist also bei mangelnder Einlösung nicht durch eine juristische oder gesellschaftliche Instanz einklagbar. Bis in die Gegenwart verpflichten sich Muslime durch die Anrufung Gottes zu einem bestimmten Verhalten. Sie schwören, das Rauchen aufzugeben, einen Besuch zu machen oder jemandem behilflich zu sein. In manchen Fällen belegen sie sich bei der Nichterfüllung dieses Versprechens mit einer bestimmten Belastung. Sehr häufig ist dabei vor allem in der arabisch sprechenden Welt, dass Muslime bei einem Verstoß gegen die Verpflichtung schwören, sich sexueller Aktivitäten zu enthalten oder sich von ihrer Frau zu scheiden. Die Religionsgelehrten haben in verschiedenen Ländern zu umfangreichen Maßnahmen gegriffen, um diese oft leichtfertige Form von Eiden zu unterdrücken. Sie weisen dabei stets darauf hin, dass man einen solchen Eid nicht unüberlegt oder wegen einer unbedeutenden Angelegenheit leisten soll. Der Verstoß gegen den Eid ist eine Sünde, durch die sich viele Muslime belastet fühlen. Das islamische Recht kennt allerdings eine Reihe von Möglichkeiten, durch die der unfreiwillige Bruch eines Eides geheilt werden kann. In solchen Fällen kann der Muslim durch die Speisung und Kleidung von Armen, durch die Freilassung eines Sklaven oder vergleichbare Handlungen sein Vergehen sühnen.

Der Schwur im Verlauf einer rechtlichen Auseinandersetzung dient wie in anderen Rechtssystemen auch der Unterstützung der Aussage einer Prozesspartei oder eines Zeugen. Immer wird Gott als Zeuge für die Richtigkeit der Aussage herangezogen. Muslime leisten den Eid auf den Koran. Auch im traditionellen arabischen Recht spielt der Schwur eine Rolle. Dabei muss vor allem bei Tötungsdelikten ein Beschuldigter je nach der Schwere des vorgeworfenen Delikts eine Anzahl von Verwandten beibringen, die mit ihm schwören, dass er diese Tat nicht begangen hat. Die Schwur-Zeremonie muss entweder in Anwesenheit eines traditionellen Richters oder einer anderen Autoritätsperson stattfinden. Wenn er nicht die entsprechende Zahl an Zeugen aufbringen kann oder einer der Zeugen bei dem komplizierten Schwur-Ritual einen Fehler macht, gilt seine Schuld als erwiesen, und Verhandlungen über das zu zahlende Blutgeld können eingeleitet werden.

Literatur: *J. Pedersen,* Der Eid bei den Semiten, Straßburg 1914; *R. Brunschvig,* Considérations sur le droit musulman ancien, in: Studia Islamica 3 (1955), 69–70; *A. El-Aref,* Die Beduinen von Beerscheba. Ihre Rechtsverhältnisse, Sitten und Gebräuche, Luzern 1938; *E. Gellner,* The Saints of the Atlas, London 1969; *P. Heine,* Ethnologie des Nahen und Mittleren Ostens, Berlin 1989; *J. Starr,* Dispute and Settlement in Rural Turkey. An Ethnography of Law, Leiden 1978; *L. Rosen,* The Anthropology of Justice. Law as Culture in Islamic Society, Cambridge 1989.

P. Heine

Eigentum

Das Recht auf Privateigentum wird im Islam bejaht. Dieses Recht ist jedoch nicht absolut, es hat seine Grenzen dort, wo die Rechte Gottes und die Rechte der anderen innerhalb der solidarischen Gemeinschaft bestehen. Denn Gott hat den Menschen Reichtum und Eigentum gegeben, um sie auf die Probe zu stellen (18,7), das heißt um festzustellen, ob sie damit richtig umgehen und ihr Vermögen richtig einsetzen. Die legitime Verwendung des Reichtums bezieht sich nicht nur auf den eigenen Lebensunterhalt und den der eigenen Familie, sondern auch auf die Pflichtspenden für die Sache Gottes (u.a. 47,38) und auf die gesetzliche Abgabe zu Gunsten der karitativen und öffentlichen Aufgaben (2,43; 58,13). In diesem Zusammenhang erinnert der Koran die Gläubigen daran, dass sie nur von dem spenden, was Gott ihnen erst beschert hat (14,31; 2,2). Reichtum und Vermögen sind also den Menschen anvertraut, damit sie ihre Pflichten erfüllen.

Der freudige Spender darf erwarten, dass Gott ihm Wohlwollen zeigt, Vergebung und Belohnung zusichert (64,17; 57,18; 9,99; – 7,156). Der Koran erteilt Ratschläge über die Art und Weise, wie der Gläubige seine Spenden geben soll. Er soll geben um Gottes willen (2,264; 4,38) und dabei die goldene Mitte zwischen Verschwendung und Geiz einhalten (25,67).

Das Eigentum wird als gerecht und legitim betrachtet, wenn es mit legitimen Mitteln erworben wurde. Diese Mittel sind Erbschaft, Kauf, Kriegsbeute, vor allem aber die Arbeit. Der Koran bejaht die Haltung derer, „die im Land herumwandern im Streben nach der Huld Gottes …“ (73,20). Auch Muhammad habe gesagt: „Keiner hat je eine bessere Nahrung gegessen, als wenn er vom Werk seiner Hand isst“ (bei Bukhari). Die islamische Tradition hat eine ausgeprägte Abneigung gegen den Erwerb von Eigentum bzw. Geld entwickelt, der ohne persönliche Beteiligung des Menschen erfolgt. So findet man bei einigen Rechtsgelehrten Vorbehalte sogar gegen die Verpachtung von Ländereien, da der Eigentümer nicht selbst mitarbeitet. Deutlich wird diese Tendenz im Verbot des Zinsnehmens. Abgesehen vom Fehlen der eigenen Beteiligung verstößt das Zinsnehmen gegen die Brüderlichkeit. So bezeichnet es der Koran als Wucher und schreibt vor, es abzuschaffen bzw. zu unterlassen: „… Lasst künftig, was an Zinsnehmen anfällt …“ (2,278; 3,130).

Die Universelle Islamische Deklaration
Die Universelle Islamische Deklaration vom April 1980 versucht, das islamische Lebensmodell in seinen vielfältigen Dimensionen darzulegen. Manche Teile dieser Erklärung beziehen sich auf die Wirtschaftslehre des Islams. Sie sollen hier thematisch zusammengestellt und wiedergegeben werden (Übersetzung nach der CIBEDO-Ausgabe: Texte, Nr. 4, Köln, 15. Juli 1980).

Legitimität des Eigentums
„Der Islam betont, dass der Mensch als Gottes Stellvertreter (Koran 2, 30) geschaffen worden ist, und dass alles, was existiert, zu seinem Gebrauch da ist. Gott hat ihn mit großen Möglichkeiten ausgestattet und alles, was er benötigt, ihm in der Welt zur Verfügung gestellt.
Der Mensch bedarf jedoch der göttlichen Leitung, um den besten Gebrauch von Gottes Gaben zu machen. Gott hat für diese Leitung in ihrer abschließenden Form durch den Koran und die Tradition des Propheten Muhammad (Sunna) gesorgt. Diese Führung ist eine unfehlbare Anleitung zum Erfolg in dieser Welt und im Jenseits“ (2: S. 5–6).
Dieses Eigentumsrecht ist ein Nutzungsrecht. Umstritten im Islam ist, ob das Nutzungsrecht des Einzelnen sich auf das erstreckt, was zur Befriedigung seiner legitimen Bedürfnisse dient und auch auf legitime Weise erworben worden ist. Ob dieses Nutzungsrecht sich auch auf die Produktionsmittel, den Boden und die Bodenschätze erstreckt, ist zwischen Sozialisten (die dieses Recht verneinen) und der Mehrheit der muslimischen Rechtsgelehrten (die ein individuelles Nutzungsrecht auf Produktionsmittel bejahen) umstritten. Letztere betonen jedoch auch hier die „Sozialverpflichtung“, die dem Eigentum im Allgemeinen auferlegt ist.
Zu den Rohstoffen sagt die Islamische Deklaration: „Alle natürlichen Rohstoffe sind von Gott anvertrautes Gut, und der Mensch ist persönlich und kollektiv der Hüter dieser Rohstoffe. Des Menschen wirtschaftliche Leistung und ihre Belohnung ergeben sich aus der Natur dieses Sachverhaltes“ (4.2.1: S. 13).

Legitimer Erwerb des Eigentums
„Reichtum muss durch Leistung und auf gesetzliche Weise erworben werden“ (4.2.2: S. 13).
Als Leistung gilt vor allem die Arbeit: „Jeder Arbeiter hat das Recht auf eine gerechte Entlohnung für seine Arbeit. Es darf kein Unterschied gemacht werden, der auf Rasse, Farbe, Religion oder Geschlecht beruht“ (4.2.6: S. 13).
„Die Erwerbung von Reichtum und die Produktion von Gütern muss rechtens sein entsprechend den Vorschriften der Shariʿa“ (4.2.7: S. 13).
Rechtens nach dem Koran und dem islamischen Gesetz ist auch der Erwerb von Eigentum durch Vererbung.
Dagegen sind „Geldverleihung gegen Zinsen, Glückspiel, Horten usw. als Erwerbsquellen nicht erlaubt“ (4.2.7: S. 13).

Gebrauch des Eigentums

„Reichtum … sollte bewahrt und nur entsprechend den Vorschriften Gottes und seines Propheten eingesetzt werden" (4.2.2: S. 13).

„Alle materiellen Güter, die dem Menschen im Allgemeinen und der Gemeinschaft (umma) im Besonderen zur Verfügung stehen, müssen immer auf die beste Weise verwendet werden. Niemand hat das Recht, sie zu horten oder brachliegen zu lassen; oder sie zu vergeuden; oder sie in frivoler Weise zur Schau zu stellen, sei es als Person, Gemeinschaft oder Staat" (4.2.4: S. 13).

„Reichtum soll gerecht verteilt werden. Wenn persönlicher Reichtum die legitimen Bedürfnisse seines Besitzers befriedigt hat, sollte der Überschuss für die Befriedigung der Bedürfnisse anderer Menschen verwendet werden" (4.2.3: S. 13).

„Die Grundsätze von Gleichheit und Brüderlichkeit erfordern eine gerechte Teilung des vorhandenen Reichtums in guten wie in schlechten Zeiten (zakat), Almosen, Wohltätigkeit und Vererbung sind einige der Wege, die für ausgeglichene Verteilung von Reichtum und Besitz in der Gesellschaft in Frage kommen" (4.2.8: S. 13).

Aber nicht nur die Teilung des vorhandenen Besitzes ist ein Ausdruck des guten Gebrauches von Eigentum, sondern man muss sich bemühen, das Eigentum zu mehren: „Entwicklung ist ein wesentlicher Bestandteil wirtschaftlicher Tätigkeit. Teilnahme an ihr ist für jeden Muslim verpflichtend. Er muss hart arbeiten und immer versuchen, mehr zu produzieren, als er für sich persönlich nötig hat, denn nur dann kann er seiner Verpflichtung zur Sozialabgabe, dem Beitrag zum Wohle der anderen, nachkommen" (4.2.5: S. 13).

„Personen, die infolge von dauernder oder zeitweiser Behinderung unfähig sind, für ihr eigenes Wohlergehen zu sorgen, haben gerechten Anspruch auf den Reichtum der Gesellschaft. Die Gesellschaft trägt für sie die Verantwortung und muss sich darum kümmern, dass die grundlegenden Notwendigkeiten des Lebens wie Nahrung, Kleidung, Wohnung, Erziehung und Gesundheitsfürsorge ohne Rücksicht auf ihr Alter, Geschlecht, Hautfarbe oder Religion ausreichend zur Verfügung stehen" (4.2.9: S. 14).

Wirtschaftliches System im Staat

„Das islamische ökonomische System ruht auf sozialer Gerechtigkeit, Gleichheit, Maßhalten und ausgewogenen Beziehungen. Es ist ein universelles System, das ewige Werte enthält, die des Menschen Rechte gewährleisten und ihn ständig an seine Verpflichtungen gegenüber sich selbst und der Gesellschaft erinnern. Es verbietet jede Form der Ausbeutung, ehrt die Arbeit und ermutigt den Menschen, seinen Lebensunterhalt auf ehrliche Weise zu verdienen und sein Einkommen auf vernünftige Art zu gebrauchen" (4.2: S. 12).

„Die wirtschaftliche Macht der Gemeinschaft (Umma) soll so strukturiert sein, dass Kooperation und Teilen innerhalb der Gemeinschaft mit einem Maximum an Selbstvertrauen und Eigenhilfe verbunden ist" (4.2.10: S. 14).

Literatur: *V. Nienhaus,* Islam und moderne Wirtschaft, Positionen, Probleme und Perspektiven (Islam und die westliche Welt 6), Graz/Wien/Köln 1982.

A. TH. KHOURY

Engel

Der Glaube an die Engel gehört zu den Hauptinhalten des islamischen Bekenntnisses (2,177.285).

Die Engel als Diener Gottes

Die Engel werden im Koran wiederholt als „Diener Gottes“ bezeichnet (43,19; 21,26). Ihr Dienst besteht hauptsächlich darin, Gott zu loben (21,19–20), seinen Thron zu tragen und ihn zu preisen (40,7). Mit der Erlaubnis Gottes dürfen sie für die Menschen Fürbitte einlegen und um Barmherzigkeit und Vergebung bitten, und dies vor allem am Tag des Gerichts (42,5; 53,26; 21,28; 40,7).
Die Engel sind darüber hinaus die Boten Gottes, die nach seinem Befehl handeln (21,26) und seine Aufträge mit äußerster Eile ausführen (35,1).
Eine der wichtigsten Aufgaben, die Gott den Engeln überträgt, ist die Vermittlung der Offenbarung an die Propheten und Gesandten (16,2). Dieser Dienst wird allgemein als die besondere Aufgabe des Engels Gabriel betrachtet, der auch dem Propheten Muhammad den Koran überbracht hat (2,97).
Die Engel übernehmen auch den Schutz der Menschen (Schutzengel rechts und links: 50,17–18; vor und hinter dem Menschen: 13,12), die Unterstützung der Gläubigen vor allem in schwierigen Situationen (vgl. 66,4), z.B. im Krieg gegen die Ungläubigen (8,9: 1000 Engel; 8,12; 3,124: 3000 Engel; 3,125: 5000 Engel). Die Bewachung der Menschen durch die Engel dient dazu, ihre Werke in Büchern zu verzeichnen, welche am Tage des Gerichts aufgeschlagen werden (82,10–12; 50, 17–18; 43,80; 6,61).
Die Engel haben beim Gericht bestimmte Aufgaben zu erfüllen. Acht von ihnen tragen den Thron Gottes (69,16), wenn er zum Gericht erscheint. Die Schutzengel und die Überwacher der Menschen werden die Abrechnungsbücher vorbringen und aufschlagen. Endlich werden die Engel das Urteil Gottes vollstrecken (41,30–32; 16,28; 6,61).

Namentlich bekannte Engel

Gabriel ist der theologisch bedeutendste Engel, denn er ist es, der den Koran dem Propheten Muhammad, wie vor ihm die übrigen Schriften den vorherigen Propheten, gebracht hat (2,97–98). Auf Grund dieser eindeutigen Aussage haben die Kommentatoren alle Koranstellen, in denen der Überbringer der Offenbarung nicht genannt wird, auf Gabriel bezogen (z.B. 81,19–25; 53,4–18; 26,193–195: der treue Geist; 16,102: der Geist der Heiligkeit). Dieser Geist ist ein edler Gesandter, „der Kraft besitzt und beim Herrn des Thrones hochgestellt ist, dem man gehorcht und der treu ist“ (81,19–21; vgl. 53,6–6). Gabriel kommt dem Propheten Muhammad im Notfall zu Hilfe (66,4).
Michael wird in Sure 2,98 ohne nähere Angaben erwähnt. Israfil wird nicht im Koran genannt, aber die

Volkstradition schreibt ihm die Aufgabe zu, mit einem Posaunenstoß auf dem heiligen Felsen in Jerusalem das Endgericht anzukündigen.

Der Koran spricht auch von Engeln, die die Menschen abberufen, d.h. die für den Tod und die Toten zuständig sind (16,28.32–33; 4,97). Für den Volksglauben ist vor allem ein Todesengel (32,11) von besonderer Bedeutung. Der Koran gibt ihm keinen Namen, aber die Tradition nennt ihn ʿIzraʾil. Er holt die Seelen der Menschen von ihrem jeweiligen Körper und beruft sie vom irdischen Leben ab.

Nach der Tradition haben zwei Engel, Munkar und Nakir (der Koran erwähnt ihre Namen nicht, welche „das Verwerfliche" und „das Negative" bedeuten), die Aufgabe, den Ungläubigen im Grab zu verhören und seine Unkenntnis des wahren Glaubens festzustellen, denn dieser kann keine richtige Antwort auf die Frage nach Gott, der wahren Religion, dem Propheten und der Gebetsrichtung der Gläubigen geben. Den überführten Ungläubigen schlagen die Engel mit eisernen Keulen auf Gesicht und Rücken (47,27; 8,50).

Als Gegenstück zu den zwei peinigenden Engeln treten Mubashshar und Bashir („Frohe Botschaft" und „Verkünder froher Botschaft") auf und verhören die Gläubigen. Eine Anspielung auf ihre Tätigkeit enthalten vielleicht die Koranverse 41,30 und 16,32.

An einer Stelle spricht der Koran von 19 Engeln, die als Wächter über die Hölle gesetzt sind (74,30–31). Der Großwächter unter ihnen heißt Malik; den bitten die Höllenbewohner, Gott möge doch mit ihnen ein Ende machen; „Er sagt: Ihr werdet (hier) bleiben" (43,77). Malik wird in der Tradition als ein schweigsamer Engel dargestellt. Wenn die Verdammten der Hölle nach Erlösung aus ihrer Qual verlangen, bekommen sie zu hören: Nach tausend Jahren kommt erst die Antwort auf euer Begehren. Und tausend Jahre später sagt Malik: Niemals! … Dann geht es so weiter für eine neue Periode von tausend Jahren. Damit wird die Ewigkeit der Höllenpein eindrucksvoll beschrieben.

Der Koran spricht noch von zwei Engeln in Babel, Harut und Marut, die den Menschen die Zauberkunst beigebracht haben. Sie schärften aber den Lehrlingen ein: „Wir sind nur eine Versuchung, so werdet nicht ungläubig" (2,102). Ihr Auftrag sei es gewesen, so die islamischen Kommentatoren, die Menschen in die Zauberkunst einzuführen, um ihnen damit die Unterscheidung zwischen Zauberei und göttlicher Wundermacht zu erleichtern.

Natur der Engel

Nach den meisten islamischen Theologen haben die Engel sehr feine Körper, so fein, dass sie mit Gottes Erlaubnis in der Lage sind, in verschiedenen Gestalten zu erscheinen. Die Engel sind aus Licht geschaffen. Ihre feine Lichtsubstanz bewirkt, dass sie keine leiblichen Bedürfnisse haben und keinen irdischen Umständen ausgesetzt sind.

Sündenfreiheit der Engel

Was die Frage nach der Sündenfreiheit der Engel betrifft, so wird sie von den Autoren verschieden beantwortet: „Die Vertreter der Lehre von der Sündenfreiheit der Engel berufen sich auf einzelne Koranverse, so z. B.: ‚Sie sind gegen den Befehl Gottes nicht ungehorsam, sie tun, was ihnen aufgetragen ist' (66,6), ‚Sie preisen Gott bei Nacht und Tag und setzen dabei nicht aus' (21,20). Aber der Beweis für die vollständige Sündenfreiheit der Engel wäre erst dann unwiderlegbar und lückenlos, wenn sich aus Offenbarungsquellen dartun ließe, dass jeder Engel zu jeder Zeit von jeder Sünde frei ist, aber ein derartiger durchschlagender Beweis lässt sich nicht erbringen. – Und so können die einen wie die anderen, die Vertreter sowie die Gegner der Lehre von der Sündenlosigkeit der Engel, nur Wahrscheinlichkeitsbeweise ins Treffen führen …" (Idji; zitiert bei Stiegelecker, 711).

Rangstellung der Engel

Die Philosophen im Islam vertraten die Auffassung, dass die Engel, die als Geister und nicht nur als feinere Körper anzusehen sind, höher stehen als die Propheten. So sind die Engel Lichtwesen, die ein höheres Wissen besitzen und eine tiefere Kenntnis des göttlichen Seinsbereichs haben, die Gott unablässig preisen und ihm nahe stehen.

Die Theologen weisen diese auf rein philosophischen Spekulationen gründende Lehre zurück. Aus dem Koran glauben sie den Beweis dafür erbringen zu können, dass die Propheten höher stehen als die Engel, das heißt, sie haben mehr Verdienste vor Gott und daher auch eine intensivere Seligkeit im Paradies. Die Beweise der Theologen sind folgende:

– Nach der Erschaffung des Menschen hat Gott, nach dem Koran, den Engeln befohlen, vor Adam niederzufallen (20,116; 15,28–35; 38,71–78; 17,61–63; 7,11–13; 2,30–34).

– Gott „lehrte Adam alle Dinge samt ihren Namen"; die Engel jedoch hatten kein Wissen davon (2,31–33).

– Die Menschen haben mit den Engeln die Vernunft und mit den Tieren den Trieb gemeinsam. Wenn sie nur dem Trieb folgen, dann sind sie „wie das Vieh, ja sie irren noch mehr ab" (7,179). Wenn sie sich aber, wie es bei den Propheten der Fall ist, durch ihre Vernunft führen lassen, das Gute tun und dem Willen Gottes gehorchen, dann überragen sie die Engel.

– Die Propheten stehen höher als die Engel, weil sie unter Anstrengung und trotz inneren Widerstandes die Tugend üben, während die Engel keine Leidenschaft und keine moralischen Hindernisse kennen.

Literatur: *W. Eickmann,* Die Angelologie und Dämonologie des Korans im Vergleich zu der Engel- und Geisterlehre der Heiligen Schrift, New York/Leipzig 1908; *P. A. Eichler,* Die Dschinn, Teufel und Engel im Koran, Leipzig 1928; *M. Horten,* Die religiöse Gedankenwelt des Volkes im heutigen Islam, Halle 1917, 57–67; *J. Henninger,* Spuren christlicher Glaubenswahrheiten im Koran, Schöneck/Schweiz 1951, 57–69; *H. Stieglecker,* Die Glaubenslehren des Islam, Paderborn [2]1983, 701–715; *A. Th. Khoury.* Einführung in die Grundlagen des Islams, Würzburg/Altenberge [4]1995, Neudruck 1999, 137–141; *ders.*, Der Koran. Übersetzung und wissenschaftlicher Kommentar, Bd. 2, Gütersloh 1991, 75–80.

A. Th. Khoury

Erbsünde ↗ *Adam; Mensch; Sünde*

Erlösung

An die biblische Erzählung vom Sündenfall und von der Vertreibung aus dem Paradies (Gen 3,1–24) erinnert auch der Koran (7,19–25; 2,35–39; 20,117–124), ohne allerdings die paulinische Lehre von der Erbsünde (Röm 5) mitzuübernehmen. Im Gegenteil, sie wird abgelehnt (s. auch Sünde, Erbsünde).

Der Mensch ist von sich aus im Stande, das Heil zu erlangen. Einen Mittler zwischen Gott und den Menschen gibt es nach islamischem Verständnis nicht, sieht man einmal von der Möglichkeit der Fürsprache Muhammads (shafaʿa) ab. Jeder Mensch steht eigenverantwortlich für sein Tun und Lassen ein. Zudem darf er auf die Barmherzigkeit Gottes und seine Vergebungsbereitschaft hoffen (s. auch Barmherzigkeit, Sünde, Reue/Umkehr, Heil).

Literatur: *G. C. Anawati*, La notion de „péché originel" existe-t-elle dans l'Islam?, in: Studia Islamica XXXI (1970), 29–40; *G. Jäschke*, Sucht auch ein Muslim Erlösung und wo findet er sie?, in: ZMR 41 (1957), 294–301; *A. Th. Khoury*, Heilsvorstellungen im Islam, in: *ders./P. Hünermann (Hrsg.)*, Was ist Erlösung? Die Antwort der Weltreligionen (Herderbücherei 1181), Freiburg/Basel/Wien 1985, 91–110; *S. Balić*, Art. Erlösung (islamisch), in: *A. Th. Khoury (Hrsg.)*, Lexikon religiöser Grundbegriffe. Judentum.Christentum-Islam, Graz/Wien/Köln [2]1996, 203 f.

L. Hagemann

Erwählung

Der Islam spricht nicht der Gemeinschaft der Muslime als solcher eine besondere Erwählung zu. Gleichwohl sieht der Koran im Geschenk der Offenbarung an die Menschen ein Zeichen der Erwählung Gottes: „Dann haben Wir das Buch denen von unseren Dienern, die Wir auserwählt haben, zum Erbe gegeben" (35,32). Die Empfänger der Offenbarung sind vor allem die Propheten (vgl. 22,75). Unter ihnen zählen zu den Erwählten vor allem Abraham (2,130) und seine Sippe (3,33; 38,46), Mose (7,144) und Jesus („einer von denen, die in die Nähe Gottes zugelassen werden": 3,45).

Auch die Rechtschaffenen und die Heiligen sind Gegenstand der Erwählung Gottes: so Maria (3,42) und Jesus (3,46). Vor allem aber ist für den Islam Muhammad der große Erwählte Gottes: „Und die Huld Gottes gegen dich ist gewaltig", sagt ihm der Koran (4,113; vgl. 93,7; 48,2). Eine besondere Auszeichnung ist ihm durch seine Himmelsreise (vgl. Koran 53,13–18) zuteil geworden. Eine weitere Auszeichnung ist die Erlaubnis, die Gott ihm am Tag des Gerichtes erteilen wird, Fürsprache für die Muslime einzulegen und sie dadurch in Scharen ins Paradies zu führen.

Für die übrigen Menschen gilt, dass der Glaube und der Gehorsam die Grundlage ihrer Auszeichnung sind.

Der Koran stellt fest: „Der Angesehenste von euch bei Gott, das ist der Gottesfürchtigste von euch“ (49,13).

Literatur: *A. Th. Khoury*, Wer war Muhammad? Lebensgeschichte und prophetischer Anspruch (Herder Taschenbuch 1719), Freiburg/Basel/Wien 1990, 106–118.

A. Th. Khoury

Erziehung

Geschichtlicher Überblick

Schon in vor-islamischer Zeit kannte die arabische Welt Schulen, in denen vor allem Jungen unterrichtet wurden. Diese Praxis wurde vom Islam übernommen. Hatten die Lehrinhalte in der Zeit vor Muhammad aus Rechnen, Schreiben, Schwimmen und Reiten bestanden, so wurden sie nun um die Kenntnis des Korans erweitert. Zahlreiche Überlieferungen belegen, dass es zu den Pflichten eines Vaters gehörte, für die Erziehung seines Sohnes zu sorgen. Diese Sorge bedeutet jedoch nicht, dass die Erziehung für Mädchen ausgeschlossen war. Die Inhalte unterschieden sich aber deutlich. Die Schulung war auf die Vermittlung bestimmter rollenspezifischer Fähigkeiten wie Spinnen und Weben angelegt. Die verschiedenen Quellen belegen, dass das Ansehen des Lehrers recht ambivalent war. Die Schwierigkeiten, einem Kind etwas beizubringen, wurde von vielen Autoren gesehen. Den Koran zu beherrschen war eine Sache, ihn zu lehren eine andere. Zwar schätzte man Klugheit bei Lehrern, wichtiger war jedoch ihr guter Charakter. Er konnte seinem Beruf nur nachgehen, wenn der Muhtasib (Marktvogt) ihm eine Bescheinigung über sein untadeliges Verhalten ausgestellt hatte. Einem Lehrer, der sich etwas hatte zu Schulden kommen lassen, untersagte der Muhtasib seine Lehrtätigkeit. Wenn möglich, sollten Lehrer verheiratet sein. Für Junggesellen kam eine Tätigkeit als Lehrer nur in fortgeschrittenem Alter in Frage. Auf der anderen Seite wurde Lehrern jedoch auch mangelnde Intelligenz zugeschrieben.

Da die Lehrer häufig als Hauslehrer arbeiteten, konnten sie viele Dinge aus dem internen Bereich der Haushalte in Erfahrung bringen. Sie waren daher geeignete Informanten für die staatlichen Sicherheitsorgane. Besondere Überlegungen finden sich in den Abhandlungen zu der Rolle der Lehrer von Mädchen. Von Lehrerinnen ist in den Quellen kaum die Rede. Daher meinte man, dass der Lehrer von Mädchen jünger als die Schülerin oder sehr viel älter sein sollte. Die Bezahlung der Lehrer hat dem Theoretiker auch einiges Kopfzerbrechen bereitet. Der Tradition nach sollte die Vermittlung der Kenntnis des Korans nicht vergütet werden, und von vielen wird berichtet, dass sie es peinlichst vermieden, sich dafür auch nur über Umwege entlohnen zu lassen. Das Honorar erfolgte daher für die Vermittlung von Kenntnissen und Fähigkeiten in mit dem Heiligen Buch in Beziehung stehenden Fächern wie Grammatik und Rhetorik.

Auch über das Lehrer-Schüler-Verhältnis hat man sich schon in der islamischen Frühzeit Gedanken gemacht. So lehnten manche Autoren das wahrscheinlich nur in privilegierten Familien vorkommende Lehrer-Schüler-Verhältnis von eins zu eins als problematisch ab. Lehrer sollten von Schüler zu Schüler wechseln können und so Abwechslung und Erholung ermöglichen. Schulen sollten an Plätzen eingerichtet sein, die allgemein einsehbar waren, also in Bazaren oder an öffentlichen Plätzen. So war die gesellschaftliche Kontrolle dessen, was sich in den Schulen tat, gewahrt. Die Größe der Schulen scheint beträchtlich gewesen zu sein. Es wird von einem Lehrer berichtet, der 3000 Schüler gehabt haben soll. Er musste auf einem Esel zwischen ihnen umherreiten. Auch die Tatsache, dass Lehrer häufig die Schüler wechselten, hing sicherlich mit der Vorstellung zusammen, dass keine folgenschweren Antipathien zwischen Lehrer und Schüler auftreten sollten. Die islamische Erziehungstheorie, wenn von einer solchen gesprochen werden darf, ging davon aus, dass ein Kind bis zur Entwöhnung wie eine leere Tafel sei. Danach könne man ihm die verschiedenen Kenntnisse nach und nach beibringen. Dabei sollte darauf geachtet werden, dass ein Gleichgewicht zwischen theoretischer und praktischer Ausbildung bestehe. Die traditionelle islamische Erziehungstheorie war auch der Meinung, dass zur Erziehung auch Strafen gehören. Dabei sollte jedoch darauf geachtet werden, dass diese den individuellen Fähigkeiten der einzelnen Schüler angepasst werden. Allerdings wird festgestellt, dass die Strafe fühlbar sein sollte.

Unterrichtsstoff und -methoden

Im Mittelpunkt der Elementarerziehung stand der Koran. Er wurde komplett oder wenigstens teilweise auswendig gelernt. Weil der Koran nach islamischer Auffassung nicht in eine andere Sprache übersetzt werden kann, mussten und müssen auch Muslime mit einer anderen Muttersprache als Arabisch ihn in der Sprache Muhammads aufnehmen. Häufig war und ist ihnen dabei der Inhalt des Textes gar nicht bekannt. Die Schüler lernten die arabische Schrift, indem sie den heiligen Text auf Holztafeln kopierten. Da dieses Kopieren als rituelle Handlung aufgefasst wurde, musste der Schulraum den rituellen Reinheitsgeboten des Islams entsprechen. Anhand des Korans wurde auch die Grammatik und Stilistik des Arabischen vermittelt. Zu den Unterrichtsstoffen in diesen Elementarschulen gehörte auch Poesie und Arithmetik. Die Vermittlung dieser Inhalte geschah auf die gleiche Weise wie die des Korans, d.h. durch das Auswendiglernen der entsprechenden Texte. Wenn ein Schüler diese Fächer beherrschte, bestand für ihn die Möglichkeit, seine Studien in einer Madrasa oder einer Universität fortzusetzen. Von diesen Hochschulen haben einige besonderen Einfluss gewonnen, so dass sie von vielen Studenten aufgesucht werden. Zu den hervorragenden Einrichtungen gehören die al-Azhar in Kairo (s. dort), die Zaituna in Tunis und die Qarawiyyin in Fez. In der schiitischen Welt sind es vor allem die Schulen in Kerbela und Nadjaf im Iraq, aber auch im iranischen

Qum. In den Formen der Wissensvermittlung lassen sich weder auf der Elementarebene noch bei den weiterführenden Studien unterschiedliche pädagogische Methoden erkennen. Die Themen, die an diesen weiterführenden Institutionen behandelt wurden, waren Korankommentar, Prophetentraditionen und islamisches Recht, aber auch Philosophie, Medizin, Naturwissenschaften, Sprachen und Musik. Doch setzte man sich auch mit den mystischen Formen des Islams auseinander. Die Studenten saßen bis weit in die Neuzeit hinein in einem Kreis um den jeweiligen Dozenten, der ihnen einen Text referierte, den die Lehrer selbst verfasst hatten, oder kommentierten den eines früheren Autors. Es galt als unüblich, dass die Studenten sich während des Vortrags Notizen machten. Wenn sie den vorgetragenen Stoff auswendig beherrschten, erhielten sie von dem entsprechenden Lehrer eine Erlaubnis (idjaza), dieses Wissens ihrerseits weiter zu tradieren. Auf die Mündlichkeit dieser Form der Wissensvermittlung muss besonders hingewiesen werden. Noch bis in die 1920er Jahre galt Wissen, das auf der Basis von schriftlich fixierten Texten erworben worden war, als unzuverlässig.

All diejenigen, die derartige Studien nicht auf sich nehmen konnten oder wollten, hatten berufliche Fertigkeiten zu erlernen. Berufsschulen kannte die islamische Welt lange Zeit nicht. Handwerkliche oder kaufmännische Kenntnisse wurden in der Regel von einem Meister an seine Lehrlinge weitergegeben. In vielen Fällen waren diese Lehrlinge noch sehr jung, wenn sie mit einer praktischen Ausbildung begannen. Nahe verwandtschaftliche Beziehungen zwischen Meister und Lehrling waren häufig, aber nicht notwendige Voraussetzung eines Lehrverhältnisses. Die Lehrlinge wurden zunächst mit kleineren Aufgaben betraut, zu deren Erfüllung es keiner besonderen Fähigkeiten oder Kenntnisse bedurfte. Schritt für Schritt wurden sie dann in die verschiedenen Praktiken und Techniken des jeweiligen Metiers eingeführt. Häufig entstanden lebenslange Bindungen zwischen Lehrherrn und Schülern.

Literatur: *D. Eickelman,* Knowledge and Power in Morocco. The Education of a Twentieth-Century Notable, Princeton 1985; *J. Heyworth-Dunne,* An Introduction to the History of Education in Modern Egypt, London o. J.; *A. Hourani,* Arabic Tbought in the Liberal Age, London 1962; *G. Makdisi,* The Rise of Colleges. Institutions of Learning in Islam and the West, Edinburgh 1981; *A. S. Tritton,* Materials on Muslim Education in the Middle Ages, London 1957.

P. Heine

Eschatologie

Neben der Lehre vom alleinigen und allmächtigen Schöpfergott gehört der Glaube an den Jüngsten Tag, an das endzeitliche Gericht und an das Leben nach dem Tod zu den Kernaussagen der Botschaft Muhammads. In seiner frühen Verkündigung spielte die Androhung des nahen Gerichts eine entscheidende Rolle: „Die nahende Stunde (des Gerichtes) steht bevor. Niemand kann sie beheben,

außer Gott“ (Koran 53,57–58). Diese Naherwartung erscheint jedoch in späterer Zeit abgeschwächt, wenn es heißt: „Vielleicht wird es bald sein“ (17,51). Jenseits dieser Frage und sie übergreifend steht das unerschütterliche koranische Bekenntnis, dass Gott, der Herr des Gerichts (1,4), alle Menschen am Jüngsten Tag zur Rechenschaft ziehen wird, ihnen nach ihren Taten vergelten, sie belohnen oder bestrafen wird. In unzähligen Versen spricht der Koran von der Auferstehung und dem Endgericht. Ausführlich ist vom Schicksal der Erwählten und Verdammten die Rede, und in anschaulichen Bildern werden sowohl die Freuden des Paradieses als auch die Qualen der Hölle (s. dort) geschildert. Auch die islamischen Hadith-Sammlungen legen in zahlreichen Vorstellungen und bildhaften Ausmalungen Zeugnis ab vom Endgericht und von der endzeitlichen Vergeltung.
Der fünfte Artikel des islamischen Glaubensbekenntnisses, der die Wiederauferstehung nach dem Tod und den Jüngsten Tag zum Inhalt hat, kann sich so mit Recht auf den Koran und die Tradition, die beiden Hauptquellen des Islams, stützen.

Der Glaube an das Leben nach dem Tod
Die wichtigsten Grundsätze, die der fünfte Artikel des islamischen Glaubensbekenntnisses enthält, sind nach S. Maudoodi folgende: „Dass das Leben dieser Welt und all dessen, was in ihr ist, an einem festgesetzten Tag zu Ende gehen wird. Alles wird dann vernichtet werden. Dieser Tag heißt „Yaum al-qiyama“, das bedeutet „der Jüngste Tag“.
Dass alle Menschen, die seit Anbeginn auf Erden gelebt haben, dann wieder zum Leben erweckt und vor Gott gebracht werden, der an diesem Tag zu Gericht sitzen wird. Dies nennt man „Hashr“: „Versammlung (der Toten)“.
Dass die gesamten Aufzeichnungen über jeden Mann und jede Frau – eine vollständige Niederschrift all ihrer Taten und Missetaten – Gott zur endgültigen Beurteilung vorgelegt werden.
Dass Gott schließlich die Entscheidung über die Belohnung oder Bestrafung jedes Menschen fällen wird. Er wird die guten und schlechten Taten eines jeden gegeneinander abwägen. Der, dessen gutes Tun überwiegt, wird mit einer herrlichen Belohnung bedacht; der aber, bei dem die Missetaten das Übergewicht haben, wird bestraft werden.
Dass Belohnung und Bestrafung weise und verständnisvoll gehandhabt werden. Jene, die aus diesem Gericht erfolgreich hervorgehen, werden ins Paradies eingehen, und die Tore zu ewiger Glückseligkeit werden für sie aufgetan werden; jene, die verurteilt sind und Bestrafung verdienen, werden in die Hölle geschickt, ein Aufenthaltsort des Feuers und der Qualen.“

Zwischen Tod und Endgericht
Nach dem Tod (s. dort), dem keiner entrinnen kann, folgt laut Tradition auf das Zwischengericht und die Befragung im Grab die Wartezeit bis zum Endgericht am Jüngsten Tag: je-

ner Tag wird ein „Tag der Abrechnung“ (35,53) für alle Menschen sein (s. Jüngstes Gericht).
In der Stunde des Gerichts, wenn Gott, der alleinige Richter, sein gerechtes und endgültiges Urteil fällt, steht der Mensch allein und eigenverantwortlich vor Gott. Dann werden die Propheten als Zeugen gegen ihre jeweiligen Völker, zu denen Gott sie einst gesandt hatte, auftreten (16,84.89; 10,47; 39,69). Sofern Gott will, kann er jemandem die Möglichkeit der Fürsprache einräumen (20,109; 19,87; 43,86; 10,3; 34,23; 2,255). Gemäß der Tradition wird Muhammad das Recht zugestanden, fürbittend für die Muslime einzutreten, um ihnen den Weg ins Paradies zu bahnen.

Das endgültige Urteil Gottes
Um festzustellen, was der Mensch in seinem Erdenleben an guten und bösen Werken vollbracht hat, nennen Koran und Tradition verschiedene Mittel, so die *Bücher,* in denen die Taten der Menschen festgehalten sind (23,52; 54,52; 87,7–9.18–21 u.ö.), dann die himmlische *Waage,* die für Recht und Gerechtigkeit sorgen wird (Koran 42,17; 21,47; 55,7; 101,6–9), und schließlich eine enge *Brücke,* die vom Gerichtsort über die Hölle hinweg zum Tor des Paradieses führt (Koran 37,23). Das endgültige Urteil fällt Gott dann in eigener Souveränität. Es ist unabänderlich (50,29). Die Vergeltung, die das endgültige Urteil nach sich zieht, ist gerecht. Gott lässt einem jeden den ihm zustehenden Lohn zukommen, ist er doch barmherzig und gütig.

Stätten der Vergeltung
Neben Paradies und Hölle als den Stätten der ewigen Vergeltung gibt es noch einen dritten Ort im Jenseits zwischen Paradies und Hölle, die Aʿraf (s. dort) (7,46–47); der Aufenthalt dort ist zeitlich begrenzt.

Schlussbemerkung
In vielfältigen Bildern und dramatischen Szenen ist im Koran und in noch verstärktem Maße in der islamischen Tradition der Gedanke an ein Weltende, an eine Auferstehung der Toten und ein Endgericht anschaulich ausgemalt. Dieser Gedanke war den Arabern zur Zeit Muhammads fremd; seine mekkanischen Landsleute erklärten, wie der Koran bezeugt, den „Tag des Gerichts“ als Lüge. Umso eindrucksvoller ist die Intensität, mit der Muhammad allen Widerständen zum Trotz diese an sich fremde Vorstellung aufgegriffen, internalisiert und zu einem entscheidenden Grundmotiv seiner Verkündigung gemacht hat. Dass die Form und die bildhafte Ausdeutung der eschatologischen Ereignisse dem damaligen Verstehenshorizont angepasst und von der damaligen Vorstellungskraft abhängig sind, bedarf keiner Erläuterung. Beide, Form und Ausdeutung der eschatologischen Erwartung, lassen nicht nur Reminiszenzen aus dem jüdisch-christlichen Umfeld erkennen, sondern auch Ähnlichkeiten mit iranischen Eschatologien. Vgl. auch Jüngstes Gericht, Paradies, Hölle, Aʿraf.

Literatur: *S. El-Sahleh.* La Vie future selon le Coran (Etudes Musulmanes XIII), Paris 1971; *A. Imam al-Qadi.* The Islamic Book of the Dead: A Collection of Hadiths on the Fire and the Garden, Norwich/England 1977; *J. I. Smith/Y. Y. Haddad,* The Islamic Understanding of Death and Resurrection, NewYork 1981; *T. Nagel,* Das Leben nach dem Tod in islamischer Sicht, in: *H. J. Klimkeit (Hrsg.),* Tod und Jenseits im Glauben der Völker, Wiesbaden 1978, 130–144; *L. Hagemann,* Eschatologie im Islam, in: *A. Th. Khoury/P. Hünermann (Hrsg.),* Weiterleben nach dem Tode? Die Antwort der Weltreligionen (Herderbücherei 1202), Freiburg/Basel/Wien 1985, 103–120 (Lit.); *W. Beltz,* Die Mythen des Koran, Düsseldorf 1980; *W. Beltz (Hrsg.),* Lexikon der letzten Dinge, Augsburg 1993.

L. HAGEMANN

Ethik/Moral

Gegenstand einer Sittenlehre ist die Frage nach dem Was und dem Wie des Gesollten. Eine eigene systematische Darstellung verbindlicher Moralprinzipien und Sollensnormen hat Muhammad, der Prophet des Islams, nicht hinterlassen. Seine als göttliche Offenbarung verstandene Lehre, die in ihrem Totalitätsanspruch den ganzen Menschen in allen Bereichen seines Lebens erfassen will und durch Vorschriften zu regeln beansprucht, schreibt vielmehr Gesetze vor, die erst im Nachhinein in moralische, juristische, gesellschaftliche, politische oder private Vorschriften unterschieden werden können. Die islamische Lebensordnung beinhaltet somit verbindliche Glaubenssätze und sittliche Gebote und Verbote als Norm des Handelns ebenso wie das Leben des Einzelnen, der Familie und der Gemeinschaft normierende Weisungen sowie die verschiedenen Bereiche des gesellschaftlichen Lebens und der internationalen Beziehungen regelnde gesetzliche Bestimmungen. Allen diesen Vorschriften hat sich der Mensch in unbedingtem Gehorsam gegenüber dem souveränen Willen Gottes zu fügen. Denn „... Gott sagt die Wahrheit, und Er führt den (rechten) Weg" (Koran 33,4).

Die Quellen der islamischen Ethik

Der Koran als Offenbarung Gottes

Als Gottes unmittelbares Diktat besitzt der Koran im Glauben der Muslime eine absolute Autorität; er enthält die Aussagen über das, was Gott geboten und verboten hat.

Die Sunna, der Weg des Propheten Muhammad

Die zweite Hauptquelle der islamischen Ethik ist die Sunna, der Weg des Propheten Muhammad, d.h. sein Vorbild und Beispiel für die Gläubigen (vgl. 33,21), wie es uns in den Hadith-Erzählungen überliefert ist.

Sekundäre Fundstellen

Theologische und juristische Sammelwerke

Als weitere Fundstellen gelten die theologischen und juristischen Handbücher, soweit sie in Auslegung koranischer Prinzipien konkrete Rechtsfälle und Verhaltensmuster normieren und kodifizieren.

Die Adab-Literatur

Adab – als Bezeichnung für eine wichtige Gattung der arabischen Literatur – bedeutete ursprünglich das Festhalten an den Sitten der Vorfahren. Unter dem Einfluss der persischen Kultur und Bildung setzte sich im 9. Jahrhundert eine Begriffserweiterung dahingehend durch, dass Adab nun die in bestimmten Situationen notwendigen und angemessenen Verhaltensregeln, den rechten Umgang, das richtige Benehmen bezeichnete.

Grundlagen der islamischen Ethik

Koranische Aussagen über Gott

Kernaussagen der Botschaft Muhammads sind die Lehre vom alleinigen und allmächtigen Schöpfer-Gott sowie ausgeprägte eschatologische Vorstellungen, in denen von der Unerbittlichkeit der göttlichen Abrechnung die Rede ist.

Gott, der Eine und Einzige, ist der allmächtige Schöpfer und Souverän der Welt

Innerhalb des geschöpflichen Seins ist der Mensch das Zeichen göttlicher Macht schlechthin, er ist die konkreteste Manifestation des allmächtigen und gütigen Handelns Gottes (s. Gott) (vgl. 2,117; 50,64). Alles Geschaffene ist auf den Menschen hin zugeschnitten (vgl. 5,55; 78,9–11). Auch die sinnvolle Harmonie des Kosmos deutet hin auf den einen Gott, den Allmächtigen, als den Schöpfer und Erhalter der Dinge (vgl. 28,88).

Gott ist der Richter der Menschen

Neben der Botschaft vom allmächtigen und gütigen Schöpfer-Gott spielt die Androhung des nahen Gerichts eine große Rolle in der frühen Verkündigung Muhammads (vgl. 99, 1–8). Beide Aspekte – Gott als Schöpfer und Richter – haben Konsequenzen für das Verhalten des Menschen, für sein ethisches und moralisches Handeln.

Gott hat sich im Koran abschließend und definitiv-gültig geoffenbart

Schon früher haben die Propheten die Offenbarung an ihr Volk in ihrer jeweiligen Sprache weitergegeben. Die bedeutendsten Propheten nach Abraham sind Moses als Überbringer der Thora (5,44), Jesus als Überbringer des Evangeliums (5,46) und schließlich Muhammad, „das Siegel der Propheten" (33,40), als Überbringer des Korans; die endgültig wahre Religion ist der Islam. An seinen gottgewollten Normen hat sich der Mensch zu orientieren.

Der Mensch zwischen Freiheit und Vorherbestimmung

Auf die Frage, ob der Mensch in seinem Handeln frei oder vorherbestimmt sei, gibt der Koran keine eindeutige Antwort. Eine Reihe von Versen redet von der Prädestination, andere von der Willensfreiheit des Menschen. Auch die islamischen Theologen sind verschiedener Meinung; auch ihre Interpretation bewegt sich zwischen dem Determinismus einerseits und der Lehre von der menschlichen Entscheidungsfreiheit andererseits; heutige Gelehrte neigen dazu, der Entscheidungsfreiheit eine größere Bedeutung zuzumessen und damit der Verantwortung des Menschen für sein Tun und Lassen den Vorrang zu geben.

Die Lehre von Gut und Böse

Der Koran als Verkündigung dessen, was zu glauben und zu befolgen ist, stellt für den Islam gleichzeitig auch das Sittengesetz dar. Die Bezeichnung des Korans als „al-Furkan" meint – so die Kommentatoren – „die Unterscheidung" zwischen Wahrem und Falschem, zwischen Gutem und Bösem. Für den Muslim ist das Moralgesetz also primär ein positives göttliches Gesetz. Gutes tun bedeutet, den von Gott erlassenen Geboten gehorchen, Böses tun, sie übertreten.

Die Schule der Ashʿariten

In diesem Sinne vertritt – so H. Stiegelecker – die orthodoxe Schule der Ashʿariten (10. Jh.) folgende Position: „Das Böse ist das, was Gott durch die Offenbarung verbietet, das Gute hingegen das, was er nicht verbietet, nämlich 1. das, wozu uns die Offenbarung verpflichtet, 2. das, was uns freigestellt ist, d. h. das, was zu unterlassen erlaubt ist, dessen Verrichtung aber löblicher ist als die Unterlassung, und 3. – nach der Lehre der meisten – das Indifferente." Wenn demnach das Moralgesetz in erster Linie positives göttliches Gesetz ist, ist nichts in sich gut oder böse: „Die Unterscheidung zwischen Gut und Bös geht nicht auf ein Urteil der Vernunft zurück, nicht auf etwas wirklich Vorhandenes, das diesen ‚gut' oder ‚bös' genannten Dingen anhaftet und die Vernunft zu diesem Urteil veranlasst. Ob etwas gut oder böse ist, liegt nicht in der Natur der Dinge, und nicht deshalb hat Gott gewisse Dinge, gewisse Handlungen verboten, weil sie von Natur aus bös sind, sondern umgekehrt, wir nennen diese Dinge bös, weil sie Gott verboten hat … Was als gut und was als bös zu werten sei, darüber entscheidet nur Gott, darüber belehrt uns seine Offenbarung; und bevor diese Offenbarung an die Menschen erging, haftet den einzelnen Werken weder das Gute noch das Böse an: ohne göttliche Bestimmung sind sie alle ganz und gar indifferent."
Ein solcher theonomer Moralpositivismus, der die sittliche Qualität einer Handlung im souveränen Willen Gottes begründet, lässt die Ethik im Wesentlichen als Gesetz erscheinen, das im Gehorsam gegen Gott und in Unterwerfung unter seinen Willen als verpflichtend angenommen werden muss.

Die Schule der Muʿtaziliten

Gegen die Ashʿariten behauptet die Schule der Muʿtaziliten (9. Jh.), dass das Sittengesetz eben nicht ein durch göttliche Setzung und Festlegung positives Gesetz ist, sondern sich notwendig aus der Natur- bzw. Seinsordnung, dem moralischen Naturgesetz ergebe: „Eine Handlung ist an sich gut oder böse, sie bekommt diese Wertung nicht erst durch die Offenbarung, sie war gut oder bös, ehe es eine Offenbarung gab, und ist gut oder bös überall, wo ein Prophet aufgetreten ist oder auch nicht, für alle Menschen, ob sie von einer Offenbarung etwas gehört haben oder nicht. Daher kann eine gute, verdienstliche Handlung von niemandem, auch von Gott nicht, zu einer bösen, strafwürdigen umgewertet werden und umgekehrt. Und weil eben das Gute an sich gut ist und das Böse an sich böse, weil die guten und die bösen Handlungen nicht etwa durch eine Offenbarung die Wertung ‚gut' oder ‚bös' erhalten, hat die menschliche Vernunft die Möglichkeit, Gut und Böse auch ohne Offenbarung zu unterscheiden." Diese Position, die die sittliche Qualität einer Handlung als ihr wesenhaft zukommend und nicht erst durch Setzung im Nachhinein qualifizierend betont, begründen die Muʿtaziliten mit empirisch-ethnologischer Erfahrung: „Alle Menschen sind zunächst überzeugt, dass die Ungerechtigkeit, die Lüge u. dgl. etwas Böses, die Wahrhaftigkeit hingegen etwas Gutes ist. Diese Überzeugung der Menschen geht nicht auf eine Offenbarung zurück, wie die Ashʿariten meinen, denn wir finden sie auch bei solchen, die keine Offenbarung kennen. Also unterscheiden sie das Gute vom Bösen mit Hilfe ihrer Vernunft, weil es eben den Handlungen wesenhaft, der Vernunft erkennbar, zukommt." Konkret führen die Muʿtaziliten drei Fälle an: „1. Es gibt Dinge, die unmittelbar als gut bzw. bös erkannt werden, z. B. die Wahrhaftigkeit, welche Vorteil bringt, und die Lügenhaftigkeit, welche Schaden verursacht, 2. Dinge, die erst nach reiflicher Überlegung als gut oder bös gewertet werden, z. B. die Wahrhaftigkeit, welche Schaden bringt, und die Lügenhaftigkeit, welche einen Vorteil schafft. Zuerst wird man sich über die Wertung der beiden vielleicht nicht im Klaren sein, aber nach einiger Überlegung wird man einsehen, dass die Wahrhaftigkeit trotz ihres Schadens ‚gut' und die Lüge trotz ihres Nutzens ‚bös' ist. 3. Manches Gute oder Böse erkennt der Mensch weder unmittelbar noch nach Überlegung: aber sobald es durch die Offenbarung bekannt gegeben ist, wird es ihm klar, dass es sich hier wirklich um etwas Gutes bzw. Böses handelt, so z. B. das Fasten zur bestimmten Zeit" (H. Stiegelecker, Die Glaubenslehren des Islam, Paderborn/München/Wien 1962, 127–129). Damit ist nach den Muʿtaziliten das natürliche Sittengesetz 1. für den Menschen grundsätzlich erkennbar und 2. aufgrund der von ihnen vertretenen Willensfreiheit des Menschen und des ihm immanenten sittlichen Bewusstseins realisierbar sowie 3. durch positives Gesetz (etwa Offenbarung) näher bestimmbar.

Ethische Prinzipien

Aus den von uns skizzierten inhaltlichen Grundlagen der islamischen Ethik ergeben sich folgende ethische Grundsätze:

Die Schöpfung ist gut

Alles, was Gott geschaffen hat, ist gut (32,7), ist er doch der „Beste der Schöpfer" (37,125). Innerhalb des geschöpflichen Seins ist der Mensch die konkreteste Manifestation des allmächtigen und gütigen Handelns Gottes, der ihm in der Welt „(einiges) von den köstlichen Dingen beschert" (17,70; vgl. 8,26; 16,72; 40,64; 45,16).

Der Mensch in der Bewährungsprobe

Da der Mensch vor allem anderen geschöpflichen Sein „eindeutig bevorzugt" ist (17,70), wird von ihm Treue zu Gott und Ergebung in seinen Willen erwartet. Gott stellt ihn auf die Probe: „Er ist es, der die Himmel und die Erde in sechs Tagen erschaffen hat, ... um euch zu prüfen (und festzustellen), wer von euch am besten handelt" (11,7). „... Und wir prüfen euch mit Bösem und Gutem und setzen euch damit der Versuchung aus" (21,35). Weil Gott aber weiß, dass der Mensch schwach ist (vgl. 12,53) – hat er ihm durch das koranische Gesetz Erleichterung gewährt und von drückender Verpflichtung und harten Fesseln befreit: „Gott will sich euch zuwenden ... Gott will euch Erleichterung gewähren. Der Mensch ist ja schwach erschaffen worden" (4,27–28; vgl. 5,6; 7,157; 22,78). Im Rahmen dieses Gesetzes nun haben sich die Menschen zu bewähren, indem sie miteinander in guten Werken wetteifern (3,114).

Das Gute tun, das Böse verwehren

Wiederholt unterstreicht der Koran diese Handlungsmaxime als Grundlage der Tugenden: „Aus euch soll eine Gemeinschaft (von Gläubigen) entstehen, die zum Guten aufrufen, das Rechte gebieten und das Verwerfliche verbieten. Das sind die, denen es wohl ergeht" (3,104).

Das Prinzip der Gerechtigkeit

Das Prinzip der Gerechtigkeit gilt im Islam als ideale Tugend: „O ihr, die ihr glaubt, tretet für Gott ein und legt Zeugnis für die Gerechtigkeit ab. Und der Hass gegen bestimmte Leute soll euch nicht dazu verleiten, nicht gerecht zu sein. Seid gerecht, das entspricht eher der Gottesfurcht. Und fürchtet Gott. Gott hat Kenntnis von dem, was ihr tut" (5,8; vgl. 7,29; 49,9; 4,58). Die strikte Beachtung dieses Gerechtigkeitsprinzips in den Beziehungen der Menschen zueinander führt im Extremfall zur Anwendung des so genannten „ius talionis": „O ihr, die ihr glaubt, vorgeschrieben ist euch bei Totschlag die Wiedervergeltung: der Freie für den Freien, der Sklave für den Sklaven, das Weib für das Weib" (2,178).

Das Prinzip der Gerechtigkeit umfasst alle Bereiche des menschlichen Zusammenlebens: Ehe und Familie, Staat und Gesellschaft, Wirtschafts- und Prozessordnung sind diesem Prinzip grundsätzlich verpflichtet.

Das Prinzip der Solidarität

Über das Prinzip der Gerechtigkeit hinaus soll – so will es der Koran – das Prinzip der Solidarität die Beziehungen der Muslime untereinander bestimmen, sind sie doch „untereinander Freunde" (9,71), ja „Brüder" (49,10). Auf diesem Hintergrund mildert der Koran das „ius talionis" und empfiehlt zu verzeihen, wenn jemand sich vergangen hat: „Eine böse Tat soll mit etwas gleich Bösem vergolten werden. Wer aber verzeiht und Besserung schafft, dessen Lohn obliegt Gott" (42,40). Und ferner heißt es: „Die erhalten ihren Lohn zweifach dafür, dass sie geduldig waren. Und sie wehren das Böse mit Gutem ab ..." (28,54). „(Diejenigen), die in guten und schlechten

Tagen spenden, ihren Groll unterdrücken und den Menschen verzeihen – Gott liebt die Rechtschaffenen" (3,134).

Verpflichtungen des Einzelnen und der Gemeinschaft

Der Islam ist von seinem Ursprung her religiöse und politische Gemeinschaft zugleich. Religiöse, politische und kulturelle Gemeinschaft sind nicht voneinander zu scheiden. Das Staatsvolk ist das Gottesvolk, das religiöse Gesetz – Shariʿa – Staatsgesetz. Religion, Politik, Kultur, Ethik sind untrennbar miteinander verflochten. Das koranische Wort „umma" (Gemeinschaft) ist ein aus dem Hebräischen „umma" oder Aramäischen „ummetha" stammendes Lehnwort, das – eingegangen in die arabische Sprache und von Muhammad aufgenommen – nun eine spezifisch islamische Bedeutung erhielt.

In der ersten Zeit seiner prophetischen Verkündigung sah Muhammad ganz allgemein die Araber bzw. seine mekkanischen Landsleute als eine in sich geschlossene Gemeinschaft (umma) an, der er die göttliche Heilsbotschaft zu bringen habe, so wie die Gesandten vor ihm ihren Gemeinschaften Gottes Botschaft übermittelt hätten. Doch ihm widerfuhr das gleiche Los wie den früheren Propheten: auch er stieß auf Ablehnung.

Deswegen wanderte Muhammad im Jahre 622 – Beginn der islamischen Zeitrechnung – mit seinen Anhängern von Mekka nach Yathrib, dem späteren Medina, d.h. Stadt des Propheten, aus (hidjra). Hier erließ Muhammad ein Jahr später die erste Gemeindeordnung, wonach alle Muslime miteinander verbunden sind und jetzt aufgrund ihres gemeinsamen islamischen Glaubens eine solidarische Gemeinschaft bilden: die islamische Umma. Die arabische Umma wurde in eine muslimische Umma uminterpretiert. Damit hatte Muhammad die Grundlage für eine solidarische islamische Gemeinschaft gelegt, deren Solidarität und innerer Zusammenhalt nicht mehr auf Blutsverwandtschaft basierte, sondern im gemeinsamen Glauben aller Muslime verankert war. Der Islam versteht sich somit als Umma, d.h. als die juristisch-politisch-religiöse Gemeinschaft aller Muslime: „Ihr seid die beste Gemeinschaft, die je unter den Menschen hervorgebracht wurde. Ihr gebietet das Rechte und verbietet das Verwerfliche und glaubt an Gott. Würden die Leute des Buches glauben, es wäre besser für sie. Unter ihnen gibt es zwar Gläubige, aber die meisten von ihnen sind Frevler" (3,110). Daraus ergibt sich die Pflicht der muslimischen Gemeinschaft, sich als Glaubensbrüder zu verhalten und sich dementsprechend für die Belange des Islams einzusetzen.

Die Pflicht der muslimischen Gemeinschaft: djihad

„... setzt euch mit eurem Vermögen und mit eurer eigenen Person auf dem Weg Gottes ein" gebietet der Koran (9,41; vgl. 61,11). Diese Pflicht, sich mit Leib und Leben für den Glauben gegen alle Widerstände und Widersacher selbst aus eigenen

Reihen einzusetzen (vgl. 9,23), ist für die muslimische Gemeinschaft als Gesamtheit verpflichtend, d.h. die ganze islamische Umma muss sich darum bemühen, dass sich dieser koranischen Vorschrift entsprechend das Gesetz Gottes durchsetzen kann. Unter den politischen Umständen zur Zeit Muhammads bedeutete das den bewaffneten Kampf (Heiliger Krieg). Dem entspricht bereits der koranische Befund ebenso wie die späteren Interpretationen in den Rechtsbüchern. Nach muslimischer Auffassung ist die Welt – so die klassische Theorie im Mittelalter – in zwei Lager geteilt: 1. „das Gebiet des Islams" (dar al-Islam) und 2. „das Gebiet des Krieges" (dar al-harb), m.a.W. das Lager der Gläubigen und das Lager der Nicht-Muslime. Zur Verteidigung des Lagers der Gläubigen und zur Ausweitung dieses Bereiches im Sinne der Einführung der islamischen Ordnung gilt der Djihad als ständige Bereitschaftspflicht. Massiv nehmen sich die Worte des Korans aus: „Wenn ihr auf die, die ungläubig sind, trefft, dann schlagt (ihnen) auf die Nacken. Wenn ihr sie schließlich schwer niedergekämpft habt, dann schnürt (ihnen) die Fesseln fest. Danach gilt es, sie aus Gnade oder gegen Lösegeld zu entlassen" (47,4; vgl. 9,13–14.123).

Religiöse Pflichten

Diese Bereitschaft zum Einsatz für den Islam ist neben den fünf religiösen Pflichten des Einzelnen – Glaubensbekenntnis: shahada; Gebet, rituell: salat, privat: duʿaʾ; Fasten (sawm) im Monat Ramadan; gesetzliche Sozialsteuer: zakat; Wallfahrt nach Mekka: hadjj – eine zusätzliche Pflicht der Gemeinschaft.

Gebote und Verbote

Der biblische Dekalog – im Alten Testament doppelt überliefert: Ex 20,1–17 und Dtn 5, 6–21 – bietet nach christlicher Auffassung eine knappe Zusammenfassung des natürlichen Sittengesetzes. Ihm lässt sich als Entsprechung innerhalb des Korans – hier allerdings als positives göttliches Gesetz dargestellt – am ehesten jener Pflichtenkatalog in Sure 17,22–38 gegenüberstellen, in dem gegen Ende der dritten mekkanischen Periode von Muhammads Predigt in zwölf Artikeln frühere Vorschriften gleichsam zusammengefasst sind:

„Setze Gott keinen anderen Gott zur Seite, sonst wirst du dasitzen, gescholten und im Stich gelassen. Und dein Herr hat bestimmt, dass ihr nur Ihm dienen sollt, und dass man die Eltern gut behandeln soll. Wenn eines von ihnen oder beide bei dir ein hohes Alter erreichen, so sag nicht zu ihnen: ‚Pfui!', und fahre sie nicht an, sondern sprich zu ihnen ehrerbietige Worte. Und senke für sie aus Barmherzigkeit die Flügel der Untergebenheit und sag: ‚Mein Herr, erbarme dich ihrer, wie sie mich aufgezogen haben, als ich klein war.' Euer Herr weiß besser, was in eurem Inneren ist. Wenn ihr rechtschaffen seid, so ist Er für die, die immer wieder umkehren, voller Vergebung. Und lass dem Verwandten sein Recht zukommen, ebenso dem Bedürftigen und dem Reisenden, aber handle nicht ganz verschwenderisch. Diejenigen, die verschwenderisch sind, sind Brüder der Satane; und der Satan ist gegenüber seinem Herrn sehr undankbar. Und falls du dich von ihnen abwendest im Streben nach einer von dir erhofften Barmherzigkeit von deinem Herrn, so sprich zu ihnen milde Worte. Und lass deine Hand nicht an deinem Hals gefesselt sein, aber strecke sie auch nicht vollständig aus. Sonst würdest du getadelt und verarmt dasitzen. Dein Herr teilt den Lebensunterhalt großzügig, wenn Er will und auch bemessen zu. Er hat Kenntnis von seinen Dienern und Er sieht sie wohl. Und tötet nicht eure Kinder aus Furcht vor Verarmung. Ihnen und euch bescheren Wir doch den Lebensunterhalt. Sie töten ist eine große Sünde. Und nähert euch nicht der Unzucht. Sie ist etwas Schändliches, und sie ist ein übler Weg. Und tötet nicht den Menschen, den Gott für unantastbar erklärt hat, es sei denn bei vorliegender Berechtigung. Wird jemand ungerechterweise getötet, so geben Wir seinem nächsten Verwandten Vollmacht (ihn zu rächen). Nur soll er nicht maßlos im Töten sein; siehe, er wird Beistand finden. Und nähert euch nicht dem Vermögen des Waisenkindes, es sei denn auf die beste Art, bis es seine Vollkraft erreicht hat. Und erfüllt eingegangene Verpflichtungen. Über die Verpflichtungen wird Rechenschaft gefordert. Und gebt volles Maß, wenn ihr messt. Und wägt mit der richtigen Waage. Das ist besser und führt zu einem schöneren Abschluss. Und verfolge nicht das, wovon du kein Wissen hast. Über Gehör, Augenlicht und Herz, über all das wird Rechenschaft gefordert. Und schreite nicht unbekümmert auf der Erde einher. Du wirst ja die Erde nicht durchbohren und die Berge an Höhe nicht erreichen können. Das schlechte Verhalten in alledem ist bei deinem Herrn verpönt."

Dieser koranische Pflichtenkatalog, der uns zwar die wesentlichen Normen der Sittlichkeit vor Augen führt, bietet dennoch nicht eine erschöpfende Darstellung des islamischen Moralkodexes. Deswegen sind zur Präzisierung immer auch andere Koranverse mit heranzuziehen und zu berücksichtigen.

Des Menschen Verhältnis zu Gott

Immer wieder gebietet der Koran den Menschen, an Gott als den Einzigen und Einen zu glauben, ihm allein zu dienen, sich seinem Willen zu unterwerfen:

– Gehorsam

Deswegen gilt der Gehorsam gegenüber Gott und die treue Ergebung in seinen Willen als vorzügliche Tugend. Die Erfüllung der religiösen Pflichten bekundet diesen Glauben als Orthopraxie.

– Demut

Im Gegensatz zum Hochmütigen – Gott „liebt die nicht, die sich hochmütig zeigen" (16,23; vgl. 31,18; 4,36) –, der in seinem Stolz den Glauben nicht annimmt und sich dem Willen Gottes versagt (vgl. 40,35; 4,172–173), findet der Demütige Zugang zum Glauben: „Nur die glauben an unsere Zeichen, die, wenn sie damit ermahnt werden, in Anbetung niederfallen und das Lob ihres Herrn singen, und die nicht hochmütig sind" (32,15).

– Dankbarkeit

„Gott wird (es) den Dankbaren vergelten", heißt es in Koran 3,144. Wiederholt wird die Undankbarkeit jener Menschen verurteilt, die in der Not sich an Gott wenden, sich aber nicht mehr um ihn kümmern, sobald die Gefahr vorüber ist (vgl. u.a. 41,51; 17,67.83; 16,55).

– Geduld und Beharrlichkeit

Das aus Gottes Hand dankbar angenommene eigene Lebensschicksal verlangt die Haltung der Geduld und Beharrlichkeit, der Standfestigkeit und Treue im Glauben: „O ihr, die ihr glaubt, seid geduldig und miteinander standhaft und einsatzbereit. Und fürchtet Gott, auf dass es euch wohl ergehe" (3,200).

– Ehrfurcht

Im Umgang mit den Namen Gottes gebietet der Koran Ehrfurcht. Er verurteilt deswegen das leichtfertige Schwören beim Namen Gottes: „Und macht Gott nicht bei euren Eiden zu einem Hinderungsgrund, Pietät zu üben und gottesfürchtig zu sein …" (2,224).

– Der Mensch in seinem sozialen Umfeld

Der Mensch lebt nicht für sich allein, gleichsam auf einer Insel; immer ist er durch Familie und Gesellschaft eingebunden in ein soziales Netz. Dieses tägliche Miteinander setzt – soll es gelingen – Verhaltensmaßregeln und -normen voraus, die von allen beachtet werden müssen. Der Koran gibt eine Fülle von Anweisungen, die den Umgang der Menschen untereinander betreffen. In diesen Bestimmungen wirken sich die Prinzipien der Gerechtigkeit und Solidarität, von denen oben die Rede war, in der Praxis aus.

– Forderungen der Gerechtigkeit

Das Gerechtigkeitsverständnis der Muslime, nämlich einem jeden zu geben, was ihm gehört, hat Konsequenzen einmal für das Wirtschaftsleben, für Handel und Geschäft: „… gebt volles Maß und Gewicht nach Gerechtigkeit" (6,152; vgl. 55,8.9; 83,1–3). Zinsnehmen gilt als Wucher, der auszurotten ist: „O ihr, die ihr glaubt, fürchtet Gott und lasst künftig, was an Zinsnehmen anfällt, bleiben, so ihr gläubig seid. Wenn ihr es nicht tut, so erwartet Krieg von Gott und seinen Gesandten (2,278–279; vgl. u.a. 30,39; 2,175.176). Es gilt den Besitz der anderen zu achten und sie nicht durch Betrug um ihr Vermögen zu bringen (vgl. Koran 2,188; 4,29). Jedes anvertraute Gut muss nach Ablauf der vereinbarten Frist ordnungsgemäß dem Besitzer zurückgegeben werden (vgl. 70,32; 23,8 u.ö.).

Die Forderung der Gerechtigkeit hat des Weiteren zur Konsequenz, dass man den Verwandten gegenüber zuvorkommend ist, ebenso den Armen und Reisenden (vgl. 30,38). Niemand darf ungerecht behandelt werden (60,8). Deswegen verlangt der

Koran auch die Einhaltung der eidesstattlich bekräftigten Versprechen (vgl. u.a. 16,91). Zur Gerechtigkeit gehört ebenfalls der Respekt vor Hab und Gut des anderen (vgl. 26,183; 11,85; 7,85). Diebstahl wird hart bestraft: „Und hackt dem Dieb oder der Diebin die Hände ab zur Vergeltung für das, was sie erworben haben, dies als abschreckende Strafe vonseiten Gottes" (5,38). Raub- und Gewalttat werden nach islamischem Strafrecht ebenso hart geahndet. Auf die Täter wendet man folgende Bestimmung des Korans an, die besagt, „dass sie getötet oder gekreuzigt werden, oder dass ihnen Hände und Füße wechselseitig abgehackt werden, oder dass sie aus dem Land verbannt werden … außer denen, die umkehren, bevor ihr euch ihrer bemächtigt. Und wisst, dass Gott voller Vergebung und barmherzig ist" (5,33–34).

Auch prangert der Koran Geldgier und Sucht nach Reichtum und Besitz an, die zur abgestumpften Selbstzufriedenheit führen und für den Glauben unempfänglich machen (vgl. 104,3; 34,34–37). Vielmehr rät der Koran den Gläubigen, nicht geizig zu sein (vgl. 4,37), sondern von ihrem Vermögen für die Sache Gottes zu spenden (vgl. 47,38).

– Forderungen der Solidarität

Das vom Koran gebotene Prinzip der Solidarität der Gläubigen untereinander zeigt sich konkret darin, dass man gegenseitig Großmut walten lässt (vgl. 2,237), zu den Leuten freundlich spricht (vgl. 2,83), Vergebung und Nachsicht übt (vgl. 24,22; 64,14), ja Böses mit Gutem vergilt:

„Nicht gleich sind die gute und die schlechte Tat. Wehre mit einer Tat, die besser ist, da wird der, zwischen dem und dir eine Feindschaft besteht, so, als wäre er ein warmherziger Freund" (41,43; vgl. 23,96; 28,54; 13,22).

Die Bereitschaft, Frieden zu stiften und zur Aussöhnung beizutragen (vgl. Koran 4,114; 49,9), entspringt ebenso der Solidarität untereinander wie die Forderung, den Spott zu vermeiden (vgl. Koran 44,11; 49,1) und den Neid zu bannen (vgl. Koran 113,5). Vor allen Dingen aber verlangt die gegenseitige Brüderlichkeit, dass die Gläubigen für die Schwachen einstehen, für Arme und Waise Sorge tragen und ihnen zu essen geben (Koran 107,1–2; 74,44; 90,12.17; 89, 17–19) und den Reisenden Gastfreundschaft gewähren, wie es Koran 2,177 – die Einheit von Religion und Ethik betonend – hervorhebt: „Frömmigkeit besteht nicht darin, dass ihr euer Gesicht nach Osten und Westen wendet, Frömmigkeit besteht darin, dass man an Gott, den Jüngsten Tag, die Engel, das Buch und die Propheten glaubt, dass man, aus Liebe zu ihm, den Verwandten, den Waisen, den Bedürftigen, den Reisenden und den Bettlern Geld zukommen lässt und es für den Loskauf der Sklaven und Gefangenen ausgibt, und dass man das Gebet verrichtet und die Abgabe entrichtet" (vgl. auch 2,218; 9,60).

– Die Achtung und der Schutz des menschlichen Lebens

Der Koran fordert absoluten Respekt vor dem menschlichen Leben. Mord und Totschlag, ja jede Gewalttätigkeit sind verboten: „Wenn einer jemanden tötet, jedoch nicht wegen eines Mordes oder weil er auf der Erde Unheil stiftet, so ist es, als hätte er die Menschen alle getötet. Und wenn jemand ihn am Leben erhält, so ist es, als hätte er die Menschen alle am Leben erhalten" (5,32; vgl. 4,29.92f.; bzgl. Gewalttätigkeit vgl. 16,90; 7,33 u.a.). In diesem Sinn wendet sich der Koran mit der Mahnung an die Eltern, ihre Kinder nicht wegen wirtschaftlicher Zwänge und Nöte zu töten, denn Gott trägt für sie und ihre Kinder Sorge (6,151). In einem Fall jedoch ist Töten erlaubt: „O ihr, die ihr glaubt, vorgeschrieben ist euch bei Totschlag die Wiedervergeltung ..." (2,178). Damit bestätigt der Koran das oben bereits erwähnte, so genannte ius talionis und lässt die Blutrache zu (vgl. 25,58; 17,33; 6,151; 5,32), empfiehlt jedoch, auf diese Art der Rache zu verzichten und sich mit einem Blutgeld zu begnügen (2,178). Die Blutrache ist im Falle eines versehentlich verübten Totschlages sogar verboten. Dafür muss der Täter eine Sühne leisten: Blutgeld etwa, oder Fasten usw. Die Aufhebung der Blutrache in diesem Fall wird im Koran als eine Erleichterung des strengen ius talionis und ein Gnadenverweis vonseiten Gottes bezeichnet.

– Respekt der Kinder vor ihren Eltern

Ausdrücklich fordert der Koran die gute Behandlung der Eltern – gerade im hohen Alter – seitens ihrer Kinder: „Und dein Herr hat bestimmt, dass ihr nur Ihm dienen sollt, und dass man die Eltern gut behandeln soll. Wenn eines von ihnen oder beide bei dir ein hohes Alter erreichen, so sag nicht zu ihnen: ‚Pfui!', und fahre sie nicht an, sondern sprich zu ihnen ehrerbietige Worte. Und senke für sie aus Barmherzigkeit den Flügel der Untergebenheit und sag: ‚Mein Herr, erbarme dich ihrer, wie sie mich aufgezogen haben, als ich klein war'" (17,23–24). Die Kinder sind verpflichtet, für ihre Eltern und Verwandten zu sorgen, wenn sie in Not geraten sind (vgl. 2,177.271). Sollten Eltern versuchen, ihr Kind vom wahren Glauben abzubringen, ist der Gehorsam zu verweigern: „Und Wir haben dem Menschen aufgetragen, seine Eltern gut zu behandeln. Wenn sie dich aber bedrängen, Mir das beizugesellen, wovon du kein Wissen hast, dann gehorche ihnen nicht" (29,8; vgl. 31,15). Wenn hingegen die Eltern das Kind mahnen: „Wehe dir, glaube doch" (46,17), soll es gehorsam sein.

– Sexual- und Ehemoral

Liebe und Sexualität sind nach dem Koran ein Geschenk Gottes: „Und es gehört zu seinen Zeichen, dass Er euch aus euch selbst Gattinnen erschaffen hat, damit ihr bei ihnen wohnet. Und Er hat Liebe und Barmherzigkeit zwischen euch gemacht" (30,21). Der Koran bezeichnet die Frauen als ein Saatfeld für die Männer (2,223). Männer und Frauen sind füreinander eine Bekleidung (2,178), sie brauchen einander und passen zueinander. Der Geschlechtsverkehr muss während der Menstruation der Frau (2,22), tagsüber in der Fastenzeit (2,187) und im Weihezustand während der Wallfahrt nach Mekka (2,197) unterbleiben. Ferner ist der Geschlechtsverkehr nur Eheleuten gestattet (70,31; 24,33). Über die Ehe hinaus dürfen die Männer auch Umgang mit ihren Konkubinen unter ihren Sklavinnen haben (70,29f.; 23,56). Ansonsten gebietet der Koran Männern (vgl. 70,29; 23,5; 24,30) wie Frauen (vgl. 24,60) die Keuschheit.

Homosexualität wird vom Koran verurteilt und die Züchtigung der Betroffenen gefordert (4,16; vgl. 7,80–81: Geschichte des Lot). Prostitution (24,33) sowie Unzucht (6,151; vgl. 25,64; 16,90; 7,38.33) sind verboten. Unzucht soll mit hundert Peitschenhieben geahndet werden. Darüber hinaus darf der- oder diejenige keinen gläubigen Partner mehr ehelichen (24, 2–3). Die Strafe für Ehebruch wird erst dann verhängt, wenn vier glaubwürdige Zeugen den Tatbestand bestätigen (4,15; 24,4), andernfalls muss es der Ehemann viermal bezeugen und sich beim fünften Mal gar dem Fluch Gottes aussetzen, sollte er lügen (24,6–7). Ebenso kann die beschuldigte Frau durch entsprechende Bezeugung der Strafe entgehen (24,8–9), die im Ausschluss aus dem gesellschaftlichen Leben, im lebenslänglichen Hausarrest (4,15) oder nach der Tradition sogar in der Hinrichtung besteht.

Um ein geordnetes Geschlechts-, Ehe- und Familienleben zu gewährleisten, gebietet der Koran, alle heiratsfähigen Frauen und Männer der islamischen Gemeinschaft zu verheiraten (24,32). Die Zahl der Frauen, die ein Mann gleichzeitig heiraten darf, hat der Koran auf vier begrenzt (4,3). Voraussetzung ist allerdings, dass der Mann seine Frauen gerecht behandelt, was selbst nach koranischer Einschätzung kaum gelingen dürfte (vgl. 4,129). Pflicht des Mannes ist es, den Lebensunterhalt der Familie zu sichern (vgl. 4,34). Von seiner Frau kann er Gehorsam verlangen, ja sie notfalls im ehelichen Verkehr bestrafen und durch Schläge züchtigen (vgl. 4,34). Grundsätzlich gilt jedoch, dass der Umgang der Ehepartner miteinander „auf rechtliche Weise“ erfolgen soll (2,228; 4,19), d.h., dass die Ehepartner „in Liebe und Barmherzigkeit“ einander zugetan sein sollen (30,21). Die Rolle der Frau ist primär und hauptsächlich die der Ehepartnerin, Hausfrau, Mutter und Erzieherin der Kinder. In der Öffentlichkeit und vor fremden Besuchern hat sie sich so zu bekleiden, dass sie kein Ärgernis erweckt, vielmehr als anständige Frau erscheint und dementsprechend behandelt wird (24,31; 33,59). Eine Ehe ist automatisch dann aufgelöst, wenn ein Ehepartner zum Heiden wird – Gläubigen ist es untersagt, heidnische Partner zu ehelichen – oder wenn der Ehemann vom Islam abfällt, denn eine muslimische Frau darf keinen Nicht-Muslimen heiraten.

Wenn eine Ehe durch Verstoßung der

Frau seitens des Mannes aufgelöst wird – eine dreimal bekräftigte Verstoßung gilt als endgültig und die Ehe damit auch ohne Gerichtsurteil als rechtskräftig geschieden –, dann steht der geschiedenen Frau das Recht auf ausreichende finanzielle Entschädigung und Absicherung zu. Nur wenn eine Frau wegen Unzucht verstoßen wurde, darf sie sofort aus dem Haus vertrieben werden; ansonsten ist eine Wartezeit einzuhalten, die drei Menstruationsperioden umfasst, um so eine eventuelle Schwangerschaft feststellen zu können (2,228; 65,1). In dieser Zeit hat der Mann die Frau mit Anstand und Güte zu behandeln (65,2–6).
Das Sorgerecht für die Kinder steht im Allgemeinen dem Vater (und nach ihm den nächsten männlichen Verwandten) zu; allerdings werden Jungen bis zum siebten und Mädchen bis zum neunten Lebensjahr der Mutter zugesprochen.

– Forderung nach Ehrlichkeit und Wahrhaftigkeit
Der Koran verbietet, falsche Aussagen zu machen (22,30) und falsches Zeugnis abzulegen (25,72). Die Gläubigen sollen „zutreffende Worte" sprechen, dann werden sie Gottes Wohlgefallen und Erbarmen erfahren (33,70–71). Ebenso werden Heuchelei (2,264), Unaufrichtigkeit (3,188), Mutmaßungen und Verdächtigungen (49,12), üble Nachrede (24,19) und Verleumdung (4,112) verurteilt.

– Wein- und Glücksspielverbot
Schließlich verbietet der Koran Wein und Glücksspiel (vgl. 2,219; 5,90–91; 16,67; 4,43; 5,90f.). Auch sind gewisse Speisen, u.a. Schweinefleisch, untersagt. Koran 5,3 fasst die diesbezüglichen Verbote zusammen.

Wertungen der menschlichen Handlungen
Der Moralkodex des Islams enthält – wie wir gesehen haben – eine Fülle von Geboten und Verboten. Gebotenes zu erfüllen und Verbotenes zu unterlassen ist die moralische Pflicht eines jeden mündigen Muslims. Die moralische Qualität einer menschlichen Handlung wird vom positiven Inhalt der koranischen Vorschriften bestimmt: Sie geben vor, was gut und was böse ist. Um die Übereinstimmung einer Handlung mit Gottes Gebot feststellen zu können, ist der durchschnittliche Muslim auf die Hilfe von fachkundigen Kanonisten und Theologen ('ulama') angewiesen. Sie fragen zum einen danach, ob faktisch das menschliche Tun den Bestimmungen des göttlichen Willens entspricht, zum anderen aber auch nach der Intention, die diesem Tun zu Grunde liegt.
Die menschlichen Handlungen werden entsprechend ihrer Gewichtigkeit, wie sie sich aus dem Gesetz Gottes ergibt, wie folgt klassifiziert:
– Eine Handlung ist *geboten*, wenn sie dem Menschen zur Pflicht gemacht ist. Wer ihr nachkommt, wird belohnt, wer sie missachtet, bestraft.
– Eine Handlung ist *empfohlen*, sofern sie dem Leben des Einzelnen wie der Gemeinschaft dient. Wer sich

daran hält, wird belohnt; wer sich nicht darum kümmert, setzt sich damit aber keiner Strafe aus.
– Eine Handlung ist *erlaubt*, sofern sie moralisch bzw. rechtlich wertneutral ist. Sie zieht weder Lohn noch Strafe nach sich.
– Eine Handlung ist *missbilligt*, wenn sie dem Gehorsam Gott gegenüber im Wege steht. Wer eine solche Handlung meidet, wird belohnt, ihre Ausführung steht allerdings nicht unter Strafe.
– Eine Handlung ist *verboten*, wenn ihre Unterlassung vorgeschrieben ist; wer sich danach richtet, d. h. sie nicht begeht, verdient Belohnung, wer sie hingegen ausführt, Strafe.

Die Sünden

Große und kleine Sünden

Bei den Sünden unterscheidet man gemeinhin zwei Gruppen: die „großen Sünden" und die „kleinen Sünden". Zu den großen Sünden gehören u. a. der Unglaube, der Ishrak, d. h. die Verehrung eines Wesens neben Gott, die Auflehnung gegen die Eltern, die Tötung eines Menschen und falscher Eid. Die Anzahl der großen Sünden schwankt in der Tradition zwischen vier und 17, was besagt, dass es auf die Frage, ob eine Sünde als groß oder klein einzustufen ist, keine eindeutige Antwort gibt.

Gottes Barmherzigkeit und Vergebungsbereitschaft

Dass Gott barmherzig und reich an Vergebung ist, bestätigt der Koran immer wieder (vgl. u. a. 2,173.182. 192.199.218 usw.). Gott vergibt, wem er will (vgl. u. a. 2,285; 3,129 usw.). Lediglich der Unglaube in seinen verschiedenen Schattierungen gilt als unverzeihliche Sünde (vgl. 4,48.116.137; 16,106–107; 2,217; 3,86–91).

Voraussetzungen für die Vergebung: Glaube und Nachfolge, Reue und Umkehr

Außer den erwähnten Formen des Unglaubens, die nicht verziehen werden, ist die Vergebung aller anderen Sünden grundsätzlich möglich. Vorbedingung dafür ist der Glaube (vgl. 20,73; 26,51; 46,31) und die Nachfolge des Propheten. Unter dieser Voraussetzung erlangt derjenige, der sich schwer vergangen hat, durch Reue und Umkehr (s. dort) Vergebung seiner Sünden (42,25; 4,17). Deswegen ruft der Koran die Gläubigen zu Reue und Buße auf (vgl. 24,31; 66,8; 5,74 u. a.). Wer um Vergebung bittet, wird sie erhalten (vgl. 3,135–136).

Abschließende Bemerkungen

Für die muslimische Moral sind drei Merkmale kennzeichnend:
1. Sie ist eine positive Moral, d. h. eine Moral des Gehorsams gegenüber den göttlichen Bestimmungen.
2. Sie greift die Inhalte der natürlichen Moral auf und schreibt sie als zwingendes Gesetz fest.
3. Damit ist sie ein Kapitel des islamischen Gesetzes, das alle Bereiche des menschlichen Lebens sowohl in Ehe und Familie als auch in Staat und Gesellschaft regelt.

Literatur: *L. Gardet,* Dieu et la destinée de l'homme, Paris 1967; *H. Stieglecker,* Die

Glaubenslehren des Islam, Paderborn [2]1983; *L. Hagemann*, Moralische Normen und ihre Begründung im Islam, Altenberge 1982; *ders.*, Schuld und Versöhnung im Islam, in: *B. Mensen (Hrsg.)*, Schuld und Versöhnung in verschiedenen Religionen, Nettetal 1986, 39–58: *P. Antes*, Ethik und Politik im Islam, Stuttgart 1982; *ders.*, Der Islam als politischer Faktor, Hannover [3]1997; *ders. u. a.*, Der Islam: Religion – Ethik – Politik, Stuttgart 1991; *A. Th. Khoury (Hrsg.)*, Die Weltreligionen und die Ethik (Herder spektrum 5648), Freiburg 2005, 174–208; *S. Balić*, Moral (islamisch), in: *A. Th. Khoury*, Lexikon religiöser Grundbegriffe. Judentum – Christentum – Islam, Graz/Wien/Köln [2]1996, 738–741.

L. Hagemann

Europa, Islam in

Die Situation der Muslime in Europa – hier verstanden als die Europäische Union – ist abhängig von der jeweiligen Geschichte der Beziehungen der einzelnen europäischen Staaten zur islamischen Welt. Die Lebensbedingungen und die rechtliche Stellung der Muslime unterscheidet sich je nachdem, ob ein europäisches Land eine autochthone muslimische Bevölkerung hat, ob es als Kolonialmacht muslimische Untertanen hatte oder ohne jeden intensiven Kontakt zum Islam gewesen war. Das unterschiedliche Staatskirchenrecht spielt ebenfalls eine Rolle. Eine gemeinsame europäische Politik im Bezug auf die muslimische Bevölkerung gibt es bisher nicht. Auf der anderen Seite haben muslimische Organisationen der einzelnen europäischen Staaten damit begonnen, sich auf europäischer Ebene zu organisieren, indem sie sich an den Vorbildern ihrer Umgebung orientieren. So gibt es seit einigen Jahren eine regelmäßig stattfindende europäische Imame-Konferenz. Auf diesen Konferenzen werden die verschiedenen Probleme von Muslimen in Europa besprochen. Die Konferenzen befinden sich in einem raschen Meinungsbildungsprozess, der mehr und mehr die europäischen Verhältnisse in seine Überlegungen einbezieht. Es ist nicht ausgeschlossen, dass sich hier eine Art „Euro-Islam" entwickelt.

Deutschland

Größere Zahlen von Muslimen kamen seit den 1960er Jahren als Arbeitsmigranten nach Westdeutschland und Westberlin. War zunächst Jugoslawien das Herkunftsland, gewann die Türkei in der Folge immer größeres Gewicht. In den 1970er Jahren wurden diese Personengruppen ergänzt durch Muslime aus dem Nahen Osten, aus Nord- und Westafrika, aus Iran und Afghanistan und schließlich, nach 1989, aus Albanien und Zentralasien. Zwei Drittel der Muslime stammen aus der Türkei. Siedlungsschwerpunkte in Deutschland sind die großen Städte der westdeutschen Industriegebiete und Berlin. Inzwischen finden sich Gruppen von Muslimen auch in kleineren Provinzstädten. Um das Jahr 2000 wurde die Zahl der Muslime in Deutschland auf ca. 3,2 Millionen geschätzt. In den großen Industriestädten entstanden erste Moscheegemeinden, die nach den Regeln des deutschen Vereinsrechts organisiert waren und häufig den Status der Gemeinnützigkeit hatten. In der Regel sind die einzelnen Moscheen den verschiedenen Herkunftsnationalitäten zugeordnet. Nur selten waren und sind sie als muslimische Gebetshäuser erkennbar. Sie befanden sich in Wohnungen, offenen Garagen oder leer stehenden Fabrikgebäuden. Häufig ging die Initiative zu den Moscheegründungen von Organisationen aus, die in den Herkunftsländern der Muslime aus unterschiedlichen Gründen verboten waren, sich in Deutschland aber auf das Grundrecht der Religionsfreiheit berufen konnten. Von Anfang an zeigten die verschiedenen Moscheegemeinden Spaltungstendenzen. Ende der 1970er Jahre übernahm die staatliche türkische Religionsbehörde mit ihrer Auslandsorganisation DITIB die Betreuung der Mehrzahl der türkischen Moscheen. Andere muslimische Staaten haben, soweit erkennbar, keine Bemühungen unternommen, um Einfluss auf die Moscheen zu gewinnen, in denen sich Muslime aus den jeweiligen Ländern versammeln. Neben DITIB gibt es heute zwei große muslimische Dachorganisationen, den „Zentralrat der Muslime in Deutschland" und den „Islamrat für die Bundesrepublik Deutschland". Derzeit gibt es Bemühungen, die beiden Dachverbände zusammenzuschließen. Die deutsche Mehrheitsbevölkerung und die muslimische Minderheit waren über Jahrzehnte davon ausgegangen, dass der Islam in Deutschland ein Phänomen von begrenzter Dauer darstellen werde. Die Migranten wie die Mehrheit der deutschen Bevölkerung, einschließlich ihrer Politiker, erwarteten eine Rückkehr der Migranten in ihre Herkunftsländer. Daher wurden die Muslime in der Öffentlichkeit kaum beachtet. Seit Mitte der 1990er Jahre hat sich hier auf allen Seiten ein Bewusstseinswandel eingestellt, der zu einer Reihe von Konflikten führte. Der Islam ist in Deutschland sichtbarer geworden, und die Muslime stellen Anspruch auf Gleichbehandlung mit den anderen großen Religionsgemeinschaften. Ein Teil dieser Ansprüche – z. B. islamischer Religionsunterricht, islamisches Begräbnis oder Moscheebauten – wird in teils konfliktreichen und langwierigen Auseinandersetzungen durchgesetzt. Problematisch bleibt die Forderung islamischer Verbände nach Anerkennung als Körperschaft des öffentlichen Rechts. Hier stoßen ein deutsches Staatskirchenrecht, das im Hinblick auf die Organisationsstrukturen der christlichen Kirchen in Deutschland formuliert wurde, und eine Religion mit einem geringen Grad der Hierarchisierung und Organisation aufeinander. Überzeugende Lösungskonzepte sind hier noch nicht entwickelt worden.

Frankreich

Die Geschichte des Islams in Frankreich geht auf die Kolonialzeit zurück. Die Mehrheitsbevölkerung hat über Jahrzehnte regelmäßig Kontakt mit Muslimen gehabt, deren Mehrheit aus dem frankophonen Afrika stammt. Heute leben etwa fünf Millionen Muslime in Frankreich; das entspricht ca. acht Prozent der

Gesamtbevölkerung. Da die französische Religionspolitik ein strikt laizistisches Programm verfolgt, entwickelte sich der Islam in Frankreich stärker unter dem Einfluss der Herkunftsländer der Muslime. Für die französische Verwaltung hat die Situation des Islams vor allem innenpolitische und damit auch sicherheitspolitische Aspekte. Das laizistische Moment führt nicht selten dazu, dass Konflikte sehr schnell einen grundsätzlichen Charakter erhalten. Als Beispiel sei auf die regelmäßig zu Schuljahresbeginn auftauchenden Auseinandersetzungen um muslimische Schülerinnen hingewiesen, die in staatlichen Schulen mit Kopftuch oder Schleier am Unterricht teilnehmen wollen. In Frankreich ist das Innenministerium und nicht etwa eine Kulturbehörde für Fragen des Islams zuständig. Die meisten Herkunftsstaaten bemühen sich durch entsprechende Organisationen, die Beziehungen der Migranten zu ihrer alten Heimat aufrechtzuerhalten. Diese Einflussnahme führte zur Bildung verschiedener nationaler islamischer Organisationen, bei denen die algerischen die meisten Mitglieder haben. Auch in Frankreich ist der Islam durch eine erhebliche nationale, ethnische und kulturelle Vielfalt geprägt, wohingegen eine Zusammenarbeit zwischen den verschiedenen Organisationen kaum stattfindet. Das französische Staatsbürgerschaftsrecht gesteht jedem, der in Frankreich geboren ist, die französische Staatsbürgerschaft zu. Daher ist eine Mehrheit der zweiten und dritten Migrantengeneration französisch. Da die muslimische Bevölkerung in Frankreich in der Mehrheit der sozialen Unterschicht angehört, die vor allem in den Vorstädten der großen Städte lebt, haben sich Ghettosituationen unterschiedlicher Intensität entwickelt, die zu kontinuierlich wachsenden sozialen Spannungen führen. Der französische Staat ist bemüht, diese permanente Konfliktsituation zu entspannen. Dazu ist die Unterstützung muslimischer Autoritäten erforderlich. Da sich die verschiedenen muslimischen Organisationen nicht auf eine gemeinsame offizielle Vertretung verständigen konnten, wurde auf staatliche Initiative hin eine Einrichtung geschaffen, die die Muslime in Frankreich gegenüber dem Staat repräsentiert und als dessen Ansprechpartner agiert. Es entstand der Conseil Français du Culte Musulman, dessen Repräsentanten in den Moscheegemeinden gewählt werden. Er soll nun die Interessen aller Muslime vertreten. Ob diese Einrichtung das Maß an Autorität gegenüber den Muslimen gewinnt, um sie effektiv zu vertreten, bleibt allerdings abzuwarten.

Spanien

Spanien ist das europäische Land, in dem der Islam, historisch bedingt, eine besondere Tradition hat. Darüber hinaus war das Land im Zeitalter der Moderne eine Kolonialmacht, die auch in Ländern mit muslimischer Bevölkerung herrschte. In das Spanien unserer Tage sind Muslime in größerer Zahl erst in den 1980er Jahren als Arbeitsmigranten eingewandert. Ihr organisatorischer Status ist sehr unsicher. Eine Mehrheit hält sich ohne offizielle Erlaubnis im Land auf. Sie stammen vor allem aus dem subsaharischen Afrika. Man geht von 400 000 Muslimen aus, was einem Anteil von einem Prozent an der Gesamtbevölkerung entspricht. Diese Zahl steigt derzeit aber beständig. Die rechtliche Stellung des Islams regelt ein Kooperationsabkommen aus dem Jahr 1992 zwischen dem spanischen Staat und der „Spanischen Islamischen Kommission" (CIE). Durch dieses Abkommen sind Muslime den Angehörigen anderer Religionsgemeinschaften rechtlich gleichgestellt. Die „Spanische Islamische Kommission" setzte sich zusammen aus den beiden islamischen Dachverbänden „Spanische Föderation islamischer religiöser Vereinigungen" (FEERI) und der „Union islamischer Gemeinschaften in Spanien" (UCIDE). Staatliche Förderung erhalten nur solche Moscheegemeinden und islamischen Gruppierungen, die sich einem der beiden Dachverbände angeschlossen haben. Die „Spanische Islamische Kommission" repräsentiert allerdings nur ca. 30 Prozent der in Spanien lebenden Muslime. Die große Zahl der illegalen Muslime in Spanien kann von keinem der Verbände offiziell vertreten werden. Daher sind Spannungen zwischen den in der „Kommission" organisierten Gruppen und einer dort nicht organisierten Mehrheit festzustellen. Dennoch erscheint das in Spanien praktizierte Modell des Umgangs mit muslimischen Zuwanderern durchaus vorbildhaft auch für andere europäische Staaten. Die vorhandenen Spannungen zwischen der spanischen Mehrheitsbevölkerung und den muslimischen Zuwanderern lassen sich so viel eindeutiger auf soziale Ursachen zurückführen, als das in anderen EU-Staaten der Fall ist.

Italien

Italien hat trotz seiner Kolonialvergangenheit bis in die 1980er Jahre keine nennenswerte muslimische Einwanderung zu verzeichnen. Diese Situation hat sich durch eine starke Arbeitsmigration geändert. Inzwischen geht man von ca. einer Million Muslimen aus, d. h. zwei Prozent der Gesamtbevölkerung. Bemerkenswert an dieser Zahl ist das soziale Phänomen, dass ca. 70 Prozent der Muslime Männer sind. Ein Familiennachzug hat bisher kaum stattgefunden. Viele muslimische Zuwanderer stammen aus Nordafrika und aus Schwarzafrika. Auch in Italien stellen organisatorische Schwächen das Hauptproblem des Islams in seiner öffentlichen Repräsentation dar. Es gibt zahlreiche religiöse Organisationen. Angeblich soll die „Muslim-Bruderschaft" starken Einfluss ausüben. Bruderschaften, wie die aus dem Senegal stammende Muridiyya, spielen ebenfalls eine gewisse Rolle. Die verschiedenen Gruppen befinden sich jedoch in einem offenen Konkurrenzkampf. Als Dachorganisation versteht sich die „Unione delle Comunità e delle Organizzazioni Islamiche in Italia", die behauptet, dass 80 Prozent der Moscheen und Gebetsplätze von ihr kontrolliert werden. Diese Ritualorte werden allerdings nur von fünf Prozent der Muslime regelmäßig besucht. Die am weitesten reichende öffentliche Präsenz hat das „Centro Culturale islamico d'Italia" und die mit ihm verbundene, 1995 eröffnete Moschee in Rom, eine Einrichtung, die durch die „Islamische Welt-Liga" finanziell gefördert wird. Die organisatorische Zersplitterung hat zu Überlegungen der italienischen Administration geführt, ein islamisches Konsultativgremium (Consulta Islamica) zu schaffen, das die Funktion des Ansprechpartners für offizielle italienische Stellen übernehmen könnte.

England

Auch in England ist die Mehrheitsbevölkerung auf Grund der britischen Kolonialgeschichte an den Umgang mit Muslimen gewöhnt. Deren Gesamtzahl beträgt etwa 1,6 Millionen, was einem Bevölkerungsanteil von ca. drei Prozent entspricht. Die Mehrzahl der Muslime stammt aus Südasien, vor allem aus Pakistan, und aus dem Nahen Osten. Sie konzentrieren sich vor allem in den industriellen Ballungsgebieten Mittelenglands. Dort bilden Muslime in einigen Regionen die Mehrheit der Bevölkerung. Da Migranten aus dem Bereich des Commonwealth bis in die 1970er Jahre die britische Staatsbürgerschaft ohne größere Schwierigkeiten erwerben konnten, spielen sie im politischen Leben eine deutlich wahrnehmbare Rolle. Muslime sind Bürgermeister, Mitglieder des Unter- und Oberhauses und Kabinettsmitglieder. Das britische Staatskirchenrecht lässt Religionsgemeinschaften außerhalb der anglikanischen Hochkirche einen weiten Handlungsspielraum, den auch muslimische Gemeinden nützen. Muslimische soziale und karitative Einrichtungen werden teilweise durch staatliche Mittel subsidiarisch unterstützt. Der Staat greift bisher aber kaum in die inneren Angelegenheiten der islamischen Einrichtungen ein. Inzwischen werden jedoch auch Forderungen nach einer repräsentativen Vertretung des Islams in England erhoben. Diese neue Entwicklung deutet darauf hin, dass eine Reihe von Problemen entstanden ist, die gemeinsam gelöst werden müssen.

Dänemark

In Dänemark leben ca. 150 000 Muslime, etwa drei Prozent der Gesamtbevölkerung. Sie stammen aus verschiedenen Ländern. In der Mehrzahl handelt es sich um Migranten, die vornehmlich aus politischen Gründen ihre Heimat verlassen haben. Erst seit kurzer Zeit besteht in Dänemark ein staatliches Zivilstandsrecht. Zuvor wurden Standesamtsangelegenheiten – auch solche der Muslime – von den protestantischen Pfarrern geregelt. Ein großes staatliches Interesse an einer Kooperation mit muslimischen Organisationen existierte bisher nicht. Auch deshalb ist der Organisationsgrad der Muslime gering. Sie erhalten Unterstützung vor allem von den großen internationalen islamischen Organisationen. Die Spannungen innerhalb und zwischen muslimischen Gruppen sind nicht zu übersehen. Typisch ist der Versuch der Gründung einer „Muslimernes Landesorganisation" im Jahr 2002. Mitglied in dieser Organisation können nur Muslime mit unbeschränkter Aufenthaltsgenehmigung oder dänische Staatsbürger werden. Damit wird die Mehrheit der in Dänemark lebenden Muslime ausgeschlossen.

Österreich

Österreich nimmt in seiner Politik gegenüber den Muslimen im Land eine besondere Position im Spektrum der EU-Staaten ein. Man geht von ca. 350 000 Muslimen in Österreich aus, was ca. vier Prozent der Gesamtbevölkerung entspricht. Aus historischen Gründen ist der Islam in Österreich eine staatlich anerkannte Religion wie die christlichen Kirchen und die jüdische Religionsgemeinschaft. Dank dieser formalrechtlichen Situation sind Probleme wie Religionsunterricht etc. für die Muslime in Österreich nicht vorhanden. Allerdings stellt sich auch hier die Frage der Repräsentanz. Die „Islamische Glaubensgemeinschaft in Österreich" und ihre Führung wird nicht von allen Muslimen anerkannt. Die „Islamische Glaubensgemeinschaft" ist jedoch in der Lage, die offiziellen Kontakte zu Behörden, politischen Parteien und den anderen Religionsgemeinschaften erfolgreich zu gestalten. Projekte, die in anderen europäischen Staaten noch durchgesetzt werden müssen – genannt sei etwa der islamischen Religionsunterricht –, sind hier eingeführte Praxis. Es besteht auch eine staatliche „Islamische Religionspädagogische Akademie" für die Ausbildung muslimischer Religionslehrer.

Literatur: *J. Klausen,* Europäische muslimische Eliten, Frankfurt 2006; *P. Lewis,* Islamic Britain. Religion, Politics and Identity among British Muslims, London 1994; *J. S. Nielsen (Ed.),* Muslims in the Enlarged Europe. Religion and Society, Leiden 2003; *J. Martinez Torrón,* Lo statuto giuridico dell Islam in Spagna, in: Quaderni di dritto e politica ecclesiastica 1996, S. 53–80.

P. HEINE

Evangelische Kirchen und Islam

Das Verhältnis zwischen den Evangelischen Kirchen und dem Islam muss für lange Zeiten der Geschichte als negativ bezeichnet werden. Von der Bedrohung durch den Islam war nicht nur zu Zeiten, da eine militärische Bedrohung durch einen islamischen Staat wie das Osmanische Reich tatsächlich angenommen werden konnte, sondern auch in der Folgezeit häufig die Rede. Die Konkurrenz des Islams in der Missionierung Schwarzafrikas wurde immer wieder negativ vermerkt, vermeintlich antidemokratische Tendenzen des Islams vor allem in Publikationen der 1960er Jahre hervorgehoben, und im Nahostkonflikt sahen sich viele evangelische Christen auf der Seite Israels. Erst in der Folge der Vollversammlung des Ökumenischen Rates der Kirchen in Addis Abeba (1971) begannen die Evangelischen Kirchen, sich intensiver und objektiver mit dem Islam auseinander zu setzen. Dabei ging es zunächst einmal um die Vermittlung von Informationen über den Islam, was sich angesichts der großen Zahl von Muslimen, die sich als Gastarbeiter und bald auch als Asylbewerber in den westeuropäischen Industriestaaten aufhielten, dringend notwendig war. Diese Informationen bemühen sich vor allem um Verständnis für die Schwierigkeiten, denen sich Muslime in einer für sie fremden Gesellschaft gegenübersehen. Eine theologische Auseinandersetzung mit dem Islam fand von evangelischer Seite her lange Zeit nicht statt. Ursache dafür mag wohl gewesen sein, dass man den christlich-islamischen Dialog nicht durch allzu frühe Festlegungen erschweren wollte. Erste Überlegungen zu einer theologischen Bewertung des Islams sind erst in Ansätzen vorhanden. Es ist hier zu erwarten, dass diese theologische Auseinandersetzung mit dem Islam in einem engen Verbund mit katholischen Theologen vonstatten gehen wird.

Literatur: *M. S. Abdallah,* Geschichte des Islams in Deutschland, Graz 1981; *M. Voigt,* Die Haltung der evangelischen Kirche zum Islam in der Bundesrepublik Deutschland, Münster 1984 (Magister-Arbeit); *M. Tworuschka,* Analyse der evangelischen Religionsbücher zum Thema Islam, Braunschweig 1986.

P. Heine

Evangelium

Mit dem Evangelium (al-indjil) bezeichnet der Koran insgesamt die Heiligen Schriften der Christen. Offensichtlich hat Muhammad nichts von der Vierzahl der Evangelien und den übrigen neutestamentlichen Schriften gewusst. Quantitativ stehen die neutestamentlichen Erzählungen weit hinter denen aus dem Alten Testament zurück. Sie beschränken sich, von verstreuten Passagen abgesehen, auf die Suren 3,33–57; 5,110–120; 19,1–33. Hinzu kommt Sure 4,157–158, wo die Kreuzigung Jesu geleugnet wird. An neutestamentlichen Personen sind im Koran lediglich Zacharias, Johannes der Täufer, Maria und Jesus genannt. Die Apostel und Jünger Jesu sind nicht namentlich erwähnt. Der Inhalt der Botschaft Jesu, wie sie im Neuen Testament zu finden ist, gilt als verfälscht (s. auch Verfälschung).

Literatur: *s. Bibel.*

L. Hagemann

Ewigkeit

Obwohl das gesamte Leben des Muslims auf die Ewigkeit hin ausgerichtet sein soll, indem er bei all seinem Tun und Handeln darauf achtet, ob es ihm das Paradies einbringt oder den ewigen Aufenthalt im Höllenfeuer, haben sich die Muslime um den Begriff der Ewigkeit (arab.: dahr) nur wenige Gedanken gemacht. Gott ist ewig in dem Sinn, dass er weder Anfang noch Ende hat. Er ist aus sich selbst ur-ewig (qadim li-nafsihi). Prophetentraditionen machen deutlich, dass Gott geradezu als „die Ewigkeit“ angesehen wird; und nach der Lehre einiger islamischer Sonderformen wie der Zahiriyya ist einer der Beinamen Gottes „al-dahr“ (Ewigkeit). Allerdings hat es hinsichtlich der entsprechenden Terminologie sehr unterschiedliche Praktiken gegeben. Manche Denker des islamischen Mittelalters waren der Ansicht, dass kein Terminus die Unendlichkeit Gottes erfassen könne. Eines der großen Konfliktthemen in den Auseinandersetzungen zwischen der Muʿtazila (s. Sunnismus) und den Vertretern einer traditionellen Form von Islam war die Frage, ob der Koran von seinem Anfang her ewig sei. Während die Muʿtazila meinte, dass das Heilige Buch der Muslime an einem bestimmten Zeitpunkt von Gott geschaffen worden sei, beharrten deren Gegner darauf, dass der Koran unerschaffen und damit auch von seinem Anfang her ewig sei. Auch die Namen Gottes hielten sie in diesem Sinne für ewig.

Literatur: *E. Behler,* Die Ewigkeit der Welt. Schen Teil 1, München 1965; *H. Daiber,* Das theologisch-philosophische System des Muʿammar ibn Abbad as-Sulami, Beirut 1965; *I. Goldziher,* Muhammedanische Studien, Halle 1888; *Adel Th. Khoury,* Der Islam. Sein Glaube – seine Lebensordnung – sein Anspruch, Freiburg [6]2001.

P. Heine

Exegese

Um die Botschaft des Korans richtig zu verstehen und ihre Lehrinhalte und gesetzlichen Bestimmungen festzustellen, haben die Muslime sehr früh Auslegungsmethoden entwickelt und angewandt.

Die Sprache des Korans wurde durch grammatikalische Analysen und durch Heranziehung von Belegen aus der arabischen Literatur (vor allem aus der Dichtkunst) durchleuchtet. Auf diese Weise führte die philologische Koranauslegung zur Sammlung eines literarischen Materials von unschätzbarem Wert.

Zum besseren Verständnis des Inhalts der koranischen Verse diente die Berücksichtigung der Tradition früherer Kommentatoren, vor allem derer, die mit Muhammad gelebt und die Begleitumstände besser und genauer gekannt haben. Eine wichtige Hilfe zur Erhellung schwieriger Stellen war aber die Berücksichtigung der Gründe und Anlässe, die zur Herabsendung der Offenbarung geführt haben (asbab al-nuzul).

Mit der Zeit gewannen die apologetische Richtung und die theologische Reflexion an Bedeutung. So bemühten sich die Kommentatoren, die Meinungen der verschiedenen Schulen zu erwähnen oder gar sie bei der Erläuterung koranischer Stellen direkt heranzuziehen. Das gleiche gilt für die Bemühung der Rechtsgelehrten aus den Texten des Korans die Bestimmungen herauszuarbeiten, die die Grundlage des islamischen Gesetzes bildeten.

Unter den unzähligen Korankommentaren seien nur folgende erwähnt:

Der Kommentar von al-Tabari (839–923) ist sehr umfangreich. Er beruft sich auf die Deutungen der früheren Überlieferungen, die er auch wiedergibt, und auf das literarische und lexikografische Material der arabischen Tradition. Außerdem versucht er, die Bestimmungen des Korans in Zusammenhang mit den Umständen zu sehen, die zur Festlegung einer praktischen Anweisung führten.

Der vierbändige Kommentar des Theologen al-Zamakhshari (1075–1145) ist wertvoll, denn er ist bemüht, die theologische Position der

Muʿtaziliten auf der Grundlage des koranischen Textes zu bestätigen.
Wegen seines unermesslichen theologischen Wertes und seiner denkerischen Leistung ist der Kommentar des Ashʿariten Fakhr al-Din al-Razi (gest. 1210) zu erwähnen.
Der jüngere Kommentar von al-Manar (einer ägyptischen Zeitschrift) geht auf die Arbeit von Muhammad ʿAbduh (1849–1905) und vor allem seinem Schüler Rashid Rida (gest. 1935) zurück. Er bemüht sich vornehmlich um die Ausarbeitung religiöser, apologetischer, moralischer und juristischer Positionen im Hinblick auf die Herausforderung der modernen Zeit, der westlichen Zivilisation des beginnenden 20. Jahrhunderts und des christlichen Gedankengutes.
Ein für Rechtsgelehrte wichtiger Kommentar ist der von al-Qurtubi (gest. 1273).
Unter den Kurzkommentaren des Korans sind der von Baydawi (gest. 1286 oder 1291) und der von den beiden Djalal al-Mahalli (1388–1459) und al-Suyuti (1455–1505), ziemlich verbreitet.
Endlich sei noch erwähnt, dass der Mystiker Ibn al-Arabi (gest. 1240) einen beachtenswerten Kommentar schrieb, in dem er vor allem die Vorstellungen und Auffassungen mystischer Schulen berücksichtigt.
Der neueste Kommentar (zu 14 kurzen Suren), der versucht, den Koran nach Grundsätzen der historisch-kritischen Methode auszulegen, fand keine Zustimmung in der islamischen Welt. Er ist das Werk des Kairoer Gelehrten al-Khuli (gest. 1967). Der Kommentar in zwei Bänden wurde erst 1966 und 1969 veröffentlicht. Neuere Ansätze einer historisch-semantischen Exegese (Mohammed Arkoun von der Sorbonne/Paris) werden argwöhnisch betrachtet und müssen selbst erst weiterentwickelt und unter Beweis konkreter exegetischer Arbeit gestellt werden.
Neben diesen sunnitischen Kommentaren sind noch schiitische zu erwähnen. Die bekanntesten sind die von Tusi (11. Jh.) und von al-Tabarsi (13. Jh.) sowie das moderne Werk von Tabatabaʾi.

Literatur: *I. Goldziher,* Die Richtungen der koranischen Auslegung, Leiden 1920 (Neudruck 1952); *Nöldeke/Schwally,* Geschichte des Qorans II, Leipzig 1919 (Neudruck: Hildesheim 1961), 156–184; *J. Jomier,* Le commentaire coranique du Manar, Paris 1954; *J. M. S. Baljon,* Modern Muslim Koran Interpretation (1880–1960), Leiden 1961; *F. Sezgin,* Geschichte des arabischen Schrifttums I, Leiden 1967, 19–49; *J. J. G. Jansen,* The Interpretation of the Koran in Modern Egypt, Leiden 1974; *A. Th. Khoury,* Der Koran. Übersetzung und wissenschaftlicher Kommentar Bd. I–XII, Gütersloh 1990–2001.

A. Th. Khoury

F

Familie ↗ *Ehe*

Fasten

Inhalt der Fastenpflicht

Das Fasten ist neben dem täglichen Pflichtgebet die religiöse Pflicht der Muslime, in der sich auch nach außen am deutlichsten die Zugehörigkeit zur Gemeinschaft der Gläubigen ausdrückt. Der Koran bestimmt den Monat Ramadan zum Fastenmonat, in dem Muslime von dem Zeitpunkt an, da man einen weißen von einem schwarzen Faden unterscheiden kann, bis zum Sonnenuntergang sich jeder flüssigen oder festen Nahrung, aber auch des Rauchens enthalten müssen. Verboten ist in dieser Zeit auch der Geschlechtsverkehr. Nach Sonnenuntergang bestehen diese Verbote nicht mehr.

Da der Ramadan entsprechend dem islamischen Mondjahr durch den Jahreskreis wandert, stellt die Fastenpflicht eine jahreszeitlich wechselnde Beschwernis dar. Der Fastenmonat ist auch eine Zeit, in der sich die Muslime bemühen, besonders sorgfältig ihren anderen religiösen Pflichten nachzukommen und sich möglichst aller negativen Handlungen zu enthalten. Der Fastende bemüht sich um die Beilegung von Konflikten, und viele Muslime verbringen lange Phasen dieses Monats in der Moschee.

Der Ramadan gilt als eine besonders gnadenvolle Zeit. Vom Propheten wird berichtet, dass er gesagt habe: „Wenn jemand im Ramadan seine Pflicht erfüllt, gleicht dies 70 in anderen Monaten erfüllten Pflichten. Er ist der Monat der Geduld, und der Lohn der Geduld ist das Paradies. Er ist der Monat der Versöhnung, er ist der Monat, in dem sich der Lebensunterhalt der Gläubigen mehrt. Er ist ein Monat, dessen Beginn Barmherzigkeit, dessen Mitte Vergebung und dessen Ende Befreiung vom Höllenfeuer ist." Als besonders heilig gilt die Nacht des 27. Ramadan, die „Laylat al-Qadr" (Nacht der Bestimmung), in der die erste Koran-Offenbarung erfolgt sein soll.

Bitten, die man in dieser Nacht an Gott richtet, werden erhört.

Die Muslime sind stolz darauf, die Belastungen des Fastens ertragen zu können, und nehmen sie gerne auf sich. Kinder und Heranwachsende nehmen möglichst früh am Fasten teil. Vom Fasten suspendiert sind Kranke, Reisende, Schwangere, Stillende und Menstruierende. Ihnen wird empfohlen, die versäumten Fasttage nachzuholen. Wer das Fasten schuldhaft bricht, kann diese Sünde durch die Speisung von Armen wieder gutmachen.

Gemeinschaftliche Dimension

Wie kaum zu einer anderen Zeit des Jahres fühlen sich die Muslime im

Ramadan als eine große Gemeinschaft. Das öffentliche Leben ist in dieser Zeit ganz auf den Islam ausgerichtet. Tagsüber finden soziale, geschäftliche oder administrative Interaktionen kaum statt. Behörden haben verkürzte Öffnungszeiten und Geschäfte sind geschlossen. Die verschiedenen Medien gehen in ihrer Berichterstattung ausführlich auf den Ramadan ein. Zeitungen veröffentlichen umfangreiche Artikel mit religiösem Inhalt, in Rundfunk und Fernsehen werden Koran-Rezitationen und andere religiöse Veranstaltungen gesendet. Der Ramadan ist auch die Zeit vielfältiger sozialer Aktivitäten. In manchen Ländern gibt es ausgearbeitete Besuchsrituale, die zu verletzen schwere Sanktionen nach sich ziehen kann. Das gemeinsame abendliche Fastenbrechen ist ein Vorgang, bei dem soziale Beziehungen vertieft und gefestigt werden. Auf der anderen Seite bringt das Fasten, zumal in den heißen Sommermonaten, erhebliche körperliche Belastungen mit sich. In vielen Fällen wird in den Nächten des Ramadan mehr gegessen, als es in den übrigen Monaten den Tag über üblich ist. Es haben sich zahlreiche, kalorienreiche Fastenspeisen entwickelt.

Die Nächte werden mit öffentlichen Zerstreuungen wie Kirmesveranstaltungen, Märchenerzählern u. Ä. verbracht und der Tag verschlafen.

Da es heute kaum möglich ist, das gesamte öffentliche Leben auf die Beschwernisse des Fastens einzustellen, steigt die Zahl der verschiedensten Unfälle in islamischen Ländern signifikant und die Arbeitsproduktivität geht erheblich zurück. Die übliche und allseits akzeptierte Entschuldigung in diesen und anderen Fällen ist der Hinweis auf das Fasten. Verschiedene Politiker islamischer Staaten haben versucht, durch Aufklärungs-Aktionen, durch die Bestellung entsprechender Gutachten von islamischen Rechtsgelehrten und durch ihr eigenes Beispiel die Fastenregeln zu verändern. Diese Versuche sind jedoch ohne Erfolg geblieben. Islamische Rechtsgelehrte, die mit der Arbeit von Hochofenarbeitern konfrontiert wurden, haben trotz der anerkannten Belastungen dagegen auf Einhaltung der Regeln bestanden. Sie erklärten jedoch, dass dies nur so lange zu verlangen sei, als die Gesundheit der Arbeiter keinen schweren Schaden nähme. In keinem Bereich tritt die geringe Flexibilität des islamischen Rechts hinsichtlich der Erfordernisse einer modernen Industriegesellschaft so deutlich zu Tage wie beim Fasten im Ramadan.

Weitere Fastentage

Neben dem Fasten im Ramadan kennt der Islam noch einige weitere Fastentage, die teils allgemeinen, teils regionalen Charakter haben. So wird in der gesamten islamischen, vor allem aber in der schiitischen Welt am ʿAshura'-Tag, dem 10. Muharram des islamischen Jahres, des Todes des Prophetenenkels Husain mit einem Fasten gedacht. Auch auf die Geburtstagsfeiern von bedeutenden muslimischen Heiligen bereiten sich fromme Muslime durch Fasten vor. Schließlich ist das Fasten eine der wichtigen Übungen der mystischen Praxis im Islam. Von vielen bedeutenden muslimischen Mystikern wird berichtet, dass sie intensiv gefastet haben, um so der Vereinigung mit Gott, der mystischen Ekstase, näher zu kommen.

Literatur: *K. Lech,* Geschichte des islamischen Kultus. Das Ramadan-Fasten, Wiesbaden 1979; *D. Goitein,* Ramadan. The Muslim Month of Fasting, in: Studies in Islamic History and Institutions. Leiden 1966, 90–110; *K. Wagtendonk,* Fasting in the Koran, Leiden 1965; *J. Jomier/ J. Corbon,* Le Ramadan au Caire en 1956, in: Mélanges Institut Dominicain d'études Orientales 3 (1956), 1–74; *M. Buitehaar,* Fasting and Feasting in Marocco, Oxford 1993.

P. Heine

Fatima

Tochter des Propheten Muhammad und seiner ersten Frau Khadidja, Ehefrau von ʿAli Ibn Abi Talib und Mutter der Prophetenenkels Hasan und Husain. Sie ist das einzige Kind Muhammads, das älter wurde und so in der Lage war, die Familie des Propheten weiterzuführen. Wegen der historischen und religiösen Bedeutung ihres Gatten und ihrer Kinder, aber auch weil sie ihrem Vater sehr nahe war, wird sie in der gesamten islamischen Welt verehrt.

Der Name Fatima ist ein sehr beliebter Mädchenname, und die Tatsache, dass man das Amulett, das eine geschlossene Hand darstellt und das als Schutz gegen den „bösen Blick" verwendet wird, als „Hand der Fatima" bezeichnet, zeigt, als wie mächtig diese Frau angesehen wird. Es sind vor allem die Schiiten, die sie zu den großen Heiligen des Islams zählen. Bekannt ist, dass sie sich nach der Schlacht von Uhud um die Wunden ihres Vaters und ihres Mannes kümmerte und es sich zur Gewohnheit machte, an den Gräbern der im Glaubenskampf gefallenen Muslime zu beten.

Auch auf andere Weise war sie an den Auseinandersetzungen zwischen Muhammad und seiner Vaterstadt beteiligt. Im Unterschied zu den Frauen des Propheten wird Fatima zu den „Ahl al-Kisaʾ" (den Leuten des Mantels) gerechnet, zu denen neben ihr ihr Mann ʿAli und ihre Kinder, Hasan und Husain, gezählt werden. Die Bezeichnung „Ahl al-Kisaʾ" geht auf die Tradition zurück, dass Muhammad sie bei verschiedenen Gelegenheiten unter seinen Mantel genommen und damit seine besondere Verbundenheit mit ihnen dokumentiert habe. Für die Schiiten und auch für viele Sunniten ist die „Ahl al-Kisaʾ" identisch mit der „Ahl al-Bait", den „Leuten des Hauses, die in besonderer Weise aus der Zahl der Gläubigen herausgehoben sind. Im Gegensatz zu ʿA'isha, der Lieblingsfrau des Propheten Muhammad, hat sich Fatima an politischen Auseinandersetzungen kaum beteiligt, wenn auch schiitische Quellen hier andere Aussagen machen. Diese Haltung trifft vor allem für die Zeit nach dem Tod Muhammads zu, als die Auseinandersetzungen um die politische Führung der Gemeinde geführt wurden. Belegt ist dagegen eine Missstimmung zwischen ihr und Abu Bakr um das Erbe Muhammads. In diesem Fall konnte sie sich jedoch nicht durchsetzen. Fatima starb im Jahre 11 der Hidjra (632/33). Doch ist das genaue Datum ihres Todes nicht bekannt.

Diese im Grunde wenig spektakuläre Biografie hat im Laufe der islamischen Geschichte vor allem von schiitischer Seite zahlreiche Ausschmückungen erfahren. So wird schon ihre Empfängnis mit Legenden, in denen auch der Engel Gabriel eine Rolle spielt, in Verbindung gebracht. In vielen Texten wird Fatima nicht nur als „al-Zahra'" (die Leuchtende), sondern auch als „al-Batul" (die Jungfrau) bezeichnet. An mehreren Stellen wird sie mit Maria verglichen, wenn sie dieser nach muslimischer Anschauung auch überlegen ist. Sie ist die Frau der Frauen. Gott hat sie nach diesen Vorstellungen zur Herrin aller Frauen in dieser Welt und der künftigen gemacht. Nach schiitischer Ansicht war die bereits gestorbene Fatima bei der Schlacht von Kerbela anwesend.

In der westlichen Orientalistik ist das Bild der Fatima durch die sehr kritische Untersuchung von Lammens und die geradezu hymnische Darstellung von Massignon, der deutliche Parallelen zu Maria zieht, geprägt worden. Man wird wohl feststellen können, dass die tatsächliche historische Rolle der Fatima wie die Marias in einer patriarchalischen Gesellschaft gering eingeschätzt werden muss. Die sich im Verlauf der Geschichte entwickelnde Verehrung der Tochter Muhammads in ebendieser von Männern dominierten Gesellschaft stellt eine Parallele zu Maria im Christentum dar.

Literatur: *H. Lammens,* Fatima et les filles de Mahomet. Notes critiques pour l'étude de la Sira, Rom 1912; *L. Massignon,* Der gnostische Kultus der Fatima im schiitischen Islam, in: Eranos Jahrbücher 1938; *ders.,* La Mubahala de Médine et l'hyperdulie de Fatima, Paris 1955; *B. A. Donaldson,* The Wild Rue. A Study of Muhammadan Magic and Folklore in Iran, London 1938; *R. Loeffler,* Islam in Practice, New York 1988; *Z. Sadeghi,* Fatima in Qum, Berlin 1996.

P. Heine

Fatwa

Rechtsgutachten, die dafür ausgebildete Gelehrte (mufti) erstatten, werden in der islamischen Welt mit dem arabischen Begriff „Fatwa" (eigentlich: Meinung zu einer Rechtsfrage) bezeichnet. Da die Muslime schon früh erkennen mussten, dass ihre wichtigsten Rechtsquellen, Koran und Prophetentraditionen (hadith), nicht in allen Fragen des zivilen und religiösen Lebens eine Antwort geben, entwickelten sich zwei weitere Quellen für die Rechtsfindung, der Konsens der Gelehrten (idjmaʿ) und der Analogienschluss (qiyas). Im Übrigen waren die Muslime in der sich ausbreitenden islamischen Welt mit anderen traditionellen Rechtssystemen konfrontiert, die mit dem islamischen Recht harmonisiert werden mussten. Unsicherheiten ergaben sich um Fragen des Landbesitzes, Erbregelungen oder Heiratsregeln. Schließlich müssen in der Gegenwart die unterschiedlichsten technischen (wie Radio und Fernsehen), medizinischen (wie Geburtenregelung oder Organspende), sozialen (wie die Stellung der Frau in modernen Industriegesellschaften) und politischen (wie die Bildung von Gewerkschaften oder die Rolle des Kommunismus) Entwicklungen auf ihre Übereinstimmung mit den Lehren des Islams hin überprüft werden. Daher war und ist eine ständige Inanspruchnahme von Personen erforderlich, die durch ein oft lebenslanges Studium zur Erteilung von Rechtsgutachten befähigt sind. Dabei kann es sich um Männer oder Frauen handeln. Körperliche Gebrechen wie Blindheit hindern nicht an der Ausübung dieser Tätigkeit. Derartige Gutachten können von Privatpersonen, aber auch von staatlichen Institutionen angefordert werden. In vielen juristischen Werken werden staatliche Autoritäten geradezu dringend aufgefordert, den Rat der Rechtsgelehrten bei ihren Entscheidungen zu suchen. Aus dieser Forderung entwickelte sich zunächst im muslimischen Andalusien, aber dann auch in vielen anderen Staaten der islamischen Welt die Institution des Mufti-Amtes, das die Entscheidungen staatlicher Autoritäten auf ihre religiöse Unbedenklichkeit hin überprüfte. Private Rechtsgutachten werden von den Auftraggebern bezahlt. Die Angehörigen der institutionalisierten Mufti-Ämter erhalten ein staatliches Salär und befinden sich daher in einer gewissen Abhängigkeit von den Autoritäten, deren Handlungen sie überwachen sollen.

Die Verbindlichkeit und Autorität eines Fatwa ist im sunnitischen Islam abhängig von der Gelehrsamkeit und der Lebensführung des Muftis und der sozialen und intellektuellen Differenz zwischen diesem und dem Auftraggeber des Gutachtens. Falls der Auftraggeber mit dem Ergebnis des Gutachtens nicht einverstanden ist, ist er nicht daran gebunden und kann zu derselben Frage einen anderen Gutachter um Rat bitten. Privatpersonen kommen auch dann um ein Fatwa ein, wenn sie in juristischen Auseinandersetzungen überprüfen wollen, ob sie bei einer richterlichen Entscheidung vor einem Gericht, die sie akzeptieren müssen, obsiegen werden. Falls sie damit nicht rechnen können, haben sie die Möglichkeit, eine gütliche Einigung mit ihren Gegnern herbeizuführen. Im schiitischen Islam besteht dagegen ein starkes Autoritätsverhältnis zwischen dem Mufti und dem, der ihn um Rat fragt. Hat ein Schiit einmal einen Gelehrten in einer religiösen oder zivilen Frage um einen Rat gebeten, so muss er dessen rechtliche Entscheidung auch befolgen und sich auch bei allen zukünftigen Fällen an ihn wenden. Diese Regelung hatte zur Konsequenz, dass in der schiitischen Welt eine deutlich strukturierte religiöse Hierarchie entstanden ist.

Literatur: *A. Juynboll,* Handbuch des islamischen Gesetzes, Leiden 1910; *J. Schacht,* The Origins of Muhammadan Jurisprudence, Oxford 1959; *B. Messik,* The Mufti, the Text and the World. Legal Interpretation in Yemen, in: Man 21 (1986), 102–119; *B. Krawietz,* Die Hurma, Berlin 1990, 65–90; *H. Krüger,* Fatwa und Siyar, Wiesbaden 1978.

P. Heine

Fest/Festkalender

Opferfest und Fest des Fastenbrechens
Das muslimische Jahr kennt zwei kanonische Feste: das Opferfest (ʿid al-adha), das am 10. Dhu l-Hidjja gefeiert wird, und das Fest des Fastenbrechens (ʿid al-fitr), das am 1. Shawwal beginnt. Beide Feste dauern drei bis vier Tage. Die Muslime bereiten sich auf diese Feste in verschiedener Weise vor. Äußerlich erkennbar ist, dass sie, vor allem am Fest des Fastenbrechens, neue oder wenigstens ihre besten Kleider anlegen. Sie besuchen und beschenken sich aus Anlass der Feste gegenseitig. Auch Christen oder Juden besuchen und beglückwünschen an diesem Tag ihre muslimischen Nachbarn. Auch der Besuch der Gräber der Angehörigen gehört zu den Praktiken dieser Festtage.
Am Opferfest, das als ranghöher angesehen wird, gedenken die Muslime des Opfers Abrahams, der auf den Befehl Gottes hin bereit war, seinen Sohn Ismail zu opfern. An seine Stelle trat auf Gottes Geheiß hin ein Lamm. In Erinnerung an diesen Vorgang schlachtet jede muslimische Familie, die dazu finanziell in der Lage ist, an diesem Tag ein Lamm oder eine Ziege.
Da diese Schlachtung auch Teil des Wallfahrtsrituals ist, sind dadurch alle Muslime der Welt mit den Pilgern in der Umgebung von Mekka verbunden. Teile des Opfertieres werden bei einem gemeinsamen Mahl verzehrt, das Übrige wird an die Armen verschenkt.
Das Fest des Fastenbrechens kennt dagegen kein spezielles Ritual. Es kennzeichnet lediglich das Ende des Fastenmonats Ramadan. Beiden Festen gemeinsam ist der vorgeschriebene Vollzug eines Gemeinschaftsgebets, der „Salat al-ʿId", an dem sich die ganze Gemeinde beteiligt. Dieses Gebet unterscheidet sich in seiner rituellen Form vom üblichen Gemeinschaftsgebet am Freitagmittag und ähnelt den Gebeten, die die muslimischen Gemeinden in Zeiten der Trockenheit oder bei anderen Naturkatastrophen durchführen.

Heiligenfeste
Neben diesen islamischen Hochfesten kennen die Muslime noch eine Anzahl weiterer Feste, die zum Teil nur einen regionalen Charakter haben. Es handelt sich dabei um Feste, an denen des Geburtstages eines islamischen Heiligen gedacht wird. Von überregionaler Bedeutung ist das Fest des Geburtstags des Propheten Muhammad (maulid an-Nabi), an dem sich Männer und Frauen getrennt zu rituellen Versammlungen treffen. Sie rezitieren bei dieser Gelegenheit besondere Episoden aus der Biografie des Propheten Muhammad. In einigen Gegenden werden die Kinder an diesem Tag mit Zuckerwerk beschenkt. Neben diesem Fest gibt es zahlreiche regional geprägte Feste, das des ägyptischen Nationalheiligen, Ahmad al-Badawi. Aus Anlass seines Geburtstages versammeln sich Hunderttausende in Tanta, seiner Geburtsstadt, zu Umzügen, religiösen Übungen und eher weltlichem Amüsement.
Vergleichbare Veranstaltungen fin-

den sich für diesen und andere islamische Heilige auch bis hinunter auf die lokale Ebene.

Feste der Schiiten

Besondere Festlichkeiten stellen die Trauerfeste der Schiiten dar. Am 10. Muharram, dem ʿAshuraʾ-Tag, finden Wallfahrten zu den Gräbern der schiitischen Märtyrer statt. Gemeinsame Lesungen aus den Märtyrerbiografien werden in Privathäusern abgehalten. Spezielle Speisen werden zubereitet. Man macht Kondolenzbesuche und legt eine spezielle Trauerkleidung an. In szenischen Darstellungen (taʿziya) und Umzügen werden die Leiden dieser Heiligen in Erinnerung gebracht, und Flagellanten-Prozessionen durchziehen die Straßen schiitischer Städte und Viertel.

Feste nicht-islamischen Ursprungs

Einige Feste, die heute noch in der islamischen Welt begangen werden, haben keinen islamischen Ursprung. Sie lassen sich häufig auf Feste zurückführen, die in den entsprechenden Regionen schon in vorislamischer Zeit gefeiert wurden. In diese Kategorie gehören die Neujahrsfeste im Iran (nauruz) oder in Syrien, das Fest aus Anlass der Nilschwelle in Ägypten und einige Feste, die mit dem europäischen Karneval zu vergleichen sind und offenbar einen altorientalischen Ursprung haben. Aus diesem Anlass wurden aus der Gruppe der Bettler oder der Studenten Sultane gewählt, die einen Tag lang an Stelle des Herrschers die Macht innehatten.

Literatur: *G. E. von Grunebaum,* Muhammadan Festivals, New York 1951; *R. Kriss/H. Kriss-Heinrich,* Volksglaube im Bereich des Islams, 2 Bde., Wiesbaden 1960/1962; *M. Buitehaar,* Fasting and Feasting in Marocco, Oxford 1993; *M. Rasched,* Das Osterfest im heutigen Ägypten, Berlin 1998.

P. HEINE

Frau

Wichtige Aussagen des Islams über die Frau befinden sich im Beitrag über Ehe und Familie. Hier sollen nur Ergänzungen gemacht und Gesichtspunkte erörtert werden, die dort nicht oder nur indirekt angesprochen wurden.
Man muss zwischen dem religiösen, dem rechtlichen und dem kulturellen Bereich unterscheiden.

Religiöser Bereich

Im religiösen Bereich geht der Islam von einer Gleichheit und Gleichstellung von Mann und Frau aus. Die Pflicht, zu glauben und das Gute zu tun, betrifft alle Muslime, und die Belohnung für die Treue sowie die Bestrafung für den Ungehorsam ist bei Gott für die Frauen wie für die Männer bestimmt (40,40). Bei der Erfüllung der religiösen Pflichten (Glaubensbekenntnis, Pflichtgebet, Fasten, gesetzliche Abgabe, Wallfahrt nach Mekka) können jedoch der Frau Konzessionen gemacht werden, die mit ihrer biologischen Beschaffenheit oder mit ihrer sozialen Umwelt zusammenhängen. So werden die Frauen während ihrer Menstruation von der Erfüllung des Pflichtgebets befreit (wegen der Reinheitsvorschriften gelten die Frauen für die Dauer ihrer Regel als kultunfähig, wie im Judentum und in anderen Religionen); Schwangere und stillende Frauen brauchen nicht zu fasten; die Frauen sind nur dann angehalten, die Wallfahrt zu leisten, wenn ihnen das nötige Geld und die nötige Begleitung bereitgestellt werden; die Frauen haben nicht die Pflicht, das Gemeinschaftsgebet in der Moschee zu verrichten (am Freitagmittag), sie dürfen es aber tun, wenn sie es wollen.

Rechtlicher Bereich
In vielen Punkten werden die Frauen nicht den Männern gleichberechtigt betrachtet. Sie haben zwar eine soziale Verantwortung zu tragen und sind Gegenstand von Belohnung und Bestrafung wie die Männer, aber ihre Verantwortung ist im sexuellen Bereich größer als beim Mann, und die Bestrafung von Verfehlungen fällt oft härter aus. Dies erklärt sich aus der besonderen Betonung der Ehe und aus der Sorge um die Legitimität der Kinder und die daraus folgenden Rechte (wie Anteil am Erbe usw.). Bei Übertretungen in Glaubensfragen wird die Verantwortung der Frau von manchen Rechtsgelehrten als geringer als die des Mannes betrachtet, weil sie im Allgemeinen keine unmittelbare Gefährdung der Gemeinschaft nach sich ziehen (siehe die Bestrafung der Apostasie der Frau: Abfall vom Islam). Das traditionelle Ehe- und Familienrecht im Islam sieht eine Vorrangstellung des Mannes vor: Polygamie, Mischehe, Recht auf Entlassung der Frau, Vollmacht über die Ehefrau (4,34: Die Männer haben Vollmacht und Verantwortung gegenüber den Frauen, weil Gott die einen vor den anderen bevorzugt hat und weil sie von ihrem Vermögen (für die Frauen) ausgeben ... Ermahnt diejenigen, von denen ihr Widerspenstigkeit befürchtet, und entfernt euch von ihnen in den Schlafgemächern und schlagt sie. Wenn sie euch gehorchen, dann wendet nichts Weiteres gegen sie an). Bislang ging die traditionelle islamische Gesellschaft von einer strengen Arbeitsteilung aus, wobei der öffentliche Bereich Domäne des Mannes ist und der innere, die Familie, Domäne der Frau. Das will besagen, dass öffentliche Ämter den Frauen nicht zugänglich waren. Auch darf die Frau sich nur vor engen Angehörigen frei bewegen (24,31; 4,34), was in manchen Ländern die Einführung strenger Kleidersitten und sogar des Schleiers begünstigt hat.
Die Pflicht der Männer, für den Lebensunterhalt der Frauen und der Kinder sowie für die Sicherheit und das Gedeihen der Gemeinschaft zu sorgen, bedingt einige Bestimmungen, die nur scheinbar eine Benachteiligung der Frauen beinhalten. So gilt es, dass Töchter nur die Hälfte dessen erben, was ihren Brüdern zukommt (4,11: Einem männlichen Kind steht so viel wie der Anteil von zwei weiblichen zu). Die Söhne, nicht die Töchter, haben ja die Pflicht, die übrige Familie zu versorgen. Auch ist das Blutgeld, das für eine ermordete Frau übergeben werden soll, traditionell geringer als der Betrag, der für einen Mann fällig wäre.

In welchen Zusammenhang die Vorschrift zu stellen ist, die das Zeugnis von zwei Frauen bei rechtsrelevanten Akten verlangt, wo nur ein Mann genügen würde (vgl. z.B. 2,282), ist nicht deutlich auszumachen, da die Angaben der Überlieferung (wenig Vertrauen zu den Frauen) und der Rechtstradition (Schutzmaßnahmen für die Frauen) verschieden sind.

Der kulturelle Bereich
Es gibt große Unterschiede in den kulturellen Ausprägungen islamischer Gesellschaften. Und es existiert eine nicht unerhebliche Kluft zwischen den Angaben des Rechtes und der Alltagspraxis. Das traditionelle Erscheinungsbild betont die Ungleichstellung von Mann und Frau. Die klassische Literatur zeichnet auch immer wieder ein ungünstiges Bild von der Frau (Eitelkeit, List, Untreue, Aufbegehren ...).
Dagegen wird immer wieder unterstrichen, dass der Islam die Situation der Frau entscheidend verbessert hat, dass unter den Frauen große Gestalten, Mystikerinnen und Heilige zu finden sind.
Heute versuchen Frauenorganisationen, eine neue Deutung koranischer Stellen und traditioneller Aussagen zu erreichen. Sie sind bemüht, den Analphabetismus in den Reihen der Frauen zu bekämpfen und die Gesellschaft für eine größere Beteiligung der Frauen an den gemeinsamen Aufgaben zu gewinnen.

Literatur: *F. Heiler,* Die Frau in den Religionen der Menschheit, Berlin 1977; *A. Bouhdiba,* Die Stellung der Frau im Islam, in: *R. Kurzbrock (Hrsg.),* Die Institution der Ehe, Berlin 1979; *W. Walther,* Die Frau im Islam, Stuttgart 1980; *dies.,* Die Frau im Islam, in: Der Islam III (Religionen der Menschheit 25,3), Stuttgart 1990, 388–414; *R. Rieplhuber,* Die Stellung der Frau in den neutestamentlichen Schriften und im Koran, Altenberge 1986; *M. S. Abdullah,* Frau: Islamisch, in: *A. Th. Khoury (Hrsg.),* Lexikon religiöser Grundbegriffe: Judentum, Christentum, Islam, Graz/Wien/Köln [2]1996, 269–277.

A. Th. Khoury

Freiheit/Willensfreiheit

Der Koran und die islamische Tradition betonen mit Nachdruck die Allmacht Gottes. Gott ist es, der allein das Leben gibt und es wieder nimmt (40,68). Er sieht und hört alles, vor ihm ist nichts verborgen, auch die tiefsten Geheimnisse des Herzens nicht (vgl. 8,70; 47,19 usw.). Sein Wissen erfasst alles (4,108.126; 17,60; 48,21 ...). Er bestimmt vor allem das Schicksal des Menschen. Kann aber der Mensch selbst zur Gestaltung seines Lebens beitragen? Genauer gefragt: Hat der Mensch am Zustandekommen seiner Taten teil, und wird ihm eine Willensfreiheit eingeräumt?
Die Aussagen des Korans zu dieser Frage ergeben keine eindeutige Stellungnahme. Es gibt eine Reihe von Versen, die für die Vorherbestimmung aller Werke des Menschen durch Gott sprechen. Andere Verse betonen die Entscheidungsmöglichkeit des Menschen und daher auch seine Verantwortung.
Zur erstgenannten Stellungnahme gehören die Verse, die den unbedingten Willen Gottes als alleinige Ur-

sache jedes Geschehens in der Welt und im Leben der Menschen betrachten: „Sprich: Uns wird nur das treffen, was Gott uns bestimmt hat" (9,51; vgl. 27,57). Alles steht in einem Buch, bevor es erschaffen wird (57,22). Auch der Glaube der einen und der Unglaube der anderen ist eine Bestimmung Gottes, denn „Gott führt irre, wen Er will, und wen Er will, den bringt Er auf einen geraden Weg" (6,39; vgl. 16,93; 14,4; 35,8; 2,26.142 …). Wenn man weiß, dass nach dem Koran der Glaube zum Paradies und der Unglaube zur Hölle führt, dann bedeutet diese Bestimmung der einen zum Glauben und der anderen zum Unglauben eine Prädestination zum Heil oder zur Verdammnis, und zwar in letzter Instanz und nicht hinterfragbar: „Wen Gott irreführt, der hat niemanden, der ihn rechtleiten könnte" (7,186; vgl. 18,17; 17,97; 39,23.37; 13,33). So stellt der Koran deutlich fest: „Gott hat euch und das, was ihr tut, erschaffen" (37,96).

Man findet aber im Koran andere Verse, die den Glauben bzw. Unglauben in die Verantwortung des Menschen stellen: „Wer nun will, möge glauben, und wer will, möge ungläubig sein" (18,29). Die Ungläubigen werden für ihre Verstockung und ihren Frevel zur Rechenschaft gezogen werden und vom gerechten Richter verurteilt werden, und es geschieht ihnen dabei kein Unrecht (vgl. 40,17; weiter 99,7–8; 41,46). Das Böse, das einen sogar auf dieser Erde trifft, ist nicht Bestimmung Gottes: das Gute kommt von Gott und das Schlimme vom Menschen selber (4,79). So soll sich jeder befleißigen, die Gebote und Verbote Gottes zu beachten, und sich für das Gute und gegen das Böse entscheiden.

Man kann die zwiespältige Lehre des Korans aus den Umständen seiner Verkündigung erklären. Angesichts der Verstockung der Menschen und ihrer Unfähigkeit, die Zeichen Gottes zu begreifen und zum Glauben zu finden, schien Muhammad nur noch eine Erklärung plausibel zu sein: Es ist Gottes Einwirkung, die den einen den Weg zum Glauben ebnet und den anderen diesen Weg versperrt. Man kann auch darauf hinweisen, dass es eine arabische, vielleicht eine allgemein semitische Art ist, zunächst einmal alles pauschal auf Gottes Wirkung zurückzuführen, obwohl doch die Menschen ihre eigene Verantwortung für ihre Werke tragen müssen.

Es hat nämlich den Anschein, als ob der Koran in Bezug auf die menschliche Handlung zwei Ebenen unterscheiden würde. Auf der menschlichen Ebene bringt der Mensch seine Taten frei zu Stande und ist folglich für sie verantwortlich. Auf der Ebene der göttlichen Wirkung ist alles von Gott vorherbestimmt und wird auch von ihm – ungeachtet der Mitwirkung des Menschen – ausgeführt.

Die ersten Generationen der Muslime waren von den massiven Aussagen des Korans in Bezug auf die uneingeschränkte Allmacht Gottes und seine Vorherbestimmung so beeindruckt, dass sich eine Schulrichtung bildete, die eine strenge Prädestinationslehre vertrat. Das ist die Schule der Djabriten (djabr = Zwang). Sie lehrte einen umfassenden göttlichen Determinismus und behauptete, dass der Mensch am Zustandekommen seiner Tage keinen Anteil habe. Gott vollbringt in ihm alle Werke, die guten und die bösen. Der Mensch selbst ist wie ein willenloses Werkzeug bei der Entscheidung zum Handeln und bei der Ausführung der Tat.

Für die Willensfreiheit des Menschen trat zu Beginn des 9. Jahrhunderts die rationalisierende Schule der Muʿtaziliten ein. Die Allmacht Gottes, so argumentierten sie, schenkt dem Menschen die Entscheidungs- und Handlungsfreiheit. Damit wird doch sichergestellt, dass die Werke des Menschen zum Wirkungsbereich der göttlichen Vorsehung gehören. Denn wenn der Mensch wirklich nicht frei wäre, wäre er auch der Verantwortung für seine Taten ledig und wären auch die sittlichen Gebote Gottes sinnlos, und man könnte nicht von der Gerechtigkeit Gottes bei der Vergeltung der menschlichen Handlungen sprechen.

Im 10. Jahrhundert suchte die orthodoxe Schule der Ashʿariten eine Lehre zu formulieren, die zugleich die absolute Allmacht und die alleinige Kausalität Gottes auf der einen und die Verantwortung des Menschen auf der anderen Seite berücksichtigte. Die Ashʿariten unterscheiden zwischen dem Zustandekommen der Tat und der moralischen Verantwortung für die Tat. Das Zustandekommen der Tat im Menschen ist in jeder Phase das Werk Gottes, aber der Mensch eignet sich die Tat an und übernimmt damit für sie die moralische Verantwortung. Jede menschliche Tat ist also von Gott von Ewigkeit her gewollt, wird aber in der Zeit im Menschen hervorgebracht. Durch seine Zustimmung zur jeweiligen Tat macht der Mensch sie zur eigenen Tat, er trägt für sie die Verantwortung, und sie wird ihm angerechnet. Diese Lehre hat viele Einwände hervorgerufen, z. B.: Durch welche Kraft schafft es der Mensch, sich die in ihm von Gott hervorgebrachte Tat anzueignen? Ist diese Kraft Werk Gottes, dann ist der Mensch eigentlich doch nicht frei, die Verantwortung für die Tat zu übernehmen. Ist diese Kraft dem Menschen eigen, dann gibt es also doch einen Bereich, der sich der allumfassenden Allmacht Gottes entzieht.

Das menschliche Vorstellungsvermögen und die menschliche Sprache scheinen nicht dazu geeignet zu sein, für den Bereich des göttlichen Wirkens und seine Beziehungen zum menschlichen Handeln adäquate Lösungen zu finden und sie auch angemessen zu formulieren. Die islamische Theologie heute betont die Willensfreiheit und daher die moralische Verantwortung des Menschen, und sie bejaht zugleich die allumfassende Vorherbestimmung durch Gott, ohne näher zu bestimmen, wie diese beiden Aussagen zu vereinbaren sind.

Die gängige Theologie des Islams heute hält also an der menschlichen Freiheit und zugleich an der göttlichen Vorherbestimmung fest. Der Volksglaube aber betont in seinen Aussagen und im feststellbaren Verhalten der muslimischen Massen so sehr die Vorherbestimmung, dass viele allzu leicht versucht werden, hier von Fatalismus zu reden. Der islamische Glaube, auch der Volksglaube, ist nicht fatalistisch, denn er glaubt nicht an ein blindes, unerbittliches Schicksal. Das Leben des Menschen wird von einem lebendigen Gott gelenkt, dessen Entscheidungen zwar souverän und nicht hinterfragbar sind, der aber auch der weise und barmherzige Herr der Menschen ist. Was als Fatalismus erscheinen mag, ist für den gläubigen Muslim eher eine religiöse Handlung, die ihm erleichtert, sich in schweren Situationen und dort, wo er an die Grenzen seiner menschlichen Möglichkeiten stößt, in den Willen Gottes zu ergeben. Es wird also nicht alles Gott überlassen, weil ja der Mensch nichts für sein eigenes Los tun kann, sondern es wird dort, wo der Mensch ohnmächtig ist, alles aus der Hand Gottes genommen, manchmal mit Resignation, oft aber auch mit Gottvertrauen und Gelassenheit.

Der Begriff Freiheit als Qualität sozialer Strukturen und die Freiheitsgeschichte sind bislang wenig thematisiert worden, obwohl man in der Reflexion über den Befreiungskampf unterdrückter Völker und kolonisierter Länder doch Elemente einer solchen Theorie erkennen kann. Nach innen gründet die Freiheitsgeschichte auf dem Monotheismus, der den alleinigen Anspruch Gottes auf die Herrschaft über die Menschen zulässt, jede Staatsgewalt der kritischen Kontrolle unterzieht und an den Bestimmungen Gottes, wie sie im Koran und in der prophetischen Überlieferung festgelegt sind, misst. Nach außen hin wird der Befreiungskampf als Ausdruck des Auftrags gesehen, sich für die Sache des Islams einzusetzen, damit Gottes Gesetz überall Gültigkeit erlangt.

Literatur: *L. Gardet,* Dieu et la destinée de l'homme, Paris 1967; *H. Stieglecker.* Glaubenslehren des Islam, Paderborn [2]1983; *R. Peters,* Islam and Colonialism, Den Haag 1979; *T. Nagel,* Geschichte der islamischen Theologie, München 1994.

A. TH. KHOURY

Freitag

Versammlungstag

Der Freitag ist der Versammlungstag (yaum al-djumʿa) der islamischen Gemeinde. Im Koran wird er lediglich in 62,9–11 angesprochen: „O ihr, die ihr glaubt, wenn am Freitag zum Gebet gerufen wird, dann eilt zum Gedenken Gottes und lasst das Kaufgeschäft ruhen. Das ist besser für euch, so ihr Bescheid wisst. Wenn das Gebet beendet ist, dann breitet euch im Land aus und strebt nach etwas von der Huld Gottes; und gedenkt Gott viel, auf dass es euch wohl ergehe: Und wenn sie einen Handel oder eine Gelegenheit zur Zerstreuung sehen, laufen sie hin und lassen dich stehen; sprich, was bei Gott ist, ist doch besser als Zerstreuung und Handel; und Gott ist der beste Versorger." Dieser Versammlungstag wurde erst nach der Hidjra in Medina eingeführt, auch wenn sich die Muslime schon in Mekka zu gemeinsamen Gebeten zusammenfanden. Der Freitag wurde in Medina als Versammlungstag gewählt, weil dies auch der Markttag war. Dies hatte sicherlich mit der Tatsache zu tun, dass die große jüdische Gemeinde in Medina sich an diesem Tag mit dem Notwendigen für den Sabbat versorgte.

Gemeinschaftsgebet
Am Versammlungstag kommen die Muslime zum gemeinsamen Mittagsgebet in einer Moschee, der Freitagsmoschee (djamiʿa), zusammen. Der Gemeinschaftscharakter dieses Gebets wurde dadurch gefördert, dass in einem Ort jeweils nur eine Freitagsmoschee eingerichtet wurde. Die Existenz einer Freitagsmoschee ist eine der notwendigen Bedingungen, um von einer islamischen Stadt sprechen zu können. Muslime, die auf dem Land in Siedlungen lebten, die zu klein für eine Freitagsmoschee waren, mussten sich zum Gemeinschaftsgebet in die nächste Stadt begeben. Inzwischen finden sich in den Megalopolen der islamischen Welt mehrere Freitagsmoscheen, weil eine einzige die großen Menschenmassen nicht mehr aufnehmen könnte, und auch sehr kleine Siedlungen verfügen in neuerer Zeit über eine derartige Einrichtung. Das Freitagsgebet unterscheidet sich von den übrigen mittäglichen Gebeten durch die Institution des Vorbeters (imam), der durch sein Vorbild dafür sorgt, dass die Gläubigen die verschiedenen im Gebet einzunehmenden Körperhaltungen und Rezitationen gemeinsam durchführen. Daneben wird bei dieser Gelegenheit eine Predigt (khutba) gehalten, die aus religiösen Ermahnungen und der Darstellung der ethischen Forderungen des Islams bestehen.
Die Khutba hat seit jeher deutliche politische Implikationen. Die Teilnahme an diesem Gebet machte in der früh-islamischen Zeit deutlich, dass jemand sich auch der politischen Gemeinschaft der Muslime angeschlossen hatte. In der Predigt wurde später der Name des jeweiligen politischen Führers, des Khalifen, Sultans oder Gouverneurs genannt. Wurde bei dieser Gelegenheit ein anderer Name genannt, konnte dies einen Aufstand gegen die Zentralmacht in einer Region oder andere schwer wiegende Veränderungen bedeuten. Inzwischen hat sich die politische Funktion der Freitagspredigt in einigen Ländern der islamischen Welt erheblich verstärkt. In einer Gesellschaft, in der der Anteil großer Bevölkerungsgruppen an politischen und sozialen Entscheidungen lediglich marginal ist, stellen die Freitagspredigten eine der Möglichkeiten dar, Kritik an den bestehenden Verhältnissen zu artikulieren. Auf der anderen Seite besteht auch die Möglichkeit, dass in Fällen, in denen die Prediger finanziell von staatlichen Stellen abhängig sind, die Khutba ein besonders autoritatives Medium für staatliche Propaganda darstellt.

Freitag kein Ruhetag
Der Freitag ist im Gegensatz zum christlichen Sonntag oder jüdischen Sabbat kein Ruhetag, da die Vorstellung, dass Gott am siebten Tag von seinem Schöpfungswerk ausruhte, mit der islamischen Allmachtsvor-

stellung Gottes nicht in Übereinstimmung zu bringen ist. Dennoch handelt es sich um einen Feiertag. Das kommt dadurch zum Ausdruck, dass Muslime an diesem Tag besonderen Wert auf die Sauberkeit ihrer Kleidung legen und sich spezielle Gerichte für diesen Tag entwickelt haben. Inzwischen hat sich in vielen islamischen Staaten allerdings eine Situation ergeben, in der öffentliche Institutionen wie Behörden oder Schulen und auch ein Teil der Ladengeschäfte und Bazare geschlossen sind und die islamischen Städte einen weniger hektischen Eindruck machen als an anderen Tagen. Die Form, in der der Freitag begangen wird, ist heute auch ein Hinweis auf die Haltung einer muslimischen Gesellschaft gegenüber den Umwälzungen des Westens und der Moderne. In einigen Fällen haben politische Reformer jede Tendenz zu einer Betonung des Freitags abgelehnt und stattdessen in Angleichung an westliche Verhältnisse den Sonntag als arbeitsfreien Tag bestimmt.

Literatur: *C. H. Becker,* Zur Geschichte des islamischen Kultus, in: *ders.*, Islamstudien, Leipzig 1923, Bd. 1, 472–500; *S. D. Goitein,* Le culte du Vendredi musulman; son arrière-plan social et économique, in: Annales, Sociétés, Civilisations 1958, 488–500; *ders.*, The Origin and Nature of the Muslim Friday Worship, in: Muslim World 1959, 183–195; *B. Brothwick,* The Islamic Sermon as a Channel of Political Communication in Syria, Jordan and Egypt, Ann Arbor 1965.

P. Heine

Frieden

Im Zusammenhang mit der klassischen Theorie des Heiligen Krieges ist der Friede die Beendigung der bewaffneten Auseinandersetzung mit den Feinden bzw. mit den Nicht-Muslimen, die nicht bereit sind, den Islam anzuerkennen oder sich dem Gesetz des Islams zu unterwerfen. Denn der Heilige Krieg wird geführt, damit die Menschen allesamt als Muslime oder wenigstens als tolerierte Enklaven von Schutzbefohlenen (Dhimmi) in den Grenzen und unter der Vorherrschaft des islamischen Staates in Frieden und Gottesfurcht leben können. Der Friede wird erst erreicht und gilt erst als endgültig, wenn die Grenzen des islamischen Staates bis an die Grenzen der Erde gelangen, wenn also nur noch ein Staat bestehen bleibt: der islamische Staat. Solange dieses Ziel nicht erreicht ist, lebt der islamische Gottesstaat in einem ständigen Konfliktzustand mit den nicht-islamischen Staaten; seine Beziehungen zu den fremden Ländern bleiben die der legalen Auseinandersetzung. Dieser Zustand bedeutet jedoch nicht, dass der Islam sich in ständigem aktivem Kampf gegen die Nicht-Muslime befindet oder einen heiligen Dauerkrieg gegen die fremden Völker führen muss. Das bedeutet auch nicht, dass der islamische Staat keine Beziehungen irgendwelcher Art mit ihnen unterhalten darf. Verträge und Abkommen dürfen geschlossen, Vereinbarungen getroffen und kulturelle und wirtschaftliche Beziehungen aufgenommen und gepflegt werden. Aber diese Kontakte und Beziehungen beinhalten in der Einschätzung des klassischen Rechtssystems des Islams keineswegs die Anerkennung der Legitimität der fremden Staaten. Mit der Aufnahme solcher Beziehungen wird lediglich die Tatsache anerkannt, dass auch in den nicht-islamischen Staaten, solange sie bestehen, eine gewisse Autorität und eine gewisse soziale und politische Ordnung notwendig sind. So ist man bereit, die bestehende Obrigkeit und die herrschende Gesellschaftsordnung sowie die staatlichen Institutionen zur Kenntnis zu nehmen und mit der jeweiligen Regierung im Interesse der Muslime in Kontakt zu treten und vorübergehend friedliche Beziehungen zu vereinbaren.

Diese friedlichen Beziehungen heben aber die grundsätzliche Aufteilung der Welt in ein „Gebiet des Islams" und ein „Gebiet des Krieges" nicht auf. Für die Dauer der Friedenszeit bezeichnen Rechtsgelehrte das Gebiet des Krieges als „Gebiet des Friedens" oder „Gebiet des Vertrags". Betont wird jedoch, dass die Zulässigkeit ausgehandelter Verträge und vereinbarter Friedenszeiten nicht die Gleichstellung nicht-islamischer Länder mit dem islamischen Staat bedeutet. Vorübergehende und befristete Friedenszeiten sind nur eine Pause auf dem Weg zur Islamisierung der ganzen Welt. Dieses Ziel ist zwar schwer zu erreichen und muss in der Alltagspraxis ein frommer Wunsch bleiben, und man muss davon ausgehen, dass im Normalfall der „Heilige Krieg" in seinem aktiven Ausdruck nur zu einer ruhenden, also nicht positiv betriebenen und erfüllten Pflicht wird. Aber die theoretische Zielsetzung bleibt bestehen und konfrontiert die Praxis immer wieder mit dem von Gott gewollten Idealzustand und Ziel.

Man kann die Vorstellungen des islamischen Rechtssystems der klassischen Zeit in Bezug auf den „Heiligen Krieg" und die heute noch bzw. wieder von militanten Gruppen in der islamischen Welt vertretene Lehre wie folgt zusammenfassen: Friede ist der Zustand innerer Ordnung des Staates, wenn dieser nach den Gesetzen Gottes regiert wird und Ungläubigen, Abtrünnigen, Aufständischen und ähnlichen existenzgefährdenden Gruppen keinen Freiraum gibt, sondern sie ausrottet oder bekehrt. Nach außen hin bedeutet Frieden den Endzustand, der nach der siegreichen Bekämpfung und Niederwerfung der nicht-muslimischen Gemeinschaften erreicht wird, so dass nur noch der islamische Staat besteht, in dem Nicht-Muslime, wenn sie nur Anhänger einer vom Islam anerkannten Offenbarungsreligion und Besitzer heiliger Schriften sind, den Rechtsstatus von Schutzbefohlenen des Islams haben. Damit erfüllt die politische Gemeinschaft der Muslime (Umma genannt) ihre Aufgabe, Trägerin und Wahrerin der Rechte Gottes und Hüterin der nach Maßgabe der Rechte Gottes freigesetzten Rechte der Menschen zu sein.

Stimmen für den Frieden

Gegenüber dieser klassischen Position betonen andere Denker in der islamischen Welt die Priorität des Friedens, nicht nur als Endzustand, sondern als normalen Zustand der Beziehungen der Menschen und der Gemeinschaften zueinander.

Die Vertreter dieser Position verweisen gerne auf die Umdeutung der Pflicht zum Heiligen Krieg, die bereits im Mittelalter stattgefunden hat. Theologen, geistliche Lehrer und sogar manche Rechtsgelehrte bezeichneten damals den Krieg als den „kleinen Einsatz". Der „große Einsatz" sei geistlicher Natur und bestehe in einer dreifachen Anstrengung: im Einsatz des Herzens, d. h. in der täglichen Bemühung um einen aufrichtigen Glauben und einen treueren Gehorsam; – im Einsatz der Zunge, d. h. in der Ermunterung der Guten und der Zurechtweisung der Bösen; – endlich im Einsatz der Hand, d. h. im sozialen Dienst und in der sozialen Wohltätigkeit. Schließlich sei die friedliche Verkündigungs- und Missionstätigkeit ein vorzügliches Mittel, den Islam in der Welt zu verbreiten.

Aber auch die Theorie des Heiligen Krieges selbst enthält Momente, die die Priorität des Friedens betonen. Auch inmitten der bewaffneten Auseinandersetzung sollen die Muslime bereit zur Versöhnung sein, sobald ihre Feinde mit ihrem gottlosen Treiben aufhören (2,193; 8,39). Der Koran macht deutlich, dass ihm der Friede als das eigentliche Ziel des Einsatzes für die Sache Gottes und seiner Religion erscheint: „Und wenn sie (= die Feinde) sich dem Frieden zuneigen, dann neige auch du dich ihm zu" (8,61). Das Halten des Friedens ist geboten, wenn die Gegner von ihren Übergriffen ablassen und umkehren (5,34). „Wenn sie sich von euch fernhalten und nicht gegen euch kämpfen und euch Frieden anbieten, dann erlaubt euch Gott nicht, gegen sie vorzugehen" (4,90; vgl. 4,94). Der Friede ist zugleich die Chance der Nicht-Muslime und die Chance des Islams selbst. Denn es geht darum, Gottes Botschaft zu Gehör zu bringen und lernwilligen und bekehrungsfähigen Feinden immer eine Möglichkeit bereitzuhalten, diese Botschaft zu hören, sich eventuell zu bekehren und in die volle Gemeinschaft der Muslime aufgenommen zu werden: „Und wenn einer von den Polytheisten dich um Schutz bittet, so gewähre ihm Schutz, bis er das Wort Gottes hört. Danach lass ihn den Ort erreichen, in dem er in Sicherheit ist ..." (9,6). – „Wenn sie umkehren, das Gebet verrichten und die Abgabe entrichten, dann sind sie eure Brüder in der Religion" (9,11; vgl. 9,5).

Die Vertreter dieser Position betonen, dass es zwar Umstände geben kann, die die bewaffnete Auseinandersetzung zu einem legitimen Krieg der Muslime machen können. Gründe, die die Muslime zur Führung eines gerechten Krieges ermächtigen, sind folgende: Zurückweisung feindlicher Angriffe (defensiver Krieg), gleich ob diese Feindseligkeiten sich in einem Feldzug (vgl. 2,190), in der Missachtung vertraglicher Vereinbarungen (vgl. 9,12) oder in der Planung eines Angriffes gegen die Muslime äußern. In diesem letzten Falle dürfen die Muslime ihren Feinden zuvorkommen und ihnen mit einem Präventivschlag begegnen.

Über den Verteidigungskrieg hinaus

dürfen die Muslime eingreifen, um zu verhindern, dass ihre Glaubensbrüder in fremden Ländern verfolgt, unterdrückt oder gar verführt werden (vgl. 2,193; 8,39; 4,75). Auch dürfen die Muslime sich dafür einsetzen, dass die Verkündigungsarbeit des Islams sich ungehindert entfalten kann.

Aber – das unterstreichen die Autoren – Eingreifen, Verteidigung, Präventivschlag und allgemein legitimer Krieg dürfen im Sinne des Korans nur „auf dem Weg Gottes" erfolgen, d.h. nicht zu Expansionszwecken, aus Rache oder in der Suche nach Kriegsbeute.

Eigentlich sollten die Muslime, so die Haltung derjenigen, die dem Frieden den Vorrang einräumen, sich heute an der Lehre des Korans orientieren, die in den mekkanischen Friedensperioden vorherrschte.

In seinen Beziehungen zu den Polytheisten unter den Mekkanern war Muhammad in diesen Perioden darauf bedacht, sich in keinen Streit hineinziehen zu lassen und jede Aggressivität zu meiden. Sein Anruf, den Glauben anzunehmen, appelliert an die Selbstverantwortung der Menschen und an das richtige Verständnis ihrer eigenen Interessen. „Sprich: O ihr Menschen, zu euch ist die Wahrheit von eurem Herrn gekommen. Wer der Rechtleitung folgt, folgt ihr zu seinem eigenen Vorteil. Und wer irregeht, geht irre zu seinem eigenen Schaden. Und ich bin nicht euer Sachwalter" (10,108).

Seine Sendung beinhaltet in dieser Zeit nicht die Aufgabe, die Menschen zur Rechenschaft über ihren Unglauben zu ziehen: Von dieser Haltung zeugen eine Reihe von Koranversen, z.B. folgende: „Ihr habt eure Religion, und ich habe meine Religion" (109,6; vgl. 11,93.121). – Am Tag der Auferstehung „kommt mir mein Tun zu und euch euer Tun. Ihr seid unschuldig an dem, was ich tue; und ich bin unschuldig an dem, was ihr tut" (10,41; vgl. 26,216). – „Gott ist unser Herr und euer Herr. Wir haben unsere Werke, und ihr habt eure Werke (zu verantworten). Es gibt keinen Streitgrund zwischen uns und euch. Gott wird uns zusammenbringen. Und zu Ihm führt der Lebensweg" (42,15; vgl. 34,25).

Der Koran empfiehlt Muhammad: „Nimm das Gute und Leichte (oder: Nimm (als Abgabe) das Entbehrliche (vgl. 2,219); oder: Übe Nachsicht), gebiete das Rechte und wende dich von den Törichten ab" (7,199; vgl. 15,85; 43,89).

Auch gegenüber Juden und Christen ist der Ton des Korans in dieser Periode friedvoll. Er versichert dem Verkünder Muhammad: „Gott wird dich vor ihnen schützen ... Sprich: Was streitet ihr mit uns über Gott, wo Er unser Herr und euer Herr ist? Wir haben unsere Werke, und ihr habt eure Werke (zu verantworten)" (2,137.139). Auch hier soll Muhammad Neid und Missgunst mit Nachsicht, Verzeihung und Warten auf die Entscheidung Gottes beantworten (2,109).

Muhammad soll aber nicht immer die Diskussion mit den Nicht-Muslimen ausschlagen. Aber diese Diskussion soll sich nicht wie ein aggressiver Streit gestalten, sondern sie soll in erster Linie ein Aufruf zum Glauben sein: „Ruf zum Weg deines Herrn mit Weisheit und schöner Ermahnung, und streite mit ihnen auf die beste Art“ (16,125). Für das Verhalten gegenüber streitsüchtigen Gegnern gibt der Koran einige Regeln. Die Muslime sollen sich nicht in eine Diskussion mit denen verwickeln lassen, die mit den Versen Gottes ihren Spott treiben wollen, bis sie ein anderes Thema ansprechen (6,68; 4,410). Sonst soll man sie stehen lassen (6,70). Wenn aber die Gegner die harte Diskussion suchen und die Wahrheit der islamischen Botschaft in Zweifel ziehen wollen, dann soll der Prophet Muhammad solche unnütze Dinge vermeiden. Gott gehört die letzte Entscheidung über die Angelegenheit der Menschen am Tag der allgemeinen Abrechnung (vgl. 22,67–69). Gott allein besitzt auch die Macht, die Menschen rechtzuleiten: „Willst du denn die Tauben hören lassen oder die Blinden und die, die sich in einem offenkundigen Irrtum befinden, rechtleiten?“ (43,40). – „Du kannst nicht rechtleiten, wen du gern möchtest. Gott ist es, der rechtleitet, wen Er will …“ (28,56).

Zu dieser Haltung gehört die Anerkennung des religiösen Pluralismus durch den Koran im Hinblick auf die Existenzberechtigung der Offenbarungsreligionen, d.h. hauptsächlich in Bezug auf das Judentum und das Christentum. Zwar hat Gott, so die Aussage des Korans, seine verschiedenen Propheten mit derselben Grundbotschaft des monotheistischen Glaubens gesandt (vgl. 21,35; 3,84), aber er hat auch selbst bestimmt, dass die großen Gesandten – Mose, Jesus und zuletzt Muhammad – Gesetze erlassen, die in manchen Punkten voneinander abweichen. Der Koran erkennt die Gültigkeit und die Heilswirksamkeit dieser verschiedenen religiösen Wege an: „Diejenigen, die glauben, und diejenigen, die Juden sind, und die Christen und die Sabier (wahrscheinlich eine Täufergemeinde wie die Mandäer), all die, die an Gott und den Jüngsten Tag glauben und Gutes tun, erhalten ihren Lohn bei ihrem Herrn, sie haben nichts zu befürchten, und sie werden nicht traurig sein“ (2,62; vgl. 5,69). Die verschiedenen Gemeinschaften sollen also miteinander nicht über ihr jeweiliges Gesetz (22,67) streiten, sondern im Guten wetteifern: „Jeder hat eine Richtung, zu der er sich wendet. So eilt zu guten Dingen um die Wette …“ (2,148; vgl. 5,48).

Die besondere Rolle der Muslime besteht nach dem Koran darin, als eine „in der Mitte“ stehende „Gemeinschaft … Zeugen über die Menschen“ zu sein (2,143; vgl. 22,78). Dies bedeutet jedoch nicht, dass alle Religionen gleichwertig sind, denn der Islam bleibt die alleinig wahre Religion (3,19), und es gilt weiterhin der Grundsatz: „Wer eine andere Religion als den Islam sucht, von dem wird es nicht angenommen werden“ (3,85).

Dass aber die Anerkennung des praktisch nicht aufhebbaren religiösen Pluralismus nicht nur eine Erscheinung der früheren Perioden der koranischen Botschaft ist, bezeugt ihre

Bestätigung durch die späten Verse des Korans selbst (5,43.44: Judentum: 5,46–47; Christentum: 5,48; Islam). An alle wendet sich der Koran mit den Worten: „Für jeden von euch haben Wir eine Richtung und einen Weg festgelegt. Und wenn Gott gewollt hätte, hätte Er euch zu einer einzigen Gemeinschaft gemacht. Doch will Er euch prüfen in dem, was Er euch hat zukommen lassen. So eilt zu den guten Dingen um die Wette …" (5,48).

Am Ende dieser Ausführungen soll noch eine Stellungnahme des Kongresses der Islamischen Welt (Generalsekretariat in Karachi/Pakistan) aus den ersten Monaten des Jahres 1983 wiedergegeben werden. Der Kongress betont darin „die wichtige Rolle der Erziehung bei den Bemühungen um die Verwirklichung des von allen Menschen ersehnten Weltfriedens … Voraussetzung für die Schaffung einer dauerhaften Friedensordnung seien vor allem Verständigungsbereitschaft und Toleranz sowie die Fähigkeit der Menschen und der Völker, sich gegenseitige zu respektieren und anzuerkennen. So gesehen erhalte die Erziehung ‚eine internationale Dimension als Botschafter einer neuen und modernen Ethik, in deren Mitte freie, würdige und verantwortungsbewusste Menschen stehen als Angehörige von Völkern, die sich als gleichberechtigte Partner verstehen und die entschlossen sind, die Zukunft der Menschheit gemeinsam und solidarisch zu gestalten'. Eine auf diese Ziele ausgerichtete Erziehung kann nach Auffassung des Islamkongresses zur Erneuerung der menschlichen Werte führen und zur Überwindung des zerstörerischen Rivalitätsdenkens, von Misstrauen und Diskriminierung durch ein Klima des Vertrauens, der Zusammenarbeit und der Brüderlichkeit" (M. S. Abdullah, Deutsche Welle, Kirchenfunk/Nr. 22/13, 21. Mai 1983).

Literatur: *A. Th. Khoury*, Toleranz im Islam, München/Mainz 1980; Altenberge [2]1986; *ders.*, Frieden, Toleranz und universale Solidarität in der Sicht des Islams, in: *H. Althaus (Hrsg.)*, Christentum, Islam und Hinduismus vor den großen Weltproblemen, Altenberge 1988, 50–79; *ders.*, Was ist los in der islamischen Welt. Die Konflikte verstehen, Freiburg 1991; *ders.*, Was sagt der Koran zum heiligen Krieg?, Gütersloh 1991; *ders.*, Mit Muslimen in Frieden leben. Friedenspotentiale des Islam, Würzburg 2002.

A. Th. Khoury

Fundamentalismus

Der islamische Fundamentalismus (besser: der Islamismus) in unserer Zeit findet seinen Ausdruck in der Forderung nach der Islamisierung bzw. Re-Islamisierung von Gesellschaft und Staat. Diese Forderung bedeutet die Rücknahme der Gesetze und der Lebensformen, die in manchen Ländern der islamischen Welt den Beginn einer Anpassung an die Erfordernisse der modernen Welt signalisieren. Gerade diese Anpassung an die moderne Welt wird von den Vertretern des Fundamentalismus als Verlust der islamischen Identität und als unbillige Bevorzugung von Normen und Vorstellungen erlebt, die sich seit der Aufklärung in der westlichen Welt durchgesetzt ha-

ben, und dies auf Kosten originärer islamischer Normen.
Die Re-Islamisierung bedeutet auch die Rückkehr zu den politischen und wirtschaftlichen Ordnungsvorstellungen, die im islamischen Reich im Mittelalter ausgearbeitet worden sind, oder – noch radikaler – die Rückkehr zu den gesellschaftlichen Mechanismen und den politischen Institutionen der früh-islamischen Gemeinde zu Medina.
Nur so – das betonen die Träger der islamischen Renaissance – kann der reine Islam wiederhergestellt werden und wieder eine alles bestimmende Rolle in Gesellschaft und Staat spielen. Und nur so werden die Menschen allesamt den rechten Weg finden.
Wer sich aber von Gott rechtleiten lässt und seinem Gesetz folgt, ist der echte Muslim. Sein Gehorsam ist das Merkmal seiner Identität als Muslim. Er gehört zur vorzüglichsten Gemeinschaft: „Ihr seid die beste Gemeinschaft, die je unter den Menschen hervorgebracht worden ist. Ihr gebietet das Rechte und verbietet das Verwerfliche und glaubt an Gott" (3,110).

Herausforderung an den Westen
Die Ordnungsvorstellungen, die der Islam als Ausgestaltung des göttlichen Gesetzes ausgibt, haben in den Augen der gläubigen Muslime den unermesslichen Vorteil, dass sie in ihren Grundlagen nicht Menschenwerk, sondern eben göttliche Festsetzungen sind. Sie gelten für die Muslime und werden den Menschen in aller Welt präsentiert als die bessere Alternative zum politischen System des Ostens und zu den demokratischen Institutionen des Westens.
Die Fundamentalisten des Islams üben eine sehr harte Kritik am Westen. Der Einfluss des Westens auf die islamischen Länder habe nicht gebracht, was man als einen unbedingten Fortschritt bezeichnen und bejahen könnte. Vielmehr habe er einen Identitätsverlust bei den Muslimen herbeigeführt, ohne deren Probleme gelöst zu haben. Nicht einmal im Westen habe das demokratische System die Probleme der Menschen gelöst. Zwar könne man einen materiellen Fortschritt, wissenschaftliche und technische Errungenschaften feststellen. Diese seien jedoch nur relativ und eingeschränkt bewundernswert. Vor allem seien sie nicht in jedem Punkt nachahmenswert. Denn sie hätten genauso viele Probleme verursacht, wie sie gelöst haben. Ja, die Verschärfung der Lage der Industrieländer, ihr gebrochenes Verhältnis zu ihrer Umwelt, ihre ungerechten Beziehungen zu den Ländern der Dritten Welt stellten kein Vorbild für die islamischen Länder dar. Die Muslime seien aufgerufen, ihren eigenen, besseren Weg zu gehen, ihre Kultur in Einklang mit der eigenen Zivilisation und ihren wirklichen Bedürfnissen entsprechend aufzubauen und zur erneuten Blüte zu bringen. So könne man die importierten Probleme vermeiden, ein gesundes Leben führen, eine florierende Gemeinschaft bilden unter der Rechtleitung Gottes und seines Gesetzes.
Dies sei umso notwendiger, als man den moralischen Verfall des Westens

offen sehen könne: „Der erste Eindruck, den jeder gewinnt, der die blühenden reichen Länder der Erde – angeführt von Amerika und Schweden – besucht, ist der, dass die Menschen sich vor Gespenstern auf der Flucht befinden, die sie verfolgen, dass sie vor ihrem innersten Ich davonrennen. Bald wird dem Besucher klar, dass dieser materielle Wohlstand, die wollüstigen Vergnügungen und die sexuelle Übersättigung zum Absinken in den Morast nervöser und psychischer Erkrankungen führen, dass sie sexuelle Verirrungen, ständige Angstgefühle, Krankheit und geistige Verwirrung, weit verbreitete Kriminalität und den Verlust jeglicher Menschenwürde mit sich bringen."

Im Gegensatz dazu bringt das islamische Gesetz den Menschen zugleich die angemessenen Vorschriften und die beste Ordnung. Schon der Koran habe ja unterstrichen: „Und wer hat eine schönere Religion als der, der sich völlig Gott hingibt und dabei rechtschaffen ist …" (4,125).

Islamische Fundamentalisten

In dieser geistigen Atmosphäre sind die fundamentalistischen Bewegungen im Islam zu verstehen. In ihrem Eifer gehen sie jedoch noch weiter. Aus den Grundgedanken, die bisher dargestellt wurden, machen sie ein vereinfachtes Denksystem, bauen darauf eine verklärende Ideologie auf und schmieden ein entsprechendes Aktionsprogramm zur Durchsetzung islamischer Ordnungsvorstellungen. Die Argumentation tritt deutlich zurück zu Gunsten der einprägsamen Formeln und Parolen, welche die Emotionen wachrufen und eine tatkräftige Solidarisierung herbeiführen können.

Sie verschaffen sich aber den nötigen Freiraum für ihre politische Ideologie, indem sie sich über die Geschichte hinwegsetzen und das traditionelle Rechtssystem mit seinen Bestimmungen und Kompromissen, mit seinen Festlegungen und offen gehaltenen Möglichkeiten, mit seiner rigiden Struktur und seiner eingebauten Flexibilität einfach relativieren und pauschal als irrelevant erklären. Zugleich berufen sie sich doch wieder auf ein geschichtliches Modell, das politische System, das in Koran und Sunna verankert ist, das sie aber nun eigenmächtig und mit dem Alleinanspruch auf Verstehen deuten und auf die Situation heutiger Gemeinschaften übertragen. Gerade darin kommt ihr Anspruch deutlich zu Tage, allein den „reinen" Islam zu vertreten, und damit verbunden die mehr oder minder totalitären Tendenzen.

Eine der einflussreichsten Gruppen unter den Fundamentalisten ist die Muslimbruderschaft, die 1928 in Ägypten von Hasan al-Banna (1906–1948) gegründet wurde.

Kritische Würdigung

Die einfach formulierten, emotional aufgeladenen, zur Aktion auffordernden Parolen der Fundamentalisten erleben bei immer mehr Enzelpersonen und Gruppen in der islamischen Welt Zustimmung und Gefolgschaft. Ihr zunehmender Einfluss erklärt sich zum Teil aus der

Enttäuschung breiter Massen der Bevölkerung über das Scheitern von Projekten oder gar der Gesamtpolitik von Regierenden, welche als Instrument des Fortschrittes und des Wohlstandes gepriesen werden. Die Desillusionierung über die Fähigkeit und die Durchsetzungskraft der Politiker, die Enttäuschung über das Versagen der offiziellen Ideologie brachte viele dazu, sich auf Alternativen zu besinnen. Dabei bot sich gerade die eigene, tausendjährige Tradition und Kultur als neues Fundament der wiederentdeckten Identität. Der Islam erscheint somit als das einzige Mittel, alle Probleme zu lösen, auch die Probleme, die eigentlich eine Religion nicht in der Lage ist, anzugehen und praktisch zu lösen. Dies hat aber mit der Eigenart des Islams zu tun, der eine umfassende Lebensordnung für alle Bereiche festlegt und keine Trennung zwischen Religion, Gesellschaft und Politik zulässt. Von ihm erwarten also die Massen allen Segen in allen Bereichen. Ihre Erwartung gründet nicht auf dem Nachweis seiner Wirksamkeit, sondern auf dem bloßen Glauben und dem Vertrauen in die Parolen der Ideologen.

Dies muss bedenklich erscheinen. Denn der zu schnelle Gang der fundamentalistischen Verheißungen kann eine genauso schnelle Enttäuschung zur Folge haben. Und dies, sobald die Menschen doch feststellen müssen, dass das von ihnen herbeigesehnte und ihnen schon als nahe vorgegaukelte Paradies doch nicht eintrifft, dass die islamische Ordnung doch nicht fast automatisch alle Probleme, zumal die der Armut, der Arbeitslosigkeit, des wirtschaftlichen und technischen Rückstandes, der zivilisatorischen Unterentwicklung, der politischen Instabilität, löst oder gar lösen kann.

Die Tendenz der Fundamentalisten, die islamischen Ordnungsvorstellungen als die einzig gültigen hinzustellen, erklärt sich zu einem guten Teil aus der Reaktion gegen die westlichen Vorstellungen und Ordnungen. In der Kolonialzeit und auch nach der Erlangung der politischen Unabhängigkeit wurden die westlichen Ideen und Institutionen in die islamische Welt eingeführt. Das Unbehagen der Islamtreuen und sogar mancher Intellektuellen konnte nicht durch eine gründliche Auseinandersetzung mit dem importierten Gedankengut wettgemacht werden. Dazu fehlte einfach die Zeit und das nötige geistige Instrumentarium. So führte der Zusammenprall der westlichen Vorstellungen mit der althergebrachten Tradition dazu, die islamische Ordnung in Frage zu stellen, ohne dass dabei eine neue lebensfähige und stabile Ordnung entstanden wäre. Die Fundamentalisten reagieren bis heute gegen das, was sie Verwirrung der Geister nennen, gegen den erlittenen Identitätsverlust in Folge der importierten Systeme und Ideologien, und predigen die Rückkehr zu den Quellen der eigenen Religion.

Das Gefährliche aber an der Haltung der Fundamentalisten ist ihre Neigung zum Totalitarismus: Ihre politische Ideologie lässt den Sinn für die Geschichtlichkeit menschlicher Gesellschaft vermissen: Sie zeigen ein

ausgesprochenes Unvermögen, die Gegenwart richtig einzuschätzen; sie pflegen ihre eigenen Vorstellungen absolut zu setzen und ihre Ziele mit militantem Eifer zu verfolgen.
Die Fundamentalisten wollen über die politische Staatstruktur und die gesetzlichen Bestimmungen des Mittelalters hinweg zum Medina-Staat zurückkehren. Einige, wie die Muslimbrüder, deuten auf den zeitbedingten Charakter des mittelalterlichen Systems hin, das nach ihrer Meinung für die Gegenwart nicht mehr tauglich ist. Sie halten sich an die Normen und konkreten Bestimmungen und Institutionen, die den Kern des Medina-Staates unter dem Propheten Muhammad ausmachten. Es wird angenommen, dass dieser konkrete Staat Modellcharakter für alle Zeiten und alle Menschen besitzt, dass die islamische Gesellschaft auf die damaligen Gesetze und Institutionen verpflichtet werden muss.
Aber gerade die Festlegung des Staates und seiner Organe auf bestimmte konkrete Systeme, Strukturen und Verhaltensmuster der Vergangenheit wirkte oft in der Geschichte und wirkt heute noch repressiv für die menschliche Freiheit, für eine Freiheit, die sich ihrer vollen Verantwortung für die Bewältigung der Gegenwart und die Planung der Zukunft bewusst ist. Das liegt daran, dass die Fundamentalisten eben den Unterschied zwischen den konkreten Inhalten des ursprünglichen Modells und seiner tiefen Intention übersehen oder ignorieren. Die konkreten Lösungen der Frühgemeinde beziehen doch ihre Bedeutung von ihrer Fähigkeit, in der damaligen konkreten Situation den idealen Werten und den Normen zu entsprechen und sich an ihnen immer wieder zu messen, um die Verwirklichung besserer konkreter Formen und besserer Institutionen zu fördern.
Wer die konkreten Formen und Institutionen der Tradition, wäre sie auch die allererste, für das Ganze der Tradition nimmt und auf Gott zurückführt, um ihnen damit ewige Gültigkeit zuzusprechen, der übersieht, dass diese konkreten Formen und Institutionen ihre Bedeutung von der hinter bzw. über ihnen stehenden und sie inspirierenden Intention und Richtung erhalten. Nur diese Intention, nur die Werte und Normen, die sie in die geschichtliche Realität der Menschen bringen wollen, haben eine immer noch gültige Bedeutung. Die konkreten Formen, Inhalte, Verhaltensweisen, politischen Strukturen, in denen sie sich ausdrücken, sollen immer wieder neu überprüft, korrigiert, ja entdeckt werden.
Nicht nur die Absolutsetzung konkreter Strukturen und Institutionen der Vergangenheit nährt den Totalitarismus. Auch die Weigerung, die Gegenwart der Gesellschaft und die Errungenschaften der modernen Zeit ernst zu nehmen und angemessen zu würdigen, führt zu einer pauschalen Verurteilung der anderen. Um die idealisierten Vorzüge des islamischen Systems annehmbarer zu machen, neigen die Fundamentalisten dazu, im westlichen Denken nur Verirrungen und in der modernen Gesellschaft nur Verfallserscheinungen zu

sehen. Undifferenziert wird das, was nach der Aufklärung als Freiheitsgeschichte gilt, nur als Abweichung vom rechten Pfad zurückgewiesen. Nur selten zeigen die Fundamentalisten die Bereitschaft, sich ernsthaft darüber zu informieren und damit auseinander zu setzen. In ihrer Selbstgenügsamkeit und Selbstherrlichkeit setzen sie das, was sie als islamisches Modell hinstellen, absolut. Sie gehen auf Distanz zu den anderen Völkern, manövrieren sich damit aber ins Abseits, in ein enges Ghetto. Da hilft es wenig, sich auf den Koran zu berufen und zu behaupten, dass der Muslim im Koran und in der Sunna des Propheten Muhammads alles findet, was er braucht, um den wahren Glauben und den rechten Weg zu finden.

Große Denker der islamischen Welt, wie Mohamed Talbi, formulieren die besorgte Frage: „Die Muslime, die durch eine Art Selbsterhaltungstrieb der Versuchung erliegen können, sich zu isolieren, die Positionen zu verhärten, sich noch mehr in ihre Lager zurückzuziehen und sich in eine majestätische Ablehnung zu hüllen, fragen wir: Ist das eine gute Lösung? Sie können zweifellos überleben. Aber wie lange? … Die Isolierung wird mehr und mehr ein Hirngespinst in einer Welt des Umbruchs und ist dem Widerspruch ausgeliefert."

Ist die pauschale Ablehnung der westlichen Kultur wirklich der Weg, die islamische Weltanschauung durchzusetzen? Ist die undifferenzierte Aufgabe des traditionellen Rechtssystems mit seinen Grundsätzen und Mechanismen, die noch eine gewisse Flexibilität im Denken und in der Festlegung praktischer Lösungen begründen und einen Rest an Freiheit und menschlicher Verantwortung ermöglichen, wirklich die Bedingung dafür, den Islam in seiner „Reinheit" wiederherzustellen?

Wer sich als der wahre Vertreter des reinen Islams begreift, neigt schließlich zur Radikalität im Denken, Urteilen und Handeln. Der Totalitarismus des Denkens führt zur praktischen Ungeduld bei dem Versuch, die eigenen Vorstellungen durchzusetzen. Mit dieser Ungeduld gehen bei fundamentalistischen Bewegungen Militanz und Bereitschaft zur Gewaltanwendung einher. Die Konfrontation wird gesucht, der Sturz der Regierenden, der Umsturz der gesellschaftlichen Ordnung, die Revolution erstrebt. Nach innen heißt dies: Re-Islamisierung; nach außen: Weltherrschaft.

Unter einem solchen Regiment müssen aufgeklärte, reformwillige, dialogbereite Muslime fürchten, wie Renegaten betrachtet und behandelt zu werden. Nicht-Muslime müssen ihrerseits fürchten, wie Ungläubige eingestuft zu werden und eine neue Etappe einer noch nicht überwundenen Leidensgeschichte zu erfahren.

Literatur: *P. Heine,* Radikale Muslimorganisationen im heutigen Ägypten, in: Zeitschrift für Missionswissenschaft und Religionswissenschaft 67 (Münster 1983), 110–119; *J. Reissner,* Die militant-islamischen Gruppen, in: *W. Ende/U. Steinbach (Hrsg.),* Der Islam in der Gegenwart, München 1984, 470–486.

A. Th. Khoury

G

Gabriel

Der Engel Gabriel (Djabra'il/Djibril) gilt als der Engel der Offenbarung; dreimal wird er im Koran namentlich erwähnt (2, 97.98; 66, 4), ist aber darüber hinaus auch in anderen Suren angesprochen. In Koran 26, 193–195 wird er als „der treue Geist" (al-ruh al-amin) bezeichnet, der dem Herzen Muhammads die koranische Offenbarung in deutlicher arabischer Sprache eingegeben hat. Nach Koran 53, 5–18 und 81, 19–25 hat Muhammad den Engel Gabriel bei der Offenbarungsvermittlung gesehen. Als „unser Geist" (ruhana), d. h. Gottes Geist, wurde er zu Maria gesandt, der er „im Bildnis eines wohlgestalteten Menschen" erschien (Koran 19, 17). Sure 16, 102 nennt ihn den „Geist der Heiligkeit", der von Gott den Koran mit der Wahrheit herabgesandt hat. Mit diesem „Geist der Heiligkeit" wurde schließlich Jesus gestärkt (Koran 2, 87.253; 5, 110).

Literatur: *s. Engel.*

L. Hagemann

Gastfreiheit

Die Welt ist nach islamischem Recht in zwei Gebiete eingeteilt, die „Dar al-Islam" (Gebiet des Islams) und die „Dar al-Harb" (Gebiet des Krieges). Diplomatische oder wirtschaftliche Kontakte zwischen diesen beiden Gebieten sind danach nur durch die Institution der Gastfreiheit (arab.: aman) möglich. Der Begriff und die Institution „Aman" stammen ursprünglich aus vorislamischer Zeit. In den segmentären, sich in dauerndem Kriegszustand miteinander befindlichen Stammesgesellschaften der Arabischen Halbinsel war einem Individuum ein Überleben nur innerhalb einer Stammesstruktur möglich. Wenn aus irgendeinem Grund die Verbindung zum eigenen Stamm abgebrochen war, konnte ein einzelner Flüchtling die Sicherheit eines anderen Stammes erbitten. Durch ein entsprechendes Versprechen band ein Mitglied alle anderen Stammesmitglieder und machte sie für die Sicherheit des Schutzbedürftigen verantwortlich. Indem Muhammad die Grenzen zwischen den einzelnen Stämmen aufhob und durch die Religion des Islams ersetzte, wurde die auf einen einzelnen Stamm bezogene Verpflichtung der Gastfreiheit auf die gesamte islamische Gemeinschaft übertragen. Das islamische Recht stellt fest, dass jeder Muslim, ob Mann oder Frau, Freier oder Sklave, einen rechtswirksamen „Aman" in Bezug auf einen einzelnen Angehörigen der „Dar al-Harb", einen „Harbi", oder eine Gruppe von ihnen geben kann. Einem ganzen Volk kann dies nur der Herrscher gewähren. Dokumentiert wurde der „Aman" durch eine entsprechende schriftliche

Bestätigung. Solche Aman-Briefe sind seit der späten Umayyadenzeit bekannt. Diplomatische Gesandte standen automatisch unter dem Schutz eines allgemeinen „Aman", wenn sie durch entsprechende Unterlagen ihren Status beweisen konnten. Pilgern und Kaufleuten wurde der „Aman" in der Regel ohne weiteres erteilt. Die Gültigkeitsdauer des „Aman" sollte zumindest so lange bestehen, wie der „Harbi" benötigte, um an einen Ort, an dem er sicher war, zu gelangen. Häufig wurde ein Zeitraum von einem Jahr festgelegt. Danach musste sich der „Harbi" entscheiden, ob er sich der im islamischen Staat geduldeten Gruppe der „Dhimmi" anschließen oder in seine Heimat zurückkehren wollte. Für den Fall, dass sich der durch den „Aman" Geschützte gegen die Gesetze des islamischen Staates verging, konnte er ausgewiesen werden. Die moderne Praxis diplomatischer Immunität, wie sie in Verträgen zwischen islamischen und europäischen Staaten seit dem Beginn der Neuzeit fixiert ist, wird in Rechtsgutachten islamischer Gelehrter mit dem Hinweis auf diese Praxis des „Aman" gebilligt.

Literatur: *W. Heffening,* Das islamische Fremdenrecht, Hannover 1925; *M. Hamidullah,* The Muslim Conduct of State, Lahore 1945; *H. Kruse,* Islamische Völkerrechtslehre, Bochum 1982; *M. Khadduri,* War and Peace in the Law of Islam, Baltimore 1955; *ders.,* The Islamic Law of Nations, Baltimore 1966.

P. Heine

Gastfreundschaft

Die besondere Bedeutung der Gastfreundschaft in islamischen Gesellschaften ist eine Folge der unsicheren politischen Verhältnisse auf der Arabischen Halbinsel schon vor dem Erscheinen des Islams. Die dort lebenden sesshaften oder nomadisierenden Stämme befanden sich in ständigen Auseinandersetzungen untereinander. Der Einzelne konnte nur innerhalb seiner eigenen engeren oder weiteren Verwandtschaftsgruppe sicher leben. Verwandtschaft schuf das einzige sichere Band in den sozialen und politischen Beziehungen. Die Auseinandersetzungen zwischen den einzelnen Familien, Clans und Stämmen fanden jedoch nicht ausschließlich in militärischer Form statt. Es gab vielmehr auch andere Formen der Konkurrenz, die Prestige-Gewinn für die eigene Gruppe ermöglichten. Dazu gehörte neben Dichter- und Sängerwettbewerben auch das Wetteifern im Bereich der Gastfreundschaft. Vor- und früh-islamische Texte rühmen Gastgeber, die bis zur Erschöpfung ihrer Mittel und zur Gefährdung ihrer Existenz ihrer eigenen sozialen Gruppe ihre Gäste bewirteten. Großzügigkeit als Gastgeber gilt bis in die Gegenwart als Zeichen dafür, ein mächtiges Mitglied der arabischen Gesellschaft zu sein. In den Residenzen von einflussreichen Führern politischer oder religiöser Gruppierungen der Welt des Nahen und Mittleren Ostens konnten sich Gäste bis zu drei Tagen aufhalten und wurden verpflegt, ehe sie überhaupt nach ihren Angelegenheiten gefragt wurden. Ein Verstoß gegen diese Etikette hätte einen beträchtlichen Prestigeverlust für die gastgebende Persönlichkeit bedeutet. Daneben bot das arabische Gastrecht, das dann von vielen anderen islamischen Gesellschaften übernommen wurde, auch einem aus seiner eigenen Gruppe Ausgestoßenen eine Chance zu überleben. Wenn es ihm gelang, vor seinen Verfolgern das Zeltlager einer anderen Gruppe zu erreichen und um Gastfreundschaft zu bitten, waren seine Gastgeber verpflichtet, ihm gegen seine Feinde beizustehen. Aus dieser Situation der momentanen Abhängigkeit konnten sich lebenslange Klientelverhältnisse entwickeln. Nach einer oder zwei Generationen waren die Nachkommen solcher Klienten voll in den Aufnahmestamm integriert, und ihre fremde Herkunft geriet mehr und mehr in Vergessenheit. Diese Institution des Gastrechts als Schutzrecht hatte in vielen traditionellen Gesellschaften bis in die Gegenwart Bestand.

Literatur: *O. Baghuti,* Rules of Hospitality, in: JPOS 4 (1924), 175–203; *P. Heine,* Einführung in die Ethnologie des Nahen und Mittleren Ostens, Berlin 1989; *R. Levy,* The Social Structure of Islam, Cambridge 1969; *H. Wehr,* Gastfreundschaft (das vorislamische Arabien), in: RAC 8 (1969–1972), 1074–77.

P. HEINE

Gebet

Der Islam kennt das private Gebet und das mystische Gebet (vor allem in der Form des Gottgedenkens: s. Dhikr), die beide von den Einzelnen bzw. Einzelgruppen vollzogen werden. Verbindlich für alle erwachsenen Muslime ist jedoch das Pflichtgebet (salat).

Pflicht zum Gebet

Das Pflichtgebet wird zwar von den einzelnen Muslimen verrichtet, es besitzt jedoch eine einheitliche Form und erfolgt nach festen Riten, die es zu einem Ritus der Gemeinschaft machen und daher den einzelnen Gläubigen in die Solidarität der Gemeinschaft der Muslime fest einbinden. Der Koran betont die Pflicht der Muslime, das Gebet zu verrichten: „Sag zu meinen Dienern, die glauben, sie sollen das Gebet verrichten" (14,31). „Verrichtet das Gebet", wiederholt er unzählige Male (2,110; vgl. 73,20; 30,31 ...). Er bestimmt ausdrücklich: „Das Gebet ist für die Gläubigen eine für bestimmte Zeiten festgesetzte Vorschrift" (4,103). Diese Vorschrift verpflichtet alle Erwachsenen, Männer und Frauen. Befreit von dieser Pflicht sind Kranke, Altersschwache, Geistesgestörte u.a. Reisende werden entweder dispensiert oder dürfen in verkürztem Ritus beten (vgl. 4,101).

Das Gebet gibt dem Tag der Muslime seinen Rahmen, denn es muss nach den Angaben des Korans und der Tradition fünfmal am Tag verrichtet werden: mittags, nachmittags, abends, in der Nacht und in der Morgendämmerung (vgl. 20,130; 17,78; 30,17–18). Zu den gegebenen Zeiten ruft der Muezzin die Gläubigen zum Gebet.

Reinheitsvorschriften

Der Muslim darf nicht unvermittelt vom täglichen Geschäft zur Verrichtung des Gebets übergehen. Er muss sich in den Zustand kultischer Reinheit versetzen.

Rituelle Waschungen

Je nach dem Grad der vorherigen Unreinheit wird eine Teilwaschung (wudu) oder (bei sexueller Verunreinigung) eine Ganzwaschung (ghusl) vollzogen.

Die Ganzwaschung betrifft alle Teile des Körpers. Die *Teilwaschung* wird folgendermaßen vollzogen:

– Der Muslim fasst innerlich die Absicht, sich zu reinigen.
– Er spricht die basmala: Im Namen Gottes, des Erbarmers, des Barmherzigen.
– Er wäscht sich die Hände, reinigt sich die Zähne mit einem Zahnstocher, oder er putzt sich die Zähne mit einer Zahnbürste.
– Er spült sich den Mund aus und zieht Wasser aus der rechten Hand in die Nase, dann spuckt er das Wasser aus und lässt es aus der Nase in die linke Hand zurückfließen.
– Er wäscht und reibt sich das Gesicht von der Haarwurzel bis zum Kinn und von einem Ohr zum anderen.
– Er streicht sich über den Kopf einschließlich der Ohren, bei diesen außen und innen. Beim Streichen über den Kopf mit Wasser beginnt er vorne, zieht es bis zum Hinterkopf und wieder zurück.
– Er wäscht sich die Füße bis zu den Knöcheln und sorgt dafür, dass das Wasser die Haut zwischen den Zehen benetzt. Er beginnt dabei mit dem rechten Fuß, dann wäscht er den linken Fuß und reibt beide Füße.
– Dies alles geschieht einmal. Wer es aber noch sorgfältiger machen will, vollzieht diese Handlungen dreimal.

Zur Waschung wird normalerweise Wasser verwendet, das übrigens in der Nähe der Moschee zu finden ist. In abgelegenen Orten, an denen kein Wasser vorhanden ist, oder wenn das vorhandene Wasser nicht benutzt werden soll bzw. darf (wegen Wassermangels und dringenden Bedarfs an Wasser, wegen Krankheit oder wegen gefährlicher Umgebung der Wasserstellen …), darf eine Ersatzreinigung stattfinden: Der Gläubige „sucht einen sauberen Boden und streicht sich über das Gesicht und die Hände“ (4,43; 5,6).

Körper, Kleider und Gebetsort

Außer dem Körper des Betenden müssen auch seine Kleider und der Ort, an dem er betet, rein gehalten werden.

Ein solcher Ort ist vor allem die Moschee (Anbetungsort). Man kann sich aber auch einen Gebetsplatz herrichten, indem man einen Teppich oder ein Kleidungsstück oder etwas Ähnliches auf der Erde ausbreitet.

Bedeutung der Reinigungsriten

Bei den Riten zur Herstellung der kultischen Reinheit geht es dem muslimischen Glauben um mehr als einen Akt der äußeren Hygiene. Die Waschungen bereiten den Gläubigen auf das Gebet vor, indem sie ihm innere Ruhe verleihen und seine Aggressivität dämpfen: „Der Zorn kommt vom Satan. Der Satan wurde aus Feuer geschaffen. Das Feuer wird so mit Wasser gelöscht. Wenn einer von euch in Zorn gerät, so soll er die rituellen Waschungen vollziehen", so habe der Prophet Muhammad empfohlen (nach der Hadith-Sammlung von Abu Dawud). Außerdem ist die Waschung ein Mittel, das Herz des Muslims auf Gott auszurichten, seinen Glauben zu festigen, seinen Wandel zu bessern und seine Fehler zu überwinden. So ist die Waschung ein Symbol der inneren Reinheit, der Reue und der Abkehr von der Sünde: „Wenn der muslimische Diener (Gottes) sich bei den Waschungen das Gesicht wäscht, entfernt sich von seinem Gesicht mit dem Wasser bzw. mit dem letzten Wassertropfen jede Sünde, die er mit den Augen begangen hat. Und wenn er seine Hände wäscht, entfernt sich von seinen Händen mit dem Wasser bzw. mit dem letzten Wassertropfen jede Sünde, die er mit den Händen gewalttätig verübt hat. Und wenn er sich die Füße wäscht, so entfernt sich von seinen Füßen mit dem Wasser bzw. mit dem letzten Wassertropfen jede Sünde, zu der er mit seinen Füßen gelaufen ist. So kommt er (aus der Waschung) rein von der Schuld heraus" (nach der Hadith-Sammlung von Muslim).

Vollzug des Gebets

Das rituelle Pflichtgebet besteht aus einer Anzahl von Einheiten, rakʿa = Verbeugungen genannt. Das Mittags-, das Nachmittags- und das Nachtgebet bestehen jeweils aus vier Einheiten; das Abendgebet besteht aus drei und das Morgengebet aus nur zwei Einheiten. Im Folgenden wird eine Gebetseinheit beschrieben.

Weihezustand

Der Beter muss sich mit dem Gesicht in Richtung Mekka hinstellen (Koran 2,114.145.149–150). Diese Gebetsrichtung (qibla) wird in den Moscheen durch eine Nische (mihrab) angezeigt. Der Beter formuliert nun seine Absicht, das Pflichtgebet zu verrichten, er tritt in den Weihezustand, indem der spricht: „Gott ist größer."

Rezitation

Stehend spricht der Beter Worte des Lobes: „Preis sei dir, mein Gott, und Lob sei dir! Gebenedeit sei dein Name, und erhaben sei deine Herrlichkeit! Es gibt keinen Gott außer dir." Er fügt hinzu: „Ich suche meine Zuflucht bei Gott vor dem gesteinigten Satan." Dann rezitiert er die erste Sure des Korans, die Eröffnung (al-Fatiha):

1,1–7

Im Namen Gottes, des Erbarmers, des Barmherzigen. Lob sei Gott, dem Herrn der Welten, dem Erbarmer, dem Barmherzigen, der Verfügungsgewalt besitzt über den Tag des Gerichtes! Dir dienen wir, und Dich bitten wir um Hilfe. Führe uns den geraden Weg, den Weg derer, die Du begnadet hast, die nicht dem Zorn verfallen und nicht irregehen.

Er schließt mit: Amen.

Danach rezitiert der Gläubige weitere Stellen des Korans nach freier Wahl, z.B. 112,1–4; 2,255 (Thronvers); 24,35 (Lichtvers); 59,19–24.

Verbeugung

Der Beter verbeugt sich, legt die Hände auf seine Knie und spricht:

„Gott ist größer“, dann dreimal: „Preis sei meinem Herrn, dem Majestätischen!“
Er richtet sich auf und sagt: „Gott erhört den, der ihn lobt.“
Und: „Gott, unser Herr, Lob sei dir!“

Prostration
Als Zeichen seiner totalen Hingabe an Gott, seiner Anbetung und seiner Unterwerfung unter den Willen Gottes kniet der Beter und legt seine Stirn auf den Boden und spricht: „Gott ist größer“, dann dreimal: „Preis sei meinem Herrn, dem Höchsten!“
Dann setzt er sich auf seine Fersen und spricht: „Gott ist größer“, dann: „Mein Gott, vergib mir, erbarme dich meiner, leite mich recht, bewahre mich und gib mir meinen Lebensunterhalt“, oder: „Mein Gott, vergib mir. Mein Gott, vergib mir.“
Daraufhin wiederholt er die Prostration mit den entsprechenden Haltungen und Texten. Damit endet die erste Gebetseinheit.
Da das kürzeste Pflichtgebet (das Morgengebet) aus zwei Einheiten besteht, vollzieht der Beter wenigstens eine weitere Einheit, wie oben beschrieben. Am Ende der zweiten Einheit rezitiert er das so genannte Bezeugungs-Gebet (tashahhud):
Gott gehören die Ehrweise, die Gebete und die guten Werke. Der Friede sei über dir, o Prophet, und die Barmherzigkeit Gottes und seine Segnungen! Der Friede sei über uns und über den tugendhaften Dienern Gottes! Ich bezeuge, es gibt keinen Gott außer Gott; und ich bezeuge, Muhammad ist der Gesandte Gottes.
Der Beter kann weitere Gebete hinzufügen, eigene oder allgemein bekannte.

Gebetsschluss
Zum Schluss richtet der Beter einen Gruß nach rechts und nach links und spricht: „Der Friede sei über euch und die Barmherzigkeit Gottes!“ Damit ist der Weihezustand aufgehoben.

Bedeutung der Körperhaltungen
Die Körperhaltungen, die das Rezitieren von Versen und Gebeten begleiten, sollen beim Beter eine innere Einstellung zum Ausdruck bringen, die als „Anwesenheit des Herzens“ bezeichnet wird. Wer sich zum Gebet hinstellt und sich zu Gott wendet, muss eine lautere Absicht haben, sein Gebet in Demut verrichten (vgl. 23,2; 2,45). Denn sein Leben liegt in der Hand Gottes. Das bedeutet zweierlei. Zum einen hat der Gläubige die Gewissheit, dass Gott ihm die guten Dinge beschert und sich als der gütige, huldvolle und feinfühlige Gott zeigt, dem „demütige Ergebenheit“ gebührt (2,238). Der Gläubige weiß aber auch, dass Gott der transzendente, verborgene Gott bleibt, dessen Wille unerforschlich und dessen Entscheidungen nicht hinterfragbar sind. Deswegen muss der Mensch mit Furcht beten (7,205), seine Anliegen in vertrauensvollem Verlangen und zugleich in demütiger Ehrfurcht vortragen (21,90; 7,56).
Die verschiedenen Körperhaltungen spiegeln außerdem die Bereitschaft des Gläubigen wider, Gott zu loben und anzubeten, seine Souveränität

anzuerkennen und sich in seinen Willen zu ergeben.

Das Gemeinschaftsgebet

Neben dem Pflichtgebet der einzelnen Gläubigen gibt es das Gemeinschaftsgebet, das am Freitagmittag, zur Feier des Festes der Fastenbrechung (am Ende des Monats Ramadan) und des Opferfestes (zum Schluss der alljährlichen Wallfahrt nach Mekka) sowie anlässlich des Todes eines Gläubigen (Begräbnisgebet) oder in Kriegszeiten (Gebet zur Angstzeit) oder bei großer Dürre und Trockenheit verrichtet wird.

Das Freitagsgebet als Gebet der Gemeinschaft wird im Koran als verbindliche Pflicht festgelegt: „O ihr, die ihr glaubt, wenn am Freitag zum Gebet gerufen wird, dann eilt zum Gedenken Gottes und lasst das Kaufgeschäft ruhen. Das ist besser für euch, so ihr Bescheid wisst. Wenn das Gebet beendet ist, dann breitet euch im Land aus und strebt nach etwas von der Huld Gottes. Und gedenkt Gottes viel, auf dass es euch wohl ergehe“ (62,9–10).

Die Vorzüge des Gemeinschaftsgebetes werden auch in der Tradition hervorgehoben. Von Muhammad sind folgende Aussprüche überliefert: „Wenn einer dem Freitagsgebet dreimal ohne entschuldigenden Grund fernbleibt, versiegelt Gott sein Herz“ (Hadith-Sammlung von Abu Dawud). – „Das Gebet der Gemeinschaft ist besser als das Gebet des Einzelnen, und zwar siebenundzwanzigmal (besser)“ (Hadith-Sammlung von Bukhari und Muslim). – „Das Gebet des Mannes mit einem (anderen) Mann ist besser als sein Gebet, wenn er allein bleibt. Sein Gebet mit zwei Männern ist besser als sein Gebet mit einem Mann. Wenn sie aber noch mehr sind, dann um so gottgefälliger“ (Hadith-Sammlung von Abu Dawud). Der Freitag ist also nicht ein Feiertag wie der Sonntag der Christen. Es ist nur der Tag, an dem sich die Muslime zum Mittagsgebet in der Moschee versammeln, um unter der Leitung eines Vorbeters (imam) das Pflichtgebet gemeinsam zu verrichten. Verpflichtet zu diesem Gemeinschaftsgebet sind die Männer (also nicht die Frauen und Kinder), soweit sie nicht durch einen ausreichenden Grund verhindert sind. Der Vorbeter ist kein Geistlicher oder Priester, er ist nur einer, der das Gebet vorschriftsmäßig verrichten kann. Er steht vor der Gemeinde, die seine Haltungen nachvollzieht.

Vor dem Gebet findet eine feierliche Rezitation des Korans statt. Das ist eine Art Meditation des heiligen Textes, der einen starken Eindruck auf die Gläubigen macht und sie zur besseren Andacht und zur tiefen Ergebung in den Willen Gottes hinführt.

Anlässlich des Gemeinschaftsgebets wird eine Ansprache gehalten, und zwar am Freitag vor dem Gebet, an den großen Festtagen der Fastenbrechung am Ende des Monats Ramadan (ʿid al-fitr) und des Opferfestes (ʿid al-adha) aber nach dem Gebet.

Da der Islam eine umfassende Lebensordnung ist und alle Bereiche (das persönliche Leben, den Bereich der Familie, der Gemeinschaft und der Gesamtgesellschaft) zu erfassen trachtet, können in der Ansprache alle Probleme religiöser, sozialer, wirtschaftlicher und politischer Natur erörtert werden, die gerade die Gemeinschaft beschäftigen oder die Interessen der islamischen Welt berühren.

Wirksamkeit des Gebets
Der Muslim, der sich zum Gebet hinstellt, hegt die Zuversicht, dass Gott sein Gebet erhört (vgl. 2,186), denn, so versichert der Koran, wer Gottes gedenkt, dessen gedenkt auch Gott selber (2,152). Wer betet, darf auf die Verheißung seines Lohnes im Paradies hoffen (2,277) und die Erfüllung seiner Anliegen auf dieser Erde erwarten. Auf das Gebet der Gläubigen hin, so erklärt der Koran, „gab ihnen Gott den Lohn des Diesseits und den schönen Lohn des Jenseits …“ (3,148; vgl. 8,2–4).

Literatur: *A. H. Farid,* Prayers of Muhammad, Lahore/Pakistan [4]1974; *M. Abdul Hamid Siddiqi,* Prayers of the Prophet, Lahore [7]1976; *A. Schimmel,* Denn dein ist das Reich. Gebete aus dem Islam, Freiburg 1978; *A. Th. Khoury,* Gebete des Islams, Gütersloh 1995; *ders.,* Der Islam. Sein Glaube, seine Lebensordnung, sein Anspruch, Freiburg [6]2001.

A. Th. Khoury

Geburtenregelung

Vor dem Hintergrund der Bevölkerungsexplosion in der Welt wird auch im Islam über die Geburtenregelung diskutiert. Je nach Interessenlage der verschiedenen Länder und ihrer Zukunftsplanung befürworten sie eine Geburtenregelung als Mittel der Familienplanung und der Eindämmung der Bevölkerungsexplosion (so in Indien) oder sprechen sie sich dagegen aus (wie in Ägypten unter Nasser).

Da bei den breiten Massen der islamischen Bevölkerung eine Geburtenregelung als verboten oder wenigstens verpönt gilt, ist die Akzeptanz der unter Gelehrten vertretenen Thesen verschieden, je nach ihrer Abweichung von der traditionellen Haltung und nach der Höhe des Prozentsatzes an Analphabeten unter der Bevölkerung.

In der klassischen Literatur und in den Stellungnahmen der zeitgenössischen Gelehrten werden zwei Positionen vertreten. Die eine geht von einem ausdrücklichen Zweck der Ehe aus und befürwortet die Zeugung von Nachkommenschaft ohne staatliche und künstliche oder irgendwie geartete Eingriffe in den Prozess von Zeugung und Geburt. Die Gemeinschaft der Muslime, um stark zu sein, ihre Ressourcen optimal auszunützen und die von ihr erstrebte Vormachtstellung in der Welt zu erreichen und auszubauen, brauche nicht weniger, sondern mehr Nachwuchs. Im Übrigen seien die Berichte über die Praktiken des coitus interruptus in der Zeit Muhammads nicht als Beweis dafür zu interpretieren, dass Muhammad dies für zulässig erklärt hat. In diesem Sinn äußerte sich 1956 der damalige Rektor der Azhar-Universität zu Kairo.

Andere Autoren, die die Ernährung der nachfolgenden Generationen nicht allein Gott oder der Solidarität der übrigen Welt überlassen wollen, sprechen sich für eine Reduzierung der Geburtenrate aus. Sie deuten die

Berichte der Tradition (Hadith) über den coitus interruptus in dem Sinn, dass Muhammad ihn nicht verurteilt hat. Damit habe dieses Mittel der Empfängnisverhütung als erlaubt zu gelten. Andere, ähnlich gelagerte Praktiken der Empfängnisverhütung seien analog zu beurteilen und müssen als zulässig betrachtet werden. In dieser Richtung haben sich in den 1950er Jahren mehrere Professoren der Azhar-Universität ausgesprochen.

Die Abtreibung als Mittel der Geburtenkontrolle wird durchweg abgelehnt. Welche Lehre über die Abtreibung im Islam vertreten wird, wird unter „Strafgesetz“ dargelegt.

Literatur: *G.-H. Bousquet,* L'éthique sexuelle de l'Islam, Paris 1966; *E. Gräf,* Die Stellungnahme des islamischen Rechts zu Geburtenregelung und Geburtenbeschränkung, in: Der Orient in der Forschung, Festschrift für Otto Spies, Wiesbaden 1967, 209–232; Croissance des jeunes nations, Nr. 64, Paris, März 1967; *A. Th. Khoury,* Das Gesetz Gottes. Eine koranische Theologie des Gesetzes, in: *A. Th. Khoury/ P. Heine/J. Oebbecke,* Handbuch Recht und Kultur des Islams in der deutschen Gesellschaft, Gütersloh 2000, 21–34.

A. Th. Khoury

Geist

Geist wird an manchen Stellen des Korans auf Gott bezogen: Gott bläst Adam von seinem Geist ein und macht ihn somit lebendig (15,29; 32,9; 38,72). Durch das Einblasen seines Geistes bewirkt Gott auch, dass Maria Jesus empfängt (21,91; 66,12).

Das Wort Geist kommt an vier Stellen in Verbindung mit dem Befehl (amr) Gottes vor: 16,2 (Er sendet die Engel mit dem Geist von seinem Befehl herab, auf wen von seinen Dienern Er will: Warnt ...); 17,85 (Und sie fragen dich nach dem Geist. Sprich: Der Geist ist vom Befehl meines Herrn); 40,15 (Er legt den Geist von seinem Befehl, auf wen von seinen Dienern Er will, damit er vor dem Tag der Begegnung warne); 42,52 (Und so haben Wir dir Geist von unserem Befehl offenbart). Der Geist gehört in diesen Stellen zum Plan Gottes, er zeigt seine Wirkung in den Propheten, die die Menschen warnen sollen.

In einer menschlichen Gestalt erscheint der Geist Gottes Maria (19,17). Eine besondere Stärkung durch den Geist der Heiligkeit hat Jesus erfahren (2,87.253; 5,110). Der Geist der Heiligkeit sendet auch den Koran herab, um damit die Gläubigen zu festigen (16,102), der „treue Geist“ bringt Muhammad den Koran (26,193–194). Dieser Geist wird mit dem Engel Gabriel, dem Überbringer der Offenbarung an die Propheten (2,97; 16,2), identifiziert.

Endlich wird Jesus Christus als ein Geist von Gott bezeichnet (4,171), weil, so die muslimischen Exegeten, Jesus durch das Einhauchen des Geistes Gottes in Maria entstanden ist (21,91; 66,12).

Literatur: *D. B. Macdonald,* The Development of the Idea of Spirit in Islam, in: Acta Orientalia 1931, 307–351; *Th. O'Shaughnessy,* The Development of the Meaning of Spirit in the Koran (Orientalia Analecta 139), Rom 1953.

A. Th. Khoury

Geister ↗ *Djinn*; ↗ *Engel*; ↗ *Teufel*

Gelehrte (ʿUlamaʾ)

Als Gelehrte (ʿulamaʾ, sing.: ʿalim, in der Bedeutung: Wissender) werden in der islamischen Welt die Personen bezeichnet, die ein Studium der religiösen Wissenschaften wie Koran-Kommentar, Hadith-Studien, Islamisches Recht, Arabische Sprache usw. abgeschlossen haben und daher über spezielle Kenntnisse verfügen. Diese Kenntnisse bilden die Voraussetzung für die Übernahme bestimmter öffentlicher Ämter wie das des Muftis, Qadis oder Predigers. Ein Gelehrter wird jedoch auch dann als ʿAlim angesehen, wenn er eine derartige Position nicht inne hat und seinen Lebensunterhalt auf eine andere Weise verdient. Auf Grund ihres religiös-relevanten Wissens verfügten und verfügen sie noch heute über eine beträchtliche Autorität bei den gläubigen Muslimen. Für den Aufbau und die Festigung des islamischen Staatswesens und der gesamten muslimischen Lebensweise waren die ʿUlamaʾ von überragender Bedeutung. Durch ihre genaue Kenntnis der autoritativen Quellen des Islams sahen sie sich in der Lage, diese in einer Weise zu interpretieren, die den Erfordernissen eines sich immer weiter entwickelnden Gemeinwesens entsprachen, ohne den eigentlichen Sinn und die Bedeutung der Lehre des Islams zu verletzen. In dem islamischen Gemeinwesen, das keine priesterlichen Hierarchien kennt, festigten sie gegen verschiedene heterodoxe und rebellische Tendenzen mit großem Realismus die Dogmatik des sunnitischen wie auch (zu einem späteren Zeitpunkt) des schiitischen Islams. Durch die auf Wissen beruhende Autorität waren sie in der Lage, Mehrheiten für die von ihnen erarbeiteten Glaubensvorstellungen zu sammeln, so dass sie sich auch gegenüber heterodoxen politischen Machthabern auf die Dauer durchsetzen konnten. Da „Wissen" (ʿilm) in der islamischen Welt zunächst immer als religiöses Wissen verstanden wurde, waren sie es, die das gesamte Bildungswesen der islamischen Welt aufbauten und kontrollierten, was wiederum ihren religiösen, politischen und allgemeinen gesellschaftlichen Einfluss stärkte. Auch heute noch tragen viele dieser Gelehrten als Zeichen ihrer Würde und der Bedeutung ihrer Stellung einen langen schwarzen Mantel und einen weißen Turban. Manchen von ihnen gelang es, ihre religiöse und gesellschaftliche Bedeutung auch im wirtschaftlichen Bereich zu nutzen. In vielen Regionen der islamischen Welt gehören die Gelehrten zu den reichen Landbesitzern; doch wird man die Mehrheit von ihnen als dem Mittelstand zugehörig betrachten können. Durch das Aufkommen und die wachsende Bedeutung von Kenntnissen (maʿrifa) seit dem Beginn des 19. Jahrhunderts, die sich von den religiös-theologischen Wissenschaften unterscheiden, nahm die Bedeutung der ʿUlamaʾ mehr und mehr ab, da sie diese neuen Entwicklungen ignorierten. Erst die Reformer unter ihnen waren in der Lage, die Bedeutung der religiösen Wissenschaften für die modernen Wissenschaften hervorzuheben, indem sie die Übereinstimmung der verschiedensten modernen Phänomene mit den dogmatischen Vorstellungen des Islams überprüften. Zugleich bildete die Gruppe der ʿUlamaʾ eine der wenigen vorhandenen Strukturen, die in der Lage war, sich der europäischen Expansion erfolgreich entgegenzustellen. Diese Tatsache hatte auch zur Folge, dass der öffentliche Einfluss der Gelehrten wieder zunahm. Das Wiedererstarken der Bedeutung der ʿUlamaʾ in der Gegenwart wird am deutlichsten an der Rolle, die z. B. der „Wächterrat" in der Islamischen Republik Iran spielt. Dieser überprüft jedes vom Parlament verabschiedete Gesetz hinsichtlich seiner Vereinbarkeit mit dem Islam. Der „Wächterrat" hat die Macht, diese eventuell zurückzuweisen. Mögen solche Institutionen in den anderen islamischen Staaten auch nicht offiziell vorhanden sein, so kann doch davon ausgegangen werden, dass autoritative Äußerungen von bedeutenden Gelehrten häufig eine Bedeutung haben, die von den Regierungen und Administrationen nicht ignoriert werden kann, ohne ernsthafte Konflikte heraufzubeschwören. Heute wie früher sind die Gelehrten von einem starken Zusammengehörigkeitsgefühl und einem deutlichen Verantwortungsgefühl für die religiösen Traditionen der islamischen Welt als Gesamtheit durchdrungen.

Literatur: *G. Baer (Ed.),* Asian and African Studies Bd. 7 (1978): The ʿUlamaʾ in Modern History; *A. Green,* The Tunisian Ulama, 1873–1915, Leiden 1978; *N. Keddie (Ed.),* Scholars, Saints and Sufis: Muslim Religious Institutions in the Middle East since 1500, Berkeley 1972; *J. Voll,* The British, the ʿUlamaʾ and Popular Islam in the Early Anglo-Egyptian Sudan, in: IJMES 2 (1971) 212–218; *M. J. Fischer/M. Abedi,* Debating Muslims. Cultural Dialogs in Postmodernity and Tradition, Madison 1990; *D. Urroy,* Le monde des ulemas andalouse du Ve/XIe au VIIe/XIIIe siecle, Genf 1978.

P. Heine

Gelübde

In Altarabien wie in der biblischen Tradition sind Gelübde bekannt, so auch im Islam. Das Gelübde wird mit zwei anderen Begriffen verbunden: Weihe und Eid.

Der Koran lässt die Mutter Marias sagen: „Mein Herr, ich gelobe Dir das, was in meinem Leib ist, und weihe es Dir. Nimm es von mir an" (3,35). Das Gelübde ist oft mit einem Opfer verbunden: Selbstopfer (wie beim Weihezustand der Pilger, die sich das Haar scheren), Tieropfer oder Sachopfer.

Der Koran fordert, dass man die Gelübde erfüllt (22,29) und die durch Eid bekräftigten Versprechen einlöst (16,91; 5,89).

Er verurteilt die Gewohnheit, leichtfertig beim Namen Gottes zu schwören (2,224), sowie den Missbrauch der Eide für allerlei Intrigen (16,92.94). Er droht denen, die dies tun, mit der Strafe Gottes (16,94), übt jedoch Nachsicht mit denen, die unbedachte Eide sprechen (2,225), fordert aber von ihnen eine Sühne dafür: zehn Arme beköstigen oder drei Tage fasten (5,89; vgl. 66,2)

Literatur: *Th. W. Juynboll,* Handbuch des islamischen Gesetzes, Leiden 1930, 273 ff.; *J. Pedersen.* Nadhr, in: Shorter Encyclopaedia of Islam, Leiden 1974, 428b–429b.

A. TH. KHOURY

Gemeinde

Das arabische Wort für die islamische Gemeinde ist „Umma". Dieses Wort bezeichnet zunächst einmal im Koran sprachliche, religiöse oder ethnische Gemeinschaften. Daneben werden auch Gruppen von Djinnen oder andere Lebewesen mit diesem Begriff bezeichnet. Nach der Auffassung des Korans hat Gott zu jeder „Umma" einen Warner oder Propheten geschickt. Im Laufe der Entwicklung wurde dann unter „Umma" die Gesamtheit der gläubigen Muslime in aller Welt verstanden, unabhängig von ihrer Rasse, Sprache oder Nationalität, unabhängig aber auch von ihrer Zugehörigkeit zu einer besonderen religiösen oder juristischen Form des Islams. Jeder, der an den einen Gott glaubt und bekennt, dass Muhammad der Gesandte dieses Gottes ist, gehört der „Umma Muhammadiyya" (der Gemeinde Muhammads) an. Die in der arabischen Welt bis dahin üblichen „Bande des Blutes" wurden durch den gemeinsamen Glauben zunächst ergänzt. Später rückte dieser Glaube immer mehr in den Vordergrund und erhielt vorrangiges Gewicht. Als Prophet besaß Muhammad bestimmte Fähigkeiten und Qualitäten, die für die Erfüllung seiner Aufgabe erforderlich waren. Aus dieser Persönlichkeitsstruktur erwuchs seine Autorität. Seine Autorität hatte zwei Charakteristika. Einerseits war sie spiritueller Art. Muhammad leitete und leitet die Muslime auf ihrem Weg zu Gott. Da der Islam aber zugleich Religion und staatliche Macht ist (al-islam din wa daula), besaß er auch politische Autorität. Aufgrund seiner Autorität schuf Muhammad eine Gemeinde, die nur in geringem Maße mit einem Staat zu vergleichen ist. Sie ist in dem Sinne autonom, dass sie frei ist von nichtmuslimischer Kontrolle, aber nicht in dem Sinn, dass sie sich ihre eigenen Gesetze machen kann. Vielmehr gehen diese Gesetze auf Gottes Willen zurück. Im Übrigen spielt die Regierungsform in dieser Gemeinde keine bestimmende Rolle. Nach muslimischer Auffassung hat Gott die Form der politischen Praxis den Menschen überlassen. Es besteht auch keine Notwendigkeit, dass die „Umma" eine politische Einheit bildet. Zwar wurde das Konzept einer Identität des Religiösen und des Säkularen nicht aufgegeben. Doch im Laufe der geschichtlichen Entwicklung erhielt die „Umma" eine religiöse und kulturelle Identität, aber auch eine soziale Bedeutung, die die geistliche Entwicklung und ein Gefühl der Zusammengehörigkeit von der politischen Form unabhängig machte. Die Tatsache, dass es innerhalb der „Umma" verschiedene Machtzentren gab, mussten die Muslime schon bei der Auseinandersetzung zwischen ʿAli und dem Umayyaden Muʿawiya zur Kenntnis nehmen. Und vor allem mit der Entstehung von verschiedenen islamischen Nationalstaaten seit dem Ende des

19. Jahrhunderts wurde diese Konstellation die Normalität. Dennoch hat es in der Gegenwart immer wieder Bemühungen gegeben, die „Umma“ als eine politische Kraft wiederzubeleben. So gehen denn die verschiedenen internationalen Muslim-Organisationen auf die Vorstellung einer einen und einigen Gemeinde aller Muslime zurück. Die geistige und kulturelle Einheit der Muslime in der „Umma“ erscheint den Muslimen als Symbol für die Einheit Gottes. Als Mitglied der „Umma“ war und ist der Muslim Angehöriger der „Dar al-Islam“ (Haus des Islams). Nur in diesem kann er seinen religiösen Pflichten in optimaler Weise nachkommen. Die Einheit der „Umma“ manifestiert sich im gemeinsamen Bekenntnis und in der gemeinsamen Befolgung des göttlichen Rechts. Es ist die Aufgabe der muslimischen politischen Führer, die „Umma“ funktionsfähig und frei von Uneinigkeit und Häresie zu halten. Nach heutiger muslimischer Auffassung würde sich eine völlige politische Einheit eher ungünstig auswirken, da die verschiedenen Völker sich in vielen Dingen voneinander unterscheiden und sich daher in Konkurrenz zueinander befinden. Diese Vielfalt in der Einheit wird als positiv gesehen, da so eine vollkommene islamische Gesellschaft entstehen kann. Diese Konstellation ist auch deshalb möglich, weil der Islam in der Theorie keine Superiorität einer Nation, eines Landes oder eines Zeitalters gegenüber anderen anerkennt. Diese Haltung wäre bei einer Religion mit einem universalen Anspruch auch inkonsequent, zumal es zu den Pflichten der „Umma“ in ihrer Gesamtheit gehört, für die weitere Verbreitung des Islams Sorge zu tragen, bis die Gemeinde die gesamte Menschheit umfasst. Die einzige Superiorität innerhalb der muslimischen Gemeinde ist die, die durch Frömmigkeit und Tugend zum Ausdruck kommt. Trotz dieses stark egalitären Moments haben die Araber stets eine besondere Stellung innerhalb der „Umma“ beansprucht, und sie ist ihnen von den anderen islamischen Völkern auch zugebilligt worden. Mag es auch ein historischer Zufall sein, so ist Muhammad doch Araber, und der Koran ist in arabischer Sprache offenbart worden.

Literatur: *A. Hourani,* Arabic Thought in the Liberal Age, Oxford 1962; *G. von Grunebaum,* Studien zum Kulturbild und Selbstverständnis des Islams, Zürich 1969; *E. Rosenthal,* Political Thought in Medieval Islam, Cambridge 1962; *T. Nagel,* Staat und Glaubensgemeinschaft im Islam. 2 Bde., Zürich 1981; *J. Piscatori,* Islam in a World of Nation-States, Cambridge 1986; *J. Piscatori (Ed.),* Islam in the Political Process, Cambridge 1983.

P. Heine

Gerechtigkeit

Der Koran tritt entschieden für die Gerechtigkeit ein, die er zu einer besonderen Tugend der Muslime erhebt: „O ihr, die ihr glaubt, tretet für Gott ein und legt Zeugnis für die Gerechtigkeit ab. Und der Hass gegen bestimmte Leute soll euch nicht dazu verleiten, nicht gerecht zu sein. Seid gerecht, das entspricht eher der Gottesfurcht“ (5,8; vgl. 7,29; 49,9). So verurteilt der Koran den Betrug und die Unehrlichkeit im Geschäftsleben. Maß und Gewicht sollen voll sein „nach Gerechtigkeit“ (6,152). Zinsnehmen wird im Koran, so die Interpretation vieler Autoren, als Wucher bezeichnet und verboten: Wenn ihr Zins nehmt, „so erwartet Krieg von Gott und seinen Gesandten“ (2,278–279). Das anvertraute Gut muss zur festgelegten Zeit zurückgegeben werden (70,32; 4,58). Was man versprochen hat, muss man einhalten und seine Pflichten erfüllen (2,177). Als Ausdruck der Gerechtigkeit versteht der Koran auch die rechte Behandlung der Schwachen und Schutzlosen in der Gesellschaft. Es sind vor allem die Armen und die Reisenden (30,38). Auch gegenüber friedlichen Ungläubigen gilt es, Gerechtigkeit zu üben (60,8). Die Gerechtigkeit gebietet also, den Leuten nicht das abzuzwacken, was ihnen gehört (26,183; 7,85). Ungerechtigkeiten aller Art werden vom Richter geahndet. Für den Diebstahl und die Gewalttätigkeit werden bestimmte Strafen vorgesehen: s. auch Strafrecht.

A. Th. Khoury

Gericht ↗ *Jüngstes Gericht*

Gesetz

Die Muslime bezeichnen den Islam als „Religion und Staat“, d.h. als Träger und Erfüller einer göttlichen Offenbarung, die in ihrem Totalitätsanspruch den ganzen Menschen in allen Bereichen seines Lebens erfasst. Die islamische Lebensordnung enthält somit nicht nur Lehrsätze als Kanon des Glaubens und sittliche Gebote und Verbote als Norm des Handelns, sie erlässt auch gesetzliche Bestimmungen, die das Leben der Einzelnen, der Familie und der Gemeinschaft, sowie die verschiedenen Bereiche des gesellschaftlichen Lebens und der internationalen Beziehungen regeln. Der gläubige Muslim wird aufgefordert, sich in einem unbedingten Gehorsam dem souveränen Willen Gottes zu unterwerfen und seinen Glauben in dieser Hingabe zum Ausdruck zu bringen. Seine vorbehaltlose Ergebung gründet auf der Zusicherung des Korans, der ihm bestätigt: „Gott sagt die Wahrheit, und er führt den (rechten) Weg“ (33,4).

Wesen und Merkmale des Gesetzes

Das Gesetz des Islams ist in seiner Grundlage der Ausdruck des souveränen Willens Gottes. Dieser Wille ist an keine vorgegebenen Maßstäbe gebunden, er ist selbst der letzte Maßstab und die nicht hinterfragbare Norm. Aber er ist auch keine blinde Willkür, er bringt die Rechtleitung eines Gottes, der „Bescheid weiß und weise ist“ (4,11; 9,60 usw.). Die Weisheit Gottes in seinem Gesetz lässt sich darin erkennen, dass er auf die Schwachheit der Menschen und auf die konkreten Umstände ihres Lebens Rücksicht nimmt. Mit der Weisheit Gottes verbindet sich seine Barmherzigkeit: „Gott hat Mitleid mit den Menschen und ist barmherzig“, wiederholt der Koran (2,143; 9,117; 59,10). Auch Muhammad wird im Koran als ein Gesandter bezeichnet, der „Mitleid mit den Gläubigen hat und barmherzig ist" (9,128). Die Barmherzigkeit Gottes zeigt sich in seiner Bereitschaft, aus der Ferne seiner Transzendenz herauszutreten und die Menschen seine Nähe spüren zu lassen, eine Nähe, die voller Huld ist (vgl. 62,4). „Wenn dich meine Diener nach Mir fragen, so bin Ich nahe, und Ich erhöre den Ruf des Rufenden, wenn er Mich anruft …" (2,186). Gott hat seine Verordnungen so gestaltet, dass sie der Läuterung der Menschen dienen (vgl. 2,129; 3,164; 5,6) und ihnen keine unerträgliche Last aufbürden. Und wenn es sich erweist, dass eine Bestimmung mit zu vielen Schwierigkeiten in der Praxis verbunden ist, dann wird den Gläubigen immer wieder Erleichterung gewährt. Der Koran hat diese Tendenz seiner Gesetzgebung als Grundsatz formuliert: „Gott will sich euch zuwenden … Gott will euch Erleichterung gewähren. Der Mensch ist ja schwach erschaffen worden" (4,27–28).

Die Anordnungen Gottes, welche Ausdruck seines souveränen Willens, aber auch seiner umfassenden Weisheit und seiner feinfühligen Barmherzigkeit sind, bringen den Menschen alles Gute: „Dieser Koran leitet zu dem, was richtiger ist" (17,9). Die Gläubigen brauchen sich nur nach den Bestimmungen des koranischen Gesetzes zu richten, denn es lehrt sie die Gerechtigkeit (vgl. 7,29; 57,25 usw.), garantiert ihnen eine sichere Entscheidung (5,50: „Wer hat denn eine bessere Urteilsnorm als Gott?") und verheißt ihnen ein erfülltes Leben: „Wenn dann von Mir eine Rechtleitung zu euch kommt, dann wird der, der meiner Rechtleitung folgt, nicht irregehen und nicht unglücklich sein" (20,123; vgl. 20,2).

Da das Gesetz die Norm des praktischen Handelns und der Garant der Verheißungen Gottes ist, ist es bemüht, detaillierte Anweisungen zu erlassen (vgl. 7,32.52; 6,126; 9,11), „um alles deutlich zu machen" (16,89). Diese Tendenz, ins Einzelne zu gehen und den Raum der menschlichen Initiative einzuengen, kann es der Gemeinschaft erleichtern, ihre Einheit zu wahren, wie sie der Koran fordert: „Und haltet allesamt am Seil Gottes fest und spaltet euch nicht" (3,103; vgl. 3,105).

Man kann die religiöse Bewertung des Gesetzes im Islam in folgenden Sätzen zusammenfassen: Gott hat in seiner unbedingten Freiheit das erlassen, was ihm beliebt. Sein Gesetz ist aber das Werk seiner Weisheit, seiner Barmherzigkeit und Gnade. Gott fordert von den Gläubigen einen unbedingten Gehorsam. Aber es ist nicht ein unverständiger Gehorsam, eine einsichtslose Gefolgschaft. Gott beansprucht den ganzen Menschen: seinen Verstand und seinen Willen, seine Urteils-, Entscheidungs- und Tatkraft. Denn das Gesetz Gottes ist Licht, Rechtleitung und Leben, und die einzig passende Antwort des Menschen sind die offene Aufnahme und die dankbare Hingabe (islam).

Klassifizierung der menschlichen Handlungen

Was nun das islamische Gesetz (shariʿa) im Einzelnen beinhaltet, haben die Rechtsgelehrten aus den verschiedenen Rechtsquellen herausgearbeitet und in jeweils nach Möglichkeit zusammenhängende Systeme gefasst. In diesem System werden die menschlichen Handlungen in folgende Kategorien eingeteilt, die eine entsprechende moralische Beurteilung bedeuten bzw. entsprechende rechtliche Konsequenzen begründen:

Eine Handlung ist geboten (wadjib), wenn sie als Pflicht gilt. Wer diese Pflicht erfüllt, verdient Lob. Wer sie verletzt oder unterlässt, verdient Strafe.

Eine Handlung ist empfohlen (mandub) bzw. wünschenswert, liebenswert (mustahabb), wenn sie das Leben der einzelnen Gläubigen oder der Gemeinschaft fördert. Wer sich danach richtet, wird gelobt bzw. belohnt. Wer sich darüber hinwegsetzt, wird jedoch nicht getadelt oder gar bestraft.

Eine Handlung ist erlaubt (mubah), wenn sie moralisch bzw. rechtlich einen neutralen Wert hat. So ist ihre Verrichtung oder Unterlassung kein Gegenstand von Belohnung oder Bestrafung.

Eine Handlung ist verpönt bzw. missbilligt (makruh), wenn deren Unterlassung belohnt, deren Verrichtung jedoch nicht bestraft wird.

Eine Handlung ist verboten (haram), wenn es Pflicht des Gläubigen ist, sie zu meiden. Wer sie dennoch verrichtet, setzt sich der Strafe aus; wer sie meidet, verdient Lob bzw. Belohnung.

Praktische Handhabung des Gesetzes

Das islamische Rechtssystem, wie es in den klassischen Rechtsbüchern dargelegt wird, befasst sich mit folgenden Gebieten: religiöse Pflichten (ibadat); Familienrecht: Erb-, Eigentums- und Vertragsrecht (muʿamalat); Straf- und Prozessrecht; Verwaltungsrecht; Führung des Krieges.

Die praktische Anwendung des islamischen Gesetzes im Leben obliegt dem einzelnen Gläubigen und auch der Gemeinschaft. Von Amts wegen haben der Gesamtleiter der islamischen Gemeinschaft (Khalif, Imam, Sultan usw.) und der Richter (qadi) die Aufgabe, das Gesetz zur Anwendung zu bringen. Ihnen steht als Beratungsinstanz der Rechtsgelehrte (faqih, alim; beamteter Rechtsgelehrter: mufti) zur Seite.

Der Rechtsgelehrte berät die Regierung in Fragen, die mit der legislativen Funktion zusammenhängen. Er kennt die Vorschriften des Korans und die Rechtsnormen, die in der Tradition festgelegt sind. Er besitzt auch die Urteilskraft, um Möglichkeit und Modalität der Anwendung des Gesetzes auf die konkreten Fälle zu erkennen und, wenn er Beamter ist, auch offiziell festzustellen.

Auch dem Richter ist der Rechtsgelehrte eine Hilfe bei der Rechtssprechung. Auch sonst darf jeder Gläubige den Rechtsgelehrten angehen, ihn in einem konkreten Fall um Rat ersuchen und bei ihm verschiedene Rechtsgutachten einholen.

Der Richter ist zuständig für die allgemeine Rechtsprechung. Die islamische Tradition kennt eigentlich nur den Einzelrichter. In seinem Urteil stützt sich der Richter auf das Rechtsgutachten des Rechtsgelehrten. Er stellt den Tatbestand aufgrund der Aussagen glaubwürdiger Zeugen oder des Geständnisses des Angeklagten selber fest. Wenn das koranische Gesetz eine bestimmte Strafe für eine schwere Übertretung oder eine schwere Strafe festlegt, hat der Richter die Pflicht, eben diese Strafe zu verhängen. Es steht ihm nicht zu, sie zu ändern oder gar zu missachten. Freie Entscheidung über das Strafmaß besitzt der Richter nur in den Fällen, deren Regelung in sein Ermessen gestellt werden.

Literatur: *J. Schacht,* An Introduction to the Islamic Law, Oxford 1964; *N. J. Coulson,* A History of Islamic Law, Edinburgh 1964; *S. Ramadan,* Das islamische Recht, Theorie und Praxis, Wiesbaden 1980; *A. Th. Khoury,* Islamische Minderheiten in der Diaspora, München/Mainz 1985, 13–35.

A. TH. KHOURY

Gewalt

Alle Gewalt gehört Gott, seine Herrschaft erfasst Himmel und Erde und alle ihre Bewohner. Der Mensch besitzt keine Gewalt über die anderen Menschen, es sei denn, Gott verleiht sie ihm, damit er einen göttlichen Auftrag erfüllen kann, wie z. B. die Gemeinschaft regieren, die Verbrecher bestrafen, die Rechte Gottes auch bei den Nicht-Muslimen durchsetzen.

Der Koran verurteilt die Gewalttäter und diejenigen, die auf der Erde Unheil stiften, statt für Frieden und Ordnung zu sorgen (2,27; 5,33; 26,152). Solche Menschen liebt Gott nicht (5,64), sie treiben ja auf Erden ihr Unwesen und richten Unheil an, und sie denken nicht an die Wohltaten Gottes (vgl. 7,56.74.85; 47,22). Der Koran setzt für die Gewalttätigkeit eine harte Strafe fest: „Die Vergeltung für die, die gegen Gott und seinen Gesandten Krieg führen und auf der Erde umherreisen, um Unheil zu stiften, soll dies sein, dass sie getötet oder gekreuzigt werden, oder dass ihnen Hände und Füße wechselseitig abgehackt werden, oder dass sie aus dem Land verbannt werden …" (5,33). Zu den strafrechtlichen Konsequenzen aus diesem Vers siehe unter „Strafrecht".

Gewaltanwendung zur Zurückweisung von unberechtigten Übergriffen vonseiten anderer Mitglieder der Gemeinschaft oder fremder Widersacher ist erlaubt. Im Falle der Glaubensgenossen ist es jedoch besser, sagt der Koran, „wenn ihr verzeiht, nachsichtig seid und vergebt" (64,14; vgl. 24,22).

Auch darf man, um Frieden zwischen zwei streitenden Parteien aus den Reihen der Muslime zu stiften, notfalls gegen die Partei vorgehen, die ungerechterweise die andere angreift und ihr Gewalt antut (49,9). So erscheint hier die Gewaltanwendung als berechtigtes Instrument der Wiederherstellung der Ordnung in den Beziehungen der Menschen zueinander. In dieser Perspektive wird Gewaltanwendung in Form von Züchtigung gegenüber den zu erziehenden Kindern und Jugendlichen immer wieder als ein berechtigtes pädagogisches Mittel angesehen.

Vor allem darf die islamische Gemeinschaft Gewalt anwenden, wenn ihr Aufruf zur Annahme des Islams ungehört verhallt. Sie darf dann nach der Interessenlage der Gemeinschaft

Krieg gegen die Nicht-Muslime führen (s. Heiliger Krieg). Auch gilt es, gegen Abtrünnige und Aufständische zu kämpfen, um den Bestand und die Einheit der Gemeinschaft zu schützen.

Träger der Herrschaft und Gewalt im Namen der Gemeinschaft und unter dem Gesetz Gottes ist der Staat.

Literatur: *A. Th. Khoury*, Toleranz im Islam, München/Mainz 1980, Altenberge ²1986; *ders.*, Krieg und Gewalt im Islam, in: *A. Th. Khoury u. a. (Hrsg.)*, Krieg und Gewalt in den Weltreligionen. Fakten und Hintergründe, Freiburg 2003, 45–65; *U. Steinbach*, Die Gewalt im Islam, in: *Eduard J. M. Kroker (Hrsg.)*, Die Gewalt in Politik, Religion und Gesellschaft, Stuttgart/Berlin/Köln/Mainz 1976, 150–178.

A. Th. Khoury

Ghazzali

Al-Ghazzali (1059–1111) gilt als einer der bedeutendsten Denker und Theologen des Islams, als großer Reformator unter den Gelehrten. Er wurde im Iran geboren, studierte Rechtswissenschaft und Theologie und gehörte zur Schule der Ashʿariten. An der Hochschule in der Hauptstadt des islamischen Reiches, Baghdad, erhielt er einen Lehrauftrag, den er mit sehr großem Erfolg wahrnahm (um 1092). Die religionspolitischen Wirren dieser Zeit (mörderische Auseinandersetzungen zwischen Schiiten und Sunniten, Streitigkeiten zwischen dem Khalifen und den Seldjuken) verursachten bei ihm eine Krise: Er verfiel dem Skeptizismus. Er schildert selbst seinen Weg aus dem Zweifel zur Gewissheit des Glaubens: Zweifel an den Grundlagen der Erkenntnis (Autorität der Tradition, Sinneswahrnehmungen), aber Gewissheit der ersten Vernunftprinzipien, durch die göttliche Wahrheit garantiert; Kritik an den Methoden der Apologeten, welche sich an den konkreten Bedürfnissen ihrer Widersacher orientieren, an den Thesen der aristotelischen Philosophie, welche in manchen Punkten den Angaben der Offenbarung widersprechen, und an der schiitischen Esoterik; Bejahung der Mystik als Methode zur inneren Vollkommenheit des Menschen, welche eine erlebte Gewissheit vermittelt.

Al-Ghazzali verließ alles und begab sich auf eine lange Reise auf der Suche nach Einsamkeit, Innerlichkeit und geistlichen Erfahrungen. Nach elfjähriger Abwesenheit kehrte er zurück und übernahm an der Hochschule von Nishapur im Iran einen Lehrstuhl (1105). In dieser Zeit verfasste er sein berühmtes Werk: Die Wiederbelebung der Wissenschaften von der Religion (ihyaʾ ʿulum al-din). Al-Ghazzali starb in seiner Geburtsstadt Tus im Jahr 1111.

Al-Ghazzali hat sich die Aufgabe gestellt, eine theologische Lehre auszuarbeiten, die zur Belebung des Glaubens und zur Stärkung der Frömmigkeit beiträgt. Darüber hinaus versuchte er, die Mystik mit der Orthodoxie zu versöhnen, indem er das Wissen der Propheten, den Glauben auf der Grundlage der Offenbarung und die mystische Erkenntnis als verschiedene Zugänge zur einzigen Wahrheit Gottes und damit als miteinander vereinbar darstellte.

Auch verteidigte er die Suche der Mystiker nach Gottesliebe, die er als das höchste Ziel bezeichnet.
In sein Denken fand einiges aus gnostischer Tradition Eingang. Auch vermochte er keine überzeugenden Erläuterungen zu formulieren, die die theologische Wahrheit von Erlebnis geistlicher Erfahrungen unterschieden, obwohl er von der Überzeugungskraft der Reflexion ausging und die Wahrheit des Glaubens vor der Verengung durch die Apologetik und vor der Versteifung durch eine kasuistische Rechtswissenschaft zu bewahren suchte.

Literatur: *A. J. Wensinck*, La pensée de Ghazali, Paris 1940; *M. Smith*, Al-Ghazali the Mystic, London 1944; *F. Jabre*, La notion de certitude selon Ghazzali, Paris 1958; *L. Gardet*, Islam, Köln 1968.

A. Th. Khoury

Glaube

Der Glaube ist die Annahme der Wahrheit, die Gott den Menschen zukommen ließ. Diese Wahrheit, die im Bekenntnis zum Monotheismus ihre Grundlage und ihren Höhepunkt findet, wurde den Menschen nach dem Koran auf zweierlei Weise kundgetan: in der Urzeit durch die so genannte Uroffenbarung (vgl. 7,172) und in der Geschichte durch die Botschaft der Propheten (13,7; 24,34).
Um den Menschen den Zugang zum Glauben leichter zu machen, geben die Propheten einen dreifachen Hinweis auf die Wirkung Gottes und seine Präsenz in der Welt und im Leben der Menschen.
Der erste Hinweis bezieht sich auf die unübersehbare Macht des Schöpfers in der Natur und die unzähligen Zeichen seiner Vorsehung in der Lebensordnung der Menschen (vgl. 41,37; 45,3–5; 6,99; 2,163–165 …). In diesem Zusammenhang ist die Stelle 30,17–25 besonders eindrucksvoll.
Der zweite Hinweis stellt den Ungläubigen vor Augen, wie Gott an verstockten Völkern in der Vergangenheit gehandelt hat. All diejenigen, die sich von ihren Propheten nicht mahnen ließen und sich weigerten, den Glauben anzunehmen, wurden dem Verderben preisgegeben. Solche Zeugnisse hat Gott lebendig erhalten, damit sie eine eindringliche Mahnung für spätere Völker seien. Nur völlig verstockte Herzen können sich gegenüber solchen warnenden Beispielen blind und taub stellen.
Der Koran beruft sich an vielen Stellen auf dieses Zeugnis der Vergangenheit (u.a. 40,82; 36,31; 27,51–53.69; 30,9.42; 47,10). Nur einer der zahlreichen Texte soll hier zitiert werden: „Sind sie denn nicht auf der Erde umhergegangen und haben geschaut, wie das Ende derer war, die vor ihnen lebten? Sie hatten eine stärkere Kraft und hinterließen mehr Spuren auf der Erde als sie. Da ergriff sie Gott wegen ihrer Sünden. Und es gab für sie niemanden, der sie vor Gott hätte schützen können" (40,21).
Der dritte Hinweis konfrontiert die Ungläubigen mit der Drohung Gottes für die Zukunft, einer Drohung, die sie bestimmt treffen wird. Sie sollten deshalb sich zu Gott bekehren, bevor es zu spät ist (vgl. 10,102).
In einer Stelle spricht der Koran alle drei Hinweise an: 32,26 (Zeugnis der

Vergangenheit); 32,27 (Zeugnis der Schöpfung); 32,28–30 (Androhung der Strafe in der Zukunft).

Bedeutung des Glaubens

Unglaube und Ungläubige

Der Koran kennt zwar das Phänomen des Atheismus nicht. Aber selbst der Polytheismus seiner Zeit scheint ihm eine besondere Art von Unglauben zu sein. Dieser Unglaube hat nach seinem Urteil angesichts der Uroffenbarung Gottes und der wiederholten Mahnungen der Propheten keine Entschuldigung.

Als Gründe für die Verstocktheit der Polytheisten nennt der Koran zunächst einmal ihren Willen, an der Tradition und am Irrglauben ihrer Väter festzuhalten (21,53; 26,74). Auch wollen sie sich von ihren wirtschaftlichen Interessen und ihren gesellschaftlichen Bindungen nicht lossagen (29,25). Als dritten Grund führt der Koran die Vorsehung Gottes an, der in seinem absoluten, nicht hinterfragbaren Willen über das Gewissen der Menschen herrscht und die einen zum Glauben und die anderen zum Unglauben leitet (u.a. 10,99; 2,6–7; 6,39).

Bedeutung des Glaubens

Die zentrale Bedeutung des Glaubens erhellt sich aus den Aussagen des Korans über die Folgen des Unglaubens bzw. des Abfalls vom Glauben und über die Haltung Gottes gegenüber den Gläubigen.

Ob selbstverschuldet oder von Gott bestimmt, der Unglaube bzw. der Abfall vom Glauben bringt über die Ungläubigen Unheil. Er macht ihre Werke wertlos, während der Glaube den Menschen die Zuversicht verleiht, Gottes Wohlgefallen zu erfahren. Über die Folgen des Unglaubens drückt sich der Koran unmissverständlich aus: „Das sind keine Gläubigen. Gott macht ihre Werke wertlos" (53,19; vgl. 7,147). Der Unglaube führt daher zum Verderben und zur Höllenstrafe, dasselbe bewirkt auch der Abfall vom Glauben (2,217; 47,34). Denn der Abfall vom Glauben ist die schwerste Sünde, er stellt den Abtrünnigen außerhalb des Bereichs der Barmherzigkeit Gottes und verurteilt ihn dadurch zur ewigen Verdammnis (vgl. 16,106–107; 2,217). In sehr ernsten Sätzen ermahnt der Koran diejenigen, deren Glauben gefährdet ist. Seine Warnung erinnert an den dramatischen Text des Hebräerbriefs 6,4–8; 10,26–31. Es lohnt sich hier, eine Stelle des Korans im vollen Wortlaut zu zitieren:

„Wie sollte Gott Leute rechtleiten, die ungläubig geworden sind, nachdem sie gläubig waren und bezeugt haben, dass der Gesandte wahrhaftig ist, und nachdem die deutlichen Zeichen zu ihnen gekommen sind? Gott leitet die ungerechten Leute nicht recht. Die Vergeltung für sie ist, dass der Fluch Gottes und der Engel und der Menschen allesamt über sie kommt. Sie werden darin ewig weilen. Ihnen wird die Pein nicht erleichtert, und ihnen wird kein Aufschub gewährt, außer denen, die danach umkehren und Besserung zeigen. Denn Gott ist voller Vergebung und barmherzig. Von denen, die, nachdem sie gläubig waren, ungläubig werden und an Unglauben zunehmen, wird ihre Reue nicht angenommen werden. Das sind die, die irregehen. Von denen, die ungläubig geworden sind und als Ungläubige sterben – nicht die Erde voll Gold wurde von einem von ihnen angenommen, auch wenn er sich damit loskaufen wollte. Für sie ist eine schmerzhafte Pein bestimmt, und sie werden keine Helfer haben" (3,86–91).

Der Islam betrachtet den Abfall vom Glauben als die absolute Sünde und ahndet ihn mit der Todesstrafe, die schon der Koran für die Heuchler, die sich von der Gemeinschaft der Gläubigen abwenden, vorgeschrieben hat (vgl. 4,88–89).

Wenn der Unglaube das Leben und die Werke des Menschen wertlos macht, so verleiht der Glaube den Muslimen die unerschütterliche Zuversicht, Gott zu gefallen. Zwar muss sich der Gläubige im Alltag bewähren, aber auch wenn das Leben des Muslims seinem Glauben nicht entspricht, so bleibt sein Glaube für ihn die Garantie dafür, dass er der göttlichen Strafe doch noch entrinnen und letztlich Einlass ins Paradies finden wird.

Wenn man bei einseitiger Betonung eines zentralen Elements vereinfacht sprechen darf, so könnte man das Judentum als die Religion der Hoffnung, das Christentum als die Religion der Liebe und den Islam als die Religion des Glaubens bezeichnen.

Theologische und juristische Streitfragen

Glaube und Bekenntnis

Die Theologen und die Rechtsgelehrten stritten über die Frage, ob man erst beim äußeren Ablegen des Glaubensbekenntnisses gläubiger Muslim wird oder nicht. Die Theologen legen den Akzent auf die Aufrichtigkeit des Herzens und verbinden den Muslim-Status mit der inneren Annahme des Glaubens. Die Rechtsgelehrten legen den Akzent eher auf die juristische Seite der Aufnahme eines Menschen in die Glaubensgemeinschaft und fordern das feststellbare, äußere Bekenntnis des Glaubens durch das Aussprechen der oben wiedergegebenen Formel.

Glaube und Werke

Eine andere Frage lautet, ob die Werke zum Wesen des Glaubens gehören, so dass der Sünder den Glauben verliert und der Fromme seinen Glauben vermehrt. Das ist keine rein theoretische Frage, denn wenn der Glaube verloren gehen kann und der Muslim somit von seinem Glauben abfällt, so bedeutet dies, dass er z. B. sein Amt verliert oder sich Strafen aussetzt. Radikale Gruppen im Islam behaupten, dass die schlechten Werke und die Untreue zu den religiösen Pflichten den Glauben verzehren und ihn am Ende nichtig machen.

Unter den Sunniten, die die überwältigende Mehrheit der Muslime bilden, herrscht die Meinung vor, dass die Sünde den Glauben nicht annulliert. Ein schlechter Khalif braucht also nicht abgesetzt zu werden, so-

lange er seine politischen Pflichten erfüllt. Erst so kann die islamische Theokratie gegen endlose Verwirrungen und harte interne Auseinandersetzungen geschützt werden. Man beruft sich auf den Koran (10,109; 5,87; vgl. 42,10; 46,25): Es wird zugewartet, bis Gott über sie entscheidet; die Angelegenheit wird also aufgeschoben, daher heißen die Vertreter dieser Meinung die Aufschiebenden (murdji'a). Im Übrigen meinen diese, dass der Glaube, solange er nicht ausdrücklich abgelehnt wird, durch noch so viele schwere Sünden nicht verloren gehen kann.
Eine Mittelstellung zwischen den beiden Richtungen nimmt die Lehre der Muʿtaziliten ein: Der Sünder ist weder Gläubiger noch Ungläubiger. Jedes böse Werk verringert die Substanz des Glaubens im Menschen (ohne sie jemals auszehren zu können), und jedes gute Werk lässt den Glauben zunehmen. Deswegen legen die Muʿtaziliten großen Wert auf die moralische und religiöse Qualität des Menschen, vor allem des Khalifen und der übrigen Leiter in der Gemeinde.

Literatur: *H. Stieglecker,* Die Glaubenslehren des Islam, Paderborn ^{2}1983, 569–590; *A. Th. Khoury,* Einführung in die Grundlagen des Islams, Würzburg/Altenberge ^{4}1995, Neudruck 1999, 165–169.

A. Th. Khoury

Glaubensbekenntnis

Im Gegensatz zum christlichen Glaubensbekenntnis zeichnet sich das islamische Äquivalent, die „Shadada" (Zeugnis) durch ihre relative Einfachheit aus. „Ich bekenne, dass es keinen Gott außer Gott gibt und dass Muhammad der Gesandte Gottes ist." Die Formel belegt auf eindrückliche Weise den monotheistischen Charakter des Islams. Jede Form des auf der arabischen Halbinsel zur Zeit des Propheten Muhammad praktizierten Polytheismus wird damit eine Absage erteilt. Zugleich wird auf die überragende Bedeutung des Religionsstifters des Islams Bezug genommen. In der schiitischen Welt wird diese Formel durch den Satz „Und Ali ist der Freund Gottes" ergänzt und damit auf den Anspruch der „Ahl al-Bait" (s. Schiismus) auf die Führung der muslimischen Gemeinde hingewiesen.
Mit der bewussten und ernsthaften Aussprache dieser Formel wird der Mensch Muslim. Die Formel lautet für Männer und Frauen gleich. Die Zugehörigkeit zur Gemeinschaft der Muslime ist nicht rückgängig zu machen. Apostasie wird vom islamischen Recht mit dem Tode bedroht. Angesichts einer derartig endgültigen Entscheidung fordert das islamische Gesetz eine sorgfältige Prüfung, bevor dieser Schritt von Erwachsenen vollzogen wird. Muslime weisen auch gerne darauf hin, dass dieser Schritt ohne jeden Druck oder Zwang erfolgen muss. Ob das Glaubensbekenntnis in der Gegenwart von einem oder mehreren Zeugen abgelegt werden muss, stellt sich in den verschiedenen Regionen der islamischen Welt unterschiedlich dar. Nur in wenigen Fällen wird der Religionswechsel zum Islam durch notarielle oder ähnliche Urkunden dokumentiert. Die zweite Form, in der

man Muslim wird, ist die, von einem muslimischen Vater abzustammen. Hier kann von einer freien Entscheidung also keine Rede sein.
Mit dem Inhalt der „Shahada" akzeptiert der Muslim auch die Lehren des Propheten Muhammad und das von ihm vermittelte Normensystem. Dieses weist jedoch ein hohes Maß an Flexibilität und Interpretierbarkeit auf. Daher ist der Text der „Shahada" eines der wichtigsten alle Muslime verbindenden Momente. Das Glaubensbekenntnis wird nicht nur im Rahmen des Gebetsrufes (adhan, s. Gebet) und des täglichen Pflichtgebetes (salat, s. Gebet) von den Gläubigen immer wieder abgelegt; es stellt auch einen unverzichtbaren Teil aller wichtigen Riten in der islamischen Welt dar und wird in Lebenskrisen oder zur Bekräftigung einer Aussage ausgesprochen. Die „Shahada" ist eines der beliebtesten Motive der arabischen Kalligraphie und findet sich in allen Moscheen und frommen Stätten. Es ist ein zentraler Bestandteil von Amuletten und anderen Techniken islamischer Magie.

Literatur: *A. Th. Khoury,* Der Islam. Sein Glaube – sein Lebensordnung – sein Anspruch, Freiburg [6]2001; *R. Kriss/H. Kriss-Heinrich,* Volksglaube im Bereich des Islam, 2 Bde., Wiesbaden 1960–1962.

P. HEINE

Glücksspiel

Wie andere Kulturen kennt auch die islamische verschiedene Arten von Spielen, insbesondere auch Glücksspielen. Die Haltung der Religionsgelehrten und Juristen ist ihnen gegenüber zwiespältig. Aus vorislamischer Zeit waren zahlreiche Fälle bekannt, in denen Spieler sich nicht nur um ihren Besitz gebracht, sondern sich auch selbst verspielt hatten und als Sklaven ihren Gewinnern dienen mussten. Vielleicht liegt in diesen Vorgängen die negative Haltung des Korans begründet: „O ihr, die ihr glaubt, der Wein, das Glücksspiel, die Opfersteine und die Lospfeile sind ein Gräuel von Satans Werken. Meidet es, auf dass es euch wohl ergehe. Der Satan will ja durch Wein und Glücksspiel Feindschaft und Hass zwischen euch erregen und euch vom Gedenken Gottes und vom Gebet abbringen. Werdet ihr wohl nun aufhören?" (5,90–91). Bei dem Glücksspiel, gegen das der Koran sich wendet, handelt es sich um ein Spiel mit Lospfeilen (maysir). Jeder der bis zu sieben Teilnehmer starken Spielgruppe gab je einen gekennzeichneten Pfeil in einen Behälter. Die Zahl der Lospfeile wurde durch neutrale Pfeile auf zehn erhöht. Dann wurden die Pfeile aus dem Behälter geschüttelt oder gezogen. Spieleinsatz war in der Regel ein Kamel. Diejenigen, deren Pfeile in einem Spielgang nicht gezogen wurden, hatten das Kamel zu bezahlen. Durch das Koranverbot wurde das „Maysir"-Spiel unterdrückt. Doch es fanden sich zahlreiche andere Glücks- und Geschicklichkeitsspiele. Zu diesem Themenkreis gehören zahlreiche Wettspiele, bei denen auf den Ausgang zukünftiger Ereignisse, z.B. kriegerischer Auseinandersetzungen, Geld gewettet wurde. Gewettet wurde aber auch auf den

Ausgang von Wettläufen, Wettschwimmen, Ringkämpfen und Schießwettbewerben, von Pferderennen, von Taubenwettflügen, Bootsrennen und Tierkämpfen, insbesondere Hahnenkämpfen. Es gab jedoch auch Spiele bei denen etwas geschätzt werden sollte. So zeichnete ein Spieler eine Eidechse in den Sand und verdeckte einen Teil mit der Hand. Der Gegenspieler, der nicht hinschauen durfte, musste raten, was der verdeckte Teil darstellte. Es gab Würfelspiele, Mühle, vor allem aber Schach und Tricktrack. Ferner hat es auch Kartenspiele gegeben, deren Regeln wir jedoch nicht kennen. Die Mehrzahl der genannten Spiele ist in der islamischen Welt auch heute noch bekannt. Wie die Quellen berichten, kam beim Spielen der Nationalcharakter der verschiedenen muslimischen Völkerschaften deutlich zum Ausdruck. So sahen die Araber das ruhige Gegenübersitzen von Schachspielern als merkwürdig an und meinten, dieses Spiel sei lediglich erfunden worden, um Menschen, die sich nichts zu sagen hätten, einen Zeitvertreib zu verschaffen. Bei ihnen ging es in der Regel temperamentvoller zu.

Der fromme Muslim spielt nicht. Der berühmte Jurist al-Shafiʿi formulierte diese Regel so: „Der wahre Muslim gibt sich nicht mit dem Spiel ab. Es steht auch nicht mit wahrer Männlichkeit in Übereinstimmung." Spieler haben auch in modernen islamischen Gesellschaften einen schlechten Ruf. Vor allem Frauen und Kinder geben sich nach dieser Auffassung mit Spielen ab. Spiel lenkt von der Erfüllung der Glaubenspflichten ab. Personen, von denen bekannt war, dass sie spielten, wurden nicht als Zeugen vor dem „Qadi" zugelassen. Sie galten als unzuverlässig. Da es jedoch zahlreiche Traditionen gibt, nach denen der Prophet Muhammad Spiele geduldet hatte, wurden sie nicht unterdrückt. Argumentiert wurde damit, dass ein Verbot eine stärkere Belastung mit sich bringt, als durch seine Einführung zu rechtfertigen ist.

Literatur: *A. Huber,* Über das „Meisir" genannte Spiel der heidnischen Araber, Leipzig 1883; *A. Mez,* Die Renaissance des Islams, Heidelberg 1922; *F. Rosenthal,* Gambling in Islam, Leiden 1975; *H. Grotzfeld,* Al Laʿib bil-hamam, in: *U. Haarmann/P. Bachmann (Hrsg.),* Die islamische Welt zwischen Mittelalter und Neuzeit, Beirut 1979, 193–197.

P. Heine

Gnade

Die Gnade Gottes zeigt sich in den Auswirkungen seiner Barmherzigkeit und seiner Zuwendung zu den Menschen im Allgemeinen. So hat Gott die Welt für die Menschen bewohnbar gemacht, er hat sie so ausgestattet, dass sie dem menschlichen Leben dient und es fördert (17,70). Die Menschen werden darin mit dem versorgt, was sie brauchen: Behausung, Herden, Bäume, Berge, Kleidung usw. (16,80–81). Das ist vonseiten Gottes ein Zeichen, dass er den Menschen Gnade erweist und ihnen gegenüber Barmherzigkeit walten lässt. Auch ist Gott bereit, den Menschen in ihrer Not zu helfen, vor allem aber die Gläubigen aus ihrer Bedrängnis zu retten. So begleitet Gott das Leben der Menschen und lenkt den Lauf ihres Schicksals.

Über die Gnadenerweise Gottes an die Menschen im Allgemeinen (31,20; 35,3; 43,13; 46,15) hinaus schenkt Gott seine Gnade und seine Huld vor allem den Propheten (19,58), insbesondere Abraham (16,121) und Mose (28,17), den Kindern Israels (2,40.47.122; 5,20; 14,6) sowie auch Jesus Christus (27,19), Jesus und seiner Mutter (5,110). In der Reihe der Begnadeten findet sich auch Muhammad (48,2; 52,29; 68,2; 93,11) sowie diejenigen, die ihm gehorchen (3,171; 4,69), die Muslime, die Gläubigen (2,150; 3,103; 5,3.6.7.11; 16,114; 33,9; 49,8), die Kämpfer für die Sache des Islams (3,171), endlich die Bewohner des Paradieses (37,57). An die Adresse der Muslime ergeht folgende Verheißung: „Diejenigen, die Gott und dem Gesandten gehorchen, befinden sich mit denen, die Gott begnadet hat, von den Propheten, den Wahrhaftigen, den Märtyrern und den Rechtschaffenen. Welch treffliche Gefährten sind es!“ (4,69).

Literatur: *A. Th. Khoury,* Der Koran. Übersetzung und wissenschaftlicher Kommentar Bd. 1, Gütersloh 1990, 157–159.

A. Th. Khoury

Götzen

Der Islam als neue Religion entstand nicht in einem religiösen Niemandsland. Im vor-islamischen Arabien gab es christliche Minderheiten und jüdische Stämme, vor allem aber gab es traditionelle polytheistische Religionsformen. Als göttlich verehrt wurden auf der einen Seite anthropormorphe Darstellungen. So wissen wir, dass die vor-islamische Kaʿba mit zahlreichen Bildern von Göttern geschmückt war. Zu diesen Göttern gehörten z. B. „Hubal“. Hierbei handelte es sich offenbar um eine Astralgottheit, die aber auch Aspekte einer Wassergottheit beinhaltete. Er wird in den Texten mit Thermalquellen in Verbindung gebracht, die von den vor-islamischen Arabern zu therapeutischen Zwecken aufgesucht wurden. Daneben wurde er auch angerufen, um den Sieg über die Feinde zu gewährleisten und in Trockenzeiten wandte man sich ebenfalls an ihn. Vor allem aber hatte Hubal divinatorische Funktionen beim Loswerfen. Vor seiner Statue in der Kaʿba wurden heilige Lose geworfen.

Auf der anderen Seite waren es aber vor allem Steine, Bäume oder Quellen, die göttliche Verehrung erfuhren. In der Reihe der Naturgottheiten gehören nicht zuletzt al-Lat, al-ʿUzza und Manat, die Töchter Allahs. Diese weiblichen Gottheiten waren mit bestimmten arabischen Stämmen verbunden, al-Lat mit den Thaqif, al-ʿUzza, die man zunächst in einem Baum verehrte, mit den Quraysh und Manat, ebenfalls ursprünglich als Stein verehrt, war mit den Aus und den Khazradj verbunden. Die Verehrung der Göttinnen war jedoch nicht ausschließlich stammesspezifisch. Al-Lat, die man im Gegensatz zum schwarzen Stein der Kaʿba mit einem weißen Stein in Verbindung brachte, wurde als Schutzgöttin der Schäfer im gesamten Hidjaz verehrt, und zwischen Mekka und Petra glaubten die Bewohner, dass sie die Karawanenreisenden beschützte. Dennoch lassen sich gewisse regionale Schwerpunkte bei der Verehrung dieser Göttinnen feststellen. So war Manat, die älteste dieser Dreiheit, die Göttin der nördlichen Araber, al-Lat die der Araber des Nadjd und al-ʿUzza die der Quraysh, also Zentralarabiens. Wie sich die Verehrung ausgestaltete, wissen wir nicht genau. Offenbar haben jedoch bei Steinheiligtümern Trankspenden für die Götter stattgefunden. Es wurden auch Weihegeschenke gemacht. Solche warf man z.B. in einen trockenen Brunnen innerhalb der Kaʿba. Daneben gab es auch, vor allem im Zusammenhang mit der Verehrung von Manat, Haaropfer. In Verbindung mit den Ritualen um das Götterpaar Isaf und Na'ila hat es auch Tempelprostitution gegeben. Die Intensität der Verehrung ließ auch Rückschlüsse auf die politische Stärke vor allem der von den drei Göttinnen al-Lat, Manat und al-ʿUzza repräsentierten Regionen zu. Kurz vor dem Auftreten des Propheten Muhammad kam es zu einer Konzentration dieser drei Göttinnen in Mekka. Dieser Ort dokumentierte damit zugleich seine wirtschaftliche und politische Vormachtsstellung auf der Arabischen Halbinsel. Alle genannten vorislamischen Gottheiten wurden von Muhammad als Götzen (s. sanam, pl. asnam, taghut) bezeichnet. Er polemisierte heftig gegen die Verehrung und untersagte sie, nachdem sich die neue Religion durchgesetzt hatte. Wie schwer dieser Polytheismus zu überwinden war, zeigt die Tatsache, dass die drei Göttinnen als Töchter Allahs auch im Koran zu finden sind. Die entsprechenden Verse wurden dann zu einem späteren Zeitpunkt durch eine neue Offenbarung abrogiert. In der weiteren Entwicklung der islamischen Religionsgeschichte wurden alle Dinge als „Götzen" benannt, die neben Allah verehrt wurden; denn mit der Ausbreitung des Islams in Regionen mit anderen kulturellen und religiösen Traditionen als den den Arabern bis dahin bekannten, wurden sie auch mit dem hinduistischen Pantheon oder den Gestalten westafrikanischer Ahnenkulte konfrontiert. Sie wurden nun ebenfalls zu „Asnam" erklärt, wenn sie nicht direkt als Djinnen (s. dort) in das üppige koranische Inventar von erlaubten geistigen Wesen integriert werden konnten. Im Laufe der Entwicklung verwandelten sich auch viele andere traditionelle Gottheiten in Geister, die in den verschiedenen lokalen und regionalen Formen des Volksislams eine wichtige Rolle spielen. Sie nehmen Besitz von Menschen und verlangen von diesen bestimmte Verhaltensweisen, die nicht dem Islam widersprechen, aber doch in vielfacher Weise Abweichungen von der allgemein akzeptierten Form des orthodoxen Islams darstellen. So handelt es sich bei den verschiedenen Formen des Zar- oder Bori-Kultes um eine Fortführung der Verehrung vor-islamischer Gottheiten. In vielen Fällen werden Ruinen oder andere Gegenstände, deren Bedeutung in Vergessenheit geraten ist, schlicht als „Asnam" bezeichnet.

Vor allem in der Gegenwart wird mit

dem Götzenbegriff in politischen Auseinandersetzungen operiert. So bezeichneten die Führer der Islamischen Revolution im Iran das Schah-Regime als „Götzensystem“ (nizam-e taghuti). Dass in diesem Zusammenhang die Erinnerung an die vor-islamischen Götter auch heute noch sehr lebendig sind, zeigt die Tatsache, dass das Denkmal für die Opfer des algerischen Unabhängigkeitskrieges in Algier von fundamentalisierten Kritikern des Regimes „Hubal“ genannt wird.

Literatur: *J. Wellhausen,* Reste Altarabischen Heidentums, Berlin 1927; *T. Fahd,* Une pratique cléromantique à la Kaʿba préislamique, in: Semitica 8 (1958), 55–79; *ders.,* Le panthéon de l'Arabie centrale à la veille de l'hégire, Paris 1968; G. *Ryckmans,* Les religions arabes préislamiques, Louvain 1953; *P. Heine,* Die westafrikanischen Königreiche Ghana, Mali und Songhay aus der Sicht der arabischen Geografen des Mittelalters, Münster 1973; *E. Besmer,* Horses, Musicians and Gods. The Hausa Cult of Possession-Trance, South Hadley 1983; *V. Crapanzano,* Die Hamadsha, Stuttgart 1981.

P. HEINE

Götzendienst
↗ *Polytheismus*

Gott/Allah

„Viele Male und auf vielerlei Weise hat Gott einst zu den Vätern gesprochen durch die Propheten“ (Hebr 1,1). Diese Überzeugung, dass sich Gott geoffenbart hat, gehört zum Gemeingut der drei großen monotheistischen Religionen biblischer Tradition: Judentum, Christentum und Islam.

Juden, Christen und Muslime sind davon überzeugt, dass Gott sich zu verschiedenen Zeiten verschiedenen Völkern durch Propheten und Gesandte geoffenbart hat.

Vor allem, so der Koran, hat Gott durch Abraham, Mose, Jesus und zuletzt durch Muhammad gesprochen, der den Menschen im Koran endgültig und unüberbietbar Gottes Wort gebracht habe. Der Koran als direktes Wort Gottes an die Menschen (Verbalinspiration) versteht sich als Bestätigung und Ergänzung der Thora und des Evangeliums. Er sieht die Heiligen Schriften der Juden und Christen als von Gott auf Mose und Jesus herabgesandte Schriften an. Dementsprechend werden sowohl Juden als auch Christen als „Leute des Buches“ bezeichnet (vgl. Koran 2,105.145.; 5,15.19).

Überhaupt anerkennt der Koran alle Propheten, die im Auftrag Gottes in ihrer jeweiligen Zeit ihren Landsleuten und Zeitgenossen göttliche Offenbarungen übermittelt haben. Muhammad selbst sah sich und seine eigene Sendung in Kontinuität mit der Sendung und dem Auftrag der großen Gestalten der Propheten- und der Menschheitsgeschichte, mit Abraham, dem Verkünder der ursprünglichen, reinen Religion, mit Mose, dem Verkünder der Thora, und mit Jesus Christus, dem Verkünder des Evangeliums. Neben Abraham nehmen also Mose und Jesus als Übermittler eines geoffenbarten Buches eine bevorzugte Stellung ein: „Und wir ließen dem Mose das Buch zukommen und nach ihm die Gesandten folgen. Und wir ließen Jesus, dem Sohn Marias, die deutlichen Zeichen zukommen und stärkten ihn mit dem Geist der Heiligkeit" (2,87).

Mit dem Koran werden zugleich Thora und Evangelium als von Gott geoffenbarte Bücher charakterisiert: „Er hat auf dich das Buch mit der Wahrheit herabgesandt als Bestätigung dessen, was (an Offenbarungsschriften) vor ihm (d.h. der koranischen Schrift) vorhanden war. Und er hat die Thora und das Evangelium herabgesandt zuvor als Rechtleitung für die Menschen, und er hat die Unterscheidungsnorm herabgesandt" (3,3–4).

Ausführlich beschreibt der Koran das Verhältnis der drei Offenbarungsschriften – Thora, Evangelium, Koran – in Sure 5,44–48. Alle drei Bücher sind Herabsendungen Gottes. Als solche bestätigen sie sich gegenseitig: Der Koran als letzte von Gott herabgesandte Schrift ist die Bestätigung von Thora und Evangelium: Umgekehrt beglaubigen die früheren Offenbarungsschriften der Juden und Christen den Koran: „Wenn du über das, was wir (als Offenbarung) zu dir hinabgesandt haben, im Zweifel bist, dann frag diejenigen, die die Schrift (bereits) lesen (nachdem sie sie) von dir (erhalten haben)!" (10,94). Alle als von Gott geoffenbarte Bücher sind somit als eine Einheit zu sehen, enthält doch der Koran keine neuen, Thora und Evangelium widersprechenden Offenbarungen. So sieht sich Muhammad ganz und gar in der Reihe der früheren Propheten und seine Botschaft als die Wiederholung der früheren Offenbarungen. Der Koran will also nichts anderes sein als die arabische Fassung der einen Uroffenbarung, die den „Leuten des Buches", Juden und Christen, gegeben wurde. Es gibt nur eine ewige Schrift bei Gott, die „Urnorm des Buches" („Mutter des Buches": „umm al-kitab") (3,7 u.a.), die den verschiedenen Völkern nacheinander in ihren jeweiligen Sprachen geoffenbart worden ist.

Nach koranischer Auffassung enthüllt Gott nicht das Geheimnis seines inneren Wesens, sondern nur das Geheimnis seines Handelns im Hinblick auf die Welt, insbesondere auf den Menschen. Hier zeigt er sich vor allem als der Allmächtige und als der Barmherzige. Der immer wieder aufgegriffene Gedanke der Allmacht verdeutlicht, wie erhaben Gott über jedes Geschöpf ist. Er lenkt in seiner weisen Vorhersehung das Geschick von Welt und Mensch, nichts geschieht ohne den absoluten und uneingeschränkten Willen Gottes. Alles Werden und Vergehen, Leben und Tod, Heil und Unheil sind in seinem Willen beschlossen. Er bestimmt den Lauf der Dinge und das Leben der Menschen; Glück und Unglück, Gesundheit und Krankheit, Freude und Schmerz – alles liegt in seiner Hand: „Sprich: uns wird nur das treffen, was Gott uns bestimmt hat" (9,51). Gerade aufgrund dieser Allmacht, der nichts entgeht und die ausführt, was sie will, ist Gott – wie in der biblischen Tradition – vor allem der Barmherzige (al-rahman), der Nachsichtige, der Verzeihende, der nicht aufhört zu vergeben, der Verteiler aller Güter, der Großmütige, der Ge-

duldige und Mitleidende, dem man sich vertrauensvoll ganz überlassen kann. Das ist der Inhalt des Wortes Islam: völlige Hingabe an Gott und Unterwerfung unter seinen Willen.
Wie in der Bibel, so wird auch im Koran Gott nicht nur als der ferne transzendente Gott beschrieben, sondern zugleich als derjenige, der dem Menschen „näher als die Halsschlagader" ist (50,16); er ist der „Freund der Gläubigen" (3,68), der allein eine rettende „Freundschaft zu gewähren" hat (18,44). Ihm bleibt nichts verborgen, er kennt die innersten Geheimnisse der Herzen: „Er weiß über das innere Geheimnis (Gedanken und Gesinnungen) Bescheid" (35,38; 8,70), „Gott weiß, wo ihr umherzieht und wo ihr bleibt" (47,19).

Es gibt nur einen einzigen Gott: Der strikte Monotheismus im Islam

Die Muslime vertreten einen strikten Monotheismus. Die Einzigkeit Gottes gehört zur Kernbotschaft des Islams. „Es gibt keinen Gott außer Gott", so lautet der erste Teil des islamischen Glaubensbekenntnisses. Unmissverständlich heißt es im Koran: „Sprich: o ihr Ungläubigen, ich verehre nicht, was ihr verehrt, auch ihr verehrt nicht, was ich verehre. Weder ich werde verehren, was ihr verehrt, noch werdet ihr verehren, was ich verehre. Ihr habt eure Religion, und ich habe meine Religion" (109,1–6). Damit waren die Weichen für die Verkündigung der Einheit und Einzigkeit Gottes gestellt. „Sprich: Er ist Gott, ein Einziger, Gott, der Undurchdringliche. Er hat nicht gezeugt, und er ist nicht gezeugt worden, und niemand ist ihm ebenbürtig" (112,1–4).
Parallel zu der seither ständig verfochtenen Behauptung, es gebe nur einen Gott, verwarf Muhammad die Vorstellung von der Teilhaberschaft Gottes, das heißt, Gott andere Nebengötter beizugesellen (shirk). Diejenigen, die Gott Teilhaber zuschrieben, wurden als Mushrikun bezeichnet, als Polytheisten; sie – so heißt es – begehen eine unverzeihliche Sünde: „Gott vergibt nicht, dass ihm beigesellt (andere Götter) wird, und vergibt, was darunter liegt, wem er will. Und wer Gott (andere) beigesellt, hat eine gewaltige Sünde erdichtet" (4,48.116; 31,13).
Die Vorstellung der Polytheisten, ihre Idole und Götzen, sind immer wieder Zielscheibe der Kritik Muhammads. Seine gegen sie vorgebrachten Argumente sind vielfältig. Aus der Vielzahl der Belegstellen sei folgender Text ausführlich zitiert: „Sprich: Lob sei Gott! Und Friede sei über seinen Dienern, die er sich erwählt hat! Ist Gott besser oder das, was sie (Ihm) beigesellen? Oder wer hat die Himmel und die Erde erschaffen und euch vom Himmel Wasser herabkommen lassen? Dadurch haben Wir Gärten wachsen lassen, die Freude bereiten. Ihr hättet unmöglich deren Bäume wachsen lassen können. Gibt es denn einen (anderen) Gott neben Gott? Nein, ihr seid ja Leute, die (Gott andere) gleichsetzen. Oder wer hat die Erde zu einem festen Grund gemacht und Flüsse durch sie gemacht und auf ihr festgegründete Berge gemacht und zwischen den beiden Meeren eine Schranke ge-

macht? Gibt es denn einen (anderen) Gott neben Gott? Nein, die meisten von ihnen wissen nicht Beschied. Und wer erhört den Bedrängten, wenn er zu ihm ruft, und behebt das Böse und macht euch zu Nachfolgern auf der Erde? Gibt es denn einen (anderen) Gott neben Gott? Aber ihr bedenkt es wenig. Oder wer führt euch in den Finsternissen des Festlandes und des Meeres (den rechten Weg)? Und wer schickt seiner Barmherzigkeit die Winde als frohe Botschaft voraus? Gibt es denn einen (anderen) Gott neben Gott? Erhaben ist Gott über das, was sie (ihm) beigesellen. Und wer macht die Schöpfung am Anfang (zur Existenz im Diesseits) und wiederholt sie (bei der Auferweckung der Existenz im Jenseits)? Und wer versorgt euch vom Himmel und von der Erde? Gibt es denn einen (anderen) Gott neben Gott? Sprich: Bringt her euren Beweis, so ihr die Wahrheit sagt" (27,59–64).

Schier ungläubig, ja widersinnig ist die Vorstellung der Polytheisten, dass Gott sich ein Kind zugelegt habe:

„Und sie sagen: ‚Der Erbarmer hat sich ein Kind genommen'. Ihr habt da eine ungeheuerliche Sache begangen. Die Himmel brechen bald auseinander, und die Erde spaltet sich, und die Berge stürzen in Trümmern darüber, dass sie dem Erbarmer ein Kind zuschreiben" (19,88–91 u.a.). Gott hat kein Kind gezeugt, keine Gefährtin gehabt (vgl. 72,3; 6,101). Eine solche Annahme würde zu konkurrierenden Machtansprüchen unter den verschiedenen Göttern führen: „Gott hat sich kein Kind genommen, und es gibt keinen Gott neben Ihm, sonst würde jeder Gott das wegnehmen, was Er geschaffen hat, und die einen von ihnen würden sich den anderen gegenüber überheblich zeigen. Preis sei Gott, (der erhaben ist) über das, was sie da schildern" (23,91 u.a.). Die Konsequenz aus solch fälschlicher Annahme wäre heilloses Chaos (vgl. 21,22).

Alle diese Motive und Argumente sollten dazu dienen, die Sinnlosigkeit des Polytheismus zu unterstreichen. So hoffte Muhammad seine Landsleute von der Richtigkeit und Wahrheit seiner Botschaft zu überzeugen: „Es gibt keinen Gott außer Gott."

Gottes Urpakt (mithaq) mit den Menschen

Wie die biblische Tradition weiß auch der Koran um einen Bund Gottes mit den Menschen. Danach hat Gott einem jeden Menschen den Grundgehalt der späteren prophetischen Verkündigung bereits in einer Uroffenbarung kundgetan: „Bin ich nicht euer Herr?", so hatte Gott die Nachkommen Adams gefragt, und sie hatten geantwortet: „Jawohl, wir bezeugen es" (7,172). Und der Koran fügt hinzu, dass Gott diese Frage der Nachfahren Adams deshalb gestellt habe, damit sie am Tag der Auferstehung nicht etwa sagen können: „Wir ahnten nichts davon" (7,172). Diese Vorstellung einer Uroffenbarung und eines Urpaktes zwischen Gott und den Menschen will sagen, dass die Möglichkeit der Erkenntnis Gottes und damit die Anerkennung seiner absoluten Souveränität zutiefst im Herzen eines jeden Menschen verwurzelt, weil von Gott selbst angelegt, ist; folglich ist die Erkenntnis Gottes einem jeden Menschen grundsätzlich zugänglich und damit die Anerkennung von Gottes absoluter Souveränität für ihn verpflichtend. Dementsprechend heißt es im Koran: „Habe Ich euch, o ihr Kinder Adams, nicht auferlegt, ihr sollt nicht dem Satan dienen – er ist euch ja ein offenkundiger Feind –, ihr sollt mir dienen – das ist ein gerader Weg?" (36,60–61).

Gott als Schöpfer allen Seins

Dass Gott durch sein Wort schafft, gehört zum Kerngut koranischer Offenbarung. Vor allem durch sein schöpferisches Wort hat er Welt und Mensch ins Dasein gerufen: „Er ist der Schöpfer der Himmel und der Erde. Wenn Er eine Sache beschlossen hat, sagt Er zu ihr nur: Sei!, und sie ist" (2,117; 36,82; 6,73 u.a.). Die ihm ureigene Art zu schaffen, was er will, ist die Schöpfung durch sein Wort: „Unsere Rede zu einer Sache, wenn Wir sie wollen, ist, zu ihr zu sprechen: Sei!, und sie ist" (16,40). Wie in der Bibel wird Gott auch als Bildner und Gestalter geschildert. Alles, was Gott geschaffen hat, ist gut (vgl. 32,7), ist er doch „der beste Schöpfer" (37,125). Innerhalb des geschöpflichen Seins ist der Mensch das Zeichen göttlicher Macht schlechthin, konkretestes Zeugnis des allmächtigen und gütigen Handelns Gottes: „Gott ist es, der euch die Erde zu einem festen Grund und den Himmel zu einem Bau gemacht, euch gestaltet und eure Gestalten schön geformt und euch von den köstlichen Dingen beschert hat" (40,64). Alles Geschaffene ist auf den Menschen hin zugeschnitten (36,71–72; 16,80–81 u.a.): Sonne und Mond sind für den Menschen zur Berechnung der Zeit bestimmt (55,5), der Tag zur Beschaffung des Lebensunterhaltes, die Nacht zum Ausruhen (vgl. 78,9–11) und so weiter. So deutet die sinnvolle Harmonie des Kosmos hin auf den allmächtigen Gott als den Schöpfer und Erhalter des Seins. Aus seiner Schöpfung kann der Schöpfer erkannt werden.

Davon ist auch der christliche Glaube überzeugt. Paulus schreibt, dass das, „was sich von Gott erkennen lässt", den Menschen zugänglich ist: „Gott selbst hat es ihnen kundgetan. Denn sein unsichtbares Wesen, seine ewige Macht und Göttlichkeit sind seit Erschaffung der Welt an seinen Werken durch die Vernunft zu erkennen" (Röm 1,19–20). Die christliche Lehre hat im Laufe der Jahrhunderte immer wieder betont, dass es zwei Quellen der Erkenntnis Gottes gibt: die Schöpfung auf der einen und die Offenbarung auf der anderen Seite.

Die Heiligen Schriften beider Religionen laden die Menschen ein, über die vielfältigen „Zeichen" und „Hinweise" auf Gott, die in der Schöpfung liegen, nachzudenken und Gottes Spuren in der Schöpfung ausfindig zu machen. In diesem Sinne haben christliche und muslimische Theologen auf Wegen, die verschieden, aber analog sind, Beweise für die Existenz Gottes aufgebaut. So gesehen sind Christen und Muslime zugleich Menschen der Vernunft und Menschen des Glaubens.

Gott als Richter am Ende der Zeit

Dass Gott der Richter ist, der die Menschen zur Rechenschaft zieht, zählt mit zur frühesten Verkündigung Muhammads. Ausgeprägte eschatologische Vorstellungen, in denen von der Unerbittlichkeit der göttlichen Abrechnung die Rede ist, gehören zum Grundbestand der koranischen Theologie.

Gott ist der Richter der Menschen. Als „Herr des Ostens und des Westens" (73,9), als „... Gott, der Herr der Welten" (40,64) wird er von ihnen Rechenschaft fordern, ihnen nach ihren Taten vergelten, sie belohnen oder bestrafen. In unzähligen Versen spricht der Koran vom Endgericht: „Die Stunde kommt bestimmt, an ihr ist kein Zweifel möglich" (40,59). Richter ist Gott allein. Er ist der gerechte Richter. Niemandem wird Unrecht getan, denn „... Gott weiß über alle Dinge Bescheid" (24,64); vor ihm bleibt nichts verborgen: „Und ob ihr das, was in eurem Inneren ist, offen legt oder geheim haltet, Gott rechnet mit euch darüber ab ..." (2,284); dann wird „... jeder Seele voll zurückerstattet, was sie erworben hat ..." (2,281)

Wider die Gottessohnschaft Jesu Christi

Die vielfältigen gemeinsamen Grundlagen des biblischen und koranischen Gottesbildes können allerdings nicht darüber hinwegtäuschen, dass es zwischen dem Glauben eines Christen und dem eines Muslims tiefgreifende Unterschiede hinsichtlich des Gottesverständnisses gibt. Dass Gott zu verschiedenen Zeiten durch Propheten und Gesandte zu den Menschen gesprochen hat, ist koranische Lehre. Jesus selbst gilt als eine der größten Persönlichkeiten der Prophetengeschichte (vgl. 33,7), ist er doch der Verkünder des Evangeliums. Damit steht er in der Reihe derer, die unmittelbar von Gott eine Offenbarungsschrift erhalten haben, wie vor ihm Mose, der Überbringer der Thora, und nach ihm Muhammad, der Übermittler des Korans. Dass aber Gott zuletzt, wie es im Hebräerbrief weiterhin heißt, durch seinen Sohn zu uns gesprochen hat, das wird vom Koran energisch bestritten. Denn: „Er hat nicht gezeugt und er ist nicht gezeugt worden ..." (112,3). Damit ist nach islamischem Verständnis Jesus nicht Gottes Sohn: „... Und die Christen sagen: ‚Christus ist Gottes Sohn.' Das ist ihre Rede aus ihrem eigenen Munde. Damit reden sie wie die, die vorher ungläubig waren ..." (9,30). Auch als Gesandter Gottes und Verkünder des Evangeliums ist und bleibt Jesus ein gewöhnlicher Mensch, so will es der Koran. Deswegen dürfen Jesus keine Eigenschaften zugeschrieben werden, die ihm nicht zukommen (vgl. 4,171). Vor Gott stehen alle Menschen wie Sklaven da: „Niemand in den Himmeln und auf der Erde wird zum Erbarmer anders denn als Diener kommen können" (19,93). Die Tatsache, dass Jesus im Koran als „Wort Gottes" bezeichnet wird (vgl. 3,39.45; 4,171), ist christlicherseits immer wieder zum Anlass genommen worden, diese Charakterisierung im Sinne des Johannesprologs

(vgl. Joh 1,14) zu verstehen. Doch verbietet sich vom Koran her eine derartige Deutung. „Wort" als koranische Bezeichnung für Jesus bedeutet zweierlei:
Jesus ist wie alles Seiende durch das Schöpfungswort Gottes ins Dasein gerufen worden, und
Jesus ist als Prophet und Gesandter Gottes Verkünder von Gottes Wort, nicht das Wort selbst.
Für die Muslime ist Gottes Wort nicht „Fleisch", also „Mensch" geworden, sondern ein „Buch": Im Koran ist Gottes Wort in endgültiger Weise zu Buche geschlagen, das sagt der muslimische Glaube. Auch die koranische Bezeichnung Jesu als „Messias" kann nicht in einem christlichen Sinn verstanden werden. zwar stammt das Wort aus der jüdisch-christlichen Umwelt Muhammads, doch hat er, ohne biblische Inhalte damit zu verbinden, dessen Titel mehr oder weniger unbesehen übernommen und als Ehrentitel auf Jesus übertragen.
Der muslimische Glaube an die Einheit und Einzigkeit Gottes schließt von sich aus jede Möglichkeit der Kindschaft oder Sohnschaft aus. Die Lehre von der Gottessohnschaft Jesu, so wird gesagt, gehe nicht auf Jesus selbst zurück, sondern sei als Verfälschung seiner Botschaft durch die Christen und ihre Theologen anzusehen. Auch sei Jesus nicht am Kreuz gestorben, sondern ein anderer, der ihm ähnlich schien. Das Scheitern eines Propheten ist eine den Aussagen des Korans zuwiderlaufende Tragik ohne Sinn, die Gott nicht zulassen würde. Das Ärgernis des Kreuzes, von dem Paulus spricht (vgl. 1 Kor 1,23), hat in den Aussagen des Korans keinen Platz. Hinzu kommt, dass die Vorstellung eines Erlösers dem Koran fremd ist. Was Christen als Erbsünde bezeichnen, findet sich im Koran nicht. Wohl gibt es Sünden, nicht aber die Sünde, die in die Welt gekommen ist, wie es im Römerbrief heißt (vgl. Röm 5,12). Dass erst durch das Kreuz den Menschen Heil und Erlösung geschenkt worden ist, diese Deutung kennt der Koran nicht.

Protest gegen die christliche Trinitätslehre

Der Vorwurf gegen die Christen, die ursprüngliche Botschaft Jesu verfälscht zu haben, resultiert aus dem muslimischen Glauben an die Einheit und Einzigkeit Gottes: „Ich bezeuge: Es gibt keinen Gott außer Gott ..." Der Koran betont immer wieder: Es gibt nur einen einzigen Gott. Dieses Bekenntnis wendet sich auch gegen die christliche Lehre von der Dreieinigkeit Gottes:
„Ungläubig sind diejenigen, die sagen: ‚Gott ist der Dritte von dreien', wo es doch keinen Gott gibt außer einem einzigen Gott. Wenn sie mit dem, was sie sagen, nicht aufhören, so wird diejenigen von ihnen, die ungläubig sind, eine schmerzliche Pein treffen" (5,73). Allerdings trifft dieser Vorwurf des Korans nicht die authentische christliche Trinitätsauffassung. Hier wird der christliche Dreifaltigkeitsglaube als Tritheismus, als Glaube an drei Götter, missverstanden und – so scheint es – als eine Trias aus Gott (Vater), Maria (Mut-

ter) und Jesus (Kind) aufgefasst: „Und als Gott sprach: ‚O Jesus, Sohn Marias, warst du es, der zu den Menschen sagte: Nehmt euch neben Gott mich und meine Mutter zu Göttern?' …" (5,116). Damit wäre der christliche Glaube an den Dreifaltigen Gott als den Vater, den Sohn und den Heiligen Geist missverstanden.

„Brüderliche Solidarität in Gott"
Der islamische Vorwurf gegen die Christen, an drei Götter zu glauben, beruht – wie wir gesehen haben – auf einem Missverständnis, einem Missverständnis mit weitreichenden Folgen, vom Unverständnis bis hin zur Unversöhnlichkeit. Das Wissen darum und die gegenseitige Bemühung, den Glauben des anderen jeweils authentisch zu verstehen und wiederzugeben, ist die erste Voraussetzung für einen aufrichtigen Dialog zwischen Christen und Muslimen, die, wie Papst Johannes Paul II. sagte, „unter der Sonne des einen barmherzigen Gottes" stehen und aufgrund ihrer „brüderlichen Solidarität in Gott" miteinander verbunden sind.
Dieser Glaube an Gott als Ursprung und Ziel von Mensch und Welt ist die grundlegende Gemeinsamkeit zwischen Christen und Muslimen. In dieser für den Glauben zentralen Frage sind sie ein und derselben Meinung: Welt und Mensch verdanken ihren Ursprung nicht etwa einem blinden Zufall, sondern einem Schöpfer, Welt und Mensch verfallen nicht der Sinnlosigkeit, der Leere, dem Nichts, sondern gehen auf ihr Ziel zu, auf Gott.

Literatur: *D. B. Macdonald/L. Gardet,* Art. Allah, in: EI²; *L. Gardet,* Dieu et la destinée de l'homme, Paris 1967; *L. Hagemann,* Der Gott der Christen und Muslime, Leutesdorf 1987; *ders.,* Christliches Trinitätsverständnis in muslimischer Kritik, in: *E. Schadel/K. Voigt (Hrsg:),* Sein – Erkennen – Handeln (Schriften zur Triadik und Ontodynamik 7), Frankfurt/M./Berlin/Bern/New York/Paris/Wien 1994, 237–244; *A. Th. Khoury/L. Hagemann,* Christentum und Christen im Denken zeitgenössischer Muslime (Religionswissenschaftliche Studien 7), Würzburg/Altenberge ²1994; *S. Balić,* Art. Gott (islamisch), in: *A. Th. Khoury (Hrsg.),* Lexikon religiöser Grundbegriffe. Judentum – Christentum – Islam, Graz/Wien/Köln ²1996, 424–428.

L. Hagemann

Gottesdienst ↗ *Gebet; Kult*

Gottesgedenken ↗ *Dhikr; Mystik*

Gottesstaat

Nach der Auffassung mancher muslimischer Staatstheoretiker war der Staat, dem der Prophet Muhammad in Medina vorstand, der ideale islamische Staat. Da Gott durch die fortlaufende Offenbarung in die Geschicke der Gemeinschaft der Muslime direkt eingriff, kann hier von einer echten Theokratie gesprochen werden. Mit dem Tode Muhammads und dem Ende der Offenbarung ist ein Gottesstaat in diesem Sinn nicht mehr möglich. Es hat im Verlauf der politischen Geschichte der islamischen Welt aber verschiedentlich Beispiele gegeben, in denen häufig häretische Gruppen mit chiliastischen oder nativistischen Programmen eine direkte göttliche Leitung proklamierten und die Etablierung von Staaten mit theokratischem Charakter anstrebten. Solche Bewegungen brachen entweder nach kurzer Zeit wieder zusammen, oder sie entwickelten sich durch eine Dogmatisierung ihrer religiösen Ideen und eine Bürokratisierung ihrer politischen Entscheidungsprozesse rasch zu staatlichen Strukturen, in denen theokratische Elemente an Bedeutung verloren und häufig nur noch im Hofzeremoniell eine Rolle spielten.

Seit dem Ende der 1970er Jahre werden Staaten wie die Islamische Republik Iran als Theokratien bezeichnet, weil Theologen mit strikten religiösen Vorstellungen die politischen Entscheidungsprozesse beeinflussen oder sogar alleine bestimmen. Dieser Regierungsform liegt die Vorstellung zu Grunde, dass der politische Führer eines islamischen Staates von einem Kreis von dazu Befugten ausgewählt wird – ein Findungsprozess, dessen Ergebnis gegen den Willen Gottes nicht möglich ist. Der Führer ist dem göttlichen Gesetz ebenso unterworfen wie die Untertanen. Da er mit dem Willen Gottes herrscht, schulden ihm die Untertanen Gehorsam. Wenn der Führer die Gesetze Gottes verletzt, kann er ermahnt und u. U. sogar abgesetzt werden. Diese „Widerstandspflicht" der gläubigen Untertanen wird von modernen muslimischen Staatstheoretikern als eine Form demokratischer Kontrolle beschrieben. Eine institutionalisierte Form der Herrschaftskontrolle kann durch die Einrichtung eines Kontrollgremiums erfolgen, das die Entscheidungen der politischen Führung oder des Führers auf seine Übereinstimmung mit dem von Gott geoffenbarten Gesetz überprüft.

Literatur: *P. Khoury*, L'Islam et l'occident. Islam et sécularité, Neckarhausen 1998; *F. Steppat*, Der Muslim und die Obrigkeit, in: *ders.*, Islam als Partner. Islamkundliche Aufsätze 1944–1996, Beirut 2001, S. 109–127.

P. Heine

Gott ist groß

Das arabische „Allah akbar" wird häufig deutsch mit „Gott ist groß" wiedergegeben, doch muss dabei der sprachwissenschaftliche Gesichtspunkt in Betracht gezogen werden, dass das Prädikativum „akbar" im Elativ steht. Die Äußerung dieses Satzes wird mit dem terminus technicus „Takbir" bezeichnet. Der Takbir ist die wohl konziseste Form des islamischen Glaubensbekenntnisses und wird von Muslimen bei den unterschiedlichsten Gelegenheiten laut oder leise ausgesprochen. Er ist ein wichtiger Teil des täglichen muslimischen Pflichtgebetes. Mit ihm eröffnet der Gebetsrufer (Muezzin) seine Aufforderung an die Gläubigen zum Gebet. Das Gebet selbst beginnt und endet mit dem „Allah akbar". Auch bei den mystischen Übungen von Sufi-Bruderschaften wird dieser Satz viele Male wiederholt. Die Wände von Moscheen sind auf kunstvolle oder weniger kunstvolle Weise mit diesem Satz geschmückt. Das „Allah akbar" findet sich aber auch auf Häuserwänden, Autos und anderen

Gebrauchsgegenständen. Ihm wird eine Unheil abwehrende Wirkung zugeschrieben. Es schützt vor zahlreichen Formen von Unglück, vor allem aber vor dem Bösen Blick. In vielen Übergangszeiten des Lebens – wie Hochzeit oder Tod – wird der Takbir gerufen. Muslimische Krieger stürzten mit diesem Ruf auf den Lippen in die Schlacht. Im täglichen Umgang wird der Satz auch lediglich zum Ausdruck von Bewunderung oder Erstaunen verwendet.

Literatur: *A. Fischer,* Zur Aussprache des Namens Allah, in: Islamica 1 (1924–25), 544–547; *J. Jouin,* Invocations pour l'enfantement, in: Hesperis 40 (1953), 343–357; *M. D. McDonald,* The Religious Attitude and Life in Islam. Chicago 1909.

P. HEINE

Gruß/Grußformen

Wie jedes andere kulturelle oder gesellschaftliche System kennen auch die Menschen in der islamischen Welt zahlreiche Begrüßungs- und Verabschiedungsstandards. Diese kommen durch Gesten und orale Formeln zum Ausdruck und laufen in vielen Gegenden nach einem festliegenden Ritual ab, das wiederum von zahlreichen Faktoren bestimmt ist. Ein Faktor ist das persönliche Verhältnis der sich Grüßenden zueinander. Die in vielen islamischen Gesellschaften streng beachteten Meidungsregeln zwischen Männern und Frauen werden auch beim Gruß beachtet. Zwischen ihnen werden öffentlich nur in seltenen Fällen, die eine besondere Intimität oder nahe Verwandtschaft ausdrücken, Grußbezeigungen ausgetauscht. In den häufig stark hierarchisierten städtischen islamischen Gesellschaften bestehen ebenfalls Meidungsgebote zwischen den Angehörigen verschiedener gesellschaftlicher Schichten.

Das Begrüßungsritual ist in seinen Ausdrucksweisen abhängig von der Jahres- und der Tageszeit. Neben verschiedenen Wunschformeln beinhaltet es auch stets Fragen nach dem gegenseitigen Befinden und entsprechende gute Wünsche. Gesten oder Körperkontakt sei es durch Handschütteln oder Umarmungen sind regional unterschiedlich. Als der eigentliche islamische Gruß gilt das in allen islamischen Sprachen übliche arabische „as-Salam ʿalaykum“ (der Friede sei mit euch), worauf die Antwort „ʿalaykum as-Salam“ (mit Euch sei der Friede) zu geben ist. Gleichgültig, ob es sich bei dem Sprecher um einen Araber, Inder, Chinesen, Schwarzafrikaner oder um einen südamerikanischen Muslim handelt, der Gruß zwischen ihm und einem anderen Muslim wird immer in der arabischen Form ausgetauscht, wobei jedoch auch Verkürzungen bekannt sind. Da im Islam als religiösem System die Geschlechtsdifferenzen nur eine geringe Rolle spielen, wird dieser Gruß auch zwischen Muslimen und Musliminnen ausgetauscht. Das „as-Salam ʿalaykum“ kann jedoch nur zwischen gläubigen Muslimen gewechselt werden; denn der in dieser Formel zum Ausdruck gebrachte Friedenswunsch hat eine ganz konkrete rechtliche Bedeutung. Wenn er ausgetauscht worden ist, herrscht zwischen den beiden Partnern dieses Rituals eine Friedens-

pflicht. Die Bestärkung dieser Verpflichtung kann noch durch verschiedene Gesten wie die Berührung der Brust, des Mundes oder der Stirn ausgedrückt werden.
Diese Einhaltung des Friedens ist nach muslimischer Auffassung zunächst einmal jedoch nur zwischen Muslimen möglich. Zwischen diesen hat ohnehin Frieden zu herrschen. Diese Erwartung gilt nicht in gleicher Weise in der Begegnung mit Christen, Juden oder Angehörigen anderer Glaubensvorstellungen. Bei entsprechendem Aufeinandertreffen muss eine Friedensvereinbarung erst getroffen werden. In multireligiösen Gesellschaften, wie sie in vielen Regionen der islamischen Welt bis auf den heutigen Tag zu finden sind, kann ein Muslim jedoch nicht in jedem Fall gewiss sein, dass er sich einem anderen Muslim gegenübersieht. In solchen Fällen antwortet er mit den Worten „as-Ṣalam ʿala al-mu'min" (Friede mit dem Gläubigen). Sollte es sich bei dem Gegenüber nicht um einen Muslim handeln, ist die durch den Austausch der Formeln mögliche Friedenspflicht ohne Wirkung. Ihre eigentliche religiöse Funktion hat die islamische Grußformel im Zusammenhang mit dem Pflichtgebet der Muslime, der Salat. Am Anfang und am Schluss dieses Gebets steht das „as-Salam ʿalaykum". Mit dieser Formel grüßt der Muslim diejenigen, die mit ihm gemeinsam das Gebet verrichten. Wenn er für sich alleine betet, spricht er die Formel ebenfalls aus. Dann wendet er sich an die beiden Engel, die über seine Taten wachen. So ist denn das „Salam" der eigentliche muslimische Gruß, an dem sich Anhänger des Islams aus unterschiedlichen Kulturen erkennen und in ihrer Identität versichern können.

Literatur: *T. Gerholm,* Market, Mosque and Mafraj. Social Inequality in a Yemini Town, Stockholm 1977; *E. Goody,* Greeting, Begging and the Presentation of Respect, in: *J. S. La Fontaine (Ed.),* The Interpretation of Ritual, London 1971; *A. Jaussen,* Coutumes des arabes au pays de Moab, Paris 1908; *M. Piamenta,* Islam in Everyday Arabic Speech, Leiden 1979; *P. Heine,* Kulturknigge für Nichtmuslime, Freiburg [2]1996.

P. Heine

Gute (das)

Das Gute ist das, was als Ziel, Zweck und Norm des sittlichen Handelns des Menschen gilt. Was aber gut und böse ist, kann man nach der Lehre der Muʿtaziliten, der Rationalisten des Islams, an einer inneren Qualität der menschlichen Handlung oder durch Heranziehung objektiver, der Vernunft des Menschen einsichtiger Normen erkennen. Für die Ashʿariten, die Vertreter der Orthodoxie im Islam, ist das Gute das, was zur Rechtleitung hinführt. Aber allein „Gott sagt die Wahrheit, und Er führt den (rechten) Weg" (33,4). So gilt als gut bzw. böse das, was dem positiven Willen Gottes entspricht bzw. widerspricht. Denn Gott setzt in seiner unbedingten, nicht hinterfragbaren Freiheit die Normen des Guten fest. Die Vernunft hat dabei nur die Aufgabe, durch Erforschung der koranischen Offenbarung und ihrer offiziellen Interpretation in der legitimen Tradition, den Willen Gottes und seine positiven Dekrete festzustellen, sie zu beschreiben und ihre praktischen Konsequenzen deutlich machen. Die Moral ist somit, wie die anderen positiven Bestimmungen des Islams, ein Teil des Gesetzes. Die Verantwortung des Menschen besteht vor allem darin, sich dem Willen Gottes in unbedingtem Gehorsam zu unterwerfen. Die positive Feststellung der moralischen Normen des Guten ist keine Vergewaltigung der menschlichen Freiheit, sie ist im Verständnis des Islams eine sehr willkommene Stütze für den Menschen, der von sich aus nicht in der Lage ist, den rechten Weg zu finden (vgl. 7,43). Um dem Bösen zu entrinnen, braucht der Mensch nur der Rechtleitung Gottes zu folgen.

Literatur: *H. Stieglecker,* Die Glaubenslehren des Islam, Paderborn [2]1983, 127–134; *A. Th. Khoury,* Gottesbegriff im Streit von Theologie und Philosophie. Bemerkungen zum islamischen Voluntarismus, in: *D. Papenfuß/J. Söring (Hrsg.),* Transzendenz und Immanenz. Philosophie und Theologie in der veränderten Welt, Stuttgart/Berlin/Köln/Mainz 1977, 169–178; *ders.,* Der Islam und die westliche Welt, Darmstadt 2001, 87–108.

A. Th. Khoury

H

Hadith

Die zweite Hauptquelle des Islams ist die Sunna, der vorbildliche Weg des Propheten Muhammad, dessen Hauptaufgabe darin bestand, die göttliche Offenbarung zu verkünden und sie authentisch zu interpretieren. Der Koran bezeichnet Muhammad als Vorbild und Beispiel für die Gläubigen (vgl. 33,21), denn „er befiehlt ihnen das Rechte und verbietet ihnen das Verwerfliche, er erlaubt ihnen die köstlichen Dinge und verbietet ihnen die schlechten, und er nimmt ihnen die Last und die Fesseln, die auf ihnen lagen, ab" (7,157). Die Art und Weise, wie Muhammad inmitten seiner Gemeinde lebte und seine Pflichten als vorbildlicher Muslim erfüllte, wie er die Gläubigen auf den Wegen Gottes führte und die erforderlichen Regeln festlegte – all das verdeutlicht seinen Weg (sunna) und findet sich in den Berichten und Erzählungen (hadith) verschiedener Gewährsleute.

Autorität der Sunna

Die Autorität der Sunna ist im Koran verankert, der von den Muslimen fordert, sich der Führung des Propheten zu unterwerfen und ihm zu folgen: „Und gehorchet Gott und seinem Gesandten" (8,1.46; 3,32; 33,33.66.71 usw.) Die Gläubigen dürfen sich Gott und seinem Gesandten nicht widersetzen (58,5.20; 8,13; 9,63), sie dürfen ihnen den Gehorsam nicht verweigern (72,23; 4,14; 33,36). Der Prophet ist die letzte Instanz bei allen seinen Entscheidungen: „Ein Gläubiger oder eine Gläubige darf, wenn Gott und sein Gesandter eine Angelegenheit entschieden haben, nicht die Möglichkeit haben, in ihrer Angelegenheit frei zu wählen. Und wer gegen Gott und seinen Gesandten ungehorsam ist, der befindet sich in einem offenkundigen Irrtum" (33,36).
Die Anwesenheit des Propheten inmitten der Gemeinde ist somit die Garantie der Wahrheit der Glaubenslehren und der Richtigkeit der getroffenen Maßnahmen (vgl. 3,101). Er ist endlich der von Gott autorisierte Schiedsrichter (vgl. 4,65). Der Befehl des Korans ist infolgedessen eindeutig: „... Und gehorchet dem Gesandten ..." (24,56). Denn seine Autorität ist ihm von Gott selbst verliehen (vgl. 4,64). So gilt der Grundsatz: „Wer dem Gesandten gehorcht, gehorcht Gott" (4,80).

Inhalt des Hadith

Der Hadith, die Urkunde der islamischen Tradition, enthält folgende Kategorien von Überlieferungen:
die Aussprüche Muhammads, seine Anweisungen, die Verordnungen, die er erlassen hat, die Feststellungen, die er getroffen hat, seine Wertungen

und Stellungnahmen zu verschiedenen Fragen;
sein Verhalten, seine Handlungsweise, seine Art, die religiösen Pflichten zu erfüllen, seine praktische Haltung bei der Anwendung bestimmter Richtlinien;
seine Haltung gegenüber dem, was seine Gemeinde tat, soweit er es geduldet, gebilligt oder gar empfohlen hat, und umgekehrt soweit er es getadelt, missbilligt oder gar verboten hat.
Bei all diesen Überlieferungen gilt als maßgeblich und verbindlich nur das, was der Führung der Gemeinde und der Feststellung der Rechtsnormen diente, nicht jedoch das, was der persönliche Lebensstil Muhammads war. Zu den nicht allgemein verbindlichen Tatsachen und Äußerungen zählen auch die Worte und Meinungen Muhammads über Fragen der Naturwissenschaft oder über Angelegenheiten im Bereich der menschlichen Lebenserfahrung.

Traditionskritik

Im Laufe der Zeit befanden sich immer zahlreichere Hadith in Umlauf, überliefert zum Teil von solchen Erzählungen, die nur das Volk beeindrucken oder von Häretikern, die ihre Meinung legitimieren wollten, oder einfach von frommen Predigern, die zur Erbauung ihrer Zuhörer Dinge erfanden. So setzte bei den Gelehrten eine Traditionskritik ein, die das Ziel verfolgte, die Echtheit der vorliegenden Überlieferungen zu überprüfen und die Autorität der Sunna zu schützen.
Für unzureichend wurde der Grundsatz einiger Theologen gehalten, die in der Übereinstimmung mit dem Inhalt des Korans oder in der Nützlichkeit einer Überlieferung den Nachweis ihrer Echtheit sehen wollten. Das Kriterium schien zu großzügig zu sein. Als negatives Kriterium angewandt, würde es wohl eine Anzahl von Überlieferungen als falsch demaskieren. Aber es könnte nicht positiv helfen, unter den unzähligen Traditionen, die dem Koran nicht widersprechen.

Hauptthemen der Hadith Glaube, Wissen; religiöse Grundpflichten

1. Der Islam und der Glaube
2. Das Wissen
3. Religiöse Grundpflichten
   - Absicht und Aufrichtigkeit
   - Rituelle Reinheit
   - Pflichtgebet
   - Gesetzliche Abgabe
   - Fasten
   - Wallfahrt

Soziale Beziehungen; Regieren; Sitten und Gewohnheiten

1. Soziale Beziehungen
   - Handel, Geschäftsbeziehungen, Landwirtschaft
   - Löhne, Vermächtnisse, Freilassung von Sklaven
   - Ehe und Scheidung
2. Regieren
   - Gesetzliche Strafen, Bußgeld
   - Regieren und Rechtsprechung
3. Sitten und Gewohnheiten
   - Eide und Gelübde
   - Jagd und Schlachttiere
   - Essen und Trinken
   - Kleidung
   - Heilkunde

Vorzüge bestimmter Personen; Auslegung, Einsatz für den Islam

1. Vorzüge bestimmter Personen
   – Prophetische Sendung
   – Vorzüge bestimmter Personen
   – Vorzüge des Korans
2. Auslegung
3. Einsatz und Feldzüge

Tugenden; Gehörtes

1. Tugenden
   – Guter Umgang
   – Tugenden
   – Geschichte
   – Askese
   – Gebete
2. Gehörtes
   – Verführung und Anzeichen der Stunde des Gerichts
   – Auferstehung, Paradies, Höllenfeuer

Die Überlieferungen, die dem Negativkatalog nicht zum Opfer fielen, wurden in drei Kategorien eingeteilt:
1. echte, authentische (sahih),
2. schöne (hasan), also nicht ganz einwandfrei zuverlässige, und
3. schwache (daʿif), also Gegenstand ernst zu nehmender Bedenken.

Die echten Überlieferungen mussten folgende Bedingungen erfüllen:
Der Gewährsmann muss
1. in Bezug auf seinen Glauben und sein Verhalten tadellos sein;
2. vertrauenswürdig sein und vorbehaltlose Annahme finden;
3. die Gewähr bringen, dass er den überlieferten Inhalt richtig verstanden und wiedergegeben hat;
4. mehr als nur einen Hadith überliefert haben.

Die Überlieferung selbst muss
5. eine lückenlose Kette von Gewährsmännern aufweisen;
6. ausdrücklich feststellen, dass Muhammad dies oder jenes gesagt oder getan hat;
7. einen Inhalt haben, der in die Zeit der Frühgemeinde hineinpasst.

Hadith-Sammlungen

Die wichtigsten Hadith-Sammlungen sind folgende:
Bukhari, Sahih (Bukhari: 810–870),
Muslim, Sahih (Muslim 817/821–875),
Abu Dawud, Sunan (Abu Dawud 817–888),
Tirmidhi, Sunan. Al-Djamiʿ al-sahih (Tirmidhi 815–892),
Nasaʾi, Sunan (Nasaʾi 830–915),
Ibn Madja Sunan (Ibn Madja 824–886),
Eine Auswahl von Hadith-Texten, aus dem arabischen Original ins Deutsche übersetzt, findet sich in meinem Buch: Adel Theodor Khoury, So sprach der Prophet. Worte aus der islamischen Überlieferung (GTB 785), Gütersloh 1988.

Literatur: *I. Goldziher,* Muhammadanische Studien, 2. Teil: Über die Entwicklung des Hadith, Halle 1890 (Neudruck: Hildesheim/New York 1971), 1–274; *J. Robson,* Hadith, in: The Encyclopaedia of Islam (Neuausgabe), Bd. III, Leiden/London 1971, 23–28; *A. Th. Khoury,* So sprach der Prophet. Worte aus der islamischen Überlieferung, Gütersloh 1988; *G. Schoeler,* Charakter und Authentie der muslimischen Überlieferung über das Leben Mohammeds, Berlin 1996.

A. Th. Khoury

Hadjj ↗ *Wallfahrt*

Hafiz

Der persische Lyriker und Panegyrist Hafiz wurde im ersten Viertel des 14. Jahrhunderts als Shams al-Din Muhammad Shirazi in Shiraz in ärmlichen Verhältnissen geboren. Nach einer traditionellen Ausbildung, der er auch seinen Namen Hafiz (so wird eine Person bezeichnet, die den Koran auswendig gelernt hat) verdankt, verdingte er sich in verschiedenen Berufen, ehe er mit Ende Zwanzig begann, als Dichter aufzutreten. Zu besonderem Reichtum hat er es dabei nicht gebracht. 1390 starb er in seiner Vaterstadt.

Die Bedeutung des Dichters für die persische Lyrik beruht einerseits darauf, dass er für Lobgedichte auf führende Persönlichkeiten des öffentlichen Lebens eine neue Form verwendete. Anstelle der aus der vorislamischen arabischen Dichtung übernommenen Qaside verwendete er als erster die Ghazale. Dadurch erhielt er eine größere Variationsbreite und konnte den panegyrischen Teil seiner Gedichte auf wenige Zeilen zusammenfassen. Andererseits beherrschte er in außergewöhnlicher Weise den Wortschatz der persischen Sprache. Daher war er in der Lage, die in starren Konventionen festgelegte Dichtung seiner Zeit weiterzuentwickeln. Die Gedichte des Hafiz prägten die persische Sprache insgesamt. Bis auf den heutigen Tag sind seine Werke Persern aller Schichten bekannt. Sie gehören zur persischen Allgemeinbildung. Es sind vor allem zwei Themen, die sein dichterisches Werk bestimmen, Liebe und Wein. Sein Anliegen ist, die Vielfalt dieser beiden Begriffe vorzustellen. Sein Spektrum reicht bei dem Thema Liebe vom sexuellen Verlangen bis zur mystischen Gottesliebe. Der Wein ist für Hafiz Mittel zum intensiven Lebensgenuss, aber auch Symbol mystischer Verzückung. Häufig oszillieren diese begrifflichen Extrempunkte, so dass ein Eindruck von dichterischer und persönlicher Freiheit entsteht, den J. W. von Goethe in den „Noten und Abhandlungen zum West-östlichen Diwan" als „skeptische Beweglichkeit" bezeichnet. Goethe ist es wohl auch, der im West-östlichen Diwan am stärksten auf die Bedeutung des persischen Dichters bei seiner deutschen Leserschaft hingewiesen hat: „Sei das Wort die Braut genannt/Bräutigam der Geist/Diese Hochzeit hat gekannt/Wer Hafisen preist." Zahlreiche deutsche Übersetzungen der Dichtung des Hafiz sind veröffentlicht worden. Als deren bedeutendste und dem Original am meisten entsprechende kann die von Friedrich Rückert: „Ghazelen des Hafiz" bezeichnet werden.

Literatur: *H. R. Roemer*, Probleme der Hafizforschung und der Stand ihrer Lösung, Wiesbaden 1951.

P. Heine

Halbmond

Mit diesem Begriff wird im Deutschen fälschlicherweise die Mondsichel (hilal) bezeichnet. Diese hat für die rituelle Praxis der Muslime eine große Bedeutung. Da das islamische Jahr ein Mondjahr ist, sind zahlreiche religiöse Feste und andere Termine vom Erscheinen des neuen Mondes abhängig. Dieses Phänomen

bestimmt den Beginn und das Ende des islamischen Fastenmonats Ramadan. Dieser Monat beginnt erst mit dem Erscheinen der Mondsichel. In der sunnitischen Welt muss dieses Ereignis von mehreren verlässlichen Zeugen gemeldet werden. Die ersten Zeugen, die z. B. in Kairo das Erscheinen des Mondes meldeten, wurden belohnt. Diese Praxis war noch bis in die 1950er Jahre üblich.
Konnte man den neuen Mond aus meteorologischen Gründen nicht sehen, wurde der Beginn des Fastens entsprechend verschoben, was jedoch nicht unbegrenzt möglich war. Nach einer festgelegten Zeit konnte auf Grund von entsprechenden astronomischen Berechnungen der Beginn des Ramadans von religiösen Autoritäten erklärt werden, ohne dass der Mond gesichtet wurde. Gleiches gilt auch für das Ende des Fastenmonats und den Beginn des Festes des Fastenbrechens (arab.: ʿid al-fitr; türk.: seker bayram). Aufgrund der meteorologischen Unsicherheiten ist zu beobachten, dass Muslime über den Beginn und das Ende des Ramadan auch unmittelbar vor dem entsprechenden Termin auf Befragung nur eine ungenaue Auskunft geben.
In vielen Ländern vergewissern sich die Muslime heute durch Anfragen bei hohen religiösen Autoritäten in Mekka, ob die Mondsichel gesehen worden ist. Auch für den Pilgermonat, die Hadjj-Zeremonien und das Opferfest (arab.: ʿid al-adha; türk.: kurban bayram) ist das Erscheinen der Mondsichel von Bedeutung. Da das eigentliche Pilgerritual erst zwischen dem 8. und 10. Tag des Pilgermonats stattfindet, wird hier auf den eigentlichen Beginn des Monats weniger Wert gelegt als beim Ramadan.
Die Region des Mittleren Ostens, die als „fruchtbarer Halbmond“ bezeichnet wird, umfasst die Länder Palästina, Libanon, Syrien und Iraq, also Kernländer der islamischen Welt. Ob dies dazu geführt hat, dass der „Hilal“ zu einem beliebten Motiv der islamischen Kunst geworden ist, darf bezweifelt werden. Denn schon in der vor-islamischen persischen, der sassanidischen Kunst erscheint dieses Motiv auf Münzen. Die Mondsichel wurde dann als dekoratives Element in die islamische Kunst übernommen. Die Erbauer des Felsendomes in Jerusalem übernahmen sie für die Mosaiken. Aber auch auf frühen islamischen Münzen wird dieses Motiv verwendet. Nicht nur im profanen Bereich, sondern auch im religiösen taucht das Motiv der Mondsichel auf. Sie findet sich vor allem als Abschlussmotiv bei Minaretten. Auch auf Darstellungen der Kaʿba selbst spielt die Mondsichel eine herausragende Rolle.
Auch die westliche Kunst hat diese Form bei der Wiedergabe von orientalischen Motiven häufig genutzt. Vor allem bei der Illustration von militärischen Auseinandersetzungen mit dem türkischen Gegner wurden dessen Flaggen und Standarten gerne mit dem „Halbmond“ versehen, obwohl zu den Insignien türkischer Funktionäre auch andere Symbole gehörten. Zu Beginn des 19. Jahrhunderts wurde dann die Mondsichel mit einem Stern auf rotem Grund als Flagge der osmanischen

Armee eingeführt. In unterschiedlichen Formen fand die Mondsichel auf Flaggen, Hoheitszeichen und Emblemen zahlreicher muslimischer Staaten und Organisationen bis hin zum „roten Halbmond", der Parallel-Organisation des „Roten Kreuzes", Verwendung. Auch Gruppierungen, deren Verhältnis zum Islam nicht eindeutig geklärt ist, wie die der „Black Muslims" in den USA, benutzen die Mondsichel als Symbol. So ist der „Hilal" heute das muslimische Emblem par excellence.

Literatur: *J. Jomier/J. Corbon,* Ramadan, au Caire, en 1956, in: Mélanges Institut Dominicain d'etudes orientales du Caire 3 (1956), 1–74; *K. Creswell,* Early Muslim Architecture, Oxford 1932; *A. Sarkisian,* Le croissant comme emblème national et religieux en Turkie, in: Syria 12 (1941).

P. Heine

Halladj

Al-Husain ibn Mansur al-Halladj (d. h. der Baumwollkrempler) (857–922) stammt aus dem Südiran. Er schloss sich zunächst in Basra, dann in Baghdad verschiedenen Mystikern an. Nach einer Wallfahrt nach Mekka reiste er nach Iran, dann verbrachte er Jahre in Baghdad. Im Anschluss an eine zweite Wallfahrt fuhr er nach Indien und erreichte Zentralasien. Er wurde von seinen Widersachern verdächtigt, nicht nur Zauberei zu betreiben und Arroganz zu zeigen, sondern auch Kontakte zu den politischen Feinden der Zentralregierung zu unterhalten. Eine erste Verhaftung erfolgte 909, dann wurde er 912 ins Gefängnis geworfen. 922 wurde ihm ein harter Prozess gemacht, der mit einem Todesurteil endete. Er wurde gefoltert, an einen Galgen bzw. an ein Kreuz gehängt und dann enthauptet.

Es bildeten sich um seine Gestalt viele Legenden. Wo seine Feinde von Zauberkunst sprachen, sprachen seine Anhänger von Wundertätigkeit. Aber seine mystische Lehre ist das Kernstück dessen, was dieser große Mystiker der Nachwelt hinterlassen hat.

Halladj legte großen Wert auf die getreue Erfüllung der religiösen Grundpflichten eines jeden Muslims (vor allem Gebet, Fasten, Wallfahrt). Dennoch maß er ihm für sein mystisches Leben keine besondere Bedeutung zu; die Liebe zu Gott war ihm viel wichtiger. Um diese Liebe zu erreichen, muss der Mystiker auf die Welt und auf sich selbst verzichten, damit nur noch für Gott Platz übrig bleibt. Ein besonderer Weg zur völligen Entsagung ist die Bereitschaft, das Leiden hinzunehmen und es sogar herbeizusehnen.

Der Mystiker strebt die Gotteserkenntnis an, eine Erkenntnis, die anderer Natur ist als der Glaube, der eigentlich keine Erkenntnis Gottes vermittelt und keinen Zugang zu ihm eröffnet. Im Hinblick auf die tiefe Erkenntnis Gottes ist der Glaube genauso unergiebig wie der Unglaube („Gott, ich erkläre dich frei von allem, was deine Freunde und deine Feinde insgesamt sagen").

Das ist aber vor allem die Gottesliebe, die den Mystiker zur Vereinigung mit Gott führt. Dabei erlebt dieser geistliche Zustände, die ihn von der Vertrautheit bis zum ekstatischen

Rausch und zum Erlebnis der Einswerdung mit Gott verschiedene Stufen durchschreiten und ab und zu so genannte theopatische Worte äußern lassen („Ich bin die Wahrheit", d. h. Gott). Dazu schreibt Annemarie Schimmel: „In der mystischen Einigung, so glaubt er, kann sich in den seltenen Augenblicken der Ekstase der ungeschaffene göttliche Geist dem menschlichen Geist so weit nahen, dass er ihn überformt und im Sprechen ein Subjektivwechsel stattfindet. Gott bezeuge so seine ‚ungeschaffene Liebe zu sich selbst, d. h. zu dem Bild Seiner menschlichen Natur', ohne dass die Transzendenz des Urewigen Herrn dadurch aufgehoben oder geschmälert würde ... Es handelt sich also um das Zusammenwirken der menschlichen und der göttlichen Person, nicht aber, wie es in der späteren monistischen Mystik und Poesie immer wieder interpretiert worden ist, um die Bezeugung der All-Einheit, in der Gott und Mensch schließlich nichts mehr sind als zwei Aspekte einer Essenz" (s. u., dort S. 28–29).
Trotz mancher Vorbehalte gegen Einzelheiten seiner Lehre und seiner Ausdrucksweise muss man die Echtheit seiner mystischen Gotteserfahrung, den Reichtum seiner geistlichen Gaben und die Tiefe seiner Gottesliebe anerkennen.

Literatur: *L. Massignon,* La passion d'al Hosayn ibn Mansour al-Hallaj, martyr mystique de l'Islam, 2 Bde., Paris 1922, Neuauflage in 4 Bden., Paris 1976; *R. Arnaldez,* Hallaj ou la religion de la croix, Paris 1964; Al-Halladsch, Märtyrer der Gottesliebe, Leben und Legende, ausgewählt und eingeleitet von *A. Schimmel,* Köln 1968; *dies.,* Rettet mich vor Gott, Freiburg 1985.

A. Th. Khoury

Hanafiten

Diese Schule beruft sich auf al-Nuʿman ibn Thabit Abu Hanifa (um 697–767/H 80–150). Abu Hanifa stammte nach den islamischen Autoren aus Persien. Über sein Leben ist sehr wenig bekannt. Er bemühte sich auch, die Traditionen, die auf den Propheten Muhammad zurückgeführt wurden, sorgfältig zu untersuchen, um aus ihrem gesicherten Inhalt eine zuverlässige Grundlage für sein Rechtssystem zu gewinnen. Sein Ruf wuchs, und eine Schar von Schülern versammelte sich um ihn. Er trug ihnen seine Lehre vor, die sie später in mehreren Werken zusammenstellten. Neben dem Koran pflegte er nur die Überlieferungen (hadith) als beweiskräftig zu akzeptieren, die zweifelsfrei authentisch waren. Dies führte ihn dazu, einzelne Traditionen und auch Äußerungen Muhammads, die von einzelnen Gewährsmännern überliefert waren, als unzureichende Grundlage zurückzuweisen. Für Abu Hanifa spielen in der Argumentation und in der Bemühung um die Rechtsfindung das persönliche Urteil (ra'y) und die Analogie (qiyas) eine große Rolle. Damit wird neben dem Glauben und den Quellen der Tradition dem gesunden Menschenverstand eine entscheidende Bedeutung zuerkannt. Dies begünstigt die Einführung der Billigkeit als Grundsatz der Rechtsfindung. Die Gegner der hanafitischen Schule wandten daraufhin ein, dass dies sowie die Bejahung des persönlichen Für-gut-Haltens das Tor für jede Willkür öffnen würde. Auch wird dem Abu Hanifa vorgeworfen, er habe die Wissenschaft der juristischen Kniffe (hiyal) zur Umgehung der Gesetze entwickelt.

Die wichtigsten Schüler des Abu Hanifa, die seine Lehre überliefert und daraus die hanafitische Schule aufgebaut haben, sind vor allem Abu Yusuf und Muhammad ibn al-Hasan al-Shaybani. Abu Yusuf (729 798/H 113–182) war Richter in Baghdad. Unter dem ʿAbbasiden-Khalifen al-Rashid (786–809) wurde er zum Oberrichter des Reiches ernannt und mit der Berufung der Richter in den islamischen Gebieten beauftragt. Dies erleichterte ihm, die Lehre seines Meisters Abu Hanifa zu verbreiten und sie zur Grundlage der praktischen Rechtssprechung zu machen. Gerade die Praxis der Rechtssprechung führte Abu Yusuf dazu, in einigen Punkten vom Meister abzuweichen. Derjenige jedoch, der am meisten zur Gründung der hanafitischen Schule beigetragen hat, ist Shaybani (737–804/H 132–189), der in sechs unterschiedlich langen Werken die Grundlagen der Schule festgelegt hat. Eine Zusammenfassung seiner Lehre wurde später von Sarakhsi (gest. 1090/H 483) in einem 30bändigen Werk, al-Mabsut, kommentiert.

Die hanafitische Schule war unter den ʿAbbasiden vorherrschend im Iraq. Auch im osmanischen Reich behielt sie ihre Vorrangstellung. Ihr Ausdehnungsgebiet heute geht nach Osten bis Afghanistan, Pakistan, China und Zentralasien. Sie wird weiterhin in der Türkei, Syrien, dem Libanon, Jordanien und von den Sunniten des Iraq befolgt. Auch in Ägypten findet sie Anwendung in Rechtsfragen, die sich nicht auf die religiösen Pflichten beziehen (auf dem Gebiet herrscht die Schule des Shafʿi vor).

Literatur: *A. Th. Khoury,* Islamische Minderheiten in der Diaspora, München/Mainz 1985; *T. Nagel,* Geschichte der islamischen Theologie, München 1994.

A. Th. Khoury

Hanbaliten

Die Schule der Hanbaliten nimmt die Lehren und Prinzipien, die der Traditionssammler, Theologe und Rechtsgelehrte Ahmad ibn Hanbal (780–855/H 164–241) entwickelt hat, auf und führt sie fort.

Ibn Hanbal ist arabischer Abstammung, er wurde in Baghdad geboren. Dort studierte er Lexikographie, Rechtslehre und Traditionslehre. Unter seinen Werken ist das berühmteste die Traditionssammlung mit dem Titel Musnad. Zwar hat sich Ibn Hanbal besonders um die Feststellung der islamischen Tradition bemüht, aber man kann deswegen nicht behaupten, dass er nur ein Traditionssammler und kein Rechtsgelehrter war. Er hat sich vielfach über Rechtsfragen geäußert, jedoch kein umfassendes Werk über die islamische Rechtslehre geschrieben. Er meint, dass der mündliche Charakter der ursprünglichen Rechtstradition bewahrt bleiben solle, um die Lebendigkeit der Rechtsnormen vor der fixierenden Kodifizierung zu schützen. Diese Kodifizierung besorgten jedoch seine Schüler, die seine verschiedenen Stellungnahmen und Argumentationen zu einem Gesamtsystem ausgearbeitet haben.

Die Rechtslehre Ibn Hanbals darf nicht undifferenziert beurteilt werden. Was die Grundsätze seiner Schule betrifft, so kann man folgendes feststellen: Absolute Grundlage des Rechts ist der Koran in seinem Wortlaut, ohne exegetische Eingriffe und Umdeutungen. Dann kommt die Gesamtheit der islamischen Überlieferungen, die auf den Propheten Muhammad zurückgeführt werden können. Zwar hat er in seinem Musnad noch keine scharfe Methode zur kritischen Sichtung der sich in Umlauf befindenden Traditionen angewandt, denn die kritische Methode zur Feststellung der Echtheit prophetischer Überlieferungen wurde erst nach ihm entwickelt. Als dritte Grundlage des Rechts gelten für Ibn Hanbal die Stellungnahmen der Begleiter des Propheten Muhammad, die seiner Meinung nach den Koran und die Tradition am besten kannten und in die Praxis umsetzten. In den Fällen, in denen die Begleiter Muhammads verschiedene Meinungen vertreten, kann man unter ihnen eine bestimmte Rangordnung beobachten. Weitere Grundlage des Rechts ist die Übereinstimmung der Gemeinde, die eigentlich keine neue Grundlage bildet, sondern nur das einmütige Verständnis des Korans und der Tradition durch die Gemeinde dokumentiert.

Ibn Hanbal verurteilt die Bemühung um die Bildung eines eigenen Urteils, denn dies würde der Willkür und der Innovation Tür und Tor öffnen. Auch die Anwendung der Analogie scheint nicht seine Zustimmung erhalten zu haben, denn sie könnte wohl als Instrument der Innovation und der theoretischen Systematisierung der Rechtslehre missbraucht werden.

Im Bereich der praktischen Rechtslehre scheint Ibn Hanbal folgende allgemeine Grundsätze vertreten zu haben: Bei der Erfüllung der religiösen Pflichten sind nur die Praktiken erlaubt, die vom Koran und der Tradition vorgeschrieben sind. Man muss sie auch in der Weise erfüllen, wie sie in diesen Quellen festgelegt sind. In den übrigen Rechtsfragen, vor allem in denen, die die sozialen Beziehungen betreffen, ist Großzügigkeit geboten: Nur das zur Pflicht erheben, was der Koran und die Tradition als geboten hinstellen, und nur das verbieten, was dort ausdrücklich verboten ist.

Unter den Schülern Ibn Hanbals und den späteren Anhängern seiner Lehre ist im Mittelalter vor allem Ibn Taymiyya (1260–1327/H 661–728) zu erwähnen. Im 18. Jahrhundert wurden die Werke Ibn Taymiyyas von Muhammad ibn ʿAbd al Wahhab mit Sorgfalt und Begeisterung studiert. Dieselbe Begeisterung ihnen gegenüber empfand auch der Emir Ibn Saʿud. Beide gründeten die wahhabitische Bewegung, die sich der arabischen Halbinsel bemächtigte und dort das Regime ausrief, das heute noch in Saudi-Arabien herrscht.

Ein Ableger des Hanbalismus ist in

mancher Hinsicht auch die Salafiyya-Bewegung, die im 19. Jahrhundert entstand. Diese Bewegung zielt auf die Erneuerung des Islams durch Restaurierung des Lebens und der Ordnung der vergangenen Generationen (salaf). Die Denker der Salafiyya-Bewegung sind Djamal al-Din al-Afghani (1838/39–1897), Muhammad ʿAbduh (1848–1905) und Rashid Rida (1865–1935).

Heute findet die hanbalitische Rechtsschule ihre meisten Anhänger in Saudi-Arabien, in einigen Staaten am Persischen Golf, in Baghdad, Damaskus und in anderen Teilen Syriens sowie in Gebieten des früheren Palästina und überall dort, wo sich der saudi-arabische Einfluss bemerkbar macht.

Literatur: *A. Th. Khoury,* Islamische Minderheiten in der Diaspora, München/Mainz 1985; *T. Nagel,* Geschichte der islamischen Theologie, München 1994.

A. Th. Khoury

Handel

Der Handel in seinen unterschiedlichen Formen und verschiedensten Waren stellte und stellt neben der Landwirtschaft die bedeutendste wirtschaftliche Aktivität in weiten Regionen der islamischen Welt dar. Die wirtschaftliche Existenz der Heimatstadt des Propheten Muhammad, die an der Kreuzung von mehreren Fernhandelsstraßen lag, beruhte auf diesem Gewerbezweig, und er selbst hatte Handelsreisen bis nach Syrien unternommen. In Mekka wurden regelmäßig bedeutende Handelsmessen abgehalten, die für die gesamte Arabische Habinsel von Bedeutung waren. Darum ist es nicht verwunderlich, dass der Koran keine Vorurteile oder Abneigung gegen diese Form der wirtschaftliche Aktivität kennt, sondern seine Bilder und Metaphern vielfach aus dem Handelsleben entlehnt. Dies wird vor allem in den Gottesvorstellungen deutlich, wenn Allah nicht nur als Richter, sondern auch als der genaue Rechner beschrieben wird, der die guten und bösen Handlungen eines Menschen auf einer Waage gegeneinander abwägt. All das hat dazu geführt, dass der Islam als „Händlerreligion“ bezeichnet wurde.

Angesichts der besonderen Bedeutung des Handels ist es nicht verwunderlich, wenn der Koran und die Prophetentraditionen (hadith) in ihren wirtschafts-ethischen Forderungen häufig auf diese Form wirtschaftlicher Aktivität eingehen. Immer wieder wird zu Ehrlichkeit in Handelsgeschäften aufgerufen und vor zu großer Gewinnsucht gewarnt. Auch das Zinsverbot ist vor diesem Hintergrund zu sehen. Aus diesen Hinweisen der autoritativen Quellen des Islams haben sich die verschiedenen Formen von Marktordnungen (s. dort) entwickelt, die zwar die praktischen Aspekte des Marktgeschehens regeln, jedoch stets mit der Vorstellung der Durchsetzung der islamischen Vorschriften verbunden sind. Die bedeutendsten islamischen Theologen haben sich mit den verschiedensten Aspekten des Handelslebens befasst. Die von ihnen behandelten Themen reichen von der Frage des Transports von Fertigspeisen hinsichtlich des damit verbunde-

nen Problems der rituellen Reinheit bis zu der des Sklavenverkaufs und den damit verbundenen ethischen Fragen.
Diese allgemeine Haltung gegenüber dem Handel und den damit verbundenen wirtschaftlichen Techniken und Verhaltensweisen kommt auch in der Tatsache zum Ausdruck, dass sich die traditionelle Form des Handels in der islamischen Welt weitgehend gleich darstellt. Dabei handelt es sich um die so genannte „Bazar-Ökonomie", mit einer Konzentration der Handelsgeschäfte in einem bestimmten Bereich der islamischen Stadt. Die „Bazar-Ökonomie" zeichnet sich durch eine enge räumliche und personelle Verbindung zwischen Herstellung und Verkauf aus, ferner durch eine räumliche Zusammenfassung bestimmter Handelssparten und schließlich durch die Tatsache, dass die Handelslokale oder zumindest der Grund und Boden, auf dem sie errichtet waren, sich im Besitz „Frommer Stiftungen" (s. Stiftungen) befanden und befinden. Auch die Organisation der Kaufmann- und Handwerkerschaft der Bazare in Gilden, die einer religiösen Ethik folgen, hat dazu beigetragen, dass der Bazar und seine Ökonomie als ein wichtiger Aspekt der islamischen Gesellschaft angesehen werden und die Händler als Träger der islamischen Kultur bezeichnet werden können.
Händler waren jedoch auch die wichtigsten Multiplikatoren bei der Verbreitung des Islams, nachdem durch militärische Unternehmungen die Existenz des muslimischen Staates im Nahen und Mittleren Osten gesichert worden war. Von dieser befriedeten Basis aus unternahmen muslimische Händler weite Handelsreisen, die sie in alle Teile der bekannten Welt führten. Auf ihren Wegen und Handelsstationen machten sie den Islam bekannt und konnten ihm zahlreiche Anhänger gewinnen. Das war dann vor allem der Fall, wenn die muslimischen Händler Träger der überlegenen Kultur waren. Das gilt für Schwarzafrika, für Indonesien oder China.

Literatur: *M. Rodinson,* Islam und Kapitalismus, Frankfurt/M. 1971; *P. Gran,* Islamic Roots of Capitalism, Austin 1979; *C. Geertz,* Suq: the Bazaar Economy in Sefrou, in: *C. Geertz/R. Geertz/L. Rosen,* Meaning an Order in Moroccan Society. Three Essays in Cultural Analysis, Cambridge 1979, 123–313; *A. G. Ghaussy,* Das Wirtschaftsdenken im Islam, Bern 1986; *P. Heine,* Einführung in die Ethnologie des Nahen und mittleren Osten, Berlin 1989.

P. Heine

Hanif

Das Wort stammt vielleicht aus dem Syrischen und bedeutet Heide, diente jedoch mit der Zeit zur Bezeichnung derer, die von der hellenistischen Philosophie kommend sich zum Monotheismus bekannten, ohne einer bestimmten Offenbarungsreligion anzuhängen.
In Altarabien waren solche Gottsucher bekannt, man nannte sie Hanifen. Sie hatten sich vom Polytheismus losgesagt und vom Götzendienst abgewandt, um den einen, einzigen Gott zu suchen. Obwohl sie

dem Judentum und dem Christentum Achtung entgegenbrachten, fühlten sie sich nicht genötigt, zu einer dieser Religionen überzutreten. Gleich den christlichen Mönchen widmeten sich diese Hanifen in der Einsamkeit der Wüste verschiedenen religiösen Übungen.

Muhammad selbst erscheint in seinem Auftreten und in manchen Aussagen seiner Botschaft wie einer dieser Hanifen.

Der Koran gebraucht das Wort Hanif als Synonym für den Anhänger des reinen Glaubens: bezogen auf Abraham: 2,135; 16,120; auf Muhammad: 6,79; 10,105; 30,30; in der Mehrzahl: 22,31; 87,5. Das Wort wird hier von arabischen Kommentatoren vom Verb hanafa: sich hinwenden zu … abgeleitet. Abraham habe sich vom Polytheismus seiner Stammesgenossen abgewandt und sich dem reinen Glauben zugewandt. Da die Muslime sich auf Abraham berufen, werden auch sie als Hunafa' und der Islam als die Hanif-Religion (al-din al-hanif) bezeichnet.

Literatur: *J. Horovitz,* Koranische Untersuchungen, Berlin 1926, 56–59; *F. Buhl,* Das Leben Muhammeds, Heidelberg [3]1961, 68–71; Y: *Moubarac,* Abraham dans le Coran, Paris 1957, 151–161; *W. Montgomery Watt,* Hanif, in: EI[2], Bd. III, 165a–166b. *A. Th. Khoury,* Der Koran. Übersetzung und wissenschaftlicher Kommentar, Bd. II, Gütersloh 1991, 139.

A. Th. Khoury

Harem (Harim)

Harem ist die Bezeichnung für einen geheiligten und unverletzlichen Ort; im normalen Sprachgebrauch bezieht sich das Wort auf die Teile des orientalischen Hauses, die von einem Besucher nicht betreten werden dürfen. Wie kaum ein anderer Begriff ist der Harem zum Inbegriff europäischer Vorstellungen von der islamischen Welt geworden. Dazu haben Gemälde, Trivial-Romane und Opern, Illustrierten-Stories und populärwissenschaftliche Untersuchungen beigetragen. Beim Harem handelte es sich vor allem um die Räume eines orientalischen Hauses, in denen sich die Frauen der Familie aufhalten. Zu den Frauen des Hauses gehören alle Frauen der Großfamilie: Mütter, Tanten, Ehefrauen, Schwägerinnen, unverheiratete Schwestern und Töchter des Familienoberhauptes der patrilinearen Großfamilie. Zugang ist nur Vätern, Ehegatten, Söhnen, Enkeln, Schwägern und Cousins möglich. Die Institution des Harems hat häufig eine starke Beschränkung der Mobilität der Frauen zur Folge. Noch zu Beginn dieses Jahrhunderts waren Musliminnen stolz darauf, sagen zu können, das sie den Harem nur zweimal in ihrem Leben verließen: zum ersten Mal, als sie heirateten und das Elternhaus verließen, das andere Mal bei ihrem Tode. Bei einer besonders strikten Abtrennung der Frauen wie wir sie unter der Hausa-Bevölkerung in Nord-Nigeria feststellen können, vermeiden aber auch die Männer, denen der Zutritt gestattet ist, ein Betreten des Wohnbereichs der Frauen.

Die Struktur des orientalischen Hauses stellt sich in der Regel so dar, dass der gesamte Gebäudekomplex um einen oder mehrere Innenhöfe angeordnet ist. Die Zugänge zum Haus sind so geplant, dass sie nicht direkt in einen Innenhof oder einen intimeren Teil des Hauses führen. Auch zufällig können Gäste oder Lieferanten so nicht in Kontakt mit den Frauen des Hauses kommen. Eine willentliche Verletzung des Bereichs der Frauen ist eine Verletzung der Ehre der Männer des Hauses und zieht schwere Sanktionen nach sich.

Als eine typisch islamische Einrichtung kann der Harem nicht bezeichnet werden. Im vor-islamischen Arabien hatten Frauen relativ freie Bewegungsmöglichkeiten und auch im Koran oder in den Hadith-Sammlungen ist von einer Internierung bzw. Isolierung der Frauen nicht die Rede. Erst frühe Koran-Kommentatoren interpretieren Sure 33, Vers 33 des Korans entsprechend. Dort heißt es an die Musliminnen gewandt: „Haltet euch in euren Häusern auf. Und stellt nicht euren Schmuck zur Schau wie in der Zeit der früheren Unwissenheit." Wann das Harems-System in der islamischen Welt eingeführt worden ist, lässt sich kaum genau sagen. Einige Autoren gehen davon aus, dass es sich dabei um die Übernahme einer byzantinischen, bzw. iranischen Institution handelt. Zur Zeit des Abbasidenkhalifen Harun al-Rashid war der Harem in der Oberschicht seines Reiches jedoch schon fest etabliert. Zu dieser Zeit gehörten ihm eine Vielzahl von Frauen, Ehefrauen, Nebenfrauen und Sklavinnen an, unter denen eine strenge Hierarchie herrschte. Am Hofe des türkischen Sultans, über dessen Struktur wir durch Akten gut unterrichtet sind, wurde im 18. Jahrhundert ähnlich wie bei der Knabenlese (devsirme) Mädchen vor allem aus den von Christen besiedelten Teilen des Reiches zusammengesucht, die dem Harem zugeführt wurden. Hier erhielten sie eine strenge Ausbildung, in deren Verlauf sie Lesen und Schreiben, Tanzen und Musizieren, Handarbeit und gutes Benehmen lernten. Sie wurden als Dienerinnen am Hof eingesetzt. Besonders begabte und schöne Mädchen gelangten in den Dienst von Prinzessinnen, den Frauen oder der Mutter des Sultans. Aus dieser Gruppe von Mädchen wählte der Sultan dann seine Konkubinen. Wenn der Herrscher starb oder abgesetzt wurde, durfte keine von ihnen einen anderen Mann heiraten. Am osmanischen Hof schwankte die Zahl der Frauen des Harems zwischen 400 und 800. Die Mehrzahl von ihnen hatte keine sexuellen Kontakte mit dem Herrscher. Sie wurden wie seine Töchter behandelt und z. T. mit einer reichen Mitgift an Prinzen oder Würdenträger des Reiches verheiratet. Über die Haremsdame wachte eine Anzahl von älteren Aufseherinnen und Eunuchen. Da in manchen Fällen die Mütter von islamischen Herrschern starken Einfluss auf ihre Söhne gewinnen konnten, war der Harem eines der Machtzentren islamischer Staaten. Viele der Haremsbewohnerinnen bemühten sich, ihren Sohn in die Position des Herrschers zu bringen. Sie benutzten dazu alle ihnen zur Verfügung stehenden Mittel von der Intrige bis zum Giftmord.

Literatur: *A. von Kremer,* Kulturgeschichte des Orients unter den Chalifen, 2 Bde., Wien 1877; *A. Mez,* Die Renaissance des Islams, Heidelberg 1922; *R. Levy,* The Social Structure of Islam, Cambridge 1957; *C. Uluçay,* The Harem in the XVIIIth Century, in: Akten des 24. Internationalen Orientalistenkongresses, München 1959, 394–398; *E. Heller,* Hinter den Schleiern des Islam. Erotik und Sexualität in der arabischen Kultur, München 1993.

P. Heine

Hasan al-Basri ↗ *Basri*

Hashimiten

Arabische Dynastie, die ihre Genealogie auf den Urgroßvater des Propheten Muhammad, Hashim ibn ʿAbd al-Manaf, zurückführt. Eindeutig ist der Beginn der Genealogie der Hashimiten durch einen Großenkel des Prophetenenkels Hasan. Aufgrund dieser Abstammung wurden sie, wie alle anderen als Nachkommen Muhammads angesehenen Personen, als Sherifen bezeichnet. Für mehr als 1000 Jahre bis nach dem Ende des Ersten Weltkrieges kontrollierte diese Dynastie die Heilige Stadt Mekka. In dieser langen Zeit gab es zahlreiche interne Auseinandersetzungen zwischen verschiedenen um die Macht streitenden Mitgliedern der Sherifenfamilie. Ursache dafür ist die Tatsache, dass sich im Laufe der Zeit zahlreiche verschiedene Familienzweige der Hashimiten entwickelten, die in ständiger Konkurrenz zueinander standen. Die bedeutendsten Clans waren die Musawiden, die Sulaimaniden, die Hawashim und die Qataditen. Mekka, das Zentrum der hashimitischen Macht, gelangte auch immer wieder unter die mehr oder weniger direkte Kontrolle von politischen Kräften außerhalb der Hidjaz, angefangen von den ʿAbbasiden über die Fatimiden bis hin zu den Osmanen und den Khediwen. Angesichts der großen religiösen Bedeutung Mekkas für die gesamte islamische Welt war die Kontrolle dieser Stadt mit erheblichem politischem Prestige verbunden. Die Stadt und die Pilgerwege zu ihr zu sichern, wurde als wichtige Aufgabe der islamischen Herrscher angesehen. Wenn sie dieser Pflicht nicht nachkommen konnten, bedeutete das eine politische Schwächung. In der Freitagspredigt, in der des Herrschers gedacht wird, wurde von den Sherifen in Mekka in der Regel der Khalif oder Sultan genannt, was die zumindest formelle Abhängigkeit des Sherifats von den jeweiligen Oberhäuptern des Gesamtislams dokumentiert. Dennoch blieb nicht zuletzt angesichts der beträchtlichen internen Auseinandersetzungen und des starken Drucks, dem die Dynastie von außen ausgesetzt war, die für die islamische Welt bemerkenswerte politische Tatsache bestehen, dass die Sherifen über eine ungewöhnlich lange Zeit in ihrer Dynastie die Herrschaft in Mekka bewahren konnten. Dies hängt sicherlich mit der großen Verehrung zusammen, die den hashimitischen Sherifen als Nachkommen des Propheten Muhammad von Muslimen generell entgegengebracht wird.

Bis in die Gegenwart verfügen Hashimiten über politische Macht. Sie haben in der modernen Geschichte des Mittleren Ostens immer wieder eine führende Rolle gespielt. Ihr Aufstieg zu überregionaler Bedeutung beginnt mit Husain ibn ʿAli, der 1908 durch den osmanischen Sultan als Sherif zum Emir von Mekka ernannt wurde. Geschickt gelang es ihm, seinen Einfluss über den Hidjaz hinaus auszuweiten. Als ein Mann von sehr konservativer Grundhaltung bemühte er sich, zu der im osmanischen Reich dominierenden Gruppe der Jung-Türken Distanz zu wahren. Nach dem Ausbruch des Ersten Weltkrieges proklamierte er sich zum „König Arabiens" (malik al-bilad al-ʿarabiyya) und organisierte mit Hilfe seiner Söhne ʿAli, ʿAbdallah, Faisal und Zaid den „Aufstand der Araber" gegen die Osmanen. Ziel dieser Revolte war die Schaffung eines neuen, unabhängigen arabischen Staates, der weit über die Grenzen der arabischen Halbinsel hinausgehen und Palästina, Trans-Jordanien, Syrien und Iraq umfassen sollte. Für die Gründung dieses neuen Staates lagen Garantien des britischen Oberkommandierenden McMahon vor, die nach dem Sieg der Alliierten jedoch nicht eingelöst wurden. Als der bedeutendste Nachkomme Husain ibn ʿAlis stellte sich der drittälteste Sohn Faisal heraus, der 1920 die Krone Syriens annahm, dann aber im selben Jahr von französischen Truppen, die das Mandat Frankreichs über Syrien und Libanon durchsetzten, vertrieben wurde. Im Jahre 1921 wurde Faisal von Großbritannien in dem nach dem Zusammenbruch des osmanischen Reiches entstandenen Iraq als König inthronisiert. Nach der Abschaffung des Khalifats durch Mustafa Kemal Atatürk hatte Husain ibn ʿAli diesen Titel angenommen, konnte sich jedoch nicht durchsetzen und musste sich 1924 der Familie Saʿud geschlagen geben. Die Hashimiten im Iraq herrschten bis zur Revolution von 1958. Ein anderer Sohn Husains, ʿAbd Allah, war unter britischem Mandat 1920 Emir von Transjordanien geworden. Im Zusammenhang mit den ersten arabisch-israelitischen Auseinandersetzungen gelang es ihm, seinen Herrschaftsbereich zu erweitern. Das Hashimitische Königreich von Jordanien, das in der Folge häufig im Blickfeld der politischen Auseinandersetzungen des Nahost-Problems stand, entstand auf diese Weise. Dem Enkel ʿAbd Allahs, König Husain, ist es gelungen, als einer der letzten Monarchen der arabischen Welt die politische Rolle der Hashimiten fortzuführen.

Literatur: *C. Snouck Hurgronje,* Mekka, Den Haag 1888–89; *G. de Gaury,* Rulers of Mecca, London 1951; *J. Morris,* The Hashimite Kings. New York 1959; *E. Kedourie,* England in the Middle East: the Destruction of the Ottoman Empire, London 1956; *G. de Gaury,* Three Kings in Baghdad, London 1961.

P. Heine

Heiden ↗ *Polytheismus*

Heil ↗ *Erlösung*

Heilige/Heiligenverehrung

Heilige sind Menschen, die Gegenstand der besonderen Huld Gottes sind. Diese Huld bewirkt, dass sie eine tiefe Frömmigkeit, eine hervorragende Weisheit und manchmal auch Wunderkräfte besitzen. Sie gelten als Vorbild für die Muslime, und die Begegnung mit ihnen bzw. der Besuch ihres Grabmals können Quelle besonderer Gnade sein.

Obwohl der Koran einen strengen Monotheismus predigt und die Orthodoxie des Islams vor der Heiligenverehrung warnt, da sie die Gefahr des Polytheismus birgt, hat sich die Heiligenverehrung in vielen Ländern der islamischen Welt verbreitet: in der Türkei, in Ägypten, in Nordafrika usw., sowie im schiitischen Raum. Der Prophet des Islams, Muhammad, gilt als der größte Heilige und ist Gegenstand inniger Verehrung.

Die Volksfrömmigkeit liebt es, die heiligen Stätten, die dem Gedenken der Heiligen gewidmet sind, zu besuchen und dort Gebete zu verrichten, Gelübde abzulegen, Opfer darzubringen (wie Speisen, Licht und Kerzen, Sachspenden usw.) und um die verschiedensten Anliegen weltlicher wie spiritueller Art zu bitten.

Literatur: *R. Kriss/H. Kriss-Heinrich,* Volksglauben im Bereich des Islam, 2 Bde., Wiesbaden 1960/1962.

A. TH. KHOURY

Heilige Bücher

↗ *Bücher*

Heilige Stätten

Wie andere Religionen kennt auch der Islam zahlreiche Heilige Stätten, denen der Muslim besondere Verehrung entgegenbringt. Diese Stätten sind in ihrer Bedeutung ungleichgewichtig. Sie können wie diejenigen in Mekka, Medina und Jerusalem für die gesamte islamische Welt von höchstem Rang oder wie Kerbela, Nadjaf oder Qum nur für Anhänger der Schia von Bedeutung sein. Daneben finden sich auch nationale oder regionale Heiligtümer wie Mulay Idris in Marokko, Touba im Senegal oder Mazar-i Sharif in Afghanistan, die ihren speziellen Wert haben. Schließlich kennt auch die islamische Welt unzählige lokale Heiligtümer, die kaum über die Grenzen eines einzelnen Dorfes hinaus bekannt sind. In der Mehrzahl der Fälle ist Nicht-Muslimen der Zutritt zu diesen Stätten, gleichgültig ob von allgemein muslimischer oder nur lokaler Bedeutung, nicht gestattet. Häufig bezog sich dieses Verbot auch auf die gesamte Stadt, in der sich die Heiligen Stätten befanden. Dies gilt für Mekka und Medina, Kerbela und die anderen schiitischen Heiligtümer, aber auch für Mulay Idris oder das tunesische Kairouan. Eine Ausnahme bildete hier von jeher Jerusalem, wo die muslimischen Herrscher Juden und Christen gestatteten, ihre eigenen Heiligtümer innerhalb dieser Stadtregion aufzusuchen.

Mekka und Umgebung

Die bedeutendsten Heiligen Stätten des Islams liegen in und um Mekka auf der Arabischen Halbinsel. Die wichtigste ist ohne Zweifel die Kaʿba mit dem schwarzen Stein. Zu ihr hin wenden sich die Muslime in aller Welt beim Gebet. Die Toten werden so zur letzten Ruhe gebettet, dass sie mit dem Gesicht zur Kaʿba gewendet liegen. Alle Moscheen sind mit der Gebetsnische zu ihr ausgerichtet.

Die Kaʿba ist für die Muslime der Mittelpunkt der Welt. So sagt der berühmte mittelalterliche ägyptische Geograf al-Magrizi: „Die Kaʿba ist im Bezug auf die bewohnten Teile der Welt das, was der Kreismittelpunkt für den Kreis darstellt. Alle Regionen umgeben die Kaʿba, so wie der Kreis das Zentrum umgibt, und jede Region liegt einem bestimmten Teil der Kaʿba gegenüber." Auch die anderen Heiligen Stätten in Mekka, wie der Masʿa, erinnern die Muslime an bedeutsame Momente ihrer religiösen Traditionen. Der Masʿa ist jene Strecke zwischen den Hügeln al-Safa und al-Marwa, die die Pilger beim Hadjj in Erinnerung an die Suche der Hagar nach Wasser für ihren Sohn Ismael hin und zurückgehen müssen. Heilige Stätten sind vor allem auch der in der Nähe von Mekka gelegene Berg ʿArafat, auf dem die Muslime ihre absolute Unterwerfung unter den Willen Gottes dokumentieren, die Ebene von Mina, wo sie des Opfers Abrahams gedenken oder die Grabmoschee des Propheten Muhammad in Medina. Der Felsendom in Jerusalem ist die Heilige Stätte, an der die Muslime der Himmelfahrt Muhammads gedenken.

Schiitische Stätten

Neben diesen bedeutenden Orten islamischer Frömmigkeit kennt der schiitische Islam noch eine Anzahl von Zentren, an denen der Imame und Heiligen dieser islamischen Sonderform gedacht wird. Voll von besonderer Bewunderung und Anteilnahme gedenken die Schiiten im iraqischen Kerbela des Martyriums des Prophetenenkels Husain und besuchen im nahe gelegenen Nadjaf die Grabmoschee ʿAlis. Vor allem um Kerbela hat sich eine lebhafte Tradition schiitischer Volksfrömmigkeit entwickelt. Zu ihr gehört die Vorstellung, dass alle Gläubigen, die in der Nähe der Heiligen Stätten in Kerbela begraben werden, am „Jüngsten Tag" direkt in das Paradies gelangen werden. Daher ist es das Bemühen zahlreicher Schiiten, dort eine letzte Ruhe zu finden. Andere schiitische Heiligtümer im Iraq sind der Baghdader Vorort Kazimain und die alte Residenzstadt Samarra, in der der 12. Imam verschwunden ist. Die Tatsache, dass so viele Heilige Stätten im Iraq zu finden sind, hat dazu geführt, dass Schiiten aus der gesamten islamischen Welt dies Land besuchen; für viele ist es ein „heiliges" Land, in dem sie sich auf Dauer niederlassen. Obwohl der Iran die Heimstatt der Schia schlechthin ist, findet sich in dieser Region nur eine Stätte, die in ihrer Wertschätzung unter den Schiiten den Heiligtümern im Iraq etwa vergleichbar ist, die Grabmoschee des Imam Reza in Mashhad. Im Übrigen kennt die Schia noch zahlreiche andere Heilige Stätten innerhalb und außerhalb des Irans, die mit der Geschichte der Verfolgungen der „Ahl al-bait" (Familie des Propheten) verbunden sind, wie jene Stelle in der Umayyaden-Moschee zu Damaskus, an der man das in der Schlacht von Kerbela abgeschlagene Haupt Husains aufbewahrt haben soll.

Regionale und lokale Stätten

Angesichts der Tatsache, dass nicht alle Muslime die wichtigsten Zentren ihrer Religion besuchen können, entstanden an vielen Plätzen der islamischen Welt Heilige Stätten von regionaler Bedeutung. In ihnen werden Reliquien wie der Mantel des Propheten Muhammad (Istanbul) oder eines seiner Barthaare (Srinagar) verehrt. Aber auch die Grabmoschee eines Prophetengenossen oder eines Mudjahid, eines Gefallenen im Glaubenskampf (Kairouan), können diese Funktionen übernehmen. Auch die Gräber von berühmten islamischen Mystikern werden verehrt, wie das des Abd al-Qadir al-Djilani in Baghdad. Der mehrmalige Besuch einiger dieser Stellen wird mit der Pilgerfahrt nach Mekka gleichgesetzt.

In vielen Regionen der islamischen Welt finden sich darüber hinaus zahllose Heilige Stätten, deren Bedeutung über den lokalen Standort hinausgeht. Häufig sind es die Grabstätten lokaler Heiliger, die in dem entsprechenden Siedlungsgebiet zu einer feststehenden Zeit nachweisbar gelebt haben. Ihre Gräber werden von Nachkommen ihrer Familien gepflegt. Diese sorgen auch für die Aufrechterhaltung des um eine solche Person entstandenen Kultes. Bei verschiedenen Gelegenheiten werden die Gräber von Personen aufgesucht, die ein bestimmtes Anliegen haben, um die Hilfe des Heiligen zu erbitten. In Regionen, in denen Anhänger verschiedener Religionen zusammenleben, ist es häufig der Fall, dass alle Bewohner diesen Heiligen verehren. In diesen Fällen ist der Heilige für Mitglieder aller religiösen Gemeinschaften von hoher Bedeutung. Als Beispiele seien das Grab Abrahams in Hebron oder Noachs in Mosul genannt. Zahlreiche Heilige Stätten wurden schon in vor-islamischer Zeit verehrt. Diesen Kulten haben sich dann die Muslime angeschlossen, bzw. Konvertiten zum Islam haben diese Verehrung weiter fortgeführt. So wandelte sich eine Kirche, die dem wunderwirkenden Andreas von Kreta geweiht war, schon bald nach der Eroberung Konstantinopels durch die Osmanen zur angeblichen Grabstätte von Fatima und Zainab, den Töchtern des Prophetenenkels Husain. Die beiden islamischen Heiligen setzten die Wunder fort, die zuvor von dem christlichen Heiligen ausgegangen waren. Andererseits lassen sich auch Verwechslungen nachweisen. So verehren auch Christen in Istanbul das Grab des Ayyub, des Fahnenträgers des Propheten, da sie ihn mit dem Ijob des Alten Testaments gleichsetzen.

Weitere Heilige Stätten

Schließlich existieren noch zahlreiche Heilige Stätten, bei denen eine Zuordnung zu einem bestimmten Heiligen nicht gegeben ist. Häufig handelt es sich dabei um Naturheiligtümer wie Brunnen oder Teiche, herausragende Baumgruppen oder einzeln stehende Bäume, Felsen oder Berge. Zwar bringt man auch diese Naturphänomene mit Heiligen in Zusammenhang. Ihre Namen sind jedoch in Vergessenheit geraten. Bekannt sind Rituale bei Notfällen, in denen man sich an den jeweiligen anonymen Heiligen wenden kann.

Literatur: *C. Snouck Hurgronje,* Mekka, 2 Bde., Den Haag 1888–89; *H. Stern,* Recherches sur la Mosquée al-Aqsa, in: Ars Orientalis 5 (1963); *B. Donaldson,* The Wild Rue. A Study of Muhammadan Magic and Folklore in Iran, London 1938; *R. Kriss/H. Kriss-Heinrich,* Volksglaube im Bereich des Islam, 2 Bde., Wiesbaden 1960–62; *D. Eickelman,* Moroccan Islam. Tradition and Society in a Pilgramage Centre, Houston 1978; *J. Ahmad,* Ritual and Religion among Muslims of the Subcontinent, Lahore 1985.

P. Heine

Heiliger Krieg

Der Anspruch des Islams, „die beste Gemeinschaft unter den Menschen" (Koran 3,110) hervorzubringen und den Gottesstaat auf Erden zu errichten, hat zur Gestaltung einer Lebensordnung geführt, in der Gottes Autorität konkrete Institution und konkrete Entscheidungen sanktioniert und die freie Initiative und die Gestaltungsfreiheit des Menschen stark einengt.

Darüber hinaus wirkt sich der Universalanspruch des Islams auf die Beziehungen des islamischen Staates zu anderen Staaten aus. Kraft dieses Anspruchs proklamiert der Islam seine Lebensordnung als universal gültig und als im Grundsatz verbindlich für alle Gemeinschaften und Staaten. So fühlt sich der Islam dazu aufgerufen, den Herrschaftsbereich des islamischen Staates auszudehnen, die Normen der islamischen Gesellschaftsordnung zu universaler Geltung zu bringen, die Institutionen der politischen Struktur des Islams überall in der Welt zu errichten und somit eine einheitliche Gesellschaft unter islamischem Gottesrecht zu bilden, die möglichst alle Menschen umgreift.

Dieser Universalanspruch wird heute im Zuge der islamischen Wiedererweckungsbewegung ausdrücklich proklamiert. Die traditionelle Maxime lautet ja: „Der Islam herrscht, er wird nicht beherrscht." Was diese Haltung für Folgen hat in Bezug auf die Pflege des Friedens soll im Folgenden ausgeführt werden.

Es gibt heute in der islamischen Welt Rechtsgelehrte und militante Gruppen, die sich den Bestimmungen des klassischen mittelalterlichen Rechtssystems des Islams zum bewaffneten Einsatz (djihad) verpflichtet fühlen. Es gibt aber auch muslimische Gelehrte und Persönlichkeiten des öffentlichen Lebens, die die Akzente neu setzen und auf Aspekte des Islams hinweisen, die im Koran ihren Ausdruck haben, die jedoch im Laufe der Zeit unter den damaligen historischen Gegebenheiten immer mehr übersehen wurden. Und gerade diese Aspekte der islamischen Botschaft würden den Friedenswillen des Islams unterstreichen.

Die Bestimmungen des Korans in Bezug auf den so genannten „Heiligen Krieg" stammen aus der Medina-Periode der Predigt Muhammads, d.h. der Zeit zwischen 622 und 632. Muhammad nimmt gegenüber den Widersachern, die die Muslime in ihrer Feindseligkeit verfolgen, ihnen den Zugang zu den Heiligen Stätten in Mekka verwehren und sonst keine

Abmachungen mit ihnen respektieren, eine härtere Haltung ein. Nach einer Zeit, in der der Koran nur einen bedingten Defensivkrieg gegen die Feinde vorschrieb, erklärte er dann doch den totalen Krieg gegen die unerbittlichen Gegner der islamischen Gemeinde. Die Muslime, so der Koran, sollen in den Kampf ziehen und für ihr Leben (vgl. 8,30), für ihren Glauben (61,8) und für die Einheit ihrer Gemeinschaft (2,217) streiten. „Und kämpft gegen sie, bis es keine Verführung mehr gibt und bis die Religion gänzlich nur noch Gott gehört" (8,29; vgl. 2,193). Denjenigen, die durch ihre Beteiligung am Kampf ihre Glaubenstreue und ihren Gehorsam unter Beweis gestellt haben, wird der Lohn bei Gott verheißen (vgl. 4,74). Der Endzweck des Kampfes wird erst erreicht, und der Friede wird erst dann einkehren und herrschen, wenn die Ungläubigen endlich den Islam annehmen (vgl. 48,16) und wenn der Islam den Sieg davonträgt (vgl. 9,33). Bis dahin gilt der totale Krieg: „Und kämpft gegen die Polytheisten allesamt, wie sie gegen euch allesamt kämpfen …" (9,36). Auf diese Weise werden die Muslime, die ihnen von ihren Feinden angetane Gewalt zurückschlagen und die Bestrafung der Ungläubigen selbst vornehmen; so erfüllen sie ihre Pflicht, sich für die Rechte Gottes und für die Sicherung der Vorherrschaft des Islams einzusetzen. Dieser Einsatz ist von großer Bedeutung, denn er dient zugleich der Wahrung und Festigung der Einheit der islamischen Gemeinschaft und der Wahrung und Ausbreitung der islamischen Lebensordnung, so dass am Ende nur noch eine Gemeinschaft in der Welt besteht oder wenigstens der Islam allein die Oberhoheit über alle übrigen Religionen und Gemeinschaften erlangt (vgl. 9,33; 61,9; 48,28).

Auf diesen koranischen Bestimmungen und Zielsetzungen beruhen die Angaben des islamischen Rechtssystems in der klassischen Zeit zum Heiligen Krieg.

Aufteilung der Welt

Die klassische Theorie des islamischen Gesellschaftssystems im Mittelalter, z.B. bei Shafi'i, kennt die Aufteilung der Welt in zwei Gebiete: das „Gebiet des Islams" (dar al-Islam) und das Gebiet der Nicht-Muslime, das unter Berücksichtigung der Umstände der damaligen Zeit als „Gebiet des Krieges" (dar al-harb) bezeichnet wird. In Zeiten des Friedens, deren Bedingungen durch Vertrag festgelegt werden, heißt das nicht-islamische Gebiet „Gebiet des Vertrags" (dar al-ʿahd) oder auch „Gebiet des Friedensschlusses" (dar al-sulh).

Das Gebiet des Islams

Zum Gebiet des Islams gehört prinzipiell jedes Land, in dem sich die Menschen zum islamischen Glauben bekennen und das islamische Gesetz befolgen.

Wo also das islamische Gesetz aufhört, das vorherrschende Gesetz zu sein, dort befindet sich kein Gebiet des Islams, sondern ein Gebiet der Feinde, „ein Gebiet des Krieges", und die Muslime sind unter Umständen gehalten, es zu verlassen. Wenn sie jedoch feststellen, dass sie dort in Sicherheit leben und unbehelligt ihre religiösen Pflichten erfüllen können, so darf man dieses Gebiet, auch wenn dort das Gesetz der Nicht-Muslime vorherrscht, nicht mehr als islamfeindliches Land betrachten. Man darf es sogar, wenigstens theoretisch, auch als Gebiet des Islams für die dort lebenden Muslime betrachten.

Daraus folgt, dass die Unterscheidung zwischen dem Gebiet des Islams und dem Gebiet des Krieges davon abhängt, ob das islamische Gesetz in einem bestimmten Land in Kraft getreten ist und praktische Gültigkeit erlangt hat, wenigstens für die dort lebenden Muslime. Wo also das islamische Gesetz befolgt wird, wenn auch nur von wenigen Muslimen, darf dieses Land theoretisch als islamisches Gebiet bezeichnet werden. Dies gilt, meinen einige Rechtsgelehrte ausdrücklich, auch wenn der Gouverneur kein Muslim und auch wenn das islamische Gesetz nicht in der Gesamtheit seiner Bestimmungen und Vorschriften beobachtet wird. Solange der Richter ein Muslim ist oder solange ein Nicht-Muslim mit dem Einverständnis der Muslime zum Richter bestellt wird und solange die Muslime die Möglichkeit haben, das Gebet zu verrichten und das islamische Gesetz zu befolgen, bleibt das betreffende Land für seine muslimischen Bewohner ein Gebiet des Islams.

Das Gebiet der Feinde

Das Gebiet, in dem der Islam nicht vorherrschend ist oder in dem die Muslime keine Heimatrecht besitzen und keine Möglichkeit haben, ihren Glauben zu bezeugen und ihr Gesetz zu befolgen, ist das Gebiet des Feindes, das „Gebiet des Krieges". Die islamische Gemeinschaft hat die Pflicht, sich zu bemühen, das islamische Gebiet gegen die Angriffe der Feinde zu schützen und zu verteidigen. Über den passiven Widerstand und die Verteidigungspflicht hinaus muss der Islam zum Angriff übergehen, um dem Gesetz des Islams zum Sieg zu verhelfen und die Ungläubigen wie die Andersgläubigen der Herrschaft des Islams zu unterwerfen.

Welche Bestimmungen diesen Kampf regeln und welche Folgen ein solcher Einsatz (djihad) der Gemeinschaft nach sich zieht, ist Gegenstand der folgenden Ausführungen.

Die Pflicht zum Heiligen Krieg

Zur Wahrung der Rechte Gottes und der Interessen der islamischen Gemeinschaft im Heiligen Krieg stehen die gläubigen Muslime mit „ihrem Vermögen und mit ihrer eigenen Person" (Koran 61,11; 9,41) in der Pflicht. Der Heilige Krieg ist jedoch im Normalfall die Pflicht der Gemeinschaft als solcher, nicht der einzelnen Gläubigen, es sei denn, der islamische Staat wird plötzlich und unerwartet angegriffen, so dass jeder Muslim dann aufgerufen wird, den Glauben, die Rechte Gottes und die islamische Gemeinschaft zu verteidigen.

Der Pflicht zum Heiligen Krieg wird Genüge getan, wenn an einem Ort des islamischen Gebietes, irgendwo in der Welt, der Einsatz für die Sache des Glaubens und für die Ausbreitung des islamischen Machtbereiches erfolgt. Die übrigen Gemeinschaften und Staaten des Islams werden dadurch von der Pflicht zu ähnlichem Einsatz befreit. So braucht die islamische Gemeinschaft nicht dafür zu sorgen, dass eine Art ständige Generalmobilmachung verfügt wird und alle erwachsenen Männer zu aktiven Kämpfern des Heiligen Krieges werden. Solange der kriegerische Einsatz nur als Pflicht der Gemeinschaft, und nicht der einzelnen Gläubigen, betrachtet wird, bleibt die Kriegserklärung und die Kriegführung in der Zuständigkeit der islamischen Obrigkeit und unter der Kontrolle der Regierung, was sich gegen die Willkür und den Fanatismus einzelner Personen oder Gruppen positiv auswirken kann.

Der Heilige Krieg ist Pflicht der Gemeinschaft, aber eine ständige Pflicht. Die islamische Gemeinschaft muss sich ständig für die Sache des Islams gegen die Nicht-Muslime einsetzen, um den universalen Anspruch des Islams als Religion und als sozialpolitischer Machtträger durchzusetzen. Der Heilige Krieg ist also ein ständiger Einsatz, er hört erst auf, wenn alle Menschen den Glauben an Gott angenommen oder gar sich zum Islam bekannt haben. Das Endziel ist erreicht, wenn alle Gebiete der Nicht-Muslime zu Gebieten des Islams geworden sind und wenn der Unglaube endgültig ausgerottet worden ist. Politisch gesehen ist das Endziel erst erreicht, wenn die Nicht-Muslime entweder den Islam annehmen und nur noch ein islamisch regiertes Gebiet besteht oder sich dem Islam unterwerfen, den Status tolerierter Gemeinschaften (dhimmis) erhalten, sich dem Schutz des Islams unterstellen und dafür Tribut zahlen. Damit ist gesagt, dass der Heilige Krieg ein Dauerzustand ist, und zwar ein solcher, der sich entweder durch militärische Aktionen oder wenigstens durch politische Vorstöße oder auf irgendeine andere Weise äußern muss. Auch wenn sich der Islam nicht ständig im aktiven Kampf gegen die Nicht-Muslime befindet, so bereitet er sich doch wenigstens auf die nächste Auseinandersetzung, auf den nächsten Kampf gegen die Nicht-Muslime vor, und dies, um Angriffe zurückzuschlagen oder auch um selbst die Initiative des offensiven Kampfes zu übernehmen.

Die in den vorausgehenden Ausführungen wiedergegebene Theorie des Heiligen Krieges im Islam behielt ihre Gültigkeit, solange die islamische Gemeinschaft mit ihrem Einsatz Siege erzielte. Es gab jedoch in der Geschichte des Islams Zeiten und Umstände, die eine Uminterpretation des Gesetzes bezüglich des bewaffneten Einsatzes unumgänglich machten. Wenn der Feind übermächtig war, schien eine Unterbrechung des Krieges sinnvoll und auch gerechtfertigt. So verfestigte sich mit der Zeit die Überzeugung, dass auch der Feind notwendig ist und manche Vorteile mit sich bringt. Der normale Zustand der Beziehungen der verschiedenen Staaten zueinander wurde eher der Friede als die bewaffnete Auseinandersetzung. Der offene Einsatz für den Islam wurde dann durch

eine zwar theoretisch weiterhin bestehende, aber im praktischen Alltag ruhende Pflicht ersetzt.
Unter dem Einfluss der Theologen und der geistlichen Lehrer wurden auch von den Rechtsgelehrten andere Formen des Einsatzes für Gott und den Islam anerkannt. Der Heilige Krieg wurde sogar zum „kleinen Einsatz" erklärt. Der „große Einsatz" ist geistlicher Natur und besteht im Einsatz des Herzens, in der täglichen Bemühung um einen aufrichtigeren Glauben und einen wirksameren Gehorsam gegenüber Gott und seinem Gesetz. Auch der Einsatz mit der Zunge und der Einsatz mit der Hand werden hervorgehoben, d.h. die Bemühung um die Unterstützung des Guten und die Unterbindung des Bösen. Sozialer Dienst und Wohltätigkeit innerhalb der Gemeinschaft und Missionstätigkeit in nicht-islamischen Ländern seien heute, so die Meinung moderner Autoren, die geeigneteren Formen des vom Koran geforderten Einsatzes für die Sache des Islams.

Die Feinde des Islams

Zu den Feinden des Islams, gegen die der Heilige Krieg geführt werden muss, zählen im islamischen Gebiet die Abtrünnigen, die vom islamischen Glauben abgefallen sind und gegenüber der Gemeinschaft der Muslime auf Distanz gehen, sowie die Aufständischen, Häretiker und Separatisten.
Außerhalb seiner Grenzen hat der islamische Staat gegen Ungläubige, Polytheisten und Andersgläubige zu kämpfen.

Die Führung des Heiligen Krieges

Aufruf zum Islam und Kriegserklärung

Das islamische Gesetz bestimmt, dass die bewaffnete Auseinandersetzung mit den Feinden des Islams im Allgemeinen nicht ohne vorherige Kriegserklärung erfolgen darf. Bevor diese Kriegserklärung ausgesprochen wird, muss zunächst einmal ein Aufruf an die Ungläubigen ergehen, sich zum Islam zu bekennen, bzw. eine Aufforderung an die „Leute der Schrift" (u.a. Juden und Christen), sich der Herrschaft der islamischen Gemeinschaft zu unterwerfen und den dann fällig werdenden Tribut zu entrichten.
Die Notwendigkeit dieses dem Kampf vorausgehenden Aufrufs gründet auf folgender Aussage des Korans: „Und Wir peinigen nicht, ehe Wir einen Gesandten haben erstehen lassen" (17,15).
Auch Muhammad hat sich dieser Bestimmung entsprechend verhalten. Er habe unter anderem, nach den Angaben der islamischen Tradition, an alle Herrscher und Regierenden in seiner Umwelt Botschaften gesandt, um sie zur Annahme des islamischen Glaubens zu bewegen. Nach diesem Vorbild haben die Khalifen und die Oberhäupter der islamischen Gemeinschaften immer wieder solche Schreiben an die christlichen Kaiser von Byzanz oder an die Gouverneure der verschiedenen Provinzen und Länder geschickt.
Der im Gesetz geforderte Aufruf zum Glauben an den Islam kann auch durch eine offizielle Delegation überbracht werden. Nach der hanbaliti-

schen Rechtsschule genügt es, wenn dieser Aufruf nur einmal ergeht. Er braucht nicht wiederholt zu werden. Da der Koran die „Leute der Schrift“ bereits zur Annahme des Islams eingeladen hat, braucht man ihnen gegenüber diesen Aufruf nicht mehr zu wiederholen. Er besteht weiterhin und gilt ein für allemal. Nur die Heiden, die noch nie etwas vom Islam gehört und keine offizielle Aufforderung zum Glauben je erhalten haben, müssen vor der Aufnahme kriegerischer Auseinandersetzung benachrichtigt und gewarnt werden.

Nach der gesetzlichen Aufforderung zur Annahme des islamischen Glaubens muss den Feinden eine Frist eingeräumt werden, damit sie ihre Reaktion zum Ausdruck bringen und ihre Antwort formulieren und übergeben können. Diese Frist ermöglicht zudem, Friedensverhandlungen zu führen.

Wenn Aufruf und Verhandlungen nicht zum gewünschten Ergebnis führen, dann kann die Kriegserklärung erfolgen. Berechtigt zu dieser offiziellen Kriegserklärung ist nur der Imam der islamischen Gemeinschaft. Er hat auch den Kampf als sofortige Pflicht der islamischen Gemeinschaft auszurufen. Die Kriegserklärung ist der rechtliche Akt, der den legalen Zustand aktueller feindschaftlicher Beziehungen zwischen dem islamischen Gebiet und dem Gebiet der Feinde begründet.

Kriegführung und Behandlung der Feinde

Die Kriegführung muss sich an Zweck und Ziel des Einsatzes orientieren, denn es handelt sich bei dem Heiligen Kampf nicht einfach um die Zerschlagung oder gar um die Vernichtung der Feinde und um die Annektierung von Ländern, sondern um die Verbreitung des islamischen Glaubens, um die Beseitigung der Hindernisse auf dem Weg der Menschen zum Gehorsam gegenüber Gott und somit um die Errichtung der Herrschaft Gottes und die Sicherung der Vorrangstellung seiner Gemeinschaft unter den Völkern.

Bei der Behandlung der Kämpfer unter den Feinden gelten die Strafen, die in der damaligen Zeit üblich waren. So ist den Kriegern des Islams grundsätzlich erlaubt, die Feinde zu töten, es sei denn, sie bemächtigen sich ihrer durch Verrat, denn, so berichtet die Tradition, Muhammad habe sich gegen Verrat ausgesprochen. Die Kämpfer des Heiligen Krieges müssen vor allem an die Ermahnung des Korans denken, die als allgemeiner Grundsatz gelten kann: Sie sollen „nicht maßlos im Töten sein“ (17,33).

Die Spione, die unter Ausnutzung der Sicherheitsgarantie und Gastfreiheit (aman) in das Gebiet des Islams eindringen und dort entlarvt werden, werden zum Tode verurteilt und hingerichtet. Wenn es sich um einen Mann handelt, so kann der Imam befehlen, ihn zu kreuzigen (vgl. Koran 5,33). Eine Frau, die im Dienste der Feinde Spionage betreibt, darf getötet, aber nicht gekreuzigt werden. Ein Kind wird als Kriegsbeute genommen, darf also nicht getötet werden.

Wenn der Spion ein Muslim ist, so hat er für den Verrat an der Gemeinschaft zu büßen, er darf jedoch nicht hingerichtet werden. Er darf aber verbannt, geschlagen, ins Gefängnis geworfen werden. Diese Bestimmung gilt entsprechend für die „Leute der Schrift" im islamischen Gebiet.

Was die Behandlung der Personen betrifft, die sich an den Kampfhandlungen nicht beteiligen, so sind sich die Rechtsgelehrten darüber einig, dass sie nicht behelligt werden dürfen. Das ist im Allgemeinen der Fall bei Frauen, Kindern, Mönchen, Einsiedlern sowie bei alten, blinden und geisteskranken Menschen. Wenn aber alte Menschen und Mönche am Kampf teilnehmen oder ihren Landsleuten im Krieg helfen, so setzen sie sich der Vergeltung durch die muslimischen Kämpfer aus.

Einige Rechtsgelehrte von der shafiʿitischen und von der hanafitischen Schule treten dafür ein, die Bauern und die Kaufleute, die sich am Kampf nicht beteiligt haben, straflos ausgehen zu lassen.

Während des Kampfes dürfen die muslimischen Soldaten keine Grausamkeiten begehen. So dürfen sie z. B. tote Feinde nicht zusätzlich verstümmeln und abgehauene Köpfe der Feinde nicht auf ihre Lanzen spießen. Auch braucht der Muslim keinen besonderen Eifer zu zeigen, indem er z. B. seinen eigenen Vater, der Heide geblieben ist, tötet, auch dann nicht, wenn der Vater im Kampf die Feinde unterstützt hat.

Das unnötige Zerstören und Vernichten von Besitz und Eigentum der Feinde und der Fremden ist auch zu vermeiden. Der Khalif Abu Bakr (632–634), der erste Nachfolger Muhammads, hat seinen Truppen Anweisungen in diesem Sinne gegeben, als sie an der syrischen Grenze eingesetzt wurden. Ebenso verfuhren seine Nachfolger.

Die Begründer der Rechtsschulen vertreten eine härtere Linie. Malik verbietet nur das Töten des Viehs und die Zerstörung der Bienenstöcke. Abu Hanifa will, dass die muslimischen Kämpfer alles zerstören, was sie nicht unter ihre Kontrolle bringen können, und zwar auch die Häuser, die Kirchen, die Bäume, die Herden und die Haustiere. Shafiʿi meint, dass die Tiere nur dann getötet werden, wenn man zu der Überzeugung gelangt, dass sie zur Unterstützung der Feinde eingesetzt wurden.

Entsprechend dem Verhalten Muhammads nach dem Sieg der Muslime über die Mekkaner im Tal von Badr (624) sollen die gefallenen Feinde begraben werden. Die Benutzung von Särgen ist dabei nicht geboten.

Einstellung der Kampfhandlungen

Die Einstellung der Kampfhandlungen bedeutet nur einen vorläufigen Waffenstillstand. Diese Zeit muss dazu benutzt werden, wieder Kraft zu schöpfen und sich auf den erneuten aktiven Einsatz vorzubereiten. So dürfen die Kämpfer nicht nach eigener Entscheidung die Truppe verlassen und den Dienst quittieren oder gar desertieren (vgl. Koran 8,15–16). Auch die Tradition verurteilt die Haltung der Resignation und die Neigung zum Desertieren.

Der Heilige Krieg selbst wird erst endgültig beendet, wenn das Ziel des Einsatzes erreicht worden ist, d. h., wenn der Islam den totalen Sieg über seine Feinde errungen hat. Dies erfolgt entweder durch die Bekehrung der Ungläubigen und der Nicht-Muslime allgemein oder durch die Eroberung des Landes der Feinde, wobei das Land und die Bevölkerung in verschiedenem Maße zur Kriegsbeute geschlagen werden, oder durch Unterwerfung der Feinde und den Abschluss eines entsprechenden Vertrages. Eine befristete Beendigung der Kampfhandlungen wird durch die Gewährung des Friedens aufgrund einer Sicherheits- und Gastfreiheitsgarantie (aman) ermöglicht.

Die muslimischen Rechtsgelehrten berücksichtigen nicht den Fall eines verlorenen „Heiligen Krieges". Die wenigen, die diesen Fall behandeln, sprechen von einer höheren Gewalt oder einer Katastrophe. In diesem Fall darf das Oberhaupt der islamischen Gemeinschaft einen befristeten Friedensvertrag mit den Feinden abschließen. Die allgemein zugestandene Frist dauert höchstens zehn Jahre: Das ist die Dauer des Hudaybiya-Abkommens, das Muhammad und die Mekkaner miteinander im Jahr 628 schlossen. Nach Ablauf dieser Frist müssen die Muslime den Kampf wieder aufnehmen, wenn es die Umstände zulassen. Sonst darf ein neuer Friedensvertrag ausgehandelt werden.

Um ausgebrochenen Bürgerkriegen begegnen zu können, haben sich die Umayyaden Muʿawiya I. und ʿAbd al-Malik sogar bereit gefunden, mit den Byzantinern Friedensverträge abzuschließen, nach deren Bestimmungen sie sich selbst verpflichteten, den Byzantinern Tribut zu zahlen. So verschafften sie sich nach außen hin Ruhe und hatten freie Hand, ihre Feinde im Innern niederzukämpfen.

Diese Handlungsweise wurde sogar vom Rechtsgelehrten Auzaʿi gerechtfertigt und für zulässig erklärt.

Die Kriegsgefangenen

Entsprechend den Sitten der damaligen Zeit hatten die Kriegsgefangenen eine harte, ja grausame Behandlung zu erwarten. Das war nicht anders im Falle der Feinde des Islams, die gefangengenommen wurden, obgleich von Muhammad und seinen Gefährten berichtet wird, dass sie sich für eine milde Behandlung der Gefangenen ausgesprochen haben.

Die Bestimmungen des Gesetzes sehen bei der Behandlung der Kriegsgefangenen fünf Möglichkeiten vor:

– Der Imam befiehlt die sofortige Hinrichtung einiger oder aller Gefangenen. Dieser Befehl darf aber, so die Meinung des Hanafiten Abu Yusuf und Shafiʿis, nicht ohne einen besonderen Grund, z. B. die Unterstützung der Interessen der Gemeinschaft und die Schwächung der Feinde, erteilt werden. Auzaʿi empfiehlt zudem, den Gefangenen vor ihrer Hinrichtung Gelegenheit zu geben, sich zum Islam zu bekehren und so dem Tod zu entkommen.

– Man gibt die Gefangenen gegen Lösegeld frei. Die Freilassung der Gefangenen gegen ein Lösegeld lehnte der Khalif Abu Bakr ab. Überhaupt gegen eine Freilassung von Kriegsgefangenen spricht sich Malik aus.

– Auch kann man die Gefangenen ohne Lösegeld freilassen, wenn sie sich verpflichten, nie wieder gegen die Muslime zu kämpfen. Aufgrund eines solchen Versprechens, das sie den Mekkanern gegeben hatten, haben einige Muslime von Muhammad selbst die Befreiung von der Pflicht zum Kampf erhalten.

– Der Imam tauscht die gefangenen Feinde gegen muslimische Gefangene aus. Um die Freilassung der Muslime bemühte man sich mit besonderem Eifer. Der Khalif Umar betonte die ernste Pflicht der Gemeinschaft, das Mögliche zu tun, um muslimische Gefangene freizubekommen, und zwar gegen Lösegeld oder durch Rückgabe eines Teiles der Kriegsbeute. Auch unter den ʿAbbasiden fand diese Regelung eine breite Anwendung. Der Austausch von Gefangenen wurde sogar zu einem festen Bestandteil der Aushandlung von Friedensverträgen.

– Die letzte Möglichkeit der Behandlung von Kriegsgefangenen bestand in früheren Zeiten darin, sie einfach zu Sklaven zu machen.

Heute erheben Denker der islamischen Welt ihre Stimme, um die Pflicht des Islams zum Frieden zu betonen (siehe Beitrag: Frieden).

Literatur: *Majid Khadduri.* War and Peace in the Law of Islam, Baltimore ²1979; *A. Th. Khoury,* Toleranz im Islam. Altenberge ²1986; *ders.* Was ist los in der islamischen Welt? Freiburg 1991; *ders.* Was sagt der Koran zum Heiligen Krieg? Gütersloh 1991; *ders.,* Krieg und Gewalt im Islam, in: *A. Th. Khoury u. a. (Hrsg.),* Krieg und Gewalt in den Weltreligionen. Fakten und Hintergründe, Freiburg 2003, 45–65.

A. Th. Khoury

Hidjra

Bezeichnung für die Übersiedlung des Propheten Muhammad von seiner Vaterstadt Mekka nach Medina im September des Jahres 622. Ursprünglich bezeichnet „Hidjra" den beiderseitigen Abbruch aller Beziehungen zwischen einer Einzelperson und einer Gesellschaftsgruppe. Dabei kann es sich um eine Verwandtschaftsgruppe (Großfamilie, Clan, Stamm) handeln, aber auch um die Beziehung zwischen einem Klienten und der ihn protegierenden Gruppe oder Einzelperson. Bei dem Abbruch der Beziehungen handelt es sich insofern um einen schwerwiegenden Vorgang, als ein Einzelner durch ihn des Schutzes seiner Verwandtschafts- oder Patronatsgruppe verlustig geht. Er ist damit den Angriffen seiner Gegner ungeschützt ausgesetzt, die keine Rücksicht mehr auf eventuelle Folgen aus den Regeln der Blutrache nehmen müssen. In der segmentären arabischen Gesellschaft ist er damit vogelfrei.

Für die Biographie des Propheten Muhammad bedeutet die Hidjra einen tiefen Einschnitt. Die Spannungen mit seinen mekkanischen Landsleuten hatten sich zuvor in einem Maße verstärkt, dass er für sich und seine Anhänger Schlimmes befürchten musste. In der Tat fand auch ein Stammesrat statt, in dem beschlossen wurde, dass junge Männer aus allen Clans der Quraysh Muhammad töten sollten. Diesem gelang es jedoch, die Stadt rechtzeitig zu verlassen. In Medina, mit dessen Bewohnern zuvor entsprechende Abmachungen getroffen waren, entwickelte sich Muhammad vom Prediger und Mahner, also von einer rein religiösen Funktion, zum Staatsmann und Feldherrn unter Beibehaltung seiner religiösen Autorität. Der zentrale Satz des islamischen Staatsrechts, dass der Islam Religion und Staat sei, war nur in dieser politischen Konstellation möglich. Nur unter dem Eindruck der Notwendigkeit, die Probleme des täglichen Lebens zu lösen, wurde die Offenbarung des Korans auch zu einem praktikablen Gesetzbuch und einer Richtschnur für alle Aspekte muslimischen Verhaltens. Nur durch die Hidjra wurde aus einem kleinen Konventikel Angehöriger marginaler Gruppen einer Handelsstadt eine Weltreligion.

Daher ist es nur konsequent, dass die Muslime ihre Zeitrechnung mit der Hidjra beginnen lassen. Dabei wählen sie jedoch nicht den Tag der Hidjra als Jahresanfang des islamischen Jahres, sondern beginnen das Jahr mit dem ersten Tag des Mondjahres, in dem die Hidjra stattfand. Das ist der 16. Juli des Jahres 622. Da der islamische Kalender nach Mondjahren berechnet wird, verschiebt sich der Jahresanfang in jedem Jahr um ca. elf Tage, so dass die großen muslimischen Feste in einem Zyklus durch das Sonnenjahr wandern.

Literatur: *F. Buhl,* Das Leben Muhammeds, Leipzig 1930, Heidelberg [3]1961; *M. Watt,* Muhammad at Mekka, Oxford 1953; *ders.,* Muhammad at Medina, Oxford 1956; *F. Krenkow,* The Topography of the Hijrah, in: Islamic Culture 3 (1929), 357–364; *B. Spuler,* Con amore, oder: Einige Bemerkungen zur islamischen Zeitrechnung, in: Der Islam 38 (1962), 154–160; *ders.,* Der Geburtstag, in: Der Islam 39 (1964), 3–7.

P. Heine

Himmel ↗ *Paradies*

Himmelsreise Muhammads

Die islamische Tradition unterstreicht, dass Gott seinen Gesandten unter vielen anderen Gnadenerweisen auch durch eine Nachtreise von Mekka nach Jerusalem und anschließend durch eine Himmelsreise ausgezeichnet und in besonderer Weise seine prophetische Sendung bestätigt hat.

Zur Nachtreise sagt der Koran: „Preis sei dem, der seinen Diener bei Nacht von der heiligen Moschee zur fernen Moschee, die Wir ringsum gesegnet haben, reisen ließ, damit Wir ihm etwas von unserem Zeichen zeigen. Er ist der, der alles hört und sieht" (17,1).

Die Zeichen Gottes habe dann der Prophet während der Himmelsreise erfahren dürfen. Nach den muslimischen Autoren hat der Koran einige Inhalte dieses Erlebnisses andeutungsweise geschildert:

„Und er sah ihn (Gabriel) ein anderes Mal herabkommen, beim Zizyphusbaum am Ende des Weges, bei dem der Garten der Heimstätte ist. Als den Zizyphusbaum bedeckte, was (ihn) bedeckte, da wich der Blick nicht ab, und er überschritt das Maß nicht. Wahrlich, er sah etwas von den größten Zeichen seines Herrn" (53,13–18).

Die islamische Tradition verstand es, diese Himmelsreise deutlicher und ausführlicher zu beschreiben. Sie soll in der Nacht des 27. Tages des Mondmonats Radjab stattgefunden haben. Über die Frage, ob sie eine körperliche Entrückung oder ein Traumgesicht oder gar ein Doppelerlebnis (d.h. einmal im Traum und dann noch einmal im Wachzustand) war, streiten sich die muslimischen Autoren. Sie alle betrachten jedoch dieses Erlebnis Muhammads als eine besondere Auszeichnung vonseiten Gottes. Während der Himmelsreise habe Muhammad die besondere Nähe Gottes erlebt. Seine geistigen Fähigkeiten hätten durch die Erhebung in die höheren Bereiche der göttlichen Wirkung eine besondere Weihe erfahren, so dass der Prophet von nun an zwar gegen die Schwierigkeiten des prophetischen Schicksals nicht gefeit, jedoch für die Erfüllung seiner Aufgabe in besonderer Weise ausgerüstet war.

Was der Prophet da erlebte, hat er selbst erzählt, wie es Ibn Ishaq überliefert:

Im unteren Himmel sieht er, wie Adam die guten von den bösen Seelen scheidet. Dann sieht er die Qualen der Verdammten. Dann wird er „von Gabriel durch die sieben Himmel geführt und mit ihren Bewohnern bekannt gemacht. Ganz zuletzt geleitet ihn der Engel zu Gott selber. Der Herr trägt ihm fünfzig tägliche Pflichtgebete auf. ‚Da ich zurückkehre', erzählt Muhammad, ‚traf ich Moses, den Sohn des Imran. Er fragte mich: Wie viel Gebete wurden dir befohlen? Ich antwortete: Jeden Tag fünfzig! Moses sagte: Das Gebet ist eine schwierige Sache, und dein Volk ist schwach! Geh daher zu deinem Herrn zurück und bitte ihn, es dir und deinem Volk zu erleichtern. Ich tat es und bat ihn um Erleichterung. Da ließ mir der Herr zehn Gebete nach. Ich kehrte um und traf wieder mit Moses zusammen. Er bewog mich abermals, um Erleichterung zu bitten. Und wieder ging ich zu meinem Herrn, und er ließ mir wieder zehn Gebete nach, und so wiederholte ich meinen Bittgang zu meinem Herrn so oft, bis schließlich nur fünf Pflichtgebete übrig blieben. Moses wollte mich dahin bringen, noch einmal um Erleichterung zu bitten, ich aber sagte: Nachdem ich meinen Herrn schon so oft um Nachlass angegangen bin, schäme ich mich jetzt, es noch einmal zu tun, und so blieb es bei den fünf.'"

Für die Muslime heute bietet die Erinnerung an die Himmelsreise Muhammads einen Anlass, sich auf ihre eigene religiöse, soziale und auch politische Rolle in der Gesellschaft und in der Weltgemeinschaft zu besinnen. Zu welchen Aussagen eine solche Besinnung führen kann, kann man an einer Meditation über das Fest der Himmelsreise des Propheten von Sa'ad al-Din Farrukh erkennen. Der Autor ruft dazu auf, sich nicht nur in Politik und Verwaltung, sondern auch in Wirtschaft, Kultur und Industrie und auf militärischem Gebiet unabhängig zu machen. Die Muslime sollen sich für die Sache des Islams einsetzen. Es sei unbegreiflich, dass angesichts des israelisch-palästinensischen Konflikts und der schrankenlosen Gier des Kolonialismus die Muslime weiterhin Wohlstand, unsittliche Gewohnheiten, Besuche fremder „Missionsschulen" bejahen und selbst pflegen. „Um uns von diesen Übeln zu befreien, feiern wir diese glorreichen Erinnerungen und die frommen Männer, die sie erlebt haben, damit sie unsere Hände, unsere Herzen und unsere Gefühle stärken und uns zum geraden Weg führen, zum ehrwürdigen Koran, zum Sieg. Ohne Zweifel wird uns, die Rückkehr zu Gott zum verheißenen Sieg führen" (Saʿd al-Din Farrukh, Min wahy Ramadan [frei übersetzt: Im Geist Ramadans], Beirut 1974, 36–37).

Literatur: *T. Andrae,* Die Person Muhammads in Lehre und Glauben seiner Gemeinde, Stockholm 1918, 39–46, 68–85; *H. Stieglecker,* Die Glaubenslehren des Islam, Paderborn ²1983, 364–366.

A. Th. Khoury

Hölle

Die Hölle gilt als Ort der Verdammten. Gnadenlos sind sie dort qualvoller Pein ausgeliefert. Ausschlaggebend für das Höllenschicksal sind nach dem Koran der Unglaube der Menschen (vgl. 20,127; 52,11–14; 40,69–70 u.ö.) und ihre bösen Taten (99,8; 104,1–9 u.ö.). In zahlreichen bildhaften Ausmalungen beschreiben Koran und Tradition eindringlich und ausführlich, welche Qualen die zur Hölle verdammten Menschen zu erleiden und auszuhalten haben: loderndes Feuer, dessen „Brennstoff" die Verdammten sind (3,10; 85,5, 104,4–9; 72,15; 2,24), dessen Hitze nichts verschont (74,28) und die nie nachlässt (17,97); Speisen und Getränke „wie geschmolzenes Erz", „wie das heiße Wasser" (44,45 ff., vgl. 37,64–66; 88,5; 38,58 u.ö.); Kleidungsstücke, siedend heiß aus flüssigem Kupfer und aus Teer (vgl. 22,19–20); Marterwerkzeuge wie Fesseln, Ketten und Eisenstöcke (40,71–72; 22,21 u.ö.). Auch eisige Kälte wird als Peinigungsmittel genannt.

Was die Dauer der Höllenqualen betrifft, so betont der Koran wiederholt, dass sie kein Ende nehmen werden (33,64–65; 43,74; 41,28; 58,17; 2,39.257; 3,116; 9,68; 11,106–107). Allerdings müssen nicht alle, die den Qualen der Hölle ausgesetzt sind, für immer dort verbleiben. Anders als die Ungläubigen unter ihnen, deren Höllenschicksal unabänderlich ist, haben die Sünder unter den Gläubigen (d.h. den Muslimen) nach Verbüßung ihrer gerechten Strafe die Chance, in das Paradies einzugehen, m.a.W.: Jeder Muslim wird einmal von der Höllenqual befreit werden (s. auch Aʿraf, Paradies, Jüngstes Gericht).

Literatur: *s. Eschatologie.*

L. Hagemann

Husain

Enkel des Propheten Muhammad, geb. 626; Husain war noch ein Kind, als Muhammad starb. Dennoch gibt es zahlreiche Traditionen, die die besondere Zuneigung des Propheten zu seinen beiden Enkeln Hasan und Husain zum Ausdruck bringen. Einer von ihnen lautet: „Wer sie liebt, liebt mich, und wer sie hasst, hasst mich." Als Rechtfertigung des Anspruchs auf die Führung der muslimischen Gemeinde wird von den Schiiten folgende Tradition interpretiert: „Hasan und Husain sind die Sayyids der

Jugend des Paradieses." Nach anderen Überlieferungen hat Muhammad mit seinen Enkeln gespielt und sie auf seinen Knien gewiegt.

Erst nach dem Tode seines Vaters ʿAli ibn Abi Talib tritt Husain als politisch handelnde Person der islamischen Frühgeschichte auf. Zunächst arrangierte er sich mit dem Gründer der Umayyaden-Dynastie Muʿawiya, doch lehnte er eine Loyalitätserklärung für dessen Sohn Yazid im Jahre 680 ab. Um sich möglichem umayyadischen Druck zu entziehen, begab er sich nach Mekka. Hier erreichten ihn, wie sich später herausstellte, unzutreffende Nachrichten aus dem iraqischen Kufa, aus denen er schließen musste, dass sich dessen Einwohner für ihn erklärt hätten. Die Erhebungen seiner Anhänger waren aber von umayyadischen Truppen bei Eintreffen dieser Nachricht schon niedergeschlagen worden. Als Husain, der sich daraufhin mit wenigen Anhängern und Angehörigen nach Kufa aufgemacht hatte, dem Iraq näherte, erfuhr er von der für ihn ungünstigen Situation. Trotz zahlreicher Warnungen setzte er seinen Marsch fort. Nicht weit von Kufa, bei einem Ort namens Kerbela, schlug er das Lager auf. Hier kam es dann am 10. Muharram 680 zu einer militärischen Konfrontation mit umayyadischen Truppen, in deren Verlauf Husain und all seine männlichen Anhänger außer seinem Sohn Zain al-ʿAbidin getötet wurden. Nach dem Kampf wurde sein Kopf abgeschlagen und nach Damaskus zu Yazid gebracht, der über den Tod des Prophetenenkels offenbar bestürzt war. Auch die weibliche Begleitung Husains war nach Damaskus gebracht worden. Yazid behandelte sie ehrenvoll und ließ sie nach Medina zurückkehren. Nach der Legende erlitten alle Gegner Husains, die an der militärischen Auseinandersetzung beteiligt waren, als Strafe ein grausames Ende.

Die Schlacht von Kerbela und der Tod des Enkels des Propheten ist für Sunniten ein Grund der Trauer. Für Schiiten jedoch ist das Opfer Husains Ausgangspunkt zahlreicher frommer Legenden einer Theologie, in der das Motiv des Opfertodes an sich und in der historischen Entwicklung die Erlöserfigur eine wichtige Rolle spielt. Er wird in umfangreichen Ritualen verkörpert. Über seinem Grab wurde eine Grabmoschee errichtet, die durch ihre Pracht und ihren Reichtum die Kritik vieler strenger Sunniten hervorruft, für die Schiiten in aller Welt aber eines der größten Heiligtümer ihrer Religion ist. Der Todestag Husains am zehnten Muharram, ʿAshuraʾ (s. dort), ist für alle Muslime ein Trauertag. In der schiitischen Welt wird in unterschiedlicher Form der Ereignisse von Kerbela gedacht. Dazu gehören spektakuläre Geißlerprozessionen, vor allem aber szenische Darstellungen der Schlacht von Kerbela. Diese Passionsspiele dokumentieren eine der wenigen dramatischen Kunstformen, die sich in der islamischen Welt entwickelt haben.

Das Bild Husains in der islamischen Welt kann insgesamt als positiv bezeichnet werden. Als naher Verwandter Muhammads gebührt Husain ohnehin die Verehrung der ganzen islamischen Welt. Besonders hervorgehoben wird in der Überlieferung auch seine Frömmigkeit, Großzügigkeit und Beredsamkeit. Unzählige Traditionen bestätigen dies. Daneben schreibt man ihm zahlreiche übernatürliche Fähigkeiten zu. Er konnte Krankheiten heilen, Stumme zum Sprechen bringen, er wusste Dinge, die in ferner Vergangenheit oder an anderen Orten geschahen. Er konnte die Zukunft sehen und wusste verborgene Dinge. Diese Begabung offenbarte ihm auch sein eigenes Schicksal, dem er nicht auszuweichen suchte.

Für alle schiitischen Gruppierungen ist Husain einer der Imame. Er kann als Vermittler zwischen Gott und seinem Gläubigen, der sich an ihn wendet, auftreten. Er ist Führer auf dem Weg zu Gott. Ohne ihn kann, nach schiitischer Auffassung, niemand den Willen Gottes in richtiger Weise erfüllen. Eine Interpretationstradition, die emotional neutraler argumentiert, vermeidet ein Urteil zur Auseinandersetzung zwischen Husain und Yazid, zeigt sich jedoch beeindruckt von der Tatsache, dass Husain sich für seine Überzeugung geopfert hat. Die schiitische Position ist demgegenüber sehr deutlich. Husain wusste von vornherein, was ihm bevorstand. Obwohl ihm Gott die Wahl zwischen dem Opfertod und dem Sieg in der Schlacht ließ, entschloss er sich zum Martyrium, um die Religion seines Großvaters Muhammad neu zu beleben und um sie vor der Zerstörung durch das, was durch das Verhalten von Yazid geschehen war, zu bewahren, kurz, um die Muslime zu erlösen. Daneben war es nach dieser Auffassung auch sein Ziel, der muslimischen Gemeinschaft zu zeigen, dass man sich gegen eine ungerechte und gottlose Herrschaft erheben müsse. Er wollte so ein Beispiel für alle Muslime geben. Diese älteren Vorstellungen wurden in neuerer Zeit durch das Erlösermotiv ergänzt. Danach starb Husain, um die Menschheit durch sein Blut von ihren Sünden zu erlösen.

Literatur: *J. Wellhausen,* Die religiös-politischen Oppositonsparteien im alten Islam, Berlin 1901; *M. D. Donaldson,* The Shiʿite Religion, a History of Islam in Persia and Irak, London 1933; *H. Müller,* Studien zum persischen Passionsspiel, Freiburg 1966; *M. Ayoub,* Redemptive Suffering in Islam: A Study of the Devotional Aspects of Ashuraʾ in the Middle Ages, Harvard 1975; *W. Ende,* The Flagelations of Muharram and the Shiʿite Ulamaʾ, in: Der Islam 55 (1978), 19–36; *W Madelung,* The Succession to Muhammad. A Study of the early Caliphate, Cambridge 1997.

P. Heine

I

Ibaditen

Die Ibadiyya ist einer der Hauptzweige der Kharidjiyya, jener Gruppierung innerhalb der Anhänger ʿAlis, die sich nach der Schlacht von Siffin im Jahre 657 von diesem trennten. Im Gegensatz zu anderen Zweigen zeichnet sich die Ibadiyya durch eine gemäßigte Haltung in vielen religiösen und politischen Fragen aus. Sie ist wahrscheinlich in der Mitte des 7. Jahrhunderts in Basra im Iraq entstanden. Der Name leitet sich ab von einem der frühesten Führer dieser Gruppe. ʿAbdallah ibn Ibad al-Murri. An der Spitze der Gemeinschaft der Ibadiyya stand der Imam, der von einem Rat führender Mitglieder der Gemeinschaft gewählt wurde. Er herrschte absolut und war zugleich religiöser und politischer Führer und Richter. Der Koran war bei seinen Entscheidungen richtungsweisend, hinzu kam das Beispiel des Propheten und das Vorbild früherer Imame. Wenn er seinen Pflichten nicht nachkam, konnte er durch das Gremium, das ihn gewählt hatte, auch wieder abgelöst werden.

Als sich die Ibaditen in verschiedenen, weit voneinander entfernten Regionen der islamischen Welt ansiedelten, gab es gleichzeitig mehrere Imame. Es hat jedoch immer das Bemühen um ein einheitliches Imamat bestanden. Für zwei Jahrhunderte, von 777 bis 909 wurden die Herrscher des algerischen Tahert, die Dynastie der Rustamiden, allgemein als Imame der gesamten Ibadiyya angesehen. Die politischen Aspekte der Ibadiyya sind in der Lehre der vier Wege zusammengefasst. Danach können vier Wege von der Gemeinschaft beschritten werden: Der sichtbare Weg (zuhur), der Weg der Verteidigung (difaʿ), der Weg des Opfers (shiraʾ) und der Weg der Geheimhaltung (kitman). Der Weg des Kitman wird als eine lediglich temporäre Phase angesehen. Wenn der Imam die Gemeinschaft für stark genug hält, verfügt er den Zuhur. Wenn die Gemeinschaft angegriffen wird, muss ein spezieller Imam der Verteidigung gewählt werden. Der Weg der Verteidigung kann zum Weg des Opfers werden, wenn sich einige Gläubige dazu entschließen, mit der Waffe für die Verteidigung der Gemeinschaft einzutreten. Falls die öffentliche Existenz der Ibadiyya weiterhin gefährdet erscheint, müssen die übrigen wieder Kitman üben, bis sich die Situation gebessert hat.

Die Doktrin der Ibadiyya weist zahlreiche Parallelen zu der der Muʿtazila auf. Nach der Lehre der Ibaditen ist der Koran erschaffen. Es reicht nicht aus, wenn die Gläubigen das Heilige Buch nur auswendig lernen. Es gilt, seine Botschaft zu verstehen. In seiner ganzen Lebensführung muss sich die Lehre des Heiligen Buches widerspiegeln. Religiöse Praxis und Gesinnung müssen übereinstimmen. Die Ibaditen legen Wert auf die Verpflichtung der Gläubigen, Gutes zu tun und sich dem Bösen zu widersetzen; d.h., es obliegt dem Gläubigen, sich für oder gegen Gott zu entscheiden. Fatalistische Vorstellungen werden abgelehnt. Von großer Bedeutung ist Gelehrsamkeit. Nach ibaditischer Auffassung kann religiöses Wissen nur durch diese Gelehrsamkeit erlangt werden.

Die Ibaditen sind zur gegenseitigen Hilfeleistung (walaya) verpflichtet. Man unterschiedet eine „Walaya", die sich auf die Gemeinschaft bezieht, und eine persönliche „Walaya". Die Gemeinschaft besteht jedoch nur aus denen, die den Vorstellungen der Ibaditen anhängen. Die „Walaya" ist nicht gegenüber anderen Muslimen oder Nichtmuslimen zu leisten. Diese gegenseitige Hilfeleistung hat direkte Folgen für den sozialen Zusammenhalt der Ibaditen in vielen Aspekten gehabt. Dieser Zusammenhalt führte auch zu einer engen Kooperation im wirtschaftlichen Bereich. Ibaditen in Algerien und Tunesien gelten als besonders erfolgreiche Händler. Nach ibaditischer Vorstellung können schwere Sünden zum Ausschluss (bara'a) aus der Gemeinschaft führen. Ein solcher Ausschluss darf jedoch nicht erfolgen, solange noch Unklarheit über den entsprechenden Tatbestand herrscht, der diese heftige Reaktion auslöst. Zu den schweren Vergehen zählen die Ibaditen, wenn man sich durch seinen Reichtum von andern Gläubigen unterscheidet und diesen zur Schau stellt. Gegen dieses und ähnliches Fehlverhalten haben die Ibaditen eine ganze Reihe gesellschaftlicher Regeln aufgestellt, und vor allem in der religiösen Erziehung wird auf egalitäres Denken und Handeln großer Wert gelegt.

Ibaditen gab es in vielen Teilen der islamischen Welt. Starke Gruppen haben sich vor allem in Oman gehalten, wo eine ibaditische Dynastie bis heute die Geschicke des Landes bestimmt, an der ostafrikanischen Küste, wo die Herrscher von Oman lange Zeit politischen Einfluss hatten, auf der tunesischen Insel Djerba und im Mzab in Algerien.

Literatur: *G. Bagder,* History of the Imams and Sayyids of Oman by Salil-ibn-Razik, London 1871; *R. Strohtmann,* Berber und Ibaditen, in: Der Islam 17 (1928), 258–279; *T. Lewicki,* The Ibadites in Arabia and Africa, in: Journal for World History 13 (1971), 51–132; *C. Pavard,* Lumières du M'Zab, Paris o.J.; *S. Faath,* Die Banu Mizab. Eine religiöse Minderheit zwischen Isolation und Integration, Scheesel 1985; *S. Trimingham,* Islam in East Africa, Oxford 1964; *F. Constantin,* Charisma and the Crisis of Power in East Africa, in: *D. Croise O'Brian and C. Coulon (Ed.)* Charisma and Brotherhood in African Islam, Oxford 1988, 67–90; *D. Eickelman,* From Theocracy to Monarchy: Authority and Legitimacy in Inner Oman, 1935–1957, in: International Journal of Middle East Studies 17 (1985), 3–24.

P. Heine

Iblis ↗ *Teufel*

Ibn ʿArabi

Muhyi l-Din, Ibn ʿArabi (1165–1240) zählt zu den bekanntesten Mystikern des Islams. Er wurde in Murcia/Spanien geboren, achtjährig kam er nach Sevilla, wo er 30 Jahre verbrachte. Nach einem Besuch in Tunis brach er 1202 zu seiner langen Reise in den Osten auf. Nach einigen Jahren, die er zwischen Mekka und Baghdad verbrachte, besuchte er mehrere Städte des islamischen Reiches, bevor er sich endgültig in Damaskus niederließ, wo er dann 1240 starb. Unter seinen sehr zahlreichen Werken seien die wichtigsten erwähnt: Al-Futuhat almakkiyya (Die mekkanischen Erleuchtungen): eine Gesamtdarstellung der mystischen Erkenntnis; fusus alhikam (Die Ringsteine der Weisheiten; zitiert als Die Weisheit der Propheten): systematische Darlegung der Lehre des Autors über den Kosmos und die Propheten; Turdjuman al-ashwaq (Der Dolmetscher der Sehnsüchte): eine Sammlung von Liebesliedern.

Nach der Lehre Ibn ʿArabis sind die Geschöpfe Erscheinungsformen der Eigenschaften des Schöpfers, der „vollkommene Mensch“, d.h. der Mensch, der ja „nach dem Bild Gottes erschaffen ist“ und der nun seine Einheit mit Gott verwirklicht hat, bildet die Erscheinungsformen aller Eigenschaften Gottes. Archetypen dieser Eigenschaften stellen die verschiedenen Propheten dar, welche je einen Aspekt des göttlichen Wesens vertreten. Alle diese Aspekte befinden sich in der „muhammadanischen Wahrheit“ zusammengefasst, deren vollkommenste Erscheinungsform wohl der Prophet Muhammad selbst ist und deren weitere Manifestationen in den Heiligen zu finden sind.

Die Einigung des Menschen mit Gott erfolgt dadurch, dass die göttliche Natur so zum Inhalt der menschlichen wird, dass der Mensch, nun zum Gefäß der göttlichen Gegenwart geworden, in Gott untertaucht. So offenbart sich Gott als das wahre Ich des Menschen, ohne dass Gott und Mensch sich vermischen; und so vermag der Mensch im unendlichen Raum der göttlichen Wirklichkeit sein wahres Selbst sowie alle Dinge in ihrem Urgrund zu erkennen. Die göttliche Wirklichkeit wird von keinem Schleier mehr für den Blick des vollkommenen Menschen verhüllt. Das Ergebnis ist die Schau Gottes, aber nicht so, dass nun der geschöpfliche Mensch in der Lage wäre, Gott zu schauen, es ist eben Gott, der sich selbst in den Erscheinungsformen seiner Eigenschaften schaut, die sich im mystischen Menschen offenbaren. In seiner Transzendenz und seinem unendlichen Wesen ist und bleibt Gott das unerreichbare Geheimnis, das nicht Gegenstand irgendeines geschöpflichen Erkennens sein kann. Er lässt sich nur nach dem Maß der Bereitschaft des Herzens, das die Offenbarung empfängt, erfassen; d.h., der Mensch kann nur das erfassen, was vom göttlichen Wesen sich in ihm nach seiner Empfänglichkeit offenbart, er kann nur seine eigene Form im Spiegel der göttlichen Wesenheit schauen: „Gott ist der Spiegel, in dem du dich selber schaust, so wie du Sein Spiegel bist, in dem Er Seine Namen schaut: nun sind aber diese

nichts anderes als Er Selbst, so dass die Wirklichkeit vertauscht wird und zweideutig erscheint“ (Ibn ʿArabi).
Wenn alle Geschöpfe Erscheinungsformen der göttlichen Wirklichkeit sind, dann können die Menschen, die sich an ein Göttliches wenden, nur den einen Gott anbeten, so dass eigentlich alle Religionen als gleichwertig erscheinen. In diesem Sinn äußert er sich in seinem Gedicht: „Mein Herz ist jeder Form fähig geworden (er nennt die christlichen Mönche, die Götzendiener, die Muslime und die Juden) ... Ich folge der Religion der Liebe ... Das ist meine Religion und mein Glaube.“
Neben dieser mystischen Lehre hat Ibn ʿArabi auch eine mystische Koran-Exegese entwickelt und zu rechtfertigen gesucht. Die mystische Koran-Auslegung konzentriert sich auf den so genannten inwendigen Sinn der offenbarten Verse. Da jedoch dieser Sinn nur einigen Geistern zugänglich ist, weist die mystische Exegese im Allgemeinen einen esoterischen Charakter auf, d.h., sie ist nur für eine Minderheit von Eingeweihten bestimmt und auch nachvollziehbar.
Da die Lehre Ibn ʿArabis sich vor allem auf die Erkenntnis konzentriert, neuplatonische Einflüsse aufweist und Parallelen zur hinduistischen Lehre von der „Nicht-Zweiheit“ (Advaita) enthält, spricht man vom gnostischen Charakter seines Systems. Einige werfen ihm vor, pantheistisch gewesen zu sein, während andere seine Lehre als durchaus mit dem Monotheismus vereinbar betrachten.

Literatur: *T. Burckhardt,* Vom Sufitum, München 1953; *H. H. Schaeder,* Die Lehre vom vollkommenen Menschen, in: Zeitschrift der Deutschen Morgenländischen Gesellschaft 79, N.F. 4, 197–288; *A. Ates,* Ibn al-Arabi, in: EI^2, Bd. III, Leiden/London 1971, 707b–711b.

A. TH. KHOURY

Ibn Hanbal ↗ *Hanbaliten*

Ibn Hazm

Abu Muhammad ʿAli ibn Ahmad Ibn Hazm, geboren 994 in Cordoba, ist einer der bedeutendsten Denker der islamischen Kulturgeschichte. Er war Dichter, Historiker, Jurist, Theologe und Philosoph. Ibn Hazm stammte aus wohlhabendem und politisch einflussreichem Haus. Sein Vater, Ahmad, hatte hohe politische Positionen am Umayyadenhof von Cordoba inne. Allerdings verlor er diese im Verlauf von Palastintrigen und internen Auseinandersetzungen. Dies hat Ibn Hazm seinerseits allerdings nicht davon abgehalten, ebenfalls eine politische Tätigkeit anzustreben. Dabei zeigte er große Loyalität gegenüber den Umayyaden. Nach manchen Wechselfällen dieses Lebens zog er sich in das Dorf Manta Lisham zurück, wo er 1064 starb.
In vielen seiner zahlreichen Werke zeigt sich Ibn Hazm als ein gründlicher Kenner der geistigen und kulturellen Strömungen seiner Zeit. Als Moralist erscheint er vor allem in seinem Werk: Das Halsband der Taube (tuq al-hamama), das auch viele autobiographische Einzelheiten enthält. Es handelt sich dabei um eine Untersuchung über die Liebe und die Lie-

benden. Der Autor nutzt dieses Thema, um deutlich zu machen, dass der Mensch in vielen Fällen eine Maske trägt und man nie sicher sein kann, ob das, was er sagt, auch der Wahrheit entspricht. Der Mensch sollte sich daher ganz auf die unbezweifelbare Wahrheit konzentrieren, wie sie sich im Koran findet. Es geht ihm dabei stets um den offenbarten (zahir) Text des Heiligen Buches. Jeder Versuch, eine verborgene Bedeutung (batin) im Koran zu entdecken, ist unsinnig. Das Problem der Wahrheit lässt ihn auch über die Sprache als Vehikel der Lüge wie der Wahrheit nachdenken. Aus diesem Ansatz entwickelt er eine Sprachtheorie. Von da ist es kein weiter Schritt zu Überlegungen im Bereich der Logik. In seinen Gedanken zu diesem Thema wird deutlich, dass ihm die aristotelische Logik bekannt ist.

Als Jurist ist Ibn Hazm der bedeutendste Vertreter der Rechtsschule (madhab) der „Zahiriyya". Mit großer Schärfe wendet er sich dabei gegen andere Rechtsschulen, vor allem die Malikiyya, die zu seinen Lebzeiten in Andalusien eine besonderes starke Stellung hatte. Nach seinen Vorstellungen gibt es fünf Prinzipien, auf denen das islamische Recht beruht: Das Gebotene und das Verbotene, das Empfohlene und das Abzulehnende und schließlich das Erlaubte. Wenn man eine Handlung beurteilen will, muss man anhand der Quellen des islamischen Rechts in ihrer offensichtlichen (zahir) Form nachweisen, dass dort eine entsprechende Feststellung getroffen wurde. Falls sich eine solche Stelle nicht finden lässt, muss die Handlung als erlaubt angesehen werden. Die zahlreichen juristischen Entwicklungen, die nach dem Tode Muhammads vor sich gingen, lehnt Ibn Hazm ab. Das Problem, dass kultureller Wandel seinen Niederschlag in der Rechtssprechung finden muss, lässt er außer Acht. Er tut dies, weil für ihn das Recht kein politischer oder sozialer Tatbestand ist, sondern eine religiöse Realität, die dem Menschen die Möglichkeit gibt, den Willen Gottes zu erfüllen.

Ein weiteres Thema des Werkes von Ibn Hazm ist die Beschäftigung mit der Geschichte religiöser Ideen. Dabei setzt er sich nicht nur mit den unterschiedlichen islamischen Positionen auseinander, sondern auch mit denen der Christen und Juden. Er stellt die jeweiligen Positionen objektiv dar und fügt erst dann seine kritischen Anmerkungen hinzu. Wir erhalten durch diese Methode einen guten Überblick über die religiöse Situation seiner Zeit. Im Zentrum des theologischen Denkens von Ibn Hazm stehen die Einheit Gottes (tauhid) und das Prophetentum Muhammads. Nach seiner Vorstellung sind das Paradies und das Höllenfeuer ewig bestehende Orte. Muslime können in die Hölle gelangen, wenn ihre Sünden gegenüber den guten Taten überwiegen. Sie bleiben dort jedoch nicht für immer, weil andere für sie Fürsprache einlegen können. Auch mit dem Problem des freien Willens hat Ibn Hazm sich auseinander gesetzt, wobei er kritisch auf die Positionen der Muʿtazila und al-Ashʿaris eingeht. Nach seiner Ansicht schafft Gott alle Handlungen der Menschen, gute wie böse. Er ist auch der Schöpfer der menschlichen Willensfreiheit. Der Mensch ist mit seiner Handlungsfreiheit von Gott geschaffen. Der Mensch ist frei, bleibt aber zugleich in der Hand Gottes.

Literatur: *M. Asin Palacios,* Abenházam de Cordoba y su historia critica de las ideas religiosas, Madrid 1927–1932; *W. Weisweiler (Übers.):* Das Halsband der Taube, Leiden 1941; *R. Amaldez,* Grammaire et Théologie chez Ibn Hazm de Cordoue, Paris 1956.

P. Heine

Ibn Khaldun

Der nordafrikanische Historiker, Soziologe und Geschichtsphilosoph wurde 1332 in Tunis geboren. Seine Familie stammte ursprünglich aus dem Hadramaut. Sie wanderte in das muslimische Andalusien aus und spielte dort eine bedeutende politische Rolle. Die Familie floh unmittelbar vor der Reconquista nach Ceuta und gelangte dann nach Tunis. Hier übernahm der Vater Ibn Khalduns wichtige politische Positionen. Nach einer traditionellen Ausbildung in Tunis und Fez nahm Ibn Khaldun schon als junger Mann an verschiedenen islamischen Höfen Andalusiens und Nordafrikas politische Aufgaben wahr und wurde auf diplomatischen Missionen eingesetzt, die er teilweise mit großem Erfolg abschloss. Da das politische Geschäft ihm außerordentlich gefährlich erschien, suchte er sich davon fernzuhalten. Nach einigen Versuchen gelang ihm dies, und er zog sich auf eine Burg in der Nähe von Oran zurück. Zwischen 1375 und 1379 begann er dort mit der Niederschrift der Muqaddima, dem Vorwort, der von ihm geplanten Weltgeschichte. Vorbereitungen für dieses Werk brachten ihn wieder nach Tunis, wo er Dokumente und Quellen für seine historischen Arbeiten suchte. Zugleich begann er eine höchst erfolgreiche Lehrtätigkeit. Im Jahr 1382 kam er nach Kairo, wo er mehrfach zum obersten Quadi der malikitischen Rechtsschule gemacht wurde und andere Verwaltungsfunktionen bekleidete. Mit dem Mamlukensultan al-Nasir reiste er 1400 nach Damaskus, das von Timur belagert wurde. Hier war wieder sein diplomatisches Geschick gefragt, und er verhandelte mit dem Mongolenführer. Von diesen Gesprächen hat er einen ausführlichen Bericht verfasst. Zurück in Kairo wurde er noch mehrmals zum Quadi ernannt und starb dort im Jahre 1406.

Obwohl die Vorrede (Muqaddima) zu seiner Weltgeschichte nur ein kleiner Teil dieses enzyklopädischen Werks ist, das z. B. für unsere Kenntnis der islamischen Reiche in Schwarzafrika von unschätzbarer Bedeutung ist, muss sie doch als die eigentliche Hauptleistung dieses Denkers angesehen werden. Er entwickelt in der „Muqaddima" nicht nur eine neue Methode der Geschichtsschreibung, vielleicht eine neue Geschichtswissenschaft, sondern auch eine neue Geschichtstheorie, die sich von den bis dahin üblichen radikal unterscheidet. Er stellt soziologische Fragen erstmals in den Vordergrund seiner Überlegungen.

Ibn Khaldun selbst glaubte, dass er mit seiner Theorie ein Modell für gesellschaftliche und historische Entwicklungen in der gesamten Welt entwickeln könne. Seine Daten beruhten jedoch ausschließlich auf den historischen Erfahrungen, die er in Nordafrika gemacht hatte.

Für die islamische Welt vor Ibn Khaldun war die Geschichte der Menschheit eine lineare Entwicklung von der Erschaffung der Welt bis zum Jüngsten Gericht. Ibn Khaldun setzt dieser Vorstellung die von zyklischen Bewegungen der Geschichte entgegen. Wichtigstes Moment in der historischen Entwicklung ist nach seiner Feststellung die „ʿAsabiyya", was man mit „esprit de corps", „Solidarität" oder „Gemeinschaftsgeist" wiedergeben kann. Dieser „ʿAsabiyya" steht die „Zivilisation" gegenüber. Ibn Khaldun unterschiedet zwischen städtischen und stammesorientierten Gesellschaften. Typische Stammesgesellschaften waren für ihn vor allem die der Beduinen, aber auch andere ethnische Gruppen wie z.B. die der Berber oder Kurden. Die „ʿAsabiyya" ist nach seiner Vorstellung in Stammesgesellschaften stärker als in städtischen Gesellschaften. Sie äußert sich in unterschiedlichsten Formen. Beispielsweise ist das Bewusstsein der Abstammung von einem gemeinsamen Vorfahren in Stammesgesellschaften stärker entwickelt, als in Städten. In diesen Gesellschaften stünden die Menschen nicht nur im sozialen Miteinander, sondern auch im wirtschaftlichen Handeln stärker für einander ein. In Stammesgesellschaften sei Arbeitsteilung nur wenig entwickelt, während die Bewohner der Städte sich durch eine hohe berufliche Spezialisierung auszeichneten. Die Zivilisation, die sich in den Städten entwickelt hat, führt seiner Meinung nach dazu, dass das Gemeinschaftsgefühl schwächer werde. Da die Städte für die Angehörigen tribaler Gesellschaften aus vielen, vor allem ökonomischen Gründen als Standort von Interesse sind, bemühen diese sich, sie mit kriegerischen Mitteln zu erobern. Das gelingt ihnen, weil ihr Gemeinschaftsgefühl stark ist und sie durch ihr traditionelles Leben kampferprobt sind. nach der Eroberung übernehmen sie die Kontrolle der Stadt, werden jedoch mehr und mehr von deren Zivilisation beeinflusst, so dass ihr Gefühl für Solidarität mehr und mehr verloren geht. So unterliegen sie einer neuen Gruppierung, deren „ʿAsabiyya" noch stärker ist. Dieser geschichtliche Zyklus setzt sich ständig fort.

Das Bemerkenswerte an den Gedankengängen des nordafrikanischen Historikers des 14. Jahrhunderts ist die Tatsache, dass er jede Form theologischer Überlegungen bei seiner Theorie außer Acht lässt. Er legt ein völlig säkulares Gedankengebäude vor. Dieser theoretische Denkansatz hat dazu geführt, dass sich mit dem Bekanntwerden der „Muqaddima" im Europa des 19. Jahrhunderts zahlreiche Denker von Vico über Marx und Durkheim bis hin zu R. Thurnwald mit seinem Werk auseinander gesetzt haben. Von dem Interesse wesentlicher Gelehrter beeindruckt, begannen wiederum Orientalen sich mit Ibn Khaldun zu befassen. Er ist heute der in der arabischen Welt am häufigsten behandelte mittelalterliche Autor.

Literatur: *F. Rosenthal,* The Mukaddimah Bd. 1–3 (Engl. Übersetzung), New York 1958; *M. Mahdi,* Ibn Khaldun's Philosophy of History, London 1957; *H. Simon,* Ibn Khalduns Wissenschaft von der menschlichen Kultur, Leipzig 1959; *E. Gellner,* Muslim Society, Cambridge 1981; *ders.,* Ibn Khaldun to Karl Marx, in: Political Quarterly 32 (1961), 385–392; *R. Walzer,* Aspects of Islamic Political Thought, in: Oriens 15 (1963) 40–60; *A. Al-Azmeh,* Ibn Khaldun in Modern Scholarship. A Study in Orientalism, London 1981.

P. Heine

Ibn Rushd ↗ *Averroes*

Ibn Sina ↗ *Avicenna*

Ibn Taimiyya

Zu den bedeutendsten Vorbildern und Vorläufern eines islamischen Fundamentalismus gehört der 1236 in Harran/Syrien geborene und 1328 in Damaskus gestorbene Gelehrte Ibn Taymiyya. Er erhielt eine gründliche traditionelle Ausbildung im Bereich der hanbalitischen Rechtsschule und arbeitete sich daneben in die Lehren der anderen Rechtsschulen, der islamischen Mystik und Philosophie ein und erwarb gute Kenntnisse in der häresiographischen Literatur. Er war ein begabter religiös-politischer Agitator, der von den politischen Kräften seiner Zeit zur Aktivierung der Massen gegen die drohende mongolische Gefahr eingesetzt wurde, durch seine kompromisslose Haltung gegenüber religiösen Minderheiten und von ihm als häretisch eingestuften Gruppen, aber auch zu beträchtlicher politischer Unruhe in Syrien beitrug und dafür mehrfach eingekerkert wurde.

In seinen Schriften versuchte er die drei islamischen Strömungen seiner Zeit, die von dogmatischen Theologen, Traditionalisten und Mystikern vertreten wurden, zu harmonisieren. Im dogmatischen Bereich legte er vor allem Wert auf die Form, in der der Koran Allah beschreibt. Jede Form von „Taʿtil" (die Negierung von Attributen Gottes) oder „Tashbih" (Vergleich Gottes mit seinen Geschöpfen) lehnte er als Form des Polytheismus ab. Ähnlich verhielt er sich zu den anderen beiden Strömungen. Immer dann, wenn er hier den Eindruck hatte, dass die Einheit Gottes in Frage gestellt wurde, machte er seine Kritik deutlich. Im Bereich des täglichen Lebens und des politischen Handelns sah er die Altvorderen des Islams (salaf), vor allem die vier „rechtgeleiteten Khalifen", Abu Bakr, ʿUmar, ʿUthman und ʿAli, als die wichtigsten Vorbilder an. Sie besitzen für ihn mehr Autorität als die Gründer der Rechtsschulen oder andere bedeutende Theologen. Obwohl er der Meinung war, dass die Einheit von Staat und Religion (din wa daula) für den Muslim unabdingbar sei, forderte er doch keinen einheitlichen islamischen Staat mit einer entsprechenden zentralen Führung, da der Muslim seiner Meinung nach nur Gott und dem Propheten Muhammad folgen dürfe. Die islamische

Gemeinschaft kann nach seiner Ansicht aus einer Gemeinschaft von zahlreichen Staaten bestehen. In seiner Staatslehre stellte er fest, dass jeder Führer (imam) Vertreter, Patron, aber auch Partner seiner Untertanen sei. Er müsse dafür sorgen, dass sie die Regeln und Pflichten des Islams verstehen, akzeptieren und befolgen, wobei die jeweiligen sozialen, wirtschaftlichen und kulturellen Verhältnisse in Betracht gezogen werden müssen. Jedes Mitglied der islamischen Gemeinde habe das Recht und die Pflicht, seine Glaubensbrüder in allen Bereichen, in denen er über Kompetenz verfügt, zu beraten und „das Gute zu fördern und das Schlechte zu verhindern“ (amr bil-maʿruf wa nahy ʿan al-munkar). Er hat dabei jedoch darauf zu achten, dass die Einheit und Einmütigkeit der Gemeinde gewahrt bleibt. Diese Haltung überrascht angesichts der Praktiken, die Ibn Taimiyya selbst zur Durchsetzung seiner Ideen anwendete.

Auch seine wirtschaftlichen Vorstellungen betonen die Notwendigkeit zur Solidarität unter den Muslimen. Er befürwortete das Privateigentum, stellt aber zugleich fest, dass die Reichen den Armen helfen sollen, und befürwortet, an die Stelle von wirtschaftlicher Konkurrenz die Prinzipien von Kooperation und gegenseitiger Hilfe zu setzen.

Die Realitätsbezogenheit der Überlegungen Ibn Taimiyyas sind wohl die Ursache dafür, dass sie von modernen Muslimen bereitwillig angenommen wurden; denn auch seine Zeit war eine Epoche des Umbruchs, in der die islamische Welt der Gefahr einer Invasion durch die fremde Macht der Mongolen ausgesetzt war. Seine Vorstellungen dienten der Stärkung der islamischen Gesellschaft. Der Gefahr einer zivilisatorischen Invasion sehen sich auch manche gegenwärtige Muslime ausgesetzt. Sie erfahren in den Lehren Ibn Taimiyyas eine Möglichkeit, dieser Herausforderung erfolgreich zu widerstehen.

Seine Gedanken bilden heute die Struktur vieler Entwürfe für eine islamische Gesellschaft, wie man sie bei mehr oder weniger radikalen fundamentalistischen Muslimen finden kann. Daher kann man Ibn Taimiyya als den einflussreichsten muslimischen Denker des Mittelalters bezeichnen.

Literatur: *H. Laoust,* Essai sur les doctrines sociales et politiques d'Ibn Taimiyya, Kairo 1939; *ders.,* Contribution à une étude de la méthodologie canonique d'Ibn Taymiyya, Kairo 1939; *ders.,* Les schismes dans l'Islam, Paris 1965.

P. Heine

Idjmaʿ ↗ *Übereinstimmung, Rechtssystem*

Idjtihad ↗ *Rechtssystem*

Imam

Vorbeter

Imam ist zunächst einmal der Vorbeter beim islamischen Gemeinschaftsgebet. Seine Funktion ist es lediglich, dafür zu sorgen, dass die Gemeinde der Betenden die verschiedenen Teile des Gebets möglichst gemeinsam durchführt. Er zeichnet sich weder durch eine bestimmte Kleidung noch durch ein anderes Zeichen aus. In kleinen Gemeinden wird er aus der Gruppe der Betenden heraus formlos gewählt. Die Wahl wird als Ehre angesehen. Für seine Aufgabe benötigt der Imam keine besondere Ausbildung. Er muss lediglich in der Lage sein, das Gebet korrekt durchzuführen. Dazu muss er ausreichend Arabisch sprechen. Auch ein Sprachfehler hindert an der Erfüllung dieser Aufgabe, desgleichen körperliche Gebrechen. In der Regel wird das Amt des Vorbeters von Männern ausgefüllt. Frauen nehmen dieses Amt wahr, wenn nur Frauen die Gemeinde der Beter bilden. An großen Moscheen wird das Amt des Vorbeters heute von einem oder mehreren Männern ausgeübt, die eine theologische und juristische Ausbildung genossen haben. Ihre Aufgabe ist es nicht nur, das Gebet zu leiten. Sie haben darüber hinaus noch eine Vielzahl weitere Aufgaben im religiösen und rechtlichen Bereich, für deren Erfüllung sie auch bezahlt werden.

Leiter der Gemeinschaft
Neben der Bezeichnung „Imam" für einen Funktionärsträger im rituellen Bereich bezeichnet dieser Begriff auch den Leiter der Gemeinde aller Muslime. Da im Islam das religiöse und staatliche System eine Einheit bilden, ist der politische Leiter des muslimischen Staates zugleich auch deren religiöser Führer. „Imam" war daher lange Zeit gleichbedeutend mit „Khalif" (s. Gemeinde). Nach sunnitischer Auffassung waren nur die ersten vier Khalifen wahre Imame, die ihre Aufgaben in der Leitung der Gemeinde vollkommen erfüllten. Danach veränderte sich die Führung des islamischen Staates immer mehr hin zu einer weltlichen Herrschaft. Dass es auch ungerechte und tyrannische Imame gegeben habe, ist für sunnitische Staatstheoretiker keine Frage. Dennoch obliegt es der Gemeinde der Gläubigen, dafür zu sorgen, dass ein Imam im Amt ist. Es darf stets nur einen Leiter der „Umma" (s. Gemeinschaft) geben. Der Imam musste aus dem Stamm des Propheten Muhammad, dem der Quraysh, stammen. Er sollte das islamische Recht in dem Maß kennen, das notwendig ist, um Recht zu sprechen. Verlangt wurde von ihm auch eine ausreichende körperliche und geistige Fähigkeit, um den religiösen, politischen und militärischen Aufgaben seines Amtes gerecht werden zu können. Falls der Amtsinhaber diese verlor, konnte er abgelöst werden. Abfall vom Islam oder andere schwere Verfehlungen konnten nach Auffassung einiger Rechtsgelehrter ebenfalls zum Amtsverlust führen. Aufgabe des Imams war es, den Islam vor heterodoxen Vorstellungen zu bewahren, zwischen streitenden Parteien für Gerechtigkeit und Ausgleich zu sorgen, auf den Vollzug der vorgeschriebenen Strafen bei Missetaten zu achten und ferner die Bewahrung des Friedens in den Gebieten des Islams und ihre Verteidigung gegen äußere Feinde zu gewährleisten. Seine persönliche Pflicht war es, den Djihad gegen die zu leiten, die sich der Hoheit des Islams nicht unter-

werfen wollten. Der Imam erhielt die Almosen, Steuern und ein Fünftel der Beute aus Kriegszügen. All dies musste er, wie es die Shariʿa, das islamische Recht, verlangt, weiter verteilen. Im Übrigen hatte er auch für die Ernennung von verantwortungsbewussten und verlässlichen Männern in der Verwaltung des Reiches zu sorgen. Diese Vorstellungen von der Rolle des Imams als religiöses und politisches Oberhaupt des Islams war unter dem frühen Khalifat der ʿAbbasiden von al-Mawardi in seinem Werk al-Ahkam al-sultaniyya entwickelt worden.

Mit der sich ständig verringernden Stärke dieser Dynastie veränderte sich auch die sunnitische Theorie von der Imama. Al-Ghazzali stellt sich auf diese historische Gegebenheit ein, wenn er den Khalifen nur noch als den Repräsentanten des Gesamtislams ansieht und den tatsächlichen Machthabern deshalb Legitimität zuerkennt, weil sie diese Position des Khalifen respektieren. Zentrales Anliegen aller muslimischen Gelehrten, die sich von nun an mit der Frage der Imama befassten, ist die Bewahrung der Shariʿa als dem verbindlichen Rechtssystem des islamischen Staates. Solange ein Herrscher oder Inhaber von politischer Macht für die Geltung der Shariʿa Sorge trägt, wird seine Herrschaft als legitim angesehen. So reduzierte sich das Amt des Imams als des religiösen und politischen Führers der islamischen Welt auf repräsentative Funktionen, ja lediglich auf einen unter vielen Ehrentiteln des türkischen Sultans. Dennoch wurde die Abschaffung des Imamats oder Khalifats durch Kemal Atatürk von der gesamten islamischen Welt mit Trauer zur Kenntnis genommen, da hier ein Symbol der Einheit des Islams und seiner Anhänger verloren ging. Trotz vieler Bemühungen ist es den Muslimen jedoch nicht gelungen, diese Institution wieder neu zu beleben.

Der Imam bei den Schiiten

Für die Zwölfer-Schia und die Vertreter verschiedener schiitischer Sonderformen, auf die hier nicht eingegangen werden kann, geht die Bedeutung des Imams als Entscheidungsträger weit über die sunnitischen Vorstellungen hinaus. Danach bedürfen die Gläubigen der ständigen religiösen Führung durch einen unfehlbaren Lehrer. Damit wird die Funktion des Imams der des Propheten gleichgesetzt. Der einzige Unterschied zwischen Imam und Prophet besteht in der Tatsache, dass der Imam keine schriftlich fixierte Botschaft bringt. Die Kenntnis des Imams um die Religion entspricht der des Propheten. Der Imam weiß, „was war und was sein wird." Er empfängt alles Wissen seiner Vorgänger. Gott spricht durch die Vermittlung von Engeln mit ihm. Im Gegensatz zum Propheten Muhammad kann der Imam diese jedoch nur hören und nicht sehen. Der Imam ist fähig, Wunder zu wirken und kann bei Gott für Sünder unter seinen Anhängern Fürsprache einlegen. Wenn ein Mensch den Imam nicht anerkennt oder ihm nicht gehorcht, kann er kein Muslim sein. Der Imam hat

Anspruch auf die politische Herrschaft. Er kann diesen Anspruch jedoch geheim halten, wenn er dadurch sich und seine Anhänger schützen kann. Nach schiitischer Vorstellung muss stets ein Imam existieren, auch wenn dies in der Verborgenheit geschehen kann. Auch ein Kind kann die Funktion des Imams erfüllen. Als mit dem zwölften Imam die Kette der Imame abbrach, nahmen die Schiiten dies nicht zur Kenntnis, sondern gehen bis heute davon aus, dass dieser in der Verborgenheit (ghayba) weiterexistiert und seine Gemeinde lenkt. Sie erwarten ihn vor dem Jüngsten Gericht als den „Mahdi", eine messianische Figur, die die Welt mit Gerechtigkeit erfüllen und ein Tausendjähriges Reich aufrichten wird. Alle Entscheidungen politischer wie religiöser Autoritäten werden daher von den Schiiten als vorläufig angesehen.

Der Imam bei den Kharidjiten

Am radikalsten unter den Sonderformen des Islams unterscheiden sich die Kharidjiten (s. dort) im Bezug auf den Imam von den großen muslimischen Gruppierungen. Auch sie sind der Meinung, dass ein Imam als religiöser und politischer Führer der Gläubigen notwendig sei. Er muss allerdings ein gerechter Herrscher sein. Falls er in dieser Hinsicht Unzulänglichkeiten zeigt, muss er abgesetzt werden. Es sollte immer das hervorragendste Mitglied der Gemeinde sein, das das Amt des Imams ausfüllt. Falls ein besserer Kandidat erscheint, hat der erste sein Amt aufzugeben. Die Kharidjiten wehrten sich gegen den auf der ethnischen Zugehörigkeit zum Stamme des Propheten Muhammad, dem der Quraysh, beruhenden Anspruch auf das Amt des Imams. Dies wurde als unerheblich angesehen. Auch ein schwarzer Sklave konnte die Imama innehaben.

Literatur: *H. Brentjes.* Die Imamatslehre im Islam nach der Darstellung des al-Ashʿari, Berlin 1964; *E. Salem,* Political Theory and Institutions of the Khawarij, Baltimore 1956; *H. Gibb,* Some Considerations in the Sunni Theory of the Caliphate, in: Archives d'Histoire du Droit oriental 3 (1993), 401–410; *J. Ahmed,* The Concept of an Islamic State, London 1987; *Y. Richard,* Der verborgene Imam, Berlin 1983.

P. Heine

Initiation

Neben der Beschneidung (s. dort) kennt der Islam keine offensichtlichen allgemeinen religiösen Initiationsformen. Heiratszeremonien können jedoch als Initiation bezeichnet werden. Initiiert werden dabei sowohl die Braut, als auch der Bräutigam; denn sie verändern ihren Status als Abhängige und erwerben ein gewisses Maß an Selbständigkeit, wenn diese auch zunächst noch gering sein mag. Im Grunde wird erst durch die Geburt von Kindern ein größeres Maß an Eigenständigkeit gegenüber den Eltern erreicht. Bei den sich von Region zu Region unterscheidenden Heiratszeremonien spielt das religiöse Moment insofern eine Rolle, als die männlichen Angehörigen der beiden beteiligten Familien gemeinsam die „Fatiha" (Eröffnungssure des Korans) beten. Auch im Zusammenhang mit Bestattungen, die ebenfalls als Initiation verstanden werden können, spielen religiöse Handlungen eine bedeutsame Rolle. Auch bei dieser Gelegenheit wird die „Fatiha“, aber auch andere Koranzitate und sonstige Gebete rezitiert. Während festgelegter Zeiträume nach dem Tode einer Person wird von Koranrezitatoren für das Seelenheil des oder der Verstorbenen ein oder mehrmals der gesamte Koran gelesen. Vor allem aber wird der Leichnam einer Reinigungszeremonie unterzogen, die sehr sorgfältig durchgeführt werden muss, weil der oder die Tote rein vor Gott zu erscheinen hat. Auch die Einhüllung des oder der Toten in spezielle Leichentücher ist religiöse Vorschrift. Die korrekte Durchführung ist Aufgabe der Hinterbliebenen. Da jedoch vor allem die rituelle Reinigung von großer Bedeutung für das Seelenheil des oder der Toten ist und der Vorgang für die Verwandten eine erhebliche emotionale Belastung bedeuten kann, hat sich in diesem Bereich ein besonderes Spezialistentum entwickelt. Den Leichwäschern oder -wäscherinnen werden zahlreiche geheime Kenntnisse und Fähigkeiten zugesprochen und sie sind von einer Aura der Verehrung, aber auch der Furcht umgeben.

Da das islamische Recht keine festen Altersangaben über den Beginn der Erfüllung der Glaubenspflichten macht, beginnen die jungen Muslime und Musliminnen in einem unterschiedlichen Lebensalter mit dem rituellen Gebet oder Fasten. Besondere Feiern finden in diesem Zusammenhang nicht statt. Da der Islam auch kein Priestertum kennt, fehlen auch in diesem Zusammenhang spezielle Einführungsveranstaltungen für Prediger oder Vorbeter. Allgemein üblich sind Initiationsveranstaltungen bei der Aufnahme von neuen Mitgliedern bei den zahlreichen mystischen Bruderschaften im Islam. Dabei versprechen die Initianden, die Regeln der Bruderschaft einzuhalten und den Oberen Gehorsam zu leisten. In einem offiziellen Akt erhalten sie bei dieser Gelegenheit ein besonderes Zeichen ihrer Zugehörigkeit zur Bruderschaft, z.B. ein spezielles Kleidungsstück, einen Rosenkranz oder ein Amulett. Die Initiation ist häufig mit einem festlichen Mahl und anderen sozialen Aktivitäten verbunden.

Literatur: *H. Granqvist,* Marriage Conditions in a Palestinian Village, 2 Bde., Helsingfors 1931–1935; *dies.,* Birth and Childhood among the Arabs, Helsingfors 1947; *dies.,* Muslim Death and Burial. Arab Customs and Traditions studied in a Village in Jordan, Helsingfors 1965; *M. Gilsenan,* Saint and Sufi in Modern Egypt, Oxford 1973; *W Jansen,* Women without Men, Leiden 1987; *S. Schaefer-Davis/D. Davis,* Adolescence in a Maroccan Town, Rutgers 1989.

P. HEINE

Inspiration

Inspiration, arab. Ilham, bedeutet wörtlich „hinunterschlucken lassen“ und kommt in kontroverser Bedeutung im Koran nur einmal vor (91,8). In der islamischen Theologie wird das Wort Ilham in Verbindung mit der Lehre von den Heiligen verwendet: Als Menschen mit gereinigtem Herzen offenbart sich ihnen Gott auf spezielle Art und Weise, indem er ihnen besondere Erkenntnisse eingibt und zukommen lässt. Sie sind ein reines Geschenk der Freigebigkeit (faid) Gottes, der sie denen gewährt, denen er will. Eine derartige, von Gott geschenkte individuelle Inspiration hat keinen allgemeingültigen und für alle verbindlichen Charakter. Dadurch hebt sie sich ab von Wahy, d. h. von der an einen Propheten oder Gesandten Gottes gerichteten Offenbarung: Sie ist für die gesamte Menschheit bestimmt, ist für jedermann von Belang, da ihre Botschaft zum Handeln verpflichtet. Schließlich unterscheidet sich die Inspiration von der dämonischen Einflüsterung, bei der ein Dämon den Menschen zum Bösen verleitet, während die von Gott gewährte Inspiration grundsätzlich positive Werte zum Inhalt hat (s. auch Offenbarung).

Literatur: *D. B. Macdonald,* Art. Ilham, in: EI²; *S. Balić,* Art.: Inspiration (islamisch), in: *A. Th. Khoury,* Lexikon religiöser Grundbegriffe. Judentum – Christentum – Islam, Graz/Wien/Köln ²1996, 504–505.

L. HAGEMANN

Integration ↗ *Diaspora*

Integrationsproblematik

Unter Integrationsproblematik versteht man den Fragenkatalog, der sich mit der Art und Weise des Zusammenlebens von einer mehrheitlich herkunftsdeutschen Bevölkerung und einer zugewanderten Minderheit befasst. Dabei spielt die Frage der Herkunft der Minderheit zunächst keine Rolle. Seit etwa Mitte 2005 bezieht sich der Begriff der Integration vor allem auf Muslime. Bis dahin wurden Integrationsfragen als politisch unwesentlich betrachtet, da die Mehrheit der politischen Kräfte Deutschland nicht als Einwanderungsland betrachtete und von einer Rückwanderung der muslimischen Migrantenbevölkerung ausging. Der Wunsch nach Rückkehr in die Heimat wurde auch von einer Mehrheit der Migranten geäußert. Da sie ihren Aufenthalt in Deutschland nur als zeitlich begrenzt ansahen, war ihr Interesse an der deutschen Gesellschaft, den Mechanismen politischer Partizipation und der Mitwirkung der Religionsgemeinschaften bei der Gestaltung des öffentlichen Lebens nur gering ausgeprägt. Mit dem wachsenden Bewusstsein einer permanenten Präsenz des Islams in Deutschland veränderte sich die gegenseitige Wahrnehmung von Mehrheit und Minderheit.

Die deutsche Mehrheit sah die muslimische Minderheit als eine einheitliche Gruppe. Nationale, ethnische und soziale Unterschiede innerhalb der muslimischen Bevölkerung wurden nicht mehr wahrgenommen. In der deutschen Sicht traten nun auch die kulturellen Unterschiede der Muslime gegenüber der Mehrheit stärker in den Vordergrund. Ein Teil der Muslime reagierte darauf mit einer ostentativen Betonung gerade dieser Unterschiede. Das machte sich vor allem in der Kleidung bemerkbar. Hinzu kam ein wachsender Organisationsgrad und die verbesserte organisatorische und juristische

Kenntnis der muslimischen Minderheit in Moscheevereinen und islamischen Dachverbänden. Dies führte wiederum zu einer stärkeren muslimischen Kompetenz im Umgang mit deutschen politischen Institutionen, Behörden und Medien. Im Übrigen verbesserte sich auch die wirtschaftliche Situation der Muslime und ihre soziale Stellung. Trotz dieser Entwicklung gehört die Mehrheit der Muslime sozial und wirtschaftlich immer noch der Unterschicht und der unteren Mittelschicht an. Viele Muslime leben in Stadtbezirken, die als soziale Brennpunkte bekannt sind. Da der Islam vor allem seit dem 11. September 2001 von der deutschen Mehrheit skeptisch betrachtet wird, werden soziale Konflikte mit muslimischer Beteiligung in der Öffentlichkeit aufmerksam registriert. Teile der deutschen Öffentlichkeit befürchten Zustände wie in Frankreich, wo es in den überwiegend von Zuwanderern bewohnten Vorstädten der großen Ballungsräume immer wieder zu Aufruhr kommt, für den muslimische Jugendliche verantwortlich gemacht werden. Eine weitere Sorge ist, dass politische und soziale Konflikte, die in den Herkunftsländern der Migranten entstanden sind, in Deutschland ausgetragen werden. Die Kurdenproblematik mag hier als Beispiel genügen.

Erst langsam hat sich in der Mehrheitsbevölkerung ein Bewusstsein für Fragen der Integration der Zuwanderer entwickelt. Kritisiert wird die Konzentration muslimischer Bevölkerung in bestimmten Stadtvierteln, was zur Bildung von Ghettos und zum Entstehen einer Parallelkultur führe. Eine Rolle spiele dabei auch die wachsende Bedeutung von Satelliten-TV-Programmen der Herkunftsländer. Als wichtigstes Steuerungsinstrument für eine Integration wird verstärkt das Erlernen der deutschen Sprache gefördert. Viele der Zuwanderer der zweiten und dritten Generation verfügen weder über ausreichende Deutschkenntnisse noch über solche in ihrer Herkunftssprache. Generell wird eine Neigung zur stärkeren Bewahrung von Traditionen der Herkunftsländer festgestellt, als das in der ehemaligen Heimatländern selbst der Fall ist. Beobachtet werden Tendenzen zur Endogamie. Als problematisch gilt auch die Frage der fehlenden muslimischen Repräsentanz gegenüber der deutschen Mehrheit. Die ohnehin schon komplizierte Kooperation von verschiedenen nationalen, ethnischen und religiösen Vertretungen wird durch unterschiedliche politische Vorstellungen und Ideologien erschwert.

Von deutschen wie muslimischen Beobachtern wird übereinstimmend die Notwendigkeit der Verbesserung der Sprachkompetenz betont. Forderungen nach Prüfung von darüber hinausgehenden Kenntnissen der deutschen Geschichte, Kultur und Gesellschaft als Voraussetzung für den Erhalt der deutschen Staatsangehörigkeit treffen dagegen auf Kritik. Problematisch in diesem Kontext ist im Grundsatz wohl, dass sich die politischen Eliten der Mehrheitsbevölkerung noch nicht darüber verständigt haben, was sie unter Integration verstehen. Es ist nicht ausgeschlossen, dass eine Mehrheit von ihnen Assimilation meint.

Literatur: *R. Spielhaus*, Religion und Identität – Vom deutschen Versuch, „Ausländer" zu „Muslimen" zu machen, in: Zeitschrift für internationale Politik, März 2006.

P. Heine

Internationale Organisationen in der islamischen Welt

Seit der Mitte des 19. Jahrhunderts hatten islamische Reformer wie Muhammad ʿAbduh und Djamal al-Din al-Afghani sich bemüht, internationale Muslimorganisationen aufzubauen, um die Zersplitterung der islamischen Welt und der daraus resultierenden Schwäche entgegenwirken zu können. Da jedoch der osmanische Sultan auch den Khalifen-Titel führte und damit als nominelles Oberhaupt zumindest der sunnitischen Muslime angesehen werden konnte, blieben diese Versuche ohne Wirksamkeit. Nach der Auflösung des Khalifats durch den türkischen Reformer Mustafa Kemal Atatürk im Jahre 1924 wurde die Frage der Repräsentation des Islams aktuell. In der Folge hat es zahlreiche islamische Konferenzen gegeben, die versuchten, einen neuen Khalifen zu finden. Diese sind ohne Erfolg geblieben. Die Verstärkung der Bedeutung nationalistischer Ideologien seit der Mitte des 20. Jahrhunderts ließ die Gedanken an eine allgemeine Repräsentanz des Islams gegenüber der Welt in den Hintergrund treten. Es war vor allem die Gründung des islamischen Staates Pakistan, von der neue Initiativen zu einer Konzentrierung der islamischen Kräfte ausgingen.

Liga

Doch erst 1962 kam es in Mekka im Verlauf einer internationalen islamischen Konferenz zur Gründung der „Liga der islamischen Welt". Zu den Gründungsmitgliedern gehörten Gelehrte aus 22 Ländern, unter anderem aus Sri Lanka und China. Auch wenn einige der Mitglieder der ersten Stunde offizielle Positionen innehatten, wie der Groß-Mufti von Saudi-Arabien oder der Premier-Minister Nord-Nigerias, so ist die Liga dennoch keine Organisation auf staatlicher Ebene, sondern wird von Individuen und islamischen Vereinen getragen. Ziel der Liga ist es: „In Erfüllung der Pflicht, die Gott uns auferlegt hat, die Botschaft des Islams zu verbreiten, seine Prinzipien und Lehren zu erläutern, die Zweifel an ihm zu zerstreuen und die gefährliche Verschwörung, durch die die Feinde des Islams die Muslime von ihrer Religion fortlocken und ihre Einheit und brüderliche Verbundenheit zerstören wollen, zu bekämpfen; ferner ist auf die Angelegenheiten der Muslime in einer Weise zu achten, die ihre Interessen und ihre Hoffnungen wahrt und zur Lösung ihrer Probleme beiträgt." Zu diesem Zweck werden jeweils zur Pilgerzeit Konferenzen abgehaltne, ständig Publikationen veröffentlicht und Rundfunksender betrieben. Die allgemeine Politik der Liga bestimmt das Gründungskomitee. Der Sitz der Organisation ist Mekka, und der Generalsekretär ist laut Satzung stets ein saudischer Staatsbürger. Das macht deutlich, dass die Politik und die religiösen Tendenzen, die von der „Liga der islamischen Welt" vertreten werden, einem fundamentalistischen Islam näher stehen.

Islamische Konferenz

Trotz mancher Versuche früherer Jahre ist eine Organisation islamischer Staaten erst mit der „Organisation der Islamischen Konferenz" nach dem Brand der al-Aqsa-Moschee in Jerusalem 1969 entstanden. Eine erste Gipfel-Konferenz wurde im September 1969 nach Rabat einberufen, und an der zweiten Konferenz 1974 in Lahore nahm schon eine Vielzahl von islamischen Staaten teil, wenn auch die Frage nach der Definition des „islamischen Staates" nicht beantwortet wurde. Abgesehen von den spektakulären Gipfel-Konferenzen geht der eigentliche politische Einfluss dieser Organisation vom ständigen Sekretariat in Djidda und von der einmal im Jahr stattfindenden Außenminister-Konferenz aus. Die wichtigsten Einrichtungen sind ein „Islamischer Solidaritätsfond", der im Fall von Krisen und Naturkatastrophen finanzielle Hilfe gewährt, islamische Länder, muslimische Minoritäten und Gemeinschaften beim Bau von Moscheen, Krankenhäusern und Schulen unterstützt, islamische Universitäten und Jugendgruppen fördert und der Mission dient, und die „Islamische Entwicklungsbank", die vor allem die armen islamischen Länder fördert und die gemäß den Regeln der Shariʿa keine Zinsen nimmt. Ferner gehört zur Organisation der Islamischen Konferenz der Jerusalem-Fonds, dessen Mittel dazu verwendet werden, den islamischen Charakter der dritten Heiligen Stadt der Muslime zu erhalten. Trotz der großen Finanzkraft der Organisation können die erheblichen politischen Unterschiede zwischen den mittlerweile 57 Mitgliedern der Konferenz nicht immer ausgeglichen werden, wie die Golf-Kriege gezeigt haben. Als das schwierigste Problem wird von Beobachtern die Dominanz der arabischen über die asiatischen und schwarzafrikanischen Staaten angesehen. Das Ausmaß der konkret durch die Organisation erreichten Einheit steht weit hinter der benutzten Rhetorik von islamischer Solidarität zurück; dennoch ist festzuhalten, dass mit der „Organisation der Islamischen Konferenz" ein islamisches Konsultationsgremium auf höchster Ebene entstanden ist, das den Rahmen für eine einheitlichere politische und wirtschaftliche Präsenz der islamischen Welt bieten kann.

Literatur: *J. Reissner,* Internationale islamische Organisationen, in: *W Ende/ U. Steinbach (Hrsg.),* Der Islam in der Gegenwart, München 1989, 539–547; *M. Kramer,* Islam Assembled. The Advent of the Muslim Congresses, New York 1986; *ders.,* Introduction to World Islamic Conferences, Tel Aviv 1978; *R. Schulze.* Islamischer Internationalismus im 20. Jahrhundert. Untersuchungen zur Geschichte der Islamischen Weltliga, Leiden 1990; *E. Schöne,* Islamische Solidarität: Geschichte, Politik, Ideologie der Organisation der Islamischen Konferenz (OIC) 1969–1981, Berlin 1997; *J. Grundmann,*

Islamische Internationalisten, Wiesbaden 2005.

P. Heine

Islam

Der Islam als Offenbarungsreligion

Der Islam – das Wort bedeutet: Hingabe an Gott, Unterwerfung unter seinen Willen – versteht sich als Offenbarungsreligion, d.h. durch den Verkünder des Islams, Muhammad, ist Gottes Wort in endgültiger Weise den Menschen mitgeteilt worden.

Muhammad, der Prophet des Islams

Muhammad, der Verkünder des Islams, wurde etwa 570 nach Christus in Mekka, im heutigen Saudi-Arabien, geboren. Im Alter von 40 Jahren, so sagt es die Tradition, machte er jene Erfahrungen, die in Zukunft sein Leben bestimmen sollten. Er fühlte sich von Gott berufen, seinen Landsleuten die Botschaft des einen und einzigen Gottes zu verkünden. Die Mekkaner kannten nämlich in ihren Glaubensvorstellungen neben Allah, den sie als Hochgott verehrten, mehrere Göttinnen und Götter. Im täglichen Leben spielte Allah praktisch keine Rolle; er war in weite Ferne gerückt. Für das normale Leben waren gleichsam die ortsüblichen Gottheiten zuständig.

Gegen diese polytheistische Glaubensauffassung wandte sich Muhammad. Immer wieder – so bezeugt es der Koran, das Heilige Buch der Muslime – hat er die Einheit und Einzigkeit Gottes verkündet: „Es gibt keinen Gott außer Gott."

Als er bei seinen Landsleuten in Mekka auf heftigen Widerstand stieß, wanderte Muhammad im Jahr 622 von Mekka nach Medina, einer Handelsstadt mit beträchtlicher jüdischer Bevölkerung, aus. Dieses Jahr markiert den Beginn der islamischen Zeitrechnung. Hier in Medina erließ Muhammad eine erste Gemeindeordnung, mit anderen Worten, er legte fest, wie er seine Gemeinschaft, die sich um ihn geschart hatte, sah und sehen wollte. Im Jahr 632 starb Muhammad in Medina. Dort befindet sich auch die Grabesmoschee.

Muhammad, das „Siegel der Propheten"

Mit seiner Verkündigung sah sich Muhammad in Übereinstimmung mit der biblischen Tradition, also mit dem Glauben der Juden und Christen, die beide im Koran als „Leute der Schrift" bezeichnet werden.

Vater und Vorbild aller Gläubigen ist Abraham (vgl. Koran 60,4.6; 2,124), ihm kommt deswegen in der Zeit nach Adam und Noach eine besondere Bedeutung zu.

Mose, der Verkünder des Judentums, brachte mit der Thora, der Heiligen Schrift der Juden, Gottes Offenbarung und Gesetzgebung zu ihnen.

Jesus Christus (s. dort) brachte das Evangelium, das als Ausdruck des Willens Gottes für die Christen autoritativ ist (vgl. 5,47). Ferner weist das Evangelium – so Muhammad – eine gewisse Erleichterung des jüdischen Thora-Gesetzes auf (3,50) und klärt einige unter den Juden strittige Fragen (43,63).

Schließlich und endlich kam Muhammad, der Prophet des Islams. In der biblischen Tradition stehend – sie war ihm aus jüdischen und christlichen Quellen zugänglich – sah er sich als das „Siegel der Propheten" (33,40), der in letztlich verbindlicher Weise, unüberholbar und definitivgültig Gottes Offenbarung den Menschen übermittelte. Somit verstand er sich als Abschluss der Prophetengeschichte.

Der Koran, das Heilige Buch der Muslime

Der Koran ist die Heilige Schrift des Islams (qur'an = Lesung, Vortrag, Verkündigung). In 114 Suren (Abschnitten) enthält er Muhammads Predigten, die er als Offenbarungen Gottes verkündet hatte. Die Suren sind nicht historisch, d.h. nach der Zeit ihrer Entstehung geordnet, sondern mehr oder weniger ihrer Länge nach: Die umfangreicheren stehen am Anfang des Korans, die kürzeren Suren am Schluss. Sie enthalten im Allgemeinen die frühesten Verkündigungen Muhammads, während die längeren aus der späteren Phase der Verkündigung Muhammads stammen.

Der Koran beinhaltet nicht nur Glaubensaussagen, sondern auch detaillierte gesetzliche Bestimmungen, die das religiöse, ethische, soziale und politische Leben des Einzelnen und der Gemeinschaft regeln. Für den gläubigen Muslim ist der Koran das Wort Gottes schlechthin; durch den Engel Gabriel wurde es dem Propheten Muhammad wörtlich eingegeben. Somit gilt der Koran als göttliches Diktat und besitzt deswegen absolute Autorität. Aufgrund seines göttlichen Ursprungs ist er unfehlbar und unüberbietbar. Er entspricht in seinem Inhalt der im Himmel aufbewahrten Urschrift, deren arabische Version er ist.

Neben der koranischen Offenbarung als erste und unüberbietbare Quelle des Islams hat die „Sunna" des Propheten, d.h. sein vorbildliches Verhalten, seine verbindliche Interpretation der göttlichen Offenbarung, seine Handlungsweise in konkreten Lebenssituationen, seine Aussprüche und Anweisungen, aber auch die Handlungsweise seiner Begleiter, soweit er sie gutgeheißen, geduldet, gebilligt oder missbillig hat, autoritativen Charakter. Neben dem Koran ist die Sunna des Propheten die praxisnormierende Richtschnur, Handlungsnorm im täglichen Leben der Muslime.

Der Islam als definitiv-gültige und abschließende Offenbarungsreligion

Der Koran sieht die Heiligen Schriften der Juden (Thora) und Christen (Evangelium) als von Gott auf Mose und Jesus herabgesandte Schriften an. Deswegen werden sowohl Juden wie Christen als „Leute der Schrift" (2,105.145f.; 5,15.19 u.ö.) bezeichnet. Überhaupt anerkennt der Koran alle Propheten, die im Auftrag Gottes in ihrer jeweiligen Zeit ihren Landsleuten und Zeitgenossen göttliche Offenbarungen übermittelt haben. Mit dem Koran werden zugleich Thora und Evangelium als von Gott geoffenbarte Bücher charakterisiert (vgl. z.B. 3,3–4; 5,44–48). Als solche bestätigen sie sich gegenseitig.

Der Koran als zeitlich letzte von Gott herabgesandte Schrift ist die Bestätigung von Thora und Evangelium, während umgekehrt die früheren Offenbarungsschriften der Juden und Christen den Koran bestätigen (vgl. 10,94). Alle drei von Gott geoffenbarten Bücher sind somit als Einheit zu sehen, enthält doch der Koran keine neuen, Thora und Evangelium widersprechenden Offenbarungen. Er ist nichts anderes als die arabische Fassung der den „Leuten der Schrift“ gegebenen einen Uroffenbarung: Es gibt nur eine einzige Schrift bei Gott, die „Mutter des Buches“, deren arabische Version Muhammad den Arabern gebracht hat (vgl. 20,113; 26,195 u.ö.).

Doch sieht sich Muhammad mit seiner Sendung nicht nur in Übereinstimmung mit den früheren Gesandten; er ist als „das Siegel der Propheten“ das abschließende Glied in dieser langen Traditionskette und der Islam als definitiv-gültige Offenbarung die „einzig wahre Religion“ (3,19 u.ö.).

Denn – so ist im Koran zu lesen – als weder Juden noch Christen Muhammads Überzeugung von der inhaltlichen Identität aller Offenbarungsreligionen akzeptierten und den Islam annahmen, reagierte Muhammad mit offener Kritik an den „Leuten der Schrift“. Er warf ihnen vor, den ursprünglich von ihnen richtig erfassten Sinn der Schrift (Thora und Evangelium) entstellt zu haben (2,75; 4,46; 5,41 u.ä.). Erst mit dem Koran wurden die dadurch aufgetretenen Unstimmigkeiten und Unklarheiten beseitigt und die in Thora und Evangelium allzu strikten Vorschriften aufgehoben (vgl. u.a. 4,26.28), will doch Gott dem Menschen keine drückende Last aufbürden (5,6; 22,78; 7,157). Der Koran als die abschließende Offenbarung Gottes an die Menschen ist damit endgültig und letztverbindlich. Er stellt die goldene Mitte zwischen Thora und Evangelium dar: „Und so haben Wir euch (Muslime) zu einer in der Mitte stehenden Gemeinschaft gemacht, auf dass ihr Zeugen seid über die (anderen) Menschen und dass der Gesandte (d.i. Muhammad) Zeuge sei über euch“ (2,143).

Der Islam als Religion des strikten Monotheismus

„Es gibt keinen Gott außer Gott“

Trotz der Unnachgiebigkeit und Hartnäckigkeit seiner mekkanischen Landsleute, die sich zu ihrer herkömmlichen Götterwelt bekannten, hob Muhammad immer und immer wieder die Einzigkeit und Einheit Gottes hervor. In Sure 112 heißt es unmissverständlich: „Gottes, des Erbarmers, des Barmherzigen. Sprich: Er ist Gott, ein Einziger Gott, der Undurchdringliche. Er hat nicht gezeugt, und Er ist nicht gezeugt worden, und niemand ist Ihm ebenbürtig.“ Mit der Betonung der Einzigkeit Gottes wandte sich Muhammad in erster Linie gegen den altarabischen Polytheismus, ging in seiner Kritik aber auch gegen die christliche Lehre von der Dreifaltigkeit Gottes an: „So glaubt an Gott und seine Gesandten. Und sagt nicht: Drei. Hört auf, das ist besser für euch. Gott ist doch ein einziger Gott. Gepriesen sei Er (s. Trinität) und erhaben darüber, dass er ein Kind habe. Er hat, was im Himmel und was auf der Erden ist. Und Gott genügt als Sachwalter“ (4,171). So verurteilt der Koran diejenigen als ungläubig, die behaupten: Gott ist Christus, der Sohn der Maria (5,17.72; vgl. 5,116–117). Zwar ist Jesus Prophet und Gesandter Gottes (19,30; 3,48–49 u.ö.), nicht aber Gottes Sohn (9,30). Denn – so lautet der erste Hauptteil des islamischen Glaubensbekenntnisses: „Es gibt keinen Gott außer Gott.“

Gott als Schöpfer

Durch sein schöpferisches Wort hat Gott alle ins Dasein gerufen: „Er ist der Schöpfer der Himmel und Erde. Wenn Er eine Sache beschlossen hat, sagt Er zu ihr nur: Sei!, und sie ist“ (2,117; vgl. 16,40). Innerhalb des geschöpflichen Seins ist der Mensch das Zeichen göttlicher Allmacht und Güte schlechthin: „Gott ist es, der euch die Erde zu einem festen Grund und den Himmel zu einem Bau gemacht, euch gestaltet und eure Gestalten schön geformt und euch von den köstlichen Dingen beschert hat“ (40,64).

Gott als Richter (s. auch Jüngstes Gericht)

Neben der Lehre vom alleinigen und allmächtigen Schöpfergott gehört der Glaube an den Jüngsten Tag zu den Kernaussagen der Botschaft Muhammads. In seiner frühen Verkündigung spielte die Androhung des nahen Gerichts eine entscheidende Rolle (vgl. 53,57–58). Diese Naherwartung erscheint jedoch in späterer Zeit abgeschwächt, wenn es heißt: „Vielleicht wird es bald sein“ (17,51).

Alleiniger Richter an jenem Tag ist Gott. „Wer nun Gutes im Gewicht eines Stäubchens tut, wird es sehen. Und wer Böses im Gewicht eines Stäubchens tut, wird es sehen“ (99,7–8). Denn jeder haftet für das, was er getan hat. In seinem Urteil ist Gott gerecht; niemandem wird Unrecht geschehen (vgl. 36,54; 21,47; 17,71; 16,111; 39,69); vielmehr wird jedem voll heimgezahlt, was er begangen hat. „Und ihnen wird nicht unrecht getan“ (2,281).

„Und Muhammad ist sein Gesandter“

Der Koran nennt Muhammad einen Menschen wie alle anderen: „Sprich: Ich bin ja nur ein Mensch wie ihr; (mir) wird offenbart, dass euer Gott ein einziger Gott ist“ (18,110). Er ist nur Gesandter Gottes, nicht mehr; seine Aufgabe besteht darin, die ihm von Gott eingegebene Offenbarung den Menschen zu verkünden. Das durch Gottes Barmherzigkeit empfangene Wissen soll er seinen Landsleuten mitteilen, er ist nur ein Warner: „Du bist nur ein Warner, Wir haben dich mit der Wahrheit gesandt, als Freudenboten und als Warner. Und es gibt keine Gemeinschaft, bei der nicht früher ein Warner aufgetreten wäre“ (35,23.24). Zu seiner Mission gehört es nicht, Zeichen und Wunder zu tun. Dass das Nicht-Vorhandensein von Wundern offensichtlich Anstoß erregt hat, erhellt u.a. aus Sure 29,50: „Und sie sagen: ‚Wenn doch Zeichen von seinem

Herrn auf ihn herabgesandt würden!‘ Sprich: Über die Zeichen verfügt Gott. Ich aber bin nur ein deutlicher Warner.“ (6,37.109; 17,90–96). Warum aber bestätigt Gott nicht die Sendung Muhammads durch Zeichen und Wunder? Auch darauf gibt der Koran eine Antwort: „Und nichts anderes hinderte Uns daran, (Propheten) mit den Zeichen zu senden, als dass die Früheren sie für Lüge erklärten“ (17,59). Daraus wird ersichtlich, dass auch noch so unmittelbare Wundererfahrung für die Ungläubigen kein Beweis für die Wahrheit der verkündigten Botschaft ist, dass Wunder also eben nicht – und das lehrt die vorausgehende Prophetengeschichte – unbedingt den Weg für den Glauben frei machen. Im Gegenteil, die Menschen verharren weiterhin in ihrem Unglauben: „Hätten Wir auf dich ein Buch auf Papyrus hinabgesandt und würden sie es mit ihren Händen berühren, würden diejenigen, die ungläubig sind, dennoch sagen: ‚Dies ist nichts als offenkundige Zauberei‘“ (6,7). Deswegen sah Muhammad für sich und seine Situation das Wunder als einmalige Erfahrung nicht mehr als geeignetes Medium göttlicher Wahrheitsvermittlung an, begründet in der ablehnenden Haltung früherer Zeiten.

Und doch gibt es ein Wunder, durch das Gott die Sendung seines Propheten Muhammad legitimierte: das ist der Koran selbst: „Und sie sagen: ‚Wenn doch Zeichen von seinem Herrn auf ihn herabgesandt würden!‘ Sprich: Über die Zeichen verfügt Gott. Ich aber bin nur ein deutlicher Warner. Genügt es ihnen denn nicht, dass Wir das Buch auf dich herabgesandt haben, das ihnen verlesen wird? Darin ist eine Barmherzigkeit und eine Ermahnung für Leute, die glauben“ (29,50.51).

Damit sind wir bei der Lehre von der Unnachahmlichkeit des Korans. So heißt es zum Beispiel in Sure 17,88: „Sprich: Wenn die Menschen und die Djinn zusammenkämen, um etwas beizubringen, was diesem Koran gleich wäre, sie brächten nicht seinesgleichen bei, auch wenn sie einander helfen würden.“

Nur Gott als alleiniger Autor des Korans konnte ein derartiges Werk vollbringen. „Daraus geht hervor, dass sich der Glaube an die Sendung Muhammads auf den Koran gründet, dieses Heilige Buch hat nämlich die untrüglichen Merkmale seines göttlichen Ursprunges in sich. Dadurch unterscheidet es sich von den anderen geoffenbarten Büchern (z. B. von der Thora oder vom Evangelium), denn diese haben den Beweis für ihren göttlichen Ursprung nicht in sich selber wie der Koran, sondern der Beweis dafür liegt in etwas anderem, was außerhalb dieser geoffenbarten Bücher ist (in Beglaubigungswundern, die der betreffende Prophet gewirkt hat); denn ihre sprachliche Gestalt ist kein Wunder“ (H. Stiegelecker). Die Unüberbietbarkeit des Korans selbst wird zum Glaubwürdigkeitskriterium seines Inhaltes (vgl. 2,23; 10,39; ferner 11,13; 28,49; 52,34).

Die Unnachahmlichkeit des Korans beweist also die Wahrhaftigkeit des Propheten. Der Koran selbst ist das eine große fortwährend präsentische Zeichen, „das Dauerwunder" (H. Stiegelecker), das die Legitimation und Autorität des Propheten ausweist. Die überzeugendsten Wunder sind die Koran-Offenbarungen selbst, die deshalb als „Zeichen des Herrn" (ayat) bezeichnet werden. Sie nehmen bei den Gläubigen die gleiche Funktion und Bedeutung ein wie die Wunder für diejenigen, die den vorangehenden Propheten anhingen. In diesem Sinne heißt es im Koran: „Nein, es enthält deutliche Zeichen in der Brust derer, denen das Wissen zugekommen ist. Und nur die, die Unrecht tun, verleugnen unsere Zeichen" (29,49). Sie sind es, die nach sinnlich wahrnehmbaren Wunderzeichen verlangen, die ihre Glaubensentscheidung von physischen Wundererfahrungen abhängig machen wollen: „Wir werden dir nicht glauben, bis du uns aus der Erde eine Quelle hervorbrechen lässt oder bis du einen Garten von Palmen und Weinstöcken hast und durch ihn Bäche ausgiebig hervorbrechen lässt oder bis du den Himmel auf uns in Stücken herabfallen lässt, wie du behauptet hast, oder Gott und die Engel vor unsere Augen bringst" (17,90 ff.). Doch wer garantiert, dass, sobald das geforderte eintritt, sie dann glauben werden? (vgl. 6,109.111 u.ö.). Im Gegenteil, sie werden auch dann nicht glauben: Die frühere Prophetengeschichte weist es aus.

Denn hinter den Fragen und Einwürfen der Gegner verbirgt sich nicht immer ein ehrliches Bemühen, sondern häufig Taktik; das erhellt uns Sure 7,203, wenn es dort heißt: „Und wenn du ihnen kein Zeichen vorbringst, sagen sie: ‚Hättest du es dir doch selbst ausgesucht!' Sprich: Ich folge nur dem, was mir von meinem Herrn offenbart wird. Dies sind einsichtbringende Zeichen von eurem Herrn und eine Rechtleitung und eine Barmherzigkeit für Leute, die glauben." An anderer Stelle findet sich eine weitere Forderung: „Und sie sagen: ‚Was ist mit diesem Gesandten, dass er Speise isst und auf den Märkten umhergeht? Wäre doch zu ihm ein Engel herabgesandt worden, dass er mit ihm ein Warner sei. Oder wäre doch ihm ein Schatz überbracht worden, oder hätte er doch einen Garten, von dem er essen könnte.' Und die, die Unrecht tun, sagen: ‚Ihr folgt doch nur einem Mann, der einem Zauber verfallen ist'" (25,7–8). Muhammads Schicksal gleicht dem der früheren Propheten: wie sie, so wurde auch er abgelehnt: „Als nun von uns die Wahrheit zu ihnen kam, sagten sie: ‚Wäre ihm doch das gleiche zugekommen, was Mose zugekommen ist!' Haben sie denn nicht das verleugnet, was zuvor Mose zugekommen ist? Sie sagten: ‚Zwei Zauberwerke, die einander beistehen.' Und sie sagten: ‚Wir verleugnen sie alle beide'" (28,48). Diesem Bekenntnis zum totalen Unglauben begegnete Muhammad mit der Herausforderung, etwas zu schaffen, was besser sei als Thora und Koran: „Sprich: Dann bringt ein Buch von Gott bei, das eine bessere Rechtleitung enthält als diese beiden, so will ich ihm folgen, wenn ihr die Wahrheit sagt" (28,49). Doch niemand

wird dieser Herausforderung standhalten und etwas Gleichwertiges verkünden können: „Sie sollen doch eine Botschaft gleicher Art beibringen, so sie die Wahrheit sagen!" (52,34). Die Unfähigkeit der Gegner aber offenbart die Wahrhaftigkeit und Glaubwürdigkeit des Propheten, sind sie doch nicht einmal in der Lage, auch nur eine einzige Sure von gleicher Art zu schaffen.
So hat Muhammad seinen Anspruch, der Gesandte und Prophet Gottes zu sein, erfolgreich gegen seine Gegner verteidigt. Die Berufung auf die frühere Prophetengeschichte und auf die Übereinstimmung seiner Botschaft mit der authentischen Verkündigung der früheren Schriften weist die Echtheit seiner prophetischen Sendung aus. Neben dem Glauben an den einen und einzigen Gott ist die Bezeugung „Und Muhammad ist sein Prophet" der zweite Angelpunkt des islamischen Glaubensbekenntnisses.

Der Islam als Religion der Orthopraxie
Der Islam als die Religion der bedingungslosen Hingabe an Gott, der vorbehaltlosen, totalen Unterwerfung unter seinen Willen, beansprucht, den ganzen Menschen in allen Bereichen seines Lebens zu erfassen und durch Vorschriften und Verhaltensmuster zu regeln. Die islamische Lebensordnung beinhaltet somit nicht nur verbindliche Glaubenssätze, sondern ebenso sittliche Gebote und Verbote als Norm des Handelns, das Leben des Einzelnen, der Familie und der Gemeinschaft normierende Weisungen sowie die verschiedenen Bereiche des gesellschaftlichen Lebens und der internationalen Beziehungen regelnde gesetzliche Bestimmungen. Allen diesen Vorschriften hat sich der Mensch in unbedingtem Gehorsam gegenüber dem souveränen Willen Gottes zu unterwerfen, sie als gottgewollte Normen und Verpflichtungen anzunehmen und zu erfüllen. Denn: „Gott sagt die Wahrheit, und Er führt den (rechten) Weg" (33,4). Er ist der sicherste Garant für die beste Rechtleitung der Gläubigen.

Die religiösen Pflichten der Muslime
Kernstück des islamischen Gesetzes sind die religiösen Pflichten, die auch als Hauptstützen, Pfeiler oder Säulen des Islams bezeichnet werden:

Das Glaubensbekenntnis (shahada)
Erste Pflicht eines Muslims ist es, seinen Glauben an den einen und einzigen Gott sowie an Muhammad als seinen Gesandten zu bezeugen: „Ich bezeuge, es gibt keinen Gott außer Gott, und Muhammad ist der Gesandte Gottes" – das ist die Bekenntnisformel. Durch das Aussprechen dieses Bekenntnisses drückt der Gläubige gleichzeitig seine Zugehörigkeit zur islamischen Gemeinschaft aus.

Das Gebet (salat)
Fünfmal am Tag ruft der Muezzin die Gläubigen zum Gebet auf: zur Mittagszeit, am Nachmittag, am Abend, in der Nacht und zur Morgendämmerung (vgl. 20,130; 30,17–18). So begleitet das Gebet den Gläubigen durch den ganzen Tag, immer wieder

wird er durch den Ruf des Muezzins an seine Verpflichtung zum Gebet erinnert. Freitag Mittag findet in der Moschee das gemeinsame Gebet der Gläubigen statt.

Das Fasten (saum)

Jeder Muslim, sofern es ihm Gesundheit und Alter erlauben, soll sich an das Fasten im Monat Ramadan halten. Das Fastengebot – Verzicht auf Essen, Trinken, Rauchen und Geschlechtsverkehr – beginnt mit dem Anbruch des Tageslichtes und endet mit der Abenddämmerung; während der Nacht gilt es nicht (vgl. 2,183–185.187). Das Fasten ist ein Ausdruck der inneren Besinnung, Buße und Umkehr sowie die Bereitschaft, sich um hilfsbedürftige Menschen zu kümmern und sich mit Gegnern auszusöhnen. Da nach islamischem Verständnis im Fastenmonat Ramadan die koranische Offenbarung Muhammad zuteil wurde (2,185), ist diese Zeit zugleich eine Zeit der Dankbarkeit gegenüber Gott für die Herabsendung seiner Offenbarung.

Die Sozialabgabe (zakat)

Sie ist bestimmt für die sozialen, karitativen und missionarischen Einrichtungen der Gemeinschaft (vgl. 9,60) und zur Unterstützung der Staatsfinanzen; die Höhe dieser Pflichtsteuer richtet sich nach Vermögen und Besitz.

Die Wallfahrt nach Mekka (hadjj)

Jeder Muslim ist gehalten, wenigstens einmal in seinem Leben nach Mekka zu pilgern, dorthin, wo der Islam seinen Ursprung nahm. Die Wallfahrt bringt in besonderer Weise die Solidarität der weltweiten islamischen Gemeinschaft und die Egalität (Gleichheit) aller Gläubigen ohne jeden Unterschied im Ansehen der Person, der sozialen Stellung, der Rasse und Hautfarbe zum Ausdruck.

Die Pflicht der Gemeinschaft, sich für die Belange des Islams einzusetzen; s. auch: Heiliger Krieg (djihad)

„Setzt euch mit eurem Vermögen und mit eurer eigenen Person auf dem Wege Gottes ein!" heißt es in Koran 9,41 (vgl. 61,11). Diese Pflicht, sich mit Leib und Leben für den Islam gegen alle Widerstände selbst aus den eigenen Reihen einzusetzen (vgl. 9,23), ist für die muslimische Gemeinschaft als Gesamtheit verpflichtend, d. h., die gesamte islamische Gemeinschaft (umma) muss sich darum bemühen, dass sich dieser koranischen Forderung entsprechend das Gesetz Gottes durchsetzen kann.

Unter den Gegebenheiten und politischen Umständen zur Zeit Muhammads bedeutete das den bewaffneten Kampf (Heiliger Krieg). Das erhellt bereits aus dem Koran selbst (vgl. u. a. 5,35; 2,190–194); so sehen es auch die späteren Interpretationen in den Rechtsbüchern. Nach der klassischen Theorie im Mittelalter ist die Welt in zwei Lager geteilt: 1. „das Gebiet des Islams" (dar-al-islam) und 2. „das Gebiet des Krieges" (dar-al-harb), d. h. das Lager der Gläubigen und das Lager der Nicht-Muslime. Um das „Gebiet des Islams" im Sinne der Einführung der islamischen Ordnung auszuweiten, ist der Einsatz für die Belange des Islams für die gesamte Gemeinschaft als solche eine ständige Verpflichtung. Doch muss diese Verpflichtung nicht nur kriegerische Auseinandersetzung bedeuten. Eine weiter Interpretation zum Einsatz für die Sache Gottes erfolgte unter dem Einfluss geistlicher Lehrer und Rechtsgelehrter. Der Heilige Krieg wurde als der kleine Einsatz bezeichnet. Der große Einsatz besteht demnach im Einsatz des aufrichtigen Herzens, in der täglichen Bemühung um den Glauben in Treue und Gehorsam. Dazu komme – so die Interpretation, der Einsatz der Zunge und der Einsatz der Hand, das heißt, durch Ermahnung und Ermunterung, das Gute zu empfehlen und vor dem Bösen zu warnen, sowie das Engagement im sozialen Bereich und in der Missionstätigkeit.

Gebote und Verbote (s. auch: Ethik/Moral)

Der Koran als göttliches Gesetz schreibt vor, was zu tun und was zu unterlassen ist. Sure 17,22–38 bietet – ähnlich den Zehn Geboten der Bibel (s. dort; vgl. Ex 20,1–17; Dt 5,6–21) in zwölf Artikeln einen normativen Pflichtkatalog, der die wesentlichsten Gebote und Verbote zusammenfasst.

Haltungen des Menschen gegenüber Gott

Erste Pflicht des Menschen ist seine gläubige Haltung gegenüber Gott, an ihn als den Einzigen und Einen zu glauben und sich ganz und gar seinem Willen zu unterwerfen. Das setzt *Gehorsam* Gott gegenüber voraus. Die treue Ergebung in seinen Willen gilt daher als vorzügliche Tugend. Ebenso die *Demut,* die den Zugang zum Glauben eröffnet (vgl. 32,15), während sich der Hochmütige in seiner Selbstsicherheit dem Willen Gottes verschließt (vgl. 40,35; 4,172–173). Im Umgang mit dem Namen Gottes fordert der Koran *Ehrfurcht* und verurteilt leichtfertiges Schwören beim Namen Gottes (2,224). Die *Dankbarkeit* gegenüber Gott wird ebenso als Tugend gepriesen – „Gott wird (es) den Dankbaren vergelten" (3,144) – wie die Haltung der Geduld und Beharrlichkeit, der *Standfestigkeit* und *Treue im Glauben* (vgl. 3,200).

Handlungsnormen im Umgang mit anderen Menschen

Das Gute tun, das Böse verwerfen

Als Grundlage der Tugenden im Bereich des sozialen Zusammenlebens der Menschen stellt der Koran folgende Handlungsmaxime auf: „Aus euch soll eine Gemeinschaft (von Gläubigen) entstehen, die zum Guten aufrufen, das Rechte gebieten, und das Verwerfliche verbieten. Das sind die, denen es wohl ergeht" (3,104).

Gerecht und solidarisch handeln

Daneben gilt das Prinzip der Gerechtigkeit, d.h. einem jeden zu geben, was ihm gehört, als ideale Tugend (vgl. 5,9; 7,29; 49,9; 4,58). Und schließlich sollen sich alle Muslime untereinander solidarisch verhalten, sind sie doch „Freunde" (9,71), ja „Brüder" (49,10).

Konkrete ethische und moralische Anweisungen

Die Prinzipien der Gerechtigkeit und der Solidarität haben für das konkrete Leben der Muslime direkte Konsequenzen, die sich im Alltag auswirken:

Gerecht handeln

„Gebt volles Maß und Gewicht nach Gerechtigkeit", gebietet der Koran (6,152; vgl. 55,8–9; 83,1–3). Zinsnehmen wird als Wucher angeprangert und verworfen (vgl. u.a. 2,278–279). Den Besitz des Anderen hat man zu achten und darf ihn nicht durch Betrug um sein Vermögen bringen (vgl. 2,188; 4,29). Dazu gehört auch der unbedingte Respekt vor Hab und Gut des anderen. Diebstahl wird deswegen hart bestraft: „Und hackt dem Dieb oder der Diebin die Hände ab zur Vergeltung für das, was sie erworben haben ..." (5,38). Ebenso strikt werden Raub- und Gewalttat geahndet (vgl. 5,33–34). Grundsätzlich gilt, dass niemand ungerecht behandelt werden darf (60,8). Deswegen muss jedes anvertraute Gut frist- und ordnungsgemäß seinem Besitzer zurückgegeben (vgl. 70,32; 23,8 u.ö.) und eidesstattlich bekräftigte Versprechen müssen eingehalten werden (vgl. 16,91 u.a.).

Solidarisch handeln

Die gegenseitige Solidarität besteht vor allen Dingen darin, dass die Gläubigen für die sozial Schwachen einstehen, für Arme und Waisen Sorge tragen und ihnen zu essen geben (vgl. 107,1–2; 74,44 u.ö.), sowie den Reisenden Gastfreundschaft gewähren (vgl. u.a. 2,177). Auch sollen die Muslime untereinander Großmut walten lassen (2,237), freundlich im Umgang untereinander sein (vgl. 2,83), Vergebung und Nachsicht üben (vgl. 24,22; 64,14), zum Frieden und zur Aussöhnung beitragen (vgl. 4,114; 49,9), sowie Spott (vgl. 44,11; 49,1) und Neid meiden (vgl. 113,5).

Das Leben schützen

Der Koran fordert absoluten Respekt vor dem menschlichen Leben. Mord und Totschlag sind verboten (vgl. 5,32 u.ö.). An die Eltern ergeht die Mahnung, ihre Kinder nicht wegen wirtschaftlicher und sozialer Not zu töten (6,151). In einem Fall ist Töten jedoch erlaubt: „O ihr, die ihr glaubt, vorgeschrieben ist euch bei Totschlag die Wiedervergeltung ..." (2,178). Damit bestätigt der Koran das sog. ius talionis (Wiedervergeltung) und lässt die Blutrache zu (vgl. 17,33; 6,151; 5,32), empfiehlt jedoch, darauf zu verzichten und sich mit einem Blutgeld zu begnügen (2,178). Im Falle eines versehentlich verübten Totschlags ist Blutrache verboten, der Täter hat dafür Sühne zu leisten. Die Aufhebung der Blutrache in diesem Fall wird im Koran als eine Erleichterung des strengen ius talionis und als ein Gnadenerweis vonseiten Gottes betrachtet.

Die Eltern achten

Von den Kindern fordert der Koran eine gute Behandlung der Eltern; gerade wenn sie alt und gebrechlich geworden sind (17,23–24), sollen sich die Kinder ihnen gegenüber ehrerbietig zeigen. Sie sollen für sie und die Verwandten sorgen, wenn sie in Not geraten sind (vgl. 2, 177.271). Den Eltern sollen sie gehorchen, wenn sie zum Glauben mahnen (vgl. 46, 17).

Die Sexualität geordnet leben

Der Koran verbietet Prostitution (24, 33) und Unzucht (6, 151 u. ö.); er verurteilt die Homosexualität (4, 16 u. ö.) und verlangt in allen Fällen Züchtigung und Bestrafung.
Um ein geordnetes Geschlechts- Ehe- und Familienleben zu sichern, schreibt der Koran vor, alle heiratsfähigen Frauen und Männer der islamischen Gemeinschaft zu verheiraten (24, 32). Die Zahl der legitimen Frauen, die ein Mann gleichzeitig heiraten darf, hat der Koran auf vier begrenzt (4, 3), vorausgesetzt allerdings, dass der Mann seine Frauen gerecht behandelt, was aber nach koranischer Einschätzung nur schwer oder kaum gelingen dürfte (vgl. 4, 129). Geschlechtsverkehr ist nur Eheleuten gestattet (70, 31; 24, 33), während der Menstruation der Frau (2, 222), tagsüber in der Zeit des Fastenmonats Ramadan (2, 187) und im Weihezustande während der Wallfahrt nach Mekka (2, 197) ist er untersagt. Über die Ehe hinaus dürfen die Männer auch sexuellen Umgang mit ihren Konkubinen unter ihren Sklavinnen haben (70, 19 f.; 23, 5 f.); ansonsten gebietet der Koran Männern (23, 5, 24, 30) wie Frauen (24, 60) die Keuschheit.

In Ehe und Familie „in rechtlicher Weise" zusammenleben

Grundsätzlich soll der Umgang der Ehepartner miteinander in „rechtlicher Weise" erfolgen (vgl. 2, 228; 4, 19), d. h., die Ehepartner sollen einander in „Liebe und Barmherzigkeit" begegnen (30, 21). Männer und Frauen sind füreinander eine Bekleidung (2, 178), sie brauchen einander, sie passen zueinander. Die Frauen sind – so der Koran – „ein Saatfeld" für die Männer (2, 223). Von seiner Frau kann der Mann Gehorsam verlangen; notfalls darf er sie sogar im ehelichen Verkehr bestrafen und durch Schläge züchtigen (vgl. 4, 34).
Pflicht des Mannes ist es, für die Familie zu sorgen und ihren Lebensunterhalt zu sichern (vgl. 4, 34). Die Ehefrau ist in erster Linie Hausfrau, Mutter und Erzieherin der Kinder. Ihre Funktion spielt sich vorwiegend im häuslichen Bereich ab. In der Öffentlichkeit und vor fremdem Besuch hat sie sich so zu kleiden, dass sie nicht anstößig wirkt, sondern anständig erscheint und dementsprechend behandelt wird (vgl. 24, 31; 33, 59).
Bei Scheidung einer Ehe durch Verstoßung der Frau seitens des Mannes – eine dreimal bekräftigte Verstoßung gilt als endgültig und die Ehe damit auch ohne gerichtliches Urteil als rechtskräftig geschieden – hat die Frau Anspruch auf ausreichende finanzielle Absicherung. Ferner ist eine Wartezeit von drei Menstruationsperioden einzuhalten, um so noch eine eventuelle Schwangerschaft feststellen zu können (vgl. 2, 228; 65, 1). Bei Verstoßung wegen Unzucht kann

die Frau sofort aus dem Haus entlassen werden.

Ehrlich und wahrhaftig sein

Falsche Aussagen sind zu meiden (22,30), ebenso das falsche Zeugnis (25,72). Auch werden Heuchelei (2,264), Unaufrichtigkeit (3,188), Verdächtigungen (49,12), üble Nachrede (24,19) und Verleumdung (4,112) verurteilt.

Wein und Glücksspiele meiden

Schließlich verbietet der Koran Wein und Glücksspiele (5,90–91; vgl. 2,219; 4,43). Auch sind gewisse Speisen untersagt: „Verboten ist euch Verendetes, Blut, Schweinefleisch und das, worüber ein anderer als Gott angerufen worden ist, und Ersticktes, Erschlagenes, Gestürztes, Gestoßenes und das, was ein wildes Tier angefressen hat – ausgenommen das, was ihr schächtet – und das, was auf Opfersteinen geschlachtet worden ist … Wenn aber einer aus Hunger gezwungen wird, ohne zu einer Sünde hinzuneigen, so ist Gott voller Vergebung und barmherzig“ (5,3).

Der Mensch muss sich bewähren

Gott als „der Beste der Schöpfer“ (37,125) hat den Menschen vor allem anderen geschöpflichen Sein „eindeutig bevorzugt“ (17,70). Deswegen wird von ihm Treue zu Gott und Ergebung in seinen Willen gefordert. Der Mensch hat sich zu bewähren. Dazu stellt ihn Gott auf die Probe: „… Und wir prüfen euch im Bösen und Guten und setzen euch damit der Versuchung aus“ (21,35; 11,7). Da aber der Mensch von Natur aus schwach ist, hat Gott ihm im koranischen Gesetz Erleichterung gewährt und von drückender Last befreit (vgl. 4,27–28 u. ö.). Im Rahmen und anhand dieses Gesetzes haben sich die Menschen zu bewähren, indem sie miteinander in guten Werken wetteifern (3,114).

Frei oder vorherbestimmt? (s. auch Freiheit/Willensfreiheit)

Ob der Mensch auf dem Hintergrund der Allmacht Gottes in seinem Handeln frei oder vorherbestimmt ist, wird im Koran nicht eindeutig beantwortet. Teils ist von Willensfreiheit (vgl. 9,51; 15,60; 25,2 u. ä.) die Rede. Auch die islamischen Theologen schwanken in ihrer Meinung bezüglich Prädestination einerseits und Entscheidungsfreiheit andererseits. Die neuere islamische Theologie neigt allerdings dazu, dem Menschen ein größeres Maß an Freiheit bei der Entstehung und Ausführung seiner Werke zuzugestehen.

Die Einstufung der menschlichen Handlungen

Die moralische Qualität einer menschlichen Handlung wird vom Inhalt der koranischen Vorschriften bestimmt: Sie zeigen an, was gut und was böse ist. Entsprechend ihrer Gewichtigkeit, wie sie sich aus dem Gesetz Gottes herleitet, werden die menschlichen Handlungen in verschiedene Kategorien eingestuft:

Eine Handlung ist geboten, wenn sie dem Menschen zur Pflicht gemacht ist. Wer dieser Pflicht nachkommt, wird belohnt, wer sie missachtet, bestraft.

Eine Handlung ist empfohlen, sofern sie dem Leben des Einzelnen sowie der Gemeinschaft förderlich ist. Wer sich daran hält, wird belohnt; wer sich nicht darum kümmert, setzt sich damit jedoch keiner Strafe aus.
Eine Handlung ist erlaubt, sofern sie moralisch bzw. rechtlich wertneutral ist. Sie zieht weder Lohn noch Strafe nach sich.
Eine Handlung ist missbilligt, wenn sie dem Gehorsam Gott gegenüber im Wege steht. Wer eine solche Handlung meidet, wird belohnt, ihre Ausführung steht jedoch nicht unter Strafe.
Eine Handlung ist verboten, wenn ihre Unterlassung geboten ist. Wer sich danach richtet, d.h. sie nicht begeht, verdient Belohnung, wer sie hingegen ausführt, Strafe.

Verfassung, Institutionen, Gruppierungen

Der Islam als religiös-politische Gemeinschaft

Als Muhammad im Jahre 622 mit seiner Gemeinde von Mekka nach Medina auswanderte, kamen neue Aufgaben auf ihn zu. Da es galt, eine existenzfähige Gemeinschaft herauszubilden, musste Muhammad neben seinem prophetischen Auftrag von nun an auch die Rolle des politischen Führers und des sozialen Organisators mit übernehmen. 623 erließ er – wie anfangs bereits erwähnt – seine erste Gemeindeverfassung, in der das Selbstverständnis des Islams als religiöse und politische Gemeinschaft zugleich festgeschrieben wurde: Medina wurde zu einem politischen Stadtstaat, die islamische Gemeinde zu einer religiös-politischen Gemeinschaft erklärt. Alle Muslime bilden als Glaubensbrüder, d.h. aufgrund ihres gemeinsamen islamischen Glaubens, eine solidarische Gemeinschaft (umma). Sie basiert also nicht mehr wie in vorislamischer Zeit auf Blutsverwandtschaft, sondern ihre Solidarität und ihr innerer Zusammenhalt ist im gemeinsamen Glauben aller Muslime verankert. So ist der Islam nach seinem eigenen Selbstverständnis als „umma“ zu begreifen, d.h. als die juristisch-politisch-religiöse Gemeinschaft aller Muslime. „Ihr seid die beste Gemeinschaft, die je unter den Menschen hervorgebracht worden ist. Ihr gebietet das Rechte und verbietet das Verwerfliche und glaubt an Gott. Würden die Leute des Buches glauben, es wäre besser für sie ...“ (3,110).
Religiöse und politische Gemeinschaft ist eins: das Staatsvolk ist Gottesvolk, das religiöse Gesetz (shariʿa) Staatsgesetz. Religion, Ethik, Politik sind untrennbar miteinander verflochten. Aufgrund dieser Verflochtenheit wird der islamische Staat als Theokratie bezeichnet. An seiner Spitze steht (entsprechend dem jeweiligen Sprachgebrauch und je nach Zeit und Geschichte) der Khalif (Nachfolger des Propheten), der Imam (Vorsteher der Gemeinschaft) oder der Sultan (Machthaber). Ihm obliegt die Regierungsgewalt (hukm). Der Koran schreibt keine bestimmte Staatsform vor, so dass prinzipiell alle uns bekannten Staatsformen, sofern sie nicht ideologisch vorgeprägt sind,

mit den politischen Grundsätzen des Korans vereinbar sind, vorausgesetzt, dass sie willens sind, dem koranischen Gesetz und den von der Tradition festgeschriebenen Bestimmungen entsprechend zu handeln. Zur Unterstützung der Amtsführung des Regierungschefs (Exekutive) sind im islamischen Staat verschiedene Ämter vorgesehen; die wichtigsten seien hier kurz genannt:

Der Rechtsgelehrte (mufti) fungiert als Berater der Regierung in Fragen der Legislative (koranisches Gesetz und Tradition). Bei ihm können Rechtsgutachten (fatwa) eingeholt werden. Der Richter (qadi) ist zuständig für die Rechtsprechung (Jurisdiktion); dabei zieht er für sein Urteil u.a. das Rechtsgutachten des Mufti heran.

Der Marktüberwacher (muhasib) kontrollierte und beaufsichtigte die Handelsgeschäfte.

Die Polizei (shurta) sorgt für die öffentliche Ordnung.

Institutionen

Im Verlauf des 8./9. Jahrhunderts entstanden im Islam vier Rechtsschulen (Hanafiten, Malikiten, Shafi'iten, Hanbaliten), die sich um eine Systematisierung des Rechtswesens bemühten und jene rechtlichen Bestimmungen erfassten, die die religiösen Pflichten, das Familien-, Erb-, Eigentums- und Vertragsrecht und schließlich die Kriegführung betreffen.

Bei der Feststellung der Rechtsnormen und ihrer Anwendung auf die konkrete Situation ist neben dem Koran und der Überlieferung die Übereinstimmung der gesamten islamischen Gemeinschaft (idjma') verbindliche Richtschnur. Mittels der Methode der Analogie (qiyas) werden die grundsätzlichen Normen auf Einzelfälle im Alltag angewandt. Ist die Rechtslage nicht eindeutig, dann ist der Rechtsgelehrte gehalten, sich ein möglichst ausgewogenes Urteil (ra'y) zu bilden; dabei hat er sich in seinen persönlichen Bemühungen (idjtihad) an den grundlegenden Vorschriften zu orientieren und gültige Bräuche ('urf) sowie anerkannte Meinungen mit in Betracht zu ziehen. Je nach Bedeutung, die sie im Einzelfall der Tradition, der Übereinstimmung der Gemeinschaft bzw. den anderen oben erwähnten Methoden (wie Analogie, Urteil, persönliche Bemühungen) beimessen, unterscheiden sich die Rechtsschulen voneinander. Für die in der Bundesrepublik Deutschland lebenden Muslime ist die recht liberale Rechtsschule der Hanafiten, benannt nach Abu Hanifa (699–767), die maßgeblichste.

Gruppierungen

Auch der Islam ist von Spaltungen nicht verschont geblieben. Etwa 35 Jahre nach dem Tod Muhammads führten Meinungsverschiedenheiten über die zu erfüllenden Bedingungen für die Übernahme des Khalifenamtes zu Spaltungen:

- Nach den Kharidjiten – heute ca. zwei Millionen an der Zahl – muss der jeweils beste Anwärter zum Khalifenamt gewählt werden.
- Die Schiiten hingegen fordern die Abstammung des Khalifen vom Propheten Muhammad. Mit der Zeit haben

sich die Schiiten in zahlreiche Sekten aufgesplittert. Ihre Hauptgruppe sind die Imaniten oder die Zwölfer-Schia, was besagt, dass sie zwölf Imame (religiöse Führer) als rechtmäßig anerkenne. Der zwölfte Imam – so sagen sie – lebt seit 940 in Verborgenheit weiter, um am Ende der Zeit wiederzukommen und das Reich Gottes aufzurichten. Es gibt heute ca. 60 Mill. Schiiten (vorwiegend im Iran, Iraq, Syrien, Libanon und Jemen), von denen sich etwa 45 Mill. zur Zwölfer-Schia rechnen.
– Die Sunniten machen mit 690 Mill. die große Mehrheit der Muslime aus. Nach ihnen genügt es, wenn der Khalif aus dem Stamm des Propheten, nicht unbedingt aus seiner Familie, gewählt wird. Die Sunniten stellen die orthodoxe Richtung im Islam dar.

Literatur: *L. Gardet/J. Jomier,* Art. Islam, in: EI²; *L. Gardet,* Der Islam. Köln 1968; *S. Balić,* Ruf vom Minarett. Weltislam heute – Renaissance oder Rückfall? Eine Selbstdarstellung, Wien 1979; *M. Hamidullah,* Der Islam. Geschichte, Religion, Kultur, Aachen ²1983; *H. Stieglecker,* Die Glaubenslehren des Islam, Paderborn ²1983; *W. M. Watt/A T. Welch,* Der Islam I (Die Religionen der Menschheit 25,1), Stuttgart 1980; *W. M. Watt/M Marmura,* Der Islam II (Die Religionen der Menschheit 25,2), Stuttgart 1985; *A. Schimmel u.a.,* Der Islam III (Die Religionen der Menschheit 25,3), Stuttgart 1990; *H. Küng,* Der Islam – Geschichte, Gegenwart, Zukunft, München 2004, TB 2006.

L. Hagemann

Islamische Kultur/Zivilisation

Der Begriff der „islamischen Kultur“ oder „islamischen Zivilisation“ bedarf einiger Überlegungen, da es zunächst schwer einzusehen ist, dass für unterschiedliche Regionen der islamischen Welt ein gemeinsamer Oberbegriff verwendet wird. Der geografische Raum, den Muslime bewohnen, ist außerordentlich groß und deckt einen Bereich zwischen Indonesien im Osten und den islamischen Staaten der westafrikanischen Sahelzone im Westen ab. In dieser Spannbreite leben Kulturen, die sich zum Teil stark voneinander unterscheiden und deren wichtigster gemeinsamer kultureller Nenner die dominierende Stellung des Islams als religiöses oder rechtliches System in der einen oder anderen Form ist.
Man kann das Entstehen einer islamischen Kultur zeitlich nur schwer definieren, wie auch ihrer Beschreibung zahlreiche Hindernisse im Weg stehen. Wie jede Hochkultur ist auch die islamische das Ergebnis des Kontakts zahlreicher unterschiedlicher älterer Kulturen. Diese prägten als Substrate in den geografischen Regionen, in denen sie vorherrschend waren, die neue Kultur besonders stark. Daher ist die Frage, ob es eine islamische Kultur gibt, nur zu berechtigt, denn auch der Standpunkt, dass aufgrund der differenzierenden ökologischen, ökonomischen und politischen Voraussetzungen zahlreiche, sich unterscheidende islamische Kulturen entstanden sind, hat etwas für sich. In den einzelnen Regionen der islamischen Welt lassen sich Kulturzüge feststellen, die in andern nicht vorhanden sind. Daher kann man einzelne Kulturprovinzen in der islamischen Welt feststellen. Im Vergleich zu den anderen Weltkultu-

ren allerdings weisen die verschiedenen islamischen Kulturprovinzen so viele Gemeinsamkeiten untereinander auf, dass man durchaus von einer islamischen Kultur sprechen darf. Als Ursache für diese zahlreichen kulturellen Übereinstimmungen kann neben dem gemeinsamen Glauben, der nicht nur das religiöse, sondern auch das soziale und kulturelle Leben der islamischen Gesellschaften prägt, die Mobilität der Muslime auch über ihren engeren regionalen Bereich hinaus bezeichnet werden. Ihre Reiseunternehmungen führten dazu, dass einzelne Kulturzüge weit verbreitet wurden. Dabei waren die Träger dieser Diffusion vor allem Pilger und Kaufleute, aber auch Gelehrte und Künstler. Hinzu kam, dass die Kommunikationsmöglichkeiten in der islamischen Welt schon früh hoch entwickelt waren.

Diese Tatsache hat zu einer starken Vereinheitlichung der islamischen Kultur beigetragen. So hätte die künstlerische Reaktion auf das Bilderverbot im Islam (s. dort) sehr unterschiedlich erfolgen können. Doch verbreitete sich die Entwicklung der öffentlichen Kunst hin zu verschiedenen Formen der Kalligraphie in der gesamten islamischen Welt und die bildlichen Darstellungen blieben auf den Bereich der Miniaturen beschränkt, was wiederum eine grundsätzliche Einheitlichkeit der Formen, aber auch der Inhalte zur Folge hatte. Auch in der islamischen Architektur und Gartenbaukunst lassen sich bei aller Vielfältigkeit zahlreiche Übereinstimmungen feststellen. Gleiches gilt für den Bereich der gesamten islamischen Literatur, in der sich z. B. eine größere Bedeutung der Fiktion erst in der Gegenwart entwickelt hat. Vergleichbare Übereinstimmungen lassen sich auch für den Bereich der Musik finden, in der die komplexe Rhythmik ein gemeinsames Merkmal darstellt. Selbst in einem so von regionalen Voraussetzungen abhängigen Bereich wie dem der Kulinarik sind zahlreiche durch Diffusion verbreitete Kulturzüge festzustellen. Die technische Weiterentwicklung der Kommunikationsmedien hat die Tendenzen zu einer kulturellen Vereinheitlichung der islamischen Welt noch verstärkt. Dazu tragen nicht zuletzt die zahlreichen internationalen islamischen Organisationen bei, die durch ihre finanzielle Unterstützung von Bildungsprogrammen und anderen Aktivitäten die regionalen kulturellen Unterschiede verringern.

Literatur: *G. von Grunebaum,* Islam. Essay in the Nature and Growth of a Cultural Tradition, London 1955; *ders.,* Studien zum Kulturbild und Selbstverständnis des Islams, Zürich 1969; *ders. (Hrsg.),* Unity and Variety in Islamic Civilisation, Chicago 1955; *W. Ende/U. Steinbach,* Der Islam in der Gegenwart, München [4]1996.

P. HEINE

Islamische Länder/Völker

Die Frage danach, wann man ein Individuum als Muslim bezeichnen kann, ist nicht ganz leicht zu beantworten. Gewiss, wer bekennt, dass es keinen Gott außer Gott gibt und dass Muhammad der Gesandte Gottes ist, muss nach allgemeiner Ansicht als Muslim betrachtet werden. Eine noch einfachere Definition besagt ganz allgemein, dass Muslim derjenige ist, der sich selbst dafür hält. So umgehen Theoretiker das Problem der religiösen Minoritäten und Sekten im Islam. Auf die Praxis angewandt, versagt diese Definition jedoch weitgehend; denn die religionsgeschichtliche Entwicklung, nicht nur in den Randgebieten des Islams hat gezeigt, dass der Konsens darüber, wer Muslim ist, unter Muslimen eben doch nicht so leicht zu erreichen ist, wie es in der Theorie den Anschein hat. Daneben gibt es gerade in Fällen eines allgemeinen Religionswandels zahlreiche Übergangsformen, bei denen es schwer fällt, zu unterschieden, ob jemand schon Muslim ist oder noch nicht.

Ergeben sich bei der einzelnen Person schon Probleme der Zuordnung, um wie viel schwieriger ist es, auf große ethnische Gruppen oder politische Systeme, wie Staaten sie bilden, Kriterien anzuwenden, mit deren Hilfe diese als islamisch apostrophiert werden können. Hier kommt zum Problem der individuellen Zugehörigkeit zum Islam als einem qualitativen Problem noch die Frage des quantitativen Anteils von Muslimen an einer bestimmten gesellschaftlichen oder politischen Einheit hinzu und ergänzt das qualitative Moment. Kann man ein Volk oder eine ethnische Gruppe als islamisch bezeichnen, wenn 51 Prozent der Mitglieder Muslime sind oder wenn sie eine relative Mehrheit ausmachen? Die gleiche Frage lässt sich im Hinblick auf einen Staat stellen. Endgültig sind beide Fragen nicht zu beantworten, zumal wenn man bedenkt, dass in vielen der in Frage kommenden Länder die demographische Erfassung der Bevölkerung noch in den Anfängen steht.

Die folgende Aufstellung islamischer Völker und Ethnien beruht darauf, dass Schätzungen eine muslimische Mehrheit vermuten, d.h. mehr als die Hälfte der Bevölkerung als Muslime angesehen werden. Die Zusammenstellung umfasst ausschließlich ethnische Gruppen von mehr als 100 000 Angehörigen oder Gruppen, die besonders bekannt sind. Untergruppen wurden in der Regel nicht eigens erwähnt. Allgemeine Kategorien wie „Mande-Sprecher“ oder „Turkvölker“ wurden nicht aufgenommen.

Als islamische Völker können angesehen werden: Abgun, Acehnese, Aimaq, Albaner, Ambonesen, Araber, Azeri, Bakhtiyaren, Balantak, Balti, Balutschen, Bambara, Bamum, Benjarese Bantu (Zentral), Barma, Baschkiren, Baweanese, Beja, Bengalen, Berber, Beri, Berti, Bihari, Bilali, Bilin, Bimanesen, Bosnier, Brozo, Brahui, Bugi, Cham, Chechen, Circessen, Daghestani, Dyula, Fali, Fulani, Haddad, Harari, Hausa, Hazara, Hui, Jabarti, Jahanka, Javaner, Kanembu, Kanuri, Karachai, Karakalpaken, Kaschmiri, Kasakhen, Kede, Khamseh, Kirgisen, Kotokoli, Kumyken, Kurden, Lazen, Luren, Maba, Maduresen, Maguindanao, Makassarese, Malaien, Mandara, Mandinka, Manggarai, Mapilla, Maranao, Mari, Masalat, Meos, Minagkabau, Mongolen, Mori, Mwera, Nubier, Nuristani, Ogan, Orissaner, Oromo, Osseten, Perser, Pomaken, Punjabis,

Pushtunen, Quashqua^ci, Radjastani, Sasak, Serer, Sindhis, Somali, Songhay, Soninke, Soso, Swahili, Tadjiken, Tartaren, Tausug, Tigre, Tuareg, Türken, Uzbeken, Wolof, Yao, Yoruba.

Angesichts der Tatsache, dass eine Organisation Islamischer Staaten, die Organisation der Islamischen Konferenz, besteht, wäre es einfach, die Mitgliedschaft in diesem Zusammenschluss islamischer Staaten als Kriterium für die Zuordnung als islamischer Staat anzunehmen. Das würde jedoch bedeuten, dass eine Reihe von Ländern mit einer islamischen Mehrheit hier nicht erscheinen würden. Der folgenden Aufstellung liegen daher statistische Daten zugrunde.

Aufgeführt werden alle Staaten, in denen Muslime 50 Prozent der Gesamtbevölkerung ausmachen:

Europa: Albanien;

Mittelasien: GUS: Azerbaidjan, Kasakhstan, Krigizien, Turkmenien, Uzbekistan;

Mittlerer Osten: Afghanistan, Bahrain, Iran, Iraq, Jordanien, Kuwait, Libanon, Oman, Qatar, Saudi-Arabien, Syrien, Türkei, Vereinigte Arabische Emirate, Jemen (Arabische Republik), Jemen (Demokratische Republik);

Nordafrika: Ägypten, Algerien, Libyen, Marokko, Tunesien;

Westafrika: Gambia, Guinea, Mali, Mauretanien, Niger, Senegal, Sierra Leone;

Nordostafrika: Djibuti, Somalia, Sudan;

Asien: Bangladesch, Brunei, Indonesien, Pakistan.

Literatur: *M. Ahsan,* Islam: Faith and Practice, London 1977; *P. Heine,* Das Verbreitungsgebiet der islamischen Religion, in: *W. Ende/U. Steinbach (Hrsg.)* Der Islam in der Gegenwart, München 1996, 129–148; *R. Devat (Ed.),* A Map of the Muslims in the World, Leiden 1984; *R. Weekes (Ed.),* Muslim Peoples. A World Ethnbographic Survey, 2 Bde., Westport 1984.

P. HEINE

Islamismus

Seit den 1990er Jahren werden verschiedene Formen des politischen Islams als Islamismus bezeichnet. Zuvor war von ‚islamischem Fundamentalismus' die Rede. Als früheste islamistische Bewegung wird die ‚Muslim-Bruderschaft' (ikhwan al-muslimun) in Ägypten angesehen, die 1928 von dem Lehrer Hassan al-Banna (1906–1949) gegründet worden war (s. Muslimbrüder). Das Ziel der Muslimbrüder war es, eine ‚islamische Ordnung' in Ägypten einzuführen. Diese Ordnung fordert, dass in einer islamischen Gesellschaft die religiösen Grundlagen des Islams wie auch seine ethischen Vorschriften beachtet und praktiziert werden. Dies kann geschehen, indem das islamische Recht, die Shari^ca, Grundlage der politischen Ordnung wird. Eine Trennung von Religion und Staat ist nicht vorgesehen. Ziel allen politischen Handelns aber ist das Allgemeinwohl (maslaha), dem auch die Regeln der Shari^ca unterzuordnen sind. Die Muslimbrüder forderten keinen theokratischen Staat. Es gab für sie durchaus eine Vorstellung von Volkssouveränität, wobei die Regierung aber nicht an den Willen des Volkes, sondern an den göttlichen Willen gebunden sein sollte. Wie das Volk in den politischen Willens- und Gestaltungsprozess eingebunden werden sollte, ist unter den Theoretikern der Muslimbrüder umstritten. Einig war man sich, dass eine Beratung (shura) stattzufinden habe. Einzelheiten zur Form des Beratungsprozesses blieben aber offen. Die Ideologie der Muslimbrüder war zunächst nicht anti-westlich. Gleichwohl wollten sie sich aus der Umklammerung der islamischen Gesellschaften durch den Westen lösen. Kritischer wurde diese Haltung unter dem Einfluss von Sayyid Qutb (1906–1966), der den Westen als eine Gesellschaft betrachtete, der die grundlegenden menschlichen Werte fehlen. Er erwartete, dass der Materialismus des Westens zu spiritueller, sozialer und schließlich zu physischer Vernichtung führen würde. Freiheit sah er in der Freiheit von der Beherrschung des Menschen durch seine animalische Seite. „Wahre Freiheit bedeutet die Freiheit für das innere Sein und die Kontrolle der niederen Aspekte des Menschen.“ Freiheit wird erlangt, wenn der Mensch sich dem Willen Gottes unterwirft. Laut Sayyid Qutb sind viele Menschen nicht in der Lage, diese Wahl zu treffen, weil sie zu sehr von Institutionen und Bedingungen abhängig sind, die nicht dem Willen Gottes entsprechen. Wider diese soll eine „totale Revolution“ geführt werden. Sie muss sich gegen die menschliche Souveränität in allen ihren Formen, Typen, Systemen und Zuständen richten, solange diese dem Willen Gottes widerstrebt. In der Regel verfolgten die Muslimbrüder ihre Ziele mit friedlichen Mitteln. Ihre Vorstellungen verbreiteten sie in islamischen Ländern weit über Ägypten hinaus. Inzwischen konzentrieren sie ihre Arbeit auf den pädagogischen und sozialen Bereich. In einigen Staaten beteiligen sie sich direkt oder indirekt an Wahlen zu politischen oder berufsständischen Vertretungen und Parlamenten. Die aktuellen politischen und gesellschaftlichen Probleme in vielen Gesellschaften des Nahen Ostens haben es mit sich gebracht, dass die Muslimbrüder zahlreiche Anhänger gewonnen haben. Manche Beobachter der Muslim-Bruderschaft sprechen von einer Massenbewegung.

Etwa gleichzeitig mit Hassan al-Banna in Ägypten gründete der Journalist Abu l-Aʿla al-Maududi im damaligen Britisch-Indien die Jamaʿat-i Islami (Islamische Gemeinschaft). Seine Aktivitäten und Forderungen müssen im Zusammenhang mit Debatten um einen islamischen Staat auf dem indischen Subkontinent gesehen werden. Für al-Maududi ist der islamische Staat ein Gemeinwesen, in dem die Shariʿa zur Anwendung kommt. Bei der Entscheidung darüber, was der Shariʿa entspricht, hat der Herrscher das letzte Wort. Im Alltag wirken die Vorstellungen al-Maududis von einer islamischen Gesellschaft radikaler als die der Muslimbrüder. Er trat für eine striktere Trennung der Geschlechter ein, wollte aber auch Theater, Radio, Fernsehen, Musik und andere Künste verbieten, weil sie den Muslim von Gott ablenkten. Zeitweise konnte die

Jamaʿat-i Islami in Pakistan politischen Einfluss gewinnen. Vor allem die in den 1990er Jahren in Afghanistan herrschende Gruppe der Taliban war stark von den ideologischen Vorstellungen al-Maududis beeinflusst.

Als sich im Verlauf der 1970er Jahre bei den Muslimbrüdern in Ägypten eine Politik der kleinen Schritte und des sozialen Engagements durchsetzte, kam es zu Gegenreaktionen von vor allem jüngeren Männern. Sie stammten häufig aus der unteren Mitteklasse, verfügten aber über einen akademischen, oft naturwissenschaftlichen Bildungshintergrund. Sie wandten sich radikalen islamischen Vorstellungen zu. Dabei spielt die Vorstellung von der „vergessenen Pflicht" zum Djihad eine zentrale Rolle. Anhänger dieser Idee werden neuerdings als ‚Djihadisten' bezeichnet. Die Feinde des Islams zu bekämpfen, wird als eine zentrale Glaubenspflicht aller Muslime beschrieben. Die Tatsache, dass zahlreiche muslimische Theologen und Rechtsgelehrte anderer Ansicht sind, macht sie in der Sicht der Djihadisten zu Apostaten. Muslimische Gesellschaften, in denen die Shariʿa nicht die entscheidende Rechtsform stellt, gelten als heidnisch. Gegen die politische Klasse in diesen Staaten muss der Djihad geführt werden. Auftrieb erhielten die Vorstellungen der Djihadisten durch die militärischen Erfolge der muslimischen Kämpfer gegen die sowjetische Armee in Afghanistan. Aus verschiedenen islamischen Ländern waren junge Männer in das zentralasiatische Land gereist, um sich an der Vertreibung der Roten Armee zu beteiligen. In Afghanistan wurden sie aber nicht nur in militärischen Techniken ausgebildet, sondern auch mit djihadistischen ideologischen Positionen indoktriniert. Eine wichtige Rolle in dieser Ideologie spielte auch die Vorstellung, dass sich die islamische Welt in einem Abwehrkampf gegen den Westen befinde. Afghanistan wurde nicht als der einzige Ort angesehen, in dem sich der Islam gegen den Westen zur Wehr setzen müsse. Andere Regionen sind Kaschmir, die Süd-Philippinen, Thailand, Tschetschenien, der Balkan, und vor allem Palästina. Nach der Rückkehr in ihre Herkunftsländer genossen die Afghanistankämpfer erhebliches Prestige in ihrer Umgebung. Sie bemühten sich, ihre Ideologie zu verbreiten, und gerieten dadurch mit den Sicherheitskräften der jeweiligen Länder in Konflikt. Die Versuche, die ‚heidnischen' Regime ihrer Heimatländer zu vertreiben, erwiesen sich als erfolglos.

Es war der ägyptische Arzt Ayman al-Zawahiri, der aus dieser Situation ideologische Konsequenzen zog. In seinem Konzept sind die einheimischen Regimes der ‚nahe Feind', der sich nur mit Hilfe westlicher Mächte, vor allem der USA, an der Macht halten kann. Der Westen gilt als der ‚ferne Feind', der durch entsprechende Aktionen gezwungen werden muss, die Unterstützung seiner Vasallen in den islamischen Ländern aufzugeben. Al-Zawahiri gelang es, Usama bin Laden, einen reichen saudischen Unternehmer, von seinen Vorstellungen überzeugen. Bin Laden hatte während des Kriegs in Afghanistan eine Organisation aufgebaut, die vor allem der Finanzierung und der Ausbildung von Widerstandskämpfern diente; daher der Name al-Qaida (die Basis). Nach dem Ende des Afghanistankrieges versuchte bin Laden, die Regierung Saudi-Arabiens von der Stationierung amerikanischer Truppen ‚auf dem heiligsten Boden des Islams' abzuhalten. Hierin erfolglos, verlagerte er seine Organisation in den Sudan und später zurück nach Afghanistan. Seit der zweiten Hälfte der 1990er Jahre hatte al-Qaida verschiedentlich Angriffe gegen amerikanische Einrichtungen in Saudi-Arabien, Ostafrika und gegen das US-Kriegsschiff Cole durchgeführt. Der spektakulärste und folgenschwerste Angriff richtete sich am 11. September 2001 gegen das World Trade Centre in New York. Als Reaktion darauf marschierten Nato-Truppen in Afghanistan ein und vertrieben das dortige Taliban-Regime. Al-Qaida wurde durch den Einmarsch stark geschwächt und in seinen Aktionsmöglichkeiten deutlich eingeschränkt. Spätere Attentate in Istanbul, Bali, Jerba, Madrid und London sind wahrscheinlich nicht unmittelbar von al-Qaida orchestriert worden. Es ist aber nicht ausgeschlossen, dass al-Qaida finanzielle und logistische Unterstützung geleistet hat. Bei anderen Attentaten, vor allem im Nahen Osten, waren Organisationen aktiv, die von al-Qaida unabhängig sind. Das gilt für die zahlreichen Selbstmordattentate in Palästina und Israel ebenso wie für Ägypten. Für diese kleinen Gruppen hat sich der Name ‚Djamaʿa al-Islamiyya' (Islamische Gemeinschaft) eingebürgert. Dieser Name wird von Sicherheitsorganen und Medien immer dann verwendet, wenn keine anderen Bezeichnungen bekannt sind.

Die bisher beschriebenen Organisationen stammen aus dem sunnitischen Islam. Die schiitische Form des politischen Islams zeichnet sich vor allem durch die Tatsache aus, dass sie im Iran tatsächlich die politische Macht in Händen hält. Als Gründungsfigur des schiitischen Radikalismus gilt der iranische Revolutionsführer Ayatollah Khomeini. Er hatte sich in einem einflussreichen Buch, ‚Velayet-e Faqih' (Die Herrschaft des Rechtsgelehrten) gegen die quietistischen Tendenzen der schiitischen Religionsführer gewandt und für einen direkten Einfluss der Gelehrten auch auf die Tagespolitik votiert. Auch er verlangte die Einführung der Shariʿa als Grundlage eines staatlichen Rechtssystems. In der Islamischen Revolution von 1979 konnte Khomeini das säkulare Regime des Schah Reza Pahlevi beseitigen. In der Folge propagierte er einen Export dieser Revolution in die benachbarten islamischen Länder. Kriege und interne Auseinandersetzungen, aber auch der hinhaltende Widerstand einer Bevölkerungsmehrheit hat den Iran bisher nicht zu dem islamischen Idealstaat werden lassen, den die Protagonisten der Islamischen Revolution erwartet und der Bevölkerung versprochen hatten. Der politische Islam ist hier mit den Bedingungen der Realpolitik konfrontiert.

Literatur: *P. Heine,* Allah und der Rest der Welt. Die politische Zukunft des Islams, Frankfurt 2000; *G. Kepel,* Das Schwarzbuch des Dschihad. Aufstieg und Niedergang des Islamismus, München 2002; *ders.,* Die neuen Kreuzzüge. Die arabische Welt und die Zukunft des Westens, München 2004; *Y. Schweitzer/S. Goldstein Ferber,* Al-Qaeda and the Internationalization of Suicide Terrorism, Berlin/Bonn 2005.

P. HEINE

Ismael

Ismael (arab. Isma'il), Sohn Abrahams, ist verschiedentlich im Koran erwähnt. Nach Sure 2,136 (= 3,84) und 4,163 wurden ihm Offenbarungen zuteil. Er war ein „Gesandter und Prophet", der „seinen Angehörigen das Gebet (salat) und die Abgabe (zakat)" zu verrichten befahl, heißt es in Koran 19,54–55. Damit hat Ismael sich, wie schon Abraham, „seinem Herrn wohlgefällig" erwiesen (19,55). Neben Abraham und Isaak zählt der Koran Ismael zu den Vätern Jakobs, dessen Nachfahren sich auf die monotheistische Tradition ihrer Väter verpflichteten (2,133). Abraham und Ismael hat Gott mit der Einigung des Heiligtums der Ka'ba in Mekka beauftragt (2,125), um es für die Gläubigen zur kultischen Verehrung herzurichten. In der Frage des Abrahamopfers (vgl. 37,104–107) sind sich die muslimischen Kommentatoren nicht einig: Eine Minderheit sieht in Ismael den zu opfernden Sohn, die Mehrheit spricht sich für Isaak aus (s. auch Abraham).

Literatur: *A. J. Wensinck,* Art. Isma'il, in: Handwörterbuch des Islam, hrsg. von *A. J. Wensinck und J. H. Kramers,* Leiden 1976, 222; s. auch zu: Abraham.

L. HAGEMANN

Isma'iliten

Geschichtlicher Überblick

Isma'iliten sind die Anhänger der schiitischen Vorstellung, die davon ausgeht, dass ein (schon vor seinem Vater gestorbener) Sohn des sechsten Imams Dja'far as-Sadiq (gest. 765) mit Namen Isma'il der siebte Imam der schiitischen Gemeinschaft sei. Sie ignorierten seinen Tod und erwarteten seine Wiederkunft als „Mahdi". Andere sahen seinen Sohn Muhammad b. Isma'il als den siebten Imam an. In einem langwierigen Prozess, der von zahlreichen internen Auseinandersetzungen und Spaltungen gekennzeichnet war, gelang es Missionaren (da'i) der Isma'iliyya seit dem 9. Jahrhundert, in verschiedenen Teilen der islamischen Welt Anhänger für ihre häufig revolutionären Vorstellungen zu finden. Regionale Schwerpunkte ihrer Missionsbemühungen waren Nordafrika, der Südiraq und Nordsyrien, Bahrain, Jemen, Iran und Indien. Heute finden sich isma'ilitische Gemeinschaften noch in Syrien, Jemen, Zentralasien, Indien und unter indischen Einwanderern in Ostafrika. Eine Mehrzahl von ihnen sieht in dem Agha Khan ihr Oberhaupt. Ihre stärkste politische Macht und Bedeutung hatte die Isma'iliyya in der Zeit der Dynastie der Fatimiden zwischen 909 und 1171 in Nordafrika und Ägypten. Ihren Anhängern gelang es auch, in Bahrain und im Iran politischen Einfluss auszuüben. Dabei waren es vor allem die Ismaʿiliten Nordsyriens und des Irans zur Zeit der Kreuzzüge, die einen Machtfaktor in der turbulenten politischen und militärischen Situation des 11. Jahrhunderts darstellten. Durch ihre ungewöhnlichen Aktivitäten erregten sie auch das Interesse zeitgenössischer europäischer Beobachter, die die Ismaʿiliten mit zum Teil legendenhaften Vorstellungen in Verbindung brachten. Zu nennen ist hier vor allem der Ismaʿilitenführer Hasan-i Sabah, der als „der Alte vom Berg" in die europäische Historiographie und Literatur eingegangen ist. Ihm war es 1090 gelungen, sich in den Besitz der Bergfestung Alamut in der persischen Region Daylam zu bringen. Während die ismaʿilitischen Aktivitäten im Iran bis dahin vornehmlich im Geheimen stattgefunden hatten, leitete Hasan-i Sabah einen offenen Aufruhr gegen die militärisch weit überlegene seldjukische Herrschaft ein. Dabei ging er strategisch geschickt vor und brachte sich in den Besitz mehrere anderer Bergfesten, die seine Gegner nicht einnehmen konnten.

Des weiteren verbreitete er Furcht und Schrecken unter seinen Gegnern, indem er Anhänger aussandte, die auch unter dem Einsatz ihres eigenen Lebens in die feindlichen Reihen eindrangen und Mordanschläge ausführten oder durch entsprechende Hinweise zumindest auf eine derartige Möglichkeit hinwiesen. Die Todesverachtung der „Fidaʿiyyin" (fidaʿi bedeutet „Opferbereiter") wurde mit dem Konsum von Drogen, vor allem dem Cannabis-Produkt Haschisch zu erklären versucht. Die Gruppierungen erhielt den Namen „Assassinen", woraus sich dann das Französische „assassin" für politisch motivierte Mörder entwickelte. Nachdem die Feste Alamut durch die Mongolen zerstört worden war, residierten die Führer der iranischen Ismaʿiliyya in Azerbaidjan. Seit dem 18. Jahrhundert wurden sie verschiedentlich in die Politik des Iran verwickelt. Einem von ihnen verlieh der Quadjaren-Herrscher Fath ʿAli Schah den Titel Agha Khan, den er seinen Nachfolgern vererbte. Der Titel besteht bis heute. Im Jahr 1843 siedelte einer der Träger dieses Namens nach Indien um.

Lehre

Die Lehre der Ismaʿiliyya ist gekennzeichnet durch die grundsätzliche Unterscheidung zwischen „Zahir" (Äußeres) und „Batin" (Inneres) innerhalb der Religion. „Zahir" ist die offensichtliche und allgemein akzeptierte Bedeutung der Offenbarungsschriften der Buchreligionen. Sie kann sich mit dem Erscheinen eines jeden Propheten ändern. „Batin" dagegen sind die tatsächlichen, unwandelbaren Wahrheiten, die in den Offenbarungen verborgen sind. Sie können durch Interpretation sichtbar gemacht werden. Dazu werden verschiedene kabbalistische Techniken angewendet, in denen Buchstaben- und Zahlensymbolik eine wichtige Rolle spielt.

Nach der zyklischen historischen Vorstellung der Ismaʿiliten gibt es sieben Zeitalter. Jedes Zeitalter beginnt mit einem Propheten, der eine Offenbarung verkündet. Auf jedem der nach dieser Vorstellung bisher erschienenen Propheten: Adam, Nuh (Noach), Ibrahim (Abraham), Musa (Mose), ʿIsa (Jesus) und Muhammad folgt eine Person, die die innere Bedeutung der jeweiligen Offenbarung verkündet und auf diesen wiederum jeweils sieben Imame. Der jeweils siebte Imam wird der Prophet des folgenden Zeitalters, der mit seiner Botschaft die Lehren und Gesetze der vorhergehenden Offenbarung aufhebt. So folgte auf Muhammad ʿAli als derjenige, der die innere Bedeutung des Koran offenbarte. Der siebte Imam dieses Zeitalters ist Muhammad b. Ismaʿil, der als Mahdi erscheinen wird, um die Gesetze des Islams aufzuheben. Seine Botschaft wird jedoch keinen Unterschied zwischen „Zahir" und Batin" kennen. Bis zum Erscheinen des Mahdi muss die Bedeutung des „Batin" verborgen gehalten werden. Nur wenigen darf sie bekannt gemacht werden. Später wurde dieses Ideensystem durch neoplatonisch beeinflusste Überlegungen zur Kosmologie ergänzt. Diese Vorstellungen führten zu gewissen antinomistischen Tendenzen in der Ismaʿiliyya, die sich vor allem zur Zeit der Fatimidenherrschaft als problematisch herausstellten. Fatimidische Theoretiker bemühten sich daher um Modifikationen, bei denen die innere und die äußere Bedeutung der Offenbarungsschriften als gleichwertig angesehen wurden. Wie bei einer Glaubensgemeinschaft, die vornehmlich im Verborgenen existiert und einen häufig stark dezentralisierten Charakter hat, nicht anders zu erwarten, entwickelten sich zahlreiche Sonderformen der Doktrin. Verstärkt wurde die Tendenz zu Sonderformen noch dadurch, dass in den zum Teil voneinander isolierten Gemeinschaften Personen auftraten, die für sich reklamierten, der erwartete Messias zu sein. Solche Ansprüche mussten, wenn sie sich durchsetzten, von entsprechenden Modifikationen der Doktrin begleitet werden.

Heutige Situation

In der Gegenwart besteht eine beträchtliche Distanz der großen islamischen Gruppierungen Sunna und Zwölfer-Schia gegenüber der Ismaʿiliyya. Kritisch steht man deren Geheimlehren und Riten gegenüber. Diese Kritik wird gefördert durch die Tatsache, dass die Anhänger der Isma'iliyya sich häufig gesellschaftlich isoliert haben oder isoliert worden sind. Die Konzentration auf die eigene Glaubensgemeinschaft hat die daraus resultierende Solidarität und Kooperation innerhalb dieser Gemeinschaft gefördert. Auf wirtschaftlichem Gebiet hat dieses Zusammengehörigkeitsgefühl zu eindrucksvollen Erfolgen geführt. Teile der aus ökonomischen Aktivitäten erzielten Gewinne werden in Form von Frommen Stiftungen für Sozial- und Bildungsprogramme verwendet. Diese Bildungseinrichtungen haben die Aufgabe die Mitglieder der ismaʿilitischen Gemeinde mit ideologischen und politischen Vorstellungen der westlichen Welt und deren technischen Entwicklungen vertraut zu machen.

Literatur: *H. Algar,* The Revolt of Agha Khan Mahallati and the Transference of the Ismaʿili Imamate to India, in SI 29 (1969), 55–81; *H. Corbin,* De la gnose antique à la gnose ismaélienne, in: Convegno di scienze morali storiche e filologiche 1966, Roma 1957, 105–146; *H. Halm,* Kosmologie und Heilslehre der frühen Ismaʿiliya, Wiesbaden 1978; *B. Lewis,* The Origins of Ismaʿilism, Cambridge 1940; *ders.,* The Assassins, London 1967; *N. N. Lewis,* The Ismaʿilis of Syria Today, in: Royal Central Asian Studies Journal 1952, 69–77; *W. Schmucker,* Sekten und Sondergruppen, in: *W. Ende/U. Steinbach (Hrsg.),* Der Islam in der Gegenwart, München 1984, 505–526; *S. M. Stern,* The early Ismaʿili Missionaries in North- West Persia and in Khorasan and Transoxania, in: BSOAS 23 (1960), 56–90; *ders.,* Ismaʿili Propaganda and Fatimid Rule in Sind, in: IC 23 (1949), 298–307.

P. Heine

J

Jagdtiere

Die islamische Welt kannte die Jagd um der Jagd willen, d.h. als Sport, zunächst nicht. Sesshafte wie Nomaden betrieben sie zum Erwerb von Fleisch als Abwechslung und Ergänzung des Küchenzettels. Auch die Jagd zum Zweck der Gewinnung von Häuten oder Fellen entwickelte sich erst später. Offenbar gab es schon in früher Zeit professionelle Jäger, die jedoch einen niedrigen sozialen Status hatten. Im Laufe der islamischen Geschichte und mit einer wachsenden Verstädterung des nahen und mittleren Ostens entwickelte sich eine Jagdkultur auf der Basis der vorislamischen syrischen, d.h. antiken und persischen Traditionen. In dieser weiter entwickelten Form der Jägerei, in der auch die Falknerei zu hoher Blüte gelangte, wurden alle wilden Tiere erlegt, gleichgültig, ob man sie essen konnte oder durfte oder nicht. So jagte man große Raubkatzen und die als unrein geltenden Wildschweine. Von der islamischen Religion offensichtlich gestattet waren vor allem Antilopen und Gazellen, Hasen und sogar Hyänen. Gerne setzte man auch Vögeln nach. Zu nennen sind hier Strauß, Trappe, Rebhuhn und kleine Vögel, die unter der Sammelbezeichnung „Sperlinge" zusammengefasst werden. Neben der Jagd war und ist auch der Fischfang üblich. Im Gegensatz zur Jagd ist er uneingeschränkt erlaubt. Pilger auf ihrem Weg nach Mekka, die sich schon im Weihezustand (ihram) befinden, dürfen kein Blut vergießen, also auch nicht jagen. Allerdings dürfen sie Wildbret essen. Dagegen ist ihnen der Fischfang überall erlaubt. In der Regel gelten alle Fische als rituell rein. Selbst Fische, die tot aufgefunden werden, werden als rituell rein eingestuft. Diese Auffassung hat dazu geführt, dass alle Tiere, die im Wasser gefunden werden, als essbar gelten, weil das Wasser die Reinigung und damit implizit auch die rituelle Reinigung vornimmt. Diese Haltung wird z.B. auch für den Aal der nach Lev 11,10 den Juden verboten ist, eingenommen. Andere schuppenlose Fische wie Hai, Rochen oder Stör, die der frühe Islam nicht kannten, gelten in einigen Teilen der islamischen Welt jedoch als unrein.

Die Frage der rituellen Reinheit von Wildbret, das von einem Jagdhund erbeutet worden war, regelten die islamischen Juristen dergestalt, dass sie den Jägern vorschrieben, über den Hund die Basmala zu sprechen. Dann sei alles, was er erlege, für den Verzehr erlaubt, auch wenn er das Tier nicht nur berührt, sondern auch schon an seinem Blut geleckt habe. Nur wenn er schon begonnen habe, von ihm zu fressen, gelte die Jagdbeute als rituell unrein. Dann müsse man davon ausgehen, dass der Hund das Tier für sich selbst erlegt habe. Die Frage, ob ein Wildbret essbar war oder nicht, hing nach den Überlegungen der Rechtsgelehrten auch von der verwendeten Jagdwaffe ab. Üblich waren Pfeil und Bogen oder Wurfspieße und Lanzen. Heute sind es Feuerwaffen. Da durch sie ein Blutausfluss bewirkt wird, gilt das Fleisch nicht als Aas und damit ist sein Verzehr erlaubt. Anders verhält es sich bei den Jagdwaffen Schleuder und Schlingen. Sie sollen nicht verwendet werden.

Literatur: *E. Gräf,* Jagdbeute und Schlachttier im islamischen Recht. Bonn 1959; *P. Heine,* Kulinarische Studien, Wiesbaden 1988; *G. Jacob,* Altarabisches Beduinenleben nach den Quellen geschildert, Berlin 1897; *D. Möller,* Studien zur mittelalterlichen Falknereiliteratur, Berlin 1965; *D. Müller,* Das Tier im Leben und Glauben der frühislamischen Gesellschaft. Münster 1969.

P. Heine

Jerusalem

Im Koran wird Jerusalem nicht ausdrücklich erwähnt. Aber einige Verse beziehen sich auf diese Stadt. Die Erwähnung des Heiligtums, das von den Feinden der Kinder Israels zerstört wird (17,8), meint sicherlich den Tempel zu Jerusalem. Auch wird die „fernste Moschee“ in Sure 17,1 in der islamischen Tradition auf Jerusalem bezogen, und dies im Zusammenhang der Nachtreise Muhammads von Mekka nach Jerusalem, von wo aus er dann seine Himmelsreise unternommen hat. Weiter enthalten die Verse 2,142–152 Angaben über die Haltung der islamischen Gemeinde in Bezug auf Jerusalem: Muhammad erhält die Anweisung, nicht mehr wie bislang in Richtung Jerusalem zu beten, sondern nunmehr in Richtung der Kaʿba in Mekka.

Damit lässt sich feststellen, dass Jerusalem für den Koran eine Heilige Stadt der Juden und der Monotheisten gewesen ist, dass die Stadt mit der Geschichte der Ursprünge des Islams verknüpft ist.

Die Eroberung Jerusalems durch die muslimischen Truppen erfolgte unter dem Khalifen ʿUmar im Jahr 638. Im Schutzvertrag zwischen dem Khalifen und den Bewohnern der Stadt wird den Christen „Sicherheit für ihre Person, ihren Besitz, ihre Kirchen, ihre Kreuze“ und Religionsfreiheit gewährt. Von da an gilt Jerusalem als Teil des „Hauses des Islams“, d. h. des islamischen Gebietes, der gegen die Feinde der Muslime verteidigt werden muss und an die Nicht-Muslime nicht verloren gehen darf.

Die Geschichte der Stadt bis in unsere Tage hinein ist durch die politischen Ereignisse und Wirren der verschiedenen Epochen markiert. Jerusalem, die Stadt des Friedens, ist heute Gegenstand des Streites zwischen Juden und Arabern. Die Vorstellungen der verschiedenen betroffenen Religionsgemeinschaften (Juden, Christen und Muslime) über den Status Jerusalems sowie die von ihnen auf diese Stadt angemeldeten Ansprüche gehen in manchen wichtigen Punkten auseinander.

Literatur: *H. Busse,* Der Islam und die biblischen Kultstätten, in: Islam 62 (1966), 114–147; *ders.,* The Sanctity of Jerusalem in Islam, in: Judaism XVII (1968), 441–

468; *S. D. Goitein,* The Sanctity of Jerusalem and Palestine in Early Islam, Leiden 1966; *dies.,* Al-Kuds, in: EI[2], Bd. V, Leiden/London 1986, 322a–339a; *R. J. Z. Werblowski,* Jerusalem, Holy City of Three Religions, in: Ex Oriente Lux 23 (Leiden 1975), 423–439; *A. Th. Khoury,* Toleranz im Islam, Altenberge [2]1986, 77–78; *ders.,* Der Koran. Übersetzung und wissenschaftlicher Kommentar, Bd. II, Gütersloh 1991, 149–150.

A. Th. Khoury

Jesus Christus

Die Frage, wer Jesus sei, beantwortet der Koran eindeutig und unmissverständlich. Er zählt ihn zu den großen Gesandten Gottes, verneint aber seine Gottessohnschaft.

Die Mutter Jesu

Die Mutter Jesu, Maria, ist von Gott durch eine besondere Auserwählung ausgezeichnet (vgl. Koran 3,33). Josef hingegen wird im Koran nicht genannt, wohl aber kennt ihn die islamische Tradition. Jesus wird im Koran häufig als „Sohn Marias" bezeichnet. Sie empfing ihren Sohn durch einen göttlichen Schöpfungsakt (19,20 f.) oder durch das Einhauchen des Geistes (19,22), wie einige Kommentatoren meinen. Gegen Vorwürfe ihrer Verwandtschaft, sie habe einen unehelichen Sohn zur Welt gebracht, nimmt das Kind Jesus sie öffentlich in Schutz, indem es auf seine göttliche Sendung hinweist: „Ich bin der Diener Gottes. Er ließ mir das Buch zukommen und machte mich zu einem Propheten" (19,30). An anderer Stelle verteidigt der Koran Maria ausdrücklich gegen „eine gewaltige Verleumdung" seitens der Juden (4,156) und bezeichnet die Mutter Jesu wiederholt als die, die „sich keusch hielt" (21,91; 66,12). Damit unterstreicht der Koran die jungfräuliche Geburt Jesu.

Jesus, der Prophet

Nach dem Koran ist Jesus neben Noach, Abraham, Mose und Muhammad eine der größten Persönlichkeiten der Prophetengeschichte (33,7). Gott hat ihn auserwählt, um ihn zum Propheten zu machen (19,30). Als „Diener Gottes" wurde Jesus besondere Gnade zuteil (43,59): Er wird als ein lauterer Junge bezeichnet (19,19), als ein Gesegneter (19,31), den Gott „zu einem Beispiel für die Kinder Israels gemacht hat" (43,59). Sowohl im Diesseits als auch im Jenseits wird er großes Ansehen genießen, und er wird zu denen gehören, die Gott nahe stehen (3,45). Gott selbst begleitete Jesu Predigt und Wirken mit verschiedenen Wundern und Zeichen, um die Echtheit seiner Sendung zu beglaubigen (5,110; 3,48 f.). Darüber hinaus ist Jesus vor allem der *Verkünder des Evangeliums.* Er steht damit in der Reihe derer, die unmittelbar von Gott eine Offenbarungsschrift erhalten haben, wie vor ihm Mose, der Überbringer der Thora, und nach ihm Muhammad, der Übermittler des Korans. So ist Jesus nicht nur ein herausragender Prophet, sondern auch einer der großen Gesandten Gottes.

Koranische Bezeichnung Jesu

Im Koran wird Jesus als „Wort Gottes" bezeichnet (3,39–45; 4,171).

„Wort" (kalima) als koranische Bezeichnung für Jesus beinhaltet zweierlei:
1. Jesus ist wie alles Seiende durch Gottes Schöpfungswort ins Dasein gerufen worden.
2. Er ist als Prophet und Gesandter Gottes Verkünder von Gottes Wort.
Auch wenn der Ursprung der koranischen Terminologie christlich beeinflusst sein mag, so hat Muhammad ihr doch einen neuen Sinn gegeben, der mit dem von ihm vehement vertretenen Monotheismus in Einklang steht und jede Deutung etwa im Sinne des Johannesprologs ausschließt (vgl. Joh 1,14). Was für die Bezeichnung „Wort Gottes" für Jesus gilt, trifft ebenso auf seine Charakterisierung als „Geist" (ruh) Gottes zu (4,171; 21,91; 66,12). Auch in diesem Fall wird besonders die Geschöpflichkeit Jesu hervorgehoben: Durch das Schöpfungswort Gottes und das Einhauchen seines Geistes wurde Jesus wie Adam ins Leben gerufen (vgl. 19,15; 32,9; 38,72).
Auch als Prophet und Gesandter Gottes, so sagt der Koran, ist und bleibt Jesus ein gewöhnlicher Mensch: „Christus wird es sicher nicht aus Widerwillen ablehnen, Diener Gottes zu sein ...", heißt es in Sure 4,172. Deswegen dürfen ihm keine Eigenschaften zugeschrieben werden, die ihm nicht zukommen (4,171). Alle Menschen stehen vor Gott wie Sklaven da: „Niemand in den Himmeln und auf Erden wird zum Erbarmer anders denn als Diener kommen können" (19,93). Ferner stellt der Koran ausdrücklich fest, dass sowohl Jesus als auch seine Mutter Maria wie jeder sterbliche Mensch „Speise zu sich nahmen" (5,75).
Der Koran bezeichnet Jesus an zahlreichen Stellen auch als *Messias,* allerdings erst in den Suren aus medinischer Zeit (3,45; 4,171 f.; 5,17.72.75 etc.) Dieses der jüdisch-christlichen Welt entstammende Wort hat somit erst relativ spät Eingang in den Koran gefunden. Ohne biblische Inhalte damit zu verbinden, hat Muhammad diesen Titel übernommen und als Ehrennamen auf Jesus übertragen. Die muslimische Deutung dieses Titels ist vielschichtig. Danach wird Jesus deswegen als Messias bezeichnet, weil er 1. mit dem Segen Gottes gesalbt wurde, 2. durch den Engel Gabriel von der Berührung des Satans verschont blieb, 3. Sündenfreiheit erlangte, 4. jungfräulich empfangen, 5. zum Propheten gesalbt wurde oder auch 6. selbst Kranke gesalbt und geheilt hat.

Jesus ist nur ein Mensch

Mit Nachdruck verneint der Koran die Gottessohnschaft Jesu: „O ihr Leute des Buches, übertreibt nicht in eurer Religion und sagt über Gott nur die Wahrheit. Christus Jesus, der Sohn Marias, ist doch nur der Gesandte Gottes und sein Wort, das er zu Maria hinüberbrachte, und ein Geist von Ihm" (4,171). Dass Jesus nur Prophet und Gesandter Gottes war, betont der Koran wiederholt. Als eine Religion des strikten Monotheismus negiert der Islam jede Möglichkeit der Zeugung in Gott und jede Art der Vaterschaft Gottes: „Sprich: Er ist Gott, ein Einziger,

Gott, der Undurchdringliche. Er hat nicht gezeugt und Er ist nicht gezeugt worden, und niemand ist Ihm ebenbürtig" (Sure 112). Selbst im übertragenen Sinn kann man nicht von Gott als Vater sprechen, denn kein Geschöpf kann zu Gott ein Vater-Kind-Verhältnis haben (5,18). Das gilt in gleichem Maße auch für Jesus (s. auch Trinität). Auch ist Jesus, so der Koran, nicht am Kreuz gestorben. Gegen die Juden, die sagen: „Wir haben Christus Jesus, den Sohn Marias, den Gesandten Gottes, getötet" (4,157), behauptet der Koran: „Sie haben ihn aber nicht getötet, und sie haben ihn nicht gekreuzigt, sondern es erschien ihnen eine ihm ähnliche Gestalt ... Und sie haben ihn nicht mit Gewissheit getötet, sondern Gott hat ihn zu sich erhoben. Gott ist mächtig und weise" (4,159). Nach der koranischen Darstellung gelang es den Juden nicht, Jesus zu kreuzigen. Gott hat ihn errettet. Das betont auch Sure 5,110. Über den Zeitpunkt des Todes Jesu gehen die Meinungen der islamischen Exegeten auseinander. Einige vermuten, Gott habe Jesus aus den Händen seiner Feinde errettet und vor dem Kreuztod bewahrt, dann aber sei Jesus gestorben, nach kurzer Zeit von den Toten auferweckt und in den Himmel erhoben worden; andere sind der Auffassung, die Aufnahme in den Himmel sei ohne vorherigen Tod erfolgt, und Jesus werde erst nach seiner Wiederkunft am Ende der Zeit sterben. denn dass Jesus sterblich ist, kann aus dem Koran erschlossen werden (19,33).

Eschatologische Aufgabe Jesu

Am Ende der Zeit, so die islamische Tradition, wird Jesus, der zum Himmel erhoben wurde, wiederkommen. Mit seiner Wiederkunft beginnt die Endzeit und kündigt sich das Endgericht an. In Jerusalem wird sich Jesus dann aufhalten und dort die Pflichten eines rechtgläubigen Muslims erfüllen. Alles, was dem Islam und seiner Gesetzgebung widerspricht, wird er abschaffen: Synagogen, Kirchen, Kreuze usw. Gegen die „Leute des Buches", also Juden und Christen, wird er Zeugnis ablegen (4,159), weil sie entweder nicht an ihn geglaubt oder aber seine Botschaft verfälscht haben (s. auch Verfälschung). Die ursprünglich von Gott gewollte Einheit der Menschheit wird Jesus wiederherstellen und das endgültige Reich der Endzeit über vierzig Jahre hinweg in Gerechtigkeit und Frieden regieren. Er wird, so will es die islamische Tradition weiter, auch heiraten und Kinder zeugen; schließlich wird er sterben und in Medina neben Muhammad und den Khalifen Abu Bakr und ʿUmar beigesetzt werden. Von Gott wird Jesus am Jüngsten Tag die Erlaubnis erhalten, für die Menschen fürsprechend einzutreten (3,45), und er wird „am Tag der Auferstehung" Zeuge über die „Leute des Buches" sein (4,159).

Literatur: *M. Hayek,* Le Christ de l'Islam, Paris 1959; *H. Michaud,* Jésus selon le Coran (Cahiers théologiques 46), Neuchâtel 1960; *G. Parrinder,* Jesus in the Qur'an, London 1965; *H. Räisänen,* Das koranische Jesusbild. Ein Beitrag zur Theologie des Korans (Schriften der Finnischen Gesellschaft für Missiologie und Ökumenik

XX), Helsinki 1971; *O. H. Schumann,* Der Christus der Muslime. Christologische Aspekte in der arabisch-islamischen Literatur (Missionswissenschaftliche Forschungen 10), Gütersloh 1975, 25–47; *C. Schedl,* Muhammad und Jesus. Die christologisch relevanten Texte des Koran, Wien/Freiburg/Basel 1978; *J. Bouman,* Das Wort vom Kreuz und das Bekenntnis zu Allah, Frankfurt/M. 1980, 96–130; *G. Risse,* „Gott ist Christus, der Sohn der Maria". Eine Studie zum Christusbild im Koran, Bonn 1989; *M. Bauschke,* Jesus im Koran, Köln 2000.

L. Hagemann

Juden (Kinder Israels)

Die Juden, im Koran als Banu Isra'il, die Kinder Israels bezeichnet, gelten zusammen mit den Christen als „Schriftbesitzer" oder „Leute der Schrift" (ahl al-kitab), da sie als Inhaber von göttlichen Offenbarungsschriften (s. Schriften, Heilige Bücher) anzusehen sind (tawrat: s. Thora; zabur: s. Psalmen; indjil: s. Evangelium). Auch wenn diese Schriften nach islamischer Auffassung nicht mehr ihrer ursprünglichen Authentizität entsprechen, sondern verfälscht sind (s. Verfälschung), sichern sie ihren Anhängern dennoch eine vor Anders- beziehungsweise Ungläubigen bevorzugte Stellung in der islamischen Gesellschaft (dhimmi). Unter anderem gegen Entrichtung einer Kopfsteuer (djizya) (s. Abgabe) wird ihnen freie Religionsausübung usw. bei entsprechend vertraglich geregelten Bedingungen zugestanden.

Die Position des Korans hinsichtlich der Juden ist durch zwei entgegengesetzte Perspektiven gekennzeichnet: in der mekkanischen Zeit der Verkündigung Muhammads, also bis zum Jahr 622, gelten die Juden und ihre Geschichte als „Kronzeugen für die Wahrheit" der koranischen Botschaft gegenüber den ungläubigen Mekkanern, in der medinischen Phase hingegen werden die Juden als „Feinde Gottes und des Gesandten" (J. Bouman) diskriminiert. Diese Entwicklung erklärt sich so: Hatte Muhammad zunächst aufgrund seiner Überzeugung von der inhaltlichen Identität seiner Botschaft mit der biblischen Überlieferung die Annäherung an die Juden und ihre Geschichte gesucht, wie die Noach-, Lot-, Mose- und Abraham-Erzählungen usw. in ihrer koranischen Version belegen, so wandte er sich in späterer Zeit enttäuscht von ihnen ab, weil sie sich weigerten, seiner Botschaft zu glauben und sich dem Islam anzuschließen.

Die anfängliche Anlehnung Muhammads an jüdische (und christliche) Traditionen wie Gebetspraxis und Gebetsrichtung, Sabbatruhe, Fastengewohnheiten usw. schlug letztendlich in ihr Gegenteil um. Als Muhammad nämlich sah, dass seine Versuche, die Juden für den Islam zu gewinnen, scheiterten, änderte er ihnen gegenüber seine Haltung und distanzierte sich vor ihnen durch Neu- beziehungsweise Uminterpretation früherer Aussagen: Knapp eineinhalb Jahre nach der Übersiedlung von Mekka nach Medina wird die Gebetsrichtung von ursprünglich Jerusalem zur Kaʿba nach Mekka verlegt (2,143–144); zur selben Zeit wird die Gründung der Kaʿba Abraham zugeschrieben, den Fastengewohnheiten wird der jüdische Sinn genommen und ihnen eine islamische Motivation und Neuordnung gegeben (2,185).

Muhammads Überzeugung, dass seine Sendung bereits in den Heiligen Schriften der Juden vorausgesagt sei, von den Juden aber verborgen gehalten werde, führte zu jener Kontroverse zwischen ihm und den Juden, wovon Koran 2,159 spricht: „Diejenigen, die verschweigen, was Wir an deutlichen Zeichen und Rechtleitung hinabgesandt haben, nachdem Wir es den Menschen im Buch deutlich gemacht haben, diese wird Gott verfluchen …“. Daraus resultierte schließlich die zur islamischen Lehre gewordene Anschuldigung der Schriftverfälschung (5,13; 4,46–48; 5,41–45; 2,70–75). Von nun an ging Muhammad in Ton und Inhalt verstärkt polemisierend gegen die Juden an und hielt ihnen einen ganzen Sündenkatalog vor, der im Vorwurf des Unglaubens gipfelte (4,44–46; 5,78; 2,97–98).

Damit war bereits jene für die Juden verhängnisvolle Entwicklung angezeigt, an deren Ende dann das endgültige Urteil über sie gefällt wurde: Sie sind dem Zorn Gottes ausgeliefert, Erniedrigung und Elend werden schon in diesem Leben die Folge sein, im jenseitigen endlich die Strafen der Hölle (3,112; 7,152; 2,90).

Damit war der Bruch zwischen Muhammad und seinen jüdischen Zeitgenossen endgültig besiegelt: Sie werden aus der Gemeinschaft des Islams ausgeschlossen (3,118; 5,51).

Das über die Juden ausgesprochene Verdikt sollte für sie verheerende Konsequenzen nach sich ziehen: Militärische Aktionen gegen sie, Vertreibungen, Plünderungen und Hinrichtungen waren die unmittelbaren Folgen.

Darüber hinaus wirkte es sich, da koranisch sanktioniert und damit autoritativ für alle Zeiten festgeschrieben, auch im Laufe der Geschichte auf das Verhältnis von Juden und Muslimen negativ aus.

Literatur: *A. J. Wensinck,* Mohammed en de Joden te Medina, Leiden [2]1928; *W. M. Watt,* Muhammad at Mecca, Oxford 1953; *ders.,* Muhammad at Medina, Oxford 1956; *B. Lewis,* Die Juden in der islamischen Welt, München 1987; *J. Bouman,* Der Koran und die Juden. Die Geschichte einer Tragödie, Darmstadt 1990.

L. Hagemann

Jüngstes Gericht

Der Glaube an den Jüngsten Tag, an das eschatologische Gericht und an das Leben nach dem Tod gehört neben der Lehre vom alleinigen und allmächtigen Schöpfergott zu den Kernaussagen der Verkündigung Muhammads. Danach wird Gott, der Herr des Gerichts (Koran 1,4), alle Menschen am Jüngsten Tag zur Rechenschaft ziehen. Richter ist Gott allein. Niemandem geschieht Unrecht, denn Gott, der über alles Bescheid weiß (24,64), ist ein gerechter Richter.

„Die Stunde kommt bestimmt, an ihr ist kein Zweifel möglich“ (40,59). Über den Zeitpunkt des Gerichts gibt der Koran keine nähere Auskunft. Während in der frühen Verkündigung Muhammads die Androhung des nahe bevorstehenden Gerichts eine gewichtige Rolle spielt (vgl. 53,57–58), erscheint später diese unmittelbare Naherwartung abgeschwächt, wenn es etwa in Sure 17,51 heißt: „Vielleicht wird es (das Gericht) bald sein."

Auf jeden Fall aber ist das Jüngste Gericht ein wesentlicher Bestandteil des einst zu erwartenden Jüngsten Tags, wenn „die große, alles überwältigende Katastrophe" (79,34) hereinbrechen und Gott „mit großer Gewalt zupacken" wird (44,16). An jenem „Tag der Abrechnung" (38,53) wird „jeder Seele voll zurückerstattet, was sie erworben hat" (2,281).

In dieser Stunde steht jeder Mensch allein vor Gott da. Jeder ist für sein Tun und Lassen allein verantwortlich (vgl. 74,32). Einen Mittler gibt es nicht (vgl. 2,48.123), wohl aber wird jeder Mensch einen Zeugen für seine Taten haben (50,21). Während Gott Zeuge über alle ist (34,47), werden die Propheten als Zeugen gegen ihre jeweiligen Völker auftreten, zu denen sie von Gott gesandt worden sind (vgl. 16,84.89; 39,69). Jesus, so will es der Koran (4,159), wird gegen Juden und Christen Zeuge sein. laut der Tradition räumt Gott Muhammad das Recht ein, für die Muslime Fürsprache einzulegen, um ihnen so den Weg ins Paradies zu erleichtern. Darüber hinaus kann Gott, sofern er will, auch anderen Menschen (vgl. 20,109; 19,87; 43,86; 10,3; 34,23; 2,255) oder auch Engeln (vgl. 78,38; 53,26; 21,28; 40,7) diese Möglichkeit geben.

Um beim Jüngsten Gericht festzustellen, was der Mensch auf Erden an guten und bösen Werken getan hat, kennen Koran und Tradition verschiedene Mittel:

Da sind zunächst einmal die Bücher, in denen die Taten eines jeden Menschen genauestens verzeichnet sind (vgl. 23,62; 54,52; 83,7–9.18–21 u.ö.) Wer aus dem Glauben an Gott heraus gehandelt hat, hält das Verzeichnis seiner Taten in der rechten Hand (vgl. 84,7; 69,19; 17,71), wer hingegen gottlos gelebt hat, in seiner Linken (69,25), während es den Ungläubigen von hinten her gereicht wird (84,10).

Neben den Büchern wird beim Jüngsten Gericht eine himmlische Waage für „Recht und Gerechtigkeit" sorgen (42,17; 21,47; 55,7; 101,6–9) und schließlich ergeht an die Engel der Befehl Gottes, die Menschen „zum Weg der Hölle" zu führen (32,23). Laut Überlieferung kann man sich diesen Weg (Sirat) als eine enge Brücke, als einen äußerst schmalen Steg über dem Höllenbrand vorstellen, dünner gar als ein Haar und schärfer als ein Schwert. Diese Brücke führt vom Ort des Gerichts über die Hölle zum Tor des Paradieses. Beim Versuch, sie zu überqueren, stürzen die Ungläubigen in die Hölle, während sich die Gläubigen in Windeseile hinüberretten und das Paradies erreichen.

Was die Bücher, die Himmelswaage und der Weg über den Höllenbrand ans Licht gebracht haben, besiegelt Gott dann durch sein endgültiges und unabänderliches Urteil (vgl. 50,29).

Die für die ewige Seligkeit Bestimmten werden zur Rechten Gottes geführt (vgl. 74,39; 90,18; 5,8.27.38.90 f.), die in die Hölle Verdammten zu seiner Linken (56,41). Es folgt für jeden Menschen nunmehr die Vergeltung, wie er sie auf Grund seiner Werke verdient hat (s. auch Paradies, Hölle, Aʿraf).

Literatur: *s. Eschatologie.*

L. HAGEMANN

K

Kaʿba

Die Kaʿba ist das bedeutendste Heiligtum der islamischen Welt. Sie hat den Beinamen „Haus Gottes". Die Kaʿba ist der Fixpunkt, auf den hin die Muslime in aller Welt ihr Gebet verrichten und nach dem die Moscheen architektonisch ausgerichtet sind. Sie ist das Ziel von jährlich Hunderttausenden von Pilgern. Strenggenommen ist sie die einzige Wallfahrtsstätte des Islams, auch wenn es zahlreiche regionale und lokale Heilige Stätten (s. dort) gibt. Diese haben jedoch keine Bedeutung für die islamische Welt in ihrer Gesamtheit. Trotz der Tatsache, dass es im Verlauf der islamischen Religionsgeschichte Auseinandersetzungen um zahlreiche, auch zentrale Aspekte des Islams gegeben hat, kann man feststellen, dass zwischen den verschiedenen Richtungen stets Einvernehmen über die hervorragende Rolle dieses Heiligtums geherrscht hat. Man kann die Kaʿba in ihrer Bedeutung für die Muslime mit der des Tempels in Jerusalem für das antike Judentum vergleichen. Nicht-Muslimen ist die Annäherung an die Kaʿba nicht erlaubt.

Beschreibung der Kaʿba

Der Name des Gebäudes leitet sich von seiner Würfelform ab. Es befindet sich im Hof der großen Moschee von Mekka. Die Kaʿba hat eine Höhe von ca. elf Metern. Das Flachdach neigt sich leicht nach Nordwesten und führt zu einem Wasserspeier (mizab). Er leitet das Wasser auf zwei grüne Platten am Boden, die die Gräber von Hagar und Ismaʿil bezeichnen, und besprengt diese. Eine ca. zwei Meter über dem Boden liegende Tür, zu der man mit Hilfe einer transportablen Holzleiter gelangt, führt in das Innere der Kaʿba. Die vier Ecken des Gebäudes werden mit den Namen „al-Rukn al-ʿiraqi" (Iraqischer Pfeiler) für die nördliche Ecke, „al-Rukn al-shami" (Syrischer Pfeiler) für die westliche Ecke, „al-Rukn al-yamani" (Yemenitischer Pfeiler) für die südliche Ecke und „al-Rukn al-aswad" (Schwarzer Pfeiler) für die östliche Ecke bezeichnet. Etwa 1,50 m über dem Boden ist in den „Schwarzen Pfeiler" der heilige schwarze Stein eingefügt. Er besteht aus einer Zementverkittung von drei größeren und mehreren kleineren, verschieden geformten, früher aus einem Stein bestehenden Stücken Basalt oder Lava, die von einem silbernen Ring von ca. 0,75 m Durchmesser umschlossen werden. Vom rituellen Küssen des schwarzen Steins durch die Pilger ist dieser blank poliert und soweit ausgehöhlt, dass der Kopf eines Menschen diese Öffnung völlig ausfüllt. Die dunkle Farbe des Steins hat zu einer Reihe von frommen Legenden Anlass gegeben. So soll er zunächst weiß gewesen sein

und nur durch die Sünde der Pilger, die er in sich aufgenommen habe, schwarz geworden sein. Nach einer anderen Version liegt die Ursache der Verfärbung in den Sünden aus der Heidenzeit.
Der Ort zwischen dem schwarzen Stein und der Tür der Kaʿba wird „Multazam" genannt. Gelübde, die hier getan werden, sind von besonderer Bedeutung und Weihe. Ein zweiter heiliger Stein, „al-Hadjar al-asʿad" (der glückliche Stein) ist in der südlichen Ecke der Kaʿba eingelassen. Die Kaʿba ist leer bis auf drei Holzpfeiler, die das Dach stützen, und eine Holzleiter, die zu Wartungszwecken zum Dach führt. Von der Decke hängen zahlreiche goldene und silberne Lampen, die das Gebäude erhellen. Die Wände des Innern sind von zahlreichen Inschriften bedeckt. Der Boden ist mit Marmorplatten ausgelegt. Das Dach besteht aus einer Holzkonstruktion, die der ständigen Wartung bedarf.
An bestimmten Tagen der Wallfahrtszeit ist der Zutritt in das Innere offen. Dann bemüht sich jeder Pilger, wenigstens eines der Pflichtgebete hier zu verrichten. Ein schwarzer Überwurf aus Seide und Baumwolle (kiswa) bedeckt die Kaʿba, und ein ebenfalls schwarzer Vorhang (burquʿ) verdeckt die Tür. Beide sind reich mit Koranversen in Gold bestickt. In der Wallfahrtszeit werden die schwarzen durch weiße Stoffe ersetzt. Nach Abschluss der Pilgerzeit werden eine neue schwarze „Kiswa" und ein neurer schwarzer „Burquʿ" angebracht. Die alte „Kiswa" wird in kleine Stücke zerschnitten, denen man Segenskräfte zuschreibt. Sie werden an die Pilger verkauft. Auch die Besen und das Wasser, die zur rituellen Reinigung der Kaʿba nach der Pilgerzeit benutzt werden, finden ebenfalls das lebhafte Interesse der Pilger. Alle Gegenstände, die mit der Kaʿba in Verbindung kommen, werden als segenspendend angesehen und sind begehrt. Seit dem 13. Jahrhundert war es das Vorrecht der ägyptischen Muslime, die „Kiswa" zu stellen. Bei politischen Spannungen zwischen Ägypten und Saudi-Arabien in der Neuzeit wurde dies Privileg jedoch durch die saudischen Behörden verweigert. Der Boden um die Kaʿba ist von bunten Marmorfliesen bedeckt. 33 kreisförmig angeordnete Stangen, an denen Lampen befestigt sind, bilden eine optische Trennung vom übrigen Teil des Hofes der großen Moschee.

Die Kaʿba vor dem Islam

Die Kaʿba ist ein schon aus vor-islamischer Zeit stammendes Heiligtum. In ihr wurden mehrere lokale und überregionale Gottheiten verehrt. So soll sich in ihr eine Statue des Gottes Hubal befunden haben. Doch auch die Göttinnen al-Lat, al-ʿUzza und al-Manat genossen hier Verehrung. Die Wände in ihrem Inneren waren damals mit menschlichen Darstellungen versehen, die Muhammad nach der Eroberung Mekkas entfernen ließ. Um die Entstehung der Kaʿba ranken sich zahlreiche Legenden. So soll sie zu Beginn der Schöpfung erschaffen worden sein. Der schwarze Stein sei vom Engel Gabriel gebracht worden. Abraham wird mit

dem Bau der Kaʿba in Verbindung gebracht.
Angesichts der religiösen Bedeutung der Kaʿba für die Muslime ist es nicht verwunderlich, dass die politische Kontrolle und Verwaltung des Heiligtums ein beträchtliches internationales Ansehen in der islamischen Welt mit sich bringt. So wurde und wird der jeweilige Inhaber der politischen Macht, heute der König von Saudi-Arabien, in die mit der Kaʿba verbundenen Rituale einbezogen. Er ist es z. B., der die rituelle Reinigung des Heiligtums vornimmt. Eine Vernachlässigung der Pflichten gegenüber der Kaʿba oder eine Schwäche in der Kontrolle kann verheerende politische Folgen haben. Daher waren und sind die Familien oder Gruppierungen, die die politische Kontrolle ausüben, bedacht, die Kaʿba und die anderen heiligen Stätten in Mekka sorgfältig zu pflegen und für ihren Erhalt zu sorgen.

Literatur: *G. H. Bousquet,* Les grandes pratiques rituelles de l'Islam, Paris 1954; *R. Burton,* Personal Narrative of a Pilgrimage to el-Medinah and Maccah, 2 Bde., London 1857; *M. Gaudefroy-Demombynes,* Le pèlerinage à la Mekke, Paris 1923; *C. Snouck Hurgronje,* Het Mekkansche Feest, Leiden 1880; *ders.,* Mekka, 3 Bde., Leipzig 1888–1889; *J. Reissner.* Die Besetzung der großen Moschee in Mekka 1979, in: Orient 21 (1980), 194–203; *W Young,* The Kaʿba, Gender, and the Rites of Pilgrimage, in: International Journal of Middle East Studies 25 (1993), 285–300.

P. Heine

Kalam ↗ *Apologetik*

Kalender
Der islamische Kalender beruht auf dem Mondjahr. Dieses besteht aus 354 Tagen bzw. 355 Tagen in einem Schaltjahr, und zwölf Monaten von abwechselnd 29 und 30 Tagen. Der neue Tag beginnt jeweils bei Sonnenuntergang.
Die islamische Zeitrechnung setzt mit der Hidjra des Propheten aus Mekka im Jahr 622 ein. Allerdings beginnt sie nicht mit dem Datum der tatsächlichen Hidjra, sondern mit dem entsprechenden ersten arabischen Monat dieses Jahres. Da das Mondjahr ca. elf Tage kürzer als das Sonnenjahr ist, wandern die islamischen Monate durch das ganze Jahr. Daher entsprechen 33 islamische Jahre 32 Sonnenjahren. Die Abhängigkeit vom Mond bei der Frage nach dem Beginn eines Monats hat dazu geführt, dass Muslime den Beginn eines Monats danach konstatieren, dass zwei verlässliche Zeugen den neuen Mond erblickt haben, was in Gegenden oder zu Jahreszeiten mit starker Wolkenbildung nicht immer möglich ist. Dies ist einer der Gründe dafür, dass man auf entsprechende Fragen selten Aussagen über den genauen Beginn eines Monats erhält. Mag das bei der Mehrzahl der islamischen Monate unter religiösen Gesichtspunkten von geringer Bedeutung sein, spielt die Frage nach dem Monatsbeginn bei dem Fastenmonat Ramadan und bei dem ersten Tag des Monats Shaʿban, an dem nach den Vorschriften des Korans nicht gefastet werden darf, doch eine entscheidende Rolle. Problematisch ist in diesem Zusammenhang auch die

Tatsache der beträchtlichen geografischen Ausdehnung der islamischen Welt von Westafrika bis Indonesien. Da die Nacht in Ostasien wesentlich früher einsetzt als z.B. in Mauretanien, kann der Mond im Osten eine Nacht früher sichtbar sein als im Westen. Der astronomischen Regel folgend müsste also auch der Ramadan einen Tag eher beginnen als im Westen. Inzwischen hat man in dieser Hinsicht eine praktikable Lösung gefunden. Das verbindliche Datum über den Mondaufgang wird für die gesamte islamische Welt durch die religiösen Autoritäten der Heiligen Stadt Mekka festgelegt, was angesichts der modernen Formen der Nachrichtenübermittlung keine Probleme mit sich bringt.

Da die Monate des islamischen Kalenders durch alle vier Jahreszeiten wandern, ergeben sich für viele Bereiche des wirtschaftlichen Lebens Schwierigkeiten. Das gilt vor allem für die Steuererhebungen der islamischen Staaten. Die Ökonomien der islamischen Welt waren vor allem von der Landwirtschaft geprägt. Der Pflanzenwuchs ist jedoch von der Sonneneinstrahlung abhängig. Deshalb entwickelten die Muslime neben der vom Mond abhängigen islamischen Zeitrechnung auch einen Kalender, der dem Verlauf des Sonnenjahres entsprach. Nur so konnten Steuerschätzungen und die Entrichtung der Abgaben auf bestimmte Termine festgesetzt werden.

Die islamische Welt half sich in dieser Hinsicht, indem sie verschiedene Formen des christlichen Kalenders übernahm. Um welche es sich dabei handelte, war abhängig von der jeweiligen geografischen Region. So wandte man z.B. in Ägypten den koptischen Kalender an, im syro-palästinensischen Raum den syrischen und im iranischen Raum den persischen Kalender. Diese Regelung wird auch heute noch vor allem durch die Benennung der christlichen Monate so praktiziert. Auf der Basis dieser Sonnen-Monate beruhte auch das türkische Finanzjahr, das für große Teile der islamischen Kernländer lange Zeit gültig war. Im Iran schließlich wurde ein Kalender mit den islamischen Monatsnamen auf der Basis des Sonnenjahres eingerichtet.

Ein Versuch der iranischen Regierung zu Beginn der 1970er Jahre, die islamische Zeitrechnung abzuschaffen und auf der Basis einer vorislamischen iranischen Zeitrechnung ein neues Kalendersystem zu entwickeln, konnte sich nicht durchsetzen. Die Kalendersysteme unterscheiden sich jedoch ihrerseits von der gregorianischen Zeitrechnung der modernen westlichen Staaten. Aufgrund ihrer ökonomischen Macht hat sich dieser Kalender zumindest bei wirtschaftlichen Transaktionen innerhalb des Weltwirtschaftssystems durchgesetzt. Damit wird in der islamischen Welt heute noch ein drittes, das westliche Kalendersystem verwendet, das in seiner Bedeutung mehr und mehr in den Vordergrund rückt.

Literatur: *B. Spuler,* Con amore, oder: Einige Bemerkungen zur islamischen Zeitrechnung, in: Der Islam 38 (1962), 154–160; *ders.,* Der Geburtstag, in: Der Islam 39 (1964), 3–7; *Wüstenfeld-Mahlersche*

Vergleichstabellen, unter Mitarbeit von *J. Mayr* neu bearbeitet von *B. Spuler*, Wiesbaden 1961.

P. Heine

Kalif ↗ *Khalif*

Katholische Kirche und der Islam

Aussagen des II. Vatikanischen Konzils

„Mit Hochachtung betrachtet die Kirche auch die Muslime, die den alleinigen Gott anbeten, den lebendigen und in sich seienden, barmherzigen und allmächtigen, den Schöpfer des Himmels und der Erde, der zu den Menschen gesprochen hat. Sie mühen sich, auch seinen verborgenen Ratschlüssen sich mit ganzer Seele zu unterwerfen, so wie Abraham sich Gott unterworfen hat, auf den der islamische Glaube sich gerne beruft. Jesus, den sie allerdings nicht als Gott anerkennen, verehren sie doch als Propheten, und sie ehren seine jungfräuliche Mutter Maria, die sie bisweilen auch in Frömmigkeit anrufen. Überdies erwarten sie den Tag des Gerichtes, an dem Gott alle Menschen auferweckt und ihnen vergilt. Deshalb legen sie Wert auf sittliche Lebenshaltung und verehren Gott besonders durch Gebet, Almosen und Fasten.

Da es jedoch im Laufe der Jahrhunderte zu manchen Zwistigkeiten und Feindschaften zwischen Christen und Muslimen kam, ermahnt die Heilige Synode alle, alles Vergangene beiseite zu lassen, sich aufrichtig um gegenseitiges Verstehen zu bemühen und gemeinsam einzutreten für Schutz und Förderung der sozialen Gerechtigkeit, der sittlichen Güter und nicht zuletzt des Friedens und der Freiheit aller Menschen.“

Mit diesen Worten würdigte das II. Vatikanische Konzil (1962–1965) die Muslime in seiner Erklärung über das Verhältnis der Kirche zu den nichtchristlichen Religionen.

Mag diese Erklärung auch auf den ersten Blick hin minimalistisch erscheinen, so sind doch die die Gemeinsamkeiten zwischen Christentum und Islam hervorhebenden Aussagen von großer Bedeutung: Erstens der Glaube an den einen und einzigen Gott sowie, zweitens, die gemeinsame Erwartung von Auferstehung und Gericht. Der vorsichtige Hinweis auf Abraham darf, drittens, ebenfalls als mögliches Bindeglied zwischen den beiden Religionen gewertet werden, ferner, viertens, die Erwähnung Mariens. Ausdrücklich ausgeklammert wurde der muslimische Glaube an die Sendung Muhammads, die ja neben dem Bekenntnis zum einzigen Gott das zweite wesentliche Element des islamischen Glaubens ist. Dazu wird der in Gang gesetzte Dialog (s. dort) sich eines Tages äußern müssen.

Ein Unterschied im Glauben beider Religionen wird, wenn auch nur im Nebensatz, deutlich: die Muslime verehren Jesus nicht als Gott, sondern als Propheten. – Der Hinweis auf die Verehrung Gottes durch Gebet, Almosen und Fasten lässt erkennen, dass die Konzilserklärung kurz und knapp das Wesentliche der muslimischen Theodizee und nicht des muslimischen Glaubens wiedergibt, wie sie der Koran 2,177 formuliert: „Die Frömmigkeit ... besteht darin, dass man an Gott, den Jüngsten Tag, die Engel, die Schrift und die Propheten glaubt und sein Geld – mag es einem noch so lieb sein – ... hergibt, das Gebet verrichtet und die Almosensteuer bezahlt ...“. Der eigentlich konstruktive Teil der Konzilserklärung im Hinblick auf den Islam liegt in ihrem letzten Abschnitt, weil der Appell, die von Auseinandersetzungen und gegenseitigen Kämpfen geprägte Vergangenheit beiseite zu lassen, sich um ein gegenseitiges Verständnis zu bemühen und sich gemeinsam für die Verwirklichung von sozialer Gerechtigkeit, sittlichen Werten, von Frieden und Freiheit einzusetzen, bei allen Menschen, die guten Willens sind, Zustimmung finden muss (s. auch Christentum und Islam: Die Hypothek der Geschichte).

Aussagen von Johannes Paul II. zum christlich-muslimischen Dialog

In jüngster Zeit hat sich Johannes Paul II. wiederholt zum Verhältnis zwischen Christen und Muslimen geäußert. Bei seinem Pastoralbesuch 1980 in der Bundesrepublik Deutschland richtete er in seiner Ansprache an die ausländischen Gruppen auf dem Domplatz in Mainz ein besonderes Grußwort an die muslimischen Gastarbeiter: „... nicht alle Gäste in diesem Land sind Christen; eine besonders große Gruppe bekennt sich zum Glauben des Islam. Euch gilt mein herzlicher Segensgruß! Wenn ihr mit aufrichtigem Herzen Euren Gottesglauben aus Eurer Heimat hierher in ein fremdes Land getragen habt und hier zu Eurem Schöpfer und Herrn betet, dann gehört auch ihr zu der großen Pilgerschar von Menschen, die seit Abraham immer wieder aufgebrochen sind, um den wahren Gott zu suchen und zu finden. Wenn Ihr Euch auch in der Öffentlichkeit nicht scheut zu beten, gebt Ihr uns Christen dadurch ein Beispiel, das Hochachtung verdient. Lebt Euren Glauben auch in der Fremde und lasst ihn Euch von keinem menschlichen oder politischen Interesse missbrauchen!“ In diesen Worten wird deutlich, dass der Papst gewillt ist, konsequent an den Aussagen des II. Vatikanums festzuhalten.

Bereits in seiner ersten Enzyklika „Redemptor hominis“ vom 4. März 1979 hatte der Papst im Bezug auf das II. Vatikanum zum Dialog mit den nichtchristlichen Religionen Stellung genommen: „Das II. Vatikanische Konzil hat eine ungeheure Arbeit geleistet, um jenes volle und universale Bewusstsein der Kirche heranzubilden, von dem Papst Paul VI. in seiner ersten Enzyklika („Ecclesiam suam“) schreibt. Ein solches Bewusstsein – oder besser Selbstverständnis der Kirche – entwickelt sich ‚im Dialog‘, der, bevor er zum Gespräch werden kann, die eigene Aufmerksamkeit auf den anderen lenken muss, das heißt auf den, mit dem wir sprechen wollen. Das Ökumenische Konzil hat einen entscheidenden Impuls gegeben, um das Selbstverständnis der Kirche zu formen, indem es uns in angemessener und kompetenter Weise die Sicht des Erdkreises als einer ‚Karte‘ mit verschiedenen Religionen vermittelt hat." Auf dieser Karte nimmt der Islam nach dem Christentum bekanntlich die zweite Stelle ein. Deswegen kann und darf sich die katholische Kirche nicht dieser zweitgrößten Weltreligion gegenüber verschließen, sondern muss nach Johannes Paul II. ihre Aufmerksamkeit auf sie richten, um mit ihr ins Gespräch zu kommen. In diesem Sinne habe das II. Vatikanum seine Wertschätzung den Muslimen gegenüber zum Ausdruck gebracht, „deren Glaube auch auf Abraham Bezug nimmt".

Der Glaube Abrahams an den einen Gott

Der Glaube Abrahams, den jede der drei großen monotheistischen Religionen in je eigener Interpretation für sich reklamiert, wird vom Papst gleichsam als inhaltliches Bindeglied zwischen Juden, Christen und Muslimen hervorgehoben. Als der Papst im November 1979 in der Türkei zu Besuch weilte, erinnerte er in seiner Ansprache an die katholische Gemeinde von Ankara an den Christen und Muslimen gemeinsamen Glauben Abrahams an den einen und einzigen Gott. In seiner Botschaft an den Präsidenten von Pakistan anlässlich seines dortigen Aufenthaltes im Februar 1981 wiederholte Johannes Paul II. diese seine Auffassung: „Einer der besonders hervorgetretenen Eigenschaften Abrahams – mit dessen Glauben Christen, Muslime und Juden in gleichem Eifer ihren eigenen Glauben verbinden – war seine große Gastfreundlichkeit ..." Eine Woche später sagte er in seiner Botschaft an die Völker Asiens – ausgestrahlt vom katholischen Rundfunksender Radio Veritas in Manila am 21. Februar: „Die Muslime beten den einen Gott an und leiten sich von Abraham ab ..." Diese Position verdient insofern eine besondere Beachtung, als das Zweite Vatikanische Konzil noch recht vorsichtig diese Parallelität angegangen war.

Christen und Muslime: „Knechte Gottes"

Es ist charakteristisch für Johannes Paul II., dass er einzelne Aspekte der grundlegenden Aussagen des II. Vatikanums über das Verhältnis der Kirche zum Islam bei seinen Pastoralbesuchen aufgreift und konkretisierend interpretiert. So betonte er vor der katholischen Gemeinde in Ankara jene fundamentale Gemeinsamkeit, von der schon das Konzil in seiner Erklärung „Nostra aetate" gesprochen hatte: die Verehrung und Anbetung des einen Gottes; und er fügte aus „Lumen gentium", Art. 16, ausdrücklich das verbindende „mit uns" hinzu. Diese Gemeinsamkeit im Glauben an einen einzigen Gott unterstrich der Papst dadurch, dass er im Verhältnis des Menschen zu Gott koranische und biblische Redeweise zueinander in Beziehung setzte – übrigens ein Novum in der Geschichte der Päpste in ihren Aussagen zum Islam –: Die Muslime verstehen sich nach ihren eigenen Worten als „Diener" und „Knechte Gottes", Worte, die den Papst an 1 Petr 2,16 denken lassen: „Handelt als Knechte Gottes!"

Gemeinsamkeiten in der Glaubenspraxis

„Was mich betrifft" – so erklärte der Papst vor Vertretern der Muslime in Nairobi am 7. Mai 1980 – „so möchte ich alles nur Mögliche unternehmen, um die geistlichen Bande zwischen Christen und Muslimen entwickeln zu helfen". Auf der Suche nach bereits bestehenden Banden stellte der Papst christlich-muslimische Gemeinsamkeiten in der Glaubenspraxis heraus: „Gebet, Fasten und Almosengeben stehen sowohl in eurer als auch in unserer Tradition in hohem Ansehen und sind zweifellos in einer Welt, die Gefahr läuft, dem Materialismus anheimzufallen, ein leuchtendes Zeugnis". Während das Konzil „Gebet, Almosen und Fasten" als von den Muslimen praktizierte Werte einfachhin konstatiert hatte, stellte Johannes Paul II. diese Praxis in den größeren Rahmen christlich-muslimischer Gemeinsamkeiten.

Gemeinsame Verantwortung für die Welt

„Unser gemeinsames Ideal ist eine Gesellschaft, in welcher die Menschen sich gegenseitig als Brüder anerkennen, die im Streben nach dem Guten im Lichte Gottes wandeln", das sagte der Papst am 31. Mai 1980 bei der Begegnung mit Vertretern der islamischen Gemeinde in Paris anlässlich seines Pastoralbesuches in Frankreich (30. 5.–2. 6. 80). Die soziale, kulturelle und religiöse Problematik ansprechend, die der Wechsel von der Heimat in die Fremde mit sich bringe, verwies er auf zwei von der katholischen Kirche ergriffene Initiativen, die das Bemühen um gegenseitiges Verständnis und brüderliche Annäherung zum Ziel hätten: Die Konzilserklärung „Nostra aetate" (1965) und die Schaffung des Sekretariats für die Nichtchristen (1964) (s. Dialog).

Diese Initiativen dienten nicht nur dazu, das Gespräch mit dem Islam zu suchen und zu führen, christlich-muslimische Kontakte auf religiöser Ebene auszubauen und zu fördern, sondern „gemeinsam einzutreten für Schutz und Förderung der sozialen Gerechtigkeit, der sittlichen Güter und nicht zuletzt des Friedens und der Freiheit für alle Menschen". Bereits bei seinem ersten Afrikabesuch hatte er in Nairobi vor Vertretern der Muslime dieses vom Konzil formulierte Anliegen bekräftigt: „Unsere Beziehungen gegenseitiger Achtung und der beiderseitige Wunsch, der Menschheit einen echten Dienst zu leisten, drängen uns zu einem gemeinsamen Einsatz für den Frieden, die soziale Gerechtigkeit, die ethischen Werte und die echte Freiheit des Menschen." Tage darauf erneuerte er diesen Wunsch in seiner Ansprache vor führenden Muslimen in Ghana mit den Worten Papst Pauls VI., die dieser in seiner Botschaft vom 2. Oktober 1967 an Afrika gerichtet hatte.

Auf die Verteidigung der Menschenrechte und -würde und die Forderung nach sozialer Gerechtigkeit zum Wohl der gesamten Menschheit als gemeinsamer Aufgabe von Christen und Muslimen in der Welt von heute sowie auf die Notwendigkeit,

Orientierungs- und Lebenshilfen in einer vom Materialismus bedrohten Zeit von beiden Seiten anzubieten, hatte der Papst eindringlich vor der katholischen Gemeinde in Ankara schon im November 1979 hingewiesen.
Voraussetzung für ein Gelingen dieser an Christen wie Muslime gleichermaßen gestellten Aufgabe ist – so führte der Papst vor Vertretern der islamischen Gemeinde in Davao City am 28. 2. 1981 aus – gegenseitige Achtung und beiderseitiges Vertrauen. „Die Gesellschaft kann den Bürgern nur dann das Glück bringen, das sie von ihr erwarten, wenn sie selbst auf dem Dialog gründet." Und er fuhr fort: „Das Gespräch miteinander ist auf Vertrauen gebaut, und Vertrauen setzt nicht nur Gerechtigkeit voraus, sondern Erbarmen. Ohne Zweifel erfordern Gleichheit und Freiheit, die die Grundlage jeder Gesellschaft bilden, Gesetz und Gerechtigkeit. Aber wie ich kürzlich in einem an die gesamte katholische Kirche gerichteten Schreiben sagte, genügt Gerechtigkeit allein nicht: … Die von der Gerechtigkeit bewirkte Gleichheit beschränkt sich jedoch auf den Bereich des Äußeren, der Sachgüter, während Liebe und Erbarmen die Menschen dazu bringen, einander in dem Wert zu begegnen, den der Mensch selbst in der ihm eigenen Würde darstellt' (Dives in misericordia, Nr. 14)." Dann verwies der Papst auf den Christen wie Muslimen gemeinsamen Grund des Erbarmens, nämlich Gott, „dem euer Buch den schönen Namen al-Rahman gibt, während ihn die Bibel al-Rahmin, den Erbarmungsreichen, nennt".

„Im Namen Gottes die Hand reichen"
Dazu ermunterte in Kaduna/Nigeria am 12. 2. 1982 Papst Johannes Paul II. Christen und Muslime, die – wie er sagte – „unter der Sonne des einen barmherzigen Gottes" leben. Im Zusammenhang mit dem christlichen Gebot der Gottes- und Nächstenliebe (vgl. Mt 22,37–39) bezog sich der Papst auf den Koran (vgl. 5,12 u. a.): „… in Ihrem Heiligen Buch werden Sie zusammen mit der Aufforderung zum Glauben gemahnt, sich durch gute Werke auszuzeichnen." Neu ist nicht nur, wie oben angedeutet, die Tatsache, dass ein Papst den Koran selbst zitiert, sondern dass er ihn als „Heiliges Buch" qualifiziert. Bedauerlicherweise konnten sich die muslimischen Führer aus internen Gründen nicht auf eine Teilnahme an dem geplanten Treffen zwischen dem Papst und ihnen einigen, so dass diese atmosphärisch entspannenden Worten des Papstes ihre eigentlichen Ansprechpartner leider nicht erreichen konnten. Die einführenden Sätze des Papstes machen das deutlich: „Diese Ansprache, dieser Text war für die religiösen Führer der Muslime bestimmt. Ich richte jetzt diese Worte an Sie, die Sie die gesamte Bevölkerung des Staates Kaduna und im Besonderen die Muslime repräsentieren." Im Verlauf seiner Ansprache unterstrich Johannes Paul II. nicht nur die Gemeinsamkeiten zwischen Christentum und Islam, sondern machte darüber hinaus weitere Vor-

schläge zur Zusammenarbeit zwischen Christen und Muslimen:
„Wir könnten einen Dialog beginnen, um zu besserem gegenseitigem Verständnis auf wissenschaftlicher Ebene wie in den Beziehungen von Mensch zu Mensch, in der Familie sowie am Arbeitsplatz und in der Freizeit zu kommen.
Wir könnten mehr Rechtschaffenheit und Disziplin im privaten und öffentlichen Leben fördern, mehr Mut und Klugheit in der Politik, die Beseitigung politischer Gegensätze und die Abschaffung von Diskriminierungen aus Gründen der Rasse, Hautfarbe, ethnischen Herkunft, Religion oder des Geschlechts.
Wir könnten beide als Vorkämpfer des Grundsatzes und der praktischen Verwirklichung der religiösen Freiheit auftreten, indem wir deren Anwendung insbesondere in der religiösen Erziehung der Kinder sicherstellen. Wenn das Recht jedes Kindes Gott anzubeten und zu verehren, durch das Recht des Kindes auf religiöse Erziehung ergänzt wird, dann erfährt die gesamte Gesellschaft eine Bereicherung, und ihre Glieder werden für das Leben gut gerüstet. Der religiösen Erziehung kommt heute wachsende Bedeutung zu, da gewisse Elemente in der Gesellschaft den geistlichen Aspekt des Menschen zu übersehen oder gar zu zerstören trachten."
Den Grund dieser Zusammenarbeit sieht der Papst in jener fundamentalen Gemeinsamkeit, die Christen und Muslime eint, im Glauben an den einen Gott, „der die Quelle aller Rechte und Werte der Menschheit ist". Deswegen ist er der Überzeugung, „das wir viel Gutes vollbringen könnten, wenn wir uns im Namen Gottes die Hand reichten", um so zur Gerechtigkeit, zum Frieden und zur Entwicklung und zum Aufbau einer „guten Ordnung der Welt als einer universalen Gesellschaft im Zeichen der Liebe" beizutragen.
Diesen Willen bekunden in einer Stellungnahme auch die Bischöfe von Bangladesh, Indien, Indonesien, Malaysia, den Philippinen und von Thailand, als sie vom 13.–20. November 1979 in Kuala Lumpur die Frage des Dialogs mit dem Islam erörterten und diesbezüglich Richtlinien vorlegten. In ihrer Schlusserklärung heißt es unter anderem: „Seit der Aufforderung des Zweiten Vatikanischen Konzils an die Katholiken zum Dialog mit den Muslimen haben wir ein Bild von vielfältigen Öffnungen und beachtlichem Fortschritt vor uns, aber auch von Enttäuschungen und Rückschlägen. Gewisse gemeinsame Haltungen zum Leben in unserer modernen Welt haben den Dialog zwischen Christen und Muslimen ermutigt.
Beide, Christen und Muslime, wollen dem einen Gott dienen, erwarten sein Gericht und hoffen auf seine ewige Belohnung. Beide suchen nach wahren sittlichen Werten inmitten einer sich rasch wandelnden Welt und sind bemüht, sie auf die schwierigen Anforderungen des täglichen Lebens anzuwenden. Beide fühlen sich dem Aufbau einer gerechteren und menschlicheren Sozialordnung verpflichtet. Christen und Muslime können einander als Diener Gottes

betrachten, die bestrebt sind, Zeugnis für seine Allmacht zu geben und inmitten der verschiedenen Formen des Götzendienstes (Konsumdenken und Egoismus) und der Gottlosigkeit (Materialismus, atheistische Ideologien) seinen Willen für die Menschheit zu erfüllen.

Eine weitere Ermutigung für den Dialog zwischen Christen und Muslimen besteht darin, dass beide Seiten eine religiöse Erneuerung anstreben in der Hoffnung, dadurch die göttliche Botschaft, an die sie glauben, besser in die Tat umsetzen zu können. Dieser Erneuerungsprozess mag ihnen helfen, die Feindseligkeit und das Misstrauen, die nicht selten zwischen ihnen bestanden haben, zu überwinden. Christen und Muslime fordern sich heute heraus, ihre Aufmerksamkeit auf die göttliche Botschaft zu konzentrieren, die im Mittelpunkt ihres Glaubens steht. Diejenigen, die aufrichtig Gottes Willen zu erforschen suchen, sollten sich in gegenseitiger Liebe näherkommen."

Die programmatischen Aussagen des II. Vatikanums waren seinerzeit ein Signal, die Konfrontation zu beenden und den Weg frei zu machen für ein friedliches Miteinander zwischen Christen und Muslimen. Sie sickerten bis vor Ort, wo Christen und Muslime miteinander zusammenleben, durch; dort mussten und müssen sie auch heute noch ihre Tragfähigkeit für einen effizienten Dialog mit dem Islam unter Beweis stellen. Diese Herausforderung erweist sich schwieriger als zunächst angenommen. Dass vielerorts noch starkes Misstrauen verwurzelt ist, sollte allerdings auch in der Zukunft nicht zur Resignation führen.

Literatur: *G. C. Anawati*, L'Islam à l'heure du Concile, Prolégomènes à un dialogue islamo-chrétien, in: Angelicum 41 (1964), 145–168; *ders.*, Vers un dialogue islamo-chrétien. Chronique d'islamologie et d'arabisme, in: RTh 64 (1964), 280–326.585–630; *ders.*, La religione musulmana; Le religioni non cristiane nel Vaticano II., Turin 1966, 171–199; *R. Caspar*, Le Concile et l'Islam, in: Etudes (Januar 1966), 114–126; *ders.*, Le dialogue islamo-chrétien. Bibliographie, in: Parole et Mission 33 (April 1966), 312–322; 34 (Juli 1966), 475–481; in: Chièsa e Islam, Città del Vaticano 1981. Verlautbarungen des Apostolischen Stuhles 18 ff., Bonn 1980 ff.; *L. Hagemann*, Christentum. Für das Gespräch mit Muslimen, Altenberge [3]1986; *W. Wanzura*, Christlich-Islamische Begegnung. Zur Haltung der katholischen Kirche, in: *M. Fitzgerald/A. Th. Khoury/W. Wanzura (Hrsg.)*, Renaissance des Islams. Weg zur Begegnung oder zur Konfrontation? (Islam und westliche Welt, Bd. 4), Graz/Wien/Köln 1980, 151–181 (s. auch Dialog).

L. HAGEMANN

Kanzel

Neben der Gebetsnische (mihrab) ist die Kanzel (minbar), die sich rechts neben dem „Mihrab" befindet, ein wesentlicher Teil der Einrichtung der Freitagsmoschee. Es gibt fest installierte Kanzeln, aber auch solche, die mit Rädern versehen sind und bei Bedarf an ihren Platz gefahren werden. Die Seitenwände haben die Form von zwei Dreiecken, aus Holz oder Stein gefertigt, die durch mehrere Stufen miteinander verbunden sind. In vielen Fällen ist die Kanzel schlicht gehalten. Doch haben muslimische Künstler auch bei dem „Minbar“ Gelegenheit gefunden, ihre Kreativität zu beweisen. Sie verwendeten für die Kanzel kostbare Materialien, wie teure Hölzer, Marmor oder andere aufwändige Materialien. Die beiden seitlichen Dreiecke boten ihnen Fläche genug, sie mit Kalligraphien und Arabesken auszuschmücken. Die Stufen des „Minbar“ sind nicht selten mit z. T. kostbaren Textilien belegt. Die Zahl der Stufen ist nicht festgelegt. Sie führen zu einer kleinen Plattform, die in vielen Fällen von einem kuppelförmigen oder pyramidenförmigen Baldachin überragt wird.

Geschichtlicher Überblick

Der Ursprung des „Minbar“ geht auf den Propheten Muhammad zurück, der sich im Jahre 7 nach der Hidjra, das entspricht 628/29 unserer Zeitrechnung, eine erste Kanzel bauen ließ. Der Grund dafür war wohl die Tatsache, dass sich die Gemeinde der gläubigen Muslime so vergrößert hatte, dass nicht alle Anwesenden den predigenden Muhammad sehen und hören konnten. Ein weiterer Grund für die bauliche Neuerung mag gewesen sein, dass Muhammad das lange Stehen während der Gebetsrituale zu beschwerlich war. Auf den „Minbar“ konnte er sich auch setzen. Er war zunächst nicht ausschließlich für den Gottesdienst der islamischen Gemeinde vorgesehen, sondern diente auch als Herrscherthron und Richterstuhl; denn Muhammad war ja nicht nur religiöser, sondern auch weltlicher Führer der Muslime und ihr oberster Richter. Die Kanzel des Propheten Muhammad hatte drei Stufen. Die oberste wies eine Verbreiterung auf. Sie diente Muhammad als Sitz. Nach der Überlieferung pflegten die ihm nachfolgenden Khalifen jeweils eine Stufe niedriger Platz zu nehmen, was dazu führte, dass Ali sich wieder auf die oberste Stufe setzte. Später wurden mit der Notwendigkeit, dass immer größere Gemeinden den Prediger sehen und hören mussten, die Kanzeln immer höher; sei es, dass sie zahlreiche Stufen erhielten, so ist in den Quellen für die Moschee von Medina von einer neunstufigen Kanzel die Rede, sei es, dass schon die Basis der Kanzel entsprechend höher angelegt wurde. Mit der Zahl der Stufen des „Minbar“ sind verschiedene volksislamische Vorstellungen verbunden. So wird die häufig festzustellende Zahl von sieben Stufen mit den „sieben Himmeln“ gleichgesetzt. Mit der Ausbreitung des Islams und der damit verbundenen Notwendigkeit des Bauens zahlreicher Freitagsmoscheen verbreitete sich auch der Gebrauch der Kanzel in der gesamten islamischen Welt. Zugleich aber verlor der „Minbar“ seine Funktion als Richterstuhl und Herrschersitz und behielt ausschließlich diejenige der Verkündigung des Korans und als Standort, von dem aus die Freitagspredigt (khutba) gehalten wurde.

Prediger auf der Kanzel

Für das Verhalten des Predigers (khatib) auf der Kanzel entwickelten sich Regeln, die sich jedoch in den verschiedenen Teilen der islamischen Welt unterscheiden. Zunächst einmal besteht keine Verpflichtung für den Prediger, die Kanzel zu besteigen. Er kann seine Predigt auch vom Boden aus, auf gleicher Ebene mit den Moscheebesuchern halten. In der Regel wurde und wird die Predigt von einem Mann gehalten. Ob Frauen den „Minbar" besteigen dürfen, ist nicht bekannt. Schon die Frage, ob der „Khatib" zu stehen hat oder sitzen darf, ist nicht einheitlich geregelt. In manchen Regionen sollte er vor und nach dem ersten Teil seiner Predigt, die von Gebeten unterbrochen wird, sitzen, bei der eigentlichen Predigt jedoch stehen. Sprach er das übliche Gebet für den Herrscher, stieg er eine oder mehrere Stufen herab. Auch die Frage, wie hoch der „Khatib" überhaupt auf die Kanzel steigen sollte, wird in den verschiedenen Regionen unterschiedlich interpretiert und gehandhabt. Entsprechende Anweisungen im Koran oder den Prophetentraditionen sind nicht zu finden. Der Prediger der Freitagsmoschee von Medina begibt sich auch heute noch nur bis zur siebten Stufe des neunstufigen „Minbars", um durch die Distanz, die er zu dem Platz des Propheten wahrt, seine Verehrung für ihn auszudrücken. Zahlreiche Quellen berichteten, dass Prediger zu bescheiden waren, um bis zur obersten Stufe des „Minbars" hinaufzusteigen. Vor allem in Nordafrika hat sich die Sitte durchgesetzt, sich mit einer niedrigeren als der obersten Stufe zufriedenzugeben. Hier wird also aus Pietät gehandelt. Doch nicht in jedem Fall wird dafür Bescheidenheit oder Ehrfurcht vor dem Propheten als Grund für eine niedrigere Position auf dem „Minbar" angegeben. Vielmehr spielen ganz praktische Argumente eine Rolle, wie z.B. die Gefahr, dass ein zu hoch stehender Prediger zu weit von den Zuhörern entfernt und daher schlecht verständlich ist. In anderen Regionen stieg und steigt auch heute noch der Prediger bis zur vorletzten Stufe und lässt sich dann auf dem Sitz des „Minbar" nieder. Begründet wird dieses Verhalten mit der Bemühung des Predigers, wie jedes Muslims überhaupt, das Verhalten des Propheten Muhammad in jeder Hinsicht nachzuahmen. Das Besteigen der Kanzel gilt als eine hohe Würde, die nur der Person zukommt, die über die entsprechende Qualifikation verfügt. Dies muss nicht bedeuten, dass sie eine theologische Ausbildung durchlaufen hat. Doch soll sie ein untadeliges Leben führen und das mit der „Khutba" verbundene Ritual beherrschen. Angesichts der weniger hervortretenden Bedeutung der Predigt im Ritual des Islams, nimmt der „Minbar" auch nicht die zentrale Rolle ein, wie das bei anderen Religionen der Fall ist.

Literatur: *C. H. Becker,* Die Kanzel im Kultus des alten Islams, in: *C. Bezold (Hrsg.),* Orientalische Studien, Theodor Nöldeke zum siebzigsten Geburtstag, Bd. I, Gießen 1906; *F. Meiner,* Der Prediger auf der Kanzel (Minbar), in: *H. R. Römer/A. Noth (Hrsg.),* Studien zur Geschichte und Kultur des Vorderen Orients. Festschrift für Bertold Spuler zum siebzigsten Geburtstag, Leiden 1981, 225–248; *H. Terrasse,* Minbars anciens du Maroc, in: Mélanges d'histoire et d'archéologie de l'Occident musulman, Hommage à Georges Marçais. Bd. 2, Algier 1957; *J. Sauvaget,* La mosquée omeyyade de Médine, Paris 1947.

P. HEINE

Khalif

Geschichtlicher Überblick

Nach dem plötzlichen Tod des Propheten Muhammad stand die noch junge Gemeinde der Muslime vor der Aufgabe, einen Führer zu bestimmen, der in weltlichen und religiösen Fragen in gleicher Weise Autorität ausüben konnte, auch wenn er nicht durch die Offenbarung geleitet wurde wie Muhammad. Nach erheblichen Auseinandersetzungen wurde Abu Bakr (632–634) zum Khalifen (khalifa, d. h. Nachfolger, Stellvertreter) nach dem Verfahren, das man als Akklamation bezeichnen kann, bestellt. Er wurde mit dem Titel „Beherrscher der Gläubigen" (amir al-mu'minin) angesprochen. Die führenden Mitglieder der Gemeinde leisteten ihm einen Gefolgschaftseid (bayʿa). Abu Bakr seinerseits bestimmte vor seinem Tod ʿUmar (634–644) als seinen Nachfolger, der seinerseits ein Gremium aus sechs Männern bildete, die einen aus ihrer Mitte als Nachfolger bestimmen sollten. So sind die Auswahlmechanismen bereits unter den ersten drei Khalifen sehr unterschiedlich. Die Ermordung des dritten Khalifen ʿUthman (644–656) brachte die Frage mit sich, ob ein Khalif bei Vernachlässigung seiner Pflichten abgelöst werden könne. Die Absetzung eines Khalifen wurde unterschiedlich beurteilt. Die Kharidjiten meinten, dass der Khalif abgelöst werden müsse. Die Familie der Umayyaden, die die erste Dynastie des Islams etablierten, waren gegenteiliger Ansicht. Sie setzten ein dynastisches Prinzip durch und verlangten von ihren Untertanen unbedingten Gehorsam. Um diesen durchzusetzen, entwickelten sie eine Doktrin, nach der der Khalif nicht Stellvertreter des Propheten (khalifat rasul Allah), sondern Stellvertreter Gottes (khalifat Allah) sei. Die Anwendung des dynastischen Prinzips gestaltete sich so, dass formal ein gewisser Wahlcharakter bestehen blieb, indem der Gefolgschaftseid erhalten blieb, der theoretisch auch verweigert werden konnte. Besondere Regelungen der Thronfolge gab es nicht. Die Nachfolge konnte der älteste oder ein anderer Sohn des Herrschers, aber auch sein Bruder oder Vetter väterlicherseits antreten. Ausgenommen waren lediglich die Söhne aus Verbindungen mit einer nicht-arabischen Konkubine. Die Legitimität ihrer Herrschaft versuchten die Umayyaden durch ihre genealogische Abstammung von ʿUthman zu begründen, reklamierten jedoch gleichzeitig ein „Erbe Muhammads". Die den Umayyaden folgende Dynastie der ʿAbbasiden brachte einige Modifikationen des Khalifatskonzeptes. Eine erste Veränderung war sicherlich die, dass nun die Zugehörigkeit zur Familie des Propheten als Kriterium für die

Legitimität des Herrschers gefordert wurde. Dabei hat allerdings die Tatsache, dass Nachkommen des Propheten ihre Ansprüche aus der Zugehörigkeit zur Linie der Prophetentochter Fatima ableiteten, durch die auch rückwirkende Ausschließlichkeit vaterbezogener Abstammung Widerspruch erfahren. Auch die ʿAbbasiden sahen sich als Stellvertreter Gottes auf Erden. Sie nannten sich „Macht Gottes auf Erden" (sultan Allah fi ardihi), und die von ihnen angenommenen Herrschernamen betonen ihre direkte Beziehung zu Gott Zugleich verwendeten sie den Titel „Imam", um die religiöse Bedeutung ihrer Funktion zu unterstreichen. Diese Betonung der religiösen Funktion des Khalifats kam auch in einigen der Insignien zum Ausdruck, die die ʿabbasidischen Khalifen bei öffentlichen Auftritten mit sich führten. Neben den Symbolen weltlicher Macht wie dem Zepter und einer besonderen Kopfbedeckung war der Khalif zum Ausdruck seiner religiösen Stellung mit dem Mantel des Propheten Muhammad (burda) bekleidet. Auch das vor ihm hergetragene Originalexemplar des Korans, der unter ʿUthman redigiert und herausgegeben worden war, machte die religiöse Bedeutung des Amtes deutlich. Diese religiösen Legitimierungsversuche waren nicht zuletzt deshalb notwendig, weil das ʿAbbasidenkhalifat nicht das einzige in der islamischen Welt war. Gleichzeitig bestand im muslimischen Andalusien seit 928 ein umayyadisches Khalifat, und auch die Herrscher der Almohaden-Dynastie (1130–1269) führten den Titel „Beherrscher der Gläubigen". Ebenso nannten sich die Herrscher der schiitischen Fatimiden (909–1171) in Nordafrika und Ägypten Khalifen. Das dynastische Prinzip blieb unter den ʿAbbasiden erhalten. Häufig bestimmte der Herrscher testamentarisch seinen unmittelbaren Nachfolger, in einigen Fällen auch dessen Nachfolger. Als notwendige Voraussetzung für die Übernahme der Herrschaft wurde unter den ʿAbbasiden die Volljährigkeit des Kandidaten rechtlich fixiert, die schon unter den Umayyaden üblich war. Hinterließ ein Khalif keine testamentarischen Verfügungen über seinen Nachfolger, trat ein Gremium aus religiösen und staatlichen Würdenträgern zusammen, die den Herrscher bestimmten.

Aufgaben des Khalifen

Die Aufgaben und Funktionen der Khalifen sind im Koran nicht festgelegt. Es besteht bis auf den heutigen Tag auch keine Einigkeit zu dieser Thematik zwischen den islamischen Rechtsgelehrten. Viele der Funktionen entwickelten sich erst aus den Erfordernissen der Regierungsgeschäfte. Abu Bakr hatte in seiner kurzen Regierungszeit die Aufgaben Muhammads fortgesetzt. Er musste sich gegen eine Abfallbewegung unter arabischen Stämmen nach dem Tod Muhammads zu Wehr setzen und den jungen islamischen Staat politisch und vor allem aber militärisch konsolidieren. Eine ursprüngliche Funktion des Khalifen ist demnach die des militärischen Führers. In der Regierungszeit

ʿUmars kam zu dieser Funktion die Aufgabe des Khalifen als Gesetzgeber. ʿUmar hatte zahlreiche Entscheidungen hinsichtlich des Straf- und Zivilrechts zu treffen. Auch für das religiöse Leben, vor allem für seine rituelle Ausgestaltung setzte er Normen. Höhepunkt dieser Entwicklung religiöser Autorität ist die Redaktion und Fixierung des Korans unter dem dritten Khalifen ʿUthman. Die rasche Ausbreitung des islamischen Staatsgebietes brachte zwangsläufig einen hohen Anteil an Organisations- und Verwaltungsaufgaben mit. Es war hier wiederum vor allem ʿUmar, der durch die Einrichtung von Institutionen wie dem Diwan (Register) und einer Staatskasse (bait al-mal) dem islamischen Staat eine erste Lenkungs- und Verwaltungsstruktur verschaffte. Unter den Umayyaden erweiterten und diversivizierten sich diese Aufgaben weiter. So hatten die Herrscher dieser Dynastie eine Reihe von Entscheidungen zu treffen, die im Widerspruch zu den im Koran niedergelegten Regeln und Vorschriften standen. Sie hatten in vielen wichtigen Bereichen Ämter einzurichten und gesetzliche Regelungen zu schaffen, ohne die ein Staatswesen von der Größe und Komplexität ihres Reiches nicht funktionieren kann. Um diese Innovationen durchsetzen zu können, bedurfte es gewiss der Berufung auf das „Erbe Muhammads" und der geschilderten Legitimierungsbemühungen. Unter den ʿAbbasiden zwischen dem 8. und 10. Jahrhundert wurden als die Hauptaufgaben des Khalifen die Leitung des Gebets, die Führung des Djihad gegen die Ungläubigen und die Reinhaltung des islamischen Dogmas von Neuerungen (bidʿa) angesehen. Er hatte die Richter (qadi, pl. quadat) zu ernennen und war in rechtlichen Auseinandersetzungen letzte Anrufungs- und Entscheidungsinstanz. Allerdings hatten die Richter eine erhebliche Unabhängigkeit. Zu den Aufgaben des Khalifen gehörte auch die Sorge um das Wohlergehen der islamischen Gemeinschaft, also im weitesten Sinne eine Verwaltungsaufgabe. Gerade in diesem Bereich delegierten die ʿAbbasiden-Khalifen mehr und mehr Funktionen an verschiedene Institutionen. Hier ist vor allem das Amt des Wezirs zu nennen. Der Wezir wurde vom Khalifen bestimmt und war damit in erheblichem Maß seiner Willkür unterworfen. Der Khalif war jedoch gut beraten, den herrschenden politischen Verhältnissen bei der Ernennung oder Entlassung eines Wezirs Rechnung zu tragen.

Verfall und Abschaffung des Khalifats

Nach dem 10. Jahrhundert nahm die Macht der ʿabbasidischen Khalifen mehr und mehr ab. Die tatsächlichen Machthaber waren verschiedene, häufig türkische Heerführer, die als Sultane die wichtigen politischen Entscheidungen fällten. Nach der Zerstörung Baghdads durch die Mongolen im Jahr 1258 bestand noch für einige Zeit ein ʿabbasidisches „Marionetten-Khalifat" in Ägypten. Schließlich übernahmen die Herrscher des osmanischen Reiches diesen Titel. Er bedeutete ihnen jedoch lange Zeit nicht mehr als zahlreiche andere

Ehrenbezeichnungen. Erst im Zeitalter des Kolonialismus und der Auseinandersetzungen mit den europäischen Mächten trat eine Wende in der Bewertung dieses Titels ein. Erst als in der Auseinandersetzung mit der Bewegung des Panislamismus Religion zu einem Faktor im politischen Spiel wurde, betonte der osmanische Sultan Abdül Hamid (1876–1909) seine Stellung als geistiger Führer aller Muslime. Nach der Revolution der Jung-Türken im Jahre 1909 trat dieser Aspekt bei seinen Nachfolgern noch mehr in den Vordergrund. Das wird nicht zuletzt an der Tatsache deutlich, dass der Gründer der Türkischen Republik, Mustafa Kemal Atatürk, erst zwei Jahre nach der Absetzung des letzten osmanischen Sultans das Khalifat im Jahre 1924 durch die türkische Nationalversammlung für aufgelöst erklärte. Seitdem hat es immer wieder Versuche gegeben, eine der führenden Persönlichkeiten des politischen Lebens der islamischen Welt als neuen Khalifen auszurufen, angefangen bei dem Sharifen von Mekka, über den König Amanullah von Afghanistan bis hin zu dem saudischen König Faisal.

Weitere Entwicklungen

Die Dynamik der großflächigen Ausbreitung des Islams hat dazu geführt, dass vor allem in den islamischen Randgebieten immer wieder Persönlichkeiten auftraten, die für sich den Titel und die Funktionen des Khalifen in Anspruch nahmen. Als Beispiel sie hier der Fulbe-Führer Osman dan Fodio genannt, dem es zu Beginn des 19. Jahrhunderts gelang, im Gebiet der Sahelzone Westafrikas einen theokratischen Staat zu errichten. Osman dan Fodio kopierte in vieler Hinsicht das ʿabbasidische Khalifat und legte besonderen Wert auf die religiösen Funktionen seines Amtes.

Neben der Bezeichnung von religiöspolitischen Führern der islamischen Welt findet der Titel Khalif auch Anwendung in den Organisationen der religiösen Bruderschaften. Bei den Bruderschaften handelt es sich um mystische oder von mystischen Vorstellungen beeinflusste hierarchische Organisationen, die auch heute noch einen beträchtlichen Einfluss in islamischen Gesellschaften haben. Mit dem Titel Khalif werden in ihnen häufig die Nachfolger der Ordensgründer bezeichnet.

Literatur: *T. W. Arnold,* The Caliphate, Oxford 1965; *D. Ayalon,* Studies to the Transfer of the Abbasid Caliphate from Baghdad to Cairo, in: Arabica 7 (1960), 41–59; *F. Rosenthal,* Political Justice and the Just Ruler, in: Israel Oriental Studies 10 (1980), 92–101; *E. B. Blanckmeister,* Din wa Daula. Religion und Politik in Adamaua, Ernsdetten 1989; *L. Beermann,* Muslim im Brotherhoods in Senegal, Princeton 1970; *H. Busse,* Chalif und Großkönig, Beirut 1969; *T. Nagel,* Staat und Glaubensgemeinschaft im Islam, 2 Bde., Zürich 1981; *E. Kedourie,* The Chatam House Version and other Middle-Eastem Studies, London 1970; *R. Paret,* Signification coranique de halifa et d'autres dérivés de la racine halafa, in: Studia Islamica 31 (1970), 211–217; *ders.,* Halifat Allah – Vicarius Dei, in: Mélanges d'islamologie (Armand Abel), Leiden 1974, 224–232; *E. Tyan,* Institution du droit publique, Bd. 1 u. 2, Paris 1954–1957; *S. Trimingham,* The Sufi Orders in Islam, Oxford 1971.

P. Heine

Kinder Israels ↗ *Juden*

Kleidung

Geschichtlicher Überblick

Die verschiedenen Funktionen der Kleidung, vor allem der Schutz vor den Unbilden der Witterung und die Möglichkeit der sozialen Differenzierung, lassen sich auch bei der Kleidung von Muslimen feststellen. Das gilt für alle Regionen der islamischen Welt. Nach dem islamischen Recht soll die Kleidung den Menschen gegen Hitze und Kälte schützen, aber auch seine intimen Körperteile bedecken. Die Kleidervorschriften sind häufig eher allgemein gehalten. Vor allem wird zur Bescheidenheit auch in der Ausstattung gemahnt. Der Prophet Muhammad gilt auch in diesem Punkt als leuchtendes Vorbild. Er pflegte neben einer Art Unterhose (sirwal) ein langes Hemd aus weißer Baumwolle mit langen Ärmeln zu tragen. Bei einigen Gelegenheiten kam noch ein Mantel (burda) dazu. An den Füßen trug er einfache Sandalen. Den Kopf bedeckte ein weißer oder schwarzer Turban. Nach seinem Vorbild soll der Muslim Kleidung aus einfachen Stoffen tragen, Seide galt als verpönt. „Wer in dieser Welt Seide trägt, wird sie sicherlich nicht im Jenseits tragen", wird von Muhammad tradiert. Kleidungsstücke aus Wolle (suf) waren so kennzeichnend für islamische Mystiker, dass davon die Bezeichnung „Sufi" für „Mystiker" herrührt.

In einigen Bereichen nimmt der Koran direkt Stellung zu Fragen der Bekleidung. Er enthält vor allem Hinweise auf die Bekleidung der Frau. Im Koran 33, 59 heißt es: „O Prophet, sag deinen Gattinnen und deinen Töchtern und den Frauen der Gläubigen, sie sollen etwas von ihrem Überwurf über sich herunterziehen. Das bewirkt eher, dass sie erkannt werden und dass sie nicht belästigt werden. Und Gott ist voller Vergebung und barmherzig"; und noch deutlicher in 24, 31: „Und sprich zu den gläubigen Frauen, sie sollen ihre Blicke senken und ihre Scham bewahren, ihren Schmuck nicht offen zeigen, mit Ausnahme dessen, was sonst sichtbar ist. Sie sollen ihren Schleier auf den Kleiderausschnitt schlagen und ihren Schmuck nicht offen zeigen, es sei denn ihren Ehegatten, ihren Vätern, den Vätern ihrer Ehegatten, ihren Söhnen, den Söhnen ihrer Ehegatten, ihren Brüdern, den Söhnen ihrer Brüder und den Söhnen ihrer Schwestern, ihren Frauen, denen, die ihre rechte Hand besitzt, den männlichen Gefolgsleuten, die keinen Trieb mehr haben, den Kindern, die die Blöße der Frauen nicht beachten …" Diese Verse führten zu der noch heute als typisch islamisch angesehenen Verschleierung der muslimischen Frauen. Es ist in diesem Zusammenhang jedoch darauf hinzuweisen, dass die Form und die konsequente Durchführung der Verschleierung schichtenspezifisch war und ist. Musliminnen, die schwere körperliche Tätigkeiten im

Handwerk und in der Landwirtschaft verrichten müssen, sind in der Regel nicht verschleiert. Verschleierung ist also auch ein Zeichen von Wohlhabenheit. Darüber hinaus lassen sich auch deutliche regionale Unterschiede feststellen.

Im Zuge ihrer Eroberungen erlebten die Muslime andere Kleidungssitten bei den von ihnen unterworfenen Völkern und übernahmen einige davon. Hier sind an erster Stelle die Hose zu nennen, die von Männern und Frauen getragen wird, dann aber auch kurze Jacken und Kaftane. In der ʿAbbasidenzeit kamen hohe, spitze Mützen, die mit einem Schleier versehen waren, hinzu. Sie wurden von Männern getragen. Aus dem Orient gelangten sie durch die Kreuzzüge nach Europa, wurden hier jedoch zu einer weiblichen Kopfbedeckung. Natürlich entwickelten sich im Laufe des Zivilisationsprozesses der islamischen Welt auch zahlreiche Moden, die durchaus ihre praktischen Seiten haben konnten. Die Ärmel der Mäntel waren z. B. im islamischen Mittelalter sehr weit und dienten auch als Taschen, in denen sich zahlreiche Dinge, vom Stift bis zur Schere, vom Scheck bis zu Gerichtsakten unterbringen ließen. Heute lässt sich Vergleichbares in Nordafrika beobachten. Dort dient die Kapuze des Kaftans als Kopfbedeckung und als Tasche. In vielen Fällen wurde jedoch die früh-islamische Bescheidenheit im Bezug auf die Ausstattung der Kleidung und die Qualität der Stoffe vergessen.

Kleidungsvorschriften

Kleidungsvorschriften für Gebet und Gottesdienst kennt der Islam bis auf eine Ausnahme nicht. Die Traditionen fordern den Muslim jedoch auf, für Korrektheit und Sauberkeit der Kleidung bei religiösen Handlungen Sorge zu tragen. Lediglich im Zusammenhang mit der Pilgerfahrt bestehen Anweisungen, wie der Pilger sich zu kleiden habe. Die vorgeschriebene Kleidung der Männer besteht aus zwei weißen, ungesäumten Leinentüchern, dem „Izar", der um die Hüften geschlungen wird und bis über die Knie fällt, und dem „Rida'", der um Schultern und die obere Hälfte der Brust des Trägers gewunden wird. Hinzu kommen Sandalen oder Schuhe, die die Fußknöchel freilassen. Der Kopf bleibt unbedeckt. Gegen die Sonne darf ein Sonnenschutz benutzt werden. Wertsachen werden in einem Lederbeutel verstaut. Für die Kleidung weiblicher Pilger gibt es keine spezifischen Vorschriften. Doch halten diese in der Regel auch die Arme und das Haar bedeckt. Das Anlegen dieser Kleidung dokumentiert den Eintritt des Pilgers in einen besonderen Weihezustand, den „Ihram". Er dient zugleich dazu, soziale Unterschiede zwischen den Pilgern zu verdecken und ein starkes Gemeinschaftsgefühl entstehen zu lassen.

Bedeutung der Kleidung

Im islamischen Mittelalter waren die Angehörigen verschiedener Berufe an ihrer Kleidung erkennbar. So unterschieden Theologen sich von „Schreibern" (Mitgliedern der Ver-

waltung) durch ihre spezielle Kopfbedeckung, die mit einem Schleier versehen war, aber auch durch einen besonderen Überwurf. Die Schreiber dagegen kleideten sich in ein auf der Brust ausgeschnittenes Gewand, Angehörige des Militärs wiederum in eine kurze Jacke. Richter trugen, wie die Theologen, einen besonderen Hut. Für Prediger gab es eigene Vorschriften. So hatten sie im ʿAbbasidenreich schwarze Kleidung zu tragen, in den Regionen, in denen die Fatimiden regierten, war die weiße Farbe vorgeschrieben. Die spezielle Kleidung der islamischen Gelehrten und religiösen Funktionsträger ist in vielen Ländern bis auf den heutigen Tag erhalten geblieben, trotz der Anpassung der übrigen Bevölkerung an europäische Kleidungsformen.
Auch die Farbe der Kleidung spielte in einigen Epochen eine bedeutsame Rolle. So war die Hofkleidung der ʿAbbasiden schwarz in der Erinnerung an den Tod des Ibrahim ibn Muhammad. Auch die Ehrengewänder, die sie verliehen, hatten diese Farbe. Die Schiiten, aber auch die Qarmaten bevorzugten dagegen Weiß als Zeichen des Schmerzes. Auch Blau galt als Farbe der Trauer. Andererseits ist Weiß aber auch die Farbe, die nach Angabe des Korans die Seligen im Paradies tragen. Als unfein galt es für Männer, bunte Kleidungsstücke zu tragen, sie waren für Frauen und Sklaven passend. Genauso wenig stilgerecht und daher abzulehnen war eine Kombination von Kleidungsstücken verschiedener Stoffarten.
Die Angehörigen der Gemeinschaften von Juden und Christen hatten eine bestimmte Kleidung oder Kleidungsstücke zu tragen. Eine der ersten, sehr allgemein gehaltenen Vorschriften für diese Bevölkerungsgruppe besagt, dass sie sich so zu kleiden hatten, dass sie nicht mit Muslimen verwechselt werden konnten. Zu manchen Zeiten hatten sie eine bestimmte Form von Mützen zu tragen. Wenn die Kopfbedeckung sich nicht von der der Muslime unterschied, musste sie mit Knöpfen oder anderen Abzeichen versehen werden, die deutlich machten, dass der Träger kein Muslim war. Auch das Tragen von gelben oder honigfarbenen Mänteln wurde ihnen vorgeschrieben. Eine andere Möglichkeit, Juden oder Christen an ihrer Kleidung zu erkennen, bot die Anordnung, dass sie nur breite Gürtel tragen durften. Zu manchen Zeiten reichte auch ein entsprechend gefärbter Stofflappen aus, der auf Brust oder Rücken befestigt wurde. In Ägypten war die schwarze Farbe als Erkennungszeichen für die Kopten vorgeschrieben, die vor allem bei Gürtel und Kopfbedeckung verwendet werden musste. Doch auch die Aliden pflegten besonders farbige, nämlich grüne Binden zu tragen, um ihre Verwandtschaft mit dem vierten Khalifen deutlich zu machen.

Weitere Entwicklungen
Der verstärkte Einfluss der westlichen Welt auf islamische Gesellschaften hat auch zu Veränderungen im Bezug auf die Kleidung geführt. Dieser Wandel beruhte nicht nur auf dem Wunsch, eine als überlegen empfundene Zivilisation zu kopieren, sondern wurde von Reformpoli-

tikern teilweise als Vehikel der Modernisierung ihrer Gesellschaften verstanden. Wie in vielen anderen Bereichen wurden auch im Bezug auf die Kleidung Modernisierungsversuche beim Militär unternommen. Seit dem Begin des 19. Jahrhunderts wurden in zahlreichen Heeren orientalischer Staaten Uniformen nach europäischem Muster eingeführt, was nicht immer ohne Schwierigkeiten vonstatten ging. Der türkische Staatsgründer Mustafa Kemal Atatürk wie der persische Schah Reza versuchten durch das Verbot orientalischer Kleidung, ihren Reformversuchen eine größere Dynamik zu verleihen. Vor allem die Verschleierung der Frauen wurde als ein Zeichen besonderer Rückständigkeit gebrandmarkt. Seit dem Beginn des 20. Jahrhunderts gab es um den Schleier lebhafte Auseinandersetzungen in der Presse und der Öffentlichkeit zahlreicher islamsicher Staaten. Auch die größere Mobilität, der sich muslimische Frauen vor allem seit dem Beginn des 20. Jahrhunderts erfreuen, berührte Kleiderfragen. So waren in Marokko keine Kleidungsstücke bekannt, die von Frauen höherer sozialer Stellung außerhalb des Hauses getragen wurden, da diese praktisch nie das Haus verließen. Sie übernahmen mit wachsender Mobilität das männliche Kleidungsstück des Kaftans. Andererseits war das Festhalten daran oder die Rückkehr zur traditionellen Kleidung, auch zum Schleier, häufig ein Zeichen der Ablehnung von Verwestlichungstendenzen und dokumentierte eine streng islamische Haltung.

Literatur: *M. Ahsan,* Social Life under the Abbasides, London 1979; *N. Berkes,* The Development of Secularism in Turkey, Montreal 1964; *R. Dozy,* Dictionnaire détaillé des noms des vêtements chez les Arabes, Amsterdam 1845; *E. Gellner,* Trousers in Tunisia, in: Middle Bastern Studies 14 (1978), 127–130; *S. D. Goitein,* A Mediterranean Society, Bd. 4; Daily Life, Berkeley 1983; *A. Mez,* Die Renaissance des Islams, Reidelberg 1922; *M. Tilke,* Studien zur Entwicklungsgeschichte des orientalischen Kostüms, Leipzig 1923; *H. Tuchelt (Hrsg.),* Türkische Gewänder und osmanische Gesellschaft im 18. Jahrhundert, Graz 1966; *C. Knieps,* Geschichte der Verschleierung der Frau im Islam, Würzburg 1993; *M. Akkent/G. Fragner,* Das Kopftuch, Frankfurt 1987; *Y. Stillman,* Arab Dress from the Dawn of Islam to Modern Times, Leiden 2000.

P. Heine

Kopfbedeckung

Kopfbedeckungen dienen, wie die Kleidung insgesamt, nicht zuletzt der sozialen Differenzierung, da ihre funktionale Bedeutung angesichts der klimatischen Verhältnisse in der islamischen Welt eher gering zu veranschlagen ist. Das hat dazu geführt, dass um die religiöse Unbedenklichkeit von Kopfbedeckungen zwischen islamischen Gelehrten und Intellektuellen mehr gestritten wurde als um andere Teile der Kleidung. Die typische islamische Kopfbedeckung der Männer ist der Turban, wie ihn auch der Prophet Muhammad getragen haben soll. Der Turban entsteht, wenn ein Tuch um eine Kappe oder ähnliches gewunden wird. Islamische Richter und Gelehrte des Mittelalters trugen Sonderformen von Kopfbedeckungen, an denen man ihre Funktion und ihren Rang innerhalb der entsprechenden Hierarchien ablesen konnte. Auch heute noch sind sunnitische und schiitische Gelehrte nicht nur an ihrer Kleidung, sondern auch an ihrem Turban zu erkennen. Häufig sagte die Form, Farbe und Größe des Turbans etwas über die soziale, politische oder religiöse Stellung des Trägers aus. Musliminnen, die in der Öffentlichkeit ja in der Regel verschleiert erschienen, trugen keine spezielle Kopfbedeckung.

Warum die Frage, was ein Muslim auf dem Kopf zu tragen hat, zu so heftigen Auseinandersetzungen vor allem in der Moderne geführt hat, ist nicht recht deutlich. Zwar ist es in vielen Regionen der islamischen Welt üblich, beim Gebet den Kopf bedeckt zu halten, doch ist dies nicht zwingend vorgeschrieben. Auf den religiösen Aspekt der Kopfbedeckung weist auch die Tatsache hin, dass im osmanischen Reich auf den Grabsteinen steinerne Turbane angebracht wurden. Dabei handelt es sich bis auf wenige Ausnahmen um die Gräber von Männern. Während das islamische Mittelalter kaum über die Form der Kopfbedeckung nachgedacht hat und sie vor allem zur Unterscheidung zwischen Muslimen und Nicht-Muslimen, zwischen den Angehörigen verschiedener Orden oder zwischen verschiedenen Berufsgruppen benutzte, wurde um diese Frage in den schwierigen Modernisierungsprozessen der islamischen Gesellschaften schwer gerungen. Als Beispiel sei in diesem Zusammenhang auf die Türkei verwiesen. Hier konnte in der ersten Hälfte des 19. Jahrhunderts im osmanischen Heer die Schirmmütze nicht durchgesetzt werden, weil diese den Beter, der mit der Stirn den Boden berühren muss, behindert hätte. Stattdessen wurde 1835 der schirmlose Fez eingeführt. Doch dieser wurde nicht zuletzt wegen der an ihm befestigten Quaste, zu einem Symbol für den reaktionären, fanatischen und obskuranten Orientalen. So wurde er in europäischen Karikaturen verwendet. Doch auch zahlreiche türkische Reformer machten ihn in ihrer Agitation zur Zielscheibe des Spotts. Daher ist es nicht verwunderlich, wenn ihn der türkische Reformer Mustafa Kemal Atatürk im Jahre 1925 kurzerhand verbot und stattdessen europäische Hüte mit einer Krempe oder Schirmmützen einführte. Auch im Ägypten der 1950er Jahre galt der Fez als Zeichen der Reaktion und aller negativen Eigenschaften, die durch die Revolution der „Freien Offiziere" von 1952 überwunden werden sollten. Daher war das Verbot des Fez eine der ersten Handlungen der Revolutionsführung. Mit dem Verbot oder der Abschaffung des Schleiers in vielen islamischen Ländern entstand zum ersten Mal die Frage nach einer weiblichen Kopfbedeckung. Da in vielen islamischen Gesellschaften das Haupthaar von Frauen als Teil, der bedeckt werden soll, angesehen wird, mussten hier Lösungen entwickelt werden, die sich jedoch regional deutlich unterscheiden. Die Form der weiblichen Kopfbedeckung wurde damit zugleich zu einem sozialen, aber auch ideologischen Differenzierungsmerkmal. Westliche Damenhüte wurden zum Zeichen von Europäisiertheit und weiblicher Emanzipation und das Kopftuch zum Zeichen einer traditionellen, von islamischen Vorstellungen geprägten Haltung.

Seit der Mitte der 1990er Jahre ist das Kopftuch zu einem Streitobjekt in einigen islamischen Staaten wie der Türkei oder Iran, vor allem aber in Europa geworden. Die Verhüllung des Haupthaars von Frauen in der Öffentlichkeit ist eine zentrale Forderung von islamistischen Politikern, die die Durchsetzung des Kopftuchs als Erfolg ihrer Re-Islamisierungspolitik betrachten. Das Verbot des Kopftuchtragens in öffentlichen Gebäuden wie Schulen und Hochschulen oder im Parlament wird von den Vertretern säkularer Positionen ebenfalls als politischer Erfolg gewertet. In Europa wird das Kopftuch bei Musliminnen als politische Demonstration islamistischer Vorstellungen und als Zeichen mangelnder Integrationsbereitschaft betrachtet. Die Reaktionen der europäischen Öffentlichkeit und der staatlichen Autoritäten reichen vom Ausschluss der Trägerinnen von Schule und Arbeitsstelle bis zu demonstrativem Desinteresse.

Literatur: *N. Berkes,* The Development of Secularism in Turkey, Montreal 1964; *H.-P. Laqueur,* Die Kopfbedeckung im osmanischen Reich als soziales Erkennungszeichen, dargestellt anhand einiger Istanbuler Grabsteine des 18. und 19. Jahrhunderts, in: Der Islam 59 (1982), 80–92; *T. Menzel,* Beiträge zur Kenntnis des Derwisch-tag, in: Festschrift für Georg Jacob zum siebzigsten Geburtstag, Leipzig 1932, 74–199; *C. Knieps,* Geschichte der Verschleierung der Frau im Islam, Würzburg 1993; *M. Akkent/ G. Fragner,* Das Kopftuch, Frankfurt 1987; *S. Amir-Moazami,* Schleierhafte Debatten – Konstruktion des Anderen im Diskurs der deutschen und französischen Kopftuchgegner, in: Jahrbuch für Religionswissenschaft und Theologie der Religionen 7/ 8 (1999), 356–381.

P. Heine

Kopfsteuer

↗ *Abgabe*

Koran

Der Koran ist das Heilige Buch des Islams. Als Urkunde der göttlichen Offenbarung ist er die erste Quelle und der Maßstab des rechten Glaubens sowie die Grundlage und die Norm des richtigen Handelns. Er ist die Mitte des Islams, ihm kommt höchste und absolute Autorität zu.

Name und verschiedene Bezeichnungen

Der arabische Name „Qur'an" stammt vom Verb „qara'a": lesen, vortragen. „Qur'an" ist also die Rezitation oder das zu Rezitierende, das Vorlesen oder das Lesebuch. Als Lektionar und Urkunde der Mitteilungen Gottes wird der Koran immer wieder Buch genannt.

Einige Koranstellen haben spätere Kommentatoren zur Annahme geführt, dass der Koran, der auf Muhammad herabkam, ein himmlisches Original (die Urnorm des Buches) hat, dessen Abschrift er ist (vgl. 3,7; 13,39; 43,2–4; 56,77–80; 85,20–21). Andere Stellen bezeichnen den Koran als Unterscheidungsnorm (furqan) (2,185; 3,4; 25,1), Bezeichnung, die auch in Bezug auf die Thora gebraucht wird (2,53; 21,48).

Entstehung und Aufzeichnung des Korans

Der Koran enthält die Botschaft, die Muhammad im Laufe seines prophetischen Wirkens zwischen 610 und 632 verkündet und als Offenbarung Gottes ausgegeben hat.

Die Predigten Muhammads und seine Äußerungen, die im Koran als Offenbarungen Gottes gesammelt wurden, bezogen sich oft auf besondere Umstände des Lebens der Gemeinde: Gestaltung der Frömmigkeit, Leistung der religiösen Pflichten, Festlegung von Verhaltensregeln, Schlichtung von Konflikten, Lösung praktischer Fälle und Beantwortung grundsätzlicher Fragen. Viele Anlässe betonen eine Gelegenheit, Rechtsbestimmungen festzustellen und Gesetze zu erlassen, die das politische Zusammenleben, die Sicherung des Wirtschaftslebens, den Kampf gegen die Feinde, die Zementierung der brüderlichen Gemeinschaft, die Struktur der Familie, die Beziehungen zu den Nichtmuslimen innerhalb der islamischen Gemeinschaft usw. betreffen.

Viele Stellen geben die Auseinandersetzung und die Diskussionen wieder, die Muhammad mit den Polytheisten führte. Andere erzählen von den Straflegenden, die der Koran als ernste Ermahnung und Drohung an die Adresse der Verstockten versteht und die das Verderben früherer ungläubiger Gemeinschaften beschreiben. Man findet auch Erzählungen über biblische Gestalten: u.a. Adam, Noach, Abraham, Mose, Maria und Jesus Christus.

Diese Botschaften wurden im Laufe der Zeit auch als Lesungen im Gottesdienst gebraucht: Sie wurden der zum Gebet versammelten Gemeinde vorgetragen, und der Koran, der noch nicht schriftlich fixiert war, diente als Lektionar für die Rezitatoren, die seine Sätze auswendig lernten und mündlich vortrugen. Neben dieser mündlichen Bewahrung des Korans weiß die islamische Tradition zu berichten, dass einige Begleiter des Propheten Muhammad, die des Schreibens und Lesens kundig waren, sich bemühten, das, was sie mitbekommen und sich eingeprägt hatten, schriftlich festzulegen. Als Schreibmaterial dienten „Zettel, Steine, Palmblätter, Seidentücher, Holzstücke, Leder, aufbereitete Schulterknochen". Damit haben sich zu Lebzeiten Muhammads Teile des Korans zu einer Schrift konstituiert. Stellen des Korans enthalten Andeutungen darauf, und zwar dort, wo die Gegner herausgefordert werden, ein ähnliches Buch beizubringen (17,88), oder nur zehn Suren, die dem Koran gleich wären (11,13), oder gar nur eine Sure (10,38; 2,23).

Nach der Auswanderung von Mekka nach Medina im Jahr 622 bestellte Muhammad Schreiber, die die Aufgabe hatten, die Botschaft der Offenbarung schriftlich zu fixieren.

Um den göttlichen Ursprung der koranischen Offenbarung und die unmittelbare Übermittlung dieser Offenbarung durch den Engel Gabriel abzusichern, betonen die muslimischen Kommentatoren, dass Muhammad nicht lesen und nicht schreiben konnte. Sie interpretieren auch in diesem Sinne das Adjektiv ummi, mit dem der Koran Muhammad charakterisiert (7,157.158). Ob diese Deutung tauglich ist, um das erstrebte Ziel zu erreichen, ist fraglich. Muhammad muss nicht lese- und schreibkundig sein, um seine Treue zu der ihm übermittelten Offenbarung zu bestätigen. Auch ein Prophet, der lesen und schreiben kann, ist bemüht, mit aller Akribie und Präzision die auf ihn herabgesandte Offenbarung ganz treu wiederzugeben.

Nach den Angaben der islamischen Überlieferung (hadith) habe Muhammad selbst an der ersten Sammlung und Fixierung des koranischen Textes teilgenommen, indem er seinen Schreibern Instruktionen über die Art, die Offenbarung zu ordnen, erteilte und indem er anordnete, neue Stellen in eine ältere einzufügen (vgl. Bukhari, Fada'il al-Qur'an, bab 2 f.; Abu Dawud, salat, bab 2).

Ob man auf der Grundlage der Angaben des Korans und des Hadith und vor allem durch die Analyse der Ungereimtheiten in der Textredaktion des Korans von einer Überarbeitung des Korans bereits zu Lebzeiten Muhammads und unter seiner Anweisung ausgehen kann, lässt sich zur Zeit kaum zufriedenstellend beantworten.

Erstellung der kanonischen Ausgabe

Zur Entstehung der Urfassung des Korans gibt die islamische Überlieferung unter anderem folgende Darstellung. Der Feldherr und spätere Khalif ʿUmar habe dem Khalifen Abu Bakr (632–634) den dringenden Rat gegeben, den Koran sammeln zu lassen und in einer zuverlässigen Fassung der Gemeinde zugänglich zu machen. Nach einigem Zögern habe Abu Bakr mit dieser Aufgabe den Sekretär des Propheten Zayd ibn Thabit beauftragt. Nach dem Tod Abu Bakrs wurde diese Urausgabe des Korans seinem Nachfolger ʿUmar (634–644) übergeben. Nach ihm wurde sie seiner Tochter Hafsa, einer der Witwen Muhammads anvertraut. Diese Urausgabe des Korans ist die Grundlage aller späteren, auch der heute als kanonisch geltenden Fassung des Korans.

Unter dem dritten Khalifen ʿUthman (644–656) wurde Zayd ibn Thabit erneut mit der Aufgabe betraut, nunmehr eine für alle verbindliche Fassung des Korans zu erstellen. So entstand auf der Grundlage der Urausgabe des Korans ein einheitlicher, bereinigter Text, der zum einzig verbindlichen erklärt wurde. Von diesem Text schickt der Khalif ʿUthman dann Abschriften in die vier Hauptstädte des islamischen Reiches: Medina (Arabien), Damaskus (Syrien), Kufa und Basra (Iraq). Es erging auch der Befehl an alle Provinzen, alle anderen Textrezensionen und Koranexemplare zu vernichten. Damit war die ʿuthmanische Rezension des Korans zur alleingültigen Ausgabe für die Muslime geworden.

Die Geschichte bezeugt aber, dass weiterhin Varianten und sogar nichtkanonische Versionen des Korans existierten und dass einige von ihnen weiterhin benutzt wurden. Das ist, was die islamische Koranwissenschaft feststellt, wenn sie von der Existenz weiterer „qira'at" (Arten, den Text zu lesen) oder „masahif" (Codices des Korans) berichtet. Außerdem geben die großen klassischen Kommentare der Muslime: Tabari, Zamakhshari, Razi und Baydawi, immer wieder Varianten in der Vokalisierung der Wörter oder gar in den Vokabeln selbst wieder.

Die wichtigsten Codices, die immer wieder als Zeugen der Varianten erwähnt werden, sind die Sammlungen von Ibn Mas'ud (Kufa), Ubayy (Syrien) und Abu Musa al-Ash'ari (Basra).

Die endgültige Festlegung des kanonischen Textes und der legitimen Lesarten steht in Verbindung mit der Entwicklung der arabischen Orthographie von einer „Scriptio defectiva" zu einer „Scriptio plena" mit allen diakritischen Zeichen (Punkten und Doppelbuchstaben usw.) und vollständiger Vokalisation sowie mit der Legitimierung der akzeptierten Arten des Textvortrags. Denn der Koran wurde in seiner ersten und in seiner kanonischen Fassung hauptsächlich als Hilfe zur mündlichen Überlieferung verstanden und auch benutzt.

Wann eine Scriptio plena mit diakritischen Zeichen und Vokalen erstellt worden ist, lässt sich heute nicht mehr mit Sicherheit feststellen. Ob es wirklich der ummayyadische Statthalter des Iraq al-Hadjjadj (694–714), war, der die erste Vokalisierung des koranischen Textes anfertigen ließ? Aus den erhaltenen Koranhandschriften der ersten Jahrhunderte der islamischen Zeitrechung lässt sich auf jeden Fall erkennen, dass die Scriptio plena des Korans sich erst allmählich durchsetzen konnte. Dies gilt in besonderem Maße auch für die Zeichen, die den Vortrag bestimmen wollen: d.h., die dem Rezitator mitteilen, wann er einen Halt machen darf, soll oder muss und wie er die Wörter lesen oder stimmlich vortragen soll.

Welcher Umgang mit dem koranischen Text bei der Rezitation nun der Scriptio plena und den akzeptierten Rezitationstraditionen entsprach, blieb eine Zeit lang umstritten. Ein erster ernsthafter Versuch, eine annehmbare Grundlage für die Rezitation festzulegen, ist im Werk von Abu Bakr ibn Mudjahid (839–936) zu finden. Ibn Mudjahid ging von einem Hadith aus, der Muhammad sagen lässt, Gabriel habe ihm den Koran in sieben Buchstaben (ahruf) überbracht. Er deutete das Wort „ahruf" als Lesart und versuchte, sieben legitime Lesearten festzumachen. Damit hatte er es aufgegeben, eine unerreichbare Einheitlichkeit anzustreben, und es unternommen, die starken, verschiedenen Traditionen berühmter Rezitatoren aufzunehmen, sie als legitim zu erklären, alle anderen abweichenden Weisen und damit eine weitere Drohung chaotischer Zustände abzuwehren. Seine These und seine Klassifizierung wurden von den Behörden übernommen und zum Legitimierungsmaßstab erhoben.

Die Traditionen, die dann als zulässig

festgestellt wurden, waren die der bedeutendsten Zentren der Koranwissenschaften: Medina und Mekka (Arabien), Damaskus (Syrien), Basra und vor allem Kufa (Iraq).
Heute herrscht aufgrund der Praktikabilität die Version und die Tradition von ʿAsim (Kufa) nach der Überlieferung von Hafs. Sie ist die Grundlage der geläufigen Standardausgabe des Korans, die 1923 in Ägypten veröffentlicht wurde und seitdem fast überall in Gebrauch ist. Nur die qualifizierten Rezitatoren machen neben dieser Version und Tradition noch von den anderen legitimen Traditionen Gebrauch.
Die islamische Tradition enthält keine Angaben über einen möglichen Widerstand großer Zahlen von Rezitatoren gegen den festgelegten verbindlichen Text der ʿuthmanischen Koranausgabe. Daher kann man den Schluss ziehen, dass der Koran nur das enthält, was die islamische Gemeinschaft als Bestandteil des Korans erkannt und anerkannt hat.
Die grundsätzlichen, theologisch bedingten Einwände der Schiiten, die in der offiziellen Ausgabe ihre theologischen und politischen Positionen nicht bestätigt finden, sowie die Annahmen einiger westlicher Islamwissenschaftler tun dieser Feststellung keinen Abbruch, entweder weil sie weltanschaulich oder theologisch bedingt sind oder von Voraussetzungen ausgehen und Interpretationen vertreten, die nicht einsichtig sind. Aber gibt es Teile bzw. Verse der koranischen Offenbarung, die nicht in der offiziellen Version erfasst worden sind? Islamische Überlieferungen (hadith) sprechen von Versen, die zum Koran gehören, aber keinen Eingang in die offizielle Rezension des Korans gefunden haben. Unter diesen Versen ist der so genannte Steinigungsvers, der als Strafe für den Ehebruch die Steinigung festgelegt hat.

Struktur des Korans

Der Text der verbindlichen Ausgabe des Korans ist aufgeteilt in 114 Suren, von denen jede einen Namen trägt und aus einer ungleichmäßigen Anzahl von Versen besteht.

Die Suren

Das arabische Wort „Sura“ (plural: suwar) bezeichnet einen selbständigen Abschnitt des Korans. Meistens bestehen die Suren aus zusammengetragenen Teilen, die nebeneinander eingereiht worden sind. Diese Fragmente können manchmal so zusammengewürfelt sein, dass man die Übergänge von einem Thema zu einem anderen nicht erkennen kann. Auch gibt es Fragmente, die zusammengehören, aber durch fremde Passagen unterbrochen oder getrennt sind. Außerdem kann es vorkommen, dass nicht alle zusammengestellten Passagen zur gleichen Zeit der Predigt Muhammads gehören, sondern aus verschiedenen Zeiten der Verkündigung stammen.
Das angewandte Prinzip zur Gruppierung der Suren ist nicht so systematisch und konsequent angewandt worden, dass es eindeutig erkennbar wird. Als ein Merkmal dieser Gruppierung mag die Länge der Suren erscheinen, denn im Großen und Gan-

zen stehen die längsten Suren vorn und am Ende des Korans die kurzen. Aber dieses Prinzip lässt sich nicht konsequent durchhalten; denn ein genaueres Hinschauen zeigt, dass eine auf der Grundlage der Länge durchgeführte Gruppierung eine andere Reihenordnung ergäbe, z. B, 2, 4, 3, 7, 6, 5, 9, 11, 16, 10, 12, 17, 18, 26, 28, 20, 24, 33, 22, 8, 21, 40 etc.

Andere Faktoren durchkreuzen die konsequente Anwendung der Länge als Prinzip der Anordnung der Suren: Die Redakteure waren bemüht, Suren, die als Einheit überliefert waren, beieinander zu belassen; das Gleiche gilt für Suren, die wegen der sie einleitenden „geheimnisvollen Buchstaben“ (siehe unten) zusammengehören. An anderer Stelle des Korans war man bemüht, Suren aus der gleichen Periode der Verkündigung (z. B. Medina für die Gruppe 57–66) oder Suren mit ähnlichem Thema (z. B. 10–15: Geschichte der Propheten) oder mit ähnlicher Einleitung (z. B. 34 und 35: Lob sei Gott; 65 und 66: O Prophet …; 73 und 74: Der du dich eingehüllt/zugedeckt hast; 85 und 86: Beim Himmel!) zusammenzustellen.

Die Suren tragen alle einen Namen. Diese sind Ergebnis des Brauches und dienten als Erinnerungshilfen für die Rezitatoren. Dies erklärt die Tatsache, dass für einige Suren mehrere Bezeichnungen bekannt sind. Die Standardausgabe aus Ägypten hat zur Vereinheitlichung der Surenbezeichnungen beigetragen, ohne jedoch eine verbindliche Festlegung dieser Namen zu erreichen.

Die Namen der Suren beschreiben entweder die Funktion bzw. den Stand der Sure (so die fatiha, die Eröffnung), oder sie sind Wörter aus dem Text der jeweiligen Suren. Diese Wörter können die ersten der Sure (so z. B. in 29,36, 37, 38 usw.) oder das letzte Wort des ersten Verses der jeweiligen Sure sein (so z. B. in 23,30, 54, 56).

Bei ungefähr einem Drittel der Suren stammt der Name aus dem Text der Sure selbst: Er ist ein Wort, das im Text vorkommt, und zwar am Anfang oder gegen das Ende oder mittendrin im Text, so z. B. in 2 (Die Kuh: 2,67–71); 5 (Der Tisch: 5,112–114); 7 (Der Bergkamm: 7,46–48) usw.

Zwei Suren tragen den Namen der Hauptperson, deren Geschichte erzählt wird: 12 (Josef) und 71 (Noach), neun einen Namen, der auf wichtige Themen der Sure hinweist: 3 (Die Sippe ʿImrans), 4 (Die Frauen), 10 (Jonas), 11 (Hud), 14 (Abraham), 19 (Maria), 22 (Die Wallfahrt), 33 (Die Parteien), 34 (Saba'). Einige Suren werden nach einem eindrucksvollen Wort benannt: 6 (Das Vieh), 13 (Der Donner), 24 (Das Licht), 43 (Der Prunk), 44 (Der Rausch), 57 (Das Eisen), 61 (Die Reihe). 14 Suren tragen als Namen Wörter, die nicht in der Sure selbst oder gar überhaupt im Koran vorkommen (z. B. 17,32,58 usw.).

Neben den bekannten und in Gebrauch befindlichen Namen der Suren gibt es weitere, die in der Spezialliteratur erhalten geblieben sind.

Man findet auch am Rande des Textes Angaben über die Aufgliederung des Korans in Teile (insgesamt 30).

Unterteilungen in Abschnitte und Viertelabschnitte sind auch geläufig. Ich habe in meiner Koranübersetzung diese Angaben am Rande des Textes wiedergegeben. Sie sind Hinweise für den Rezitator oder für die frommen Leser des Korans und zeigen ungefähr gleich lange Abschnitte des koranischen Texts an.

Die Verse

Die Suren umfassen eine ungleichmäßige Anzahl von Versen, Ayat (Einzahl: aya) genannt. Das arabische Wort bedeutet Zeichen: Zeichen der Allmacht Gottes in der Schöpfung oder in der Sendung eines Propheten oder Zeichen seiner Offenbarung, d. h. Verse eines Heiligen Buches.

Die Koranverse können kurz und rhythmisch oder lang, poetisch oder prosaartig, dramatisch oder juristischen Charakters sein. Sie enden mit einem Prosareim. Die Kennzeichnung der Verse ist nicht einheitlich in allen Ausgaben des Korans. Sehr alte Manuskripte geben die Einteilung in Verse nicht wieder oder sie weisen eine unterschiedliche Einteilung auf. Die fehlende Einheitlichkeit in der Verszählung rührt vielleicht daher, dass die graduelle Redaktion der Urfassung des Korans Änderungen in der Anordnung von Versen oder Versblöcken hervorbrachte oder daher, dass lange Verse mehrere Satzteile beinhalten, die mit dem gleichen Reim enden.

Zur Zeit gibt es hauptsächlich drei Systeme für die Zählung der Koranverse. Das eine geht auf die Ausgabe von Gustav Flügel/Gustav Redslob von 1834 zurück: Dieses System entspricht nicht der islamischen Tradition. In der islamischen Welt herrscht die Nummerierung der Standardausgabe aus Ägypten vor. Die andere islamische Nummerierung zählt die Basmala (Im Namen Gottes, des Erbarmers, des Barmherzigen) bei jeder Sure als Vers 1 und differiert daher um + 1 von der kufischen Zählung.

Die geheimnisvollen Buchstaben

Der Text von 29 Suren des Korans beginnt nach der vorangestellten Basmala mit einem oder einer Gruppe von Buchstaben, die nicht miteinander verbunden, sondern als einzelne Buchstaben des Alphabets gelesen werden. Diese Buchstaben sind in der Literatur bekannt als „die Eröffnungen der Suren“, „die ersten der Suren“, „die getrennten Buchstaben“. Westliche Islamwissenschaftler nennen sie durchweg „die geheimnisvollen Buchstaben“.

Hier ist eine komplette Liste dieser Suren mit dem jeweils darauffolgenden Vers (bzw. Versen), gruppiert nach den Anfangsbuchstaben:

Alif Lam Mim (2, 3, 29, 30, 31, 32) Alif Lam Mim Sad (7), Alif Lam mim Ra (13), Alif Lam Ra (10, 11, 12, 14, 15), Kaf Ha Ya ʿAyn Sad (19), Ta Ha (20), Ta Sin (27), Ta Sin Mim (28), Ya Sin (36), Ha Mim (40, 41, 43, 44, 45, 42), Ha Mim ʿAyn Sin Qaf (42), Sad (38), Qaf (50), Nun (68).

Die Frage, was diese Buchstaben bedeuten, hat bis heute keine zufriedenstellende Antwort gefunden, obwohl muslimische Kommentatoren sowie westliche Islamwissenschaftler viel Fantasie und Scharfsinn darauf verwandt haben, das Geheimnis dieser Buchstaben zu lüften.

Chronologische Ordnung des Korantextes

Eine einigermaßen sichere Chronologie des koranischen Textes wäre von großem Nutzen, denn sie würde über die Persönlichkeit des Propheten Muhammad und über die Entwicklung der koranischen Botschaft Auskunft geben. Sie könnte außerdem die Aufgabe erleichtern, zwischen den Stellen, die den endgültigen Inhalt der Offenbarung und die endgültigen Rechtsverordnungen festlegen, und denen, die zurückgezogen und aufgehoben worden sind, zu unterscheiden. Endlich würden viele Brüche und Ungereimtheiten im jetzigen Text des Korans verständlicher und manche Schwierigkeiten in der Deutung dieser Stellen behoben werden. Die Koranforscher in den Reihen der Muslime und der westlichen Islamwissenschaftler haben versucht, Hinweise auf historische Begebenheiten im Koran selbst zu finden, die als Bezugspunkte für eine Datierung dienen könnten. Während die Suche für die Mekka-Periode der koranischen Verkündigung wenig ergiebig bleibt, weil die meisten Andeutungen auf Ereignisse im Leben Muhammads und der Frühgemeinde nicht näher datierbar sind, finden sich in der Medina-Periode brauchbare Anhaltspunkte, die, in Zusammenhang mit den Angaben des Hadith und der Biographie des Propheten gesetzt, hilfreich sein können. Man erkennt die Situation um die Schlacht von Badr (624) wieder: Bruch mit den Juden und Änderung der Gebetsrichtung von Jerusalem nach der Kaʿba in Mekka (2,142. 150). Da sind Angaben zur Schlacht von Badr (3,123), von Uhud (im Jahre 625: 3,155–174), von Hunayn (im Jahr 630: 9,25), zur Vertreibung der Juden von Medina (im Jahr 625: 59,2–5), zum Grabenkrieg (im Jahr 627: 33,9–27), zum Problem um Zayd und seine Frau (Frühjahr 627: 33,37) usw.

Islamische Chronologie des Korans

Die Kriterien, die angewandt werden, sind die spärlichen Hinweise im Koran auf das Leben Muhammads (z.B. sein Berufungserlebnis, seine Nachtreise: Suren 96, 74 und 17), auf das Leben der Gemeinde (hier vor allem die Hidjra, die Auswanderung im Jahre 622 von Mekka nach Medina). Es gibt sonst im Koran Aussagen, die die muslimischen Autoren dazu geführt haben, nach den entsprechenden Begebenheiten im Leben der Gemeinde zu fragen, d.h. nach dem jeweiligen Anlass, der dazu geführt hat, dass die Offenbarung herabkam als Antwort auf die Situation der Gemeinde oder als Ermahnung oder als Warnung oder als Richtlinie usw. Daraus entwickelte sich eine ganze Literatur: Asbab al-nuzul (die Anlässe der Herabsendung der Offenbarung). In dieser Literatur finden sich brauchbare Angaben, aber vieles ist widersprüchlich (wenn z.B. zum selben Vers sehr unterschiedliche Angaben gemacht werden), beliebig, mehr der Legende als der Historie zugehörig.

Eine chronologische Auflistung der Suren auf der Grundlage dieser Angaben ergibt folgendes Bild (nach der ägyptischen Standardausgabe von 1923):
Mekka-Periode: 96, 68 (jedoch aus Medina Verse 17–33.48 –50), 73, (Med. 10–11.20), 74, 1, 111, 81, 87, 92, 89, 93, 94, 103, 100, 108, 102, 107, 109, 105, 113, 114, 112, 53, 80, 97, 91, 85, 95, 106, 101, 75, 104, 77 (Med. 48), 50 (Med. 38), 90, 86, 54 (Med. 54–56), 38, 7 Med. 163–170), 72; 36 (Med. 45); 25 (Med. 68–70); 35, 19 (Med. 58.71), 20 (Med. 130–131), 56 (Med. 71–72), 26 (Med. 197.224–227), 27, 28 (Med. 52–55; während der Auswanderung 85), 17 (Med. 26.32–33.57.73–80), 10 (Med. 40,94–96), 11 (Med. 12.17.114), 12 (Med. 1–3.7), 15, 6 (Med. 20.23. 91.114.141.151–153), 37, 31 (Med. 27–29), 34 Med. 6), 39 (Med. 52–54), 40 (Med. 56–57), 41, 42 (Med. 23–25.27), 43 (Med. 54), 44, 45 (Med. 14), 46 (Med. 10.15.25), 51; 88; 18, (Med. 28.83–101), 16 (Med. 126–128), 71, 14 (Med. 28–29), 21, 23, 32 (Med. 16–20), 52, 67, 69, 70, 78, 79, 82, 84, 30 (Med. 17), 29 (Med. 1–11), 83.
Medina-Periode: 2 (später Vers 281), 8 (aus Mekka sind die Verse 30–36), 3, 33, 60, 4, 99, 57, 47 (während der Auswanderung 13), 13, 55, 76, 65, 98, 59, 24, 22, 63, 58, 49, 66, 64, 61, 62, 48, 5, 9, (Mekka 128–129), 110.

Versuche westlicher Islamwissenschaftler

Die westlichen Islamwissenschaftler wenden außer den Angaben der islamischen Tradition weitere Kriterien an: die Sprache der Verkündigung und deren Inhalte und Themen. Die Hinweise auf Gottes Allmacht und Schöpfungskraft, die Drohung mit dem nahen Gericht, die Verurteilung des Sittenverfalls und der Blindheit der Menschen, die Weltabgewandtheit und die Jenseitszugewandtheit in Erwartung der eschatologischen Abrechnung gehören in die ersten Phasen der koranischen Verkündigung. Dies alles wird in einer von Leidenschaft und großem Einsatz gekennzeichneten Sprache ausgedrückt. Nach der Auswanderung in der Medina-Periode der Verkündigung herrscht vor allem die Auseinandersetzung mit den Gegnern, der Bruch mit den Juden, die Absetzung von den „Leuten des Buches" (Juden und Christen) und die Bemühung um die Festlegung einer praktikablen Gesetzgebung für die eigene Gemeinde vor. Die Sprache ist entsprechend nüchtern. Die kurzen, rhythmischen Sätze der mekkanischen Periode werden in Medina durch längere, erwägende und zusammenfassende Sätze ersetzt.

a) Chronologie nach Nöldeke/Schwally

Es gibt in weiten Kreisen der Islamwissenschaftler eine Art Konsens über die Grundlinie der Theorie von Nöldeke/Schwally zur chronologischen Anordnung der Koransuren. Ihre Theorie lehnt sich an die Ergebnisse von Gustav Weil (Historisch-kritische Einleitung in den Koran, Leipzig 1844, 2. Aufl., Leipzig 18782/Bielefeld 1878) an, sie wurde mit einigen Änderungen von R. Blachère (Introduction au Coran, 2. Aufl., Pa-

N	B	N	B	N	B
96	96, 1–5	80	80	78	70
74	74, 1–7	68	81	88	73
111	106	87	84	89	76
106	93	95	79	75	83
108	94	103	88	83	74,8–Ende
104	103	85	52	69	111
107	91	73	56	51	108
102	107	101	69	52	104
105	86	99	77	56	90
92	95	82	78	70	105
90	99	81	75	55	89
94	101	53	55	112	85
93	100	84	97	109	112
97	92	100	53	113	109
86	82	79	102	114	1
91	87	77	96,6–Ende	1	113
					114

ris 1959; und auch: Le Coran, Übersetzung ins Französische in 2 Bänden, Paris 1949–1950) übernommen. Dieser Versuch, die Koransuren chronologisch zu ordnen, unterschiedet drei mekkanische und eine medinische Periode in der Verkündigung Muhammads. Ungefähre Übergangszeiten von einer Periode zur anderen sind die kleine Auswanderung muslimischer Familien nach Abessinien (615), die Rückkehr Muhammads aus der Stadt Taʿif (um 620) und die große Auswanderung (Hidjra, 622). Im Folgenden sollen die Liste von Nöldeke/Schwally und von Blachère wiedergegeben werden (N = Nöldeke; B = Blachère):

Erste mekkanische Periode (610–615)

Der Stil ist poetisch und eindringlich, er gebraucht geheimnisvolle Schwüre nach Art der Seher.

Es sind also folgende Suren der gängigen Ausgabe: 1, 52, 53, 55, 56, 69, 70, 73, 74, 75, 76 (B), 77, 78, 79, 80, 81, 82, 83, 84, 85, 86, 87, 88, 89, 90, 91, 92, 93, 94, 95, 96, 97, 99, 100, 101, 103, 103, 104, 105, 106, 107, 108, 109, 111, 112, 113, 114.

Die Suren 51 und 68 werden von Nöldeke/Schwally der ersten mekkanischen Periode zugeordnet. Blachère folgt ihnen hier nicht, sondern datiert diese Suren in die 2. Mekkanische Periode.

Zweite mekkanische Periode (615–620)

51 (B), 54, 68 (B), 37, 71, 76 (N), 44, 50, 20, 26, 15, 19, 38, 36, 43, 72, 67, 23, 21, 25, 17 (N), 27, 18.

Es sind folgende Suren der gängigen Ausgabe: 15, 17 (N), 18, 19, 20, 21, 23, 25, 26, 27, 36, 37, 38, 43, 44, 50, 51 (B), 54, 67, 68 (B), 71, 72, 76 (N).

Dritte mekkanische Periode (620–622)
Die Suren werden noch länger, der Still noch prosaischer, die Botschaft enthält Predigten und Reden, die Straflegenden werden mit Ausführlichkeit und einigen Ausschmückungen wieder erzählt.
Außer in Bezug auf die Sure 17, die Blachère hier platziert, gibt es in der Liste der Sure dieser Periode keine Abweichungen zwischen Nöldeke/Schwally und Blachère: 32, 41, 45, 17 (B), 16, 30, 11, 14, 12, 40, 28, 39, 29; – 31, 42, 10, 34, 35, 7, 46, 6, 13.
Die Suren ab 31 werden von Blachère zu einer Übergangsperiode zwischen Mekka und Medina gerechnet. Es sind folgende Suren der gängigen Ausgabe: 11, 12, 14, 16, 17 (B), 28, 29, 30, 32, 39, 40, 41, 45; – 6, 7, 10, 13, 31, 34, 35, 42, 46.

Medina-Periode (622–632)
Die Suren dieser Periode machen den Übergang von der überwiegend prophetischen Botschaft des Korans zur gesetzgeberischen und politischen Tätigkeit deutlich. In Medina galt doch als vordringliche Aufgabe, die Gemeinde der Muslime zu konsolidieren, sie lebensfähig zu machen, durch allerlei Entscheidungen auf politischem, gesellschaftlichem, wirtschaftlichem und militärischem Gebiet der Identität und Selbständigkeit sowie den Anspruch des Islams gegenüber Judentum und Christentum auf der einen und dem Polytheismus auf der anderen Seite zu formulieren und durchzusetzen.
Übereinstimmend datieren Nöldeke/Schwally und Blachère aus dieser Periode folgende Suren in der folgenden Reihenfolge: 2, 98, 64, 62, 8, 47, 3, 61, 57, 4, 65, 59, 33, 63, 24, 58, 22, 48, 66, 60, 110, 49, 9, 5.
Die gängige Ausgabe datiert dieselben Suren aus Medina, wenn auch in einer anderen Reihenfolge. Es sind folgende Suren: 2, 3, 4, 5, 8, 9, 22, 24, 33, 47, 48, 49, 57, 58, 59, 60, 61, 62, 63, 64, 65, 66, 98, 110.
Diese chronologische Ordnung der Suren, die sich soweit wie möglich an die islamische Tradition anlehnt, hat eine breite Aufnahme in den Reihen der Islamwissenschaftler gefunden. Sie ist jedoch nur approximativ und unter dem Vorbehalt zu benutzen, dass die Suren keine Einheit bilden, wenigstens dort, wo sie eine gewisse Länge erreichen, und daher Brüche aufweisen und Abschnitte enthalten, die möglicherweise aus verschiedenen Perioden der Verkündigung stammen.

Bedeutung des Korans im Leben der Muslime

Autorität des Korans
Die Autorität des Korans hängt für den Glauben der Muslime mit seinem göttlichen Ursprung zusammen. Nach Aussage des Korans wurde die göttliche Offenbarung dem Propheten Muhammad durch den Engel Gabriel übermittelt (2,97; 42,52). In einigen Versen wird die koranische Botschaft als Abschrift eines im Himmel aufbewahrten Urbuches bezeichnet, welches als Original aller Heiligen Schriften gelten kann (56,77–80; 85,21–22; 43,4).
Da die islamische Theologie bislang davon ausgeht, dass die göttliche Of-

fenbarung dem Propheten Wort für Wort eingegeben wurde, stellte sich die Frage, ob der Koran eine überweltliche Existenz besitze und ob man ihn als *ewig* betrachten müsse. Die eine Schule unterstrich, dass das Wort ein ewiges Attribut Gottes sei, daher müsse man wohl den Koran als ewig und unerschaffen betrachten. Wie das Wort Gottes selbst habe der Koran, und zwar nicht nur im himmlischen Buch, ewig bestanden. Die Muʿtaziliten wiesen im 9. Jahrhundert diese Lehre zurück, weil sie mit dem strengen Monotheismus, mit der Einheit und Einzigkeit Gottes, nicht vereinbar sei. Sie lehrten also, dass der Koran erschaffen sei. Die Ashʿariten im 10. Jahrhundert fanden einen Kompromiss, der bis in unsere Tage hinein als die Position der islamischen Orthodoxie gelten kann. Das Wort Gottes sei zwar ewig, argumentieren sie, aber die sinnfällige Hülle, in der es sich ausdrückt, sei erschaffen. So sei der Inhalt des Korans ewig, seine Laute und Buchstaben aber seien erschaffen.

Der Koran ist Gottes Wort auch in dem Sinn, dass er der Verführungsgewalt der Menschen, auch des Propheten selbst, entzogen ist. Zwei Stellen machen dies deutlich: „Bewege deine Zunge nicht damit, um dich damit zu übereilen. Uns obliegt es, ihn zusammenzustellen und ihn vorzulesen“ (75,16–17); in der anderen Stelle versichert Gott: „Wir, ja Wir haben die Ermahnung hinabgesandt, und Wir werden sie gewiss bewahren“ (15,9).

Als Wort Gottes muss der Koran als frei von Widersprüchen angesehen werden: „Betrachten sie denn nicht sorgfältig den Koran? Wenn er von einem anderen als Gott wäre, würden sie in ihm viel Widerspruch finden“ (4,82). Was die Abrogation oder Aufhebung (nashk), d.h. die Rücknahme einzelner Bestimmungen bzw. ihr Ersetzen durch andere, betrifft, so wird sie auf die im Koran erwähnte Möglichkeit bezogen, dass der Prophet die ihm offenbarte Botschaft vergisst oder dass Gott seine eigenen Vorschriften aufhebt bzw. ändert (87,6.7; 17,86). Dies hängt mit dem besseren Wissen Gottes um seine eigene Offenbarung (87,7; 16,101), mit seiner freien Verfügung über die Offenbarung und dem Ausdruck seines souveränen Willens (17,86) zusammen. Im Übrigen ziele die Aufhebung bestimmter Vorschriften darauf, sie durch ähnliche oder gar bessere zu ersetzen (2,106). Der Prophet selbst besitze auf keinen Fall die Vollmacht zur Abänderung dessen, was ihm Gott mitteilt: „Sprich: Es steht mir nicht zu, ihn von mir aus abzuändern. Ich folge nur dem, was mir offenbar wird …“ (10,15).

Bedeutung des Korans

Wenn der Koran dem Zugriff des Propheten selbst entzogen ist, so ist er für die Menschen allgemein unnachahmlich und unübertrefflich. Bereits im Koran findet sich die Herausforderung an die Ungläubigen, selbst eine ähnliche Schrift beizubringen (52,34; 17,88). Nicht einmal zehn Suren können sie beibringen (11,13–14), und auch nicht eine einzige Sure (10,38; 2,23). Das Unvermögen der Menschen, eine dem Koran ähnliche Schrift abzufassen, ist ein Zeichen dafür, dass der Koran das Wort Gottes ist. Seine Unnachahmlichkeit ist das Beglaubigungswunder der prophetischen Sendung Muhammads.

Diese Einmaligkeit des Korans wird auch auf seine Sprache bezogen. Der Koran ist in arabischer Sprache offenbart worden. Diese Tatsache bedeutet für die Muslime eine Art Weihe der arabischen Sprache, welche den Status einer göttlichen Sprache erhält. Als solche ist die Sprache des Korans für den Muslim heilig, erhaben, geheimnisvoll. Und es wundert niemanden, dass sie nicht für alle und nicht in allen Punkten für die Menschen verständlich ist. Gerade dieser göttliche Charakter der Sprache des Korans erklärt die Faszination, die sie auf die Gläubigen ausübt. Ihre Faszination rührt auch von ihrer unbestrittenen Schönheit her. An vielen Stellen ist sie außerordentlich intensiv, leidenschaftlich und eindringlich. Ihre Ausdruckskraft ist derart, dass der Gläubige sich ihrem Beschwörungseffekt kaum entziehen kann.

Die Wirkung des koranischen Textes wird dadurch verstärkt, dass man zu den gemeinsamen Gebetszeiten Rezitationen veranstalten kann, die manchmal einen hohen künstlerischen Wert besitzen und die Menschen in ihren Bann ziehen. Am Freitagmittag, bei versammelter Gemeinde, wird der Koran feierlich rezitiert, und die Reaktion der Beter verdeutlicht, mit welcher Intensität sie die Worte Gottes in dieser „göttlichen" Sprache erleben.

Rolle des Korans im Leben der Muslime

Noch mehr als seine Sprache ist für den gläubigen Muslim der Inhalt des Korans ein ständiger Nachweis seines göttlichen Ursprungs. Der Koran ist somit die unfehlbare, absolut zuverlässige, nicht hinterfragbare, zur Hingabe und zum Gehorsam auffordernde Autorität. Es ist die Quelle der Heilswahrheit und die Grundlage des rechten Glaubens. An seinen Aussagen über Gott, seinem Wesen und seinem Wirken als Schöpfer, Vorsehung und Richter haben die Theologen und die Prediger des Glaubens sich zu orientieren und jede Lehre zu messen. Auch ist der Koran die Norm des sittlichen Handelns, das Fundament der gesetzlichen Bestimmungen in Bezug auf Familie, soziale Ordnung und politische Staatsführung. Damit ist gesagt, dass der Koran die absolut verbindliche Richtschnur ist. Er vermittelt den Gläubigen eine tiefe Einsicht in den Sinn der Lebensumstände und in ihre Beziehung zum Willen Gottes. Diese Einsicht in den letztgültigen Wert der Personen und der Dinge soll die richtige Entscheidung ermöglichen, die das praktische Handeln in die richtigen Bahnen lenkt. Auch bei Auseinandersetzungen und in Konfliktfällen ist der Koran Schiedsrichter und letzte Instanz. Seine detaillierten Bestimmungen bringen da Sicherheit und Zuversicht (vgl. 57,28).

So begleitet der Koran die Menschen in ihrem Leben, im Alltag und in den besonderen Anlässen, mit seiner Rechtleitung, mit seiner Belehrung, seiner Urteilskraft und seinen prakti-

schen Anweisungen. In jeder Situation findet der gläubige Muslim passende Stellen des Korans, die ihn ermuntern, im Gehorsam gegen den Willen Gottes auszuharren. Andere Verse spenden ihm Trost, wenn er trauert. Wieder andere teilen ihm die Weisheit umsichtiger Überlegung und tiefer menschlicher Erfahrung mit und verhelfen ihm zu einer Einsicht, die sein Leben fördert und ihm eine innere Zufriedenheit verleiht: „Gott hat Wohlgefallen an ihnen, und sie haben Wohlgefallen an Ihm. Dies ist der großartige Erfolg“ (5,119; vgl. 9,100).
Die Ehrfurcht, mit der der Muslim den Koran behandelt, und sein unbedingter Gehorsam gegen die darin verzeichneten Verordnungen sind der unmittelbare Ausdruck seiner Ergebenheit und Unterwerfung unter den Willen des souveränen Schöpfers, die der Begriff „islam“ bedeutet. Diese Hingabe in den Willen Gottes ist für den Menschen nicht mit der Aufgabe seiner Persönlichkeit, dem Verlust seiner Identität verbunden. Denn, so die islamische Auffassung, der Mensch ist von sich aus nicht in der Lage, die Wahrheit zu finden und den richtigen Weg zur Bildung seiner Persönlichkeit zu erkennen; er ist aus sich heraus nicht imstande, den rechten Weg zu gehen und damit den rechten Ausdruck seiner Menschenwürde zu treffen. Der Koran lässt die Bewohner des Paradieses eingestehen (was für alle Menschen gilt): „Wir hätten unmöglich die Rechtleitung gefunden, hätte uns Gott nicht rechtgeleitet“ (7,43).

Koranübersetzungen
In der Vergangenheit gingen die Muslime mit großer Scheu und Zurückhaltung an die Frage nach der Zuverlässigkeit von Koranübersetzungen heran. Denn der Koran selbst betont, dass seine Botschaft in einer „deutlichen arabischen Sprache“ offenbart wurde (10,103; 26,195 – vgl. 46,12), dass er „ein arabischer Koran“ ist (12,2; 20,113; 39,28; 41,3; 47,7; 43,3). Jede Übersetzung berge in sich die Gefahr, gerade diesen arabischen Charakter des Korans zu verschleiern. Wenn man darüber hinaus bedenkt, dass die arabische Sprache des Korans wie eine Art Beglaubigungswunder betrachtet wird, dann erscheint eine Übersetzung wie die Verleumdung des wunderbaren und göttlichen Charakters des Korans. Auch fürchtet man, dass der Inhalt des Korans verraten wird; denn nicht nur sei dies die Gefahr jeder Übersetzung, sondern keine Sprache sei in der Lage, den genauen Inhalt der arabischen Ausdrücke richtig und umfassend wiederzugeben. Zudem würde durch die vielen Übersetzungen eine Gefährdung der Einheit der islamischen Welt heraufbeschworen.
Im Jahre 1932 trat aber in Kairo der Azhar-Gelehrte Muhammad Mustafa al-Maraghi dafür ein, dass im Falle eines des Arabischen nicht mächtigen Muslims die Rezitation der Koranverse in einer Übersetzung nicht nur zulässig, sondern auch Pflicht ist. Denn das Wichtige beim Gebet sei der Inhalt der Verse, und angesichts der großen Zahl nicht-arabischer Muslime sei es eine Notwendigkeit der praktischen Frömmigkeit, Über-

setzungen anzufertigen, um den Menschen die Botschaft nahe zu bringen. Der bekannte Gelehrte Mahmud Shaltut assistierte seinem Kollegen und forderte dazu auf, Übersetzungen des gesamten Korans anzufertigen.

Vom Koran sind unzählige Übersetzungen in vielen Sprachen der Welt angefertigt worden. Diejenigen, die sich heute noch im Gebrauch befinden, sind folgende:

Ludwig Ullmann, Der Koran. Aus dem Arabischen wortgetreu neu übersetzt, Crefeld 1840 (weitere Auflagen: 1842, 1853, 1857); Bielefeld/Leipzig: 6. Aufl. 1872, 9. Aufl. 1897. – Neu bearbeitet durch Leo Winter, München 1958, seitdem in mehreren Auflagen als Goldmann-Taschenbuch, München.

Friedrich Rückert, Der Koran. Im Auszuge übersetzt (1888), hrsg. von Hartmut Bobzin, Würzburg 1995.

Max Henning, Der Koran. Aus dem Arabischen übertragen (Reclams Universal-Bibliothek 4206–4210), Leipzig 1901, weitere Auflagen 1907 und oft. – Neue Bearbeitung durch Annemarie Schimmel, Stuttgart 1960 und weitere Auflagen. – Neue Bearbeitung durch Kurt Rudolph, Leipzig 1965.

Sadruddin, Der heilige Koran, Berlin 1939, 2. Aufl. 1964.

Mirza Bashiruddin Mahmud Ahmad, Der Heilige Qur-ān (Ahmadiyya-Koran), Arabisch-Deutsch, Wiesbaden 1954 (seitdem weitere Auflagen).

Rudi Paret, Der Koran, Stuttgart 1963–1966; 3. Aufl. als Taschenbuch, Stuttgart 1986.

Muhammad Ahmad Rassoul, Die ungefähre Bedeutung des Qur'an Karīm in deutscher Sprache, Köln 1986; zweite revidierte Aufl. 1989.

Adel Theodor Khoury, Der Koran. Unter Mitwirkung von Muhammad Salim Abdullah (Gütersloher Taschenbücher/Siebenstern 783), Gütersloh 1987, ^{3}2001.

Literatur: *R. Blachère,* Introduction au Coran, Paris ^{3}1977; *J. Burton,* The Collection of the Qur'ān, London 1971. - The Mind of the Qur'ān, London 1973; *H. Gätje,* Koran und Koranexegese, Zürich 1971; *J. Horovitz,* Koranische Untersuchungen, Berlin 1926; *L. Hagemann,* Der Kur'ān im Verständnis und Kritik bei Nikolaus von Kues. Beitrag zur Erhellung christlich-islamischer Geschichte, Frankfurt 1976; *A. Jeffery,* Materials for the History of the Text of the Qur'ān, Leiden 1937; *Th. Nöldeke/F. Schwally,* Geschichte des Qorāns, I. Teil: über den Ursprung des Qorāns, Leipzig ^{2}1909; II. Teil: Die Sammlung des Qorāns, Leipzig ^{2}1919; III. Teil (von Th. Nöldeke/G. Bergsträsser/O. Pretzl): Die Geschichte des Korantextes, 2. Aufl., Leipzig 1938. Neudruck der drei Teile in einem Band: Hildesheim 1961; *R. Paret,* Grenzen der Koranforschung, Stuttgart 1950; *ders.,* Der Koran. Kommentar und Konkordanz (Taschenbuchausgabe), Stuttgart ^{4}1989; *ders. (Hrsg.),* Der Koran, Darmstadt 1975; *F. Sezgin,* Geschichte des arabischen Schrifttums, Bd. I, Leiden 1967, 3–50 (Qur'ānwissenschaften); *W. M. Watt,* Bell's Introduction to the Qur'ān: Completely Revised and Enlarged, Edinburgh 1970; *W. M. Watt/A. T. Welch,* Der Islam I, Stuttgart 1980; *A. T. Welch,* Al- Kur'ān, in Eis^{2} V, Leiden 1986, 400–429; *A. Th. Khoury,* Der Koran. Arabisch-Deutsch: Übersetzung und wissenschaftlicher

Kommentar, 12 Bände, Gütersloh 1990–2001; *ders.*, Der Koran. Arabisch-Deutsch. Übersetzt und kommentiert, Gütersloh 2004; *ders.*, Der Koran, erschlossen und kommentiert, Düsseldorf 2005, 2. Aufl. 2006.

A. Th. Khoury

Koranexegese ↗ *Exegese*

Kreuzzüge

Geschichtlicher Überblick

Kaum ein historischer Vorgang hat die Beziehungen zwischen dem Morgen- und dem Abendland so nachhaltig und so andauernd geprägt wie die Kreuzzüge des Mittelalters. Die europäische Christenheit entwickelte zum ersten Mal einen deutlichen Expansionsdrang, der mit dem „Deus vult" (Gott will es) eine ideologische Basis fand. In vielen Vorstellungen dieser Zeit vermischt sich die Sehnsucht nach dem „himmlischen Jerusalem" mit dem Wunsch, das irdische Jerusalem unter europäische Kontrolle zu bringen, was 1099 auch gelang. So haben auch die ersten Unternehmungen der Kreuzfahrer, die rationaler durchgeführt wurden als der Kinderkreuzzug (1212), deutliche chiliastische Konnotationen. Diese Aktivitäten bildeten für lange Zeit den Nährboden für unabhängige messianische Volksbewegungen. Bei den von den Päpsten initiierten oder autorisierten Kreuzzügen machte sich dagegen immer stärker weltliches Machtstreben bemerkbar. Die politischen Interessen der europäischen Staaten, des Deutschen Reiches, Frankreichs oder Englands, fanden schon beim 3. Kreuzzug, der 1189 begann, offenen Ausdruck. Der 4. Kreuzzug schließlich in den ersten Jahren des 14. Jahrhunderts endete als ein für rein politische Zwecke geführter Krieg. Seine Ursache war eine Kombination aus den Handelsinteressen Venedigs, die sich mit den territorialen Wünschen deutscher und französischer Fürsten zur Eroberung und Aufteilung des oströmischen Reiches verbanden. Zugleich sind die Kreuzzüge ein Indiz für ein kulturelles und technologisches Erstarken Europas im Vergleich zur islamischen Welt.

Der Angriff der Kreuzfahrer traf den Nahen Osten in einem kritischen Augenblick seiner Geschichte. Die Welt der arabischen Eroberungen war schon seit etlichen Jahren zum Stillstand gekommen, und die Türken hatten erst begonnen, sich im Zentrum der islamischen Welt festzusetzen. Der Angriff des lateinischen Westens überraschte eine politisch gespaltene muslimische Gesellschaft, die zunächst nicht in der Lage war, sich gegen ihn zu wehren. Hier war sozusagen eine weitere christliche Front entstanden, während die Auseinandersetzungen der Muslime mit Byzanz schon Tradition hatten und die Reconquista in Spanien für das Gebiet des fruchtbaren Halbmondes zwischen Ägypten und Mesopotamien keine Bedeutung hatte. Syrien war aufgespalten zwischen rivalisierenden türkischen Emiraten; Palästina stand unter der schwächlichen Kontrolle des fatimidischen Ägyptens, das sich aufgrund seiner Heterodoxie nicht der Hilfe der sunnitischen Herrscher versichern konnte. Erst seit der Mitte des 12. Jahrhunderts koordinierte sich der muslimische Widerstand. Dabei spielte das arabische Element kaum noch eine Rolle. Es waren türkische Dynastien, die den Kampf in einer kulturell arabischen Umgebung gegen die Kreuzfahrer aufnahmen. Der dadurch einsetzende Prozess der Turkisierung wurde durch den Machtantritt des Kurden Saladin (Salah ad-Din) unterbrochen. Ihm gelang es, die Herrschaft der Sunna in Ägypten wieder durchzusetzen, und er vernichtete in der Schlacht von Hattin (1187) das lateinische Königreich von Jerusalem. Der von ihm gegründeten Dynastie der Ayyubiden folgten in Ägypten und Syrien die Mamluken, eine Krieger-Gesellschaft, der es nicht nur gelang, in der Schlacht von ʿAin Djalut (1260) den mongolischen Vorstoß zu stoppen, sondern auch die letzten Kreuzfahrerstaaten aufzulösen (1291).

Folgen der Kreuzzüge

Die Folgen der Kreuzzüge stellen sich sehr unterschiedlich dar. Die Kreuzfahrer gelangten in eine Kultur, die der ihrigen in vielen Bereichen überlegen war. Das gilt nicht nur für die Medizin oder die Naturwissenschaften, sondern auch für Literatur, Tanz und Musik bis hin zu verschiedenen Kleidungsformen, Gewürzen, Dingen und Verhaltensweisen des täglichen Lebens. Diese Kenntnisse und Erfahrungen aus dem Vorderen Orient wurden durch die Kreuzfahrer nach Europa gebracht. Auch zahlreiche Pflanzen gelangten über die Vermittlung der Kreuzfahrer in den Okzident. Häufig wird auch das sich in Europa im Zusammenhang mit den Kreuzzügen durchsetzende Ideal der Ritterlichkeit als Folge des Verhaltens des erfolgreichsten Gegners der Kreuzfahrer, des Ayyubiden Saladin, beschrieben. Der Orient wurde dagegen in seinen Vorurteilen gegenüber einem dumpfen, zurückgebliebenen Europa bestätigt. Aus den arabischen Quellen zu den Kreuzzügen entnimmt man niemals den Eindruck, dass die Kreuzfahrer und die von ihnen gegründeten Kleinstaaten als echte Gefahren für den Islam angesehen wurden. Die konfliktreichen Ereignisse wurden als wenig bedeutend für die islamische Geschichte eingeschätzt. Diese Haltung hatte langfristige Folgen. Der Orient verlor auch noch den letzten Rest an Interesse für die politischen, wirtschaftlichen, geistigen und technologischen Entwicklungen in Europa. Als mit der Expedition Bonapartes 1798 wieder europäische Truppen im Orient auftauchten, war der Schock, der aus deren Überlegenheit resultierte, deshalb so beträchtlich, weil sich die Vorstellung der im Endeffekt unterlegenen Kreuzfahrer als der typischen Vertreter Europas bis zu diesem Zeitpunkt gehalten hatte. Bis heute wird die Geschichte der kolonialen Expansion der Moderne in den Nahen Osten und die post-koloniale Durchdringung der Region durch die westlichen wirtschaftlichen und politischen Kräfte von modernen arabischen Geschichtsschreibern und Politologen in einer Terminologie beschrieben, die sich noch immer

Begriffen wie „Kreuzfahrer“ bedient. Erst mit einer beträchtlichen Verzögerung hat die islamische Welt die historische Bedeutung der Kreuzzüge zu erfassen begonnen.

Literatur: *N. Cohn,* Das Ringen um das Tausendjährige Reich. Revolutionärer Messianismus im Mittelalter und sein Fortleben in den modernen totalitären Bewegungen, Bern 1961; *F. Gabrieli,* Die Kreuzzüge aus arabischer Sicht, Zürich 1973; *S. Runciman,* Geschichte der Kreuzzüge, 3 Bde., München 1957–1960.

P. HEINE

Krieg ↗ *Heiliger Krieg*

Kult und Gottesdienst

Von den drei monotheistischen Religionen zeichnet sich der Islam durch eine besonders einfache Kult- und Gottesdienstform aus. Rein kultische Handlungen finden sich im Grunde nur im Gebet (s. dort – salat) und in der Pilgerfahrt (s. Wallfahrt – hadjj). Die beiden anderen Pflichten, Fasten (s. dort – saum) und Almosen (s. Abgabe – zakat) haben einen kultischen Charakter nur insofern sie mit Gebeten verbunden sind, wenn man nicht die Erweckung des Willens, eine der genannten Pflichten zu erfüllen (niyya), als kultisches Moment ansehen will. Gebet und Pilgerfahrt sind gekennzeichnet durch die Tatsache, dass der Muslim hier unmittelbar zu Gott ist und im Grunde keinen Vermittler oder Kultspezialisten benötigt. Die beim gemeinschaftlichen Gebet agierenden Vorbeter und die Führer bei der Pilgerfahrt können nicht als Vermittler zwischen Gott und dem Gläubigen angesehen werden, weil sie lediglich für einen formal korrekten Ablauf des Ritus zu sorgen haben und weder durch einen Weiheakt noch durch eine andere Form der Bestimmung in diese Position gelangt sind. Die Sonderformen des schiitischen Kults im Zusammenhang mit dem Gedenken des Opfertodes von Husain (s. dort) verfügen über Spezialisten, die in der Lage sind, die entsprechenden Rituale zu organisieren und durchzuführen. Sie verfügen zwar über eine bestimmte Ausbildung, doch ist auch für ihre Position keine spezielle Berufung oder Weihe erforderlich.

Anders stellt sich die Situation im Bereich des Volksislams dar. Hier finden sich, vor allem im Bereich der Heiligenverehrung, zahlreiche Kultspezialisten, die aufgrund einer besonderen Fähigkeit in der Lage sind, für einen Gläubigen bei Gott in eine Vermittlung einzutreten. Diese Fähigkeit (arab.: baraka) haben sie entweder durch ein besonders frommes Leben erworben oder von ihren Vorfahren ererbt. In einigen Fällen ist von einer regelrechten Berufung die Rede. Ungeachtet dessen bleiben die mit der islamischen Heiligenverehrung verbundenen Rituale in den meisten Fällen ebenfalls sehr einfach. Ausnahmen bilden Organisationen, die stark von der islamischen Mystik beeinflusst sind und in denen Tanz, wie bei der türkischen Mewlewiyya oder tanzähnliche Praktiken eine wichtige Rolle spielen.

Literatur: *C. H. Becker,* Zur Geschichte des islamischen Kultus, in: *ders.,* Islamstudien Bd. 1, Leipzig 1924, 472–500; *P. Heine,* Rechtsgelehrte und Heilige. Zum Verhältnis von Hochislam und Volksislam, in: Jahrbuch für Religionswissenschaft und Theologie der Religionen, Bd. 1 (1992); *R. Löffler,* Islam in Practice. Religious Beliefs in a Persian Village, New York 1988.

P. Heine

L

Länder der islamischen Welt

↗ *Islamische Länder/Völker*

Leiden

Da muslimische Autoren bei der Darstellung ihrer Religion sich kaum systematisch mit den urmenschlichen Fragen nach dem Sinn von Krankheit, Leid und Tod befassen, allenfalls diese Thematik streifen, wollen wir vornehmlich den Koran, das Heilige Buch der Muslime, selbst zu Wort kommen lassen, um zu sehen, was er dazu sagt und welche Deutung des Leids und Möglichkeiten seiner Bewältigung er anbietet.

Die Frage nach den Ursachen des Leids

Das Leid des Menschen, sein Leben in Kummer, Not, Krankheit und Schmerz führt der Koran auf verschiedene Ursachen zurück:

Einflüsterungen und Nachstellungen des Teufels

Nach koranischer Auffassung hat Gott einem jeden Menschen den Grundgehalt der späteren prophetischen Verkündigung bereits in einer Uroffenbarung kundgetan: „Bin Ich nicht euer Herr?“ so hatte Gott die Nachkommenschaft Adams gefragt, und sie hatte geantwortet: „Jawohl, wir bezeugen es“ (7,172). Und der Koran fügt hinzu, dass Gott diese Frage den Nachfahren Adams deshalb gestellt habe, damit sie am Tag der Auferstehung nicht etwa sagen können: „Wir ahnten nichts davon“ (7,172).

Diese Vorstellung einer Uroffenbarung und eines Urpaktes zwischen Gott und den Menschen will zum Ausdruck bringen, dass die Möglichkeit der Erkenntnis Gottes und damit die Anerkennung seiner absoluten Souveränität zutiefst im Herzen eines jeden Menschen verwurzelt ist, weil von Gott selbst angelegt; deswegen ist die Erkenntnis Gottes einem jeden Menschen grundsätzlich möglich und damit die Anerkennung von Gottes absoluter Souveränität für ihn verpflichtend (vgl. 36,60–61).

Trotz dieser von Gott gegebenen Uroffenbarung und des mit den Menschen geschlossenen Urpaktes sind die Menschen ihrer Verpflichtung, Gott allein zu dienen, nicht nachgekommen. Schon die ersten Menschen im Paradies sind den Einflüsterungen des Teufels erlegen, haben gegen Gottes ausdrücklichen Willen verstoßen und damit die erste Sünde in der Menschheitsgeschichte begangen: Sie sind vor Gott schuldig geworden (vgl. 7,19–25; 2,35–39). Derartige gottwidrige Einflüsterungen des Teufels wiederholen sich stets neu von einer Generation zur anderen.

Zuerst, so der Koran, habe sich der Teufel gegen die von Gott beschlossene Erschaffung des Menschen gewehrt (vgl. 2,30), dann sich geweigert, der göttlichen Anordnung zu entsprechen und vor Adam niederzufallen (vgl. 20,116; 15,31 f.; 38,74 ff.). Wegen dieses Ungehorsams gegenüber der göttlichen Weisung habe Gott den Teufel und seine Dämonen verflucht und aus dem Paradies verstoßen (15,34 f.), woraufhin sich der Teufel geschworen habe, künftig die Menschen vom rechten Weg abzubringen (vgl. 15,39; 38,82). Deshalb sieht der Koran ihn als Feind der Menschen an: „Der Satan ist euch ein Feind. So nehmt auch ihr ihn euch zum Feind. Er ruft ja seine Anhänger dazu, zu den Gefährten des Feuerbrandes zu gehören“ (35,6; vgl. 20,117; 2,168). Anschaulich wird geschildert, wie und auf welche Art der Teufel versucht, die Menschen zu verführen (vgl. 7,16–17; 17,63–64). Von diesen Nachstellungen des Teufels her erklärt sich so manches Unheil in der Welt. Das Böse, das er zu verursachen beabsichtigt, zieht Leid und Unglück nach sich.

„Die Seele gebietet ja mit Nachdruck das Böse ...“ (12,53)

Das Leiden ist aber nicht nur eine Folge der Nachstellungen und Verführungen des Teufels. Der Mensch selbst, so sagt der Koran, stiftet von sich aus Unheil: „Die Seele gebietet ja mit Nachdruck das Böse ...“ (12,53). Der Mensch ist von Natur aus schwach (vgl. 4,28), er ist unbeständig, in guten Zeiten freudig und hoffnungsfroh gestimmt, in schlechten Zeiten verzweifelt und ohne Perspektive (30,36; 41,49). Mit der Unbeständigkeit Hand in Hand geht die Unzuverlässigkeit des Menschen: In der Not fleht er zu Gott; ist die Notsituation überwunden, wendet er sich von Gott ab (vgl. 16,53; 29,65; 39,8.49). Somit ist der Mensch nicht nur das Opfer der Einflüsterungen des Teufels, denen er erliegt, vielmehr flüstert er sich selbst böse Gedanken ein (vgl. 50,16).

Zwar ist der Mensch als gute Schöpfung aus der Hand seines Schöpfers hervorgegangen, aber er trägt auch vielfältige Eigenschaften in sich, die ihn ins Verderben stürzen und somit Ursache von Unheil und Leid sein können: „Was dich an Schlechtem trifft, ist von dir selbst“, heißt es im Koran 4,79.

Vorherbestimmungen Gottes

Was auch geschieht, nichts geschieht ohne den absoluten und uneingeschränkten Willen Gottes. Er ist nicht nur der souveräne Schöpfer allen Seins, er ist auch die Vorsehung, d.h. er hat Welt und Mensch nicht nur ins Dasein gerufen, um sie dann ihrem Schicksal zu überlassen, sondern er begleitet sie auch mit seiner Vorsehung. Alles Werden und Vergehen, das Geschick von Welt und Mensch, Leben und Tod, Heil und Unheil sind in seinem Willen beschlossen. Außerhalb seiner uneingeschränkten Wirkmächtigkeit gibt es keine Wirkmöglichkeit (vgl. 56,71–72; 8,17): Er allein kann wirken, und er allein ist es auch, der wirkt. Alles, was geschieht, geht auf die positive, freie Festsetzung Gottes zurück. Was er will, führt er in je neuer, freier Entscheidung und in eigener Souveränität aus. Er bestimmt den

Lauf der Dinge und das Leben der Menschen. Glück und Unglück, Gesundheit und Krankheit, Freude und Schmerz, Leben und Tod – alles liegt ins einer Hand: „Sag: Uns wird nur das treffen, was Gott uns bestimmt hat“ (9,51; vgl. 15,60; 25,2; 27,57; 57,22).

Damit steht über allem letztlich Gott als Ursache und Verursacher. Der Teufel als Feind der Menschen kann ihnen nur mit Gottes Einwilligung nachstellen, die ihm vorgegebene Wirkmacht ist begrenzt (vgl. 34,21). Der Mensch als Gottes Geschöpf unterliegt ebenfalls der souveränen Fügung Gottes, ist in allem von Gottes Vorsehung umfangen, wird doch alles Geschehen in jedem Augenblick durch den schöpferischen, absoluten und uneingeschränkten Willen Gottes bestimmt und bedingt: „Kein Unglück trifft ein auf der Erde oder bei euch selbst, ohne dass es in einem Buch stünde, bevor Wir es erschaffen. Dies ist Gott ein leichtes“ (57,22).

Damit stellt sich die Frage: Ist alles im Leben des Menschen von Gott vorherbestimmt oder ist der Mensch in seinem Handeln frei? Ist er verantwortlich für sein Tun und Lassen und kann er dafür zur Rechenschaft gezogen werden? Kann ihm entstandenes Leid als Folge der Sünde angelastet werden? Mit diesen Fragen stehen wir vor einem besonders schwierigen Problem. Denn auf die Frage, ob der Mensch in seinem Handeln frei oder vorherbestimmt sei, gibt der Koran selbst keine eindeutige Antwort. Eine Reihe von Versen spricht von der Prädestination, andere von der Willensfreiheit des Menschen.

Auch die islamischen Theologen sind sich in ihrer Meinung nicht einig; auch ihre Interpretation bewegt sich zwischen dem Determinismus einerseits und der Lehre von der menschlichen Entscheidungsfreiheit andererseits.

In diesem Zusammenhang mag es genügen festzustellen, dass die heutige islamische Theologie, ohne eine theoretische Lösung dieses Problemkomplexes zu bieten, sowohl an der Allmacht Gottes als auch an der Willensfreiheit des Menschen festhält.

Dies vorausgesetzt, nennt also der Koran auf die Frage nach dem Woher des Leidens drei mögliche Ursachen: die Einflüsterungen des Teufels, das vom Menschen selbst verursachte Unheil und schließlich die in der Allmacht Gottes begründete allumfassende Wirkmächtigkeit Gottes, der ausführt, was er will.

Die Frage nach dem Sinn des Leids

Nach islamischer Auffassung hat das Leiden einen zweifachen Sinn: als verdiente Strafe für die Sündhaftigkeit der Menschen und als von Gott auferlegte Prüfung.

Leid als Strafe

Islam, d. h. gehorsame Unterwerfung unter den Willen Gottes, völlige Hingabe an Gott; dessen Offenbarung in definitiv-gültiger und letztverbindlicher Form im Koran, dem Heiligen Buch der Muslime, im wahrsten Sinne des Wortes zu Buche geschlagen ist. Verstanden als Gottes unmittelbares Diktat besitzt der Koran im Glauben der Muslime eine absolute Autorität: In ihm ist festgehalten, was zu glauben ist; in ihm ist festgeschrieben, was Gott geboten und verboten hat. Damit beinhaltet der Koran als göttlich verstandene Offenbarung nicht nur verbindliche Glaubenssätze, sondern auch sittliche Gebote und Verbote als Norm des Handelns für das Leben des Einzelnen, der Familie und der Gemeinschaft, darüber hinaus normierende Weisungen und gesetzliche Bestimmungen für die verschiedenen Bereiche des gesellschaftlichen Lebens und der internationalen Beziehungen. Allen diesen Vorschriften hat sich der Mensch in radikalem Gehorsam gegenüber dem souveränen Willen Gottes zu unterwerfen, sie als gottgewollte Normen anzunehmen und zu erfüllen. Denn, so lautet die Begründung: „Gott sagt die Wahrheit, und Er führt den (rechten) Weg" (33,4).

Dennoch sind die Menschen immer wieder von diesem rechten Weg abgekommen. Obwohl eine gute Schöpfung Gottes, ist der Mensch in sich schwach und unzuverlässig. Obwohl von Natur aus in der Lage, nach Gottes Geboten zu leben und sie zu halten – sie sind nämlich gut für ihn und keinesfalls eine Last, denn die Religion will dem Menschen keine drückende Last auferlegen –, weicht er immer wieder vom geraden Weg ab. Als Grund nennt der Koran die Vergesslichkeit des Menschen. Schon Adam hat Gottes Gebote vergessen (vgl. 20,115). Trotz der am Anfang der Menschheitsgeschichte verkündeten und somit von jeher verpflichtenden Offenbarung Gottes, die schließlich ihre endgültige und letztverbindliche Gestalt und Fassung im Islam gefunden hat (vgl. 30,30), sind die Menschen ihrer Verpflichtung, Gott allein zu dienen, nicht nachgekommen.

Die Folge: Katastrophales Unheil brach über sie herein. Immer wieder hat deswegen Gott Mahner und Warner, Propheten und Gesandte geschickt, um die Menschen an die ursprüngliche, von Gott gewollte Lebensordnung in Übereinstimmung mit seinen Geboten zu erinnern (vgl. 16,36; 35,24). Häufig jedoch zeigten sich die Menschen ihnen gegenüber starrsinnig und widerspenstig. Viele Gesandte und Propheten mussten Verfolgung und Schmähung ertragen. In Situationen extremer und rebellischer Unnachgiebigkeit seitens der Menschen hat Gott dann eingegriffen. Ausführlich berichten davon die koranischen Straflegenden. Sie wollen anzeigen, dass Gott die Frevelhaftigkeit des Menschen, seine Sündhaftigkeit. Widerspenstigkeit und Aufsässigkeit nicht ungesühnt lässt. Die Vergangenheit weist es aus: Unglück und Katastrophen, Unheil und Verderben, Leid und Schmerz sind die verdiente Strafe für diejenigen, die Gottes „Rechtleitung" ausschlagen und dadurch gar „des Diesseits und des Jenseits verlustig" gehen können (22,11).

Leid als Prüfung

Der Koran führt eine Fülle von Vorschriften und Anweisungen an, die für die Muslime verbindlich sind und deren Einhaltung strikte Beachtung verdient. Dadurch soll sich der Mensch in seinem Leben bewähren.

Wer sich über die koranischen Anordnungen hinwegsetzt, zerstört die von Gott gesetzte Ordnung sowohl in der Beziehung zu Gott als auch im Verhältnis zum Mitmenschen: Er macht die gottgewollte Harmonie zunichte, bringt das soziale und gesellschaftliche Miteinander aus dem Lot und zerstört so letztendlich das Glück und den Frieden in Familie, Staat und Gesellschaft. Deutlich spricht der Koran die gesellschaftliche Dimension des vom Menschen verursachten Unheils an, wenn er dazu auffordert, „nicht dem Befehl der Maßlosen" zu gehorchen, „die Unheil auf der Erde stiften …" (26, 151–152). Da der Mensch nicht für sich allein lebt, sondern in einem sozialen und gesellschaftlichen Kontext steht, wirkt sich sein Verhalten auch auf seine Umwelt aus. Sein Tun und Lassen hat soziale und gesellschaftliche Konsequenzen: „Unheil ist auf dem Festland und auf dem Meer erschienen aufgrund dessen, was die Hände der Menschen erworben haben. Er (Gott) will sie damit einiges kosten lassen von dem, was sie getan haben …" (30, 41). Das vom Menschen verursachte Unheil als Folge der Sünde bringt Leid und Kummer mit sich: „Wie so manche Stadt, die Unrecht tat, haben wir verderben lassen, so dass sie bis zu den Dächern verödet war …!" (22, 45). Um derartig schreckliche und leidvolle Konsequenzen zu vermeiden, ist es notwendig, die koranischen Vorschriften und Gebote einzuhalten und genau zu beachten. Nur so wird der Mensch sein Leben meistern und die Bewährungsprobe des Lebens bestehen können. Denn Gott hat den Menschen nicht „zum Zeitvertreib geschaffen" (23, 115), sondern zum gegenseitigen Wetteifern in guten Taten (vgl. 5, 48). Keiner soll sich einreden, auch ohne Anstrengung und eigenes Bemühen, ohne Anfechtung und Prüfung sein Ziel zu erreichen (vgl. 29, 2–3). Des Menschen Leben ist eine Zeit der Prüfung und der Bewährung zugleich. Sowohl das Gute als auch das Böse, denen der Mensch im Alltag ausgesetzt ist, sind Prüfungen vonseiten Gottes (vgl. 21, 35; 7, 168).

Diese Prüfungen, wie auch immer sie im Einzelnen aussehen mögen, gilt es zu bestehen: die Last des Lebens als solche, seine Mühsal, die Krankheit und den Schmerz, Kummer oder Leid, alltägliche Sorgen, materielle Not, Mangel an Hab und Gut, Rückschläge und Heimsuchungen, Anfechtungen und Widerwärtigkeiten, Verzweiflung und Lebensangst, ja selbst den Tod. Wie unterschiedlich die Situationen, Schwierigkeiten und leidvollen Erfahrungen im einzelnen Fall auch sein mögen, der Mensch ist stets gefordert, damit fertig zu werden, sich in derartigen Prüfungen zu bewähren. Der Koran führt eine ganze Reihe von Beispielen an, wie Gott Menschen auf die Probe stellte: Von Abraham verlangte er gar, das Leben seines Sohnes zu opfern (37, 105–106); hart geprüft wurden die „Kinder Israels" (vgl. 44, 33; 14, 6; 2, 49); dagegen sind auch die Muslime nicht gefeit (vgl. 2, 155). Auch ihnen bleiben leidvolle Erfahrungen nicht erspart: „Ihr werdet sicherlich an eurem Vermögen und an euch selbst geprüft werden und ihr werdet gewiss von denen, denen das Buch vor euch zugekommen ist, und von den Polytheisten viel Ungemach hören ..." (3,186). Wie das Leben, ist auch der Tod eine von Gott gewollte Prüfung für die Menschen. Im Tod fällt die letzte Entscheidung. Er ist das unentrinnbare Los eines jeden Menschen: „Jeder wird den Tod erleiden" (21,35) und dann wird jedem am Tag der Auferstehung der Lohn für seine Taten zuteil (vgl. 3,185).

Möglichkeiten, das Leid zu bewältigen
Die koranische Deutung des Leids als verdiente Strafe für die Sünde des Menschen sowie als von Gott auferlegte Prüfung will nicht die Faktizität des Leides einfachhin als blindes Schicksal festschreiben, sondern versucht, Licht in das Dunkel seiner augenscheinlichen Sinnlosigkeit und Unbegreiflichkeit zu bringen, um seine Unheimlichkeit und bittere Tragik zu mildern. Diese Sinndeutung birgt somit bereits Ansätze in sich, die Härte menschlichen Leids zu lindern. Verschiedene Möglichkeiten, die in diese Richtung weisen, zeigt der Koran auf.

Leid, verstanden als Strafe für die Sünden der Menschen verlangt die Hinwendung zu Gott durch Umkehr und Buße
Wer Krankheit, Leid oder Schmerz als Strafe für begangene Sünden ansieht, wird sich als gläubiger Muslim darum bemühen, im Vertauen auf Gottes Barmherzigkeit und Vergebungsbereitschaft wieder in Harmonie mit ihm zu leben und nach seinen Weisungen zu handeln. Dass Gott barmherzig und reich an Vergebung ist, bestätigt der Koran immer wieder. Gott vergibt, wem er will. Vorbedingung dafür ist der Glaube (vgl. 20,73; 26,51; 46,31) und die Nachfolge des Propheten (vgl. 3,31).
Unter dieser Voraussetzung erlangt derjenige, der gesündigt hat und unter den Folgen seiner Vergehen leidet, durch Reue und Umkehr Vergebung seiner Schuld (vgl. 42,25; 4,17). Deswegen ruft der Koran die Gläubigen zur Reue und Buße auf: „Bekehret euch allesamt zu Gott zu, ihr Gläubigen ..." (24,31; vgl. 66,8; 5,74 u.a.). Denn durch Reue und Umkehr lässt Gott sich versöhnen (vgl. 5,39; 25,71 u.a.). Wer um Vergebung bittet, wird sie erhalten (vgl. 3,135–136), und wer zur Umkehr bereit ist, dem vergibt Gott (vgl. 25,70). Kleinere Sünden werden denen nachgelassen, die schwere Sünden meiden (vgl. 4,31; vgl. 53,32). Auch durch die gewissenhafte Verrichtung der religiösen Pflichten werden begangene Sünden getilgt. So ist z.B. der vorgeschriebene Vollzug der rituellen Waschung vor dem täglichen Pflichtgebet ein Symbol der inneren Reinheit und Ausdruck der Reue und Umkehr des Menschen und seiner Hinwendung zu Gott. Dem, der das Pflichtgebet (salat) verrichtet, wird versprochen: „Die guten Taten vertreiben die Missetaten" (11,114). Grundsätzlich darf der, der glaubt, auf Verzeihung hoffen (vgl. 20,73; 26,51; 46,31). Wer die Fastenpflicht im Geist der Buße erfüllt, erlangt ebenfalls Verzeihung von Sünde und Schuld. Der

Fastenmonat Ramadan gilt nach Muhammad als „Der Monat der Versöhnung“. Auch wer die vorgeschriebene Almosensteuer (zakat) entrichtet, kann und darf mit Gottes Vergebung rechnen (64,17; 92,18 u.ä.), erst recht derjenige, der die Wallfahrtspflicht erfüllt, zählt sie doch zu den besten Werken, die der Gläubige tun kann. *Eine* Sünde wird allerdings nicht vergeben: der Unglaube. Dazu zählt in erster Linie die „Beigesellung“, d.h. die Anerkennung anderer Gottheiten neben Gott (4,48.116), ferner der Abfall vom Glauben (4,137; vgl. 16,106–107; 2,217; 3,86–91), des weiteren die Heuchelei, die ihren Unglauben verbirgt – für diese Heuchler gilt: „Ihr Herz ist versiegelt“ (63,3), „Gott wird ihnen nicht vergeben“ (63,6) – und schließlich erhalten diejenigen keine Vergebung, die in ihrem Unglauben sterben (47,34; 4,18). In diesen Fällen nutzt nicht einmal die Fürbitte (shafaʿa) des Propheten Muhammad. Sie haben keine Verzeihung von Gott zu erwarten (vgl. 9,80; 63,6). Die Vergebung aller anderen Sünden ist grundsätzlich möglich und somit auch die Chance gegeben, der verdienten Strafe als Folge der Sünde zu entgehen.

Leid – als von Gott auferlegte Prüfung angesehen – verlangt die Bewältigung durch Geduld und Beharrlichkeit (vgl. 3,200)

In der Tat zählt die Geduld zu den Kardinaltugenden im Islam. Der Koran legt sie dem Menschen in zahlreichen Versen ans Herz, ohne dabei zu verschweigen, wie schwer es gerade in leidvollen Situationen sein kann, Geduld zu haben und Geduld zu bewahren: „Und sucht Hilfe in der Geduld und im Gebet (salat)! Und das ist ja schwer, außer für die Demütigen, die damit rechnen, dass sie ihrem Herrn begegnen und dass sie zu Ihm zurückkehren werden“ (2,45–46). Immer wieder ruft der Koran vor allem diese Tugend in Erinnerung, damit sich der Mensch, auch der leidgeprüfte und vom Leben gezeichnete und vom Schicksal geschlagene Mensch, bewährt, sein Leben meistert und so sein Ziel in Gott erreicht. Das aus seiner Hand und im Vertrauen auf seine Vorsehung angenommene eigene Lebensschicksal bedarf zu seiner Bewältigung der Haltung der Geduld und Beharrlichkeit, der Standfestigkeit und Treue im Glauben: Wer im Glauben fest verwurzelt und verankert ist, wer davon überzeugt ist, dass der, der ihn erschuf und ihn im Leben begleitet, ihn am Ende auch erwartet, nämlich Gott, der kann gelassen und beharrlich einen Weg gehen. Selbst düstere Stunden seines Lebens und leidvolle Erfahrungen werfen ihn nicht aus der Bahn: „… und verkünde den Geduldigen frohe Botschaft, die, wenn ein Unglück sie trifft, sagen: ‚Wir gehören Gott, und wir kehren zu Ihm zurück.‘ Auf sie kommen Segnungen und Barmherzigkeit von ihrem Herrn herab. Das sind diejenigen, die der Rechtleitung folgen“ (2,155–157). Wer selbst „in Not und Drangsal und zur Zeit der Gefahr geduldig“ ist, weist sich als wahrhaftig und gottesfürchtig aus (2,177); wer auch in Anfechtung und Verführung aushält und „Zuflucht bei Gott“ sucht (vgl. 41,34–36), zu dem steht auch Gott: Er wird das geduldige Ausharren in der Bewährungsprobe des Lebens belohnen: „Sie erhalten ihren Lohn zweifach dafür, dass sie geduldig waren …“ (28,54; vgl. 28,80; 3,17). Weil sie geduldig ertragen haben, was sie zu leiden hatten (vgl. 22,35), weil sie beharrlich und standhaft „auf ihren Herrn“ vertrauten (29,59), dürfen und können sie getrost dem entgegensehen, was sie im Jenseits erwartet.

Zusammenfassung

Die koranische Deutung des Leids ist der Versuch, menschliches Leid aufzufangen, nicht zu verdrängen, und ihm entgegen aller augenscheinlichen Sinnlosigkeit dennoch einen Sinn abzugewinnen, um auf diese Weise den einzelnen Menschen nicht nur lebensgeschichtlich zu begleiten, sondern ihm auch in aussichtslosen und verzweifelten Situationen lebensfördernd zu helfen und beizustehen.

In diesem Zusammenhang von Fatalismus zu sprechen, wäre verfehlt. Denn der Muslim glaubt nicht an ein blindes Schicksal, sondern an den Willen des lebendigen und allgegenwärtigen Gottes. Er, der dem Menschen „näher als die Halsschlagader“ ist (50,16), umfängt und umgreift in seiner Barmherzigkeit das Leben eines jeden Menschen. Auch wenn seine Entscheidungen bisweilen dem menschlichen Verstand nicht einsichtig sein mögen und zunächst einmal Betroffenheit und Fassungslosigkeit auslösen können, sind sie allem Anschein zum Trotz dennoch für den Menschen letztendlich gut. Das will der Koran sagen. Was nach außen hin als Fatalismus erscheinen mag, kann für den gläubigen Muslim zur inneren Motivation werden, sich auch in den vermeintlich hoffnungslosen Stunden seines Lebens in den unbegreiflichen Willen Gottes zu ergeben und sich seiner weisen Vorsehung ganz anzuvertrauen.

Literatur: *M. Ayoub,* Redemptive Suffering in Islam, Den Haag 1978; *L. Hagemann,* Leiden im Islam, in: *A. Th. Khoury/P. Hünermann (Hrsg.),* Warum leiden? Die Antwort der Weltreligionen (Herderbücherei 1383), Freiburg/Basel/Wien 1987, 110–130 (Lit).

L. HAGEMANN

Liebe Gottes

Auch wenn alle Gelehrten im Islam die Rede von der Liebe Gottes für zulässig halten, so sind sie verschiedener Meinung über die nähere Bestimmung des Inhalts dieses Begriffes. Die Vertreter der Orthodoxie definieren die Liebe der Menschen zu Gott als die Bereitschaft, ihm zu gehorchen und zu dienen, als die Liebe zu seinen Bestimmungen, zu seiner Huld und zu seiner Belohnung. Denn, so argumentieren sie, die Liebe als gegenseitige Zuneigung wie unter Freunden oder gar unter Liebenden beinhaltet die Gleichstellung von Geliebtem und Liebendem. Aber die Transzendenz Gottes verbietet es, an eine solche Beziehung zwischen Gott und den Menschen zu denken. Daher ist die Annahme, dass zwischen den Menschen und Gott eine solche Liebe der Freundschaft und der Innigkeit bestehen kann, irrig, sie kommt einer unerträglichen Anmaßung vonseiten des Menschen und einer lästerlichen Herabwürdigung Gottes gleich.

Die Mystiker im Islam suchen die Liebe Gottes selbst, denn die Vollkommenheit ist liebenswert an sich, und Gott ist der absolut Vollkommene.

Die Initiative der Liebe liegt bei Gott, Gott liebt zuerst seinen Diener. Bistami sagt dazu: „Im Anfang bildete ich mir ein, dass ich es war, der an Gott dachte, der Ihn kannte und liebte. Als ich zum Ende kam, sah ich, dass Er an mich gedacht hatte, ehe ich an Ihn dachte, dass Er mich gekannt hatte, ehe ich Ihn kannte, dass Seine Liebe zu mir meiner Liebe zu Ihm vorausging, dass Er mich zuerst gesucht hat, so dass ich Ihn suchen konnte." Gott suchte die Verbindung mit seinem Diener. Er führt ihn seine Wege und erleichtert ihm die Erfüllung seiner religiösen Pflichten. Er schenkt ihm vor allem die Gabe des Gebets. Er läutert ihn von der Begierde und der Sünde.

Die vollkommene Liebe, die der Mystiker sucht, ist die exklusive Festlegung auf Gott und die exklusive Beschäftigung mit ihm. Alles andere wird aus dem Blickfeld beseitigt. Der Mystiker sucht nur noch Gott. Er sucht, ihn allein zu sehen und zu hören. Die gesamte Schöpfung wird nur noch im Hinblick auf Gott und in seinem Lichte gesehen. Was als Hindernis auf dem Weg zu ihm erscheint, wird nicht mehr beachtet. Aber im reinen Licht seiner Liebe kann der Mystiker alles erfassen, was die Spuren des Wirkens Gottes trägt. Solange also die Welt, die Gesellschaft und sogar die eigene Familie sich zwischen den Mystiker und Gott drängen, müssen sie beseitigt und übersehen werden. Sobald aber der Mystiker seine Blickrichtung endgültig auf Gott festgelegt hat, kann er all diese Dinge lieben, nicht mehr um ihrer selbst willen, sondern im Lichte Gottes und um Gottes willen.

Die verschiedenen Auswirkungen der Gottesliebe und die seelischen Zustände, die sie im Mystiker hervorruft, werden von den Autoren verschieden eingestuft. Die wichtigsten unter ihnen sind folgende:

– die Zuneigung, die bald eine feste Ausrichtung des Herzens auf Gott bedingt und ein ständiges Gedenken Gottes erleichtert;

– die Sehnsucht nach der Nähe Gottes und die Angst, ihn zu verlieren und in der Ferne zu verbleiben;

– die Vertrautheit in der Nähe Gottes;

– die leidenschaftliche Liebe in der Begegnung mit Gott und in der Erfahrung seiner beglückenden Zuwendung;

– das Entwerden des Menschen, die totale Aufgabe seines Wesens, so dass nur noch Gott allein das Bewusstsein erfüllt und das Herz beglückt;

– die Vereinigung, in der jedes Bewusstsein des eigenen Selbst entschwindet und der Mystiker sich in Gott auflöst. Es existiert nur noch Gott allein. Der Mensch mit seinen Eigenschaften, seinen Daseinsmerkmalen und seinem Bewusstsein ist in Gott aufgelöst;

– der Rausch der Vereinigung mit Gott und die daraus resultierende selige Ekstase.

Nach diesem aufwühlenden Erlebnis der Entwerdung in Gott und der Einswerdung mit Gott erfährt der Mystiker Perioden der Ernüchterung, aber auch der stillen Ergebung. Er leidet zwar unter der Abwesenheit und der Ferne Gottes, aber er weiß, dass Gottesliebe nicht die Frucht menschlicher Anstrengung, sondern göttlicher Gnade ist. Er begibt sich in die Hand Gottes und wartet beharrlich auf ihn.

Literatur: *G.-C. Anawati/L. Gardet,* La mystique musulmane, Paris [2]1968; *A. Schimmel.* Mystische Dimensionen des Islam, Köln 1985; *A. Th. Khoury.* Einführung in die Grundlagen des Islams, Würzburg/Altenberge [4]1995, Neudruck 1999, S. 203–204; *ders.,* Gebete des Islams, Gütersloh 1995; *ders.,* Der Koran. Übersetzung und wissenschaftlicher Kommentar, Bd. II, Gütersloh 1991.

A. Th. Khoury

M

Märtyrer ↗ *Heiliger Krieg*

Mahdi

Begriff

Al-Mahdi bedeutet „der Rechtgeleitete“ und ist die Bezeichnung für die von Sunniten, vor allem aber von Schiiten erwartete Person, die den Islam wiederherstellen wird, der durch ungerechte Herrscher und korrupte Religionsgelehrte seinen eigentlichen Charakter verloren hat. Im Koran ist von dieser messianischen Figur nicht die Rede; doch ist offenbar schon in früh-islamischer Zeit die Vorstellung entstanden, dass ein Messias erscheinen wird, der die Welt mit Gerechtigkeit und Wohlstand erfüllt. Im Lauf der religionsgeschichtlichen Entwicklung wandelten sich diese zunächst wenig präzisen Vorstellungen hin zu Musterbeispielen chiliastischer oder nativistischer Art. Die Personen, die mit dem Mahditum in Verbindung gebracht wurden, hatten in der Regel einen ausgesprochenen charismatischen Charakter. Zugleich lässt sich auch ein charismatisches Milieu feststellen, in dem sich die charismatische Begabung entfalten konnte. Dieses Milieu entstand sicherlich erstmals durch den plötzlichen Tod des Propheten Muhammad. Er selbst hatte zu Lebzeiten eine Tendenz zum Glauben an Wunder, eine hohe allgemeine Emotionalität und Hingegebenheit an starke Impressionen in der islamischen Gesellschaft geschaffen. Schon in dieser frühen Zeit wurde der Mahdi mit der Person Jesu identifiziert. Danach wird Jesus zum Ende der Zeiten vom Himmel herabsteigen, in einem gewaltigen Kampf den Anti-Christ (dadjjal) besiegen und ein Reich der Gerechtigkeit errichten, das tausend Jahre währen wird. Erst nach Ablauf dieser Zeit wird das Jüngste Gericht eintreten. Auch wenn diese Vorstellungen später dahin verändert wurden, dass der Mahdi jemand aus der Nachkommenschaft des Propheten Muhammad sein werde, bleibt die Figur Jesu mit den islamischen Heilserwartungsvorstellungen eng verbunden. Diese Übernahme von Vorstellungen aus Substratreligionen des Islams ist nicht auf jüdisch-christliches Gedankengut beschränkt. Im islamischen Java besteht die Vorstellung vom „Ratu Adil“, dem gerechten Herrscher, der mit seinem Kommen die Ungerechtigkeit aus der Welt schaffen wird. Diese Gedanken besitzen eindeutig buddhistisch-hinduistische Wurzeln.

Titelträger in der Geschichte

Verschiedene Herrscher aus der Umayyaden-Dynastie förderten Vorstellungen, die sie mit dem Mahdi zu identifizieren suchten. Aber auch zahlreiche Führer von Oppositionsbewegungen nahmen für sich in Anspruch, diese Person zu vertreten oder sogar selbst zu sein. Die vorliegenden Beschreibungen dieser Persönlichkeiten reichten jedoch nicht aus, um sie als psychotisch einzustufen, eine Eigenschaft, die als Kennzeichen messianischer Persönlichkeiten angesehen wird. Doch lässt sich anhand der Quellen bei dem Umayyaden-Khalifen ʿUmar b. ʿAbd al-ʿAziz (717–720) eine übersteigerte Frömmigkeit feststellen. Gerade hierin wurden Zeichen einer besonderen Berufung erblickt. Da chiliastische Bewegungen jedoch stets ein auch im politischen Sinn „umstürzlerisches" Moment in sich tragen, blieb der politische Aspekt häufig unbeachtet. Anders stellte sich die Mahdi-Interpretation bei den ersten ʿAbbasiden dar. Ihre Bewegung, die ihren Ursprung im chiliastischen Milieu Zentralasiens hat, setzte sich den Umsturz der herrschenden politischen Ordnung zum Ziel. Nachdem sie sich nicht zuletzt dank der mahdistischen Propaganda politisch durchgesetzt hatte, versuchten die ersten Herrscher der neuen Dynastie dem messianischen Anspruch in einigen Beziehungen gerecht zu werden. Sie wollten das Programm, das die von ihnen angenommenen Herrschernamen „as-Saffah" (der viel Verteilende), „al-Mansur" (der Siegreiche) und schließlich „al-Mahdi" zum Ausdruck brachten, auch zu erfüllen trachten. Am konsequentesten war in dieser Hinsicht al-Mahdi, der in großem Umfang Almosen verteilte, Schulden erließ und Gefangene befreite, sich also so verhielt, wie es nach allgemeiner Vorstellung vom „Mahdi" erwartet wurde. Je mehr die ʿabbasidische Bewegung erstarrte und ihre chiliastische Dynamik sich auf die Hofetikette reduzierte, traten andere mahdistische Bewegungen auf.

Mahdi im Schiismus

Vor allem der politische Aspekt des Mahdi-Gedankens und die Tatsache, dass er vor allem von marginalen gesellschaftlichen und ethnischen Gruppen getragen wurde, ließ diese Form des islamischen Chiliasmus in der Schia besonderen Einfluss gewinnen. Jeder der schiitischen Imame hatte Anspruch auch auf die politische Führung der Gemeinschaft der Muslime erhoben. Für die Schiiten bestand eine der großen Ungerechtigkeiten der Welt in der Tatsache, dass ihren Imamen diese Führung verweigert wurde. Als die Kette der Imame abbrach, glaubten die Schiiten den letzten Imam in der Verborgenheit (ghayba), aus der er als Mahdi wieder hervortreten werde, um mit militärischen Mitteln eine gerechte politische aber auch soziale Ordnung herzustellen. Gerade unter Schiiten lässt sich die „Dialektik von Adventismus und Aktivismus" (W. Mühlmann), die chiliastische Bewegungen kennzeichnet, gut zeigen. Auf der einen Seite gibt es die Zurückhaltung, einen Eskapismus, der bis zur Verleugnung der Religionszugehörigkeit gegenüber anderen (taqiyya) geht, auf der anderen Seite, wenn die Zeit als reif angesehen wird, den Ausbruch revolutionärer, unter Umständen terroristischer Aktionen. Messianische

Wehen zeigen das Kommen des Mahdis an. Dazu gehören ungewöhnliche Naturereignisse und Katastrophen, aber auch die Herrschaft von Tyrannen und die Verfolgung der Gläubigen. Je stärker also der Druck auf die Anhänger dieser Vorstellungen wurde, umso sehnlicher, aber auch umso gewisser erwarteten die Betroffenen die Ankunft des Messias. Wie stark die Erwartung des Messias im schiitischen Milieu vorhanden ist, zeigt die Tatsache, dass die modernen Verfassungen des Irans eine Erklärung enthalten, nach der sie als aufgehoben zu betrachten sind, wenn der Mahdi erscheint. In vielen Fällen wurde diese Erscheinung für bestimmte herausragende Daten, wie z. B. eine Jahrhundertwende, vorhergesagt. In der Tat traten dann auch entsprechende Prätendenten auf, zuletzt mit der Jahrhundertwende vom 14. zum 15. Jahrhundert muslimischer Zeitrechnung bei der Besetzung der großen Moschee in Mekka im Jahre 1979.

Mahdi im Sunnismus

Wenn auch die Heilserwartung im schiitischen Milieu besonders lebhaft war und ist, so lässt sie sich auch in der sunnitischen Bevölkerung feststellen. Bei den Sunniten sind es vor allem ethnische Aspekte, die das Auftreten von mahdistischen Bewegungen mitverursachen. Dies gilt für die Bewegung der Almohaden in Nordafrika und Andalusien im 12. und 13. Jahrhundert, in der ein starkes Berberelement festzustellen ist, wie für den Djihad des Osman dan Fodio in Westafrika zu Beginn des 19. Jahrhunderts, bei dem die Unterdrückung der Fulbe durch die herrschenden Hausa eine Rolle spielt, und schließlich bei der Mahdi-Bewegung im Sudan zu Ende des 19. Jahrhunderts, bei dem auch die Belastungen der sudan-arabischen Bevölkerung durch die türkisch-ägyptische Verwaltung eine der Ursachen für den Ausbruch des Aufstandes darstellen. Auch bei zahlreichen anti-kolonialistischen Bewegungen in der islamischen Welt war der Glaube an das Erscheinen des Mahdis eines der ideologischen Vehikel, mit denen die Unterstützung großer Bevölkerungsteile gegen die europäischen Fremden erreicht werden konnte.

Literatur: *M. Adas,* Prophets of Rebellion. Millenarian Protest Movements against European Colonial Order, Cambridge 1979; *P. Heine/R. Stipek,* Ethnizität und Islam, Gelsenkirchen 1984; *S. Kartodirdjo,* Protest Movements in Rural Java, Singapore 1973; *B. G. Martin,* Muslim Brotherhoods in 19th Century Africa, Cambridge 1976; *W. Mühlmann,* Chiliasmus und Nativismus. Studien zur Psychologie, Soziologie und historischen Kasuistik der Umsturzbewegungen, Berlin 1964; *A. Sachedina,* Islamic Messianism, the Idea of the Mahdi in Twelver Shiʿism, Albany 1981; *E. Sarkisyanz,* Rußland und der Messianismus des Ostens, Tübingen 1955; *K. Schlosser,* Propheten in Afrika, Braunschweig 1949; *G. von Vloten,* Recherches sur la domination des Arabes, le Chiisme et les croyances messianiques sous le Khalifat des Omayyades, Amsterdam 1984; *H. Hahn,* Der Mahdi, München 1991.

P. Heine

Malik ↗ *Malikiten*

Malikiten

Der Gründer dieser Schule ist Malik ibn Anas (zwischen 708/715–795/H 90/97–179). Er scheint sein ganzes Leben in Medina verbracht zu haben, wenn man von seinen Wallfahrten nach Mekka absieht.

Malik hinterließ das älteste Rechtsbuch der islamischen Geschichte, das uns erreicht hat: al-Muwatta'. Ausgehend von der Tradition der Frühgemeinde und vom Rechtsweg, der in Medina befolgt wurde, versucht er die Rechtsnormen des islamischen Gesetzes zu kodifizieren und in ein theoretisches System zu fassen. Dies geschieht durch die Festlegung juristischer Begriffe und die Entwicklung theoretischer Grundsätze, die aus dem Gewohnheitsrecht und der individuellen Praxis der Muttergemeinde Medina ein Modell für alle anderen macht und aus der Enge der punktuellen Fallkasuistik ausbricht, um die Bildung eines Rechtssystems zu ermöglichen. Das Rechtssystem Maliks beruft sich also grundsätzlich auf die Tradition und das Gewohnheitsrecht der Stadt Medina und auf die Übereinstimmung ihrer Rechtsgelehrten. In den Fällen, in denen diese Grundsätze keine deutliche Lösung bringen, wendet er das eigene Urteil an. Die malikitische Rechtsschule entstand in Medina und fand viele Anhänger in Arabien, Nordafrika und Andalusien. Heute umfasst das Ausdehnungsgebiet der Schule Marokko, Algerien, Tunesien, Libyen, Mauretanien, Nigeria und Schwarzafrika. Sie hat Anhänger auch in Oberägypten, dem Sudan, Bahrain und Kuwait.

Literatur: *A. Th. Khoury.* Islamische Minderheiten in der Diaspora, München/Mainz 1985; *T. Nagel,* Geschichte der islamischen Theologie, München 1994.

A. TH. KHOURY

Maria

Marias Herkunft

Der hohe Stellenwert, den der Koran Maria beimisst, lässt sich schon daraus ersehen, dass zwei ganze Suren ihren Namen bzw. den ihrer Familie tragen: Koran 19 ist nach ihr selbst benannt „Maryam" und Koran 3 trägt nach ihrem Vater ʿImran die Überschrift: „Die Sippe ʿImrans". Marias Name begegnet uns von den frühen Teilen des Korans bis hin zur späteren medinischen Phase der Verkündigung Muhammads.

Was im Koran über die Geburt, die Kindheit und die Zeichen der göttlichen Auserwählung Mariens gesagt wird (vgl. 3,33 ff.), erinnert sehr stark an das, was die neutestamentlichen Apokryphen, insbesondere die Kindheitsevangelien, erzählend wiedergeben.

Marias Vater – im Neuen Testament nicht namentlich erwähnt – heißt im Koran ʿImran (vgl. 3,35; 66,12). Ihre Mutter ist weder im Koran noch im Neuen Testament genannt, wird aber in der islamischen Tradition in Übereinstimmung mit der christlichen Überlieferung als Anna (Hanna) angegeben. Der Name ʿImran (vgl. 3,33) entspricht dem hebräischen ʿAmram. Im Koran wird er – wie gesagt – dem Vater von Maryam, der

Mutter Jesu, beigelegt. Diese Bezeichnung ist offensichtlich darauf zurückzuführen, dass in der alttestamentlichen Genealogie ʿAmram der Vater von Mose und Aaron sowie deren Schwester Mirjam ist (Num 26, 59). Auch bei der Kennzeichnung von Maryam, der Mutter Jesu, als „Schwester Aarons" (Koran 19, 28) dürfte es sich um einen Nachhall der alttestamentlichen Genealogie handeln.

Da Maria erst in medinischer Zeit als Tochter ʿImrans erscheint, aber bereits in der der zweiten mekkanischen Periode angehörenden Sure 19, 28 als „Schwester Aarons" angesprochen wird, muss die „Verwechslung" mit Mirjam, der Schwester von Mose und Aaron, schon in frühere Zeit zurückreichen; offensichtlich hat Muhammad zunächst die alttestamentliche Mirjam mit der neutestamentlichen Maryam, der Mutter Jesu, zusammengebracht. Eine Parallelisierung dieser beiden Frauengestalten ist aus der christlichen Tradition bekannt: „Eine Marjam stand an dem Ufer, da Mose auf dem Wasser schwamm, und eine Marjam gebar Jesus, nachdem ihr der Engel Gabriel die Verheißung gegeben hatte." Vielleicht ist Muhammad in medinischer Zeit über seine „Verwechslung" – in Koran 19, 28 und 19, 53 erscheint Aaron sowohl als Bruder des Mose als auch Maryams – aufgeklärt worden; denn nach Koran 20, 40 aus der zweiten mekkanischen Periode der Verkündigung Muhammads und Koran 28, 10 aus der dritten mekkanischen Periode bewacht die Schwester des Mose das auf dem Wasser ausgesetzte Kind, während nach Koran 3, 37 ff. aus medinischer Zeit Maryam, die Mutter Jesu, von Zacharias im Tempel erzogen wird. Muslimischen Koraninterpreten zufolge ist die Bezeichnung Mariens als „Schwester Aarons" in einem umfassenderen Sinn zu verstehen; danach will der koranische Ausdruck „Schwester Aarons" besagen, dass Maria aus der Nachkommenschaft Aarons stammte. In ähnlicher Weise wird auch die in Ex 15,20 erwähnte Prophetin Mirjam aus der Generation des Mose ebenfalls als „Schwester Aarons" bezeichnet.

Maria, die Mutter Jesu

Der Name Maria kommt im Koran häufig vor in der Verbindung: „(Jesus) der Sohn Marias" (vgl. 2, 87.253; 3, 35 ff.; 4, 157; 5, 17.46.72.78.110. 112.114.116; 9, 31; 19, 34; 23, 50; 33, 7; 43, 57; 57, 27; 61, 6.14). Diese Wortkombination ist in der damaligen Sprach- und Kulturwelt auffällig. Denn im Allgemeinen nannten die Semiten nicht die Frauen in ihrer Genealogie. Wenn der Koran Jesus als „Sohn der Maria" bezeichnet, so lässt diese Kennzeichnung die christliche Herkunft erkennen: Viermal begegnet das Matronym im arabischen Kindheitsevangelium und gar fünfzehnmal im syrischen Kindheitsevangelium.

Maria, von Gott auserwählt

„Gott hat sich Adam und Noach und die Sippe Abrahams und die Sippe ʿImrans vor den Weltenbewohnern erwählt …", so formuliert es Koran 3, 33. Vier Namen sind hier genannt: Adam, Noach, Abraham und ʿImran.

Adam gilt nach islamischer Auffassung als erster Prophet. Er trägt den Beinamen Abul-bashar, „der Vater des Menschengeschlechts“, und Safiy Allah, „der Auserwählte Gottes“. Noach – Sure 71 ist nach ihm benannt – wird im Koran als erster Strafprophet angesehen (11,36). Mit ihm wird derselbe Bund geschlossen wie mit Abraham, Mose und Jesus (33,7). Er wird als „deutlicher Warner“ (11,25; 71,2), „zuverlässiger Gottesgesandter“ (26,107) und „dankbarer Gottesdiener“ (17,3) bezeichnet. Gottes Auftrag an Noach wird mit dem Auftrag an Abraham, Mose, Jesus, ja selbst mit der Offenbarung an Muhammad gleichgesetzt (42,13).

Abraham ist nach dem Koran das grundlegende Vorbild aller Gläubigen: „Ich mache dich zu einem Vorbild für die Menschen“ (2,124); er gilt als Modell des gottergebenen Gläubigen. Von Gott auserwählt (2,130) und rechtgeleitet (3,33), verleiht ihm der Koran den Ehrentitel „Vertrauter Gottes“ (4,125), ebenso die islamische Tradition. Einmal spricht der Koran sogar von einer Heiligen Schrift, die auf Abraham zurückgehe (87,18–19). Zur Reihe dieser auserwählten Diener Gottes wird auch die „Sippe ʿImrans“ gezählt, aus der Maria und Jesus stammen. Das arabische Verbum istafa (erwählen) wird im Koran hauptsächlich verwendet, um die Auserwählten der Gesandten Gottes seiner „Diener“ (vgl. 27,59; 35,32; bzgl. Mose: 7,144; Saul: 2,247; Abraham: 2,130) und der Engel (22,75) auszudrücken. Auch die besondere Berufung und Begnadung der „Sippe ʿImrans“ ist durch istafa wiedergegeben; mehr noch: Maria selbst ist von Gott auserwählt: „Als die Engel sagten: O Maria, Gott hat dich auserwählt und rein gemacht, und Er hat dich vor den Frauen der Weltenbewohner auserwählt“ (3,42). Wie Gott die großen Gestalten der früheren Generationen auserwählt hat, so auch Maria aus allen Frauen der Welt. Die Hinzufügung „er hat dich rein gemacht“ ist die Voraussetzung für Mariens Aufenthalt im Tempel (mihrab), von dem zuvor in Koran 3,37 die Rede ist. Die vom Koran hierfür geforderte Bedingung, nämlich „gereinigt“ zum Gebet zu gehen (5,6; 4,43), ist also bei Maria erfüllt. Dass Maria gereinigt wurde, bevor sie Christus empfing, wird bekanntlich auch in der christlichen Tradition gesagt.

Maria, Gott geweiht

Schon vor ihrer Geburt wird Maria von ihrer Mutter – sie wird als Frau ʿImrans bezeichnet – Gott geweiht: „Als die Frau ʿImrans sagte: ‚Mein Herr, ich gelobe dir, was in meinem Leib ist, und weihe es Dir. Nimm es von mir an. Du bist der, der alles hört und weiß‘“ (3,35). Dieses Gebet der Frau ʿImrans mit seinem Gelübde, das Kind Gott zu weihen, erinnert an eine Stelle aus dem apokryphen, so genannten Protoevangelium des Jakobus. Danach sprach Anna, die Mutter Mariens, nach der Verkündigung durch den Engel: „So wahr der Herr, mein Gott, lebt, wenn ich gebären werde, sei es ein Knabe oder ein

Mädchen, so will ich es dem Herrn, meinem Gott, als Opfergabe darbringen, und es soll ihm Dienste verrichten alle Tage seines Lebens." Dieser Text weist seinerseits wiederum Parallelen im Gebet der Hanna aus dem ersten Buch Samuel auf (1 Sam 1,11).

Maria, frei von Sünde?

Auch nach der Geburt betet die Frau ʿImrans für ihr Kind: „... Und ich habe sie Maria genannt. Und ich suche bei Dir Zuflucht für sie und ihre Nachkommenschaft vor dem gesteinigten Satan" (3,36). Der Satan ist nach dem Koran der Feind des Menschen (35,6; 2,168). Er und seine Dämonen suchen den Menschen nachzustellen, sie zu verführen und ins Unglück zu stürzen (114,1–5; 20,117; 15,39; 38,82; 17,62–64; 34,20–21; 7,15–18). Vor diesem Hintergrund ist das Gebet der Mutter Mariens zu sehen, den Schutz Gottes gegen den Teufel für ihre Tochter und deren Nachkommen zu erflehen. Nach der islamischen Tradition hat Muhammad zu diesem Vers erklärt: „Jedes Kind, das geboren wird, wird vom Satan berührt (oder gestochen), und diese Berührung lässt es schreien, ausgenommen Maryam und ihren Sohn." Die islamischen Kommentatoren stellten diese aus der Prophetenüberlieferung (hadith) stammende Äußerung in den Kontext der Lehre von der Sündenfreiheit (ʿisma) der Propheten, denn nach dem Koran gehören Maria und Jesus zu den „auserlesenen Dienern", die dem Zugriff und der Verführung durch den Teufel entzogen sind (vgl. 38,82–83). Ob in dem bekannten Hadith auch vage Reminiszenzen an die nach dem Konzil von Ephesus im Jahre 431 immer mehr an Boden gewinnende christliche Auffassung von der unbefleckten Empfängnis Mariens mitschwingen oder nachklingen, ist nicht mehr erhellbar. Wenn nach dem Koran und der islamischen Tradition der Teufel als Gegenspieler Mariens ihr letztlich nichts anhaben konnte, darf wohl als Parallele auf die christliche Deutung von Gen 3,15 hingewiesen werden: „Feindschaft will ich setzen zwischen dir und dem Weibe, zwischen deinem Spross und ihrem Spross. Er wird dir den Kopf zermalmen, und du wirst ihn an der Ferse treffen."

Maria, Jungfrau und Mutter

Auf die Ankündigung der Geburt eines Jungen im Koran 19,16–21 fragte Maria: „Wie sollte ich einen Knaben bekommen. Es hat mich doch kein Mensch berührt, und ich bin keine Hure" (19,20; vgl. 3,47a). Die Parallelität in den Aussagen zwischen der christlichen Überlieferung und dem Koran ist offensichtlich. Schon Lukas lässt Maria fragen: „Wie soll dies geschehen, da ich keinen Mann erkenne?" (Lk 1,34). Die Kirchenväter folgerten daraus ein besonderes Enthaltungsgelübde Mariens. Der Koran hingegen spricht durchweg von der Jungfräulichkeit Mariens, ohne eigens einen Enthaltungsschwur zu postulieren. Die überdeutlichen Worte aus mekkanischer Zeit, sie sei keine Hure, besagen unzweifelhaft, dass Maria in ihrer Situation überhaupt keine

Möglichkeit sieht, Mutter zu werden. Die Frage nach dem „Wie“ der Empfängnis beantwortet in Sure 19 Gott selbst: „Das ist mir ein leichtes“ (19,21a). Die Schwangerschaft wird einfachhin konstatiert (19,22a) und damit die jungfräuliche Geburt als Faktum hingestellt. In der Verkündigung der Geburt des Johannes an Zacharias wurde in diesem Zusammenhang auf Gottes Schöpferkraft verwiesen (19,9), ebenso in Koran 3,47, der medinischen Kindheitserzählung. Dort wird die Handlungsweise Gottes präzisiert: „Gott schafft, was Er will. Wenn er eine Sache beschlossen hat, sagt er zu ihr nur: Sei!, und sie ist“ (3,47b), d.h., Gott schafft durch sein Wort. Die absolute Schöpferkraft Gottes ist die Antwort auf Marias Frage nach dem „Wie“. Möglicherweise ist bereits in der aus der ersten mekkanischen Periode stammenden Sure 23,50: „Und Wir machten den Sohn der Maria und seine Mutter zu einem Zeichen“ mit Aya (Zeichen) die jungfräuliche Geburt Jesu angedeutet. Im Koran 66,12 – eine Sure aus medinischer Zeit – wird sie dem göttlichen Geist (ruh) zugeschrieben. Somit ist das christliche Bekenntnis: „Geboren aus Maria, der Jungfrau“ ebenso auch ein koranisches Bekenntnis!

Die Differenz in den Aussagen liegt darin, dass im apostolischen Glaubensbekenntnis gesagt wird: „Empfangen durch den Heiligen Geist, geboren aus Maria, der Jungfrau“, während es nach dem Koran sinngemäß heißen müsste: Geschaffen durch das alleinige Schöpfungswort Gottes, geboren aus Maria, der Jungfrau. Ausdrücklich nimmt der Koran Maria gegen angebliche Vorwürfe der Juden in Schutz, die „gegen Maria eine gewaltige Verleumdung aussprachen“ (4,156). Diese Aussage wendet sich offensichtlich gegen die Behauptung, dass Maria ein uneheliches Verhältnis gehabt habe, aus dem Jesus hervorgegangen sei. Demgegenüber charakterisiert der Koran Maria ausdrücklich als eine Frau, „die ihre Scham unter Schutz stellte“ (21,91; 66,12).

Maria, ein Zeichen für die Gläubigen

Immer wieder ist im Koran davon die Rede, dass Gottes Zeichen so zahlreich und so deutlich in seiner Schöpfung vorhanden sind, dass sie leicht als Hinweis auf Gottes Allmacht und Vorsehung verstanden werden können (vgl. insbesondere 30,17–25). Alle diese Zeichen dienen dazu, zum Glauben an den einen und einzigen Gott hinzuführen.

Auch die Sendung und der Auftrag der Propheten (s. dort) war es, zu diesem Glauben anzuleiten, mahnend und warnend die Menschen daran zu erinnern. So wird denn auch die Sendung der großen Propheten Mose, Jesus und Muhammad als Überbringer einer Offenbarungsschrift im Koran immer wieder als Zeichen der göttlichen Barmherzigkeit beschrieben.

In der mekkanischen Annuntiationsgeschichte vernimmt Maria die Worte Gottes: „Wir wollen ihn (Jesus) zu einem Zeichen für die Menschen machen und zu einer Barmherzigkeit von Uns machen …“ (19,21 vgl. 3,49). Schließlich und endlich hat

Gott Muhammad mit der unüberbietbaren koranischen Offenbarung zu den Menschen gesandt: Der Koran enthält „deutliche Zeichen in der Brust derer, denen das Wissen zugekommen ist. Nur die, die Unrecht tun, verleugnen unsere Zeichen" (29,49).

In diesem Sinn gilt der Koran als das fortwährend präsentische Zeichen, und die Koranoffenbarungen selbst werden als „Ayat", d.h. Zeichen des Herrn, bezeichnet.

Auch Maria wird im Koran zusammen mit ihrem Sohn als „Zeichen für die Menschheit" bezeichnet (21,91; 23,50). Auch an ihr kann Gottes Handeln abgelesen werden. Sie gilt als Typos der glaubensbereiten Frau und wird als Beispiel für die Gläubigen hingestellt (66,12). Wie die Frau des zunächst ungläubigen Pharao im Gebet ihren Glauben bekennt (66,11) und wie die Königin von Saba den Ungläubigen ihrer Umgebung im Glauben vorangeht (vgl. 27,23–33), so steht Maria als Gläubige den ungläubigen Israeliten gegenüber. Damit wird Maria neben der Frau des Pharao und der Königin von Saba und im Gegensatz zu den ungläubigen Frauen von Noach und Lot (vgl. 66,10–12) zum Typos und zur Präfiguration des Glaubens der Khadidja, Muhammads Gemahlin, die nach der Überlieferung als erste den Islam annahm. Maria wird in der islamischen Tradition zusammen mit Asiya, Khadidja und Fatima als eine der vier besten Frauen, die je gelebt haben, angesehen und gilt als das Haupt der Frauen im Paradies. Wie Abraham (19,41), Idris (19,56) und Josef, der Sohn Jakobs (12,46), wird auch Maria im Koran als „Siddiqa" (5,75) charakterisiert, was so viel wie „gerecht" und „fromm" auch „wahrhaftig" bedeutet. Weil sie an „die Worte ihres Herrn und seine Bücher" (66,12) glaubte, gehörte sie „zu denen, die (Gott) demütig ergeben sind" (66,12; 3,43). Nichts anderes besagt das arabische Wort Muslim; es bezeichnet jemanden, der sich ganz dem Willen Gottes unterwirft. Weil Maria das getan hat, ist sie Zeichen, Beispiel und Vorbild für die Gläubigen.

Implizite koranische Kritik an christlicher Mariologie

Die vielfältigen Übereinstimmungen zwischen christlicher und koranischer Mariologie finden ihr Ende dort, wo christlicherseits von Maria als „Gottesgebärerin" (theotokos) die Rede ist. Zwar ist Maria die Mutter Jesu, nicht aber „Mutter Gottes", ist doch Jesus nach dem Koran nicht Gottes Sohn. In der medinischen Sure 5,116 fragt Gott Jesus im Himmel: „O Jesus, Sohn Marias, warst du es, der zu den Menschen sagte: Nehmt euch neben Gott mich und meine Mutter zu Göttern? …" Auf diese gegen die christliche Trinitätslehre sich wendende Frage antwortet Jesus: „Preis sei Dir! Es steht mir nicht zu, etwas zu sagen, wozu ich kein Recht habe. Hätte ich es gesagt, dann wüsstest Du es. Du weißt, was in meinem Inneren ist, ich aber weiß nicht, was in deinem Inneren ist. Du bist der, der die unsichtbaren Dinge alle weiß. Ich habe ihnen nichts anderes gesagt als das, was du mir befohlen hast, nämlich: ‚Dienet Gott, meinem und eurem Herrn!' …" (5,116f.). Abgesehen davon, dass der Koran die christliche Trinitätsauffassung nicht authentisch und korrekt wiedergibt, sondern sich eine Trias aus Gott (als Vater), Maria (als Mutter) und Jesus (als Sohn) vorzustellen scheint (Trinität), ist hier die christliche Mariologie insoweit mitbetroffen, als Maria nach dem Koran in keiner Weise als „Gottesmutter" angesehen werden kann, weil die Gottessohnschaft Christi hartnäckig negiert wird. Ausdrücklich hebt der Koran hervor, dass Jesus und Maria wie gewöhnliche Sterbliche Speise zu sich nahmen (5,75). So hat bei aller Wertschätzung und Hochachtung, die Maria im Koran genießt, ihre Verehrung dort ihre Grenzen, wo der vom Koran vertretene strikte Monotheismus beeinträchtigt werden könnte.

Die Frage, wie Muhammad dazu gekommen sein mag, möglicherweise Maria als eine der drei göttlichen Personen anzusehen, ist bis heute nicht gelöst. Vermutungen einen über Äthiopien vermittelten Einfluss der ägyptischen Göttertriaden, z.B. Isis, Osiris, Horus, anzunehmen, konnten bisher nicht belegt werden. Eher ist wohl an ein christlich inspiriertes Umfeld zu denken, in dem der orthodoxe Glaube zurückgetreten und von apokryphen Erzählungen sowie sektiererischen Ideen und Gedanken überlagert war. Vielleicht hat die in manchen Regionen Arabiens übertriebene sektiererische Marienverehrung hier nachgewirkt. So opferten um das Jahr 370 Frauen in abgöttischer Weise Maria Brotkuchen (Kollyris) und aßen davon. In seiner Beschreibung von insgesamt 80 Häresien berichte Epiphanius von Salamis darüber und weist diese Sekte der Kollyridianer zurück: Marias Leib war zwar heilig, nicht aber Gott. Ihr gebührt im Gegensatz zu Gott, dem Vater, dem Sohn und Heiligen Geist keine Anbetung.

Wahrscheinlich ist die Sekte der Philomarianiten, die Leontios von Byzanz im 6. Jahrhundert erwähnt, mit den Kollyridianern identisch. Es kann jedoch auch sein, dass Muhammad unabhängig von diesen häretischen Strömungen aus der Identifikation Jesu mit dem Geist (4,171), die in der Trinität einen leeren Platz schuf, Maria als dritte Person einführte. Möglicherweise hatte er von ihr als „Gottesgebärerin" gehört, sie deswegen als von den Christen verehrte Göttin angesehen und in Folge davon sich die christliche Trinität als eine nach menschlicher Analogie entstandene Familie von Mann, Frau und Sohn vorgestellt.

Zusammenfassung

Maria, die Mutter Jesu, nimmt – so haben wir gesehen – breiten Raum im Koran ein. Durch ihre Verbindung mit Jesus, „dem Sohn Marias", wie der Koran gern formuliert, kommt ihr eine besondere Bedeutung zu. Vor dem Hintergrund der für Muhammad entscheidenden Frage nach dem „Wesen" Jesu wird zugleich die Frage nach dem „Wesen" Marias gestellt und beantwortet: Sie ist Jungfrau und Mutter, nicht aber Gottesmutter, ist doch ihr Sohn nicht Gottes Sohn. Damit ist die koranische Mariologie in eigener Weise und Identität zutiefst „christologisch“ fundiert: In der Beantwortung der Frage nach dem „Wesen“ Jesu liegt der Schlüssel zum Verständnis dessen, was der Koran von Maria denkt, wie er sie sieht und einschätzt. In ihrer Eigenschaft als Zeichen, Vorbild und Beispiel für die Gläubigen kommt zugleich ihre Bedeutung für die islamische Gemeinschaft zum Ausdruck, christlich gesprochen ihre ekklesiotypische Funktion als „Mutter der Glaubenden“.

Die mariologische Rückbindung an die Frage nach dem Wesen Jesu und ihre Relevanz für die Gemeinschaft der Gläubigen dürfen zumindest als formale Bindeglieder zwischen christlicher und koranischer Theologie angesehen und gewertet werden; inhaltlich beantwortet jede der beiden Theologien die Frage nach Jesus und Maria auf je eigene Weise.

Literatur: *J. M. Abd-el-Jalil,* Maria im Islam, Werl 1954; *N. Geagea,* Maria nel Messaggio Coranico, Roma 1973; *L. Hagemann/E. Pulsfort,* Maria, die Mutter Jesu, in Bibel und Koran (Religionswissenschaftliche Studien 19), Würzburg/Altenberge 1992.

L. HAGEMANN

Marktordnung

Die Wirtschaft großer Teile der islamischen Welt beruhte auf dem Handel. Der Markt war und ist einer der zentralen Plätze der islamischen Gesellschaften wirtschaftlicher und sozialer Aktivitäten. Er dient nicht nur zum Austausch von Waren, sondern auch von Dienstleistungen und Informationen, er ist wirtschaftliches Zentrum und Ort sozialer Interaktionen.

Man muss in der islamischen Welt zwischen zwei Markttypen unterscheiden. Der erste Typ steht für den Markt, der in einem gewissen periodischen Zeitraum stattfindet und häufig auf dem Land anzutreffen ist. Der zweite Typ ist der fest installierte Bazar mit seinen Ladengeschäften. Beiden Märkten gemeinsam ist eine bestimmte Anordnung der verschiedenen Warenangebote dahingehend, dass die gleichen Produkte in räumlicher Nähe zueinander angeboten werden. Interpretationen, nach denen die räumliche Lage der verschiedenen Warenangebote auch etwas über den ethischen Rang des Produkts oder seines Produzenten aussagt, haben sich als unzutreffend erwiesen. Eine andere Gemeinsamkeit der beiden Marktformen liegt in der Tatsache, dass es vor allem die Produzenten selbst sind, die ihre Produkte auf dem Markt anbieten. Die Ladengeschäfte der städtischen Bazare liegen in der Regel auf Grundstücken, die Frommen Stiftungen (auqaf) gehören. Die Bazare sind darüber hinaus gekennzeichnet durch die Existenz von Organisationen, in denen die verschiedenen Händler oder Handwerker zusammengeschlossen sind. Diese zunftähnlichen, hierarchisch strukturierten Organisationen (sinf) haben verschiedene Aufgaben. Sie sorgen für eine wirtschaftlich vernünftige Reproduktion der Betriebe, indem sie die Ausbildung von Nachwuchs kontrollieren. Ferner werden von den Mitgliedern Preisabsprachen getroffen, um einen ruinösen Wettbewerb zu unterbinden. Entsprechende Kontrollen werden durchgeführt. Zugleich bilden diese Zusammenschlüsse aber auch religiöse Gemeinschaften, die sich zu regelmäßigen Ritualen treffen. Angesichts der großen Bedeutung des Marktes ist es nicht erstaunlich, dass sich das islamische Recht über die Organisation und das Verhalten der Gläubigen auf dem Markt äußert. Bis zu einem gewissen Grade konnte dabei auf vor-islamische, hellenistische Vorbilder zurückgegriffen werden. Die rechtliche Bewertung des Marktes geschieht im Rahmen der „Hisba". Darunter ist zunächst die Pflicht jedes Muslims zu verstehen, „das Gute zu fördern und das Böse zu verbieten". Daneben ist es aber die Aufgabe des Marktaufsehers (muhtasib), dafür zu sorgen, dass das Marktgeschehen in geordneten Bahnen verläuft und niemand durch ungebührliches Benehmen Aufsehen erregt. Im Einzelnen hatte er dafür zu sorgen, dass kein Falschgeld im Umlauf war, dass korrekt geeichte Gewichte verwendet wurden, dass bei Lebensmitteln die notwendige Hygiene eingehalten wurde oder dass teure Handelswaren nicht durch die Beimischungen von minderwertigen Substanzen verfälscht wurden. Darüber hinaus gehörte es zu seinen Aufgaben, die Überteuerung von Waren einzuschränken und Spekulationen zu verhindern. Ferner hatte er dafür zu sorgen, dass Waren, die nicht ohne weiteres gehandelt werden durften, durch den dafür zuständigen Vermittler (dallal) verkauft wurden, der für seine Tätigkeit eine Provision erhielt. Der „Dallal" agierte auch als Auktionator und war Agent bei Importgeschäften.

Neben diesen eher im technischen Bereich liegenden Pflichten, sollte der Muhtasib auch dafür sorgen, dass die am Handel beteiligten Personen den Anstand wahrten und nicht gegen die Vorschriften des Islams verstießen. So hatte er dafür zu sorgen, dass berauschte Besucher vom Markt entfernt wurden. Um die Vorschriften der Marktordnung durchsetzen zu können, verfügte der Muhtasib über die Autorität, Strafen zu verhängen und die Übeltäter zu züchtigen. Es liegt auf der Hand, dass eine solch umfangreiche und vielseitige Aufgabe große Anforderungen an den Repräsentanten des Amtes stellte. Um den mit den Aufgaben des Muhtasib neu eingeführten Amtsträgern eine Hilfe zu geben, wurden entsprechende Handbücher verfasst, in denen die vielfältigen Aspekte des Marktlebens zusammengefasst sind. Sie bieten uns heute eine wertvolle Quelle nicht nur für die Wirtschaftsgeschichte der islamischen Welt, sondern auch für die Geschichte der ethischen und sozialen Entwicklung der islamischen Gesellschaften.

Die Tatsache, dass die Bazare häufig auf dem Grundbesitz Frommer Stiftungen errichtet wurden, die religiös geprägten Händler- und Handwerkerorganisatoren und das Amt des Muhtasib, haben dazu geführt, dass manche Interpreten dem Bazar einen geradezu religiösen Charakter gegeben haben und in ihm eines der schönsten Beispiele für die alle Bereiche des Lebens durchdringende Kraft des Islams sehen.

Literatur: *T. Fahd,* Les corps de métiers au IV/Xe siècle à Baghdad, in: Journal of the Economic and Social History of the Orient 8 (1965), 186–212; *F. Täschner,* Zünfte und Bruderschaften im Islam, Zürich 1979; *B. R. Foster,* Agoranomos und Muhtasib, in: Journal of the Economic and Social History of the Orient 13 (1970), 128–144; *C. Geertz,* The Suq, in: *C. Geertz/H. Geertz/L. Rosen,* Meaning and Order in Moroccan Society. Three Essays in Cultural Analysis, Cambridge 1979, 123–313; *P. Heine,* Ethnologie des Nahen und Mittleren Ostens, Berlin 1989; *E. Wirth,* Zum Problem des Bazars. Versuch einer Begriffsbestimmung und Theorie des traditionellen Wirtschaftszentrums der orientalisch-islamischen Stadt, in: Der Islam 51 (1974), 203–260, 52/1975) 45–94.

P. Heine

Materialismus

In der Vergangenheit

Im Jahr 1903 erschien aus der Feder des islamischen Modernisten Djamal ad-Din al-Afghani das Werk: „Widerlegung der Materialisten", in dem der Autor alle ihm bekannten materialistischen Vorstellungen, von Demokrit bis Darwin, einer scharfen Kritik unterzieht. Diese Kritik war nicht neu, sondern sie wiederholte Auseinandersetzungen mit materialistischen Weltauffassungen (dahriyya), die islamische Denker von al-Kindi und den „Lautern Brüdern", über Ibn Sina (Avicenna) und al-Ghazzali bis Ibn Rushd (Averroes) geführt hatten. Leider sind wir kaum in der Lage, präzise Aussagen über die Vorstellungen der mittelalterlichen islamischen Materialisten (dahriyyun) zu machen. Man muss ihre Vorstellungen aus den Abhandlungen ihrer Kritiker herauslesen. Dabei ist mit einigen Unschärfen zu rechnen. Auf den gleichen Wegen, auf denen auch andere philosophische Vorstellungen und Systeme der Griechen in die islamische Welt gelangt waren, war auch die Theorie des Materialismus der antiken Philosophie in das ʿAbbasidenreich gekommen. Der wichtigste Lehrsatz der „Dahriyya" postuliert die Ewigkeit der Welt oder des Kosmos in Vergangenheit und Zukunft. Von einigen Vertretern dieser Richtung wurden auch Lebewesen als ewig angesehen. Das arabische Wort „Dahr", von dem „Dahriyya" abgeleitet ist, bedeutet „Zeit" oder „Zeitläufe". Als der Erkenntnis zugänglich wurde von den Anhängern materialistischer Vorstellungen nur das angesehen, was durch die Sinne wahrgenommen werden kann. Nach allem, was wir wissen, lehnten sie die Vorstellung von einem göttlichen Schöpfer, wie ihn der Koran beschreibt ab, ebenso wie den Glauben an die Auferstehung und das Jüngste Gericht. Von der Mehrzahl der islamischen Autoren, die sich mit den Materialisten befassten, werden deren Vorstellungen als geistige Strömung angesehen, die zu allen Zeiten einige Anhänger gehabt habe. So stellt al-Ghazzali sie auf eine Stufe mit den Vertretern der „Zandaqa" (s. dort), ein Sammelbegriff, unter dem Freigeister und Nonkonformisten subsumiert werden, und den Naturalisten. Andere Autoren wie al-

Shahrastani oder Ibn Hazm definieren sie als Sekte. Von Ibn Hazm kennen wir auch die ausführlichste Darstellung der Denkweise der Materialisten seiner Zeit. Er referiert folgende fünf Lehrsätze der „Dahriyya“: „1. Wir haben nichts gesehen, das neu entstanden ist, es sei denn, es entstand von oder in einer Sache. 2. Das, was Körper schafft, sind ohne Zweifel Substanzen und Handlungen, also alles, was in der Welt existiert. 3. Wenn ein Schöpfer von Körpern existiert, dann ist er entweder völlig gleich oder völlig verschieden von ihnen, oder gleich in einigen Aspekten und verschieden in einigen Aspekten. Eine absolute Ungleichheit ist nicht vorstellbar, da nichts etwas schaffen kann, das von ihm völlig verschieden ist. So schafft Feuer keine Kälte. 4. Wenn es einen Schöpfer gäbe, würde er handeln, um davon einen Nutzen zu haben oder etwas Falsches zu korrigieren, was bedeuten würde, dass er wie die Wesen dieser Welt handeln würde oder gemäß der Natur, was seine Handlungen ewig machte. 5. Wenn Körper geschaffen wären, wäre es notwendig, dass der Produzent zuvor handelte, um sie zu negieren. Diese Negierung könnte entweder durch einen Körper oder eine Handlung geschehen, woraus folgt, dass Körper und Handlungen ewig sind.“ Die verschiedenen philosophischen und theologischen Richtungen im Islam des Mittelalters haben versucht, materialistische Vorstellungen zu widerlegen.

In der modernen Zeit

Während es sich im Mittelalter lediglich um theoretische Auseinandersetzungen innerhalb relativ kleiner Gruppen von Intellektuellen handelte, nahmen die Konflikte um den Materialismus seit dem engeren Kontakt der islamischen Welt mit Europa an Schärfe und Bedeutung zu. Im Jahr 1798 erließ der türkische Sultan ein Edikt (ferman), in dem er die materialistischen Vorstellungen der Französischen Revolution ablehnte. Vor allem in Indien hatte eine besondere Form des Materialismus Einfluss, die von Sayyid Ahmad Khan (1817–1898) propagiert wurde. Dieser war zu der Erkenntnis gekommen, dass die Muslime sich der westlichen Herausforderung nur dann erfolgreich entgegenstellen konnten, wenn sie sich westliche Methoden und Wissenschaften aneigneten. Er gründete 1875 in Aligharh eine Schule, in der er westliche Naturwissenschaften und islamische Religion zu verbinden suchte. Er war tief beeindruckt von den westlichen Konzepten von „Bewusstsein“ und „Natur“, so dass er die Naturgesetze als religiöse Werte sah. Dieses neue Konzept war sehr erfolgreich. Auf diesen Grundlagen entstand eine neue Glaubensgemeinschaft, die Naydjari, vom englischen „nature“. Diese Gruppierung war es vor allem, die die Veröffentlichung von al-Afghani auslöste. In der weiteren Entwicklung verstärkte sich in der Folge verbesserter Kommunikationsmöglichkeiten der Einfluss des Westens auf die islamische Welt. Dadurch wurden Muslime in verstärktem Maße auch mit westlichen ideologischen Vorstellungen vertraut. So gelangten auch die Ideen des marxistischen „Historischen Materialismus“ in die verschiedensten Teile der islamischen Welt, zu deren relativem Erfolg nicht zuletzt die Kolonialsituation beitrug. Zwar wurden zahlreiche Versuche unternommen, marxistische Vorstellungen mit dem Islam in Übereinstimmung zu bringen, doch darf diese Bemühung wohl als wenig erfolgreich angesehen werden. Die Vorstellungen gegenwärtiger Vertreter des „Historischen Materialismus“ in der islamischen Welt können als Kondensat eines Humanismus und einer säkularen Haltung angesehen werden: Die Realität des sozialen Lebens wird bestimmt durch technische und wirtschaftliche Faktoren als materielle Basis und regiert durch positive, wissenschaftliche Regeln, den Klassenkampf und den soziohistorischen Wandel. Die Mehrzahl islamischer Intellektueller und Religionsgelehrter, gleichgültig, welche theoretische Position sie in anderen Zusammenhängen einnehmen, betrachtet dieses Gedankengut als eine typisch westliche Vorstellungsweise und lehnt sie daher ab. Sie erklären die Existenz des marxistischen Materialismus mit den wirtschaftlichen und sozialen Verhältnissen seiner Entstehungszeit, die mit denen in der islamischen Welt nicht vergleichbar seien. Vor allem der dem „Historischen Materialismus“ inhärente Atheismus stößt auf scharfe Ablehnung. Durch die staatliche Unterdrückung kommunistischer Parteien in vielen Ländern der islamischen Welt wurde ein Instrument der Verbreitung materialistischer Vorstellungen ausgeschaltet. Durch das Erstarken und den Erfolg fundamentalistischer islamischer Ideen ist der Materialismus in der intellektuellen Auseinandersetzung weiter in den Hintergrund geraten.

Literatur: *H. Bräker,* Kommunismus und Weltreligionen Asiens. Zur Asienpolitik der Sowjetunion, Bd. 1 Kommunismus und Islam, Tübingen 1971; *M. Fakhry,* A History of Islamic Philosophy, Princeton 1970; *A. Flores,* Nationalismus und Sozialismus im arabischen Osten, Münster 1980; *S. Hanna/G. Gardner (Ed.),* Arab Socialism, Leiden 1969; *M. Horten,* Die philosophischen Systeme der spekulativen Theologen im Islam, Bonn 1912; *A. Hourani,* Arabic Thought in the Liberal Age, 1789–1939, Oxford 1962; *P. Khoury,* Tradition et Modernité. Matériaux pour servir à l'étude de la pensée arabe actuelle, Münster 1981; *ders.,* Une lecture de la pensée arabe actuelle. Trois études, Münster 1981; *M. Rodinson,* Marxisme et monde musulman, Paris 1972; *M. M. Sharif (Ed.),* A History of Muslim Philosophy, 2 Bde., Wiesbaden 1962–1966; *B. Tibi (Hrsg.),* Die arabische Linke, Frankfurt/M. 1969; *A. von Kügelgen,* Arerroes und die arabische Moderne, Leiden 1994.

P. Heine

Mauren

Etymologische Herleitung unsicher, ob berberische Selbstbezeichnung oder Ableitung von griech. mauros (dunkel(-häutig)). Antike Bezeichnung für die im Nordwesten Afrikas ansässigen Berberstämme, im Mittelalter gängiger Name für die seit 711 von dort auf die Iberische Halbinsel eingedrungene berberisch-arabische Bevölkerung, gleichsam als Synonym für Muslime im islamisierten Spanien (al-Andalus). Im Verlauf der Reconquista unter christlicher Domäne auch als Mudejar bezeichnet, wurden sie verfolgt. Wer überleben wollte, musste sich zum christlichen Glauben bekennen, ansonsten blieben nur Vertreibung und/oder Tod. Selbst die christianisierten Mauren, Moriscos genannt, wurden 1609–14 größtenteils vertrieben.

Literatur: *s. Umayyaden in Cordoba.*

L. Hagemann

Medina

Die im Hidjaz ca. 150 km vom Roten Meer entfernt gelegene Stadt Medina war der Wohnort des Propheten Muhammad nach der Hidjra im Jahr 622. Hier starb er zehn Jahre später und wurde in der Moschee der Stadt begraben. Daher wird Medina von Muslimen in aller Welt verehrt. Die Stadt trägt den Beinamen „al-Munawwara" (die Erleuchtete). Vor allem die früh-islamische Geschichte ist mit Medina verbunden. Ihr ursprünglicher Name, unter dem sie schon bei Ptolemäus und anderen antiken Geografen erwähnt wird, war Yathrib. Die Umbenennung in Medina geht wohl auf entsprechende Bezeichnungen des Wohnorts des Propheten Muhammad im Koran zurück. Die häufig zu findende Erklärung, es handele sich um eine Verkürzung von „Madinat al-Nabi" (Stadt des Propheten), lässt sich vor allem angesichts der Belege im Koran, vor allem Sure 63,8 nicht aufrechterhalten. Die spätere Oasenstadt stellte zunächst wohl keine zusammenhängende Siedlung dar. Vielmehr handelte es ich um verstreute Ansiedlungen, die von Palmenhainen und landwirtschaftlichen Anbauflächen umgeben waren. Die Tatsache, dass sich deren Bewohner bei Gefahr in festungsartige Türme zurückzogen, wie man sie bis heute aus dem Jemen kennt, hat zu Vermutungen Anlass gegeben, dass die ersten Siedler von dort gekommen seien. Relativ früh in der Geschichte der Stadt haben sich auch Juden hier angesiedelt. Es wird vermutet, dass es sich entweder um Flüchtlinge des Bar-Kochba-Aufstandes gehandelt habe oder um judaisierte arabische Stämme. Insgesamt gab es drei bedeutende jüdische Stämme in der Stadt, die einen Großteil des bebaubaren Landes besaßen, aber auch als Händler und Handwerker aktiv waren. Nachdem sich zwei große arabische Stämme, die Aus und die Khazradj in Yathrib/Medina niedergelassen hatten, ging die Vorherrschaft der jüdischen Stämme zu Ende. Wie angesichts der segmentären Struktur arabischer Stämme nicht anders zu erwarten, waren die eigentlich bedeutsamen sozialen Einheiten kleinere Gruppen, die man als Clan bezeichnen kann. Offenbar gab es wenigstens zwölf dieser Clans, an deren Spitze ein auf Lebenszeit bestimmter „Naqib" stand. Diese Clanführer bildeten eine Ratsversammlung, die jedoch nur einen beratenden Charakter hatte. Diese Versammlung hat auch in der ersten Zeit nach der Übersiedlung Muhammads und seiner Anhänger nach Yathrib/

Medina bestanden; denn Muhammad folgte einem der Clanführer nach dessen Tod als „Naqib" nach. Die Übernahme dieser Position war auch deshalb möglich, weil er über seine Mutter genealogische Beziehungen zu diesem Clan nachweisen konnte. Zwischen den verschiedenen Clans kam es wiederholt zu Blutfehden, die nicht beigelegt werden konnten und zu großer Unsicherheit führten. Diese Situation war eine der Ursachen dafür, dass man Muhammad einlud, nach Yathrib/Medina überzusiedeln. Ein anderer Grund für die Kontaktaufnahme zu Muhammad mag darin bestanden haben, dass sich in der Stadt monotheistische Tendenzen bemerkbar machten und die Botschaft Muhammads bei einigen Bewohnern bekannt geworden war.

Medina nach der Auswanderung

Der Übersiedlung des Propheten waren mehrere Verhandlungen und Rituale gegenseitiger Versicherung seit dem Jahr 620 vorausgegangen. Mit dem Eintreffen des Propheten und seiner Anhänger veränderte sich das soziale Gefüge der Stadt. Zu der weiter bestehenden Stammesstruktur kam eine neue Struktur hinzu, die eine religiöse Basis hatte. Da zunächst nicht alle Bewohner der Stadt sich dem Islam anschlossen, lässt sich die Bevölkerung zunächst in Muslime und Nicht-Muslime, zu denen auch der jüdische Bevölkerungsanteil gezählt werden muss, einteilen. Innerhalb der Muslime wurde eine Unterscheidung zwischen denen, die aus Mekka stammten, und der ursprünglichen ansässigen Bevölkerung gemacht. Diejenigen, die mit dem Propheten Muhammad die Hidjra vollzogen hatten, hießen „Muhadjirun" (Emigranten), die anderen „Ansar" (Helfer). Hier nun, in der ersten Hauptstadt eines islamischen Staates, entstand in einem längeren Prozess die „Konstitution von Medina". Sie fasste alle Bewohner Medinas, Muslime, Juden und Heiden zu einer „Umma" (Gemeinde) zusammen. Diese Konföderation entspricht der traditionellen Einrichtung, die arabische Stämme auch heute noch praktizieren. Muhammad besaß nach dieser Konstitution keine besondere Macht, wurde aber als Prophet anerkannt. Er traf in Konfliktfällen die Entscheidung. Ihr gingen eingehende Beratungen der beteiligten Gruppen voraus. Erst nach der Eroberung Mekkas war die Autorität Muhammads so gesichert, dass er auf ein Beratungsverfahren verzichten konnte. Die Stämme der Arabischen Halbinsel, die den Islam später annahmen, wurden ebenfalls in die Föderation von Medina aufgenommen. Unter den ersten drei Khalifen nach Muhammad blieb Medina das Zentrum des sich entwickelnden islamischen Weltreiches. Erst ʿAli verlegte den Sitz seiner Regierung nach Kufa im Iraq. In der Zeit der Umayyaden-Dynastie wurde Damaskus Hauptstadt, und unter den ʿAbbasiden Baghdad. Nach Medina zogen sich diejenigen zurück, die nichts mit politischen Auseinandersetzungen zu tun haben wollten oder sich neutral verhielten, sei es, dass sie ein luxuriöses Leben vorzogen, sei es, dass sie sich religiösen Übungen und einem Leben der Gelehrsamkeit verschrieben hatten. Wie sehr außerhalb jeden politischen und militärischen Kalküls sich die Stadt befand, erhellt die Tatsache, dass sie erst 974 von einer Stadtmauer umgeben wurde. Bis heute ist Medina nach den dramatischen Ereignissen der früh-islamischen Zeit im Schatten der islamischen Gesichte verblieben.

Medina – Heilige Stadt
Obwohl ein Besuch Medinas nicht zum vorgeschriebenen Ritual der Pilgerfahrt gehört, pflegen ca. zwei Drittel der Pilger nach Abschluss der Wallfahrt in Mekka und seiner Umgebung auch die große Moschee in Medina mit dem Grab des Propheten und seiner Tochter Fatima zu besuchen. Diese Besuche gelten als verdienstvoll. Zwar versuchten die Wahhabiten, die mit der Dynastie der Familie Saʿud entscheidenden Einfluss auf der Arabischen Halbinsel gewannen, in den 1920er Jahren diesen Gräberkult zu unterbinden. Die Gräber von Muhammad und Fatima werden jedoch weiter verehrt. Medina beherbergte jedoch auch zahlreiche weitere Gräber von Prophetennachkommen, Prophetengefährten, Gelehrten und anderen Personen, die bei Muslimen große Verehrung genießen. Hier konnte sich der wahhabitische Rigorismus durchsetzen. Die entsprechenden Grabbauten wurden dem Erdboden gleichgemacht und die Gräber mit schlichten Grabsteinen versehen. Auch der Besuch der Gräber wird durch staatliche Institutionen nicht gefördert. Nicht-Muslime dürfen sich der Stadt nur bis zu einer festgelegten Entfernung nähern. Zur korrekten Durchführung der mit dem Besuch verbundenen Rituale stehen den Gläubigen Führer zur Verfügung, die sich auch um die leiblichen Bedürfnisse der Besucher kümmern, indem sie für Unterkunft und Verpflegung sorgen.
Die überwiegende Zahl der ca. 200 000 Bewohner Medinas besteht aus Sunniten. Sie galten durch die islamische Geschichte hindurch stets als sehr konservativ. Doch gibt es auch eine schiitische Minderheit, die Nakhawila, die etwa zehn Prozent der Gesamtbevölkerung ausmacht. Diese Minderheit unterliegt einer Reihe von Restriktionen. Dazu gehört das Verbot, in der Moschee des Propheten zu beten oder ihre Toten auf dem allgemeinen Friedhof zu begraben. Angeblich befürchten die Sunniten eine Verunreinigung dieser Plätze durch die Nakhawila. Durch die islamische Geschichte hindurch war Medina neben Mekka auch ein Zentrum islamischer Gelehrsamkeit. Bis auf den heutigen Tag beherbergt die Stadt zahlreiche traditionelle und moderne Ausbildungszentren.

Literatur: *F. Buhl,* Das Leben Muhammads, Leipzig 1930, Heidelberg ^{3}1961; *M. S. Makki,* Medina, Saudi-Arabia: a Geographic Analysis of the City and Region, Amersham 1982; *E. Rutter,* The Holy Cities of Arabia, London 1930; *J. Sauvaget,* La mosquée de Médine, Paris 1947; *M. Watt,* Muhammad at Medina, Oxford 1956; *J. Wellhausen,* Skizzen und Vorarbeiten, Berlin 1889.

P. Heine

Meditation ↗ *Mystik*

Medizin

Die islamische Welt kennt verschiedene medizinische Systeme. Heute steht dabei die Form der westlichen Schulmedizin im Vordergrund. Daneben finden sich unterschiedliche Arten der traditionellen bzw. Volksmedizin und die entsprechenden Übergangsformen. Hier haben sich auch Reste der mittelalterlichen islamischen medizinischen Traditionen erhalten. Dabei handelt es sich um die aus dem Hellenismus übernommene Humoralmedizin, die durch große muslimische Ärzte weiterentwickelt wurde. In dieser medizinischen Theorie geht man davon aus, dass sich die Elemente Feuchtigkeit, Trockenheit, Wärme und Kälte in einem gesunden Menschen im Gleichgewicht befinden müssen. Überwiegt eines der Elemente, führt das zu Erkrankungen, die dann durch eine entsprechende Diät und Medikamentierung behandelt werden müssen. Auch die Chirurgie wurde durch die mittelalterlichen muslimischen Ärzte entscheidend weiterentwickelt. Gleiches gilt für die Augenheilkunde. Mit dem wachsenden Einfluss der westlichen Schulmedizin wurde die Humoralmedizin in der islamischen Welt weitgehend zurückgedrängt. In der Volksmedizin, in vielen islamischen Gesellschaften auch als „prophetische Medizin" bezeichnet, wird mit diesen Konzepten aber weiter agiert. In einigen Regionen haben sich dabei Reduktionen auf lediglich zwei Elemente wie Wärme und Kälte ergeben. Zur „prophetischen Medizin" gehört auch der Einsatz von Korantexten. Traditionelle Heiler diagnostizieren dabei eine Krankheit; sie wissen, welche Koranverse gegen diese helfen. Teilweise ermitteln sie die heilungsmächtigen Verse auch aus der entsprechenden „Fachliteratur". Sie schreiben die Verse auf eine Tafel, die sie dann mit Wasser abwischen. Das Wischwasser wird dann als Medikament oral verabreicht. Zur Prophylaxe gegen Krankheiten werden von den Heilern auch Amulette hergestellt. In den Bereich der traditionellen Medizin gehört außerdem die Praxis der Knochenrichter, die bei Brüchen, Verrenkungen u. Ä. gerufen werden.

Die jüngsten Entwicklungen der westlichen Schulmedizin vor allem in der perinatalen Diagnostik und der Genforschung haben nicht nur Konsequenzen im Gesundheitswesen, sondern auch für das islamische Recht. Verschiedene Gremien der internationalen muslimischen Organisationen haben umfangreiche Konzepte für den Umgang mit diesen neuen Diagnose- und Therapiemöglichkeiten ausgearbeitet und verfolgen die weiteren medizinischen Entwicklungen mit großer Aufmerksamkeit.

Literatur: *D. Brandenburg,* Die Ärzte des Propheten. Islam und Medizin, Berlin 1992; *Th. Eich,* Islam und Bioethik, Heidelberg 2005.

P. Heine

Medizinische Ethik

Grundlagen einer medizinischen Ethik im Islam

Die Gesundheit ist ein gefährdetes Gut. Es gehört auch zur göttlichen Schöpfungsordnung, dass der Mensch der Krankheit ausgesetzt ist. Entweder leidet er wegen der Schwäche seiner Natur und wegen seiner Todesverfallenheit an mancherlei Gebrechen oder er zieht sich durch seine Sündhaftigkeit die göttliche Strafe zu, auch in Form von Krankheit und allerlei Unheil; endlich kann die Krankheit eine Prüfung Gottes sein, der ja in Erfahrung bringen will, wer gut handelt, wer treu und gehorsam bleibt, bzw. wer umkehrt und sich der Barmherzigkeit Gottes anvertraut. Damit ist gesagt, dass der Mensch durch Buße und Umkehr, Treue und Gehorsam sich der Krankheit als Strafe bzw. als Prüfung entledigen kann. Darüber hinaus muss er sich bemühen, das göttliche Geschenk der Gesundheit wiederzuerlangen und dafür die Mittel der Heilkunde anzuwenden.

Die Heilkunde gehört zu den Aufgaben des Menschen auch deswegen, weil er „auf der Erde als Nachfolger" eingesetzt wurde (Koran 2,30). Er ist der Verwalter der Schöpfung Gottes im Sinn der göttlichen Ordnung. Somit ist ihm unter anderem auch die Aufgabe erwachsen, die Gesundheit zu pflegen und zu schützen, die Krankheit zu behandeln und möglichst zu beseitigen, die Heilkunde anzuwenden und weiterzuentwickeln.

Endlich gehören die Heilkunde, die Bekämpfung der Krankheit und die Entwicklung der Mittel und Fertigkeiten, die das Leben der Menschen schützen und ihre Gesundheit fördern, zu den Pflichten und Aufgaben der Muslime gegenüber ihren Glaubensgenossen, und dies aufgrund der Brüderlichkeit und Zusammengehörigkeit, die die Gläubigen miteinander verbinden (vgl. 9,71; 49,10). Diese Brüderlichkeit drückt sich in dem Bemühen aus, jegliche Not zu lindern, Schwierigkeiten zu beseitigen und den Gesundheitszustand zu bessern. Der Brüderlichkeit gesellt sich die Barmherzigkeit bei, welche die Muslime allen Geschöpfen, Menschen und Tieren, erweisen sollen.

In der Tradition (hadith) wird berichtet, dass Muhammad auf die Frage nach der Krankenbehandlung geantwortet hat: „Wendet Arzneien an, denn Gott hat keine Krankheit gesetzt, ohne für sie eine (entsprechende) Arznei zu setzen" (nach Ibn Hanbal, Abu Dawud, Tirmidhi, Nasa'i). Andere Berichte bezeugen, dass Muhammad sich selbst und auch andere behandelt hat. Somit hat er deutlich gemacht, dass die Pflege der Gesundheit und die Heilkunde mit der Ethik des Islams vereinbar, ja durch diese Ethik geradezu gefordert sind. Andere Texte betonen die Aufgabe des Muslims, die Not seines Bruders zu beheben und sich den Notleidenden zuzuwenden. Darüber hinaus hat Muhammad die Sauberkeit und die Hygiene empfohlen. Außerdem hat er befohlen, nicht in Gebiete zu reisen, in denen Epidemien grassieren, und auch nicht aus solchen Gebieten in andere zu reisen, um nicht andere

Gemeinschaften zu gefährden. Das seien die ersten Formen der Prophylaxe und der Quarantäne als Schutzmaßnahmen gegen die Krankheit und ihre Ausbreitung.
Vor allem Asketen und Mystiker formulierten Einwände gegen die Behandlung von Krankheiten und Gebrechen.
– Ein erster Einwand sieht in der Behandlung der Krankheit eine Auflehnung gegen die Bestimmung Gottes. Dem Khalifen ʿUmar (634–644), der meinte, die Muslime sollten nicht in einen Ort hineingehen, in dem die Pest herrschte, hätten einige erwidert: Sollen wir denn vor der Bestimmung Gottes fliehen? Daraufhin habe ʿUmar festgestellt: Ja, wir fliehen vor der Bestimmung Gottes zu seiner Bestimmung. Das heißt: Nicht nur die Krankheit ist Bestimmung Gottes, sondern auch die Heilung bzw. die Erhaltung der Gesundheit. Denn Gott schickt die Krankheit und er schenkt die Heilung. Daher darf und soll der Muslim die Mittel suchen und auch anwenden, die ihm helfen, die Krankheit zu überwinden.
– Einige Asketen und Mystiker trieben das Gottvertrauen so weit, dass sie auf Behandlung ihrer Krankheit verzichteten. Ghazzali, der meint, dass dies nicht allgemein verpflichtend gemacht werden kann, stellt die Fälle fest, in denen der Kranke auf Behandlung verzichten darf: Der Kranke weiß durch Eingebung, dass sein Leben zu Ende geht und daher jede Behandlung überflüssig ist. – Er ist mit seinem geistlichen Zustand beschäftigt und fürchtet die Folgen seiner Sünden, so dass er Wichtigeres zu tun hat, als Heilung zu suchen. – Die Krankheit ist chronisch und die empfohlenen Arzneien versprechen keine sichere Wirkung. – Der Kranke will sich in Geduld üben. – Er weiß, dass er im gesunden Zustand zur Sünde und zum Frevel neigt, daher zieht er die Krankheit vor.
Aus allen diesen Ausführungen wird deutlich, dass die Heilkunde nach islamischer Vorstellung erlaubt und empfehlenswert, ja auch dort geboten ist, wo das Leben unmittelbar gefährdet ist und kein triftiger Grund besteht, das Leben aufzugeben oder die Krankheit der Gesundheit vorzuziehen.

Grundsätze einer medizinischen Ethik
Die Medizin hat zur Erhaltung und Förderung des Lebens beizutragen. Daher sind Mord, Selbstmord (s. dort), Abtreibung (s. Strafrecht) und Euthanasie verboten.
Auch darf der Mensch durch seine eigenmächtigen Eingriffe die Schöpfung Gottes und seine Ordnung nicht verändern. Solche Eingriffe werden im Koran als Folge der Verführung Satans bewertet (4,119). Auch soll die Heilkunde nicht als Gegenstück zur Allmacht Gottes betrachtet werden: Keine Heilung kann erfolgen ohne die Macht des Schöpfers. Gott allein ist und bleibt der Herr über Leben und Tod. Daher ist die Heilkunde als Versuch zu verstehen, innerhalb der göttlichen Schöpfungsordnung das Leben zu erhalten und zu fördern, die Gesundheit zu pflegen, die Krankheit zu bekämpfen und zu heilen. So ist die Anwendung von Mitteln (Fetische, blaue Perle

usw.), die den Aberglauben stärken, verboten. Andere Mittel, die auf die Allmacht Gottes hinweisen (wie Anwendung heiliger Texte, Gebete), sind dagegen erlaubt.
Außerdem muss die Heilkunde die allgemeinen Gebote und Verbote beachten. Nur im Notfall kommt der Grundsatz zur Anwendung: Der Notfall macht die verbotenen Dinge erlaubt. So ist es erlaubt, sich von einem nicht-muslimischen Arzt behandeln zu lassen, wenn dies Heilung bzw. Besserung verspricht. – Trotz traditioneller Geschlechtertrennung ist es bei Fehlen eines Arztes gleichen Geschlechtes erlaubt, dass ein Mann eine Frau und umgekehrt dass eine Frau einen Mann behandelt, auch wenn das Untersuchung und Behandlung intimer Stellen einschließt. – Was den Gebrauch von Wein und anderen Alkoholika als Arznei betrifft, so spricht sich die Mehrheit der Gelehrten dagegen aus, denn Muhammad habe dazu gesagt: „Es ist keine Arznei, es ist eine Krankheit“ (nach Muslim, Abu Dawud, Tirmidhi) – „Gott hat keine Heilung in das gelegt, was er euch verboten hat“ (nach Bukhari). Einige Gelehrte meinen jedoch, dass die Behandlung mit Alkohol unter der Bedingung gestattet ist, dass es keine andere Arznei unter den erlaubten Heilmitteln gibt und dass der Kranke nicht die Lust und die Trunkenheit sucht und dass er nicht über das Maß hinausgeht, das der Arzt festgelegt hat. Außerdem seien die wenigen, den Medikamenten beigemischten Tropfen, die nicht sichtbar sind und die nicht betrunken machen, nicht verboten, so wie es der Fall mit ein wenig Seide sei, die in einem Kleid mit verwoben ist.
Nun sollen einige Problemfelder besonders erörtert werden. Was soll man von *Organtransplantationen* denken? Die Zulässigkeit von Organtransplantationen wird in Rechtsgutachten jüngeren Datums bejaht, welche jedoch nicht die allgemeine Meinung der Gelehrten wiedergeben. Zur Begründung der vertretenen Lösung gibt man an, dass zur Zeit Muhammads die Möglichkeit bestand, Knochen und Zähne von Tieren zur Behandlung von Menschen zu verwenden, etwas Ähnliches also wie eine Organtransplantation. Aber man muss darauf achten, dass der Spender dadurch nicht in Lebensgefahr gerät. Eine ungelöste Frage bezieht sich auf die Unversehrtheit des Leibes am Tage der Auferstehung? Das selbe Organ würde zwei Menschen gehören. Wird es dann bei der Auferstehung einem Menschen fehlen, und wem? Eine solche Frage stellen sich diejenigen, die annehmen, dass am Tag der Auferstehung die Körper der Menschen so auferstehen werden, wie sie gestorben sind. Wenn sie unversehrt geblieben sind, werden sie auch vollständig bei der Auferstehung sein. Eine andere Meinung bekräftigt, dass die Auferstehung der Toten wenig mit der konkreten Gestalt des irdischen Leibes zu tun hat. Jeder Körper, der aufersteht, werde vollständig da sein, so dass eine Organtransplantation auf Erden kein Problem mache.
Welche Grundsätze müssen bei einer *Bluttransfusion* beachtet werden? Das Blut gilt im Islam als unrein. Wer mit

Blut in Berührung kommt, wird unrein, er muss sich vor dem Gebet durch Waschungen reinigen. Eine Bluttransfusion ist also im Normalfall unerlaubt. In einer Not- oder Zwangslage ist sie erlaubt. Auch hier muss eine Gefährdung des Kranken vermieden werden. Auch muss man auf die Folgen achten. Bei einer Bluttransfusion entsteht eine Blutsverwandtschaft zwischen dem Empfänger und dem Spender, so dass eine eventuelle Heirat zwischen ihnen nicht mehr zulässig ist.

Weitere Probleme betreffen die Insemination bzw. die *künstliche Befruchtung*. Wenn Eheleute den Wunsch haben, ein Kind zu haben, es aber nicht auf natürlichem Wege bekommen können, dann ist es erlaubt, eine Insemination vorzunehmen. Aber der Samen für die künstliche Befruchtung der Frau muss vom Ehemann gespendet sein. Die Begründung lautet: Der Geschlechtsakt ist zwar das übliche Mittel zur Erzeugung von Kindern, es ist aber nicht ein notwendiges Mittel. Bei der künstlichen Befruchtung muss man beachten, dass die Medizin im Dienste des Lebens, im Dienste der göttlichen Geheimnisse und der göttlichen Ordnung steht. Außerdem muss man auf die Erhaltung der Reinheit der Abstammung achten. Es ist im Islam aus Erbrechtsgründen wichtig, dass die Legitimität der Abstammung nachweisbar bleibt.

Die *Gentechnik* sowie weitere Fragen der medizinischen Ethik beschäftigen zur Zeit die Gelehrten des Islams.

Gefragt ist heute im Islam eine größere Öffnung für neue Deutungsmöglichkeiten innerhalb der islamischen Tradition; ein scharfes Bewusstsein für die neu entstandenen Fragestellungen; eine objektive Information über die vielfältigen Aspekte der medizinischen Vorgänge, Methoden und Forschungsperspektiven, damit der Islam seine medizinische Ethik entsprechend formulieren und entwickeln kann.

Es ist auch wichtig, dass der Islam die theologischen Überlegungen zur medizinischen Ethik in anderen Religionen, zumal im Christentum, wahrnimmt. Die Probleme einer medizinischen Ethik sind heute Fragen der Menschheit, nicht nur Fragen des Westens oder Fragen der islamischen Welt. Der Islam sollte hier eine größere Aufgeschlossenheit gegenüber den Überlegungen und Lösungsversuchen christlicher Moraltheologen zeigen. Dann könnten die richtigen Reaktionen auf die bestehenden Fragen leichter entwickelt werden und vielleicht auch eine breitere und fruchtbarere Zusammenarbeit zu Stande kommen zwischen dem Islam auf der einen und dem Christentum und den anderen Religionen auf der anderen Seite.

Literatur: *A. Th. Khoury*, Religionen und medizinische Ethik, 4. Islam, in: *A. Eser u. a. (Hrsg.)*, Lexikon: Medizin, Ethik, Recht, Freiburg 1989, Sp. 926–932; *Ders.*, Zur medizinischen Ethik im Islam, in *A. Th. Khoury/P. Heine/J. Oebbecke*, Handbuch Recht und Kultur des Islams in der deutschen Gesellschaft, Gütersloh 2000, 223–228; *Birgit Krawietz*, Die Hurma. Schariatrechtlicher Schutz vor Eingriffen in die körperliche Unversehrtheit nach arabischen Fatwas des 20. Jahrhunderts, Berlin 1991.

A. Th. Khoury

Mekka

Die heiligste Stadt des Islams in der Muhammad geboren wurde und seine Mission begann und in der mit der Kaʿba das bedeutendste Heiligtum der islamischen Welt steht, liegt ca. 70 km vom Roten Meer entfernt auf der Arabischen Halbinsel. Die Stadt, die den Ehrentitel „al-Mukarrama" (die Ehrwürdige) trägt, lag in vor- und früh-islamischer Zeit am Schnittpunkt bedeutender Karawanenstraßen. Wichtige Routen führten nordwärts nach Syrien, nordostwärts nach Mesopotamien, nach Süden in das Weihrauchland Jemen und nach Westen zum Roten Meer, von wo Schiffe nach Äthiopien segelten.

Handelsmetropole

Die ersten dauerhaften Siedlungen in Mekka sollen von dem arabischen Stamm der Quraysh im 5. Jahrhundert errichtet worden sein, dem Stamm dem der Prophet Muhammad angehört. Wie in anderen segmentären Gesellschaften auch, lag die eigentliche politische Macht in der Hand der einzelnen Clans, die in Ratsversammlungen durch Führer vertreten wurden. Die Ratsversammlung (mala') selbst hatte keine politische Macht, vielmehr musste jeder Clan selbst für sein Recht sorgen, wobei das Gesetz der Blutrache eine wichtige Rolle spielte. Die Ratsversammlung ist eher als ein Gremium zur Koordination gemeinsamer Aktivitäten zu bezeichnen. Zu Beginn des 7. Jahrhunderts hatte sich die Stadt zu einer bedeutenden Handelsmetropole entwickelt. Für ihren Aufstieg gibt es mehrere Ursachen. Eine liegt sicherlich in der Tatsache, dass in der Stadt „heilige Monate" gefeiert wurden, an denen kein Blut vergossen werden durfte. Auf diese Weise war der Besuch der Stadt auch zu Handelszwecken gefahrlos möglich. Verehrt wurden in diesen heiligen Monaten in Mekka zahlreiche Götter; der Koran unterscheidet jedoch in Bezug auf die „Heiden" zwischen solchen, die neben anderen auch „Allah" verehren und denen, die das nicht tun. Ein anderer Grund für den wirtschaftlichen Erfolg Mekkas mag gewesen sein, dass die Auseinandersetzungen zwischen den beiden großen Reichen Byzanz und Persien Handelswege auf der Westseite der Arabischen Halbinsel attraktiver machten als solche, die durch das Konfliktgebiet führten. Offenbar waren es die Bewohner von Mekka selbst, die diese günstige Lage ausnutzten und einen lebhaften Karawanenhandel betrieben. Die Quraysh galten als besonders handelstüchtig und waren dafür bekannt, dass sie ihren wirtschaftlichen Interessen alle anderen unterordneten. Dies ist sicherlich einer der Gründe, warum sie so ablehnend auf die Lehren Muhammads reagierten. Sie befürchteten, dass ein strenger Monotheismus sich negativ auf ihre Handelstätigkeit auswirken würde. Da er die zahlreichen Götter der Stadt ablehnte, glaubten sie, dass die mit ihrer Verehrung zusammenhängenden Wallfahrten und die mit diesen Ritualen einhergehenden Handelsmessen nicht mehr durchgeführt werden könnten, wenn sich die Vorstellungen Muhammads durchsetzten. Dies ist sicherlich einer der Gründe, warum sie die verwandtschaftlichen Bindungen zu ihm ihren Handelsinteressen unterordneten und ihn zu töten beschlossen.

Die Mekkaner stellten jeweils im Sommer und im Winter Karawanen zusammen. An ihnen beteiligten sich zahlreiche Kaufleute, die ihre Waren entweder persönlich begleiteten oder diese Aufgaben Mitarbeitern übertrugen. Einen Teil der bei den Handelsgeschäften erzielten Gewinne erhielten die Organisatoren der Karawanen. Diese hatten dafür zu sorgen, dass die Reisezeile sicher erreicht wurden und die Geschäfte unbehelligt von staatlicher Einflussnahme durchgeführt werden konnten. Die mekkanischen Kaufleute hatten ein elaboriertes Vertriebssystem entwickelt, das durchaus mit modernen Verhältnissen vergleichbar ist. Sie kannten Kredit- und Investitionssysteme und wussten mit sich ständig ändernden Märkten umzugehen. Zu den wichtigsten Handelsgütern gehörten Leder, Gold- und Silberbarren, Goldstaub, Parfüm und Gewürze, vor allem aus Indien und Südarabien, aus Syrien und dem Mittelmeerraum Textilien, Waffen, Getreide und Öl, daneben Wein. Auch Frauen, wie die erste Frau Muhammads, Khadidja, waren im Handel aktiv. In wiederholten Auseinandersetzungen mit Konkurrenten gelang es Mekka, einige dieser Handelsstädte der Halbinsel wie die Stadt Ta'if von sich abhängig zu machen. Der Reichtum Mekkas mag es gewesen sein, der den äthiopischen Gouverneur des Jemen, Abrah, veranlasste, eine militärische Expedition gegen Mekka zu unternehmen, bei der auch ein Elefant mitgeführt wurde. Dies wird um ca. 570 gewesen sein, jedenfalls in dem Jahr, in dem der Prophet Muhammad in Mekka geboren wurde.

Politische Bedeutung

Nachdem der Prophet seine Vaterstadt verlassen und sich in Medina angesiedelt hatte, kam es zu ständigen Auseinandersetzungen zwischen den beiden Städten, wobei Muhammad seine ehemaligen Landsleute an ihrem schwächsten Punkt traf, indem er ihre Handelskarawanen überfiel. Schließlich gelang es ihm, kurz vor seinem Tod, die Mekkaner zu besiegen und zur Annahme des Islams zu bewegen. Dies fiel ihnen umso leichter, als sie feststellen konnten, dass einige Aspekte des Islams sich für sie auch unter wirtschaftlichen Gesichtspunkten als positiv erwiesen. Hier ist vor allem die Tatsache zu nennen, dass Muhammad die Kaʿba als Gebetsrichtung der Muslime bestimmte und damit zum religiösen Zentrum der islamischen Welt gemacht hatte. Die Pilgerfahrt blieb auch unter den neuen Oberhoheiten bestehen. Dennoch führte die Tatsache, dass Medina die Hauptstadt des im Werden begriffenen islamischen Staates war, zu einer Verringerung der politischen und wirtschaftlichen Bedeutung Mekkas, aber die Stadt blieb wegen ihrer religiösen Bedeutung immer im Blickpunkt der islamischen Welt. Alle Dynastien, die Anspruch auf die Führung aller Muslime erhoben, bemühten sich darum, Mekka zu kontrollieren oder auf die eine oder andere Weise dort präsent zu sein. Dies geschah, indem sie in Mekka einen Statthalter installierten, wenn sie dazu politisch und finanziell in der Lage waren. So war es unter den Umayyaden und ʿAbbasiden der Fall, die auch dafür sorgten, dass die Heiligen Stätten der Stadt erhalten und ausgebaut wurden. Mit der wachsenden Schwäche der ʿabbasidischen Herrscher gingen Veränderungen in der politischen Führung der Stadt einher. Im Jahr 960 gelang es einem Nachkommen des 4. Khalifen ʿAli, die Stadt unter seine Kontrolle zu bringen. Die Angehörigen der alidischen Familie konnten unter der Bezeichnung „Sharif" die Kontrolle Mekkas bis in die 1920er Jahre bewahren. Jedoch waren die „Sharifen" immer wieder von wechselnden Oberherren abhängig. Mamluken oder Osmanen und schließlich die ägyptischen Khediven bemühten sich, eine Schutzherrenfunktion in Mekka wahrzunehmen. Der Schutz Mekkas und der Pilgerströme, die einmal im Jahr die Heilige Stadt aufsuchten, war von erheblicher Bedeutung für das Ansehen der jeweiligen Herrscher in der islamischen Welt. Zugleich war ihre Fähigkeit, die Heiligen Stätten zu schützen und den Weg zu ihnen offen zu halten, ein sicheres Indiz für ihre politische und militärische Stärke. Nach der Auflösung des Osmanischen Reiches in der Folge des Ersten Weltkriegs gelang es der Familie Saʿud im Jahr 1924, den letzten Sharifen, Ali, der „König des Hidjaz" geworden war, zu vertreiben und die Kontrolle über Mekka zu übernehmen. Mit der wachsenden politischen Bedeutung Saudi-Arabiens verstärkte sich auch ihre Sorge für Mekka. So sind in den vergangenen Jahrzehnten beträchtliche Aufwendungen für den Erhalt und den Ausbau der Pilgerstätten unternommen worden. Der saudische König Khalid brachte seine besondere Verpflichtung gegenüber den Heiligen Stätten dadurch zum Ausdruck, dass er den Titel „Schützer der beiden Heiligen Stätten" (gemeint sind Mekka und Medina) annahm. Die Sorge für die Pilgerstätten ist keine leichte Aufgabe. Schließlich müssen Millionen von Gläubigen in einem bestimmten Zeitraum zahlreiche Riten vollziehen.

Wallfahrtszentren

Heute hat die Verwaltung der Stadt, vor allem in der Pilgerzeit, eine logistische und administrative Aufgabe ersten Ranges zu lösen, die mit den modernsten technischen Hilfsmitteln bewältigt wird. Neben der Aufgabe, für den guten baulichen Zustand der Kaʿba zu sorgen, haben die staatlichen Stellen auch für Durchführungsmöglichkeiten zahlreicher mit der Pilgerfahrt verbundener Riten zu garantieren. Organisiert werden muss z.B. das Hin- und Herlaufen (al-masʿa) zwischen den Hügeln al-Safa und al-Marwa. Um dies bei der Vielzahl von Pilgern heute möglich zu machen, sind zwischen den beiden Endpunkten der Laufstrecke mehrere künstliche Ebenen geschaffen worden, die für Gehbehinderte mit Laufbändern ausgestattet sind. Auch für den Erhalt des Zamzam-Brunnens, dessen Wasser von den Muslimen als wundertätig angesehen wird, haben sie Sorge zu tragen. Um den Pilgern bei den ihnen häufig nicht in jeder Einzelheit geläufigen Rituale zu helfen und ihre Bedürfnisse nach Nahrung und Unterkunft, aber auch im administrativen Bereich zu befriedigen, hat sich in Mekka eine Art Hadjj-Service-Industrie entwickelt, die auf eine lange Tradition zurückblicken kann. Im Unterschied zu Medina sind jedoch in Mekka die Helfer in den religiösen Fragen und in den praktischen Fragen der Pilgerfahrt nicht identisch. Die Pilgerführer sind in verschiedenen Gilden organisiert. Zum Teil handelt es sich um Personen, deren Familien schon seit Generationen mit dem Dienst an den Pilgern ihren Lebensunterhalt verdienen. Die Geschäftstüchtigkeit der Mekkaner, von der aus vor- und frühislamischer Zeit schon berichtet wird, ist auch für die Gegenwart geradezu sprichwörtlich. Immer wieder hört man Klagen von Pilgern über zu hohe Mieten und sehr hohe Kosten für den Lebensunterhalt.

Die besondere Heiligkeit der Stadt hat dazu geführt, dass sich hier zahlreiche Fromme ansiedelten, die ihr Leben im Schatten der Kaʿba verbrachten. Mystiker zog es nach Mekka, aber auch bedeutende islamische Religionsgelehrte. Letztere gründeten Schulen und Hochschulen. Von diesen wurden wiederum Muslime aus allen Regionen der islamischen Welt angezogen. Anhänger und Schüler kamen vor allem aus islamischen Randgebieten. Alle großen muslimischen Reformer, sei es aus Afrika, sei es aus Indonesien, haben zumindest einen und oft den wichtigsten Teil ihrer Ausbildungszeit in Mekka erfahren, und auch heute noch beherbergt die Stadt wichtige islamisch-theologische Institutionen.

Ausblick

Die Tatsache, dass die Pilgerfahrt so viele Menschen aus den verschiedensten Teilen der Welt zusammenbringt, hat dazu geführt, dass immer wieder politische und religiöse individuelle Kräfte und Gruppen versucht haben, Mekka zum Propagandaforum zu machen. Die Wahhabiten sind dafür ein Beispiel. Sie versuchten zu Beginn des 19. Jahrhunderts, ihre fundamentalistischen Vorstellungen den Pilgern zu vermitteln und erzielten dabei durchaus Erfolge. Nicht anders verhielten sich deutsche und osmanische Agenten während des Ersten Weltkriegs, die durch Propagandamaterial, das in Mekka verteilt wurde, die Pilger für ihre Sache einzunehmen versuchten. Und schließlich konnte die Welt in den 1980er Jahren erlernen, wie Anhänger des iranischen Revolutionsführers Khomeini in zum Teil blutigen Demonstrationen ihre Kritik an den politischen und religiösen Verhältnissen in Saudi-Arabien, aber auch in anderen islamischen Ländern deutlich machten. In diesen Rahmen passt auch die

Tatsache, dass revolutionäre Gruppierungen immer wieder versuchten, sich der Heiligen Stadt zu bemächtigen. Hier sei nur auf die Gruppe der Qarmaten hingewiesen, die Mekka 916 eroberten und den „Schwarzen Stein“ nach Bahrain entführten. Im Jahre 1979 erklärte sich in Mekka ein Mann namens Muhammad al-Kahtani zum Mahdi, und die saudischen Behörden benötigten lange Zeit, um die große Moschee wieder unter ihre Kontrolle zu bringen. Der politische Schaden dieses Ereignisses für die saudische Herrscherfamilie war immens. So bleibt denn Mekka immer auch ein Indikator für die politische Situation, nicht nur auf der Arabischen Halbinsel oder in der Region des Nahen Ostens, sondern in der gesamten islamischen Welt.

Literatur: *P. Crone,* Meccan Trade and the Rise of Islam, Princeton 1988; *P. Heine,* Leo Frobenius als politischer Agent, ein Beitrag zu seiner Biographie, in: Paideuma 26 (1980), 1–5; *H. Lammens,* La Mecque à la veille de l'hégire, Beirut, 1924; *D. Long,* The Hajj Today: a Survey of the Contemporary Pilgrimage to Makkah, Albany 1979; *A. W. Makky,* Mecca: The Pilgrimage City. A Study of Pilgrim Accomodations, London 1978; *Z. Sardar M. Badawi (Eds).,* Hajj Studies, vol. 1, London 1977; *M. Watt,* Muhammad at Mecca, Oxford 1953.

P. Heine

Mensch

Der Islam ist eine Religion des kompromisslosen Monotheismus. Diese Aussage bezeichnet nicht nur die islamische Gottesvorstellung, sie nennt auch die Glaubensgrundlage, die das islamische Menschenbild bestimmt. Der kompromisslose Monotheismus des Islams beinhaltet das Bekenntnis zum einen, einzigen Gott, dessen Transzendenz absolut ist, dessen Wille in nicht hinterfragbarer Souveränität seine Dekrete diktiert und dessen Beziehungen zur Welt und zu den Menschen keine relativierende Immanenz bedeuten, keine Herabsetzung auf die Stufe des menschlichen Daseins, sondern nur einen erneuerten Ausdruck seiner transzendenten Einzigartigkeit darstellen. Was dies im Hinblick auf das islamische Menschenbild bedeutet, soll in den knappen Ausführungen dieses Beitrags verdeutlicht werden.

Theozentrische Anthropologie

Der Mensch ist in seinem Wesen das Geschöpf Gottes. Er ist damit ein Wesen, das ganz von Gott abhängt, und zwar nicht nur in seinem Dasein, sondern auch in allen Bereichen und Ausdrucksformen seines Lebens. Der Mensch ist am Anfang seiner Existenz von Gott ins Dasein gerufen worden. Gott hat ihn aus Erde (vgl. 18,37; 35,11; 22,5), aus Lehm (23,12), aus feuchter Tonmasse (15,26) geformt. Gott hat den Menschen zusammengesetzt (82,8), gebildet und zurechtgeformt (82,7; 75,38; 15,29; 32,9), und er hat ihm dabei eine schöne, harmonische Gestalt gegeben (95,4; 40,64; 64,3), denn Gott hat den Menschen angemessen ausgestattet mit Gehör, Sehvermögen und Verstand (67,23; 23,78; 32,9 usw.), mit Augen, Zunge und Lippen (90,8–9).

Damit der Mensch lebensfähig wird,

hat Gott ihn gut versorgt, indem er die Welt und die Natur in seinen Dienst stellte (20,53–55; 16, 79–83; 27,60–64) und ihm die Erde untertan machte (67,15).

Diese Schöpfertätigkeit Gottes, von der der Mensch in seinem Wesen und in seinem Dasein abhängig ist, wiederholt sich ständig bei jeder Empfängnis und bei jeder Geburt.

Zwar ist nach dem Koran der Mensch die gute Schöpfung Gottes, die Erfahrung aber, die bereits das erste Menschenpaar im Paradies machen musste, zeigt, dass er Schwachheit und Sündhaftigkeit in sich trägt.

Adam und seine Frau übertraten im Paradies das Verbot Gottes. Sie ließen sich von Satan irreführen und wurden ungehorsam gegen Gott. Sie wurden aus dem Paradies vertrieben, aber sie zeigten Reue, erbaten Gottes Vergebung und erhielten diese Vergebung (20,115–122; 7,19–25; 2,35–37).

Die Geschichte von Sünde, Reue und Vergebung wiederholt sich im Leben der Menschen, denn der Mensch ist nach den Aussagen des Korans ständig mit seinen Schwächen konfrontiert.

– Der Mensch ist von Natur aus schwach (4,28; vgl. 8,66). Wie dem ersten Menschen Adam, fehlt ihm die Entschlossenheit (20,115).

– Er ist unbeständig. Sein Vertrauen in Gott ändert sich je nach der Situation, in der er sich gerade befindet. Wenn es ihm gut geht, freut er sich; wenn es ihm schlecht geht, ist er gleich verzweifelt (30,36) und gibt jede Hoffnung auf (41,49). Seine Unbeständigkeit macht ihn unzuverlässig. Er wendet sich zu Gott, wenn er eine Bitte vortragen will. Sobald er die Not überwunden hat, wendet er sich wieder von Gott ab (16,53–54; 39,8.49 usw.).

– „Der Mensch ist als kleinmütig erschaffen. Wenn das Böse ihn trifft, ist er sehr mutlos“ (70,19–20).

– Der Mensch ist ungeduldig. „Würde Gott den Menschen das Böse so beschleunigen, wie sie das Gute zu beschleunigen wünschen, wäre für sie die Frist erfüllt“ (10,11). „Der Mensch ist aus Eilfertigkeit erschaffen worden“ (21,37).

– Der Mensch ist unwissend, er neigt zur Ungerechtigkeit (33,72). Er ist „ein offenkundiger Widerstreiter“ (36,77), „offenkundig streitsüchtig“ (16,4).

– Die Menschen zeigen wenig Neigung, sich dem Gehorsam des Glaubens zu unterwerfen; die meisten unter ihnen glauben nicht (11,17; 12,106). „Doch bestehen die meisten Menschen auf dem Unglauben“, klagt der Koran (17,89).

Zusammenfassend stellt der Koran fest: „Die Seele gebietet ja mit Nachdruck das Böse“ (12,53). Er lässt Gott erklären: „Wir haben doch den Menschen erschaffen und wissen, was ihm seine Seele einflüstert. Und Wir sind ihm näher als die Halsschlagader“ (50,16).

Die Feststellung des Bösen im Leben des Menschen bedeutet jedoch im Kontext der islamischen Lehre nicht, dass die Menschen an der Last der Ursünde Adams zu tragen hätten. Der Koran sagt: „Und keine lasttragende (Seele) trägt die Last einer anderen“ (39,7). „Jede Seele erwirbt (das Böse) nur zu ihrem eigenen Schaden. Und keine lasttragende (Seele) trägt die Last einer anderen (6,164). Der Islam hat aus diesen Stellen herausgelesen, dass der Koran die christliche Lehre von der Erbsünde nicht übernimmt.

Von Anfang an und im Laufe seiner Geschichte ist der Mensch nicht nur mit dem Bösen in sich selbst konfrontiert. Auch von außen her ist er den Nachstellungen des Teufels ausgesetzt.

Der Koran bezeichnet den Teufel als den Feind der Menschen und der Gläubigen: „Der Satan ist euch ein Feind. So nehmt auch ihr ihn euch zum Feind. Er ruft ja seine Anhänger dazu, zu den Gefährten des Feuerbrandes zu gehören" (35,6; vgl. 20,117; 2,168). Satan habe, so lautet die Darstellung des Korans, sich zuerst gegen die von Gott verkündete Erschaffung des Menschen ausgesprochen (2,30) und danach sich auch geweigert, dem göttlichen Befehl zu entsprechen und vor Adam niederzufallen (20,116; 15,31–32; 38,74–76 u.a.). Wegen dieses Ungehorsams habe Gott die Dämonen aus dem Paradies vertrieben und verflucht (15,34–35 u.a.). Daraufhin habe Satan sich geschworen und vor Gott beteuert, er werde die Menschen abirren lassen (15,39; 38,82).

Die Art und Weise, wie Satan die Menschen verführt, ins Unglück stürzt und letztendlich zur Hölle verdammt, wird im Koran in plastischen Bildern beschrieben: „Weil Du mich hast abirren lassen, werde ich, ich schwöre es, ihnen auf deinem geraden Weg auflauern. Dann werde ich zu ihnen treten von vorn und von hinten, von ihrer rechten und von ihrer linken Seite …" (7,16–17). „Er (Gott) sprach: ‚Geh weg. … Und schrecke mit deiner Stimme auf, wen von ihnen du vermagst, und biete gegen sie deine Pferde und dein Fußvolk auf, und nimm von ihnen einen Anteil an Vermögen und Kindern, und mach ihnen Versprechungen.' – Der Satan verspricht ihnen nur Betörung" (17,63–64).

Ausgestattet mit guten Eigenschaften, aber auch belastet mit mannigfaltigen Schwächen und den Anfeindungen des Teufels ausgesetzt, wurde der Mensch von Gott zum Nachfolger auf Erden eingesetzt (2,30), Generation nach Generation (27,62; 10,14.73; 35,39; 6,165). So hat er das ihm anvertraute Gut (33,72) zu bewahren und sich in seinem Leben und seinem Umgang mit der Schöpfung Gottes zu bewähren. Der Koran ermahnt die Menschen und erinnert sie daran, dass Gott sagt: „Meint ihr denn, Wir hätten euch zum sinnlosen Spiel erschaffen …?" (23,115). Im Gegenteil, Gott handelt mit ihnen nach folgendem Grundsatz: „Meinen die Menschen, dass sie in Ruhe gelassen werden, nur weil sie sagen: ‚Wir glauben', ohne dass sie der Versuchung ausgesetzt werden? Wir haben schon diejenigen, die vor ihnen lebten, der Versuchung ausgesetzt. Gott wird gewiss in Erfahrung bringen, wer die Wahrheit sagt, und Er wird gewiss in Erfahrung bringen, wer die Lügner sind" (29,2–3).

Immer wieder werden die Menschen auf diese Bewährungspflicht hingewiesen. Die Schöpfung ist eine erste

Gelegenheit, sie auf die Probe zu stellen (11,7; 18,7). Das Gute und das Schlechte, das ihnen widerfährt, dient dazu, sie auf die Probe zu stellen (21,35; vgl. 7,168).

Auch die vielen Situationen des Lebens sind für die Menschen immer wieder eine Gelegenheit, sich in Schwierigkeiten und Leid zu bewähren. Beispiele solcher Situationen gibt der Koran selbst: Gott fordert von Abraham, seinen Sohn zu opfern (37,105–106); er schickt Prüfungen den Kindern Israels (44,33; 14,6; 2,49) und den Muslimen (2,155; 3,186), er prüft die einen durch die anderen (47,4). Der Schmuck und die Güte der Erde sollen zeigen, wer von den Menschen am besten handelt (18,7; 6,165). Bewährungsprobe ist die Erfüllung der moralischen Pflichten, die Gott den Gläubigen auferlegt (16,92), und die Aufteilung der Menschen in verschiedene Gemeinschaften (5,48; vgl. 7,168). So soll der Mensch in jeder Situation bedenken: „Dies ist von der Huld meines Herrn, damit Er mich prüft, ob ich dankbar oder undankbar bin" (27,40).

Wer die Bewährungsprobe nicht besteht, wer näherhin den Glauben nicht annimmt und sich vom Guten abwendet, „verliert das Diesseits und das Jenseits" (22,11). Den Gläubigen dagegen, die das Gute tun, „wird der Erbarmer Liebe bereiten" (19,96). Die Freundschaft Gottes zeigt sich nicht nur in der jenseitigen Belohnung, sondern auch in der diesseitigen Huld (16,30), die ihnen erwiesen wird, denn Gott wird ihnen ihren Glauben und ihr sittliches Handeln reichlich vergelten, im Diesseits und im Jenseits: „Wer Gutes tut, ob Mann oder Weib, und dabei gläubig ist, den werden Wir bestimmt ein angenehmes Leben leben lassen. Und Wir werden ihnen bestimmt mit ihrem Lohn vergelten für das Beste von dem, was sie taten" (16,97; vgl. 16,41; 30,44–45; 10,64; 8,2–4; 3,148).

Wer aber von Strafe und Belohnung spricht, spricht zugleich die Freiheit des Menschen und seine Verantwortung an (s. auch Freiheit) und setzt das Bestehen einer Lebensordnung und ihrer Normen voraus.

Der Mensch ist das Geschöpf Gottes. Sein Geschick liegt in der Hand Gottes. Gott stellt ihn auf die Probe, und er wird ihn zur Rechenschaft ziehen. So muss der Mensch die Wahrheit finden und den rechten Weg gehen.

Aber, so die Lehre des Islams, der Mensch ist von sich aus nicht fähig, diese heilsame Wahrheit zu finden und auf den Wegen des Guten zu wandeln. Er ist dafür total auf die Offenbarung und Rechtleitung Gottes angewiesen. Dies unterstreichen im Koran die Bewohner des Paradieses: „Wir hätten unmöglich die Rechtleitung gefunden, hätte uns Gott nicht rechtgeleitet" (7, 43).

Dieses Unvermögen des Menschen hängt für die islamische Theologie mit der Aussage zusammen, dass Gott der Transzendente, der unbedingte Wille ist.

Gott als unbedingter Wille ist der absolute freie Herr über das Leben in seiner Gesamtheit:

– Gott ist der Herr der Wahrheit, der souveräne Herr, dessen Wille die

Normen des Wahren festsetzt. Die Inhalte, die Merkmale und die Ausdrucksformen der Wahrheit sind im Grunde nur Mitteilungen und Zusammenhänge, die von Gott in voller Verfügungsgewalt und Verfügungsfreiheit gesetzt und übermittelt werden.

– Gott ist auch der absolute Herr des Guten. Sein unbedingter Wille setzt in freier Entscheidung fest, was als gut und was als böse zu gelten hat. Gut und Böse sind, so lautet die orthodoxe Lehre, der Ashʿariten, keine objektiven Qualitäten einer Tat und sind nicht an objektiven Normen erkennbar. Sie sind positive Festsetzungen des göttlichen Willens. Die Verfügungen Gottes, die er in der Offenbarung kundtut, sind die alleinigen Normen von Gut und Böse. Die Rolle der Vernunft besteht in diesem Zusammenhang vor allem darin, die Dekrete Gottes festzustellen, zu beschreiben und in ihren Konsequenzen für das praktische Handeln auszulegen.

Die Moral wird somit hauptsächlich zu einem Kapitel des islamischen Gesetzes, und die Haupttugend des gläubigen Muslims besteht im Gehorsam gegen Gott und die Verordnungen seines Willens.

Man darf hier nicht von Formalismus sprechen, da ja dieser Gehorsam der lebendige Ausdruck des Glaubens an Gott und der religiösen Bereitschaft ist, sich seinem barmherzigen Willen zu unterwerfen: ‚Die aber, die glauben und die guten Werke tun, sind die besten unter den Geschöpfen. Gott hat Wohlgefallen an ihnen, und sie haben Wohlgefallen an Ihm. Das ist für den bestimmt, der seinen Herrn fürchtet.'

Literatur: *H. Stiegelecker,* Die Glaubenslehren des Islam, Paderborn [2]1983; *L. Gardet,* Dieu et la destinée de l'homme, Paris 1967; *A. Th. Khoury,* Einführung in die Grundlagen des Islams (Würzburg/Altenberge [4]1995, Neudruck 1999), S. 153–159; *ders.,* Der Islam und die westliche Welt, Darmstadt 2001, 87–96.

A. TH. KHOURY

Menschenrechte

Bei der Verabschiedung der „Allgemeinen Erklärung der Menschenrechte" (AEMR) durch die UNO am 10. 12. 1948 fehlte die Zustimmung islamischer Staaten wie Afghanistan, Ägypten, Jemen und Saudi-Arabien. Sie hatten sich vor allem an Artikel 18 der Erklärung gestoßen, in dem von der Gedanken-, Gewissens- und Religionsfreiheit die Rede ist. Auf Druck der islamischen Staaten wurde dieser Artikel 1966 im „Internationalen Pakt der bürgerlichen und politischen Rechte" geändert. Nun hieß es nicht mehr, dass jeder Mensch das Recht habe, seine Religion zu ändern, sondern die Religion seiner Wahl auszuüben. Spannungen hatten sich auch in Fragen der Gleichstellung von Mann und Frau in der AEMR ergeben. Der eigentliche Konflikt ergab und ergibt sich jedoch aus dem grundsätzlichen Unterschied in den Vorstellungen über die Stellung des Menschen. Der AEMR liegt die Überzeugung von der Souveränität des Menschen zu Grunde, die sich auch auf sein Verhältnis gegenüber Gott beziehen kann. Muslimische Rechtsgelehrte sind dagegen der Auffassung, dass „wahre“ Menschenrechte nur von Gott vergeben werden können, weil er der Schöpfer ist. Diese Menschrechte sind nur unter dem islamischen Recht zu realisieren. Nur mit ihm kann das gemeinsame Wohl aller Menschen erreicht werden. Im Übrigen lehnen viele muslimische Sprecher die AEMR als ein westliches Instrument ab, das zur Unterdrückung des Islams diene. Vermittelnde muslimische Positionen weisen darauf hin, dass das Ziel islamischer Vorstellungen von den Menschenrechten und die westlichen Vorstellungen nahezu identisch sind, nämlich Gerechtigkeit und Schutz des Menschen und seiner Würde.

Im Jahr 1981 wurde vom „Islamrat für Europa“ die „Allgemeine islamische Menschenrechtserklärung“ (AIME) verabschiedet, der im Wesentlichen dieselben Rechte enthält wie die internationalen Deklarationen. Ein grundlegender Unterschied besteht allerdings im Hinweis darauf, dass im Zweifelsfall nach den Regeln des islamischen Rechts gehandelt werden muss. Ausdrücklich behandelt die AIME Diskriminierungsverbote hinsichtlich Hautfarbe, Rasse, Sprache und Nationalität. Entsprechende Äußerungen zu Religion und Geschlecht fehlen. Im Jahr 1990 wurde von der „Organisation der islamischen Konferenz“ die Kairoer Erklärung der Menschenrechte verabschiedet. Sie ist repräsentativer als die AIME, betont aber ebenso die besondere Bedeutung des islamischen Rechts. So heißt es in Artikel 25: „Die Shariʿa ist die einzige zuständige Quelle für die Auslegung oder Erklärung jedes einzelnen Artikels dieser Deklaration.“

Literatur: *M. Baderin*, International Human Rights and Islamic Law, Oxford 2003; *K. Dwyer*, Arab Voices. The Human Rights Debate in the Middle East, London 1991; *A. Petersohn*, Islamisches Menschenrechtsverständnis unter Berücksichtigung der Vorbehalte muslimischer Staaten zu den UN-Menschenrechtsverträgen, Bonn 1999.

P. Heine

Messias/Messianismus

In der gesamten islamischen Welt ist unter Sunniten, vor allem aber unter Schiiten die Vorstellung vorhanden, dass am Ende der Zeiten der Messias (arab.: al-Mahdi = der Rechtgeleitete) erscheinen wird. Allerdings ist im Koran von dieser Gestalt nicht die Rede. Erst nach dem Tode des Propheten Muhammad tauchen derartige messianistische Erwartungen auf. Danach wird ein Mann aus der Familie des Propheten Muhammad erscheinen, der, nachdem er in einer Schlacht den Anti-Christ (arab.: dadjjal) besiegt hat, die Religion stärken und der Gerechtigkeit zum Siege verhelfen wird. Er wird ein Tausendjähriges Reich der Gerechtigkeit und des Wohlstandes errichten. Erst danach wird das Ende der Welt und das Jüngste Gericht stattfinden. Zu den allgemein erwarteten Bedingungen für das Erscheinen des Mahdi gehört, dass die Welt erfüllt sein wird mit Ungerechtigkeit, Verbrechen und Übertretungen der Gebote Gottes. Gelehrte werden die Religion verfälschen, und nur wenige werden dem Islam noch anhängen. All dem

wird der Mahdi ein Ende bereiten. Die Schiiten verbinden die Vorstellung von der Figur des Mahdi mit dem letzten in der Reihe der Imame (s. dort), dessen Rückkehr sie dringend erwarten.
Messianistische Vorstellungen waren in der islamischen Welt immer dann besonders virulent, wenn soziale, ökonomische und politische Veränderungen die Gesellschaft erschütterten. Unter diesen Bewegungen waren manche, die nicht über einen lokalen oder regionalen Rahmen hinaus Wirkung erzielen konnten. Andere dagegen konnten nicht zuletzt mit Hilfe der Arbeit von entsprechenden Missionaren, ihren engeren geografischen Raum sprengen. In einigen Fällen, z. B. bei den ʿAbbasiden (s. dort) oder den Almohaden in Spanien und Nordafrika konnten sich derartige Bewegungen auf längere Zeit fest etablieren, wobei sie im Laufe der Zeit von ihrer revolutionären Kraft verloren und sich mehr und mehr als die Gesellschaft tragende und bewahrende Kräfte etablierten. In anderen Fällen wurden den messianistischen Bewegungen durch die staatlichen Autoritäten nach kurzer Zeit ein Ende gemacht, wie das zuletzt 1979 bei der Besetzung der Großen Moschee in Mekka geschehen ist. Heilserwartungen, wie sie auch die islamischen Mahdi-Erwartungen darstellen, bieten Menschen in traditionell geprägten Gesellschaften die Möglichkeit, ihre eigene bedrückende Situation zu erklären. Denn zu den Mahdi-Vorstellungen gehört z. B., dass der erwartete Messias erst kommt, wenn die Situation der Welt ein solches Maß an Verderbtheit und Korruption erreicht hat, wie es schlimmer nicht vorstellbar ist. Solange der Mahdi also nicht erscheint, kann die Bedrängung noch als ertragbar interpretiert werden. Zugleich bietet die Heilserwartung die Hoffnung auf eine vollkommene Veränderung der gegenwärtigen Situation.

Literatur: *S. Kartodirjo,* Protest Movements in Rural Java, Singapore 1973; *R. Lewis,* The Regnal Titles of the First Abbasid Chaliphs, in: Dr. Zakir Husain Presentation Volume, New Delhi 1969, 13–22; *W. Mühlmann,* Chiliasmus und Nativismus, Berlin 1961; *A. A. Sachedina,* Islamic Messianism, New York 1981.

P. Heine

Mewlewiyye/Maulawiyya

Der Name dieser Bruderschaft, die vor allem in der Türkei verbreitet ist und ihren Schwerpunkt in Konya hat, leitet sich von dem Wort Mawlana (unser Meister) ab. Diesen Titel trug der bedeutende islamische Mystiker und mystische Dichter Djallad ad-Din Rumi (1207–1273), der der Gründer dieser Sufi-Organisation war. Durch sein umfangreiches, nicht immer einfaches poetisches Werk, das von einer brennenden, oft verzweifelten Gottesliebe gekennzeichnet ist, hat er die Bruderschaft stark beeinflusst und ihr einen elitären und ausgeprägt intellektuellen Charakter gegeben. Eine besonders spektakuläre Form ihrer Dhikr-Übungen (s. dort) hat ihr in Europa den Namen „Tanzende Derwische“ eingebracht. Diese Übungen werden in den „Klöstern“ (tekke) durchgeführt, in denen auch ein Teil der Mitglieder lebt. Dabei drehen sich die Sufis zu Musik um ihren rechten Fuß, bewegen sich aber zugleich in einem Kreis vorwärts. Falls die Zahl der Teilnehmer an dieser Übung ausreichend groß ist, werden mehrere gegenläufige Kreise gebildet. Der Tanz wird in vier Übungsteile, die von kleinen Pausen unterbrochen werden, aufgeteilt. Eingeleitet werden diese Übungen durch Rezitationen von Korantexten und Lobsprüchen über den Propheten Muhammad. Zum Abschluss der Veranstaltung sprechen die Teilnehmer Gebete.

Über die Funktion dieses Rituals sind zahlreiche Überlegungen angestellt worden, die den Tanz als natürliche Konsequenz aus dem Einsatz von Musikinstrumenten für die religiösen Übungen ansehen bis hin zu der Feststellung, dass die Tänze Unterhaltungsfunktion haben und damit ein Anziehungsmoment für die Mewlewiyya bedeuten. Die Tänze symbolisieren auch die der „himmlischen Scharen" oder führen zu ekstatischen Zuständen. Von anderen Bruderschaften unterscheiden sich die Anhänger der Mewlewiyya auch durch ihre spezielle Kleidung, die aus Mütze, einem langen, ärmellosen Rock, einer Jacke mit langen Ärmeln, einem Gürtel und einem Mantel bestehen. Diese Kleidungsstücke werden den Adepten der Mewlewiyya erst nach einer langen Initiationsphase überreicht, in der sie zahlreiche Prüfungen bestehen und 1001 Tage lang schwere körperliche Arbeit verrichten müssen.

Zentrum der Bruderschaft ist Konya, wo das Oberhaupt lebt. Die Anzahl der Tekken der Organisation ist im Vergleich zu anderen Bruderschaften immer sehr gering gewesen. Die wichtigsten fanden sich in Istanbul, Galipoli, auf Zypern und Kreta, in Aleppo und Damaskus. Die Mewlewiyya verfügte aufgrund von Schenkungen über großen Reichtum, den sie vor allem für karitative Zwecke einsetzte. Die Führer der Bruderschaft waren nicht ohne politischen Einfluss. Seit 1648 hatten sie das Recht, den neuen Sultan mit einem Schwert zu umgürten. Einige der osmanischen Sultane waren Mitglieder der Mewlewiyya. Im Jahr 1925 wurden die Zentren der Bruderschaft durch die reformatorischen Bemühungen Atatürks geschlossen. Dennoch besteht die Organisation weiter, hat aber viel von ihrer alten Kraft verloren.

Literatur: *L. Garnett,* Mysticism and Magic in Modern Turkey, London 1912; *M. Hartmann,* Der Islamische Orient, Bd. 3 (Unpolitische Briefe aus der Türkei), Berlin 1910; *H. Ritter,* Die Mevlanafeier in Konya vom 11.–17. Dezember 1960, in: Oriens 15 (1962); *A. Schimmel,* Rumi. Ich bin Wind und du bist Feuer. Leben und Werk des großen Mystikers, Düsseldorf 1978; *A. Popovic/G. Veinstein (Hrsg.),* Les ordres mystiques dans l'islam. Cheminements et situation actuelle, Paris 1985.

P. HEINE

Minarett

Das Minarett ist ein Turm, der häufig an oder in der Nähe einer Moschee errichtet wird. Über die Funktion des Minaretts bestehen verschiedene Ansichten. Da die ersten Moscheen des Islams keine Minarette kannten, wird seine Funktion als Notwendigkeit für den Gebetsruf (adhan), der mehrmals am Tage die Gläubigen zum Gebet auffordert, von einigen Beobachtern bezweifelt. In der Tat ist es für die menschliche Stimme schwierig, sich ohne technische Hilfsmittel aus den beträchtlichen Höhen, die auch schon die frühen Minarette erreichten, Gehör zu verschaffen, zumal dann, wenn die Geräusche, z. B. eines lebhaften Marktgeschehens, übertönt werden müssen. Sicher ist wohl, dass erst in der frühen Umayyadenzeit die ersten Minarette errichtet wurden. Dies geschah vor allem im Iraq, in Syrien und Ägypten, also in Regionen, in denen das Christentum eine beträchtliche Rolle spielte. Die Gotteshäuser der Christen waren mit Türmen versehen. Daher wird vermutet, dass der Khalif Muʿawiya nach diesem Vorbild den Bau von Minaretten veranlasste, um Zeichen islamischer Präsenz zu setzen. Dabei wurden die Türme der Johanneskirche, auf deren Grund die Umayyadenmoschee in Damaskus errichtet wurde, zu Minaretten umfunktioniert. Auf der anderen Seite deutet die geläufigste arabische Bezeichnung, von der auch das deutsche Wort „Minarett" abgeleitet ist, nämlich „Manara" (Ort des Lichtes) möglicherweise auch auf eine andere Herkunft dieser Einrichtung hin. Der vor-islamische Orient kannte verschiedene Arten von Türmen, die Signalfunktionen hatten. Dokumentiert sind Leuchttürme an den Küsten, aber auch Signaltürme zur Übermittlung von Nachrichten und nicht zuletzt Aussichtstürme, von denen aus man die Umgebung der Ansiedlung kontrollieren konnte. In einer sie zunächst ablehnenden Umwelt waren die Muslime als eine herrschende Minderheit möglicherweise auf derartige Informations- und Kontrollsysteme angewiesen.

Weil es keine religiösen Vorschriften für die Form von Minaretten gibt, lassen sich in den verschiedenen Regionen und im Laufe der baugeschichtlichen Entwicklung der islamischen Welt zahlreiche architektonische Unterschiede feststellen. So sind die Grundflächen der nordafrikanischen Minarette in der Regel rechteckig, während man östlich des Nils einen kreisförmigen Grundriss findet. Manche Minarette sind in den Bau der Moschee integriert, andere stehen in einiger Entfernung von ihnen vergleichbar mit einem Campanile. Sie bieten zudem Künstlern und Kunsthandwerkern die Möglichkeit, sich an ihrer Ausschmückung zu versuchen. Auch hier lassen sich zahlreiche lokale und regionale Varianten beobachten. Ebenso wenig wie die Form ist die Anzahl der Minarette für eine Moschee festgelegt. Häufig verfügen Moscheen nur über einen einzigen Turm. Das gilt vor allem für Nord-, West- und Ostafrika. Doch schon die Umayyadenmoschee von Damaskus besitzt drei Türme, und diese Tradition mehrerer Minarette fand auch in der Türkei oder im Iran Nachfolger. Bis zu vier Türmen sind in diesen Ländern üblich. Noch heute ist die Frage nach der Form oder der Zahl der Minarette in das Belieben des Architek-

ten oder des Auftraggebers und die regionale Tradition gestellt.
Minarette von bedeutenden oder berühmten Moscheen sind in der Volksreligion mit zahlreichen Vorstellungen verbunden. So erwartet man z. B. in Damaskus, dass ʿIsa (Jesus) und Muhammad am Ende der Zeiten bei je einem der Minarette der Omayyadenmoschee zur Erde herabsteigen werde, um den Antichristen zu bekämpfen. Die Minarette haben daher die Namen „ʿIsa“ und „Muhammad“.
Mehr noch als die Moschee selbst ist das Minarett zu einem unverkennbaren Symbol des Islams geworden. Dieser Symbolcharakter zeigt sich auch in der Tatsache, dass die bedeutendste Zeitschrift des islamischen Modernismus „al-Manar“ hieß. Auch die Tatsache, dass die Errichtung von Minaretten in einer nicht-islamischen Umgebung zahlreiche Aggressionen hervorruft, macht deutlich, dass dieses Bauwerk auch von Nicht-Muslimen als Zeichen islamischer Präsenz angesehen wird.

Literatur: *E. Doutté,* Les minarets et l'appel à la prière, in: Revue Africaine 43 (1899), 339–349; *R. Hartmann,* Zum Thema: Minarett und Leuchtturm, in: Der Islam 1 (1910), 388–390; *H. Thiersch,* Pharos in Antike, Islam und Occident, Berlin 1909.

P. Heine

Mission

Für Muslime ist Mission im Sinne der Verbreitung des Islams durch dafür ausgebildete Spezialisten ein sehr junges Phänomen, da der Koran keinen Missionsauftrag enthält. Die Verbreitung des Islams ist vor allem durch zwei verschiedene Phänomene erfolgt. Das erste ist der Glaubenskrieg (djihad, s. Heiliger Krieg), mit dessen Hilfe der islamische Staat und die Shariʿa als Rechtssystem mit militärischen Mitteln ausgebreitet wurde. Die in den eroberten Gebieten lebenden Anhänger monotheistischer Religionen wurden nicht zum Übertritt gezwungen, bei den anderen Religionsgruppen war das allerdings der Fall. Im Laufe der Zeit, vor allem seit dem 16. Jahrhundert, kam es auch zu immer häufigern Übertritten vor allem von orientalischen Christen. Nach dem Abschluss der staatlichen Expansion des Islams waren es vor allem muslimische Händler, die in Schwarzafrika, Indonesien oder China ihre Handelspartner mit dem Islam und seinen einfachen Dogmen und rituellen Praktiken vertraut machten und ihm so zahlreiche Anhänger zuführt. Erst unter dem Druck christlicher Missionsgesellschaften begannen muslimische Reformer, zunächst in Indien, dann aber auch im Nahen Osten mit Aktivitäten, die vor allem darauf ausgerichtet waren, junge Muslime gegen christliche Missionare mit Argumenten zu versorgen. Diese Bemühungen waren im Grunde die Keimzelle von Bemühungen internationaler Muslim-Organisationen, die man als Missionsversuche bezeichnen kann. Dabei wird vor allem in Ländern der Dritten Welt durch die Einrichtung von Schulen, Krankenhäusern u. ä. für einen höheren Bekanntheitsgrad des Islams gesorgt. Diese pädagogischen und karitativen Bemühungen werden durch die Vermittlung islamischer Grundbegriffe ergänzt. In Europa sind derartige Aktivitäten kaum festzustellen, wenn man einmal von der Tatsache absieht, dass eine islamische Sonderform, die Ahmadiyya-Bewegung, spezielle Missionsbemühungen in Europa und Nordamerika durchführt.

Literatur: *R. Bulliet,* Conversion to Islam, Cambridge 1979; *N. Levtzion,* Muslims and Chiefs, London 1969.

P. Heine

Modernismus

Da der Islam sich als die letzte Offenbarung Gottes an die Menschheit versteht, sahen die Muslime lange Zeit keine Veranlassung, Vorstellungen und Entwicklungen in Staaten oder Kulturen zur Kenntnis zu nehmen, die diese Offenbarung ablehnten. Hinzu kam, dass das islamische Mittelalter eine kulturelle Blüte erlebte, die in wissenschaftlicher, technologischer und literarischer Hinsicht ihresgleichen sucht. Auch in militärischer Hinsicht bestand lange Zeit eine beträchtliche Überlegenheit der islamischen Heere gegenüber den Truppen anderer Kulturen. Die islamische Welt schaute auf das christliche Abendland des Mittelalters mit Verachtung herab. Nur widerwillig unterhielt man indirekte Kontakte. Vor allem nachdem die verschiedenen Kreuzzüge beendet und die europäischen Ritter vertrieben worden waren, wurde Europa zu einer unbedeutenden Größe in den Augen der Muslime, auch wenn in der Rückeroberung Andalusiens oder in den Niederlagen der Türken vor Wien und auf dem Balkan Anzeichen für ein Erstarken des Abendlandes zu erblicken waren. Auch die Umlenkung der Handelsströme durch die Entdeckung des Seeweges nach Indien oder die Veränderung der geo-strategischen Verhältnisse durch die Entdeckung Amerikas wurden von den Muslimen ignoriert. So musste es die islamische Welt wie ein Schock treffen, als 1798 in Ägypten ein französisches Expeditionskorps unter dem Kommando von Napoleon Bonaparte landete und die als die beste Truppe der Welt geltende Armee der Mamluken ohne Schwierigkeiten aufrieb. Napoleon war jedoch nicht nur mit militärischem Personal und aus strategischen Überlegungen nach Ägypten gekommen. Er führte eine Druckerpresse mit, mit deren Hilfe er Flugblätter in arabischer Sprache herstellen ließ, die die Ägypter mit den Idealen der Französischen Revolution bekannt machen sollten. Er wurde von einem Stab von Wissenschaftlern unterschiedlichster Disziplinen begleitet, die auch den Kontakt mit Vertretern der traditionellen islamischen Gelehrsamkeit suchten. Diese wurden nun mit den verschiedensten wissenschaftlichen Einrichtungen, Methoden und Instrumenten bekannt gemacht, die den ihren beträchtlich überlegen waren. Ihre Reaktionen können nur als „Kulturschock“ beschrieben werden. Hier wurde das Weltbild traditioneller, von ihren Kenntnissen und Qualifikationen und von deren Bedeutung überzeugter Männer erschüttert. Die häufigste Reaktion war zunächst einmal das Bemühen möglichst viel von diesen neuen Kenntnissen zu erfahren und manches nachzuahmen. Die neuen Ideen bewirkten in der Gesellschaft, in der diese Religionsgelehrten lebten, einen starken kulturellen, sozialen und politischen Wandel. Entweder wurden die islamischen Länder durch die europäischen Kolonialmächte besetzt oder die Herrscher der mehr oder weniger unabhängig gebliebenen Länder bemühten sich, ihre Staaten auf allen Ebenen zu modernisieren.

Modernisierung und Reform

Diese Modernisierungsanstrengungen wurden zunächst auf militärischem, naturwissenschaftlich-medizinischem und ökonomischem Gebiet unternommen. Doch blieb es nicht bei diesen praktischen Veränderungen. Auch ideologische Vorstellungen, die sich in Europa entwickelt hatten, gelangten in die islamische Welt. Auch diese wurden von manchen begeistert aufgenommen. Die Gefahr eines kulturellen Identitätsverlustes war sicherlich gegeben. Gegen diese Überfremdung traten eine Reihe von Gelehrten und Agitatoren auf, die als „islamische Modernisten“ in die Literatur eingegangen sind. Zu nennen sind hier der aus dem Iran stammende Djamal ad-Din al-Afghani (ca. 1838–1897), der Ägypter Muhammad ʿAbduh (1849–1905), der Algerier Ben Badis (1889–1940) und viele andere. Für sie alle war die Tatsache der Unterlegenheit der islamischen Welt gegenüber dem, was man als „Westen“ zu bezeichnen begann, eine Herausforderung. Sie sahen nur zwei Möglichkeiten, die Tatsache ihrer Unterlegenheit zu erklären. Die eine, dass der Islam tatsächlich die schwächere Religion sei, war für sie nicht akzeptabel. Daher verstanden sie andererseits die historische Situation, in der sie sich befanden, als eine Strafe oder Mahnung Gottes an die Muslime. Den Grund für diese Mahnung sahen sie in der Form, in der sie den Islam sahen. Sie stellten fest, dass die eigentlichen Strukturen ihrer Religion von einem Wust von scholastischer Tradition einerseits und von „abergläubischen“ Vorstellungen andererseits überdeckt war. Sie kritisierten auch die Autoritätsstrukturen des Islams. Das eigene Bemühen des Muslims, den Willen Gottes aus dem Koran und den übrigen autoritativen Rechtsquellen zu erkennen, sei nicht mehr üblich, beklagten sie. Stattdessen übe man sich in blinder Nachahmung. Nach der Analyse der Modernisten war es diese Abkehr von den Quellen des Islams, dem Koran und dem Vorbild des Propheten Muhammad, die die Misere der islamischen Welt verursacht hatte. Wenn man zu diesen Quellen zurückkehre, werde der Islam wieder zu seiner alten Größe finden. Das Problem der Existenz zahlreicher moderner Entdeckungen und naturwissenschaftlicher Erkenntnisse stellte sich für diese Modernisten nicht. Sie gingen davon aus, dass der Koran das endgültige Wort Gottes ist. In ihm musste also alles angesprochen werden, was jemals für die Menschheit von Bedeutung sein würde. Es komme nur darauf an, den heiligen Text richtig zu lesen. So begann denn eine erneute Lektüre und

Auslegung des Korans, bei der sich die Interpreten bemühten, möglichst viele naturwissenschaftliche Erkenntnisse oder medizinische Entdeckungen in dem Text des Korans wiederzufinden. Diese Bemühungen waren subjektiv erfolgreich. Von der Atomspaltung, über Raketen bis zur Zellteilung fanden sie in dem Heiligen Buch die entsprechenden Hinweise. Damit war die Wahrheit und die Bedeutsamkeit des Korans, an der ohnehin niemand gezweifelt hatte, bewiesen.

Modernisten und Kolonialzeit

Für die islamischen Modernisten war die Tatsache, dass Teile der islamischen Welt unter der Kontrolle von nicht-muslimischen Regierungen standen, nicht erträglich. So begannen sie mit einem Kampf gegen den europäischen Kolonialismus, dem sich später auch Vertreter anderer religiöser und ideologischer Vorstellungen anschlossen. In allen großen antikolonialistischen Bewegungen der islamischen Welt haben sich Vertreter des islamischen Modernismus engagiert. Neben der politischen Agitation gegen die Herrschaft von Frankreich und Italien in Nordafrika und Englands in Ägypten und Indien kämpften sie auch gegen die Aufsplitterung der islamischen Welt in vielen Staaten, die sich teilweise gegenseitig bekämpften, aber auch gegen jede lokale oder regionale Sonderform des Islams, weil nach ihrem Verständnis beides die Kraft der Muslime schwäche oder die Position des Westens stärke. Gegen die zahlreichen Formen eines lokalen Islams setzten sie die Betonung der „Umma", der Gemeinschaft aller gläubigen Muslime. Ihr politisches Ziel der Vereinigung aller islamischen Staaten versuchten sie mit dem Pan-Islamismus zu erreichen. Nach dieser Vorstellung wollten sie wieder ein großes, einiges, islamisches Reich errichten, das unter der Herrschaft eines Khalifen stehen sollte. Vor allem von dem osmanischen Sultan Abdülhamid (1876–1909) wurde diese Vorstellung aufgegriffen. Er hoffte, mit ihr ein Mittel gefunden zu haben, um sich gegen den Druck der europäischen Mächte zur Wehr setzen zu können. Doch mit diesen Positionen machten die Modernisten sich unter ihren muslimischen Zeitgenossen nicht nur Freunde. Ihre Ablehnung von zum Teil weitverbreiteten Formen der Volksreligion brachte ihnen den Vorwurf des Unglaubens ein, und ihre Beteiligung an politischen Aktivitäten zog ihnen das Misstrauen muslimischer Potentaten zu, von den Verfolgungen durch die Vertreter der Kolonialmächte ganz zu schweigen. Doch überall da, wo die Gefahr bestand, dass junge Muslime ihrer Religion und Kultur verloren gingen, richteten die Modernisten Schulen ein, in denen die eigenen Traditionen und die eigene Sprache gegen eine Überfremdung durch westliches Gedankengut gepflegt wurden. Die Modernisten bemühten sich auch um eine Straffung und Aktualisierung der Unterrichtsprogramme an den großen traditionellen islamischen Hochschulen. Zugleich propagierten sie gesellschaftliche Veränderungen,

z. B. im Zusammenhang mit der Stellung der Frau.

All diese Aktivitäten haben bisweilen den Blick dafür verstellt, dass der eigentliche Ansatz der Modernisten ein zutiefst fundamentalistischer ist: ihre Rückbesinnung auf den Koran als das eigentliche Zentrum des Islams.

Literatur: *J. Baljon,* Modern Muslim Koran Interpretation, Leiden 1961; *A. Hourani,* Arabic Thought in the Liberal Age, Oxford 1962; *J. Jansen,* The Interpretation of the Koran in Modern Egypt, Leiden 1974; *N. Keddie,* Sayyid Jamal ad-Din al-Afghani. A Political Biography, Berkeley 1972; *E. Kedourie,* Afghani and Abduh, an Essay on Religious Unbelief and Political Activism in Modern Islam, London 1960; *B. Lewis,* Die Welt der Ungläubigen. Wie der Islam Europa entdeckte, Berlin 1983; *A. Merad,* Ibn Badis, Commentateur du Coran, Paris 1971; *A. Schölch,* Ägypten den Ägyptern. Die politische und gesellschaftliche Krise der Jahre 1878–1882, Zürich 1972.

P. HEINE

Mohammed ↗ *Muhammad*

Monate

Das islamische Mondjahr beginnt mit dem Monat *Muharram.* Am zehnten Tag dieses Monats erinnert man sich in der islamischen, vor allem der schiitischen Welt des Todes des Prophetenenkels Husain in der Schlacht von Kerbela. Der zweite Monat ist der *Safar,* ihm folgen *Rabiʿ al-Awwal* und *Rabiʿ al-Thani, Djumada l-ula* und *Djumada l-akhira, Radjab* und *Shaʿban.* Der neunte Monat des islamischen Jahres ist der Fastenmonat *Ramadan,* dem *Shawwal* und *Dhu l-Qaʿda* folgen. Das islamische Jahr geht mit dem Pilgermonat *Dhu l-Hidjja* zu Ende. Da das Mondjahr um neun bis elf Tage kürzer als das Sonnenjahr ist, durchwandern die einzelnen Monate den gesamten Jahreszyklus des Sonnenjahrs. Die Bezeichnungen der islamischen Monate sind arabisch. Auch in anderen islamischen Sprachen werden diese Bezeichnungen mit einigen phonetischen Unterschieden zur arabischen Form verwendet.

P. HEINE

Monotheismus

Der Islam ist diejenige der drei monotheistischen Religionen, die die Einheit Gottes (arab.: tawhid) am stärksten in den absoluten Mittelpunkt ihrer theologischen Aussagen stellt. Am kürzesten drückt der Koran die islamische Haltung in Sure 112 aus: „Sprich: Er ist Gott, ein Einziger, Gott, der Undurchdringliche. Er hat nicht gezeugt, und Er ist nicht gezeugt worden, und niemand ist Ihm ebenbürtig." Gott ist der Schöpfer aller Dinge, er ist die Vorsehung, er ist der Richter des Jüngsten Gerichts. Gott ist auch insofern der Eine, als es in seinem inneren Wesen keine Spaltung gibt. Er ist nicht nur nach außen hin der Einzige, er ist auch im Inneren der eine, dessen Wesen sich nicht in mehrere Eigenschaften aufspaltet. Die Konzentration auf das monotheistische Moment hat seine Ursache auch in den ständigen Auseinandersetzungen des Propheten Muhammad mit seinen polytheistischen Landsleuten in Mekka, die in der neuen Religion auch eine

Gefahr für ihre Wirtschaft sahen. Christliche Trinitätsvorstellungen treffen bei Muslimen auf Unverständnis.
Der Monotheismus bindet den Muslim an Gott allein. Alle stehen unmittelbar unter seiner Macht. Muslimische Theologen betonen die Einzigkeit des Schöpfers, die Einzigkeit seines erhabenen Wesens und die Einzigkeit der Anbetung und der Herrschaft. Die Überzeugung von der Einheit und der Souveränität Gottes gibt dem Muslim die Möglichkeit, sich in der Gesellschaft, in der er lebt, selbstbewusst und zuversichtlich zu bewegen und sein Recht als Muslim und als Mensch, der Gott angehört, gegenüber jedermann, ob hoch oder niedrig, einzufordern.

Literatur: vgl. den Artikel Gott/Allah; *L. Gardet/G. Anawati,* Introduction à la théologie musulmane, Paris 1948; *A. Th. Khoury,* Der Islam. Sein Glaube – seine Lebensordnung – sein Anspruch. Freiburg [6]2001; *A. S. Tritton,* Muslim Theology, London 1947; *Th. Mooren,* Macht und Einsamkeit Gottes. Dialog mit dem islamischen Radikal-Monotheismus, Altenberge 1991.

P. Heine

Moral ↗ *Ethik*

Moschee

Geschichtlicher Überblick

Der Ort, an dem sich Muslime zum Gottesdienst oder zum Studium einfinden, ist die Moschee (aus dem Arabischen: masdjid, Ort an dem man sich niederwirft). Strenge Vorschriften für den Gebetsplatz der Muslime lassen sich in den für den gläubigen Muslim autoritären Quellen nicht finden. Dies geht sicherlich auf die Tatsache zurück, dass in frühislamischer Zeit auf die besondere Form des Platzes, auf dem das Gebet stattfindet, keinen Wert gelegt wurde. In der Zeit, in der Muhammad noch in Mekka predigte, beteten seine Anhänger zum Teil in Seitenstraßen und der spätere Khalif Abu Bakr pflegte sein Gebet in seinem Garten zu verrichten. In seiner Lehre betonte Muhammad, dass er die ganze Welt als einen Gebetsplatz ansehe, während frühere Propheten das Gebet nur an bestimmten Orten erlaubt hätten. Einziges Gebäude, in dem die frühen Muslime beteten, war die Kaʿba. Auch in medinischer Zeit bestand die Moschee des Propheten Muhammad lediglich aus dem zu seiner Wohnung gehörenden großen Hof. Dieser Platz wurde nicht nur für das Gebet der Gemeinde oder die Predigt Muhammads genutzt, bei der er an einem der Bäume des Platzes zu lehnen pflegte, sondern hier wurden auch Staatsgeschäfte erledigt, Gesandtschaften, auch heidnischer Stämme, empfangen und Entscheidungen über die Unternehmungen des jungen islamischen Staates getroffen. Aus einigen Quellen erhält man den Eindruck, dass Muhammad nur die Moschee in Medina als wahres Haus des Gebets angesehen habe, doch kann man davon ausgehen, dass es auch zu seinen Lebzeiten mehrere von ihm anerkannte Moscheen gegeben hat. So heißt es im Koran „… in Häusern, für die Gott erlaubt hat, dass sie errichtet werden und dass darin seines Namens gedacht wird. Ihn preisen darin, am Morgen und am Abend, Männer, die weder Handel noch Kaufgeschäft ablenken vom Gedenken Gottes, von der Verrichtung des Gebets ...“ (24,36–37). Viele der zum Islam übergetretenen Stämme der Arabischen Halbinsel richteten „Stammesmoscheen“ ein. Sie dokumentierten dadurch, dass sie sich noch eine gewisse Unabhängigkeit von Medina erhalten wollten. Wie die Moschee von Medina hatten diese „Stammesmoscheen“ auch administrative Funktionen. Hier fanden die Sitzungen des Stammesrates statt, und sie waren Versammlungsorte, wenn sich die Männer des Stammes zu einem Kriegszug aufmachten. Die Moschee Muhammads in Medina hat in vieler Hinsicht einen prägenden Charakter. Als sich nach dem Tod des Propheten das islamische Reich immer weiter ausbreitete, bemühten sich die Heerführer nach einer Eroberung als erstes, eine Moschee als religiöses, aber auch als administratives Zentrum einer engeren Region zu errichten. Gerade der Verwaltungsaspekt mag dazu geführt haben, dass aus dem häufig offenen, nur durch eine Mauer oder einen Zaun abgetrennten Gebetsplatz feste Gebäude wurden. Sie wurden wiederum zu zahlreichen anderen Zwecken verwendet. Noch in der Umayyadenzeit wurden in den Moscheen Handelsgeschäfte verabredet, und in einer Prophetentradition (hadith) ist zu lesen, dass es verboten sei, in der Moschee Wein zu verkaufen. In der Umayyadenmoschee von Damaskus muss der Handel so lebhaft gewesen sein, dass man wegen des Ausrufens der Waren kaum sein eigenes Wort verstehen konnte. Die Moschee war und ist auch ein sozialer Treffpunkt, wo man sich mit Bekannten zusammensetzt und auch über Themen, die nichts mit der Religion zu tun haben, Gespräche führt.

Errichtungen von Moscheen
Bedeutende politische und militärische Führer der Muslime sahen es geradezu als eine Pflicht an, Moscheen für ihre Gefolgschaft zu bauen. Daraus ergab sich, dass auch Einzelpersonen, die dazu in der Lage waren, entsprechende Gebäude errichteten. Innerhalb kurzer Zeit entstand die Vorstellung, das es ein frommes Werk sei, wenn man eine Moschee baue. In einigen Fällen übernahmen die Muslime auch vormalige Gotteshäuser anderer Religionen. Dazu fühlten sie sich in all den Fällen berechtigt, in denen ihnen die jeweilige Stadt durch die Anwendung von militärischer Gewalt zugefallen war. Hatten die Bewohner sich freiwillig ergeben, mussten die Muslime eine neue Moschee bauen. Berühmte Beispiele für die Umwandlung christlicher Kirchen in Moscheen sind die Johannes-Kirche in Damaskus, die zur Umayyaden-Moschee umgewandelt wurde oder die Hagia-Sofia in Istanbul. Als Gegenbeispiel sei auf die Umwandlung der Mesquita in Cordoba in eine Kirche verwiesen. Doch auch Heiligtümer altorientalischer Gottheiten oder der Anhänger Zarathustras wurden in Moscheen umgewandelt. In vielen Regionen der islamischen Welt stehen Mo-

scheen an den Plätzen, an denen zuvor die jeweiligen lokalen oder regionalen Gottheiten verehrt wurden.
Nach dem Tod des Propheten wurden an vielen Orten, an denen er zu seinen Lebzeiten gebetet haben soll, Gedenkmoscheen errichtet. Diese Praxis erweiterte sich auf Plätze, an denen er Schlachten geschlagen hatte oder ein bedeutendes Ereignis seines Lebens vor sich gegangen war. In Nachahmung dieser Praxis wurden und werden auch heute noch an Stellen, die mit bedeutenden Gestalten des Islams verbunden sind, Moscheen gebaut. In vielen Fällen handelt es sich um Grabmoscheen, die auch über den Gräbern von bedeutenden politischen Persönlichkeiten errichtet werden. Vor allem durch die islamische Heiligenverehrung wurde der Bau einer Vielzahl von Grabmoscheen veranlasst. Doch wurden auch Moscheen aus religionsgeschichtlich bedeutsamen Anlässen erbaut. So soll die berühmte Ibn Tulun-Moschee in Kairo an der Stelle entstanden sein, an der nach der Überlieferung Moses mit Gott gesprochen habe. Häufig reichte es aber auch schon, wenn jemand träumte, Gott oder Muhammad habe ihm befohlen, an einer bestimmten Stelle eine Moschee zu errichten.

Gebetsort und Lehrstätte
Während zur Zeit Muhammads und in der ersten zeitlichen Phase nach seinem Tod der religiöse Aspekt der Moschee nur einer von mehreren war, trat er später mehr und mehr in den Vordergrund. Nicht nur die Kaʿba in Mekka wurde als Haus Gottes bezeichnet, sondern alle Moscheen. Zunächst durften Juden oder Christen noch die Moscheen betreten. Selbst der strenge Jurist Ahmad ibn Hanbal erhob hier keine Einwände. Doch mit einer stärkeren Betonung der rituellen Reinheit des Beters, aber auch des Gebetsplatzes, änderte sich hier allmählich die Praxis. Nicht-Muslimen wurde (bei den Malikiten) das Betreten von Moscheen untersagt, und auch rituell unreine Muslime sollten eine Moschee nicht betreten. Daher befinden sich die Einrichtungen für die rituelle Reinigung (wuduʾ) außerhalb der Moschee. Man soll sich auch hüten, innerhalb der Moschee auszuspucken. Speziellen Moscheen wurde ein besonderer Charakter der Heiligkeit zugesprochen. Das gilt vor allem für Grabmoscheen. In ihnen wird bestimmten Stellen eine besondere Kraft zugesprochen, z. B. dem Grab selber oder der Stelle, an der ein Wunder geschehen ist. All das steht im Gegensatz zu der Tatsache, dass Moscheen aus Motiven aufgesucht werden, die mit ihrer religiösen Funktion nichts zu tun haben. Obdachlose sahen und sehen Moscheen als vorübergehende oder dauernde Unterkunft an. In den heißen Sommertagen verbringen Menschen die Nacht dort, weil die Moscheen kühl und angenehm sind usw.
Dennoch ist die Moschee Ort des Gebets. Zwar kann der Muslim sein Pflichtgebet, abgesehen vom Gemeinschaftsgebet am Freitag, überall verrichten. Doch wird es als besonders verdienstvoll angesehen, wenn dies in einer Moschee geschieht. Das

Freitagsgebet muss in einer Moschee in Gemeinschaft verrichtet werden. Es ist nur in bestimmten Moscheen, den Freitagsmoscheen (djamiʿ, pl. djawamiʿ), möglich, von denen es in jeder Stadt nur eine geben soll. Ihre Funktion ist es, allen Muslimen einer Stadt Gelegenheit zu bieten, sich zum gemeinsamen Ritual zu versammeln. Dörfer sollten keine Freitagsmoschee besitzen. Somit mussten die Dorfbewohner einmal in der Woche in die Stadt kommen. Die Existenz einer Freitagsmoschee ist daher konstitutiv für die islamische Stadt. Neben dem Einzel- und dem Gemeinschaftsgebet als Pflichtgebet werden in Moscheen noch andere religiöse Aktivitäten durchgeführt.

Hier sind vor allem die privaten Gebete zu nennen. Diese können durchaus einen Gemeinschaftscharakter haben. Das ist der Fall, wenn um Hilfe bei großer Trockenheit oder bei großen Seuchen gebeten wird. An solchen Gemeinschaftsgebeten nehmen auch Juden und Christen teil. Doch auch bei individuellen Unglücken, wie der Unfruchtbarkeit von Frauen, wird die Moschee zum Gebet aufgesucht. Dazu gehört vor allem die Rezitation des Korans, die von einem sehr frühen Zeitpunkt an üblich wurde. Daneben werden auch andere autoritative Texte wie die Sammlungen von Aussprüchen Muhammads rezitiert. Ferner ist die Moschee Schauplatz des „Dhikr", einer ritualisierten Form des Gotteslobs, wie sie heute vor allem von Sufi-Organisationen durchgeführt werden, oder von Predigten außerhalb der üblichen Freitagspredigt. Es handelt sich dabei um Erbauungs- und Bußpredigten, in denen aber auch volkstümliche Erzählungen ihren Platz haben. Diese Predigten erfreuen sich generell großer Beliebtheit und die Prediger besitzen eine erhebliche Popularität.

Manche Fromme zogen und ziehen sich für eine gewisse Zeit in die Moschee zurück, um zu beten, zu meditieren und sich ganz auf die Religion zu konzentrieren. Als besonders verdienstvoll gilt ein solches Verhalten in den Nächten des Fastenmonats Ramadan. Eide, die in einer Moschee geschworen werden, gelten als ganz besonders verbindlich. Auch der Abschluss eines Heiratskontrakts in der Moschee ist möglich. Schließlich war und ist die Moschee die Keimzelle und der Ursprungsort der islamischen Gelehrsamkeit. Hier versammeln sich die Religionsgelehrten, um miteinander zu diskutieren oder um Schülern ihr Wissen weiterzugeben. In einem Kreis sitzen diese um ihren Lehrer, der mit dem Rücken an einer Säule lehnt. Alle bedeutenden islamischen Hochschulen der Gegenwart sind aus Moscheen hervorgegangen. Man denke nur an die al-Azar-Hochschule (s. dort) in Kairo oder an die Zaituna in Tunis.

Baustruktur

Die ersten Moscheen waren, wie wir gesehen haben, große, offene Höfe, und erst nach und nach wurden Gebäude errichtet. Hier lassen sich nun zahlreiche regionale Unterschiede und eine bemerkenswerte architekturgeschichtliche Entwicklung feststellen. Doch gleichgültig wie alt, wie beeindruckend oder wie einfach eine Moschee ist, es finden sich einige Besonderheiten, die allen gemeinsam sind. Hier ist in erster Linie die Ausrichtung auf die Kaʿba in Mekka zu nennen. Diese ergab sich aus der Tatsache, dass Mekka die Gebetsrichtung der Muslime ist. Sie wird durch eine Gebetsnische (mihrab) angezeigt, die in jeder Moschee vorhanden ist. Zu den notwendigen Einrichtungen einer Moschee gehören auch Gelegenheiten für die rituelle Reinigung. Sie bestehen aus Wasserspeiern, wenn eine Quelle vorhanden ist, oder aus mehreren großen Wasserbehältern und entsprechenden Waschbecken. Vor allem die Freitagsmoscheen verfügen auch über eine Kanzel (minbar). In den Freitagsmoscheen findet sich häufig auch in der Nähe des „Minbar" eine Plattform, von der der Gebetsrufer (mu'adhdhin) (Muezzin) zum Gebet rufen kann. Zur Ausstattung der Moschee gehört ferner der „Kursi" (wörtl.: Sitz), ein Pult mit einem Sitz, von dem aus der Koran rezitiert wird.

In jeder Moschee finden sich zahlreiche Koranexemplare. In der Regel sind die Moscheen mit Teppichen ausgelegt. Zwar hat sich die Sitte, auf einem Gebetsteppich seine Pflichtgebete zu verrichten, nicht sofort mit der Entstehung des Islams entwickelt, doch schon sehr früh benutzte man Matten aus Palmblättern, um die notwendige rituelle Reinheit des Gebetsplatzes sicherzustellen. Da schon der Prophet Muhammad in der Moschee Weihrauch habe verbrennen lassen, gehört auch diese und die dazu benötigten Gerätschaften zu den Einrichtungsgegenständen, die sich in jeder Moschee finden. Schließlich gehören zur Ausstattung einer Moschee zahlreiche Lampen, die bei abendlichen oder nächtlichen Ritualen angezündet werden. Heute sind viele Moscheen mit einer Reihe von technischen Hilfsmitteln, wie elektrischem Licht und Lautsprecheranlagen und ähnlichem, ausgestattet.

Obwohl der Islam offiziell kein hierarchisch gegliedertes religiöses Personal kennt, gibt es dennoch eine Reihe von Funktionsträgern, die dafür Sorge zu tragen haben, dass vor allem die Gemeinschaftsgottesdienste in einem korrekten und würdigen Rahmen vor sich gehen. Hier ist in erster Linie der Vorbeter (imam) zu nennen. Bei großen Moscheen handelt es sich um Personen, die von staatlichen Stellen ernannt sind und eine theologische Ausbildung vorweisen können. Ihre Bezahlung erfolgt aus staatlichen Mitteln oder aus denen „Frommer Stiftungen". Zum Personal großer Moscheen gehört auch ein oder mehrere Prediger (khatib) und der Muezzin (mu'adhdhin), der die Gläubigen zum Gebet ruft. Der Gebetsruf hat eine festgelegte Form und wird in einer ebenfalls festgelegten psalmodierenden Form zu Gehör gebracht. Bei größeren Moscheen finden sich auch Hilfskräfte (ratib), die die Reihen der Beter ausrichten, außerdem zahlreiche Diener, die für die Sauberkeit der Moschee zu sorgen haben und kleinere Reparaturen ausführen. Auch sie alle werden entweder von staatlichen Stellen oder Frommen Stiftungen entlohnt.

Literatur: *C. H. Becker,* Islamstudien, 2 Bde., Leipzig 1924–1932; *G. Bousquet,* Les grandes pratiques rituelles de l'Islam, Paris 1949; *J. Chelhod,* Le baraka chez les Arabes ou l'influence bienfaisante du sacré, in: Revue de l'Histoire des Religions 148 (1955), 68–88; *I. Goldziher,* Muhammedanische Studien, Halle 1890; *L. Hautecur/G. Wiet,* Les mosquées du Caire, 2 Bde., Paris 1932; *A. Th. Khoury,* Einführung in die Grundlagen des Islams, Graz ⁴1995; *ders.,* Der Islam, Freiburg ⁶2001; *E. W. Lane,* Manners and Customs of the Modern Egyptians, London 1846; *A. Mez,* Renaissance des Islams, Heidelberg 1922; *M. Watt/A. Welch/M. Marmura u. a.,* Der Islam, 3 Bde., Stuttgart 1980–1990.

P. HEINE

Mose

Geschichte und Berufung des Mose

Im Koran wird wiederholt die Geschichte von Mose (Musa), seiner Berufung und seinem Auftrag bis hin zum Auszug der Israeliten aus Ägypten erzählt. Zahlreiche biblische Parallelen sind darin wiederzuerkennen.

In dreifacher Hinsicht sah Muhammad in Mose seinen großen Vorgänger: als Prophet, als Volksführer und als Verkünder eines göttlichen Gesetzes.

Geboren wurde Mose zu der Zeit, als auf Befehl des Pharao von Ägypten die männlichen Neugeborenen der Israeliten getötet werden sollten (Koran 2,49; vgl. Ex 1,15 ff.). Ihren Sohn bei etwaiger Lebensgefahr im Fluss auszusetzen (20,39), dieser Auftrag geht an seine Mutter, verbunden mit der Verheißung: „Wir werden ihn dir zurückbringen und ihn zu einem der Gesandten machen" (28,7). Was Gott angekündigt hatte, stellte sich auch tatsächlich ein: Nachdem ihn seine Mutter auf Gottes Geheiß hin im Wasser ausgesetzt hatte (vgl. 28,10), wurde Mose gerettet. Die Frau des Pharao, nicht – wie in der Bibel (Ex 2,5 ff.) – seine Tochter, ließ ihn an Land holen (Koran 28,8) und nahm ihn zu sich. Gottes Fügung verhinderte, dass Mose an der Brust fremder Ammen genährt wurde, sagt Koran 28,12, so dass sich Besorgnis am pharaonischen Hof einstellte. Just in diesem Moment tritt auf der Suche nach Mose (vgl. 28,10) seine Schwester mit der Frage an die Ägypter heran: „Soll ich euch auf Hausleute hinweisen, die ihn für euch betreuen und ihm wohlgesinnt sein würden?" Die Ägypter willigen ein, und Mose kehrt in die Obhut seiner Mutter zurück, so wie Gott es zugesagt hatte (28,12; 20,40).

Als eines Tages Mose in einen Kampf zwischen einem Israeliten und einem Ägypter verwickelt wird und den Ägypter erschlägt (28,15; 26,19; vgl. Ex 2,11 ff.), flieht er, nachdem der Totschlag bekannt geworden ist (28,20–21), nach Madyan und tritt in den Dienst des dortigen Propheten Shuʿaib (vgl. 7,85–93; vgl. Ex 2,15 ff.). Nach Beendigung seines Dienstes kehrt er mit seiner Familie – er hatte eine Tochter von Shuʿaib geheiratet (28,22–28) – nach Ägypten zurück.

Ausführlich stellt der Koran die Berufung des Mose zum Propheten dar

(20,9–48; 26,9–16; 28,29–35; vgl. Ex 3,7 ff.). Seine Erwählung durch Gott (20,12 f.) ist verbunden mit seinem prophetischen Verkündigungsauftrag (20,14.48–55.23–28). Göttliche Wunderzeichen sollen dazu dienen, seine prophetische Sendung zu legitimieren (17,101; 27,12; vgl. 20,17–21; 27,10–12 u.ö.; vgl. Ex 4,1 ff.). Sein Auftrag wird darin bestehen, das israelitische Volk aus Ägypten in die Freiheit zu führen (20,24.42–45.46–48; 14,5; vgl. Ex 3,18 ff.).
Mose selbst sieht sich dieser Aufgabe nicht gewachsen. Vor allem zwei Bedenken kommen ihm: Zum einen hat er Angst vor den Ägyptern, muss er doch wegen des Mordes an einem Ägypter um sein Leben fürchten (vgl. 26,14; 28,33); und zum anderen fühlt er sich persönlich überfordert und erfleht Gottes Hilfe bei der Ausführung des ihm zugedachten Auftrags: „Mein Herr, weite mir meine Brust, und mach mir meine Angelegenheit leicht. Und löse einen Knoten von meiner Zunge, so dass sie meine Worte begreifen" (20,25–28). Seiner Bitte, ihm seinen Bruder Aaron (Harun) als Helfer zur Seite zu stellen (20,29–30; 28,34), wird von Gott entsprochen (20,36; vgl. Ex 4,10 ff.).

Mose, der Prophet
Was Mose zu verkünden hat, ist die allen Propheten gemeinsame Botschaft Gottes: „Siehe, Ich bin Gott. Es gibt keinen Gott außer Mir. Darum diene Mir und verrichte das Gebet zu meinem Gedächtnis …!" (20,14). Zur Beglaubigung seiner Sendung und seines göttlichen Auftrags wirkt Mose vor dem Pharao das sog. Stab- und das sog. Handwunder (26,30–33; vgl. Ex 7,8 ff.). Doch diese Beglaubigungswunder überzeugen den Pharao nicht, er hält Mose für einen Zauberer und bleibt in seinem Unglauben verstockt (28,38; 79,24). Nichts vermag ihn offensichtlich zur Umkehr zu bewegen, nicht einmal jene von ihm selbst eingeladenen Zauberer seines Landes, die – in einem Wettstreit mit Mose unterlegen – zum Glauben an den einen Gott finden; auch nicht jene schweren Plagen, die über Ägypten hereinbrechen (7,127–131; vgl. Ex 7,14 ff.): die Bekehrung bleibt aus. So ergeht an Mose der Auftrag, sein Volk aus Ägypten herauszuführen (14,5).

Mose, der Volksführer
Mehrfach spricht der Koran Mose die Rolle eines Volksführers zu (26,52; 44,23; 20,77; vgl. ebd. 17,103; Ex 12,31 ff.): Auf Gottes Weisung hin bricht Mose mit seinem Volk aus Ägypten auf. Der Pharao reagiert verärgert und stellt den Israeliten nach (26,53–62; vgl. Ex. 12,37 ff.). Die Entscheidung fällt – wie in der Bibel (vgl. Ex 14,15 ff.) – beim Durchzug durch das Meer, als die Leute des Pharao in den Wasserfluten umkommen, während Mose und seine Leute trockenen Fußes durch das Meer ziehen können (Koran 20,77–78; 26,63–66; 28,40; 2,50; 43,55–56). Auch die koranische Version der israelitischen Wüstenwanderung unter der Führung des Mose lässt ebenfalls so manche biblische Anklänge erkennen, wenn das Volk nach Ab-

wechslung in der Speise verlangt (Koran 2,61; vgl. Ex 16,3; Num 11,4–6; 21,5), Mose Wasser aus dem Felsen schlägt (Koran 7,160; 2,60; vgl. Ex 15,27; 17,1–7) oder das Volk Schatten durch die Wolken erhält sowie Manna und Wachteln als Speise (Koran 2,57; vgl. Ex 14,19 ff.; 16,1 ff.; Num 11,31–32).

Mose, Verkünder des Gesetzes

In ganz besonderer Weise ist Mose, so der Koran, von Gott dadurch ausgezeichnet, dass er der Empfänger der Thora, des Heiligen Buches der Juden ist: Als Verkünder eines göttlichen Gesetzes und als Übermittler eines Offenbarungsbuches kommt ihm eine herausragende Stellung innerhalb der Prophetengeschichte zu. In Einklang mit der biblischen Tradition (vgl. Ex 19,1 ff. u. ö.) hat Gott mit Mose (Koran 7,134; 43,49) und dem israelitischen Volk einen Bund geschlossen, der die Verpflichtung zur gegenseitigen Treue in sich trägt (2,40.83; 4,154; 5,70). Festgehalten sind die Bundespflichten im Gesetzesbuch der Thora, das Mose von Gott in Empfang nahm, als er vierzig Tage auf dem Berg verweilte (7,142–145; vgl. Ex 19,10–24,18). Die Zahl Vierzig deutet hin auf Ex 24,28 (vgl. Dtn 9,9 ff.), und als innerkoranische Parallele wäre Sure 46,15 heranzuziehen: Dort ist die Entwöhnung des Menschen auf 30 Monate angesetzt; seine Vollreife beginnt danach mit dem 40. Lebensjahr. Möglicherweise hat Muhammad diese Daten auf die Offenbarungszeit am Sinai übertragen. Dass Mose Gott zu sehen begehrte, als er auf dem Berg weilte, wie in Koran 7,142 ff. gesagt, ist in Ex 33,18–23 überliefert. Wenn Mose nach koranischer Auffassung bekennt: „Ich bin der erste der Gläubigen …“ (7,143), könnte Ex 6,2 f. dahinterstehen, wo sich Gott dem Mose als erstem mit dem Namen Jahwe offenbart. Ansonsten ist nach dem Koran Abraham der erste, der Gott erkannte und sich seinem Willen unterwarf.

Literatur: *K. Prenner,* Muhammad und Musa (Religionswissenschaftliche Studien 6), Würzburg/Altenberge 1986; *L. Hagemann,* Propheten – Zeugen des Glaubens. Koranische und biblische Deutungen (Religionswissenschaftliche Studien 26), Würzburg/Altenberge [2]1993, 65–78.

L. Hagemann

Muezzin

Der Gebetsrufer, der die Muslime fünfmal im Verlauf eines Tages vom Minarett aus zum Gebet auffordert, ist der Muezzin (mu'adhdhin). Weibliche Gebetsrufer sind nicht üblich. Über besondere geistige Fähigkeiten braucht diese Person nicht zu verfügen, vielmehr muss sie eine laute, weittragende Stimme haben. Dies war die Eigenschaft, die den Propheten Muhammad veranlasste, einen äthiopischen Sklaven, Bilal, zum ersten Muezzin zu bestimmen. Vorbild der Einrichtung des Gebetsrufs sollen das Glockengeläute bzw. die Holzklappen (naqus) christlicher Kirchen und Klöster gewesen sein. Eine spezielle, langwierige Ausbildung benötigt der Muezzin nicht. Der Inhaber dieses Amtes muss lediglich die für die Gebetsaufforderung (adhan) notwendigen arabischen Texte beherrschen. In der Regel kennen die Gebetsrufer verschiedene Formen des Psalmodierens für den Adhan. Zu bestimmten Feiertagen und vor dem Freitag wird der Gebetsruf noch durch Lobpreisungen auf den Propheten und andere fromme Texte ergänzt. Versuche, den Gebetsruf in einer anderen als der arabischen Sprache einzuführen, haben sich nicht durchsetzen können. An kleineren Moscheen fallen die Ämter des Muezzin und des Imam in einer Person zusammen. Als hervorstechende Eigenschaft des Muezzin wird in den verschiedenen Darstellungen des islamischen Rechts seine Zuverlässigkeit und Pünktlichkeit genannt; denn von seiner genauen Beachtung der Zeiten für den Gebetsruf ist die korrekte Erfüllung der Pflichtgebete abhängig. In manchen Regionen der islamischen Welt ist es üblich, Männer, die in ihrer Sehfähigkeit behindert sind, als Muezzin einzusetzen, weil diese trotz ihres hohen Standorts nicht in der Lage sind, Einblick in die Privathäuser ihrer Umgebung zu nehmen. In der Regel wird die Tätigkeit des Muezzin durch Einkünfte aus Frommen Stiftungen sichergestellt.

Literatur: *E. Lane,* Manners and Customs of the Modern Egyptians, London 1841; *C. H. Becker,* Islamstudien, 2 Bde., Leipzig 1932.

P. Heine

Mufti ↗ *Gelehrte; Rechtssystem*

Muhammad

Muhammad, der Verkünder des Islams, war vierzig Jahre alt, ein vielgereister, erfolgreicher und angesehener Kaufmann, als er tiefe, erschütternde Erfahrungen machte, die ihn schließlich dazu führten, als Prophet aufzutreten und seine Landsleute zur Umkehr und zu einem konsequent gelebten Glauben aufzurufen. Mit dieser Sendung stand er, so sein eigenes Selbstverständnis, in Kontinuität mit der langen Geschichte der Propheten, die den Menschen zu allen Zeiten und an jedem Ort den Willen Gottes verkündet hatten.

Muhammad, der Verkünder des Islams

Muhammad ist um 570 nach Christus in Mekka/Arabien geboren. Sein Stamm hieß Quraysh, seine Sippe die Hashimiten, sein Vater ʿAbd-Allah. Sein Vater starb früh. Das Kind wuchs, obwohl es in einer Stadt geboren war, getragen von der Struktur der Stammesgesellschaft auf und umgeben von den Gebräuchen und Sitten der Stammestradition Altarabiens. Muhammad wurde in seinen jüngsten Jahren einer Beduinenamme anvertraut. Als auch seine Mutter starb – der Knabe war erst sechs Jahre alt –, nahmen sich seiner zuerst sein Großvater, dann sein Onkel Abu Talib, Vater des späteren Khalifen ʿAli, an. Der Junge hütete in der Wüste die Herden, er begleitete auch manchmal seinen Onkel auf der Reise mit den Karawanen nach Syrien. Die islamische Tradition will, dass der zwölfjährige Muhammad auf einer solchen Reise einem christlichen Mönch aufgefallen war, der auf seinen Schultern die Zeichen seiner späteren prophetischen Sendung feststellte. Die islamische Biographie Muhammads enthält viele Wundererzählungen, die sich auf die Empfängnis, die Geburt, die Kindheit und das weitere Leben Muhammads beziehen.

Mit 25 Jahren wurde Muhammad Karawanenführer der reichen Witwe Khadidja, die er auch heiratete. Von den Kindern, die aus dieser Liebesehe entstanden, blieb nur Fatima am Leben, die als Frau ʿAlis zur Stammesmutter der Nachkommen Muhammads wurde und damit eine besondere Stellung vor allem im Schiismus einnimmt. Der Koran bewertet die Heirat mit Khadidja als einen göttlichen Gnadenerweis für Muhammad (93,7–8). Als etablierter reicher Kaufmann gewann nun Muhammad an Ansehen und Einfluss in der mekkanischen Gesellschaft.

Als er vierzig Jahre alt war, begann er, sich nach dem Sinn des Lebens in einer verfallenen Gesellschaft zu fragen, die den Armen keine Beachtung schenkte, sie gar ungerecht behandelte und bedenkenlos unterdrückte und die sich frohen Herzens der Befriedigung ihrer Gelüste hingab. Nach dem Muster der christlichen Einsiedler, die er auf seinen Geschäftsreisen traf, und nach dem Vorbild der einsamen Gottsucher, die es in seiner Umgebung gab, zog sich Muhammad immer wieder in die Einsamkeit zurück. In einer Höhle am Lichtberg in der Nähe von Mekka widerfuhr ihm das, was der Koran und die islamische Tradition als seine Berufung zum Propheten interpretieren. Muhammad wurde in einer Schlafvision von einem Engel (Gabriel) aufgefordert zu lesen, d.h. die Botschaft Gottes an die Menschen öffentlich vorzutragen (96,1–5).

Muhammad kehrte tieferschüttert und entsetzt nach Hause zurück und grübelte, was dies alles zu bedeuten habe. Die Vision und die Berufung hörten eine Zeit lang auf, und Muhammad versank in Verzweiflung, denn er fürchtete, das Opfer des Teufels zu sein. Endlich wiederholte sich die Vision und die Berufung: Muhammad gewann nun die innere unerschütterliche Gewissheit, zum Propheten bestimmt zu sein.

Er trat in Mekka auf und begann, seine Landsleute zu ermahnen und vor dem bald hereinbrechenden Zorn und Gericht Gottes zu warnen. Sie sollten umkehren und ihren bösen Wandel ablegen. Sie sollten mit dem Glauben an Gott ernst machen. Denn er ist der einzige Schöpfer der Welt und der einzige Richter der Menschen. Neben ihm gibt es keine anderen Gottheiten und Mächte. Die Hauptinhalte der Predigt Muhammads in dieser Periode sind die Warnung vor dem nahen Gericht Gottes, der Aufruf zur Besserung des Wandels, die Reform des verdorbenen gesellschaftlichen Lebens und der Glaube an den einen, einzigen Gott.

Die Predigt des neuen Propheten und seine beunruhigenden Appelle gefielen den Mekkanern nicht. Denn er wandte sich gegen die traditionelle Religion der Stadt und des ganzen Landes und bedrohte direkt den polytheistischen Kult, der sich um ihr Heiligtum, die Kaʿba konzentrierte und ihnen reiche Erträge einbrachte.

Die neue Botschaft begünstigte die unteren Schichten der Gesellschaft und stellte somit subversiv die bestehende soziale Ordnung in Frage. Die Mekkaner forderten Muhammad auf, von seiner Predigt abzulassen. Sie führten mit ihm heftige Auseinandersetzungen, bestritten seine Berechtigung zu solcher Verkündigung und verneinten die Echtheit seiner göttlichen Sendung. Wenn er die Offenbarung im Schlaf und in schüttelnden Trancen bekommen habe, so sei er nur ein gemeiner Wahrsager (vgl. 52,29; 69,40.42–43), ein unter dem Einfluss seiner Dämonen stehender Dichter (52,30; 69,41; 36,69–70), ein Zauberer (38,4; 37,14–15), ein Besessener (23,70–71; 68,2; 25,8; 17,47), ja er sei sogar ein Werkzeug des Teufels (81,25; 26,210–212).

Muhammad wies diese Vorwürfe immer wieder entschieden zurück und berief sich auf Gott, der ihm seine Botschaft übermitteln ließ mit dem Auftrag, sie den Menschen zu verkünden. Aber nein, erwiderten die Polytheisten, es ist nicht Gotteswort, sondern Menschenwort, was Muhammad da vorträgt (25,4–6).

Wenn die Botschaft Muhammads, so die Antwort des Korans, derjenigen der früheren Propheten ähnlich ist, so ist dies ein Beweis, dass auch Muhammad ein Prophet ist wie sie. Die Polytheisten erwidern, dass er nur ein gewöhnlicher Mensch ist, der keine besondere Auszeichnung vonseiten Gottes hat und keine Reichtümer und keine mächtige Stellung in der Gesellschaft. Die Antwort auf diese Einwände lautet: „Ich sage euch nicht, ich hätte die Vorratskammern Gottes, und ich kenne auch nicht das Unsichtbare. Und ich sage euch nicht, ich sei ein Engel. Ich folge nur dem, was mir offenbart wird" (6,50; vgl. 11,12; 25,10).

Aber, so die Forderung der Polytheisten, Muhammad soll, wie auch jeder andere Prophet, die Echtheit seiner prophetischen Sendung durch ein Beglaubigungswunder bestätigen. Er sollte Engel oder gar Gott erscheinen lassen (25,21). Oder er soll irgendein Zeichen von seinem Herrn bringen wie die früheren Gesandten (21,5). Auf diese delikate Frage antwortet Muhammad, dass nur Gott die Macht besitzt, Wunder zu wirken (29,50); die Propheten wirken Wunder nur, wenn Gott es ihnen erlaubt (40,78; 13,38). Im Übrigen, die Geschichte bezeugt, dass die Wunder die verstockten Menschen doch nicht zum Glauben führten (10,96–97; 7,146; 6,23.109.111). So habe Muhammad von Gott keinen Auftrag erhalten, Wunder zu wirken (17,59–60). Dennoch unterliegt seine Sendung keinem Zweifel, Gott hat ihm seine Offenbarung gegeben als Bestätigung der großen Offenbarungen der Vergangenheit, der des Mose und der Jesu Christi (20,133; 35,31). Von einem so hartnäckigen Unglauben fühlte sich Muhammad tief betroffen, denn es ging um die Erfüllung seines Auftrags und die Bekehrung der Menschen zum einen, barmherzigen Gott. Er blieb seiner Sendung treu und wandte sich von seinen verstockten Gegnern ab. Diese aber bereiteten ihm und seiner Gemeinde solche Schwierigkeiten, sie verfolgten sie sogar so, dass die ersten Muslime der Verbannung, der Ächtung und mannigfaltigen Todesängsten ausgesetzt wurden. Als die Angriffe der Mekkaner unerträglich wurden und die Existenz der Gemeinde selbst ernsthaft bedrohten, entschloss sich Muhammad, seine Vaterstadt zu verlassen. Er wanderte mit seiner Gemeinde aus und suchte Aufnahme in seiner Mutterstadt Yathrib (die später Medina, Stadt des Propheten, genannt wurde). Die Auswanderung (hidjra) erfolgte im Jahr 622. Dieses Jahr ist das erste Mondjahr der islamischen Zeitrechnung. Die Auswanderung nach Medina hatte weitgehende Folgen für Muhammad und die ersten Muslime. Die freundliche Aufnahme, die er dort fand, und die Zunahme der Zahl der Anhänger des Islams machten aus ihm bald den Mittelpunkt des gesellschaftlichen und politischen Lebens der Stadt. Er musste die Aufgabe des sozialen und politischen Leiters der Gemeinschaft übernehmen.

Er konnte sich nicht damit begnügen, eine von Askese inspirierte, auf das Jenseits gerichtete Botschaft zu predigen, er musste sich mit dem Alltag der Muslime beschäftigen, eine soziale Ordnung auf die Beine stellen, die Fundamente der solidarischen islamischen Gemeinschaft legen, deren Solidarität nicht mehr auf der Blutsverwandtschaft, sondern auf dem gemeinsamen Glauben gründete. Endlich musste Muhammad den politischen und militärischen Kampf gegen die Feinde des Islams nach außen und auch innerhalb der Gemeinde selbst führen. Dafür brauchte er mehr als nur prophetischen Mut und leidenschaftliche Appelle. Er brauchte und entwickelte auch den Sinn für die täglichen Realitäten, für die komplexen Vorgänge einer Gesellschaft, für die psychologischen Widerstände, die die Reform der lebensnotwendigen Tradition bei primitiven Stämmen hervorrief. Muhammad blieb also in Medina nicht nur der inspirierte Prophet und der weltabgewandte Asket, er wurde zunehmend zum klugen, abwägenden Staatsmann, zum weisen Gesetzgeber, zum politischen Führer und zum Feldherrn, kurz, zur Zentralfigur der frühislamischen Gemeinde. Der „Gesandte Gottes" sah seine Autorität durch die Erfolge seiner Politik und seiner Führung wie auch durch die Unterstützung der göttlichen Offenbarung immer größer und fester werden.

Die freundliche Aufnahme in Medina bedeutete nicht, dass alle Gruppen die Echtheit der Sendung Muhammads anerkannten, und auch nicht, dass sie alle ohne Vorbehalte Partei für ihn ergriffen. Die Christen und vor allem die Juden, die Muhammad in Mekka mit großer Achtung behandelte und „Leute des Buches" (oder Schriftbesitzer) nannte, konnten sich nicht dazu entschließen, seine prophetische Sendung anzuerkennen. Vor allem die Juden waren mit den Mekkanern durch wirtschaftliche und militärische Abkommen verbunden. Außerdem vermochten sie die von Muhammad behauptete Kontinuität zwischen Thora und Koran nicht in allen Punkten (Prophe-

tengeschichte, Gesetzgebung, Glaube an Jesus den Messias ...) zu erkennen. Muhammad ging dann ihnen gegenüber auf Distanz und erklärte die Selbständigkeit des Islams, indem er sich jenseits des Judentums und des Christentums direkt auf Abraham, den Vater aller Gläubigen, berief. Er bestimmte, dass die Muslime sich beim Gebet nicht mehr nach Jerusalem, sondern nach der Kaʿba zu Mekka zu richten haben, denn, so seine Version, dieses Zentralheiligtum der Araber wurde von Abraham mit seinem Sohn Ismael zur Anbetung des einen Gottes erbaut. Damit hatte der Islam in der Kaʿba ein religiöses Zentrum und ein Symbol seiner politischen Einheit.
Militärisch hatte Muhammad nach außen weiterhin gegen die Mekkaner zu kämpfen. Die Muslime überfielen die Karawanen der Mekkaner und fügten ihnen immer empfindlichere Verluste zu. Die bewaffnete Auseinandersetzung zwischen den verfeindeten Lagern fand in mehreren Schlachten und Konfrontationen statt: Die Muslime errangen den Sieg in Badr (624), erlitten eine Niederlage in Uhud, wo Muhammad sogar verwundet wurde (625). Unentschieden verlief die Belagerung Medinas durch die Mekkaner (627), weil die Muslime um ihre Stadt einen Graben ausgehoben hatten (Grabenkrieg). 628 erschienen die Muslime vor den Toren Mekkas. Sie schlossen mit den Mekkanern einen Waffenstillstand für zehn Jahre (Abkommen von Hudaybiya), den jedoch die Mekkaner nicht respektierten. Daraufhin marschierten die muslimischen Kämpfer gegen Mekka. Die Mekkaner öffneten die Tore ihrer Stadt vor Muhammad ohne Widerstand, nachdem sie die Zusicherung erhielten, dass die Bevölkerung Mekkas verschont werde. Muhammad hielt sein Wort. Er trat in die Kaʿba ein und beseitigte endgültig die Götzen, die heidnischen Malereien und Kultsymbole. Das war im Jahr 630.
In Medina entledigte sich Muhammad der Juden nach und nach. Im Anschluss an seinen Sieg zu Badr 624 griff er einen der drei Stämme der Juden an und vertrieb seine Mitglieder aus der Stadt. In der zweiten Hälfte des Jahres 625 wurde auch der zweite Stamm aus Medina vertrieben. Nach dem unentschieden verlaufenen Grabenkrieg griff Muhammad den dritten Judenstamm an und ließ einen Schiedsrichter über ihr Schicksal entscheiden. Nach dessen Urteil wurden die Männer hingerichtet und die Frauen und die Kinder als Sklaven verkauft.
Nach der Beseitigung der Juden blieb es den Muslimen, den Einfluss der Christen zu neutralisieren. In Medina hatten die Christen keine Bedeutung. Muhammad startete einen Feldzug gegen die christlichen Stämme in Nordarabien (629), der missglückte. Daraufhin verschärfte Muhammad seinen Ton in der religiösen Auseinandersetzung mit den Christen. Dann kam der Befehl, alle Nicht-Muslime, einschließlich Juden und Christen, zu unterwerfen (9,29.33). Die muslimischen Gruppen rückten gegen mehrere christliche Oasen im Norden vor und nahmen sie ein (630–631), andere Truppen beweg-

ten sich in Richtung Süden und nach Nadjran im Jemen.
In den Jahren 630–631 schickten die arabischen Stämme Abgesandte zu Muhammad, um ihren Übertritt zum Islam zu bekunden. 631 erklärte Muhammad die Abschaffung des Polytheismus. 632 unternahm er mit einer großen Schar von Gläubigen die erste Wallfahrt des Islams nach Mekka, die als Vorbild für die muslimischen Pilger in der nachfolgenden Zeit gilt. Muhammad wurde in Medina überraschend krank und starb am 8. Juni 632.
Für die gläubigen Muslime, die von den Angaben des Korans und der Überlieferung ausgehen, und die Volksfrömmigkeit ist Muhammad der Prophet und Gesandte Gottes, die mit höchster Autorität versehene letzte Instanz in Fragen des Gesetzes, der Rechtsbestimmung und der praktischen Entscheidungen und Verhaltensmuster. Er ist das Vorbild derer, die in Frömmigkeit Gott dienen und sittlich gut handeln wollen. Endlich ist er der begnadete Auserwählte Gottes, den Gott mit mancherlei Gaben ausgezeichnet hat.

Muhammad, der Prophet

Bereits in seinem Berufungserlebnis hatte Muhammad vernommen, wozu ihn Gott bestellt hatte: „Lies im Namen deines Herrn, der erschaffen hat!“ (96,1); „Steh auf und warne!“ (74,2). Dass Muhammad ein Prophet Gottes und ein Prediger und Warner im Auftrage Gottes ist, verkündet der Koran in unzähligen Versen.
Muhammad wurde zu seinen Landsleuten gesandt, um ihnen die Grundoffenbarung in ihrer eigenen Sprache zu bringen und zu verkünden: „Beim deutlichen Buch! Wir haben es zu einem arabischen Koran gemacht, auf dass ihr verständig werdet. Er ist aufgezeichnet in der Urform des Buches bei Uns, erhaben und weise“ (43,2–4; vgl. 41,2–4; 16,103; 12,2; 39,28; 42,7; 46,12; 13,37).
Dieser arabische Koran ist eine Abschrift der im Himmel aufbewahrten Urschrift: „Das ist wahrlich ein trefflicher Koran in einem wohlverwahrten Buch, das nur die berühren dürfen, die rein gemacht worden sind; Herabsendung vom Herrn der Welten“ (56,77–80; vgl. 85,21–22; 43,4).
Die Botschaft des Korans stimmt mit den früheren Offenbarungen überein, und die Rolle des Propheten Muhammad und sein Schicksal sind denen der früheren Propheten ähnlich: „Er hat auf dich das Buch mit der Wahrheit herabgesandt als Bestätigung dessen, was vor ihm vorhanden war. Und Er hat die Thora und das Evangelium herabgesandt zuvor als Rechtleitung für die Menschen …“ (3,3–4; vgl. 35,31; 10,37; 46,30; 5,48).
Diese Übereinstimmung mit den früheren Schriften ist übrigens den ungläubigen Arabern aufgefallen; sie machten dem Propheten Muhammad daraus einen Vorwurf (vgl. 68,15; 16,24). Auch die Juden, betont der Koran, erkennen diese Übereinstimmung 6,20; vgl. 6,114), auch wenn sie sich weigern, die Echtheit der prophetischen Sendung Muhammads anzuerkennen. Für Muhammad selbst ist diese Übereinstim-

mung des Korans mit der Thora und dem Evangelium ein Zeichen der Wahrheit seiner Botschaft (vgl. 10,94). Der Koran meint sogar, dieses Zeichen sollte eigentlich alle Menschen überzeugen (26,195–197).

Wie vor ihm die Thora und das Evangelium ist der Koran ein Licht und eine Rechtleitung. Er ist ein Gnadenerweis von Gott, ein Zeichen seiner Barmherzigkeit: „Und Wir haben auf dich das Buch nur deswegen hinabgesandt, damit du ihnen das deutlich machst, worüber sie uneins waren, und als Rechtleitung und Barmherzigkeit für die Leute, die glauben" (16,64; vgl. 21,107).

So sind der Prophet und seine Botschaft Zeugen für Gott vor den Menschen und auch Zeugen Gottes gegen die Menschen, wenn diese seiner Offenbarung den Glauben verweigern (73,15). Der Koran als letzte Kundgebung des göttlichen Gesetzes setzt die Linie, die von der Thora zum Evangelium ging, fort. Er bringt die endgültige Klarheit über strittige Fragen, soweit es Gott will (16,64; vgl. 27,76–77).

Er bringt auch die endgültige Erleichterung des göttlichen Gesetzes: „Und Gott will sich euch zuwenden ... Gott will euch Erleichterung gewähren. Der Mensch ist ja schwach erschaffen worden" (4,27–28). – „Er hat euch erwählt. Und Er hat euch in der Religion keine Bedrängnis auferlegt" (22,78; vgl. 5,6: Waschungen und Gebet; 7,157: Die den Juden auferlegten Erschwernisse sollen beseitigt werden ...).

Der Islam, der von Muhammad verkündet wird, steht zwar in Kontinuität mit den früheren prophetischen Sendungen und Botschaften, er stellt jedoch die endgültige Gestalt der von Gott gewollten Religion dar. Er hebt somit alle anderen und früheren Formen der Religion in ihrer universalen Geltung auf und setzt sie entsprechend außer Kraft. Denn Muhammad ist als Prophet über die Grenzen Arabiens hinaus zu allen Menschen gesandt: „Sprich: o Mensch, ich bin an euch alle der Gesandte Gottes" (7,158). – „Und Wir haben dich für die Menschen allesamt nur als Freudenboten und Warner gesandt. Aber die meisten Menschen wissen nicht Bescheid" (34,28; vgl. 21,107).

Es gilt also folgende ausdrückliche Aussage: „Die Religion bei Gott ist der Islam ..." (3,19; vgl. 48,28); – „Heute habe ich eure Religion vervollkommnet und meine Gnade an euch vollendet, und Ich habe daran Gefallen, dass der Islam eure Religion sei" (5,3; vgl. 5,6).

Die islamische Gemeinschaft, die sich vom Koran leiten lässt, ist auch das Vorbild aller anderen Religionsgemeinschaften. Sie ist das Zeugnis Gottes vor den Menschen und gegen alle Menschen: „Und so haben Wir euch zu einer in der Mitte stehenden Gemeinschaft gemacht, auf dass ihr Zeugen seid über die Menschen und dass der Gesandte Zeuge sei über euch" (2,143).

So hat mit Muhammad nach islamischem Glauben die Prophetengeschichte ihren letzten Höhepunkt und ihre endgültige Etappe erreicht: Muhammad wird bezeichnet als „das Siegel der Propheten" (33,40).

Die islamische Überlieferung (hadith) hat in mehreren Erzählungen erwähnt, wie Muhammad selbst diese Aussagen aufgenommen und bestätigt habe.

– Ich habe fünf Namen: Ich bin Muhammad; ich bin Ahmad; ich bin der Vertilger, mit dem Gott den Unglauben austilgt; ich bin der Versammler, der die Menschen zu seinen Füßen versammelt; und ich bin der (letzte) Nachfolger (nach Djubayr ibn Mutʿim; bei Bukhari, Muslim, Tirmidhi).

– Mit mir und den Propheten vor mir ist es wie mit einem Mann, der ein Haus gebaut hat. Er machte es gut und gestaltete es schön, mit Ausnahme der Stelle eines Lehmsteines in einer Ecke. Die Menschen gingen um es herum, wunderten sich und sagten: Würde doch der (fehlende) Lehmstein dorthin gelegt! Er sagte: Ich bin der Lehmstein, und ich bin das Siegel des Propheten (nach Abu Hurayra; bei Bukhari, Muslim, Tirmidhi).

– Früher wurden die Propheten speziell zu ihrem jeweiligen Volk geschickt, ich aber wurde zu den Menschen allgemein geschickt (nach Djabir; bei Bukhari, Muslim, Tirmidhi, Nasa'i).

Muhammad, der Gesandte Gottes

Über die prophetische Verkündigung hinaus hat Muhammad nach islamischem Glauben den Auftrag erhalten, den Koran als Heiliges Buch seiner Gemeinde und den Menschen zu hinterlassen. Dieses Buch ist die Urkunde der Offenbarung, das Gesetz Gottes, das immer wieder als der gerade Weg (vgl. Koran 10,25; 15,41), der Weg Gottes (vgl. 15,3; 16,94; 47,32; 56,16) bezeichnet wird. Somit ist Gott der Garant der Richtigkeit seines Inhaltes; er erklärt es für verbindlich und fordert von den Menschen Gehorsam und Gefolgschaft: „Und dies ist ein Buch, das Wir hinabgesandt haben, ein gesegnetes (Buch). Folgt ihm und seid gottesfürchtig, auf dass ihr Erbarmen findet“ (6,155).

Dem gläubigen Muslim wird dieser Weg Gottes durch Muhammad bekannt gemacht und verkündet, so dass ihm der Weg Gottes praktisch als der Weg des Gesandten Gottes erscheint und die Verpflichtung, Gott zu folgen sich in der Verpflichtung konkretisiert, dem Weg des Gesandten zu folgen. Der Koran selbst legt durch verschiedene Äußerungen nahe, die Identifizierung der beiden Wege in der Praxis anzunehmen.

Zum einen wird von den Muslimen gefordert, sich der Führung des Gesandten zu unterwerfen und ihm zu folgen (7,158; vgl. 60,12; 14,44; 26,216). Denn die Liebe zu Gott drückt sich in der treuen Gefolgschaft aus, die man dem Gesandten erweist: „Sprich: Wenn ihr Gott liebt, dann folgt mir, so wird Gott euch lieben und euch eure Sünden vergeben“ (3,31).

Auf der anderen Seite wird eine feste Verbindung zwischen Gott und seinem Gesandten hergestellt, so dass man den Gehorsam gegen Gott vom Gehorsam gegen seinen Gesandten nicht trennen kann. Der Koran erwähnt beide zusammen: „Gehorchet Gott und dem Gesandten“, schärft der Koran den Gläubigen ein (3,32.132; 8,1.46; 9,71; 3,33.71; 58,13 usw.). Diese dürfen sich Gott und seinem Gesandten nicht widersetzen (8,13; 58,5.20; 59,4), ihnen den Gehorsam nicht verweigern (4,14; 33,36) oder gar ihnen gegenüber treulos sein (8,27).

Manche Ausdrücke des Korans bringen eine sprachliche Variante, die, so will mir scheinen, einen Übergang zu einer weiteren Perspektive einleitet. Es wird nicht mehr einfach befohlen: Gehorchet Gott und dem bzw. seinem Gesandten, sondern: Gehorchet Gott und gehorchet dem Gesandten (4,59; 5,92; 47,33). Diese grammatikalische Trennung bedeutet nicht eine Spaltung zwischen der Autorität Gottes und der seines Gesandten, sie weist nur darauf hin, dass Gott seinen Gesandten beauftragt hat, die Offenbarung und das Gesetz zu verkünden, und dass im Endeffekt eine vollkommene Übereinstimmung zwischen dem Gesandten und dem ihn legitimierenden Gott besteht. Die Parallelstellung der beiden Autoritäten ermöglicht jedoch, dass auf Dauer und in der Alltagspraxis nur noch der Prophet als gesetzgeberische Autorität genannt wird, wobei immer vorausgesetzt wird, dass er selbst seine Autorität letztlich von Gott erhält. Dies zeigt sich schon in einem Vers wie diesem: „Und wenn zu ihnen gesagt wird: Kommt her zu dem, was Gott herabgesandt hat, und zum Gesandten, siehst du die Heuchler sich klar von *dir* abwenden“ (4,61).

Es geht hier vor allem um Entscheidungen in Einzelfragen nach den Rechtsnormen des Gesetzes. Gerade für solche praktischen Fälle brauchte Muhammad mehr persönliche Entscheidungsfreiheit als für die Grundsatzfragen, bei denen die direkte Autorität Gottes angesprochen wurde. Und so konnte es eine Hilfe für ihn und für die Gemeinschaft sein, wenn seine Autorität so weit anerkannt wurde, dass er allein, zwar auf dem Hintergrund seiner Legitimierung durch Gott, aber nicht immer aufgrund einer unmittelbaren Offenbarung, über konkrete Fälle entscheiden konnte. Deswegen betont der Koran diese Befugnisse des Propheten, ohne immer den garantierenden Namen Gottes zu erwähnen.

Folgende Koranstellen verdeutlichen diese Perspektiven:

– Gott und Gesandte entscheiden zusammen: „O ihr, die ihr glaubt, gehorchet Gott und gehorchet dem Gesandten und den Zuständigen unter euch. Wenn ihr über etwas streitet, so bringt es vor Gott und den Gesandten, so ihr an Gott und den Jüngsten Tag glaubt. Das ist besser und führt zu einem schöneren Abschluss.“

– Gott und der Gesandte werden angegangen, aber der Gesandte ist es, der die Entscheidung trifft: „Und wenn sie zu Gott und seinem Gesandten gerufen werden, damit er (= der Gesandte) zwischen ihnen urteile, wendet sich gleich ein Teil von ihnen ab“ (gleiche Formulierung: 24,51; vgl. auch 24,54).

– So ist die Anwesenheit des Gesandten mitten unter den Muslimen eine Garantie für die Wahrheit des Glaubens und die Richtigkeit des Weges der Gemeinschaft: „Wie könnt ihr

ungläubig werden, wo euch die Zeichen Gottes verlesen werden und sein Gesandter unter euch ist? Wer an Gott festhält, wird zu einem geraden Weg geleitet" (3,101).
– Der Gesandte ist ein von Gott autorisierter Schiedsrichter und eine letzte Entscheidungsinstanz: „Nein, bei deinem Herrn, sie glauben nicht wirklich, bis sie dich zum Schiedsrichter nehmen über das, was zwischen ihnen umstritten ist, und danach wegen deiner Entscheidung keine Bedrängnis in ihrem Inneren spüren, sondern sich in völliger Ergebung fügen" (4,65).
– So fordert der Koran von den Gläubigen den Gehorsam gegen den Gesandten, der hier dann allein erwähnt wird: „... und gehorchet dem Gesandten ..." (24,56; vgl. 24,54; 58,8).
– Dafür gibt es zwei Gründe: „Und Wir haben die Gesandten nur deswegen entsandt, damit man ihnen gehorcht mit der Erlaubnis Gottes ..." (4,64); – „Wer dem Gesandten gehorcht, gehorcht Gott" (4,80).
Auch die Überlieferung bekräftigt, dass Muhammad der von Gott bestellte Leiter der Muslime und von ihm autorisierte Entscheidungsträger ist. Im Folgenden seien einige Aussprüche Muhammads selbst nach den Erzählungen der Tradition wiedergegeben:
– Wenn ich euch etwas verboten habe, dann meidet es. Und wenn ich euch etwas geboten habe, so vollbringt es, soviel ihr könnt ... (nach Abu Hurayra; bei Bukhari, Muslim, Tirmidhi).
– Die wahrhaftige Botschaft ist das Buch Gottes. Die schönste Rechtleitung ist die Rechtleitung Muhammads (nach Djabir; bei Nasa'i, Bukhari, Muslim).
– Mit mir und mit dem, womit Gott mich geschickt hat, ist es wie mit einem Mann, der zu seinem Volk kam und sagte: O mein Volk, ich habe die Truppen mit meinen eigenen Augen gesehen, und ich bin euch ein Warner, der nackt auftritt. So rettet euch selbst!
Ein Teil von seinem Volk gehorchte ihm und begann sofort aufzubrechen. Und so konnten sie in Ruhe wegziehen.
Ein anderer Teil von ihnen bezichtigte ihn der Lüge und blieb am Ort. Die Truppen erreichten sie am Morgen, sie brachten Verderben über sie und rotteten sie aus.
So verhält es sich mit dem, der mir gehorcht und das befolgt, womit ich gekommen bin, und mit dem, der gegen mich ungehorsam ist und das für Lüge erklärt, was ich von der Wahrheit gebracht habe (nach Abu Musa al-Ashʿari; bei Bukhari, Muslim).
– Meine gesamte Gemeinschaft wird in das Paradies eingehen, nur der nicht, der sich weigert.
Sie sagten: O Gesandter Gottes, und wer ist der, der sich weigert?
Er sagte: Wer mir gehorcht, geht ins Paradies ein. Und wer gegen mich ungehorsam ist, der weigert sich (nach Abu Hurayra; bei Bukhari).

Muhammad, Vorbild für die Gläubigen

Der Koran bestätigt Muhammad, dass er „großartige Charakterzüge" besitze (68,4). So ist es nicht verwunderlich, dass er ihn den gläubigen Muslimen als Vorbild hinstellt und ihnen empfiehlt, nach seinem schönen Beispiel zu handeln: „Ihr habt im Gesandten Gottes ein schönes Vorbild, (und zwar) für jeden, der auf Gott und den Jüngsten Tag hofft und Gottes viel gedenkt" (33,21). Vorbild ist er also in Bezug auf die Frömmigkeit und die moralischen Tugenden.

Von diesen Tugenden gibt es in der islamischen Literatur aus verschiedenen Zeiten Auflistungen, die sich auf die Zeugnisse der Gefährten Muhammads stützen und die auch davon ausgehen, dass die Tugenden, die Muhammad den Muslimen empfohlen hat, auch bei ihm selbst anzutreffen sind.

In einer apologetischen Dogmatik vom Anfang dieses Jahrhunderts (al-Husun al-hamidiyya von Husayn al-Djisr, Kairo 1905) findet sich folgende Liste: geistige Fähigkeiten, Sanftmut, Freigebigkeit, Mut, geschlechtliches Zartgefühl, Heiterkeit und Liebenswürdigkeit im Umgang, Erkenntlichkeit, Bescheidenheit, Gerechtigkeit und Unbestechlichkeit, gesetztes Wesen, Weltverachtung.

Ein zeitgenössischer Autor zählt folgende Charakterzüge des Propheten auf: Mut, Freigebigkeit, Gerechtigkeit, Keuschheit, Aufrichtigkeit, Treue, Geduld, Nachsicht und Langmut, Bereitschaft zu vergeben, Barmherzigkeit, Bevorzugen des Friedens, Weltverzicht, Schamhaftigkeit, Demut, Pietät, guter Umgang, Liebe zur Arbeit, Heiterkeit und Witz.

Eine ähnliche Liste, versehen mit kurzen Sätzen aus der islamischen Überlieferung, findet sich auch in einem Beitrag von M. S. Abdullah: Demut und Bescheidenheit, Aufrichtigkeit, Höflichkeit, Wohltätigkeit, Zuneigung und Mitgefühl, Mäßigkeit, Keuschheit, Beständigkeit, Freundlichkeit, Seelenstärke, Selbstkontrolle, Zufriedenheit, Sauberkeit, Reue, Geduld, Vergebungsbereitschaft, Vernunft, Arbeit, Ehrlichkeit im Handel, Wissen, vorbildliches familiäres Verhalten.

Muhammad, der Erwählte Gottes

Aus seinem Berufungserlebnis und aus der inneren Gewissheit, dass Gott ihn mit seiner Rechtleitung begleitet, entstand in Muhammad ein ausgeprägtes Erwählungsbewusstsein, das sich an vielen Stellen im Koran ausdrückt.

Die ursprüngliche Forderung, die Gott an ihn stellt, enthält bereits die Verpflichtung zu einer besonderen Haltung und einer besonderen Bindung an Gott. Denn er soll Gott preisen, den Götzendienst meiden und so mit der polytheistischen Tradition seiner Landsleute brechen; erst dann ist er rein, und erst dann kann er freigebig sein und selbstlos bleiben. Endlich muss er sich in Geduld üben, um den Entscheidungen seines Herrn entgegenzusehen und Gott ständig zur Verfügung zu stehen (74,3–7).

Der Gnadenerweis Gottes zeigt sich auch darin, dass Gott ihn aus seiner Armut und Verlassenheit errettet und ihm seine Schuld vergeben hat: „Und wahrlich, dein Herr wird dir geben, und du wirst zufrieden sein. Hat Er dich nicht als Waise gefunden und dir Unterkunft besorgt, und dich abgeirrt gefunden und rechtgeleitet?" (93,5–7; vgl. 94,1–4.7–8).

Muhammad war sich sein Leben lang seiner menschlichen Schwachheit bewusst; und er wird im Koran aufgefordert, für seine Sünde um Vergebung zu bitten: „Wisse nun, dass es keinen Gott gibt außer Gott. Und bitte um Vergebung für deine Sünde und für die gläubigen Männer und die gläubigen Frauen. Gott weiß, wo ihr umherzieht und wo ihr bleibt" (47,19). – „Wir haben dir einen offenkundigen Erfolg verliehen, damit Gott dir deine Sünden vergebe, die früheren und die späteren, und damit Er seine Gnade an dir vollende und dich einen geraden Weg führe …" (48,1–2; vgl. 40,55; 9,43.117; 5,49).

Muhammad weiß aber auch, dass Gott ihn rechtleitet: „Und ohne die Huld Gottes gegen dich und seine Barmherzigkeit wäre eine Gruppe von ihnen im Begriff gewesen, dich irrezuführen; aber sie führen nur sich selbst in die Irre, und sie schaden dir nichts. Und Gott hat auf dich das Buch und die Weisheit herabgesandt und dich gelehrt, was du nicht wusstest. Und die Huld Gottes gegen dich ist gewaltig" (4,113; vgl. 93,7; 48,2).

Der Prophet steht somit unter dem besonderen Schutz Gottes: Gott ist sein Freund und Sachwalter (7,196), er ist ihm Zuflucht gegen die Nachstellungen und Verführungen des Teufels (7,200), er leitet ihn recht trotz der Bemühungen der Menschen, ihn vom rechten Weg abzubringen (4,113).

Im Jenseits ist Muhammad für das Paradies bestimmt (68,3; 28,85), so wie alle anderen frommen Gläubigen. Gott wird ihnen allen ihren Lohn geben, „am Tag, da Gott den Propheten und diejenigen, die mit ihm gläubig sind, nicht zuschanden macht" (66,8).

Über eines der Zeichen der besonderen Zuwendung Gottes, die Himmelsreise (miʿradj), haben wir die wichtigsten Aussagen wiedergegeben.

Diese Himmelsreise soll in der Nacht des 27. Tages des Mondmonats Radjab stattgefunden haben. Über die Frage, ob sie eine körperliche Entrückung oder ein Traumgesicht oder gar ein Doppelerlebnis (d. h. einmal im Traum und dann noch einmal im Wachzustand) war, streiten sich die muslimischen Autoren. Sie alle betrachten jedoch dieses Erlebnis Muhammads als eine besondere Auszeichnung vonseiten Gottes.

Während der Himmelsreise habe Muhammad die besondere Nähe Gottes erlebt. Seine geistigen Fähigkeiten hätten durch die Erhebung in die höheren Bereiche der göttlichen Wirkung eine besondere Weite erfahren, so dass der Prophet von nun an zwar gegen die Schwierigkeiten des Prophetenloses nicht gefeit, jedoch für die Erfüllung seiner Aufgabe in besonderer Weise ausgerüstet war.

Eine weitere Auszeichnung, die Gott Muhammad zuteil werden lässt, ist die Erlaubnis, am Tag des Gerichts Fürsprache für die Muslime, die als Gläubige gestorben sind, einzulegen und sie dadurch in Scharen ins Paradies zu führen. Muhammad habe sich nach den Angaben der Überlieferung in diesem Sinne geäußert:

– Ich bin der Herrscher der Kinder Adams am Tag der Auferstehung und der erste, über dem sich das Grab spaltet, der erste, der Fürsprache einlegt, und der erste, dessen Fürsprache erhört wird (nach Abu Hurayra, bei Muslim; Abu Dawud).

– Ich bin der erste, der Fürsprache einlegt, und ich bin der erste, dessen Fürsprache erhört wird am Tag der Auferstehung …

– Ich bin der erste, der die Türklinke des Paradieses bewegen wird, so wird Gott mir öffnen und mich da hineingehen lassen, während mit mir die Armen der Gläubigen sich befinden (nach Ibn ʿAbbas; bei Tirmidhi).

– In einer längeren Erzählung lässt die Überlieferung Muhammad sagen:

„Ich bin der Herrscher der Menschen am Tag der Auferstehung. Wisst ihr wodurch? Gott wird die Ersten und die Letzten auf einer Fläche versammeln. Wer hinblickt, wird sie sehen. Wer ruft, lässt sich von ihnen hören. Die Sonne naht. Da sagen einige von den Menschen: Seht ihr nicht, in welchem Zustand ihr euch befindet, wohin ihr gelangt seid? Wollt ihr nicht jemanden suchen, der für euch bei eurem Herrn Fürsprache einlegt? Einige Menschen sagen: Adam (soll es tun), euer Vater.

Sie kommen zu ihm und sagen: O Adam, du bist doch der Vater der Menschen. Gott hat dich mit seiner Hand erschaffen, er hat dir von seinem Geist eingeblasen, und er hat den Engeln befohlen, und sie warfen sich vor dir nieder, und er hat dich im Paradies wohnen lassen. Willst du nicht für uns bei deinem Herrn Fürsprache einlegen? Siehst du nicht, in welchem Zustand wir uns befinden und wohin wir gelangt sind? Er sagt: Mein Herr ist in einen derartigen Zorn geraten, den er weder vorher gezeigt noch nachher je zeigen wird. Und er hat mir den Baum verboten, aber ich war gegen ihn ungehorsam. Für mich selbst, für mich selbst (muss ich sorgen). Geht zum Propheten.

Da kommen sie zu mir. Ich werfe mich unter den Thron nieder. Und es wird gesagt: O Muhammad, erhebe dein Haupt. Lege Fürsprache ein, so wird deine Fürsprache erhört werden. Bitte, so wirst du erhalten" (nach Abu Hurayra; bei Bukhari).

Die besondere Auserwählung Muhammads kommt in solchen Bezeichnungen wie diesen zum Ausdruck. Muhammad sei „der Beste in der Welt", „der Imam der Welt und die Leuchte ihrer Bewohner", „der Herr und Prophet seines Volkes". Muhammad selbst bezeichnet sich als „der Liebling Gottes, … der ehrwürdigste unter den Ersten und den Letzten" (nach Ibn ʿAbbas; bei Tirmidhi).

Neben diesen Aussagen über die Erwählung Muhammads findet man die Warnung, die Person Muhammads maßlos zu verehren und gar zu vergöttlichen. Dennoch hat sich die Volksfrömmigkeit seiner Gestalt bemächtigt, sie immer mehr idealisiert und oft ins Wundersame und Überdimensionale gerückt.

Ein Beispiel dafür sind die Erzählungen über die wunderbaren Zeichen, die die Empfängnis und die Geburt Muhammads begleitet haben sollen. Nach Ibn ʿAbbas habe die Mutter Muhammads, Amina, erzählt:

„Ich gebar Muhammad, und ich

wandte mich, um ihn zu betrachten, und siehe, da lag er anbetend, seine Hände gen Himmel hebend, wie einer, der demütig fleht. Dann sah ich eine Wolke, die vom Himmel her ihn bedeckte, so dass er mir unsichtbar wurde. Und ich hörte jemanden, der rief: Führt ihn um die Erde herum im Osten und im Westen, und führt ihn zu den Meeren, dass sie ihn erkennen mit seinem Namen und seiner Gestalt und seinen Eigenschaften und damit sie wissen, dass er in den Meeren al-Mahi ist, denn allen Polytheismus wird er wegwischen. Dann schwand die Wolke schnell, und sieh da, da lag er in ein weißes Kleid gewickelt, und unter ihm lag eine grüne Decke aus Seide. Er hielt drei Schlüssel aus weißen Perlen in der Hand, und jemand rief: Sehet, Muhammad hält die Schlüssel des Sieges, des Schlachtens und des Prophetentums in seiner Hand" (zitiert nach T. Andrae, Die Person Muhammads in Lehre und Glauben seiner Gemeinde, Stockholm 1918, S. 63).

Aber diese Auswüchse sind nicht das Entscheidende in der Beziehung der Muslime zum Verkünder ihrer Religion. Viel wichtiger für ihren Glauben und ihren Weg ist ihnen die Verbundenheit mit Muhammad, die sie in ihrem Verhalten zum Ausdruck bringen wollen und auch in ihrem täglichen Gebet bezeugen. Im so genannten Bezeugungsgebet heißt es nämlich: „Gott gehören die Ehrerbietung, das Gebet und die guten Werke. Der Friede sei über dir, o Prophet, und die Barmherzigkeit Gottes und seine Segnungen.

Der Friede sei über uns und über den tugendhaften Dienern Gottes. Ich bezeuge, es gibt keinen Gott außer Gott, und ich bezeuge, Muhammad ist der Gesandte Gottes.

O Gott sprich den Segen über Muhammad und die Angehörigen Muhammads, wie du den Segen über Abraham und die Angehörigen Abrahams gesprochen hast. Und segne Muhammad und die Angehörigen Muhammads, wie du Abraham und die Angehörigen Abrahams in der Welt gesegnet hast.

Dir gebührt das Lob und die Herrlichkeit."

Damit erfüllen die Gläubigen das Wort des Korans: „Gott und seine Engel sprechen den Segen über den Propheten, O ihr, die ihr glaubt, sprecht den Segen über ihn und grüßt ihn mit gehörigem Gruß" (33,56).

Wer ist Muhammad für Christen?

In diesem abschließenden Teil geht es um die Würdigung der Person Muhammads aus christlicher Sicht. Es wird also nicht mehr das ausgeführt, was die islamische Tradition von Muhammad sagt und wie ihn die Muslime in ihrem Glauben sehen. Es wird vielmehr gefragt, wie die Christen, ausgehend von den Aussagen ihres eigenen Glaubens und von den Wahrheitskriterien, die ihre theologische Tradition entwickelt hat, über Muhammad und seinen prophetischen Anspruch urteilen sollen und können.

Es ist heute nicht mehr hilfreich, die Urteile zu übernehmen, welche christliche Polemiker in der Vergangenheit, und zwar im Osten wie im

Westen, über Muhammad gefällt haben. In einem Klima der Konfrontation und Feindschaft suchte man früher Muhammad als einen Kranken und Betrüger zu entlarven und undifferenziert als falschen Propheten hinzustellen. Die dabei angeführten Argumente können folgendermaßen zusammengefasst werden: Muhammad hat keine Zeugen für den Empfang der Offenbarung gehabt; – er ist von früheren Propheten auch nicht vorausverkündigt worden; – er hat selbst keine wahren Weissagungen ausgesprochen; – er hat keine Wunder gewirkt; – sein Verhalten widerspricht christlichen Moralvorstellungen: Davon zeugen seine übertriebene Sinnlichkeit und seine Neigung, Waffengewalt gegen seine Widersacher anzuwenden.

Die Stellungnahme in diesem Buch folgt eher der Richtung und dem Anliegen, die sich das Zweite Vatikanische Konzil auferlegt hat, als es sich vornahm, die Haltung der Kirche zu den nichtchristlichen Religionen neu zu definieren: „Gemäß ihrer Aufgabe, Einheit und Liebe unter den Menschen und damit auch unter den Völkern zu fördern, fasst sie (die Kirche) vor allem das ins Auge, was den Menschen gemeinsam ist und sie zur Gemeinschaft untereinander führt“ (Nostra aetate, 1).

1. Religionsphänomenologisch gesehen weist die Gestalt Muhammads die typischen Merkmale auf, die einen Propheten kennzeichnen und die man auch bei den Propheten des Alten Testaments findet. Muhammad ist von einem tiefen Sendungsbewusstsein getragen, er spricht im Namen Gottes, er ist bereit, für die Ausrichtung seiner Botschaft zu leiden, er stößt dabei auf den Widerstand der Menschen und setzt seine Hoffnung auf den Gott, der ihn nach seiner Überzeugung berufen und gesandt hat.

2. Für die christliche Theologie bildet aber, neben den verbindlichen Wahrheiten des christlichen Glaubens, der Inhalt der von Muhammad verkündeten Botschaft die wichtigste Grundlage zur Beurteilung seines prophetischen Anspruchs.

Die Botschaft des Korans hat bewirkt, dass die Menschen dem Heil Gottes nähergekommen sind. Denn sie hat die polytheistischen Altaraber zum Monotheismus geführt und ihnen die Namen des Guten (die zehn Gebote Gottes, wie im Alten Testament und im Neuen Testament) nahegebracht. Sie hat auch eine zwar im christlichen Sinne nur unvollkommene Erkenntnis von Jesus Christus gebracht, damit aber immerhin den Unglauben gegenüber Christus überwunden. So ist Muhammad – auch wenn er die Gottheit Jesu Christi verleugnet und die christliche Trinität als Tritheismus zurückweist – aufgrund seiner grundsätzlichen Stellungnahme für Jesus Christus und seinen initialen Glauben an Jesus Christus mit ihm verbunden. Christlicherseits muss ihm zugute gehalten werden, dass er – in der Sicht einer Stufentheorie der Suche nach der vollen Wahrheit – sich nicht total verschließt und von Christus entfernt, sondern sich – zwar am Rand – aber immerhin noch innerhalb des Bereichs der Erkenntnis Christi bewegt.

Somit könnte Muhammad mit den Propheten verglichen werden, die in der Zeit vor Christus (in seinem Fall: vor dem Christus des christlichen Glaubens) ihre Botschaft verkündet haben und auf unvollkommene Weise auf Christus hinweisen und teilweise zu ihm führen.
Auch könnte Muhammad den Gestalten des Alten Testaments zugerechnet werden, die punktuell prophetisch geredet haben, und deren punktuelles prophetisches Reden von der Bibel als echt anerkannt wird. Er könnte auch zu den Propheten gestellt werden, deren Wirken und Botschaft die Menschen zum Glauben an Gott und zur Umkehr bewegt haben, ohne dass sie den Anspruch erheben, das Wort Gottes definitiv gesprochen und den idealen Vorstellungen sittlichen Handelns in allem entsprochen zu haben.
Aber der Islam versteht die prophetische Sendung Muhammads als Aufforderung, die Botschaft des Korans als die einzig wahre Religion anzunehmen und daher den Gehorsam des Glaubens und des Handelns zu leisten. Das bedeutet einfach den Übertritt zum Islam.
Können Christen, ausgehend von den Kriterien ihres eigenen Glaubens, diese Aufforderung annehmen und befolgen?
Hier bilden die verbindlichen Wahrheiten des christlichen Glaubens die Norm der Beurteilung der Echtheit einer prophetischen Sendung, und dies in dem Sinne, dass jemand, dessen Botschaft im ausdrücklichen Widerspruch zu den verbindlichen Dogmen des christlichen Glaubens steht, kein echter Prophet sein kann, welcher einen universalen Geltungsanspruch erheben und zum Gehorsam des Glaubens und des Handels auffordern darf.
Das ist der entscheidende Punkt, der Christen und Muslime in ihrer jeweiligen Glaubensentscheidung trennt. Die Aussagen des Korans über Jesus Christus (Jesus sei nicht Gottes Sohn, sondern nur ein begnadeter Mensch; Jesus habe keine Heilsfunktion als Erlöser und Heiland) und über die Trinität (als Anbetung dreier Götter zurückgewiesen) stehen in einem ausdrücklichen Widerspruch zu den verbindlichen zentralen Glaubenswahrheiten des christlichen Glaubens. In diesem Sinn wurden die koranischen Aussagen bislang gedeutet und bekräftigt.
Außerdem wird Muhammad im Koran als „das Siegel der Propheten" (33,40) bezeichnet, und der Koran wird im Islam als das letztgültige und allgemein verbindliche Wort Gottes an alle Menschen betrachtet. Dies verträgt sich nicht mit dem Glauben der Christen, dass Gott sich in Jesus Christus in letztgültiger und unüberbietbarer Weise offenbart hat.
Das sind hauptsächlich die zentralen Punkte, die den Glauben der Christen von dem der Muslime unterscheiden und trennen. Christen und Muslime können in der Würdigung der Gestalt Muhammads eine lange Strecke des Weges zusammen gehen, indem sie die Züge Muhammads hervorheben als eines der größten Religionsführer der Menschheit, als einer großartigen Gestalt, voller Weisheit und Menschenkenntnis,

Milde und Nachsicht, Scharfsinn und Entschlossenheit, als eines Menschen, der immer wieder prophetisch geredet und die Menschen zu Gott und seinem Willen hingeführt hat. Die allerletzte Entscheidung des Glaubens aber, ob Muhammad der Prophet und Gesandte Gottes an alle Menschen sei, wird so lange Christen und Muslime trennen, bis vielleicht eine differenziertere Deutung der koranischen Texte den ausdrücklichen Widerspruch zwischen ihrem Inhalt und dem christlichen Glauben aufhebt.

Es ist dabei nicht besonders hilfreich, wenn Christen den Islam gerade in seinen christologischen Aussagen als Vertreter einer judenchristlichen Theologie hinstellen, also als eine Etappe auf dem Weg der Entwicklung der christlichen Christologie.

Ein solches Angebot christlicherseits wäre erst dann annehmbar und nützlich, wenn die koranische Christologie nicht als ausdrücklicher Widerspruch zum christlichen Dogma verstanden wird, d. h., wenn sie offen wäre für die weitere Entfaltung der Christologie, oder wenn sie – vielleicht aufgrund von Missverständnissen – nur objektiv (d. h. ohne Wissen und Absicht) im Widerspruch zum christlichen Glauben stünde. Aber gerade das ist bisher nicht das Selbstverständliche des Islams nach seiner eigenen Tradition. Der Islam erhebt nämlich bislang den Anspruch, die allein richtige Interpretation der Person Jesu Christi darzustellen: was darüber hinaus geht, wird als „Unglaube", als „polytheismusverdächtig" hingestellt und als Abweichung, Verfälschung und Abfall verurteilt. D. h.: Die Christologie des Korans wird ausdrücklich – so wenigstens die herkömmliche Deutung im Islam – die christliche Christologie zurückweisen und verurteilen. Solange dieser ausdrückliche Widerspruch besteht, werden Christen und Muslime die Trennung zwischen ihren Religionen auszuhalten haben.

3. Aus den Reihen der Muslime wird immer an die Adresse der Christen die Forderung erhoben: Die Christen sollen aus Gründen der Parallelität an Muhammad glauben, da ja die Muslime an Jesus Christus glauben.

Diese Forderung ist wenig überzeugend. Ihr liegt zunächst einmal ein logischer Fehler zugrunde. Denn die vermeintliche Parallelität, die die Grundlage des Argumentes bildet, erweist sich bei näherem Hinschauen als nicht gegeben. Die Muslime glauben nicht an Jesus Christus, wie die Christen an ihn glauben (dass er nämlich Gottes Sohn ist, menschgeworden zum Heil der Menschen), so dass die Christen nun ihrerseits an Muhammad glauben, wie die Muslime an ihn glauben. Wenn man also die oben erwähnte Forderung genau formuliert, heißt sie in Wirklichkeit: Die Christen sollen an Muhammad glauben (wie die Muslime an ihn glauben), da ja die Muslime an Jesus glauben (auch wiederum wie die Muslime an ihn glauben). Das Argument der Parallelität, das einigen plausibel erscheinen mag, ist daher nicht begründet. Wirkliche Parallelität wäre erst gegeben, wenn die Muslime bereit wären, an Jesus Christus zu glauben, wie ihn die Christen se-

hen; dann wären die Christen aufgefordert – aufgrund der nun hergestellten Parallelität – an Muhammad zu glauben, wie ihn die Muslime sehen.
In diesem Fall würden aber die grundlegenden Glaubensaussagen beider Religionen, die bislang Christen und Muslime getrennt haben, nicht mehr im Widerspruch zueinander stehen. Dies ist jedoch nicht die Grundlage der oben ausgesprochenen Aufforderung der Muslime an die Adresse der Christen.
Außerdem geht es den Christen wie den Muslimen in Glaubensfragen nicht um ein äußeres Kriterium, etwa die Parallelität in der Haltung, sondern in erster Linie um die Treue zum eigenen Glauben und um die Bereitschaft, offen mit dem jeweils anderen zu sprechen, um weitere Gemeinsamkeiten zu finden, Missverständnisse auszuräumen und den Weg zu einem freundschaftlichen Zusammenleben der beiden Gemeinschaften zu ebnen.
Endlich fordert der Geist des aufrichtigen Dialogs, dass jeder Partner dem anderen das Recht einräumt, auf der Grundlage und aus der Perspektive seines eigenen Glaubens an die schwierigen Fragen heranzugehen, die Christen und Muslime noch trennen.
4. Ein Schlusswort sei hier noch angefügt. Über den Islam und über das Christentum (über ihre Botschaften, Lehren und Normen) äußern sich Christen und Muslime schon lange in ihren Bemühungen, einen offenen, von kritischer Sympathie getragenen Dialog zu ermöglichen und zu führen. Über Muhammad selbst, den Verkünder des Korans und den Propheten des Islams, fängt das Gespräch gerade an. Nicht das polemische Gespräch, sondern das gemeinsame Suchen nach einer treffenden Einschätzung seiner Person und seines Wirkens, nach einer gerechten Würdigung seines Beitrags in der Geschichte der Menschheit und nach einer theologisch verantwortbaren Stellungnahme zu seiner Rolle im Heilsplan Gottes.
Der erste Schritt ist getan, die erste Etappe eröffnet. Der lange Weg von uns muss gemeinsam zurückgelegt werden. Im Laufe ihrer bisherigen Geschichte waren Christen und Muslime Weggefährten und Gegner. Weggefährten und Partner sollen sie nun werden und gemeinsam die Etappen des Weges in die Zukunft beschreiten. Partner und Freunde sollen sie auch werden, und dies trotz aller Unterschiede und jenseits aller trennenden Glaubensaussagen. Denn sie stehen alle unter dem Wort Gottes in der Haltung derer, die zuhören und bereit sind, zu gehorchen, sich dem Willen Gottes zu unterwerfen und sich seiner Liebe hinzugeben. Wo das kurzsichtige Hinweisen auf den Glauben uns verschlossen und ungerecht gemacht hat, soll nun das Glauben, das gemeinsame Stehen unter dem Wort Gottes uns einander näher bringen; es soll uns ermöglichen, in unserer zusammenrückenden Welt unsere Zugehörigkeit zueinander und unsere Solidarität mit allen Menschen zu bejahen und zu verwirklichen.

Literatur: *M. S. Abdullah/Adel Th. Khoury,* Mohammed für Christen. Eine Herausforderung (Herderbücherei 1137), Freiburg 1984; – *T. Andrae,* Die Person Muhammeds in Lehre und Glauben seiner Gemeinde, Stockholm 1918; *F. Buhl,* Das Leben Muhammeds (deutsch von H. H. Schaeder), Heidelberg [3]1961; *L. Hagemann,* Propheten – Zeugen des Glaubens. Koranische und biblische Deutungen, Würzburg/Altenberge [2]1993; *I. Ishaq,* Das Leben des Propheten, übersetzt von Gernot Rotter, Tübingen/Basel 1976; *A. Th. Khoury,* Einführung in die Grundlagen des Islams, Würzburg/Altenberge [4]1995, Neudruck 1999; *ders.,* Wer war Muhammad? Lebensgeschichte und prophetischer Anspruch, Freiburg 1990; *ders.,* Der Koran. Arabisch-Deutsch, Bd. I, Gütersloh 1999; *ders.,* Der Islam und die westliche Welt, Darmstadt 2001, 13–46; *R. Paret,* Mohammed und der Koran, Stuttgart 1985; *A. Schimmel,* Und Muhammad ist Sein Prophet. Die Verehrung des Propheten in der islamischen Frömmigkeit, Düsseldorf/Köln 1981; *H. Stiegelecker,* Die Glaubenslehren des Islam, Paderborn [2]1983; *W. M. Watt,* Muhammad at Mecca. Oxford 1953; *ders.,* Muhammad at Medina, Oxford 1956; *ders.,* Muhammad, Prophet and Statesman, London 1961.

A. TH. KHOURY

Muhammad ʿAbduh ↗ *Modernismus; Verwestlichung*

Muslimbrüder

Entstehung und Lehre

Die Muslimbrüder (al-ikhwan al-muslimun) sind eine radikale islamische Organisation, die zwischen 1928 und 1932 in Ägypten von dem 1906 geborenen Lehrer Hasan al-Banna gegründet wurde. Von Ägypten ausgehend gelang es der Organisation, in allen Ländern der arabischen Welt Fuß zu fassen. Ihre ideologischen Vorstellungen wurden von zahlreichen Parallelorganisationen übernommen. Ihre Hauptforderung ist die Verwirklichung einer „islamischen Ordnung" (al-nizam al-islami); denn nach dieser Auffassung stellt der Islam eine vollkommene Ordnung dar, die sich auf alle Bereiche des Lebens erstreckt. Die beiden wichtigsten Quellen dieser Ordnung sind der Koran und das Vorbild des Propheten Muhammad. Diese Quellen sind anwendbar in allen Zeiten und in allen Gesellschaften. Nach Hasan al-Banna ist „Islam Dogma und Gottesdienst, Vaterland und Nationalismus, Religion und Staat, Spiritualität und Aktion, Koran und Schwert". Diese Vorstellungen sind in der islamischen Religionsgeschichte immer wieder entwickelt worden. Die Thesen wurden jedoch zu einer Zeit vorgetragen, in der ein Großteil der ägyptischen Bevölkerung unter der britischen Kolonialherrschaft litt und hier eine Ideologie fand, die ihr in einer Situation allgemeiner kultureller Unsicherheit eine eigene Identität verlieh. Der Islam bietet den Anhängern dieser Vorstellungen einen Fixpunkt in einer unübersichtlich gewordenen Realität. Es handelt sich dabei jedoch nicht um einen Rückzug aus der Wirklichkeit in Beschaulichkeit und Quietismus, sondern um ein Auf-die-Welt-Zugehen mit dem Anspruch, sie in einem islamischen Sinn zu verändern. In diesem Sinne bedeutet die neue Identität zunächst einmal, die Kontrolle islamischer Staaten durch fremde Mächte zu beenden. Gegen sie muss der „Djihad" ausgerufen werden. Nachdem die Kolonialmächte die islamische Welt verlassen haben, muss in den einzelnen Staaten eine wahrhaft islamische Gesellschaft verwirklicht werden, da die gegenwärtigen Gesellschaften der islamischen Staaten durch den Einfluss von westlichem Gedankengut und westlicher Technologie korrumpiert seien. Islamisierung muss sich nach dieser Auffassung auf alle Bereiche des Lebens erstrecken, angefangen beim Gruß, über die Kleidung, den Tagesablauf, den Kalender, das Erziehungssystem, die juristischen und politischen Institutionen bis hin zum Bereich der Ideen und Glaubensvorstellungen. Auch die Stellung der Frau wurde in diesem Zusammenhang nicht außer Acht gelassen. Es entstand eine Parallelorganisation, die „Muslimschwestern". Die Muslimbrüder entwickelten ein alle Bereiche umfassendes politisches, ökonomisches und soziales System, das sich ihrer Ansicht nach mit den Forderungen des Korans in Übereinstimmung befindet. In diesem geistigen Milieu entstand auch die Vorstellung eines „islamischen Sozialismus", der nach Auffassung der Muslimbrüder westlichen Systemen von Kapitalismus oder Sozialismus überlegen ist. Dieser „islamische Sozialismus" erlaubt Privateigentum, doch ist dieser Besitz dem Eigner von der islamischen Gemeinschaft übertragen und muss von ihm in einem sozialen, die Gemeinde fördernden Sinn verwendet werden.

Hauptangriffspunkt der Muslimbrüder war die Tatsache, dass das Rechtssystem der modernen islamischen Staaten in der Mehrzahl der Fälle nicht auf dem religiösen Recht, der Shariʿa, sondern auf europäischen Vorbildern beruht. Nun gehört aber nach traditioneller islamischer Vorstellung zur muslimischen Existenz die Gültigkeit und Anwendung der Shariʿa, so dass ein entsprechendes Defizit einen direkten Angriff auf die Islamizität des Einzelnen darstellt. Vor diesem Hintergrund ist die besondere Rigorosität, mit der die Muslimbrüder das herrschende Rechtssystem kritisieren, zu verstehen. Bis heute ist die Frage der Anwendung der Shariʿa ein Thema der innenpolitischen Auseinandersetzungen vieler islamischer Staaten geblieben. Endziel der Bemühungen der Muslimbrüder soll die Schaffung eines wahrhaft islamischen Staates sein, in dem alle Muslime der Welt zusammenleben. Dieser Staat hat durchaus demokratische Strukturen. Er wird von einem gewählten Oberhaupt geleitet, das in seinen Handlungen von ebenfalls gewählten Repräsentanten der Bevölkerung beraten wird. Es müsse nach den Vorstellungen der Muslimbrüder im Übrigen Aufgabe jedes Muslims sein, nach seinen Kräften und Fähigkeiten für eine erfolgreiche Entwicklung des islamischen Staates zu sorgen. Dies habe im Rahmen von institutionalisierten Konsultationen (shura) zu geschehen. Aufgabe dieses staatlichen Gebildes ist es, dafür zu sorgen, dass im Inneren die Gesetze des Islams beachtet werden. In Bezug auf die nicht-islamische Welt hat der islamische Staat die Arbeit muslimischer Missionare zu fördern. Er soll ständig, wenn notwendig mit Waffen, dafür sorgen, dass überall Gerechtigkeit und Wohlstand herrsche. Das sei die eigentliche Bedeutung des alten Mottos: „Amr bi-l-maʿruf wa nahy ʿan al-munkar" (das Gute befehlen und das Schlechte unterbinden).

Politisches Wirken

Für ihre Ziele kämpfen die Muslimbrüder auf die verschiedenste Weise. Einerseits sind sie bemüht, durch eine gute und ständige Ausbildung ihrer Mitglieder und Anhänger die Basis für die Erreichung ihrer Ideale zu legen. Andererseits aber bemühen sie sich, durch unterschiedliche militärische, paramilitärische und terroristische Aktionen dafür zu sorgen, dass ihre Ziele erreicht werden. So waren Einheiten der Muslimbrüder am ersten arabisch-israelischen Krieg beteiligt und unternahmen Kommandoaktionen gegen die von den Briten besetze Suez-Kanal-Zone. Ihre innenpolitischen Widersacher griffen sie mit Attentaten an und organisierten regelrechte Volksaufstände wie 1980 in Hama/Syrien. Diese Aktionen haben zu einer strengen Verfolgung und Unterdrückung der Muslimbrüder in vielen Ländern geführt. Gegen diese Unterdrückung suchen sich die Muslimbrüder durch eine spezielle Organisationsstruktur in Zellen, zwischen denen kaum Kontakte bestehen, zu wehren. Inzwischen sind zahlreiche Aspekte der Doktrin dieser Organisation zum Allgemeingut vieler politischer Richtungen in der islamischen Welt geworden. Dies gilt vor allem für die Rolle der Shariʿa innerhalb des jeweiligen Rechtssystems. Doch auch ihre ökonomischen Vorstellungen sind zum Teil in die Praxis umgesetzt worden. In den innenpolitischen Auseinandersetzungen vieler islamischer Staaten und den Konflikten zwischen ihnen spielen die Muslimbrüder immer noch eine wichtige Rolle, werden dabei in vielen Fällen jedoch auch als Marionetten verwendet. Daher wird ihnen von manchen Kritikern Anpassung vorgeworfen. Häufig sind an ihre Stelle inzwischen noch weit radikalere Gruppierungen getreten. Da sich die Sicherheitsbehörden vor allem mit letzteren befassen, haben die Muslimbrüder in einigen Ländern einen zeitweise größeren Handlungsspielraum erhalten. Sie befinden sich jedoch stets in der Gefahr, dass staatliche Repressionsmaßnahmen erneut gegen sie angewendet werden.

Literatur: *U. Abdallah,* The Islamic Struggle in Syria, Berkeley 1983; *O. Carré,* Mystique et politique. Lecture révolutionnaire du Coran par Sayyid Qutb, Frère musulman radical, Paris 1984; *N. van Dam,* The Struggle for Power in Syria: Sectarism, Regionalism and Tribalism in Politics, 1961–1980, London 1981; *P. Heine,* Radikale Muslimorganisationen im heutigen Ägypten, in: Zeitschrift für Missions- und Religionswissenschaft 67 (1983), 110–119; *ders.,* Zur Kritik muslimischer Extremisten am islamischen Recht, in: Rechtstheorie 14 (1983), 505–511; *ders.,* Die Farmawiya. Volksreligion und Politik im gegenwärtigen Ägypten, in: Die Welt des Islams 26 (1986), 28–45; *S. Ibrahim,*

Anatomy of Egypt's Militant Groups: Methodological Note and Preliminary Findings, in: International Journal of Middle East Studies 12 (1980), 423–453; *R. Mitchell,* The Society of the Muslim Brothers, London 1966; *J. Reissner,* Ideologie und Politik der Muslimbrüder Syriens von den Wahlen 1947 bis zum Verbot unter Adib ash-Shishakli 1952, Freiburg 1980; *E. Sivian,* Radical Islam. Medieval Theology and Modern Politics, London 1985.

P. HEINE

Muʿtaziliten ↗ *Sunnismus*

Mystik

Mystik ist die Suche des Menschen nach der Begegnung mit Gott bis hin zur Gottesvereinigung. In der Mystik liegt die Initiative letztlich bei Gott, aber der Mensch kann sich auf die sich plötzlich einstellende Nähe Gottes vorbereiten. In seinem Bemühen, seine Grenzen zu überwinden, um zu Gott zu gelangen, betrachtet der Mystiker die Gottesferne, das Getrenntsein von Gott als das größte Übel, das Grundunheil. Um den Weg zu Gott zurücklegen zu können, sucht er im Gebet die Hilfe Gottes, er wendet geeignete geistliche Übungen an, die in ihm manchmal besondere Erlebnisse hervorrufen, ja ihn in Versenkung oder gar in Ekstase versetzen.

Auch im Islam, dessen Mitte die Unterwerfung unter Gottes Willen und die Hingabe an ihn ist, hat sich die Mystik entfaltet. Bereits der Koran spricht von der Suche nach dem Antlitz Gottes: durch Spenden für die Sache Gottes oder zur Unterstützung der Bedürftigen (vgl. 2 272; 30, 38.39; 76, 9), durch das Gebet und die Anrufung Gottes (6, 52; 18, 28), durch die Geduld (13, 22). Das Antlitz Gottes erfüllt das Weltall, es ist im Osten und im Westen (2, 115). „Alle Dinge werden untergehen, nur sein Antlitz nicht" (28, 88). „Bleiben wird nur das Antlitz deines Herrn, das erhabene und ehrwürdige" (55, 27). Aus dieser Suche hat sich eine mystische Tradition entwickelt, die verschiedene Ausdrücke erfahren und unterschiedliche Auswirkungen gezeitigt hat.

Außerislamische Einflüsse

Die Entwicklung dieser Mystik wurde durch außerislamische (christliche, neuplatonische, persische, indische) Einflüsse gefördert und manchmal entscheidend geprägt.

Der Koran sieht im echten Mönchtum ein Kennzeichen der Jünger Jesu Christi: „... Und Wir ließen Jesus, den Sohn Marias, folgen und ihm das Evangelium zukommen. Und Wir setzen in die Herzen derer, die ihm folgten, Mitleid und Barmherzigkeit, und auch Mönchtum, das sie erfanden ..., dies nur im Trachten nach dem Wohlgefallen Gottes" (57, 27). Das Ideal der frommen Menschen schien in den christlichen Mönchen verwirklicht zu sein. Der Koran erwähnt diese bußfertigen Asketen mit großem Lob: „Männer, die weder Handel noch Kaufgeschäft ablenken vom Gedenken Gottes, von der Verrichtung des Gebets und der Entrichtung der Abgabe, die einen Tag fürchten, an dem Herzen und Augenlicht umgekehrt werden, damit Gott ihnen das Beste vergelte von dem, was sie getan haben, und ihnen von seiner Huld noch mehr gebe …“ (24,37–38). Der Koran wünscht, diese Tugenden auch in den gläubigen Männern und Frauen des Islams wiederzufinden (vgl. 9,112: Männer; 66,5: Frauen).

Nach der Eroberung der christlichen Gebiete durch die islamischen Truppen wurde nach den Angaben der Geschichtsschreiber über fromme Gestalten des Islams immer wieder Gespräche zwischen Mönchen und Muslimen geführt, bei denen die Muslime nach dem Ziel und der Methode asketischen Lebens fragen und um Unterweisung bitten.

In den Werken der geistlichen Meister im Islam finden sich außerdem Beschreibungen des asketischen Lebens Jesu. Jesus Christus war für die muslimischen Gottsucher der große Asket, der als Vorbild überhaupt gilt. Viele Äußerungen über sein Leben und seine Lehre geben Einzelheiten aus dem Neuen Testament wieder. Andere lassen sich von der Tradition der mönchischen Literatur inspirieren. Was die Asketen des Islams an Jesus am stärksten beeindruckt, ist seine Demut, seine Barmherzigkeit, seine Bereitschaft zur Vergebung, seine Strenge gegen sich selbst, aber seine Nachsicht gegen die anderen. Die Muslime sehen Jesus Christus aber im Licht der koranischen Lehre. Wie der Koran versucht hat, Jesus zu islamisieren, indem er seine Gottessohnschaft zurückwies, so hat die mystische Lehre von Jesus nur das erzählt, was mit dem islamischen Glauben vereinbar erschien.

Im 9. Jahrhundert begann in den kulturellen Zentren des islamischen Reiches eine besonders rege Tätigkeit. Die Übersetzer übertrugen unter anderem Werke der griechischen Philosophie ins Arabische und machten damit die religiöse Welt des Islams mit neuen Vorstellungen bekannt. Der Mystiker Dhu l-Nun (796–859/860), ein Ägypter koptischer Herkunft, übernahm manchen neuplatonischen Gedanken. Viele andere ließen sich im 9. und 10. Jahrhundert von der neuplatonischen Philosophie beeinflussen. Diese Philosophie sucht u.a. ohne Hilfe irgendeiner Offenbarung allein mit den dem menschlichen Geist innewohnenden Fähigkeiten, das Weltall in allen seinen Dimensionen zu erfassen und zum höchsten Wesen, zum letzten Ursprung alles Seienden vorzustoßen. Diese Auffassung und die darauf bauenden Methoden setzen voraus, dass zwischen Gott und der Welt eine Identität besteht und dass der Mensch ein Teil des Weltalls ist. So kann der Mensch, eben durch die Steigerung seiner natürlichen, angeborenen und gottähnlichen Fähigkeiten, bis zur geistigen Vereinigung mit dem Ursein, mit der Gottheit, gelangen.

Neben dem Neuplatonismus ist bei islamischen Mystikern der Einfluss buddhistischer und hinduistischer Wandermönche erkennbar, die das Aufgehen des Menschen im transzendenten Nirvana bzw. im absoluten Göttlichen lehren.

Auch wenn der Einfluss außerislamischer Vorbilder und Vorstellungen ausgemacht werden kann, so bleibt die Mystik im Islam dennoch unverkennbar islamisch, denn sie weist einen deutlichen Bezug zum Koran und zum islamischen Frömmigkeitsbild auf. Sie ist in den Herzen von Menschen entstanden, die der islamische Glaube geformt hat, und sie ist auf der Grundlage von Vorstellungen und Verhaltensweisen gewachsen, die den Islam kennzeichnen. Durch ihren Ausgangspunkt und ihre eigene Prägung ist diese Mystik in erster Linie die Mystik des Islams.

Von der Askese zur Mystik

Die islamische Mystik gründet auf der asketischen Tradition, die die ersten Generationen der Muslime gepflegt haben (s. Askese). Die Mystiker nahmen zu den asketischen Übungen ihrer Vorgänger eine differenzierte Haltung ein, und dies aufgrund der im Laufe der Zeit gesammelten Erfahrungen. Muhasibi (781–857) aus der Baghdader Schule beschreibt die verschiedenen Stufen des frommen Lebens eines Gottsuchers: „Steht er noch im Stadium der Furcht, verzichtet er auf Verbotenes nur aus Frucht vor Gottes Strafe, dann kann er vielleicht dahin gelangen, sogar von dem Erlaubten abzustehen aus Furcht, Gott für seine Gaben nicht in der richtigen Weise danken zu können.

Im Stadium der ängstlichen Frömmigkeit übergeht man alles, dessen Zuverlässigkeit Zweifeln unterworfen ist.

Wer den Grad des Gottvertrauens erlangt hat, hört auf, Unruhe und Sorge für seinen Lebensunterhalt zu hegen.

Wer noch weiter – bis zur Gottesliebe – gekommen ist, gibt alles in der Welt auf, weil es so geringen Wert hat. Manche meinen sogar, man müsse auch bereit sein, auf das Paradies zu verzichten, weil es ein Nichts sei im Vergleich zum Gedanken an Gott.

Aber auf der höchsten Stufe, der Stufe des aufrichtig Liebenden, kommt man so weit, auch auf die Brüder zu verzichten, die uns daran hindern, nur noch an Gott zu denken. Das bedeutet nicht, jeden Verkehr abzubrechen, sondern auf die Gemeinschaft zu verzichten, soweit sie ein Hindernis für das Leben ganz mit Gott ist" (T. Andrae, Islamische Mystiker, Stuttgart [2]1980, S. 78).

So bilden die Gottesfurcht und das Gottvertrauen die Übergangsstufe von der Askese zur eigentlichen mystischen Suche nach Gott.

Wenn die Gottesfurcht den Asketen dazu führt, sich der Buße zu widmen und der Welt zu entsagen (Heiterkeit, Spiel, Lachen), so gründet die Bedeutung der Buße bei der mystischen Suche nach Gott nicht nur auf der Lehre von der Vergänglichkeit der Welt, sondern auch auf der Haltung des Menschen vor dem Geheimnis des absolut transzendenten Gottes. Der Mystiker tut Buße nicht nur für seine Sünden und schlechten Taten, sondern auch für seine vermeintlichen Tugenden und seine guten Werke. Gott sei ja der eifersüchtige Gott, der seinen absoluten, souveränen Willen bekräftigt, und der Mensch soll in Furcht das Heil suchen.

Aber die Gottesfurcht soll den Frommen nicht lähmen. Auch in seiner Transzendenz bleibt Gott doch der Barmherzige, der sich den Gläubigen in Gnaden zuwendet, bei dem der

Gottsucher Geborgenheit finden kann. Gerade die Sünde, für die der Fromme Buße tut, bringt ihn Gott näher. So tragen beide Haltungen, die Gottesfurcht und das Gottvertrauen, dazu bei, die Nähe Gottes erfahrbar zu machen: die eine durch Abkehr vom Bösen und die andere durch zuversichtliches Warten auf das Wirken der göttlichen Huld.

Das Gottvertrauen wies bei Asketen und Mystikern verschiedene Aspekte auf. Ein zentraler Punkt ist das völlige Sich-auf-Gott-Verlassen (tawakkul). Es geht hierbei um den Glauben an die allumfassende Vorsehung Gottes, der die Geschicke der Menschen lenkt. Der Mensch kann daher keine bessere Haltung einnehmen als das totale Vertrauen in die Betreuung des barmherzigen Gottes. Wer sich so völlig auf Gott verlässt, erlangt den inneren Frieden, die unerschütterliche Ruhe des Herzens, die zufriedene Gelassenheit. Er kostet in seiner Geduld und Standhaftigkeit die wahre Hingabe in den Willen Gottes, die die Asketen durch zwei Begriffe ausdrücken: Übergeben (taslim) und Anvertrauen (tafwid). Im praktischen Leben nimmt dies folgende Ausdrucksformen an: Gleichgültigkeit gegenüber der Gefahr, Nichterwerb, Verzicht auf Aufspeichern, Reisen ohne Wegzehrung, Verzicht auf ärztliche Behandlung, Standhaftigkeit in den Prüfungen, Ertragen der Schicksalsschläge und der Widerwärtigkeiten des Lebens.

Mystische Gotteserkenntnis

Die erste Stufe der Erkenntnis, die grundsätzlich allen Menschen und aufgrund der göttlichen Offenbarung vor allem den Gläubigen zugänglich ist, ist die Erkenntnis des Glaubens. Durch den Glauben bezeugt der Mensch die Wahrheit Gottes, er kennt ihn aber nicht direkt und intuitiv, er erreicht ihn nicht mit der Erkenntnis der Schau und der Intuition des Herzens. Die intuitive und affektive Gotteserkenntnis ist die zweite Stufe, die der Mystiker begehrt. Er sucht, Gott direkt zu erreichen und zur Erkenntnis seines verborgenen Wesens vorzustoßen.

Die Hauptwege zu dieser Gotteserkenntnis sind die Liebe und die totale Konzentration auf Gott allein. Die Liebe kann den Gottsucher zur affektiven Erkenntnis führen, wenn sie sich auf Gott allein so konzentriert, dass nur er allein besteht und dass der Liebende sich seines Selbst entledigt hat und der Einswerdung mit Gott nahegekommen ist. Der zweite Weg ist die totale Konzentration auf Gott, die vollkommene ‚Entwerdung' des Menschen. Der Mystiker beseitigt alles, was zwischen ihm und Gott liegt: die Welt, die Gesellschaft der Menschen, vor allem aber sich selbst, und alle seine Eigenschaften, sowie sein eigenes Wollen und Erkennen. Durch dieses bis zum äußersten geführte ‚Entwerden' kann der Mystiker bis zum verborgenen Geheimnis des göttlichen Wesens vorstoßen und Gott intuitiv und direkt erkennen.

Hilfreich bei diesen Anstrengungen ist die Meditation, das Sinnen (fikr), das von der Schöpfung und ihrer Vergänglichkeit ausgehen kann. Koranverse, die Meditation und Gebet

verbinden helfen, dienen zur Vertiefung des Sinnens. Zu höheren Sphären führt dann die Betrachtung der Eigenschaften Gottes, denn damit konzentriert sich der Geist des Mystikers auf Gott allein; er verliert sich in der Kontemplation der Herrlichkeit Gottes, und sein Herz wird von der Erkenntnis Gottes erfüllt.
In seinen Bemühungen, zu Gottes innerem Wesen vorzustoßen, erlebt der Mystiker seelische und geistliche Zustände, die eine unsagbare Nähe Gottes beinhalten und ihm den Eindruck vermitteln, er sei schon zu Gott gelangt. Dabei muss er auf die Gefahr der Selbsttäuschung achten. Denn alle diese Erlebnisse sind noch nicht in Gott, sondern nur Erlebnisse des Mystikers, die ihm Gott schenkt, um ihn in seiner Suche zu ermutigen. Das eigentliche Wesen Gottes bleibt immer wieder jenseits aller menschlichen Erfahrungen und Erlebnisse. Der Koran mahnt ja, dass Gott hinter dem Vorhang bleibt (vgl. 42,51). Ihre Erfahrung mit der unüberbrückbaren Ferne Gottes lässt die Mystiker immer wieder ein schmerzliches Erwachen erleben; ihnen bestätigt sich die Lehre des Islams vom absoluten Geheimnis des transzendenten Wesen Gottes immer aufs Neue.

Mystische Gottesliebe
Siehe hier die Ausführungen unter dem Stichwort: Liebe Gottes.

Konflikt zwischen Orthodoxie und Mystik
Die Hinrichtung von al-Halladj 922 war ein tragischer Höhepunkt der zunehmenden Spannung zwischen den Vertretern der Orthodoxie im Islam und den Mystikern. Der Konflikt beruhte auf politischen, sozialen und religiösen Gründen. Die Obrigkeit warf den Mystikern vor, die Oppositionellen, die Häretiker und die schiitischen Minderheiten politisch zu unterstützen. Außerdem wurde ihnen verübelt, dass sie eher das Leben der Armen teilten und die laschen Sitten der höheren Schichten anprangerten. Sie übten harte Kritik an der offiziellen Lehre, der sie vorhielten, keine Wirksamkeit in der Führung der Gläubigen zu zeigen, den Frommen keine Hilfe für ihr Streben nach Gotteserkenntnis und Gottesliebe zu leisten, sondern sich lediglich mit formalistischen Rechtsfragen zu beschäftigen.
Was die religiösen Gründe des Konflikts zwischen der Orthodoxie und der Mystik betrifft, so beziehen sie sich auf die Praktiken und auf die Lehre der Mystiker, die den Rechtsgelehrten des Islams verdächtig vorkamen.
Die Mystiker versuchten, durch Meditation (fikr) und ständiges Gottesgedenken (dhikr, s. dort) den Sinn des Islams, die vollkommene Hingabe an Gott zu verwirklichen. Die Erfüllung der im Gesetz vorgeschriebenen Pflichtübungen wurde zwar von den meisten Mystikern erbracht, aber – so der Vorwurf – nicht ausreichend gewürdigt. Die Mystiker hoben nämlich hervor, dass ebensolche Pflichtübungen von geringem Nutzen seien, dass sie, wie die übrigen Werke des Gesetzes, gut für das Volk und die Anfänger seien, und zwar als Ausdruck des Gehorsams. Wer jedoch

eine tiefere Erkenntnis Gottes und eine echte Liebesbeziehung zu Gott erreichen wolle, müsse sich doch den mystischen Übungen widmen. Aufgrund dieser Haltung und ihres in der Tat vollzogenen freien Umgangs mit einigen gesetzlichen Bestimmungen waren die Mystiker Zielscheibe der Kritik vonseiten der Rechtsgelehrten und der Wächter des Glaubens und der Tradition.

Oft hatten die Reden der Mystiker beim Volk einen größeren Erfolg als die Predigten der Gelehrten. So wuchs das Misstrauen der orthodoxen Frommen und verstärkte sich die Auseinandersetzung zwischen ihnen und den Mystikern. Der Konflikt verschärft sich dadurch, dass das Volk nun auch den toten Mystikern eine Art Heiligenverehrung widmete, was gegen die orthodoxe Lehre von der Alleinigkeit Gottes, des einzigen Gegenstandes von Anbetung und Verehrung, verstieß, und dadurch, dass man begann, den Mystikern eine höhere Rangordnung zuzuerkennen als den Propheten, was eine Häresie darstellte.

Die am heftigsten umstrittenen Lehren der Mystiker bezogen sich auf die Gotteserkenntnis und die Gottesliebe. Die Mystiker bekräftigten, dass das Wissen der Gelehrten ein steriles sei, das nicht in die Praxis einer heilsamen Frömmigkeit umgesetzt werde und das auf jeden Fall niedriger stehe als die intuitive Erkenntnis des Mystikers. Diese Erkenntnis komme ja dem Mystiker direkt von Gott, sie mache den Inhalt des Glaubens in seinem Herzen lebendig, sie erfülle ihn mit Freude und befreie ihn von den Fesseln der Welt und auch von der Last des äußeren Gesetzes. Die intuitive Gotteserkenntnis bringe eine Gewissheit mit sich, die dem Mystiker als Maßstab diene, um über Wahrheit und Irrtum zu urteilen. Gegenüber dem dunklen, mühsam gewonnenen Wissen des Glaubens erscheine die intuitive Erkenntnis viel heller und wertvoller.

Den Gelehrten der Orthodoxie hörte sich diese Lehre wie eine Ketzerei an. Sie nehme die eigene Erfahrung des Mystikers zum Kriterium der Wahrheit, sie stelle den Mystiker höher als den Propheten, sie beanspruche eine Erkenntnis, die das transzendente und unsagbare Wesen Gottes schaue, wo Gott doch das absolute Geheimnis bleibe, das nicht sein Wesen, sondern vor allem seinen Willen offenbare.

Auf den gleichen Widerstand stieß die Suche der Mystiker nach einer Liebesvereinigung mit Gott und ihre Lehre von einer Liebesbeziehung zwischen dem Gottsuchenden und Gott, dem Gegenstand seiner Sehnsucht. Denn so die Vertreter der Orthodoxie, es gibt keine Gemeinsamkeit zwischen dem Geschöpf und seinem Schöpfer, zwischen dem Diener und seinem souveränen Herrn; es gibt keine Liebe der Gleichen zwischen dem Menschen und Gott, sondern nur eine Liebe der Ungleichen, welche Gehorsam, Ehrfurcht und Hingabe aufseiten der Gläubigen, und Wohlwollen, Barmherzigkeit und Treue aufseiten Gottes beinhaltet. Die persönlichen Erlebnisse des Mystikers, die nicht durch den Koran bestätigt werden können, seien keine

Garantie für ihren Wahrheitsgehalt. Kontrollinstanz bleibe die koranische Offenbarung, die keine Teilnahme des Menschen am Leben Gottes zulässt und dem Menschen nur die Haltung des Knechtes gegenüber Gott zuerkennt (vgl. 19,93).

Noch verdächtiger wurde die Mystik auf Grund des zunehmenden Einflusses der hellenistischen Welt, der Gnosis, der persischen und der indischen Spiritualität, was die orthodoxen Gelehrten die Gefahr pantheistischer Vorstellungen und allgemein einer breiten Entfremdung der islamischen Frömmigkeit fürchten ließ.

Der große Theologe al-Ghazzali (1058–1111) hat versucht, die Mystik mit der Orthodoxie zu versöhnen, indem er die Angaben der traditionellen Lehre und die Erfahrungen und Lehrmeinungen der Mystiker zu einem abgestuften, aufeinander abgestimmten System zusammenbildete. Die mystische Suche nach intuitiver Gotteserkenntnis erhielt Heimatrecht im Islam, wurde jedoch nicht höher gestellt als die prophetische Erkenntnis; die Suche nach Gottesliebe wurde als legitim anerkannt, wurde aber so gedeutet, dass die Transzendenz Gottes gewahrt blieb und dass die Erfüllung der normalen Pflichten auch durch den Mystiker nicht aufgehoben wurde oder als überflüssig betrachtet werden durfte.

Weitere Entwicklung

Trotz der Vermittlung al-Ghazzalis blieb die Mystik für lange Zeit Gegenstand des Misstrauens. So sahen sich die Mystiker gezwungen, ihre Lehre immer mehr zu einem esoterischen, für eingeweihte Kreise bestimmten System zu entwickeln. Sie hörten nicht auf, Gott zu suchen, aber sie wurden vorsichtiger in ihrer Ausdrucksweise. Man gebrauchte zunehmend die Poesie und die Symbolsprache, um mystische Erlebnisse zu schildern oder mystische Lehre darzulegen. Einige Mystiker sahen sogar in der Ausformung einer esoterischen Lehre die Möglichkeit, sich der scharfen Kontrolle der Orthodoxie zu entziehen und sorglos ihren pantheistischen Neigungen nachzugehen. Ibn al-ʿArabi (1165–1250), der große Mystiker aus Andalusien, behauptete, er sei durch Steigerung seines innerlichen Glaubens bis zum Wesen Gottes vorgedrungen und habe die Vereinigung mit Gott erfahren, so dass er selbst Gott geworden sei und dadurch über allen Propheten stehe. Er lehrte außerdem, dass die geschaffene Existenz sich auflösen muss, indem sie sich in der einzig wirklichen Existenz des göttlichen Wesens verliert. So bleibt vom Mystiker nach dessen Auslöschung in Gott nichts übrig, es besteht nur noch Gott, der allein auf ewig dauert.

Auch wenn die Lehre nur eingeweihten Kreisen vorbehalten war, so blieb das Ziel der Mystik immer dasselbe: die Suche nach der Nähe Gottes und nach inniger Vereinigung mit ihm. Djalal al-Din al-Rumi (1207–1273) beschreibt den Weg zur Einheit mit Gott in folgenden Worten:

„Jemand (= der Mystiker) pochte ans Tor des Vielgeliebten (= Gott), und eine Stimme im Innern fragte: Wer ist da? – Ich bin es, antwortete er. Und die Stimme erwiderte: In diesem Haus ist nicht Raum für mich und dich. Und das Tor blieb geschlossen. Da ging der Gläubige in die Wüste, fastete und betete in der Stille. Ein Jahr danach schlug er von neuem ans Tor, und die Stimme fragte wieder: Wer ist da? Der Gläubige antwortete: Du bist es. Da öffnete sich das Tor."

So öffnet sich das Tor nur dann, wenn der Gottsucher nicht mehr in sich existiert, sondern sich in der Einheit Gottes ausgelöscht hat. Um diese Vereinigung zu erreichen, bedarf es des Fastens, des Gebetes und der Einsamkeit in der Wüste, d.h. langer mühevoller Anstrengungen. Der Gottsucher muss sich soweit läutern und von den irdischen Begierden soweit befreien, dass er nunmehr bereit ist, die göttliche Erleuchtung und die mystische Erfahrung der Einzigartigkeit Gottes zu erlangen.

Organisation und mystische Bruderschaften

Die Asketen der Frühzeit hatten keine bestimmte Organisation. Sie lebten einzeln oder sie sammelten sich um einen bekannten Meister und erhielten seine Unterweisungen: Desgleichen suchten die Mystiker zunächst einmal nach dem Vorbild indischer Wandermönche oder christlicher Einsiedler in einer Art Eremitentum zu leben. Bald ergab sich aber, dass die Meister von zahlreichen Schülern umschart wurden. Somit stellte sich die Notwendigkeit heraus, eine Organisation der geistlichen Leitung zu sichern. So entstanden im 12. Jahrhundert die Bruderschaften mit ihrer festen Gestalt. Die Mystiker trugen ein Kleid aus Wolle (suf) und erhielten die Bezeichnung Sufi, „Wollbekleidete".

Meister der Bruderschaft ist der Shaykh, der seinen mystischen Erfahrungen und seiner durchdachten Lehre eine anziehende Ausstrahlung verdankt und seinen Schülern den geistlichen Segen (baraka) vermittelt. Er übernimmt die Einweihung der Novizen und die Aufnahme der Brüder in den Orden. In seiner Aufgabe wird er von einem Stellvertreter (khalifa) und von verschiedenen Vorgesetzten (muqaddam) unterstützt. Jede Bruderschaft hat ihre eigene Regel, darum heißt die Gruppe Tariqa, „Weg, Methode". Eine allgemeingültige Bestimmung fordert in jedem Weg den absoluten Gehorsam gegenüber dem Shaykh: „Du sollst in der Hand deines Shaykhs sein, wie die Leiche in der Hand des Leichenwäschers." Weiter heißt es mehr nach persischer bzw. indischer Art: „… wie die Schachfigur in der Hand des Schachspielers." Diese rückhaltlose Unterwerfung unter den Willen des geistlichen Führers erinnert an die Regel, die von den Mönchen des Christentums und des Buddhismus den totalen Gehorsam verlangt. Sie ist aber ein normaler Vorgang in jeder organisierten Gruppe, die sich dem geistlichen Leben unter der Leitung eines Meisters widmen will. Im islamischen Geist war sie wahrscheinlich ein ursprünglicher Ausdruck der bedingungslosen Ergebenheit an Gott: „Der Gläubige ist in Gottes Hand wie die Leiche in der Hand des Leichenwäschers", so wird in den geistlichen Werken manchmal angemerkt.

Nicht nur Gehorsam wird vom Novizen verlangt, sondern auch, dass er zu seinem Meister, der sein Lehrer und Leiter ist, mit offenem Herzen geht: „Verbirg nichts vor deinem Shaykh, wie der Kranke nichts verbirgt vor seinem Arzt." Damit aber der Meister seine Schüler ohne Schwierigkeiten führen kann, muss seine Autorität unantastbar bleiben und für die ganze Bruderschaft etwas Heiliges darstellen. Deshalb bemüht sich jede Gruppe, ihre Lehre durch eine Kette von Gewährsmännern und Meistern bis zu der Zeit Muhammads zurückzuführen. Es wird angestrebt, einen Gefährten des Propheten oder einen sehr frühen, berühmten, wenn auch nur legendären Asketen als ersten Lehrer zu haben, dessen Weg durch ununterbrochene Überlieferung von der Bruderschaft aufbewahrt sein sollte. Damit sind die Rechtgläubigkeit und die Autorität des Shaykhs begründet.

Der Schüler wird aufgenommen, indem er, wie bei den indischen Mönchen, ein Tuch erhält, mit dem er sich umgürten soll als Zeichen der Weltvereinigung und der Armut. Aus Indien kommt auch der Rosenkranz, der dem Mystiker hilft, die 99 schönsten Namen Gottes anzurufen. Nach gelehrten Untersuchungen soll die Organisation der mystischen Bruderschaften von Indien in die islamische Welt vorgedrungen sein. Man kann dabei auch an die zahllosen christlichen Klöster denken, die überall im Vorderen Orient vorhanden waren und von den Muslimen nach dem Zeugnis vieler literarischer Belege häufig besucht wurden.

Mystische Übungen

Außer den asketischen Übungen widmen sich die Mystiker der Meditation (fikr) und dem Gedenken Gottes (dhikr). Das Gedenken Gottes, das mit der Anrufung des Namens Gottes verbunden ist, wird im Koran dem Propheten Muhammad empfohlen: „Und gedenke deines Herrn, wenn du es vergessen hast" (18,24). Es wird auch den Gläubigen nahegelegt: „O ihr, die ihr glaubt, gedenket Gottes in häufigem Gedenken" (33,41; vgl. 43,36; 63,9).

Zum Vollzug des Gottesgedenkens siehe den Beitrag „Dhikr".

Literatur: *L. Massignon,* Essai sur les origines du lexique technique de la mystique musulmane, Paris 1922, [3]1968; *F. Meier,* Vom Wesen der islamischen Mystik, Basel 1943; *T. Burckhardt,* Vom Sufitum, München 1953; *T. Andrae,* Islamische Mystiker (Urban-Bücher 46), Stuttgart [2]1980; *G.-C. Anawati/L. Gardet,* Mystique musulmane, Paris [2]1968; *B. Reinert,* Die Lehre vom tawakkul in der klassischen Sufik, Berlin 1968; *A. Schimmel,* Mystische Dimensionen des Islam, Köln 1985; *dies.,* Sufismus und Volksfrömmigkeit, in: Der Islam III (Religionen der Menschheit 25,3), Stuttgart 1990, 157–242.

A. Th. Khoury

N

Nacht der Bestimmung

Die Nacht der Bestimmung (laylat al-qadr) ist die Nacht des 27. Tages des Fastenmonats Ramadan. Sie gilt den gläubigen Muslimen als ein besonderer Anlass zu tiefer Frömmigkeit und zu inniger Verbundenheit mit Gott und seiner Bestimmungsmacht.

Der Koran sagt von ihr: „Voller Frieden ist sie bis zum Aufgang der Morgenröte" (97,5).

Dass in dieser Nacht eine göttliche Machtentfaltung erfolgt und eine große Huld den Menschen geschenkt wird, hängt für die Muslime damit zusammen, dass sie die Nacht ist, die Gott zur Herabsendung der koranischen Offenbarung gewählt hat (97,1), daher ist sie „besser als tausend Monate" (97,3). An anderer Stelle bekräftigt es der Koran: „Beim deutlichen Buch! Wir haben es in einer gesegneten Nacht hinabgesandt … in der jede weise Angelegenheit einzeln entschieden wird als eine Angelegenheit von unserer Seite …" (44,2–5).

Diese Koranaussagen veranlassen die Muslime, Gott für seine Rechtleitung zu danken und ihn um Erhörung ihrer Anliegen zu bitten.

Die Nacht der Bestimmung gehört somit zu den Höhepunkten des Jahres im islamischen Festkalender.

A. Th. Khoury

Nächstenliebe

Die Frage nach der Nächstenliebe ist für die Muslime die Frage nach dem Grad ihrer Verbundenheit mit anderen Menschen sowie nach dem Grund und den Folgen der Zusammengehörigkeit von Menschen verschiedener Herkunft und Religion. Zwar gilt die Feststellung, dass alle Menschen als Geschöpfe Gottes zusammengehören (vgl. 49,13), aber in der konkreten Geschichte ist die islamische Gemeinschaft die Trägerin des rechten Glaubens und des rechten Gehorsams gegen den Willen Gottes: „Ihr seid die beste Gemeinschaft die je unter den Menschen hervorgebracht worden ist. Ihr gebietet das Rechte und verbietet das Verwerfliche und glaubt an Gott" (3,110). Der Glaube ist somit die Mitte des Islams, das Band der Einheit der Gemeinschaft, der wirksame Faktor der Zusammengehörigkeit der Gläubigen sowie die Grundlage der Vollwertigkeit des Muslims im Staat. Daraus folgt, dass es eine Art abgestufte Verbundenheit und Solidarität der Muslime mit den anderen Menschen gibt: eine volle Solidarität mit den Glaubensgenossen, keine Solidarität mit den Ungläubigen, endlich eine Teil-Solidarität mit den Andersgläubigen (wie Juden und Christen, die man ja als Teil-Gläubige/Teil-Ungläubige bezeichnen kann).

Solidarität der Muslime untereinander

Die Solidarität der Muslime untereinander ist eine volle Solidarität; sie gründet auf der Feststellung und Verordnung des Korans: „Die Gläubigen sind ja Brüder“ (49,10); – „Die gläubigen Männer und Frauen sind untereinander Freunde“ (9,71). Das Band ihrer Einheit, das Fundament ihrer Brüderlichkeit und die Grundlage ihrer Solidarität ist nicht mehr wie in früheren Zeiten die Blutsverwandtschaft und die gleiche Stammeszugehörigkeit, sondern der gemeinsame Glaube. Durch diesen gemeinsamen Glauben sind sie von Feinden zu Freunden, ja zu Brüdern geworden (3,103). Das will besagen, dass jenseits aller Nationalismen und aller verschiedenen Interessen der Gruppen, der Völker und der Staaten die Muslime sich zu einem Universalismus des Islams bekennen, der im Endeffekt für sie wichtiger als alle Partikularismen ist.

Im sozialen Bereich zeigt sich die Solidarität der Muslime darin, dass der Muslim den anderen, vor allem den Armen, das Recht einräumt, an seinem eigenen Vermögen Anteil zu erhalten und deswegen unter anderem die gesetzliche Abgabe entrichtet (vgl. 70,24–25; 51,9). Aber auch persönlich sollen sich die Gläubigen um die Schwachen, um die Armen und Waisen kümmern, sie versorgen und ihnen Essen und jegliche Unterstützung geben (107,1–2; 89,17–19 usw.). Eher als die strenge Befolgung ritueller Vorschriften ist diese Zuwendung zu den Armen ein vorzügliches Zeichen der echten Frömmigkeit (2,177).

Solidarität und Brüderlichkeit empfehlen den Gläubigen: „Vergesst die Großmut untereinander nicht“ (2,237). Diese Großmut veranlasst die Gläubigen, den verletzenden Spott zu meiden, selbst erlittene Verletzungen nicht nach strengem Recht zu vergelten, sondern zu vergeben. Denn auch wenn der Gläubige das Recht hat, Böses mit Bösem zu vergelten, besser bleibt auf jeden Fall das Verzeihen. Gott verzeiht dem, der selbst den anderen verzeiht (vgl. 64,14; 24,22). Noch mehr, auch in Todesfällen, wo den Gläubigen zugestanden wird, den Mörder zu töten und Blutrache zu üben, empfiehlt der Koran, darauf zu verzichten und sich mit einer Wiedergutmachung in Form eines Blutgeldes zu begnügen (2,178). Die beste Form der Bereitschaft zur Versöhnung ist wohl, dass der Gläubige das Böse mit Gutem vergilt, denn damit kann er seinen Widersacher zu einem Freund machen (41,34; 23,96; 13,22).

Die brüderliche Solidarität der Muslime verpflichtet sie auch, zwischen streitenden Parteien Frieden zu stiften, notfalls durch die Niederkämpfung der Partei, die ungerechterweise die andere angreift und ihr Gewalt antut (49,9).

Keine Gemeinschaft mit den Ungläubigen

Die Ungläubigen gelten als Feinde Gottes und seines Gesandten, und auch als Feinde der Muslime im Allgemeinen (vgl. 60,1; 8,60). Mit ihnen sollen die Gläubigen keine Gemeinschaft haben.

Der Koran verbietet den Muslimen

das zu essen, was ausgesprochen heidnisch ist, das Fleisch von Tieren, die unter Anrufung der Götzen geschlachtet wurden: Das sind vor allem die Opfertiere. Nur derjenige, der sich in einer Zwangslage befindet, darf davon essen (16,115; 6,145; 2,173; 5,3).

Die Ungläubigen dürfen auch nicht durch Heirat in die Familien der Muslime aufgenommen werden und zu Verwandten der Gläubigen werden: „Und heiratet nicht polytheistische Frauen, bis sie gläubig geworden sind. Wahrlich, eine gläubige Sklavin ist besser als eine polytheistische Frau, auch wenn sie euch gefallen sollte. Und lasst die Polytheisten nicht zur Heirat zu, bis sie gläubig geworden sind. Wahrlich, ein gläubiger Sklave ist besser als ein Polytheist, auch wenn er euch gefallen sollte. Jene rufen zum Feuer. Gott aber ruft zum Paradies und zur Vergebung mit seiner Erlaubnis …" (2,221; vgl. 60,10).

Darüber hinaus sollen die Muslime die Interessen ihrer Gemeinschaft dadurch schützen, dass sie keine freundlichen Beziehungen zu den Ungläubigen unterhalten. Denn solche Beziehungen gefährden die Gläubigen, sie unterminieren ihre Geschlossenheit und untergraben ihre Kampfmoral. Der Zusammenhalt der Gläubigen und die Solidarität der Gemeindemitglieder sollen dadurch zum Ausdruck kommen, dass man seine Freundschaft eher den Gläubigen als den Ungläubigen anbietet (vgl. 3,28; 4,144). So zieht der Koran eine klare Trennungslinie zwischen den Muslimen und den Ungläubigen. Diese Trennung gilt auch in Bezug auf Verwandte, die ungläubig sind (58,22; vgl. 9,23–24). So lautet der Befehl: „O ihr, die ihr glaubt, nehmt euch … nicht die Ungläubigen zu Freunden" (5,57).

Gegen die Feinde Gottes und der Muslime gilt es zu kämpfen. Der „Heilige Krieg" des Islams ist in erster Linie gegen sie gerichtet.

Teilgemeinschaft mit Juden und Christen

Die Juden und die Christen sind nach dem Koran Empfänger von Offenbarungsbüchern und deren göttlicher Botschaft, auch wenn sie sich nicht dazu entschließen, den Islam anzunehmen. Sie haben zwar keine volle Gemeinschaft mit den Muslimen, aber sie sind ihnen jedoch auch nicht ganz fremd. Deswegen schreibt der Koran vor, die Juden und die Christen nicht total auszuschließen, aber auch nicht total zu integrieren. Es kann keine volle Gemeinschaft zwischen den „Vollgläubigen" (den Muslimen) und den „Teil-Ungläubigen" (Juden und Christen) geben. Da jedoch Juden und Christen auch „Teil-Gläubige" sind, dürfen die Muslime mit ihnen eine Teilgemeinschaft pflegen.

So erlaubt der Koran den Muslimen, von dem zu essen, was Juden und Christen zubereiten, und er erklärt für zulässig, sie am Essen der Muslime teilnehmen zu lassen. Auch erlaubt er, jüdische oder christliche Frauen zu heiraten:

„Heute sind euch die köstlichen Dinge erlaubt. Die Speise derer, denen das Buch zugekommen ist, ist euch erlaubt, und eure Speise ist ihnen erlaubt. (Erlaubt sind) auch die unter Schutz gestellten gläubigen Frauen und die unter Schutz gestellten Frauen aus den Reihen derer, denen vor euch das Buch zugekommen ist …" (5,5).

Wie im Falle der Ungläubigen werden auch hier die vor allem politischen Interessen der islamischen Gesellschaft dadurch geschützt, dass man die Juden und die Christen nicht ohne weiteres zu Freunden nimmt: „O ihr, die ihr glaubt, nehmt euch nicht die Juden und die Christen zu Freunden. Sie sind untereinander Freunde. Wer von euch sie zu Freunden nimmt, gehört zu ihnen …" (5,51).

Der Koran warnt die Muslime vor allem vor der Freundschaft mit den Juden (58,14; 60,13). Denn diese „nehmen eure Religion zum Gegenstand von Spott und Spiel" (5,57; vgl. 5,58). Außerdem zeigen sie den Muslimen gegenüber keine Solidarität, sondern „nehmen die Ungläubigen zu Freunden" (5,80), und machen sie zu ihren Verbündeten. Zusammenfassend sagt der Koran dazu: „O ihr, die ihr glaubt, nehmt euch keine Vertrauten unter denen, die nicht zu euch gehören. Sie werden euch kein Unheil ersparen. Sie möchten gern, ihr würdet in Bedrängnis geraten. Der Hass hat sich aus ihrem Munde kundgetan, und das, was ihre Brust verbirgt, ist schlimmer …

Siehe, ihr liebt sie, sie aber lieben euch nicht … Wenn sie allein sind, beißen sie sich gegen euch die Fingerspitzen vor Groll. Sprich: Sterbt an eurem Groll …

Wenn euch Gutes widerfährt, tut es ihnen Leid, und wenn euch Schlimmes trifft, freuen sie sich darüber. Wenn ihr euch geduldig und gottesfürchtig zeigt, wird ihre List euch nichts schaden. Gott umgreift, was sie tun" (3,118–120).

Was die Christen anbelangt, so gibt ihnen der Koran den Vorzug vor den Juden. Er sieht in ihnen keine direkte Gefährdung der politischen Interessen der Muslime. Trotz aller Kritik an ihrer Lehre, betont er ihre größere Nähe zu den Muslimen:

„Du wirst sicher finden, dass unter den Menschen diejenigen, die den Gläubigen am stärksten Feindschaft zeigen, die Juden und die Polytheisten sind. Und du wirst sicher finden, dass unter ihnen diejenigen, die den Gläubigen in Liebe am nächsten stehen, die sind, welche sagen: ‚Wir sind Christen'" (5,82).

Aufgrund dieser und ähnlicher Aussagen im Koran sehen einige Muslime die Möglichkeit einer Solidarität, die nicht nur die Muslime, sondern auch die Christen umfasst. Darüber hinaus befürworten sie eine praktische Zusammenarbeit zwischen Muslimen und Christen, wie dies in Erklärungen des Kongresses der Islamischen Welt ausdrücklich betont wird:

– August 1975: „Eine echte Partnerschaft zwischen Christentum und Islam, den beiden größten Weltreligionen, ist natürlich und gottgewollt. Daher ist eine enge Zusammenarbeit zwischen Christen und Muslimen im Interesse des Weltfriedens und einer gesicherten Zukunft der Menschheit dringend geboten. Der Islamische

Weltkongress ist der natürliche Partner für den aufkommenden Dialog" (in: Christen und Moslems in Deutschland, Essen 1977, S. 68).
– Januar 1976: „Wir begrüßen jeden Schritt, der geeignet ist, das Gewebe der Missverständnisse, das Christen und Muslime voneinander trennt, zu zerreißen. Wir sollten aber davon abkommen, uns gegenseitig zu bekämpfen und zu verunglimpfen, und uns stattdessen daran machen, den Atheisten und jenen, die den Glauben an geistige und moralische Werte verloren haben, Gott zu bezeugen. Dieses Bemühen sollte der zentrale Punkt unserer gemeinsamen Gespräche sein: dass wir unsere Hände vereinigen zur Rettung der Menschheit vom reinen Materialismus und von der Unmoral" (5,68).
Viele Muslime (und auch einige Christen) gehen einen Schritt weiter und fordern, dass der Islam und das Christentum sich zu einer so genannten „Heiligen Allianz" gegen die Ungläubigen und die Atheisten zusammenschließen.
Aber die Forderung nach der Bildung einer „Heiligen Allianz" ist nicht ohne soziale und politische Komplikationen und wird eher negative Auswirkungen haben. Christen und Muslime sollten sich zusammentun, nicht in erster Linie gegen jemanden zu kämpfen, sondern ihren eigenen Beitrag zur Lösung der Probleme der Menschen und zur Gestaltung einer humaneren Welt zu leisten. Muslime und Christen würden so im Rahmen ihrer für den Zweck der Zusammenarbeit ausreichenden Gemeinsamkeiten die Gelegenheit wahrnehmen, sich gegenseitig zu bestärken, die praktischen Folgen ihres Glaubens an Gott und an seinen Heilswillen zu ziehen zum Wohl der Gläubigen und zum Wohl aller Menschen. Sie würden so gemeinsam ihre Verantwortung tragen für unsere immer näher zusammenrückende Welt.

Literatur: *A. Th. Khoury,* Einführung in die Grundlagen des Islams, Würzburg/Altenberge [4]1995, Neudruck 1999; *ders.,* Wer ist für den Muslim ein Nächster?, in: Wer ist mein Nächster? Die Antwort der Weltreligionen, hrsg. von *A. Th. Khoury/P. Hünermann* (Herderbücherei 1512), Freiburg 1988, 113–128.

A. TH. KHOURY

Natur/Ökologie ↗ *Weltverständnis/Weltverantwortung*

Neues Testament

Die neutestamentlichen Schriften (Bibel) nennt der Koran kumulativ „das Evangelium" (al-indjil). In der Verwertung neutestamentlicher Erzählungen (Jesus; Maria) lässt sich deutlich Muhammads theologische Konzeption erkennen.

Literatur: *s. Bibel*

L. HAGEMANN

Noach (Nuh)

Nach ihm ist die Sure 71 benannt. Noach wird im Koran als erster Strafprophet angesehen (s. Prophet), ihm folgen Hud, Salih, Lut (Lot), Shuʿaib, Musa (Mose). Der Koran schenkt Noach besondere Aufmerksamkeit: Mit Noach wird derselbe Bund geschlossen wie mit Abraham, Mose und Jesus (Koran 33,7). Er wird als „deutlicher Warner" (11,25; 71,2), „zuverlässiger

Gottesgesandter" (26,197) und „dankbarer Gottesdiener" (17,3) bezeichnet. Gottes Auftrag an ihn wird mit dem Auftrag an Abraham, Mose, Jesus, ja sogar mit der Offenbarung an Muhammad gleichgesetzt: „Er [Gott] hat euch von der Religion verordnet, was Er Noach aufgetragen hat, und was Wir dir [Muhammad] offenbart haben, und was Wir Abraham, Mose und Jesus aufgetragen haben ..." (42,13). Wie Abraham und Mose gilt auch Noach als Muslim, ihm „ist befohlen worden, einer der Gottergebenen zu sein", heißt es in Sure 10,72.

Was für die früheren Propheten allgemein gilt, dass nämlich Muhammad sich und seine Situation in ihnen und ihrer Situation wiederzuerkennen glaubte, trifft auch auf Noach zu: Auch er wird – wie Muhammad (vgl. 23,70) – als besessen abgestempelt (23,25; 54,9) und der Lüge geziehen; auch er stößt mit seiner Botschaft auf Ablehnung (Androhung der Steinigung: 26,116); seine Widersacher sind die Vornehmen und Einflussreichen des Volkes (7,60; 11,27), während seine Anhänger vor allem aus den unteren Schichten kommen (11,27; 26,111) – ein Phänomen, mit dem sich auch Muhammad auseinander setzen musste.

Noachs Warnung vor dem Strafgericht Gottes findet bei seinem Volk kein Gehör: „O Noach, du hast mit uns gestritten und den Streit mit uns lange geführt. So bring uns doch her, was du uns androhst, so du zu denen gehörst, die die Wahrheit sagen" (11,32).

Die Folge ist der Untergang der Ungläubigen in der Sintflut, während Noach, der verfolgte Prophet, mit seinen Getreuen in der Arche gerettet wird.

Die biblische Erzählung von der Sintflut (Gen 6,1–9,17) hat Muhammad in eigener Weise umgedeutet. Die koranische Version verfolgt zwei Aussagezeile: Zum einen will sie bestätigen, dass Gott die Ungläubigen bestraft – selbst Noachs Sohn kommt um (11,42 ff.), d.h., nicht die Blutsverwandtschaft, sondern allein der Glaube ist heilsentscheidend –, zum anderen geht es um den Nachweis, dass der von Gott beauftragte Prophet trotz Verfolgungen letztendlich gerettet wird: Gott lässt ihn nicht im Stich.

Literatur: *B. Heller,* Art. „Nūh", in: HIsl, 589–591; *H. Speyer,* Die biblischen Erzählungen im Qoran, Hildesheim [2]1961, 89–115.

L. Hagemann

O

Ökumenismus

Das vom griechischen Wort oikuméne (= weltweit) abgeleitete Wort Ökumenismus dient vor allem zur Kennzeichnung der Bemühungen um die Einheit aller Christen.

Zu den Partnern des ökumenischen Dialogs über die christlichen Kirchen hinaus zählen heute insbesondere die großen Weltreligionen Buddhismus, Hinduismus, Judentum und Islam. Angesichts der großen Weltprobleme (Friedensproblematik, Bewahrung der Schöpfung, Bevölkerungsexplosion, Nord-Süd-Konflikt usw.) sind die führenden Repräsentanten dieser Religionen mehr denn je gefordert, ihre je eigenen Antworten ins Gespräch zu bringen und nach gemeinsamen Wegen zu suchen, um die Überlebenschancen der Menschheit zu sichern. Denn anders als früher, da die Religionen in abgeschlossenen Kulturräumen geradezu abgeschottet voneinander lebten, passieren sie heutzutage frei die Grenzen ihrer Herkunftskulturen. Die ursprünglich universal geglaubte Herkunftskultur wird nach erfolgter kultureller Grenzüberschreitung in anderen Lebens- und Zugehörigkeitsverhältnissen als kontingent erfahren. Die Erfahrung der Kontingenz religiöser Kulturen zwingt die Religionen zur irreversiblen Koexistenz. „Angesichts der in jedem Menschen wirksamen Sehnsucht nach Sinnerfüllung und Zukunftsaussage (Hoffnung) sowie angesichts der konkreten Aufgaben, die sich der menschlichen Gesellschaft als Ganzes im Ruf nach Gerechtigkeit und Freiheit, Frieden und Solidarität stellen, muss es in Theorie und Praxis zu einem ehrlichen Ausgleich der Ansprüche der Religionen kommen. Nicht zuletzt im Blick auf die zahlreichen Religionskriege, die es im Laufe der Jahrhunderte gegeben hat, wird den Religionen dabei ein besonderer Beweis des Willens zum Frieden abverlangt werden" (H. Waldenfels).

Literatur: *s. Dialog, interreligiös.*

L. Hagemann

Offenbarung

Offenbarung als religionsphänomenologische Vorgegebenheit

Die Religionsgeschichte weist es aus: Offenbarung gehört zum Selbstverständnis jeder Religion, die göttliche Schöpfung, nicht menschliches Machwerk sein will. Wo prinzipiell die Möglichkeit von Offenbarung negiert wird, da erübrigt sich jedes Sprechen von Gott.

Offenbarung als theologische Kategorie meint religionsphänomenologisch a) die Möglichkeit des Sich-Äußerns von Transzendenz im Sinne von Sich-Enthüllen, Sich-Kundtun, Sich-selbst-Mitteilen sowie b) die Faktizität dieser Möglichkeit, also

die vollzogene Aktuierung dieser Potentialität.
Mithin ist Offenbarung eine religionsphänomenologische Vorgegebenheit, deren Begründung den einzelnen Religionen zufällt.

Offenbarung (al-wahy) als koranisches Theologoumenon

Dass Gott sich geoffenbart hat, ist für den Koran ein Apriori, das nicht hinterfragt wird. Der Koran spricht in diesem Zusammenhang von einem Offenbarungswissen. Dieses Offenbarungswissen hat nach koranischer Vorstellung die Menschen auf zweierlei Weise erreicht:

1. in der Urzeit durch die so genannte Uroffenbarung und
2. im Laufe der Geschichte durch die Verkündigung des Propheten.

Die Uroffenbarung

Nach koranischer Auffassung hat Gott einem jeden Menschen den Grundgehalt der späteren prophetischen Verkündigung bereits in einer Uroffenbarung kundgetan: „Bin ich nicht euer Herr?", so hatte Gott die Nachkommen Adams gefragt, und sie hatten geantwortet: „Jawohl, wir bezeugen es" (7,172). Und der Koran fügt hinzu, dass Gott diese Frage den Nachfahren Adams deswegen gestellt habe, damit sie am Tag der Auferstehung nicht etwa sagen könnten: „Wir hatten davon keine Ahnung" (7,172).
Diese am Anfang der Menschheitsgeschichte verkündete und damit von jeher verpflichtende Offenbarung hat im Islam ihre endgültige Gestalt und Fassung gefunden. Deswegen wird der Islam auch als die „Schöpfung Gottes" bezeichnet, d.h. die in jedem Menschen von Gott grundgelegte Religion: „Und richte dein Angesicht auf die Religion als Anhänger des reinen Glaubens. Das ist die Schöpfung Gottes, die Er für die Menschen festgelegt hat. Die Schöpfung Gottes kann nicht abgeändert werden. Das ist die richtige Religion. Aber die meisten Menschen wissen nicht Bescheid" (30,30).

Die Verkündigung der Propheten in je neuer Identität

Zu allen Zeiten und zu allen Völkern hat Gott Propheten gesandt (13,7; 35,24), um die Menschen jeweils neu an die ursprüngliche Offenbarung zu erinnern und sie zugleich zur Treue gegenüber der von Gott verordneten Verpflichtung zum Gehorsam gegen ihn zu ermahnen. Denn wie die Erfahrung im Laufe der Geschichte lehrt, sind die Menschen in ihrer Vergesslichkeit immer wieder in die Irre gegangen und haben nicht zum Glauben an den einen Gott gefunden.
Prinzipiell verkünden alle Propheten ein und dieselbe Botschaft: „Es gibt keinen Gott außer mir. Dienet mir!" (21,25). Diese Botschaft richtet sich an alle Völker, denn zu jedem Volk hat Gott Propheten gesandt: „Und wir haben aus der Mitte jeder Gemeinschaft einen Gesandten erstehen lassen: ‚Dienet Gott und meidet die Götzen'" (16,36; vgl. 35,24; 13,7b).
Zwar ist die inhaltliche Botschaft, die die einzelnen Propheten den Völkern verkünden, immer dieselbe und in sich identisch, aber ihre Ausdrucks-

weise, ihre sprachliche Form und Darstellung ist dem jeweiligen Volk, seinen Lebensumständen und den konkreten Zeitverhältnissen angepasst, um die Menschen in ihrer jeweiligen Situation erreichen zu können und ihnen Klarheit über ihren Weg zu verschaffen: „Und wir haben keinen Gesandten entsandt, außer (mit einer Botschaft) in der Sprache seines Volkes, damit er (sie) ihnen deutlich macht" (14,4).

Der Inhalt der Offenbarung

„Der Gesandte glaubt an das, was zu ihm von seinem Herrn herabgesandt wurde, und ebenso die Gläubigen. Jeder glaubt an Gott und seine Engel und seine Bücher und seine Gesandten", so heißt es in Koran 2,285.

Der erste Teil des islamischen Glaubensbekenntnisses legt den Akzent auf den wichtigsten Aspekt dieser Inhalte und hebt als hervorstechendes Kennzeichen des Islams den strikten Monotheismus hervor: „Ich bezeuge, es gibt keinen Gott außer Gott." Dieses Zeugnis ist nach dem Koran ein Widerhall des Zeugnisses Gottes selbst: „Gott bezeugt, dass es keinen Gott gibt außer Ihm, ebenso die Engel und diejenigen, die das Wissen besitzen" (3,18). Erster Zeuge des Glaubens ist also Gott selbst. Er garantiert die Wahrheit der Offenbarung, steht in eigener Autorität für sie ein. Deswegen ist dieses göttliche Zeugnis absolut gültig und universal verpflichtend: „Sprich: Er ist Gott, ein Einziger, Gott, der Undurchdringliche. Er hat nicht gezeugt, und Er ist nicht gezeugt worden, und niemand ist Ihm ebenbürtig", so drückt es Sure 112,1–4 aus.

Der Koran beinhaltet nicht nur Glaubensaussagen, sondern auch detaillierte gesetzliche Bestimmungen, die das religiöse, ethische, soziale und politische Leben des Einzelnen und der Gemeinschaft regeln. Allen diesen Vorschriften hat sich der Mensch in unbedingtem Gehorsam gegenüber dem souveränen Willen Gottes zu unterwerfen, sie als gottgewollte Normen anzunehmen und zu erfüllen. Denn: „Gott sagt die Wahrheit, und Er führt den (rechten) Weg" (33,4).

Die Schöpfung als Manifestation göttlicher Offenbarung

Neben dem ausdrücklichen Wissen, das den Menschen einst in der Uroffenbarung mitgeteilt und durch die Propheten immer wieder in Erinnerung gebracht worden ist, bezeichnet der Koran die gesamte Schöpfung als Manifestation göttlicher Offenbarung.

Welt und Mensch als Gottes Schöpfung

Gott zeigt sich in seiner Schöpfung: Welt und Mensch, Umwelt und Mitmensch wertet der Koran als Zeichen Gottes, durch die ein aufmerksamer Beobachter Zugang zu ihm finden kann, so wie bereits Abraham aufgrund der ihm eigenen Sensibilität für seinen „Herrn" – der Koran sagt, Abraham besaß ein „gesundes Herz" (37,84), „das rechte Verhalten" (21,51) und ein besonderes „Wissen" (19,43) – aus der Vergänglichkeit der Sterne, des Mondes und der Sonne, kurzum an der Kontingenz der Welt,

Gott erkennen und sein Angesicht auf den richten konnte, „der Himmel und Erde geschaffen hat" (6,69).
In seiner Polemik gegen seine mekkanischen Landsleute setzt Muhammad stets voraus, dass sie Gott als den Schöpfer und Souverän der Welt akzeptieren, ihm jedoch – in ihrem altarabischen Polytheismus verharrend – andere Götter beigesellen: „[Ihnen wird erwidert: Nein: Ihr kommt in die Hölle.] Dies ist so, weil ihr, wenn immer Gott allein angerufen wurde, ungläubig geblieben seid, ihr aber, wenn Ihm (andere) beigesellt wurden, geglaubt habt ..." (40,12). Ein derartiger Assoziationismus aber, so steht es im Koran, macht aus der Harmonie des Kosmos ein Chaos: „Gäbe es in ihnen beiden (im Himmel und auf Erden) andere Götter als Gott, würden sie (beide) verderben ..." (21,22). Der Glaube an mehrere Götter ist schlichtweg widersinnig, deutet doch alles geschöpfliche Sein auf Gott als den einzigen Schöpfer hin (vgl. z.B. 21,30–33; 27,86; 36,33–40; 51,20–21; 20,53–54; 26,6–8; 12,105; 29,44). Für die Leugnung dieser Tatsache gibt es nach Aussagen des Korans keinen Grund (27,64). Darüber hinaus hat sich stets die Machtlosigkeit der von den Polytheisten verehrten Götter gezeigt (25,3; 7,191–194; 16,20; 13,16; 6,71).
Innerhalb des geschöpflichen Seins ist der Mensch in besonderer Weise Zeichen göttlicher Macht, konkreteste Manifestation des allmächtigen und gütigen Handelns Gottes (36,71–72; 16,80–81 etc.).

Der Zeichencharakter allen kreatürlichen Seins

Wer die Zeichen des Universums zu lesen vermag, so die Argumentation des Korans, wird nicht in seinem Polytheismus verharren, sondern sich dem einen Gott zuwenden.
Der Koran spricht stets von Zeichen für Menschen, die nachdenken, verstehen, hören und begreifen (vgl. 30,17 ff.).
Die drängende Frage: „Habt ihr keinen Verstand?", immer wieder im Koran gestellt (vgl. z.B. 3,65), unterstreicht die Bedeutung der Vernunft in der Gotteserkenntnis. Nicht blinder Glaube ist gefordert, sondern überlegte und dann bejahende Zustimmung zu der aus den vielfältigen Zeichen Gottes resultierenden Konsequenz, der freiwilligen Unterwerfung unter den Willen Gottes (s. Moral).

Die offenbarungstheologische Konzeption des Korans

Zunächst hatte Muhammad sowohl die Juden mit der Thora als auch die Christen und ihr Evangelium als im Wesentlichen mit dem Islam und der koranischen Offenbarung übereinstimmende Religionsgemeinschaften anerkannt. Er sah seine Botschaft in Kontinuität stehen mit den früheren Offenbarungsbüchern (Thora und Evangelium): „Und dies (d.h. die koranische Offenbarung) ist ein Buch, das Wir hinabgesandt haben, ein gesegnetes Buch, das bestätigt, was [an Offenbarung] vor ihm vorhanden war ..." (6,92 u.ö.). Die Einheit aller Offenbarungen wird durch die Vielheit der Offenbarungsbücher (Thora, Evangelium, Koran) nicht gefährdet, sondern aufgrund der inhaltlichen Identität ausdrücklich bestätigt. Denn, so die offenbarungstheologische Konzeption des Korans: Es gibt nur eine ewige Schrift bei Gott, die „Urnorm des Buches" (3,7; 13,39; 43,4), die den verschiedenen Völkern in ihren jeweiligen Sprachen zuteil wurde (s. Bücher). Der Koran seinerseits ist die arabische Version des himmlischen Originals. Die Offenbarungsschrift selbst, weil göttlichen Ursprungs, trägt somit die untrüglichen Merkmale der Wahrheit in sich: „O ihr Menschen, gekommen ist nunmehr zu euch ein Beweis von eurem Herrn. Und wir haben zu euch ein offenkundiges Licht hinabgesandt" (4,174).

Diese vom Koran verkündete Einheit der Offenbarung wird ihrerseits durch Thora und Evangelium unterstrichen, ist doch Muhammad mit seiner Botschaft bereits in den biblischen Schriften angekündigt (7,157), seine Sendung von Abraham im Gebet erfleht (2,129) und von Jesus vorausgesagt (61,6).

Die koranische Offenbarung als unmittelbares Wort Gottes: Verbalinspiration

Für den gläubigen Muslim ist die koranische Offenbarung das Wort Gottes schlechthin. In Auditionen und Visionen wurde durch den Engel Gabriel, so die Tradition, dem Propheten Muhammad die Offenbarung wortwörtlich eingegeben (Verbalinspiration). Sie entspricht in ihrem Inhalt der im Himmel aufbewahrten Urschrift (s. Bücher). Somit gilt der Koran, in dem Gottes Wort im wahrsten Sinne des Wortes zu Buche geschlagen ist, als göttliches Diktat und besitzt deswegen absolute Autorität. Nur Gott als alleiniger Autor des Korans konnte ein derartiges Werk vollbringen (vgl. 17,88). Aufgrund ihres göttlichen Ursprungs gilt die koranische Offenbarung als unfehlbar und unüberbietbar. Der Koran selbst ist das große fortwährend präsentische Zeichen – sozusagen „das Dauerwunder" (H. Stieglecker) –, das die untrüglichen Merkmale seiner göttlichen Herkunft in sich trägt (Sprache, Stil, Rhythmus der Verse) und als solches die Legitimität und Authentizität des Propheten Muhammad ausweist.

Die Abrogation als exegetisches Prinzip

Weil die koranische Offenbarung nach muslimischem Verständnis verbaliter Gottes Wort enthält, ist sie in keiner Weise historisch bedingt, sondern zeitlos gültig. Deswegen lehnen die meisten Muslime die historischkritische Methode als Mittel der Koranexegese ab. Koranisch sanktioniert hingegen ist die so genannte Abrogation (s. dort): Dieses hermeneutische Prinzip muslimischer Koranexegese hat seine Grundlage im Koran selbst: „Was Wir auch an Zeichen aufheben oder der Vergessenheit preisgeben, Wir bringen dafür ein besseres oder ein gleiches" (2,106; vgl. 16,101; 87,6–7), d.h., Gott selbst kann Verse tilgen oder auslöschen, einen Vers durch einen anderen ersetzen beziehungsweise Verse in Vergessenheit geraten lassen.

Dieses hermeneutische Prinzip beinhaltet zwar keinerlei Textkritik, ist aber für die Rechtsgelehrten des Islams ein Motiv für die Erforschung einer relativen Chronologie der Koranverse, um zu prüfen, welche Offenbarungsinhalte tilgend (nasikh) und welche getilgt (mansukh) sind. Der Charakter der Verbalinspiration der koranischen Offenbarung bleibt nach muslimischem Verständnis davon unberührt.

Von der Orthodoxie zur Orthopraxie
Im Mittelpunkt des Islams steht der Glaube an den einen und einzigen Gott, der durch sein schöpferisches Wort alles ins Dasein gerufen hat und am Ende der Zeiten die Menschen zur Rechenschaft ziehen wird (s. Jüngstes Gericht). Die Zeit des Lebens ist für die Menschen eine Zeit der Bewährung (s. Moral). Die gehorsame Unterwerfung unter den Willen Gottes, wie er in der koranischen Offenbarung zum Ausdruck kommt, ist die alles entscheidende Konsequenz, die aus dem Glauben an Gott erwächst. In diesem Sinn versteht sich der Islam als die Religion der Orthodoxie, d.h. als letztgültige und „einzig wahre Religion" (3,19), die das authentische Gottesbekenntnis in seiner ursprünglichen Reinheit restituiert hat, und zugleich als Religion der Orthopraxie, d.h. als Religion der bedingungslosen Hingabe an Gott, der vorbehaltlosen, totalen Unterwerfung unter seinen Willen in allen Bereichen des menschlichen Lebens. Auch hier erfahren sich die Muslime als eine „Gemeinschaft der Mitte", des Gleichgewichts, der Ausgewogenheit: „Und so haben Wir euch [Muslime] zu einer in der Mitte stehenden Gemeinschaft gemacht, auf dass ihr Zeugen seid über die Menschen ..." (2,143). So versteht sich die koranische Offenbarung als Wegweiser einer geheiligten Lebensordnung, die ihren Grund im Glauben an den hat, der sich im Koran offenbarte: Gott, arabisch: Allah.

Literatur: *J. Arberry,* Revelation and Reason in Islam, London [3]1971; *A. J. Wensinck,* The Muslim Creed. Its genesis and historical development, Cambridge 1932; repr. London 1965; *ders.,* Art. Wahy, in: HIsl, 784–787 (Lit.); *H. Stieglecker,* Die Glaubenslehren des Islam, Paderborn [2]1983; *R. Wielandt,* Offenbarung und Geschichte im Denken moderner Muslime, Wiesbaden 1971; *T. Nagra,* Le problème de la révélation (wahy) selon le Coran musulman, in: Islamochristiana 4 (Roma 1978), 127–149; *A. Th. Khoury,* Der Islam. Sein Glaube – seine Lebensordnung – sein Anspruch, Freiburg/Basel/Wien [6]2001.

L. Hagemann

Opfer

Der Islam kennt das Tieropfer (s. dort), das am 10. Dhu l-Hidjja jeden Jahres in der gesamten islamischen Welt und bei anderen nicht speziell festgelegten Gelegenheiten vollzogen wird. Daneben sind im Bereich der Volksreligion zahlreiche andere Opferformen geläufig. Auch dort finden sich blutige Opfer, die an Djinnen gerichtet sind, vor allem aber Gelübde-Opfer zu Ehren von Heiligen, die man bei ihrem Grab darbringt. Geläufig sind auch Haar-Opfer. So wird einem Kind beim Fest der Namensgebung am siebten Tag nach der Geburt das Haar abrasiert. Danach wird der Kopf mit dem Blut eines Opfertiers, das man zu dieser Gelegenheit geschlachtet hat, bestrichen. Dieses Haaropfer wird in der Literatur auch als Erstlingsopfer bezeichnet. Solche Erstlingsopfer können sich auch auf die Erstlinge von Herden und die ersten Feldfrüchte erstrecken. Eine andere Form des Opfers stellen all die Tätigkeiten dar, die zur Erhaltung einer Moschee oder eines Grabbaus unentgeltlich verrichtet werden. Dazu gehört auch die Beschaffung von Besen, Eimern, der Farbe oder Teppichen zur Ausschmückung eines solchen Ortes. Bei solchen Opfergaben kann es sich auch um Farbdrucke handeln, auf denen berühmte Stätten der islamischen Welt wie die Kaʿba in Mekka dargestellt sind. Weitere Opfergaben können Olivenöl und Weihrauch zur Beleuchtung und Räucherung, Lampen und Streichhölzer sein. Häufig sind auch Opferfahnen und schließlich die so genannten Fetzenopfer, mit denen Gläubige einen Heiligen an ihrem Besuch bei seinem Grab zu erinnern suchen. Auch Rosenkränze werden geopfert. Die islamische Volksreligion kennt zudem zahlreiche Votivgaben, angefangen von Seilen, mit denen entlaufene und wiedergefundene Tiere angebunden waren, bis zu großen Votiv-Schiffen.

Literatur: *J. Chelhod,* Le sacrifice chez les Arabes, Paris 1955; *J. Henninger,* Das Opfer in den südarabischen Hochkulturen, in: Anthropos 37–40 (1942–45), 779–810; *ders.,* Die unblutige Tierweihe der vorislamischen Araber aus ethnologischer Sicht, in: Paideuma 4 (1950), 179–190; *R. Kriss/H. Kriss-Heinrich,* Volksglaube im Bereich des Islam, Bd. 1, Wiesbaden 1960.

P. Heine

Organisationen, islamische

↗ *Internationale Organisationen in der islamischen Welt*

Osmanen

Geschichtlicher Überblick

Die Osmanen sind eine türkische Dynastie zwischen 1281 und 1924, die zur Zeit ihrer größten Machtentfaltung Anatolien, den Balkan und den größten Teil der arabischen Welt beherrschte. Über den Ursprung der Osmanen sind lediglich Legenden bekannt. Die Familie entstammt wahrscheinlich einem turkmenischen Nomadenstamm, der mit den zahlreichen Wellen von Turkvölkern aus Zentralasien nach Vorderasien gelangte. Zunächst haben offenbar Abhängigkeiten der Osmanen von den Seldjukensultanen von Konya bestanden. Aufgrund der abnehmenden Macht dieser Dynastie und dem Vorrücken mongolischer Gruppen wichen die Osmanen in den nordwestlichen Teil Anatoliens, die alte Provinz Bethynien, aus. Das brachte sie in ständige militärische Auseinandersetzungen mit dem Byzantinischen Reich. Diese Kämpfe zogen immer wieder neue Gruppen von Turkmenen an, die als Streiter im Djihad (ghazi) für den Islam, aber auch in der Hoffnung auf reiche Beute zur Waffe griffen. Aus diesen Ursprüngen entwickelte sich bei den Osmanen eine dominante militärische Tradition und eine permanente

Kampfbereitschaft, die es ihnen erlaubte, sich kontinuierlich auszubreiten und die zahlreichen in Anatolien bestehenden türkischen Fürstentümer zu okkupieren. Nachdem der Großteil Kleinasiens unter ihre Kontrolle gelangt war, rückten die Osmanen 1357 auf den Balkan vor und konnten hier im Kampf gegen die slavischen Fürstentümer große militärische Erfolge erzielen. Zu deren Niederlagen trug nicht zuletzt ihre Uneinigkeit und die Feindschaft zwischen Katholiken und Orthodoxen bei. Das Rückgrat der militärischen Erfolge der Osmanen bildeten zu diesem Zeitpunkt nicht mehr turkmenische Nomadengruppen, sondern die Janitscharen (Neue Truppe), eine Truppe, die sich vornehmlich aus den Söhnen der unterworfenen christlichen Bevölkerung des Balkans rekrutierte. Auch die Administration des sich immer weiter ausbreitenden Staates wurde zum großen Teil von diesem Personenkreis betrieben, der eine hervorragende Ausbildung erhielt und in höchste Positionen gelangen konnte. Sie behielten aber zeitlebens einen Abhängigkeitsstatus vom Herrscher. Die Ausbreitung des osmanischen Reiches ging jedoch nicht ohne Rückschläge vor sich. Im Jahr 1394 hatte Bayediz I. den Titel „Sultan" durch den Khalifen erhalten. Doch schon acht Jahre später erlebten die Osmanen eine schwere Niederlage durch die Mongolen, und es dauerte einige Jahrzehnte, bis sie sich von diesem Schlag erholt hatten. Dann jedoch setzten sie ihre Politik der militärischen Ausbreitung fort und konnten 1453 unter Mehmet, „dem Eroberer", die Stadt Konstantinopel unter ihre Kontrolle bringen. Diese Entwicklung setzte sich auch im 16. Jahrhundert fort, indem die osmanischen Truppen 1517 Syrien und Ägypten eroberten. Bei dieser Gelegenheit nahm Sultan Selim auch den Titel „Khalif" an und beendete damit das ʿabbasidische Scheinkhalifat von Kairo. 1526 kam nach der Schlacht von Mohacz Ungarn für mehr als 150 Jahre unter osmanische Herrschaft. In Süditalien konnten türkische Brückenköpfe gebildet werden. Unter osmanischer Flagge segelnde Korsaren brachten die osmanische Herrschaft nach Tunesien und Algerien, und 1514 schlugen die Osmanen ihre safawidischen Erzfeinde bei Chaldiran und brachten Azerbaidjan unter ihre Kontrolle. Osmanische Kriegsschiffe tauchten sogar im Indischen Ozean auf. Auf diesem Höhepunkt ihrer Macht im 16. Jahrhundert verlangsamte sich die weitere Ausbreitung des Reiches, um dann zu einem Stillstand zu kommen. Mit der Niederlage der Türken vor Wien, 1683, setzte eine Rückentwicklung ein, die unter dem Druck der verschiedenen europäischen Mächte, vor allem aber dem Expansionsdrang des zaristischen Russland zum Mittelmeer schließlich in der Zerschlagung dieses Reiches mit dem Ende des Ersten Weltkriegs seinen Schlusspunkt findet. Aus seinen Überresten entstand die Türkische Republik, deren Nationalversammlung den letzten Sultan der Osmanen 1922 für abgesetzt erklärte.

Osmanen und Sunnismus

Während ihrer gesamten Existenz waren die Osmanen Verteidiger des sunnitischen Islams. Dabei hatten sie sich nicht nur mit ihren ständigen schiitischen Widersachern unterschiedlicher Dynastien im Iran auseinander zu setzen, sondern auch mit zahlreichen religiösen Minderheiten in Anatolien, bei denen sie häretische Neigungen zu erkennen glaubten. Auf der anderen Seite zeigten sie jedoch auch eine bemerkenswerte Toleranz in religiösen Fragen. So nahmen sie in großer Zahl von durch die Reconquista aus Spanien vertriebenen Juden auf und beließen den verschiedenen christlichen Bevölkerungsgruppen und jüdischen Gemeinden in dem Vielvölkerstaat ihre religiösen und kulturellen Eigenheiten. In dem so genannten „Millet"-System hatten die verschiedenen religiösen Gemeinschaften eine begrenzte innere Autonomie und wurden gegenüber der Staatsführung durch ihre religiösen Würdenträger vertreten. Dennoch lag gerade in dieser Heterogenität der Bevölkerung die eigentliche Ursache für das Scheitern des osmanischen Staates. Im Zeitalter des Nationalismus gab es im osmanischen Reich keine Ideologie, die dem vom Panslavismus oder anderen Nationalismen bis hin zum arabischen Nationalismus beeinflussten Unabhängigkeitsstreben der verschiedenen Völker entgegengesetzt werden konnte. Der Islam als einigendes Band sprach nur die Muslime des Osmanischen Reiches an. Juden und vor allem Christen wurden durch die Dominanz der fremden Religion abgeschreckt und in ihrer Abneigung gegen diesen Staat und in ihrer Forderung nach Unabhängigkeit noch bestärkt. Versuche, einen osmanischen Nationalismus zu entwickeln, waren angesichts dieser Situation zum Scheitern verurteilt. Hinzu kam, dass sich innerhalb des türkischen Bevölkerungsteils ebenfalls nationalistische Tendenzen entwickelten, bei denen großtürkische Vorstellungen deutlich wurden. Diese Situation war auch durch pan-islamische Vorstellungen, wie sie z. B. von Sultan Abdülhamid verfolgt wurden, kaum zu steuern.

Osmanen und Europa

Durch seinen ständigen Kontakt mit der europäischen Welt war das Osmanische Reich als erster islamischer Staat mit den modernen Entwicklungen in Europa konfrontiert. Er hatte vor allen anderen islamischen Staatsgebilden als erster auf die sich ständig ausweitenden technologischen Neuerungen der Europäer zu reagieren, musste sich aber zugleich mit den geistigen Voraussetzungen dieser Entwicklung auseinander setzen. Die Konfrontation zwischen verschiedenen Kulturen in all ihren Verletzungen und Unsicherheiten speziell für die unterlegene Zivilisation ist beispielhaft für ähnliche Erscheinungen in allen islamischen Ländern in der späteren Entwicklung.

Literatur: *A. D. Anderson,* The Structure of the Ottoman Dynasty, Oxford 1956; *N. Berkes,* The Development of Secularism in Turkey, Montreal 1964; *R. Davison,* Reform in the Ottoman Empire, 1856–1876,

Princeton 1963; *P. Heine,* Salih ash-Sharif at-Tunisi. A North African Nationalist in Berlin During the First World War, in: Revue de l'Occident Musulman et de la Méditerranée 33 (1983), 89–95; *K. Karpat,* The Ottoman State and its Place in World History, Leiden 1974; *S. Mardin,* The Genesis of Young Ottoman Thought. A Study in the Modernization of Turkish Political Ideas, Princeton 1962; *B. Lewis,* The Emergence of Modern Turkey, London 1961.

P. HEINE

P

Paradies

Das Paradies stellen Koran und Tradition als einen Garten dar (vgl. Gen 2,8 ff.), der alles bietet, „was die Seele begehrt und für die Augen eine Wonne ist“ (Koran 43,71). Hier im „Garten der Ewigkeit“ (25,15) – auch „Gärten des Paradieses“ (18,107), „Gärten der Wonne“ (31,8; 22,56), „Gärten von Eden“ (16,31; 18,31; 13,23) genannt – erhalten die auf Grund ihres Glaubens und ihres guten Lebenswandels (31,8–9; 84,25; 20,75–76 u. ö.) zur Seligkeit Berufenen alles, was sie ersehnen (39,34). Über die Anzahl der Paradiesgärten gehen die Vorstellungen auseinander: Koran 55,46 und 55,62 erwähnen jeweils zwei Gärten bzw. zwei Doppelgärten, die Hadith hingegen wollen von sieben, teils auch von acht Gärten wissen. Da fließen Bäche von Wasser, Milch, Wein und Honig (vgl. 14,23; 47,15), da gibt es Früchte aller Art (vgl. 13,35; 36,57; 37,42); auch Fleisch (52,22), insbesondere „Fleisch von Geflügel von dem, was sie begehren“ (56,21), ist stets zu haben.

Während der Koran den Glauben in Verbindung mit guten Werken als Grund für den Eingang in das Paradies nennt, entscheidet laut Tradition allein der Glaube über die Seligkeit, selbst diejenigen unter den Gläubigen, die wenig gottgefällig gelebt haben, werden zwar zur Verbüßung ihrer gerechten Strafe eine Zeit lang in die Hölle verdammt, gehen schließlich aber doch in das Paradies ein. In silbernen Gefäßen (76,15), Krügen (56,18), Humpen (76,15; 56,18; 88,14) und randvoll gefüllten Bechern (78,34; 52,23; 76,5.17) wird den Seligen Wein serviert, jenes im irdischen Leben verbotene Getränk (5,90 f.). Kostbare Gewänder, Armringe aus Gold (18,31), Silber (76,21) und Perlen (22,23; 35,33) schmücken die Paradiesbewohner. Auf gepolsterten, goldbesetzten und mit Brokat gefütterten Teppichen, Sesseln und Betten können sie sich entspannen und ausruhen (vgl. 88,13; 56,15; 18,31; 38,51 u. ö.). Ihr Umgang mit den anmutig aussehenden Paradiesjungfrauen (vgl. 55,58 u. ö.) und den Huris, jungen Paradiesknaben – sie dienen als Mundschenk (vgl. 56,17–18) – lässt den zu erwartenden paradiesischen Lohn zu einer unbeschreiblichen Freude werden. Wichtiger jedoch als alle sinnlichen Genüsse ist das Wohlgefallen Gottes, das die Seligen im Paradies erfahren (9,72). Anders als das Diesseits ist das Paradies eine „Wohnstätte des Friedens“ (10,25), wo die Auserwählten frei von Sünde (56,25–26) in Sicherheit wohnen können (34,37; 44,55).

Darüber hinaus scheint der Koran auch die Möglichkeit der Gottesschau anzudeuten (75,22–23). Die

theologischen Schulen vertreten in diesem Punkt allerdings keine einheitliche Linie: Während die Muʿtaziliten mit Verweis auf Sure 6,103 eine solche Möglichkeit bestreiten, halten die Ashʿariten mit Berufung auf Koran 9,72 die Anschauung Gottes für die höchste Glückseligkeit.
Eine derartige Gottesschau wird indes nur bedingt gewährt: Sie beschränkt sich auf jene Augenblicke, die Gott selber festsetzt und sie wird nur jenen Gläubigen geschenkt, die Gott dafür ausersehen hat.

Literatur: *s. Eschatologie.*

L. Hagemann

Paraklet

Paraklet (griechisch: parakletos) ist der Beistand, den Jesus Christus seinen Jüngern in Joh 14,15; 15,26; 16,7 verheißen hat und der in Joh 15,26 und 16,13 als „der Geist der Wahrheit" bezeichnet wird. Die Christen sehen in ihm den Heiligen Geist, der über die Apostel und die versammelte Gemeinde am Pfingsttag herabgekommen ist und durch sie Zeichen gewirkt hat (Apg 2,1–13).
Die Muslime zitieren hier die Stelle im Koran (61,6), in der Jesus einen Propheten ankündigt: „Sein Name ist Ahmad", der Hochgelobte (griechisch: Perikleitos, oder Periklytos). Damit werde es deutlich, dass der Verheißene, nicht der Heilige Geist sei, wie die Christen behaupten, sondern eben Muhammad, dessen Sendung hier eine zusätzliche Bestätigung erfahre.

Literatur: *H. Stiegelecker,* Die Glaubenslehren des Islam, Paderborn [2]1983, 557–567.

A. Th. Khoury

Parlament ↗ *Staat/Staatslehre*

Passionsspiel

Bis auf wenige Ausnahmen hat sich in der islamischen Welt keine dramatische Form der Literatur entwickelt. Die Passionsspiele (taʿziya), mit denen die Schiiten an die Schlacht von Kerbela und den Tod des Prophetenenkels Husain und seiner Begleitung in der Folge dieser kriegerischen Auseinandersetzung mit umayyadischen Truppen im Jahr 680 erinnern, gehören zu diesen Ausnahmen. Diese Veranstaltungen lassen sich bis in das 14. Jahrhundert zurückverfolgen, wenngleich die heutigen Taʿziya-Feiern ihre endgültige Form erst im vorigen Jahrhundert erhalten haben. Die Darstellung der Ereignisse von Kerbela wird in den ersten zehn Tagen des islamischen Monats Muharram durchgeführt und kulminiert am 10. Muharram, dem ʿAshura'-Tag. Dabei sind zwei verschiedene Arten der Darstellung zu unterscheiden.
Zum Ersten finden Trauerprozessionen statt, in denen die Schlacht dargestellt wird. In der Prozession ziehen Trauende mit, die die Gegner und Mörder Husains, die Frauen seiner Begleitung, seine Verwandten und Freunde darstellen. Dabei werden alle Personen, die aus der Tradition als Teilnehmer an der Schlacht von Kerbela bekannt sind, repräsentiert. In diesen Umzügen tritt ein Darsteller Husains selbst allerdings nicht auf. Ihn repräsentiert ein gesatteltes Pferd ohne Reiter, das zugleich die chiliastischen Erwartungen der Schiiten betont; denn das Pferd wird

bereitgehalten für dem im Verborgenen lebenden Mahdi, der auf diesem Tier in den Kampf gegen die Ungerechtigkeit der Welt ziehen wird. An den Umzügen nehmen auch große Gruppen von Flaggelanten teil, die durch ihre Aktionen zu der hohen Emotionalität dieser Prozession beitragen.

Die zweite Form der schiitischen Passionsspiele kommt in einer szenischen Darstellung der Ereignisse von Kerbela zum Ausdruck. Dabei hat die Zuordnung der einzelnen Rollen zu den Darstellern deutliche soziale Aspekte. Traditionell werden die Rollen der schiitischen Helden, bei denen auch Husain dargestellt wird, von der schiitischen religiösen Oberschicht übernommen, während die Darstellung der Gegner Husains Aufgabe anderer Bevölkerungsgruppen ist. Auch diese Form der Veranstaltungen ist von starken emotionalen Ausbrüchen in Verbindung mit Selbstgeißelungen gekennzeichnet.

Die regelmäßige Erinnerung an den Opfertod Husains und seiner Begleitung in diesen Veranstaltungen trägt zu einer starken Identifizierung der Schiiten mit ihrer Geschichte und den in ihr handelnden Personen bei. Sie stärken die schiitische Identität und bewirken eine starke Opferbereitschaft. Diese hat sich auch bei politischen Gelegenheiten ausgewirkt. Die in neuester Zeit zu beobachtende schiitische Blutmystik hat ihre Ursprünge in den Passionsspielen. Auf der anderen Seite boten die Taʿziya-Feiern immer wieder Angriffsmöglichkeiten vor allem für sunnitische Gegner der Schiiten, die die starke Emotionalisierung der Teilnehmer kritisierten und als unislamisch verurteilten. Als Antwort auf diese Kritik haben schiitische Reformer verschiedentlich versucht, gegen Auswüchse im Zusammenhang mit den Taʿziya-Feiern vorzugehen. Häufig handelte es sich um solche Gelehrte, die für eine Annährung an die sunnitische Mehrheitsgruppierung eintraten. Die starke Verwurzelung der Taʿziya in der schiitischen Bevölkerung ließ diese Versuche jedoch scheitern.

Literatur: *W. Ende,* The Flagellations of Muharram and the Shiʿite ‚Ulama', in: Der Islam 55 (1978), 19–36; *P. Heine,* Ross ohne Reiter. Überlegungen zu den Taʿziya-Feiern der Schiiten des Iraq, in: Zeitschrift für Missions- und Religionswissenschaft 69 (1979), 25–33; *I. Haider,* Zur Soziologie des schiitischen Chiliasmus. Ein Beitrag zur Erforschung des irakischen Passionsspiels, Freiburg 1975; *H. Müller,* Studien zum persischen Passionsspiel, Freiburg 1966; *R. Loeffler,* Islam in Practice, New York 1988; *Y. Makash,* An Attempt to Trace the Origin of the Rituals of ʿAshura, in: Die Welt des Islams 33 (1993), 161–181.

P. Heine

Philosophie

Die islamische Philosophie ist in Folge der Übersetzungen verschiedener Werke griechischer Philosophen, vor allem der Werke, die Platon und Aristoteles zugeschrieben wurden, in der ersten Hälfte des 9. Jahrhunderts entstanden. Die großen Vertreter der islamischen Philosophie in der ersten Periode sind al-Kindi (gest. 870), al-Farabi (870–950), Ibn Sina (Avicenna, s. dort, 980–1037). Sie gehören zur Schule der Metaphysiker, die sich hauptsächlich mit Logik, Metaphysik, Ethik und Politik befassten. Diese Schule erreichte ihren Höhepunkt im 12. Jahrhundert im Werk von Ibn Rushd (Averroes, s. dort, 1126–1189). Daneben, zum Teil unter dem Einfluss von Ibn Sina, entstand die illuministische Richtung, deren Vertreter Suhrawardi (12. Jahrhundert) ist. Al-Ghazzali (s. dort) schrieb eine Widerlegung der Philosophen, die einige ihrer Thesen verurteilte: Leugnung des zeitlichen Beginns der Schöpfung und des zeitlichen Endes der Welt, Behauptung, dass Gott die einzelnen Dinge nicht kennt, Leugnung der Auferstehung der Toten. Ibn Rushd schrieb eine Widerlegung dieser Widerlegung der Philosophen und erschloss durch seine scharfsinnige Deutung die reine aristotelische Philosophie den gebildeten Kreisen.

Literatur: *H. Corbin,* Histoire de la philosophie islamique, Paris 1964; *R. Arnaldez,* Falsafa, in: Els[2], Bd. II, Leiden/London 1965, 769b–775a.

A. Th. Khoury

Politische Richtungen

Der Satz „al-Islam din wa daula" (Islam ist Religion und staatliche Gewalt) kann als Glaubensbekenntnis der islamischen Politik generell bezeichnet werden. Um die Frage, wie dieser Anspruch in die Realität umgesetzt werden soll, hat es zwischen den Vertretern unterschiedlicher Denkweisen heftige Diskussionen gegeben. Dabei haben die verschiedenen Positionen trotz regionaler Differenzen und Unterschiede in der historischen Entwicklung eine bemerkenswerte Identität gezeigt. Im Grunde stehen sich drei Positionen gegenüber, die zu verschiedenen Zeiten unterschiedlichen Einfluss auf die Muslime in ihrer Gesamtheit ausübten.

Liberalismus

Hier ist zunächst einmal eine Form von Liberalismus zu nennen. Vertreter dieser Positionen, die vor allem in Ägypten zu finden sind, waren, zumindest in bestimmten Lebensabschnitten, bekannte Autoren wie Taha Husain, Muhammad Husain Haikal oder Ibrahim al-Muwailihi. Diese und andere Autoren kritisierten die wirtschaftlichen, sozialen und politischen Verhältnisse im Lande und forderten größere Freiheit in allen diesen Bereichen. Bei allen finden sich Sympathien zu einem ägyptischen Nationalismus, aus dem heraus sie auch ihre Haltung zum Islam bestimmen. Für Taha Husain ist der Islam nur durch einen historischen Zufall die Religion der Ägypter. Er sieht ihn jedoch als eine Religion, die tief in den Herzen der Menschen verwurzelt ist. Der Islam befriedigt wie jede Religion die Emotionen der Menschen. Für Taha Husain ist der Islam eine Religion wie andere auch. Er kann daher einen Faktor in der Bildung von Nationalgefühl in einer Bevölkerung darstellen. Neben der Nation ist es vor allem die Vernunft, die für die Vertreter des Liberalismus Ausgangspunkt ihrer Überlegungen ist. Auch sie halten Koran und Sunna für die Grundlagen des Islams. Diese können in einer raschem Wandel unterworfenen Welt keine Lösung von konkreten Einzelproblemen anbieten, sondern geben dem Gläubigen lediglich allgemeine Handlungsanweisungen. Es ist nach diesen Vorstellungen Aufgabe der menschlichen Vernunft, die konkreten Bedingungen aller Aspekte des menschlichen Lebens unter Beachtung der aus den religiösen Quellen erfahrenen Prinzipien nach den Erfordernissen der jeweiligen politischen, sozialen oder ökonomischen Verhältnisse in einer muslimischen Gesellschaft zu gestalten. Hier befinden sie sich in Übereinstimmung mit dem Satz von „Islam din wa daula". Eine Trennung von Vernunft und Offenbarung, von Religion und Kultur, von Staat und Religion ist auch für die Liberalen nicht möglich.

Über die Form und Organisation, in der liberales Gedankengut in islamischen Kreisen verbreitet wurde, kann nur wenig gesagt werden. Gewiss gibt es liberale politische Parteien. Allerdings spielten in ihnen Vertreter liberaler islamischer Richtungen keine bedeutende Rolle. Es ist jedoch nicht ausgeschlossen, dass zumindest in einigen der zahlreichen in Ägypten ansässigen Freimaurerlogen Vorstellungen wie die geschilderten präsent waren und durch diese Organisationen im ganzen Land verbreitet wurden.

Sozialismus

Die wirtschaftlichen und sozialen Veränderungen, denen sich die islamische Welt als Folge des Kontakts mit dem europäischen Wirtschaftssystem ausgesetzt sah, waren erheblich. Die Einbindung der Ökonomien in den Welthandel durch die Einführung von Marktprodukten wie Baumwolle in diesen Ländern führte zu starken sozialen Gegensätzen, auf die islamische Reformer schon früh reagierten. Sie setzten sich in ihren Schriften auch mit den verschiedenen Formen des europäischen Sozialismus auseinander, die auch auf islamische Gesellschaften Einfluss zu gewinnen versuchten. So bemühte sich die „Fabian Society" schon sehr früh, praktische Arbeit in Ägypten zu leisten. Während muslimische Theoretiker marxistische Positionen wegen ihres Atheismus verwarfen, fanden sie in den Vorschlägen zu wirtschaftlicher Kooperation, wie sie von C. Fourier oder F. W. Raiffeisen entwickelt worden waren, islamische Ideale. Lange Zeit ist daher von „Kooperation" als der für die islamische Gesellschaft akzeptablen Wirtschaftsform die Rede. Wie stark diese Vorstellung ansprach, zeigt die Tatsache, dass auch die fundamentalistischen Muslimbrüder (s. dort) Kooperativen gründeten. Mit der zunehmenden Bedeutung westlich beeinflussten sozialistischen Gedankenguts in den ideologischen Vorstellungen von Politikern der islamischen Welt, nahmen die Auseinandersetzungen um einen „islamischen Sozialismus" an Stärke zu. Man kann hier zwei verschiedene Strömungen unterscheiden: Erstens: Gruppen, die einen Sozialismus im europäischen Sinn anstreben und ihre Bemühungen aus der islamischen Geschichte zu begründen suchen, zweitens: solche, die den Begriff „Sozialismus“ auf die entsprechenden Aspekte der islamischen Ethik anwenden. Daneben gibt es Gruppen, die sich wenig um die Frage nach dem islamischen Sozialismus kümmern, sondern sich bemühen, eine auf den Bestimmungen der Shariʿa beruhende islamische Wirtschaftslehre zu entwickeln. In den 1970er Jahren ließen die Diskussionen um einen islamischen Sozialismus mehr und mehr nach. Stattdessen traten Fragen des islamischen Fundamentalismus in den Vordergrund.

Zentraler Punkt in den verschiedenen Diskussionen um den islamischen Sozialismus war die Frage nach dem Privateigentum. Man ging dabei von der folgenden Grundposition aus: Der Mensch ist Gottes Stellvertreter auf Erden. Die Erde ist in seinen Dienst gestellt. Alle menschlichen Anstrengungen zur Erlangung des Lebensunterhalts (also wirtschaftliches Handeln) geschehen, um aus Gottes Güte Nutzen zu ziehen. Ziel des wirtschaftlichen Handelns ist im Islam also nicht die Akkumulierung von Kapital, sondern die Sicherung des Lebensunterhalts. Sie versetzt den Gläubigen in die Lage, Gott durch gute Taten, Dank für seine Güte zu sagen. Daher gibt es zwar Privatbesitz; dieser muss jedoch im islamischen Sinne, d.h. zum Wohle der muslimischen Gemeinschaft genutzt werden. Im Übrigen gilt der Grundsatz, dass keine Einzelperson oder die Gesamtheit der Muslime durch Mitglieder, die über Privatbesitz verfügen, Schaden leiden dürfe. Zahlreiche Vorstellungen des islamischen Sozialismus sind von islamischen fundamentalistischen Denkern in ihre Modelle einer islamischen Wirtschaftsordnung aufgenommen worden.

Fundamentalismus

Eine dritte politische Richtung macht seit dem Beginn der 1970er Jahre in der islamischen Welt verstärkt auf sich aufmerksam. Es entwickelten sich politische Ideen und Organisationen, die mit dem Schlagwort „fundamentalistisch“ gekennzeichnet werden. Es handelt sich dabei um Ideologien, die eine islamische Gesellschaft verlangen, die an Koran, Vorbild des Propheten und der Haltung der frommen Alt-Vorderen (salaf) ausgerichtet sind. Diese Positionen waren jedoch in der islamischen Welt auch schon früher anzutreffen. Politisch und ideologisch von Bedeutung waren z.B. die Wahhabiten, denen es zu Beginn des 19. Jahrhunderts gelang, große Teile der Arabischen Halbinsel samt den Heiligen Städten Mekka und Medina eine Zeit lang unter ihre Kontrolle zu bringen. Vertreter der wahhabitischen Ideologie waren es auch, die in den 1920er Jahren das saudische Königreich gründeten. Der Bezug auf frühislamische Verhältnisse ist es auch, der die islamischen Fundamentalisten mit den so genannten Modernisten vom Schlage eines al-Afghani oder ʿAbduh verbindet. Beide, Modernisten wie Fundamentalisten, interpretieren die autoritativen Texte des Islams in einer Weise, die es ermöglicht, wissenschaftliche, gesellschaftliche oder ökonomische Innovationen als mit dem Islam konform oder als unislamisch zu definieren.

Je nach der historischen oder politischen Situation der verschiedenen islamischen Staaten artikulierten sich fundamentalistische Vorstellungen sehr unterschiedlich. Gemeinsam ist ihnen, gleichgültig ob im Ägypten der 1950er Jahre, im revolutionären Iran Khomeinis, in Pakistan oder bei den Kämpfern gegen die sowjetische Invasion in Afghanistan, die Ablehnung der politischen Kontrolle der islamischen Welt durch westliche Staaten, darunter ist auch die UdSSR zu verstehen. Weiterhin ist ihnen auch die Ablehnung jeder Form von Säkularisierung in den islamischen Staaten gemeinsam; daher fordern sie überall die Wiedereinführung des islamischen Rechts, der Shariʿa, und eine Verdrängung jeder Form von Verwestlichung aus dem öffentlichen Leben. Ein wichtiges Thema stellt für die Fundamentalisten auch die Einheit der islamischen Welt dar, allerdings eine Einheit in ihrem Sinne. Um diese zu erreichen, sind auch Auseinandersetzungen innerhalb islamischer Gesellschaften und zwischen einzelnen islamischen Staaten möglich. Für ihre Ziele setzen die Vertreter fundamentalistischer Positionen sich mit unterschiedlichen Mitteln ein. Die „Djamaʿat-i Islami", die von dem sunnitschen Theologen Abu l-Aʿla al-Maududi 1941 in Pakistan gegründet wurde, bekämpfte die Verwestlichung des Landes weitestgehend mit friedlichen Mitteln, während die ägyptischen und syrischen Muslimbrüder mit paramilitärischen Verbänden und terroristischen Aktionen gegen das von ihnen abgelehnte politische System zu Felde zogen. Am konsequentesten in der Ausschöpfung der zur Verfügung stehenden Mittel, vom Gebrauch von Massenmedien, über die Organisation von Demonstrationen bis zum Terror zur Durchsetzung seiner Ziele, war der iranische Revolutionsführer Khomeini. Fast ausschließlich mit terroristischen Mitteln arbeiten radikale Muslimgruppen in Ägypten, aus deren Reihen auch die Sadat-Attentäter stammen. Die Mehrzahl der fundamentalistischen Organisationen hat sich, wenn es ihnen erlaubt war, an Wahlen beteiligt. In Ländern wie der Türkei, in denen eine Parteiendemokratie, wenn auch mit Unterbrechungen funktioniert, haben sie lange Zeit die Rolle von Splitterparteien gespielt. Mit einer wachsenden Unzufriedenheit der Bevölkerung mit den übrigen politischen Parteien konnte sie hier jedoch mehr und mehr Anhänger gewinnen. Dies gilt auf andere Weise nicht zuletzt für die Situation der Palästinenser in den von Israel besetzen Gebieten. Der Palästinenseraufstand in der zweiten Hälfte der 80er Jahre des 20. Jahrhunderts wird in stärkerem Maße von Vertretern eines islamischen Fundamentalismus geführt und gesteuert als von politischen Organisationen, die nationalistischen oder sozialistischen Ideologien folgen. Es ist noch nicht abzusehen, wie lange diese Organisationen im politischen Spiel der islamischen Staaten ihre gegenwärtige vorherrschende Bedeutung behaupten werden.

Literatur: *A. Ahmad,* Islamic Modernism in India and Pakistan, London 1967; *O. Carré,* Enseignement islamique et idéal socialiste, Beirut 1974; *W. Ende,* Europabild und kulturelles Selbstbewusstsein bei den Muslimen am Ende des 19. Jahrhunderts, dargestellt an den beiden ägyptischen Schriftstellern Ibrahim und Muhammad ad-Muwailihi, Hamburg 1965; *M. Gaborieau,* Le néo-fondamentalisme au Pakistan: Maududi et la Jamaᶜat-i-islami, in: *O. Carré (Ed.):* Radicalismes islamiques, Bd. 2, Paris 1986, 33–76; *G. v. Grunebaum,* Modern Islam. The Search for Cultural Identity, Berkeley 1962; *S. Hanna/G. Gardner,* Arab Socialism, a Documentary Survey, Leiden 1969; *P. Heine,* Radikale Muslimorganisationen im heutigen Ägypten, in: Zeitschrift für Missions- und Religionswissenschaft 67 (1983), 110–119; *ders.*, Die Farmawiya. Volksreligion und Politik im gegenwärtigen Ägypten, in: Die Welt des Islams 26 (1986), 28–45; *A. Hourani,* Arabic Thought in the Liberal Age, 1798–1939, Oxford 1962; *B. Johansen,* Muhammad Husain Haikal. Europa und der Orient im Weltbild eines ägyptischen Liberalen, Beirut 1967; *J. Landau,* Prolegomena to a Study of Secret Societies in Modern Egypt, in: Middle Eastern Studies 1 (1965), 1–52; *ders.,* Radical Politics in Modern Turkey, Leiden 1974; *M. Bagir al-Sadr,* Unsere Wirtschaft, übers. von *A. Rieck,* Berlin 1984; *Lufti al-Sayyid-Marsot,* Egypt's Liberal Experiment: 1922–1936, Los Angeles 1977; *J. Reissner,* Die innerislamische Diskussion zur modernen Wirtschafts- und Sozialordnung, in: *W. Ende/U. Steinbach (Hrsg.),* Der Islam in der Gegenwart, München 1989, 155–169; *ders.,* Die militant-islamischen Gruppen, in: *W. Ende/U. Steinbach (Hrsg.),* Der Islam in der Gegenwart, München 1989, 470–486; *E. Sivan,* Sunni Radicalism in the Middle East and the Iranian Revolution, in: International Journal of Middle East Studies 21 (1989), 1–30; *W. Ule,* Der arabische Sozialismus und der zeitgenössische Islam, Opladen 1969; *J. Piscatori,* Islam in a World of Nation States, London 1986.

P. Heine

Politik ↗ *Staat/Staatslehre*

Polygamie ↗ *Ehe*

Polytheismus/Polytheisten

Polytheismus bedeutet Verehrung mehrerer Gottheiten. Der Koran spricht hier von Beigesellung (shirk), d. h. von der Verehrung von Gottheiten an der Stelle Gottes bzw. neben ihm.

Zur Zeit Muhammads Ende des 6. und Anfang des 7. Jahrhunderts, verehrten die Araber ihre jeweiligen Götter. Das Heilige offenbarte sich für sie in den Gegenständen und Naturvorgängen. Eines ihrer wichtigsten Heiligtümer war die Kaᶜba zu Mekka, ein würfelförmiger Bau. In einer seiner Ecken befindet sich ein schwarzer Stein, ein Meteoritenstein. Auch heute noch verehren die Muslime diesen Stein, denn sie sehen in ihm das Geschenk Gottes an Abraham und Ismael, welche ja nach der Aussage des Korans die Kaᶜba erbaut haben (vg. 2, 127). Die Kaᶜba war ein Wallfahrtsort, zu dem die Araber alljährlich pilgerten. Dort wurden auch jährliche Märkte abgehalten. In der Kaᶜba wurden vor allem drei im Koran erwähnte Göttinnen verehrt: die

Schicksalsgöttin Manat, die Gewaltige, ʿUzza, und die Göttin schlechthin, Lat (vgl. 53, 19–20). An der Spitze der Götter stand ein Höchster Gott, dessen Bezeichnung „Allah" Gott schlechthin bedeutet. Er galt als Schöpfer der Welt und der Menschen (vgl. 29, 61), als Herr über Leben und Tod, als Vorsehung, die die Geschöpfe versorgt (vgl. 23, 84–90; 10, 31). Aber wie die Hochgötter anderer Religionen war Allah in weite Ferne entrückt und spielte immer weniger eine Rolle im alltäglichen Leben der Araber. Nur in großer Not wurde er direkt angerufen, so z. B. in Seenot (vgl. 17, 67; 29, 65; 31, 32) oder zur Bekräftigung besonders wichtiger Eide (vgl. 16, 40; 35, 42). Die Menschen denken an ihn auch bei der Beachtung bestimmter Tabu-Vorschriften und bei der Darbringung ihrer Erstlingsopfer (6, 136–138; 106, 3).

Eine zentrale Gestalt des altarabischen Polytheismus war die des Sehers, Kahin genannt. Dem Seher wird die Fähigkeit zugeschrieben, dank enger Verbindung mit seinem Schutzgeist verborgene bzw. zukünftige Ereignisse vorauszusehen und vorherzusagen. Der Schutzgeist begleitet den Seher, spricht durch ihn und lässt auf verschiedene Weisen seine Einwirkung spüren. Was der Seher erfährt, verkündet er in kurzen rhythmischen Sätzen, die oft sogar einen Reim haben. oder er gebraucht ein geheimnisvolles Summen, um die Gegenwart seines Schutzgeistes anzuzeigen. Die Sprüche des Sehers sind nicht immer eindeutig, denn die Geheimnisse der Zukunft werden ihm nicht immer deutlich enthüllt, deswegen gebraucht er eine mehrdeutige Symbolsprache. Er bekräftigt seine Sprüche mit ungewöhnlichen Schwüren. Ähnliche Schwüre finden sich im Koran selbst (z. B. 77, 1–6; 79, 1–5; 89, 1–4; 93, 1–2; 95, 1–3; 100, 1–5 usw.). Der Seher wird vor wichtigen Unternehmungen befragt und soll geheimnisvolle Vorgänge und Träume deuten. Auch in Privatangelegenheiten wird er um Rat gebeten. Als Schiedsrichter gibt er bei Streitfragen sein Urteil, das als eine göttliche Entscheidung betrachtet wird.

Zu den Auseinandersetzungen zwischen Muhammad und den mekkanischen Polytheisten siehe den Beitrag „Muhammad". Zu den politischen Beziehungen zwischen dem islamischen Staat und den Polytheisten siehe den Beitrag „Heiliger Krieg". Es soll hier noch die Frage nach der Heilsmöglichkeit der Polytheisten erörtert werden.

Der Koran verurteilt den Polytheismus an vielen Stellen, z. B. 4, 48: „Gott vergibt nicht, dass Ihm beigesellt wird … Und wer Gott (andere) beigesellt, hat eine gewaltige Sünde erdichtet." Die Mehrheit der muslimischen Theologen scheint die Meinung zu vertreten, dass alle Ungläubigen und Polytheisten, wären sie auch guten Gewissens, ins ewige Feuer eingehen werden.

Es gibt Theologen aus den Reihen der Muʿtaziliten, die meinen, dass niemand bestraft werden wird, der nicht moralische Schuld auf sich geladen hat. Wer also von den Heiden das Gute tut nach seinem Wissen und Gewissen, wird nicht verdammt werden. Da aber nach den Muʿtaziliten die Erkenntnis des Guten und Bösen eine Sache der menschlichen Vernunft ist, haben die Menschen der oben genannten Gruppen die Pflicht, sich Klarheit über ihre Verpflichtungen zu verschaffen und danach zu handeln. Sonst verfallen sie der ewigen Strafe.

Die Ashʿariten, die nur aus der Offenbarung Gottes die positiven Pflichten der Menschen herleiten, gehen davon aus, dass die oben genannten Gemeinschaften, da sie ja keine Offenbarung erhalten haben, auch nicht belangt werden. Der Koran bestätigt ja: „Und Wir peinigen nicht, ehe Wir einen Gesandten haben erstehen lassen“ (17,15); er erkennt die mögliche Entschuldigung solcher Menschen: „… damit die Menschen nach dem Auftreten der Gesandten keinen Beweisgrund gegen Gott haben …“ (4,165).

Wer aber, so die Meinung vieler Autoren, aufgrund welcher prophetischen Botschaft auch immer, zum Glauben an die zwei Grundwahrheiten der Religion (an Gott und den Jüngsten Tag) gelangt, besitzt die Grundlage des Heils.

Eine beachtenswerte Position hält der große Theologe Ghazzali (1059–1111) in seinem Buch „Faysal al-tafriqa bayn al-Islam wa-l-zandaqa“. (Die Trennlinie der Unterscheidung zwischen dem Islam und dem Unglauben). Ghazzali stellt die Frage nach der Heilsmöglichkeit für die Byzantiner (Christen) und die Türken (deren Mehrheit zu der Zeit noch nicht zum Islam übergetreten war). Er unterscheidet drei Gruppen unter ihnen: 1. Diejenigen, die nicht von Muhammad und seiner prophetischen Botschaft gehört haben: Diese sind zu entschuldigen (d.h.: Sie erlangen das Heil, wenn sie ihrem eigenen Gesetz treu sind). – 2. Diejenigen von ihnen, die in der Nachbarschaft der Muslime oder mitten unter ihnen leben, welche also von der Botschaft des Islams gehört haben, sich jedoch darum nicht gekümmert bzw. den Glauben daran verweigert haben. Dies sind Ungläubige, die vom rechten Weg abgeirrt sind: Sie werden verurteilt. – 3. Eine dritte Gruppe hat zwar von Muhammad gehört, aber nur in der Art und Weise, dass er nur als falscher Prophet bezeichnet wurde. Dies hat zur Folge, dass man sich nicht mehr um die Angelegenheit kümmert und sich nicht weiter informiert, um eine persönliche Entscheidung herbeizuführen. Ghazzali meint, solche Menschen sind zu beurteilen wie die der ersten Gruppe. Er fügt hinzu: „Nehmen wir an, ein Mann unternimmt es in aller Ehrlichkeit, danach zu forschen, stirbt aber, noch bevor er die Wahrheit gefunden hat. Dieser wird Vergebung erfahren, er wird die weite Barmherzigkeit Gottes erfahren.“ Ghazzali schließt seine Ausführungen mit folgender Empfehlung: „Weite also die Barmherzigkeit des Allerhöchsten, und miss nicht die göttlichen Dinge mit den engen offiziellen Maßen.“

In einer bemerkenswerten Stellungnahme formuliert auch der frühere Shaykh der Azhar-Moschee in Kairo, Mahmud Shaltut, folgendes Ergebnis seiner Argumentation: „Daraus folgt, dass die fernen Völker, zu denen die

Glaubenslehre des Islams nicht gelangt ist oder nur in einer schlechten, abstoßenden Gestalt gelangt ist, oder die seine Beweiskraft nicht begriffen haben, trotz ihrer Bemühung, danach zu forschen, der jenseitigen Strafe entrinnen werden, die den Ungläubigen bestimmt ist … auf sie kann man nicht die Bezeichnung des Unglaubens anwenden. Die Beigesellung (= Polytheismus), von der im Koran steht, dass sie nicht vergeben wird, ist die Beigesellung aus Hartnäckigkeit oder Hochmut … (vgl. 27,14)."

Literatur: *F. Buhl,* Das Leben Muhammeds, Heidelberg ²1961; *L. Gardet,* Dieu et la destinée de l'homme, Paris 1967, 301–302; 392–393; *A. Th. Khoury,* Der Koran. Übersetzung und wissenschaftlicher Kommentar, Bd. 1, Gütersloh 1990, 288–290.

A. Th. Khoury

Prädestination ↗ *Freiheit*

Prophet/Propheten

Der Koran unterscheidet zwei Arten von Propheten: Einmal von Gott berufene Mahner und Warner, schlichtweg Propheten (nabi) genannt und zum anderen so genannte Gesandte (rasul) Gottes, deren geoffenbarte Verkündigung über ihre bloße Mahner- und Warnertätigkeit hinaus in Buchform festgehalten ist.

Seit jeher hat Gott an alle Völker, und zwar aus ihren eigenen Reihen, Propheten gesandt (13,7; 35,24), um die Menschen in ihrer Vergesslichkeit je neu an die ursprüngliche Offenbarung zu erinnern, sie zum Gehorsam gegenüber den von Gott verordneten Verpflichtungen zu ermahnen und sie, falls irregeleitet, wieder auf den rechten Weg zurückzuführen. Er hat sie beauftragt, auf die vielfältigen Zeichen seiner Güte und Barmherzigkeit hinzuweisen, die nicht nur in seiner Schöpfung, sondern auch in seinem Handeln und Wirken im Leben der Menschen und der Völker erkennbar sind, um so allen Menschen immer wieder einen möglichen Zugang zum Glauben zu eröffnen und sie zum Gehorsam gegenüber Gott aufzurufen.

Grundsätzlich verkünden die Propheten ausnahmslos ein und dieselbe Botschaft: „Es gibt keinen Gott außer Mir, dienet Mir!" (21,25). Diese Botschaft richtet sich an alle Völker, ist ohne Wenn und Aber für alle bestimmt. Denn kein Volk ist ohne Prophet geblieben: „Und es gibt keine Gemeinschaft bei der nicht früher ein Warner aufgetreten wäre" (35,24; 16,36; 13,7).

Unbeschadet der inhaltlichen Identität der prophetischen Botschaft ist ihre Ausdrucksweise, ihre sprachliche Form, sind Stil und Darstellung dem jeweiligen Adressaten, seinen Zeit- und Lebensumständen angepasst, um die Menschen in ihrer konkreten Situation ansprechen und zu erreichen und ihnen Orientierung für ihren Lebensweg geben zu können: „Und Wir haben keinen Gesandten entsandt, außer (mit Botschaft), in der Sprache des Volkes, damit er sie deutlich macht" (14,4).

Die zu allen Zeiten inhaltlich identische Botschaft der Propheten steht ihrerseits ganz im Dienst an der Einheit der Menschheitsfamilie, war die

Menschheit doch ursprünglich eine im Glauben an Gott und im Gehorsam ihm gegenüber geeinte Gemeinschaft. Im Laufe der Zeit allerdings hat sich aufgrund des Unglaubens verschiedener Generationen die ursprünglich geeinte Menschheitsfamilie in unterschiedliche Gesellschaften, Gruppierungen und Parteiungen gespalten. Aufgabe und Auftrag der Propheten ist es, die verlorene Einheit wiederherzustellen (2,213) und für die Verkündigung der vom Koran proklamierten Einheit der Offenbarung Sorge zu tragen.

Mit ihrer mahnenden und warnenden Botschaft stießen die Propheten nicht nur inhaltlich auf Widerstand und Ablehnung, sondern waren auch persönlich vielfältigen Drohungen, Schmähungen und Gefahren, Spott und Hohn ausgesetzt. Letztlich jedoch obsiegten sie dank Gottes Hilfe; denn Gott lässt die nicht fallen, die sich in gläubiger Hingabe seiner Barmherzigkeit anvertrauen, während er die Ungläubigen strafend ins Verderben stürzen lässt (7,59–64.65–102). In den vernichtenden Katastrophen, die nach Aussage der koranischen Straflegenden über die verschiedensten Völker wegen ihres Unglaubens hereingebrochen sind spiegelt sich Gottes Treue zu seinen Gesandten und Propheten sowie zu denen wider, die ihnen im Glauben gefolgt sind (14,9–14 u. a.).

Grundsätzlich anerkennt der Koran alle Propheten, die im Auftrag Gottes in ihrer jeweiligen Zeit ihren Landsleuten und Zeitgenossen göttliche Offenbarung überbracht haben. Dazu zählt neben den biblischen Propheten der Koran auch aus der altarabischen Tradition bekannte Männer wie Hud, Prophet des Stammes ʿAd (26,123–140; 23,31–41; 11,40–50; 7,65–72), Salih, Prophet des Stammes Thamud (54,23–31; 26,141–159; 11,61–68; 7,74–79), und Shuʿaib, Prophet von Madyan (26,176–190; 11,84–95; 7,85–93). Die herausragenden Gestalten der Prophetengeschichte sind jene, die ihrem Volk eine Offenbarungsschrift hinterlassen haben. Zu ihnen zählen Abraham (Ibrahim), der Verkünder der ursprünglichen, reinen Religion, Mose (Musa), der Übermittler der Thora, Jesus Christus, der Verkünder des Evangeliums (2,87), und schließlich Muhammad, der Überbringer des Korans.

Als Abschluss- und Höhepunkt der Prophetengeschichte kommt Muhammad eine präferente Stellung zu. Er steht nicht nur mit seiner Sendung in Kontinuität und Übereinstimmung mit den frühen Gesandten, vielmehr ist er gleichsam das letzte, definitiv-gültige und abschließende Glied in dieser langen Traditionskette, „das Siegel der Propheten" (33,40), das den lediglich vorläufigen Charakter früherer Offenbarungsschriften aufholt und die endgültige und letztverbindliche Offenbarung Gottes brachte (3,19; 5,3; 48,29 u. ö.).

Literatur: *J. Horovitz,* Art. Nabi, in: HIsl, 563; *A. J. Wensinck,* Art. Rasul, in: HIsl, 611 f.; *H. Stieglecker,* Die Glaubenslehren des Islam, Paderborn [2]1983; *L. Hagemann,* Propheten – Zeugen des Glaubens. Koranische und biblische Deutungen, Würzburg/Altenberge [2]1993.

L. Hagemann

Prophetenabkömmlinge

Personen, die ihre Zugehörigkeit zur Familie des Propheten Muhammad belegen können, genießen in der islamischen Welt eine besondere Verehrung. Diese gilt in gleicher Weise für Männer wie Frauen. Dieses Ansehen äußert sich in besonderen Begrüßungsformeln und Gesten, bei Frauen in einer besonders konsequenten Isolierung und strengen Verschleierung. Sie werden als Scherifen (Edle) bezeichnet und mit dem Wort „Sayyid" (Herr) angeredet. Bis in die Gegenwart sind sie an ihrer besonderen Kleidung zu erkennen, zu der in vielen Ländern immer noch als spezielles Kennzeichen ein grüner Turban gehört. Im Jemen sind sie an einer speziellen Form, den Dolch zu tragen, zu erkennen. Die Bezeichnung „Scherif" galt ursprünglich für die gesamte Nachkommenschaft von Hashim, dem Urgroßvater Muhammads. Später wurde sie auf die Nachkommen von al-ʿAbbas, dem Onkel Muhammads und ʿAli ibn Abi Talib, dem Vetter und Schwiegersohn des Propheten beschränkt.

Die Prophetenabkömmlinge verfügten über eine Reihe von Privilegien. Sie waren von der Armensteuer befreit und in allen großen Städten unterstanden sie der besonderen Gerichtsbarkeit des „Naqib al-ashraf" (Marschall der Scherifen), der auch Register über die Zugehörigkeit zur Gruppe der Prophetenabkömmlinge führte. In vielen Staaten waren ihnen bestimmte Ämter, vor allem an bedeutenden Moscheen, vorbehalten. Sie bekleideten hohe Richterämter und führten das Kommando über die jährlichen Pilgerkarawanen. In der ʿAbbasidenzeit erhielten sie zudem einen Sold, der allerdings nicht sehr hoch war. Zu anderen Zeiten wurden sie von wohlhabenden oder politisch einflussreichen Personen durch regelmäßige Zahlungen unterstützt. In vielen Fällen konnten sie die auf ihrer Herkunft beruhende Autorität in wirtschaftliche und politische Macht umsetzen. Dort, wo sie sich zu festen Familienorganisationen zusammengefunden haben, sind sie strikt endogam, befolgen eine starke Gruppensolidarität und konnten sich so, z. B. im Jemen, zu einer speziellen Elite entwickeln, der es bis auf den heutigen Tag gelungen ist, ihre führende gesellschaftliche Stellung zu behaupten. Dennoch geschah es immer wieder, dass Prophetenabkömmlinge verarmten. Die arabische Geschichtsschreibung ist voll von Berichten, in denen ein Mächtiger sich gegenüber einem Prophetenabkömmling besonders großzügig zeigt. Mit einer stärkeren Durchsetzung der Verehrung der Gestalt Muhammads und der islamischen Heiligenverehrung im Allgemeinen, erhöhte sich die Attraktivität der Zugehörigkeit zur Familie des Propheten noch mehr. Bei politischen Auseinandersetzungen konnten sie die Legitimität von Ansprüchen bestätigen oder in Zweifel ziehen. In einigen Fällen gelang es Prophetenabkömmlingen nicht zuletzt aufgrund ihrer Herkunft, sich politische Macht zu sichern und Dynastien zu gründen. Als Beispiel sei auf die Haschimiten-Dynastie in Jordanien oder das herrschende Königshaus in Marokko verwiesen, bei deren gegenwärtigen Vertretern die Tatsache ihrer Abstammung vom Propheten Muhammad für die Festigung ihrer politischen Position nicht ohne Bedeutung ist. Aber vor allem im religiösen Umfeld wuchs ihre Bedeutung. Man schrieb ihnen besondere Gnadengaben zu, wie beispielsweise die Fähigkeit zur Heilung von Kranken und anderes. Dies führte zu einer sich ständig verstärkenden Autorität, die zu Reichtum und Macht führte und hatte zur Folge, dass sich die Zahl der Prophetenabkömmlinge außerordentlich vermehrte. Führer von religiösen Bruderschaften oder islamische Heilige nahmen für sich genealogische Beziehungen zu Muhammad in Anspruch, auch wenn sie diese kaum ausreichend belegen konnten. Stammbäume wurden zu diesem Zweck verfälscht, um sich so Vorteile zu verschaffen. In vielen Fällen hatten diese Interpretationen jedoch kaum Auswirkungen auf die Autorität der angeblichen Scherifen. Von ihren Anhängern wurden sie nicht in Frage gestellt. In Regionen, in denen die zentralstaatliche Autorität wenig entwickelt war, wie im vorkolonialen Marokko, waren Scherifen auf dem Lande auch Vermittler zwischen der Landbevölkerung und der Zentralregierung. Auch heute noch hat die Verehrung der Nachkommen Muhammads kaum Einbußen erlitten.

Neben den Nachkommen des Propheten Muhammad spielen in einigen islamischen Ländern auch die Nachkommen der ersten Khalifen eine einflussreiche politische und wirtschaftliche Rolle. Für sie waren im religiös-politischen Bereich bestimmte Ämter reserviert. So hatte stets ein Nachkomme des zweiten Khalifen, Abu Bakr, in Ägypten das Amt des Aufsehers über die zahlreichen religiösen Bruderschaften und deren Finanzen inne.

Literatur: *I. Gerholm,* Market, Mosque and Mafraj, Social inequality in a Yemeni Town, Stockholm 1977; *E. Lévi-Provençal,* Les historiens des chorfa, Paris 1922; *A. Merz,* Die Renaissance des Islams, Heidelberg 1922; *M. Gilsenan,* Recognizing Islam, London 1982; *C. van Arendonk/ W. Graham,* Sharif, in: Encyclopedia of Islam, Bd. 9, Leiden 1996, 329–337.

P. Heine

Proselytismus ↗ *Mission*

Prostitution

Das vor-islamische Arabien kannte Prostitution (zina, bigha'). In der Nähe der Ka'ba in Mekka boten weibliche Prostituierte ihre Dienste an. Die Tatsache, dass sie in der Regel nicht mit ihren Familien oder Clans zusammenlebten, weist darauf hin, dass ihre soziale Stellung nicht hoch war. Der Koran verurteilt die Prostitution von Frauen: „… und zwingt nicht eure Sklavinnen, wenn sie sich unter Schutz stellen wollen, zur Hurerei im Trachten nach den Gütern des diesseitigen Lebens …“ (24,33), und in einer Reihe von Prophetentraditionen wird der finanzielle Gewinn, der aus der Prostitution gezogen wird, für illegal erklärt. Dennoch haben die staatlichen Behörden islamischer Länder diese Einrichtung nie ganz unterdrücken können. Ähnlich wie beim Weinkonsum haben sie es auch hier vorgezogen, Bordelle und Prostituierte zu besteuern und ihnen damit ein Existenzrecht zu geben. Offenbar gab es im islamischen Mittelalter unterschiedliche Kategorien von Prostituierten. Diese Spanne reichte von berühmten Kurtisanen, die uns aus der arabischen und persischen Literatur namentlich bekannt sind, die mit den führenden Mitgliedern der mittelalterlichen islamischen Gesellschaft Umgang hatten, bis zu den Frauen, die häufig aus wirtschaftlicher Not diesem Gewerbe nachgingen.

Auch Knaben und Männer verdienten ihren Lebensunterhalt, indem sie sich homophilen Männern zur Verfügung stellten. Zwar wurden homosexuelle Handlungen schon in der Frühzeit des Islams streng bestraft; doch haben sie sich nie unterdrücken lassen und sind bis heute weit verbreitet. Dabei spielt auch Transvestitentum eine erhebliche Rolle.

In der Kolonialzeit war die Situation in einigen Ländern dadurch gekennzeichnet, dass Prostituierte und islamische Heilige in einer wirtschaftlichen Symbiose lebten. So wird aus verschiedenen Ländern Nordafrikas berichtet, dass Prostituierte an vielen der halb profanen, halb religiösen Zeremonien, die diese Heiligen durchführten, teilnahmen. Dieses Arrangement rief die harte Kritik islamischer Reformer hervor.

Literatur: *R. Levy,* The Social Structure of Islam, Cambridge 1969; *G. Bousquet,* L'éthique sexuelle de l'islam, Paris 1966; *P. Heine,* Weinstudien, Wiesbaden 1982; *E. Gellner,* Muslim Society, Cambridge 1981; *U. Wikkan,* Man Becomes Woman: Transsexualism in Oman as a Key to Gender Roles, in: Man 12 (1977), 304–319; *diess.,* The Omani Xanith, in: Man 13 (1978), 662–671; *E. Heller,* Hinter den Schleiern des Islam, München 1993.

P. Heine

Psalmen

Neben der Thora (s. dort) erwähnt der Koran aus den Schriften des Alten Testaments den Psalter (zabur); in Verbindung mit David ist von ihm in Sure 4,163 und 17,55 die Rede. 21,105 nimmt ausdrücklich Bezug auf Psalm 37,29. Daneben enthält der Koran eine ganze Reihe von Stellen, die stark an Psalmverse anklingen.

Literatur: *J. Horovitz,* Art. Zabur, in: HIsl, 815 f.; *B. Carra de Vaux,* Art. Dawud, in: HIsl, 93.

L. Hagemann

R

Ramadan ↗ *Fasten*

Rauschmittel

Lange Zeit waren der Wein (s. dort) und andere mehr oder weniger stark alkoholische Getränke die einzigen Rauschmittel, die in der islamischen Welt bekannt waren. Zwar war auch Opium in der islamischen Welt zumindest seit dem 9. Jahrhundert bekannt. Doch war sein Konsum nicht in dem Maß verbreitet, wie das aus anderen Kulturen überliefert ist. Durch eine sich verstärkende Prohibition stiegen die Preise für Wein und andere Alkoholika so an, dass sie nur noch von einer kleinen Zahl von Konsumenten genossen werden konnten. Seit dem 12. Jahrhundert wurden diese Rauschmittel in stärkerem Maß von verschiedenen Derivaten der Cannabis-Pflanzen abgelöst, von denen „Haschisch" die weiteste Verbreitung und das größte Interesse der Gelehrten fand. Mit der Verstärkung des Haschisch-Konsums begannen auch die Diskussionen unter den Rechtsgelehrten über die Frage der Erlaubnis des Rauschmittels. Dabei sahen sie sich zwei Schwierigkeiten gegenüber: Im Koran wird logischerweise auf Haschisch nicht eingegangen und die Prophetentraditionen (hadith), in denen er thematisiert wird, wurden von der Mehrheit der Autoritäten als unecht beurteilt. Hier waren also keine Entscheidungshilfen zu erwarten. Die zweite Schwierigkeit lag in der engen Verknüpfung des Haschischgenusses mit religiösen islamischen Sonderformen wie denen der Mystik. Islamische Mystiker (sufis) verwendeten Haschisch als Mittel, um auf dem Weg der Gotteserkenntnis weiterzugehen. Aus Sufi-Kreisen verbreitete sich der Konsum in weiten, vor allem den einfachen Bevölkerungsschichten, während Wein weiterhin das Rauschmittel der Reichen blieb. Mit dem Haschisch-Konsum in Verbindung gebracht wurden ismaʿilitische politische Aktivisten, die durch wagemutige Angriffe auf ihre Gegner von sich reden machten.

Schnell wurde verbreitet, dass sie zu diesen Taten nur in der Lage gewesen seien, weil sie unter dem Einfluss von Haschisch gestanden hätten. Man nannte sie daher „Hashshashin" (Haschischesser). Aus dieser Bezeichnung entwickelte sich das französische bzw. englische Wort für politischen Mord „assassiner". Die Verbreitung des Haschisch-Konsums vor allem in den islamischen Staaten Nordafrikas und des Nahen und Mittleren Ostens nahm bis heute immer weiter zu. Im Rahmen einer grundsätzlichen Verschärfung der Haltung des islamischen Rechts gegenüber jeder Form von Rauschmitteln, wurde auch Haschisch immer kritischer betrachtet. Dabei setzte

sich seit dem 16. Jahrhundert der Satz durch: „Wovon viel berauscht, davon ist auch wenig verboten.“ Dennoch konnten sich die entsprechenden Verbote nicht durchsetzen. Erst in den letzten Jahren hat sich der Konsum von harten Drogen (wie z. B. Heroin) in islamischen Ländern in einem besorgniserregenden Maß ausgebreitet. Er wird von den staatlichen Stellen mit aller Härte bekämpft, die dabei auch von den islamischen Rechtsgelehrten unterstützt werden.
Als typisch orientalisches Rauschmittel kann der Kaffee bezeichnet werden. Ähnlich wie Haschisch wurde er zunächst in Mystiker-Kreisen, vor allem auf der Arabischen Halbinsel konsumiert. Seit dem 16. Jahrhundert verwendeten hier Sufis verschiedene Teile des Kaffeestrauches, um sich durch dessen anregende Wirkung in die Lage zu versetzen, ihre mystischen Übungen über ihrer körperlichen Fähigkeiten hinaus durchführen zu können. Auch hier entwickelten sich juristische Kontroversen über die Erlaubtheit des Getränks, die bis heute noch nicht entschieden sind; strenge islamische Juristen halten den Kaffeekonsum auch heute noch für nicht akzeptabel.

Literatur: *R. Gelpke,* Vom Rausch im Orient und Okzident, Stuttgart 1966; *F. Rosenthal,* The Herb. Hashish versus Medieval Muslim Society, Leiden 1971; *P. Heine,* Weinstudien. Untersuchungen zu Anbau, Produktion und Konsum des Weins im arabisch-islamischen Mittelalter, Wiesbaden 1982; *R. Hattox,* Coffee and Coffeehouses. The Origins of a Social Beverage in the Medieval Near East, Seattle 1985.

P. Heine

Rechtsschulen

Solange Muhammad lebte und aufgrund seines prophetischen Anspruchs die koranische Botschaft verkündete, war diese Botschaft als göttliche Offenbarung die absolute Grundlage der gesetzlichen Bestimmungen. Ihre Autorität war unangefochten und ihre Verordnungen bildeten die höchste Norm des Rechtes. Auch der Prophet Muhammad galt in seiner Person und in seinem verbindlichen Verhalten als der unumstrittene Gesetzesgeber, dessen Entscheidungen zu Rechtsvorschriften erhoben wurden.
Nach dem Tod Muhammads waren es seine Gefährten, die der Gemeinde zur Seite standen, um die Rechtsnormen festzustellen und die anfallenden Fragen nach den Bestimmungen des Korans und den Anweisungen des Propheten Muhammad zu entscheiden. Ihre Rechtsgutachten erstellten sie möglichst, nachdem sie sich beraten hatten. Sie wandelten das Prinzip der Übereinstimmung oder die praktische Methode der Analogie an. Aus dieser Zeit der Gefährten Muhammads, d. h. in der ersten Periode der islamischen Gemeinschaft nach dem Tode Muhammads, stammt die Anerkennung der rechtsrelevanten Geltung der Übereinstimmung und der Analogie. Auf dieser Grundlage führten die ersten Rechtgeleiteten Khalifen Abu Bakr (632–634), ʿUmar (634–644), ʿUthman (644–656) und ʿAli (656–660) die islamische Gemeinde, und zwar nicht nur in der Hauptstadt Medina, sondern auch, nach der Eroberung des Vorderen Orients, in den verschied-

nen Provinzen des Reiches. Unter den Rechtgeleiteten Khalifen nimmt ʿUmar eine besondere Stellung ein. Er gilt als derjenige, der durch seine Entscheidungen den späteren Generationen eine Richtschnur hinterlassen hat. Die Gefährten des Propheten Muhammad, die im Laufe der Zeit Medina verließen, um sich den neuen Gemeinden in den Provinzen anzuschließen, waren die anerkannten und befolgten Rechtsgelehrten, die den Gemeinden die Rechtsnormen auslegten, die jeweils zur Lösung ihrer Probleme geeignet erschienen. Die Autorität dieser Zeugen des Lebens des Propheten und der Frühgemeinde erhob ihre Rechtsgutachten und ihre Ansichten zu Normen auch für spätere Zeiten. In dieser Periode und unter den Umayyaden (661–750) wurden die Muslime verstärkt mit Umständen und Rechtsfällen konfrontiert, die durch Heranziehung der bisher bekannten Quellen kaum gelöst werden konnten. Neben diesen Quellen und den Richtlinien der noch jungen Tradition wurden auch die Rechtsnormen, die Institutionen und die praktischen juristischen Maßnahmen übernommen und zur Anwendung gebracht, die in den eroberten Gebieten herrschten und zu den Grundlagen des Islams nicht in Widerspruch standen. Auch versuchten die Umayyaden-Khalifen selbst oder durch ihre Statthalter, Entscheidungen zu treffen und Gesetze zu erlassen, die nach und nach den Bestand juristischer Grundlagen bereicherten. Dazu kamen die Entscheidungen der von den Umayyaden eingesetzten Richter, die in der Ausübung ihres Amtes das Recht festzustellen und auf die konkreten Fälle anzuwenden hatten. Die Vielfalt der Bemühungen um die Lösung der anfallenden Rechtsfragen war jedoch ziemlich verwirrend. Damit hatten die Gläubigen und der Staat noch keine sichere Grundlage für die Behandlung der verschiedenen Probleme. Man begann also, intensiver über die Notwendigkeit nachzudenken, die Bestimmungen des Gesetzes und die Methoden der Anwendung der Rechtsnormen zu kodifizieren und zu einer systematischen Darstellung zu erfassen.

Erst unter den ʿAbbasiden (ab 750), als das islamische Reich, ausgehend von der Hauptstadt Baghdad und vom Iraq, eine politische, wirtschaftliche und kulturelle Blütezeit erlebte, kam es zur Bildung bzw. zum Ausbau verschiedener Rechtsschulen, die eine Systematisierung des Rechtswesens im Islam erstrebten und in ihren Werken die rechtlichen Bestimmungen erfassten, die sich auf die religiösen Pflichten (ʿibadat), das Familienrecht, das Erb-, Eigentums- und Verwaltungsrecht (muʿamalat), das Straf- und Prozessrecht, das Verwaltungsrecht und endlich die Führung des Krieges beziehen. Unter den verschiedenen islamischen Rechtsschulen haben manche im Laufe der Zeit an Bedeutung verloren, keine Anhänger mehr gewonnen und sind somit erloschen. Im sunnitischen Islam behielten vor allem vier Schulen ihre Autorität und ihre Anhänger bis in unsere Tage hinein. Diese Schulen sind die der Hanafiten, der Malikiten, der Schafiʿiten und der Hanbaliten (siehe die entsprechenden Beiträge).

Literatur: *J. Schacht,* An Introduction of the Islamic Law, Oxford 1964; *S. Ramadan,* Das islamische Recht. Theorie und Praxis, Wiesbaden 1980; *A. Th. Khoury,* Islamische Minderheiten in der Diaspora, München/Mainz 1985, 13–35.

A. Th. Khoury

Rechtssystem

Grundlagen des islamischen Rechtssystems

Der Koran der Weg Gottes

Weil eben der Koran die Kundgabe des Willens Gottes an die Menschen ist, haben die Gläubigen seinen Text aufmerksam zu lesen und sich an seinem Inhalt zu orientieren. Die Autorität des Korans und die absolut gültige Beweiskraft seiner Verse beziehen sich aber nicht auf die Inhalte, die eine menschliche Interpretation aus ihnen herausliest, sondern auf den genauen Wortlaut des Originaltextes. So werden in den Rechtsbüchern die bei der Argumentation herangezogenen Koranstellen im Wortlaut zitiert. Auch genügt es nicht, den Korantext in einer nichtarabischen Übersetzung zu zitieren. Autorität besitzt nur der arabische Originaltext. Daher wird allen Muslimen wenigstens empfohlen, Arabisch zu lernen, um das vorgeschriebene Pflichtgebet in seiner Originalsprache zu verrichten und darüber hinaus die gesetzlichen Bestimmungen des Korans in ihrer allein gültigen Gestalt lesen bzw. verstehen zu können. Endlich kann man sich nur auf den Text des Korans berufen, der in der Tradition als zum Koran gehörig anerkannt wird. Man erkennt also den Varianten bzw. den besonderen Lesarten, die einigen Begleitern Muhammads zugeschrieben werden, keine Autorität zu.

Die Koranverse, die sich auf die rechtlichen Bestimmungen beziehen, werden in deutliche und mehrdeutige eingeteilt. Bei den deutlichen Koranstellen handelt es sich um solche Verse, deren Wortlaut nur eine mögliche Interpretation zulässt, z.B. die Stelle 4,12: „Euch steht die Hälfte dessen, was eure Gattinnern hinterlassen, zu, wenn sie keine Kinder haben." Die mehrdeutigen Stellen lassen mehre Interpretationen zu, z.B. die Vorschrift über die Waschung vor dem Gebet: „... Und streicht euch über den Kopf ..." (5,6). Nicht deutlich ist es, ob es sich um das ganze Gesicht oder um nur einen Teil davon handelt.

Zum genauen Verständnis der gesetzlichen Vorschriften des Korans dient die Exegese. Diese muss auf die Tradition der früheren Kommentatoren achten und vor allem die Meinung derjenigen berücksichtigen, die mit Muhammad lebten. Bei der Interpretation der dunklen, mehrdeutigen Stellen muss man die eindeutigen Koranstellen heranziehen, dann muss man sich an die Tradition des Propheten Muhammad selbst wenden. Einige Hilfe gibt auch die Berücksichtigung der Umstände und Gründe, die die Herabsendung und Verkündigung dieser Stellen veranlasst haben (asbab al-nuzul).

Die besondere Beachtung dieser Umstände der Offenbarung kann in vielen Fällen dazu führen, dass man die betreffenden Vorschriften für so zielbedingt und auf die damalige Situation gemünzt hält, dass man sie stark relativiert, sie zwar weiterhin als Beispiel heranzieht, aber nicht mehr als absolut verbindlich betrachtet. Somit wäre der Weg für Anpassungen und Ergänzungen der gesetzlichen Bestimmungen frei.

Die Sunna und der Hadith, der Weg des Propheten

Über die Autorität und den Inhalt der Sunna haben wir bereits (s. Hadith) berichtet. Hier soll nur die Handhabung der Sunna in Rechtsfragen erörtert werden.

Die echten Überlieferungen der Sunna können in drei Kategorien aufgeteilt werden Die erste Gruppe umfasst die ursprünglichen, in ununterbrochener Tradition überlieferten Erzählungen. Die zweite Gruppe ist die der bekannten, erst später in ununterbrochener Tradition überlieferten Berichte. Die dritte Gruppe bilden die Überlieferungen, die von einzelnen Gewährsmännern tradiert wurden.

Die in ununterbrochener Tradition überlieferten Erzählungen der Sunna sind die Berichte, die zur Zeit des Propheten Muhammad, in der Zeit seiner Gefährten (sahaba) und der zwei darauffolgenden Generationen tradiert wurden. Ihre Glaubwürdigkeit erhellt aus der Glaubenstreue der Überlieferer, aus der Verschiedenheit ihrer Standpunkte und ihrer Umwelt und aus ihrer großen Zahl, so dass ihre Übereinstimmung in der Überlieferung der Erzählungen die Richtigkeit der Traditionen bestätigt. Solche Überlieferungen bilden eine verpflichtende Grundlage der rechtlichen Bestimmungen, denn sie geben eine sichere Auskunft über den Weg des Propheten und den der Frühgemeinde unter seiner Führung. Die Überlieferungen, die erst nach der Zeit der Gefährten und der darauffolgenden Generationen auftauchen, gelten nicht mehr als ununterbrochene Tradition, auch wenn sie von da an ununterbrochen tradiert werden. Absolute Bedingung ist also die unmittelbare Nähe zur Zeit des Propheten Muhammad, denn nur diese gibt den Überlieferungen ihre unangefochtene Autorität und beseitigt jeden auch nur erdenklichen Zweifel über die Pflicht der Gläubigen, sie zu befolgen.

Die allgemein bekannten Überlieferungen sind die Berichte, die ein Begleiter des Propheten oder mehrere Gewährsmänner von Muhammad erzählt haben, ohne dass sie als eine ununterbrochene Tradition anerkannt wurden. Sie gehören in diese zweite Gruppe, auch wenn sie in den darauffolgenden Generationen in ununterbrochener Tradition überliefert werden.

Da aber die ununterbrochene Tradition nicht bis zur Zeit des Propheten und seiner ersten Gefährten zurückreicht, bilden die allgemein bekannten Überlieferungen nicht die Grundlage einer absoluten Rechtssicherheit und einer festen Gewissheit. Sie verleihen jedoch eine gewisse Sicherheit und begründen eine an Sicherheit grenzende Wahrschein-

lichkeit. Sie können also in Rechtsfragen eine zuverlässige Grundlage für Entscheidungen und gesetzliche Maßnahmen abgeben.
Die Einzelüberlieferungen gehen zwar auf die Zeit des Propheten Muhammad oder die seiner Gefährten zurück, aber sie haben den Grad einer ununterbrochenen Überlieferung der ersten drei Generationen nicht erreicht. Die meisten Hadith gehören in diese Kategorie von Überlieferungen, wie muslimische Autoren bestätigen. Diese Einzelüberlieferungen begründen eine Wahrscheinlichkeit in Rechtsfragen, aber nicht eine feste Gewissheit und eine unangefochtene Rechtssicherheit, denn ihre Zugehörigkeit zu den echten Sprüchen des Propheten steht nicht absolut einwandfrei fest. Sie begründen auch nicht eine fast sichere Wahrscheinlichkeit, denn die islamische Gemeinde hat sie nicht wie die allgemein bekannten Überlieferungen angenommen und behandelt. So sind Einzelüberlieferungen kein absolutes Argument in Glaubensfragen. Auf dem Gebiet der praktischen Rechtsfragen kann man sich auf sie berufen, wenn ihre Echtheit eher wahrscheinlich erscheint, denn in konkreten Fragen genügt eine Wahrscheinlichkeit als Grundlage des praktischen Handelns.

Der Konsens oder die Übereinstimmung (idjma‘) der Weg der Gemeinschaft

Der Konsens ist die Übereinstimmung aller Rechtsgelehrten einer Zeit nach dem Tod des Propheten Muhammad in der Feststellung einer bestimmten praktischen Rechtsvorschrift.
Die Mehrheit der Gelehrten schreibt der Übereinstimmung einen bindenden und verpflichtenden Charakter zu. Sie berufen sich dabei auf Aussagen des Korans und der Überlieferung selbst.
Im Koran wird bestätigt: „Wer sich dem Gesandten widersetzt, nachdem ihm die Rechtleitung deutlich geworden ist, und einem anderen Weg als dem der Gläubigen folgt, den lassen Wir verfolgen, was er verfolgt hat, und in der Hölle brennen – welch schlimmes Ende!“ (4,115). Damit ist der verpflichtende Charakter der Übereinstimmung der Gemeinschaft der Gelehrten, die den Weg der Gläubigen deutlich machen, gegeben und begründet.
Auch andere Stellen des Korans werden hier herangezogen, um die übereinstimmende Meinung der fachkundigen Rechtsgelehrten als eine verbindliche Rechtsnorm hinzustellen: „O ihr, die ihr glaubt, gehorchet Gott und gehorchet dem Gesandten und den Zuständigen unter euch“ (4,59). Jeder Fachkundige und Zuständige ist also eine Norm in seinem Fach. Der Koran bestätigt weiter: „... Würden sie es aber vor den Gesandten und die Zuständigen unter ihnen bringen, so würden es diejenigen von ihnen, die es herauszubekommen verstehen, (zu beurteilen) wissen“ (4,83).
Auch die Überlieferung gibt Sprüche des Propheten Muhammad wieder, die die Unfehlbarkeit der Gemeinschaft betonen und somit die Unfehlbarkeit der übereinstimmenden Mei-

nung der sachkundigen Gelehrten bestätigen: „Meine Gemeinschaft wird nicht in einer Irrlehre übereinstimmen." „Meine Gemeinde wird nicht in einem Irrtum übereinstimmen". „Die Hand Gottes ist mit der Gemeinschaft." „Wer danach trachtet, im Paradies gemütlich zu wohnen, bleibt bei der Gemeinschaft." „Wer sich eine Spanne von der Gemeinschaft entfernt, hat das Joch des Islams von seinem Nacken weggenommen."
Wenn die Übereinstimmung mit ihren vielfältigen, von dem Rechtsgelehrten mit kritischer Sorgfalt erläuterten Bedingungen feststeht, dann ist sie nicht mehr aufhebbar; sie bildet nunmehr eine unfehlbare Grundlage in Rechtsfragen.
Aber eine solche Übereinstimmung, die allen Bedingungen genügt, ist, wenn überhaupt, nur äußerst schwer herbeizuführen. Sie ist nicht einmal für die Zeit der Gefährten Muhammads einwandfrei feststellbar. So werden für die Praxis eher rege Konsultationen zwischen den Rechtsgelehrten der verschiedenen islamischen Länder befürwortet. Dies sollte durch die Bildung von Kommissionen aus kompetenten Gelehrten verwirklicht werden.

Sekundäre Quellen des Rechts und Techniken zur Feststellung der Rechtsnormen

Neben dem Koran, der Tradition und der Übereinstimmung der Gemeinschaft stehen dem muslimischen Rechtsgelehrten als sekundäre Quellen des Rechts und Techniken zur Feststellung der Rechtsnormen folgende Möglichkeiten zur Verfügung.

Die Analogie (qiyas)

Die Analogie führt dadurch zur Feststellung der anzuwendenden Rechtsnorm, dass sie in den Grundlagen des Gesetzes Vorschriften oder Entscheidungen ausfindig macht, die eine Ähnlichkeit mit dem vorliegenden Fall aufweisen und dadurch ihre Anwendbarkeit im vorliegenden Fall rechtfertigen. Die als Berechtigung der Analogie geltende Ähnlichkeit liegt im Allgemeinen in der Begründung der früher getroffenen Entscheidung. So verbietet der Koran den Weingenuss wegen seiner berauschenden Wirkung. In Analogie damit verbietet das islamische Gesetz jede Sorte von alkoholischen Getränken, denn diese sind, wie der Wein, berauschende Getränke.

Der Brauch (ʿurf) und das Gewohnheitsrecht (ʿada)

Neben der Analogie erkennt das islamische Rechtssystem den Brauch und die Regelungen an, die aus der allgemeinen, bei der Bevölkerung oder bei einer bestimmten Gruppe üblichen Deutung der Rechtslage stammen. Dieses Gewohnheitsrecht ist die Grundlage der gesellschaftlichen Ordnung in all den Fällen, die durch die Heranziehung der autorisierten Quellen des Gesetzes nicht eindeutig gelöst werden. In diese Kategorie gehört auch die Anwendung der in Altarabien, im persischen und im byzantinischen Rechtssystem gültigen Bestimmungen. So hat das islamische Rechtssystem in vielen Fällen die Gesetze anerkannt, die vor ihm in den verschiedenen Ländern in Kraft waren.

Das eigene Urteil (ra'y)

In all den Fällen, in denen den primären und den sekundären Quellen des Rechts keine Richtlinie zu entnehmen ist, hat der Rechtsgelehrte die Pflicht, sich ein eigenes Urteil zu bilden, indem er sich an den sonstigen Angaben des Glaubens, den sittlichen Normen und den rechtlichen Bestimmungen orientiert, die ihm in den Quellen des Islams und in den übrigen Quellen vorgegeben sind.

Grundsätze der Urteilsbildung (idjtihad)

Die Bemühung des Rechtsgelehrten, die auf seiner Fachkompetenz und seinem Glaubenssinn beruht, gilt als eine ausreichende Grundlage zur Legitimierung bestimmter Handlungen oder zur Schlichtung von Rechtskonflikten.

Bei allen Bemühungen, die Rechtsnormen aus den Quellen des Islams auszuarbeiten oder rechtliche Vorschriften zur Anwendung zu bringen, müssen folgende Grundsätze beachtet werden, damit das Gesetz und seine praktische Handhabung ihr Ziel erreichen können:

Es gibt Fälle, in denen man zu einer Lösung hinneigt, und dies aufgrund eines Analogieschlusses, der dem Rechtsgelehrten erst einfällt und ihm auf den ersten Blick als passend und unter den normalen Umständen geboten erscheint. Bei weiterem Hinsehen stellt aber der Rechtsgelehrte fest, dass ein anderer Analogieschluss möglich ist, der nicht sofort erkennbar ist, der aber wirksamer und passender erscheint. Wenn er nun seine Meinung ändert und sich zum zweiten Ergebnis seiner Bemühung bekennt, so folgt er seinem Für-gut-Halten (istihsan). Desgleichen greift das Für-gut-Halten, wenn der Rechtsgelehrte aus einem vertretbaren Grund von der allgemeinen Regel abweicht und im vorliegenden Fall eine Sonderregelung anwendet und aus dem praktischen Fall eine Ausnahme macht.

Der Schulgründer (Shafi'i) lehnt das Für-gut-Halten als Grundlage der Feststellung einer Rechtsnorm bzw. ihrer praktischen Anwendung ab, denn er sieht darin eine unberechtigte gesetzgeberische Tätigkeit des Rechtsgelehrten. Die Befürworter dieses Grundsatzes (bei den Hanafiten und den Malikiten) führen seine Beweiskraft darauf zurück, dass dabei der Rechtsgelehrte sich entweder auf einen Analogieschluss (der ohne Zweifel berechtigt ist) oder auf das Interesse der Gläubigen beruft.

Das Interesse (maslaha) der Gläubigen als Prinzip der Feststellung des Rechts ist zwar unter den Gelehrten umstritten, es berücksichtigt jedoch den allgemeinen Zweck der Gesetzgebung. Denn das islamische Gesetz zielt darauf, das Gute für die Menschen zu verwirklichen. Da aber das gute und das richtige Interesse der Gläubigen unter verschiedenen Umständen und in verschiedenen Zeiten auch verschiedene Gestalten annehmen, so muss es dem Rechtsgelehrten gestattet sein, unter Berücksichtigung aller Umstände die für die jeweilige Situation der Gemeinde günstige Lösung festzustellen. Der Grundsatz, der das Interesse der Ge-

meinschaft und der Gläubigen für eine berechtigte Grundlage der Rechtsfindung und der Rechtsprechung hält, nennt man istislah.
Die praktische Anwendung dieses umstrittenen Grundsatzes wird nur unter Berücksichtigung vieler Bedingungen als zulässig angesehen.
Ein weiterer Grundsatz des islamischen Rechts ist die Wahrung der Gerechtigkeit (insaf) und die Verwirklichung des Guten (vgl. 16,90). Das Prinzip der Billigkeit erlaubt, die Umstände zugunsten der Menschen auszulegen und das Recht so zu gestalten, dass sie dadurch eine Förderung ihres Lebens, ihrer Anliegen und ihrer Frömmigkeit erfahren. Eine Anwendung dieses Grundsatzes erfolgt durch die Anerkennung des bestehenden Rechtsstatus bzw. die Bestätigung der Rechtslage, solange nicht das Gegenteil bewiesen ist oder feststeht (istishab). Das bedeute näherhin, dass man von der Unschuld eines Menschen ausgehen muss, solange seine Schuld nicht bewiesen wurde; dass die allgemeinen Vorschriften auch allgemein angewandt werden müssen, bis der Beweis erbracht wird, dass diese Vorschriften nur für Sonderfälle erlassen wurden; dass man das bestehende Recht respektiert, bis bewiesen ist, dass die Rechtslage sich geändert hat; dass endlich das früher geltende Recht bestätigt und das bestehende Recht als auch früher geltend betrachtet wird, bis das Gegenteil bewiesen wurde. Damit soll eine Rechtssicherheit zugunsten der Menschen erreicht werden.
Endlich muss der Rechtsgelehrte die eindeutige Tendenz des islamischen Gesetzes zur Erleichterung der Pflichten der Menschen berücksichtigen. Die Erleichterung der Gesetzesbestimmungen hat Gott beschlossen, weil er ein feinfühliger und gütiger Gott ist, der mit den Menschen Nachsicht übt und ihnen Barmherzigkeit erweisen will (42,19; 33,34). Auch weiß er, dass der Mensch irdisch und schwach ist (8,66). Daher hat er seine Absicht wie folgt bekannt gegeben: „Gott will sich euch zuwenden … Gott will euch Erleichterung gewähren. Der Mensch ist ja schwach erschaffen worden" (4,27–28).
An verschiedenen Stellen und zu verschiedenen konkreten Regelungen stellt der Koran fest: „Jetzt hat Gott euch Erleichterung gewährt" (8,66). „Und Er hat euch in der Religion keine Bedrängnis auferlegt" (22,78). „Gott will für euch Erleichterung. Er will für euch nicht Erschwernis" (2,185). „Gott will euch keine Bedrängnis auferlegen" (5,6). „Gott fordert von niemandem mehr, als er vermag" (2,286; 7,42).

Literatur: *J. Schacht,* An Introduction to the Islamic Law, Oxford 1964; *N. J. Coulson,* A History of Islamic Law, Edinburgh 1964; *A. Th. Khoury,* Islamische Minderheiten in der Diaspora. München/Mainz 1985; *ders.,* Der Islam. Sein Glaube – seine Lebensordnung – sein Anspruch, Freiburg [6]2001.

A. TH. KHOURY

Reconquista

Als der Siegeszug muslimischer Truppen im westlichen Europa 738 von Karl Martell gestoppt wurde, bedeutete das zugleich eine Wende in der historischen Entwicklung über diesen Raum hinaus; denn von diesem Zeitpunkt ab war der Islam gezwungen, sich mehr und mehr aus Europa zurückzuziehen, bis seine Existenz dort schließlich 1492 beendet war. Das langsame, aber unaufhaltsame Vorrücken christlicher Herrscher und Heere hatte zunächst kaum das Interesse islamischer Beobachter gefunden. Dass in den Randgebieten der islamischen Welt sich politische Veränderungen abspielten, war nichts Ungewöhnliches. Im Grunde wurde die Dramatik der Reconquista arabischen Historikern erst zu einem Zeitpunkt bewusst, als die Iberische Halbinsel für den Islam schon völlig verloren war. Dies kann dann nicht überraschen, wenn man die Geschichte der Reconquista betrachtet. Die Halbinsel war niemals völlig unter islamische Oberhoheit gelangt. Im Nordwesten hatte es immer Widerstand gegeben, den die Muslime nicht brechen konnten, und König Alfonso I. von Asturien (739–757) hatte große Teile des nordwestlichen Spanien und Portugal unter seine Kontrolle gebracht. Seine Nachfolger konnten dieses Drittel der Halbinsel nicht halten. Doch waren auch die Muslime zu schwach oder nicht interessiert, so dass ein großer Streifen Niemandsland zwischen den beiden Kulturen entstand. Grund für die muslimische Schwäche waren interne Auseinandersetzungen zwischen den die Eroberung tragenden Arabern und Berbern und zwischen verschiedenen Dynastien. In Zeiten der Blüte und der politischen Macht islamischer Dynastien waren die Christen nicht in der Lage, ihr Einflussgebiet weiter auszudehnen; Zeiten der muslimischen Schwäche machten sie sich dagegen zunutze.

Vor allem nach der Vereinigung von Leon und Kastilien gingen sie erfolgreich vor. König Ferdinand III. von Kastilien und Leon (1217–1252) drang in das Herz des islamischen Andalusiens vor und eroberte 1236 Cordoba und 1248 Sevilla. Bis auf Granada, das bis 1492 muslimisch blieb, war die Reconquista damit abgeschlossen.

Die Tatsache der Existenz eines muslimischen Staates bewirkte jedoch, dass auch unter christlicher Herrschaft die Toleranz, die die Muslime zuvor geübt hatten, als Prinzip beibehalten wurde. Kleine muslimische Herrschaftsgebiete bleiben unter christlicher Souveränität bestehen, Muslime konnten ihrem Glauben weiter nachgehen und ihre Gesetze anwenden. Wirtschaftlich war das Land ohne die muslimischen Händler, Handwerker und Bauern gar nicht lebensfähig. Zu intensiv war der Einfluss der islamischen Kultur auf die Bewohner aller Regionen der Iberischen Halbinsel, auf ihre Wissenschaften, ihre Theologie und Philosophie, aber auch auf alle Bereiche des täglichen Lebens, als dass sich hier rasche Veränderungen als praktikabel erwiesen hätten. Mögen die Bezeichnungen z.B. der andalusischen Christen als Mozaraber (von Arabisch: mustaʿrib = arabisiert) oder Mudejaren (arab.: die da bleiben) erst nach dem Erfolg der Reconquista entstanden sein, wird hier doch eine kulturelle Symbiose deutlich, wie es sie seitdem nicht mehr gegeben hat. Erst mit der Vertreibung zunächst von Juden, dann aber auch von Muslimen oder deren zwangsweiser Christianisierung im Zuge der Inquisition entwickelt sich die strikte Trennung zwischen den beiden Kulturen.

Die Mehrzahl der aus Andalusien vertriebenen Juden und Muslime siedelten sich in Marokko an, eine geografische Region, die in vielem ihrer alten Heimat ähnlich war. In zahlreichen Fällen bildeten sie in den marokkanischen Städten eigene Viertel, in denen sie unter sich blieben. Die entsprechenden Bezeichnungen dieser Wohngebiete haben sich bis in die Gegenwart gehalten. Die aus Andalusien vertriebenen Familien haben zum Teil bis heute ihre Rechtstitel auf Ländereien und anderen immobilen Besitz nicht aufgegeben und bewahren die Erinnerung an die alte Heimat. Unter ihnen begann bald ein reges Bewahren und Tradieren ihrer andalusischen Kultur, das nicht frei war von einer gewissen Idealisierung und bis heute weiterlebt. Die Reconquista ist für viele Muslime zum Symbol für die Expansion der europäischen Staaten gegen die islamische Welt geworden und wird mit allen Formen eines modernen Kolonialismus in Beziehung gesetzt, gegen die es sich nach muslimischer Ansicht zu wehren gilt. Inzwischen hat eine muslimische Wiedereroberung Andalusiens begonnen, indem große Teile des Landes von wohlhabenden Muslimen aufgekauft worden sind und andalusische Autonomie-Bewegungen Unterstützung durch verschiedene islamische Staaten erhalten.

Literatur: *E. Lévi-Provençal,* Histoire de l'Espagne musulmane, Paris 1932; *H. Terrasse,* Islam d'Espagne, une rencontre de l'Orient et de l'Occident, Paris 1958; *M. Watt,* A History of Islamic Spain, Edinburgh 1965; *S. Jayyusi,* The Legacy of Muslim Spain, 2 Bde., Leiden 1994.

P. HEINE

Reformismus

Übersicht

Der Kontakt oder die Konfrontation der islamischen Welt mit westlichen Technologien und dem sie begleitenden Gedankengut hatte seit den 60er Jahren des 19. Jahrhunderts bei unterschiedlichen muslimischen Denkern verschiedenartige Reaktionen hervorgerufen. Bei ihren Überlegungen in der Konfrontation spielte die Frage nach der idealen Form der islamischen Gesellschaft eine wichtige Rolle. Außerdem war von Bedeutung, welche Rolle nach Erreichen dieses Ideals die Prinzipien des islamischen Rechts spielen sollten. Trotz unterschiedlicher Standpunkte, die nicht zuletzt von den jeweiligen politischen und wirtschaftlichen Verhältnissen eines Staatsgebildes abhängig waren, entstand eine allgemeine Reformbewegung, die zeigen wollte, dass Reformen der islamischen Gesellschaften nicht nur legitim, sondern geradezu durch die Lehren des Islams gefordert seien. Vertreter eines islamischen Reformismus fanden sich auf dem indischen Subkontinent, wie im späteren Indonesien, in Westafrika, vor allem aber in den Kernländern des Islams zwischen Hindukush und Atlasgebirge. Zu den Charakteristika der Vertreter dieses Reformismus gehört die Bemühung, positive Veränderungen in der islamischen Welt durch Einflussnahme auf das politische Geschehen in den verschiedenen islamischen Staaten zu erreichen. Einige dieser Reformer stiegen in hohe Staatsämter auf und konnten als Provinzstatthalter oder Wezire einige ihrer Vorstellungen in die Realität umsetzen. Hier sind vor allem der osmanische Verwaltungsfachmann Midhat Pascha oder der tunesische Politiker Khayr ad-Din at-Tunisi zu nennen. In einigen aufgeschlossenen Herrschern fanden sie Persönlichkeiten, die sie in ihren Bemühungen unterstützen. Vor allem in der Tanzimat-Zeit (Reform-Ära zwischen 1840 und 1860) versuchte das Osmanische Reich mit zahlreichen Reformen auf allen Gebieten dem Verfall seiner Verwaltung, vor allem aber seiner internationalen Bedeutung entgegenzuwirken.

Verwaltung

Die verschiedenen Reformer versuchten, die Situation in ihren Ländern durch Verbesserungen im Verwaltungsapparat zu lösen. Sie bemühten sich um ein neues Gerichtssystem, bei dem im Zivilrecht weiterhin nach Shariʿats-Recht verfahren wurde, im Straf- und Wirtschaftsrecht jedoch europäische Rechtsnormen und Praktiken starken Einfluss ausübten. Bei all ihren Überlegungen gingen sie von der Prämisse aus, dass Europa der islamischen Welt nicht deshalb überlegen war, weil der Islam dem Christentum unterlegen sei, sondern weil das wirtschaftliche, militärische und politische System in Europa besser funktioniere als in den islamischen Staatsgebilden. Sie waren sicher, dass unter religiösen Gesichtspunkten nichts gegen eine Übernahme von technischen und politischen Errungenschaften einzuwenden sei. Ein gerechtes und praktikables Regierungssystem in der islamischen Welt wieder einzuführen, dürfe zudem nicht schwierig sein, da die Shariʿa dieses zwingend vorschreibe. Viele der Reformer legten zudem großen Wert auf das Urteil der Vertreter der islamischen Gelehrsamkeit, ʿUlamaʾ, da sie die Übereinstimmung von Reformprojekten mit dem islamischen Recht feststellen müssten.

Erziehung

Neben den in der praktischen Politik aktiven Reformern fanden sich auch zahlreiche Personen, die vor allem im Bereich der Erziehung Verbesserungen der Situation in islamischen Gesellschaften zu erreichen suchten. Häufig waren sie, wie der Ägypter al-Tahtawi, durch ihr Lebensschicksal auf intensive Weise mit der europäischen Zivilisation in Kontakt bekommen. So war der ägyptische Gelehrte als Betreuer einer ersten Studienmission 1826 nach Paris gekommen, wo er fünf Jahre lebte. Nach seiner Rückkehr an den Nil bemühte er sich unermüdlich in zahlreichen Publikationen, seinen Landsleuten die Verhältnisse in Europa verständlich zu machen. Dazu zog er jeweils auch die entsprechenden Texte der autoritativen Schriften des Islams heran. Er war, wie viele andere ägyptische Reformer, um eine Verbesserung des ägyptischen Schulsystems bemüht. Diese Reform des Unterrichtswesens ist ein gemeinsames Ziel aller Reformer der islamischen Welt. Zum ersten Mal wurde versucht, die traditionellen Formen scholastischer Wissensvermittlung, wie sie in der islamischen Welt bis dahin als die einzig üblichen praktiziert wurde, zu überwinden und die Lehrinhalte den realen Verhältnissen der islamischen Gesellschaften anzupassen. Dadurch sollte den Schülern nicht nur gezeigt werden, dass der Lehrstoff etwas mit ihrer persönlichen Situation zu tun habe, es sollte auch Stolz auf die eigene Kultur als Gegengewicht zu der häufig als überlegen empfundenen europäischen Zivilisation vermittelt werden. Vor allem die Reformer des beginnenden 20. Jahrhunderts sahen hierin eine der Formen des Kampfes gegen die Kolonialmächte. Ein besonderer Aspekt der Reformen in diesem Zusammenhang stellen die Auseinandersetzungen um die Stellung der Frau in islamischen Gesellschaften dar. Hier fanden sich zahlreiche Reformer, wie der Ägypter Qasim Amin, die als eine der Ursachen für die Rückständigkeit der islamischen Welt die Tatsache ansahen, dass Frauen nicht in dem Maß, wie es der Islam vorschreibt, am öffentlichen Leben beteiligt würden. Sie forderten größere Bewegungsfreiheit und Möglichkeiten der Ausbildung von Frauen. In vielen Bereichen waren die Bemühungen der verschiedenen islamischen Reformer erfolgreich. Vor allem aber übten sie einen großen Einfluss auf alle intellektuellen Strömungen der islamischen Welt aus, die bis auf den heutigen Tag noch Wirkungen zeigen.

Literatur: *L. C. Brown,* The Tunisia of Ahmed Bey, 1837–1855, Princeton 1974; *S. F. Dale,* Islamic Society on the South Asian Frontier. The Mappilas of Malabar 1498–1922, Oxford 1980; *R. Davison,* Reform in the Ottoman Empire, 1856–1876, Princeton 1963; *A. Hourani,* Arabic Thought in the Liberal Age, Oxford 1962; *G. van Krieken,* Khayr al-Din et la Tunisie (1850–1881), Leiden 1976; *M. Maa'oz,* Ottoman Reform in Syria and Palestine, 1840–1861, Oxford 1968; *A. Merad,* Le réformisme musulman en Algérie de 1925 à 1940, Paris 1967; *ders.,* Ibn Badis, commentateur du Coran, Paris 1971; *D. Noer,* The Modernist Muslim Movement in Indonesia 1900–1942, Oxford 1962; *W. Walther,* Die Frauen im Islam, Leipzig 1980.

P. Heine

Reinheit/Reinigung

↗ *Gebet*

Re-Islamisierung

Unter Re-Islamisierung versteht man eine intellektuelle und politische Strömung, die sich nach der Niederlage der arabischen Armeen in Juni-Krieg von 1967 gegen Israel entwickelte. Die von den arabischen Regimes bis dahin propagierten Ideologien von arabischem Nationalismus und Sozialismus hatten sich als offenkundig ineffektiv erwiesen. Ältere Konzepte, die den „Islam als die Lösung" für die gesellschaftlichen und politischen Probleme der Region ansahen, erhielten nun Zulauf auch von früheren Anhängern der gescheiterten Ideologien. Es entstanden Forderungen nach einer stärkeren Rolle des Islams in den Gesellschaften des Nahen und Mittleren Ostens. Die Staatsführungen reagierten auf diese Forderungen mit formalem Entgegenkommen. So wurde der öffentliche Verkauf von alkoholischen Getränken erschwert. Veränderte sich in diesen Ländern zwar die rechtliche Stellung von Frauen nicht, so waren zumindest deren Erscheinung und Erscheinungsbild in der Öffentlichkeit betroffen. Die eigentliche Forderung nach der Wiedereinführung des islamischen Rechts als Quelle der Rechtsschöpfung hingegen wurde abgelehnt. Wie weit die Re-Islamisierung als äußere Gestalt der Opposition gegen autokratische Herrschaftsformen zu verstehen ist oder als eine tatsächliche geistig-religiöse Wendung, bleibt abzuwarten. In Staaten wie der Türkei, in denen seit deren Gründung laizistische Prinzipien gelten, haben sich unter Regierungen, die von islamistischen Parteien gebildet werden, Re-Islamisierungstendenzen entwickelt. Es gibt islamische Fernseh- und Radiosender und ganze Firmengruppen im Konsumbereich, die mit einem islamischen Programm auftreten. Die Funktionseliten des Landes sind aber weiterhin Anhänger des laizistischen Prinzips. Daher kommt es zu internen Konflikten, bei denen die Laizisten die Oberhand behalten.

Literatur: *A. Hamzawi,* Zeitgenössisches politisches Denken in der arabischen Welt. Kontinuität und Wandel, Hamburg 2005.

P. Heine

Religion

Der Begriff Religion (arabisch: din) beinhaltet den Gehorsam des Menschen gegen den Willen Gottes, der den Menschen den Glauben offenbart, die Übungen ihrer Frömmigkeit bestimmt und die sittlichen Normen festlegt. Dies gründet in einer Art Uroffenbarung Gottes (vgl. 7,172) und einer Urverpflichtung der Menschen (vgl. 36,60–61). Nach dem Judentum und dem Christentum versteht sich der Islam nunmehr als die von Gott gewollte Religion (3,19; 5,3), die den monotheistischen Glauben bekennt, den Muslimen die fünf Grundpflichten (Glaubensbekenntnis, Gebet, Fasten, gesetzliche Abgabe, Wallfahrt) auferlegt und zur Rechtschaffenheit verpflichtet. Somit ist der Islam die letzt- und endgültige Form der Religion, die alle anderen Religionen überbietet und in ihrem Universalitätsanspruch aufhebt.

Der Islam verbindet mit dem Glauben an die sittlichen Normen auch die Pflicht, die Gesetze Gottes und die Rechtsbestimmungen des Islams zu achten, welche ja alle Bereiche des menschlichen Lebens (Familie, Gemeinschaft, Gesamtgesellschaft, Staat, internationale Beziehungen) umfassen und regeln. Deswegen heißt es in einer traditionellen Formel: Der Islam ist Religion und Staat (al-Islam din wa daula).

A. Th. Khoury

Reue/Umkehr

Dass Gott (s. auch dort) barmherzig und reich an Vergebung ist, bestätigt der Koran immer wieder (vgl. 2,173.182.192.199.218 u.ö.). Gott vergibt, „wem er will“ vgl. 2,284; 3,129 u.ö.). *Eine* Sünde (s. dort) allerdings ist unverzeihlich: es ist der Unglaube in seinen verschiedenen Schattierungen: Dazu zählt in erster Linie die „Beigesellung“, d.h. die Anerkennung anderer Gottheiten neben Gott (4,48.116), ferner der Abfall vom Glauben (4,137; vgl. 16,106–107; 2,217; 3,86–91), des weiteren die Heuchelei, die ihren Unglauben verbirgt – für diese Heuchler gilt: „Ihr Herz ist versiegelt“ (63,3), „Gott wird ihnen nicht vergeben“ (63,6) –, und schließlich erhalten diejenigen keine Vergebung, die in ihrem Unglauben sterben (47,34; 4,18). In diesen Fällen nützt nicht einmal die Fürbitte (shafaʿa) des Propheten Muhammad: Sie haben keine Verzeihung von Gott zu erwarten (vgl. 9,80; 63,6).

Außer den erwähnten Formen des Unglaubens, die nicht verziehen werden, ist die Vergebung aller anderen Sünden grundsätzlich möglich. Vorbedingung dafür ist der Glaube (vgl. 20,73; 26,51; 46,31) und die Nachfolge des Propheten: „Sprich: Wenn ihr Gott liebt, dann folgt mir, so wird Gott euch lieben und euch eure Sünden vergeben. Und Gott ist voller Vergebung und barmherzig“ (3,31). Unter dieser Voraussetzung erlangt derjenige, der sich schwer vergangen hat, durch Reue und Umkehr Vergebung seiner Sünden (42,25; 4,17). Deswegen ruft der Koran die Gläubigen zur Reue und Buße auf (24,31; 66,8; 5,74 u.a.). Denn durch sie lässt sich Gott versöhnen (5,39; 25,71 u.a.). Wer um Vergebung bittet, wird sie erhalten: „… und die, wenn sie etwas Schändliches begangen oder sich selbst Unrecht getan haben, Gottes gedenken und um Vergebung für ihre Sünden bitten – und wer vergibt die Sünden außer Gott? – und auf dem, was sie getan haben, nicht bestehen, wo sie es doch wissen [dass es Sünde ist]. Deren Lohn ist Vergebung von ihrem Herrn …“ (3,135–136). Was schon für die ‚großen Sünden‘ zutrifft, gilt erst recht für die ‚kleinen Sünden‘: Gott vergibt sie dem, der reumütig ist: „Gott wird ihre schlechten Taten gegen gute eintauschen …“; (25,70). Auch durch die Verrichtung der religiösen Pflichten werden die ‚kleinen Sünden‘ getilgt (s. Sünde).

Literatur: *L. Hagemann,* Schuld und Versöhnung im Islam, in: *B. Mensen (Hrsg.),* Schuld und Versöhnung in verschiedenen Religionen, Nettetal 1986, 39–58.

L. Hagemann

Rosenkranz

Der islamische Rosenkranz (tasbih, misbaha) besteht aus einer Kette von in der Regel 99 Perlen. Die Perlen können aus den unterschiedlichsten Materialien hergestellt sein. Es gibt billige Perlen aus gepresster Wolle; häufig handelt es sich um Perlen aus Holz, aber auch aus wertvollen Materialien wie Bernstein, Silber und Korallen. Neben dem üblichen Rosenkranz gibt es auch kleinere, die 33 Perlen besitzen und dreimal gebetet werden müssen. Selten sind Rosenkränze, die aus 1000 bzw. 1010 Perlen bestehen. Sie werden vor allem bei den mystischen Übungen islamischer Bruderschaften verwendet, bei denen die jeweiligen Formeln bis zu mehreren tausend Malen ausgesprochen werden müssen.

Das Rosenkranzgebet ist eine der volkstümlichsten rituellen Praktiken der islamischen Welt. Es wurde aus Indien eingeführt und war zunächst rechtlich umstritten, setzte sich aber zwischen dem 9. und 13. Jahrhundert vor allem in den unteren Bevölkerungsschichten der zentralen islamischen Länder allgemein durch, so dass mit dem Argument des Konsenses (idjmaʿ: s. Übereinstimmung) im 15. Jahrhundert die Erlaubtheit des Rosenkranzgebetes festgestellt werden konnte. Prophetentraditionen (hadith), die den Gebrauch des Rosenkranzes auf die Lebenszeit des Propheten Muhammad zurückführen wollen, müssen als unecht angesehen werden. Viele Muslime beten den Rosenkranz nach dem Vollzug der täglichen Pflichtgebete. Das Rosenkranzgebet besteht aus der 33fachen Wiederholung der Formel „Subhan Allah“ (Preis sei Gott), dieser folgt die 33fache Wiederholung der Formel „La ilaha illa llah“ (Es gibt keinen Gott außer Gott) und dem abschließenden 33fachen „Allahu akbar“ (Gott ist groß).

Rosenkränze haben einen gewissen Amulettcharakter. Sie werden zum Schutz gegen Unfälle um die Rückspiegel von Kraftwagen geschlungen und auch sonst von vielen Muslimen ständig mitgeführt. Vor allem die Rosenkränze mit 99 Perlen werden auch zur Wahrsagung verwendet. Viele Muslime verwenden sie, um herauszufinden, ob eine geplante Unternehmung, Reise, Hochzeit oder andere ihm wichtige Entscheidungen glücklich verlaufen wird. In manchen Fällen haben sie auch lediglich die Funktion eines „Handschmeichlers“, um sich zu beruhigen und in einem emotionalen Gleichgewicht zu bleiben.

Literatur: *R. Kriss/H. Kriss-Heinrich,* Volksglaube im Bereich des Islam, Bd. 2, Wiesbaden 1962; *H. Venzlaff,* Der islamische Rosenkranz, Wiesbaden 1982.

P. Heine

S

Sabi'a/Sabäer

Sabäer ist die Fremdbezeichnung der einzigen noch existierenden gnostischen Gemeinschaft, die unter der Eigenbezeichnung Mandäer bekannt ist. Die Bezeichnung „Sabäer", mit der sich die Gruppe auch gegenüber Fremden identifiziert, lässt sich auf Koranstellen, z.B. 2,62 oder 6,69, zurückführen, in dem neben Christen, Juden und Magiern auch die Sabier erwähnt werden. Die Gemeinschaft besteht in der Gegenwart aus ca. 20000 Personen, die in ihrer Mehrheit im Iraq und zu einem kleinen Teil im Iran leben. Sie sollen zu einem nicht genau zu bestimmenden Zeitpunkt nach Mesopotamien eingewandert sein. Es handelt sich um eine semitische Bevölkerungsgruppe, die nicht zuletzt darum unter europäischen Wissenschaftlern großes Interesse gefunden hat, weil auffallende Ähnlichkeiten zu den Elementen des Urchristentums bestehen.

Zwar gibt es eine eigene mandäische Sprache; doch spricht die Mehrheit der Mandäer heute Arabisch, das jedoch einige anderen Arabisch-Sprechenden nicht verständliche Begriffe und Wendungen enthält.

Zum Inhalt der mandäischen Religion gehören das Sakrament der Taufe in fließendem Wasser. Daher stehen ihre „Tempel" stets in der Nähe von Wasserläufen oder Brunnen. Die Taufe ist das wichtigste Ritual im Leben der Mandäer. Das Untertauchen soll gegen die Kräfte des Todes schützen und der Seele ewiges Leben verleihen. Das Wasser wirkt reinigend; Sünden und Unreinheit werden von Körper und Seele abgewaschen. Die Mandäer unterscheiden drei Formen der Taufe, eine einfache, die an jedem Tag durchgeführt werden muss, und eine, die nach Menstruation oder Geschlechtsverkehr stattfindet. Am bedeutendsten ist die Volltaufe, mit der ein Neugeborenes in die Gemeinschaft der Mandäer aufgenommen wird.

Zu den wichtigen Ritualen der Mandäer gehört auch die „Kommunion", bei der ein Sakramentsbrot konsumiert wird, das die Schöpfung symbolisiert, zugleich aber Abbild der jenseitigen Welt ist. Zu den Ritualen, die ein besonderes Gewicht im gesellschaftlichen Kontext der gnostischen Gemeinschaft haben, gehört die Hochzeit, da die strikte Endogamie der Mandäer für ihren Fortbestand als Gruppe von der Beachtung dieser Regel abhängt. Sie ist ebenfalls mit einer Taufe der Brautleute verbunden. Bedeutend sind auch die Totenrituale. Die Mandäer kennen eine stark differenzierte Priesterhierarchie.

Nach islamischem Recht zählen die Mandäer neben Juden, Christen und Magiern auf der Basis der genannten Koranverse zur Gruppe der Dhimmi, der Schutzbefohlenen. Im islamischen Mittelalter gehörten sie ähnlich wie die Juden zu der Gruppe, aus der bedeutende Ärzte entstammten. Mangelnde Vertrautheit mit den religiösen Vorstellungen der Mandäer führten dazu, dass die übrige Bevölkerung sie für Sternanbeter hielt. Dazu trug sicherlich auch die Tatsache bei, dass sie auch als Astrologen auftraten. Einige von ihnen brachten es zur Stellung eines Hofastrologen der ʿAbbasiden. Die Mandäer sahen sich einem starken Assimilationsdruck ausgesetzt, der in vielen Fällen zur Islamisierung führte. Das hatte eine erhebliche Reduzierung der Gemeinschaft zur Folge. Heute sind die Mandäer vor allem als Handwerker, besonders im Bereich der Metallverarbeitung, tätig. Es findet sich heute unter ihnen aber auch ein hoher Prozentsatz von Akademikern. Sie führen ein außerordentlich unauffälliges Leben vor allem in Kleinstädten und Dörfern.

Literatur: *S. Alsonhairy,* Die irakischen Mandäer in der Gegenwart, Hamburg 1975; *E. S. Drower,* The Mandaeans of Iraq and Iran, Oxford 1937; *dies.,* Water into Wine. A Study of Ritual Idiom in the Middle East, London 1956; *R. Macuch,* Alter und Heimat des Mandäismus nach neuerschlossenen Quellen, in: Theologische Literaturzeitung 82 (1957), 401–408; *K. Rudolph,* Die Mandäer, 2 Bde., Göttingen 1960–1961.

P. Heine

Säkularisierung

Religion und Politik

Wie das Christentum unterscheidet der Islam zwischen dem Diesseits und dem Jenseits. Die christliche Trennung zwischen einem „Reich nicht von dieser Welt" und dem Diesseits hat die Entstehung einer säkularisierten Politik möglich gemacht, d.h. einem auf der Analyse der Realität beruhenden politischen Gestaltungswillen. Nach diesem Verständnis ist Politik zweckgerichtetes Handeln innerhalb eines komplizierten Geflechts von Kräften und Interessen, die zumindest teilweise rational erfasst werden können. Ziel politischen Handelns ist die Durchsetzung rational überprüfbarer Ordnungsvorstellungen innerhalb eines gesellschaftlichen Ganzen. Eine Trennung von Diesseits und Jenseits besteht im Islam jedoch nicht. Nach dieser Vorstellung ist der islamische Staat eine gottgewollte Ordnung; nur als Mitglied dieser Gemeinschaft kann der Muslim seine Pflichten Gott gegenüber erfüllen und ins Paradies gelangen. Politik ist für Muslime daher der Vollzug des göttlichen Auftrags. Daher ist es nicht verwunderlich, dass alle Versuche, Politik als einen menschlichen Bereich unabhängig von Gott zu definieren, wenig erfolgreich gewesen sind. Eine Ordnung, in der religiöses und politisches Handeln getrennt sind, kann es im Islam nicht geben, weil die Welt ohne den Willen Gottes nicht existiert. Die Zweiteilung der Welt in einen religiösen und einen profanen Bereich, wie er sich in Europa ent-

wickelt hat, halten Muslime für verderblich. Aus ihrer Sicht liegt in dieser Differenzierung die eigentliche Ursache für das Entstehen von Materialismus und Imperialismus. Der Begriff „Säkularisation" ist für die islamische Welt auch heute noch so ungewöhnlich, dass sich kein eigener ‚terminus technicus' dafür entwickelt hat und die Umschreibung „Trennung von Staat und Religion" verwendet werden muss.
In der politischen Realität islamischer Staaten war das Ideal der Einheit von Religion und Staat selbstverständlich nur selten zu erreichen; nach Auffassung vieler Muslime konnte das nur in der Zeit geschehen, in der Gott die Gemeinde der Gläubigen durch seinen Propheten Muhammad direkt lenkte, also in der Zeit der Urgemeinde. Danach ergab sich eine stetige Entfernung von diesem Ideal. Dennoch blieb es zumindest in der Theorie bestehen. Erst in der direkten Auseinandersetzung mit den mehr oder weniger säkularisierten Staaten des modernen Europa ergab sich eine direkte Abkehr von den Prinzipien der Einheit von Religion und Staat. Diese Tendenz entwickelte sich zunächst nicht direkt und ‚expressis verbis'. Eigentlicher Austragungsort der Auseinandersetzung war das Gebiet des islamischen Rechts, der Shariʿa, und die Funktion, die diese in einem islamischen Staat zu spielen hatte. Eine große Anzahl von politischen Feldern wurde im Laufe der Entwicklung ihrem Einfluss entzogen. Dabei handelte es ich vor allem um die Bereiche, in denen die Shariʿa keine ausreichenden Vorschriften entwickelt hatte wie Verfassungsrecht, internationales Recht, Handelsrecht, Patentrecht usw. Hier entstand ein auf europäischem Vorbild beruhendes säkulares Recht, das sich in einigen Fällen ohne jeden Widerstand der Vertreter des traditionellen islamischen Rechts durchsetzen ließ. Dies konnte umso leichter geschehen, als das islamische Recht niemals die gesamte Rechtswirklichkeit abgedeckt und große Bereiche dem Gewohnheitsrecht überlassen hatte. Von diesen „Brückenköpfen" aus verbreiteten sich europäische Rechtsvorstellungen dann weiter auch in die Bereiche hinein, die die Domäne der Shariʿa waren. Nicht in allen Ländern wurde das islamische Recht ganz aus der Rechtsprechung verdrängt. Teile des Privatrechts blieben weiterhin den Shariʿatsgerichten vorbehalten. In Ländern wie der Türkei oder Ägypten jedoch wurden auch diese Bereiche modernen Gerichtshöfen zugeordnet.

Religionsunterricht

Während sich in der juristischen Praxis die Trennung von Religion und Staat relativ leicht bewerkstelligen ließ und eine Opposition gegen diesen Vorgang erst mit dem Aufleben des islamischen Fundamentalismus entstand, war eine Säkularisation anderer gesellschaftlicher und politischer Bereiche weniger leicht durchzusetzen. So war das Unterrichtssystem stets eine Domäne der Religionsgelehrten gewesen. Mit der Gründung von Schulen, in denen ein Themenkanon vermittelt wurde, der weitgehend von europäischen Vorstellungen beeinflusst wurde, entstand eine Gefährdung dieser Vormachtstellung der Religionsgelehrten in diesem Bereich. Hier war der Widerstand der religiösen Kräfte gegen die Säkularisierung in vieler Hinsicht erfolgreicher. Auch in den Staaten, in denen die Trennung von Staat und Religion am konsequentesten vorangetrieben wurde, blieben doch schulische Einrichtungen bestehen, in denen Religionsgelehrte die Lehren des Islams vermitteln konnten. Viele der bedeutenden Zentren islamischer Gelehrsamkeit blieben erhalten, auch wenn ihre Finanzierung aus staatlichen Mitteln sichergestellt wurde. Diese Situation hatte einen gewissen Einfluss des Staates auf die Lehrpläne und das Personal derartiger Hochschulen zur Folge; doch blieb der primär religiöse Charakter dieser Einrichtungen erhalten. In den letzten Jahren haben sich diese Stätten religiöser Gelehrsamkeit sogar ausgeweitet und bieten nun auch Fächer wie Medizin oder Naturwissenschaften an, wobei sie sich um die Vermittlung der entsprechenden Kenntnisse unter islamischen Gesichtspunkten bemühen.

Eine andere Institution, die die Folgen der Säkularisierung spürte, war die der Frommen Stiftungen (waqf, pl. auqaf). Diese für religiöse oder karitative Zwecke angelegten Einrichtungen wurden in vielen islamischen Ländern in staatliche Verwaltung übernommen. Die Einkommen aus den Stiftungsvermögen werden unterschiedlich verwendet. Als noch im Sinne der Stifter ist die Verwendung der Mittel zum Bau oder Erhalt von Moscheen und anderer religiöser Einrichtungen oder die Bezahlung des in ihnen tätigen Personals zu bezeichnen. Die Einkünfte werden in diesem Sinne auch zum Unterhalt von Hospitälern oder Waisenhäusern und für andere soziale Dienste verwendet. In einigen Staaten jedoch werden die Mittel aus den Frommen Stiftungen dem allgemeinen Budget zugeordnet, so dass sie ihre eigentliche Funktion und ihren Charakter weitgehend verloren haben.

Türkei

In dem Land, in dem die Säkularisierung am stärksten vorangetrieben wurde, in der Türkischen Republik, wurden sämtliche ordensähnlichen islamischen Gemeinschaften aufgelöst und ihr zum Teil beträchtlicher Besitz vom Staat eingezogen. Eine Vielzahl von Moscheen, nicht nur in der Türkei, sondern auch in anderen islamischen Staaten, wurde in Museen umgewandelt und der Zugang zu ihnen auch Nicht-Muslimen gestattet. Als Bemühungen um eine Säkularisierung der Gesellschaft müssen auch die zahlreichen Versuche verstanden werden, die traditionelle Kleidung abzuschaffen und durch europäische Formen zu ersetzen. Dies gilt vor allem für die Bekleidung der Frauen, aber auch für die traditionellen islamischen Gelehrten, Richter und Imame.

In der jüngsten Vergangenheit haben sich in der islamischen Welt einflussreiche Kräfte entwickelt, die sich bemühen, die Aspekte des sozialen Lebens, die stark von säkularistischen

Tendenzen geprägt sind, wieder stärker in Übereinstimmung mit den Lehren des Islams zu bringen. Einige Staaten haben auf diese Entwicklung mit vorsichtigen Veränderungen in einer oft zu forschen Säkularisierung geantwortet.

Literatur: *M. Abraham,* Mahmud Shaltut (1893–1963). A Muslim Reformist: His Life, Works and Religious Thought, Hartfort 1978; *N. Berkes,* The Development of Secularism in Modern Turkey, Montreal 1964; *G. Jäschke,* Der Islam in der neuen Türkei, in: Die Welt des Islams (1958), 1–174; *T. Nagel,* Staat und Glaubensgemeinschaft im Islam, 2 Bde., Zürich 1981; *H. Wehr,* Gesetz Nr. 462 vom Jahre 1955 über die Abschaffung der muslimischen Religiösen Gerichtshöfe, in: Die Welt des Islams 5 (1958), 255–259; *R. Wielandt,* Zeitgenössische ägyptische Stimmen zur Säkularisierungsproblematik, in: Die Welt des Islams 22 (1984), 117–133; *R. Lee,* Overcoming Tradition and Modernity. The Search for Islamic Authenticity, Boulder 1997.

P. Heine

Säkularismus

Begriff

Säkularismus, auch Laizismus, als Konzept oder Forderung nach Trennung der politischen von der religiösen Sphäre ist mit dem Islam nicht vereinbar. Denn die Ordnung der Welt insgesamt ist gottgewollt. „Al-Islam din wa daula“ (Islam ist Religion und staatliche Macht) ist einer der Kernsätze des islamischen Staatsverständnisses. Basis und Richtschnur jeden menschlichen Handelns, also auch des politischen, ist neben dem Vorbild des Propheten Muhammad der Koran. Er ist nach muslimischer Auffassung für alle Umstände des Lebens gültig. Die Vorstellung, dass es staatliches Handeln ohne diesen religiösen Aspekt geben könnte, war der islamischen Welt lange Zeit so fremd, dass sie für die politischen Handlungen von Nicht-Muslimen einen eigenen Begriff „Siyasa“ (Politik) verwendeten, der sich erst nach und nach auch für das Handeln von muslimischen Herrschern durchsetzen konnte. Die Tatsache, dass Herrschaft von Khalifen oder Sultanen ausgeübt wurde, galt als Beweis für den entsprechenden Willen Gottes und machte säkularistische Überlegungen zum Hochverrat. Erst nach den schweren Erschütterungen, die die islamische Welt durch die Konfrontation mit der als überlegen empfundenen westlichen Zivilisation erleiden musste, wurden in einigen Ländern Überlegungen zu einer Trennung von religiösen und staatlichen Autoritäten angestellt. Dabei waren es auch die so genannten Modernisten, die säkularistische Tendenzen ablehnten. Für einen gebildeten Muslim wie den ägyptischen Reformer Muhammad ʿAbduh, der sich mit derartigen Vorstellungen auseinander setzte, stand fest, dass eine Trennung von Religion und Staat so wenig möglich ist, wie man Leib und Seele voneinander trennen könne.

Geschichtlicher Überblick

Es waren allerdings nicht Muslime, die zuerst säkularistische Vorstellungen in der islamischen Welt verbreiteten, sondern orientalische Christen. Nach ihren Vorstellungen war die menschliche Zivilisation in sich gut. Sie weiter zu entwickeln und zu erhalten, sollte wichtigstes Kriterium für jede Handlung und oberste moralische Norm sein. Die Wissenschaften wurden als Basis der Zivilisation angesehen. Von ihnen könne nach diesen Vorstellungen ein System gesellschaftlicher Moral abgeleitet werden, die das Geheimnis sozialer Stärke sei. Basis dieses moralischen Systems bilde die Liebe zur Heimat, Patriotismus. Dieser habe alle sozialen, auch die religiösen Differenzen zu überwinden. Derartige Positionen wurden von den konservativen Vertretern aller im Orient vorhandenen Religionsgruppen, Christen, Juden oder Muslimen abgelehnt. Erst seit dem Beginn des 20. Jahrhunderts sind immer wieder Versuche unternommen worden, den Islam aus dem öffentlichen Leben zu verbannen und ihn zur Privatsache zu machen. Das Motiv für dieses Vorgehen von Politikern verschiedenster Herkunft war die Vorstellung, dass der Islam für die Rückständigkeit der Muslime verantwortlich sei. Das soziale System des Islams ist danach völlig veraltet, was vor allem mit der niedrigen Stellung der Frau im Zusammenhang stehe, mit der Tolerierung der Sklaverei und der mangelnden Flexibilität der islamischen Gesetze. Da man versuchte, Europa in jeder Hinsicht nachzuahmen, lag es nur nahe, eine der bedeutendsten ‚Errungenschaften' der westlichen Welt, nämlich die Trennung von Kirche und Staat nachzuvollziehen. Dabei achteten Vertreter dieser Positionen, wie der türkische Staatsgründer Mustafa Kemal Atatürk darauf, das sie nicht des Atheismus beschuldigt werden konnten. Sie richteten ihre Angriffe auf Teilaspekte des Islams, die auch von gebildeten Muslimen kritisiert werden konnten, wie Astrologie, Magie, Zauberei und Aberglauben. Zugleich beschuldigten sie die Religionsgelehrten des Obskurantismus und der Behinderung der Arbeit fortschrittlicher Kräfte. Ähnliche Tendenzen lassen sich auch bei den Modernisierungsbemühungen des Schah Reza im Iran oder bei dem afghanischen König Amanullah feststellen. Am erfolgreichsten waren ohne Zweifel die Kemalisten in der Türkei, nicht zuletzt deshalb, weil sie mit dem türkischen Nationalismus einen öffentlichkeitswirksamen Ersatz für die Religion anboten. Die Versuche Amanullahs scheiterten sehr rasch, und auf lange Sicht sind auch die Säkularisierungsbemühungen Schah Rezas und seines Sohnes Muhammad Reza im Iran erfolglos geblieben. Der radikalsten Form der Säkularisierung waren die Muslime in der Sowjetunion unterworfen. Da diese jedoch von einer als fremde, europäische Macht angesehenen Kraft ausging, entwickelte sich die Beibehaltung religiöser Vorstellungen und Praktiken in den zentralasiatischen Republiken der UdSSR geradezu zu einem Mittel, auch die eigene ethnische Identität gegenüber der fremden, als überlegen empfundenen Zivilisation zu bewahren. Die gegenwärtigen Bemühungen verschiedenster islamischer Bewegungen, dem islamischen Recht und der Tradition wieder größeren Einfluss in der islamischen Welt zu verschaffen, zeigt, dass der Säkularismus unter Muslimen keine bleibende Bedeutung erlangen konnte.

Literatur: *S. Akhavi,* Religion and Politics in Contemporary Iran: Clergy-State Relations in the Pahlavi Period, Albany 1980; *S. M. Akural,* Ziya Gökalp: The Influence of his Thought on Kemalist Reforms, Ann Arbor 1979; *N. Berkes,* The Development of Secularism in Turkey, Montreal 1964; *M. Faghfoory,* The Role of the Ulama in 20th Century Iran with Particular Reference to Ayatullah Haj Sayyid Abdul-Qasim Kashani, Madison 1978; *A. Hourani,* Arabic Thought in the Liberal Age, Oxford 1962; *R. Wielandt,* Zeitgenössische ägyptische Stimmen zur Säkularisierungsproblematik, in: Die Welt des Islams 22 (1984), 117–133; *F. Steppat,* Säkularisten und Islamisten. Ein Kategorisierungsversuch in Ägypten, in: Asien, Afrika, Lateinamerika 19 (1991), 699–704.

P. Heine

Salafiyya

Der Begriff leitet sich her von der Bezeichnung der ersten Anhänger des Propheten Muhammad, die als „al-Salaf al-salih“ (die frommen Altvorderen) bezeichnet werden. Auf diese bezogen sich zum Ende des 19. Jahrhunderts muslimische Reformer, die in der Abkehr vom Vorbild der frühen islamischen Gemeinde eine der Ursachen für den Niedergang des Islams sahen. Die hervorragenden Denker dieser Bewegung waren Djamal al-Din al-Afghani und Muhammad ʿAbduh. Ihre Reformvorstellungen waren von dem Einheitsgedanken in theologischer wie in politischer Hinsicht geprägt. Theologisch bedeutete er die Abkehr von Heiligenverehrung oder der Trennung in verschiedene Rechtsschulen, politisch die Überwindung der politischen Aufsplitterung der islamischen Welt. Die als islamische Reformer bezeichneten Denker formulierten Grundsätze, die später in verschiedenen Regionen der islamischen Welt weiterentwickelt und mit anderen Ideen verbunden wurden, welche teilweise als Neo-Salafiyya bezeichnet werden. Viele dieser Ideen werden von den Muslimbrüdern heute in die gesellschaftliche Praxis umgesetzt.

Literatur: *R. Schulze,* Islamischer Internationalismus im 20. Jahrhundert. Untersuchungen zur Geschichte der islamischen Weltliga, Leiden 1990.

P. Heine

Satan

↗ *Teufel; Teufelsaustreibung*

Saudi-Arabien

Das Königreich Saudi-Arabien ist mit einer Fläche von mehr als zwei Millionen Quadratkilometern der größte Staat der Arabischen Halbinsel. Es lässt sich in fünf natürliche geografische Regionen aufteilen: Hidjaz und ʿAsir im Westen, den zentral gelegenen Nadjd, Nordarabien, Ostarabien und die Große Arabische Wüste. Weite Teile des Landes sind Wüstengebiete. Wirtschaftliche Basis des Landes bildet der Ölreichtum. Die Bevölkerungszahl wird auf zwölf Millionen Einwohner geschätzt.

Geschichtlicher Überblick

Die Geschichte Saudi-Arabiens lässt sich in drei Abschnitte einteilen. Der erste saudische Staat bestand zwischen 1745 und 1818, der zweite zwischen 1824 und 1891 und der dritte Staat nahm 1902 seinen Anfang. Grundlage des Königreiches und des ihn tragenden Königshauses ist die religiöse Bewegung der Wahhabiten (s. dort). Diese puritanische, sich streng an die hanbalitische Rechtsschule haltende Gruppierung wurde von Muhammad ʿAbd al-Wahhab (1703–1792) gegründet. Die Wahhabiyya war keine Beduinenbewegung. Ihr Gründer stammte aus einem kleinstädtischen Milieu. Sie ist vielfach als Reaktion auf die Lebensform der Beduinen interpretiert worden. Nach einiger Zeit fand sie jedoch auch unter diesen eifrige Anhänger. Die Kombination aus wahhabitischer Ideologie und beduinischem Kampfgeist erwies sich als Basis für die Eroberung großer Teile der Arabischen Halbinsel und darüber hinaus. Von besonderer Bedeutung für die Beziehungen zwischen Wahhabiten und Schiiten erwies sich dabei die Zerstörung der Grabmoschee des schiitischen Märtyrers Husain in Kerbela im Jahr 1802 im heutigen Iraq. Die Spannungen zwischen dem revolutionären Iran und Saudi-Arabien in der Gegenwart beruhen auch auf diesen Vorgängen. 1803 eroberten die wahhabitischen Truppen Mekka und drei Jahre später auch Medina, und die Familie Saud weitete ihr Herrschaftsgebiet bis zum Jemen und nach Oman aus. Die Eroberung der Heiligen Städte des Islams hatte mehrere Konsequenzen für die Wahhabiyya. Einerseits konnten hier die Pilger auf der jährlichen Wallfahrt mit den Lehren ʿAbd al-Wahhabs bekannt gemacht werden, ihr Gedankengut gelangte so in viele Teile der islamischen Welt z. B. in das heutige Indonesien oder nach Westafrika; andererseits bedeutete die Kontrolle Mekkas und die Etablierung eines Staates einen erheblichen Prestigezuwachs für die Familie Saud, die damit die Autorität des türkischen Sultans, der als Khalif der Schutzherr der Wallfahrtsstätten war, in Frage stellte. Zugleich war hier ein neues Machtzentrum im Entstehen begriffen, das die Kolonialinteressen Englands tangieren konnte. Im Auftrag des Sultans gingen ägyptische Truppen gegen das erste saudische Reich vor und vernichteten es 1818. Trotz dieser Niederlage war der Mut des Hauses Saud und der Geist des Wahhabitentums ungebrochen und 1824 konnten die ägyptischen Truppen von Teilen der arabischen Halbinsel vertrieben werden. Interne Streitigkeiten machten diesem zweiten saudischen Staat 1891 ein Ende, als die Reste der Familie Saud gezwungen wurden, nach Kuwait ins Exil zu gehen. 1901 begann dann der erst 19-jährige Ibn Saud mit der Rückeroberung seines väterlichen Erbes. In zwei Jahrzehnte dauernden Kämpfen gelang es ihm, den dritten saudischen Staat, in den heutigen Grenzen, zu konsolidieren. Kerntruppe seiner Eroberungszüge waren dabei die Ikhwan al-Muslimin (nicht mit den Muslimbrüdern in Ägypten zu verwechseln). Dabei handelte es sich um Siedler, die in Zentren zusammengefasst waren, die Militärposten, landwirtschaftliche Kolonien und

Missionsstationen des Wahhabitentums gleichzeitig waren. Militärische Einsatzbereitschaft, regelmäßige Teilnahme aller Mitglieder am öffentlichen Gebet und regelmäßige Unterweisung in der wahhabitischen Doktrin schufen ein starkes Zusammengehörigkeitsgefühl unter den Siedlern.

Neuere Entwicklungen in den Tendenzen ihrer Doktrin, die eine Wiederbelebung der Frühzeit erstrebt, waren die Motivation für ein Leben, das auch in Dingen des täglichen Lebens – wie der Kleidung, Barttracht usw. – dem der Zeit des Propheten Muhammad entsprechen sollte. Nach der Sicherung der staatlichen Existenz Saudi-Arabiens hatte Ibn Saud große Mühe, diese Tendenzen unter den Ikhwan zurückzudrängen, um eine Modernisierung seines Staates in Angriff nehmen zu können. Nicht ohne Bedeutung war in dieser Auseinandersetzung die Tatsache, dass durch die Entdeckung von reichen Ölvorkommen die finanziellen Grundlagen des Staates gesichert waren, so dass einerseits die notwendige militärische Stärke zur Unterdrückung der Ikhwan und andererseits auch die Mittel für eine wirtschaftliche und soziale Sicherung dieser Gruppe vorhanden waren. Der Ölreichtum war es auch, durch den das Königshaus eine Innen- und Außenpolitik betreiben konnte, die allen Stürmen und Veränderungen der politischen Landschaft des Nahen und Mittleren Ostens trotzen konnte. Mehr und mehr wurde das Land zu einem der bestimmenden Faktoren der regionalen und der internationalen Politik. Dazu trug auch die Tatsache bei, dass Saudi-Arabien eines der einflussreichsten Länder der internationalen islamischen Organisationen (s. dort) wurde. Problematisch für die politische Entwicklung ist mittel- und langfristig die Tatsache, dass der große Reichtum und die mit ihm verbundenen Innovationen des Landes im Gegensatz zu den Lehren des Wahhabismus stehen. Die divergierenden Sichtweisen vom Islam haben immer wieder zu internen Spannungen geführt, die sich in Attentaten und Aufständen Luft machten, so dass die politische Zukunft des Landes kaum voraussagbar ist.

Literatur: *W. Ende,* Religion. Politik und Literatur in Saudi-Arabien, in: Orient 22 (1981), 377–390, 23 (1982) 21–35, 378–393; *J. Habib,* Ibn Saud's Warriors of Islam. The Ikhwan of Najd and their Role in the Creation of the Saʿudi Kingdom, Leiden 1978; *I. Koszinowski (Hrsg.),* Saudi-Arabien: Ölmacht und Entwicklungsland, Hamburg 1983; *U. Steinbach,* Saudi-Arabiens neue Rolle im Nahen Osten, in: Außenpolitik 25 (1974), 501–510; *A. Th. Khoury,* Un modèle d'État islamique: l'Arabie Saoudite, München/Mainz 1983.

P. Heine

Schächtung/Schlachtung

Da im Islam, ähnlich wie im Judentum, Blut als rituell unrein angesehen wird, muss bei der Schlachtung von Tieren darauf geachtet werden, dass das Blut möglichst vollständig aus dem Körper entfernt wird. Dazu bedient man sich der Methode, dem lebenden Tier die Halsschlagader zu öffnen, so dass durch den noch aktiven Kreislauf ein möglichst großer

Teil des Bluts aus dem Körper strömt. Bei der Schächtung müssen einige rituelle Vorschriften beachtet werden. Dazu gehört, dass das zu schlachtende Tier in Richtung Mekka gedreht wird. Der Schächter hat bei seinem Schlachten den Namen Gottes mit den Worten: „Im Namen Gottes" anzurufen. Wird die Schlachtung auf diese Weise durchgeführt, ist es nach muslimischem Recht gleichgültig, ob sie von einem Muslim, Juden oder Christen durchgeführt wird. Nur Fleisch von derartig geschlachteten Tieren darf von einem Muslim verzehrt werden. Das gilt auch für Wildbret. Jäger sollen sich bemühen, ein durch einen Greifvogel geschlagenes oder von Pfeil oder Lanze getroffenes Tier zu schächten. Schlingen sind daher für die Jagd von Wildbret nicht erlaubt.

Durch die Schächtung kann jedoch nicht das gesamte Blut aus einem Tierkörper entfernt werden. Daher werden in den entsprechenden Büchern die Köche immer wieder ermahnt, auch das noch verbliebene Blut durch eine sorgfältige Säuberung zu entfernen. Da die Praxis des Schächtens als mit europäischen Vorstellungen von Tierschutz, aber auch mit der industriellen Produktion von Fleisch kaum zu vereinbaren ist, befinden sich Muslime, die in Europa leben, aber auch die, die auf Fleischkonserven aus nicht-islamischen Ländern angewiesen sind, stets in einer beträchtlichen Unsicherheit, ob das von ihnen konsumierte Fleisch rituell rein ist oder nicht. Sie sind deshalb bestrebt, nur solches Fleisch zu kaufen, von dem sie wissen, dass es rituell rein ist. Dies hat in Europa zur Gründung von Geschäften durch Muslime geführt, von denen angenommen werden kann, dass sie erlaubtes Fleisch zum Verkauf anbieten. Damit wiederholt sich wieder eine Entwicklung, wie wir sie auch aus Westafrika kennen, wo der typische Beruf der Muslime der des Metzgers ist. Nicht zuletzt diese Situation hat zu Versuchen des Aufbaus einer Fleischindustrie in der islamischen Welt geführt.

Literatur: *P. Heine,* Kulinarische Studien, Wiesbaden 1988; s. a. die Literatur zu dem Stichwort „Opfer".

P. Heine

Scheidung ↗ *Ehe*

Schicksal

Das Schicksal als das, was dem Menschen bestimmt und zugeteilt wird, wird im offiziellen Islam als das Geschick definiert, das in der Hand und der Entscheidungsmacht Gottes liegt und den Menschen vorherbestimmt wird. Eine Überlieferung (hadith) klagt: „Gott sagt: Die Kinder Adams fügen mir Leid zu: Sie beschimpfen die Zeit (= das Schicksal), aber die Zeit bin ich doch. In meiner Hand liegt der Befehl, und ich wälze die Nacht und den Tag um" (nach Abu Hurayra; bei Bukhari). Da Gott für den Islam ein barmherziger Gott ist, ist das Schicksal nicht als eine blinde, unerbittliche Gewalt, sondern als Erfahrung der menschlichen Grenzen und der nicht hinterfragbaren Souveränität Gottes zu verstehen.

Die Tradition überliefert jedoch Sprüche des Propheten Muhammad, die einen milden Fatalismus im Volksglauben begünstigen. Hier einige Hadith:

– „Jeder wird dazu gebracht, das zu tun, wozu er erschaffen worden ist" (nach ʿImran ibn Husayn; bei Bukhari, Muslim …).

– „Wenn Gott einen Diener bestimmt hat, in einem Land zu sterben, führt er ihn hin durch irgendein Anliegen" (nach Abu ʿAzza; bei Tirmidhi).

– Bei der Erschaffung des Menschen im Schoß seiner Mutter, bestimmt Gott „Seinen Lebensunterhalt, seine Lebensfrist, seinen Wandel, sein Ende, ob er unglücklich oder glücklich wird. Der eine von euch mag dann auch handeln, wie die Leute des Paradieses handeln, so dass er davon nur noch eine Elle entfernt ist. Dann ereilt ihn die Bestimmung, und da handelt er nun, wie die Leute des Höllenfeuers handeln, und er tritt ins Höllenfeuer ein.

Und der andere von euch mag auch handeln, wie die Leute des Höllenfeuers handeln, so dass er davon nur noch eine Elle entfernt ist. Dann ereilt ihn die Bestimmung, und da handelt er, wie die Leute des Paradieses handeln, und er tritt ins Paradies ein" (nach Ibn Masʿud; bei Bukhari, Muslim …).

Das, was Gott den Einzelnen zuteilt, nennt man Qadar (kismet). Trotz des im Volksglauben leicht feststellbaren Hanges zum Fatalismus ist der islamische Glauben, wie ihn die orthodoxe Lehre vertritt, nicht fatalistisch. S. auch die Ausführungen am Schluss des Beitrags „Freiheit".

Literatur: *A. Th. Khoury,* So sprach der Prophet. Worte aus der islamischen Überlieferung (GTB 785), Gütersloh 1988; s. auch Literatur unter „Freiheit".

A. Th. Khoury

Schiismus/Schiiten

In der Auseinandersetzung zwischen dem Khalifen ʿAli und Muʿawiya ergriffen damals die Schiiten Partei (shiʿa) für ʿAli. Später hielten sie ihm, seinem Haus (seiner Frau Fatima, der Tochter Muhammads, und seinen Söhnen Hasan und Husain) sowie den weiteren Nachkommen die Treue. Sie bilden heute nach den Sunniten die zweitgrößte Gruppe im Islam mit insgesamt etwa 200 Millionen Anhängern.

Die Schiiten halten am Grundsatz der blutmäßigen Abstammung von Muhammad als Bedingung zur Übernahme des Khalifenamtes fest. Wichtiger für sie ist jedoch die religiöse Führungsrolle des Gesamtleiters der Gemeinschaft, des Imams, dessen Einsetzung ein göttliches Gebot sei. Der Imam ist Nachfolger ʿAlis in seinem Amt und in seinen religiösen Kenntnissen, die dieser nach schiitischer Auffassung dank einer besonderen Einweihung durch den Propheten Muhammad und dank einer besonderen Erleuchtung von Gott erhalten hatte. Damit wird der Imam praktisch zum einzig legitimen Führer der Gemeinschaft und zu einer fast unfehlbaren Instanz. Ihm wird sogar Sündenlosigkeit zugesprochen.

Die Schiiten lebten vornehmlich in der politischen Opposition und wurden immer wieder Opfer von Verfolgungen. Es ist ihnen nicht gelungen, für längere Zeit einen eigenständigen Staat zu bilden. Ausnahmen: die Fatimiden in Ägypten (909–1171), die Zayditen im Jemen und der Iran. Sie ziehen daher die Legitimität islamischer Regimes in Zweifel. Eine Teillegitimität könne nur daraus erwachsen, dass der jeweilige Staat als Vorbereitungsphase auf die Wiederkunft des verborgenen Imams angesehen werde, welcher erst am Ende der Zeit kommen werde, um das Reich Gottes zu errichten und eine legitime Führung zu installieren, die nach den Geboten und Satzungen Gottes regieren werde. Die Idee des Mahdi, des messianischen Rechtgeleiteten Imams, gehört zu den tief verwurzelten eschatologischen Erwartungen des Islams, vor allem aber der Schiiten.

Bedingt durch ihre Leidensgeschichte, die mit der Ermordung der zwei Söhne ʿAlis, Hasan und Husain, durch die Umayyaden (diese Passion wird alljährlich am ʿAshura'-Fest wie ein Mysterienspiel aufgeführt) einen Höhepunkt erreicht hatte, haben die Schiiten eine beachtenswerte Reflexion über das Leiden und seine Heilswirkung entwickelt sowie auf praktischem Gebiet das Prinzip der taqiyya bejaht, d.h. Vorsicht und Verbergen des eigenen Glaubens und der Zugehörigkeit zur eigenen religiösen Gruppe als Schutzmaßnahme für das Leben ihrer Mitglieder.

In ihrer Geschichte suchten die Schiiten immer wieder eine Verbindung mit oppositionellen Kräften, so z.B. mit den Muʿtaziliten und den Vertretern der Mystik. Außerdem zeigten sie eine ziemliche Aufgeschlossenheit gegenüber fremdem Gedankengut, daher auch der Hang mancher ihrer Gruppierungen zum Synkretismus. Einige von ihnen bieten sogar das Erscheinungsbild von Sekten, und man gruppiert sie unter der gemeinsamen Bezeichnung: die „Extremen unter den Schiiten" (ghulat al-shiʿa).

Die wichtigsten Gruppen innerhalb des Schiismus sind folgende:

Die Zayditen erkennen nur fünf legitime Imame aus der direkten Nachkommenschaft ʿAlis an. Der fünfte Imam hieß Zayd (gest. 739), daher der Name Zayditen. Die Zayditen treten für die Wahl des jeweiligen aktuellen Imams ein. Der aus der Nachkommenschaft ʿAlis gewählte Imam wird dann mit der Hilfe und der Erleuchtung Gottes ausgestattet sein. Die Zayditen leben im Jemen. Sie folgten einem sichtbaren Imam, bis der letzte gestürzt und im Jahre 1970 eine Republik ausgerufen wurde. In ihrer Glaubenslehre und in den Grundsätzen ihres Rechtssystems stehen die Zayditen den Sunniten sehr nahe.

Die Imamiten erkennen zwölf Imame als rechtmäßig an, deshalb werden sie auch Zwölfer-Schia genannt. Der zwölfte Imam, Muhammad ibn Hasan, soll von 874 bis 940 in kleiner Entrückung oder Verborgenheit gelebt haben und seit 940 in der großen Verborgenheit weiterleben. Bei den Imamiten finden sich die deutlichsten Merkmale des Schiismus, wie sie oben erwähnt werden. Sie bilden die bedeutendste Gruppe unter den Schiiten und leben hauptsächlich in Iran, Afghanistan, Westpakistan, in einigen Gegenden Tadjikistans, im

Iraq und im Libanon. Sie folgen der Djaᶜfaritischen Rechtsschule.
Die Ismaᶜiliten gehören zu den so genannten Extremen Schiiten, die im Laufe der Zeit, aufgrund der reklamierten Freiheit des Denkens, sich immer weiter von der Orthodoxie der Sunniten und auch von den Imamiten entfernt haben. Sie legen keinen Wert auf die Blutsverwandtschaft mit dem Propheten Muhammad und erkennen nur sieben rechtmäßige Imame bis Ismaᶜil, der 760 starb, an. Sie betonten die Bedeutung der inneren Erleuchtung des geistlichen Führers, die ihm göttliche Autorität und Unfehlbarkeit verleiht. Durch die Übernahme fremden Gedankenguts, vor allem gnostischer Richtung, haben sie eine esoterische Lehre entwickelt. Die Ismaᶜiliten sind heute zahlenmäßig eine kleine Gemeinde und leben hauptsächlich in Zentralasien, im Nordjemen, an den Ostküsten Afrikas und an der Westküste Indiens. Sie folgen ihrem Imam Agha Khan.
Zu den Extremen Schiiten gehören weiter folgende kleine Gemeinschaften:
Die Nusayri oder ᶜAlawiten scheinen dem ᶜAli einen göttlichen Kult zu widmen. Ihre Lehre ist eine Mischung aus islamischen, christlichen, gnostischen und altorientalischen Elementen. Ihre kleine Gemeinde lebt in Nordwestsyrien (Berg der ᶜAlawiten).
Die Drusen (seit dem 11. Jh.) scheinen den Fatimiden-Khalifen Hakim (Ägypten) zu vergöttlichen, der auf mysteriöse Weise verschwand. Ihre Geheimlehre ist nur einigen Eingeweihten bekannt. Sie glauben an die Wiederkunft des entschwundenen Hakim und an die Seelenwanderung. Sie leben heute im Berg Libanon, in Südsyrien und in Galiläa (Israel).
Der Babismus wurde vom Iraner ᶜAli Muhammad Shirazi (1819–1850) gegründet, der behauptete, er sei die Pforte (Bab) zu neuen religiösen Erkenntnissen über die göttliche Wahrheit.
Der Baha'ismus ist eine Gründung des Iraners Mirza Husain (1817–1892), der Baha' Allah (Glanz Gottes) genannt wird. Diese synkretistische Religion mit universalistischem Anspruch unterhält Missionszentren fast überall.

Literatur: *R. Strothmann,* Die Zwölfer-Schia, Leipzig 1926; *A. Falaturi,* Die Zwölfer-Schia aus der Sicht eines Schiiten, in: Festschrift für W. Caskel, Leiden 1968, 62–95; *P. Antes,* Zur Theologie der Schiᶜa, Freiburg 1971; *H. Halm,* Die Schia. Darmstadt 1988; *B. Lewis,* The Origins of Ismaᶜilism, Cambridge 1940; *K. E. Müller,* Kulturhistorische Studien zur Genese pseudo-islamischer Sektengebilde, Wiesbaden 1967.

A. TH. KHOURY

Schleier

Kaum ein Kleidungsstück wird dermaßen mit einer vom Islam geprägten Lebensweise in Verbindung gebracht wie der Schleier. Traditionell wird er von Frauen und Mädchen nach der Geschlechtsreife getragen. Zwar tragen auch Männer bestimmter Nomadengruppen, wie der Tuareg der Sahara, Gesichtsschleier. Doch sind hier keine religiösen oder quasi-religiösen Gründe für diese

Sitte von Bedeutung, sondern ausschließlich praktische und soziale Motive. Die zahlreichen regional unterschiedlichen und sozial differenzierten Formen der Verschleierung muslimischer Frauen lassen sich in fünf Typen einteilen: Körperschleier, Gesichtsschleier, Halbschleier, Gesichtsmaske und Kopftuch. Bei dem Material, aus dem die Schleier hergestellt werden, handelt es sich in der Regel um leichtere Textilien, mitunter auch um Leder. Häufig sind die Stoffe einfarbig. In einigen Regionen werden dunkle Farben bevorzugt. Daneben finden sich jedoch auch sehr farbenfrohe Dessins. Ganz ohne modische Variationen sind jedoch auch die dunkelsten Stoffe nicht. Es lassen sich raffinierte Muster feststellen, die darauf schließen lassen, dass eine der Funktionen der Kleidung, nämlich die soziale Stellung des Trägers oder der Trägerin auszudrücken, auch hier besteht.

Körperschleier

Als Körperschleier (Tschador) werden solche Formen der Verhüllung von Frauen bezeichnet, die den gesamten Körper von Kopf bis Fuß bedecken und das Gesicht frei lassen. Es finden sich im Übrigen Körperschleier, bei denen auch das Gesicht bedeckt ist und der Trägerin eine Orientierungsmöglichkeit durch einen von einem dünnen Stoff bedeckten Augenausschnitt gegeben ist. In Fällen, in denen die Form des Körperschleiers das Gesicht frei lässt, kann dieses durch einen oder mehrere Gesichtsschleier bedeckt sein. Das Tragen von Körperschleiern lässt in der Regel auf eine konservative Haltung der Trägerin oder ihrer Familie schließen. Die Propagierung des „Tschador“ durch die islamische Revolution im Iran hat dazu geführt, dass dies Kleidungsstück als „islamische Kleidung“ in die Literatur eingegangen ist. Gesichtsschleier bedecken das ganze Gesicht und Haar der Trägerin. In der Regel bestehen sie aus leichten Stoffen, die ihr eine gewisse Orientierung erlauben oder lassen ein Auge frei. Sie werden im Übrigen zu einer traditionellen Kleidung wie dem Kaftan, aber auch zu einer europäisierten Kleidung getragen. Letzteres gilt auch für die Halbschleier, die in der Regel die untere Gesichtshälfte der Trägerin verhüllen, jedoch die gesamte Augenpartie freilassen.

Diese Halbschleier werden häufig, aber nicht immer in der Kombination mit einem Kopftuch oder einer anderen Kopfbedeckung getragen. Gesichtsmasken, wie sie vor allem in den Staaten des arabischen Golfs getragen werden, bedecken Teile der Stirn, den Nasenrücken und die Oberlippe. Als gemäßigte Form der Verschleierung ist das Kopftuch zu bezeichnen, das, auf verschiedene Weise geknüpft, sämtliches Haar der Trägerin bis zum Haaransatz bedeckt. Es behindert weder die Orientierungs- noch die Bewegungsmöglichkeiten der Trägerin.

Außer auf die „islamische“ Haltung der Trägerin oder ihrer Familie weist die Form des Schleiers auch auf ihre soziale Stellung hin. Der Schleier ist vor allem ein städtisches Kleidungsstück. Auf dem Lande, wo die Arbeitskraft der Frauen bei der Landarbeit benötigt wird, wären Formen der strengen Verschleierung in einem Maße hinderlich, dass sie die körperliche Arbeit der Trägerinnen unmöglich machen würden. Hier wird allenfalls ein Kopftuch oder Hut getragen. In Städten dagegen, in denen die wirtschaftlichen Aktivitäten von Frauen häufig auf das Haus beschränkt sind, signalisiert eine strenge Verschleierung in der Öffentlichkeit eine günstige wirtschaftliche Lage der Familie der Trägerin oder bezeugt den Anspruch auf ein hohes Sozialprestige. Dienerinnen oder Frauen aus ehemaligen Sklavenfamilien zeigen sich in der Öffentlichkeit in der Regel nicht verschleiert. Ist ihnen jedoch durch Heirat oder wirtschaftlichen Erfolg der soziale Aufstieg gelungen, übernehmen auch sie die in der entsprechenden Schicht üblichen Formen der Verschleierung.

Gründe für die Verschleierung

Die Gründe für die Verschleierung von Frauen in der islamischen Welt sind sehr vielschichtig. Sicher ist, dass schon in vorislamischer Zeit auf der arabischen Halbinsel von Frauen und Mädchen Schleier verwendet wurden; doch scheint es sich hier um ein Kleidungsstück vor allem der Oberschicht gehandelt zu haben. Es besteht zumindest die Vermutung, dass der Einfluss von iranischen und byzantinischen Vorbildern hier nicht ohne Bedeutung gewesen ist. Nur unter großen interpretatorischen Bemühungen sind aus dem Koran oder der Prophetentraditionen Verschleierungsgebote abzuleiten. In der Regel wird mit dem Koranvers 33,59 argumentiert: „O Prophet, sage deinen Gattinnen und deinen Töchtern und den Frauen der Gläubigen, sie sollen etwas von ihrem Überwurf (djilbab) über sich herunterziehen. Das bewirkt eher, dass sie erkannt werden und dass sie nicht belästigt werden. Und Gott ist voller Vergebung und barmherzig." In den Überlieferungen und Korankommentaren ist die Bedeutung des Wortes „Djilbab" unsicher. Es kann sich um einen Mantel gehandelt haben, der auch zur Verhüllung des Gesichts verwendet werden konnte. Doch sind auch andere Interpretationen möglich. Sicher ist, dass der Vers darauf abzielte, den freien Musliminnen gegenüber den Sklavinnen ein nach außen hin deutliches Unterscheidungsmerkmal zu verschaffen. Im Laufe der Geschichte dieses Kleidungsstücks im Islam traten immer mehr Varianten in Erscheinung, von denen man wohl nicht annehmen kann, dass sie schon in der islamischen Frühzeit üblich waren. Dennoch haben die verschiedenen Formen der Verschleierung über den temporären und auf eine bestimmte ethnische oder soziale Gruppe beschränkten Gebrauch hinaus ihren festen Platz im Formenbestand der islamischen Frauenkleidung einnehmen können. Angesichts der wenig ausführlichen Hinweise im Koran und in den Prophetentraditionen muss es verwundern, dass sich die Praxis der völligen oder partiellen Verschleierung in den zahlreichen, so unterschiedlich strukturierten islamischen Gesellschaften allgemein verbreitet hat. Es ist davon auszugehen, dass auch andere Vorstellungen zur Akzeptanz des Schleiers beigetragen haben. Auf den sozialen Aspekt wurde schon hingewiesen. Hinzu kommt vielleicht auch die Tatsache, dass Verhüllung ja auch Schutz bedeuten kann. In Gesellschaften, in denen die Furcht vor dem „Bösen Blick" so verbreitet ist, wie das in den mediterranen Ländern zu beobachten ist, kann man erwarten, dass besonders gefährdete Personen wie junge, d.h. gebärfähige Frauen sich gegen diesen schützen. Da der „Böse Blick" vor allem mit Neid in Verbindung gebracht wird, kann ein Kleidungsstück, das Ursachen für Neid wie Schönheit, Jugend oder Schwangerschaft verbirgt und zur Anonymität beiträgt, als Abwehrmittel gegen derartige Gefahren eingesetzt werden.

Neuere Entwicklungen

Seit dem Beginn des 20. Jahrhunderts hat der Kampf gegen die Verschleierung der Frau einen besonderen Symbolcharakter in den Auseinandersetzungen um Reform und Modernisierung islamischer Gesellschaften gehabt. Der Schleier war Zeichen von Reaktion, Obskurantismus und Unterentwicklung, die Ablegung dieses Kleidungsstücks symbolisierte dagegen Fortschritt, Aufgeklärtheit und Modernität. Daher ist es nicht verwunderlich, dass politische Reformer wie Mustafa Kemal Atatürk in der Türkei, Schah Reza im Iran oder König Amanullah in Afghanistan mit unterschiedlichem Erfolg versuchten, das Tragen des Schleiers zu verbieten. Bis heute ist der Kampf um den Schleier ein, nicht immer sicheres, Zeichen für die Emanzipation von Frauen in islamischen Gesellschaften geblieben.

Literatur: *B. A. Donaldson,* The Wilde Rue. A Study of Muhammadan Magic and Folklore in Iran, London 1938; *E. Doutté,* Magie et religion dans l'Afrique du Nord, Alger 1908; *R. Dozy,* Dictionnaire détaillé des noms des vêtements chez les arabes, Amsterdam 1845; *M. Fahmy,* La condition de la femme dans la tradition et l'évolution de l'islamisme, Paris 1913; *A. Jeremias,* Der Schleier von Sumer bis heute, Leipzig 1931, *G. Juynboll,* Frauenemanzipation und moderne Gesetzgebung im Nahen Osten – einige Beobachtungen, in: *A. Mercier (Hrsg.),* Islam und Abendland. Geschichte und Gegenwart, Bern 1976, 263–281; *M. Midel,* Die arabische Frau und die traditionelle Gesellschaft, in: Afrikanisch-Asiatische Aspekte 7 (1982), 9–31; *J. H. Krause,* Plotina oder die Kostüme des Haupthaares bei den Völkern der Alten Welt, Leipzig 1858; *S. Schmitt,* Zur Frage des Schleiers in der islamischen Welt, M.A.-Arbeit, Münster 1986; *H. Schönig,* Die rechtliche Stellung der Frau im Islam, in: Zeitschrift für Kulturaustausch 35 (1985), 439–443; *U. Wikkan,* Behind the Veil in Arabia. Women in Oman, Baltimore 1982; *M. Akkent/G. Fragner,* Das Kopftuch, Frankfurt 1987.

P. Heine

Schöpfung

↗ *Weltverständnis/Weltverantwortung*

Schriftbesitzer

Als Schriftbesitzer bzw. „Leute der Schrift" (ahl al-kitab) bezeichnet der Koran Juden und Christen aufgrund ihrer von Mose bzw. Jesus überbrachten Offenbarungsbücher Thora (s. dort) und Evangelium (s. dort). In Sure 2,62 werden noch die Sabier genannt; gemeint sind wahrscheinlich Mandäer, Anhänger der im südlichen Arabien ansässigen Täufersekte. Koran 22,17 enthält einen Hinweis auf die Zoroastrier (Parsen) (s. auch Bücher).

Literatur: *H. Busse,* Die theologischen Beziehungen des Islams zu Judentum und Christentum, Darmstadt 1988, 30–65; *L. Hagemann,* Christentum und Islam zwischen Konfrontation und Begegnung (Religionswissenschaftliche Studien 4), Würzburg/Altenberge [3]1994, 39–61.

L. Hagemann

Schriften ↗ *Bücher (Heilige)*

Schutzbürger ↗ *Toleranz*

Seele

Das Wort Seele (nafs) wird im Koran wie auch das auf den Menschen bezogene Wort Geist (ruh) als Lebensprinzip betrachtet. Die Mehrheit der muslimischen Theologen bekräftigen den Glauben an die Existenz der Seele im Menschen. Gegen die Lehre der Philosophen, die von der Seele als einem sich vom Körper unterscheidenden geistigen Prinzip ausgehen betonen die Theologen im Islam die Verbindung zwischen Seele und Körper: Die Seele wird in der Zeit erschaffen, sie belebt den Körper und ist sein Lebens- und Handlungsprinzip, sie nimmt an seinen Eigenschaften teil (Raum, Bewegung), sie trennt sich beim Tod vom Körper, lebt ohne diesen jedoch weiter. Bei der Auferstehung am Ende der Zeit wird sie mit dem Körper wieder vereinigt werden.

Literatur: *H. Stiegelecker,* Die Glaubenslehren des Islam, Paderborn [2]1983, 657–672.

A. Th. Khoury

Sekten

Da jeder Mensch, der bekennt, dass es keinen Gott außer Gott gibt und dass Muhammad der Gesandte Gottes ist, nach islamischer Auffassung als Muslim anzusehen ist, können als Mitglieder von islamischen Sekten nur die Personen angesehen werden, die diesen Glaubenssatz geändert oder erweitert haben. Gegenüber diesen Gruppen verhält sich der Islam im Gegensatz zu seiner üblichen Toleranz außerordentlich repressiv. Man kann die Sekten in der islamischen Welt inhaltlich in zwei Gruppen einteilen. Aus islamischer Sicht sind hier die Gruppen zu nennen, die gegen das Dogma der Einheit Gottes verstoßen, indem sie diesem weitere Personen zugesellen oder Menschen vergöttlichen. Hier sind verschiedene extreme schiitische Gruppen zu nennen, die ʿAli oder andere Personen aus der Religionsgeschichte vergöttlichen, wie die Gruppe ʿAli-ilahi (s. ʿAli) oder auch Ahl-i haqq (s. dort). Während sich einige dieser Gruppen für die wahren und einzigen Muslime halten, verstehen sich andere Gruppierungen wie die Drusen (s. dort) oder die Bahaʾi (s. dort) als neue vom Islam zu unterscheidende Religionen.

Die andere Veränderung, die Sekten am islamischen Dogma vornehmen, ist die der Weiterführung der Kette der islamischen Propheten über Muhammad hinaus. Schon in frühester Zeit sind Propheten in der islamischen Welt aufgetreten und haben Anhänger um sich sammeln können. So trat zu Lebzeiten Muhammads ein Konkurrent mit Namen Musailima auf, und auch der bedeutende mittelalterliche arabische Dichter Mutanabbi trat zunächst als Prophet auf. Häufig waren die Vorstellungen dieser Prätendenten mit chiliastischen Erwartungen verbunden. In neuester Zeit ist es die Ahmadiyya (s. dort), die durch ihre Feststellung, dass ihr Gründer, Mirza Ghulam Ahmad, ein Prophet ist, für beträchtliche Unruhe in der islamischen Welt gesorgt hat. Auch die Mitglieder der Ahmadiyya halten sich für die eigentlichen, die wahren Muslime.

Diese Einschätzung wird jedoch von den muslimischen Rechtsgelehrten in der Regel nicht akzeptiert. Vielmehr sucht die offizielle islamische Rechtssprechung in den Angehörigen dieser Gruppe und in denen, die sich als Anhänger neu entstandener Religionen verstehen, Apostaten. Daher ist es gegenüber den Sektierern auch in der neuesten Zeit häufig zu Verfolgungen und Drangsalierungen gekommen. In der Regel hat dieser Vorgang jedoch zu einer Verstärkung des inneren Zusammenhalts dieser Gruppen geführt.

Andererseits sind auch die Angehörigen der Sekten Mitglieder der Gesellschaften der Staaten der islamischen Welt und daher in vergleichbarem Maß den verschiedenen Einflüssen von fremden Ideologien und Innovationen ausgesetzt, wie Muslime. In einigen Fällen bestand daher die Gefahr der Desintegration dieser Gruppen durch derartige Einflüsse. Die Reaktionen der Führung der Sekten stellten sich recht unterschiedlich dar. Modernisierungs- und Anpassungsversuche sind nicht ausgeblieben. Waren Versuche dieser Art nicht unternommen worden, verloren die Gruppen vor allem junge Mitglieder an moderne westliche Ideologien und die sie tragenden Organisationen.

Literatur: *W. Schmucker,* Sekten und Sondergruppen, in: *W. Ende/U. Steinbach (Hrsg.),* Der Islam in der Gegenwart, München 1996.

P. Heine

Selbstmord

Wie der Mord ist der Selbstmord im Islam verboten, denn nur Gott steht die Verfügungsgewalt über Leben und Tod zu. Gott bestimmt dem Einzelnen seine Lebensfrist und sein Lebensende (s. Schicksal). So fügen sich die Muslime leichter in ihr Schicksal und zeigen eine geringe Neigung zum Selbstmord. Dem Selbstmörder gilt die Drohung mit dem Feuer der Hölle: „Wer sich von einem Berg hinabstürzt und Selbstmord begeht, wird im Feuer der Hölle sein und sich auf immer und ewig hineinstürzen. Und wer Gift trinkt und Selbstmord begeht, der behält sein Gift in der Hand, er trinkt es im Feuer der Hölle auf immer und ewig. Und wer mit einem Eisen Selbstmord begeht, der behält sein Eisen in der Hand, er sticht sich damit in den Bauch im Feuer der Hölle auf immer und ewig“ (nach Abu Hurayra; bei Bukhari, Muslim u. a.).

Literatur: *A. Th. Khoury,* So sprach der Prophet. Worte aus der islamischen Überlieferung (GTB 785), Gütersloh 1988; *ders.,* Sterben für den Glauben. Motive und Gedankenwelten militanter Gotteskämpfer, Bayerischer Landtag, München 2002.

A. TH. KHOURY

Sexualität

Der Koran bejaht die menschliche Sexualität und die menschliche Liebe, die er als Gabe Gottes betrachtet: „Und es gehört zu seinen Zeichen, dass Er euch aus euch selbst Gattinnen erschaffen hat, damit ihr bei ihnen wohnet. Und Er hat Liebe und Barmherzigkeit zwischen euch gemacht …" (30,21). Die Frauen werden im Koran als Saatfeld für die Männer bezeichnet (2,223). Männer und Frauen sind füreinander eine Bekleidung (2,187), sie brauchen einander und passen zueinander. Der Geschlechtsverkehr muss während der Menstruation der Frau (2,222), am Tag in der Fastenzeit (2,187) und im Weihezustand während der Wallfahrt nach Mekka (2,197) unterbleiben. Nur unter Eheleuten ist der Geschlechtsverkehr erlaubt (24,33). Das frühere Sklavenrecht erlaubte damals den Männern, mit ihren Konkubinen unter den Sklavinnen zu verkehren (vgl. 70,29–30; 23,5–6). In den anderen Fällen gebietet der Koran die Keuschheit sowohl den Männern (70,29; 23,5; 24,30) als den Frauen (24,60).

Der Koran verurteilt die Homosexualität und fordert die Züchtigung des Schuldigen (4,16; vgl. 7,80–81: Geschichte des Lot). Er verbietet auch die Prostitution (24,33) und die Unzucht (6,151; vgl. 25,64; 16,90; 7,28.33). Alle diese Sünden werden als Verbrechen betrachtet und auch entsprechend geahndet. Am schwersten gilt jedoch der Ehebruch, denn er berührt die Rechte des Ehepartners, verletzt die Ehre der Familie und ruft Zweifel in Bezug auf die Legitimität der Kinder hervor. Zu den für diese Missetaten vorgesehenen Strafen s. den Beitrag „Strafrecht".

Literatur: *G.-H. Bousquet,* La morale de l'islam et son éthique sexuelle, Paris 1953; *A. Bouhdiba,* La sexualité en Islam, Paris ²1979.

A. TH. KHOURY

Shafiʿi ↗ *Shafiʿiten*

Shafiʿiten

Der große Rechtsgelehrte Muhammad ibn Idris al-Shafiʿi (767–820/H 150–204) ist der eigentliche Theoretiker des islamischen Rechts. Er war aus dem Stamm des Propheten Muhammad (Quraysh). Er wurde in Ghazza geboren, verbrachte aber seine Kindheit in Mekka in ärmlichen Verhältnissen. Sein Leben verbrachte er auf vielen Reisen zwischen Arabien, dem Iraq und Ägypten. In Ägypten starb er in Fustat, einem Vorort von Kairo, im Jahr 820/H 204. Shafiʿi hat sein Rechtssystem in seinem Hauptwerk Kitab al-Umm dargelegt. Er bemüht sich, alle Rechtsfragen zu erörtern und eine eigene Meinung zu vertreten, wo ihm diese bislang entwickelten Rechtsnormen nicht befriedigend erscheinen. Er versucht, einen Mittelweg zu finden zwischen denjenigen, die sich streng an die Tradition halten und eine konservative Linie vertreten (Malikiten), und denjenigen, die die Möglichkeit bejahen, neue Gesetze zu erlassen, neue Rechtsnormen zu entwickeln und dabei das eigene Urteil anzuwenden (Hanafiten). Um seinen Weg deutlich zu machen, untersucht Shafiʿi in seinem Werk Risala die Methoden der Rechtsprechung und die Grundsätze des Rechtswesens im Islam. Er fordert gegen die Hanafiten eine logisch strengere Handhabung der Technik der Analogie (qiyas) und lehnt den Grundsatz der Billigkeit und das Für-gut-Halten ab. Er unterstreicht die Bedeutung der Übereinstimmung der Rechtsgelehrten als sichere Grundlage und arbeitet die Regeln ihrer Anwendung aus.

Befolgt wird die shafiʿitische Schule heute in Ägypten und Jordanien in den Fragen, die sich auf die religiösen Pflichten der Muslime beziehen. Sie hat auch viele Anhänger in Syrien, im Libanon (vor allem in der Hauptstadt Beirut), im Iraq, in Teilen des Hidjaz in Arabien, in Pakistan, Indien, Indochina, in einigen Gebieten Zentralasiens (in der Sowjetunion) und unter den sunnitischen Muslimen Irans und des Jemen. In Indonesien ist die shafiʿitische Schule vorherrschend in Fragen der religiösen Pflichten und des Vertragsrechts. Nach der hanafitischen Schule nimmt die shafiʿitische Schule, gemessen an der Zahl ihrer Anhänger, die zweite Stelle in der islamischen Welt ein.

Literatur: *A. Th. Khoury*, Islamische Minderheiten in der Diaspora, München/Mainz 1985.

A. TH. KHOURY

Shariʿa ↗ *Rechtssystem*

Shaykh al-Islam

Der Shaykh al-Islam war als Großmufti von Istanbul die höchste religiöse Autorität des Osmanischen Reiches. Er stand an der Spitze einer entwickelten Hierarchie von Muftis und Richtern. Seit der Herrschaft des Sultans Murad II. (1421–1451) war im Grunde nur er berechtigt, Rechtsgutachten (fatwa) zu erlassen. Seine Position war insofern ambivalent, als er vom Sultan ernannt, aber auch abgesetzt werden konnte. Auf der anderen Seite konnte der Shayk al-Islam jedoch auch ein Fatwa erlassen, durch das der Sultan abgesetzt werden konnte. Da der Shayk al-Islam nicht über die Kräfte verfügte, ein derartiges Fatwa durchzusetzen, blieb seine Macht allerdings begrenzt.

Es hing von der Persönlichkeit des jeweiligen Amtsinhabers ab, wie weit er seine Ansichten in der politischen Praxis durchsetzen konnte. So wird von dem Shaykh al-Islam Djamali, der von 1502–1523 dieses Amt innehatte, berichtet, dass er Sultan Selim I. antwortete, dass er für die Rettung des Sultans im Jenseits verantwortlich sei. Der Shaykh al-Islam ernannte oder bestätigte die Richter und Mufits in den Provinzen des Osmanischen Reiches.

Neben Rechtsgutachten grundsätzlicher Art aus dem Privatrecht, z. B. in Erbschaftsangelegenheiten, verfasste er auch solche von politischer Bedeutung. Dazu gehörte die Beurteilung von Nachfolgeregelungen in der osmanischen Dynastie oder die Frage der Rechtmäßigkeit einer Kriegserklärung. Die letzte Begutachtung dieser Art war ein Fatwa im Zusammenhang mit dem Eintritt des Osmanischen Reiches in den Ersten Weltkrieg. Die Regeln, nach denen ein Fatwa erteilt wurde, folgten einem Muster, das es dem Shaykh al-Islam ermöglichte, eine höchst neutrale Haltung einzunehmen. Obwohl er vom Sultan ernannt war und die höchste religiöse Autorität darstellte, nahm er lange Zeit nicht am Staatsrat teil. Er erhielt keine Bezahlung für die Gutachten, die er verfasste. Er hatte keinen Kontakt mit den Prozessparteien oder ihren juristischen Vertretern. Jeder Fall, der ihm vorgelegt wurde, musste zunächst durch einen Sekretär in hypothetischer Form protokolliert werden. Dieser Text wurde von einem weiteren Mitarbeiter auf seine Richtigkeit geprüft, ehe er dem Shaykh al-Islam vorgelegt wurde. Die jeweiligen Entscheidungen wurden von einem anderen Sekretär protokolliert und auch archiviert, so dass sie bei ähnlichen Fällen beigezogen werden konnten. Gutachten von bedeutenden Vertretern des Amtes des Shaykh al-Islam wurden auch gesammelt und veröffentlicht. Diese Fatwas können jedoch nicht als Präzedenzfälle angesehen werden, die für spätere Entscheidungen autoritativ waren. Nachdem die Gutachten zunächst im Privathaus des Amtsinhabers verfasst worden waren, wurde ihm nach der Ausschaltung der Janitscharen-Truppen das Haus des Kommandeurs dieser Einheiten als Dienstgebäude zugewiesen, das fortan als Bab-i Mashikhat bezeichnet wurde.

Die relativ unabhängige Position des Shaykh al-Islam innerhalb der administrativen Struktur des Osmanischen Reiches führte von dem Zeitpunkt an zu Konflikten, als sich verschiedene Reformer bemühten, das Reich für Auseinandersetzungen mit dem modernen Europa durch die Einrichtung neuer Strukturen und Institutionen zu wappnen. In der Regel waren die Vertreter dieses Amtes die Gegenspieler der Reformer. Sie versuchten, die Bedeutung des islamischen Rechts gegenüber den zahlreichen rechtlichen und sozialen Veränderungen, die das osmanische Reich seit dem Beginn des 19. Jahrhunderts erlebte, zu wahren. Diese traditionalistische Haltung hat dazu beigetragen, dass die Türkische Nationalversammlung dieses Amt 1922 abschaffte.

Literatur: *N. Berkes,* The Development of Secularism in Turkey, Montreal 1964; *R. Davison,* Reform in the Ottoman Empire 1856–1876, Princeton 1963; *U. Heyd,* The Ottoman Ulema' and Westernization in the Time of Selim III and Mahmud II, in: Scripts Hierosolymitana 9 (1961), 63–96; *R. Levy,* Social Structure of Islam, Cambridge 1967; *B. Lewis,* The Emergence of Modern Turkey, London 1961.

P. Heine

Shura

Das arabische Wort „Shura" bedeutet „Beratung" und ist heute die gewöhnliche Bezeichnung für alle Arten von Beratungsgremien im politischen Raum islamischer Staaten. Dabei kann es sich um Gremien handeln, die durch Wahlen gebildet werden, vor allem aber um solche, deren

Mitglieder von staatlichen Autoritäten ernannt worden sind. Häufig erfolgt die Berufung auf Grund von Expertenwissen oder politischer bzw. gesellschaftlicher Bedeutung der Berufenen. Die Findung von Mitgliedern einer solchen Versammlung kann als vor-demokratischer Prozess beschrieben werden. Versuche, Shura-Gremien als kollektive Führungsorgane zu etablieren, waren bisher nicht erfolgreich. In einigen Fällen wurden sie als Übergangs- oder Ersatzinstitutionen etabliert, wenn die verfassungsmäßigen Parlamente aufgelöst worden waren. Sie sollten zur Wiedereinführung des parlamentarischen Systems beitragen oder diese erleichtern. Die politische Bedeutung der Shura-Gremien ist von der Bereitschaft der politischen Führung, auf deren Ratschläge einzugehen, signifikant abhängig. Häufig handelt es sich allerdings um Alibiveranstaltungen, die ein gewisses Maß an demokratischer Legitimation für ein im Übrigen autokratisches Regierungssystem liefern sollen.

In politikwissenschaftlichen und theologischen Debatten wird seit dem Ende des 19. Jahrhunderts der „Shura-Gedanke" als eine Form islamischer Demokratie behandelt. Solche Debatten haben sich vor allem seit den 1970er Jahren quantitativ wie qualitativ gesteigert. Die Idee der Beratung wird auf den Koran (3, 159; 42, 38) und auf Prophetentraditionen zurückgeführt. In den Werken der mittelalterlichen muslimischen Staatstheoretiker spielte er dagegen kaum eine Rolle. In den aktuellen Debatten wird das Moment der Beratung in Konflikt- und Krisenfällen besonders hervorgehoben. In solchen Situationen erscheint es geradezu als Notwendigkeit, um die Lösung einer Krise herbeizuführen. Zur Shura können sich dann all diejenigen veranlasst, ja verpflichtet fühlen, die dazu die Kompetenz haben. Man geht dabei von der allgemeinen Egalität der Mitglieder des Gremiums aus. Deshalb formulieren einige Theoretiker die Shura als ein Recht, das durchaus im Sinne einer kollektiven Entscheidungsfindung politische Macht beanspruchen kann. Weiterhin dient Shura vor allem pragmatischen Zwecken z. B. in militärischen Angelegenheiten, im Kultus, im religiösrechtlichen und im politisch-administrativen Bereich. Keine Einigkeit herrscht unter den Theoretikern, ob die Beschlüsse des Gremiums durch Mehrheitsentscheidungen oder einstimmig gefällt werden sollten. Noch kontroverser ist die Beantwortung der Frage, in welcher Weise die politischen oder militärischen Führer auf die Vorschläge des Beratungsgremiums reagieren sollen. Zum einen wird die Position vertreten, dass die Führung dem Rat des Gremiums folgen muss. Andere Theoretiker sind der Meinung, dass es Sache der politischen Führung ist, nach genauer Prüfung der Vorschläge des Beratungsgremiums eine eigene Entscheidung zu treffen, die aber nicht unbedingt mit der der Mehrheit der Berater übereinstimmen muss. Die Führung ist dann auch allein verantwortlich für die Durchsetzung ihrer Entscheidung und für die sich aus dieser ergebenden Konsequenzen.

Literatur: *R. Badry,* Die zeitgenössische Diskussion um den islamischen Beratungsgedanken unter dem besonderen Aspekt der ideengeschichtlichen Kontinuitäten und Diskontinuitäten, Wiesbaden 1998; *G. Krämer,* Gottes Staat als Republik. Reflexionen zeitgenössischer Muslime zu Islam, Menschenrechten und Demokratie, Baden-Baden 1999.

P. HEINE

Sklaven

Rechtsbestimmungen

Der Islam hat die schon auf der vorislamischen Arabischen Halbinsel praktizierte Sklaverei beibehalten. Eine feste religiöse Verpflichtung zur Freilassung der Sklaven (ʿabd) kennt er wie das Christentum oder Judentum nicht. Dennoch ermahnt der Koran an vielen Stellen die Muslime, ihren Sklaven die Freiheit zu schenken oder sie zumindest freundlich zu behandeln. Die Freilassung von Sklaven sollte nach den Prophetentraditionen (hadith) vor allem in den Fällen durchgeführt werden, in denen sich die Besitzer ihnen gegenüber ungerecht und grausam verhalten hatten. Freilassung war nach derselben Rechtsquelle auch dann empfohlen, wenn der Herr seiner Fastenpflicht nicht nachgekommen war. Der Koran selbst fordert in diesem Fall lediglich die Versorgung eines Armen.

Mit der Freilassung erhalten die Sklaven alle Rechte von freien Muslimen. Muslimische Sklaven müssen wie freie Muslime ihre religiösen Pflichten erfüllen, unterliegen denselben Geboten und Verboten und können die gleichen göttlichen Belohnungen und Bestrafungen erwarten wie alle anderen Muslime. Nach den Vorstellungen der Rechtsgelehrten sind Sklaven allerdings von all den Pflichten befreit, für die sie Bewegungsfreiheit benötigen, angefangen beim Freitagsgebet, über die Wallfahrt bis hin zur Teilnahme am Djihad. Das Recht auf Eigentum wird ihnen nicht zuerkannt. Die Besitzer können mit seinem eventuellen Besitz nach Gutdünken verfahren. Daher können Sklaven auch nichts vererben. In ihren wirtschaftlichen Aktivitäten sind sie ebenfalls strikten Beschränkungen unterworfen. In den Fällen, in denen Kapitalstrafen gegen freie Muslime verhängt werden, wird in einigen Fällen gegenüber Sklaven milder verfahren, nicht jedoch bei Diebstahl und Apostasie. Muslimische Sklaven haben das ausdrückliche Recht zu heiraten, benötigen dazu allerdings die Zustimmung ihres Herrn, da sie als nicht voll rechtsfähig angesehen werden. Für Scheidungen, die vom Mann ausgehen, bedarf es dieser Zustimmung nicht. Männliche Sklaven dürfen dabei nach der Ansicht einiger Rechtsschulen bis zu zwei Frauen heiraten. Ehen zwischen Freien und Sklaven waren ebenfalls gestattet und sind offenbar recht häufig gewesen. Verboten waren allerdings Ehen zwischen Besitzern und Sklaven. Sexuelle Beziehungen zwischen ihnen waren schon durch den Koran gestattet. Der sexuelle Verkehr zwischen einem Muslim und der Sklavin eines anderen Besitzers wird als Unzucht betrachtet und ist verboten.

Kinder aus einer Verbindung zwischen einem Herrn und seiner Sklavin sind frei und haben die gleichen Rechte wie seine übrigen Kinder. Die Sklavin, die ihrem Herrn Kinder geboren hat, erhält die Freiheit bei seinem Tod.

Geschichtlicher Überblick
Die ausführlichen rechtlichen Bestimmungen zeigen, dass Sklaverei im islamischen Mittelalter und bis weit in die Neuzeit hinein eine verbreitete Praxis war. Sklaven stellten einen bedeutenden Wirtschaftsfaktor in der islamischen Welt dar. Dabei waren Sklaven oft Opfer von kriegerischen Auseinandersetzungen zwischen der islamischen Welt und nicht-islamischen Staaten. Oft wurden jedoch auch regelrechte Sklavenjagden unternommen. In Westafrika sprach man von „Sklaven-Ernten". Dabei wurde die Regel, dass ein Muslim einen anderen Muslim nicht versklaven durfte, nicht immer eingehalten. Wie bedeutend der Sklavenhandel war, zeigt die Tatsache, dass es regelrechte Handbücher über „Die Kunst des Sklavenkaufs" gab, in denen die Vor- und Nachteile von Sklaven nach ihren Heimatländern und anderen Kriterien dargestellt wurden. Generelle Aussagen über die Aufgaben und die soziale Lage der Sklaven lassen sich kaum machen. Weibliche Sklaven wurden vor allem im Haus beschäftigt, während männliche Sklaven daneben auch mit Feldarbeit oder zur Hilfe bei Handelsgeschäften sowie auch mit der selbständigen Abwicklung von Handelsgeschäften betraut wurden. Eine Vielzahl von männlichen Sklaven wurde allerdings als Leibwachen eingesetzt. Daraus entwickelte sich die Gruppe der Kriegssklaven (Mamluken), denen es in vielen Ländern der mittelalterlichen islamischen Welt gelang, die Kontrolle über die Staatsgeschäfte zu erhalten. Es entwickelten sich ganze Sklaven-Dynastien. Eine besondere Form der Nutzung von Unfreien entwickelte sich im Osmanischen Reich, wo Knaben aus den christlichen Teilen des Landes oder aus Nachbarstaaten in der „Knabenlese" nach Istanbul verbracht wurden, wo sie Muslime wurden, eine hochqualifizierte Ausbildung erhielten, um dann das organisatorische Rückgrat des Staates zu bilden. Noch zu Ende des 19. Jahrhunderts befanden sich Männer dieses Lebensweges in hohen Positionen des Osmanischen Reiches. Die vor allem von England ausgehende Anti-Sklaverei-Bewegung des 19. Jahrhunderts, die von kolonialistischen Aspekten nicht frei war, hat die Sklaverei in der islamischen Welt mehr und mehr zurückgedrängt; doch sollen noch um 1950 auf der Arabischen Halbinsel Sklavenmärkte stattgefunden haben. Nachkommen von ehemaligen Sklaven bilden in vielen islamischen Staaten noch heute eine Gruppe mit besonderem sozialen Status.

Literatur: *B. Weckwarth*, Der Sklave im muhammedanischen Recht, Berlin 1909; *H. Müller*, Die Kunst des Sklavenhandels nach arabischen, persischen und türkischen Ratgebern vom 10. bis 18. Jahrhundert, Freiburg 1980; *D. Ayalon*, L'esclavage du Mamelouk, Jerusalem 1950; *L. C.*

Brown, The Tunisia of Ahmad Bey, Princeton 1974; *F. Barth,* Sohar. Culture and Society in an Omani Town. Baltimore 1983; *A. und H. Fisher,* Slavery and Muslim Society in Africa, London 1970.

P. Heine

Solidarität ↗ *Nächstenliebe*

Sozialismus ↗ *Staatslehre*

Sozialsteuer ↗ *Abgabe*

Speisegesetze

Wie die anderen großen Weltreligionen kennt auch der Islam Regeln, die den Gebrauch und Konsum von Nahrungsmitteln bestimmen. Häufig stehen sie in einem karitativen Kontext. Der Koran ruft an vielen Stellen zur Speisung von Armen auf, und Muslime zitieren gerne den Ausspruch des Propheten Muhammad, dass kein Gläubiger ruhig schlafen dürfe, wenn er wisse, dass sein Glaubensbruder hungrig sei. Einzelne, allerdings nicht absolut verbindliche Vorschriften zur Nahrungsaufnahme finden sich im Zusammenhang mit den Fastenregeln des Ramadan. Die Muslime sollen das Fasten nach Sonnenuntergang brechen, indem sie dem Vorbild Muhammads folgend eine Dattel essen. Ebenso gehört Kamelfleisch in einigen Teilen der islamischen Welt zu den typischen Fastenspeisen. Im Gegensatz zum Alten Testament ist es nicht tabuisiert. Der Prophet Muhammad soll ein großer Liebhaber von Kamelfleisch gewesen sein. Von ihm wird der Ausspruch überliefert: „Wer nicht von meinen Kamelen isst, gehört nicht zu meinem Volk." Zu manchen Zeiten der islamischen Geschichte wurde der Genuss von Kamelfleisch geradezu als Glaubensakt angesehen.

Neben diesen Speisegeboten kennt der Islam jedoch auch einige Speisetabus. Die bekanntesten sind dabei das Verbot des Konsums von Schweinefleisch, von Aas und von Blut (2,167 f.; 5,4). Über die Ursache des auch im Alten Testament (Lev 11; Dtn 14) dekretierten Verbots von Schweinefleisch ist häufig diskutiert worden. Der Islam sieht dieses Tier als unrein an, erklärt diese Unreinheit allerdings nicht weiter. Eine taxonomische Anomalie, wie sie von Kommentatoren des Alten Testaments in Bezug auf den Konsum von Kamel, Aal, Strauß, Schwan u. a. konstatiert wird, lässt sich für das Schwein nicht feststellen. Auch hygienische Argumente können nur als eine Form der Nachrationalisierung angesehen werden. Die eigentliche Ursache für das Verbot mag in der Tatsache liegen, dass in den Regionen, in denen der Islam die vorherrschende Religion ist, die Aufzucht von Schweinen aus ökologischen Gründen eine riskante und aufwendige Unternehmung ist. Unter Aas versteht das islamische Recht Fleisch von verendeten oder nicht rituell geschlachteten Tieren. Auch in diesem Zusammenhang wird von ritueller Unreinheit gesprochen. Eine einleuchtende Begründung für dieses Tabu ist bisher nicht vorgetragen worden. Noch widersprüchlicher ist die Beurteilung von Blut. Das aus einem Körper fließende Blut von Opfertieren gilt als rein, während

Blut, das sich im Fleisch eines beliebigen Tieres befindet, als unrein angesehen wird. Auch für diese Tatsache findet sich bislang noch keine überzeugende Erklärung. Die entsprechenden Verbote haben auf die Nahrungsgewohnheiten in der islamischen Welt einen starken Einfluss gehabt. Schweinefleisch wurde erst gar nicht in den Speisezettel der Muslime aufgenommen, und das Verbot der Verwendung von Blut führte dazu, dass sich die Köche einer strikten Einhaltung der Hygiene befleißigten.

Literatur: *K. Douglas,* Reinheit und Gefährdung. Eine Studie zu Vorstellungen von Verunreinigung und Tabu, Berlin 1985; *M. Harris,* Wohlgeschmack und Widerwillen. Die Rätsel der Nahrungstabus, Stuttgart 1989; *P. Heine,* Kulinarische Studien, Untersuchungen zur Kochkunst im arabisch-islamischen Mittelalter, Wiesbaden 1988; *M. Marin (Ed.),* Food and Society in Islamic Culture, Madrid 1994; *R. Tapper/Z. Zubaidu (Ed.),* Culinary Cultures of the Middle East, London 1994.

P. Heine

Spiritualität

Die Spiritualität des Islams gründet auf seinem wesentlichen Merkmal, eine auf Gott konzentrierte Religion zu sein und den Menschen zur totalen Hingabe in den Willen dieses souveränen, erhabenen, aber auch gütigen und barmherzigen Gottes hinzuführen. Die islamische Spiritualität ist der Ausdruck der Anerkennung der uneingeschränkten Souveränität Gottes und der Bejahung der totalen Abhängigkeit des Menschen von ihm. Auf der Grundlage seiner Gottesvorstellung erwächst im Islam die Überlegung über die tiefere Dimension des menschlichen Lebens und die Bemühung, es konkret so zu gestalten, dass der Fromme moralisch tadelfrei, gesellschaftlich nützlich und religiös gottgefällig handeln kann. So wandelt er vor Gott, mehr: so trachtet er danach, sich auf Gott auszurichten in der Suche nach seiner Nähe, nach seiner Erkenntnis und nach seiner Liebe.

Der fromme Muslim wendet sich an Gott und betrachtet ihn als den Schöpfer, von dem er völlig abhängig ist, dessen Macht keine Grenzen kennt und dessen Wort seine Wirkung nicht verfehlt. Einem solchen Gott gebührt Anbetung, und der Mensch kann ihm nur mit Ehrfurcht und tiefer Demut nahen. Aber Gott hat sich von seiner Schöpfung nicht entfernt, er begleitet vielmehr seine Geschöpfe, er bestimmt selbst ihre Geschicke. Gott ist die Vorsehung, die ihre Umsorge in jeder Einzelheit des menschlichen Lebens (vgl. 16,80–81) zeigt und dadurch bestätigt, dass Gott nicht nur der souveräne Herr ist, sondern dass er auch seine Zuwendung schenkt.

Diese Zuwendung Gottes bringt den Menschen Gutes, Gnade und Huld. Sie bedeutet aber auch, dass Gott die verschiedenen Umstände des Lebens zum Anlass nimmt, die Menschen auf die Probe zu stellen. So ist die Welt der Ort der Bewährung für die Menschen. Immer wieder muss der Gläubige diese Probe bestehen: Gott hat ihn nämlich nicht „zum Zeitvertreib geschaffen“ (23,115). Gott

weiß, dass der Mensch von Natur aus schwach ist (4,28); von Anfang an brach das erste Menschenpaar die Treue zu Gott (zum Fall Adams und Evas: 2,30–39), besaß keine Entschlossenheit (20,115). Jeder Mensch hat an dem ihm anvertrauten Gut schwer zu tragen, muss es aber bewahren (33,72) und muss sich somit in der Welt bewähren. Gott stellt ihn in verschiedenartiger Weise auf die Probe, vor allem in Bezug auf das Gute und das Schlechte, das ihm widerfährt (21,55). Nicht einmal der Glaube schützt den Menschen vor den mannigfachen Prüfungen (29,2–3). So soll er sich in jeder Situation sagen: „Das ist (etwas) von der Huld meines Herrn, damit er mich auf die Probe stellt (und sieht), ob ich dankbar oder undankbar bin“ (97,40).
Dankbar erweist sich der Mensch, indem er an Gott und an seine Offenbarung glaubt, seinen Willen erfüllt, sich an seinen Gesetzen orientiert und somit ihm allein Anbetung und eifrigen Dienst darbringt.
Die Anbetung, die Unterwerfung unter den Willen Gottes, der Dienst im Gehorsam gegen die Bestimmungen der göttlichen Vorsehung müssen umso eifriger sein, da der gläubige Muslim weiß, dass sein Geschick in der Hand Gottes liegt. Gott bestimmt in seiner unbegrenzten Allmacht und in seiner uneingeschränkt freien Verfügung das Leben des Menschen. Der unbedingte Wille Gottes ist die Ursache jedes Geschehens und die Norm jeder Handlung in der Welt und im Leben der Einzelnen. Auf seiner eigenen Ebene ist jedoch der Mensch verantwortlich für seine Taten und kann seine Freiheit dafür einsetzen, sich der Norm des göttlichen Willens unterzuordnen. Obwohl in der Volksfrömmigkeit diese Betonung der uneingeschränkten Allmacht Gottes, seiner alleinigen Ursächlichkeit in der Welt und im Leben des Menschen zu einer Art fatalistischer Haltung führt, so ruft der Glaube an die alles bestimmende Vorsehung Gottes im aufgeklärten und frommen Muslim eher die Ergebung in den Willen Gottes hervor und das Vertrauen in seine Vorsehung für all das, was die menschliche Kraft und Leistung übersteigt; der Muslim verlässt sich letztendlich auf Gott, nachdem er sein Mögliches getan hat, denn in der göttlichen Hand liegt doch im Endeffekt sein Leben und auch seine Zukunft.

Gott der Richter

Gott ist der Schöpfer, die Vorsehung und auch der Richter, der am Ende des Lebens und am Ende der Welt die Menschen für ihren Glauben und für ihre Taten zur Rechenschaft ziehen wird. Als Muhammad als Prediger des Islams auftrat, war er zutiefst erschüttert über die Schrecken des Gerichts Gottes und über die Unbekümmertheit und Torheit der Menschen, die so lebten, als wäre der Zorn Gottes überhaupt nicht wirksam. Wir haben in den Ausführungen über die Mystik im Islam beschrieben, wie diese Erwartung des Gerichts Gottes die frühislamische Gemeinde zu einem Leben des Weltverzichtes und des Einsatzes für Gott im eigenen Leben und im Leben der Gemeinschaft inspirierte.

Gott ist der absolut Transzendente

Gott ist erhaben, betont der Koran (20,114; 23,92.116; 2,225). Seine Erhabenheit ist die Folge seiner Andersartigkeit, denn „es gibt nichts, was ihm gleich wäre" (42,11). Die Betonung der absoluten Transzendenz Gottes führt zu verschiedenen Haltungen im Leben des frommen Muslims.

– Gott ist transzendent, er allein ist die Fülle des Seins, er allein ist die einzige Ursache. Die Welt und der Mensch selbst haben nur noch einen relativen Wert, noch präziser: genauso viel Wert, wie sie ihnen Gott verleiht. Die Relativierung der Welt förderte die asketische Tendenz im Früh-Islam und bei Asketen und Mystikern der folgenden Zeiten.

Die Relativität der Welt erlaubte jedoch auch der sich in der Welt einrichtenden Gemeinde in Medina und auch später, sich unbekümmert der guten Dinge, die ihnen Gott in der Welt bescherte, zu erfreuen und sie unbedenklich zu genießen.

– Die Transzendenz Gottes kommt in der uneingeschränkten Souveränität seines Willens zum Ausdruck. Daher wird vom Gläubigen der totale Gehorsam gegen seinen Willen gefordert, wie er sich in den Bestimmungen des Korans geäußert hat. Dieser Gehorsam ist umso leichter zu leisten, da Gott selbst sich als gütig und barmherzig bezeichnet: „Gott ist voller Huld", bestätigt der Koran (62,4). Die gesetzlichen Verordnungen des Korans sind der Ausdruck seiner Barmherzigkeit und seiner Weisheit. Darum kann sich der Mensch seiner Rechtleitung anvertrauen und die ihm von Gott auferlegten Pflichten erfüllen. Denn „dieser Koran leitet zu dem, was richtiger ist …" (17,9). Wer sich Gott anvertraut und seinen Willen tut, geht nicht in die Irre.

– Eine dritte Folge der Betonung der Transzendenz Gottes ist die Feststellung, dass kein Weg von der Welt oder gar von Menschen direkt zu Gott führt. Gott ist der ganz Andere, auch wenn er sich in seiner Huld den Menschen offenbart. Denn auch in seiner Offenbarung bleibt er der verborgene Gott, der sich den Blicken und dem Verstand der Menschen entzieht. Die Menschen können nur das von ihm kennen und beherzigen, was er selbst ihnen kundtut. Und was er kundtut, das ist weniger sein Wesen und sein inneres göttliches Leben als sein Wille.

Damit wird jede Sakramentalität der Welt und der Elemente verneint. Jede direkte oder streng analogische Erkenntnis Gottes ist unerreichbar. Jede freundschaftliche Liebe zwischen Gott und dem Menschen, durch die beide auf die gleiche Ebene gestellt würden, ist unannehmbar. Das ist die Position der Orthodoxie im Islam. Die Mystik hat gleichwohl versucht., die negative Theologie zugunsten der intuitiven Gotteserkenntnis zu entwickeln. Die Betrachtung des Wirkens Gottes in der Welt soll ein erster Schritt zur Erlangung dieser intuitiven Erkenntnis sein.

Zwischen Islam und Christentum gibt es offensichtliche Gemeinsamkeiten in der Lehre und in der Ausrichtung der Spiritualität. Es sind unter anderem der Glaube an den einen Gott, den Schöpfer, die Vorsehung und den Richter, die sittlichen Normen (Dekalog), die Betonung der Notwendigkeit, nach dem Wohlwollen Gottes zu trachten, und der Möglichkeit der mystischen Suche nach Gott auf dem Weg der intuitiven Erkenntnis und der innigen Liebe.

Gleichwohl steht der Islam dem Christentum ziemlich fern, und zwar in seiner Lehre und in seiner Spiritualität.

Der Islam lehnt den christlichen Glauben an die Trinität, an die Inkarnation und an die Erlösung entschieden ab. Für den Islam ist Jesus Christus nicht der menschgewordene Sohn Gottes und der Mittler zwischen Gott und den Menschen. Der Natur kommt keine Sakramentalität zu, so dass sie zu einem Weg zu Gott werden und zur Vermittlung seiner Gnade dienen könnte. Denn Gott, so der Islam, hat nicht die menschliche Natur angenommen – in Jesus Christus – und hat seine Transzendenz nicht in die Immanenz der Schöpfung geschickt, um die Menschen und die Welt in die Sphäre seiner Transzendenz zu erheben und ihnen den Zugang zu und die Teilnahme an seinem göttlichen Leben zu gewähren.

Eine solche Haltung beeinflusst die moralische Lebensweise, die asketische Suche nach Selbstbeherrschung und die mystische Bemühung um innere Schau und Liebesvereinigung mit Gott. Im Islam wie im Christentum gedeihen Sittlichkeit, Askese und Mystik, aber eben in verschiedener Ausrichtung und in verschiedener Gewichtigkeit, denn ihre Grundlage ist verschieden: Haltung des Knechtes oder des Kindes, und ihr Ziel ist verschieden: das Wohlwollen Gottes oder die Teilhabe am göttlichen Leben.

Trotz dieser Verschiedenheit in der Lehre und in der Ausrichtung der Spiritualität können Christen und Muslime bei ihrer Suche nach echter Frömmigkeit und tiefer Religiosität voneinander lernen. Es geht dabei nicht um einen blinden Eifer, der alles übernimmt, was ihm fremd ist, und es in einer synkretistischen Synthese unterzubringen sucht. Hier wird kritische Offenheit, kritische Sympathie geradezu gefordert, und dies aus Liebe zur Wahrheit und zum echten religiösen Leben und auch aus Respekt für den Partner, den man in seiner Religiosität und in den Werten, von denen er lebt, ernst nimmt.

Der Zweck der gemeinsamen Suche nach spirituellen Werten besteht darin, durch den Kontakt und die offene Begegnung mit dem anderen Gesprächspartner jeweils neue Dimensionen des Lebens vor Gott und der Suche nach Gott und seinem Antlitz zu entdecken, in ihrer tiefen Wahrheit zu erkennen, in ihrer Wirksamkeit auch für das eigene Leben zu bejahen und so zur Bereicherung und Vertiefung der eigenen Spiritualität aufzunehmen. Zudem soll die Kenntnis und die Erfahrung der religiösen Werte der anderen Religion dazu beitragen, dass jeder sich bemüht, sein eigenes Leben zu läutern und noch tiefer zu gestalten.

Bei der Suche nach Gott kann jeder religiöse Mensch von jedem ehrlichen Gottsucher lernen, denn es ist die Suche nach dem unendlich reichen Leben, der unendlich reichen Erkenntnis und der unendlich reichen Güte und Liebe Gottes.

Literatur: *T. Andrae,* Islamische Mystiker (Urban Bücher 46), Stuttgart [2]1980; *A. Schimmel,* Mystische Dimensionen des Islam, Köln 1985; *A. Th. Khoury,* Gebete des Islam, Gütersloh 1995.

A. Th. Khoury

Staat/Staatslehre

Theoretische Grundlagen

Die Vorstellungen vom „islamischen Staat" beruhen auf dem viel zitierten Satz: „al-Islam din wa daula" (Islam ist Religion und politische Macht). Im Gegensatz zu den staatstheoretischen Vorstellungen im abendländischen Christentum wird also nicht zwischen dem „Staat Gottes" und der Welt unterschieden. Solange der islamische Staat durch den Propheten Muhammad oder seine direkten Nachfolger, die vier „rechtgeleiteten" Khalifen, geführt wurde, entsprach die von Gott gewollte Einheit von Religion und Politik der Realität. Da diese Situation von Muslimen zu allen Zeiten als Ideal angesehen wurde, musste jede Veränderung dieser Konstellation als Degeneration angesehen werden, die es zu überwinden galt. Eine Vielzahl von Staatstheoretikern hat sich daher bemüht, Modelle zu entwickeln, die der vorbildlichen Situation der früh-islamischen Gesellschaft nahe kamen. Die Ergebnisse ihrer Überlegungen hatten in der Umsetzung in die Realität wenig oder keinen Erfolg.

Al-Mawardi

Als bedeutendster Staatstheoretiker des islamischen Mittelalters ist al-Mawardi (975–1058) zu nennen, der in seinem einflussreichsten Werk „al-Ahkam al-sultaniyya (Die Bestimmungen der Machtausübung) ein für lange Zeit akzeptiertes Modell des islamischen Staates und seiner Voraussetzungen schuf. Er geht dabei von folgender Überlegung aus: „Gott hat für seine Gemeinde (umma) einen Führer bestellt, durch den er das Prophetenamt fortsetzen lässt, die Glaubensgemeinschaft (milla) behütet und dem er die Führung (der praktischen Regierungsgeschäfte) anvertraut, damit die Maßnahmen auf der Grundlage einer von Gott gestifteten Ordnung getroffen würden und in einer Einsicht zusammenfließen, der man folgt." Mit diesem Führer ist bei al-Mawardi der Khalif, al-Mawardi spricht vom Imam, gemeint, dessen Anordnungen allerdings mit dem Willen Gottes, dokumentiert im islamischen Recht der Shariʿa, in Übereinstimmung stehen müssen, um für die Gläubigen verbindlich zu sein. Das Khalifat ist eine Notwendigkeit. Sollte es einmal keinen Führer im islamischen Staat geben, muss er von einem dazu fähigen Gremium von Religionsgelehrten gewählt werden. Auch der Bestimmung eines Nachfolgers durch den Amtsinhaber müssen diese Gelehrten ihre Zustimmung geben. Seine Aufgaben bestehen in der Bewahrung der von Gott gesetzten Ordnung und der Administration des Reiches. Im Einzelnen entwickelte al-Mawardi einen Katalog von zehn Aufgaben: 1. Er muss die Religion (din) in ihren Prinzipien beschützen und muss bewahren, was der Konsensus der Altvorderen geheiligt hat; sollte ein Neuerer auftreten oder jemand abweichen, hat der Imam ihm seine Abirrung zu verdeutlichen, ihn zur Befolgung des Wahren zu ermahnen und ihn gegebenenfalls zu bestrafen, damit die Gemeinde und ihre Ordnung ohne Schaden bleiben. 2. Der Imam muss alle Bestimmungen des Gesetzes unter den streitenden Parteien durchsetzen, um jeden Zwist zu ersticken und einen Zustand völliger Rechtssicherheit herbeizuführen. 3. Er hat für die öffentliche Sicherheit im islamischen Gebiet zu sorgen, so dass die Menschen, ohne Übergriffe zu fürchten, Gewerbe und Handel nachgehen können. 4. Der Imam soll die im Koran vorgeschriebenen Strafen gegen Kapitalverbrechen wie etwa Hochverrat anwenden. 5. Die Grenzen müssen dergestalt befestigt und benannt sein, dass die Feinde jederzeit abgewehrt werden können. 6. Der Imam trägt die Verantwortung für den Heiligen Kampf (djihad). 7. Der Imam muss dafür Sorge tragen, dass die im göttlichen Gesetz festgelegten Steuern und Abgaben eingezogen werden; dies hat ohne Anwendung von Gewalt zu geschehen. 8. Die Staatseinnahmen müssen zur rechten Zeit in die rechten Hände gelangen. 9. Fähige, zuverlässige und aufrichtige Männer soll der Imam mit der Verwaltung betrauen. 10. Er soll aber selbst den Gang der Staatsgeschäfte beobachten und Nachforschungen anstellen, ob alles seine Richtigkeit hat; die Lenkung des islamischen Staatswesens ist ihm allein übertragen. Darum darf er sich nicht dem zügellosen Genuss hingeben, wenn er alle Aufgaben delegiert hat. Da eine Person allein nie in der Lage sein kann, die vielfältigen Aufgaben, die die Leitung des islamischen Staates mit sich bringt, zu erfüllen, sind aus dem Amt und der Autorität des Khalifen alle anderen staatlichen Ämter abgeleitet. Hier konstatiert al-Mawardi eine Hierarchie, an deren Spitze der Wezir steht, gefolgt von den Emiren, den Richtern, den Finanzbeamten usw. Damit bezieht al-Mawardi die tatsächlichen Machtverhältnisse seiner Zeit in seine Überlegungen ein.

Ibn Khaldun

Lange Zeit blieb die Staatsvorstellung al-Mawardis allgemein akzeptiert, auch wenn sie sich mit dem zunehmenden Verfall der Macht des ʿabbasidischen Khalifats mehr und mehr von den politischen Realitäten entfernte. Mit dieser Wirklichkeit setzt sich der nordafrikanische Historiker und Geschichtsphilosoph Ibn Khaldun (s. dort) auseinander. Er erkennt zunächst einmal ausdrücklich an, dass der islamische Staat zahlreiche Gemeinsamkeiten mit anderen Staaten aufweist. Das Khalifat als Nachfolge des Prophetentums ist machtlos. Zahlreiche Herrscher regieren ohne Legitimierung durch den Khalifen. Sie unterscheiden sich wenig von anderen Herrschern. Doch er stellt zugleich fest, dass es zweierlei Formen der Herrschaft gibt. Die erste beruft sich auf ein göttliches Gesetz; der Gehorsam der Untertanen wird hier durch ihren Glauben an eine Vergeltung im Jenseits sichergestellt. Die zweite bezeichnet er als verstandesmäßige Lenkung; die Untertanen vertrauen ihr, weil sie vom Herrscher, der ihre Interessen erkannt hat, Lohn erwarten. Trotz aller Bemühungen ist die ununterbrochene Fortdauer der göttlichen Ordnung nach Ibn Khalduns Analyse ein Wunschtraum, der unerfüllt bleibt. Denn andere Kräfte von höchster Wirksamkeit behindern den Absolutheitsanspruch des islamischen Rechts als einzig mögliche Grundlage des Gemeinwesens. Es bleibt ihm die Hoffnung, dass es den islamischen Herrschern gelingt, so viel wie möglich vom göttlichen Gesetz zu verwirklichen.

Ibn Taimiyya

Diesem aus islamischer Sicht im Grunde sehr pessimistischen Denkansatz stehen die Überlegungen des Ibn Taimiyya (1263–1328) gegenüber. Für ihn ist das Beispiel der frühen Muslime verbindlich. Das gilt auch für seine Staatstheorie. Für ihn besteht die Einheit von Religion und Staat weiter. Ohne die Machtmittel des Staates ist seiner Meinung nach die Religion in Gefahr, und ohne Religion wird der Staat zu einer willkürlichen, tyrannischen Organisation. Hauptaufgabe des Staates ist es, dafür zu sorgen, dass Gerechtigkeit herrscht, dass das Gute gefördert und das Böse verhindert werde, kurz, dass die Gesellschaft auf ein Leben in Übereinstimmung mit dem Willen Gottes hingeführt wird. Von früheren islamischen Staatstheoretikern unterscheidet er sich dadurch, dass er zwar noch die Legitimität der „rechtgeleiteten" Khalifen anerkennt, aber im Übrigen der Meinung ist, dass der gläubige Muslim nur Gott und dem Propheten Muhammad Gehorsam schulde. Damit ist die Zahl der islamischen Staaten und ihrer politischen Führer beliebig. Die Gemeinschaft der Gläubigen (umma) besteht aus einer Konföderation von islamischen Staaten. Jeder Staatsführer sollte zugleich Vertreter (wakil), Vermittler (wali) und Partner (sharik) seiner Untertanen sein. Jedes Mitglied der Gemeinschaft hat das Recht und die Pflicht, nach seinen Fähigkeiten seine Mitbrüder zu beraten und alles zu verhindern, was die Solidarität zwischen den Muslimen beeinträchtigen könnte.

Legitimierung der Herrschaft

Die Frage nach der Legitimität jeder Herrschaft, die sich durch die gesamte Geschichte der islamischen Welt zieht, fand stets unterschiedliche Antworten. Auf sunnitischer Seite wurde sie angesichts einer ständigen Schwächung des Khalifats schließlich dahingehend beantwortet, dass der Herrscher, der dafür sorgt, dass das islamische Recht angewandt wird, Anspruch auf den Gehorsam seiner Untertanen hat. Andere Auffassungen besagen, dass die Tatsache, dass ein Herrscher, und sei er noch so tyrannisch, die Macht hat, als Zeichen zu interpretieren ist, dass er mit Gottes Willen herrscht. Die Schia dagegen hat jede Form der Herrschaftsausübung, die nicht durch eine Person aus der Familie des Propheten

Muhammad geschieht, als illegitim betrachtet. Das gilt auch für die Herrscher, die im Iran, nachdem dort 1501 die schiitische Form des Islams zur Staatsreligion erklärt wurde, an der Macht waren. Hier mag einer der Gründe dafür liegen, dass sich der schiitische Klerus trotz seines großen Einflusses auf die iranische Bevölkerung nur in seltenen Fällen konkret in die Politik des Landes einmischte und erst nach der islamischen Revolution mit dem Plan, einen islamischen Staat zu verwirklichen, die Herrschaft ergriff. Im Übrigen ist von sunnitischer wie schiitischer radikaler Seite immer wieder die Frage gestellt worden, was einen islamischen Staat ausmache. Die Antwort darauf ist negativ. Kein Staat der islamischen Welt wird aus dieser Position als „islamisch" anerkannt, wobei es Differenzen in der Islamizität einzelner Staaten gibt. Die verschiedenen Staaten werden von den radikalen Denkern kritisiert, weil die politischen Entscheidungen in ihnen nicht in Übereinstimmung mit dem islamischen Recht gefällt werden. Manche werden als Staaten der Djahiliyya (Heidenzeit) denunziert, die verlassen werden müssen und gegen die der Glaubenskampf (djihad) aufgenommen werden müsse, so wie es der Prophet gegenüber seiner Heimatstadt Mekka getan habe.

Die aktuellen Vorstellungen der muslimischen Denker von einem islamischen Staat stellen sich sehr vielfältig dar. Von vielen wird die verfassungsmäßige wie die faktische Trennung von Staat und Religion in der übergroßen Mehrzahl der islamischen Länder scharf kritisiert. Alle fordern die (Wieder-) Einführung der Shariʿa. Die einflussreiche Gruppierung der Muslim-Brüder fordert jedoch keine theokratische Staatsform. Vorstellungen von Volkssouveränität sind durchaus vorhanden. Die Regierung ist in ihren Handlungen aber nicht nur an den Volkswillen, sondern auch an die von Gott gegebenen Regeln des Islams gebunden. Die Repräsentation hat durch Shura (Beratung) zu erfolgen. Die staatspolitischen Konzepte gegenwärtiger radikaler muslimischer Denker übersehen häufig die in der Realität existierende Pluralität der Interessen in einem Volk. Der bekannte pakistanische Gelehrte Abu l-Aʿla al-Maududi hatte ein anderes Konzept. In ihm sollte es einen Amir (Oberbefehlshaber) geben, der von einer Ratsversammlung (majlis al-shura) gewählt werden muss, die ihn in der Folge berät. Bei diesem Konzept handelt es sich aber nicht um ein Präsidialsystem, weil kaum Kontrollfunktionen im Bezug auf die Entscheidungen des Amir vorhanden sind. Natürlich muss die rechtliche Grundlage des islamischen Staates die Shariʿa sein. Bei der Beurteilung der Frage, was der Shariʿa gemäß ist, hat der Amir das entscheidende Wort. Die derzeit praktizierten schiitischen Konzepte des Staates sind gekennzeichnet von der Vorstellung der „Herrschaft der Rechtsgelehrten" (velayet-e faqih). Danach ist die Aufgabe der Gelehrten nicht nur, die Islamizität des muslimischen Staates zu bewahren. Vielmehr haben sie alle von den Politikern getroffenen Regelungen, und seien sie noch so unbedeutend, auf ihre Übereinstimmung mit dem islamischen Recht zu überprüfen. Falls diese nicht gegeben ist, darf diese Regelung nicht in Kraft treten. Daher finden sich z. B. im Iran neben den parlamentarischen Gremien verschiedene religiöse Kontrollgremien, deren Mitglieder von den höchsten religiösen Autoritäten ernannt und nicht etwa gewählt sind. Im politischen Alltag kann eine derartige Konstruktion zum Stillstand der politischen und gesellschaftlichen Entwicklung führen.

Literatur: *T. Arnold,* The Caliphate, Oxford 1929; *H. Laoust,* Essai sur les doctrines sociales et politiques d'Ibn Taimiyya, Kairo 1939; *T. Nagel,* Staat und Glaubensgemeinschaft im Islam, 2 Bde., Zürich 1981; *M. M. Rabi,* The Political Theory of Ibn Khaldun, Leiden 1967; *E. I. J. Rosenthal,* Political thought in Medieval Islam, Cambridge 1958; *R. Badry,* Die zeitgenössische Diskussion um den islamischen Beratungsgedanken, Stuttgart 1998.

P. Heine

Stätten ↗ *Heilige Stätten*

Steuern ↗ *Abgaben*

Stiftungen/Waqf

Geschichtlicher Überblick

Fromme Stiftungen (arab.: waqf, pl. auqaf, in Nordafrika habus) stellten eine Möglichkeit im islamischen Recht dar, durch eine letztwillige Erklärung des Besitzers sein Eigentum der Teilung oder Veräußerung nach seinem Tode zu entziehen. In der Regel handelte es sich um Immobilien wie landwirtschaftliche Nutzflächen oder bebaute Grundstücke, doch auch Brunnen, Magazine oder einzelne Fruchtbäume. Nur in Ausnahmefällen waren es mobile Werte, wie z. B. eine bedeutende Bibliothek. In der Regel waren derartige Stiftungen jedoch mit Immobilien verbunden, in denen dann die Bibliothek untergebracht war. Das Einkommen aus diesem Besitz kam häufig religiösen oder sozialen Einrichtungen zugute wie Moscheen, Schulen, Hospitälern oder Waisenhäusern. Auch die Entlohnung von Vorbetern, Predigern und Gebetsrufern erfolgte aus derartigen Mitteln. Daneben stammten auch die Mittel für die Unterstützung armer Studenten des islamischen Rechts und der Theologie aus dem „Auqaf". Auch für die Armenküchen (s. dort) boten diese Institutionen die finanzielle Basis. Nach den Regeln des islamischen Rechts waren einige Voraussetzungen für die Gründung einer Stiftung zu erfüllen. Dazu gehörte zunächst einmal, dass das Stiftungsgut unter Wahrung seiner Substanz überhaupt wirtschaftlich nutzbar war. Der Nutznießer der Stiftung musste zum Zeitpunkt der Stiftung existieren, und eine Kette von weiteren Nutznießern musste vorhanden sein. Daher konnte es sich um dauernde Institutionen oder die Nachkommenschaft des Stifters handeln. Bestimmte Einrichtungen wie christliche Kirchen oder jüdische Gebetshäuser waren der Stiftung entzogen. Über die Nutzung und Verwaltung der Stiftung musste ein entsprechender Vertrag vorliegen, in dem die Form der Verwendung der Mittel in Einzelheiten und auf alle Eventualitäten bezogen geklärt sein musste.

Einrichtung der Stiftungen

Nach der islamischen Tradition soll die Einrichtung der Frommen Stiftung auf einen Ausspruch des Propheten Muhammad zurückgehen. Allerdings waren in den von den islamischen Herren eroberten Provinzen des Byzantinischen Reichs, vor allem im syropalästinensischen Raum, aber auch in Ägypten derartige Stiftungen zugunsten von Kirchen und anderen Einrichtungen durchaus üblich und können als Vorbild für die entsprechenden islamischen Institutionen gedient haben. Auch bei den Muslimen waren es zunächst vor allem religiöse Gründe, die Anlass für derartige Stiftungen boten. Sie werden als „Waqf khairi" bezeichnet. Älter als diese in der Literatur stärker beachteten Formen der Stiftung sind solche, bei denen die Stifter auf diesem Wege ihr Eigentum für sich und ihre Erben vor den Folgen politischer Unruhen oder einem zu gierigen Mitglied der staatlichen Administration absicherten. Hier handelt es sich um „Waqf ahli". Es gibt unübersehbare Hinweise darauf, dass diese Stiftungen Mechanismen waren, um das im Koran festgelegte Erbrecht von Frauen zu umgehen. Mit dem „Waqf ahli" konnte der Stifter die Nutznießer seiner Hinterlassenschaft festlegen und dabei seine erbberechtigten weiblichen Nachkommen oder zumindest deren Nachkommen aus dem Nießbrauch ausschließen. In späterer Zeit versuchten die staatlichen Stellen dieser Intention einen Riegel vorzuschieben, indem sie jede Stiftung verboten, der keine offizielle Zustimmung erteilt worden war. Der Verkauf von Stiftungsgut wurde als Sünde betrachtet. Die Stifter verzichteten ganz oder teilweise oder auch gar nicht auf das Einkommen aus dem gestifteten Besitz. Geschah dies, war es jeder staatlichen Einflussnahme entzogen. Die Stifter oder ihre Nachkommen konnten Anspruch auf ein bestimmtes Einkommen aus der Stiftung geltend machen, der ihnen einen Lebensunterhalt sichern sollte. Das Stiftungswesen erlangte im Laufe der Zeit eine erhebliche vor allem wirtschaftliche Bedeutung, weil große Teile der ländlichen Gebiete und die Mehrheit des Grundbesitzes in Städten Waqf-Besitz war. Das hatte zur Folge, dass die Monopolisierung von Grundbesitz in der Hand einiger weniger Personen in Grenzen gehalten werden konnte. Da zahlreiche Stifter das Stiftungskapital in wirtschaftliche Unternehmungen wie Bäder, Läden, Handwerksbetriebe, ja in ganze Bazare, Mühlen u. ä. investierten, waren die „Auqaf" ein beträchtlicher wirtschaftlicher Faktor in der traditionellen Ökonomie islamischer Städte. Neueste Untersuchungen haben ergeben, dass sich noch heute in vielen Städten der islamischen Welt große Teile der Grundfläche, auf denen die traditionellen Handelszentren, die Bazare, errichtet sind, in Waqf-Besitz befinden. In manchen Gegenden wurden die Stiftungen auch wichtige Faktoren im städtischen Kreditwesen.

In vielen Fällen entsprachen die in Einzelheiten festgeschriebenen, an die Stiftung abzuführenden Summen nicht den tatsächlichen wirtschaftlichen Möglichkeiten. Eine Anpassung an einen entsprechenden Markt, z. B. die Anhebung der Mieten für ein Ladenlokal, ist jedoch nicht möglich. So kann eine Miete für ein Gebäude aus dem Besitz einer Frommen Stiftung aus einer Geldsumme bestehen, die auch durch Dienstleistungen in Moscheen, z. B. in der Form von Koranrezitation, abgeleistet werden können. Veränderungen können sich hier nur ergeben, wenn die Stiftung im ursprünglichen Sinne nicht mehr besteht, z. B. wenn sie durch einen Brand oder durch kriegerische Einwirkungen zerstört wird. Dann kann die Stiftung aufgehoben werden und das entsprechende Grundstück wieder in privaten Besitz übergehen. In zahlreichen Staaten ist die Verwaltung der Frommen Stiftungen mittlerweile in staatliche Administrationen übergegangen, die die entsprechenden Einkommen vor allem für religiöse und soziale Zwecke verwendet.

Literatur: *G. Baer,* Studies in the Social History of Modern Egypt, Chicago 1969; *C. Cahen,* Réflexions sur le Waqf ancien, in: Studia Islamica 14 (1961), 37–56; *W. Dostal,* Der Markt von Sanʿa, Wien 1979; *S. Faroghi,* Towns and Townsmen of Ottoman Anatolia. Trade, Crafts and Foodproduction in an Urban Setting, Cambridge 1984; *C. Geertz,* Suq: Bazar Economy in Sefrou, in: *C. Geertz/H. Geertz/I. Rosen,* Meaning and Order in Moroccan Society. Three Essays in Cultural Analysis, Cambridge 1979, 123–313; *U. Haarmann,* Mamluk Endowment Deeds as a Source for the History of Education in the Late Medieval Egypt, in: Al-Abhath 28 (1980); *R. Levy,* The Social Structure of Islam, Cambridge 1957; *A. Mez,* Die Renaissance des Islams, Heidelberg 1922; *M. Rodinson,* Islam und Kapitalismus, Frankfurt 1971; *A. Sékali,* Le problème des wakfs en Égypte, Paris 1929; *G. Winkelhane/K. Schwarz,* Der osmanische Statthalter Iskender Pascha und seine Stiftungen in Ägypten und am Bosporus, Bamberg 1985.

P. Heine

Strafrecht

Das islamische Strafrecht orientiert sich an den Angaben des Korans und den Regeln, die in der Tradition festgelegt worden sind. So gibt es eine Kategorie von Straftaten, die besonders schwer sind und die vom Koran als Verbrechen bezeichnet werden. Für diese Verbrechen sind besonders harte Strafen vorgesehen. Wenn das koranische Gesetz eine bestimmte Strafe für ein Verbrechen festlegt, dann muss die Strafe verhängt und nach Möglichkeit vollzogen werden, und es steht dem Richter bzw. dem Staat nicht zu, sie dem Schuldigen zu erlassen. Manchmal sieht der Koran vor, dass eine Strafe auf Wunsch der Person, der Recht gesprochen bzw. erkannt wird, umgewandelt, vermindert oder gar erlassen wird. Manchmal gibt es Strafen, die im Ermessen des Richters selbst liegen.

Was die Ahndung von Straftaten, die ein Muslim im nicht-islamischen Gebiet begeht, betrifft, so gibt es darüber verschiedene Meinungen. Der

Schulgründer Abu Hanifa vertritt die Meinung, dass der Muslim im nicht-islamischen Ausland grundsätzlich nicht dem islamischen Gesetz und seinen Bestimmungen unterworfen ist. Der Muslim also, der im Gebiet der Nicht-Muslime eine Straftat begeht, setzt sich nicht der Strafe nach dem Maß des islamischen Strafrechtes aus, und dies weder im nicht-islamischen Ausland noch nach seiner Rückkehr ins Gebiet des Islams.

Dagegen sprechen sich die meisten Gelehrten der anderen Rechtsschulen aus. Sie betonen die Pflicht der Muslime, auch im fremden Land die Vorschriften und Verordnungen des islamischen Gesetzes zu befolgen, denn, so argumentieren sie, der Gläubige steht unter der Treuepflicht zum islamischen Glauben und unter der Gehorsamspflicht gegenüber dem Gesetz Gottes, wo immer er sich auch befindet und aufhält. Glaube und Gehorsam sind Pflichten, die unabhängig vom Aufenthaltsort bestehen und auch in der Fremde nicht aufgehoben sind. Wenn sich das islamische Gesetz nicht befolgen bzw. anwenden lässt, z. B. weil im Ausland kein muslimischer Richter seine Urteile verkünden und vollstrecken lassen kann oder weil es nicht im Interesse der Gemeinschaft ist, im Ausland (z. B. während des kriegerischen Einsatzes der Kämpfer) legale Strafen zu verhängen, so bleibt dennoch die Pflicht bestehen, die Strafe nach der Rückkehr der Täter ins islamische Gebiet gegen sie zu verhängen.

Im Folgenden sollen einige schwerwiegende Verbrechen und deren entsprechende Strafen erwähnt werden.

Der Abfall vom Glauben: s. den Beitrag: Abfall vom Islam (Apostasie).

Der Koran hält das Leben des Menschen für grundsätzlich unantastbar; er verbietet das unberechtigte Töten und den Mord. Der Mörder wird der Vergeltung durch die Verwandten und die Rechtsvertreter des Ermordeten freigegeben, jedoch erst nach Feststellung des Tatbestandes durch den Richter oder seinen Stellvertreter. Das Strafmaß entspricht der Straftat selbst: Der Mörder erleidet die Todesstrafe. Diese Strafe trifft jedoch nur den Täter selbst, nicht seine Familie, seine Sippe oder seinen Stamm. Die Angehörigen des Ermordeten dürfen von ihrem strikten Recht ablassen (dies gilt als Erleichterung des strengen jus talionis) und Blutgeld verlangen (2, 178). Der Richter oder die Regierung darf in diesem Fall den Angehörigen ihre Entscheidung nicht diktieren. Nur im Falle des Verzichtes auf die Hinrichtung des Mörders vonseiten der Verwandten darf die Regierung gefährliche Mörder weiterhin festhalten und unter Arrest stellen.

Im Falle eines aus Versehen verübten Totschlags darf der Täter nicht mit dem Tod bestraft werden. Er muss für seine Tat Sühne leisten: Blutgeld, Befreiung eines Sklaven oder Fasten während zwei aufeinander folgender Monate (4, 92). Bei Verletzungen und ähnlichen Vorgehen kommt wiederum das jus talionis zur Anwendung: Auge um Auge usw. Der Verletzte darf jedoch auf die Bestrafung des Täters verzichten und dafür eine Entschädigung verlangen, deren Höhe in den Gesetzbüchern festgesetzt wird.

In diesem Zusammenhang verbietet der Koran die Gewalttätigkeit. Es lohnt sich hier, den koranischen Text im Wortlaut zu zitieren, und dies wegen seiner heute geläufigen Anwendung in manchen islamischen Staaten (vermutlich auch bei politischen Prozessen): „Die Vergeltung für die, die gegen Gott und seinen Gesandten Krieg führen und auf der Erde umherreisen, um Unheil zu stiften, soll dies sein, dass sie getötet oder gekreuzigt werden oder dass ihnen Hände und Füße wechselseitig abgehackt werden, oder dass sie aus dem Land verbannt werden ...“ (5,33). Die Rechtslehre des Islams hat aus diesem Vers folgende Konsequenzen gezogen. Gewalttäter, wie Räuber und ähnliche Personen, die einen Mord begangen haben, werden hingerichtet. Wenn sie gemordet und geraubt haben, werden sie gekreuzigt und getötet (die Rechtsgelehrten sind sich jedoch über die Kreuzigung nicht einig). Wenn sie nur rauben, ohne zu morden, so werden ihnen wechselweise Hand und Fuß (d.h. rechte Hand und linker Fuß) abgehauen. Wenn sie die Menschen nur terrorisiert haben, ohne zu morden und ohne zu rauben, so werden sie in die Verbannung geschickt oder, nach einigen Rechtsgelehrten, ins Gefängnis geworfen.

Nur wer in Reue umkehrt, bevor der Richter den Tatbestand festgestellt und das Strafmaß verhängt hat, kann der Strafe entkommen. Er muss jedoch die legitimen Forderungen der von ihm Geschädigten erfüllen. Er hat Wiedergutmachung zu leisten, und er wird, wenn er gemordet hat, der Strafe für Mord ausgesetzt, d.h., er wird hingerichtet, oder es wird nach Wunsch der Angehörigen ihm verziehen und von ihm ein Blutgeld verlangt.

Was die Abtreibung anbelangt, so stellen die klassischen Rechtsschulen folgendes fest: Vor dem Einhauchen der Seele, d.h., wie es damals angenommen wurde, vor dem 4. Monat, ist die Abtreibung erlaubt (so ein Teil der Hanafiten und der Shafiʿiten), verpönt, jedoch aus triftigem Grund erlaubt (so die Hanafiten und ein Teil der Shafiʿiten), ausnahmslos verpönt (so ein Teil der Malikiten). – Einigkeit besteht darin, dass die Abtreibung nach dem Einhauchen der Seele, also ab dem 4. Monat, unzulässig ist. Sie zieht sonst eine Sanktion in Form einer Geldstrafe nach sich. – Die Hanbaliten halten die Abtreibung nach dem 40. Tag für verboten. Heute wird die Notwendigkeit, das Leben vom Zeitpunkt der Empfängnis an zu schützen, betont, denn es ist von Anfang an Schöpfung Gottes (vgl. 23,12–14; 56,57–59). Und jeder Mensch, auch in diesem Stadium des Wachsens, ist nicht der Verfügungsgewalt der Menschen, nicht einmal der Eltern, unterworfen. Er ist Diener Gottes (19,93) und Eigentum seines Schöpfers (10,68). Daher besitzt niemand das Recht, ihn unberechtigterweise zu töten (vgl. 17,33). Eine Schwangerschaftsunterbrechung ist also nur dann zulässig, wenn mit Sicherheit feststeht, dass das Leben der Mutter in Gefahr ist, dass keine andere Möglichkeit besteht, das Leben der Mutter zu retten, als die Abtreibung, und endlich dass der Eingriff nach ärztlicher Erfahrung auch den gewünschten Erfolg bringt. Der Grund für diese Ausnahme ist, dass man von zwei Übeln das geringere zu wählen hat.

Der Koran verurteilt die Unzucht, den Ehebruch, die Homosexualität und die Prostitution. Sexuelle Verbrechen werden hart bestraft.

Die Strafe für Unzucht bei Unverheirateten, ob Mann oder Frau, wird im Koran auf hundert Peitschenhiebe festgesetzt. Außerdem darf ein solcher Mann bzw. eine solche Frau keinen guten und gläubigen Partner mehr heiraten (24,2–3).

Die Strafe für den Ehebruch wird erst verhängt, wenn das Verbrechen festgestellt wurde. Der Tatbestand wird durch die Aussage von vier glaubwürdigen Zeugen oder durch das Geständnis des Täters bestätigt. Wenn es aber der Ehemann selbst ist, der seine Frau des Ehebruchs bezichtigt, so braucht er keine zusätzlichen Zeugen heranzuziehen, die seine Aussage bestätigen. Er muss seine Beschuldigung viermal wiederholen und sich beim fünften Mal dem Fluch Gottes ausliefern, falls er lügen sollte. Die beschuldigte Frau kann aber auch vor dem Richter die Vorwürfe zurückweisen, indem sie ihre Unschuld viermal beteuert und sich beim fünften Mal dem Fluch Gottes aussetzt, falls ihr Ehemann Recht haben sollte (vgl. zum Ganzen 24,4–9).

Die Rechtsgelehrten bemerken dazu, dass eigentlich nur durch Geständnis des Sünders eine einwandfreie Feststellung des Verbrechens möglich ist. Denn es wird von den Zeugen verlangt, dass sie nur über das aussagen, was sie tatsächlich gesehen haben, was im Fall des Ehebruchs ziemlich undenkbar, wenn nicht unmöglich ist. Man berichtet auch, dass der Prophet Muhammad selbst nur das Geständnis des Sünders als ausreichenden Beweis akzeptierte und dass er auch im Fall eines geständigen Schuldigen diesen immer wieder nach Umständen fragte, die zu einem eventuellen Freispruch hätten führen können.

Wird aber der Ehebruch festgestellt, so steht darauf die Todesstrafe. Dies habe Muhammad selbst festgesetzt. Wenn aber die Frau nur durch das Zeugnis von vier Zeugen belastet wird, so bestimmt der Koran, diese im Haus festzuhalten, „Bis der Tod sie abberuft oder Gott ihr einen Ausweg verschafft“ (4,15), z. B. dadurch, dass sich das Zeugnis als falsch erweist.

Diese letztere Strafe trifft auch die unverheiratete Frau, die mit einem verheirateten Mann Unzucht treibt. Der unverheiratete Mann, der mit einer verheirateten Frau Unzucht treibt, wird für die Dauer eines Jahres verbannt. Darüber hinaus trifft die unverheirateten Schuldigen die Strafe für Unzucht, d. h. hundert Peitschenhiebe.

Die Homosexualität wird nach einigen Rechtsgelehrten wie die Unzucht bzw. der Ehebruch bestraft. Andere Rechtsgelehrte meinen, der jeweilige Richter dürfe die Strafe verhängen, die er für angebracht hält, um das allgemeine Wohl zu fördern und die Menschen von diesem abscheulichen Verbrechen abzuhalten. Andere endlich sprechen sich für die Hinrichtung der beiden Schuldigen aus.

Der Koran hat auch die Strafe festgesetzt, die solche Zeugen treffen soll, die falsche Beschuldigungen gegen gläubige Ehefrauen erheben und sie in Verruf bringen. Man muss sie mit achtzig Hieben geißeln und nie mehr eine Zeugenaussage von ihnen annehmen (24,4). Die Rechtsgelehrten bemerken dazu, dass dies auch das Zeugnis betrifft, durch das gläubige Ehemänner beschuldigt werden. Es spielt also in diesem Fall keine Rolle, ob die Zeugen oder die Beschuldigten Männer oder Frauen sind. Voraussetzung für die Verhängung der Strafe gegen die falschen Zeugen ist, dass die falsch beschuldigte Person Muslim, erwachsen, ihrer Sinne mächtig und frei ist und sich bislang keiner Unzucht schuldig gemacht hat.

Der Koran betont die zentrale Bedeutung der Gerechtigkeit und erhebt sie zu einer besonderen Tugend der Muslime. Die Strafe des Raubmordes und des gewaltsamen Raubes wurde oben schon erwähnt. Der einfache Diebstahl wird durch Abhacken der Hand geahndet (5,38), wenn folgende Bedingungen erfüllt sind: dass der Dieb erwachsen und seiner Sinne mächtig ist (das Kind wird nur gezüchtigt, und sein Vormund ist gehalten, Wiedergutmachung zu leisten); dass der Dieb das nimmt, woran er keinen Anteil bzw. worauf er kein Teilrecht hat (die Veruntreuung gemeinsamer Güter wird durch andere Strafen geahndet); dass der Dieb gut erkennbares und behütetes Gut stiehlt (also nicht Fundsachen, Obst von Bäumen, die nicht umzäunt sind, usw.); dass die gestohlene Menge erheblich ist, d.h. nach der Tradition mindestens ein Viertel Dinar erreicht, und tatsächlich weggenommen wurde (sonst reicht eine Züchtigungs- bzw. Gefängnisstrafe aus); endlich, dass der Diebstahl nicht aus Not, wie z.B. aus Hunger, begangen wurde (in diesem Fall reicht eine mildere Strafe aus).

Das Gesetz enthält auch Bestimmungen über die für einige Vergehen zu verhängenden Strafen. Für die Übertretung des Weinverbots z.B. sind vierzig Peitschenhiebe vorgesehen. Die Strafe kann aber auf bis zu achtzig Hiebe erhöht werden. Wenn in der Tradition des Propheten Muhammad und seiner ersten Nachfolger nichts bestimmt wurde, so ist es dem jeweiligen Richter überlassen, in seinem freien Ermessen das angebrachte Strafmaß festzulegen. Er muss dabei die Natur des Vergehens und den Zweck der Bestrafung (Besserung des Schuldigen und Abschreckung anderer Täter) berücksichtigen.

Manche Bestimmungen des islamischen Strafgesetzes mögen hart und nicht mehr zeitgemäß erscheinen. Für den gläubigen Muslim sind sie oft Bestandteil seiner Religion, und er weiß nichts Besseres, als den Verordnungen dieses Gesetzes zu folgen. „Dieser Koran leitet zu dem, was richtiger ist" (17,9). Das gilt für den Muslim, auch wenn er nicht immer imstande ist, das Gute in den erlassenen Vorschriften und Verordnungen unmittelbar zu erkennen. Er hat auf Gottes Weisheit und Barmherzigkeit zu vertrauen, der seine Befehle der schwachen Natur des Menschen angepasst und als Hilfe zur Sicherung der heilsamen Rechtleitung der Gemeinschaft erlassen hat. Der gläubige Muslim muss an folgende Ermahnung des Korans immer wieder denken: „Vielleicht ist euch etwas zuwider, während es gut für euch ist. Und vielleicht liebt ihr etwas, während es schlecht für euch ist" (2,216). So heißt die endgültige Anweisung: „Fürchtet Gott, … hört zu und gehorcht" (64,16).

Literatur: *A. Th. Khoury,* Der Islam. Sein Glaube – seine Lebensordnung – sein Anspruch, Freiburg [6]2001; *ders.,* Strafrecht, in: *A. Th. Khoury/P. Heine/J. Oebbecke,* Handbuch Recht und Kultur des Islams in der deutschen Gesellschaft, Gütersloh 2000, 231–256.

A. TH. KHOURY

Sünde

Nach islamischem Verständnis ist Sünde die „absichtliche Übertretung der göttlichen Norm" (S. Balić) in Gedanken, Worten und Handlungen, sie ist Ungehorsam gegen Gottes Befehl und Gesetz.

Bei den Sünden unterscheidet man herkömmlicherweise zwei Gruppen: die ‚großen Sünden' und die ‚kleinen Sünden'. Als Grundlage für diese Einteilung nennen die Theologen Koran 53,32, wo es heißt: „Diejenigen, die die schweren Sünden und die schändlichen Taten meiden – abgesehen von leichten Verfehlungen – (dürfen auf Vergebung hoffen). Wahrlich, dein Herr hat eine umfassende Vergebung …" (vgl. auch 42,37; 4,31). Uneinigkeit besteht in der Frage, wie viel große Sünden es gibt. „Nach einem Bericht sagte Muhammad: Die großen Sünden sind: 1. der Ishrak, d.h. die ‚Zugesellung', die Verehrung eines Wesens neben Gott, 2. die Auflehnung gegen die Eltern, 3. die Tötung eines Menschen, 4. der falsche Eid" (H. Stiegelecker). Was die Anzahl der großen Sünden betrifft, so schwankt sie in der Tradition zwischen vier und siebzehn, was besagt, dass auf diese Frage keine eindeutige Antwort gegeben werden kann. Aus der umstrittenen Anzahl der großen Sünden resultiert die Uneinigkeit in der Beurteilung dessen, was eine große und was eine kleine Sünde ist.

Als größte Sünde gilt der Kufr, der Unglaube; diese Sünde verwirkt den Eingang des Menschen ins Paradies. Öffentlicher Abfall (s. Abfall vom Glauben/Apostasie) ist nach muslimischer Tradition im Regelfall mit dem Tod zu bestrafen. Al-Ghazzali (1059–1111) legte für die Beurteilung der Größe der Sünden folgende Kriterien als Maßstab an:

„1. Die Kenntnis von Gott – das ist das Größte, das Wichtigste,

2. das irdische Leben, das ist das Nächstwichtigste,

3. die zur Erhaltung des irdischen Lebens notwendigen Mittel"

(H. Stiegelecker).

Am schwersten wiegen demnach in erster Linie jene Sünden, die sich gegen Gott und seine Offenbarung richten, denn sie verwirklichen das Heil (s. dort) des Menschen. An zweiter Stelle stehen die Sünden, die das Leben des Menschen betreffen wie Mord, Totschlag, Verstümmelung, Gewaltanwendung, Homosexualität, Ehebruch. Als dritte Kategorie nennt al-Ghazzali Delikte gegen die zur Erhaltung des Lebens notwendigen Mittel, also Eigentumsdelikte wie Diebstahl, „Aneignung des Gutes der Waisen durch den bestellten Vormund", „Beraubung des Mitmenschen mit Hilfe einer falschen Zeugenaussage" und schließlich die „Aneignung fremden Eigentums durch einen Verhehlungseid" (H. Stiegelecker).

Der Unglaube als unverzeihliche Sünde

Der Unglaube in seinen verschiedenen Schattierungen wird nicht vergeben: Dazu zählt in erster Linie die „Beigesellung", d.h. die Anerkennung anderer Gottheiten neben Gott (Koran 4,48.116), ferner der Abfall vom Glauben (4,137; vgl. 16,106–107; 2,217; 3,86–91), des weiteren die Heuchelei, die ihren Unglauben verbirgt – für diese Heuchler gilt: „Ihre Herzen wurden versiegelt" (Koran 63,3), „Gott wird ihnen nicht vergeben" (63,6) –, und schließlich erhalten diejenigen keine Vergebung, die in ihrem Unglauben sterben (47,34; 4,18). In diesen Fällen nützt nicht einmal die Fürbitte (shafaʿa) des Propheten Muhammad: Sie haben keine Verzeihung von Gott zu erwarten (vgl. 9,80; 63,6).

Außer den erwähnten Formen des Unglaubens, die nicht verziehen werden, ist die Vergebung aller anderer Sünden grundsätzlich möglich. Vorbedingung dafür ist der Glaube (vgl. Koran 20,73; 26,51; 46,31) und die Nachfolge des Propheten: „Sprich: Wenn ihr Gott liebt, dann folgt mir, so wird Gott euch lieben und euch eure Sünden vergeben. Und Gott ist voller Vergebung und barmherzig" (Koran 3,31). Unter dieser Voraussetzung erlangt derjenige, der sich schwer vergangen hat, durch Reue und Umkehr Vergebung seiner Sünden (Koran 42,25,4,17). Deswegen ruft der Koran die Gläubigen zur Reue und Buße auf (vgl. 24,31; 66,8; 5,74 u.a.). Denn durch sie lässt sich Gott versöhnen (5,39; 25,71 u.a.). Wer um Vergebung bittet, wird sie erhalten: „Die, wenn sie etwas Schändliches begangen oder sich selbst Unrecht getan haben, Gottes gedenken und um Vergebung für ihre Sünden bitten – und wer vergibt die Sünden außer Gott? – und auf dem, was sie getan haben, nicht bestehen, wie sie wissen (dass es Sünde ist), deren Lohn ist Vergebung von ihrem Herrn ..." (Koran 3,135–136). Was schon für die ‚großen Sünden' zutrifft, gilt erst recht für die ‚kleinen': Gott vergibt sie dem, der reumütig ist: Derjenige, „der umkehrt, glaubt und gute Werke tut", dem wird Gott die „schlechten Taten gegen gute eintauschen; und Gott ist voller Vergebung und barmherzig" (Koran 25,70). Auch durch die Verrichtung der religiösen Pflichten werden die ‚kleinen Sünden' getilgt.

Eine Erbsünde im christlichen Verständnis kennt der Islam nicht. Von daher erübrigt sich für ihn jede Erlösungstheologie (s. auch Erlösung und Heil).

Literatur: *A. J. Wensinck,* Art. Khatiʿa, in: HIsl, 307–310; *H. Stieglecker,* Die Glaubenslehren des Islam, Paderborn [2]1983, 625–656; *L. Hagemann,* Moralische Normen und ihre Begründung im Islam,

Altenberge 1982; *ders.*, Schuld und Versöhnung im Islam, in: *B. Mensen (Hrsg.)*, Schuld und Versöhnung in verschiedenen Religionen, Nettetal 1986, 39–58; *S. Balić*, Art. Sünde (islamisch), in: *A. Th. Khoury (Hrsg.)*, Lexikon religiöser Grundbegriffe, Graz/Wien/Köln [2]1996, 1018–1019.

L. Hagemann

Sufismus/Sufitum ↗ *Mystik*

Sultan

Das aus dem Aramäischen stammende Wort „Sultan“ ist die Bezeichnung für einen Herrscher von allgemein anerkannter, völliger Unabhängigkeit. Sie wird im Koran im Sinne von „Vollmacht“ verwendet. So heißt es: „Ein Zeichen ist auch Mose, als wir ihn mit einer offenkundigen Ermächtigung (sultan) zu Pharao sandten“ (51,38). In der ʿAbbasidenzeit wurde der Begriff zu einem der Beinamen des Khalifen und symbolisierte die aus dem Willen Gottes entstandene geistliche und weltliche Macht des Herrschers. Er allein war berechtigt, diesen Titel zu tragen.

Mit der nachlassenden Macht der Khalifen und der steigenden Bedeutung verschiedener Amtsträger des Reiches, wie dem der Wezire, wurden diesen verschiedene Titel vom Khalifen verliehen. Diese Zuerkennung von Titeln in großem Umfang begann mit der Herrschaft der schiitischen Buyiden im Iraq (945–1055), die die ʿabbasidischen Khalifen unter ihre Kontrolle brachten. Zu deren Ehrentiteln gehörte auch die Herrscherbezeichnung „Sultan“. Im Verlauf der islamischen Geschichte waren es jedoch in der Regel sunnitische Machthaber, die sich vom Khalifen diesen Titel verleihen ließen oder ihn auch ohne eine entsprechende Investitur führten. Diese Verleihung bedeutete für einen militärischen oder politischen Führer eine Legitimierung der persönlichen Macht. Es blieb jedoch das Vorrecht des Khalifen, diesen Titel zu verleihen. Er konnte damit bei aller Schwäche einen gewissen Einfluss ausüben. Nach dem Untergang des ʿAbbasiden-Khalifates setzte sich der Titel „Sultan“ mehr und mehr bei den Herrschern der verschiedenen islamischen Staaten durch. Die islamischen Staatstheoretiker sahen sich angesichts dieser allgemeinen Praxis veranlasst, entsprechende Erklärungen zu geben. So sahen sie im Sultan den „Stellvertreter Gottes auf Erden“, was die weltlichen Regierungsangelegenheiten angeht, die Religionsgelehrten dagegen als Erben des Propheten Muhammad in allen religiösen Angelegenheiten. Nur solange die weltlichen Herrscher, die Sultane, den Rat der religiösen Autoritäten akzeptierten, war ihre Herrschaft legitim. Daher ist es nicht verwunderlich, dass die höchsten religiösen Würdenträger einiger islamischer Staaten das Recht hatten, einen Sultan für abgesetzt zu erklären.

Die ursprüngliche Herkunft aus den Titulaturen der Khalifen geriet jedoch nicht in Vergessenheit. Die religiös legitimierende Komponente blieb weiter bestehen. Dies wird nicht nur daran deutlich, dass die osmanischen Herrscher, die sich auch als die Nachfolger der ʿabbasidischen Khalifen verstanden, „Sultan“ als ihren wichtigsten Titel führten, sondern auch daran, dass vom Osmanischen Reich unabhängige Herrscher wie die von Marokko oder Oman den Titel „Sultan“ bis in die Gegenwart hinein führten und führen.

Literatur: *A. Abel,* Le Khalife, présence sacrée, in: Studia Islamica 7 (1958), 29–46; *H. Busse,* Chalif und Grosskönig. Die Buyiden im Iraq (945–1055), Beirut 1969; *R. Levy,* Social Structure of Islam, Cambridge 1957; *A. Mez,* Die Renaissance des Islams, Heidelberg 1922; *J. H. Kramers u. a.,* Sultan, in: Enzyklopedia of Islam, Bd. 9, Leiden 1997, 849–854.

P. HEINE

Sunna ↗ *Hadith*

Sunnismus/Sunniten

Die erste Spaltung im Islam erfolgte aufgrund der Auseinandersetzung und des Vergleichs zwischen dem Khalifen ᶜAli (656–661) und seinem Kontrahenten Muᶜawiya, der zunächst Statthalter in Syrien mit Sitz in Damaskus war und dann erster Khalif der Umayyaden-Dynastie wurde. Damals trennten sich die Kharidjiten von ᶜAli und von Muᶜawiya gleichermaßen. Die Sunniten, die die Mehrheit der Muslime stellen, erkannten die Regierung der Umayyaden an. Die dritte Gruppe, die Schiiten, ergriffen Partei für ᶜAli.

Die Sunniten vertreten nach ihrem eigenen Selbstverständnis die Orthodoxie in Glaubensfragen und messen der politischen Stabilität im Staat sowie der ausgewogenen Praktikabilität im Gesetz große Bedeutung zu. Daher verlangen sie vom Khalifen keine besonderen Tugenden und keine hervorragenden moralischen Qualitäten als unabdingbare Bedingung zur Übernahme des Amts. Der Khalif soll aus dem Stamm des Propheten Muhammad herkommen und in der Lage sein, die Gemeinschaft nach Recht und Gerechtigkeit zu führen. Die Sunniten bilden heute die überwältigende Mehrheit der Muslime in der Welt, etwa 8000 Millionen.

Die Grundlage des Sunnismus ist neben dem Koran die Sunna, die Wegweisung des Propheten Muhammad, wie sie im Hadith überliefert wird. Dazu kommt die übereinstimmende Meinung der Gemeinschaft. Daher werden sie auch „die Leute der Sunna und der Gemeinschaft“ (Ahl al-sunna wa l-djamaᶜa) genannt.

Zur Koranauslegung im Sunnismus s. den Beitrag „Exegese“, und zum Rechtssystem der Sunniten siehe die Beiträge „Rechtssystem“ und „Rechtsschulen“. Hier sollen nun einige Angaben zu den theologischen Schulen gemacht werden.

Die Traditionalisten, später nach ihrem Anführer Ahmad ibn Hanbal (780–855) auch Hanabaliten genannt, berufen sich ausschließlich auf den Koran und die Tradition als einzig zuverlässige und zulässige Quellen des Glaubens und der religiösen Praxis. Jede Abweichung von dieser Norm wird als „Neuerung“ (bidᶜa) und also als Ketzerei verurteilt. Auch der Gebrauch der bloßen Vernunft im Streit mit anderen Richtungen und in der Auseinandersetzung mit den Nicht-Muslimen wird als unzulässig abgelehnt. Der Mensch solle dem Licht Gottes folgen und sich nicht anmaßen, selbst einen eigenen Beitrag zur Vertiefung der Glaubenslehren leisten zu wollen. Die Schule der Muʿtaziliten verstehen sich als die Verteidiger des Glaubens mit dem Mittel der rationalen Beweisführung. Sie gehen davon aus, dass der Mensch ein von Gott mit Vernunft ausgestattetes Wesen ist und daher die Pflicht hat, diese Vernunft auch im Bereich der Religion anzuwenden und sich nicht mit der Feststellung der positiven Offenbarung zu begnügen. Der Gebrauch der Vernunft sei umso notwendiger, je dringender die Aufgabe ist, mit den Gegnern des Islams sachgerecht über die Inhalte der Offenbarung zu streiten. Außerdem müssen die religiöse Tradition und der einfache Glaube des Volkes der Kontrolle der Vernunft unterzogen werden, damit Auswüchse und Widersprüche vermieden bzw. ausgemerzt werden können.

Die wichtigsten Lehrsätze der Muʿtazila sind folgende:

1. Gott ist absolut transzendent, er ist in seiner Einheit, Einzigkeit und Ewigkeit der menschlichen Vernunft nicht zugänglich und daher in der menschlichen Sprache nicht adäquat aussagbar. Der Koran kann somit nicht als ewiges, unerschaffenes Wort Gottes gelten. Er ist vielmehr das erschaffene Vehikel der göttlichen Offenbarung, die erschaffene Mitteilung der Verordnung des göttlichen Willens.

2. Der Mensch besitzt eine Willensfreiheit, die er dem allmächtigen Schöpferwillen Gottes verdankt. Gott kann daher den Menschen zur Rechenschaft ziehen, ohne seine Gerechtigkeit in Frage zu stellen. (Die Muʿtaziliten werden die „Leute der Gerechtigkeit und der Bestätigung der Einzigkeit Gottes“ genannt, weil sie dezidiert für die Gerechtigkeit, Transzendenz und Einzigkeit Gottes eintreten.)

3. Der Gläubige, der eine schwere Sünde begeht, wird nicht zum Ungläubigen, er wird jedoch ins ewige Feuer geworfen, wobei seine Strafe milder sein wird als die der Ungläubigen.

4. Der Sünder ist also weder ein Gläubiger noch ein Ungläubiger. Weil er diese Meinung vertrat, geriet der Gründer der Schule, Wasil ibn ʿAtaʾ (gest. 748) in Streit mit seinem Lehrer und entfernte sich (iʿtazala) von ihm, was der Schule nach einer der vielen Interpretationen, den Namen Muʿtazila einbrachte.

5. Jeder Gläubige hat die Pflicht, „das Rechte zu gebieten und das Verwerfliche zu verbieten“: Das entspricht der vorbildlichen Ordnung der „besten Gemeinschaft unter den Menschen“, wie der Koran die islamische Gemeinschaft bezeichnet (3,110).

Die Schule der Ashʿariten folgt ihrem Gründer al-Ahaʿari (873–935), der sich gegen den blinden Glauben der Traditionalisten und gegen den von den Muʿtaziliten vertretenen uneingeschränkten Gebrauch der Vernunft wehrt. Ashʿari tritt für einen gemäßigten, begründeten und durch vernünftige Beweisführung unterstützen Traditionalismus ein. Die Lehrsätze müssen zwar auf dem Text des Korans und den Angaben der Tradition gründen. Man muss aber die Tradition der Kontrolle der Vernunft unterziehen, um Beliebigkeit und Widersprüchlichkeit auszuschließen und die echte Tradition von den falschen Erfindungen unterscheiden zu können. Im Streit mit den Andersgläubigen und den anderen theologischen Richtungen gilt es außerdem, die Gegner zu überzeugen und die eigene Argumentation logisch einwandfrei aufzubauen. Dieser „vernünftige Traditionalismus" der Ashʿariten wurde jahrhundertelang zur herrschenden Schule der islamischen Orthodoxie. Ihre Lehre bildet die Grundlage der Ausführungen in diesem Buch.

Literatur: *A. S. Tritton,* Muslim theology, London 1946; *L. Gardet/M. M. Anawati,* Introduction à la théologie musulmane, Paris 1948; *R. Caspar,* Traité de théologie musulmane, I, Rom 1987.

A. Th. Khoury

Sure ↗ *Koran*

T

Teufel

Der Teufel (iblis) und die Dämonen, seine Anhänger, wohnten nach der Aussage des Korans ursprünglich im Paradies. Ihr Fall und ihre Vertreibung werden auf ihren Hochmut und ihren Ungehorsam zurückgeführt. Zunächst haben sie sich zusammen mit den Engeln gegen die von Gott geplante Erschaffung des Menschen gewandt (2,30). Dann haben sie sich – anders als die Engel – geweigert, Gottes Befehl zu gehorchen und vor Adam niederzufallen (20,116; 15,31–32; 38,74–76; 7,11–12; 2,34 usw.) Daraufhin hat Gott die Dämonen aus dem Paradies vertrieben und sie dem Fluch übergeben bis zum Tag des Gerichtes (15,34–35; 38,77–78; 7,15–18). Seitdem sind der Teufel und die Dämonen damit beschäftigt, den Menschen nachzustellen, sie zu verführen und sie ins Verderben zu stürzen.

Der Koran bezeichnet den Teufel als Feind der Menschen: „Der Satan ist euch ein Feind. So nehmt auch ihr ihn zum Feind. Er ruft seine Anhänger dazu, zu den Gefährten des Feuers zu gehören“ (35,6; vgl. 20,117; 2,168).

Über das Wesen des Teufels und der Dämonen sind sich die Theologen des Islams nicht einig. Die Schilderungen des Falles, aus dem Paradies scheinen ihn zur Gruppe der Engel zu zählen. Andere Stellen lassen ihn Gott erwidern: „Mich hast Du aus Feuer erschaffen ...“ (38,76; vgl. 7,12). Dies weist den Teufel in eine andere Kategorie von Wesen als die der Engel aus. Im Übrigen präzisiert der Koran in Bezug auf Iblis: „Er gehörte zu den Djinn“ (18,50). Ob das ein Hinweis auf seine Natur (die Djinn sind aus Feuer erschaffen worden: vgl. 55,15; 15,27) oder nur ein Urteil über sein Verhalten ist, ist unter den islamischen Autoren umstritten.

Zu den Einwirkungsmöglichkeiten des Teufels auf die Menschen und den Schutzmaßnahmen der Menschen gegen ihn s. den nachfolgenden Beitrag „Teufelsaustreibung“.

Literatur: *W. Eickmann,* Die Angelogie und Dämonologie des Korans im Vergleich zu der Engel- und Geisterlehre der Heiligen Schrift, New York/Leipzig 1908; *P. A. Eichler,* Die Dschinn, Teufel und Engel im Koran, Leipzig 1929; *H. Stiegelecker,* Die Glaubenslehren des Islam, Paderborn [2]1983; *A. Th. Khoury,* Einführung in die Grundlagen des Islams, Altenberge [4]1995.

A. Th. Khoury

Teufelsaustreibung

Aussagen des Korans zu Teufeln und Djinn

Der Koran enthält Aussagen über das Böse und seine Ursache in der Welt. Einige dieser Aussagen führen das Böse auf das Wirken der Teufel bzw. der Djinn zurück.

Das Böse in der Welt rührt nach der Lehre des Korans unter anderem von der Wirkung des Teufels und von seinen hartnäckigen Nachstellungen her. Der Koran bezeichnet den Teufel als Feind der Menschen: „Der Satan ist euch ein Feind. So nehmt auch ihr ihn zum Feind. Er ruft seine Anhänger dazu auf, zu den Gefährten des Feuers zu gehören" (35,6; vgl. 20,117; 2,168). Satan und die Dämonen haben sich, so lautet die Darstellung des Korans, zunächst im Himmel aufgehalten. Sie haben sich dort gegen die von Gott beschlossene Erschaffung des Menschen ausgesprochen (2,30) und auch danach sich geweigert, dem göttlichen Befehl zu entsprechen und vor Adam niederzufallen (2,34; 20,116 usw.). Wegen seines Ungehorsams gegen Gott wurde Satan (auch Iblis genannt) samt seinen Anhängern (das sind die Dämonen) aus dem Paradies vertreiben und verflucht (15,34–35). Daraufhin hat Satan geschworen und vor Gott beteuert, er werde die Menschen verführen und abirren lassen (15,39; 38,82). Die Art und Weise, wie Satan die Menschen verführt, ins Unglück stürzt und letztendlich zur Hölle führt, wird im Koran in plastischen Bildern beschrieben. Der Koran lässt Satan sagen: „Weil Du mich hast abirren lassen, werde ich, ich schwöre es, ihnen auf deinem geraden Weg auflauern. Dann werde ich zu ihnen treten von vorn und von hinten, von ihrer rechten und von ihrer linken Seite …" (7,16–17; vgl. 4,118–119). Den Menschen, betont der Koran, „verspricht der Satan nur Betörung" (17,64; vgl. 5,90–91).

Allgemein warnt der Koran die Gläubigen vor dem Teufel: „Und folgt nicht den Fußstapfen des Satans. Er ist euch ein offenkundiger Feind. Er befiehlt euch nur Böses und Schändliches …" (2,168–169; vgl. 2,268; 24,21).

Einwirkungsmöglichkeit der Dämonen

– Der Koran spricht von den Einflüsterungen des Satans (20,120).

– Die Dämonen können sich den Menschen nähern und sie aufstacheln: „Und sprich: Mein Herr, ich suche Zuflucht bei Dir vor den Aufstachelungen der Satane. Und ich suche bei Dir, mein Herr, Zuflucht davor, dass sie mich aufsuchen" (23,97–98; vgl. 41,36).

– Wie der Fall Ijobs zeigt, können sie auch den Menschen in seinem Leib berühren und ihm Leiden zufügen (38,41). Ein anderer Koranvers verdeutlicht, wie weit der Satan in seiner Einwirkung auf den Leib des Menschen gehen kann: „Diejenigen, die den Zins verzehren, werden nur so aufstehen, wie der aufsteht, den der Satan packt und zu Boden schlägt" (2,275). Noch mehr: Der Koran beschreibt die Heuchler, für die eine schmähliche Pein im Jenseits bestimmt ist: „Der Satan hat von ihnen Besitz ergriffen und sie die Ermahnung Gottes vergessen lassen …" (58,19).

– So sollen die Menschen auf der Hut sein, Zuflucht bei Gott suchen, ihre Treue zu Gott und seinen Anordnungen festigen. Denn die Satane begleiten die Menschen wie ein Geselle (qarin): „Wer sich gegenüber der Ermahnung des Erbarmers wie blind verhält, für den bestellen Wir einen Satan, der ihm dann zum Gesellen wird“ (43,36; vgl. 4,38).

Grenzen der Einwirkungsmöglichkeit der Teufel

Gleichwohl muss der Gläubige wissen, dass der Satan keine unmittelbare Macht über die Menschen hat. Der Koran lässt den Satan zu den Verdammten in der Hölle sprechen: „Gott hat euch ein wahres Versprechen gegeben. Und ich habe euch (etwas versprochen), es aber nicht gehalten. Und ich hatte keine Macht über euch; ich habe euch nur gerufen, und ihr habt auf mich gehört“ (14,22). An anderer Stelle erwidert Gott dem Satan, der seine Drohungen gegen die Menschen ausstößt: „Was meine Diener betrifft, so hast du über sie keine Macht, außer denen unter den Abgeirrten, die dir folgen“ (15,42).

Aussagen der Überlieferung

Aus den zahlreichen Berichten über Aussagen Muhammads bezüglich der Satane, der Djinn und deren Einwirkungen auf das Leben und Verhalten der Menschen seien nur einige angeführt.

– Der Satan (Iblis) richtet seinen Thron auf dem Wasser auf. Dann schickt er seine Trupps. Unter diesen steht ihm der am nächsten, der die größte Verführung anzettelt. Der eine von ihnen kommt und sagt: Ich habe dies und jenes angestellt. Er sagt: Nichts hast du getan. Dann kommt schließlich einer von ihnen und sagt: Ich habe ihn nicht eher verlassen, bis ich zwischen ihm und seiner Frau Zwietracht gestiftet habe. Da wird er ihn näherkommen lassen und sagen: Vorzüglich bist du (nach Djabir, in der Sammlung von Muslim).

– Der Satan fließt durch den Menschen, wie das Blut in ihm fließt.

– *Exorzismus* (in der Sammlung von Ahmad ibn Hanbal)

Nach Umm Aban: Mein Großvater ging mit einem seiner Söhne oder seiner Neffen und sagte: O Gesandter Gottes, dieser Knabe ist von den Djinn besessen und ist irre geworden. Ich habe ihn dir gebracht, damit du Gott für ihn bittest. Er sagte: Bring ihn näher und wende seinen Rücken zu mir. Er tat es. Da nahm der Prophet den Saum seines Kleides oben und unten und begann, damit auf seinen Rücken (des Knaben) zu schlagen und zu sagen: Geh hinaus, o Feind Gottes. Da fing der Kranke an, richtig zu sehen, anders als vorher.

Dann wandte er sein Gesicht zu sich und fragte nach Wasser. Er wischte damit sein Gesicht und betete für ihn. Mein Großvater sagte: In der ganzen Abgesandtschaft befand sich danach keiner, der besser und anmutiger gewesen wäre als er.

– *Exorzismus* (in der Sammlung von Ahmad ibn Hanbal)

Nach Yaʿla ibn Murra: Ich ging mit dem Propheten auf einer Reise hinaus. Unterwegs kamen wir an einer Frau vorbei. Sie hatte bei sich einen Knaben. Sie sagte: O Gesandter Gottes, der da ist ein Knabe, der ein Leiden hat und dessentwegen auch wir leiden. Denn er wird mehr als einmal am Tag auf den Boden geworfen. Er sagte: Gib ihn mir. Sie gab ihn ihm.

Er öffnete seinen Mund und blies dreimal hinein und sagte: Im Namen Gottes. Ich bin der Diener Gottes. Sei beschämt und verabscheut! … Nach unserer Rückkehr fragte er: Wie geht es deinem Knaben? Sie sagte: Bei dem, der dich mit der Wahrheit gesandt hat, wir haben bis zur Stunde nichts mehr von ihm gesehen.

Gelehrte und Volksglaube

In den Büchern der Rechtsgelehrten und in der allgemeinen Literatur sowie in den Zeugen des Volksglaubens und der Volksfrömmigkeit finden sich zahlreiche Belege für die Vorstellung, dass der Teufel, die Dämonen sowie die Djinn Kontakte mit den Menschen aufnehmen, bis hin zur Besessenheit, und dass die Menschen durch Zufluchts-Gebete (z. B. Koran 1,1; 1,1–7; 23,97–98; 113,1–5; 114,1–5), Beschwörungen (Beispiele in: Kriss/Kriss-Heinrich, Volksglaube im Bereich des Islam, Bd. II, 58–139) und Exorzismen (z. B. die Zeremonie des Zar in Ägypten; vgl. Kriss/Kriss-Heinrich, 140–204) den Einflüssen der Dämonen und der Djinn entgegenwirken können.

Es gibt muslimische Autoren, unter denen einige eine große Autorität genießen, die sich gegen verschiedene Formen des Aberglaubens in Bezug auf Dämonen und Djinn wenden. Der bekannte frühere Rektor der Azhar-Universität, Prof. Mahmud Shaltut, äußert sich in der gleichen Richtung: „Alles, was über die Einflüsterung und die Verführung hinausgeht, nämlich dass sie (die Djinn) dem gewöhnlichen Menschen in ihrer eigenen oder in einer von ihnen angenommenen Gestalt erscheinen, dass sie in seinen Leib eindringen, dass sie von seinen Sinnen Besitz ergreifen, dass er sie einsetzen kann, um Gutes zu erlangen und böses abzuwehren, dass er sie herbeizitieren kann, wie er will, dass man durch sie die Zukunft erfahren kann, dass man eine Ehe mit ihnen eingehen und Umgang mit ihnen pflegen kann, und andere Dinge, die unter den Leuten verbreitet sind, – all das steht außerhalb des Rahmens der legitimen Quellen, welche eine sichere Gewissheit vermitteln. Viele Menschen haben zu allen Zeiten vieles geglaubt von dem, was sie über die Geschichten der Djinn hörten oder was man sich sonst über die Verhaltensweise, die man ihnen zuschreibt, vorstellt. Geglaubt haben sie, dass sie (die Djinn) dem gewöhnlichen Menschen erscheinen und andere Gestalten annehmen können. Sie haben geglaubt, dass sie sich mit den Menschen unterhalten, in seinen Körper eindringen, und sie haben geglaubt, dass sie sie einsetzen können, um Gutes zu erlangen und Böses abzuwehren."

Die Angaben der Rechtsbücher über den Umgang der Djinn mit den Menschen (Eheschließung, Geschlechtsverkehr, Teilnahme am Pflichtgebet, Versorgung mit Djinn-Speise usw.) hält Shaltut für eine Fehlentwicklung. Nochmehr, er meint, es seien vor allem Schulübungen über angenommene fiktive Fälle.

Ausgehend vom Koran weist Shaltut nach, dass die Djinn und die Dämonen die Zukunft und das Verborgene nicht kennen und dass sie nicht in der Lage sind, den Menschen Schaden zuzufügen, weder durch direkte Berührung noch durch andere getarnte Mittel. Er spricht sich gegen die Scharlatane aus, die den Menschen weismachen wollen, dass sie die Teufel austreiben oder die Djinn in Dienst nehmen können, um den Menschen ihre Anliegen und Wünsche verschiedener Art zu erfüllen. Er beklagt, dass der fehlgeleitete Volksglaube Unterstützung erhielte von denen, die sich für Gelehrte und fromme Menschen ausgeben (M. Shaltut, als Fatwa [die Rechtsgutachten], 21 –27).

Literatur: *A. Bouhdiba,* La sexualité en Islam, Paris ²1979; *A. Th. Khoury,* So sprach der Prophet. Worte aus der islamischen Überlieferung (GTB 785), Gütersloh 1988; *R. Kriss/H. Kriss-Heinrich,* Volksglaube im Bereich des Islams, Bd. II, Wiesbaden 1962; *H. Stiegelecker,* Glaubenslehren des Islams, Paderborn ²1983.

A. Th. Khoury

Theokratie ↗ *Staatslehre*

Theologie ↗ *Apologetik; Schiismus; Sunnismus*

Thora

Mit Thora (at-taurat) meint der Koran über den engeren Sinn der Thora der Juden bzw. des Pentateuch – Genesis, Exodus, Leviticus, Numeri, Deuteronomium – hinausgehend offensichtlich die Gesamtheit der alttestamentlichen Schriften mit Ausnahme der Psalmen, die eigens erwähnt werden. Im Koran erscheinen Tawrat (Thora) und Indjil (Evangelium) häufig nebeneinander (3,3; 3,48; 3,65; 5,66; 7,157,), was ihr Verständnis als Altes Testament bzw. Neues Testament nahe legt.

Mit dem Koran werden zugleich Thora und Evangelium als von Gott dem Mose bzw. Jesus geoffenbarte Bücher charakterisiert (3,3–4). Ausführlich beschreibt der Koran das Verhältnis dieser drei Offenbarungsschriften in 5,44–48.

Weil nach koranischem Verständnis Muhammad die definitiv-gültige Offenbarung Gottes den Menschen gebracht hat, besaß die Thora lediglich vorläufigen Charakter (vgl. auch Schriftverfälschung; Bücher/Heilige Schriften).

Literatur: *s. Bibel.*

L. Hagemann

Tier/Tiere

Reine und unreine Tiere

Der Islam teilt die Tiere in reine und unreine Lebewesen ein. Dabei lässt sich keine besondere Systematik erkennen, wie das beim Judentum der Fall ist, wo alle nicht eindeutig einem bestimmten Element zuzuordnenden Tiere als unrein betrachtet werden. Als ein gewichtiger Unterschied zu jüdischen Reinheitsvorschriften kann die Tatsache bezeichnet werden, dass der Islam in Bezug auf Tiere, die im Wasser leben, in der Regel keine Tabuisierung kennt. Unreine Tiere dürfen von Muslimen nicht konsumiert werden, da die Unreinheit dieser Tiere dadurch auf den Menschen übergehe. Vor allem durch das Blut würden die negativen Eigenschaften dieser Tiere auf den Menschen übertragen. Der körperliche Kontakt eines Menschen mit diesen Tieren bewirkt rituelle Unreinheit. Da auch Örtlichkeiten durch sie rituell unrein werden, dürfen sie nicht in Moscheen gelassen werden.

Über die Ursachen für die Unreinheit bestimmter Tiere sind zahlreiche Theorien aufgestellt worden, die von hygienischen Überlegungen bis zur Rekonstruktion eines Totemismus bei vorislamischen arabischen Stämmen reichen. All diese Erklärungsversuche haben sich jedoch als unbefriedigend herausgestellt. Auch von islamischen Rechtsgelehrten sind immer wieder Versuche unternommen worden, die jeweilige Einordnung von Tieren in die beiden Kategorien zu erklären; doch finden sich auch Autoren, die feststellen, dass es keine Begründung für die Einteilung gibt. Zum Teil unterscheiden sich auch die Auffassungen über die Unreinheit eines bestimmten Tieres. So herrscht zwar Übereinstimmung in der Feststellung, dass Schwein und Hund unreine Tiere sind. Doch schon in Bezug auf den Hund gibt es Differenzierungen; so erinnert der Koran 18,17–18 in dem Bericht über die Siebenschläfer an deren treuen Hund, von dem der Prophet gesagt haben soll, dass er der einzige seiner Art sei, der ins Paradies gelangen werde. Und von Muhammad wird berichtet, dass er einer Prostituierten, die einen Hund freundlich behandelt habe, das Paradies versprach. Ähnlich unklar verhält sich der Islam auch hinsichtlich der Katze. Die Tradition berichtet, dass der Prophet diese Tiere gerne gehabt hat und sie nicht für rituell unrein hielt; andere Berichte sprechen dagegen von seiner Ablehnung dieser Tiere, da sie als Jagdtiere für unrein gehalten wurden. Eine Begründung für die Ablehnung von Hund und Katze mag in der Vorstellung vor-islamischer, aber auch späterer Araber zu suchen sein, dass böse Geister in der Gestalt dieser Tiere aufträten.

Einheitlich ist die Beurteilung von Haustieren in der Hinsicht, dass ihr Verzehr als verboten gilt. Doch lässt das islamische Recht den Genuss in Zeiten von Nahrungsmittelknappheit ausdrücklich zu. Noch schwieriger wird die Beurteilung der Tiere durch die Tatsache, dass auch ekelerregende Dinge vom Islam als unrein angesehen werden. Daher werden manche Tiere wie Schlangen und andere Reptilien von einigen Juristen als unrein angesehen. Andererseits treten hier am ehesten regionale Unterschiede in der Beurteilung auf. Deshalb ist auch die Rechtsauffassung verbreitet, dass Tiere, die nach der lokalen Tradition konsumiert werden, erlaubt sind. Diese Position beruht nicht zuletzt auf Berichten über den Propheten, der es abgelehnt habe, bestimmte Tiere zu essen, weil er sie nicht schätzte, ihre rituelle Reinheit jedoch nicht ausdrücklich bestätigt habe.

Einheitlich stellt sich die islamische Sicht auf der Basis von Koran 16,115 in Bezug auf das Schwein dar. Dort heißt es: „Verboten hat Er euch Verendetes, Blut, Schweinefleisch und das, worüber ein anderer als Gott angerufen worden ist …" Zwar werden Wildschweine gejagt, doch ist über ihren Konsum nichts bekannt. Die Abneigung von Muslimen gegenüber dem Schwein und dem Genuss von Schweinefleisch ist allgemein verbreitet. Dies gilt nicht nur für Regionen wie die Arabische Halbinsel, in denen das Schwein aus klimatischen Gründen nicht domestiziert werden konnte, sondern auch für die, in denen Schweinefleisch bis zur Islamisierung zur traditionellen Nahrung gehörte wie in Südostasien.

Behandlung der Tiere

Die Haltung von Muslimen Tieren gegenüber ist jedoch nicht nur von juristischen Überlegungen oder Nützlichkeitserwägungen gekennzeichnet. Im Gegensatz zu Judentum und Christentum äußern sich die autoritativen Schriften des Islams deutlich zum Verhalten von Menschen gegenüber Tieren. Der Koran stellt in 16,49 fest, dass sich Engel wie Tiere vor Gott im Gebet niederwerfen und in 6,38 heißt es: „Es gibt keine Tiere auf der Erde und keine Vögel, die mit ihren Flügeln fliegen, die nicht Gemeinschaften wären, gleich euch. Wir haben im Buch nichts übergangen. Dann werden sie zu ihrem Herrn versammelt." In zahlreichen Überlieferungen von Aussprüchen des Propheten wird auf dessen Tierliebe hingewiesen, und sie enthalten die Ermahnung, Tiere nicht zu quälen. In den Berichten über das Leben des Khalifen ʿUmar wird besonders auf seine Tierliebe hingewiesen und in zahlreichen literarischen Werken und Sammlungen von Wunderberichten wird geschildert, wie Tierquäler bestraft wurden und Tiere für besondere Treue und Opferbereitschaft eine übernatürliche Belohnung erhielten. Daher ist es nicht verwunderlich, dass mittelalterliche europäische Reisende aus dem Orient berichten, dass es Asyle für Hunde und Katzen gab. Fromme Stiftungen zugunsten von Tieren sind mehrfach belegt. Angesichts dieser vielfältigen Dokumente ergibt sich ein Bild, das sich von dem gängigen Vorurteil, Muslime verhielten sich Tieren gegenüber brutal, deutlich unterscheidet.

Literatur: *G. H. Bousquet,* Des Animaux et leur traitement selon le Judaïsme, le Christianisme et l'Islam, in: Studia Islamica 9 (1958), 31–48; *E. Gräf,* Jagdbeute und Schlachttier im islamischen Recht. Eine Untersuchung zur Entwicklung der islamischen Jurisprudenz, Bonn 1959; *P. Heine,* Kulinarische Studien. Untersuchungen zur Kochkunst im arabisch-islamischen Mittelalter, Wiesbaden 1988; *D. Müller,* Das Tier im Leben und Glauben der frühislamischen Gesellschaft, Münster 1969; *M. Naor,* Über die arabische Katze, in: Wiener Zeitschrift für die Kunde des Morgenlandes 35 (1928), 276–289; 36 (1929), 87–107.227–238:

P. HEINE

Tieropfer

Zwar spielt das Opfer, zumal das Tieropfer, keine so bedeutende Rolle im Islam wie in anderen des Nahen und Mittleren Ostens entstandenen Religionen. Doch kennt auch der Islam die rituelle Schlachtung von Tieren. Sie ist vor allem Teil des umfangreichen Rituals der Wallfahrt nach Mekka. In diesem Zusammenhang wird am 10. Tag des islamischen Monats Dhu l-Hidjja an dem Ort Mina in der Nähe Mekkas von ihren Pilgern ein Tier geschlachtet. An diesem Tag wird das „Opferfest" (ʿid al-adha) nicht nur in Mina, sondern in der gesamtenislamischen Welt begangen. Die Muslime gedenken dabei des Opfers des Abraham, der nach islamischer Tradition nicht Isaak, sondern Ismaʿil opfern wollte.

In der Erinnerung an das Opfer Abrahams schlachtet jede muslimische Familie am „ʿId al-Adha" ein Schaf. Zu den traditionellen Opfertieren gehören auch Kamele, Rinder und wild lebende Tiere wie Gazellen. Die Tiere sollten wohlgenährt und nicht zu alt sein. Das islamische Recht schreibt für die verschiedenen Tiere ein bestimmtes Alter vor. Wenn die Opfernden aus materiellen Gründen nicht in der Lage sind, ein Schaf zu schlachten, wird an seiner Stelle ein Huhn geopfert. Alle Tiere sollten ohne Fehler sein. Es kann sich um männliche oder weibliche Tiere handeln. Nur die religiöse Minderheit der Ismaʿiliten fordert ausschließlich männliche Opfertiere. Als Zeitpunkt für das Opfer werden die Nachtstunden und vor allem die Zeit des Sonnenauf- und -untergangs gemieden. Die Opferung muss auf eine vorgeschriebene Art durchgeführt werden. Sie sollte von einem Mann vollzogen werden, der sich im Zustand der rituellen Reinheit befindet. In der Regel stehen ihm einige Helfer zur Seite. Bei der eigentlichen Schlachtung muss Gott angerufen und das Tier nach Mekka gewendet werden. Die Schlachtung hat durch einen Kehlenschnitt zu geschehen. Ein vorausgehendes Betäuben des Tieres ist nicht gestattet, ebenso die Schlachtung durch einen Nackenschnitt, da man annimmt, dass so ein völliges Ausbluten nicht möglich ist. Um das Leiden des Tiers zu verkürzen, sollte die Schlachtung mit einem scharfen Messer geschehen. Es sind aber auch all die Instrumente, selbst die Zähne, erlaubt, durch die ein Auslaufen des Blutes erreicht werden kann. Die zentrale Bedeutung des Blutvergießens hängt mit der Vorstellung der Identität von Blut und Seele zusammen.

Wie J. Henninger nachgewiesen hat, war in der vor-islamischen und frühen islamischen Zeit keine Form des unblutigen Opfers üblich. Eine bestimmte Stelle für das Opfer, einen Opferstein oder Altar, kennt der Islam nicht. Andere Regeln sind nicht zu beachten. Ein Teil des Opfertieres wird dann zubreitet und von den Opfernden verzehrt, ein anderer Teil wird an Bedürftige weitergegeben.

Neben diesem Opfer kannte der Islam seit alter Zeit auch einige besondere Opferformen. Zu nennen ist hier das Erstlingsopfer, bei dem das erste Junge eines Tiers geopfert wurde. Ein unblutiges Opfer, bei dem ein Kamel durch die Viertel einer Stadt geführt wurde, der eine Epidemie drohte, ist ebenfalls bekannt. Das Tier wurde nach dem Rundgang freigelassen. Die Opfernden hofften, dass es die Krankheitserreger in sich aufgenommen habe und sie so verschont würden.

Besondere administrative und shariʿatsrechtliche Probleme ergeben sich bei den Opfern in Mina, da jeder

der mehreren hunderttausend Pilger hier sein Schaf schlachten muss. Schwierigkeiten bereiten nicht nur die Bereitstellung einer so großen Zahl von Schafen, sondern auch die weitere Verwertung der geschlachteten Tiere angesichts der Tatsache, dass sie nicht insgesamt von den Pilgern konsumiert werden können. Häufig wurden die Reste der Opfertiere vergraben, was bei der Menge nur unzureichend geschehen konnte, so dass es zu hygienischen Problemen kam. Eine Verringerung der Opfertiere, etwa dergestalt, dass mehrere Pilger gemeinsam ein Tier schlachten, ist aus rechtlichen Gründen nicht möglich. Inzwischen sind in der Umgebung von Mina Kühlhäuser und andere Vorrichtungen eingerichtet worden, in denen das nicht konsumierte Fleisch der Opfertiere so gelagert und verarbeitet werden kann, dass es in die Hungergebiete der islamischen Welt zu exportieren ist.

Literatur: *J. Chelhod,* Le Sacrifice chez les Arabes, Recherches sur l'évolution, la nature et la fonction des rites sacrificiels en Arabie occidentale, Paris 1955; *J. Henninger,* Über das Huhnopfer und Verwandtes in Arabien und seinen Randgebieten, in: Anthropos 41–44 (1946–49), 337–346; *ders.,* Das Opfer in den südarabischen Hochkulturen, in: Anthropos 37–40 (1942–45), 779–810; *ders.,* Die unblutige Tierweihe der vorislamischen Araber in ethnologischer Sicht, in: Paideuma 4 (1950), 179–190; *D. Müller,* Hadith-Aussagen zum Erstlingsopfer, in: *W. Fischer (Hrsg.).,* Festgabe für Hans Wehr, Wiesbaden 1969, 93–96.

P. Heine

Tod

Der Tod ist nach islamischem Verständnis nicht in erster Linie Folge der Sünde, sondern nach der von Gott festgesetzten Zeit Heimkehr zu ihm, der den Menschen auch ins Dasein gerufen hat: „Alsdann wird eure Rückkehr zu eurem Herrn sein …" (Koran 6,164).

Die Unausweichlichkeit des Todes

Keiner kann dem Tod entrinnen. Jeder Mensch wird einmal sterben: „Wir haben für euch den Tod festgelegt. Und niemand kann Uns voraus sein (und abwenden), dass Wir (gegen euch) euresgleichen eintauschen und euch in einen Zustand entstehen lassen, den ihr nicht kennt" (56,60–61). Der Tod ereilt einen jeden Menschen, wo immer er sich auch aufhalten oder wohin er sich auch zurückziehen mag: „Wo immer ihr seid, der Tod wird euch erreichen, auch wenn ihr in hochgebauten Burgen wäret" (4,78) und: „Sprich: Der Tod, vor dem ihr flieht, wird euch erreichen" (62,8). So ist der Tod der ständige Begleiter des Menschen. Gott selbst, der Herr über Leben und Tod, hat es so bestimmt, „um euch zu prüfen (und festzustellen), wer von euch am besten handelt" (67,2). Keiner lebt ewig: „Jeder wird den Tod erleiden" (21,35).

Das Zwischengericht

Was zwischen Tod und Auferstehung geschieht, wird ausführlich in der islamischen Tradition geschildert. Eine besondere Bedeutung kommt dabei dem Todesengel zu, dessen Name laut Tradition ʿIzraʾil ist. Von ihm

heißt es im Koran: „Sprich: Abberufen wird euch der Engel des Todes, der mit euch betraut ist. Dann werdet ihr zu eurem Herrn zurückgebracht“ (32,11). Auch andere Engel können diese Abberufung vornehmen (16,28.32–33; 4,97).
Nach der Überlieferung fällt dem Todesengel die Aufgabe zu, die Seele vom Körper der Verstorbenen zu trennen und sie zum Himmel zu führen. Gehört sie zu den Gerechten, dann erfährt sie dort, dass Gott ihr alle ihre Sünden vergeben und für das Paradies bestimmt hat. Sie kehrt daraufhin noch einmal zu ihrem Körper zur Erde zurück. Zählt aber eine Seele zu den Verdammten, wird sie bereits am untersten Himmelstor abgewiesen und auf die Erde zurückgestoßen, wo sie von den Zabaniya, den Höllenwärterengeln, an den Versammlungsort der Verdammten gebracht wird.

Die Befragung im Grab

Dem Zwischengericht im Himmel folgt nach der Bestattung des Leichnams die Befragung im Grab. Entsprechend der Überlieferung werden die Verstorbenen auf ihren Glauben hin wie folgt befragt:
– Wer ist dein Gott?
– Wer ist dein Prophet?
– Was ist deine Religion?
– Wohin zeigt deine Gebetsrichtung?
Wenn der Verstorbene richtig zu antworten weiß (Allah – Muhammad – Islam – Mekka), nehmen sich seiner die Engel Mubashshar (Frohe Botschaft) und Bashir (Verkünder froher Botschaft) an; er wird getröstet und vernimmt die Verheißung des Paradieses (41,30; 16,32). Gibt aber der Tote falsche Antworten, dann wird er schon im Grab gepeinigt. Die Engel, Munkar (das Verwerfliche) und Nakir (das Negative) schlagen ihn mit eisernen Keulen auf Gesicht und Rücken (47,27; 8,50).

Die Wartezeit

Dann folgt die Wartezeit bis zum Endgericht am Jüngsten Tag. Der Zustand, in dem sich die Seelen während dieser Zeit befinden, kommt dem des trunkenen Schlafes gleich. Wenn schließlich der Jüngste Tag anbricht, scheint es ihnen so, „als hätten nur eine Stunde vom Tag (im Grab) verweilt“ (10,45) oder „nur einen Abend“ oder „den Morgen darauf“ (79,46) beziehungsweise „nur zehn (Nächte)“ (20,103).
Dann schließt sich das Jüngste Gericht (s. dort) an.

Literatur: *s. Eschatologie.*

L. Hagemann

Toleranz

Die Frage nach der Toleranz ist unter anderem die Frage nach der jeweiligen Staatsstruktur und nach dem Rechtsstatus, der den Minderheiten in diesem Staat zugestanden wird. Das klassische Rechtssystem des Islams geht von einer einheitlichen Gesellschaft aus, der Gesellschaft der Muslime, welche ihre Beziehungen zu den Minderheiten auf der Grundlage von Verträgen regelt. Der Rechtsstatus der Minderheiten beruht hier auf einem Vertrag zwischen Eroberern und Unterworfenen, zwischen Siegern und Besiegten, einem Vertrag, der aus den Muslimen die

eigentlichen vollen Bürger des Landes und aus den anderen nur „Schutzbefohlene" macht.
Das Schutzabkommen beinhaltet hauptsächlich die Pflicht der Nicht-Muslime, der islamischen Obrigkeit untertan zu sein, sich dem islamischen Staat gegenüber loyal zu verhalten und die vereinbarten Tribute und Abgaben, Eigentums- und Kopfsteuern zu entrichten. Im Gegenzug dazu verpflichtet sich der islamische Staat, das Leben der Schutzbefohlenen und die ihren zugestandenen Rechte zu schützen.
Im Folgenden sollen nun die wichtigsten Punkte angesprochen werden, die die rechtliche Stellung der Schutzbefohlenen, vornehmlich Christen und Juden, deutlich machen.

Die Religionsfreiheit
Zwar versteht sich der Islam als die letzte, endgültige Form der von Gott offenbarten Religion und daher als Fortsetzung und zugleich Überbietung und Aufhebung von Judentum und Christentum. Zwar verbietet der Islam unter Androhung der Todesstrafe den Abfall vom islamischen Glauben. Gleichwohl respektiert er die Gewissensfreiheit der Schutzbefohlenen und garantiert ihnen ihre Religionsfreiheit. „Es gibt keinen Zwang in der Religion", proklamiert der Koran (2,256). So dürfen die Schutzbefohlenen nicht dazu gezwungen werden, ihre eigene Religion zu verlassen und den Islam anzunehmen. Darüber hinaus beinhaltet die Religions- und Kulturfreiheit der Schutzbefohlenen das Recht, ihre Kinder und ihre Glaubensgenossen in der eigenen Religion bzw. Konfession zu unterweisen. Auch steht ihnen das Recht zu, die Kulthandlungen ihrer Religion zu vollziehen. Der Staat erlegt ihnen jedoch die Einschränkung auf, die Zeremonien ihres Kultus nur innerhalb der Kultgebäude und in einer Weise zu vollziehen, die dem religiösen Empfinden und dem Überlegenheitsgefühl der Muslime nicht widerstrebt.

Mischehen zwischen Schutzbefohlenen und Muslimen
Ein Schutzbefohlener darf keine muslimische Frau heiraten, denn im Verständnis der Rechtsgelehrten birgt eine solche Ehe die direkte Gefährdung des Glaubens der muslimischen Frau in sich. Wenn eine solche Ehe irrtümlich zustande kommt, muss sie aufgelöst werden. Ein Schutzbefohlener, der im Wissen um die Rechtslage und das bestehende Verbot dennoch eine muslimische Frau heiratet, muss bestraft werden.
Ein Muslim darf eine Frau aus den Reihen der Leute des Buches, wie Juden und Christen im Koran bezeichnet werden, heiraten, so bestimmt es der Koran selbst (5,5). Solche Ehen werden jedoch von den Rechtsgelehrten nicht empfohlen. Es sprächen viele Gründe dagegen; z.B. darf die nicht-muslimische Frau theoretisch Dinge tun, die für einen Muslim verboten sind: Sie darf die Kirche besuchen, Wein trinken, Schweinefleisch essen. Dadurch wird sie zu einem ständigen Herd der Verunreinigung für ihren Mann, mit dem sie lebt und Geschlechtsverkehr hat, und auch für ihre Kinder, die sie stillt

bzw. ernährt, ganz abgesehen davon, dass sie für die religiöse Erziehung der Kinder nicht geeignet ist. Sollte sie sogar aus dem Gebiet der Feinde stammen, dann besteht immer wieder die Gefahr, dass ihre Kinder dazu neigen, zu den Feinden überzulaufen oder zumindest ihre Bindungen an die islamische Gemeinschaft lascher zu gestalten.
Der eine Vorteil solcher Ehen besteht darin, dass die Frau sich eventuell veranlasst fühlt, den Islam anzunehmen.

Prozessrecht und Rechtssprechung
Die juristische Tradition des Islams stellt im Allgemeinen fest, dass die jeweilige Religionsgemeinschaft innere Verwaltungsautonomie genießt und für die Rechtssprechung in den Anliegen ihrer Angehörigen zuständig ist. Dennoch bleibt die allgemeine Zuständigkeit der islamischen Richter bestehen. Die Fälle, die unter ihre ausschließliche Zuständigkeit fallen, sind die, bei denen die Parteien verschiedenen Konfessionen angehören. Auch in Streitsachen zwischen einem Muslim und einem Schutzbefohlenen und in strafrechtlichen Sachen, bei denen die staatliche Oberhoheit vorausgesetzt wird, ist der muslimische Richter die einzig zuständige Instanz. Endlich hat der muslimische Richter das Interesse des Staates und der islamischen Gemeinschaft in allen Fällen zu schützen, in denen die allgemeine Ordnung des Staates gestört oder gefährdet wird. In all diesen Fällen hat der muslimische Richter immer nach den Bestimmungen des islamischen Gesetzes zu entscheiden. Denn nur das islamische Recht als Grundlage der staatlichen Gesetze gilt im gesamten Gebiet des Islams, während die Gesetze der jeweiligen Religionsgemeinschaft sich auf ihre eigenen Mitglieder beschränken. Der muslimische Richter, der von sich aus tätig wird oder der in einer Sache angerufen wird, muss die streitenden Parteien, auch wenn ein Muslim im Streit mit einem Schutzbefohlenen liegt, gleich gerecht behandeln. Dennoch gilt das Zeugnis von Schutzbefohlenen als wenig aussagekräftig. Auch darf das Zeugnis von Schutzbefohlenen gegen einen Muslim im Allgemeinen nicht angenommen werden.
In Strafsachen gilt oft eine Ungleichwertigkeit von Muslimen und Schutzbefohlenen. Am Beispiel der Strafe für Mord und Totschlag soll dies verdeutlicht werden. Der Koran schreibt im Fall des Tötens folgende Regelung vor: „O ihr, die ihr glaubt, vorgeschrieben ist euch bei Totschlag die Wiedervergeltung: der Freie für den Freien, der Sklave für den Sklaven, das Weib für das Weib. Angenommen, ein Muslim ermordet einen Schutzbefohlenen: In diesem Fall plädiert der Rechtsschulgründer Abu Hanifa für die Hinrichtung des Schuldigen. Die drei anderen Schulgründer meinen, dass der vorhin zitierte Koranvers hier keine Anwendung findet, denn Gerechtigkeit bedeutet die Gleichheit der beiden Parteien bei der Wiedervergeltung, was von einem Muslim und einem Schutzbefohlenen nicht behauptet werden kann.

Die wirtschaftliche Stellung der Schutzbefohlenen

Das islamische Rechtssystem garantiert den Schutzbefohlenen die Unverletzbarkeit ihres Eigentums und räumt ihnen die Freiheit ein, Handel zu treiben und unternehmerische Tätigkeiten zu entfalten. Sie dürfen mit den Muslimen Geschäftsverträge schließen, deren Gültigkeit und Verbindlichkeit nicht angezweifelt werden.

Rechtsstellung der Schutzbefohlenen im politischen Bereich

Die Ungleichheit der Bewohner des Landes aufgrund ihrer Religionszugehörigkeit tritt am deutlichsten im politischen Bereich zutage, denn es geht hier um die Ausübung der Macht im Staat, und diese ist nach islamischem Recht ausschließlich den Muslimen vorbehalten. So sind sich die muslimischen Rechtsgelehrten darüber einig, dass der Zugang zu hohen Ämtern im Staat den Schutzbefohlenen verwehrt werden muss. Denn, so lauten ihre Argumente, der Koran verbiete es, die Nicht-Muslime, wenigstens in empfindlichen Bereichen des öffentlichen Lebens, zu Freunden zu nehmen, und ihnen den Vorzug vor den Gläubigen zu geben (vgl. 3,28.118; 4,115.144; 60,1; 5,51.57). Auch betont er: „Gott wird nie den Ungläubigen eine Möglichkeit geben, gegen die Gläubigen vorzugehen" (4,141). Und nach der Überlieferung des Hadith habe Muhammad unterstrichen: „Der Islam herrscht und wird nicht beherrscht." Der Zugang zu hohen Ämtern würde im Widerspruch stehen zur niedrigen Stellung im Staat, die den Schutzbefohlenen zukommt. Zusammenfassend kann man feststellen, dass das klassische Rechtssystem des Islam die Bildung einer Gesellschaft mit zwei Klassen von Bürgern vorsieht. Die einen, die Muslime, sind die eigentlichen Bürger; die anderen werden toleriert, ihnen wird ein Lebensraum verschafft, aber ihre Rechte sind nur die, die ihnen der islamische Staat gewährt. Und diese gewährten Rechte gehen von einer grundsätzlichen Ungleichheit von Muslimen und Schutzbefohlenen aus. Muslime und Nicht-Muslime sind ja nicht gleichberechtigt im Staat, sie sind nicht alle Träger der gleichen Grundrechte und der gleichen Grundpflichten. Sie sind auch nicht grundsätzlich gleichgestellt vor dem Gesetz. Die Nicht-Muslime sind zwar in den Augen des Islams nicht recht- und schutzlos, sie werden nicht den Muslimen als freie Beute preisgegeben. Dennoch werden sie im eigenen Land als Bürger zweiter Klasse behandelt. Diese Ordnung hat zwar in der Vergangenheit das Überleben der christlichen Kirchen ermöglicht und im Orient sowie in Andalusien ein erträgliches, ja bisweilen gedeihliches Zusammenleben gefördert. Aber diese Mischung von Toleranz und Intoleranz, diese relative Integration der Nicht-Muslime im Staat und ihr Verweisen in einen Rechtsstatus von Fremden machte in der Praxis die Lebensgeschichte der Schutzbefohlenen, Juden und Christen, unter dem Druck der islamischen Mehrheit oft und immer wieder zu einer Leidensgeschichte.

Es stellt sich die Frage, ob es heute tragbar ist, einen Staat nach diesem Modell wiederzuerrichten. Erforderlich ist eher eine Struktur, die den Gemeinschaften und allen Bürgern ermöglicht, loyal zum gemeinsamen Land zu sein und den unabweisbaren Anspruch zu erheben, in diesem ihrem Land als gleichberechtigte Bürger zu gelten und die gleichen Grundrechte und Grundpflichten zuerkannt zu bekommen. So kann verhindert werden, dass die einen den Staat für sich vereinnahmen und die anderen zu Schutzbefohlenen deklassiert werden, welche dann dem Willen und Entgegenkommen, wie auch der Willkür und dem Gutdünken der Mehrheit ausgeliefert sind. Und so kann verhindert werden, dass die „nur tolerierten" Bewohner Angst haben müssen, eine Leidensgeschichte zu durchleben, die immer wieder hereinzubrechen droht.

Vielleicht ist es doch nicht vermessen, zu hoffen, dass der zeitgenössische Islam eine Gesellschafts- und Staatsstruktur findet, durch die er ohne Identitätsverlust seine wahre Rolle in der Welt erfüllen kann als „Zeuge für die Gerechtigkeit" (5,8) und als mitwirkender Faktor bei der Verwirklichung der universalen Solidarität der Menschen und bei der Herstellung einer Gesellschaftsordnung, in der alle Bürger vor dem Gesetz grundsätzlich gleichgestellt und im praktischen Leben gleichberechtigt sind, in der über eine geschenkte Toleranz hinaus die unverzichtbaren Menschenrechte für alle vorbehaltlos anerkannt werden.

Literatur: *A. Fattal,* Le statut légal des non-musulmans en pays d'Islam, Beirut 1958; *R. Paret,* Toleranz und Intoleranz im Islam, in: Saeculum 21 (Freiburg/München 1970), 344–365; *A. Noth,* Möglichkeiten und Grenzen islamischer Toleranz, in: Saeculum 29 (Freiburg/München 1978), 190–204; *A. Th. Khoury,* Toleranz im Islam, München/Mainz 1980; Altenberge [2]1986.

A. Th. Khoury

Tora ↗ *Thora*

Tradition ↗ *Hadith*

Traditionssammlungen ↗ *Hadith*

Trinität

Der Vorwurf gegen die Christen, die ursprüngliche Botschaft Jesu verfälscht zu haben (s. Verfälschung), resultiert aus dem muslimischen Glauben an die Einheit und Einzigkeit Gottes (s. Allah/Gott): „Ich bezeuge: Es gibt keinen Gott außer Gott …" Der Koran betont immer wieder: Es gibt nur einen einzigen Gott. Dieses Bekenntnis wendet sich auch gegen die christliche Lehre von der Dreieinigkeit Gottes: „Ungläubig sind diejenigen, die sagen: ‚Gott ist der Dritte von dreien', wo es doch keinen Gott gibt außer einem einzigen Gott. Wenn sie mit dem, was sie sagen, nicht aufhören, so wird diejenigen von ihnen, die ungläubig sind, eine schmerzhafte Pein treffen" (Koran 5,73). Allerdings trifft dieser Vorwurf des Korans nicht die authentische christliche Trinitätsauffassung. Hier wird der christliche Dreifaltigkeitsglaube als Tritheismus, als Glaube an drei Götter, missverstanden und möglicherweise als eine Trias aus Gott (Vater), Maria (Mutter) und Jesus (Kind) aufgefasst: „Und als Gott sprach: ‚O Jesus, Sohn Marias, warst du es, der zu den Menschen sagte: Nehmt euch neben Gott mich und meine Mutter zu Göttern?‘ ...“ (5,116). Damit wäre der christliche Glaube an den dreifaltigen Gott als den Vater, den Sohn und den Heiligen Geist missverstanden. Die Zurückweisung des den Christen unterstellten Trinitätsverständnisses – Gott als Vater, Maria als Mutter und Jesus als Sohn – beruht durchweg auf einer biologisch-unitarischen Argumentation: Gott kann kein Kind zeugen. „Er ist Gott, ein Einziger ... Er hat nicht gezeugt und Er ist nicht gezeugt worden“, so deutlich in Koran 112, 1–3. Das arabische Verbum in beiden Satzteilen gehört zum Stamm w-l-d mit einem grundsätzlich biologischen Inhalt: ein Kind zur Welt bringen oder zeugen. Unter dieser Voraussetzung und aufgrund dieses Vorverständnisses scheint der Koran den christlichen Glauben an die Trinität missverstanden zu haben.

Literatur: *s. Gott/Allah.*

L. HAGEMANN

Tugend

Der Koran bezeichnet die gläubigen Männer und Frauen als diejenigen, die „das Rechte gebieten und das Verwerfliche verbieten“ (9,71). In unzähligen Versen lobt er die Menschen, die glauben und das Gute tun; er verheißt ihnen die sichere Belohnung bei Gott. Gott wird ihnen ein gutes Leben bescheren (16,97), im Diesseits Gutes gewähren (16,30; 30,44–45), und zwar mehr als ihnen zusteht (42,23). Desgleichen wird Gott das Gute, das sie tun, im Jenseits belohnen (41,46; 16,97; 28,84; 4,40.114.124.173; 5,9 usw.) und den gläubigen mehr an Belohnung gewähren (10,26). Denn Gott liebt die Rechtschaffenen (2,195).

Die grundlegende Haltung der Muslime soll der feste Glaube an Gott und der Gehorsam gegen seinen Willen sein, was zum Erwerb wertvoller Tugenden führt. Wer sich bemüht, seinen Glauben ungeheuchelt zu erhalten und zur vollen Entfaltung zu bringen, erweist sich als jemand, der sich an die Wahrheit hält (vgl. 103,3); ihm wird die Weisheit geschenkt: „Und wem die Weisheit geschenkt wird, dem wird viel Gutes geschenkt“ (2,269).

Der Gläubige findet auch in seiner Demut immer leichter den Zugang zum tiefen Glauben (vgl. 32,15), im Gegensatz zum Hochmütigen, der in seiner Selbstzufriedenheit den Glauben nicht annimmt und sich vom Dienste Gottes abwendet (40,35; 4,172–173). Gott „liebt die nicht, die sich hochmütig zeigen“ (16,23), er liebt auch nicht den, „der eingebildet und prahlerisch ist“ (31,18; 4,36).

Der Koran verurteilt auch die Undankbarkeit der Menschen, die in der Not zu Gott rufen und, wenn die Gefahr vorbei ist, sich undankbar zeigen (41,51; 17,67.83 usw.). Den Dankbaren erklärt er: „Gott wird (es) den Dankbaren vergelten“ (3,144). Das dankbare Annehmen des eigenen Schicksals von der Hand Gottes bedingt die Haltung der Geduld und der Beharrlichkeit, die der Koran den Gläubigen empfiehlt (3,200; 103,3; 2,45.153). Gott ist mit den Geduldigen, verheißt der Koran (2,153.249; 8,46); die Geduld wird ihre Belohnung bei Gott finden (2,155–157; 3,17; 22,34–35).

Für die Beziehungen der Menschen zueinander warnt der Koran davor, auf der Erde Unheil zu stiften, statt für Frieden und Ordnung zu sorgen (2,27; 5,33). Solche Menschen liebt Gott nicht (5,64). Im Gegenteil empfiehlt der Koran die Güte und die Brüderlichkeit. Denn die Gläubigen gehören zueinander (4,25); Gott hat ja durch den Glauben aus den Feinden der alten Zeit Freunde, sogar Brüder gemacht (3,103). Die Gläubigen sind Brüder (49,10), sie sind Männer und Frauen, untereinander Freunde (9,71). Sie helfen einander zur Frömmigkeit und Gottesfurcht (5,2); sie lassen untereinander Großmut walten (2,237), sie sprechen zu den Menschen freundliche Worte (2,83), sie sind bereit zu verzeihen. Auch wenn man das Böse mit Bösem vergelten darf, so ist die Verzeihung doch besser (16,126; 4,149). Wer zur Verzeihung bereit ist, wird auch bei Gott Verzeihung finden (24,22). Noch mehr, als seinen Zorn zu zügeln und den Menschen zu verzeihen, wird der Gläubige tun: Er wird Böses mit Gutem vergelten: „Nicht gleich sind die gute und die schlechte Tat. Wehre ab mit einer Tat, die besser ist, da wird der, zwischen dem und dir eine Feindschaft besteht, so als wäre er ein warmherziger Freund" (41,34; vgl. 23,96; 28,54; 13,22).

Die Brüderlichkeit verpflichtet auch dazu, den Spott zu vermeiden (49,11) und den Neid zu bannen (113,5). Der Gläubige soll vielmehr Aussöhnung zwischen streitenden Parteien stiften (4,114) und zum Frieden aufrufen (49,9).

Endlich zeigt sich die Solidarität und die Brüderlichkeit der Gläubigen miteinander darin, dass sie für die Schwachen Sorge tragen, den Armen und Waisen beistehen und ihnen zu essen geben (107,1–2; 74,44 usw.) und den Reisenden Gastfreundschaft anbieten (2,177.215; 9,60).

Über die Tugenden von Asketen und Mystikern siehe die Beiträge „Askese" und „Mystik".

Literatur: *A. Th. Khoury,* Einführung in die Grundlagen des Islams, Würzburg/Altenberge [4]1995, Neudruck 1999; *ders.,* So sprach der Prophet. Worte aus der islamischen Überlieferung (GTB 785), Gütersloh 1988.

A. Th. Khoury

U

Übereinstimmung ↗ *Rechtssystem*

ʿUlamaʾ ↗ *Gelehrte*

ʿUmar

Der nach Abu Bakr zweite Khalif, ʿUmar ibn al-Khattab, der von 634–644 regierte, gilt als der eigentliche Begründer des islamischen Weltreiches. Zunächst ein Gegenspieler des Propheten Muhammad in Mekka, siedelte er mit diesem nach Medina um und wurde einer seiner engsten Berater. Er tat sich auch durch seine Frömmigkeit und Sittenstrenge hervor. Zahlreiche islamische Vorschriften vor allem im sozialen Bereich sollen auf seine Anregung hin entstanden sein. Unter seiner Herrschaft breitete sich das islamische Staatsgebiet von der Arabischen Halbinsel nach Mesopotamien, Syrien, Palästina, Ägypten und in den Iran aus. Der Beginn dieser Eroberungszüge fällt zwar noch in die Regierungszeit von Abu Bakr (s. dort), der Energie ʿUmars ist es jedoch zu verdanken, dass fähige Heerführer einen ausreichenden politischen Spielraum für ihre Unternehmungen erhielten, den Khalifen zugleich aber als ihre Autorität anerkannten. Im Übrigen war es vor allem das Organisationstalent ʿUmars, der diese permanente militärische Expansion in eine ausreichend flexible, dauerhafte politische und administrative Struktur verwandelte. Zugleich war er sich der Gefahr bewusst, dass die arabischen Krieger durch die fremden Kulturen, denen sie sich gegenüber sahen, korrumpiert und ihrem Glauben entfremdet wurden. Er sorgte daher für eine Trennung zwischen der ursprünglichen Bevölkerung der eroberten Länder und den arabischen Truppen, indem er für diese an wichtigen Verkehrsknotenpunkten Militärlager einrichtete, aus denen sich später islamische Städte entwickelten. Nach der Eroberung Syriens im Jahre 637 legte er nach Beratung mit den wichtigsten Mitgliedern der islamischen Gemeinde die Organisationsstrukturen des Reiches fest. Er beließ die erfahrenen persischen und byzantinischen Verwaltungsfachleute in den eroberten Ländern auf ihren Posten, bestimmte jedoch auch, dass die Arabische Halbinsel ausschließlich muslimisch sein sollte. Daher mussten dort ansässige Juden und Christen diese Region verlassen, wenn sie nicht zum Islam übertreten wollten. Gleichzeitig wurde mit der Ausarbeitung eines Systems zur Erhebung öffentlicher Abgaben, der Bodenverteilung und des Militärdienstes begonnen. Erstes Ziel blieb dabei die Sicherung der Vormachtstellung der Araber. Von Bedeutung ist auch die Festsetzung von Pensionen für die Nachkommen des Propheten Muhammad und seine Gefährten sowie für die Kämpfer im Djihad und ihre Familien, wobei die Höhe der Pension vom Zeitpunkt der Bekehrung zum Islam abhängig gemacht wurde. Die Versorgungsberechtigten wurden in einem Register (diwan) verzeichnet, das man als den Ursprung jeder islamischen Verwaltungspraxis bezeichnen kann. Unter dem Khalifat ʿUmars wurde ferner die islamische Zeitrechnung nach dem Beginn der Hidjra in allen eroberten Ländern eingeführt. Er war es auch, der dem Khalifentitel noch den eines „Beherrschers der Gläubigen" hinzufügte.

Für den sunnitischen Islam stellt ʿUmar den Idealtypus eines muslimischen Herrschers dar. Seine Frömmigkeit, Bescheidenheit und sein Gerechtigkeitssinn werden in allen Quellen hervorgehoben. In vielen Fällen, in denen keine Berichte über das Verhalten des Propheten Muhammad bekannt sind, wird das ʿUmars als beispielhaft angesehen und erhält damit den Wert einer, wenn auch im Vergleich zu den Prophetentraditionen minderen Rechtsquelle. Daneben werden zahllose Anekdoten überliefert, die die zahlreichen positiven Seiten seiner Persönlichkeit illustrieren. Die Schiiten sehen in ʿUmar dagegen den erfolgreichen Gegenspieler ʿAlis, dem er die ihm zustehende Leitung der Gemeinde verwehrte. Es gehörte zu den Kennzeichen eines Schiiten, dass er ʿUmar verfluchte. In einigen Ländern ist die Verfluchung von ʿUmar noch heute ein Bestandteil der rituellen Umzüge im Trauermonat Muharram, mit denen die Schiiten des Todes des Prophetenenkels Husain in der Schlacht von Kerbela gedenken. Noch heute werden im schiitischen Milieu kleine Jungen, die sich etwas haben zuschulden kommen lassen, mit den Worten: „Du bist ʿUmar", gescholten.

Literatur: *C. H. Becker,* Islamstudien, 2 Bde., Leipzig 1924–1932; *R. Blachère,* Regards sur l'acculturation des Arabo-Musulmans jusque vers 40/661, in: Arabica 3 (1956), 247–265; *M. Kister,* Notes on an account of the Shura appointed by Umar ibn al-Khattab, in: Journal of Semitic Studies 9 (1964), 320–326; *K. Klier,* Halid und ʿUmar. Quellenkritische Untersuchung zur Historiographie der frühislamischen Zeit, Berlin 1998; *M. Watt,* Muhammad at Medina, Oxford 1956.

P. Heine

Umayyaden

Geschichtlicher Überblick

Die erste islamische Dynastie (661–750) leitet ihren Namen von einem Verwandten des Propheten Muhammad, Umayya, ab. Erster Herrscher aus dieser Dynastie war der Gouverneur von Syrien und Gegenspieler des Schwiegersohns des Propheten, ʿAli. Nach dessen Tod 661 reklamierte er erfolgreich das Khalifat und machte Damaskus zur neuen Hauptstadt des jungen arabisch-islamischen Weltreiches. Den Heiligen Städten Mekka und Medina blieb nur noch ihre religiöse Bedeutung. Muʿawiya gelang es, noch zu seinen Lebzeiten seinen Sohn als seinen Nachfolger durchzusetzen. Insgesamt sind es 14 Herrscher aus dem Hause Umayya, die die Herrschaft über das neu entstandene islamische Weltreich ausübten. Trotz der relativ kurzen Herrschaft dieser Familie ist ihre historische Bedeutung beträchtlich. Unter dem Khalifat der Umayyaden weiteten sich die Grenzen des Islams immer weiter aus. Im Osten drangen muslimische Truppen bis weit nach Zentralasien und in das Indus-Tal vor und im Westen über Nordafrika bis an den Fuß der Pyrenäen. Diese Ausdehnung erforderte ganz andere Organisationsstrukturen im militärischen und administrativen Bereich, als es in dem eher auf einer Stammesorganisation beruhenden System des frühen Islams der Fall gewesen war. Dabei dienten byzantinische und persische Institutionen als Muster für die militärischen, finanz- und verwaltungstechnischen Einrichtungen, die bis dahin in der arabischen Welt nicht notwendig gewesen waren. Sie ließen auch die Beamtenschaft der eroberten Gebiete in ihren Positionen, so dass die vorhandenen Strukturen weitgehend erhalten blieben. Erst nach und nach traten Veränderungen dadurch ein, dass zahlreiche Mitglieder der Verwaltungshierarchien zum Islam übertraten und Arabisch zur Amtssprache wurde. Der Khalif ʿAbd al-Malik (685–705) ließ zum ersten Mal islamische Münzen prägen, die das byzantinische und persische Geld ersetzten. Das ganze Reich wurde mit einem Netz von Nachrichtenverbindungen und Straßen durchzogen, die seine Kontrolle verbesserten, zugleich aber auch für ein Aufblühen des Wirtschaftslebens sorgten.

Legitimationsfragen

Mit einer weiteren Verfestigung dieser Organisationsformen veränderte sich auch die Rolle des Khalifen von der eines patriarchalischen Familienoberhauptes hin zu der eines absoluten Monarchen, der nicht nur weltliche, sondern auch religiöse Autorität beanspruchte. Hier stießen die Umayyaden-Khalifen jedoch auf heftige Kritik bei den Frommen in Medina und bei den Anhängern ʿAlis, den Schiiten und deren Untergruppen. Ihre Macht dokumentierte die Dynastie in einer umfangreichen Bautätigkeit, die ebenfalls ein Beleg für die Assimilierungskraft der Umayyaden ist, die ihren arabischen Charakter nicht verlor. Das zeigen nicht nur der Bau der Umayyadenmoschee in Damaskus und des Felsendoms in Jerusalem, sondern auch die Jagdschlösser in der syrischen Wüste, die die Verbundenheit der Umayyaden mit den traditionellen Formen arabisch-beduinischen Lebens dokumentieren.

Politische und kulturelle Aspekte

Die Betonung des arabischen Charakters des Umayyadenreiches bot im Grunde die einzige Möglichkeit angesichts der zivilisatorischen Überlegenheit der byzantinischen und persischen Tradition, die in den von den Umayyaden beherrschten Regionen vorherrschend war, die eigene Identität zu bewahren. Der kulturelle Wandel, dem sich die junge islamische Gesellschaft unterziehen musste, war gewaltig. Aus einer von arabischen Stammesstrukturen geprägten, wenig städtischen Gemeinschaft musste eine mit den Regeln urbanen Lebens vertraute Gesellschaft werden, die in der Lage war, die vielfältigen Völker, Sprachen und Kulturen zu kontrollieren. Dass dies gelingen konnte, ist die Voraussetzung dafür, dass der Aufbruch aus den Wüsten der Arabischen Halbinsel keine Episode in der Geschichte der „Alten Welt“ geblieben ist. Geschehen konnte dies nur, weil die Umayyaden konsequent den arabisch-islamischen Aspekt ihrer Tradition bewahrten. Die besondere Betonung des arabischen Charakters ihrer Herrschaft brachte es jedoch bei einem ethnisch und kulturell so vielfältigen Reich wie dem der Umayyaden mit sich, dass sich im außerarabischen Raum, vor allem im Iran, politische Oppositionsbewegungen entwickelten, die mit der Vorherrschaft der Araber nicht einverstanden waren. So ist denn eine der Hauptbemühungen der Umayyaden die Sicherung ihrer Herrschaft und die Abwehr von anti-arabischen Aufständen. In der Mehrzahl der Fälle artikulierte sich diese Ablehnung des Arabertums in religiöser Form. Zahlreiche häretische Strömungen wurden zur ideologischen Basis militärischer Auflehnung. Hier wirkten immer noch die Auseinandersetzungen um die Führung der Gemeinde der Muslime nach, die nach dem Tode Muhammads offensichtlich nur vorläufig beigelegt worden waren. Dieser Dissens ist es eigentlich, der die Herrschaft der ersten Dynastie der islamischen Geschichte beendet.

Literatur: *C. H. Becker,* Islamstudien, Leipzig 1924–1932; *G. von Grunebaum,* Der Islam, Zürich 1966; *A. von Kremer,* Kulturgeschichte des Orients unter den Chalifen, 2 Bde., Wien 1875; *H. Lammens,* Études sur le règne du calife omaiyade Moᶜawia, Beirut 1908; *ders.,* Études sur le siècle des Omayades, Beirut 1930; *G. Weil,* Geschichte der Chalifen, 3 Bde., Mannheim 1846–1851; *J. Wellhausen,* Das arabische Reich und sein Sturz, Berlin 1902; *G. R. Hawking,* The First Dynasty of Islam. The Umayyad Caliphate, London 1986.

P. Heine

Umayyaden von Cordoba

Nach der Ablösung der Umayyaden durch die Dynastie der ᶜAbbasiden im Jahre 750, bei der fast der gesamte Herrscherclan ausgelöscht worden war, gelang es dem einzigen Überlebenden aus der Herrscherfamilie, ᶜAbd al-Rahman ibn Muᶜawiya, auf abenteuerlichen Wegen über Ägypten und Nordafrika in das muslimische Andalusien zu gelangen. Dabei kam ihm nicht zuletzt die Tatsache zugute, dass seine Mutter Berberin war. Durch seine geografische Beschaffenheit hatte sich die Etablierung einer starken muslimischen Zentralmacht auf der Iberischen Halbinsel als schwierig erwiesen. Mit großem politischen Geschick konnte ᶜAbd al-Rahman die Herrschaft über Cordoba erringen, die er zwar ständig gegen Widersacher innerhalb der Gruppe der andalusischen Muslime, doch auch gegen die Franken unter Karl dem Großen, verteidigen musste. Dennoch konnte er über 30 Jahre seine Herrschaft bewahren und ausbauen. Seine politischen und militärischen Erfolge lockten zahlreiche verbliebene Anhänger der Umayyaden aus Syrien nach dem Westen. Mit ʿAbd al-Rahman III. war die Herrschaft der Umayyaden auf der Iberischen Halbinsel so gefestigt, dass er zu einer weiteren Expansion die Kraft hatte. Auf dieser Basis nahm ʿAbd al-Rahman den Titel des Khalifen an und stellte damit die religiöse Autorität der ʿAbbasiden (s. dort) in Baghdad in Frage. Die Folgezeit der Geschichte der Umayyaden von Cordoba ist gekennzeichnet durch ständige Auseinandersetzungen mit den nordafrikanischen Fatimiden, die sich im tunesischen Mahdiyya als politische und militärische Macht etabliert hatten. Als 976 im Alter von elf Jahren der Umayyade Hisham den Thron bestieg, wurde die eigentliche Politik von dem Wezir Ibn Abi ʿAmir, der den Namen al-Mansur erhielt, betrieben. Dieser regierte im Namen des jungen Khalifen mit rücksichtsloser, aber wirkungsvoller Autorität. Als er 1002 starb, befand sich die muslimische Macht in Andalusien auf ihrem Höhepunkt. Doch nur drei Jahrzehnte später endete 1033 die Herrschaft, das Khalifat und die Dynastie der Umayyaden von Cordoba. Ein Teil der autochthonen Bewohner des umayyadischen Reiches in Andalusien trat zum Islam über, andere blieben Christen. Die Toleranz der Umayyaden, aber auch der ihnen folgenden muslimischen Herrscher in Spanien, trotz der ständigen Auseinandersetzungen mit den christlichen Nachbarn im Norden gegenüber den Angehörigen anderer Religionen, führte zu einer bemerkenswerten Symbiose der unterschiedlichen kulturellen Strömungen christlicher, jüdischer und islamischer Tradition. Aus ihr resultierte eine wirtschaftliche und kulturelle Blüte Andalusiens, die bis nach Baghdad ausstrahlte, aber auch nach Norden in das christliche Abendland wirkte. Der Hof von Cordoba wurde zu einem Anziehungspunkt von Dichtern und Sängern aus der gesamten islamischen Welt. Medizin, Theologie, Philosophie, Naturwissenschaft und Literatur, aber auch die Baukunst, erlebten Höhepunkte ihrer Entwicklung. Zu nennen sind Denker wie Ibn Rushd (Averroes) oder Maimonides, Ibn Badja (Avempace) oder Ibn Hazm. Die in der Zeit der Umayyaden entstandene Moschee von Cordoba ist eine der bedeutendsten Bauwerke in der Geschichte der Architektur. Das muslimische Andalusien wurde zum Exempel eines erfolgreichen Zusammenlebens der drei großen monotheistischen Religionen.

Literatur: *M. Brett/W. Forman,* Die Mauren. Islamische Kultur in Spanien und Nordafrika, Freiburg 1981; *R. Dozy,* Geschichte der Mauren in Spanien bis zur Eroberung Andalusiens durch die Almoraviden 711–1110, 2 Bde., Leiden 1874; *W. Hönerbach,* Islamische Geschichte Spaniens, Zürich 1970; *E. Hohle,* Andalus: Spain under the Muslims, London 1958; *E. Lévi-Provençal,* Histoire de l'Espagne musulmane, 3 Bde., Paris 1950 –1953; *ders.,* L'Espagne musulmane au Xème siècle. Institutions et vie sociale, Paris 1932; *S. M. Imamuddin,* Some Aspects of the Socio-Economic and Cultural History of Muslim Spain, Leiden 1965; *ders.,* Muslim Spain 711–1492. A Sociological Study, Leiden 1981; *G. Stroh-*

maier, Denker im Reich der Kalifen, Leipzig 1979; *S. Jayyusi (Ed.),* The Legacy of Muslim Spain, Leiden 1994.

P. HEINE

Umma ↗ *Gemeinde*

Umwelt ↗ *Weltverständnis/ Weltverantwortung*

Ungläubige ↗ *Heiliger Krieg; Polytheisten*

Unreinheit ↗ *Gebet*

Unsterblichkeit ↗ *Seele*

Unzucht

Unter Unzucht (zina) versteht das islamische Recht jede Form illegitimer sexueller Kontakte, also aller derjenigen, die außerhalb der Ehe oder der Beziehung zwischen einem Besitzer und seiner Sklavin stattfinden. Auch Homosexualität und Selbstbefriedigung werden als Zina verstanden. Die Strafen, die für dieses Vergehen angedroht werden, sind sehr unterschiedlich. Je nach den Umständen können sie von der Verabreichung einer sich steigernden Zahl von Peitschenhieben bis zur Steinigung reichen. Allerdings reicht für eine Überführung der Schuldigen nur deren Geständnis oder das Zeugnis von mehreren Zeugen aus. Obwohl Prostitution (s. dort) ebenfalls rechtlich als Unzucht angesehen wird, haben sich während des größten Teils der islamischen Sozialgeschichte in dieser Hinsicht keine rechtlichen Aktivitäten gegen sie ergeben.

Literatur: *G. Bousquet,* L'éthique sexuelle de l'Islam, Paris 1966; *E. Heller/H. Masbaki,* Hinter den Schleiern des Islam. Erotik und Sexualität in der arabischen Kultur, München 1993.

P. HEINE

ʿUthman

Der dritte Khalif, ʿUthman ibn ʿAffan, Regierungszeit von 644–656, stammte aus einer der reichsten Mekkaner Kaufmannsfamilien. Im Gegensatz zur Mehrheit seiner Standesgenossen schloss er sich schon früh den Muslimen um den Propheten Muhammad an. Sein Reichtum und seine soziale Stellung waren für die junge islamische Gemeinde in schwierigen Phasen ihrer Entwicklung ein starker Rückhalt. Seine besondere Frömmigkeit, Güte, aber auch Nachgiebigkeit werden von den Chronisten hervorgehoben. Politische Ambitionen hatte er offenbar nicht. Daher war es wohl auch für ihn selbst überraschend, dass die Wahl nach dem Tod des Khalifen ʿUmar auf ihn fiel. Welche Gründe für diese Entscheidung ausschlaggebend waren, lässt sich nur vermuten. So wird spekuliert, dass die militärischen und politischen Führer der sich zu einem Weltreich entwickelnden muslimischen Gemeinde sich für einen Khalifen entschieden, dem persönliches Machtstreben fremd war. Um das islamische Reich in seiner Konstitutionsphase, in der viele divergierende Kräfte und Interessen am Werk waren, zusammenzuhalten, hätte es einer energischeren Persönlichkeit bedurft.

So war denn die Herrschaft ʿUthmans von Beginn an umstritten. Je mehr seine Autorität schwand, umso stärker griff er auf politische Traditionen der arabischen Stammesgesellschaften zurück und verließ sich mehr und mehr auf Angehörige seiner eigenen Großfamilie, was ihm den Vorwurf des Nepotismus einbrachte. Die großen kulturellen Veränderungen, mit denen sich die islamische Gesellschaft in der Folge der Eroberungen des Irans und der syrischen Provinzen des Byzantinischen Reiches konfrontiert sah, führten zu einem gewissen Hedonismus, der von dem Frommen kritisiert wurde. Zugleich kritisierte man ʿUthman, weil er diesem Treiben nicht Einhalt gebot. Eine Abordnung von Unzufriedenen belagerte ihn im Jahre 656 in seinem Haus in Medina und stürmte es schließlich, wobei der Khalif den Tod fand. Diese Auseinandersetzung, die als „al-Fitna al-kubra" (die große Heimsuchung) Eingang in die islamische Geschichte fand, war der Anlass für die Auseinandersetzungen zwischen ʿAli, dem Vetter und Schwiegersohn des Propheten Muhammad und Muʿawiya, einem Verwandten ʿUthmans, der das Amt des Statthalters in Damaskus innehatte. Beide beanspruchten die Nachfolge ʿUthmans für sich. Aus ihrem Konflikt entwickelte sich die Spaltung der islamischen Welt in Sunniten und Schiiten.

Während die politische Bedeutung ʿUthmans eher als gering einzuschätzen ist, spielt er für die islamische Religionsgeschichte eine wichtige Rolle. Angesichts der Tatsache, dass in den ständigen Kämpfen der Muslime zahlreiche der Gefährten des Propheten Muhammad, die den gesamten Koran auswendig konnten, fielen, bestand die Gefahr, dass der heilige Text verloren ging. Im Übrigen war es auch in einigen Fällen zu Differenzen des Textes zwischen verschiedenen Tradenten gekommen. So veranlasste ʿUthman die Bildung eines Redaktionskomitees, das auf der Basis einer früheren, unvollständigen Sammlung von Teilen des Korans unter der Mitarbeit des Sekretärs des Propheten Muhammad eine endgültige und allgemein verbindliche Version des Korantextes erstellte. Auch die Anordnung der einzelnen Suren des Korans in abnehmender Länge geht auf diese Redaktion zurück. Dieser Text wird von allen Muslimen bis heute als die authentische Version des Korans angesehen. Trotz dieser Tatsache gehört ʿUthman zu den Personen der islamischen Geschichte, die von der schiitischen Minderheit besonders schroff abgelehnt werden. Sein Name wird bei den Trauerprozessionen, die die Schiiten in vielen Ländern in der Erinnerung an den Tod des Prophetenenkels Husain in der Schlacht von Kerbela im Trauermonat Muharram durchführen, rituell verflucht. Um die Frage der Schuld an der Ermordung ʿUthmans, in die auch ʿAli verwickelt gewesen sein soll, hat es bis in die Gegenwart heftige Diskussionen zwischen islamischen Rechtsgelehrten und Historikern gegeben.

Literatur: *C. H. Becker,* Islamstudien, 2 Bde., Leipzig 1924–1932; *C. Cahen,* Der Islam. Vom Ursprung bis zu den Anfängen des Osmanischen Reiches (Fischer

Weltgeschichte) Frankfurt/M. 1968; *W. Ende,* Arabische Nation und islamische Geschichte, Beirut 1977; *E. Gräf,* Eine wichtige Rechtsdirektive Uthmans aus dem Jahre 30, in: Oriens 16 (1962), 122–133; *R. Paret,* Mohammed und der Koran, Stuttgart 1957.

P. HEINE

V

Vergebung ↗ *Buße; Sünde*

Verfälschung
Der Vorwurf der Verfälschung ihrer jeweiligen Heiligen Schriften wird im Koran gegen die Juden und die Christen erhoben. Das hier verwendete arabische Wort ist „tahrif" und bedeutet Entstellung, Änderung, Vertauschung, Entfremdung vom richtigen Sinn. Es gibt unter den Kommentatoren des Korans und den muslimischen Theologen zwei Richtungen bei der näheren Deutung des Begriffes.
Die einen, wie Tabari und Razi, meinen, dass vor allem die Juden (aber auch die Christen) sich der Entstellung ihrer Schriften schuldig gemacht haben, und zwar in dem Sinn, dass sie zwar den Text nicht manipuliert und verändert haben, ihn aber wohl falsch gedeutet, ihm einen falschen Inhalt zugeschrieben haben. Die Juden, sagt z. B. der Koran, haben zwar ein Heiliges Buch erhalten, sie kümmern sich jedoch wenig um seinen Inhalt (7,165) oder einen Teil davon (5,13). Sie handeln gegen die von ihnen übernommene Verpflichtung, den Menschen die Schrift in ihrem authentischen Wortlaut bekannt zu geben (3,187). Die Menschen sollten somit daran gehindert werden, die Übereinstimmung zwischen dem Koran und der Bibel zu erkennen (vgl. 2,146.159; vgl. auch 2,41.174; 3,71; 5,15). In anderen Versen macht der Koran doch Einschränkungen: Nur einige unter den Juden verheimlichen den Inhalt der ihnen anvertrauten Schrift (2,146), oder sie halten nur einen Teil davon verborgen („vieles": 6,91). Mehr noch, die Juden manipulieren und verfälschen die Schrift. Eine solche Haltung sei schon in der Geschichte ihrer früheren Generationen bekannt (7,162). Und so verhielten sie sich auch zur Zeit der koranischen Verkündigung: „Unter denen, die Juden sind, gibt es welche, die auf Lügen hören und auf andere Leute, die nicht zu dir gekommen sind, hören. Sie entstellen den Sinn der Worte" (5,41; vgl. 4,46; 5,13). Sie werden doch den Muslimen nicht folgen, „wo doch ein Teil von ihnen das Wort Gottes hört, es aber dann wissentlich entstellte, nachdem er es verstanden hatte" (2,75).
Andere Autoren, unter anderem Ibn Hazm von Cordoba (995–1064: Er hat seine Deutung systematisch zur Kritik des Alten und des Neuen Testaments angewandt), deuten das Wort im Sinn von Textänderung, Manipulation der Wörter und Sätze. Ein ähnlicher Vorwurf klingt bereits im Koran durch: einige unter den Juden würden Texte erdichten, die sie als die Schrift Gottes ausgeben würden. Sie schreiben ihre eigenen Worte „mit ihren Händen und sagen dann:

Dies ist von Gott her, um es für einen geringen Preis zu verkaufen" (2,79); – „Unter ihnen gibt es eine Gruppe, die ihre Zungen beim Lesen des Buches verdrehen, damit ihr meint, es gehöre zum Buch, während es nicht von Gott kommt. Damit sagen sie gegen Gott eine Lüge aus, und sie wissen es" (3,78).

Eine ähnliche Entstellung der Botschaft Christi wird auch den Christen vorgeworfen: Indem sie an die Gottheit Jesu Christi glauben, haben sie die Lehre ihres Propheten verfälscht (vgl. 5,116.117). Außerdem haben sie „einen Teil von dem, womit sie ermahnt worden waren", vergessen und somit, gleich den Juden, die von ihnen eingegangene Verpflichtung gebrochen (5,14). Zeitgenössische muslimische Autoren suchen nun zu beweisen, dass die Bücher des christlichen Neuen Testaments keine authentischen Schriften sind, die die ursprüngliche, echte, von Jesus Christus verkündete Offenbarung wiedergeben, sondern das Werk verschiedener Verfasser, die eine von ihnen, vor allem von Paulus, zusammengestellte Lehre wiedergeben. Außerdem sind die verbindlichen Glaubenslehren des heutigen Christentums eher das Machwerk der menschlichen Konzilien als die authentische Botschaft Gottes.

Literatur: *E. Fritsche,* Islam und Christentum im Mittelalter, Breslau 1930, 54–74; *A. Th. Khoury,* Einführung in die Grundlagen des Islams, Würzburg/Altenberge [4]1995, Neudruck 1999, 82–84; *ders.,* Wer war Muhammad? (Herder Taschenbuch 1719), Freiburg 1990, 74–76; *ders.,* Polémique byzantine contre l'Islam, Leiden 1972, 210–216; *A. Th. Khoury/L. Hagemann,* Christentum und Christen im Denken zeitgenössischer Muslime, Altenberge 1986, 61–126.

A. Th. Khoury

Verfassung

Eine Verfassung im modernen Sinne, also ein Gesetzeswerk, in dem die allgemeinen Menschenrechte und die Struktur einer staatlichen, juristischen, wirtschaftlichen oder militärischen Verwaltung festgeschrieben werden, kennen die islamischen Staaten erst seit dem 19. Jahrhundert. Sie verwenden hierfür das Wort „Dustur". Ursprünglich hatte das Wort die Bedeutung „Regel" und wurde vor allem zur Bezeichnung der Ordnungen von Gilden und religiösen Organisationen wie islamischen Bruderschaften verwendet. Es konnte jedoch auch die Soldlisten einer militärischen Einheit bezeichnen oder wurde im Sinne von „Modell" oder „Formular" benutzt. Die moderne Bedeutung leitet sich von der Bedeutung „Regel" her.

Grundlagen

Obwohl sich politische Partizipations- und Kontrollmechanismen in fast allen menschlichen Gesellschaften finden, stellen die Prinzipien der Volkssouveränität, der Gewaltenteilung und der verantwortlichen Regierung Spezifika der europäischen Geschichte dar. Zwar sind dem islamischen Staat nicht von vornherein despotische Tendenzen inhärent, ebenso wenig aber führt die Anwendung der islamischen politischen Theorie zu Verfassungsmodellen, die denjenigen europäischer nationalstaatlicher Tradition entsprechen. Die teilweise oder völlige Übernahme europäischer Verfassungselemente in das Gefüge islamischer Staaten war vielmehr die Kopie europäischer Formen, auch wenn die islamischen Theoretiker der Neuzeit in dem Prinzip der „Shura" (Beratung) eine genuin islamische Grundform islamischen demokratischen Handelns gesehen haben. Auch die Vorstellung eines ‚contract social', durch den der Einzelne seine politische Souveränität dem Herrscher überträgt, ist nicht islamisch.

So wird man feststellen müssen, dass Verfassungen und Erklärungen der Grundrechte in islamischen Staaten entweder unter europäischem Einfluss oder in der Abwehr eben dieses Einflusses, aber nach dem Vorbild europäischer Verfassungen entstanden sind. Der Mechanismus, nach dem diese Beeinflussung sich ergab, war abhängig von den jeweiligen politischen Situationen. Zahlreiche Reformer in den mit Europa konfrontierten islamischen Staaten, wie der tunesische Staatsmann Khair ad-Din (1822–1890) oder der osmanische Verwaltungsbeamte Midhat Pasha (1822–1884), glaubten, durch die Einführung von Verfassungen eine Möglichkeit der Veränderung der überkommenen politischen Strukturen gefunden zu haben, die sie u. a. für die Rückständigkeit ihrer Länder verantwortlich machten.

Um die Rechte von religiösen Minderheiten in islamischen Staaten zu sichern, versuchten deren europäische Schutzmächte, Bestimmungen mit verfassungsähnlichem Charakter zu ihren Gunsten zu erreichen. Dies konnte nur geschehen, wenn eine der Grundstrukturen des islamischen Staates, nämlich die Einteilung in Muslime und Nicht-Muslime, verändert wurde. Zugleich bedeutete die Einführung einer Verfassung, dass Vorstellungen von einem „Gottesgnadentum", wie sie der islamischen Staatstheorie inhärent sind, aufgegeben werden mussten.

Geschichtlicher Überblick

Die Einführung von Verfassungen oder von verfassungsähnlichen Edikten in islamischen Staaten findet sich zuerst im Osmanischen Reich. Schon 1808 gab es in Istanbul den kurzlebigen Versuch einer Verfassung, dem 1876 die erste osmanische Konstitution (kanun-e esasi) folgte. Ihm war jedoch in dem formal von Istanbul abhängigen Tunesien 1857 der Erlass einer Verfassung vorausgegangen. Dieses Dokument, wie der „Kanun-e esasi", ist nach europäischen Vorbildern entstanden und definiert die Rechte und Pflichten des Herrschers wie seiner Untertanen. Beide beschreiben die Struktur von Legislative und Exekutive und bestimmen die Form der juridischen Gewalt. Zwar wird der Islam als Staatsreligion bezeichnet, doch werden auch alle anderen Religionen, deren Anhänger Staatsbürger sind, anerkannt. Dies war ein Aspekt, auf den die großen europäischen Mächte besonderen Wert gelegt hatten. Auch wenn diese ersten Verfassungen nur kurze Zeit in Kraft waren, so stellen sie doch ein Vorbild für alle weiteren Konstitutionen islamischer Staaten dar.

In Staaten wie dem Iran, in dem autokratische Misswirtschaft seit dem Beginn des 19. Jahrhunderts zu einer starken Abhängigkeit des Landes von europäischen Mächten geführt hatte, wurde die Einführung einer Verfassung, die die Einschränkung der Rechte des Herrschers bedeutete, als ein Mittel der Abwehr von fremdem Einfluss angesehen. In einer von 1905–1909 andauernden Auseinandersetzung gelang es den Vertretern reformerischer Vorstellungen, eine Verfassung durchzusetzen, die auf die besonderen Verhältnisse eines schiitischen Staates einging. So wurde die Schia als Staatsreligion festgeschrieben, und die Verfasser der Konstitution erklärten, dass die Verfassung nur bis zum Erscheinen des erwarteten Messias (mahdi) gültig sei. Auch die übrigen Artikel dieses Dokuments sorgten dafür, dass für die Bewahrung des schiitischen Charakters des Irans alle Vorkehrungen getroffen wurden. Zugleich wurde in der Verfassung festgelegt, dass keines der durch sie geschaffenen parlamentarischen Organe Gesetze erlassen dürfe, die sich nicht in Übereinstimmung mit der Shariʿa befänden. Die Überprüfung hat durch ein Gremium von mindestens fünf bedeutenden Rechtsgelehrten (mudjtahid) zu erfolgen. Wenn auch diese Verfassung kaum in Kraft gewesen ist, so stellt sie doch ein bemerkenswertes Modell der Entwicklung einer „islamischen" Verfassung dar, weil sie die traditionelle Sicht der Funktion des Islams in politische Entscheidungsprozesse inkorporiert.

Rolle des Islams
Die gegenwärtige Verfassungssituation in vielen islamischen Staaten ist gekennzeichnet durch die Bemühung, die traditionelle Bedeutung des Islams für die politische Praxis festzuschreiben. Das führt dann zu Konflikten, wenn es sich um Staaten mit relevanten religiösen Minderheiten handelt, wie das in Ägypten oder Syrien der Fall ist. Im Übrigen zeigt die Tatsache, dass Diskussionen um Form und Inhalt einer Verfassung in der Mehrzahl der islamischen Staaten stets lebendig sind, wie fremd im Grunde derartige Strukturen dem Islam sind.

Literatur: *E. G. Browne,* The Persian Revolution of 1905–1909, Cambridge 1910; *B. Lewis,* The Emergence of Modern Turkey, London 1962; *A. Mary-Rouselière,* La Turquie constitutionnelle, Rennes 1935; *D. A. Rustow,* The Middle Eastern Political Systems, Engelwood Cliffs 1971; *R. Badry,* Die zeitgenössische Diskussion um den islamischen Beratungsgedanken, Stuttgart 1998.

P. Heine

Verwestlichung

Begriff
Auf den Kontakt mit einer modernen westlichen Welt, wie er sich im Nahen und Mittleren Osten seit dem Beginn des 19. Jahrhunderts ergab, reagierten die islamischen Gesellschaften heftig. Diese Reaktion verlief in zwei Phasen. In der ersten Phase wurden die technologischen und intellektuellen Errungenschaften des Westens entweder schlicht ignoriert oder unkritisch übernommen. Igno-

riert werden konnten sie in den ländlichen, aber auch städtischen Bevölkerungsschichten islamischer Staaten, die in intakten traditionellen sozialen und wirtschaftlichen Verhältnissen lebten und von den politischen und ökonomischen Veränderungen kaum tangiert wurden. Sie waren in der Regel auf einem sehr niedrigen Niveau wirtschaftlich autark oder von einer so marginalen Bedeutung, dass sich der kulturelle Wandel auf sie kaum auswirkte. Es waren vor allem die oberen Schichten der Bevölkerung der Städte, die die westliche Zivilisation in allen ihren positiven wie negativen Aspekten imitierten. Dieser Vorgang wird von islamischen Beobachtern aller Schattierungen als „Verwestlichung" bezeichnet, auch wenn sich unterschiedliche Vorstellungen mit dem Begriff verbinden. So wird unter Verwestlichung die Übernahme westlicher politischer Ideen und wirtschaftlicher Strukturen verstanden, die Imitation von aus europäischen Traditionen stammendem Rechtsverständnis und seine Realisierung in der juristischen Praxis, die Akzeptierung von westlichen Idealen und Ideologien, aber auch der Import von westlicher Technologie, das Verlangen nach westlichen Konsumgütern und die Nachahmung von westlichen Moden in allen Lebensbereichen von der Bekleidung bis zur Freizeitbeschäftigung.

Geschichtlicher Überblick

Europa war für viele Reformer der islamischen Welt das einzige Vorbild. Sie versuchten, durch eine Europäisierung aller Lebensbereiche die Unterentwicklung ihrer Gesellschaften zu überwinden. Beispielhaft stehen für diese Haltung Politiker wie Mustafa Kemal Atatürk in der Türkei, Reza Schah im Iran, Bourguiba in Tunesien, um nur einige zu nennen. Zentrales Moment ihrer Bemühungen war vor allem eine Verringerung des Einflusses islamischer religiöser Autoritäten auf das gesellschaftliche Leben. Angefangen bei der Reform des Erziehungssystems bis zur zwangsweisen Einführung europäischer Kleidersitten wurde der Einfluss des Islams weiter und weiter zurückgedrängt. Dabei kam es auch zu schwer verständlichen Imitationen westlicher Zivilisation wie dem Bau eines Opernhauses in Kairo, der Gründung von Symphonieorchestern in mehreren islamischen Staaten oder dem Import von europäischen Musikinstrumenten in Gegenden, in denen diese Musiktradition völlig unbekannt war. Da diese Reformversuche in der Mehrzahl der Fälle ohne jede psychologische Vorbereitung der Bevölkerung vonstatten ging, stießen sie auf weit verbreitete Abwehr und hatten nur geringen Erfolg. Zunächst waren es nur kleine Gruppen der Bevölkerung, die von der Verwestlichung betroffen wurden. Mit einer Verbesserung und Verbreiterung des modernen Erziehungssystems und der allgemeinen Infrastruktur wuchs dieser Bevölkerungsanteil jedoch ständig. Da die Programme zur Modernisierung der islamischen Staaten in der Mehrzahl der Fälle jedoch nicht erfolgreich waren und zudem in einem Zeitalter des erwachenden Nationalismus mit dem Kolonialismus in Beziehung gesetzt wurde, entwickelte sich „Verwestlichung“ zu einem zentralen Begriff der öffentlichen Kritik an den schwierigen politischen und ökonomischen Verhältnissen muslimischer Gesellschaften.

Die Fundamentalisten und der Westen
Es waren vor allem die Vertreter eines islamischen Fundamentalismus, die den Fehlschlag der Modernisierung islamischer Gesellschaften mit dem Kolonialismus und dem Westen im Allgemeinen in Verbindung brachten. Dabei lehnte und lehnt die Mehrheit von ihnen westliche Technologie oder naturwissenschaftliche Entdeckungen nicht in Bausch und Bogen ab. Ihnen ist klar, dass der Anschluss der islamischen Welt an eine „Weltzivilisation“ mit all ihren Vorteilen und Fehlern vollzogen ist und nicht mehr rückgängig gemacht werden kann. Sie selbst bedienen sich der entsprechenden westlichen Hilfsmittel wie Telefon, Radio oder Flugzeug; ja sie setzen sich auch mit neuen Entwicklungen in der westlichen Theologie, Philosophie oder den Modellen der westlichen Gesellschaftswissenschaften auseinander. Sie lehnen aber all die Aspekte der westlichen Zivilisation ab, von denen sie befürchten, dass durch sie der islamische Charakter und die Identität der Muslime gefährdet wird. Sie geraten dabei in einen beträchtlichen Interpretationszwang, der dazu führt, dass lediglich die Auswüchse der Verwestlichung wie amerikanische Fernsehserien oder europäische Modetorheiten abgelehnt werden, während zum Beispiel die Techniken der Massenmedien nicht in Frage gestellt werden. Die Schwierigkeiten islamischer Intellektueller und Religionsgelehrter in der Auseinandersetzung mit dem Westen und ihrem Kampf gegen die Verwestlichung rührt nicht zuletzt daher, dass sie sich zugleich gegen radikale Positionen zur Wehr setzen müssen, die in einer beträchtlichen Irrationalität jeden Anteil an der westlich geprägten „Weltzivilisation“ ablehnen und die Verhältnisse, die zur Zeit des Propheten Muhammad vor 1400 Jahren in Medina herrschten, wiederherzustellen suchen. Es ist erstaunlich, dass sich unter den Vertretern dieser radikalen Positionen ein bemerkenswert hoher Prozentsatz von Akademikern naturwissenschaftlicher Fachrichtungen befindet.
Ebenso wie die „Verwestlichung“ eine Gefahr für die islamische Identität bedeuten kann, ist der Kampf gegen sie zugleich eine Chance der Identitätsfindung oder -sicherung. Das eigentliche Problem liegt wohl in der Tatsache, dass eine einheitliche Definition dessen, was unter Verwestlichung verstanden wird, unter Muslimen nicht besteht. Daher wird diese Auseinandersetzung auch weiterhin einen recht diffusen Verlauf nehmen.

Literatur: *J. Piscatori,* Islam in a World of Nation-States, Cambridge 1986; *P. Heine,* Radikale Muslimorganisationen im heutigen Ägypten, in: Zeitschrift für Missions- und Religionswissenschaft 67 (1983); 110–119; *P. Heine/R. Stipek,* Ethnizität und Islam. Interdependenz und Diskrepanz sozialer und religiöser Vorstellungen in der Gegenwart, Gelsenkirchen 1984;

A. Al-Azmeh, Die Islamisierung des Islams, Frankfurt 1995.

P. Heine

Völker ↗ *Islam. Länder/Völker*

Völkerrecht

Ein zwischenstaatliches Recht, das den Verkehr einzelner Staaten untereinander regelt, kennt die islamische Welt im Grunde erst seit dem 19. Jahrhundert. Seit sich die Kontakte zwischen islamischen Staaten und Europa vermehrt haben, mussten die dort gültigen Regeln des Umgangs untereinander auch von den muslimischen Ländern akzeptiert werden. Regeln über den diplomatischen Umgang zwischen einzelnen islamischen Staaten hatten sich im islamischen Recht nicht entwickelt, da dieses von der Fiktion der Einheit der islamischen Welt in der „Umma" (Gemeinschaft der Muslime) ausging. Die Einteilung der Welt in das Gebiet des Islams (dar al-Islam) und das Gebiet, gegen das Krieg geführt werden muss (dar al-harb), macht diese Einstellung deutlich. Die Einführung einer dritten Kategorie von Staaten, dem Gebiet, mit dem Verträge bestehen (dar al-ʿahd), stellt eine neuere Entwicklung dar.

Wie sich der islamische Staat gegenüber nichtislamischen Staaten zu verhalten hat, war bis zu einem gewissen Grad in den Regeln über den „Djihad", den Glaubenskrieg zur Ausbreitung des Geltungsbereichs des islamischen Rechts festgelegt. Nach diesen Regeln besteht ein ständiger Kriegszustand zwischen dem islamischen Gemeinwesen und den Ungläubigen, der jederzeit, wenn die Muslime dazu bereit und in der Lage sind, zu militärischen Auseinandersetzungen führen kann. Das islamische Recht bestimmte die Voraussetzungen für die Eröffnung der Kampfhandlungen, der Formen der Kriegsführung, das Verhalten der muslimischen Kämpfer, die Arten des Abschlusses eines Waffenstillstandes und die Behandlung der ansässigen Bevölkerung in eroberten Gebieten. Auch wenn es sich im Grunde um ein Kriegsrecht handelt, sind hier doch Ansätze zu einem Völkerrecht zu finden. Diese Regelungen zum Djihad haben sich als Vorschriften des internen Rechts für Muslime zu Verfahrensweisen (siyar) für das Verhalten gegenüber der nichtmuslimischen Umwelt entwickelt, die man als „unilaterales Außenrecht" bezeichnen kann.

Das Prinzip der andauernden Feindschaft gegenüber den Ungläubigen und die Negation des Bestehens irgendwelcher Rechtsverhältnisse außerhalb des Gebietes des Islams lassen in der Theorie keinen Raum für rechtliche Beziehungen zwischen dem islamischen Staat und anderen Staaten. Das islamische Recht hat jedoch nicht außer Betracht gelassen, dass die militärische Stärke der Muslime nicht unbegrenzt ist und sie daher auf Ungläubige treffen können, die ihnen überlegen sind. Es mag auch sonst Situationen geben, in denen ein zeitweiliger friedlicher Verkehr mit nicht-islamischen Staaten für die Muslime von Vorteil sein kann. Auch für diesen Fall sind Regelungen entwickelt worden, die unter

dem Stichwort „Muwadaʿa“ (gegenseitige Sicherheitszusage) zusammengefasst werden können. Derartige Verträge, die auf eine begrenzte Zeit oder auf Dauer abgeschlossen werden, können zwischen Einzelpersonen, aber auch zwischen Staaten geschlossen werden. Sie können sich auf Personen und Sachen beziehen. Wichtig ist in diesem Zusammenhang, dass der muslimische Vertragspartner eine einseitige Verpflichtung deklariert. Die nicht-islamische Seite tritt nicht als rechtlich aktiv auf. Daher waren Friedensverträge zwischen islamischen und europäischen Staaten in der Regel in der Form von Diktaten gehalten und erst im Frieden von Karlowitz (1699) wurde ein muslimischer Herrscher gezwungen, seine Vertragspartner als ebenbürtige Rechtssubjekte zu behandeln.
Mit der wachsenden kolonialen Expansion der europäischen Mächte waren islamische Staaten immer häufiger gezwungen, internationale Verträge auf der Grundlage eines nach europäischen Normen entstandenen Völkerrechts abzuschließen. Eine Rechtfertigung dieser Praxis suchten islamische Rechtsgelehrte vor allem durch eine Interpretation der „Siyar“ und der „Muwadaʿa“. Dennoch treten immer wieder Differenzen zwischen den Normen des islamischen Rechts und einem internationalen Recht auf. Als Beispiel steht dafür, dass die UNO-Erklärung der Menschenrechte von Saudi-Arabien abgelehnt wurde, weil sich zu große Diskrepanzen zu den Forderungen des islamischen Rechts ergaben.

Literatur: *M. Khadduri,* War and Peace in the Law of Islam, Baltimore 1962; *ders.,* The Islamic Law of Nations, Baltimore 1966; *H. Kruse,* Islamische Völkerrechtslehre, Bochum 1979; *ders.,* Die Begründung der islamischen Völkerrechtslehre, in: Saeculum 5 (1954), 221–234.

P. Heine

Volksglaube

Für kaum eine Religion lässt sich der Begriff des Volksglaubens so schwer fassen wie für den Islam. Zahlreiche Vorstellungen und Praktiken, die uns in anderen Hochreligionen als typisch für die Volksreligion geschildert werden, sind in den Koran aufgenommen worden und können daher nur der Hochreligion zugeordnet werden. Man denke hier an die Djinnen (Koran 72,1–17), Wesen aus Feuer, die u. a. Krankheiten und Besessenheit vertreiben. Um sie haben sich in manchen Teilen der islamischen Welt Kultformen entwickelt, die ihrerseits einen ausgesprochenen volksreligiösen Charakter haben.
Auch der Bereich der islamischen Mystik hat einige Aspekte, die der Volksreligion zuzuordnen sind. Hier ist vor allem die Heiligenverehrung zu nennen. Man kann geradezu von dem Islam der Gelehrten und dem Islam der Heiligen sprechen, wenn man zwischen Hochislam und Volksislam unterscheiden will. Vielfach wird vom Hochislam als der Schriftreligion und vom Volksislam als der schriftlosen Religion gesprochen. Kennzeichnend für den Volksglauben ist die Tatsache, dass er zahlreiche regionale und lokale Sonderformen kennt.
So wie sich im Hochislam die ver-

schiedenen Rechtsschulen und Richtungen gegenseitig anerkennen, akzeptieren einander die Anhänger der verschiedenen Sonderformen des Volksglaubens. Vor allem die Vorstellungen und Praktiken des Volksislams sind geeignet, Muslimen, die in schwierigen politischen und ökonomischen, durch Rechtsunsicherheit gekennzeichneten Umständen leben, Sicherheit, Trost und Hoffnung zu geben. Dies geschieht durch religiöse Bruderschaften (tariqa), in denen die Mitglieder neben religiöser Zuwendung auch Hilfe in wirtschaftlichen oder politischen Schwierigkeiten finden können. Im Mittelpunkt solcher Organisationen steht ein Heiliger oder eine Heilige, die durch besondere Gnadengaben (baraka) ausgezeichnet ist. Diese Baraka kann ererbt sein, jedoch auch durch religiöse Übungen erworben werden. Aufgrund seiner Baraka ist der Heilige in der Lage, in die Zukunft zu sehen, verlorene Dinge wiederzufinden und Kranke zu heilen. Einen Teil der Baraka kann der Gläubige durch den körperlichen Kontakt mit dem Heiligen oder durch räumliche Nähe zu ihm erlangen. Der Heilige verliert seine Baraka nicht durch den Tod. Auch aus dem Grab kann er wirken. Das hat zu einem intensiven Gräberkult in der gesamten islamischen Welt geführt. Dabei werden u. U. Heilige in gleicher Weise von Muslimen und ansässigen religiösen Minderheiten verehrt. Manche dieser Plätze volksreligiöser Verehrung lassen sich schon in vor-islamischer Zeit nachweisen, so dass man von Überresten der ursprünglichen praktizierten Religionen sprechen kann. Die Mehrzahl dieser Heiligen ist nur in einem bestimmten Gebiet bekannt. Das bedeutet jedoch nicht, dass fremde Muslime diesen Heiligen mit Skepsis oder Verachtung begegnen würden. Vielmehr nehmen Gläubige lange Reisen auf sich, um einem Heiligen ein bestimmtes Anliegen vorzutragen; denn unter ihnen hat sich eine gewisse Arbeitsteilung entwickelt. Der eine Heilige ist für ein bestimmtes Anliegen besser geeignet als der andere. Die Kulte der verschiedenen Heiligen sind teilweise gut organisiert. Häufig sind die Nachkommen der Heiligen mit der Versorgung der Pilger und der Pflege der Gräber betraut. Sie leben dann nicht zuletzt von den Gaben der Anhänger.

Der Volksislam kennt im Übrigen auch zahlreiche Techniken, die vor den vielfachen Gefahren des täglichen Lebens in einer traditionellen Gesellschaft schützen. Zu diesen Gefahren zählt vor allem der „Böse Blick“, gegen den man sich mit Hilfe von Amuletten, Tätowierungen und anderem Abwehrzauber schützen kann.

Vom offiziellen Islam werden alle Formen des Volksislams von jeher als unstatthafte Neuerungen strikt abgelehnt. Man spricht in diesen Kreisen vom „Islam der Straße“. Solange die Formen des offiziellen Islams jedoch nicht in der Lage sind, die religiösen und sozialen Bedürfnisse der traditionell geprägten Bevölkerungsgruppen der islamischen Welt zu erfüllen, ist mit einem Nachlassen des Einflusses von Formen der islamischen Volksreligion nicht zu rechnen.

Literatur: *M. Gilseman,* Recognizing Islam, London 1982; *P. Heine,* Ethnologie des Nahen und Mittleren Ostens, Berlin 1989; *R. Kriss/H. Kriss-Heinrich,* Volksglaube im Bereich des Islam, 2 Bde., Wiesbaden 1960–1962; *Z. Zadeghi,* Fatima von Gum. Ein Beispiel für die Verehrung heiliger Frauen im Volksglauben der Zwölfer-Schia, Berlin 1996.

P. HEINE

Vorbeter ↗ *Imam*

Vorherbestimmung ↗ *Freiheit*

Vorsehung

Gott ist der Schöpfer, der die Welt und den Menschen nicht ein für allemal ins Dasein gerufen und sie dann ihrem Schicksal überlassen hat. Gott begleitet seine Geschöpfe mit seiner Vorsehung.

So hat er die Welt für den Menschen bewohnbar gemacht, er hat sie so ausgestattet, dass sie dem menschlichen Leben dient und es fördert (vgl. 17,70). Der Mensch wird mit dem versorgt, was er zum Leben braucht: Behausung, Herden, Bäume, Berge, Kleidung usw. (16.80–81). Das ist vonseiten Gottes ein Zeichen, dass er dem Menschen Gnade erweist und ihm gegenüber Barmherzigkeit walten lässt. Auch in der Not ist Gott immer wieder bereit, den Menschen, vor allem den Gläubigen, aus ihrer Bedrängnis zu helfen. So begleitet Gott das Leben der Menschen und lenkt den Lauf ihres Schicksals.

Er tut es unablässig, denn er setzt jederzeit seine schöpferische Tätigkeit fort. Das Werk der Schöpfung ist nämlich nicht in der Urzeit endgültig beendet worden. Nach der Sprache des Korans zu urteilen, erschafft Gott die Welt und den Menschen immer wieder in jedem Augenblick neu (vgl. 23,12–14). Das bedeutet, dass alles in jedem Augenblick durch den unbedingten und freien Willen Gottes neu bestimmt wird. Die Welt weist somit keine Beständigkeit und keine innere wesenhafte Kontinuität auf. Ihre scheinbare Kontinuität ist in Wirklichkeit nur die Reihe der punktuellen und immer erneuerten Wirkungserscheinungen des freien Schöpferwillens Gottes (Atomismus). Was die Dinge sind, wie sie wahrgenommen werden und wie sie aufeinander wirken, auch die so genannten Naturgesetze, das alles sind letztlich nur die Gewohnheiten des göttlichen Wirkens. Gott allein kann wirken und wirkt; außerhalb seines Tuns besteht keine Kausalität (vgl. 56, 71–72; 8,17). Was also die Menschen als Gesetzmäßigkeit der Welt ansehen, ist nichts anderes als die positive, freie Festsetzung Gottes, der in seinem Wirken eine gewisse Regelmäßigkeit und Beständigkeit beachtet. Damit bleibt das Betreiben von Naturwissenschaften weiterhin praktisch möglich, die Ergebnisse gelten nur als vorläufige Feststellungen, die durch eine neue freie Entscheidung Gottes jederzeit umgestoßen werden können.

Der gleiche Atomismus beherrscht auch das Leben des Menschen. Die Geschichte, die Kontinuität in der Zeit, ist nur die Reihe der einzelnen

Entscheidungen des freien Willen Gottes in Bezug auf die Tätigkeit und das Geschick eines jeden Menschen. Damit stellt sich die Frage nach der göttlichen Vorherbestimmung und der menschlichen Willensfreiheit (s. auch Freiheit).
Mit der Vorsehung Gottes hängt auch die Frage nach dem Leiden, dessen Ursprung und Ursachen und den Wegen zu dessen Überwindung (s. auch Leiden) zusammen.
Es gehört auch zu den Erscheinungsformen der Vorsehung Gottes, dass er die Menschen auf die Probe stellt. Denn der Mensch muss das ihm anvertraute Gut (u. a. die Schöpfung Gottes: 33,72) bewahren und sich in seinem Leben und in seinem Umgang mit der Schöpfung Gottes bewähren.
Der Koran betont, dass Gott die Menschen nicht „zum sinnlosen Spiel erschaffen hat" (23,115). Im Gegenteil, er handelt nach folgendem Grundsatz: „Meinen die Menschen, dass sie in Ruhe gelassen werden, nur weil sie sagen: ‚Wir glauben', ohne dass sie der Versuchung ausgesetzt werden? Wir haben schon diejenigen, die vor ihnen lebten, der Versuchung ausgesetzt. Gott wird gewiss in Erfahrung bringen, was die Wahrheit sagt, und Er wird gewiss in Erfahrung bringen, wer die Lügner sind" (29,2–3).
Beispiele der Prüfungen und der Bewährungsproben gibt der Koran selbst. Die Schöpfung ist eine erste Gelegenheit, die Menschen auf die Probe zu stellen (11,7; 18,7). Das Gute und das Schlechte, das ihnen widerfährt, dient als Prüfung (21,35; vgl. 7,168). Auch die vielen Situationen des Lebens machen es möglich, sich in Bedrängnis und Leid zu bewähren. So hatte Abraham dem Befehl Gottes zu folgen und seinen Sohn zu opfern (37,105–106); die Kinder Israels wurden mannigfaltigen Prüfungen ausgesetzt (44,33; 14,6; 2,49), desgleichen die Muslime (2,155; 3,186); Gott prüft die einen durch die anderen (47,4); der Schmuck und die Güter der Erde stellen eine Prüfung dar, die zeigen soll, wer von den Menschen am besten handelt (18,7; 6,165); Bewährungsprobe ist die Erfüllung der moralischen Pflichten (16,92) und auch die Aufteilung der Menschen in verschiedene Gemeinschaften (5,48; vgl. 7,168). In jeder Situation soll der Mensch dies bedenken und sagen: „Dies ist von der Huld meines Herrn, damit Er mich prüft, ob ich dankbar oder undankbar bin" (27,40).
Wer die Bewährungsprobe nicht besteht, zum Glauben nicht findet und das Gute nicht tut, „verliert das Diesseits und das Jenseits" (22,11). „Denjenigen, die glauben und die guten Werke tun, wird der Erbarmer Liebe bereiten" (19,96). Ihnen wird die jenseitige Belohnung und die diesseitige Huld Gottes verheißen (vgl. 16,30). Der Koran bestätigt es: „Wer Gutes tut, ob Mann oder Weib, und dabei gläubig ist, den werden Wir bestimmt ein angenehmes Leben leben lassen. Und Wir werden ihnen mit ihrem Lohn vergelten für das Beste von dem, was sie taten" (16,97; vgl. 16,41; 30,44–45; 10,64; 8,2–4; 3,148).
Um die Probe zu bestehen und Gott

zu gefallen, muss der Mensch die Wahrheit finden und den Glauben annehmen. Er muss den rechten Weg gehen und den göttlichen Willen befolgen, wie er ihn in der Offenbarung Gottes kundgetan und in seinem Gesetz festgelegt findet. Wer auf diese Weise von Gott rechtgeleitet wird, ist ein rechter Muslim. Er darf auf die Belohnung im Paradies hoffen. Er wird am Jüngsten Tag in Gott einen milden Richter finden.

Literatur: *A. Th. Khoury,* Einführung in die Grundlagen des Islams, Würzburg/Altenberge [4]1995, Neudruck 1999, S. 112–120.

A. Th. Khoury

W

Wahhabiten

Als Wahhabiten werden die Anhänger der Lehre des Muhammad Ibn ʿAbd al-Wahhab bezeichnet. Der Name hat jedoch einen negativen Beigeschmack, da durch ihn die Anhänger der Lehre als Extremisten abgestempelt werden sollten. Die Angehörigen dieser Vorstellungen selbst bezeichnen sich als „Muwahhidun" oder „Ahl al-tauhid" (Anhänger ‚der Lehre' der Einheit Gottes), oder schlicht als „Muslimun" (Muslime). Ibn ʿAbd al-Wahhab wurde 1703 in der Oase al-ʿUyayna im zentralen Nadjid auf der Arabischen Halbinsel geboren. Sein Vater, ein Anhänger der hanbalitischen Rechtsschule, war dort als Richter und Lehrer tätig. Ibn ʿAbd al-Wahhab erhielt dort im Sinne seines Vaters zunächst eine traditionelle Erziehung, in der die hanbalitische Doktrin eine besondere Rolle spielte. Später ging er zu Studienzwecken nach Mekka und Medina, wo er ebenfalls bei hanbalitischen Gelehrten seine Ausbildung fortsetzte. In diesem Zusammenhang wurde er mit den Lehren bedeutender hanbalitischer Gelehrter wie Ibn Taimiyya und Ibn Qayyim al-Djauziyya bekannt. Später begab er sich nach Basra, wo er seine Studien abschloss.

Schon auf der Arabischen Halbinsel hatte er die religiösen Praktiken der Beduinen, die noch zahlreiche vorislamische Elemente pflegten, mit kritischem Blick betrachtet. In Basra, wo sich zahlreiche unterschiedliche Formen des Islams artikulierten, erfuhr er die Differenziertheit der Glaubensrealität der Muslime. Neben Sunniten lebten hier auch Schiiten, es gab starke mystische Tendenzen bei diesen beiden islamischen Konfessionen. Ekstatische Praktiken der Bruderschaften und Heiligenverehrung waren weit verbreitet. All diese Phänomene sah Ibn ʿAbd al-Wahhab als unvereinbar mit dem Islam an und soll schon hier mit reformatorischen Aktivitäten begonnen haben.

Ca. 1740 kehrte er auf die Arabische Halbinsel zurück, sammelte eine Gruppe von Anhängern um sich und begann in al-ʿUyayna mit seinem Reformwerk. Er gewann die Unterstützung des dort herrschenden Muʿammar Scheich ʿUthman ibn Bishr, der versuchte, seine Herrschaft durch die ideologischen Vorstellungen Ibn ʿAbd al-Wahhabs zu festigen. Da der junge Theologe von der Errichtung eines theokratischen Staates träumte, ging er mit dem Scheich eine politische Koalition ein. Gemeinsam agierten sie gegen verschiedene „heidnische" Praktiken der Bewohner der Oase und ließen zahlreiche heilige Bäume fällen und Heiligengräber zerstören. Im Jahr 1744 paktierte Ibn ʿAbd al-Wahhab auf eine ähnliche Weise mit der Familie Saʿud (Saud) in der Oase Darʿiyya.

Diese Allianz bildete die Grundlage für die Entstehung des saudischen Staates (s. dort).
Nach und nach verbreitete sich die Lehre des Reformators auf der gesamten Arabischen Halbinsel. Es bildete sich auch Widerstand, z.B. bei den schiitischen Bewohnern der Oase al-Ahsa', den es zu überwinden galt. In vielen Fällen setzte er zu diesem Zweck Beduinen-Kämpfer ein, die sich Ibn ʿAbd al-Wahhab nach einigem Zögern angeschlossen hatten. In Darʿiyya führte er seine Reformaktivitäten bis zu seinem Tode 1792 fort. Die Basis der Doktrin Ibn ʿAbd al-Wahhabs bilden fast ausschließlich Koran und Prophetentraditionen (hadith). Viele dieser Vorstellungen sind beeinflusst von den Werken berühmter hanbalitischer Vorgänger wie Ibn Taimiyya. Die Doktrin ist gekennzeichnet durch die Betonung der Einheit Gottes (tauhid) und durch eine scharfe Ablehnung jeder Form von Sektierertum, worunter Ibn ʿAbd al-Wahhab die verschiedenen Formen der Schia, aber auch ältere Bewegungen wie die der Muʿtazila oder die der Khardidjiten subsumierte. Kritisch eingestellt war der Reformer auch gegenüber jeder Art von spekulativer Theologie (kalam), Philosophie (falsafa) und den Formen der islamischen Mystik (tasawwuf), die den Antinomismus und den Kult um die Heiligengräber in die Mitte ihrer Praktiken stellte. Er sah diese Denkweisen als unerlaubte Neuerungen (bidʿa) an. Von Anfang an ging er radikal gegen religiöse Praktiken der Beduinen vor, die von Vorstellungen der vor-islamischen arabischen Naturreligion gekennzeichnet waren. Als unerlaubte Neuerungen wurde von ihm und seinen Nachfolgern, von einigen Ausnahmen abgesehen, alles angesehen, was zu Zeiten des Propheten Muhammad nicht bekannt war, von Feuerwaffen über Tabakgenuss bis zum Telefon.
Die Vorstellungen von Muhammad Ibn ʿAbd al-Wahhab wurden von seinen Zeitgenossen unter den sunnitischen Theologen zwar scharf abgelehnt; sie stellt dennoch einen wirkungsvollen Beitrag zur Entwicklung der islamischen Geistes- und Religionsgeschichte dar. Die besondere Bedeutung des Wahhabismus liegt in seinen *revivalistischen* Tendenzen. Das Ziel dieser Reformbewegung war, die religiöse Praxis und die politische Situation der Zeit des Propheten Muhammad, die von den Muslimen als das ideale Zeitalter angesehen wird, in allen Konsequenzen wiederzubeleben. So ist denn die Lehre des Ibn ʿAbd al-Wahhab das prägende Vorbild für jede Form von modernem islamischem Fundamentalismus.

Literatur: *H. Philby,* Arabia of the Wahhabis, London 1928; *W. Ende,* Religion, Politik und Literatur in Saudi-Arabien: Der geistesgeschichtliche Hintergrund der heutigen religiösen und kulturellen Situation, Teil 1; in: Orient 22 (1981), 377–390; *H. Laoust,* Essai sur les doctrines sociales et politiques d'Ibn Taimiyya, Kairo 1939; *G. Puin,* Aspekte der wahhabitischen Reform, in: Studien zum Minderheitenproblem im Islam, Bd. 1; Bonn 1973, 45–99.

P. Heine

Wallfahrt

Riten der Wallfahrt

Zu den fünf religiösen Pflichten des Islams gehört die Wallfahrt (hadjj) nach Mekka und in die Umgebung Mekkas, die jeder Muslim, der dazu körperlich und finanziell in der Lage ist, in den ersten beiden Wochen des Pilgermonats Dhu l-Hidjja einmal in seinem Leben durchzuführen hat. Falls ein Gläubiger aus Alters- oder anderen Gründen nicht zur Wallfahrt in der Lage ist, kann er diese Pflicht durch eine Ersatzperson durchführen lassen, die diese Zeremonie allerdings schon vollzogen hat. Die einzelnen Teile des komplizierten Rituals sind durch das Vorbild des Propheten Muhammad vorgeschrieben. Doch hatte er schon Vorbilder in vor-islamischen arabischen Wallfahrtspraktiken. Rituelle Voraussetzung des Pilgers für die Zeremonien der Wallfahrt ist die Einnahme des Zustandes des Ihram. Vor dem Beginn der Pilgerfahrt wird eine rituelle Waschung vorgenommen, und der Reisewillige schneidet sich Haare und Nägel. In einiger Entfernung von Mekka oder vor dem Besteigen eines Flugzeuges legen die Pilger eine spezielle Kleidung an. Sie besteht für Männer aus zwei ungesäumten weißen Tüchern und Sandalen. Für die Kleidung der Frauen bestehen keine besonderen Vorschriften. Mit der Einnahme dieses Status verbunden sind eine Anzahl von Verhaltensnormen. In diesem Zustand des „Ihram" dürfen die Pilger sich nicht streiten, keine gesäumten Kleidungsstücke tragen, nicht jagen, kein Parfüm verwenden, müssen sich des Sexualverkehrs enthalten und dürfen sich weder Haare noch Nägel schneiden. Nach muslimischer Vorstellung symbolisiert der Weihezustand die Trennung des Muslims von der profanen Welt und seinem Wunsch, mit Gott allein zu sein. Die einheitliche Kleidung verwischt alle sozialen und wirtschaftlichen Unterschiede und dokumentiert die Einheit und Einheitlichkeit der islamischen Welt. Da das Ritual sehr umfangreich und kompliziert ist, stehen in Mekka einheimische Pilgerführer gegen Entgelt dem Unerfahrenen zur Verfügung. Nach der Ankunft in Mekka beginnt der individuelle Teil der Pilgerfahrt mit dem Besuch der Kaʿba (s. dort). Sie wird vom Pilger siebenmal umwandert, wobei der schwarze Stein, der an der Ostwand der Kaʿba eingemauert ist, geküsst wird. Anschließend bewegt sich der Pilger siebenmal laufend zwischen den Hügeln Safia und Marwa hin und her. Dieser Teil erinnert an die Suche der Hagar nach Wasser für ihren Sohn Ismael. Damit ist der individuelle Teil der Pilgerfahrt beendet, und der kollektive Teil schließt sich an. Während der individuelle Teil zu einem beliebigen Zeitpunkt in den dafür vorgesehenen Wochen stattfinden kann, muss die kollektive Phase in der Zeit zwischen dem 8. und 12. Tag des Pilgermonats durchgeführt werden. Nach einem Gottesdienst in der großen Moschee in Mekka begeben sich die Pilger in kleinen Gruppen in ein Wüstental, teilweise zu Fuß, aber heute auch mit modernen Verkehrsmitteln und gelangen am 9. zu dem Berg ʿArafat, etwa 25 km von Mekka entfernt. Vor diesem Berg findet der zentrale Ritus der Pilgerfahrt statt. Mit dem Ruf „Labbaika" (Da bin ich) stellt sich der Gläubige ganz unter die Allgewalt Gottes. In Gebet und Meditation verbringt er die Zeit vom Mittag bis zum Sonnenuntergang so in der Zwiesprache mit seinem Herrn. Allgemein wird der hohe Grad emotionaler Bewegung und die völlige Hingabe der Gläubigen geschildert, der sich kaum ein Teilnehmer entziehen kann. Nach Sonnenuntergang begeben sich die Pilger dann möglichst schnell wieder auf den Rückweg. Die Nacht verbringen sie in einem Ort mit dem Namen Muzdalifa. Am Morgen der 10. Dhu l-Hidjja bewegt sich dann der Strom der Pilger nach Mina, wo man sich drei Tage aufhält und in Zelten untergebracht ist. Die Gläubigen beginnen den Tag mit dem Ritual des Steinewerfens. Von jedem Pilger werden sieben kleine Steine auf eine säulenartige Steinkonstruktion geworfen, die nach den Vorstellungen der Muslime den Teufel symbolisiert. Danach findet das Opfer statt, das diesem Tag den Namen gegeben hat. Dieser Tag wird nicht nur an den heiligen Orten, sondern in der ganzen islamischen Welt gefeiert. In Mina schlachten Tausende von Pilgern je ein Schaf oder eine Ziege in Erinnerung an das Opfer Abrahams. Ein Teil des Opfertieres wird von den Opfernden selbst verspeist, ein anderer den Armen gegeben, und der Rest sich selbst überlassen. Nach dem Opfer lässt man sich üblicherweise rituell rasieren oder die Haare schneiden und kehrt dann nach Mekka zurück, wo man wiederum die Kaʿba umkreist. Mit dieser letzten Handlung ist die Wallfahrtszeremonie im eigentlichen Sinne beendet. Viele Gläubige kehren dann noch einmal nach Mina zurück, wo sie erneut Steine auf die genannte Steinsäule und andere Steinsetzungen werfen, sich gegenseitig Besuche abstatten und ein reges soziales Leben entfalten. Vom 12. des Monats an können die Pilger Mina verlassen und nach Mekka zurückkehren. Bevor sie die Stadt verlassen, besuchen sie – dem Beispiel des Propheten Muhammad folgend – die Kaʿba und umkreisen sie. Viele Muslime nutzen die Gelegenheit, auch andere, ihnen heilige Orte zu besuchen, die z. B. an den Propheten erinnern oder die in der islamischen Religionsgeschichte von besonderer Bedeutung sind. Andere reisen nach Medina, um die dortigen Heiligen Stätten wie das Grab des Propheten aufzusuchen.

Die Rückkehr der Pilger in ihre Heimatländer ist mit festlichen Empfängen verbunden. Sie haben durch die Erfüllung dieser Glaubenspflicht an religiösem Prestige gewonnen und genießen eine besondere Verehrung bei all denen, die die Wallfahrt noch nicht gemacht haben.

Religiöse Bedeutung der Wallfahrt

Die geistige Bedeutung der Pilgerfahrt liegt in der Betonung des Monotheismus als der zentralen Doktrin des Islams. Um dieses Einen Gottes willen machen die Gläubigen die oft beschwerliche Reise; ihn als den Einzigen bitten sie um die Vergebung ihrer Sünden und erflehen seine

Gnade. Da die Pilgerreise nach dem Vorbild vergleichbarer Aktivitäten des Propheten auch in Einzelheiten nachvollzogen wird, erinnern sich die Gläubigen natürlich bei all ihren Handlungen in dieser Zeit besonders intensiv der Gestalt ihres Religionsstifters.

Weitere Konsequenzen

Die mit dem Gebot der Pilgerfahrt zusammenhängenden Konsequenzen sind zahlreich. Bei diesem Ritus werden die egalitaristischen Tendenzen des Islams besonders betont und sichtbar gemacht. Im Zustand der Weihe ist jeder ungeachtet seiner sozialen und wirtschaftlichen Stellung grundsätzlich gleich. Die Gleichheit – unabhängig von Hautfarbe oder Nationalität – findet hier ihre stärkste Manifestation. Die sozialen, wirtschaftlichen und kulturellen Konsequenzen der Wallfahrt sind kaum abzuschätzen. Im Gegensatz zu den unklaren Pilgerzügen christlicher Schwärmer im europäischen Mittelalter, die einen starken kollektivistischen Charakter hatten, ist die Entscheidung für den Hadjj individuell und freiwillig. Es handelt sich in jedem Fall um einen persönlichen Akt, der einer persönlichen Entscheidung folgt, die die Folge einer weiten Skala persönlicher Erfahrungen ist. Das Maß an physischer Mobilität, das für die vorindustrielle Zeit ohne Beispiel ist, hat zahlreiche soziale, wirtschaftliche und intellektuelle Folgen. Dazu gehört die Aufrechterhaltung der Kommunikationswege, auch zu weit entfernten muslimischen Ländern, Entstehung von Reiseliteratur, Erfahrung der muslimischen Einheit in der Vielfalt durch den Kontakt mit Muslimen anderer Länder und Völker. Für Muslime aus den Randgebieten der islamischen Welt, die in ihrer Heimat oft eine Minorität bilden, bedeutet die Erfahrung des Eingebundenseins und der Zugehörigkeit zu einer großen Gemeinschaft eine Stärkung ihres religiösen und persönlichen Selbstvertrauens. Sie lernen den Islam in einer nicht durch regionale und lokale Einflüsse veränderten Form kennen. So belehrt kehren sie oft in ihre Heimat zurück und versuchen, die als orthodox verstandene Form des Islams ihren einheimischen Glaubensgenossen näher zu bringen. Die zentrale Bedeutung der Pilgerfahrt hat auch politische Konsequenzen. Hüter der Heiligen Stätten zu sein, war und ist in der islamischen Welt mit beträchtlichem Prestige verbunden. Die Tatsache, dass eine große Zahl von Muslimen zu einem bestimmten Zeitpunkt an den Wallfahrtsstätten versammelt ist, hat aber auch dazu geführt, dass Bemühungen unternommen wurden, sie bei dieser Gelegenheit mit neuen religiösen oder politischen Vorstellungen vertraut zu machen und sie für diese Denkansätze als Multiplikatoren zu gewinnen. Daher wird die Pilgerfahrt stets religiös wie politisch ein besonders sensibler Aspekt des religiösen Lebens in der islamischen Welt bleiben.

Literatur: *S. Snouck Hourgronje,* Mekka, Leiden 1888; *ders.,* Het Mekkansche Feest, Leiden 1880; *M. Arkoun/E. Gellouz,* Pilgerfahrt nach Mekka, Freiburg 1978; *W. Young,* The Kaʿba, Gender, and the Rites of Pilgrimage, in: International Journal of Middle East Studies 25 (1993), 285–300.

P. Heine

Waschungen, rituelle ↗ *Gebet*

Wein

Dem Weingenuss, den die Araber vor der Übernahme des Islams sehr zu schätzen wussten, stand das Verbot des Korans entgegen. Ursprünglich war seine Prohibition nicht eindeutig gewesen. In 16,69 war er als berauschendes Getränk und bekömmliche Nahrung bezeichnet worden. Später heißt es dann: „Sie fragen dich nach dem Wein und dem Glücksspiel. Sprich: In ihnen liegt eine große Sünde und auch vielfacher Nutzen für die Menschen. Aber die Sünde in ihnen ist größer als der Nutzen …" (2,219). Dem folgt in 4,43 die selbstverständliche Aufforderung, nicht zum Gebet zu gehen, wenn man betrunken ist. Die deutlichste Ablehnung findet sich in 5,90–91: „O ihr, die ihr glaubt, der Wein, das Glücksspiel, die Opfersteine und die Losssteine sind ein Gräuel von Satans Werk. Der Satan will ja durch Wein und Glücksspiel Feindschaft und Hass zwischen euch erregen und euch vom Gebet abbringen. Werdet ihr wohl aufhören?" Daher sieht das islamische Recht den Weingenuss auch als „abzulehnen" (makruh), allerdings nicht als „verboten" (haram) an, wie z.B. das Schweinefleisch.

Die kritische Sicht des Weinkonsums galt im Übrigen nur für Muslime. Juden und Christen, bei denen Wein ja eine bedeutende Rolle im Ritual spielt, war er ausdrücklich erlaubt. In einer Gesellschaft wie der mittelalterlichen islamischen Gesellschaft des Nahen und Mittleren Ostens, in der ein großer Teil der Bevölkerung Wein konsumieren durfte, war dieses wenig streng formulierte Koranverbot kaum durchzusetzen. Da das im Koran gebrauchte Wort für Wein, „Khamr", den Wein aus Trauben bezeichnet, konnten bei einer engen Auslegung des Texts vergorene Getränke aus anderen Produkten wie Korn, Datteln oder Pferdemilch als erlaubt angesehen werden. Auch die Benutzung einer anderen Bezeichnung für Wein als „Khamr", und allein die arabische Sprache hat mehr als 100 Namen für Wein, wurde zur Umgehung der Prohibition genutzt.

Zwar produzierten und handelten nur die religiösen Minderheiten mit diesem Genussmittel, doch konsumiert wurde es so allgemein, dass Muslime, die sich des Weins enthielten, besonders genannt werden. Im Verlauf der rechtlichen Beurteilung des Weinkonsums entwickelten sich zwei Positionen: 1. Wovon viel betrunken macht, davon ist auch wenig verboten. 2. Verboten ist das Übermaß, das zu Rauschzuständen führt. Die erste Haltung hat sich weitgehend durchgesetzt.

Mehr und mehr hatte der Weinkonsum heimlich zu geschehen, da der Muhtasib (Marktvogt) jeden, der in der Öffentlichkeit Wein trank oder betrunken war, mit Stockschlägen bestrafen konnte. Allerdings boten Weinlokale auch eine beträchtliche Einnahmequelle für den Fiskus, da sie eine hohe Gebühr zahlen mussten, die ihnen den unbehelligten Verkauf des Getränks ermöglichte. Nur besonders fromme islamische Herrscher verzichteten auf diese Einkünfte. Diese Tatsache und verschiedene ökologische Veränderungen führten dazu, dass der noch im Mittelalter weit verbreitete Weinanbau in der islamischen Welt erheblich zurückging. Das verringerte Angebot führte wiederum zu einem Ansteigen der Preise für Wein, der bis dahin sehr preisgünstig gewesen war. Eine Vielzahl von Konsumenten war daher gezwungen, auf andere Genussmittel auszuweichen, die nun ihrerseits eine weitere Verbreitung fanden. Hier sind vor allem Cannabis-Derivate wie Haschisch, ferner Kaffee und Tabak zu nennen. Daneben finden sich verschiedene nur regional konsumierte Rauschmittel, wie der Qat im Jemen. Besonders strenge islamische Juristen erklären auch diese Konsumgüter für verboten.

Wein als Synonym für jede Art von alkoholischen Getränken ist in der heutigen islamischen Welt ein Symbol für die islamische Haltung des einzelnen Muslims, aber auch des Einflusses, der dem Islam in einem Staat zuerkannt wird. Immer wieder fordern islamische Fromme, vor allem aber Fundamentalisten, das Verbot jeder Art von Alkoholkonsum anzuwenden. Dort, wo dieses Konsumgut sich nicht als bedeutender Wirtschaftsfaktor herausstellt, wie in Tunesien, Algerien oder Marokko, gehen die Regierungen auf derartige Forderungen auch häufig ein. Das Verbot bedeutet jedoch nur, dass der Alkohol aus der Öffentlichkeit verschwindet. Nur in wenigen islamischen Staaten ist die Prohibition so streng, dass Wein oder andere Alkoholika nur illegal erworben werden können.

Literatur: *R. Gelpke,* Vom Rausch im Orient und Okzident, Stuttgart 1966; *R. Hattox,* Coffee and Coffeehouses. The Origins of a Social Beverage in the Medieval Near East, Seattle 1985; *P. Heine,* Weinstudien. Untersuchungen zu Anbau, Produktion und Konsum des Weins im arabisch-islamischen Mittelalter, Wiesbaden 1982; *A. Schoppen,* Das Qat. Geschichte und Gebrauch des Genussmittels Catha Edulis Forsk. in der Arabischen Republik Jemen, Wiesbaden 1978.

P. Heine

Weltverständnis/Weltverantwortung

Die Welt wird im Koran als die Schöpfung Gottes angesehen, deren Wert darin besteht, das Leben des Menschen zu sichern und den Verständigen Anlass zu geben, „Gottes Antlitz zu suchen" (92,20; 76,9; 30,38–39; 2,272 usw.).

In der mekkanischen Periode (610–622) beschreibt der Koran eindringlich die Schrecken des nahen Gerichts Gottes, das über die Menschen hereinbricht, die ein gottloses Leben führen. Der Zorn Gottes kann nur durch eine reumütige Umkehr abgewendet werden. Der Koran verurteilt die Torheit der Menschen, die „für den Besitz eine allzu große Liebe" hegen (89,20). Es erinnert sie mit Nachdruck daran, das die kommende Welt besser ist als das Diesseits (vgl. 87,16–17; 28,60). Die natürliche Habsucht des Menschen lässt ihn aber selten die Probe (18,7) bestehen. Der Mensch glaubt, durch seinen Reichtum alles Nötige erlangt zu haben. Diese Selbsttäuschung führt zu einem schlimmen Ende (vgl. 92,8–11; 96,6–7).

Wer sich also von dieser Welt verblenden und sich dadurch von der Suche nach dem Willen Gottes und dem jenseitigen Lohn ablenken lässt, der hat eine schwere Strafe zu erwarten (vgl. 11,15–16). Diejenigen dagegen, die den Versuchungen dieser Welt widerstehen, werden bei Gott reichen Lohn erhalten (64,15–16). Als Vorbild scheint die Haltung der Asketen in den Gotteshäusern (sind es die christlichen Klöster gewesen?) vorzuschweben: „in Häusern, für die Gott erlaubt hat, dass sie errichtet werden und dass darin seines Namens gedacht wird. Ihn preisen darin, am Morgen und am Abend, Männer, die weder Handel noch Kaufgeschäft ablenken vom Gedenken Gottes, von der Verrichtung des Gebets und der Entrichtung der Abgabe, die einen Tag fürchten, an dem Herzen und Augenlicht umgekehrt werden, damit Gott ihnen das Beste vergelte von dem, was sie getan haben; und ihnen von seiner Huld noch mehr gebe ... (24,36–38; vgl. zu den entsprechenden Eigenschaften frommer muslimischer Männer: 9,112 und Frauen: 66,5).

Nach der Auswanderung von Mekka nach Medina im Jahr 622 musste Muhammad die Aufgabe eines politischen Führers übernehmen. Damit war eine intensivere Beschäftigung mit den Dingen dieser Welt verbunden und auch die Bemühung, sie so zu regeln, dass das Leben der Muslime geschützt und gefördert wurde. Darüber hinaus wurden Erfolge und Siege über die Widersacher als Zeichen des Wohlwollens Gottes und als Belohnung für die Gläubigen gedeutet (vgl. 48,28). Muhammad musste jedoch fürchten, dass die Muslime sich der Selbstgefälligkeit hingeben könnten. So mahnte sie der Koran zu steter Aufrichtigkeit. Sie dürfen im Streben nach den Gütern des diesseitigen Lebens den Menschen nicht Unrecht tun (4,94). Die Muslime laufen Gefahr, zu sehr nach dem Diesseits zu trachten, während Gott für sie das Jenseits will (vgl. 8,67). Sie sollen bedenken: „Was bei euch ist, geht zu Ende; was bei Gott ist, hat Bestand" (16,96; vgl. 87,16–17). Sie sollen umkehren und sich bußfertig wieder Gott zuwenden (25,71), auch wenn sie die köstlichen Dinge, die ihnen Gott beschert, genießen dürfen (vgl. 5,4.5.87).

So sieht der Koran die Welt und ihre verschiedenen Güter als eine Versuchung an, die den Gläubigen von der Suche nach Gott und seinem Willen abbringen kann, und auch als ein Hindernis, das den Frommen den Weg des Gehorsams und der Treue erschwert. Der Koran betrachtet aber auch die Welt als ein Geschenk der Barmherzigkeit Gottes an die Gemeinschaft der Gläubigen. Diese Gnade wird jedoch nur denen verheißen und erwiesen, die ihre Pflicht erfüllen und im Einsatz für die Sache Gottes und die Interessen des Islams an der Seite des Propheten Muhammad stehen.

Für solche Gläubige ist die Welt die gute Schöpfung Gottes. Er, „der Beste der Schöpfer" (37,125), hat bei seinem Werk „alles sorgfältig gemacht" (27,88); er hat „alles, was Er erschaffen hat, gut gemacht" (32,7). Denn er hat diese Welt nicht wahllos erschaffen, er hat sie für den Menschen bestimmt: Sie dient seinem Leben (vgl. 20,53–55; 16,79–83; 27,60–64) und enthält die guten Dinge, die Gott ihm beschert hat (40,64; 45,16; 17,70; 8,26).

Eine solche Welt, für den Menschen bestimmt und auf die Bedürfnisse seines Lebens abgestimmt, in der kein Mangel feststellbar ist (67,3), ist ein Zeichen, das auf ihren Schöpfer hinweist, und damit ein Ort der Glaubensfindung (45,3; 30,22; 2,164; 16,10–13). S. dazu die Ausführungen unter dem Stichwort „Glaube". Sie ist auch der Ort der Bewährung und der diesseitigen Vergeltung und Belohnung: S. unter dem Stichwort „Vorsehung".

In dieser Welt hat Gott den Menschen als Nachfolger eingesetzt (2,30), Generation nach Generation (27,62; 10,14.73; 35,39; 6,165). Der Mensch muss nun das schwere, ihm anvertraute Gut (33,72) bewahren. Er darf die Welt gebrauchen, ja auch genießen, aber er muss bemüht sein, sie zu pflegen und zu erhalten. Denn als Diener und Statthalter Gottes ist er zur Verantwortung für seine Welt befähigt, und er wird vor Gott am Tag des Gerichtes Rechenschaft ablegen müssen. Er soll der Mahnung des Korans stets eingedenk sein: „Und stiftet nicht Unheil auf der Erde, nachdem sie in Ordnung gebracht worden ist" (7,56.85); – „Und gehorcht nicht dem Befehl der Maßlosen, die Unheil auf der Erde stiften und keine Besserung bringen" (26,151–152); – „Gott weiß den Unheilstifter zu unterscheiden von dem, der Ordnung schafft" (2,220).

Literatur: *A. Th. Khoury,* Einführung in die Grundlagen des Islams, Würzburg/Altenberge [4]1995, Neudruck 1999, 155–159; *M. S. Abdullah,* Der Islam und die Verantwortung des Menschen in der Schöpfung, in: Wie sollen wir mit der Schöpfung umgehen?, hrsg. von *A. Th. Khoury/P. Hünermann (Hrsg.)* (Herderbücherei 1338), Freiburg 1987, 101–119.

A. TH. KHOURY

Wirtschaft

Grundlagen

Die Frage, ob es eine islamische Wirtschaftsform oder Praxis ökonomischen Handelns gibt, beschäftigt die Wissenschaft und die Öffentlichkeit erst seit dem Aufleben der fundamentalistischen Bewegungen im Islam der 1970er und 1980er Jahre. In den üblichen Quellen für das islamische Recht wird auf derartige Themen nur selten eingegangen. Im Koran wird die Wirtschaftsordnung, wie sie zur Zeit des Propheten üblich war, nicht in Frage gesellt. Der Koran bejaht das Privateigentum an Grund und Boden, an materiellen und an menschlichen Produktionsmitteln. Auch Lohnarbeit mit abhängig Beschäftigten gehört dazu. Wirtschaftliche Aktivitäten, die auf Gewinn gerichtet sind und Erfolg haben, gelten nach dieser Auffassung als ein gottgefälliges Werk. Als wirtschaftlicher

Praktiker weist der Prophet Muhammad jedoch auch immer wieder darauf hin, dass es im ökonomischen Leben ehrlich zugehen müsse. Gegen Betrug und die Verfälschung von Produkten tritt er energisch ein. Die Wirtschaftsordnung des islamischen Mittelalters ist daher eine Ordnung, die auf einen korrekten Verkehr der ökonomischen Kräfte und der Partizipatoren am Markt gerichtet ist. Das ist auch deshalb nicht verwunderlich, weil der Handel in all seinen Formen den bedeutendsten Anteil am Wirtschaftsleben hatte. Die Art und Weise, in der Gewinne erzielt wurden, wurde vom islamischen Recht behandelt und dadurch die Institution der Marktaufsicht, den Muhtasib (s. Marktordnung) kontrolliert. Grundsätzliche Überlegungen zum Phänomen des Strebens nach Gewinn entwickelten sich nicht. Im Gegensatz zu anderen Religionen, in denen ein quietistischer Zug feststellbar ist, stellt sich der Islam daher als ein religiöses System dar, das wirtschaftliche Aktivitäten befürwortet. Diese Haltung liegt nicht zuletzt in der Tatsache begründet, dass Muhammad vor seiner Berufung als Kaufmann ökonomisch aktiv war. Allerdings betont der Prophet auch die Sozialverpflichtung, die den Besitzer von Eigentum bindet. Die häufige Aufforderung zu guten Werken und zum Almosen an die Armen und Bedürftigen macht das deutlich. Sparsamkeit und Einfachheit sind Tugenden, die von Muhammad besonders gelobt werden. Das Verbot der Benutzung von kostbarem Geschirr oder Brokatstoffen kann in diesem Zusammenhang gesehen werden. In vielen Traditionen wird von der persönlichen Bedürfnislosigkeit, ja der Armut des Propheten gesprochen. Auch in dieser Hinsicht gilt er den Muslimen als Vorbild.

Zins

Nur in einem Fall kennt der Koran genaue Vorschriften: Beim Zinsverbot (riba). So heißt es z. B. in 2,275: „Diejenigen, die den Zins verzehren, werden so aufstehen, wie der aufsteht, den der Satan packt und zu Boden schlägt. Dies, weil sie sagen: Das Verkaufen ist gleich dem Zinsnehmen. Aber Gott hat das Verkaufen erlaubt und das Zinsnehmen verboten. Wer eine Ermahnung von seinem Herrn bekommt und dann aufhört, darf das, was vorher geschah, behalten. Seine Angelegenheit wird Gott überlassen. Diejenigen aber, die es von Neuem tun, sind die Gefährten des Feuers; darin werden sie ewig weilen.“ Es hat immer wieder Diskussionen darum gegeben, ob das Wort „Riba“ mit Wucher wiedergegeben werden muss und ein geringer Zinssatz erlaubt wäre. Diese Diskussionen sind fruchtlos; denn das Zinsverbot hat in der Vergangenheit gegolten, wenn es auch Anpassungen an wirtschaftliche Veränderungen erfahren hat. Wie bei anderen Geboten und Verboten hat es Rechtskniffe gegeben, mit denen man das Verbot in der Praxis umgangen hat. Das ist auch noch heute so, wenn man anstelle von Zinsen von Dienstleistungsgebühr spricht. Ein islamisches Banksystem, das ohne Zinsen arbeitet, kann nur durch verlorene Zu-

schüsse von privater und staatlicher Seite existieren. Islamische Wirtschaftstheoretiker sind noch dabei, entsprechende Modelle zu erstellen, so dass hier noch keine endgültigen Aussagen gemacht werden können.
Heute ist die Frage des Zinses der Schlüsselbegriff einer „islamischen Wirtschaftsordnung“. Der übergeordnete Begriff ist bei einigen islamischen Wirtschaftstheoretikern der der Solidarität. „Wer satt zu Bett geht, wenn sein Nachbar hungert, ist kein Muslim“, wird ein Ausspruch des Propheten gerne zitiert, der darauf hinweist. Viele Theoretiker interpretieren das vom Koran festgestellte Eigentumsrecht als eine Form von Treuhänderschaft, in der Gott dem Besitzer das Eigentum zur Nutzung, vor allem aber zum Wohle aller Muslime zur Verfügung gestellt habe. Es wird als Eigentum auf Zeit angesehen, über das Gott Rechenschaft abgelegt werden muss. Im Übrigen sind die Theorie und die wirtschaftliche Praxis auch in der islamischen Welt weit voneinander entfernt.

Hawala
In den vergangenen Jahren hat eine besondere Form des Geldtransfers, das Hawala-System, besondere Aufmerksamkeit erregt, weil es sich der staatlichen oder überstaatlichen Kontrolle der internationalen Geldmarktströme weitgehend entzieht. In diesem System nutzen Kunden ein Netz von muslimischen Kleinhändlern. Diese informieren telefonisch einen Partner in einem anderen Land oder einer anderen Stadt darüber, dass ein Kunde die Auszahlung einer festgelegten Summe an einen Empfänger erbittet. Diese Summe sei eingezahlt worden. Der Partner informiert den Empfänger, der sich das Geld daraufhin auszahlen lässt. Bei anderer Gelegenheit erfolgt ein Transfer in umgekehrter Richtung, wobei die auszuzahlende Summe aus dem Kapital stammt, das bei dem ersten Transfer in die Hand des Händlers gelangt ist. Das System funktioniert selbstverständlich nur, wenn unter den Mitgliedern des Netzwerks absolutes Vertrauen besteht; dann aber ist es absolut zuverlässig und ungewöhnlich schnell.

Literatur: *E. Stetter,* Ökonomische Aspekte der Re-Islamisierung, in: *G. Schult (Hrsg.),* Islam – Herausforderung an West und Ost, Altenberge 1981, 107–118; *V. Nienhaus,* Islamische Wirtschaft, Köln 1984; *A. Gräber,* Islam, finanzielle Infrastruktur und wirtschaftliche Entwicklung, Frankfurt 1992; *A. Ghaussy,* Wirtschaftsdenken im Islam, Bern 1986.

P. Heine

Wort Gottes

Dass Gott zu den Menschen in den verschiedenen Epochen ihrer Geschichte immer wieder gesprochen hat, ist eine Grundüberzeugung des Islams. Er, der Barmherzige, der die Menschen erschaffen hat, begleitet sie auch auf ihrem Lebensweg, er führt sie durch die vielen Zeichen in seiner Schöpfung zum Glauben, er unterweist sie durch seine Offenbarung (s. dort), durch die er seinen souveränen Willen kundtut.
In Kontinuität mit der biblischen Botschaft sieht der Koran seine eige-

ne Offenbarung. Er ist das definitiv-gültige, abschließende und letzte Offenbarungswort Gottes, dem Propheten Muhammad (570–632) durch den Engel Gabriel (s. dort) von Gott übermittelt. Koran (arab.: Qur'an) heißt dieses letzte Offenbarungswort Gottes deshalb, weil es dazu bestimmt ist, öffentlich vorgetragen zu werden. Das arabische Wort Qur'an leitet sich her vom Verb „qara'a“: lesen, vortragen. Die erste Aufforderung, die an Muhammad erging, lautete: „Lies!“, so Sure 96,1

Literatur: *s. Offenbarung.*

L. Hagemann

Wucher ↗ *Zinsen/Zinsnehmen*

Wunder

Wunder sind Zeichen, die eine besondere Wirkung Gottes in der Natur bzw. im Leben der Menschen und der Gemeinschaften anzeigen. Vor allem im Zusammenhang mit der prophetischen Sendung wird im Koran von Zeichen im Sinn von Wundern gesprochen. So verlangen die Polytheisten von Muhammad ein außerordentliches Zeichen, damit sie an seine Sendung glauben. Sie verlangen, Gott selbst zu sehen (vgl. Koran 17,90.92). Wenn Gott nicht kommt, so lautet ihre Forderung, dann sollte wenigstens ein Engel auftreten (15,7; vgl. 25,21; 41,14; 17,92).

Oder es soll der Engel zu Muhammad herabgesandt werden, um seine Botschaft zu bestätigen (6,8). Wenigstens müsse er ihn begleiten, sonst sei der Glaube an seine prophetische Sendung nicht möglich (43,53; 25,7; 11,12).

Die Sendung der Engel, so erwidert der Koran, erfolgt nicht, solange Gott den Menschen eine Schonfrist gewährt. Die Engel kommen nämlich, um den Tag des Gerichts und der Abrechnung einzuleiten (15,8; 16,33,6,8.158). Da Gott seinen Gesandten aber zu den Menschen während der festgesetzten Frist schickt, sendet er ihnen nicht einen Engel, sondern einen Menschen wie sie: „Sprich: Wenn es auf der Erde Engel gäbe, die da in Ruhe umhergingen, dann hätten Wir ihnen vom Himmel ja einen Engel als Gesandten hinabgeschickt“ (17,95). Auch wenn der Gesandte ein Engel wäre, würde er dann Menschengestalt annehmen, seine Identität würde dadurch nicht deutlicher werden (6,9).

Im Übrigen ist es nicht sicher, dass die Ungläubigen durch die Erscheinung des Engels zum Glauben finden würden (6,111).

Die Ungläubigen verlangen von Muhammad sonst ein besonderes Zeichen zur Beglaubigung seiner prophetischen Sendung: „Und sie sagen: Wenn er doch ein Zeichen von seinem Herrn bringen würde!“ (20,133; vgl. 29,50; 10,20; 13,7.27; 2,118). „... Er soll uns doch ein Zeichen bringen, so wie die Früheren gesandt worden sind“ (21,5). „Und sie sagen: Wir werden dir nicht glauben, bis du uns aus der Erde eine Quelle hervorbrechen lässt, oder bis du einen Garten von Palmen und Weinstöcken hast und durch ihn Bäche ausgiebig hervorbrechen lässt, oder bis du den Himmel auf uns in Stücken herabfallen lässt, wie du behauptet hast, oder Gott und die Engel vor unsere Augen bringst, oder bis du ein Haus aus Gold besitzt oder in den Himmel hochsteigst. Und wir werden nicht glauben, dass du hochgestiegen bist, bis du auf uns ein Buch herabsendest, das wir lesen können" (17,90–93).

Auf diese Forderung hat Muhammad in vielfältiger und nuancierter Weise reagiert.

– Das Wirken von Wunderzeichen steht allein in der Macht Gottes: „Und sie sagen: Wenn doch Zeichen von seinem Herrn auf ihn herabgesandt würden! Sprich: Über die Zeichen verfügt Gott. Ich aber bin nur ein deutlicher Warner" (29,50; vgl. 26,4; 6,37.109).

– Die Propheten sind keine Wundertäter auf Bestellung. Sie sind gewöhnliche Menschen, Warner, die von Gott mit einer Botschaft an die Menschen gesandt worden sind. Sie können zwar mit der Erlaubnis Gottes Wunder wirken (40,78; 13,38); es ist aber nicht ihre erste und vornehmste Aufgabe, den Wunderglauben der Menschen zu befriedigen (17,93; 29,50; 13,7).

– Die Forderung nach Wundern und Zeichen ist übrigens nur ein Vorwand. Die Menschen glauben doch nicht, ob nun der Prophet Wunder wirkt oder nicht. Sie haben immer wieder eigene Deutungen und besondere Ausflüchte, um den Glauben an die prophetische Botschaft zu verweigern (vgl. 6,7; 54,2; 37,14–15; 7,132).

– Schließlich hängt die Bekehrung der Verstockten zum Glauben von der Rechtleitung und der Gnade Gottes ab: „Würden Wir auch zu ihnen die Engel hinabsenden, würden die Toten zu ihnen sprechen und Wir alle Dinge vor ihren Augen versammeln, sie würden unmöglich glauben, es sei denn, Gott will es. Aber die meisten von ihnen sind töricht" (6,111; vgl. 17,97; 10,96–97; 6,25). „Auch wenn ein Koran käme, mit dem die Berge versetzt oder die Erde zerstückelt oder zu den Toten gesprochen werden könnte … Nein, bei der ganzen Angelegenheit hat Gott allein zu entscheiden. Wissen denn diejenigen, die glauben, nicht, dass Gott, wenn Er wollte, die Menschen alle rechtleiten würde?" (13,31).

– Auch wenn Muhammad keinen göttlichen Auftrag hatte, Wunder und Zeichen zu wirken, so bedeutet das keineswegs, dass er seine prophetische Sendung nicht ausweisen kann. Die Natur dieses Ausweises wird weiter unten erläutert. Hier soll nur noch darauf hingewiesen werden, dass die Muslime gleichwohl Koranstellen heranziehen, um Wunderwerke im Leben Muhammads zu bestätigen: „Nahegerückt ist die Stunde, und gespalten hat sich der Mond" (54,1). Auch die Nachtreise und die Himmelsreise Muhammads sowie die wunderbare Unterstützung der Muslime durch unsichtbare Engel im Kampf gegen ihre Feinde (33,9; vgl. 8,9.12; 3,124–125) werden als Wunder betrachtet.

Das eigentliche Wunder aber, das Muhammad zu seiner Beglaubigung anführen kann, ist der Koran selbst. Der Koran entzieht sich der Gewalt des Propheten (vgl. 10,15); er ist für die Menschen allgemein unnachahmlich und unübertrefflich. Die Einmaligkeit des Korans wird auf seinen Inhalt und auch auf seine Sprache bezogen. Bereits im Koran selbst findet sich eine Herausforderung an die Ungläubigen, selbst eine ähnliche Schrift beizubringen (52,34; 17,88). Nicht einmal zehn Suren können sie beibringen (11,13–14), und auch nicht eine einzige Sure (10,38; 2,23). Das Unvermögen der Menschen, ein dem Koran ähnliches Buch abzufassen, ist ein Zeichen dafür, dass der Koran das Wort Gottes und sein Wunder zur Beglaubigung seines Gesandten ist.

Die religiöse Literatur spricht auch von Wunder in Zusammenhang mit außergewöhnlichen Phänomenen, die Gott im Leben der „Heiligen" (s. dort) oder durch sie wirkt. Die Volksliteratur erzählt ausgiebig über solche Hulderweise Gottes.

Die Theologie erklärt die außergewöhnlichen Phänomene dadurch, dass sie sie auf das unmittelbare Wirken Gottes in seiner Schöpfung zurückführt: Gott bringt die Schöpfung in ihren Einzelerscheinungen immer wieder neu; wenn er nun kleine Abweichungen in seinem Gesamtplan vornimmt, erscheint dies den Menschen als ein Wunder; es geht dabei aber nicht um die Verletzung so genannter Naturgesetze, denn die natürlichen Zusammenhänge verlaufen nach dem Plan, den Gott für die immer wiederkehrende Schaffung der Natur immer wieder frei festlegt. Kausalzusammenhänge sind an sich nur die Erscheinungsformen der alleinigen Ursächlichkeit des Wirkens Gottes in seiner Schöpfung. Wenn Gott seinen Plan da und dort verändert, dann ist das eigentlich keine Verletzung bestehender Kausalzusammenhänge, sondern Neuschaffung der Natur nach einem teilweise veränderten Plan vonseiten Gottes.

Literatur: *H. Stiegelecker,* Die Glaubenslehren des Islam, Paderborn ^{2}1983; *H. Grotzfeld,* Der Begriff der Unnachahmlichkeit des Korans in seiner Entstehung und Fortbildung, in: Archiv für Begriffsgeschichte, Bd. XIII, Bonn 1969; 58–72; *P. Antes,* Prophetenwunder in der Ašʿarīya bis al-Gazālī (Algazel), Freiburg 1970; *A. Th. Khoury,* Einführung in die Grundlagen des Islams, Würzburg/Altenberge ^{4}1995, Neudruck 1999.

A. Th. Khoury

Z

Zandaqa

Der Begriff der „Zandaqa" hat sehr früh eine beträchtliche Komplexität erfahren und wird in der arabischen Literatur für alle Arten von Häresien oder für religiöse Haltungen gebraucht, die von den üblichen autorisierten Vorstellungen abwichen und der herrschenden Orthodoxie daher verdächtig erscheinen. Daneben wird er auch und vor allem auf die Mandäer (s. Sabi'a) angewandt. Jede Abweichung von der Offenbarung wurde als „Zandaqa" bezeichnet, gleichgültig ob die Träger der Offenbarung Adam, Noach, Mose, Jesus oder Muhammad gewesen waren. Schon in der späten Umayyadenzeit mussten sich unkonventionelle Dichter, die sich vor allem in der Umgebung des mesopotamischen Kufa konzentriert hatten, „Zandaqa" vorwerfen lassen. Ihre Aktivitäten auf politischer, wirtschaftlicher, religiöser und sozialer Ebene unterschieden sich in einem solchen Maße von den Normen des Islams, dass manche Beobachter in ihnen Repräsentanten einer „Gegenkultur" vermuten. Ihre Denkweise scheint nicht ohne Attraktivität gewesen zu sein; denn der Khalif Walid ibn Yazid (743–744), der selbst ein höchst unkonventionelles Leben führte, lud einige der Dichter aus Kufa an seinen Hof nach Damaskus ein. Gegen dieses nonkonformistische Verhalten gingen die Behörden der späten Umayyaden- und der frühen ʿAbbasidenzeit inquisitionsartig vor. Ihren Höhepunkt erreichte die Verfolgung der „Zandaqa" um 782 unter dem Khalifat von al-Mahdi, der Manichäer, extreme und gemäßigte Schiiten, Dichter und Literaten verfolgen ließ. Dabei wurden dann auch Verfahren gegen Personen eingeleitet, die besonders eifrig ihrer Gebetspflicht nachkamen, sich besonders asketisch verhielten oder sich durch eine besonders lässige Form der Erfüllung der religiösen Pflichten auffällig machten, kurz, die in Bezug auf ihre religiösen Praktiken nicht der allgemein üblichen Verhaltensnorm entsprachen. Andererseits traf sein Urteil all diejenigen, die sich negativ über den Islam, seinen Propheten oder den Koran zu äußern gewagt hatten. Gerne wurde der Vorwurf der „Zandaqa" auch vorgetragen, wenn ein Vorwand für die Entfernung einer unliebsam gewordenen Person aus einem Amt begründet werden sollte. So geschah es mit der mächtigen Wezir-Familie der Barmakiden, die dem ʿAbbasiden-Khalifen Harum al-Rashid zu einflussreich geworden war. Der Vorwurf der „Zandaqa" war auch ein probates sunnitisches Propaganda-Mittel gegen islamische Sonderformen wie die Ismaʿiliyya oder die Fatimiden, von denen besonders al-Hakim als „Zindiq" („Anhänger der Zandaqa") gebrandmarkt wurde. Die Handhabung des Vorwurfs der „Zandaqa" blieb jedoch nicht auf das arabische Mittelalter beschränkt. Vor allem in religionspolitischen Auseinandersetzungen wurde er durch die gesamte islamische Geschichte hindurch verwendet. Noch 1980 erhob ein Gremium von hochrangigen Gelehrten, die mit der „Liga der Islamischen Welt" in Mekka verbunden sind, diesen Vorwurf gegen den libyschen Revolutionsführer al-Qadhdhafi, weil dieser nach ihrer Auffassung gegen eine Vielzahl von islamischen Normen verstoßen hatte.

Literatur: *P. Heine,* Wein und Tod. Überlegungen zu einem Motiv der arabischen Dichtung, in: Die Welt des Orients 13 (1982), 114–126; *H. Laoust,* Les schismes dans l'Islam, Paris 1965; *ders.,* Pluralismes dans l'Islam, Paris 1983; *B. Lewis,* Some Observations on the Significance of Heresy in the History of Islam, in: Studia Islamica 1 (1953), 43–63; *G. Vajda,* Les zindiqs en pays d'Islam au début de la période abbaside, in: Revista degli Studi Orientali 17 (1938), 173–229.

P. Heine

Zayditen ↗ *Schiiten*

Zakat ↗ *Abgabe*

Zinsen/Zinsnehmen

Der Islam entstand in einer Gesellschaft, deren wirtschaftliche Grundlage neben der Landwirtschaft vor allem der Handel darstellte. Komplexe privatwirtschaftliche Vorstellungen und Transaktionen sind den Muslimen daher nie fremd gewesen. Allerdings verbietet der Koran an zahlreichen Stellen das Ausleihen von Geld gegen Zinsen und die Spekulation mit Lebensmitteln. „O ihr, die ihr glaubt, fürchtet Gott und lasst künftig was an Zinsnehmen anfällt, bleiben, so ihr gläubig seid" (2,278). Muslimische Autoren führen als Grund für das Zinsverbot die Tatsache an, dass es sich bei der Zinsnahme um eine besonders verwerfliche Form der Ausbeutung handelt. Auch wenn es Versuche von islamischen Rechtsgelehrten gegeben hat, dieses Zinsverbot abzuschwächen, ist doch die Mehrheit der Kommentatoren der Ansicht, dass jede Form von Zins verboten ist. Daher wurden durch das gesamte islamische Mittelalter hindurch Geldgeschäfte nahezu ausschließlich von Angehörigen der religiösen Minderheiten betrieben. Problematisch ist in einer Weltökonomie, in die auch die islamischen Länder eingebunden sind, dass wirtschaftliche Transaktionen kaum noch ohne entsprechende Zinsvereinbarungen möglich sind. Vor allem Länder, die sich dem islamischen Recht besonders verpflichtet fühlen, mussten in ihrem wirtschaftlichen Handeln Möglichkeiten finden, das Zinsverbot des Korans zu umgehen. Dazu trug nicht zuletzt die Tatsache bei, dass das Phänomen der Inflation im Koran nicht berücksichtigt wird. Schon im Mittelalter waren rechtliche Tricks entwickelt worden, mit deren Hilfe man das Zinsverbot umgehen konnte. Heute haben sich im Bankwesen der islamischen Welt vielfältige Praktiken entwickelt, bei denen nicht von Zinsen gesprochen wird, die jedoch einen Zinseffekt mit sich bringen.

Literatur: *A. Mez,* Die Renaissance des Islams, Heidelberg 1922; *V. Nienhaus,* Islam und moderne Wirtschaft, Graz 1982; *M. Rodinson,* Islam und Kapitalismus, Frankfurt 1971; *A. Ghaussy,* Wirtschaftsdenken im Islam, Bern 1986.

P. Heine

Koranstellen

Um dem Leser eine genauere Kenntnis der Aussagen des Korans zu erleichtern, werden hier die meisten der in diesem Lexikon erwähnten Koranstellen aufgelistet und im Wortlaut nach der Übersetzung von A. Th. Khoury wiedergegeben:
Der Koran. Übersetzung von Adel Theodor Khoury. Unter Mitwirkung von Muhammad Salim Abdullah, (GTB 783), Gütersloher Verlagshaus, Gütersloh, dritte durchgesehene Auflage 2001.

1, 1–7
1 Im Namen Gottes, des Erbarmers, des Barmherzigen.
2 Lob sei Gott, dem Herrn der Welten[1],
3 dem Erbarmer, dem Barmherzigen,
4 der Verfügungsgewalt besitzt über den Tag des Gerichtes! **5** Dir dienen wir, und Dich bitten wir um Hilfe.
6 Führe uns den geraden Weg, **7** den Weg derer, die Du begnadet hast, die nicht dem Zorn verfallen und nicht irregehen.

2, 2–7
2 Dies ist das Buch, an ihm ist kein Zweifel möglich, es ist eine Rechtleitung für die Gottesfürchtigen,
3 die an das Unsichtbare glauben und das Gebet verrichten und von dem, was Wir ihnen beschert haben, spenden,
4 und die an das glauben, was zu dir herabgesandt und was von dir herabgesandt wurde, und die über das Jenseits Gewissheit hegen.
5 Diese folgen einer Rechtleitung von ihrem Herrn, und das sind die, denen es wohl ergeht.
6 Denen, die ungläubig sind, ist es gleich, ob du sie warnst oder ob du sie nicht warnst; sie glauben nicht.
7 Versiegelt hat Gott ihre Herzen und ihr Gehör, und über ihrem Augenlicht liegt eine Hülle. Und bestimmt ist für sie eine gewaltige Pein.

2, 13–15
13 Und wenn ihnen gesagt wird: „Glaubt, wie die (anderen) Menschen glauben", sagen sie: „Sollen wir denn glauben, wie die Toren glauben!" Und doch sind eben sie die Toren, aber sie wissen es nicht.
14 Und wenn sie diejenigen, die glauben, treffen, sagen sie: „Wir glauben." Und wenn sie mit ihren teuflischen Anführern allein sind, sagen sie: „Wir stehen auf eurer Seite; wir treiben ja nur Spott."
15 Gott ist es, der ihrer spottet und sie im Übermaß ihres Frevels verharren lässt, so dass sie blind umherirren.

2, 18
18 Taub, stumm, blind sind sie: Sie werden nicht umkehren.

2, 23–24
23 Und wenn ihr im Zweifel seid über das, was Wir auf unseren Diener hinabgesandt haben, dann bringt eine Sure gleicher Art bei und ruft eure Zeugen an Stelle Gottes an, so ihr die Wahrheit sagt.[2]
24 Wenn ihr es nicht tut – und ihr werdet es nie tun können –, dann hütet euch vor dem Feuer, dessen Brennstoff Menschen und Steine sind und das für die Ungläubigen bereitet ist.

---

[1] 2: Oder: der Weltenbewohner.
[2] 23: Zu dieser Herausforderung vgl. 10, 38; 11, 13; 17, 88; 53, 34.

2,26–27

26 Gott schämt sich nicht, als Gleichnis eine Mücke oder das, was darüber hinausgeht[3], zu nehmen. Diejenigen nun, die glauben, wissen, dass es die Wahrheit von ihrem Herrn ist. Diejenigen, die ungläubig sind, sagen: „Was will Gott mit einem solchen Gleichnis?“ Er führt damit viele irre und leitet damit viele recht. Und Er führt damit nur die Frevler irre,
27 die den Bund Gottes, nachdem er geschlossen worden ist, brechen und das zerschneiden, was Gott befohlen hat zu verbinden, und die auf der Erde Unheil stiften. Das sind die Verlierer.

2,30–39

30 Und als[4] dein Herr zu den Engeln sprach: „Ich werde auf der Erde einen Nachfolger einsetzen.“ Sie sagten: „Willst du auf ihr einen einsetzen, der auf ihr Unheil stiftet und Blut vergießt, während wir dein Lob singen und deine Heiligkeit rühmen?“ Er sprach: „Ich weiß, was ihr nicht wisst.“
31 Und Er lehrte Adam alle Dinge samt ihren Namen. Dann führte Er sie den Engeln vor und sprach: „Tut Mir die Namen dieser kund, so ihr die Wahrheit sagt.“
32 Sie sagten: „Preis sei Dir! Wir haben kein Wissen außer dem, was Du uns gelehrt hast. Du bist der, der alles weiß und weise ist.“
33 Er sprach: „O Adam, tu ihnen ihre Namen kund.“ Als er ihre Namen kundgetan hatte, sprach Er: „Habe ich euch nicht gesagt: Ich weiß das Unsichtbare der Himmel und der Erde, und Ich weiß, was ihr offen legt und was ihr verschweigt?“
34 Und als Wir zu den Engeln sprachen: „Werft euch vor Adam nieder.“ Da warfen sie sich nieder, außer Iblis. Der weigerte sich und verhielt sich hochmütig, und er war einer der Ungläubigen.
35 Und Wir sprachen: „O Adam, bewohne du und deine Gattin das Paradies. Esst reichlich von ihm zu eurem Wohl, wo ihr wollt. Aber naht euch nicht diesem Baum, sonst gehört ihr zu denen, die Unrecht tun.“
36 Da ließ sie Satan beide vom Paradies[5] fallen und vertrieb sie vom Ort, wo sie waren. Und Wir sprachen: „Geht hinunter. Die einen von euch sind Feinde der anderen. Ihr habt auf der Erde Aufenthalt und Nutznießung für eine Weile.“
37 Da nahm Adam von seinem Herrn Worte (der Umkehr) entgegen, so wandte Er sich ihm gnädig zu. Er ist der, der sich gnädig zuwendet, der Barmherzige.
38 Wir sprachen: „Geht von ihm alle hinunter. Wenn dann von Mir eine Rechtleitung zu euch kommt, dann haben diejenigen, die meiner Rechtleitung folgen, nichts zu befürchten, und sie werden nicht traurig sein.
39 Diejenigen aber, die nicht glauben und unsere Zeichen für Lüge erklären, das sind die Gefährten des Feuers; sie werden darin ewig weilen.“

2,40–50

40 O ihr Kinder Israels, gedenket meiner Gnade, mit der Ich euch begnadet habe, und erfüllt euren Bund mit Mir, so will Ich meinen Bund mit euch erfüllen. Vor Mir sollt ihr Ehrfurcht haben.
41 Und glaubt an das, was Ich hinabgesandt habe zur Bestätigung dessen, was bei euch ist. Und seid nicht die Ersten, die es verleugnen. Und verkauft nicht meine Zeichen für einen geringen Preis. Mich sollt ihr fürchten.
42 Und verkleidet nicht das Wahre mit dem Falschen, und verschweigt nicht die Wahrheit, wo ihr es doch wisst.

---

[3] 26: was größer oder kleiner ist als eine Mücke.
[4] 30: Und (gedenke) als …: Zeitsatz, der im Koran häufig in verkürzter Form gebraucht wird.
[5] 36 Wörtlich: von ihm, davon.

43 Und verrichtet das Gebet und entrichtet die Abgabe, und verneigt euch mit denen, die sich verneigen.
44 Wollt ihr denn den Menschen die Frömmigkeit gebieten und dabei euch selbst vergessen, wo ihr doch das Buch verlest? Habt ihr denn keinen Verstand?
45 Und sucht Hilfe in der Geduld und im Gebet. Und das ist ja schwer, außer für die Demütigen,
46 die damit rechnen, dass sie ihrem Herrn begegnen und dass sie zu Ihm zurückkehren werden.
47 O ihr Kinder Israels, gedenket meiner Gnade, mit der Ich euch begnadet habe, und dass Ich euch vor den Weltenbewohnern bevorzugt habe.
48 Und hütet euch vor einem Tag, an dem keine Seele für eine andere etwas begleichen kann, keine Fürsprache von ihr angenommen und kein Lösegeld von ihr genommen wird, und an dem sie[6] keine Unterstützung erfahren.
49 Und als Wir euch von den Leuten des Pharao erretteten, die euch schlimme Pein zufügten, indem sie eure Söhne abschlachteten und nur eure Frauen am Leben ließen – darin war für euch eine gewaltige Prüfung von eurem Herrn.
50 Und als wir euretwegen das Meer spalteten und euch so retteten und die Leute des Pharao ertrinken ließen, während ihr zuschautet.

2,53
53 Und als Wir Mose das Buch und die Unterscheidungsnorm zukommen ließen, auf dass ihr der Rechtleitung folget.

2,57
57[7] Und Wir ließen die Wolken euch überschatten und sandten auf euch das Manna und die Wachteln hinunter: „Esst von den köstlichen Dingen, die Wir euch beschert haben." Und nicht Uns taten sie Unrecht, sondern sich selbst haben sie Unrecht getan.

2,60–62
60 Und als Mose um Wasser für sein Volk bat. Da sprachen Wir: „Schlag mit deinem Stab auf den Stein." Da brachen aus ihm zwölf Quellen hervor, so dass jede Menschengruppe wusste, wo ihre Trinkstelle war. – „Esst und trinkt von dem, was Gott beschert hat, und verbreitet nicht Unheil auf der Erde."
61 Und als ihr sagtet: „O Mose, wir werden es nicht aushalten, nur eine einzige Speise zu haben. So rufe für uns deinen Herrn an, dass Er uns etwas hervorbringe von dem, was die Erde sonst wachsen lässt an Gemüse, Gurken, Knoblauch[8], Linsen und Zwiebeln." Er sagte: „Wollt ihr denn das Minderwertige im Tausch gegen das Bessere nehmen? Zieht hinab nach Ägypten. Ihr habt dort, was ihr erbittet." Und über sie wurden Erniedrigung und Elend gelegt, und sie zogen sich den Zorn Gottes zu. Dies dafür, dass sie immer wieder die Zeichen Gottes verleugneten und die Propheten zu Unrecht töteten; dies dafür, dass sie ungehorsam waren und immer wieder Übertretungen begingen.
62 Diejenigen, die glauben, und diejenigen, die Juden sind, und die Christen und die Sābier[9], all die, die an Gott und den Jüngsten Tag glauben und Gutes tun, erhalten ihren Lohn bei ihrem Herrn, sie haben nichts zu befürchten, und sie werden nicht traurig sein.

2,67–75
67[10] Und als Mose zu seinem Volk sagte: „Gott befiehlt euch, eine Kuh zu schächten." Sie sagten: „Nimmst du uns zum

[6] 48: die Menschen vor dem Gericht.
[7] 57–60: Vgl. 7,106–162.
[8] 61: Oder: Getreide. Vgl. Bibel: Exodus 16,1–3; Numeri 11,5. – Vgl. Evangelium: Matthäus 23,37; Lukas 13,34.
[9] 62: Wahrscheinlich eine Täufergemeinde wie die Mandäer.
[10] 67–71: Vgl. Bibel: Numeri 19,1–10.

Gegenstand des Spottes?" Er sagte: „Ich suche Zuflucht bei Gott davor, dass ich zu den Törichten gehöre."

68 Sie sagten: „Rufe für uns deinen Herrn an, dass Er uns deutlich mache, wie sie sein soll." Er sagte: „Er spricht: Es soll eine Kuh sein, die weder alt noch zu jung zum Kalben ist, eben mittleren Alters dazwischen. Nun tut, was euch befohlen wird."

69 Sie sagten: „Rufe für uns deinen Herrn an, dass Er uns deutlich mache, welcher Farbe sie sein soll." Er sagte: „Er spricht: Es soll eine gelbe Kuh sein, deren Farbe intensiv ist und die den Zuschauern Freude macht."

70 Sie sagten: „Rufe für uns deinen Herrn an, dass Er uns deutlich mache, wie sie sein soll, denn die Kühe kommen uns doch ähnlich vor. Aber wir werden gewiss, so Gott will, die Richtige finden."

71 Er sagte: „Er spricht: Es soll eine Kuh sein, die weder zum Pflügen des Ackers noch zum Bewässern der Felder gezwungen wurde, fehlerfrei und ohne Farbmischung." Sie sagten: „Jetzt hast du die Wahrheit gebracht." Sie schächteten sie. Doch beinahe hätten sie es nicht getan.

72[11] Und als ihr jemanden getötet hattet und über ihn miteinander Streit bekamt. Aber Gott bringt doch heraus, was ihr verschwiegen hattet.

73 Da sprachen Wir: „Schlagt ihn mit einem Stück von ihr[12]." So macht Gott die Toten wieder lebendig und lässt euch seine Zeichen sehen, auf dass ihr verständig werdet.

74 Nach diesem Geschehen verhärteten sich eure Herzen, so dass sie wie Steine waren oder noch härter. Denn unter den Steinen gibt es welche, aus denen die Bäche hervorbrechen; und es gibt welche, die sich spalten, so dass das Wasser aus ihnen herauskommt; und es gibt welche, die aus Ehrfurcht vor Gott herunterfallen. Und Gott lässt nicht unbeachtet, was ihr tut.

75 Erhofft ihr etwas, dass sie mit euch glauben, wo doch ein Teil von ihnen das Wort Gottes hörte, es aber dann wissentlich entstellte, nachdem er es verstanden hatte?

2,78

78 Unter ihnen gibt es Ungelehrte, die das Buch nicht kennen, sondern nur Wunschvorstellungen heranziehen. Sie stellen ja nur Mutmaßungen an.

2,83

83 Und als Wir die Verpflichtung der Kinder Israels entgegennahmen: „Ihr sollt nur Gott dienen, die Eltern gut behandeln, und auch die Verwandten, die Waisen und die Bedürftigen. Sprecht freundlich zu den Menschen. Verrichtet das Gebet und entrichtet die Abgabe." Danach habt ihr – bis auf wenige von euch – den Rücken gekehrt und euch abgewandt.

2,87

87 Und Wir ließen dem Mose das Buch zukommen und nach ihm die Gesandten folgen. Und Wir ließen Jesus, dem Sohn Marias, die deutlichen Zeichen zukommen und stärkten ihn mit dem Geist der Heiligkeit. Wollt ihr euch denn jedes Mal, wenn euch ein Gesandter etwas bringt, was ihr nicht mögt, hochmütig verhalten und einen Teil (von ihnen) der Lüge zeihen und einen (anderen) Teil töten?

2,90

90 Schlimm ist das, wofür sie ihre Seelen verkauft haben, dass sie verleugneten, was Gott herabgesandt hat, aus ungerechter Ablehnung, dass Gott etwas von seiner Huld herabsendet, auf wen von seinen

---

[11] 72–73: Vgl. Bibel: Deuteronomium 21,1–9.

[12] 73: von der Kuh. Somit wird er wieder zum Leben erweckt, damit er den Namen seines Mörders preisgibt.

Dienern Er will. So haben sie sich Zorn über Zorn zugezogen. Und die Ungläubigen erhalten eine schmähliche Pein.

2, 97–98

97 Sprich: Wenn einer dem Gabriel ein Feind ist – denn er hat ihn[13] auf dein Herz herabkommen lassen mit der Erlaubnis Gottes als Bestätigung dessen, was vor ihm vorhanden war und als Rechtleitung und Frohbotschaft für die Gläubigen –, **98** wenn einer ein Feind ist Gott und seinen Engeln und seinen Gesandten, und Gabriel und Michael, dann ist Gott den Ungläubigen ein Feind.

2, 102

102 Und sie folgten dem, was die Satane unter der Herrschaft Salomos vortrugen. Aber nicht Salomo war ungläubig, sondern die Satane waren ungläubig; sie lehrten die Menschen die Zauberei und das, was auf die Engel in Babel, Harut und Marut,[14] herabgesandt worden war. Diese jedoch lehrten niemanden, ohne zu sagen: „Wir sind nur eine Versuchung, so werde nicht ungläubig." So lernten sie von ihnen das, womit sie zwischen dem Mann und seiner Frau Zwietracht stifteten. Und sie vermögen niemanden damit zu schädigen, es sei denn mit Gottes Erlaubnis. Und sie lernten, was ihnen schadete und nicht nützte. Und sie wussten, dass derjenige, der dies erkauft, im Jenseits keinen Anteil hat. Schlimm ist das, wofür sie ihre Seele verkauft haben. Wenn sie es doch wüssten!

2, 105–106

105 Diejenigen von den Leuten des Buches und von den Polytheisten, die nicht glauben, mögen es nicht gern, dass auf euch etwas Gutes von eurem Herrn herabgesandt wird. Gott aber schenkt seine Barmherzigkeit in besonderer Weise, wem Er will. Und Gott besitzt große Huld. **106** Was Wir auch an Zeichen aufheben oder der Vergessenheit preisgeben. Wir bringen dafür ein Besseres oder ein Gleiches. Weißt du denn nicht, dass Gott Macht hat zu allen Dingen?

2, 109–114

109 Viele von den Leuten des Buches möchten gerne euch, nachdem ihr gläubig geworden seid, wieder zu Ungläubigen machen, da sie von sich aus Neid empfinden, nachdem ihnen die Wahrheit deutlich wurde. So verzeiht und seid nachsichtig, bis Gott mit seinem Befehl eintrifft. Gott hat Macht zu allen Dingen. **110** Verrichtet das Gebet und entrichtet die Abgabe. Und was ihr für euch an Gutem vorausschickt, das werdet ihr bei Gott vorfinden. Gott sieht wohl, was ihr tut. **111** Sie sagen: „Es werden das Paradies nur die betreten, die Juden oder Christen sind." Das sind ihre Wünsche. Sprich: Bringt her euren Beweis, so ihr die Wahrheit sagt. **112** Nein, wer sich völlig Gott hingibt und dabei rechtschaffen ist, der hat seinen Lohn bei seinem Herrn. Diese haben nichts zu befürchten, und sie werden nicht traurig sein. **113** Die Juden sagen: „Die Christen haben keine Grundlage." Und die Christen sagen: „Die Juden haben keine Grundlage." Dabei lesen sie (alle) das Buch. Auch diejenigen, die unwissend sind, äußern sich in der gleichen Weise. Gott wird am Tage der Auferstehung zwischen ihnen über das urteilen, worüber sie uneins waren. **114** Und wer ist ungerechter als der, der verhindert, dass in den Anbetungsstätten Gottes seines Namens gedacht wird, und

---

[13] 97: den Koran.

[14] 102: Über diese zwei gefallenen Engel, die den Dämonen die Zauberkunst beigebracht haben, sind verschiedene Legenden überliefert und divergierende Interpretationen vertreten worden. Eine Variante bezeichnet sie nicht als Engel (malak), sondern als Könige (malik).

bestrebt ist, sie zu zerstören? Gerade diese dürfen sie nicht anders als voller Furcht betreten. Bestimmt ist für sie im Diesseits Schande und im Jenseits eine gewaltige Pein.

2, 115–151

115 Gottes ist der Osten und der Westen. Wohin ihr euch auch wenden möget, dort ist das Antlitz Gottes. Gott umfasst und weiß alles. **116** Und sie sagen: „Gott hat sich ein Kind genommen." Preis sei Ihm! Ihm gehört doch, was in den Himmeln und auf der Erde ist. Alle sind Ihm demütig ergeben. **117** Er ist der Schöpfer der Himmel und der Erde. Wenn Er eine Sache beschlossen hat, sagt Er zu ihr nur: Sei!, und sie ist.

118 Diejenigen, die unwissend sind, sagen: „Wenn doch Gott zu uns spräche oder ein Zeichen zu uns käme!" Auch diejenigen, die vor ihnen lebten, äußerten sich in der gleichen Weise. Ihre Herzen sind einander ähnlich. Wir haben die Zeichen deutlich gemacht für Leute, die Gewissheit hegen. **119** Wir sandten dich mit der Wahrheit als Freudenboten und Warner. Und du hast dich nicht für die Gefährten der Hölle zu verantworten.

120 Weder die Juden noch die Christen werden mit dir zufrieden sein, bis du ihrer Glaubensrichtung folgst. Sprich: Nur die Rechtleitung Gottes ist die (wahre) Rechtleitung. Und wenn du ihren Neigungen folgst nach dem, was dir an Wissen zugekommen ist, so wirst du vor Gott weder Freund noch Helfer haben. **121** Diejenigen, denen Wir das Buch zukommen ließen und die es lesen, wie es richtig gelesen werden soll, glauben daran. Diejenigen, die nicht daran glauben, das sind die Verlierer.

122 O ihr Kinder Israels, gedenket meiner Gnade, mit der Ich euch begnadet habe, und dass Ich euch vor den Weltenbewohnern bevorzugt habe. **123** Und hütet euch vor einem Tag, an dem keine Seele für eine andere etwas begleichen kann, kein Lösegeld von ihr angenommen wird und keine Fürsprache nützt, und an dem sie keine Unterstützung erfahren.

124 Und als Abraham von seinem Herrn durch Worte auf die Probe gestellt wurde[15] und er sie erfüllte. Er sprach: „Ich mache dich zum Vorbild für die Menschen." Er sagte: „Und auch welche von meiner Nachkommenschaft." Er sprach: „Mein Bund erstreckt sich aber nicht auf die, die Unrecht tun." **125** Und als Wir das Haus zu einem Versammlungsort für die Menschen und zu einer sicheren Stätte machten: „Nehmt euch die Stätte Abrahams[16] zu einem Gebetsort." Und Wir erlegten Abraham und Ismael auf: „Reinigt mein Haus für diejenigen, die den Umlauf vollziehen und die eine Einkehrzeit einlegen und die sich verneigen und niederwerfen." **126** Und als Abraham sagte: „Mein Herr, mach dieses zu einem sicheren Gebiet und beschere seinen Bewohnern Früchte, denen von ihnen, die an Gott und den Jüngsten Tag glauben." Er sprach: „Und wer nicht glaubt, den lasse Ich ein wenig genießen, alsdann zwinge Ich ihn in die Pein des Feuers – welch schlimmes Ende!„ **127** Und als Abraham dabei war, vom Haus die Fundamente hochzuziehen, (er) und Ismael. (Sie beteten): „Unser Herr, nimm es von uns an. Du bist der, der alles hört und weiß. Unser Herr, mache uns beide Dir ergeben und (mache) aus unserer Nachkommenschaft eine Gemeinschaft, die Dir ergeben

---

[15] 124: Inhalt dieser Worte: Gebote und Verbote; Kultriten; Forderungen des Glaubens; Zeichen durch die Himmelskörper; oder Befehl an Abraham, seinen Sohn zu opfern (vgl. 37, 106).

[16] 125: der Stein, auf dem Abraham bei der Errichtung der Kaʿba stand, oder das gesamte Bethaus, oder die gesamten Wallfahrtsorte.

ist. **128** Und zeige uns unsere Riten[17], und wende Dich uns gnädig zu. Du bist der, der sich gnädig zuwendet, der Barmherzige. **129** Unser Herr, lass unter ihnen einen Gesandten aus ihrer Mitte erstehen[18], der ihnen deine Zeichen verliest und sie das Buch und die Weisheit lehrt und sie läutert. Du bist der Mächtige, der Weise." **130** Und wer verschmäht die Glaubensrichtung Abrahams außer dem, der seine Seele gering schätzt? Wir haben ihn ja im Diesseits auserwählt. Und im Jenseits gehört er zu den Rechtschaffenen. **131** Und als sein Herr zu ihm sprach: „Sei (Mir) ergeben." Er sagte: „Ich ergebe mich dem Herrn der Welten."
132 Und Abraham hat es seinen Söhnen aufgetragen, er und auch Jakob: „O meine Söhne, Gott hat für euch die (reine) Religion erwählt. So sollt ihr nur als Gottergebene sterben." **133** Oder wart ihr zugegen, als Jakob im Sterben lag? Als er zu seinen Söhnen sagte: „Wem werdet ihr dienen nach mir?" Sie sagten. „Dienen werden wir deinem Gott und dem Gott deiner Väter Abraham, Ismael und Isaak, dem einzigen Gott. Und wir sind Ihm ergeben." **134** Das ist eine Gemeinschaft, die dahingegangen ist. Sie erhält, was sie erworben hat, und ihr erhaltet, was ihr erworben habt. Und ihr habt nicht zu verantworten, was sie zu tun pflegten.

135 Und sie sagen: „Werdet Juden oder Christen, so folgt ihr der Rechtleitung." Sprich: Nein, (wir folgen) der Glaubensrichtung Abrahams, als Anhänger des reinen Glaubens; und er gehörte nicht zu den Polytheisten. **136** Sprecht: Wir glauben an Gott und an das, was zu uns herabgesandt wurde, und an das, was herabgesandt wurde zu Abraham, Ismael, Isaak, Jakob und den Stämmen, und an das, was Mose und Jesus zugekommen ist, und an das, was den (anderen) Propheten von ihrem Herrn zugekommen ist. Wir machen bei keinem von ihnen einen Unterschied. Und wir sind Ihm ergeben.
137 Wenn sie an das Gleiche glauben, woran ihr glaubt, so folgen sie der Rechtleitung. Wenn sie sich abkehren, so befinden sie sich im Widerstreit. Gott wird dich vor ihnen schützen. Er ist der, der alles hört und weiß. **138** (Nehmt an) das Kennzeichen[19] Gottes. Und wer hat ein schöneres Kennzeichen als Gott? Ihm (allein) dienen wir. Sprich: Was streitet ihr mit uns über Gott, wo Er unser Herr und euer Herr ist? Wir haben unsere Werke, und ihr habt eure Werke (zu verantworten). Und wir sind zu Ihm aufrichtig. Oder wollt ihr sagen, dass Abraham, Ismael, Isaak, Jakob und die Stämme Juden oder Christen gewesen sind? Sprich: Wisst ihr es besser oder Gott? Wer ist denn ungerechter als der, der ein Zeugnis, das er von Gott hat, verschweigt? Aber Gott lässt nicht unbeachtet, was ihr tut. **141** Das ist eine Gemeinschaft, die dahingegangen ist. Sie erhält, was sie erworben hat, und ihr erhaltet, was ihr erworben habt. Und ihr habt nicht zu verantworten, was sie zu tun pflegten.

142 Die Toren unter den Menschen werden sagen: „Was hat sie von ihrer Gebetsrichtung abgebracht, die sie (bisher) eingehalten haben"? Sprich: Gottes ist der Osten und der Westen. Er führt, wen Er will, zu einem geraden Weg. **143** Und so haben Wir euch zu einer in der Mitte sterbenden Gemeinschaft[20] gemacht, auf dass ihr Zeugen seid über die Menschen und dass der Gesandte Zeuge sei über euch. Und Wir haben die Gebetsrichtung, die

---

[17] 128: Das sind wohl die Kulthandlungen, vor allem solche, die mit der Wallfahrt zusammenhängen.

[18] 129: Vgl. 2,151; 3,164; 62,2. Der Koran und der Hadith beziehen diese Bitte auf die Sendung Muhammads.

[19] 138: Wörtlich: Salbung, Färbung, Farbzeichen.

[20] 143: die das Gleichgewicht zwischen den Extremen hält, mit einem ausgewogenen Ordnungssystem und Verhalten.

du eingehalten hast, nur eingesetzt, um zu erfahren, wer dem Gesandten folgt, (und um ihn zu unterscheiden) von dem, der auf seinen Fersen kehrtmacht. Wahrlich, das ist schwer, außer für die, die Gott rechtleitet. Nimmer wird Gott es zulassen, dass euer Glaube umsonst gewesen ist. Gott hat Mitleid mit den Menschen und ist barmherzig. **144** Wir sehen, wie du dein Gesicht zum Himmel hin und her richtest. So werden Wir dir eine Gebetsrichtung festlegen, mit der du zufrieden sein wirst. Wende also dein Gesicht in Richtung der heiligen Moschee[21]. Und wo immer ihr seid, wendet euer Gesicht in ihre Richtung. Diejenigen, denen das Buch zugekommen ist, wissen bestimmt, dass es die Wahrheit von ihrem Herrn ist. Gott lässt nicht unbeachtet, was sie tun. **145** Du magst zu denen, denen das Buch zugekommen ist, mit jedem Zeichen kommen, sie werden deiner Gebetsrichtung nicht folgen. Und auch du wirst ihrer Gebetsrichtung der anderen folgen. Und wenn du ihren Neigungen folgst nach dem, was an Wissen zu dir gekommen ist, gehörst du gewiss zu denen, die Unrecht tun. **146** Diejenigen, denen Wir das Buch zukommen ließen, kennen es, wie sie ihre Söhne kennen. Aber ein Teil von ihnen verschweigt wissentlich die Wahrheit. **147** Es ist die Wahrheit von deinem Herrn. So sei nicht einer der Zweifler. **148** Jeder hat seine Richtung[22], zu der er sich wendet. So eilt zu den guten Dingen um die Wette. Wo immer ihr euch befindet, Gott wird euch alle zusammenbringen. Gott hat Macht zu allen Dingen. **149** Von wo du auch herausgehst, wende dein Gesicht in Richtung der heiligen Moschee. Es ist wirklich die Wahrheit von deinem Herrn. Gott lässt nicht unbeachtet, was ihr tut. **150** Und von wo du auch herausgehst, wende dein Gesicht in Richtung der heiligen Moschee. Und wo immer ihr seid, wendet euer Gesicht in ihre Richtung, damit die Menschen keinen Beweisgrund gegen euch haben, außer denen von ihnen, die Unrecht tun – fürchtet sie nicht, sondern fürchtet Mich –, und damit Ich meine Gnade an euch vollende und auf dass ihr die Rechtleitung findet, **151** so wie Wir auch unter euch einen Gesandten aus eurer Mitte entsandt haben, der euch unsere Zeichen verliest, euch läutert und euch das Buch und die Weisheit lehrt und euch das lehrt, was ihr nicht wusstet.

2, 153

153 O ihr, die ihr glaubt, sucht Hilfe in der Geduld und im Gebet. Gott ist mit den Geduldigen.

2, 155–157

155 Und Wir werden euch sicher Prüfungen aussetzen mit ein wenig Furcht und Hunger und mit Verlust an Vermögen; Seelen und Früchten. Und verkünde den Geduldigen frohe Botschaft, **156** die, wenn ein Unglück sie trifft, sagen: „Wir gehören Gott, und wir kehren zu Ihm zurück.“ **157** Auf sie kommen Segnungen und Barmherzigkeit von ihrem Herrn herab. Das sind die, die der Rechtleitung folgen.

2, 159

159 Diejenigen, die verschweigen, was Wir an deutlichen Zeichen und Rechtleitung hinabgesandt haben, nachdem Wir es den Menschen im Buch deutlich gemacht haben, diese wird Gott verfluchen, und verfluchen werden sie auch die Fluchenden …

2, 163–165

163 Und euer Gott ist ein einziger Gott, es gibt keinen Gott außer Ihm, dem Er-

---

[21] 144: die Kaʿba in Mekka.

[22] 148: Gemeint ist hier nicht nur die Gebetsrichtung, sondern auch die Lebensordnung und Orientierung.

barmer, dem Barmherzigen. **164** In der Erschaffung der Himmel und der Erde; im Aufeinanderfolgen von Nacht und Tag; in den Schiffen, die auf dem Meer fahren mit dem, was den Menschen nützt; im Wasser, das Gott vom Himmel herabkommen lässt und mit dem Er die Erde nach ihrem Absterben wiederbelebt und auf ihr allerlei Getier sich ausbreiten lässt; im Wechsel der Winde und der zwischen Himmel und Erde in Dienst gestellten Wolken, (in alledem) sind Zeichen für Leute, die verständig sind. **165** Unter den Menschen sind welche, die sich neben Gott andere als Gegenpart nehmen, die sie lieben, wie man Gott liebt. Doch diejenigen, die glauben, lieben Gott noch mehr. Wenn nur diejenigen, die Unrecht tun, angesichts der Pein sehen würden, dass alle Kraft Gott gehört und dass Gott harte Pein verhängt!

2,167–168

167 Und diejenigen, die (ihnen) folgten, sagen: „Hätten wir doch eine Möglichkeit zur Rückkehr, damit wir uns von ihnen lossagen, so wie sie sich von uns losgesagt haben!" Auf diese Weise lässt Gott sie ihre Werke sehen als Grund zu vielfachem Bedauern für sie. Und sie werden aus dem Feuer nicht herauskommen.

168 O ihr Menschen, esst von dem, was es auf der Erde gibt, so es erlaubt und köstlich ist. Und folgt nicht den Fußstapfen des Satans. Er ist euch ein offenkundiger Feind.

2,173

173 Verboten hat Er euch nur Verendetes, Blut, Schweinefleisch und das, worüber ein anderer Gott angerufen worden ist.[23] Wer aber gezwungen wird, ohne dass er Auflehnung oder Übertretung begeht, den trifft keine Schuld. Gott ist voller Vergebung und barmherzig.

2,175–176

175 Das sind die, die den Irrtum gegen die Rechtleitung erkauft haben, und auch die Pein gegen die Vergebung. Wie können sie sich dem Feuer gegenüber so standhaft zeigen!

176 Dies geschieht, weil Gott das Buch mit der Wahrheit herabgesandt hat. Und diejenigen, die über das Buch uneins sind, befinden sich in einem tiefen Widerstreit.

2,177–178

177 Frömmigkeit besteht nicht darin, dass ihr euer Gesicht nach Osten und Westen wendet. Frömmigkeit besteht darin, dass man an Gott, den Jüngsten Tag, die Engel, das Buch und die Propheten glaubt, dass man, aus Liebe zu Ihm[24], den Verwandten, den Waisen, den Bedürftigen, dem Reisenden und den Bettlern Geld zukommen lässt und (es) für den Loskauf der Sklaven und Gefangenen (ausgibt), und dass man das Gebet verrichtet und die Abgabe entrichtet. (Fromm sind auch) die, die ihre eingegangenen Verpflichtungen erfüllen, und die, die in Not und Leid und zur Zeit der Gewalt geduldig sind. Sie sind es, die wahrhaftig sind, und sie sind die Gottesfürchtigen.

178 O ihr, die ihr glaubt, vorgeschrieben ist euch bei Totschlag die Wiedervergeltung: der Freie für den Freien, der Sklave für den Sklaven, das Weib für das Weib. Wenn einem von seinem Bruder etwas nachgelassen wird, dann soll die Beitreibung[25] auf rechtliche Weise und die Leistung an ihn auf gute Weise erfolgen. Dies ist eine Erleichterung vonseiten eures Herrn und eine Barmherzigkeit. Wer danach Übertretungen begeht, für den ist eine schmerzhafte Pein bestimmt.

---

[23] 173: Vgl. 5,3; 6,145; 16,115.

[24] 177: zu Gott – oder: trotz seiner Liebe zu ihm, d. h. zum Geld.

[25] 178: des Blutgeldes.

2,182–188

182 Wer aber vonseiten eines Erblassers eine Unrechtmäßigkeit oder ein schuldhaftes Verhalten befürchtet und dann zwischen ihnen Aussöhnung schafft, den trifft keine Schuld. Gott ist voller Vergebung und barmherzig.
183 O ihr, die ihr glaubt, vorgeschrieben ist euch, zu fasten, so wie es denen vorgeschrieben worden ist, die vor euch lebten, auf dass ihr gottesfürchtig werdet,
184 (und dies) für eine Anzahl von Tagen. Wer von euch krank ist oder sich auf einer Reise befindet, für den gilt eine Anzahl anderer Tage. Denjenigen aber, die es (eigentlich einhalten) können, ist als Ersatzleistung die Speisung eines Bedürftigen auferlegt. Wenn einer freiwillig Gutes tut, so ist es besser für ihn. Und dass ihr fastet, ist besser für euch, wenn ihr Bescheid wisst.
185 Der Monat Ramadān ist es, in dem der Koran herabgesandt wurde als Rechtleitung für die Menschen und als deutliche Zeichen der Rechtleitung und der Unterscheidungsnorm. Wer von euch nun in dem Monat anwesend ist, der soll in ihm fasten. Und wer krank ist oder sich auf einer Reise befindet, für den gilt eine Anzahl anderer Tage. Gott will für euch Erleichterung. Er will für euch nicht Erschwernis, und dass ihr die Zahl (der Tage) vollendet und Gott dafür hochpreiset, dass Er euch rechtgeleitet hat, und dass ihr wohl dankbar werdet.
186 Wenn dich meine Diener nach Mir fragen, so bin Ich nahe, und Ich erhöre den Ruf des Rufenden, wenn er Mich anruft. Sie sollen nun auf Mich hören, und sie sollen an Mich glauben, auf dass sie einen rechten Wandel zeigen.
187 Erlaubt ist euch, in der Nacht während der Fastenzeit Umgang mit euren Frauen zu haben. Sie sind eine Bekleidung für euch, und ihr seid eine Bekleidung für sie. Gott weiß, dass ihr euch immer wieder selbst betrogen habt, so hat Er sich euch gnädig wieder zugewandt und euch verziehen. Verkehrt nunmehr mit ihnen und trachtet nach dem, was Gott euch vorgeschrieben hat. Und esst und trinkt, bis ihr in der Morgendämmerung den weißen Faden vom schwarzen Faden unterscheiden könnt. Danach vollzieht das Fasten bis zur Nacht. Und verkehrt nicht mit ihnen, während ihr in den Moscheen eine Einkehrzeit einlegt. Dies sind die Bestimmungen Gottes, tretet ihnen nicht zu nahe. So macht Gott den Menschen seine Zeichen deutlich, auf dass sie gottesfürchtig werden.
188 Und verzehrt nicht untereinander euer Vermögen durch Betrug, und übergebt es nicht den Richtern, um einen Teil des Vermögens der Menschen in sündhafter Weise wissentlich zu verzehren.

2,190–195

190 Und kämpft auf dem Weg Gottes gegen diejenigen, die gegen euch kämpfen, und begeht keine Übertretungen. Gott liebt die nicht, die Übertretungen begehen.
191 Und tötet sie, wo immer ihr sie trefft, und vertreibt sie, von wo sie euch vertrieben haben. Denn Verführen ist schlimmer als Töten. Kämpft nicht gegen sie bei der heiligen Moschee, bis sie dort gegen euch kämpfen. Wenn sie gegen euch kämpfen, dann tötet sie. So ist die Vergeltung für die Ungläubigen.
192 Wenn sie aufhören, so ist Gott voller Vergebung und barmherzig.
193 Kämpft gegen sie, bis es keine Verführung mehr gibt und bis die Religion nur noch Gott gehört. Wenn sie aufhören, dann darf es keine Übertretung geben, es sei denn gegen die, die Unrecht tun.
194 Ein heiliger Monat (darf zur Vergeltung dienen) für einen heiligen Monat.[26]

---

[26] 194: Wenn die Feinde das Friedensabkommen im heiligen Monat brechen, dürfen die Muslime ihnen auch im heili-

Bei den heiligen Dingen gilt die Wiedervergeltung. Wer sich gegen euch vergeht, gegen den dürft ihr euch ähnlich vergehen, wie er sich gegen euch vergeht. Und fürchtet Gott und wisst, dass Gott mit den Gottesfürchtigen ist. **195** Und spendet auf dem Weg Gottes und streckt nicht eure Hände nach dem Verderben aus[27], und tut Gutes. Gott liebt die, die Gutes tun.

2,197

Die Wallfahrt findet in bekannten Monaten[28] statt. Wer sich in ihnen die Wallfahrt auferlegt, hat sich während der Wallfahrt des Geschlechtsumgangs, des Frevels und des Streites zu enthalten. Und was ihr an Gutem tut, das weiß Gott. Und versorgt euch mit Wegzehrung. Aber die beste Wegzehrung ist die Gottesfurcht. Und fürchtet Mich, o ihr Einsichtigen.

2,199

Dann eilt herab, von wo die Menschen herabeilen, und bittet Gott um Vergebung. Gott ist voller Vergebung und barmherzig.

2,212–213

212 Das diesseitige Leben ist denen, die ungläubig sind, verlockend gemacht worden, und sie verhöhnen diejenigen, die glauben. Aber diejenigen, die gottesfürchtig sind, stehen am Tag der Auferstehung über ihnen. Und Gott beschert den Lebensunterhalt, wem Er will, ohne (viel) zu rechnen.

213 Die Menschen waren eine einzige Gemeinschaft. Dann ließ Gott die Propheten als Freudenboten und Warner erstehen. Er sandte mit ihnen das Buch mit der Wahrheit herab, damit es zwischen den Menschen über das urteile, worüber sie uneins waren. Und nur jene, denen es zuteil wurde, waren darüber uneins, nachdem die deutlichen Zeichen zu ihnen gekommen waren – dies aus ungerechter Auflehnung untereinander. Nun hat Gott die, die glauben, mit seiner Erlaubnis zu der Wahrheit geleitet, über die sie uneins waren. Und Gott führt, wen Er will, zu einem geraden Weg.

2,215–225

215 Sie fragen dich, was sie spenden sollen. Sprich: Was ihr an gutem spendet, das sei für die Eltern, die Angehörigen, die Waisen, die Bedürftigen und den Reisenden. Und was ihr an Gutem tut, Gott weiß es.

216 Vorgeschrieben ist euch der Kampf, obwohl er euch zuwider ist. Aber vielleicht ist euch etwas zuwider, während es gut für euch ist. Und vielleicht liebt ihr etwas, während es schlecht für euch ist. Und Gott weiß, ihr aber wisst nicht Bescheid.

217 Sie fragen dich nach dem heiligen Monat, nach dem Kampf in ihm. Sprich: Der Kampf in ihm ist schwer wiegend; aber (die Menschen) vom Wege Gottes abweisen, an Ihn nicht glauben, den Zugang zur heiligen Moschee verwehren und deren Anwohner daraus vertreiben, (all das) wiegt bei Gott schwerer. Verführen wiegt schwerer als Töten. Sie hören nicht auf, gegen euch zu kämpfen, bis sie euch von eurer Religion abbringen, wenn sie es können. Diejenigen von euch, die sich nun von ihrer Religion abwenden und als Ungläubige sterben, deren Werke sind im Diesseits und im Jenseits wertlos. Das

---

gen Monat mit derselben Münze heimzahlen. Der Grundsatz der Wiedervergeltung wird auch auf solche Fälle angewandt.

[27] 195: Das bezeichnet wohl die Haltung derer, die nicht spenden und sich nicht für die Sache Gottes einsetzen.

[28] 197: Das sind den muslimischen Kommentatoren, die drei letzten Monate des Mondjahres: Shawwāl, Dhu l-qaʿda und Dhu l-hidjja, wobei der letzte der eigentliche Wallfahrtsmonat ist.

sind die Gefährten des Feuers; sie werden darin ewig weilen.

218 Diejenigen, die glauben, und diejenigen, die ausgewandert sind und sich auf dem Weg Gottes eingesetzt haben, dürfen auf die Barmherzigkeit Gottes hoffen. Und Gott ist voller Vergebung und barmherzig.

219 Sie fragen dich nach dem Wein und dem Glücksspiel. Sprich: In ihnen liegt eine große Sünde und auch vielfacher Nutzen für die Menschen. Aber die Sünde in ihnen ist größer als der Nutzen. Und sie fragen dich, was sie spenden sollen. Sprich: Das Entbehrliche. So macht Gott euch die Zeichen deutlich, auf dass ihr nachdenkt

220 über das Dasein und das Jenseits. Und sie fragen dich nach den Waisen. Sprich: Für sie Ordnung schaffen ist besser. Aber wenn ihr den Umgang mit ihnen pflegt, so sind sie eure Brüder. Und Gott weiß den Unheilstifter zu unterschieden von dem, der Ordnung schafft. Und wenn Gott gewollt hätte, hätte Er euch in Bedrängnis gebracht. Gott ist mächtig und weise.

221 Und heiratet nicht polytheistische Frauen, bis sie gläubig geworden sind. Wahrlich, eine gläubige Sklavin ist besser als eine polytheistische Frau, auch wenn sie euch gefallen sollte. Und lasst die Polytheisten nicht zur Heirat zu, bis sie gläubig geworden sind. Wahrlich, ein gläubiger Sklave ist besser als ein Polytheist, auch wenn er euch gefallen sollte. Jene rufen zum Feuer. Gott aber ruft zum Paradies und zur Vergebung mit seiner Erlaubnis. Und Er macht den Menschen seine Zeichen deutlich, auf dass sie es bedenken.

222 Und sie fragen dich nach der Menstruation. Sprich: Sie ist ein Leiden. So haltet euch von den Frauen während der Menstruation fern und nähert euch ihnen nicht, bis sie wieder rein sind. Wenn sie sich nun gereinigt haben, dann geht zu ihnen, wie Gott es euch befohlen hat. Gott liebt die Bußfertigen, und Er liebt die, die sich reinigen.

223 Eure Frauen sind für euch ein Saatfeld. Geht zu eurem Saatfeld, wo immer ihr wollt. Und schickt für euch (etwas Gutes) voraus. Und fürchtet Gott und wisst, dass ihr Ihm begegnen werdet. Und verkünde den Gläubigen frohe Botschaft.

224 Und macht Gott nicht bei euren Eiden zu einem Hinderungsgrund, Pietät zu üben und gottesfürchtig zu sein und Frieden mit den Menschen zu stiften. Und Gott hört und weiß alles.

225 Gott belangt euch nicht wegen unbedachter Rede in euren Eiden. Aber Er belangt euch wegen dessen, was eure Herzen begehen. Und Gott ist voller Vergebung und langmütig.

2,228–230

228 Die entlassenen Frauen haben drei Perioden lang zu warten. Es ist ihnen nicht erlaubt, zu verschweigen, was Gott in ihrem Schoß erschaffen hat, so sie an Gott und den Jüngsten Tag glauben. Ihre Gatten haben eher das Recht, sie während dieser Zeit zurückzunehmen, wenn sie eine Aussöhnung anstreben. Und sie[29] haben Anspruch auf dasselbe, was ihnen obliegt, und dies auf rechtliche Weise. Die Männer stehen eine Stufe über ihnen. Und Gott ist mächtig und weise.

229 Die Entlassung darf zweimal erfolgen. Dann müssen sie[30] entweder in rechtlicher Weise behalten oder im Guten freigegeben werden. Und es ist euch nicht erlaubt, etwas von dem, was ihr ihnen zukommen ließet, zu nehmen, es sei denn, beide fürchten, die Bestimmungen Gottes nicht einzuhalten. Und wenn ihr fürchtet, dass die beiden die Bestimmungen Gottes nicht einhalten werden, so besteht für sie beide kein Vergehen in Bezug auf das, wo-

---

[29] 228: die Frauen.

[30] 229: die Frauen.

mit sie sich loskauft. Dies sind die Bestimmungen Gottes, übertretet sie nicht. Diejenigen, die Gottes Bestimmungen übertreten, das sind die, die Unrecht tun.
230 Wenn er sie entlässt, so ist sie ihm nicht mehr erlaubt, ehe sie nicht einen anderen Gatten geheiratet hat. Wenn dieser sie entlässt, dann ist es für sie kein Vergehen, wieder zueinander zurückzukehren, wenn sie meinen, die Bestimmungen Gottes einhalten zu können. Dies sind die Bestimmungen Gottes. Er macht sie deutlich für die Leute, die Bescheid wissen.

2,235
235 Und es ist für euch kein Vergehen, wenn ihr Heiratsabsichten gegenüber solchen Frauen andeutet oder bei euch innerlich hegt. Gott weiß, dass ihr an sie denken werdet. Aber vereinbart nichts heimlich mit ihnen, es sei denn, ihr sagt etwas, was sich geziemt. Und entscheidet euch nicht, die Ehe zu schließen, bis die vorgeschriebene Frist zu Ende gegangen ist. Und wisst, dass Gott weiß, was in eurem Innern ist. So nehmt euch davor in Acht. Und wisst, dass Gott voller Vergebung und langmütig ist.

2,237–238
237 Und wenn ihr sie entlasst, noch ehe ihr sie berührt habt, während ihr für sie eine Morgengabe ausgesetzt habt, so steht ihnen die Hälfte von dem zu, was ihr ausgesetzt habt, es sei denn, sie lassen etwas davon nach, oder der, unter dessen Obhut die Eheschließung steht, lässt etwas davon nach. Und wenn ihr etwas nachlasst, entspricht das eher der Gottesfurcht. Und vergesst die Großmut untereinander nicht. Gott sieht wohl, was ihr tut.
238 Haltet die Gebete ein, besonders das mittlere Gebet. Und steht vor Gott in demütiger Ergebenheit.

2,241
241 Und den entlassenen Frauen steht eine Versorgung in rechtlicher Weise zu. Das gilt als Rechtspflicht für die Gottesfürchtigen.

2,249
249 Und als Tālut mit den Truppen ausrückte[31], sagte er: „Gott wird euch mit einem Fluss prüfen. Wer daraus trinkt, gehört nicht zu mir, und wer davon nicht kostet, gehört zu mir, ausgenommen, wer nur eine Hand voll schöpft." Da tranken sie daraus bis auf wenige von ihnen. Und als er und diejenigen, die mit ihm gläubig waren, den Fluss überquert hatten, sagten sie: „Wir haben heute keine Kraft gegen Goliath und seine Truppen." Da sagten diejenigen, die damit rechneten, dass sie Gott begegnen werden: „Wie manche geringe Schar hat doch schon mit Gottes Erlaubnis eine große Schar besiegt! Und Gott ist mit den Standhaften."

2,253
253 Das sind die Gesandten. Wir haben die einen von ihnen vor den anderen bevorzugt. Unter ihnen sind welche, mit denen Gott gesprochen hat. Einige von ihnen hat Er um Rangstufen erhöht. Und Wir haben Jesus, den Sohn Marias, die deutlichen Zeichen zukommen lassen und ihn mit dem Geist der Heiligkeit gestärkt. Und wenn Gott gewollt hätte, hätten diejenigen, die nach ihnen lebten, einander nicht bekämpft, nachdem die deutlichen Zeichen zu ihnen gekommen waren. Aber sie sind uneins geworden. Unter ihnen sind solche, die geglaubt haben, und solche, die ungläubig geworden sind. Und wenn Gott gewollt hätte, hätten sie einander nicht bekämpft. Aber Gott tut, was Er will.

---
[31] 249: Vgl. Bibel: Richter 7,5 ff.

2,255–257

255 Gott, es gibt keinen Gott außer Ihm, dem Lebendigen, dem Beständigen. Nicht überkommt Ihn Schlummer und nicht Schlaf, Ihm gehört, was in den Himmeln und was auf der Erde ist. Wer ist es, der bei Ihm Fürsprache einlegen kann, es sei denn mit seiner Erlaubnis? Er weiß, was vor ihnen und was hinter ihnen liegt, während sie nichts von seinem Wissen erfassen, außer was Er will. Sein Thron umfasst die Himmel und die Erde, und es fällt Ihm nicht schwer, sie zu bewahren. Er ist der Erhabene, der Majestätische.
256 Es gibt keinen Zwang in der Religion. Der rechte Wandel unterscheidet sich nunmehr klar vom Irrweg. Wer also die Götzen verleugnet und an Gott glaubt, der hält sich an der festesten Handhabe, bei der es kein Reißen gibt. Und Gott hört und weiß alles.
257 Gott ist der Freund derer, die glauben: Er führt sie aus den Finsternissen hinaus ins Licht. Diejenigen, die nicht glauben, haben die Götzen zu Freunden; sie führen sie aus dem Licht hinaus in die Finsternisse; das sind die Gefährten des Feuers, sie werden darin ewig weilen.

2,264

264 O ihr, die ihr glaubt, vereitelt nicht eure Almosen, indem ihr auf euer Verdienst pocht und Ungemach zufügt, gleich dem, der sein Vermögen spendet, um von den Menschen gesehen zu werden, und nicht an Gott und den Jüngsten Tag glaubt. Mit ihm ist es wie mit einem Felsen, der von Erdreich bedeckt ist. Es trifft ihn ein Platzregen und macht ihn zu einem kahlen Ding. Sie verfügen über nichts von dem, was sie erworben haben. Und Gott leitet die ungläubigen Leute nicht recht.

2,268–269

268 Der Satan droht euch Armut an und befiehlt euch Schändliches. Gott verheißt euch Vergebung von seiner Seite und Huld. Gott umfasst und weiß alles.
269 Er schenkt die Weisheit, wem Er will. Und wem die Weisheit geschenkt wird, dem wird viel Gutes geschenkt. Jedoch bedenken es nur die Einsichtigen.

2,271–272

271 Wenn ihr die Almosen offen zeigt, so ist es schön. Wenn ihr sie geheim haltet und den Armen zukommen lasst, so ist es besser für euch, und Er sühnt euch etwas von euren Missetaten. Gott hat Kenntnis von dem, was ihr tut.
272 Es ist nicht deine Aufgabe, sie rechtzuleiten, sondern Gott leitet recht, wen Er will. Und was ihr an Gutem spendet, es ist zu eurem Vorteil. Und ihr spendet nur in der Suche nach dem Antlitz Gottes. Und was ihr an Gutem spendet, wird euch voll zurückerstattet, und euch wird nicht Unrecht getan.

2,275

275 Diejenigen, die den Zins verzehren, werden nur so aufstehen, wie der aufsteht, den der Satan packt und zu Boden schlägt. Dies, weil sie sagen: Das Verkaufen ist gleich dem Zinsnehmen. Aber Gott hat das Verkaufen erlaubt und das Zinsnehmen verboten. Wer eine Ermahnung von seinem Herrn bekommt und dann aufhört, darf das, was vorher geschah, behalten. Seine Angelegenheit wird Gott überlassen. Diejenigen aber, die es von Neuem tun, das sind die Gefährten des Feuers; darin werden sie ewig weilen.

2,277–279

277 Diejenigen, die glauben, die guten Werke tun, das Gebet verrichten, die Abgabe entrichten, haben ihren Lohn bei ihrem Herrn, sie haben nichts zu befürchten, und sie werden nicht traurig sein.
278 O ihr, die ihr glaubt, fürchtet Gott und lasst künftig, was an Zinsnehmen anfällt, bleiben, so ihr gläubig seid.

279 Wenn ihr es nicht tut, so erwartet Krieg von Gott und seinen Gesandten. Wenn ihr umkehrt, steht euch euer Kapital zu; so tut ihr kein Unrecht, und es wird euch kein Unrecht getan.

2,281

281 Und hütet euch vor einem Tag, an dem ihr zu Gott zurückgebracht werdet. Dann wird jeder Seele voll zurückerstattet, was sie erworben hat. Und ihnen wird nicht Unrecht getan.

2,284–286

284 Gott gehört, was in den Himmeln und was auf der Erde ist. Und ob ihr das, was in eurem Inneren ist, offen legt oder geheim haltet, Gott rechnet mit euch darüber ab. Er vergibt, wem Er will, und Er peinigt, wen Er will. Und Gott hat Macht zu allen Dingen.
285 Der Gesandte glaubt an das, was zu ihm von seinem Herrn herabgesandt wurde, und ebenso die Gläubigen. Jeder glaubt an Gott und seine Engel und seine Bücher und seine Gesandten. Wir machen bei keinem seiner Gesandten einen Unterschied. Und sie sagen: „Wir hören, und wir gehorchen. Schenke uns Deine Vergebung unser Herr. Zu Dir führt der Lebensweg.
286 Gott fordert von niemandem mehr, als er vermag. Ihm gereicht zum Vorteil, was er erworben hat, und ihm gereicht zum Schaden, was er begangen hat. Unser Herr, belange uns nicht, wenn wir vergessen und sündigen. Unser Herr, lege auf uns keine Last, wie Du sie auf die gelegt hast, die vor uns lebten. Unser Herr, lade uns nichts auf, wozu wir keine Kraft haben. Verzeihe uns, vergib uns und erbarme dich unser. Du bist unser Schutzherr, so unterstütze uns gegen die ungläubigen Leute.

3,3–4

3 Er hat auf dich das Buch mit der Wahrheit herabgesandt als Bestätigung dessen, was vor ihm vorhanden war. Und Er hat die Tora und das Evangelium herabgesandt
4. zuvor als Rechtleitung für die Menschen, und Er hat die Unterscheidungsnorm herabgesandt. Diejenigen, die die Zeichen Gottes verleugnen, erhalten eine harte Pein. Und Gott ist mächtig und übt Rache.

3,7

7 Er ist es, der das Buch auf dich herabgesandt hat. In ihm gibt es eindeutig festgelegte Zeichen – sie sind die Urnorm des Buches[32] – und andere, mehrdeutige. Diejenigen, in deren Herzen Abweichen von der Wahrheit steckt, folgen dem, was in ihm mehrdeutig ist, im Trachten danach, (die Menschen) zu verführen, und im Trachten danach, es (eigener) Deutung zu unterziehen. Um seine Deutung aber weiß niemand außer Gott. Diejenigen, die im Wissen fest gegründet sind, sagen: „Wir glauben; das eine und das andere ist von unserem Herrn." Jedoch bedenken es nur die Einsichtigen.

3,10

10 Denen, die ungläubig sind, werden weder ihr Vermögen noch ihre Kinder vor Gott etwas nützen. Sie sind Brennstoff des Feuers.

3,17–19

17 … die geduldig, wahrhaftig und demütig ergeben sind, die Spenden geben und die in der Morgendämmerung um Vergebung bitten.
18 Bezeugt, dass es keinen Gott gibt au-

[32] 7: Wörtlich: die Mutter des Buches, d.h. entweder die Quintessenz des Buches oder die Urschrift, die nach dem Koran (13,39) bei Gott aufbewahrt ist.

ßer Ihm, ebenso die Engel und diejenigen, die das Wissen besitzen. Er steht für die Gerechtigkeit ein. Es gibt keinen Gott außer Ihm, dem Mächtigen, dem Weisen.

19 Die Religion bei Gott ist der Islam. Diejenigen, denen das Buch zugekommen ist, sind erst uneins geworden, nachdem das Wissen zu ihnen gekommen war, dies aus ungerechter Auflehnung untereinander. Wenn aber jemand die Zeichen Gottes verleugnet – siehe, Gott ist schnell im Abrechnen.

3,28

28 Die Gläubigen sollen sich nicht die Ungläubigen an Stelle der Gläubigen zu Freunden nehmen. Wer das tut, hat keine Gemeinschaft mit Gott, es sei denn, ihr hütet euch wirklich vor ihnen. Gott warnt euch vor sich selbst. Und zu Gott führt der Lebensweg.

3,33–57

33 Gott hat sich Adam, Noach, die Sippe Abrahams und die Sippe ʿImrāns vor den Weltenbewohnern erwählt,

34 eine Nachkommenschaft, von der die einen von den anderen stammen. Und Gott hört und weiß alles.

35 Als die Frau ʿImrāns sagte: „Mein Herr, ich gelobe Dir das, was in meinem Leib ist, und weihe es Dir. Nimm es von mir an. Du bist der, der alles hört und weiß."

36 Als sie mit ihr niederkam sagte sie: „Mein Herr, ich habe da ein Mädchen geboren." – Gott wusste doch besser, was sie geboren hatte, ein männliches Kind ist eben nicht wie ein weibliches. – „Und ich habe sie Maria genannt. Und ich suche bei Dir Zuflucht für sie und ihre Nachkommenschaft vor dem gesteinigten Satan."

37 Da nahm sie ihr Herr auf schöne Weise an und ließ sie auf schöne Weise heranwachsen. Er vertraute sie Zakaria an. Sooft Zakaria zu ihr in das Heiligtum trat, fand er bei ihr Lebensunterhalt. Er sagte: „O Maria, woher hast du das?" Sie sagte: „Von Gott. Gott beschert Unterhalt, wem Er will ohne (viel) zu rechnen."

38 Dort rief Zakaria zu seinem Herrn und sagte: „Mein Herr, schenke mir von Dir her eine gute Nachkommenschaft. Du erhörst ja das Gebet."

39 Da riefen ihm die Engel, während er im Heiligtum stand und betete, zu: „Gott verkündet dir Yahyā[33]; er wird ein Wort von Gott für wahr halten und wird Herrscher, Asket und Prophet sein, einer von den Rechtschaffenen."

40 Er sagte: „Mein Herr, wie soll ich einen Knaben haben, wo ich ein hohes Alter erreicht habe und meine Frau unfruchtbar ist?" Er sprach: „So ist es; Gott tut, was Er will."

41 Er sagte: „Mein Herr, setzte mir ein Zeichen." Er sprach: „Dein Zeichen ist, dass du drei Tage lang zu den Menschen nicht sprechen wirst, außer durch Winken. Und gedenke viel deines Herrn und preise (Ihn) am Abend und am Morgen."

42 Als die Engel sagten: „O Maria, Gott hat dich auserwählt und rein gemacht, und Er hat dich vor den Frauen der Weltenbewohner auserwählt.

43 O Maria, sei deinem Herrn demütig ergeben, wirf dich nieder und verneige dich mit denen, die sich verneigen."

44 Dies gehört zu den Berichten über das Unsichtbare, die Wir dir offenbaren. Du warst ja nicht bei ihnen, als sie ihre Losstäbe warfen, wer von ihnen Maria betreuen solle. Und du warst nicht bei ihnen, als sie miteinander stritten.

45 Als die Engel sagten: „O Maria, Gott verkündet dir dein Wort von ihm, dessen Namen Christus[34] Jesus, der Sohn Marias ist; er wird angesehen sein im Diesseits und Jenseits, und einer von denen, die in die Nähe (Gottes) zugelassen werden.

46 Er wird zu den Menschen sprechen in

---

[33] 39: Johannes den Täufer.

[34] 45: der Messias, der Gesalbte.

der Wiege und als Erwachsener und einer der Rechtschaffenen sein."

47 Sie sagte[35]: „Mein Herr, wie soll ich ein Kind bekommen, wo mich kein Mensch berührt hat?" Er sprach: „So ist es; Gott schafft, was Er will. Wenn Er eine Sache beschlossen hat, sagt Er zu ihr nur: Sei! und sie ist."

48 Und Er wird ihn lehren das Buch, die Weisheit, die Tora und das Evangelium.

49 Und Er wird ihn zu einem Gesandten an die Kinder Israels machen: „Ich komme zu euch mit einem Zeichen von eurem Herrn: Ich schaffe euch aus Ton etwas wie eine Vogelgestalt, dann blase ich hinein, und es wird zu einem Vogel mit Gottes Erlaubnis; und ich heile Blinde und Aussätzige und mache Tote wieder lebendig mit Gottes Erlaubnis; und ich tue euch kund, was ihr esst und in euren Häusern aufspeichert. Darin ist für euch ein Zeichen, so ihr gläubig seid.

50 Und (ich komme), das zu bestätigen, was von der Tora vor mir vorhanden war, und um euch einiges von dem zu erlauben, was euch verboten wurde. So komme ich zu euch mit einem Zeichen von eurem Herrn. Daher fürchtet Gott und gehorchet mir.

51 Gott ist mein Herr und euer Herr, so dienet Ihm. Das ist ein gerader Weg."

52 Als Jesus Unglauben von ihrer Seite spürte, sagte er: „Wer sind meine Helfer (auf dem Weg) zu Gott hin?" Die Jünger sagten: „Wir sind die Helfer Gottes. Wir glauben an Gott. Bezeuge, dass wir gottergeben sind.

53 Unser Herr, wir glauben an das, was Du herabgesandt hast, und wir folgen dem Gesandten. So verzeichne uns unter denen, die bezeugen."

54 Sie schmiedeten Ränke und Gott schmiedete Ränke. Gott ist der Beste derer, die Ränke schmieden.

55 Als Gott sprach: „O Jesus, Ich werde dich abberufen und zu Mir erheben und dich von denen, die ungläubig sind, rein machen. Und Ich werde diejenigen, die dir folgen, über die, die ungläubig sind, stellen bis zum Tag der Auferstehung. Dann wird zu Mir eure Rückkehr sein, und Ich werde zwischen euch über das Urteilen, worüber ihr uneins waret.

56 Diejenigen, die ungläubig sind, werde Ich mit einer harten Pein peinigen im Diesseits und Jenseits, und sie werden keine Helfer haben."

57 Denjenigen aber, die glauben und die guten Werke tun, wird Er ihren vollen Lohn erstatten. Gott liebt die nicht, die Unrecht tun.

3,59–65

59 Mit Jesus ist es vor Gott wie mit Adam. Er erschuf ihn aus Erde, dann sagte Er zu ihm: Sei!, und er war.

60 Es ist die Wahrheit von deinem Herrn. Darum sei nicht einer von den Zweiflern.

61 Und wenn man mit dir darüber streitet nach dem, was zu dir an Wissen gekommen ist, dann sprich: Kommt her, lasst uns unsere Söhne und eure Söhne, unsere Frauen und eure Frauen, uns selbst und euch selbst zusammenrufen und dann den Gemeinschaftseid[36] leisten und den Fluch Gottes auf die Lügner herabkommen lassen.

62 Das ist gewiss der wahre Bericht. Und es gibt keinen Gott außer Gott. Gott ist der Mächtige, der Weise.

63 Wenn sie sich abkehren, so weiß Gott über die Unheilstifter Bescheid.

64 Sprich: O ihr Leute des Buches, kommt her zu einem zwischen uns und euch gleich angenommenen Wort: dass wir Gott allein dienen und Ihm nichts beigesellen, und dass wir nicht einander zu Herren nehmen neben Gott. Doch

---

[35] 47: Vgl. Evangelium: Lukas 1,34.37.

[36] 61: Der Gemeinschaftseid ist die Grundlage des hier vorgeschlagenen Gottesurteils.

wenn sie sich abkehren, dann sagt: „Bezeugt, dass wir gottergeben sind.“
65 O ihr Leute des Buches, warum streitet ihr über Abraham, wo doch die Tora und das Evangelium erst nach ihm herabgesandt wurden? Habt ihr denn keinen Verstand?

3,68

68 Diejenigen unter den Menschen, die am ehesten Abraham beanspruchen dürfen, sind die, die ihm gefolgt sind, und dieser Prophet und diejenigen, die glauben. Und Gott ist der Freund der Gläubigen.

3,71

71 O ihr Leute des Buches, warum verkleidet ihr die Wahrheit mit dem Falschen und verschweigt die Wahrheit, wo ihr es wisst?

3,84–91

84 Sprich: Wir glauben an Gott und an das, was auf uns herabgesandt wurde, und an das, was herabgesandt wurde auf Abraham, Ismael, Isaak, Jakob und die Stämme, und an das, was Mose und Jesus und den Propheten von ihrem Herrn zugekommen ist. Wir machen bei keinem von ihnen einen Unterschied. Und wir sind Ihm ergeben.[37]
85 Wer eine andere Religion als den Islam sucht, von dem wird es nicht angenommen werden. Und im Jenseits gehört er zu den Verlierern.
86 Wie sollte Gott Leute rechtleiten, die ungläubig geworden sind, nachdem sie gläubig waren und bezeugt haben, dass der Gesandte wahrhaftig ist, und nachdem die deutlichen Zeichen zu ihnen gekommen sind? Gott leitet die ungerechten Leute nicht recht.
87 Die Vergeltung für sie ist, dass der Fluch Gottes und der Engel und der Menschen allesamt über sie kommt.[38]
88 Sie werden darin ewig weilen. Ihnen wird die Pein nicht erleichtert, und ihnen wird kein Aufschub gewährt,
89 außer denen, die danach umkehren und Besserung zeigen. Denn Gott ist voller Vergebung und barmherzig.
90 Von denen, die, nachdem sie gläubig waren, ungläubig werden und an Unglauben zunehmen, wird ihre Reue nicht angenommen werden. Das sind die, die irregehen.
91 Von denen, die ungläubig geworden sind und als Ungläubige sterben – nicht die Erde voll Gold würde von einem von ihnen angenommen, auch wenn er sich damit loskaufen wollte. Für sie ist eine schmerzhafte Pein bestimmt, und sie werden keine Helfer haben.

3,95–97

95 Sprich: Gott sagt die Wahrheit. So folgt der Glaubensrichtung Abrahams, als Anhänger des reinen Glaubens, und er gehörte nicht zu den Polytheisten.
96 Das erste Haus, das für die Menschen errichtet wurde, ist gewiss dasjenige in Bakka[39]; voller Segen ist es und Rechtleitung für die Weltenbewohner.
97 In ihm sind deutliche Zeichen. Es ist die Stätte Abrahams, und wer es betritt, ist in Sicherheit. Und Gott hat den Menschen die Pflicht zur Wallfahrt nach dem Haus auferlegt, allen, die dazu eine Möglichkeit finden. Und wenn einer ungläubig ist, so ist Gott auf die Weltenbewohner nicht angewiesen.

3,101

101 Wie könnt ihr ungläubig werden, wo euch die Zeichen Gottes verlesen werden und sein Gesandter unter euch ist? Wer an Gott festhält, wird zu einem geraden Weg geleitet.

---

[37] 84: Vgl. 2,136.
[38] 87: Vgl. 2,161.
[39] 96: Mekka; siehe 2,124–141.

3,103–105

103 Und haltet allesamt am Seil Gottes fest und spaltet euch nicht. Und gedenket der Gnade Gottes zu euch, als ihr Feinde waret und Er Vertrautheit zwischen euren Herzen stiftete, so dass ihr durch seine Gnade Brüder wurdet; und als ihr euch am Rande einer Feuergrube befandet und Er euch davor rettete. So macht euch Gott seine Zeichen deutlich, auf dass ihr der Rechtleitung folgt.
104 Aus euch soll eine Gemeinschaft (von Gläubigen) entstehen, die zum Guten aufrufen, das Rechte gebieten und das Verwerfliche verbieten. Das sind die, denen es wohl ergeht.
105 Und seid nicht wie diejenigen, die sich gespaltet haben und uneins geworden sind, nachdem die deutlichen Zeichen zu ihnen gekommen waren. Bestimmt ist für sie eine gewaltige Pein.

3,110

110 Ihr seid die beste Gemeinschaft, die je unter den Menschen hervorgebracht worden ist. Ihr gebietet das Rechte und verbietet das Verwerfliche und glaubt an Gott. Würden die Leute des Buches glauben, es wäre besser für sie. Unter ihnen gibt es Gläubige, aber die meisten von ihnen sind Frevler.

3,112

112 Erniedrigung überdeckt sie, wo immer sie angetroffen werden, es sei denn, sie stehen unter dem Schutz einer Verbindung mit Gott und einer Verbindung mit Menschen. Und sie ziehen sich den Zorn Gottes zu. Und Elend überdeckt sie. Dies dafür, dass sie immer wieder die Zeichen Gottes verleugneten und die Propheten des Unrechts töteten[40]; dies dafür, dass sie ungehorsam waren und immer wieder Übertretungen begingen.

3,114

114 Sie glauben an Gott und an den Jüngsten Tag. Sie gebieten das Rechte und verbieten das Verwerfliche und eilen zu den guten Dingen um die Wette. Sie gehören zu den Rechtschaffenen.

3,116

116 Denen, die ungläubig sind, werden weder ihr Vermögen noch ihre Kinder vor Gott etwas nützen. Das sind die Gefährten des Feuers; sie werden darin ewig weilen.

3,118–120

118 O ihr, die ihr glaubt, nehmt euch keine Vertrauten unter denen, die nicht zu euch gehören. Sie werden euch kein Unheil ersparen. Sie möchten gern, ihr würdet in Bedrängnis geraten. Der Hass hat sich aus ihrem Munde kundgetan, und das, was ihre Brust verbirgt, ist schlimmer. Wir haben euch die Zeichen deutlich gemacht, so ihr verständig seid.
119 Siehe, ihr liebt sie, sie aber lieben euch nicht. Ihr glaubt an das gesamte Buch. Wenn sie euch treffen, sagen sie: „Wir glauben.“ Wenn sie allein sind, beißen sie sich gegen euch die Fingerspitzen vor Groll. Sprich: Sterbt an eurem Groll. Gott weiß über das innere Geheimnis Bescheid. **120** Wenn euch Gutes widerfährt, tut es ihnen Leid, und wenn euch Schlimmes trifft, freuen sie sich darüber. Wenn ihr euch geduldig und gottesfürchtig zeigt, wird ihre List euch nichts schaden. Gott umgreift, was sie tun.

3,123–125

123 Gott hat euch doch in Badr unterstützt[41], als ihr unterlegen waret. So fürchtet Gott, auf dass ihr dankbar werdet.

---

[40] 112: Vgl. 2,61.
[41] 123: Der Sieg zu Badr erfolgte im Jahr 624.

124 Als du zu den Gläubigen sagtest: „Genügt es euch denn nicht, dass euer Herr euch mit dreitausend herabgesandten Engeln beisteht?
125 Ja, wenn ihr standhaft und gottesfürchtig seid und sie sogleich gegen euch vorrücken, steht euch euer Herr bei mit fünftausend stürmenden Engeln."

3,129–130
129 Gott gehört, was in den Himmeln und was auf der Erde ist. Er vergibt, wem Er will, und Er peinigt, wen Er will. Und Gott ist voller Vergebung und barmherzig.
130 O ihr, die ihr glaubt, verzehrt nicht den Zins in mehrfach verdoppelten Beträgen und fürchtet Gott, auf dass es euch wohl ergehe.

3,132
132 Und gehorchet Gott und dem Gesandten, auf dass ihr Erbarmen findet.

3,134–136
134 Die in guten und schlechten Tagen spenden, ihren Groll unterdrücken und den Menschen verzeihen – Gott liebt die, die Gutes tun –,
135 und die, wenn sie etwas Schändliches begangen oder sich selbst Unrecht getan haben, Gottes gedenken und um Vergebung für ihre Sünden bitten – und wer vergibt die Sünden außer Gott? – und auf dem, was sie getan haben, nicht beharren, wo sie es doch wissen.
136 Die Vergeltung für sie ist Vergebung von ihrem Herrn und Gärten, unter denen Bäche fließen; darin werden sie ewig weilen. Vorzüglich ist doch der Lohn derer, die (gut) handeln.

3,144
144 Muhammad ist nur ein Gesandter. Vor ihm sind etliche Gesandte dahingegangen. Werdet ihr denn, wenn er stirbt oder getötet wird, auf euren Fersen kehrtmachen? Wer auf seinen Fersen kehrtmacht, wird Gott nicht schaden können. Und Gott wird (es) den Dankbaren vergelten.

3,148
148 So gab ihnen Gott den Lohn des Diesseits und den schönen Lohn des Jenseits. Und Gott liebt die Rechtschaffenen.

3,155–174
155 Diejenigen von euch, die sich abkehrten am Tag, da die beiden Scharen aufeinander trafen[42], die hat der Satan straucheln lassen wegen etwas von dem, was sie erworben haben. Gott hat ihnen nunmehr verziehen. Gott ist voller Vergebung und langmütig.
156 O ihr, die ihr glaubt, seid nicht wie diejenigen, die nicht glauben und die von ihren Brüdern, wenn diese auf der Erde umherwanderten oder sich auf einem Feldzug befanden, sagen: „Wären sie bei uns gewesen, wären sie nicht gestorben und nicht getötet worden." Gott will dies zu einem Grund zu (tiefem) Bedauern in ihrem Herzen machen.[43] Und Gott macht lebendig und lässt sterben. Und Gott sieht wohl, was ihr tut.
157 Und wenn ihr auf dem Weg Gottes getötet werdet oder sterbt, so ist Vergebung und Barmherzigkeit von Gott besser als das, was sie zusammentragen.
158 Und wenn ihr sterbt oder getötet werdet, so werdet ihr gewiss zu Gott versammelt werden.
159 Es ist um der Barmherzigkeit Gottes willen, dass du ihnen gegenüber umgänglich warst. Wärest du grob und hartherzig gewesen, wären sie rings um dich fort-

---

[42] 155: Bei der Schlacht am Uhud (625).
[43] 156: Gott will, dass eure Haltung, die euch von ihnen unterscheidet –, oder: dass ihre eigene Haltung und ihre Gedanken angesichts des Todes ihrer Brüder ein Grund zu tiefem Bedauern sei.

gelaufen. So verzeihe ihnen und bitte für sie um Vergebung und ziehe sie zu Rate in der Angelegenheit. Und wenn du dich entschlossen hast, dann vertraue auf Gott. Gott liebt ja die, die vertrauen.
161 Es steht einem Propheten nicht zu, zu veruntreuen.[44] Wer veruntreut, wird das, was er veruntreut hat, am Tag der Auferstehung beibringen. Dann wird jeder Seele voll erstattet, was sie erworben hat. Und ihnen wird nicht Unrecht getan.
162 Ist denn derjenige, der dem Wohlgefallen Gottes folgt, wie der, der sich den Groll Gottes zuzieht und dessen Heimstätte die Hölle ist? Welch schlimmes Ende!
163 Sie nehmen verschiedene Rangstufen bei Gott ein. Und Gott sieht wohl, was sie tun.
164 Gott hat den Gläubigen eine Wohltat erwiesen, als Er unter ihnen einen Gesandten aus ihrer Mitte hat erstehen lassen, der ihnen seine Zeichen verliest, sie läutert und sie das Buch und die Weisheit lehrt. Sie befanden sich ja vorher in einem offenkundigen Irrtum.
165 Wie konntet ihr, als euch ein Unglück traf, das ihr (den Feinden) doppelt so arg zugefügt hattet[45], sagen: „Woher kommt das?" Sprich: Es kommt von euch selbst. Gott hat Macht zu allen Dingen.
166 Und was euch traf an dem Tag, da die beiden Scharen aufeinander trafen, das geschah mit der Erlaubnis Gottes, und damit Er die Gläubigen in Erfahrung bringe,
167 und auch die in Erfahrung bringe, die heucheln. Und es wurde zu ihnen gesagt: „Kommt her, kämpft auf dem Weg Gottes oder wehrt die Feinde ab." Sie sagten: „Wenn wir wüssten, dass es einen Kampf geben würde, würden wir euch sicherlich folgen." An jenem Tag waren sie dem Unglauben näher als dem Glauben, sie sagten ja mit ihrem Munde, was nicht in ihrem Herzen war. Und Gott weiß besser, was sie verschweigen.
168 Das sind diejenigen, die während sie selbst zurückblieben, von ihren Brüdern sagten: „Hätten sie uns gehorcht, wären sie nicht getötet worden." Sprich: Wehrt doch den Tod von euch ab, so ihr die Wahrheit sagt.
169 Halte diejenigen, die auf dem Weg Gottes getötet wurden, nicht für tot.[46] Sie sind vielmehr lebendig bei ihrem Herrn, und sie werden versorgt,
170 und sie freuen sich dabei über das, was Gott ihnen von seiner Huld zukommen ließ. Und sie erwarten die, die (hinter ihnen nachgekommen sind) und sie nicht eingeholt haben, voll Freude darüber, dass auch sie nichts zu befürchten haben und nicht traurig sein werden.
171 Sie empfangen mit Freude Gnade und Huld von Gott und (freuen sich) darüber, dass Gott den Lohn der Gläubigen nicht verloren gehen lässt.
172 Für diejenigen, die auf Gott und den Gesandten gehört haben, nachdem sie die Wunde erlitten hatten, – für diejenigen von ihnen, die rechtschaffen und gottesfürchtig waren, ist ein großartiger Lohn bestimmt.
173 Zu ihnen haben die Menschen gesagt: „Die Menschen haben sich gegen euch versammelt, daher fürchtet euch vor ihnen." Aber das hat ihren Glauben nur verstärkt, und sie sagten: „Gott genügt uns. Welch vorzüglicher Sachwalter!"
174 Sie kehrten mit Gnade und Huld von Gott zurück, nichts Böses berührte sie, und sie folgten dem Wohlgefallen Gottes. Und Gott besitzt große Huld.

3, 185–186

185 Jeder wird den Tod erleiden. Euch wird euer Lohn am Tag der Auferstehung

---

[44] 161: Diese Äußerung bezieht sich wohl auf eine Begebenheit bei der Verteilung der Beute nach dem Sieg von Badr (624).
[45] 165: Das Unglück der Muslime am Uhud (625) hatte ihre Feinde bei Badr (634) noch ärger getroffen.
[46] 169: Vgl. 2,154.

voll erstattet. Wer vom Feuer weggerückt und ins Paradies geführt wird, der erringt den Erfolg. Das diesseitige Leben ist ja nur eine betörende Nutznießung.
186 Ihr werdet sicherlich an eurem Vermögen und an euch selbst geprüft werden, und ihr werdet gewiss von denen, denen das Buch vor euch zugekommen ist, und von den Polytheisten viel Ungemach hören. Wenn ihr euch aber geduldig und gottesfürchtig zeigt, so gehört dies zur Entschlossenheit in den Anliegen.

3,188
188 Und meine nicht, dass diejenigen, die sich freuen über das, was sie vollbracht haben, und es lieben, für das gelobt zu werden, was sie nicht getan haben – meine nicht, sie würden der Pein entrinnen. Bestimmt ist für sie eine schmerzhafte Pein.

3,200
200 O ihr, die ihr glaubt, seid geduldig und miteinander standhaft und einsatzbereit. Und fürchtet Gott, auf dass es euch wohl ergehe.

4,1
1 O ihr Menschen, fürchtet euren Herrn, der euch aus einem einzigen Wesen erschuf, aus ihm seine Gattin erschuf und aus ihnen beiden viele Männer und Frauen entstehen und sich ausbreiten ließ. Und fürchtet Gott, in dessen Namen ihr einander bittet, und (achtet) die Verwandtschaftsbande. Gott ist Wächter über euch.

4,3
3 Und wenn ihr fürchtet, gegenüber den Weisen nicht gerecht zu sein, dann heiratet, was euch an Frauen beliebt, zwei, drei und vier. Wenn ihr aber fürchtet, (sie) nicht gleich zu behandeln, dann nur eine, oder was eure rechte Hand (an Sklavinnen) besitzt. Das bewirkt es eher, dass ihr euch vor Ungerechtigkeit bewahrt.

4,11
11 Gott trägt euch in Bezug auf eure Kinder (Folgendes) auf: Einem männlichen Kind steht so viel wie der Anteil von zwei weiblichen zu; sind es nur Frauen, über zwei an der Zahl, so stehen ihnen zwei Drittel dessen, was er hinterlässt, zu; ist es nur eine, so steht ihr die Hälfte zu. Den beiden Eltern steht jedem von ihnen ein Sechstel dessen, was er hinterlässt, zu, wenn er Kinder[47] hat; wenn er keine Kinder hat und seine Eltern ihn beerben, so steht seiner Mutter ein Drittel zu. Hat er Brüder, so steht seiner Mutter ein Sechstel zu. (Dies gilt) nach Berücksichtigung eines Testamentes, das er etwa gemacht hat, oder einer (bestehenden) Schuld. – Eure Väter und eure Söhne: Ihr wisst nicht, wer von ihnen euch im Nutzen näher steht[48]. – (Dies ist) eine Pflicht vonseiten Gottes. Gott weiß Bescheid und ist weise.

4,14–19
14 Und wer gegen Gott und seinen Gesandten ungehorsam ist und seine Rechtsbestimmungen übertritt, den lässt Er in ein Feuer eingehen; darin wird er ewig weilen. Und bestimmt ist für ihn eine schmähliche Pein.
15 Gegen diejenigen von euren Frauen, die Schändliches begehen, müsst ihr vier von euch zeugen lassen. Wenn sie es bezeugen, dann haltet sie in den Häusern fest, bis der Tod sie abberuft oder Gott ihnen einen Ausweg verschafft.
16 Und wenn zwei von euch es begehen, dann fügt ihnen beiden Leid zu. Wenn sie

---

[47] 11: Oder: ein Kind. – Hier wird vielleicht davor gewarnt, die Starken zu bevorzugen und Frauen und Kinder zu benachteiligen.
[48] 11: ebd.

bereuen und Besserung zeigen, dann lasst von ihnen ab. Gott schenkt Zuwendung und ist barmherzig.
17 Gott obliegt es, sich denen (gnädig) zuzuwenden, die aus Unwissenheit das Böse tun und die dann bald darauf bereuen. Diesen schenkt Gott Zuwendung. Gott weiß Bescheid und ist weise.
18 Die gnädige Zuwendung gilt aber nicht für die, welche die bösen Taten begehen, so dass erst, wenn der Tod einem von ihnen naht, dieser sagt: „Ich bereue jetzt"; und auch nicht für die, die als Ungläubige sterben. Diesen haben Wir eine schmerzhafte Pein bereitet.
19 O ihr, die ihr glaubt, es ist euch nicht erlaubt, die Frauen wider ihren Willen zu erben[49]. Und setzt ihnen nicht zu, um etwas von dem zu nehmen, was ihr ihnen zukommen ließet, es sei denn, sie begehen eine eindeutig schändliche Tat. Und geht mit ihnen in rechtlicher Weise um. Wenn sie euch zuwider sind, so ist euch vielleicht etwas zuwider, während Gott viel Gutes in es hineinlegt.

4,22–23

22 Und heiratet nicht solche Frauen, die (vorher) eure Väter geheiratet haben, abgesehen von dem, was bereits geschehen ist. Das ist etwas Schändliches und Abenteuerliches und ein übler Weg.
23 Verboten ist auch, zu heiraten eure Mütter, eure Töchter, eure Schwestern, eure Tanten väterlicherseits und eure Tanten mütterlicherseits, die Töchter des Bruders und die Töchter der Schwester, eure Mütter, die euch gestillt haben, und eure Milchschwestern, die Mütter eurer Frauen, eure Stieftöchter, die sich in eurer Obhut befinden und von euren Frauen stammen, zu denen ihr eingegangen seid – wenn ihr zu ihnen noch nicht eingegangen seid, dann ist es für euch kein Vergehen –, und die Ehefrauen eurer Söhne, die aus euren Lenden stammen. (Verboten ist) auch, dass ihr zwei Schwestern zur Frau zusammen habt, abgesehen von dem, was bereits geschehen ist. Gott ist voller Vergebung und barmherzig.

4,25–29

25 Wer von euch keine Mittel besitzt, um unter Schutz gestellte gläubige Frauen zu heiraten, der soll Frauen heiraten aus den Reihen der gläubigen Mägde, die eure rechte Hand besitzt. Gott weiß besser Bescheid über euren Glauben. Die einen von euch stammen ja von den anderen. So heiratet sie mit der Erlaubnis ihrer Herren und gebt ihnen ihren Lohn in rechtlicher Weise, als unter Schutz gestellten Frauen, die nicht Unzucht treiben und sich keine Liebhaber nehmen. Wenn sie unter Schutz gestellt worden sind und dann Schändliches begehen, steht für sie darauf an Pein die Hälfte dessen, was für die unter Schutz gestellten Frauen steht. Dies gilt für denjenigen von euch, der die Bedrängnis fürchtet. Und wenn ihr euch geduldig zeigt, so ist es besser für euch. Und Gott ist voller Vergebung und barmherzig.
26 Gott will (es) euch deutlich machen und euch zu den Verfahrensweisen derer, die vor euch lebten, leiten und sich euch zuwenden. Gott weiß Bescheid und ist weise.
27 Und Gott will sich euch zuwenden; diejenigen aber, die den Begierden folgen, wollen, dass ihr eine gewaltige Abweichung vollzieht.
28 Gott will euch Erleichterung gewähren. Der Mensch ist ja schwach erschaffen worden.
29 O ihr, die ihr glaubt, verzehrt nicht untereinander euer Vermögen durch Betrug, es sei denn, es geht um einen Handel in gegenseitigem Einvernehmen. Und tötet nicht einander. Gott ist barmherzig zu euch.

[49] 19: sie wie ein Erbteil zu behandeln.

4,31

31 Wenn ihr die schweren Vergehen meidet von dem, was euch untersagt ist, sühnen Wir euch eure Missetaten und gewähren euch einen ehrenvollen Eingang (ins Paradies).

4,34

34 Die Männer haben Vollmacht und Verantwortung gegenüber den Frauen, weil Gott die einen vor den anderen bevorzugt hat und weil sie von ihrem Vermögen (für die Frauen) ausgegeben. Die rechtschaffenen (Frauen) sind demütig ergeben und bewahren das, was geheim gehalten werden soll, da Gott (es) bewahrt. Ermahnt diejenigen, von denen ihr Widerspenstigkeit befürchtet, und entfernt euch von ihnen in den Schlafgemächern und schlagt sie[50]. Wenn sie euch gehorchen, dann wendet nichts Weiteres gegen sie an. Gott ist erhaben und groß.

4,36–38

36 Und dient Gott und gesellt Ihm nichts bei. Und behandelt die Eltern gut und die Verwandten, die Waisen, die Bedürftigen, den verwandten Beisassen, den fremden Beisassen, den Gefährten an eurer Seite, den Reisenden und das, was eure rechte Hand besitzt. Gott liebt die nicht, die eingebildet und prahlerisch sind,
37 die geizen und den Leuten befehlen geizig zu sein, und verschweigen, was Gott ihnen von seiner Huld hat zukommen lassen – Wir haben den Ungläubigen eine schmähliche Pein bereitet –,
38 und die ihr Vermögen spenden, um von den Menschen gesehen zu werden, und nicht an Gott glauben, und auch nicht an den Jüngsten Tag. Und wenn einer den Satan zum Gesellen hat, so ist das ein schlimmer Geselle.

4,40

40 Gott tut nicht einmal im Gewicht eines Stäubchens Unrecht. Und wenn es eine gute Tat ist, so wird Er sie verdoppeln und von sich her einen großartigen Lohn zukommen lassen.

4,43–48

43 O ihr, die ihr glaubt, kommt nicht zum Gebet, während ihr betrunken seid, bis ihr wisst, was ihr sagt, und auch nicht sexuell verunreinigt – es sei denn, ihr geht vorbei –, bis ihr euch gewaschen habt. Und wenn ihr krank oder auf Reisen seid, oder wenn einer von euch vom Abort kommt oder wenn ihr die Frauen berührt habt und ihr kein Wasser findet, dann sucht einen sauberen Boden und streicht euch über das Gesicht und die Hände. Gott ist voller Verzeihung und Vergebung.
44 Hast du nicht auf jene geschaut, denen ein Anteil am Buch zugekommen ist, wie sie den Irrtum erkaufen und wollen, dass ihr vom Weg abirrt?
45 Gott weiß besser über eure Feinde Bescheid. Und Gott genügt als Freund, und Gott genügt als Helfer.
46 Unter denen, die Juden sind, entstellen (einige) den Sinn der Worte und sagen: „Wir hören, und wir gehorchen nicht", und: „Höre zu, ohne dass du hören kannst", und: „Achte auf uns" (rāʿinā); sie verdrehen dabei ihre Zungen und greifen die Religion an. Hätten sie gesagt: „Wir hören und wir gehorchen", und: „Höre", und: „Schau auf uns" (unẓurnā), wäre es besser und richtiger für sie.[51] Aber Gott hat sie wegen ihres Unglaubens verflucht, so glauben sie nur wenig.
47 O ihr, denen das Buch zugekommen ist, glaubt an das, was Wir hinabgesandt haben zur Bestätigung dessen, was bei euch ist, bevor Wir bestimmte Gesichter auswischen und sie auf ihren Rücken kehren oder sie verfluchen, wie Wir die Gefährten des Sabbats verflucht haben. Und der Befehl Gottes wird ausgeführt.

---

[50] 34: leicht, als Zurechtweisungsmittel.
[51] 46: Vgl. 2,93.104

48 Gott vergibt nicht, dass Ihm beigesellt wird, und Er vergibt, was darunter liegt, wem Er will. Und wer Gott (andere) beigesellt, hat eine gewaltige Sünde erdichtet.

4,58–59

58 Gott befiehlt euch, anvertraute Güter ihren Eigentümern zurückzugeben und, wenn ihr unter den Menschen urteilt, nach Gerechtigkeit zu urteilen. Wie trefflich ist das, womit Gott euch ermahnt! Gott hört und sieht alles. **59** O ihr, die ihr glaubt, gehorchet Gott und gehorchet dem Gesandten und dem Zuständigen unter euch. Wenn ihr über etwas streitet, so bringt es vor Gott und den Gesandten, so ihr an Gott und den Jüngsten Tag glaubt. Das ist besser und führt zu einem schöneren Abschluss.

4,61

61 Und wenn zu ihnen gesagt wird: „Kommt her zu dem, was Gott herabgesandt hat, und zum Gesandten", siehst du die Heuchler sich klar von dir abwenden.

4,64–65

64 Und Wir haben die Gesandten nur deswegen entsandt, damit man ihnen gehorcht mit der Erlaubnis Gottes. Würden sie, da sie gegen sich selbst Unrecht verübt haben, zu dir kommen und Gott um Vergebung bitten, und würde der Gesandte für sie um Vergebung bitten, so würde sie sicher finden, dass Gott sich gnädig zuwendet und barmherzig ist.

65 Nein, bei deinem Herrn, sie glauben nicht wirklich, bis sie dich zum Schiedsrichter nehmen über das, was zwischen ihnen umstritten ist, und danach wegen deiner Entscheidung keine Bedrängnis in ihrem Inneren spüren, sondern sich in völliger Ergebung fügen.

4,69

69 Diejenigen, die Gott und dem Gesandten gehorchen, befinden sich mit denen, die Gott begnadigt hat, von den Propheten, den Wahrhaftigen, den Zeugen und den Rechtschaffenen. Welch treffliche Gefährten sind es!

4,74–75

74 So sollen diejenigen, die das diesseitige Leben gegen das Jenseits verkaufen, auf dem Weg Gottes kämpfen. Und wer auf dem Weg Gottes kämpft und daraufhin getötet wird oder siegt, dem werden Wir einen großartigen Lohn zukommen lassen.

75 Was hindert euch daran, zu kämpfen auf dem Weg Gottes und für diejenigen unter den Männern, den Frauen und den Kindern, die wie Schwache behandelt werden und die sagen: „Unser Herr, führe uns aus dieser Stadt hinaus, deren Einwohner Unrecht tun, und bestelle uns von Dir her einen Freund, und bestelle uns von Dir her einen Helfer."

4,78–80

78 Wo immer ihr seid, der Tod wird euch erreichen, auch wenn ihr in hochgebauten Burgen wäret. Wenn sie etwas Gutes trifft, sagen sie: „Das ist von Gott." Und wenn sie etwas Schlechtes trifft, sagen sie: „Das ist von dir." Sprich: Alles ist von Gott. Was ist mit diesen Leuten los, dass sie kaum eine Aussage begreifen?

79 Was dich an Gutem trifft, ist von Gott. Und was dich an Schlechtem trifft, ist von dir selbst. Und Wir haben dich zum Gesandten für die Menschen entsandt. Und Gott genügt als Zeuge.

80 Wer dem Gesandten gehorcht, gehorcht Gott. Und wenn jemand sich abkehrt – siehe, Wir haben dich nicht als Hüter über sie gesandt.

4,82–83

82 Betrachten sie denn nicht sorgfältig den Koran? Wenn er von einem anderen als Gott wäre, würden sie in ihm viel Widerspruch finden.

83 Und wenn zu ihnen etwas durchdringt, das Sicherheit oder Angst hervorruft, verbreiten sie es. Würden sie es aber vor den Gesandten und die Zuständigen unter ihnen bringen, so würden es diejenigen von ihnen, die es herausbekommen, verstehen (zu beurteilen) wissen[52]. Und ohne die Huld Gottes gegen euch und seine Barmherzigkeit wäret ihr bis auf wenige dem Satan gefolgt.

4,88–90

88 Wieso seid ihr im Hinblick auf die Heuchler zwei Gruppen, wo Gott sie (in den alten Zustand[53] zurückversetzt hat wegen dessen, was sie erworben haben? Wollt ihr den rechtleiten, wen Gott irregeführt hat? Wen Gott irreführt, für den wirst du keinen Weg finden.

89 Sie möchten gern, ihr werdet ungläubig, wie sie ungläubig sind, so dass ihr (ihnen) gleich würdet. So nehmt euch niemanden von ihnen zum Freund, bis sie auf dem Weg Gottes auswandern. Wenn sie sich abkehren, dann greift sie und tötet sie, wo immer ihr sie findet, und nehmt euch niemanden von ihnen zum Freund oder Helfer,

90 mit Ausnahme derer, die zu Leuten gelangen, zwischen denen und euch ein Vertrag besteht, oder zu euch kommen, weil Beklommenheit ihre Brust befallen hat, gegen euch zu kämpfen oder gegen ihre (eigenen) Leute zu kämpfen – und wenn Gott gewollt hätte, hätte Er ihnen Gewalt über euch verliehen, und dann hätten sie gewiss gegen euch gekämpft. Wenn sie sich von euch fern halten und nicht gegen euch kämpfen und euch Frieden anbieten, dann erlaubt euch Gott nicht, gegen sie vorzugehen.

4,92–94

92 Es steht einem Gläubigen nicht zu, einen Gläubigen zu töten, es sei denn, (es geschieht) aus Versehen. Wer einen Gläubigen aus Versehen tötet, hat einen gläubigen Sklaven zu befreien oder ein Blutgeld an seine Angehörigen zu übergeben, es sei denn, sie erlassen es als Almosen. Wenn er zu Leuten gehört, die eure Feinde sind, während er ein Gläubiger ist, so ist ein gläubiger Sklave zu befreien. Wer es nicht vermag, der hat zwei Monate hintereinander zu fasten. Das ist eine Zuwendung vonseiten Gottes. Und Gott weiß Bescheid und ist weise.

93 Und wer einen Gläubigen vorsätzlich tötet, dessen Lohn ist die Hölle; darin wird er ewig weilen. Und Gott zürnt ihm und verflucht ihn und bereitet ihm eine gewaltige Pein.

94 O ihr, die ihr glaubt, wenn ihr auf dem Weg Gottes im Land umherwandert, so stellt die Lage eindeutig fest und sagt nicht zu dem, der euch den Frieden anbietet: „Du bist kein Gläubiger", im Trachten nach den Gütern des diesseitigen Lebens. Gott schafft doch viele Möglichkeiten, Beute zu erzielen. So seid ihr früher gewesen, da hat Gott euch eine Wohltat erwiesen. Stellt also die Lage eindeutig fest. Gott hat Kenntnis von dem, was ihr tut.

4,97

97 Zu denen, die die Engel abberufen, während sie gegen sich selbst Unrecht verübt haben, sagen diese: „Wie war euer Zustand?" Sie sagen: „Wir wurden auf der

---

[52] Oder: so würden diejenigen von ihnen (d. h. denen, die die Nachricht verbreiten und am Anfang des Verses angesprochen werden), die es herauszubekommen suchen, es von ihnen (d. h. vom Gesandten und den Zuständigen) erfahren (d. h. in der richtigen Weise erfahren).

[53] in den Zustand des Irrtums.

Erde wie Schwache behandelt." Sie sagen: „War denen die Erde Gottes nicht weit genug, so dass ihr auf ihr hättet auswandern können?" Diese haben die Hölle zur Heimstätte – welch schlimmes Ende!

4,101

101 Und wenn ihr im Lande umherwandert, ist es für euch kein Vergehen, das Gebet abzukürzen, falls ihr Angst habt, dass diejenigen, die ungläubig sind, euch der Anfechtung aussetzen. Die Ungläubigen sind euch ja ein offenkundiger Feind.

4,103

103 Und wenn ihr das Gebet beendet habt, dann gedenket Gottes im Stehen und Sitzen und auf euren Seiten liegend. Und wenn ihr Ruhe habt, dann verrichtet das Gebet. Das Gebet ist für die Gläubigen eine für bestimmte Zeiten festgesetzte Vorschrift.

4,108

108 Sie verbergen sich vor den Menschen, sie können sich aber vor Gott nicht verbergen, wo Er bei ihnen ist, wenn sie im Dunkeln Verabredungen treffen, die Ihm nicht gefallen. Und Gott umfasst, was sie tun.

4,110–119

110 Wer Böses begeht oder sich selbst Unrecht tut und dann Gott um Vergebung bittet, der wird finden, dass Gott voller Vergebung und barmherzig ist.
111 Und wer eine Sünde erwirbt, erwirbt sie zu seinem eigenen Schaden. Und Gott weiß Bescheid und ist weise.
112 Und wer eine Verfehlung oder eine Sünde erwirbt und sie dann einem Unschuldigen vorwirft, der lädt auf sich eine Verleumdung und eine offenkundige Sünde.
113 Und ohne die Huld Gottes gegen dich und seine Barmherzigkeit wäre eine Gruppe von ihnen im Begriff gewesen, dich irrezuführen; aber sie führen nur sich selbst in die Irre, und sie schaden dir nichts. Und Gott hat auf dich das Buch und die Weisheit herabgesandt und dich gelehrt, was du nicht wusstest. Und die Huld Gottes gegen dich ist gewaltig.
114 Nichts Gutes liegt in einem großen Teil ihrer vertraulichen Gespräche, es sei denn, wenn einer zu einem Almosen oder zu einer rechten Tat oder zur Aussöhnung zwischen den Menschen auffordert. Und wer dies im Streben nach dem Wohlgefallen Gottes tut, dem werden Wir einen großartigen Lohn zukommen lassen.
115 Wer sich dem Gesandten widersetzt, nachdem ihm die Rechtleitung deutlich geworden ist, und einem anderen Weg als dem der Gläubigen folgt, den lassen Wir verfolgen, was er verfolgt hat, und in der Hölle brennen – welch schlimmes Ende!
116 Gott vergibt nicht, dass Ihm (etwas) beigesellt wird, und Er vergibt, was darunter liegt, wem Er will. Und wer Gott (andere) beigesellt, der ist weit abgeirrt.
117 Sie rufen ja statt Seiner weibliche Wesen an, sie rufen ja einen rebellischen Satan an,
118 den Gott verfluchte und der sagte: „Ich werde mir von deinen Dienern einen festgesetzten Anteil nehmen,
119 und ich werde sie irreführen, und ich werde sie Wünschen nachjagen lassen, und ich werde ihnen befehlen, und sie werden die Ohren der Herdentiere abschneiden[54], und ich werde ihnen befehlen und sie werden die Schöpfung Gottes verändern." Und wer sich den Satan an Stelle Gottes zum Freund nimmt, der wird einen offenkundigen Verlust erleiden.

---

[54] Oder: einschlitzen – wahrscheinlich geht es hier um einen altarabischen Brauch, bestimmte Tiere als tabu zu kennzeichnen und sie nicht mehr als Lasttiere zu benutzen.

4,124–126
124 Diejenigen, die etwas von den guten Werken tun, ob Mann oder Weib, und dabei gläubig sind, werden ins Paradies eingehen, und ihnen wird nicht ein Dattelgrübchen Unrecht getan.
125 Und wer hat eine schönere Religion als der, der sich völlig Gott hingibt und dabei rechtschaffen ist und der Glaubensrichtung Abrahams, als Anhänger des reinen Glaubens, folgt? Gott hat sich Abraham ja zum Vertrauten genommen.
126 Und Gott gehört, was in den Himmeln und was auf der Erde ist. Und Gott umfasst alle Dinge.

4,129
129 Und ihr werdet es nicht schaffen, die Frauen gleich zu behandeln, ihr mögt euch noch so sehr bemühen.[55] Aber wendet euch nicht (von der einen) gänzlich ab, so dass ihr sie in der Schwebe lasst. Und wenn ihr nach Aussöhnung strebt und Gott fürchtet, so ist Gott voller Vergebung und barmherzig.

4,136–137
136 O ihr, die ihr glaubt, glaubt an Gott und seinen Gesandten, und das Buch, das Er auf seinen Gesandten herabgesandt hat, und das Buch, das Er zuvor herabgesandt hat. Wer Gott verleugnet, und seine Engel, seine Bücher, seine Gesandten und den Jüngsten Tag, der ist weit abgeirrt.
137 Denen, die glauben und dann ungläubig werden, dann wieder glauben und dann wieder ungläubig werden und dann im Unglauben zunehmen, denen wird Gott unmöglich vergeben, und Er wird sie unmöglich einen rechten Weg führen.

4,144
144 O ihr, die ihr glaubt, nehmt euch nicht die Ungläubigen an Stelle der Gläubigen zu Freunden. Wollt ihr denn Gott eine offenkundige Handhabe gegen euch liefern?

4,146
146 … außer denen, die umkehren und Besserung zeigen, an Gott festhalten und gegenüber Gott aufrichtig in ihrer Religion sind. Jene zählen zu den Gläubigen. Und Gott wird den Gläubigen einen großartigen Lohn zukommen lassen.

4,150
150 Diejenigen, die Gott und seine Gesandten verleugnen und zwischen Gott und seinen Gesandten unterscheiden wollen und sagen: „Wir glauben an die einen, verleugnen aber die anderen", und einen Weg dazwischen einschlagen wollen.

4,154
154 Und Wir hoben den Berg über sie bei (der Entgegennahme) ihrer Verpflichtung empor und sprachen zu ihnen: „Betretet das Tor in der Haltung der Niederwerfung." Und Wir sprachen zu ihnen: „Begeht am Sabbat keine Übertretungen." Und Wir nahmen von ihnen eine feste Verpflichtung entgegen.

4,156–159
156 … und weil sie ungläubig waren und gegen Maria eine gewaltige Verleumdung aussprachen;
157 und weil sie sagten: „Wir haben Christus Jesus, den Sohn Marias, den Gesandten Gottes, getötet." – Sie haben ihn aber nicht getötet, und sie haben ihn nicht gekreuzigt, sondern es erschien ihnen eine ihm ähnliche Gestalt. Diejenigen, die über ihn uneins sind, sind im Zweifel über ihn. Sie haben kein Wissen über ihn, außer dass sie Vermutungen fol-

[55] Dies ergänzt die Bestimmung im Vers 4,3 bezüglich der Zahl der Frauen, die ein Muslim heiraten darf.

gen. Und sie haben ihn nicht mit Gewissheit getötet,
158 sondern Gott hat ihn zu sich erhoben. Gott ist mächtig und weise.
159 Und es gibt keinen unter den Leuten des Buches, der nicht noch vor seinem Tod an ihn[56] glauben würde. Am Tag der Auferstehung wird er über sie Zeuge sein.

4, 163

163 Wir gaben dir eine Offenbarung, wie Wir Noach und den Propheten nach ihm offenbart haben. Und Wir offenbarten (auch) Abraham, Ismael, Isaak, Jakob und den Stämmen Jesus, Ijob, Jonas, Aaron und Salomo. Und Wir ließen David eine Schrift[57] zukommen.

4, 165

165 Gesandte als Freudenboten und Warner, damit die Menschen nach (dem Auftreten) der Gesandten keinen Beweisgrund gegen Gott haben. Und Gott ist mächtig und weise.

4, 171–174

171 O ihr Leute des Buches, übertreibt nicht in eurer Religion und sagt über Gott nur die Wahrheit. Christus Jesus, der Sohn Marias, ist doch nur der Gesandte Gottes und sein Wort, das er zu Maria hinüberbrachte, und ein Geist von Ihm. So glaubt an Gott und seine Gesandten. Und sagt nicht: Drei[58]. Hört auf, das ist besser für euch. Gott ist doch ein einziger Gott. Gepriesen sei Er und erhaben darüber, dass Er ein Kind habe. Er hat, was in den Himmeln und was auf der Erde ist. Und Gott genügt als Sachwalter.
172 Christus wird es sicher nicht aus Widerwillen ablehnen, Diener Gottes zu sein, und auch nicht die in der Nähe (Gottes) zugelassenen Engel. Wenn einer es aus Widerwillen ablehnt, Ihm zu dienen, und sich hochmütig zeigt, so wird Er doch sie allesamt zu sich versammeln.
173 Denen nun, die glauben und die guten Werke tun, wird Er ihren Lohn voll erstatten, und Er wird ihnen von seiner Huld noch mehr geben. Diejenigen aber, die Widerwillen zeigen und sich hochmütig verhalten, wird Er mit einer schmerzhaften Pein peinigen. Und sie werden für sich an Stelle Gottes weder Freund noch Helfer finden.
174 O ihr Menschen, gekommen ist nunmehr zu euch ein Beweis von eurem Herrn. Und Wir haben zu euch ein offenkundiges Licht hinabgesandt.

5, 2–9

2 O ihr, die ihr glaubt, verletzt den sakralen Charakter weder der Kultzeichen Gottes noch des heiligen Monats, noch der Opfertiere und der Halsgehänge[59] noch derer, die sich zum heiligen Haus begeben im Streben nach Huld und Wohlgefallen von ihrem Herrn. Wenn ihr den Weihezustand abgelegt habt, dann dürft ihr jagen. Und der Hass gegen bestimmte Leute, weil sie euch von der heiligen Moschee abgewiesen haben, soll euch nicht dazu verleiten, Übertretungen zu begehen. Helft einander zur Frömmigkeit und Gottesfurcht, und helft einander nicht zur Sünde und Übertretung. Und fürchtet Gott. Gott verhängt eine harte Strafe.
3 Verboten ist euch Verendetes, Blut, Schweinefleisch und das, worüber ein anderer als Gott ausgerufen worden ist, und Ersticktes, Erschlagenes, Gestürztes, Gestoßenes und das, was ein wildes Tier angefressen hat – ausgenommen das, was ihr schächtet –, und das, was auf Opfersteinen geschlachtet worden ist. Und (verboten ist) auch, dass ihr mit Pfeilen das

---

[56] vor dem eigenen Tod an Jesus … – andere Deutung: vor dem Tod Jesu, also in der Endzeit.
[57] Oder: einen Psalter.
[58] D.h. drei Götter.
[59] die als Kennzeichen für die Opfertiere dienen.

Los werft. Das ist Frevel. Heute sind diejenigen, die ungläubig sind, an eurer Religion verzweifelt, so fürchtet sie nicht, sondern fürchtet Mich. Heute habe Ich euch eure Religion vervollkommnet und meine Gnade an euch vollendet, und Ich habe daran Gefallen, dass der Islam eure Religion sei. Wenn aber einer aus Hunger gezwungen wird, ohne zu einer Sünde hinzuneigen, so ist Gott voller Vergebung und barmherzig.

4 Sie fragen dich, was ihnen erlaubt ist. Sprich: Erlaubt sind euch die köstlichen Dinge. Wenn ihr Jagdtiere abrichtet, indem ihr sie von dem lehrt, was Gott euch gelehrt hat, dann esst von dem, was sie für euch fassen, und erwähnt den Namen Gottes darüber. Und fürchtet Gott. Gott ist schnell im Abrechnen.

5 Heute sind euch die köstlichen Dinge erlaubt. Die Speise derer, denen das Buch zugekommen ist, ist euch erlaubt, und eure Speise ist ihnen erlaubt. Erlaubt sind auch die unter Schutz gestellten gläubigen Frauen und die unter Schutz gestellten Frauen aus den Reihen derer, denen vor euch das Buch zugekommen ist, wenn ihr ihnen ihren Lohn zukommen lasst und mit ihnen in der Absicht lebt, (sie) unter Schutz zu stellen, nicht Unzucht zu treiben und sie nicht als heimliche Konkubinen zu nehmen. Und wer den Glauben leugnet, dessen Werk ist wertlos, und im Jenseits gehört er zu den Verlierern.

6 O ihr, die ihr glaubt, wenn ihr euch zum Gebet hinstellt, so wascht (vorher) euer Gesicht und eure Hände bis zu den Ellbogen und streicht euch über den Kopf, und (wascht) eure Füße bis zu den Knöcheln. Und wenn ihr sexuell verunreinigt seid, dann reinigt euch. Und wenn ihr krank oder auf Reisen seid, oder wenn einer von euch vom Abort kommt, oder wenn ihr die Frauen berührt habt und ihr kein Wasser findet, dann sucht einen sauberen Boden und streicht euch davon über das Gesicht und die Hände.[60] Gott will euch keine Bedrängnis auferlegen, sondern Er will euch rein machen und seine Gnade an euch vollenden, auf dass ihr dankbar seid.

7 Und gedenket der Gnade Gottes zu euch und der Verpflichtung, durch die Er euch gebunden hat, als ihr sagtet: „Wir gehören und wir gehorchen." Und fürchtet Gott. Gott weiß über das innere Geheimnis Bescheid.

8 O ihr, die ihr glaubt, tretet für Gott ein und legt Zeugnis für die Gerechtigkeit ab. Und der Hass gegen bestimmte Leute soll euch nicht dazu verleiten, nicht gerecht zu sein. Seid gerecht, das entspricht eher der Gottesfurcht. Und fürchtet Gott. Gott hat Kenntnis von dem, was ihr tut.

9 Gott hat denen, die glauben und die guten Werke tun, versprochen: Bestimmt ist für sie Vergebung und großartiger Lohn.

5,12–20

12 Gott nahm die Verpflichtung der Kinder Israels entgegen. Und Wir ließen aus ihren Reihen zwölf Vorgesetzte auftreten. Und Gott sprach: „Ich bin mit euch. Wenn ihr das Gebet verrichtet und die Abgabe entrichtet, an meine Gesandten glaubt und ihnen beisteht und Gott ein schönes Darlehn leiht, werde Ich euch eure Missetaten sühnen, und Ich werde euch in Gärten eingehen lassen, unter denen Bäche fließen. Wer von euch hierauf ungläubig wird, der ist vom rechten Weg abgeirrt."

13 Weil sie aber ihre Verpflichtung brachen, haben Wir sie verflucht und ihre Herzen verstockt gemacht. Sie entstellen den Sinn der Worte. Und sie vergaßen einen Teil von dem, womit sie ermahnt worden waren. Und du wirst immer wieder Verrat von ihrer Seite erfahren – bis auf wenige von ihnen. Aber verzeih ihnen und lass es ihnen nach. Gott liebt die Rechtschaffenen.

---

[60] Vgl. 4,43.

14 Und von denen, die sagen: „Wir sind Christen", nahmen Wir ihre Verpflichtung entgegen. Sie vergaßen einen Teil von dem, womit sie ermahnt worden waren. So erregten Wir unter ihnen Feindschaft und Hass bis zum Tag der Auferstehung. Gott wird ihnen kundtun, was sie zu machen pflegten.
15 O ihr Leute des Buches, unser Gesandter ist nunmehr zu euch gekommen, um euch vieles von dem, was ihr vom Buch geheim gehalten habt, deutlich zu machen und um vieles zu übergehen. Gekommen ist zu euch von Gott ein Licht und ein deutliches Buch,
16 mit dem Gott diejenigen, die seinem Wohlgefallen nachgehen, die Wege des Friedens leitet und sie aus den Finsternissen ins Licht herausbringt mit seiner Erlaubnis; und Er leitet sie zu einem geraden Weg.
17 Ungläubig sind gewiss diejenigen, die sagen: „Gott ist Christus, der Sohn Marias." Sprich: Wer vermag denn gegen Gott überhaupt etwas auszurichten, wenn Er Christus, den Sohn Marias, und seine Mutter und diejenigen, die auf der Erde sind, allesamt verderben lassen will? Gott gehört die Königsherrschaft der Himmel und der Erde und dessen, was dazwischen ist. Er erschafft, was Er will. Und Gott hat Macht zu allen Dingen.
18 Die Juden und die Christen sagen: „Wir sind die Söhne Gottes und seine Lieblinge." Sprich: Warum peinigt Er euch dann für eure Sünden? Nein, ihr seid Menschen von denen, die Er erschaffen hat. Er vergibt, wem Er will, und Er peinigt, wen Er will. Und Gott gehört die Königsherrschaft der Himmel und der Erde und dessen, was dazwischen ist. Zu Ihm führt der Lebensweg.
19 O ihr Leute des Buches, unser Gesandte ist nunmehr zu euch gekommen, um euch in einer Zeit, in der die Gesandten ausgeblieben sind, Klarheit zu bringen, damit ihr nicht sagt: „Zu uns ist kein Freudenbote und kein Warner gekommen." Zu euch ist ein Freudenbote und ein Warner gekommen. Und Gott hat Macht zu allen Dingen.
20 Und als Mose zu seinem Volk sagte: „O mein Volk, gedenket der Gnade Gottes zu euch, als Er in eurer Mitte Propheten einsetzte und euch zu Königen machte und euch zukommen ließ, was Er niemandem von den Weltenbewohnern hat zukommen lassen.

5,29

29 Ich will, dass du meine Sünde und deine Sünde auf dich lädst und so zu den Gefährten des Feuers gehörst. Das ist die Vergeltung für die, die Unrecht tun."

5,32–35

32 Aus diesem Grund haben Wir den Kindern Israels vorgeschrieben: Wenn einer jemanden tötet, jedoch nicht wegen eines Mordes oder weil er auf der Erde Unheil stiftet, so ist es[61], als hätte er die Menschen alle getötet. Und wenn jemand ihn am Leben erhält, so ist es, als hätte er die Menschen alle am Leben erhalten. Unsere Gesandten kamen zu ihnen mit den deutlichen Zeichen. Aber viele von ihnen verhalten sich nach alledem maßlos auf der Erde.
33 Die Vergeltung für die, die gegen Gott und seinen Gesandten Krieg führen und auf der Erde umherreisen, um Unheil zu stiften, soll dies sein, dass sie getötet oder gekreuzigt werden, oder dass ihnen Hände und Füße wechselseitig abgehackt werden, oder dass sie aus dem Land verbannt werden. Das ist für sie eine Schande im Diesseits, und im Jenseits ist für sie eine gewaltige Pein bestimmt,
34 außer denen, die umkehren, bevor ihr euch ihrer bemächtigt. Und wisst, dass Gott voller Vergebung und barmherzig ist.

---

[61] Oder: so soll es sein, als …: und zwar im Hinblick auf die Bestrafung.

35 O ihr, die ihr glaubt, fürchtet Gott und sucht ein Mittel, zu Ihm zu gelangen, und setzt euch auf seinem Weg ein, auf dass es euch wohl ergehe.

5,38–39

38 Und hackt dem Dieb und der Diebin die Hände ab zur Vergeltung für das, was sie erworben haben, dies als abschreckende Strafe vonseiten Gottes. Und Gott ist mächtig und weise.

39 Wenn aber einer, nachdem er Unrecht getan hat, umkehrt und Besserung zeigt, wird Gott sich gewiss ihm zuwenden. Gott ist ja voller Vergebung und barmherzig.

5,41–59

41 O Gesandter, lass dich nicht durch die betrüben, die im Unglauben miteinander wetteifern, aus den Reihen derer, die mit dem Mund sagen: „Wir glauben", während ihre Herzen nicht glauben. Unter denen, die Juden sind, gibt es welche, die auf Lügen hören und auf andere Leute[62], die nicht zu dir gekommen sind, hören. Sie entstellen die feststehenden Worte und sagen: „Wenn euch dies gebracht wird, nehmt es an; wenn es euch aber nicht gebracht wird, dann seid auf der Hut." Wen Gott der Versuchung preisgeben will, für den vermagst du gegen Gott überhaupt nichts auszurichten. Das sind die, deren Herzen Gott nicht rein machen will. Bestimmt ist für sie im Diesseits Schande und im Jenseits eine gewaltige Pein.

42 Sie hören auf Lügen, und sie verzehren unrechtmäßig erworbenes Gut. Wenn sie zu dir kommen, so urteile zwischen ihnen oder wende dich von ihnen ab. Wenn du dich von ihnen abwendest, werden sie dir nichts schaden; wenn du urteilst, dann urteile zwischen ihnen nach Gerechtigkeit. Gott liebt die, die gerecht handeln.

43 Wie können sie dich zum Schiedsrichter machen, wo sie doch die Tora besitzen, in der das Urteil Gottes enthalten ist, und sich hierauf nach alledem abkehren? Diese sind keine (richtigen) Gläubigen.

44 Wir haben die Tora hinabgesandt, in der Rechtleitung und Licht enthalten sind, damit die Propheten, die gottergeben waren, für die, die Juden sind, danach urteilen, und so auch die Rabbiner und die Gelehrten, aufgrund dessen, was ihnen vom Buche Gottes anvertraut wurde und worüber sie Zeugen waren. So fürchtet nicht die Menschen, sondern fürchtet Mich. Und verkauft nicht meine Zeichen für einen geringen Preis. Diejenigen, die nicht nach dem urteilen, was Gott herabgesandt hat, das sind die Ungläubigen.

45 Und Wir haben ihnen darin[63] vorgeschrieben: Leben um Leben, Auge um Auge, Nase um Nase, Ohr um Ohr, Zahn um Zahn; und auch für Verwundungen gilt die Wiedervergeltung. Wer aber dies als Almosen erlässt, dem ist es eine Sühne. Diejenigen, die nicht nach dem urteilen, was Gott herabgesandt hat, das sind die, die Unrecht tun.

46 Und Wir ließen nach ihnen Jesus, den Sohn Marias, folgen, damit er bestätige, was von der Thora von ihm vorhanden war. Und Wir ließen ihm das Evangelium zukommen, das Rechtleitung und Licht enthält und das bestätigt, was von der Thora vor ihm vorhanden war, und als Rechtleitung und Ermahnung für die Gottesfürchtigen.

47 Die Leute des Evangeliums sollen nach dem urteilen, was Gott darin herabgesandt hat. Und diejenigen, die nicht nach dem urteilen, was Gott herabgesandt hat, das sind die Frevler.

48 Und Wir haben zu dir das Buch mit der Wahrheit hinabgesandt, damit es be-

[62] Oder: nicht glauben, und aus den Reihen derer, die Juden sind. Sie hören auf Lügen, und sie hören auf andere Leute …

[63] Vgl. Bibel: Exodus 21,23–25; Levitikus 24,19–20; Deuteronomium 19,21.

stätige, was vom Buch vor ihm vorhanden war, und alles, was darin steht, fest in der Hand habe. Urteile nun zwischen ihnen nach dem, was Gott herabgesandt hat, und folge nicht ihren Neigungen, damit du nicht von dem abweichst, was von der Wahrheit zu dir gekommen ist. Für jeden von euch haben Wir eine Richtung und einen Weg festgelegt. Und wenn Gott gewollt hätte, hätte Er euch zu einer einzigen Gemeinschaft gemacht. Doch will Er euch prüfen in dem, was Er euch hat zukommen lassen. So eilt zu den guten Dingen um die Wette. Zu Gott werdet ihr allesamt zurückkehren, damit wird Er euch das kundtun, worüber ihr uneins waret.
49 Und urteile zwischen ihnen nach dem, was Gott herabgesandt hat, und folge nicht ihren Neigungen. Und hüte dich vor ihnen, dass sie dich nicht verführen und abweichen lassen von einem Teil dessen, was Wir zu dir hinabgesandt haben. Wenn sie sich abkehren, so wisse, dass Gott sie wegen eines Teiles ihrer Sünden treffen will. Und gewiss sind viele von den Menschen Frevler.
50 Wünschen sie etwa die Urteilsnorm der Zeit der Unwissenheit? Wer hat denn eine bessere Urteilsnorm als Gott für Leute, die Gewissheit hegen?
51 O ihr, die ihr glaubt, nehmt euch nicht die Juden und die Christen zu Freunden. Sie sind untereinander Freunde. Wer von euch sie zu Freunden nimmt, gehört zu ihnen. Gott leitet ungerechte Leute gewiss nicht recht.
52 Und du siehst, dass diejenigen, in deren Herzen Krankheit ist, sich eilig um sie bemühen; sie sagen: „Wir fürchten, dass uns eine Schicksalswende trifft." Möge Gott den Erfolg oder einen Befehl von sich her bringen, so dass sie bereuen, was sie in ihrem Innern geheim halten!
53 Und diejenigen, die glauben, werden sagen: „Sind das die, die bei Gott ihren eifrigsten Eid geschworen haben, sie seien auf eurer Seite?" Ihre Werke sind wertlos, so dass sie nun zu Verlierern geworden sind.[64]
54 O ihr, die ihr glaubt, wenn einer von euch von seiner Religion abfällt, so wird Gott (an Stelle der Abgefallenen) Leute bringen, die Er liebt und die Ihn lieben, die den Gläubigen gegenüber sich umgänglich zeigen, den Ungläubigen gegenüber aber mit Kraft auftreten, die sich auf dem Weg Gottes einsetzen und den Tadel des Tadelnden nicht fürchten. Das ist die Huld Gottes; Er lässt sie zukommen, wem Er will. Gott umfasst und weiß alles.
55 Euer Freund ist Gott, und sein Gesandter, und auch diejenigen, die glauben, die das Gebet verrichten und die Abgabe entrichten, während sie sich verneigen.
56 Wer sich Gott und seinen Gesandten und diejenigen, die glauben, zu Freunden nimmt (gehört zu ihnen): Die Partei Gottes sind die Obsiegenden.
57 O ihr, die ihr glaubt, nehmt euch aus den Reihen derer, denen das Buch vor euch zugekommen ist, nicht diejenigen, die eure Religion zum Gegenstand von Spott und Spiel nehmen und auch nicht die Ungläubigen zu Freunden. Und fürchtet Gott, so ihr gläubig seid.
58 Wenn ihr zum Gebet ruft, nehmen sie es zum Gegenstand von Spott und Spiel. Dies, weil sie Leute sind, die keinen Verstand haben.
59 Sprich: O ihr Leute des Buches, was anderes lässt euch uns grollen, als dass wir an Gott glauben und an das, was zu uns herabgesandt wurde, und das, was zuvor herabgesandt wurde, und dass die meisten von euch Frevler sind?

5,64

64 Und die Juden sagen: „Die Hand Gottes ist gefesselt." Ihre Hände seien gefesselt und sie seien verflucht für das, was sie

---

64 Dieser Satz kann auch zu den Worten der Gläubigen gezählt werden.

sagen! Nein, seine Hände sind ausgebreitet, und Er spendet, wie Er will. Und was zu dir von deinem Herrn herabgesandt wurde, wird sicher bei vielen von ihnen das Übermaß ihres Frevels und den Unglauben noch mehren. Und Wir erregten unter ihnen Feindschaft und Hass bis zum Tag der Auferstehung. Sooft sie ein Feuer zum Krieg entfachen, löscht Gott es aus. Und sie reisen auf der Erde umher, um Unheil zu stiften. Gott liebt die Unheilstifter nicht.

5,66

66 Und würden sie die Tora und das Evangelium und das, was zu ihnen von ihrem Herrn herabgesandt wurde, einhalten, sie würden von oben und unter ihren Füßen zu essen bekommen. Unter ihnen gibt es eine Gemeinde mit maßvollem Wandel. Was aber viele von ihnen betrifft, so ist schlimm, was sie tun.

5,68–75

68 Sprich: O ihr Leute des Buches, ihr entbehrt jeder Grundlage, bis ihr die Tora und das Evangelium und das, was zu euch von eurem Herrn herabgesandt wurde, einhaltet. Und was zu dir von deinem Herrn herabgesandt wurde, wird sicher bei vielen von ihnen das Übermaß ihres Frevels und den Unglauben noch mehren. So sei nicht betrübt über die ungläubigen Leute.

69 Diejenigen, die glauben, und diejenigen, die Juden sind, und die Sābier[65] und die Christen, all die, die an Gott und den Jüngsten Tag glauben und Gutes tun, haben nichts zu befürchten, und sie werden nicht traurig sein.

70 Und Wir nahmen die Verpflichtung der Kinder Israels entgegen und entsandten ihnen Gesandte. Jedes Mal, wenn ihnen ein Gesandter etwas brachte, was sie nicht mochten, ziehen sie einen Teil (von ihnen) der Lüge und töteten einen (anderen) Teil.

71 Und sie meinten, es käme eine Versuchung. Sie waren blind und taub. Hierauf wandte sich Gott ihnen gnädig zu. Dann wurden sie (wieder) blind und taub, und zwar viele von ihnen. Und Gott sieht wohl, was sie tun.

72 Ungläubig sind diejenigen, die sagen: „Gott ist Christus, der Sohn Marias“, wo doch Christus gesagt hat: „O ihr Kinder Israels, dienet Gott, meinem Herrn und eurem Herrn.“ Wer Gott (andere) beigesellt, dem verwehrt Gott das Paradies. Seine Heimstätte ist das Feuer. Und die, die Unrecht tun, werden keine Helfer haben.

73 Ungläubig sind diejenigen, die sagen: „Gott ist der Dritte von dreien“, wo es doch keinen Gott gibt außer einem einzigen Gott. Wenn sie mit dem, was sie sagen, nicht aufhören, so wird diejenigen von ihnen, die ungläubig sind, eine schmerzhafte Pein treffen.

74 Wollen sie sich denn nicht reumütig Gott zuwenden und Ihn um Vergebung bitten? Gott ist voller Vergebung und barmherzig.

75 Christus, der Sohn Marias, ist nichts anderes als ein Gesandter; vor ihm sind etliche Gesandte dahingegangen. Seine Mutter ist eine Wahrhaftige. Beide pflegten, Speise zu essen. Siehe, wie Wir ihnen die Zeichen deutlich machen, und dann siehe, wie sie sich abwenden lassen.

5,77–78

77 Sprich: O ihr Leute des Buches, übertreibt nicht in eurer Religion über die Wahrheit hinaus und folgt nicht den Neigungen von Leuten, die früher irregegangen sind und viele irregeführt haben und vom rechten Weg abgeirrt sind.

78 Verflucht werden diejenigen von den Kindern Israels, die ungläubig waren, durch den Mund Davids und Jesu, des Sohnes Marias. Dies dafür, dass sie unge-

---

[65] Vgl. Anmerkung zu 2,62.

horsam waren und immer wieder Übertretungen begingen.

5,80

80 Du siehst viele von ihnen die Ungläubigen zu Freunden nehmen. Schlimm ist das, was sie sich selbst vorausgeschickt haben, so dass Gott ihnen grollt; und sie werden in der Pein ewig weilen.

5,82

82 Du wirst sicher finden, dass unter den Menschen diejenigen, die den Gläubigen am stärksten Feindschaft zeigen, die Juden und die Polytheisten sind. Und du wirst sicher finden, dass unter ihnen diejenigen, die den Gläubigen in Liebe am nächsten stehen, die sind, welche sagen: „Wir sind Christen." Dies deshalb, weil es unter ihnen Priester und Mönche gibt und weil sie nicht hochmütig sind.

5,87

87 O ihr, die ihr glaubt, erklärt nicht für verboten die köstlichen Dinge, die Gott euch erlaubt hat, und begeht keine Übertretungen. Gott liebt die nicht, die Übertretungen begehen.

5,89–92

89 Gott belangt euch nicht wegen unbedachter Rede in euren Eiden. Aber Er belangt euch, wenn ihr euch in den Eiden fest bindet[66]. Die Sühne dafür besteht darin, zehn Bedürftige mit dem zu beköstigen, womit ihr sonst eure Angehörigen beköstigt, oder sie zu kleiden oder einen Sklaven freizulassen. Wer es nicht vermag, der soll drei Tage fasten. Das ist die Sühne für eure Eide, wenn ihr schwört. Und haltet eure Eide. So macht Gott euch seine Zeichen deutlich, auf dass ihr dankbar seid.

90 O ihr, die ihr glaubt, der Wein, das Glücksspiel, die Opfersteine und die Lospfeile sind ein Gräuel von Satans Werk. Meidet es, auf dass es euch wohl ergehe.

91 Der Satan will ja durch Wein und Glücksspiel Feindschaft und Hass zwischen euch erregen und euch vom Gedenken Gottes und vom Gebet abbringen. Werdet ihr wohl nun aufhören?

92 Und gehorchet Gott und gehorchet dem Gesandten, und seid auf der Hut. Wenn ihr euch abkehrt, so wisst, unserem Gesandten obliegt nur die deutliche Ausrichtung (der Botschaft).

5,110–120

110 Und als Gott sprach: „O Jesus, Sohn Marias, gedenke meiner Gnade zu dir und zu deiner Mutter, als Ich dich mit dem Geist der Heiligkeit stärkte, so dass du zu den Menschen in der Wiege und als Erwachsener sprachst; und als Ich dich das Buch, die Weisheit, die Tora und das Evangelium lehrte; und als du aus Ton etwas wie eine Vogelgestalt mit meiner Erlaubnis schufest und dann hineinbliesest und es mit meiner Erlaubnis zu einem Vogel wurde; und als du Blinde und Aussätzige mit meiner Erlaubnis heiltest und Tote mit meiner Erlaubnis herauskommen ließest[67]; und als Ich die Kinder Israels von dir zurückhielt, als du mit den deutlichen Zeichen zu ihnen kamst, worauf diejenigen von ihnen, die ungläubig waren, sagten: ‚Das ist nichts als eine offenkundige Zauberei.'"

111 Und als Ich den Jüngern offenbarte: „Glaubt an Mich und an meinen Gesandten." Sie sagten: „Wir glauben. Bezeuge, dass wir gottergeben sind." **112** Als die Jünger sagten: „O Jesus, Sohn Marias, kann dein Herr uns einen Tisch vom Himmel[68] herabsenden?" Er sagte: „Fürchtet Gott, so ihr gläubig seid."

---

[66] und sie dennoch nicht haltet.

[67] Vgl. 3,38–49.

[68] Wird hier andeutungsweise Bezug genommen auf das Abendmahl (Evangelium: Matthäus 26,20–29; Markus 14,17–25; Lukas 22,14–23) oder auch auf die Vi-

113 Sie sagten: „Wir wollen davon essen, so dass unsere Herzen Ruhe finden und dass wir wissen, dass du uns die Wahrheit gesagt hast, und dass wir zu denen gehören, die darüber Zeugnis geben[69]."
114 Jesus, der Sohn Marias, sagte: „O Gott, unser Herr, sende auf uns einen Tisch vom Himmel herab, dass er für uns, für den Ersten von uns und den Letzten von uns, ein Fest sei, und ein Zeichen von Dir. Und versorge uns. Du bist der beste Versorger."
115 Gott sprach: „Ich werde ihn auf euch hinabsenden. Wer von euch hernach ungläubig wird, den werde Ich mit meiner Pein peinigen, mit der Ich keinen von den Weltenbewohnern peinige."
116 Und als Gott sprach: „O Jesus, Sohn Marias, warst du es, der zu den Menschen sagte: ‚Nehmt euch neben Gott mich und meine Mutter zu Göttern?'" Er sagte: „Preis sei Dir! Es steht mir nicht zu, etwas zu sagen, wozu ich kein Recht habe. Hätte ich es gesagt, dann wüsstest Du es. Du weißt, was in meinem Inneren ist, ich aber weiß nicht, was in deinem Inneren ist. Du bist der, der die unsichtbaren Dinge alle weiß.
117 Ich habe ihnen nichts anderes gesagt als das, was Du mir befohlen hast, nämlich: ‚Dienet Gott, meinem Herrn und eurem Herrn.' Ich war Zeuge über sie, solange ich unter ihnen weilte. Als Du mich abberufen hast, warst Du der Wächter über sie. Und Du bist über alle Dinge Zeuge.
118 Wenn du sie peinigst, so sind sie Deine Diener. Wenn Du ihnen vergibst, so bist Du der Mächtige, der Weise."
119 Gott sprach: „Das ist der Tag, an dem den Wahrhaftigen ihre Wahrhaftigkeit nützen wird. Bestimmt sind für sie Gärten, unter denen Bäche fließen; darin werden sie auf immer ewig weilen. Gott hat Wohlgefallen an ihnen, und sie haben Wohlgefallen an Ihm. Dies ist der großartige Erfolg."
120 Gott gehört die Königsherrschaft der Himmel und der Erde und dessen, was in ihnen ist. Und Er hat Macht zu allen Dingen.

6,4–9

4 Kein Zeichen von den Zeichen ihres Herrn kommt zu ihnen, ohne dass sie sich davon abwenden.
5 So erklärten sie die Wahrheit für Lüge, als sie zu ihnen kam. Aber zu ihnen werden die Berichte gelangen über das, worüber sie immer wieder gespottet haben.
6 Haben sie denn nicht gesehen, wie viele Generationen Wir vor ihnen haben verderben lassen? Wir haben ihnen auf der Erde eine Stellung verliehen, die Wir euch nicht verliehen haben. Und Wir haben den Himmel über sie ergiebig regnen lassen und die Bäche unter ihnen fließen lassen. Aber Wir haben sie für ihre Sünden verderben und nach ihnen eine andere Generation entstehen lassen.
7 Hätten Wir auf dich ein Buch auf Papyrus hinabgesandt und würden sie es mit ihren Händen berühren, würden diejenigen, die ungläubig sind, dennoch sagen: „Dies ist nichts als offenkundige Zauberei."
8 Und sie sagen: „Wäre ein Engel auf ihn herabgesandt worden!" Würden Wir einen Engel hinabsenden, wäre die Angelegenheit dann entschieden, und ihnen wird dann kein Aufschub gewährt.
9 Auch wenn Wir ihn[70] zu einem Engel gemacht hätten. Wir hätten ihn (doch) zu einem Mann gemacht und hätten ihn (noch weiter) verhüllt, was sie sich ja selbst verhüllen.

---

sion des Apostels Petrus in Joppe (Apostelgeschichte 10,9–16)?

[69] über den Tisch und das Zeichen.

[70] den Zusendenden, d.h.: Wenn Wir beschlossen hätten, einen Engel zum Gesandten zu machen …

6,11–12
11 Sprich: Geht auf der Erde umher und schaut, wie das Ende derer war, die (die Botschaft) für Lüge erklärt haben.
12 Sprich: Wem gehört, was in den Himmeln und auf der Erde ist? Sprich: (Es gehört) Gott. Vorgeschrieben hat Er sich selbst die Barmherzigkeit. Er wird euch zum Tag der Auferstehung versammeln, an dem kein Zweifel möglich ist. Diejenigen, die sich selbst verloren haben, die glauben eben nicht.

6,20
20 Diejenigen, denen Wir das Buch zukommen ließen, kennen es, wie sie ihre Söhne kennen. Diejenigen, die sich selbst verloren haben, die glauben eben nicht.

6,23
23 Dann wird (die Folge) ihrer Verwirrung nur sein, dass sie sagen: „Bei Gott unserem Herrn, wir waren keine Polytheisten."

6,25
25 Und unter ihnen gibt es welche, die dir zuhören. Aber Wir haben auf ihre Herzen Hüllen gelegt, so dass sie es nicht begreifen, und in ihre Ohren Schwerhörigkeit. Sie mögen jedes Zeichen sehen, sie glauben nicht dran. Und so, wenn sie zu dir kommen, um mit dir zu streiten, sagen diejenigen, die ungläubig sind: „Das sind nichts als die Fabeln der Früheren."

6,34
34 Der Lüge wurden schon vor dir Gesandte geziehen. Und sie ertrugen es mit Geduld, dass sie der Lüge geziehen wurden und dass ihnen Leid zugefügt wurde, bis unsere Unterstützung zu ihnen kam. Niemand wird die Worte Gottes abändern können. Zu dir ist schon etwas vom Bericht über die Gesandten gekommen.

6,37–39
37 Und sie sagen: „Wenn doch ein Zeichen von seinem Herrn auf ihn herabgesandt würde!" Sprich: Gott hat dazu die Macht, ein Zeichen herabzusenden. Aber die meisten von ihnen wissen nicht Bescheid.
38 Es gibt keine Tiere auf der Erde und keine Vögel, die mit ihren Flügeln fliegen, die nicht Gemeinschaften wären gleich euch. Wir haben im Buch nichts übergangen. Dann werden sie zu ihrem Herrn versammelt.
39 Und diejenigen, die unsere Zeichen für Lüge erklären, sind taub, stumm, in Finsternissen. Gott führt irre, wen Er will, und wen Er will, den bringt Er auf einen geraden Weg.

6,41
41 Nein, Ihn werdet ihr anrufen. Dann wird Er das beheben, weswegen ihr (Ihn) anruft, wenn Er will, und ihr werdet vergessen, was ihr (Ihm) beigesellt.

6,50
50 Sprich: Ich sage euch nicht, ich hätte die Vorratskammern Gottes, und ich kenne auch nicht das Unsichtbare. Und ich sage euch nicht, ich sei ein Engel. Ich folge nur dem, was mir offenbart wird. Sprich: Sind etwa der Blinde und der Sehende gleich? Wollt ihr denn nicht nachdenken?

6,52
52 Und vertreibe diejenigen nicht, die morgens und abends ihren Herrn anrufen in der Suche nach seinem Antlitz. Dir obliegt in keiner Weise, sie zur Rechenschaft zu ziehen[71], und ihnen obliegt in keiner Weise, dich zur Rechenschaft zu ziehen,

---

[71] Vertreibe nicht diejenigen, die gläubig sind (vgl. 11,29; 26,114) und fromm sind (vgl. 18,28), auch wenn sie die Niedrigsten in der Gesellschaft sein sollten (vgl. 11,27; 26,111), und auch wenn sie sich

so dass du sie vertreiben dürftest. Sonst würdest du zu denen gehören, die Unrecht tun.

6,54

54 Und wenn diejenigen, die an unsere Zeichen glauben, zu dir kommen, so sprich: Friede über euch! Euer Herr hat sich selbst die Barmherzigkeit vorgeschrieben: Wenn nun einer von euch aus Unwissenheit Böses tut, aber danach umkehrt und Besserung zeigt, so ist Er voller Vergebung und barmherzig.

6,61

61 Er ist der, der bezwingende Macht über seine Diener besitzt. Und Er entsendet Hüter über euch, so dass, wenn der Tod zu einem von euch kommt, unsere Boten ihn abberufen, und sie übergehen nichts.

6,68–71

68 Und wenn du diejenigen siehst, die auf unsere Zeichen (spottend) eingehen, dann wende dich von ihnen ab, bis sie auf ein anderes Gespräch eingehen. Und wenn dich der Satan vergessen lässt, dann sollst du, nachdem du dich wieder daran erinnert hast, nicht mit den Leuten zusammensitzen, die Unrecht tun. **69** Denjenigen, die gottesfürchtig sind, obliegt in keiner Weise, sie zur Rechenschaft zu ziehen. Es ist nur eine Ermahnung, auf dass sie gottesfürchtig werden.

70 Und lass diejenigen sitzen, die ihre Religion zum Gegenstand von Spiel und Zerstreuung nehmen und die das diesseitige Leben betört. Und ermahne durch ihn, auf dass niemand dem Verderben preisgegeben wird für das, was er erworben hat. Er hat dann außer Gott weder Freund noch Fürsprecher. Und würde er auch jedes Lösegeld vorlegen, es wird von ihm nicht angenommen werden. Das sind die, die dem Verderben preisgegeben werden für das, was sie erworben haben. Bestimmt ist für sie ein Getränk aus heißem Wasser und eine schmerzhafte Pein dafür, dass sie ungläubig waren.

71 Sprich: Sollen wir statt zu Gott zu etwas rufen, was uns weder nützt noch schadet, und, nachdem Gott uns rechtgeleitet hat, auf unseren Fersen kehrtmachen, gleich jenem, den die Satane im Land weggelockt haben? Ratlos (ist er); er hat Gefährten, die ihn zur Rechtleitung rufen: „Komm zu uns." Sprich: Nur die Rechtleitung Gottes ist die (wahre) Rechtleitung. Und uns wurde befohlen, uns dem Herrn der Welten zu ergeben.

6,73

73 Er ist es, der die Himmel und die Erde der Wahrheit entsprechend erschaffen hat. Und am Tag, da Er sagt: Sei!, und es ist. Sein Wort ist die Wahrheit. Und Ihm gehört die Königsherrschaft am Tag, da in die Trompete geblasen wird. Er weiß über das Unsichtbare und das Offenbare Bescheid, und Er ist der Weise, der Kenntnis von allem hat.

6,75–79

75 Und so zeigten Wir Abraham das Reich der Himmel und der Erde, damit er einer von denen sei, die Gewissheit hegen.

76 Als nun die Nacht ihn umhüllte, sah er einen Stern. Er sagte: „Das ist mein Herr." Als der aber verschwand, sagte er: „Ich liebe die nicht, die verschwinden."

77 Als er dann den Mond aufgehen sah, sagte er: „Das ist mein Herr." Als der aber verschwand, sagte er: „Wenn mein Herr mich nicht rechtleitet, werde ich gewiss zu den abgeirrten Leuten gehören."

78 Als er dann die Sonne aufgehen sah, sagte er: „Das ist mein Herr. Das ist ja größer." Als sie aber verschwand, sagte er:

---

vielleicht früher etwas zu Schulden kommen ließen (vgl. 6,54).

„O mein Volk, ich bin unschuldig an dem, was ihr (Gott) beigesellt.
79 Ich richte mein Gesicht zu dem, der die Himmel und die Erde erschaffen hat, als Anhänger des reinen Glaubens, und ich gehöre nicht zu den Polytheisten."

6,84–87
84 Und Wir schenkten ihm Isaak und Jakob; jeden (von ihnen) haben Wir rechtgeleitet. Auch Noach haben Wir zuvor rechtgeleitet, sowie aus seiner Nachkommenschaft David und Salomo, Ijob, Josef, Mose und Aaron – so entlohnen Wir die, die Gutes tun –;
85 und Zakaria, Yahyā, Jesus und Elias – jeder von ihnen gehört zu den Rechtschaffenen –
86 und Ismael, Elischa, Jonas und Lot – jeden (von ihnen) haben Wir vor den Weltenbewohnern bevorzugt –
87 und auch manche von ihren Vätern, ihren Nachkommen und ihren Brüdern. Wir haben sie gewählt und zu einem geraden Weg geleitet.

6,91–92
91 Und sie haben Gott nicht so eingeschätzt, wie Er eingeschätzt werden soll, als sie sagten: „Gott hat nichts auf einen Menschen herabgesandt." Sprich: Wer hat denn das Buch herabgesandt, das Mose als Licht und Rechtleitung für die Menschen gebracht hat? Ihr macht ja daraus Papyrusblätter, die ihr offen zeigt – und ihr haltet vieles geheim; und euch wurde beigebracht, was ihr nicht wusstet, weder ihr noch eure Väter. Sprich: Gott[72]. Und dann lass sie in ihren ausschweifenden Reden ihr Spiel treiben.
92 Und dies ist ein Buch, das Wir hinabgesandt haben, ein gesegnetes (Buch), das bestätigt, was vor ihm vorhanden war, damit du die Mutter der Städte[73] und die Menschen in ihrer Umgebung warnest. Diejenigen, die an das Jenseits glauben, glauben auch daran, und sie halten ihr Gebet ein.

6,97–99
97 Er ist es, der euch die Sterne gemacht hat, damit ihr durch sie die gute Richtung in den Finsternissen des Festlandes und des Meeres findet. Wir haben die Zeichen im Einzelnen dargelegt für Leute, die Bescheid wissen.
98 Und Er ist es, der euch aus einem einzigen Wesen hat entstehen lassen. Dann gibt es einen Aufenthaltsort und einen Aufbewahrungsort[74]. Wir haben die Zeichen im Einzelnen dargelegt für Leute, die begreifen.
99 Und Er ist es, der vom Himmel Wasser herabkommen lässt. Und Wir bringen damit Pflanzen jeglicher (Art) hervor; und dann bringen Wir aus ihnen Grün hervor, aus dem Wir übereinander gereihte Körner hervorbringen – und aus den Palmen, aus ihren Blütenscheiden entstehen herabhängende Dattelbüschel –, und (auch) Gärten mit Weinstöcken, und die Öl- und Granatapfelbäume, die einander ähnlich und unähnlich sind. Schaut auf ihre Früchte, wenn sie Früchte tragen, und auf deren Reifen. Darin sind Zeichen für Leute, die glauben.

6,101
101 Der Schöpfer der Himmel und der Erde, woher soll Er ein Kind haben, wo Er doch keine Gefährtin hat und Er (sonst) alles erschaffen hat? Und Er weiß über alle Dinge Bescheid.

---

72 Gott hat das Buch herabgesandt.
73 Mekka.
74 D.h. Mutterschoß und Grab, oder Mutterschoß und Lebensdauer, oder Lebensdauer und Grab. Es gibt auch andere Deutungen dieser Wörter.

6, 103
103 Die Blicke erreichen Ihn nicht, Er aber erreicht die Blicke. Und Er ist der Feinfühlige[75], der Kenntnis von allem hat.

6, 109
109 Und sie haben bei Gott ihren eifrigsten Eid geschworen, sie würden, wenn ein Zeichen zu ihnen käme, sicher daran glauben. Sprich: Die Zeichen stehen bei Gott allein. Wie solltet ihr auch merken, dass, wenn es tatsächlich käme, sie doch nicht glauben?

6, 111
111 Würden Wir auch zu ihnen die Engel hinabsenden, würden die Toten auch zu ihnen sprechen und Wir alle Dinge vor ihren Augen versammeln, sie würden unmöglich glauben, es sei denn, Gott will es. Aber die meisten von ihnen sind töricht.

6, 114–117
114 Sollte ich mir einen anderen Schiedsrichter als Gott suchen, wo Er es doch ist, der das Buch, im Einzelnen dargelegt, zu euch herabgesandt hat? Diejenigen, denen Wir das Buch zukommen ließen, wissen, dass es von deinem Herrn mit der Wahrheit herabgesandt wurde. So sei nicht einer der Zweifler.
115 Und das Wort deines Herrn hat sich in Wahrhaftigkeit und Gerechtigkeit erfüllt. Niemand kann seine Worte abändern. Er ist der, der alles hört und weiß.
116 Und wenn du der Mehrzahl derer, die auf der Erde sind, folgst, werden sie dich vom Weg Gottes abirren lassen. Sie folgen ja nur Vermutungen, und sie stellen nur Schätzungen an.
117 Dein Herr weiß besser, wer von seinen Wegen abirrt, und Er weiß besser über die Bescheid, die der Rechtleitung folgen.

6, 126
126 Und dies ist der Weg deines Herrn, der ist gerade. Wir haben die Zeichen im Einzelnen dargelegt für Leute, die (sie) bedenken.

6, 128
128 Und am Tag, da Er sie alle versammelt: „O Gemeinschaft der Djinn, ihr habt euch viele Menschen angeworben.“ Und ihre Freunde unter den Menschen sagen: „Unser Herr, wir haben Nutzen voneinander gehabt und haben nun unsere Frist erreicht, die Du uns gesetzt hast.“ Er spricht: „Das Feuer ist eure Bleibe; darin werdet ihr ewig weilen, es sei denn, Gott will es anders.“ Dein Herr ist weise und weiß Bescheid.

6, 136–138
136 Und sie haben für Gott einen Anteil festgesetzt von dem, was Er an Feldernte und Vieh geschaffen hat. Und sie sagen: „Dies ist für Gott“ – so behaupten sie –, „und dies ist für unsere Teilhaber.“ Was für ihre Teilhaber bestimmt ist, gelangt nicht zu Gott, was aber für Gott bestimmt ist, gelangt zu ihren Teilhabern. Schlecht ist doch ihr Urteil.
137 Und auch vielen von den Polytheisten haben ihre Teilhaber verlockend gemacht, ihre Kinder zu töten, um sie zu verderben und sie in ihrer Religion zu verwirren. Wenn Gott gewollt hätte, hätten sie es nicht getan. So lass sie da sitzen mit dem, was sie erdichten.
138 Und sie sagen: „Das sind Tiere und Ernte, die tabu sind. Niemand darf davon essen, außer dem, wen wir wollen.“ So behaupten sie. – Es sind Tiere, deren Rücken (für Lasten) verwehrt sind, und Tiere, über die sie den Namen Gottes nicht aus-

[75] der die feinen und verborgenen Einzelheiten kennt und sein Ziel zu erreichen weiß, der dem Menschen Mitgefühl zeigt und Hilfe angedeihen lässt.

sprechen; so erdichten sie eine Lüge gegen Ihn. Er wird ihnen vergelten für das, was sie immer wieder erdichteten.

6,147
147 Wenn Sie dich der Lüge zeihen, dann sprich: Euer Herr besitzt eine umfassende Barmherzigkeit, aber niemand kann seine Schlagkraft von den Leuten abwenden, die Übeltäter sind.

6,151–152
151 Sprich: Komm her, dass ich verlese, was euer Herr euch verboten hat: Ihr sollt Ihm nichts beigesellen, und die Eltern gut behandeln; und tötet nicht eure Kinder aus (Angst vor) Verarmung – euch und ihnen bescheren Wir doch den Lebensunterhalt; und nähert euch nicht den schändlichen Taten, was von ihnen offen und was verborgen ist; und tötet nicht den Menschen, den Gott für unantastbar erklärt hat, es sei denn bei vorliegender Berechtigung. Dies hat Er euch aufgetragen, auf dass Ihr verständig werdet.
152 Und nähert euch nicht dem Vermögen des Waisenkindes, es sei denn auf die beste Art, bis es seine Vollkraft erreicht hat. Und gebt volles Maß und Gewicht nach Gerechtigkeit. Wir fordern von den Menschen nur das, was sie vermögen. Und wenn ihr aussagt, dann seid gerecht, auch wenn es um einen Verwandten geht. Und erfüllt den Bund Gottes. Dies hat Er euch aufgetragen, auf dass ihr es bedenket.

6,154–155
154 Alsdann ließen Wir dem Mose das Buch zukommen, um (alles) zu vervollständigen für den, der Gutes getan hat, als eine ins Einzelne gehende Darlegung aller Dinge und als Rechtleitung und Barmherzigkeit, auf dass sie an die Begegnung mit ihrem Herrn glauben.
155 Und dies ist ein Buch, das wir hinabgesandt haben, ein gesegnetes (Buch). Folgt ihm und seid gottesfürchtig, auf dass ihr Erbarmen findet.

6,158
158 Erwarten sie denn etwas anderes, als dass die Engel zu ihnen kommen, oder dass dein Herr kommt, oder dass einige von den Zeichen deines Herrn kommen? Am Tag, da einige von den Zeichen deines Herrn kommen, nützt niemandem sein Glaube, wenn er nicht vorher geglaubt oder in seinem Glauben Gutes erworben hat. Sprich: Wartet ab. Wir warten selbst auch ab.

6,164–165
164 Sprich: Sollte ich mir einen anderen Herrn suchen als Gott, wo Er doch der Herr aller Dinge ist? Jede Seele erwirbt (das Böse) nur zu ihrem eigenen Schaden. Und keine Last tragende (Seele) trägt die Last einer anderen. Alsdann wird eure Rückkehr zu eurem Herrn sein, und Er wird euch das kundtun, worüber ihr uneins waret.
165 Er ist es, der euch zu aufeinander folgenden Generationen auf der Erde gemacht und die einen von euch über die anderen um Rangstufen erhöht hat, um euch zu prüfen in dem, was Er euch zukommen ließ. Dein Herr ist schnell im Bestrafen und Er ist voller Vergebung und barmherzig.

7,2–3
2 Dies ist ein Buch, das zu dir herabgesandt worden ist – es soll in deiner Brust keine Bedrängnis seinetwegen sein –, damit du mit ihm warnst, und auch als Ermahnung für die Gläubigen.
3 Folgt dem, was zu euch von eurem Herrn herabgesandt worden ist, und folgt nicht an seiner Stelle (anderen) Freunden. Ihr lasst euch wenig ermahnen.

7,11–13

11 Und Wir haben euch erschaffen. Dann haben Wir euch gestaltet. Dann haben Wir zu den Engeln gesprochen: „Werft euch vor Adam nieder.“ Da warfen sie sich nieder, außer Iblis: er gehörte nicht zu denen, die sich niederwarfen.
12 Er sprach: „Was hat dich daran gehindert, dich niederzuwerfen, als Ich (es) dir befohlen habe?“ Er sagte: „Ich bin besser als er. Du hast mich aus Feuer erschaffen, ihn aber hast Du aus Ton erschaffen.“
13 Er sprach: „Geh aus ihm[76] hinunter. Dir steht es nicht zu, dich darin hochmütig zu verhalten. Geh hinaus. Du gehörst zu den Erniedrigten.“

7,15–25

15 Er sprach: „Du sollst nun zu denen gehören, denen Aufschub gewährt wird.“
16 Er sagte: „Weil Du mich hast abirren lassen, werde ich, ich schwöre es, ihnen auf deinem geraden Weg auflauern.
17 Dann werde ich zu ihnen treten von vorn und von hinten, von ihrer rechten und von ihrer linken Seite. Und Du wirst die meisten von ihnen nicht dankbar finden.“
18 Er sprach: „Geh aus ihm hinaus, verabscheut und verstoßen. Wer auch immer von ihnen dir folgt, füllen werde Ich die Hölle mit euch allen.“
19 „O Adam, bewohne, du und deine Gattin, das Paradies. Esst, wo ihr wollt, und nähert euch nicht diesem Baum, sonst gehört ihr zu denen, die Unrecht tun.“
20 Der Satan flüsterte ihnen ein, um ihnen zu zeigen, was ihnen von ihrer Blöße verborgen geblieben war. Und er sagte: „Nur deswegen hat euch euer Herr diesen Baum verboten, damit ihr nicht zu Engeln werdet oder zu denen gehöret, die ewig leben.“
21 Und er schwor ihnen: „Ich bin zu euch einer von denen, die (euch) gut raten.“
22 Er ließ sie durch Betörung abfallen. Und als sie dann von dem Baum gekostet hatten, wurde ihnen ihre Blöße offenbar, und sie begannen, Blätter des Paradieses über sich zusammenzuheften. Und ihr Herr rief ihnen zu: „Habe Ich euch nicht jenen Baum verboten und euch gesagt: Der Satan ist euch ein offenkundiger Feind?“
23 Sie sagten: „Unser Herr, wir haben uns selbst Unrecht getan. Und wenn Du uns nicht vergibst und dich unser (nicht) erbarmst, werden wir bestimmt zu den Verlierern gehören.“
24 Er sprach: „Geht hinunter. Die einen von euch sind Feinde der anderen. Ihr habt auf der Erde Aufenthalt und Nutznießung auf eine Weile.“
25 Er sprach: „Auf ihr werdet ihr leben, und auf ihr werdet ihr sterben, und aus ihr werdet ihr hervorgebracht werden.“

7,28–29

28 Und wenn sie etwas Schändliches tun, sagen sie: „Wir haben es bei unseren Vätern vorgefunden, und Gott hat es uns geboten.“ Sprich: Gott gebietet nicht das Schändliche. Wollt ihr denn über Gott sagen, was ihr nicht wisst?
29 Sprich: Mein Herr hat die Gerechtigkeit geboten, und dass ihr euer Gesicht bei jeder Moschee aufrichtet und ihn anruft, wobei ihr Ihm gegenüber aufrichtig in der Religion seid. So wie Er euch anfangs gemacht hat, werdet ihr zurückkehren.

7,32–34

32 Sprich: Wer hat denn den Schmuck verboten, den Gott für seine Diener hervorgebracht hat, und auch die köstlichen Dinge des Lebensunterhalts? Sprich: Sie sind im diesseitigen Leben für die bestimmt, die glauben, und am Tag der Auferstehung (ihnen) besonders vorbehalten.

---

[76] aus dem Paradies.

So legen Wir die Zeichen im Einzelnen dar für Leute, die Bescheid wissen.
33 Sprich: Siehe, mein Herr hat die schändlichen Taten verboten, was von ihnen offen und was verborgen ist; und auch die Sünde und die Gewaltanwendung ohne vorliegende Berechtigung, und auch, dass ihr Gott solche beigesellt, für die Er keine Ermächtigung herabgesandt hat, und dass ihr über Gott das sagt, was ihr nicht wisst.
34 Für jede Gemeinschaft ist eine Frist festgesetzt. Und wenn ihre Frist kommt, können sie nicht einmal eine Stunde zurückbleiben oder vorausgehen.

7,42–43
42 Diejenigen, die glauben und die guten Werke tun – Wir fordern von einem jeden nur das, was er vermag –, das sind die Gefährten des Paradieses; darin werden sie ewig weilen.
43 Und Wir nehmen weg, was in ihrer Brust an Groll da sein mag. Es fließen unter ihnen Bäche. Und sie sagen: „Lob sei Gott, der uns hierher geleitet hat! Wir hätten unmöglich die Rechleitung gefunden, hätte uns Gott nicht rechtgeleitet. Die Gesandten unseres Herrn sind wirklich mit der Wahrheit gekommen." Und es wird ihnen zugerufen: „Dies ist das Paradies. Es ist euch zum Erbe gegeben worden für das, was ihr zu tun pflegtet."

7,46–48
46 Und zwischen ihnen ist ein Vorhang. Und auf dem Bergkamm sind Männer, die jeden an seinem Merkmal erkennen. Sie rufen den Gefährten des Paradieses zu: „Friede sei über euch!" Sie selbst aber sind nicht hineingegangen, obwohl sie es begehren.
47 Und wenn ihre Blicke sich den Gefährten des Feuers zuwenden, sagen sie: „Unser Herr, stelle uns nicht zu den Leuten, die Unrecht tun."
48 Und die Gefährten des Bergkammes rufen Männern, die sie an ihrem Merkmal erkennen zu. Sie sagen: „Es hat euch nicht genützt, dass ihr (Vermögen und Freunde) gesammelt und euch hochmütig verhalten habt."

7,52
52 Wir haben ihnen ein Buch gebracht, das Wir mit Wissen im Einzelnen dargelegt haben, als Rechtleitung und Barmherzigkeit für Leute, die glauben.

7,54
54 Euer Herr ist Gott, der die Himmel und die Erde in sechs Tagen erschuf und sich dann auf dem Thron zurechtsetzte. Er lässt die Nacht den Tag überdecken, wobei sie ihn eilig einzuholen sucht. (Er erschuf auch) die Sonne, den Mond und die Sterne, welche durch seinen Befehl dienstbar gemacht wurden. Siehe, Ihm allein steht das Erschaffen und der Befehl zu. Gesegnet sei Gott, der Herr der Welten!

7,56
56 Und stiftet nicht Unheil auf der Erde, nachdem sie in Ordnung gebracht worden ist. Und ruft Ihn in Furcht und Begehren an. Die Barmherzigkeit Gottes ist den Rechtschaffenen nahe.

7,59–102
59 Wir sandten Noach zu seinem Volk. Er sagte: „O mein Volk, dienet Gott. Ihr habt keinen Gott außer Ihm. Ich fürchte für euch die Pein eines gewaltigen Tages."
60 Die Vornehmen aus seinem Volk sagten: „Wir sehen, dass du dich in einem offenkundigen Irrtum befindest."
61 Er sagte: „O mein Volk, bei mir befindet sich kein Irrtum, sondern ich bin ein Gesandter vom Herrn der Welten.
62 Ich richte euch die Botschaften meines Herrn aus und rate euch gut. Und ich weiß von Gott her, was ihr nicht wisst.
63 Wundert ihr euch etwa darüber, dass

eine Ermahnung von eurem Herrn zu euch gekommen ist durch einen Mann aus eurer Mitte, damit er euch warne und damit ihr gottesfürchtig werdet, auf dass ihr Erbarmen findet?"
64 Sie aber ziehen ihn der Lüge. Da retteten Wir ihn und diejenigen, die mit ihm waren, im Schiff. Und Wir ließen diejenigen ertrinken, die unsere Zeichen für Lüge erklären; sie waren ja ein blindes Volk.
65 Und (Wir sandten) zu ʿĀd ihren Bruder Hūd. Er sagte: „O mein Volk, dienet Gott. Ihr habt keinen Gott außer Ihm. Wollt ihr nicht gottesfürchtig sein?"
66 Die Vornehmen aus seinem Volk, die ungläubig waren, sagten: „Wir sehen, dass du der Torheit verfallen bist, und wir meinen, dass du zu den Lügnern gehörst."
67 Er sagte: „O mein Volk, bei mir befindet sich keine Torheit, sondern ich bin ein Gesandter vom Herrn der Welten.
68 Ich richte euch die Botschaften meines Herrn aus, und ich bin für euch ein treuer Ratgeber.
69 Wundert ihr euch etwa darüber, dass eine Ermahnung von eurem Herrn zu euch gekommen ist durch einen Mann aus eurer Mitte, damit er euch warne? Gedenket, als Er euch zu Nachfolgern nach dem Volk des Noach machte und euch eine beachtliche Stellung[77] in seiner Schöpfung verlieh. Gedenket also der Wohltaten Gottes, auf dass es euch wohl ergehe."
70 Sie sagten: „Bist du zu uns gekommen, damit wir Gott alleine dienen und das verlassen, was unsere Väter verehrt haben? Bring uns doch her, was du uns androhst, so du zu denen gehörst, die die Wahrheit sagen."
71 Er sagte: „Es überfallen euch Gräuel und Zorn von eurem Herrn. Streitet ihr denn mit mir über Namen, die ihr genannt habt, ihr und eure Väter, für die aber Gott keine Ermächtigung herabgesandt hat? So wartet ab. Ich bin mit euch einer von denen, die abwarten."
72 Da retteten Wir ihn und diejenigen, die mit ihm waren, aus Barmherzigkeit von Uns. Und Wir merzten den letzen Rest derer aus, die unsere Zeichen für Lüge erklärten und nicht gläubig waren.
73 Und (Wir sandten) zu Thamūd ihren Bruder Sālih. Er sage: „O mein Volk, dienet Gott. Ihr habt keinen Gott außer Ihm. Ein deutliches Zeichen ist von eurem Herrn zu euch gekommen. Dies ist die Kamelstute Gottes, euch zum Zeichen. Lasst sie auf Gottes Erde weiden und rührt sie nicht mit etwas Bösem an, sonst ergreift euch eine schmerzhafte Pein.
74 Und gedenket, als Er euch zu Nachfolgern nach ʿĀd machte und euch auf der Erde in Stätten einwies, so dass ihr euch in ihren Ebenen Schlösser nahmt und die Berge zu Häusern meißeltet. Gedenket also der Wohltaten Gottes und verbreitet nicht das Unheil auf der Erde."
75 Die Vornehmen aus seinem Volk, die sich hochmütig verhielten, sagten zu denen, die wie Schwache behandelt wurden, ja zu denen von ihnen, die gläubig waren: „Wisst ihr sicher, dass Sālih von seinem Herrn gesandt worden ist?" Sie sagten: „Wir glauben gewiss an das, womit er gesandt worden ist."
76 Diejenigen, die sich hochmütig verhielten, sagten: „Wir verleugnen das, woran ihr glaubt."
77 Sie schnitten der Kamelstute die Flechsen durch und stachen sie, und sie rebellierten gegen den Befehl ihres Herrn. Und sie sagten: „O Sālih, bring uns doch her, was du uns androhst, so du einer der Gesandten bist."
78 Da ergriff sie das Beben, und am Morgen lagen sie in ihrer Wohnstätte nieder.
79 So kehrte er sich von ihnen ab und sagte: „O mein Volk, ich habe euch die Botschaft meines Herrn ausgerichtet,

[77] Oder: eine größere Körperstatur.

und ich habe euch gut geraten. Aber ihr liebt die nicht, die gut raten."
80 Und (Wir sandten) Lot. Als er zu seinem Volk sagte: „Wollt ihr denn das Schändliche begehen, wie es vor euch keiner von den Weltenbewohnern begangen hat?
81 Ihr geht in Begierde zu den Männern, statt zu den Frauen. Nein, ihr seid maßlose Leute."
82 Die Antwort seines Volkes war nur, dass sie sagten: „Vertreibt sie aus eurer Stadt. Das sind Menschen, die sich rein stellen."
83 Da retteten Wir ihn und seine Angehörigen, außer seiner Frau. Sie gehörte zu denen, die zurückblieben und dem Verderben anheim fielen.
84 Und Wir ließen einen Regen auf sie niedergehen. Schau, wie das Ende der Übeltäter war.
85 Und (Wir sandten) zu Madyan ihren Bruder Shuʿayb. Er sagte: „O mein Volk, dienet Gott. Ihr habt keinen Gott außer Ihm. Ein deutliches Zeichen ist von eurem Herrn zu euch gekommen, so gebt volles Maß und Gewicht und zieht den Menschen nichts ab, was ihnen gehört, und stiftet nicht Unheil auf der Erde, nachdem sie in Ordnung gebracht worden ist. Das ist bestimmt besser für euch, so ihr gläubig seid.
86 Und lauert nicht auf jedem Weg, indem ihr droht und vom Weg Gottes den abweist, der an Ihn glaubt, und euch ihn[78] krumm wünscht. Und gedenket, als ihr wenige waret und Er euch zu vielen machte. Und schaut, wie das Ende der Unheilstifter war.
87 Und wenn eine Gruppe von euch an das glaubt, womit ich gesandt worden bin, eine andere Gruppe aber nicht glaubt, so geduldet euch, bis Gott zwischen uns urteilt. Er ist der Beste derer, die Urteile fällen."
88 Die Vornehmen aus seinem Volk, die sich hochmütig verhielten, sagten: „Wir werden dich, o Shuʿayb, und diejenigen, die mit dir glauben, bestimmt aus unserer Stadt vertreiben, oder ihr kehrt zu unserer Glaubensrichtung zurück." Er sagte: „Was denn, auch wenn es uns zuwider ist?
89 Wir würden gegen Gott eine Lüge erdichten, sollten wir zu eurer Glaubensrichtung zurückkehren, nachdem uns Gott aus ihr errettet hat. Wir können unmöglich zu ihr zurückkehren, es sei denn, Gott, unser Herr, wollte es. Unser Herr umfasst alle Dinge in seinem Wissen. Auf Gott vertrauen wir. Unser Herr, richte zwischen uns und unserem Volk nach der Wahrheit. Du bist der beste Richter."
90 Und die Vornehmen aus seinem Volk, die ungläubig waren, sagten: „Wenn ihr dem Shuʿayb folgt, werdet ihr bestimmt Verlierer sein."
91 Da ergriff sie das Beben, und am Morgen lagen sie in ihrer Wohnstätte nieder.
92 Diejenigen, die Shuʿayb der Lüge ziehen, waren, als hätten sie darin nicht lange gewohnt. Diejenigen, die Shuʿayb der Lüge ziehen, waren selbst die Verlierer.
93 So kehrte er sich von ihnen ab und sagte: „O mein Volk, ich habe euch die Botschaften meines Herrn ausgerichtet, und ich habe euch gut geraten. Wie könnte ich betrübt sein über ungläubige Leute?"
94 Und Wir haben keinen Propheten in eine Stadt gesandt, ohne dass Wir ihre Bewohner durch Not und Leid heimgesucht hätten, auf dass sie sich vielleicht demütigen.
95 Dann tauschten Wir an Stelle des Schlimmen Gutes ein, bis sie sich vermehrten[79] und sagten: „Auch unsere Vä-

---

[78] den Weg Gottes.
[79] Das ist die einmütige traditionelle Deutung des arabischen Wortes. Einige bevorzugen die Deutung „ausradieren", d.h. die heilsame Erinnerung an die schlimmen Folgen der Vergangenheit verschwinden lassen.

ter haben Leid und Erfreuliches erfahren.“ So ergriffen Wir sie plötzlich, ohne dass sie es merkten.
96 Hätten die Bewohner der Städte geglaubt und wären sie gottesfürchtig gewesen, hätten Wir ihnen die Segnungen vom Himmel und von der Erde aufgetan. Aber sie erklärten (die Botschaft) für Lüge, so ergriffen Wir sie für das, was sie erworben haben.
97 Wähnen sich denn die Bewohner der Städte in Sicherheit davor, dass unsere Schlagkraft nachts über sie kommt, während sie schlafen?
98 Oder wähnen sich die Bewohner der Städte in Sicherheit davor, dass unsere Schlagkraft am helllichten Tag über sie kommt, während sie sich dem Spiel hingeben?
99 Wähnen sie sich in Sicherheit vor den Ränken Gottes? In Sicherheit vor den Ränken Gottes wähnen sich nur die Leute, die Verlierer sind.
100 Ist denen, die die Erde nach ihren Bewohnern erben, nicht deutlich geworden, dass, wenn Wir es wollten, Wir sie für ihre Sünden treffen? Und Wir versiegeln ihre Herzen, so dass sie nicht hören.
101 Über diese Städte erzählen wir dir einiges von ihren Berichten. Ihre Gesandten kamen zu ihnen mit den deutlichen Zeichen, sie vermochten aber nicht an das zu glauben, was sie früher für Lüge erklärt hatten. So versiegelt Gott die Herzen der Ungläubigen.
102 Und bei den meisten von ihnen haben Wir keine Vertragstreue gefunden. Und Wir haben gefunden, dass die meisten von ihnen Frevler sind.

7,127–132

127 Die Vornehmen aus dem Volk Pharaos sagten: „Willst du zulassen, dass Mose und sein Volk auf der Erde Unheil stiften und dass er dich und deine Götter verlässt?“ Er sagte: „Wir werden ihre Söhne ermorden und nur ihre Frauen am Leben lassen. Wir sind ja Zwingherrscher über sie.“
128 Mose sagte zu seinem Volk: „Sucht Hilfe bei Gott, und seid geduldig. Die Erde gehört Gott. Er gibt sie zum Erbe, wem von seinen Dienern Er will. Und das (gute) Ende gehört den Gottesfürchtigen.“
129 Sie sagten: „Uns ist Leid zugefügt worden, bevor du zu uns kamst und nachdem du zu uns gekommen bist.“ Er sagte: „Möge euer Herr euren Feind verderben lassen und euch zu Nachfolgern auf der Erde einsetzen und dann sehen, wie ihr handelt!“
130 Und Wir ließen über die Leute des Pharao Dürrejahre und Mangel an Früchten kommen, auf dass sie es bedenken.
131 Wenn ihnen dann etwas Gutes zufiel, sagten sie: „Wir haben es verdient“; und wenn sie etwas Übles traf, sahen sie ein böses Omen in Mose und denen, die mit ihm waren. Aber ihr Omen ist bei Gott, jedoch wissen die meisten von ihnen nicht Bescheid.
132 Und sie sagten: „Welches Zeichen du auch vorbringen magst, um uns damit zu bezaubern, wir werden dir nicht glauben.“

7,134

134 Als nun das Zorngericht sie überfiel, sagten sie: „O Mose, rufe für uns deinen Herrn an aufgrund seines Bundes mit dir. Wenn du das Zorngericht von uns aufhebst, dann werden wir dir glauben und die Kinder Israels mit dir wegschicken.“

7,142–147

142 Und Wir verabredeten uns mit Mose[80] dreißig Nächte und ergänzten sie mit (weiteren) zehn. So vervollständigte sich der Termin seines Herrn auf vierzig Nächte. Und Mose sagte zu seinem Bruder Aaron: „Sei mein Nachfolger bei meinem

[80] Vgl. Bibel: Exodus 34,28.

Volk, sorge für Ordnung und folge nicht dem Weg der Unheilstifter."

143[81] Als Mose zu unserem Termin kam und sein Herr zu ihm sprach, sagte er: „Mein Herr, zeige (Dich) mir, dass ich zu Dir schaue." Er sprach: „Du wirst Mich nicht sehen. Aber schau zu dem Berg. Wenn er an seiner Stelle festbleibt, wirst du Mich sehen." Als sein Herr sich vor dem Berg enthüllte, machte Er ihn zu Staub, und Mose fiel zu Boden wie vom Blitz getroffen. Als er aufwachte, sagte er: „Preis sei Dir! Ich kehre zu Dir um, und ich bin der Erste der Gläubigen."

144 Er sprach: „O Mose, Ich habe dich durch meine Botschaften und mein Gespräch (mit dir) vor den Menschen auserwählt. So nimm, was Ich dir zukommen lasse, und sei einer der Dankbaren."

145 Und Wir schrieben ihm auf den Tafeln über alle Dinge, eine Ermahnung und eine ins Einzelne gehende Darlegung aller Dinge. „So nimm sie mit voller Kraft und befiehl deinem Volk, sich an das Schönste in ihnen zu halten. Ich werde euch die Wohnstätte der Frevler zeigen."

146 Abweisen werde ich von meinen Zeichen diejenigen, die sich auf der Erde zu Unrecht hochmütig verhalten. Wenn sie auch jedes Zeichen sehen, glauben sie nicht daran. Und wenn sie den Weg des rechten Wandelns sehen, nehmen sie ihn sich nicht zum Weg. Wenn sie den Weg der Verirrung sehen, nehmen sie ihn sich zum Weg. Dies, weil sie unsere Zeichen für Lüge erklären und sie unbeachtet lassen.

147 Diejenigen, die unsere Zeichen und die Begegnung mit dem Jenseits für Lüge erklären, – deren Werke sind wertlos. Wird ihnen denn für etwas anderes vergolten als für das, was sie taten?

7,152

152 Diejenigen, die sich das Kalb nahmen, wird Zorn von ihrem Herrn und Erniedrigung im diesseitigen Leben treffen. So vergelten Wir denen, die Lügen erdichten.

7,154

154 Und als sich der Zorn in Mose beruhigt hatte, nahm er die Tafeln. In ihrer Abschrift[82] ist Rechtleitung und Barmherzigkeit für die, die vor ihrem Herrn Furcht haben.

7,156–158

156 „Und bestimme für uns im Diesseits Gutes, und auch im Jenseits. Wir sind zu Dir reumütig zurückgekehrt." Er sprach: „Mit meiner Pein treffe Ich, wen ich will. Und meine Barmherzigkeit umfasst alle Dinge. Ich werde sie für die bestimmen, die gottesfürchtig sind und die Abgabe entrichten, und die an unsere Zeichen glauben" …

157 die dem Gesandten, dem ungelehrten Propheten, folgen, den sie bei sich in der Tora und im Evangelium verzeichnet finden. Er befiehlt ihnen das Rechte und verbietet ihnen das Verwerfliche, er erlaubt ihnen die köstlichen Dinge und verbietet ihnen die schlechten, und er nimmt ihnen ihre Last und die Fesseln, die auf ihnen lagen, ab. Diejenigen nun, die an ihn glauben, ihm beistehen, ihn unterstützen und dem Licht, das mit ihm herabgesandt worden ist, folgen, das sind die, denen es wohl ergeht.

158 Sprich: O Menschen, ich bin an euch alle der Gesandte Gottes, dem die Königsherrschaft der Himmel und der Erde gehört. Es gibt keinen Gott außer Ihm. Er macht lebendig und lässt sterben. So glaubt an Gott und seinen Gesandten, den ungelehrten Propheten, der an Gott und seine Worte glaubt, und folgt ihm, auf dass ihr die Rechtleitung findet.

---

[81] Vgl. Bibel: Exodus 33,18–23.

[82] D.h. in ihrem Text und in dem, was von ihnen übernommen und geschrieben wird.

7,160

160[83] Und Wir zerteilten sie in zwölf Stämme und Gemeinschaften. Und Wir gaben dem Mose, als sein Volk ihn um Wasser zu trinken bat, ein: „Schlag mit deinem Stab auf den Stein.“ Da kamen aus ihm zwölf Quellen heraus, und jede Menschengruppe wusste nun, wo ihre Trinkstelle war. Und Wir ließen die Wolken sie überschatten und sandten auf sie das Manna und die Wachteln hinab: „Esst von den köstlichen Dingen, die Wir euch beschert haben.“ Und nicht Uns taten sie Unrecht, sondern sich selbst haben sie Unrecht getan.

7,162

162 Da vertauschten es diejenigen von ihnen, die Unrecht taten, mit einem Ausspruch, der anders war als das, was ihnen gesagt worden war. Da sandten Wir über sie ein Zorngericht vom Himmel herab dafür, dass sie Unrecht taten.

7,165

165 Und als sie vergessen hatten, womit sie ermahnt worden waren, retteten Wir diejenigen, die das Böse verboten, und ergriffen diejenigen, die Unrecht taten, mit einer schlimmen Pein dafür, dass sie frevelten.

7,168

168 Und Wir zerteilten sie auf der Erde in Gemeinschaften. Unter ihnen gab es Rechtschaffene und solche, die es nicht waren. Und Wir prüften sie mit Gutem und Bösem, auf dass sie umkehrten.

7,172

172 Und als dein Herr aus den Lenden der Kinder Adams ihre Nachkommenschaft nahm und gegen sich selbst zeugen ließ: „Bin Ich nicht euer Herr?“ Sie sagten: „Jawohl, wir bezeugen es.“ (Dies,) damit ihr nicht am Tag der Auferstehung sagt: „Wir ahnten nichts davon“ …

7,180

180 Gott gehören die schönen Namen. So ruft Ihn damit an und lasst sie stehen, die über seine Namen abwegig denken. Ihnen wird vergolten für das, was sie taten.

7,186

186 Wen Gott irreführt, der hat niemanden, der ihn rechtleiten könnte; und Er lässt sie im Übermaß ihres Frevels umherirren.

7,189

189 Er ist es, der euch aus einem einzigen Wesen erschaffen hat, und Er hat aus ihm seine Gattin gemacht, damit er bei ihr wohne. Und als er sie beschlafen hatte, trug sie dann eine leichte Leibesfrucht und verbrachte damit eine Zeit. Als sie schwer zu tragen hatte, riefen die beiden Gott, ihren Herrn, an: „Wenn Du uns ein gesundes Kind schenkst, werden wir gewiss zu den Dankbaren gehören.“

7,191–194

191 Wollen sie (Ihm) denn solche beigesellen, die nichts erschaffen, aber selbst erschaffen sind,
192 und die ihnen keine Unterstützung gewähren, noch sich selbst helfen können?
193 Und wenn ihr sie zur Rechtleitung ruft, folgen sie euch nicht. Es ist für euch gleich, ob ihr sie ruft oder ob ihr schweigt.
194 Diejenigen, die ihr an Stelle Gottes anruft, sind nur Diener wie ihr selbst. So ruft sie doch an, dass sie euch erhören, so ihr die Wahrheit sagt.

7,196

196 Mein Freund ist Gott, der das Buch herabgesandt hat, und Er schenkt seine Freundschaft den Rechtschaffenen.

---

[83] 160–162: Vgl. 2,57–60.

7,199–200
199 Nimm das Gute und Leichte[84], gebiete das Rechte und wende dich von den Törichten ab.
200 Und wenn dich vom Satan her ein Stachel aufstachelt, dann suche Zuflucht bei Gott. Er hört und weiß alles.

7,203
203 Und wenn du ihnen kein Zeichen vorbringst, sagen sie: „Hättest du es dir doch selbst ausgesucht!" Sprich: Ich folge nur dem, was mir von meinem Herrn offenbart wird. Dies sind Einsicht bringende Zeichen von eurem Herrn und eine Rechtleitung und eine Barmherzigkeit für Leute, die glauben.

7,205
205 Und gedenke deines Herrn in deinem Inneren in Demut und Furcht und ohne lautes Aussprechen, am Morgen und am Abend. Und sei nicht einer von denen, die (dies) unbeachtet lassen.

8,1–4
1 Sie fragen dich nach der Beute. Sprich: Die Beute gehört Gott und dem Gesandten. So fürchtet Gott und stiftet Aussöhnung untereinander, und gehorchet Gott und seinem Gesandten, so ihr gläubig seid.
2 Die Gläubigen, das sind diejenigen, deren Herzen sich ängstigen, wenn Gottes gedacht wird, und die, wenn ihnen seine Zeichen verlesen werden, dadurch in ihrem Glauben bestärkt werden und die auf ihren Herrn vertrauen,
3 die das Gebet verrichten und von dem spenden, was Wir ihnen beschert haben.
4 Das sind die wahren Gläubigen. Bestimmt sind für sie bei ihrem Herrn Rangstufen und Vergebung und trefflicher Unterhalt.

8,9
9 Als ihr euren Herrn um Rettung batet, und Er euch erhörte: „Ich werde euch mit tausend hintereinander reitenden Engeln beistehen."

8,12–13
12 Als dein Herr den Engeln eingab: „Ich bin mit euch. Festigt diejenigen, die glauben. Ich werde den Herzen derer, die ungläubig sind, Schrecken einjagen. So schlagt auf die Nacken und schlagt auf jeden Finger von ihnen."
13 Dies dafür, dass sie sich Gott und seinem Gesandten widersetzen. Und wenn jemand sich Gott und seinem Gesandten widersetzt, so verhängt Gott eine harte Strafe.

8,15–17
15 O ihr, die ihr glaubt, wenn ihr auf die, die ungläubig sind, trefft, während sie zur Schlacht anrücken, dann kehret ihnen nicht den Rücken.
16 Wer ihnen an jenem Tag den Rücken kehrt – es sei denn, er setzt sich ab zum Kampf, oder er stößt zu einer anderen Schar –, zieht sich den Zorn Gottes zu. Seine Heimstätte ist die Hölle – welch schlimmes Ende.
17 Nicht ihr habt sie getötet, sondern Gott hat sie getötet. Und nicht du hast geworfen, als du geworfen hast, sondern Gott hat geworfen. Und Er wollte die Gläubigen einer schönen Prüfung unterziehen. Gott hört und weiß alles.

8,26–27
26 Und gedenket, als ihr (nur) wenige auf der Erde waret und als Schwache behandelt wurdet und fürchtetet, dass euch die Menschen hinwegraffen würden. Da hat Er euch untergebracht und euch mit sei-

---

[84] Oder: Nimm (als Abgabe) das Entbehrliche (vgl. 2.219); oder: Übe Nachsicht.

ner Unterstützung gestärkt und euch (einiges) von den köstlichen Dingen beschert, auf dass ihr dankbar seid.
27 O ihr, die ihr glaubt, seid nicht treulos gegenüber Gott und dem Gesandten, und seid nicht treulos in Bezug auf die euch anvertrauten Dinge, wo ihr es wisst.

8,29–30

29 O ihr, die ihr glaubt, wenn ihr Gott fürchtet, bestellt Er euch eine Unterscheidungsnorm, sühnt euch eure Missetaten und vergibt euch. Und Gott besitzt große Huld.
30 Und als diejenigen, die ungläubig sind, gegen dich Ränke schmiedeten, um dich festzunehmen oder zu töten oder zu vertreiben.[85] Sie schmiedeten Ränke, und Gott schmiedete Ränke. Gott ist der Beste derer, die Ränke schmieden.

8,39

39 Und kämpft gegen sie, bis es keine Verführung mehr gibt und bis die Religion gänzlich nur noch Gott gehört. Wenn sie aufhören, so sieht Gott wohl, was sie tun.

8,41

41 Und wisst[86]: Wenn ihr etwas erbeutet, so gehört ein Fünftel davon Gott und dem Gesandten, und den Verwandten, den Waisen, den Bedürftigen, dem Reisenden, so ihr an Gott glaubt und an das, was Wir auf unseren Diener am Tag der Unterscheidung hinabgesandt haben, am Tag, da die beiden Scharen aufeinander trafen. Und Gott hat Macht zu allen Dingen.

8,46

46 Und gehorchet Gott und seinem Gesandten, und streitet nicht miteinander, sonst würdet ihr verzagen, und eure Durchsetzungskraft[87] würde auch schwinden. Und seid standhaft. Gott ist mit den Standhaften.

8,50

50 Und wenn du nur zuschauen könntest, wenn die Engel diejenigen abberufen, die ungläubig sind: Sie schlagen sie ins Gesicht und auf das Hinterteil: „Kostet die Pein des Feuerbrandes.“

8,60–61

60 Und rüstet gegen sie, was ihr an Kraft und an einsatzbereiten Pferden haben könnt, um damit den Feinden Gottes und euren Feinden Angst zu machen, sowie anderen außer ihnen, die ihr nicht kennt; Gott aber kennt sie. Und was ihr auf dem Weg Gottes spendet, wird euch voll zurückerstattet, und euch wird nicht Unrecht getan.
61 Und wenn sie sich dem Frieden zuneigen, dann neige auch du dich ihm zu und vertrau auf Gott.[88] Er ist der, der alles hört und weiß.

8,66–67

66 Jetzt hat Gott euch Erleichterung gewährt. Er weiß, dass in euren Reihen Schwachheit vorkommt. Wenn es unter euch hundert Standhafte gibt, werden sie zweihundert besiegen, und wenn es unter euch tausend gibt, werden sie zweitausend besiegen, mit Gottes Erlaubnis. Und Gott ist mit den Standhaften.
67 Es steht einem Propheten nicht zu, Gefangene zu haben, bis er auf der Erde stark gewütet hat. Ihr wollt die Güter des Diesseits, und Gott will das Jenseits. Gott ist mächtig und weise.

---

[85] Erinnerung an die Zeit der Bedrängnis in Mekka.
[86] Es geht hier um die Schlacht bei Badr (624).
[87] Wörtlich: Wind. Der Wind treibt die Segel und bringt das Ziel näher.
[88] Vgl. 4,90.

8,70

70 O Prophet, sprich zu denen von den Gefangenen, die sich in eurer Gewalt befinden: „Wenn Gott in euren Herzen etwas Gutes feststellt, lässt Er euch etwas Besseres zukommen als das, was euch genommen worden ist, und vergibt euch. Und Gott ist voller Vergebung und barmherzig."

9,5–6

5 Wenn die heiligen Monate abgelaufen sind, dann tötet die Polytheisten, wo immer ihr sie findet, greift sie, belagert sie und lauert ihnen auf jedem Weg auf. Wenn sie umkehren, das Gebet verrichten und die Abgabe entrichten, dann lasst sie ihres Weges ziehen: Gott ist voller Vergebung und barmherzig.
6 Und wenn einer von den Polytheisten dich[89] um Schutz bittet, so gewähre ihm Schutz, bis er das Wort Gottes hört. Danach lass ihn den Ort erreichen, in dem er in Sicherheit ist. Dies, weil sie Leute sind, die nicht Bescheid wissen.

9,11–14

11 Wenn sie umkehren, das Gebet verrichten und die Abgabe entrichten, dann sind sie eure Brüder in der Religion. Wir legen die Zeichen im Einzelnen dar für Leute, die Bescheid wissen.
12 Wenn sie aber nach Vertragsabschluss ihre Eide brechen und eure Religion angreifen, dann kämpft gegen die Anführer des Unglaubens. Für sie gibt es ja kein Ende. Vielleicht werden sie aufhören.
13 Wollt ihr nicht gegen Leute kämpfen, die ihre Eide gebrochen haben und im Begriff gewesen sind, den Gesandten zu vertreiben, wobei sie zuerst gegen euch vorgegangen sind? Fürchtet ihr sie? Gott hat eher darauf Anspruch, dass ihr Ihn fürchtet, so ihr gläubig seid.
14 Kämpft gegen sie, so wird Gott sie durch eure Hände peinigen, sie zu Schanden machen und euch gegen sie unterstützen, die Brust gläubiger Leute wieder heil machen.

9,23–24

23 O ihr, die ihr glaubt, nehmt euch nicht eure Väter und eure Brüder zu Freunden, wenn sie den Unglauben dem Glauben vorziehen. Diejenigen von euch, die sie zu Freunden nehmen, das sind die, die Unrecht tun.
24 Sprich: Wenn eure Väter, eure Söhne, eure Brüder, eure Gattinnen und eure Verwandten, ein Vermögen, das ihr erworben habt, eine Handelsware, die ihr fürchtet nicht loszuwerden, und Wohnungen, die euch gefallen, euch lieber sind als Gott und sein Gesandter und der Einsatz auf seinem Weg, dann wartet ab, bis Gott mit seinem Befehl kommt. Gott leitet die frevlerischen Leute nicht recht.

9,26

26 Dann sandte Gott seine Ruhe spendende Gegenwart auf seinen Gesandten und auf die Gläubigen herab. Und Er sandte Truppen, die ihr nicht sehen konntet, herab und peinigte diejenigen, die ungläubig waren. Das ist die Vergeltung für die Ungläubigen.

9,29–34

29 Kämpft gegen diejenigen, die nicht an Gott und nicht an den Jüngsten Tag glauben und nicht verbieten, was Gott und sein Gesandter verboten haben, und nicht der Religion der Wahrheit angehören – von denen, denen das Buch zugekommen ist, bis sie von dem, was ihre Hand besitzt, Tribut entrichten als Erniedrigte.
30 Die Juden sagen: „ʿUzayr ist Gottes Sohn." Und die Christen sagen: „Christus ist Gottes Sohn." Das ist ihre Rede aus ihrem eigenen Munde. Damit reden sie wie die, die vorher ungläubig waren. Gott

---

[89] Muhammad.

bekämpfe sie! Wie leicht lassen sie sich doch abwenden!
31 Sie nahmen sich ihre Gelehrten und ihre Mönche zu Herren neben Gott, sowie auch Christus, den Sohn Marias. Dabei wurde ihnen doch nur befohlen, einem einzigen Gott zu dienen. Es gibt keinen Gott außer Ihm. Preis sei Ihm! (Erhaben ist Er) über das, was sie (Ihm) beigesellen.
32 Sie wollen das Licht Gottes mit ihrem Mund auslöschen. Aber Gott besteht darauf, sein Licht zu vollenden, auch wenn es den Ungläubigen zuwider ist.
33 Er ist es, der seinen Gesandten mit der Rechtleitung und der Religion der Wahrheit gesandt hat, um ihr die Oberhand zu verleihen über alle Religion, auch wenn es den Polytheisten zuwider ist.
34 O ihr, die ihr glaubt, viele von den Gelehrten und den Mönchen verzehren das Vermögen der Menschen durch Betrug und weisen (sie) vom Weg Gottes ab. Denjenigen, die Gold und Silber horten und es nicht auf dem Weg Gottes spenden, verkünde eine schmerzhafte Pein.

9,36

36 Die Zahl der Monate bei Gott ist zwölf Monate, im Buch Gottes festgestellt am Tag, da Er die Himmel und die Erde erschaffen hat. Vier davon sind heilig.[90] Das ist die richtige Religion. So tut euch selbst in ihnen kein Unrecht. Und kämpft gegen die Polytheisten allesamt, wie sie gegen euch allesamt kämpfen. Und wisst, Gott ist mit den Gottesfürchtigen.

9,41

41 Rückt aus, ob leicht oder schwer, und setzt euch mit eurem Vermögen und mit eurer eigenen Person auf dem Weg Gottes ein. Das ist besser für euch, so ihr Bescheid wisst.

9,43

43 Gott verzeihe dir! Warum hast du sie befreit? (Hättest du nur gewartet), bis dir deutlich geworden war, wer die Wahrheit sagt, und du die Lügner in Erfahrung gebracht hast!

9,51

51 Sprich: Uns wird nur das treffen, was Gott uns bestimmt hat. Er ist unser Schutzherr. Auf Gott sollen die Gläubigen vertrauen.

9,54

54 Und nichts anderes verhindert, dass ihre Spenden von ihnen angenommen werden, als dass sie Gott und seinen Gesandten verleugnen, nur nachlässig zum Gebet hingehen und nur widerwillig spenden.

9,60

60 Die Almosen sind bestimmt für die Armen, die Bedürftigen, die, die damit befasst sind, die, deren Herzen vertraut gemacht werden (sollen)[91], die Gefangenen[92], die Verschuldeten, für den Einsatz auf dem Weg Gottes und für den Reisenden. Es ist eine Rechtspflicht vonseiten Gottes. Und Gott weiß Bescheid und ist weise.

9,63

63 Wissen sie denn nicht, dass für den, der sich Gott und seinem Gesandten widersetzt, das Feuer der Hölle bestimmt ist, in dem er ewig weilen wird? Das ist die gewaltige Schande.

---

[90] Das sind Muharram (der erste des Mondkalenders), Radjab (der siebte), Dhu l-qaʿda (der elfte.) und Dhu l-hidjja (der zwölfte).
[91] mit dem Islam vertraut gemacht und für die Sache der Gläubigen gewonnen werden sollen.
[92] die Gefangenen: Wörtlich: die Nacken.

9,68

68 Versprochen hat Gott den Heuchlern und den Heuchlerinnen und den Ungläubigen das Feuer der Hölle; darin werden sie ewig weilen. Es ist ihr Genüge. Und Gott hat sie verflucht, und bestimmt ist für sie eine beständige Pein.

9,71–72

71 Die gläubigen Männer und Frauen sind untereinander Freunde. Sie gebieten das Rechte und verbieten das Verwerfliche, verrichten das Gebet und entrichten die Abgabe und gehorchen Gott und seinem Gesandten. Siehe, Gott wird sich ihrer erbarmen. Gott ist mächtig und weise.
72 Gott hat den gläubigen Männern und Frauen Gärten versprochen, unter denen Bäche fließen und in denen sie ewig weilen werden, und gute Wohnungen in den Gärten von Eden. Ein Wohlgefallen von Gott ist aber größer. Das ist der großartige Erfolg.

9,80

80 Bitte um Vergebung für sie, oder bitte nicht um Vergebung für sie. Wenn du auch siebzigmal um Vergebung für sie bittest, Gott wird ihnen niemals vergeben. Dies, weil sie Gott und seinen Gesandten verleugneten. Und Gott leitet die frevlerischen Leute nicht recht.

9,99–100

99 Und unter den arabischen Beduinen gibt es welche, die an Gott und den Jüngsten Tag glauben und das, was sie spenden, als Mittel ansehen, Gott näher zu kommen und die Gebete des Gesandten zu erhalten. Es ist sicher für sie ein Mittel, (Gott) näher zu kommen. Gott wird sie in seine Barmherzigkeit eingehen lassen. Gott ist voller Vergebung und barmherzig.
100 Mit den Allerersten der Auswanderer und der Helfer[93] und denjenigen, die ihnen in Rechtschaffenheit gefolgt sind, ist Gott zufrieden, und sie sind mit Ihm zufrieden. Und Er hat für sie Gärten bereitet, unter denen Bäche fließen; darin werden sie auf immer ewig weilen. Das ist der großartige Erfolg.

9,112

112 Diejenigen, die umkehren, (Gott) dienen, loben, umherziehen[94], sich verneigen, sich niederwerfen, das Rechte gebieten und das Verwerfliche verbieten, die Bestimmungen Gottes einhalten … Und verkünde den Gläubigen eine Frohbotschaft.

9,114

114 Die Bitte Abrahams um Vergebung für seinen Vater erfolgte nur aufgrund eines Versprechens, das er ihm gegeben hatte. Als es ihm aber deutlich wurde, dass er ein Feind Gottes war, sagte er sich von ihm los.[95] Abraham war voller Trauer und langmütig.

9,117

117 Gott hat sich dem Propheten, den Auswanderern und den Helfern zugewandt, die ihm in der Stunde der Bedrängnis gefolgt sind, nachdem die Herzen einer Gruppe von ihnen fast abgewichen wären. Ihnen hat Er sich dann zugewandt – Er hat Mitleid mit ihnen und ist barmherzig …

9,123

123 O ihr, die ihr glaubt, kämpft gegen diejenigen von den Ungläubigen, die in eurer Nähe sind. Sie sollen von eurer Seite Härte spüren. Und wisst, dass Gott mit den Gottesfürchtigen ist.

---

[93] Die Auswanderer kamen aus Mekka, die Helfer aus Medina.
[94] Oder: wie Wandermönche asketisch leben; vgl. 66,5.
[95] Vgl. 14,41; 19,47; 26,86; 60,4.

9,128

128 Zu euch ist nun ein Gesandter aus eurer Mitte gekommen. Er leidet, wenn ihr in Bedrängnis seid, er sorgt sich um euch, er hat Mitleid mit den Gläubigen und ist barmherzig.

10,3

3 Euer Herr ist Gott, der Himmel und die Erde in sechs Tagen erschuf und sich dann auf dem Thron zurechtsetzte, um die Angelegenheit zu regeln. Es gibt keinen Fürsprecher außer nach seiner Erlaubnis. So ist Gott, euer Herr. Dienet Ihm. Wollt ihr es denn nicht bedenken?

10,11

11 Würde Gott den Menschen das Böse so beschleunigen, wie sie das Gute zu beschleunigen wünschen, wäre für sie die Frist erfüllt. Aber Wir lassen diejenigen, die nicht erwarten, Uns zu begegnen, im Übermaß ihres Frevels umherirren.

10,14–15

14 Dann haben Wir euch nach ihnen zu Nachfolgern auf der Erde eingesetzt, um zu sehen, wie ihr handeln würdet.
15 Wenn ihnen unsere Zeichen als deutliche Beweise verlesen werden, sagen diejenigen, die nicht erwarten, Uns zu begegnen: „Bring einen anderen Koran als diesen, oder ändere ihn ab.“ Sprich: Es steht mir nicht zu, ihn von mir aus abzuändern. Ich folge nur dem, was mir offenbart wird. Ich fürchte, wenn ich gegen meinen Herrn ungehorsam bin, die Pein eines gewaltigen Tages.

10,20

20 Und sie sagen: „Wenn doch auf ihn ein Zeichen von seinem Herrn herabgesandt würde!“ Sprich: Das Unsichtbare gehört Gott. So wartet ab. Ich bin mit euch einer von denen, die abwarten.

10,26–32

26 Diejenigen, die rechtschaffen sind, erhalten das Beste und noch mehr. Ihre Gesichter werden weder Ruß noch Erniedrigung bedecken. Das sind die Gefährten des Paradieses; darin werden sie ewig weilen.
27 Diejenigen, die die bösen Taten erwerben, erhalten zur Vergeltung für eine (jede) schlechte Tat das ihr Entsprechende, und Erniedrigung wird schwer auf ihnen lasten – sie haben niemanden, der sie vor Gott schützen könnte –, als wären ihre Gesichter von Fetzen einer finsteren Nacht bedeckt. Das sind die Gefährten des Feuers; darin werden sie ewig weilen.
28 Und am Tag, da Wir sie alle versammeln. Dann sprechen Wir zu denen, die Polytheisten waren: „Bleibt an eurem Platz stehen, ihr und eure Teilhaber.“ Wir scheiden sie dann voneinander. Ihre Teilhaber sagen: „Nicht uns habt ihr verehrt.
29 Gott genügt als Zeuge zwischen uns und euch. Wir haben eure Verehrung unbeachtet gelassen.“ **30** Dort wird jede Seele erfahren, was sie früher getan hat. Und sie werden zu Gott, ihrem wahren Herrscher, zurückgebracht, und entschwunden ist ihnen dann, was sie zu erdichten pflegten.
31 Sprich: Wer versorgt euch vom Himmel und von der Erde, oder wer verfügt über Gehör und Augenlicht? Und wer bringt das Lebendige aus dem Toten und bringt das Tote aus dem Lebendigen hervor? Und wer regelt die Angelegenheit? Sie werden sagen: „Gott.“ Sprich: Wollt ihr denn nicht gottesfürchtig sein?
32 Das ist eben Gott, euer wahrer Herr. Was gibt es denn jenseits der Wahrheit als den Irrtum? Wie leicht lasst ihr euch doch abbringen!

10,37–39

37 Dieser Koran kann unmöglich ohne Gott erdichtet werden. Er ist vielmehr die Bestätigung dessen, was vor ihm vorhan-

den war, und die ins Einzelne gehende Darlegung des Buches. Kein Zweifel an ihm ist möglich; er ist vom Herrn der Welten.
38 Oder sagen sie: „Er hat ihn erdichtet"? Sprich: Dann bringt eine Sure, die ihm gleich ist, bei und ruft, wen ihr könnt, an Stelle Gottes an, so ihr die Wahrheit sagt.
39 Nein, sie erklären für Lüge das, wovon sie kein umfassendes Wissen haben, und bevor seine Deutung zu ihnen gekommen ist. So haben es auch diejenigen, die vor ihnen lebten, für Lüge erklärt. So schau, wie das Ende derer war, die Unrecht taten.

10,41
41 Und wenn sie dich der Lüge zeihen, dann sprich: Mir kommt mein Tun zu und euch euer Tun. Ihr seid unschuldig an dem, was ich tue; und ich bin unschuldig an dem, was ihr tut.

10,45
45 Und am Tag, da Er sie versammelt, als hätten sie nur eine Stunde vom Tag verweilt, um einander kennen zu lernen. Den Verlust haben diejenigen, die die Begegnung mit Gott für Lüge erklärt haben und der Rechtleitung nicht gefolgt sind.

10,47
47 Und jede Gemeinschaft hat einen Gesandten. Wenn ihr Gesandter zu ihnen kommt, wird zwischen ihnen in Gerechtigkeit entschieden, und ihnen wird nicht Unrecht getan.

10,64
64 Ihnen gilt die frohe Botschaft im diesseitigen Leben und im Jenseits. Unabänderlich sind die Worte Gottes. Das ist der großartige Erfolg.

10,68
68 Sie sagen: „Gott hat sich ein Kind genommen." Preis sei Ihm! Er ist auf niemanden angewiesen. Ihm gehört, was in den Himmeln und was auf der Erde ist. Ihr habt dafür keine Ermächtigung. Wollt ihr denn über Gott sagen, was ihr nicht wisst?

10,72–73
72 „Wenn ihr euch abkehrt, so habe ich von euch keinen Lohn verlangt. Mein Lohn obliegt Gott allein. Und mir ist befohlen worden, einer der Gottergebenen zu sein."
73 Sie ziehen ihn aber der Lüge. Da erretteten Wir ihn und diejenigen, die mit ihm waren, im Schiff. Und Wir machten sie zu aufeinander folgenden Generationen, und ließen die, die unsere Zeichen für Lüge erklärten, ertrinken. So schau, wie das Ende derer war, die gewarnt worden sind.

10,94
94 Wenn du über das, was Wir zu dir hinabgesandt haben, im Zweifel bist, dann frag diejenigen, die (bereits) vor dir das Buch lesen. Wahrlich, zu dir ist die Wahrheit von deinem Herrn gekommen, so sei nicht einer von den Zweiflern.

10,96–97
96 Diejenigen, gegen die der Spruch deines Herrn fällig geworden ist, glauben nicht,
97 auch wenn jedes Zeichen zu ihnen käme, bis sie die schmerzhafte Pein sehen.

10,99
99 Wenn dein Herr wollte, würden die, die auf der Erde sind, alle zusammen gläubig werden. Bist du es etwa, der die Menschen zwingen kann, gläubig zu werden?

10,102
102 Erwarten sie denn etwas anderes, als was den Tagen[96] derer gleicht, die vor ihnen dahingegangen sind? Sprich: War-

[96] D.h. den Strafgerichten.

tet nur ab, ich bin mit euch einer von denen, die abwarten.

10, 105

105 Und: Richte dein Gesicht auf die Religion als Anhänger des reinen Glaubens, und sei nicht einer der Polytheisten.

10, 108–109

108 Sprich: O ihr Menschen, zu euch ist die Wahrheit von eurem Herrn gekommen. Wer der Rechtleitung folgt, folgt ihr zu seinem eigenen Vorteil. Und wer irregeht, geht irre zu seinem eigenen Schaden. Und ich bin nicht euer Sachwalter.
109 Und folge dem, was dir offenbart wird, und sei geduldig, bis Gott sein Urteil fällt. Er ist der Beste derer, die Urteile fällen.

11, 7

7 Er ist es, der die Himmel und die Erde in sechs Tagen erschaffen hat, während sein Thron auf dem Wasser war, um euch zu prüfen (und festzustellen), wer von euch am besten handelt. Und wenn du sagst: „Ihr werdet nach dem Tod auferweckt werden", sagen diejenigen, die ungläubig sind, bestimmt: „Das ist ja offenkundige Zauberei."

11, 12–25

12 Vielleicht möchtest du einen Teil von dem, was dir offenbart wird, auslassen und fühlst dadurch deine Brust beklommen, und dies, weil sie sagen: „Wäre doch ein Schatz auf ihn herabgesandt worden oder ein Engel mit ihm gekommen!" Du aber bist nur ein Warner. Und Gott ist Sachwalter über alle Dinge.
13 Oder sagen sie: „Er hat ihn erdichtet"? Sprich: Dann bringt zehn Suren bei, die ihm gleich wären und die erdichtet sind, und ruft, wen ihr könnt, an Stelle Gottes an, so ihr die Wahrheit sagt.
14 Wenn sie euch[97] nicht erhören, dann wisst, dass es mit Gottes Wissen herabgesandt worden ist und dass es keinen Gott gibt außer Ihm. Werdet ihr nun Gottergebene sein?
15 Denen, die das diesseitige Leben und seinen Schmuck begehren, erstatten Wir in ihm[98] ihre Taten voll, und ihnen wird in ihm nichts abgezogen.
16 Das sind die, für die im Jenseits nichts bestimmt ist als das Feuer. Wertlos ist, was sie in ihm[99] vollbracht haben, und nichtig ist, was sie zu tun pflegten.
17 Ist denn der, der vor seinem Herrn einen deutlichen Beweis hat, auf den auch ein Zeuge von Ihm folgt und dem das Buch des Mose vorausging als Vorbild und Barmherzigkeit[100] … (den anderen gleich)? Diese glauben daran. Wer aber von den Parteien[101] ihn verleugnet, dessen Verabredungsort ist das Feuer. So sei nicht über ihn im Zweifel, er ist die Wahrheit von deinem Herrn. Aber die meisten Menschen glauben nicht.
18 Und wer ist ungerechter als der, der gegen Gott eine Lüge erdichtet? Jene werden ihrem Herrn vorgeführt, und die Zeugen werden sagen: „Das sind die, die gegen ihren Herrn gelogen haben." Möge der Fluch Gottes über die kommen, die Unrecht tun,
19 die vom Weg Gottes abweisen und sich

---

[97] Wenn die, die ihr (die Ungläubigen) anstelle Gottes anruft, euch …; oder, wenn auch schwach: Wenn die herausgeforderten Ungläubigen euch, d. h. Muhammad und die Muslime …

[98] im diesseitigen Leben.

[99] im diesseitigen Leben.

[100] D. h.: Das darauffolgende Zeugnis von Gott her und das vorausgegangene Buch des Mose bestätigen die Wahrheit des Korans. Es gibt auch andere, sehr verschiedene Interpretationen dieses Verses.

[101] die Parteien: die unter den Mekkanern, die sich zusammengetan haben, um den Koran abzulehnen und gegen die Muslime vorzugehen.

ihn krumm wünschen, und die ja das Jenseits verleugnen!
20 Jene konnten (Gottes Willen) auf der Erde nicht vereiteln, und sie haben außer Gott keine Freunde. Die Pein wird ihnen verdoppelt. Sie vermochten nicht zu hören, und sie konnten nicht sehen.
21 Das sind die, die sich selbst verloren haben, und es ist ihnen entschwunden, was sie erdichteten.
22 Zweifellos sind sie im Jenseits die größten Verlierer.
23 Diejenigen, die glauben und die guten Werke tun und sich vor ihrem Herrn demütigen, das sind die Gefährten des Paradieses; darin werden sie ewig weilen.
24 Es ist mit den beiden Gruppen wie mit dem Blinden und dem Tauben und dem, der sehen, und dem, der hören kann. Sind die beiden etwa einander gleichzusetzen? Wollt ihr (es) nicht bedenken?
25 Und Wir sandten Noach zu seinem Volk: „Ich bin euch ein deutlicher Warner: …

11,27

27 Die Vornehmen aus seinem Volk, die ungläubig waren, sagten: „Wir sehen, dass du nur ein Mensch bist wie wir. Und wir sehen, dass nur die dir folgen, die unsere Niedrigsten sind, und zwar ohne reifliche Überlegung. Und wir sehen bei euch keinen Vorzug über uns. Vielmehr meinen wir, dass ihr lügt."

11,32

32 Sie sagten: „O Noach, du hast mit uns gestritten und den Streit mit uns lange geführt. So bring uns doch her, was du uns androhst, so du zu denen gehörst, die die Wahrheit sagen."

11,36

36 Und dem Noach wurde offenbart: „Niemand aus deinem Volk wird glauben außer denen, die bereits geglaubt haben. So fühle dich nicht elend wegen dessen, was sie taten."

11,40–50

40 Als nun unser Befehl kam und der Ofen brodelte[102], sprachen Wir: „Lade darin ein Paar von jeder Art und deine Angehörigen außer dem, gegen den der Spruch vorher erging, und diejenigen, die glauben." Mit ihm glaubten aber nur wenige.
41 Und er sagte: „Steigt hinein. Im Namen Gottes erfolge seine Fahrt und seine Landung. Mein Herr ist voller Vergebung und barmherzig."
42 Es fuhr mit ihnen dahin auf Wogen wie Berge. Noach rief seinem Sohn zu, der abseits stand: „O mein Sohn, steig ein mit uns und sei nicht mit den Ungläubigen."
43 Er sagte: „Ich werde Unterkunft finden auf einem Berg, der mich vor dem Wasser schützt." Er sagte: „Es gibt heute niemanden, der vor dem Befehl Gottes schützen könnte, außer für den, dessen Er sich erbarmt." Die Woge trennte sie beide, und so war er einer von denen, die ertränkt wurden.
44 Und es wurde gesprochen: „O Erde, verschlinge dein Wasser. O Himmel, halt ein." Das Wasser nahm ab, und die Angelegenheit war entschieden. Es hielt auf dem Djudi[103] an. Und es wurde gesprochen: „Weg mit den Leuten, die Unrecht tun!"
45 Und Noach rief seinen Herrn an und sagte: „Mein Herr, mein Sohn gehört zu meinen Angehörigen, und Dein Versprechen ist die Wahrheit, und Du bist der Weiseste derer, die Urteile fällen."
46 Er sprach: „O Noach, er gehört nicht zu deinen Angehörigen. Es ist eine Tat, die nicht gut ist. So bitte Mich nicht um et-

[102] Wörtlich: der Ofen überkochte, als Beschreibung der brodelnden Fluten.
[103] Name eines Berges.

was, wovon du kein Wissen hast. Ich ermahne dich, nicht einer der Törichten zu sein."

47 Er sagte: „O mein Herr, ich suche Zuflucht bei Dir davor, dass ich Dich um etwas bitte, wovon ich kein Wissen habe. Wenn Du mir nicht vergibst und dich meiner (nicht) erbarmst, werde ich zu den Verlierern gehören."

48 Es wurde gesprochen: „O Noach, steig hinunter in unserem Frieden und mit unseren Segnungen über dich und über Gemeinschaften von denen, die mit dir sind. Es gibt Gemeinschaften, denen Wir eine Nutznießung geben werden, dann wird sie eine schmerzhafte Pein von Uns erfassen."

49 Dies gehört zu den Berichten über das Unsichtbare, die Wir dir offenbaren. Du wusstest sie vorher nicht, weder du noch dein Volk. Sei nun geduldig. Das Ende gehört den Gottesfürchtigen.

50 Und (Wir sandten) zu ʿĀd ihren Bruder Hūd. Er sagte: „O mein Volk, dienet Gott. Ihr habt keinen Gott. Ihr habt keinen Gott außer Ihm. Ihr erdichtet ja nur Lügen."

11,61–74

61 Und (Wir sandten) zu Thamūd ihren Bruder Sālih. Er sagte: „O mein Volk, dienet Gott. Ihr habt keinen Gott außer Ihm. Er hat euch aus der Erde entstehen lassen und sie euch zu bebauen und zu bestellen gegeben. So bittet Ihn um Vergebung, dann wendet euch Ihm zu. Mein Herr ist nahe und bereit zu erhören."

62 Sie sagten: „O Sālih, du warst vorher in unserer Mitte einer, auf den man Hoffnung setzte. Willst du uns denn verbieten, zu verehren, was unsere Väter immer verehrt haben? Wir hegen über das, wozu du uns aufrufst, einen starken Zweifel."

63 Er sagte: „O mein Volk, was meint ihr? Wenn ich einen deutlichen Beweis von meinem Herrn habe und Er mir eine Barmherzigkeit von sich hat zukommen lassen, wer wird mir vor Gott Unterstützung gewähren, wenn ich gegen ihn ungehorsam bin? Ihr bringt mir nur noch einen größeren Verlust.

64 Und, o mein Volk, dies ist die Kamelstute Gottes, euch zum Zeichen. Lasst sie auf Gottes Erde weiden und rührt sie nicht mit etwas Bösem an. Sonst ergreift euch eine baldige Pein."

65 Sie schnitten ihr die Flechsen durch und stachen sie. Da sagte er: „Genießt (euer Leben) in eurer Wohnstätte noch drei Tage lang. Dies ist meine Androhung, die nicht erlogen ist."

66 Als nun unser Befehl eintraf, erretteten wir Sālih und diejenigen, die mit ihm glaubten, aus Barmherzigkeit von Uns, auch vor der Schande jenes Tages. Dein Herr ist ja der Starke, der Mächtige.

67 Da ergriff diejenigen, die Unrecht taten, der Schrei, und am Morgen lagen sie in ihren Wohnstätten auf ihren Gesichtern,

68 als hätten sie nicht lange darin gewohnt. Die Thamūd waren undankbar gegen ihren Herrn. Ja, weg mit Thamūd!

69 Unsere Boten[104] kamen zu Abraham mit der frohen Botschaft. Sie sagten: „Frieden!" Er sagte: „Frieden!" Es dauerte nicht lange, da brachte er ein geschmortes Kalb herbei.

70 Und als er sah, dass ihre Hände nicht hinlangten, fand er es von ihnen befremdlich, und er empfand Angst vor ihnen. Sie sagten: „Hab keine Angst. Wir sind zu dem Volk von Lot gesandt."

71 Seine Frau stand da. Da lachte sie. Da verkündeten Wir ihr Isaak, und nach Isaak Jakob.

72 Sie sagte: „O wehe mir, soll ich noch gebären, wo ich doch alt bin und dieser da mein Mann ist, ein Greis? Das ist doch eine verwunderliche Sache." **73** Sie sagten: „Bist du verwundert über den Befehl Gottes? Die Barmherzigkeit Gottes und

---

[104] eine Gruppe von Engeln.

seine Segnungen kommen auf euch, ihr Leute des Hauses[105]! Er ist des Lobes und der Ehre würdig."

74 Als der Schrecken von Abraham gewichen und die frohe Botschaft zu ihm gekommen war, begann er mit Uns über das Volk von Lot zu streiten.

11,84–95

84 Und (Wir sandten) zu Madyan ihren Bruder Shuʿayb. Er sagte: „O mein Volk, dienet Gott. Ihr habt keinen Gott außer Ihm. Lasst an Maß und Gewicht nichts fehlen. Ich sehe, es geht euch gut. Ich fürchte aber für euch die Pein eines umgreifenden Tages.

85 Und, o mein Volk, gebt volles Maß und Gewicht nach Gerechtigkeit und zieht den Menschen nichts ab, was ihnen gehört, und verbreitet nicht das Unheil auf der Erde.

86 Was von Gott her bleibt, ist besser für euch, so ihr gläubig seid. Und ich bin nicht Hüter über euch."

87 Sie sagten: „O Shuʿayb, befiehlt dir denn dein Gebet, dass wir das verlassen, was unsere Väter verehrt haben, oder davon absehen, mit unserem Vermögen zu tun, was wir wollen? Du bist ja wohl der Langmütige, der Vernünftige!"

88 Er sagte: „O mein Volk, was meint ihr, wenn ich einen deutlichen Beweis von meinem Herrn habe und Er mir einen schönen Lebensunterhalt beschert hat? Ich will auch nicht (einfach) euch widersprechen im Hinblick auf das, was ich euch verbiete. Ich will nur Ordnung schaffen, soweit ich es vermag. Durch Gott allein wird mir das Gelingen beschieden. Auf Ihn vertraue ich, und Ihm wende ich mich reumütig zu.

89 Und, o mein Volk, (euer) Zerwürfnis mit mir soll euch nicht dazu führen, dass euch das trifft, was früher das Volk von Noach oder das Volk von Hūd oder das Volk von Sālih getroffen hat. Und das Volk von Lot liegt nicht fernab von euch.

90 Und bittet euren Herrn um Vergebung und dann wendet euch Ihm zu. Mein Herr ist barmherzig und liebevoll."

91 Sie sagten: „O Shuʿayb, wir begreifen nicht viel von dem, was du sagst. Und wir sehen, dass du in unserer Mitte schwach bist. Wenn dein Anhang nicht wäre, hätten wir dich gesteinigt. Vor dir haben wir ja keinen Respekt."

92 Er sagte: „O mein Volk, habt ihr vor meinem Anhang eher Respekt als vor Gott, und habt ihr Ihn hinter eurem Rücken zurückgelassen? Mein Herr umfasst, was ihr tut.

93 Und, o mein Volk, handelt nach eurem Standpunkt, ich werde auch so handeln. Ihr werdet zu wissen bekommen, über wen eine Pein kommen wird, die ihn zu Schanden macht, und wer ein Lügner ist. Und wartet ab, ich warte mit euch ab."

94 Als nun unser Befehl eintraf, erretteten Wir Shuʿayb und diejenigen, die mit ihm glaubten, aus Barmherzigkeit von Uns. Da ergriff diejenigen, die Unrecht taten, der Schrei, und am Morgen lagen sie in ihren Wohnstätten auf ihren Gesichtern,

95 als hätten sie nicht lange darin gewohnt. Ja, weg mit Madyan, wie auch die Thamūd weggerafft wurden!

11,106–107

106 Diejenigen, die unglücklich sind, werden dann im Feuer sein; darin werden sie seufzen und schluchzen,

107 und sie werden darin ewig weilen, solange die Himmel und die Erde währen, außer was dein Herr will. Dein Herr tut ja, was Er will.

---

[105] Angehörige der Sippe, die mit Prophetie und göttlicher Sendung ausgezeichnet wurde, darunter vornehmlich Abraham und Muhammad (vgl. 33,33).

11,114
114 Und verrichte das Gebet an beiden Enden des Tages und zu Nachtzeiten. Die guten Taten vertreiben die Missetaten. Das ist eine Erinnerung für die, die (Gottes) gedenken.

11,121
121 Und sprich zu denen, die nicht glauben: Handelt nach eurem Standpunkt, wir werden (auch so) handeln.

12,2
2 Wir haben es als einen arabischen Koran hinabgesandt, auf dass ihr verständig werdet.

12,31
31 Als sie von ihren Ränken hörte, schickte sie zu ihnen und bereitete ihnen ein Gelage. Sie ließ einer jeden von ihnen ein Messer geben und sagte (zu Josef): „Komm zu ihnen heraus." Als sie ihn sahen, fanden sie ihn außerordentlich, und sie schnitten sich in die Hände und sagten: „Gott bewahre! Das ist nicht ein Mensch. Das ist nur ein edler Engel."

12,46
46 „Josef, du Wahrhaftiger, gib uns Auskunft über sieben fette Kühe, die von sieben mageren gefressen werden, und von sieben grünen Ähren und (sieben) anderen, die verdorrt sind. So mag ich zu den Menschen zurückkehren, auf dass sie Bescheid wissen."

12,105–106
105 Wie viele Zeichen gibt es in den Himmeln und auf der Erde, an denen sie vorbeigehen, indem sie sich von ihnen abwenden?
106 Und die meisten von ihnen glauben nicht an Gott, ohne (Ihm andere) beizugesellen.

13,7
7 Und diejenigen, die ungläubig sind, sagen: „Wenn doch ein Zeichen von seinem Herrn auf ihn herabgesandt würde!" Du bist aber nur ein Warner. Und jedes Volk hat einen, der es rechtleitet.

13,11
11 Vor sich und hinter sich hat er Begleiter, die ihn auf Gottes Befehl behüten. Gott verändert nicht den Zustand eines Volkes, bis sie selbst ihren eigenen Zustand verändern. Und wenn Gott einem Volk Böses will, so kann es nicht zurückgewiesen werden. Und sie haben außer Ihm keinen Schutzherrn.

13,16
16 Sprich: Wer ist der Herr der Himmel und der Erde? Sprich: Gott. Sprich: Nehmt ihr euch denn außer Ihm Freunde, die sich selbst weder Nutzen noch Schaden bringen können? Sprich: Sind etwa der Blinde und der Sehende gleich? Oder sind etwa die Finsternisse und das Licht gleich? Oder haben sie Gott solche Teilhaber (zur Seite) gestellt, die erschaffen haben, wie Er erschaffen hat, so dass ihnen die Schöpfung gleichartig erscheint[106]? Sprich: Gott ist der Schöpfer aller Dinge, und Er ist der Eine, der bezwingende Macht besitzt.

13,22–23
22 … und die geduldig sind in der Suche nach dem Antlitz ihres Herrn, das Gebet verrichten und von dem, was Wir ihnen beschert haben, geheim und offen spenden, und das Böse mit dem Guten abwehren, diese werden die jenseitige Wohnstätte erhalten,
23 die Gärten von Eden, in die sie ein-

---

[106] so dass man kaum noch unterscheiden könnte, ob sie das Werk Gottes oder das Werk der vermeintlichen Teilhaber sei.

gehen werden, sie und diejenigen von ihren Vätern, ihren Gattinnen und ihrer Nachkommenschaft, die Gutes getan haben. Und die Engel treten zu ihnen ein durch alle Tore: …

13,27

27 Und diejenigen, die ungläubig sind, sagen: „Wenn doch ein Zeichen von seinem Herrn auf ihn herabgesandt würde!" Sprich: Gott führt irre, wen Er will, und leitet zu sich, wer sich Ihm reumütig zuwendet.

13,31–35

31 Auch wenn ein Koran käme, mit dem die Berge versetzt oder die Erde zerstückelt oder zu den Toten gesprochen werden könnte … Nein, bei der ganzen Angelegenheit hat Gott allein zu entscheiden. Wissen denn diejenigen, die glauben, nicht, dass Gott, wenn Er wollte, die Menschen alle rechtleiten würde? Diejenigen, die ungläubig sind, wird immer eine Katastrophe treffen für das, was sie gemacht haben, oder sie wird in der Nähe ihrer Wohnstätte niedergehen, bis das Versprechen Gottes eintrifft. Und Gott bricht das Versprechen nicht.
32 Gespottet wurde schon vor dir über Gesandte. Da gewährte Ich denen, die ungläubig waren, Aufschub, dann ergriff Ich sie. Und wie war dann meine Strafe!
33 Ist denn der, der über jede Seele Macht ausübt, um ihr zu vergelten für das, was sie getan hat, (den Götzen gleich)? Sie stellen Gott Teilhaber (zur Seite). Sprich: Nennt sie. Oder wollt ihr Ihm etwas kundtun, das Er auf der Erde nicht wüsste, oder etwas, das eine offenkundige Rede ist[107]? Nein, denen, die ungläubig sind, sind ihre Ränke verlockend gemacht worden, und sie sind vom Weg abgewiesen worden. Wen Gott irreführt, der hat niemanden, der ihn rechtleiten könnte.
34 Für sie ist bestimmt eine Pein im diesseitigen Leben. Die Pein des Jenseits ist jedoch härter. Und sie haben niemanden, der sie vor Gott schützen könnte.
35 Mit dem Paradies, das den Gottesfürchtigen versprochen ist, ist es wie folgt: Unter ihm fließen Bäche, und es hat ständigen Ernteertrag und Schatten. Das ist das, was im Jenseits für die Gottesfürchtigen folgt. Und was im Jenseits für die Ungläubigen folgt, ist das Feuer.

13,38–39

38 Und Wir haben vor dir Gesandte entsandt, und Wir haben ihnen Gattinnen und Nachkommenschaft gegeben. Kein Gesandter kann ein Zeichen bringen außer mit der Erlaubnis Gottes. Jede Frist steht fest in einem Buch.
39 Gott löscht aus, und Er bestätigt, was Er will. Bei Ihm steht die Urnorm des Buches.

14,4–6

4 Und wir haben keinen Gesandten entsandt, außer (mit einer Botschaft) in der Sprache seines Volkes, damit er (sie) ihnen deutlich macht. Gott führt dann irre, wen Er will, und Er leitet recht, wen Er will. Und Er ist der Mächtige, der Weise.
5 Und Wir haben Mose mit unseren Zeichen gesandt: „Führe dein Volk aus den Finsternissen ins Licht hinaus, und erinnere sie an die Tage Gottes." Drin sind Zeichen für jeden, der sehr standhaft und sehr dankbar ist.
6 Und als Mose zu seinem Volk sagte: „Gedenket der Gnade Gottes zu euch, als Er euch vor den Leuten des Pharao rettete, die euch schlimme Pein zufügten, eure Söhne abschlachteten und nur eure Frauen am Leben ließen – darin war für euch eine gewaltige Prüfung von eurem Herrn.

[107] Oder: oder etwas, was ein leeres Gerede ist.

14,9–14

9 Ist denn nicht der Bericht über die, die vor euch lebten, zu euch gelangt, das Volk Noachs, die ʿĀd und Thamūd und die, die nach ihnen lebten, und die nur Gott kennen? Ihre Gesandten kamen zu ihnen mit den deutlichen Zeichen. Sie aber steckten ihre Hände in den Mund und sagten: „Wir verleugnen das, womit ihr gesandt seid, und wir hegen über das, wozu ihr uns aufruft, einen starken Zweifel."
10 Ihre Gesandten sagten: „Ist denn ein Zweifel möglich über Gott, den Schöpfer der Himmel und der Erde? Er ruft euch, um euch etwas von euren Sünden zu vergeben und euch für eine bestimmte Frist zurückzustellen." Sie sagten: „Ihr seid nur Menschen wie wir. Ihr wollt uns von dem abbringen, was unsere Väter verehrten. So bringt uns eine offenkundige Ermächtigung."
11 Ihre Gesandten sagen zu ihnen: „Wir sind zwar nur Menschen wie ihr. Aber Gott erweist seine Wohltaten, wem von seinen Dienern Er will. Und wir können euch keine Ermächtigung bringen außer mit der Erlaubnis Gottes. Auf Gott sollen die Gläubigen vertrauen.
12 Warum sollten wir nicht auf Gott vertrauen, wo Er uns unsere Wege geführt hat? Wir werden das Leid, das ihr uns zufügt, geduldig ertragen, und auf Gott sollen die vertrauen, die (überhaupt auf jemanden) vertrauen."
13 Diejenigen, die ungläubig waren, sagten zu ihren Gesandten: „Wir werden euch bestimmt aus unserem Land vertreiben, oder ihr kehrt zu unserer Glaubensrichtung zurück." Da offenbarte ihnen ihr Herr: „Verderben werden Wir die, die Unrecht tun.
14 Und Wir werden euch nach ihnen das Land bewohnen lassen. Dies gilt für den, der meinen Stand fürchtet und meine Androhung fürchtet."

14,22–23

22 Und der Satan sagt, nachdem die Angelegenheit entschieden ist: „Gott hat euch ein wahres Versprechen gegeben. Auch ich habe euch (etwas) versprochen, es aber dann nicht gehalten. Und ich hatte keine Macht über euch; ich habe euch nur gerufen, und ihr habt auf mich gehört. So tadelt mich nicht, tadelt euch selbst. Ich kann euch nicht helfen, und ihr könnt mir nicht helfen. Ich weise es zurück, dass ihr mich zuvor (Gott) beigesellt habt." Für die, die Unrecht tun, ist eine schmerzhafte Pein bestimmt.
23 Aber diejenigen, die glauben und die guten Werke tun, werden in Gärten geführt, unter denen Bäche fließen; darin werden sie ewig weilen, mit der Erlaubnis ihres Herrn. Ihre Begrüßung darin wird sein: „Frieden!"

14,31

31 Sag zu meinen Dienern, die glauben, sie sollen das Gebet verrichten und von dem, was Wir ihnen beschert haben, geheim und offen spenden, bevor ein Tag kommt, an dem es weder Handel noch Freundschaft gibt.

14,35–41

35 Als Abraham sagte: „Mein Herr, mache dieses Gebiet sicher, und lass mich und meine Söhne es meiden, den Götzen zu dienen.
36 Mein Her, sie haben viele Menschen irregeführt. Wer mir nun folgt, gehört zu mir, und wenn einer gegen mich ungehorsam ist, so bist Du voller Vergebung und barmherzig.
37 Unser Herrr, ich habe einige aus meiner Nachkommenschaft in einem Tal ohne Saat bei deinem heiligen Haus wohnen lassen, unser Herr, damit sie das Gebet verrichten. So lass die Herzen einiger Menschen sich ihnen zuneigen und beschere ihnen etwas von den Früchten, auf dass sie dankbar seien.

38 Unser Herr, Du weißt, was wir verbergen und was wir offen legen, und vor Gott ist nichts verborgen, weder auf der Erde noch im Himmel.
39 Lob sei Gott, der mir trotz meines Alters Ismael und Isaak geschenkt hat! Mein Herr erhört das Rufen.
40 Mein Herr, lass mich und die aus meiner Nachkommenschaft das Gebet verrichten, unser Herr, und nimm unser Rufen an.
41 Unser Herr, vergib mir und meinen Eltern und den Gläubigen am Tag, da die Abrechnung heraufkommen wird."

14,44

44 Und warne die Menschen vor dem Tag, an dem die Pein über sie kommt. Da werden diejenigen, die Unrecht taten, sagen: „Unser Herr, stelle uns auf eine kurze Frist zurück, so werden wir auf deinen Ruf hören und den Gesandten folgen." – „Hattet ihr denn nicht vorher geschworen, ihr würdet nicht vergehen?"

15,7–10

7 „… Würdest du uns doch die Engel bringen, so du zu denen gehörst, die die Wahrheit sagen!"
8 Wir senden die Engel nur mit der Wahrheit hinab. Dann wird ihnen kein Aufschub gewährt.
9 Wir sind es, die die Ermahnung hinabgesandt haben, und Wir sind es, die sie bewahren.
10 Wir haben vor dir zu den Parteien der Früheren entsandt.

15,26–35

26 Und Wir haben den Menschen aus einer Trockenmasse, aus einem gestaltbaren schwarzen Schlamm erschaffen.
27 Und die Djinn haben Wir vorher aus dem Feuer des glühenden Windes erschaffen.
28 Und als dein Herr zu den Engeln sprach: „Ich werde einen Menschen aus einer Trockenmasse, aus einem gestaltbaren schwarzen Schlamm erschaffen.
29 Wenn Ich ihn geformt und ihm von meinem Geist eingeblasen habe, dann fallt und werft euch vor ihm nieder."
30 Da warfen sich die Engel alle zusammen nieder,
31 außer Iblis: er weigerte sich, zu denen zu gehören, die sich niederwarfen.
32 Er sprach: „O Iblis, was ist mit dir, dass du nicht zu denen gehörst, die sich niederwarfen?"
33 Er sagte: „Ich kann mich unmöglich vor einem Menschen niederwerfen, den Du aus einer Trockenmasse, aus einem gestaltbaren schwarzen Schlamm erschaffen hast."
34 Er sprach: „Dann geh aus ihm[108] hinaus. Du bist ja der Steinigung würdig.
35 Und auf dir liegt der Fluch bis zum Tag des Gerichtes."

15,39

39 Er sagte: „Mein Herr, weil Du mich irregeführt hast, werde ich, ich schwöre es, ihnen auf der Erde Verlockungen bereiten und sie allesamt abirren lassen …

15,41–42

41 Er sprach: „Das ist ein gerader Weg, der mir obliegt.
42 Was meine Diener betrifft, so hast du über sie keine Macht, außer denen unter den Abgeirrten, die dir folgen."

15,60

60 … außer seiner Frau. Wir haben (es so) bestimmt, sie gehört zu denen, die zurückbleiben und dem Verderben anheim fallen."

15,85

85 Siehe, Wir haben die Himmel und die Erde, und was dazwischen ist, in Wahr-

[108] dem Paradies.

heit erschaffen. Und die Stunde wird sicher eintreffen. So übe schöne Nachsicht.

16,2

2 Er sendet die Engel mit dem Geist von seinem Befehl herab, auf wen von seinen Dienern Er will: „Warnt (und verkündet), dass es keinen Gott gibt außer Mir. Ihr sollt Mich (allein) fürchten."

16,4

4 Den Menschen hat Er aus einem Tropfen erschaffen. Und doch ist er gleich offenkundig streitsüchtig.

16,10–13

10 Er ist es, der vom Himmel Wasser hat herabkommen lassen. Davon habt ihr etwas zu trinken, und davon wachsen Sträucher, in denen ihr weiden lassen könnt.
11 Er lässt euch dadurch Getreide sprießen, und Ölbäume, Palmen, Weinstöcke und allerlei Früchte. Darin ist ein Zeichen für Leute, die nachdenken.
12 Und Er hat euch die Nacht und den Tag, die Sonne und den Mond dienstbar gemacht. Auch die Sterne sind durch seinen Befehl dienstbar gemacht worden. Darin sind Zeichen für Leute, die verständig sind.
13 Und (da ist) auch, was Er euch auf der Erde in verschiedenen Arten geschaffen hat. Darin ist ein Zeichen für Leute, die (es) bedenken.

16,20

20 Und diejenigen, die sie an Stelle Gottes anrufen, erschaffen nichts; sie werden aber selber erschaffen.

16,23–24

23 Wahrlich, Gott weiß, was sie geheim halten und was sie offen legen. Er liebt die nicht, die sich hochmütig zeigen.
24 Und wenn zu ihnen gesagt wird: „Was hat euer Herr herabgesandt?", sagen sie: „Die Fabeln der Früheren."

16,27–28

27 Dann am Tag der Auferstehung wird Er sie zu Schanden machen und sagen: „Wo sind meine Teilhaber, derentwegen ihr euch widersetztet?" Diejenigen, denen das Wasser zugekommen ist, sagen: „Schande und Unheil kommen heute über die Ungläubigen" …
28 … die von den Engeln abberufen werden, während sie sich selbst Unrecht getan haben. Sie bieten den Frieden an: „Wir pflegten nichts Böses zu tun" – „Doch, Gott weiß Bescheid über das, was ihr zu tun pflegtet."

16,30–33

30 Zu denen, die gottesfürchtig sind, wird gesagt: „Was hat euer Herr herabgesandt?" Sie sagen: „Gutes." Diejenigen, die rechtschaffen sind, erhalten hier im Diesseits Gutes. Aber die Wohnstätte des Jenseits ist gewiss besser. Vorzüglich ist die Wohnstätte der Gottesfürchtigen:
31 die Gärten von Eden, in die sie eingehen, unter denen Bäche fließen und in denen sie (alles) haben, was sie wollen. So entlohnt Gott die Gottesfürchtigen,
32 die die Engel abberufen, während sie gute (Menschen) gewesen sind. Sie sagen: „Friede sei über euch! Geht ins Paradies ein für das, was ihr zu tun pflegtet."
33 Erwarten sie denn etwas anderes, als dass die Engel zu ihnen kommen, oder dass der Befehl deines Herrn eintrifft? So handelten auch diejenigen, die vor ihnen lebten. Und nicht Gott hat ihnen Unrecht getan, sondern sie haben sich selbst Unrecht getan.

16,36

36 Und Wir haben aus der Mitte jeder Gemeinschaft einen Gesandten erstehen lassen: „Dienet Gott und meidet die Götzen." Unter ihnen sind welche, die Gott rechtgeleitet hat, und unter ihnen sind welche, über die der Irrtum zu Recht fällig geworden ist. Geht auf der Erde umher und schaut, wie das Ende derer war, die (die Gesandten) der Lüge geziehen haben.

16,40–41

40 Unsere Rede zu einer Sache, wenn Wir sie wollen, ist, zu ihr zu sprechen: Sei! und sie ist.

41 Und die, die um Gottes willen ausgewandert sind, nachdem ihnen Unrecht getan wurde, werden Wir gewiss im Diesseits in einen schönen Stand einweisen. Aber der Lohn des Jenseits ist gewiss größer, wenn sie es nur wüssten!

16,51–55

51 Und Gott hat gesprochen: Nehmt euch nicht zwei Götter. Er ist nur ein einziger Gott. Vor Mir sollt ihr Furcht haben.

52 Ihm gehört, was in den Himmeln und auf der Erde ist. Und Ihm gehört die religiöse Verehrung in ständiger Weise. Wollt ihr denn einen anderen als Gott fürchten?

53 Was ihr an Gnade erfahrt, ist von Gott. Wenn euch dann ein Schaden trifft, so schreit ihr zu Ihm um Hilfe.

54 Wenn Er dann euch den Schaden behoben hat, da ist gleich ein Teil von euch dabei, ihrem Herrn (andere) beizugesellen,

55 um undankbar zu sein für das, was wir ihnen zukommen ließen. So genießet nur. Ihr werdet es noch zu wissen bekommen.

16,64

64 Und Wir haben auf dich das Buch nur deswegen hinabgesandt, damit du ihnen das deutlich machst, worüber sie uneins waren, und als Rechtleitung und Barmherzigkeit für Leute, die glauben.

16,67

67 Und (Wir geben euch) von den Früchten der Palmen und der Weinstöcke, woraus ihr euch ein Rauschgetränk und einen schönen Lebensunterhalt nehmt. Darin sind Zeichen für Leute, die verständig sind.

16,69

69 „Dann iss von allen Früchten, wandle auf den Wegen deines Herrn, die (dir) leicht gemacht sind." Aus ihren Leibern kommt ein Trank von verschiedenen Arten, in dem Heilung für die Menschen ist. Darin ist ein Zeichen für Leute, die nachdenken.

16,72

72 Und Gott hat euch aus euch selbst Gattinnen gemacht, und von euren Gattinnen Söhne und Enkel gemacht. Und Er hat euch (einiges) von den köstlichen Dingen beschert. Wollen sie denn an das Falsche glauben und die Gnade Gottes verleugnen …

16,78–84

78 Und Gott hat euch aus dem Leib eurer Mütter hervorgebracht, während ihr nichts wusstet. Und Er hat euch Gehör, Augenlicht und Herz gegeben, auf dass ihr dankbar seid.

79 Haben sie nicht auf die Vögel geschaut, die im Luftraum des Himmels dienstbar gemacht worden sind? Nur Gott hält sie oben. Darin sind Zeichen für Leute, die glauben.

80 Und Gott hat euch aus euren Häusern eine Ruhestätte gemacht, und Er hat euch aus den Häuten des Viehs Behausungen gemacht, die ihr am Tag eures Aufbrechens und am Tag eures Aufenthaltes leicht benutzen könnt, und aus ihrer Wolle, ihren Fellhärchen und ihrem Haar Ausstattung und Nutznießung für eine Weile.

81 Und Gott hat euch aus dem, was Er erschaffen hat, Schatten spendende Dinge gemacht. Und Er hat euch aus den Bergen Verstecke gemacht. Und Er hat euch Gewänder gemacht, die euch vor der Hitze schützen, und Gewänder, die euch vor eurer Schlagkraft (gegeneinander) schützen. So vollendet Er seine Gnade an euch, auf dass ihr gottergeben seid.

82 Wenn sie sich abkehren, so obliegt dir nur die deutliche Ausrichtung (der Botschaft).

83 Sie kennen die Gnade Gottes, und dann verwerfen sie sie. Die meisten von ihnen sind ja Ungläubige.

84 Und am Tag, da Wir von jeder Gemeinschaft einen Zeugen erwecken. Dann wird denen, die ungläubig sind, keine Erlaubnis gegeben, und es wird von ihnen keine entschuldigende Umkehr (mehr) angenommen.

16,89–97

89 Und am Tag, da Wir in jeder Gemeinschaft aus ihren eigenen Reihen einen Zeugen über sie erwecken. Dich bringen Wir zum Zeugen über diese da. Und Wir haben das Buch auf dich hinabgesandt, um alles deutlich zu machen, und als Rechtleitung, Barmherzigkeit und Frohbotschaft für die Gottergebenen.

90 Gott gebietet, Gerechtigkeit zu üben, Gutes zu tun und die Verwandten zu beschenken. Er verbietet das Schändliche, das Verwerfliche und die Gewalttätigkeit. Er ermahnt euch, auf dass ihr (es) bedenket.

91 Und haltet den Bund Gottes, wenn ihr einen Bund geschlossen habt, und brecht nicht die Eide nach ihrer Bekräftigung, wo ihr Gott zum Bürgen über euch gemacht habt. Gott weiß, was ihr tut.

92 Und seid nicht wie jene, die ihr Garn, nachdem es fest gesponnen war, wieder in aufgelöste Strähnen bricht, indem ihr eure Eide untereinander als Mittel des Betrugs nehmt, weil ja eine Gemeinschaft zahlreicher ist als eine andere Gemeinschaft. Gott prüft euch damit. Und Er wird euch am Tag der Auferstehung gewiss das deutlich machen, worüber ihr uneins waret.

93 Und wenn Gott gewollt hätte, hätte Er euch zu einer einzigen Gemeinschaft gemacht. Aber Er führt irre, wen Er will, und Er leitet recht, wen Er will, und ihr werdet das zu verantworten haben, was ihr zu tun pflegtet.

94 Und nehmt euch nicht eure Eide als Mittel des Betrugs untereinander, sonst könnte der eine Fuß, nachdem er fest gestanden hat, straucheln, und ihr würdet Böses erleiden dafür, dass ihr vom Weg Gottes abgewiesen habt. Bestimmt ist dann für euch eine gewaltige Pein.

95 Und verkauft den Bund Gottes nicht für einen geringen Preis. Was bei Gott ist, ist besser für euch, wenn ihr Bescheid wisst.

96 Was bei euch ist, geht zu Ende; was bei
Gott ist, hat Bestand. Wir werden be-
stimmt denen, die geduldig sind, mit
ihrem Lohn vergelten für das Beste von
dem, was sie taten. **97** Wer Gutes tut, ob
Mann oder Weib, und dabei gläubig ist,
den werden Wir bestimmt ein angeneh-
mes Leben leben lassen. Und Wir werden
ihnen bestimmt mit ihrem Lohn vergelten
für das Beste von dem, was sie taten.

16,101–103

101 Und wenn Wir ein Zeichen an Stelle eines (anderen) Zeichens eintauschen – und Gott weiß besser, was Er herabsendet –, sagen sie: „(Das) erdichtest du nur." Aber nein, die meisten von ihnen wissen nicht Bescheid.

102 Sprich: Herabgesandt hat ihn der Geist der Heiligkeit von deinem Herrn mit der Wahrheit, um diejenigen, die glauben, zu festigen, und als Rechtleitung und Frohbotschaft für die Gottergebenen.

103 Und Wir wissen ja doch, dass sie sagen: „Es lehrt ihn gewiss ein Mensch." Die Sprache dessen, auf den sie hinweisen, ist eine fremde, und dies hier ist eine deutliche arabische Sprache.

16,106–107
106 Wer Gott verleugnet, nachdem er gläubig war – außer dem, der gezwungen wird, während sein Herz im Glauben Ruhe gefunden hat –, nein, diejenigen, die ihre Brust dem Unglauben öffnen, über die kommt ein Zorn von Gott, und bestimmt ist für sie eine gewaltige Pein.
107 Dies, weil sie das diesseitige Leben mehr lieben als das Jenseits und weil Gott die ungläubigen Leute nicht rechtleitet.

16,111
111 Am Tag, da jede Seele kommt, um für sich selbst zu streiten, und da jeder Seele voll erstattet wird, was sie getan hat. Und ihnen wird kein Unrecht getan.

16,115
115 Verboten hat Er euch Verendetes, Blut, Schweinefleisch und das, worüber ein anderer als Gott angerufen worden ist. Wenn aber einer gezwungen wird, wobei er weder Auflehnung noch Übertretung begeht, so ist Gott voller Vergebung und barmherzig.

16,120–123
120 Abraham war ein Vorbild, Gott demütig ergeben und Anhänger des reinen Glaubens, und er gehörte nicht zu den Polytheisten;
121 dankbar (war er) für seine Wohltaten. Er hat ihn erwählt und zu einem geraden Weg geleitet.
122 Und Wir haben ihm im Diesseits Gutes zukommen lassen. Und im Jenseits gehört er gewiss zu den Rechtschaffenen.
123 Und Wir haben dir offenbart: „Folge der Glaubensrichtung Abrahams, als Anhänger des reinen Glaubens, und er gehörte nicht zu den Polytheisten."

16,126
126 Und wenn ihr bestraft, so bestraft im gleichen Maße, wie ihr bestraft wurdet. Und wenn ihr euch geduldig zeigt, so ist es besser für die Geduldigen.

17,1–3
1 Preis sei dem, der seinen Diener bei Nacht von der heiligen Moschee zur fernsten Moschee[109], die Wir ringsum gesegnet haben, reisen ließ, damit Wir ihm etwas von unseren Zeichen zeigen. Er ist der, der alles hört und sieht.
2 Und Wir ließen dem Mose das Buch zukommen und machten es zu einer Rechtleitung für die Kinder Israels: „Nehmt euch außer Mir keinen Sachwalter.
3 Ihr, die Nachkommenschaft derer, die Wir mit Noach getragen haben. Er war ein dankbarer Diener."

17,8–9
8 Möge euer Herr sich euer erbarmen! Und wenn ihr (dazu) zurückkehrt, kehren Wir (auch) zurück. Und Wir haben die Hölle zum Gefängnis für die Ungläubigen gemacht."
9 Dieser Koran leitet zu dem, was richtiger ist, und verkündet den Gläubigen, die die guten Werke tun, dass für sie ein großer Lohn bestimmt ist …

17,15
15 Wer der Rechtleitung folgt, folgt ihr zu seinem eigenen Vorteil. Und wer irregeht, der geht irre zu seinem eigenen Schaden. Und keine Last tragende (Seele) trägt die Last einer anderen. Und Wir peinigen nicht, ehe Wir einen Gesandten haben erstehen lassen.

17,22–38
22 Setze Gott keinen anderen Gott zur Seite, sonst wirst du dasitzen, gescholten und im Stich gelassen.
23 Und dein Herr hat bestimmt, dass ihr nur Ihm dienen sollt, und dass man die

---

[109] von der heiligen Moschee zu Mekka zur fernsten Moschee zu Jerusalem.

Eltern gut behandeln soll. Wenn eines von ihnen oder beide bei dir ein hohes Alter erreichen, so sag nicht zu ihnen: „Pfui!“, und fahre sie nicht an, sondern sprich zu ihnen ehrerbietige Worte.
24 Und senke für sie aus Barmherzigkeit den Flügel der Untergebenheit und sag: „Mein Herr, erbarme dich ihrer, wie sie mich aufgezogen haben, als ich klein war.“
25 Euer Herr weiß besser, was in eurem Inneren ist. Wenn ihr rechtschaffen seid, so ist Er für die, die immer wieder umkehren, voller Vergebung.
26 Und lass dem Verwandten sein Recht zukommen, ebenso dem Bedürftigen und dem Reisenden, aber handle nicht ganz verschwenderisch.
27 Diejenigen, die verschwenderisch sind, sind Brüder der Satane; und der Satan ist gegenüber seinem Herrn sehr undankbar.
28 Und falls du dich von ihnen abwendest im Streben nach einer von dir erhofften Barmherzigkeit von deinem Herrn, so sprich zu ihnen milde Worte.
29 Und lass deine Hand nicht an deinen Hals gefesselt sein, aber strecke sie auch nicht vollständig aus. Sonst würdest du getadelt und mittellos dasitzen.
30 Dein Herr teilt den Lebensunterhalt großzügig, wem Er will, und auch bemessen zu. Er hat Kenntnis von seinen Dienern, und Er sieht sie wohl.
31 Und tötet nicht eure Kinder aus Furcht vor Verarmung. Ihnen und euch bescheren Wir doch den Lebensunterhalt. Sie töten ist eine große Sünde.
32 Und nähert euch nicht der Unzucht. Sie ist etwas Schändliches, und sie ist ein übler Weg.
33 Und tötet nicht den Menschen, den Gott für unantastbar erklärt hat, es sei denn bei vorliegender Berechtigung. Wird jemand ungerechterweise getötet, so geben Wir seinem nächsten Verwandten Vollmacht (ihn zu rächen). Nur soll er nicht maßlos im Töten sein; siehe, er wird Beistand finden.
34 Und nähert euch nicht dem Vermögen des Waisenkindes, es sei denn auf die beste Art, bis es seine Vollkraft erreicht hat. Und erfüllt eingegangene Verpflichtungen. Über die Verpflichtungen wird Rechenschaft gefordert.
35 Und gebt volles Maß, wenn ihr messt. Und wägt mit der richtigen Waage. Das ist besser und führt zu einem schöneren Abschluss.
36 Und verfolge nicht das, wovon du kein Wissen hast. Über Gehör, Augenlicht und Herz, über all das wird Rechenschaft gefordert.
37 Und schreite nicht unbekümmert auf der Erde einher. Du wirst ja die Erde nicht durchbohren und die Berge an Höhe nicht erreichen können.
38 Das schlechte Verhalten in alledem ist bei deinem Herrn verpönt.

17,47
47 Wir wissen besser, womit sie zuhören, wenn sie dir zugehören, und (auch) wenn sie sich in vertraulichem Gespräch befinden, da diejenigen, die Unrecht tun, sagen: „Ihr folgt doch nur einem Mann, der einem Zauber verfallen ist.“

17,50–51
50 Sprich: „(Ja), ob ihr nun Steine oder Eisen seid,
51 oder etwas Erschaffenes von der Art, die in eurer Vorstellung kaum möglich wäre.“ Sie werden sagen: „Wer wird uns (ins Leben) zurückbringen?“ Sprich: „Der, der euch das erste Mal erschaffen hat.“ Dann werden sie vor dir den Kopf schütteln und sagen: „Wann wird das sein?“ Sprich: „Vielleicht wird es bald sein.“

17,53
53 Und sag meinen Dienern, sie sollen die besten Worte sprechen. Der Satan stachelt zwischen ihnen auf. Der Satan ist dem Menschen ein offenkundiger Feind.

17,55
55 Und dein Herr weiß besser über die Bescheid, die in den Himmeln und auf der Erde sind. Und Wir haben einige der Propheten vor den anderen bevorzugt. Und Wir haben David eine Schrift[110] zukommen lassen.

17,58–64
58 Und es gibt keine Stadt, die Wir nicht vor dem Tag der Auferstehung verderben oder mit einer harten Pein peinigen würden. Dies ist im Buch zeilenweise niedergeschrieben.
59 Und nichts anderes hinderte Uns daran, (Propheten) mit den Zeichen zu senden, als dass die Früheren sie für Lüge erklärten. Und Wir ließen den Thamūd die Kamelstute als sichtbares Zeichen zukommen. Sie aber handelten an ihr ungerecht. Und Wir senden (die Propheten) mit den Zeichen nur zur Abschreckung.
60 Und als Wir zu dir sprachen: „Dein Herr umfängt die Menschen." Und Wir haben das Traumgesicht, das Wir dich sehen ließen, nur zu einer Versuchung für die Menschen gemacht, ebenso den verfluchten Baum[111] im Koran. Wir machen ihnen Angst, aber es steigert bei ihnen nur umso mehr das Übermaß ihres Frevels.
61 Und als Wir zu den Engeln sprachen: „Werft euch vor Adam nieder." Da warfen sie sich nieder, außer Iblis. Er sagte: „Soll ich mich vor dem niederwerfen, den Du aus Ton erschaffen hast?"
62 Er sagte: „Was meinst Du von diesem, dem Du mehr Ehre verliehen hast als mir? Wenn Du mir bis zum Tag der Auferstehung Aufschub gewährst, werde ich seiner Nachkommenschaft die Zügel anlegen, bis auf wenige."
63 Er sprach: „Geh weg. Wenn einer von ihnen dir folgt, so ist die Hölle euer Lohn, ein reichlicher Lohn.
64 Und schrecke mit deiner Stimme auf, wen von ihnen du vermagst, und biete gegen sie deine Pferde und dein Fußvolk auf, und nimm von ihnen einen Anteil an Vermögen und Kindern, und mach ihnen Versprechungen." – Der Satan verspricht ihnen nur Betörung. –

17,67
67 Wenn euch auf dem Meer ein Schaden trifft, da irren die, die ihr außer Ihm anruft (weit) weg. Hat Er euch dann ans Land errettet, wendet ihr euch ab. Der Mensch ist eben undankbar.

17,70–71
70 Und Wir haben den Kindern Adams Ehre erwiesen; Wir haben sie auf dem Festland und auf dem Meer getragen und ihnen (einiges) von den köstlichen Dingen beschert, und Wir haben sie vor vielen von denen, die wir erschaffen haben, eindeutig bevorzugt.
71 Am Tag, da Wir jede Menschengruppe mit ihrem Vorsteher rufen werden. Diejenigen, denen dann ihr Buch in ihre Rechte gereicht wird, werden ihr Buch lesen, und ihnen wird nicht ein Dattelfädchen Unrecht getan.

17,77–78
77 Nach diesem Beispiel wurde verfahren mit denen von unseren Gesandten, die Wir vor dir gesandt haben. Und du wirst keine Veränderungen bei unserem Verfahren finden.
78 Verrichte das Gebet beim Neigen der Sonne bis zum Dunkel der Nacht, und (auch) die Koranlesung bei Tagesanbruch. Der Koranlesung bei Tagesanbruch soll man beiwohnen.

17,82–97
82 Und Wir senden vom Koran hinab, was den Gläubigen Heilung und Barm-

---

110 55: einen Psalter.
111 Es soll der Zaqqūm-Baum der Hölle sein.

herzigkeit bringt; denen aber, die Unrecht tun, bringt es nur noch mehr Verlust.
83 Wenn Wir dem Menschen Gnade erweisen, wendet er sich ab und entfernt sich beiseite. Und wenn ihr das Böse trifft, ist er sehr verzweifelt.
84 Sprich: Jeder handelt nach seiner Weise. Euer Herr weiß besser, wer dem richtigeren Weg folgt.
85 Und sie fragen dich nach dem Geist. Sprich: Der Geist ist vom Befehl meines Herrn. Und euch ist vom Wissen nur wenig zugekommen.
86 Und wenn Wir wollten, würden Wir sicherlich wegnehmen, was wir dir offenbart haben. Du könntest dann für dich in dieser Sache keinen Sachwalter gegen Uns finden.
87 Es ist nichts als Barmherzigkeit von deinem Herrn. Seine Huld zu dir ist ja
groß. **88** Sprich: Wenn die Menschen und die Djinn zusammenkämen, um etwas beizubringen, was diesem Koran gleich wäre, sie brächten nicht seinesgleichen bei, auch wenn sie einander helfen würden.
89 Und Wir haben den Menschen in diesem Koran verschiedene Gleichnisse dargelegt. Doch bestehen die meisten Menschen auf dem Unglauben.
90 Und sie sagen: „Wir werden dir nicht glauben, bis du uns aus der Erde eine Quelle hervorbrechen lässt,
91 oder bis du einen Garten von Palmen und Weinstöcken hast und durch ihn Bäche ausgiebig hervorbrechen lässt,
92 oder bis du den Himmel auf uns in Stücken herabfallen lässt, wie du behauptet hast, oder Gott und die Engel vor unsere Augen bringst,
93 oder bis du ein Haus aus Gold besitzt oder in den Himmel hochsteigst. Und wir werden nicht glauben, dass du hochgestiegen bist, bis du auf uns ein Buch herabsendest, das wir lesen können." Sprich: Preis sei meinem Herrn! Bin ich etwas anderes als ein Mensch und ein Gesandter?
94 Und was die Menschen daran hinderte, als die Rechtleitung zu ihnen kam, zu glauben, ist nichts anderes, als dass sie sagten: „Hat denn Gott einen Menschen als Gesandten erstehen lassen?"
95 Sprich: Wenn es auf der Erde Engel gäbe, die da in Ruhe umhergingen, dann hätten Wir ihnen vom Himmel ja einen Engel als Gesandten hinabgeschickt.[112]
96 Sprich: Gott genügt als Zeuge zwischen mir und euch. Er hat Kenntnis von seinen Dienern, und Er sieht sie wohl.
97 Wen Gott rechtleitet, der ist es, der der Rechtleitung folgt. Und für die, die Er irreführt, wirst du außer Ihm keine Freunde finden. Und Wir werden sie am Tag der Auferstehung versammeln, (sie wandeln) vor sich hin, blind, stumm, taub. Ihre Heimstätte ist die Hölle. Sooft sie schwächer wird, mehren Wir ihnen den Feuerbrand.

17,101

101 Und Wir haben dem Mose neun deutliche Zeichen zukommen lassen. So frag die Kinder Israels. Als er zu ihnen kam, sagte Pharao zu ihm: „Ich bin der Meinung, o Mose, dass du einem Zauber verfallen bist."

17,103

103 Da wollte er sie aus dem Land aufschrecken. Wir aber ließen ihn ertrinken, und auch alle, die mit ihm waren.

17,107–108

107 Sprich: Glaubt daran oder glaubt eben nicht. Diejenigen, denen vor ihm das Wissen zugekommen ist, wenn er ihnen verlesen wird, fallen in Anbetung auf ihr Kinn nieder
108 und sagen: „Preis sei unserem Herrn! Das Versprechen unseres Herrn ist ausgeführt."

---

[112] Vgl. 6,8; 15,7; 25,21.

17,110
110 Sprich: Ruft Gott oder ruft den Erbarmer an. Welchen ihr auch anruft, Ihm gehören die schönsten Namen. Und sei nicht laut beim Gebet, und auch nicht leise dabei. Suche einen Weg dazwischen.

18,7
7 Wir haben das, was auf der Erde ist, zu einem Schmuck für sie[113] gemacht, um sie zu prüfen (und festzustellen), wer von ihnen am besten handelt.

18,10
10 Als die Jünglinge in der Höhle Unterkunft suchten und sagten: „Unser Herr, lass uns Barmherzigkeit von Dir zukommen und bereite uns aus unserer Angelegenheit einen guten Ausweg."

18,17
17 Und du siehst die Sonne, wenn sie aufgeht, sich von ihrer Höhle zur Rechten wegneigen, und wenn sie untergeht, an ihnen zur Linken vorbeigehen, während sie sich darin in einem Raum befinden. Das gehört zu den Zeichen Gottes. Wen Gott rechtleitet, der ist es, der der Rechtleitung folgt, und wen Er irreführt, für den wirst du keinen Freund finden, der ihn den rechten Weg weisen könnte.

18,23–24
23 Und sag nicht von einer Sache: „Ich werde dies morgen tun",
24 es sei denn (du fügst hinzu): „So Gott will." Und gedenke deines Herrn, wenn du es vergessen hast, und sag: „Mein Herr möge mich zu etwas rechtleiten, was der richtigen Handlungsweise eher entspricht als dies!"

18,27–31
27 Und verlies, was dir vom Buch deines Herrn offenbart worden ist. Niemand wird seine Worte abändern können. Und du wirst außer Ihm keine Zuflucht finden.
28 Und halte dich geduldig zurück zusammen mit denen, die morgens und abends ihren Herrn anrufen, in der Suche nach seinem Antlitz. Und deine Augen sollen nicht über sie hinwegsehen, indem du nach dem Schmuck des diesseitigen Leben trachtest. Und gehorche nicht dem, dessen Herz Wir unserem Gedenken gegenüber achtlos gemacht haben, der seiner Neigung folgt und dessen Angelegenheit sich durch Maßlosigkeit auszeichnet.
29 Und sprich: Es ist die Wahrheit von eurem Herrn. Wer nun will, möge glauben, und wer will, möge ungläubig sein. Wir haben denen, die Unrecht tun, ein Feuer bereitet, dessen Zeltdecke sie umschließt. Und wenn sie um Hilfe rufen, wird ihnen mit Wasser gleich geschmolzenem Erz geholfen, das die Gesichter verbrennt. Welch schlimmer Trank und welch schlechter Lagerplatz!
30 Diejenigen, die glauben und die guten Werke tun – siehe, Wir lassen den Lohn derer, die in ihrem Handeln rechtschaffen sind, nicht verloren gehen.
31 Jene sind es, für die die Gärten von Eden bestimmt sind. Unter ihnen fließen Bäche. Geschmückt sind sie darin mit Armringen aus Gold, und sie tragen grüne Gewänder aus Seide und Brokat, indem sie sich darin auf Liegen lehnen. Wie vorzüglich ist der Lohn und wie schön der Lagerplatz!

18,37
37 Sein Gefährte sagte zu ihm, während er sich mit ihm unterhielt: „Willst du denn den verleugnen, der dich aus Erde, dann aus einem Tropfen erschaffen und dann dich zu einem Mann gebildet hat?

18,44
44 In dem Fall gehört allein dem wahren Gott die Möglichkeit, Freundschaft zu ge-

---
[113] die Erde.

währen. Er ist der Beste im Belohnen, und Er verschafft den besten Ausgang.

18, 46

46 Das Vermögen und die Söhne sind der Schmuck des diesseitigen Lebens. Was aber bleibt, die guten Werke – sie bringen bei deinem Herrn einen besseren Lohn und begründen eine bessere Hoffnung.

18, 50

50 Und als Wir zu den Engeln sprachen: „Werft euch vor Adam nieder." Da warfen sie sich nieder, außer Iblis. Er gehörte zu den Djinn. So frevelte er gegen den Befehl seines Herrn. Wollt ihr denn ihn und seine Nachkommenschaft euch zu Freunden an meiner Stelle nehmen, wo sie euch doch Feind sind? Welch schlimmer Tausch für die, die Unrecht tun!

19, 2–34

2[114] Zum Gedenken an die Barmherzigkeit deines Herrn zu seinem Diener Zakaria.

3 Als er seinen Herrn im Verborgenen anrief.

4 Er sagte: „Mein Herr, schwach ist mir das Gebein geworden und altersgrau das Haupt. Und ich war gewiss im Rufen zu Dir, mein Herr, nicht unglücklich.

5 Ich fürchte die Verwandten nach mir, und meine Frau ist unfruchtbar. So schenke mir von Dir einen nahen Verwandten,

6 der mich beerbt und von der Sippe Jakobs erbt, und mach ihn, mein Herr, (Dir) wohlgefällig."

7 „O Zakaria, Wir verkünden dir einen Knaben, sein Name ist Yahyā[115], wie Wir zuvor noch niemanden gleich ihm genannt haben."

8 Er sagte: „Mein Herr, wie soll ich einen Knaben haben, wo meine Frau unfruchtbar ist und ich vom hohen Alter einen Dürrezustand erreicht habe?"

9 Er sprach: „So wird es sein. Dein Herr spricht: Das ist Mir ein Leichtes. Auch dich habe Ich vorher erschaffen, als du noch nichts warst."

10 Er sagte: „Mein Herr, setze mir ein Zeichen." Er sprach: „Dein Zeichen ist, dass du, obwohl gesund, drei Nächte lang nicht zu den Menschen sprechen wirst."

11 Er kam zu seinen Leuten aus dem Tempel heraus und bedeutete ihnen: „Preiset morgens und abends."

12 „O Yahyā, nimm das Buch mit aller Kraft." Und Wir ließen ihm noch als Kind die Urteilskraft zukommen,

13 und Mitgefühl von Uns und Lauterkeit. Er war gottesfürchtig **14** und pietätvoll gegen seine Eltern, er war aber nicht ein widerspenstiger Gewaltherrscher.

15 Und Friede sei über ihm am Tag, da er geboren wurde, und am Tag, da er stirbt, und am Tag, da er wieder zum Leben erweckt wird.

16 Und gedenke im Buch der Maria, als sie sich von ihren Angehörigen an einen östlichen Ort zurückzog.

17 Sie nahm sich einen Vorhang von ihnen. Da sandten Wir unseren Geist zu ihr. Er erschien ihr im Bildnis eines wohl gestalteten Menschen.

18 Sie sagte: „Ich suche beim Erbarmer Zuflucht vor dir, so du gottesfürchtig bist."

19 Er sagte: „Ich bin der Bote deines Herrn, um dir einen lauteren Knaben zu schenken."

20 Sie sagte: „Wie soll ich einen Knaben bekommen? Es hat mich doch kein Mensch berührt, und ich bin keine Hure."

21 Er sagte: „So wird es sein. Dein Herr spricht: Das ist Mir ein Leichtes. Wir wollen ihn zu einem Zeichen für die Menschen und zu einer Barmherzigkeit von Uns machen. Und es ist eine beschlossene Sache."

---

[114] Vgl. 3, 38–41; Evangelium: Lukas 1, 5–25.

[115] Johannes der Täufer.

22 So empfing sie ihn. Und sie zog sich mit ihm zu einem entlegenen Ort zurück.
23 Die Wehen ließen sie zum Stamm der Palme gehen. Sie sagte: „O wäre ich doch vorher gestorben und ganz und gar in Vergessenheit geraten!"
24 Da rief er ihr von unten her zu: „Sei nicht betrübt. Dein Herr hat unter dir Wasser fließen lassen.
25 Und schüttle den Stamm der Palme gegen dich, so lässt sie frische, reife Datteln auf dich herunterfallen.
26 Dann iss und trink und sei frohen Mutes. Und wenn du jemanden von den Menschen siehst, dann sag: Ich habe dem Erbarmer ein Fasten gelobt, so werde ich heute mit keinem Menschen reden."
27 Dann kam sie mit ihm zu ihrem Volk, indem sie ihn trug. Sie sagten: „O Maria, du hast eine unerhörte Sache begangen.
28 O Schwester Aarons, nicht war dein Vater ein schlechter Mann, und nicht war deine Mutter eine Hure."
29 Sie zeigte auf ihn. Sie sagten: „Wie können wir mit dem reden, der noch ein Kind in der Wiege ist?"
30 Er sagte: „Ich bin der Diener Gottes. Er ließ mir das Buch zukommen und machte mich zu einem Propheten.
31 Und Er machte mich gesegnet, wo immer ich bin. Und Er trug mir auf, das Gebet und die Abgabe (zu erfüllen), solange ich lebe,
32 und pietätvoll gegen meine Mutter zu sein. Und Er machte mich nicht zu einem unglückseligen Gewaltherrscher.
33 Und Friede sei über mir am Tag, da ich geboren wurde, und am Tag, da ich sterbe, und am Tag, da ich wieder zum Leben erweckt werde."
34 Das ist Jesus, der Sohn Marias. Es ist das Wort der Wahrheit, woran sie zweifeln.

19,39

39 Warne sie vor dem Tag des Bedauerns, wenn die Angelegenheit entschieden sein wird, während sie alles unbeachtet lassen, und während sie (noch) ungläubig sind.

19,41

41 Und gedenke im Buch des Abraham. Er war ein Wahrhaftiger und ein Prophet.

19,43

43 O mein Vater, zu mir ist vom Wissen gekommen, was nicht zu dir gekommen ist. So folge mir, dann führe ich dich einen ebenen Weg.

19,48–49

48 Ich sondere mich von euch ab und von dem, was ihr an Stelle Gottes anruft. Ich rufe meinen Herrn an. Möge ich im Rufen zu meinem Herrn nicht unglücklich werden!
49 Als er sich von ihnen und von dem, was sie an Stelle Gottes verehrten, abgesondert hatte, schenkten Wir ihm Isaak und Jakob; und beide machten Wir zu Propheten.

19,53–58

53 Und Wir schenkten ihm in unserer Barmherzigkeit seinen Bruder Aaron als Propheten.
54 Und gedenke im Buch des Ismael. Er war treu zu seinem Versprechen, und er
war ein Gesandter und Prophet. **55** Und
er befahl seinen Angehörigen das Gebet und die Abgabe, und er war seinem Herrn wohlgefällig.
56 Und gedenke im Buch des Idris. Er war ein Wahrhaftiger und Prophet.
57 Und Wir erhoben ihn an einen hohen Ort.
58 Das sind die, die Gott begnadet hat, unter den Propheten aus der Nachkommenschaft Adams und von denen, die Wir mit Noach getragen haben, und aus der Nachkommenschaft Abrahams und Israels, und von denen, die Wir rechtgeleitet und erwählt haben. Wenn ihnen die Zeichen des Erbarmers verlesen wer-

den, fallen sie anbetend und weinend nieder.

19,87–93

87 Verfügen sie über keine Fürsprache, außer dem, der vom Erbarmer ein verbindliches Versprechen erhalten hat.
88 Und sie sagen: „Der Erbarmer hat sich ein Kind genommen."
89 Ihr habt da eine ungeheuerliche Sache begangen.
90 Die Himmel brechen bald auseinander, und die Erde spaltet sich, und die Berge stürzen in Trümmern darüber,
91 dass sie dem Erbarmer ein Kind zuschreiben.
92 Es ziemt doch dem Erbarmer nicht, sich ein Kind zu nehmen.
93 Niemand in den Himmeln und auf der Erde wird zum Erbarmer anders denn als Diener kommen können.

19,96

96 Denen, die glauben und die guten Werke tun, wird der Erbarmer Liebe bereiten.

20,2

2 Wir haben den Koran nicht auf dich hinabgesandt, damit du unglücklich bist.

20,8–55

8 Gott, es gibt keinen Gott außer Ihm. Ihm gehören die schönsten Namen.
9 Ist denn die Geschichte von Mose zu dir gelangt?
10 Als er ein Feuer sah und zu seinen Angehörigen sagte: „Bleibt hier. Ich habe ein Feuer wahrgenommen, vielleicht kann ich euch davon eine Fackel bringen oder beim Feuer eine Wegweisung finden."
11 Als er dort ankam, wurde ihm zugerufen: „O Mose!
12 Siehe, Ich bin dein Herr, so ziehe deine Sandalen aus. Du befindest dich ja im heiligen Tal Tuwā.
13 Ja, Ich habe dich erwählt. So höre auf das, was offenbart wird.
14 Siehe, Ich bin Gott. Es gibt keinen Gott außer Mir. So diene Mir und verrichte das Gebet zu meinem Gedächtnis.
15 Wahrlich, die Stunde kommt – Ich halte sie fast verborgen –, damit jeder Seele vergolten wird, für das, worum sie sich bemüht.
16 So lass nicht den, der nicht an sie glaubt und seiner Neigung folgt, dich von ihr abweisen, sonst würdest du zugrunde gehen.
17[116] Und was ist das da in deiner Rechten, o Mose?"
18 Er sagte: „Das ist mein Stab. Darauf stütze ich mich, und damit schlage ich für meine Schafe Blätter ab, und ich gebrauche ihn auch sonst zu anderen Zwecken."
19 Er sprach: „Wirf ihn hin, o Mose!"
20 Er warf ihn hin, da war er eine Schlange, die lief.
21 Er sprach: „Nimm sie, und hab keine Angst. Wir werden sie zu ihrem ursprünglichen Zustand zurückbringen.
22 Und lege deine Hand dicht an deine Seite, so kommt sie weiß, jedoch nicht vom Übel befallen, heraus. (Dies) als weiteres Zeichen,
23 auf das Wir dich etwas von unseren größten Zeichen sehen lassen.
24 Geh zu Pharao, er zeigt ein Übermaß an Frevel."
25[117] Er sagte: „Mein Herr, weite mir meine Brust,
26 und mach mir meine Angelegenheit leicht.
27 Und löse einen Knoten von meiner Zunge,
28 so dass sie meine Worte begreifen.
29 Und bestelle mir aus den Reihen meiner Angehörigen einen, der (die Last) mitträgt,
30 Aaron, meinen Bruder.
31 Festige durch ihn meine Kraft,

---

[116] 17–23: Vgl. Bibel: Exodus 4,1–7.
[117] 25–32: Vgl. Bibel: Exodus 4,10–16.

32 und lass ihn an meiner Angelegenheit teilhaben,
33 damit wir Dich viel preisen
34 und Deiner viel gedenken.
35 Du siehst uns ja wohl."
36 Er sprach: „Deine Bitte ist dir gewährt, o Mose!
37 Und Wir haben dir (bereits) ein anderes Mal eine Wohltat erwiesen,
38 als Wir deiner Mutter eingegeben haben, was eingegeben werden sollte:
39 ‚Leg ihn in den Kasten und wirf ihn ins Meer, und das Meer soll ihn ans Ufer legen, so dass ihn ein Feind von Mir und Feind von ihm aufnimmt.' Und Ich habe über dich eine Liebe von Mir gelegt, ja, auf dass du vor meinem Auge aufgezogen wirst.
40[118] Als deine Schwester herging und sagte: ‚Soll ich euch auf jemanden hinweisen, der ihn betreuen würde?' So haben Wir dich zu deiner Mutter zurückkehren lassen, damit sie frohen Mutes und nicht betrübt sei. Und du tötest einen Menschen. Da erretteten Wir dich aus dem Kummer, und Wir unterzogen dich einer harten Versuchung. So verweiltest du jahrelang unter den Leuten von Madyan. Dann kamst du, o Mose, zu einer vorausbestimmten Zeit.
41 Und Ich habe dich für Mich aufgezogen.
42 Geh du und dein Bruder mit meinem Zeichen, und seid nicht nachlässig in meinem Gedenken.
43 Geht zu Pharao, er zeigt ja ein Übermaß an Frevel.
44 So sprecht zu ihm in sanfter Rede, vielleicht bedenkt er es, oder er fürchtet sich." 45 Sie sagten: „Unser Herr, wir fürchten, dass er übereilig gegen uns vorgeht oder dass er ein Übermaß an Frevel zeigt."
46 Er sprach: „Fürchtet euch nicht. Ich bin mit euch und höre und sehe, (was geschieht).
47 So geht zu ihm und sagt: ‚Wir sind Gesandte deines Herrn. Schick die Kinder Israels mit uns weg, und peinige sie nicht. Wir sind zu dir mit einem Zeichen von deinem Herrn gekommen. Und Friede sei auf dem, der der Rechtleitung folgt.
48 Uns ist ja offenbart worden, dass die Pein den überkommt, der (die Botschaft) für Lüge erklärt und sich abkehrt.'"
49 Er sagte: „Wer ist denn euer Herr, o Mose?"
50 Er sagte: „Unser Herr ist der, der jedem Ding seine Natur gegeben und dann die Rechtleitung gebracht hat."
51 Er sagte: „Wie steht es denn mit den früheren Generationen?"
52 Er sagte: „Übe sie weiß mein Herr Bescheid, es steht in einem Buch. Mein Herr irrt nicht, und Er vergisst nicht."
53 Er, der euch die Erde zu einer Lagerstätte gemacht und euch auf ihr Wege geebnet hat und Wasser vom Himmel hat herabkommen lassen. So haben Wir dadurch Arten verschiedener Pflanzen hervorgebracht.
54 Esst und weidet euer Vieh. Darin sind Zeichen für Leute, die Vernunft haben.
55 Aus ihr haben Wir euch erschaffen, und in sie lassen Wir euch zurückkehren, und aus ihr bringen Wir euch ein anderes Mal hervor.

20,72–78

72 Sie sagten: „Wir werden dir nicht den Vorzug geben vor dem, was an deutlichen Zeichen zu uns gekommen ist, und (vor) dem, der uns erschaffen hat. So entscheide, was du entscheiden magst. Du entscheidest nur über dieses irdische Leben.
73 Wir glauben an unseren Herrn, damit Er uns unsere Verfehlungen vergebe und auch die Zauberei, zu der du uns gezwungen hast. Gott ist besser und hat eher Bestand."
74 Siehe, wer als Übeltäter zu seinem

[118] Vgl. Bibel: Exodus 2,11–22.

Herrn kommt, erhält die Hölle; darin wird er weder sterben noch leben.
75 Diejenigen, die zu Ihm als Gläubige kommen, welche die guten Werke getan haben, erhalten die höchsten Rangstufen,
76 die Gärten von Eden, unter denen die Bäche fließen; darin werden sie ewig weilen. Das ist der Lohn derer, die sich läutern.
77 Und Wir haben dem Mose offenbart: „Zieh bei Nacht mit meinen Dienern fort und schlag ihnen einen trockenen Weg durch das Meer, so dass du nicht Angst davor haben musst, eingeholt zu werden, und du (nichts) zu befürchten brauchst."
78 Pharao verfolgte sie mit Truppen, und es überdeckte sie vom Meer, was sie überdeckte.

20,103
103 Sie werden zueinander leise sprechen: „Ihr habt nur zehn (Nächte) verweilt."

20,109
109 An jenem Tag nützt die Fürsprache nicht, außer dem, dem es der Erbarmer erlaubt, und dessen Worte Ihm wohlgefallen.

20,113–124
113 Und so haben Wir ihn als einen arabischen Koran hinabgesandt. Und Wir haben darin verschiedene Drohungen dargelegt, auf dass sie gottesfürchtig werden oder er ihnen eine Ermahnung bringe. **114** Erhaben ist Gott, der wahre König. Und übereile dich nicht mit dem Koran, bevor er dir zu Ende offenbart worden ist. Und sprich: Mein Herr, gib mir mehr Wissen.
115 Und Wir hatten früher Adam (eine Verpflichtung) auferlegt. Aber er vergaß (sie). Und Wir fanden bei ihm keine Entschlossenheit.
116 Und als Wir zu den Engeln sprachen: „Werft euch vor Adam nieder." Sie warfen sich nieder, außer Iblis. Er weigerte sich.
117 Wir sprachen: „O Adam, dieser (da) ist dir und deiner Gattin ein Feind. Dass er euch nicht aus dem Paradies vertreibt! Sonst wirst du unglücklich sein.
118 Es ist dir gewährt, dass du darin nicht hungerst und nicht nackt bist,
119 und dass du darin nicht dürstest und nicht unter der Sonnenhitze leidest."
120 Da flüsterte ihm der Satan ein, er sagte: „O Adam, soll ich dich auf den Baum der Ewigkeit hinweisen und auf eine Königsherrschaft, die nicht vergeht?"
121 Sie aßen beide davon, da wurde ihnen ihre Blöße offenbar, und sie begannen, Blätter des Paradieses über sich zusammenzuheften. Adam war gegen seinen Herrn ungehorsam, und so irrte er ab.
122 Dann erwählte ihn sein Herr, und Er wandte sich ihm zu und leitete (ihn) recht.
123 Er sprach: „Geht von ihm hinunter. Die einen von euch sind Feinde der anderen. Wenn dann von Mir eine Rechtleitung zu euch kommt, dann wird der, der meiner Rechtleitung folgt, nicht irregehen und nicht unglücklich sein.
124 Und der, der sich von meiner Ermahnung abwendet, wird ein beengtes Leben führen. Und am Tag der Auferstehung versammeln Wir ihn blind (zu den anderen).

20,127
127 So vergelten Wir dem, der maßlos ist und nicht an die Zeichen seines Herrn glaubt. Die Pein des Jenseits ist ja härter und nachhaltiger.

20,130
130 So ertrage mit Geduld, was sie sagen. Und singe das Lob deines Herrn vor dem Aufgang der Sonne und vor ihrem Untergang. Und preise (Ihn) zu (verschiedenen) Nachtzeiten und an den Enden des Tages, auf dass du zufrieden bist.

20, 133

133 Und sie sagen: „Wenn er doch ein Zeichen von seinem Herrn bringen würde!“ Ist nicht zu ihnen der deutliche Beweis dessen gekommen, was in den früheren Blättern steht?

21, 2–5

2 Keine neue Ermahnung kommt von ihrem Herrn zu ihnen, ohne dass sie sie hören, während sie sich dem Spiel hingeben

3 und ihre Herzen zerstreut sind. Und sie äußern insgeheim im vertraulichen Gespräch – sie, die Unrecht tun: „Ist dieser etwas anderes als ein Mensch wie ihr? Wollt ihr euch denn sehenden Auges der Zauberei hingeben?“

4 Sprich: Mein Herr weiß, was im Himmel und auf der Erde gesagt wird. Er ist der, der alles hört und weiß.

5 Aber nein, sie sagen: „Wirres Bündel von Träumen. Nein, er hat ihn erdichtet. Nein, er ist ja ein Dichter. Er soll uns ein Zeichen bringen, so wie die Früheren gesandt worden sind.“

21, 19–22

19 Ihm gehört, wer in den Himmeln und auf der Erde ist. Diejenigen, die bei Ihm sind, weigern sich nicht hochmütig, Ihm zu dienen, und werden darin nicht müde.

20 Sie preisen (Ihn) Nacht und Tag, und sie lassen nicht nach.

21 Oder haben sie sich Götter aus der Erde genommen, die auferstehen lassen können?

22 Gäbe es in ihnen beiden[119] andere Götter als Gott, würden sie (beide) verderben. Preis sei Gott, dem Herrn des Thrones! (Er ist erhaben) über das, was sie schildern.

21, 25–37

25 Und Wir haben keinen Gesandten vor dir geschickt, dem Wir nicht offenbart hätten: „Es gibt keinen Gott außer Mir, so dienet Mir.“

26 Und sie sagen: „Der Erbarmer hat sich ein Kind genommen.“ Preis sei Ihm! Nein, es sind nur Diener, denen Ehre erwiesen worden ist.

27 Sie kommen ihm im Sprechen nicht zuvor, und nach seinem Befehl handeln sie.

28 Er weiß, was vor ihnen und was hinter ihnen liegt, und sie legen Fürsprache nur für den ein, der Ihm genehm ist. Und sie erschrecken aus Furcht vor Ihm.

29 Und wer von ihnen sagen sollte: „Ich bin Gott neben Ihm“, dem vergelten Wir mit der Hölle. So vergelten Wir denen, die Unrecht tun.

30 Haben denn diejenigen, die ungläubig sind, nicht gesehen, dass die Himmel und die Erde eine einzige Masse waren? Da haben Wir sie getrennt und alles Lebendige aus dem Wasser gemacht. Wollen sie denn nicht glauben?

31 Und Wir haben auf der Erde fest gegründete Berge gemacht, dass sie nicht mit ihnen schwanke. Und Wir haben auf ihr breite Durchgänge als Wege gemacht, auf dass sie der Rechtleitung folgen.

32 Und Wir haben den Himmel zu einer wohl behüteten Decke gemacht. Aber sie wenden sich von seinen[120] Zeichen ab.

33 Und Er ist es, der die Nacht und den Tag, die Sonne und den Mond erschaffen hat; jedes Gestirn nimmt seinen Lauf[121] in einer (eigenen) Sphäre.

34 Und Wir haben für keinen Menschen vor dir bestimmt, ewig zu leben. Wenn du nun stirbst, sollten sie dann ewig leben?

35 Jeder wird den Tod erleiden. Und Wir prüfen euch mit Bösem und Gutem und setzen euch damit der Versuchung aus. Und zu Uns werdet ihr zurückgebracht.

36 Und wenn diejenigen, die ungläubig

---

[119] Himmel und Erde.

[120] des Himmels.

[121] Wörtlich: schwimmt.

sind, dich sehen, nehmen sie dich nur zum Gegenstand des Spottes: „Ist das der, der über eure Götter spricht?“ Und sie, sie glauben nicht an die Ermahnung des Erbarmers.
37 Der Mensch ist aus Eilfertigkeit erschaffen worden. Ich werde euch schon meine Zeichen sehen lassen; so wünscht nicht von Mir, es zu beschleunigen.

21,43
43 Oder haben sie etwa Götter, die sie vor Uns schützen können? Sie können doch sich selbst nicht helfen, und sie werden keinen Beistand gegen Uns erhalten.

21,47–48
47 Und Wir stellen die gerechten Waagen für den Tag der Auferstehung auf. So wird keiner Seele in irgendetwas Unrecht getan. Und wäre es auch das Gewicht eines Senfkornes, Wir bringen es bei. Und Wir genügen für die Abrechnung.
48 Und Wir haben Mose und Aaron die Unterscheidungsnorm zukommen lassen, und ein Licht und eine Ermahnung für die Gottesfürchtigen.

21,51
51 Und Wir haben zuvor Abraham zu seinem rechten Verhalten geleitet. Und Wir wussten über ihn Bescheid.

21,53
53 Sie sagten: „Wir fanden, dass bereits unsere Väter ihnen dienten.“

21,55
55 Sie sagten: „Bringst du uns die Wahrheit, oder gehörst du zu denen, die ihr Spiel treiben?“

21,58
58 Da schlug er sie in Stücke, außer einem Großen unter ihnen, auf dass sie sich zu ihm wandten.

21,68–69
68 Sie sagten: „Verbrennt ihn und helft euren Göttern, so ihr etwas tun wollt.“
69 Wir sprachen: „O Feuer, sei kühl und harmlos für Abraham.“

21,71–73
71 Und Wir erretteten ihn und Lot in das Land, das Wir für die Weltenbewohner gesegnet haben.
72 Und Wir schenkten ihm Isaak und Jakob dazu. Und jeden machten Wir rechtschaffen.
73 Und Wir machten sie zu Vorbildern, die (die Menschen) nach unserem Befehl leiteten. Und Wir offenbarten ihnen, die guten Werke zu tun, das Gebet zu verrichten und die Abgabe zu entrichten. Und Uns haben sie gedient.

21,90–91
90 Da erhörten Wir ihn und schenkten ihm Yahyā[122] und machten ihm seine Gattin wieder fruchtbar. Sie eilten zu den guten Dingen um die Wette und riefen zu Uns in Verlangen und Furcht, und sie waren vor Uns demütig.
91 Und (erwähne) die, die ihre Scham unter Schutz stellte[123]. Da bliesen Wir in sie von unserem Geist, und Wir machten sie und ihren Sohn zu einem Zeichen für die Weltenbewohner.

21,107
107 Und Wir haben dich nur als eine Barmherzigkeit für die Weltenbewohner gesandt.

22,5
5 O ihr Menschen, wenn ihr über die Auferstehung im Zweifel seid, so bedenket, dass Wir euch aus Erde erschaffen haben, dann aus einem Tropfen, dann aus einem Embryo, dann aus einem Fötus, gestaltet

[122] Johannes den Täufer.
[123] Maria, die Mutter Jesu.

und nicht gestaltet, um es euch deutlich zu machen. Und Wir lassen, was Wir wollen, im Mutterleib auf eine festgesetzte Frist ruhen. Dann lassen Wir euch als Kind herauskommen. Dann (sorgen Wir für euch), damit ihr eure Vollkraft erreicht. Und manch einer von euch wird abberufen, und manch einer von euch wird in das schlimmste Alter gebracht, so dass er, nachdem er vorher Wissen besessen hat, nichts (mehr) weiß. Und du siehst die Erde regungslos. Wenn Wir aber Wasser auf sie herabkommen lassen, regt sie sich, wächst zu und lässt verschiedene erfreuliche Pflanzenarten sprießen.

22,11

11 Und unter den Menschen gibt es manch einen, der Gott nur beiläufig dient. Wenn ihn etwas Gutes trifft, fühlt er sich wohl darin. Und wenn ihn eine Versuchung trifft, macht er eine Kehrtwende[124]. Er verliert das Diesseits und das Jenseits. Das ist der offenkundige Verlust.

22,17

17 Diejenigen, die glauben, und diejenigen, die Juden sind, und die Sābier und die Christen und die Magier und diejenigen, die Polytheisten sind – siehe, Gott wird am Tage der Auferstehung zwischen ihnen entscheiden. Gott ist ja Zeuge über alle Dinge.

22,21

21 Und für sie sind Keulen aus Eisen bestimmt.

22,23

23 Gott lässt diejenigen, die glauben und die guten Werke tun, in Gärten eingehen, unter denen Bäche fließen. Geschmückt werden sie darin mit Armringen aus Gold und mit Perlen, und ihre Kleidung darin ist aus Seide.

22,26–31

26 Und als Wir den Abraham in die Stätte des Hauses eingewiesen haben: „Geselle Mir nichts bei. Und reinige mein Haus für diejenigen, die den Umlauf vollziehen, und für die, die aufrecht stehen, sich verneigen und niederwerfen.

27 Und ruf unter den Menschen zur Wallfahrt auf, so werden sie zu dir kommen zu Fuß und auf vielen hageren Kamelen, die aus jedem tiefen Passweg daherkommen,

28 damit sie allerlei Nutzen für sich erfahren und den Namen Gottes an den bekannten Tagen über dem erwähnen, was Er ihnen an Herdenvieh beschert hat. – Esst davon und gebt dem Notleidenden und Armen zu essen. **29** Dann sollen sie ihre Ungepflegtheit beenden, ihre Gelübde erfüllen und den Umlauf um das altehrwürdige Haus durchführen."

30 So ist es. Und wenn einer die heiligen Dinge Gottes hochhält, ist es besser für ihn bei seinem Herrn. Erlaubt sei euch das Vieh, außer dem, was euch bekannt gemacht wird. So meidet den Gräuel der Götzen, und meidet die falsche Aussage,

31 als Anhänger des rechten Glaubens gegenüber Gott, die Ihm nichts beigesellen. Und wenn einer Gott (etwas) beigesellt, es ist, als würde er vom Himmel herunterfallen, von den Vögeln weggeschnappt oder vom Wind an einen fernen Ort hinabgestürzt werden.

22,34–35

34 Und für jede Gemeinschaft haben Wir einen Ritus festgelegt, damit sie den Namen Gottes über dem erwähnen, was Er ihnen an Herdenvieh beschert hat. Und euer Gott ist ein einziger Gott, Ihm müsst ihr ergeben sein. Und verkünde frohe Botschaft denen, die sich demütigen,

---

[124] Wörtlich: macht er kehrt auf seinem Gesicht; d.h., er ändert seine Richtung und seine Lebensweise.

35 deren Herzen sich ängstigen, wenn Gottes gedacht wird, die das, was sie trifft, geduldig ertragen, das Gebet verrichten und von dem, was Wir ihnen beschert haben, spenden.

22,45

45 Wie so manche Stadt, die Unrecht tat, haben Wir verderben lassen, so dass sie bis zu den Dächern verödet war, und wie manchen (nun) verlassenen Brunnen und manches aufgerichtete Schloss!

22,56

56 An jenem Tag gehört die Königsherrschaft Gott (allein). Er wird zwischen ihnen urteilen. Dann werden diejenigen, die glauben und die guten Werke tun, in den Gärten der Wonne sein.

22,67–69

67 Für jede Gemeinschaft haben Wir einen Ritus festgelegt, den sie zu vollziehen haben. So sollen sie nicht mit dir über die Angelegenheit Streit führen. Und rufe zu deinem Herrn. Siehe, du folgst einer geraden Rechtleitung.
68 Und wenn sie doch mit dir streiten, dann sprich: Gott weiß besser, was ihr tut.
69 Gott wird am Tag der Auferstehung zwischen euch über das urteilen, worüber ihr uneins wart.

22,75

75 Gott erwählt sich aus den Engeln Boten, und (auch) aus den Menschen. Gott hört und sieht alles.

22,78

78 Und setzt euch für Gott ein, wie der richtige Einsatz für Ihn sein soll. Er hat euch erwählt. Und Er hat euch in der Religion keine Bedrängnis auferlegt; so ist die Glaubensrichtung eures Vaters Abraham. Er hat euch Muslime genannt, früher und (nunmehr) in diesem (Buch), auf dass der Gesandte Zeuge über euch sei und ihr Zeugen über die Menschen seid. So verrichtet das Gebet, entrichtet die Abgabe und haltet an Gott fest. Er ist euer Schutzherr. Welch vorzüglicher Schutzherr und welch vorzüglicher Helfer!

23,2

2 die in ihrem Gebet demütig sind,

23,5–6

5 und die ihre Scham bewahren,
6 außer gegenüber ihren Gattinnen, oder was ihre rechte Hand (an Sklavinnen) besitzt, dann sind sie nicht zu tadeln

23,8

8 und die auf das ihnen Anvertraute und ihre Verpflichtungen Acht geben,

23,12–16

12 Und wahrlich, Wir schufen den Menschen aus einem entnommenen Ton.
13 Dann machten Wir ihn zu einem Tropfen in einem festen Aufenthaltsort.
14 Dann schufen Wir den Tropfen zu einem Embryo, und Wir schufen den Embryo aus einem Fötus, und Wir schufen den Fötus zu Knochen. Und Wir bekleideten die Knochen mit Fleisch. Dann ließen Wir ihn als eine weitere Schöpfung entstehen. Gott sei gesegnet, der beste Schöpfer!
15 Dann werdet ihr nach all diesem sterben.
16 Dann werdet ihr am Tag der Auferstehung auferweckt werden.

23,25

25 „Er ist nur ein Mann, der an Besessenheit leidet. So wartet mit ihm eine Weile ab."

23,31–41

31 Dann ließen Wir nach ihnen eine andere Generation entstehen.
32 Und Wir schickten unter sie einen Gesandten aus ihrer Mitte: „Dienet Gott. Ihr

habt keinen Gott außer Ihm. Wollt ihr nicht gottesfürchtig sein?"
33 Und die Vornehmen aus seinem Volk, die ungläubig waren, die die Begegnung mit dem Jenseits für Lüge erklärten und denen Wir im diesseitigen Leben üppigen Wohlstand geschenkt hatten, sagten: „Dieser ist nur ein Mensch wie ihr. Er isst von dem, was ihr esst, und trinkt von dem, was ihr trinkt.
34 Und wenn ihr einem Menschen euresgleichen gehorcht, dann werdet ihr gewiss Verlierer sein.
35 Verspricht er euch wirklich, dass ihr, wenn ihr gestorben und zu Staub und Knochen geworden seid, wieder hervorgebracht werdet?
36 Weit, weit gefehlt ist das, was euch versprochen wird.
37 Es gibt nur unser diesseitiges Leben: wir sterben, und wir leben (hier), und wir werden nicht auferweckt.
38 Er ist nur ein Mann, der eine Lüge gegen Gott erdichtet hat. Und wir glauben ihm nicht."
39 Er sagte: „Mein Herr, unterstütze mich, wo sie mich der Lüge zeihen."
40 Er sprach: „Über ein Kleines werden sie es bereuen."
41 Da ergriff sie zu Recht der Schrei, und Wir machten sie zur Spreu. Weg mit den Leuten, die Unrecht tun!

23,50
50 Und Wir machten den Sohn Marias und seine Mutter zu einem Zeichen. Und Wir gaben ihnen Unterkunft auf einer Anhöhe mit Grund und Quellwasser.

23,62
62 Und Wir fordern von niemandem mehr, als er vermag. Und bei Uns ist ein Buch, das die Wahrheit redet. Und ihnen wird nicht Unrecht getan.

23,70–71
70 Oder sagen sie: „Er leidet an Besessenheit?" Nein, er kam zu ihnen mit der Wahrheit, aber die meisten von ihnen verabscheuen die Wahrheit.
71 Würde die Wahrheit ihren Neigungen folgen, verderben würden die Himmel und die Erde, und wer in ihnen ist. Nein, Wir kamen zu ihnen mit ihrer Ermahnung, sie aber wenden sich von ihrer Ermahnung ab.

23,78
78 Er ist es, der euch Gehör, Augenlicht und Herz entstehen ließ. Ihr aber seid wenig dankbar.

23,84–91
84 Sprich: Wem gehört die Erde, und wer auf ihr ist, so ihr es wisst?
85 Sie werden sagen: „Gott." Sprich: Wollt ihr es nicht bedenken?
86 Sprich: Wer ist der Herr der sieben Himmel und der Herr des majestätischen Thrones?
87 Sie werden sagen: „(Alles) gehört Gott." Sprich: Wollt ihr nicht gottesfürchtig sein?
88 Sprich: In wessen Hand ist die Herrschaft über alle Dinge, die Schutz gewährt und gegen den kein Schutz gewährt werden kann, so ihr es wisst?
89 Sie werden sagen: „(Alles) gehört Gott." Sprich: Wieso seid ihr einem Zauber verfallen?
90 Nein, wir sind zu ihnen mit der Wahrheit gekommen. Sie aber lügen.
91 Gott hat sich kein Kind genommen. Und es gibt keinen Gott neben Ihm, sonst würde jeder Gott das wegnehmen, was er geschaffen hat, und die einen von ihnen würden sich den anderen gegenüber überheblich zeigen. Preis sei Gott, (der erhaben ist) über das, was sie da schildern.

23,96–98
96 Wehre die schlechte Tat ab mit einer Tat, die besser ist. Wir wissen besser, was sie da schildern.
97 Und sprich: Mein Herr, ich suche bei Dir Zuflucht vor den Aufstachelungen der Satane.
98 Und ich suche bei Dir, mein Herr, Zuflucht davor, dass sie mich aufsuchen.

23,115–116
115 „Meint ihr denn, Wir hätten euch zum sinnlosen Spiel erschaffen und ihr würdet nicht zu Uns zurückgebracht?“
116 Erhaben ist Gott, der wahre König. Es gibt keinen Gott außer Ihm, dem Herrn des ehrwürdigen Thrones.

24,2–9
2 Wenn eine Frau und ein Mann Unzucht begehen, dann geißelt jeden von ihnen mit hundert Hieben. Habt kein Mitleid mit ihnen angesichts (der Rechtsbestimmungen) der Religion Gottes, so ihr an Gott und den Jüngsten Tag glaubt. Und bei der Vollstreckung der Pein an ihnen soll eine Gruppe von den Gläubigen zugegen sein.
3 Der Mann, der Unzucht begangen hat, darf nur eine Frau, die Unzucht begangen hat, oder eine Polytheistin heiraten. Die Frau, die Unzucht begangen hat, darf nur ein Mann, der Unzucht begangen hat, oder ein Polytheist heiraten. Den Gläubigen ist dies verboten.
4 Diejenigen, die den unter Schutz gestellten Frauen[125] Untreue vorwerfen und hierauf nicht vier Zeugen beibringen, die sollt ihr mit achtzig Hieben geißeln. Nehmt von ihnen nie mehr eine Zeugenaussage an – das sind die (wahren) Frevler –,
5 mit Ausnahme derer, die danach umkehren und Besserung zeigen. Denn Gott ist voller Vergebung und barmherzig.
6 Im Falle derer, die ihren Gattinnen Untreue vorwerfen, aber keine Zeugen haben außer sich selbst, besteht die Zeugenaussage eines solchen Mannes darin, dass er viermal bei Gott bezeugt, er gehöre zu denen, die die Wahrheit sagen,
7 und zum fünften Mal (bezeugt), der Zorn Gottes komme über ihn, wenn er ein Lügner sein sollte.
8 Von ihr[126] wehrt es die Pein ab, dass sie viermal bei Gott bezeugt, er sei ein Lügner,
9 und zum fünften Mal (bezeugt), der Fluch Gottes komme über sie, wenn er zu denen gehören sollte, die die Wahrheit sagen.

24,11–13
11 Diejenigen, die die Lüge[127] vorgebracht haben, sind eine gewisse Gruppe von euch. Betrachtet es nicht als ein Übel für euch; nein, es ist etwas Gutes für euch. Einem jeden von ihnen wird zuteil, was er an Schuld erworben hat. Und für den, der den Hauptanteil daran auf sich genommen hat, ist eine gewaltige Pein bestimmt.
12 Hätten doch, als ihr es hörtet, die gläubigen Männer und Frauen eine gute Meinung voneinander gehabt und gesagt: „Es ist doch eine offenkundige Lüge!“
13 Hätten sie doch darüber vier Zeugen beigebracht! Da sie aber die Zeugen nicht beigebracht haben, sind sie eben bei Gott die, die lügen.

24,19
19 Für diejenigen, die es gern möchten, dass sich das Schändliche unter den Gläubigen verbreitet, ist eine schmerzliche

---

125 Das sind die ehrbaren Ehefrauen.
126 der Frau.
127 Über ʿA'isha, Frau des Propheten Muhammad, die auf dem Rückweg von einer Militärexpedition (Dezember 626/Januar 627) versehentlich im Lager zurückgelassen und erst später von einem nicht verwandten muslimischen Kämpfer zur Truppe gebracht wurde.

Pein bestimmt im Diesseits und Jenseits. Und Gott weiß, ihr aber wisst nicht Bescheid.

24,21–22

21 O ihr, die ihr glaubt, folgt nicht den Fußstapfen des Satans. Wer den Fußstapfen des Satans folgt, der gebietet das Schändliche und Verwerfliche. Und ohne die Huld Gottes gegen euch und seine Barmherzigkeit würde keiner von euch jemals geläutert sein. Aber Gott läutert, wen Er will. Und Gott hört und weiß alles.
22 Und diejenigen, die Überfluss und beachtliches Vermögen besitzen, sollen nicht schwören, sie würden den Verwandten, den Bedürftigen und denen, die auf dem Weg Gottes ausgewandert sind, nichts zukommen lassen. Sie sollen verzeihen und nachlassen. Liebt ihr es selbst nicht, dass Gott euch vergibt? Gott ist voller Vergebung und barmherzig.

24,30–38

30 Sprich zu den gläubigen Männern, sie sollen ihre Blicke senken und ihre Scham bewahren. Das ist lauterer für sie. Gott hat Kenntnis von dem, was sie machen.
31 Und sprich zu den gläubigen Frauen, sie sollen ihre Blicke senken und ihre Scham bewahren, ihren Schmuck[128] nicht offen zeigen, mit Ausnahme dessen, was sonst sichtbar ist. Sie sollen ihren Schleier auf den Kleiderausschnitt schlagen und ihren Schmuck nicht offen zeigen, es sei denn ihren Ehegatten, ihren Vätern, den Vätern ihrer Ehegatten, ihren Söhnen, den Söhnen ihrer Ehegatten, ihren Brüdern, den Söhnen ihrer Brüder und den Söhnen ihrer Schwestern, ihren Frauen, denen, die ihre rechte Hand besitzt, den männlichen Gefolgsleuten, die keinen Trieb mehr haben, den Kindern, die die Blöße der Frauen nicht beachten. Sie sollen ihre Füße nicht aneinander schlagen, damit man gewahr wird, was für einen Schmuck sie verborgen tragen. Bekehrt euch allesamt zu Gott, ihr Gläubigen, auf dass es euch wohl ergehe.
32 Und verheiratet die noch ledigen (Männer und Frauen) unter euch und die Rechtschaffenen von euren Sklaven und euren Sklavinnen. Wenn sie arm sind, wird Gott sie durch seine Huld reich machen. Und Gott umfasst und weiß alles.
33 Diejenigen, die keine Möglichkeit zum Heiraten finden, sollen keusch bleiben, bis Gott sie durch seine Huld reich macht. Und denjenigen aus der Reihe derer, die eure rechte Hand besitzt, die einen Freibrief zu erhalten suchen, sollt ihr einen Freibrief ausstellen, falls ihr etwas Gutes an ihnen feststellt. Und gebt ihnen etwas vom Vermögen Gottes, das Er euch gegeben hat. Und zwingt nicht eure Sklavinnen, wenn sie sich unter Schutz stellen wollen, zur Hurerei im Trachten nach den Gütern des diesseitigen Lebens. Und wenn einer sie dazu zwingt, so ist Gott, nachdem sie gezwungen worden sind, voller Vergebung und barmherzig.
34 Und Wir haben zu euch Zeichen hinabgesandt, die (alles) deutlich machen, und ein Beispiel aus den Berichten über die, die vor euch dahingegangen sind, und eine Ermahnung für die Gottesfürchtigen.
35 Gott ist das Licht der Himmel und der Erde. Sein Licht ist einer Nische vergleichbar, in der eine Lampe ist. Die Lampe ist in einem Glas. Das Glas ist, als wäre es ein funkelnder Stern. Es wird angezündet von einem gesegneten Baum, einem Ölbaum, weder östlich noch westlich, dessen Öl fast schon leuchtet, auch ohne dass das Feuer es berührt hätte. Licht über Licht. Gott führt zu seinem Licht, wen Er will, und Gott führt den Menschen die Gleichnisse an. Und Gott weiß über alle Dinge Bescheid.

---

[128] D.h. die Körperteile, an denen sie Schmuck tragen.

36 (Das steht) in Häusern, für die Gott erlaubt hat, dass sie errichtet werden und dass darin seines Namens gedacht wird. Ihn preisen darin, am Morgen und am Abend,
37 Männer, die weder Handel noch Kaufgeschäft ablenken vom Gedenken Gottes, von der Verrichtung des Gebets und der Entrichtung der Abgabe, die einen Tag fürchten, an dem Herzen und Augenlicht umgekehrt werden, **38** damit Gott ihnen das Beste vergelte von dem, was sie getan haben, und ihnen von seiner Huld noch mehr gebe. Und Gott beschert den Lebensunterhalt, wem Er will, ohne (viel) zu rechnen.

24,51
51 Die Rede der Gläubigen, wenn sie zu Gott und seinem Gesandten gerufen werden, damit er zwischen ihnen urteile, besteht darin, dass sie sagen: „Wir hören, und wir gehorchen." Das sind die, denen es wohl ergeht.

24,54
54 Sprich: Gehorchet Gott und gehorchet dem Gesandten: Wenn ihr euch abkehrt, dann obliegt ihm nur das, was ihm auferlegt ist, und euch obliegt, was euch auferlegt ist. Wenn ihr ihm gehorcht, folgt ihr der Rechtleitung. Und dem Gesandten obliegt nur die deutliche Ausrichtung (der Botschaft).

24,56
56 Und verrichtet das Gebet und entrichtet die Abgabe, und gehorchet dem Gesandten, auf dass ihr Erbarmen findet.

24,60
60 Und für die unter den Frauen, die sich zur Ruhe gesetzt haben und nicht mehr zu heiraten hoffen, ist es kein Vergehen, wenn sie ihre Kleider ablegen, ohne dass sie jedoch ihren Schmuck zur Schau stellen. Und besser für sie wäre, dass sie sich dessen enthalten. Und Gott hört und sieht alles.

24,64
64 Seht, Gott gehört, was in den Himmeln und auf der Erde ist. Er weiß, in welchem Zustand ihr euch befindet. Und am Tag, da sie zu Ihm zurückgebracht werden, wird Er ihnen kundtun, was sie getan haben. Und Gott weiß über alle Dinge Bescheid.

25,1–10
1 Gesegnet sei der, der auf seinen Diener die Unterscheidungsnorm herabgesandt hat, damit er den Weltenbewohnern ein Warner sei,
2 Er, dem die Königsherrschaft der Himmel und der Erde gehört, der sich kein Kind angenommen hat und der keinen Teilhaber an der Königsherrschaft hat und jedes Ding erschaffen und ihm sein Maß gegeben hat.
3 Und sie haben sich an seiner Stelle Götter genommen, die nichts erschaffen, aber selbst erschaffen werden, und die sich selbst weder Schaden noch Nutzen bringen können, und die weder über Tod noch über Leben, noch über Auferweckung verfügen.
4 Und diejenigen, die ungläubig sind, sagen: „Das ist ja nichts als eine Lüge, die er erdichtet hat und bei der andere Leute ihm geholfen haben." Sie begehren da Ungerechtigkeit und Falschaussage.
5 Sie sagen: „Es sind die Fabeln der Früheren, die er sich aufgeschrieben hat. Sie werden ihm doch morgens und abends diktiert."
6 Sprich: Herabgesandt hat ihn der, der weiß, was in den Himmeln und auf der Erde geheim ist. Er ist voller Vergebung und barmherzig.
7 Und sie sagen: „Was ist mit diesem Gesandten, dass er Speise isst und auf den Märkten umhergeht? Wäre doch zu ihm ein Engel herabgesandt worden, dass er

mit ihm ein Warner sei! **8** Oder wäre doch ihm ein Schatz überbracht worden, oder hätte er doch einen Garten, von dem er essen könnte!" Und die, die Unrecht tun, sagen: „Ihr folgt doch nur einem Mann, der einem Zauber verfallen ist."
9 Schau, wie sie dir Gleichnisse anführen. Dabei sind sie abgeirrt und können keinen Weg mehr finden.
10 Gesegnet sei der, der dir, wenn Er will, etwas Besseres als dies zuteilen kann: Gärten, unter denen Bäche fließen, und der dir Schlösser zuteilen kann.

25,15
15 Sprich: Ist das besser oder der Garten der Ewigkeit, der den Gottesfürchtigen versprochen ist, und der für sie Belohnung und Reiseziel ist?

25,21
21 Und diejenigen, die nicht erwarten, Uns zu begegnen, sagen: „Wären doch die Engel auf uns herabgesandt worden, oder könnten wir doch unseren Herrn sehen!" Sie sind hochmütig in Bezug auf sich selbst, und sie erheben sich in großer Rebellion.

25,48–51
48 Und Er ist es, der die Winde als frohe Kunde seiner Barmherzigkeit vorausschickt.[129] Und Wir lassen vom Himmel ein reines Wasser herabkommen,
49 um damit eine abgestorbene Ortschaft zu beleben und um es vielen von dem, was Wir erschaffen haben, Vieh und Menschen, zu trinken zu geben.
50 Und Wir haben es unter ihnen auf verschiedene Weise dargestellt, damit sie es bedenken. Doch bestehen die meisten Menschen auf dem Unglauben.
51 Und wenn Wir gewollt hätten, hätten Wir in jeder Stadt einen Warner erstehen lassen.

25,58
58 Und vertraue auf den Lebendigen, der nicht stirbt, und singe sein Lob. Er genügt als der, der Kenntnis von den Sünden seiner Diener hat.

25,64
64 Und die, welche die Nacht vor ihrem Herrn verbringen, indem sie sich niederwerfen und aufrecht stehen.

25,67
67 Und die, die, wenn sie spenden, weder verschwenderisch noch zurückhaltend sind, sondern die Mitte dazwischen halten.

25,70–72
70 … außer dem, der umkehrt, glaubt und gute Werke tut; Gott wird ihnen ihre schlechten Taten gegen gute eintauschen; und Gott ist voller Vergebung und barmherzig. **71** Und wer umkehrt und Gutes tut, der wendet sich in wahrhaftiger Umkehr Gott zu.
72 Und (auch) die, die das Falsche nicht bezeugen und, wenn sie unbedachte Reden im Vorbeigehen hören, würdevoll weitergehen.

26,4
4 Wenn Wir wollten, könnten Wir vom Himmel ein Zeichen auf sie hinabsenden, so dass sich ihre Nacken davor unterwerfen würden.

26,6–17
6 Sie haben (sie) ja für Lüge erklärt. So wird zu ihnen die Kunde kommen von dem, worüber sie immer wieder gespottet haben.
7 Haben sie nicht auf die Erde geschaut, wie viele treffliche Arten Wir auf ihr haben wachsen lassen?

---

[129] D.h.: Die Winde schickt Er seiner Barmherzigkeit voraus; vgl. 7,57.

8 Darin ist wahrlich ein Zeichen. Aber die meisten von ihnen sind nicht gläubig.
9 Und dein Herr ist der Mächtige, der Barmherzige.
10[130] Als dein Herr Mose rief: „Geh zum Volk, das Unrecht tut,
11 zum Volk Pharaos, ob sie nicht gottesfürchtig sein wollen."
12[131] Er sagte: „Mein Herr, ich fürchte, dass sie mich der Lüge zeihen.
13 Und meine Brust ist eng, und meine Zunge ist nicht gelöst. So schicke zu Aaron.
14 Auch haben sie gegen mich eine Sünde geltend zu machen; so fürchte ich, dass sie mich töten."
15 Er sprach: „Nein. Geht beide hin mit unseren Zeichen. Wir sind mit euch und hören zu.
16 Geht zu Pharao und sagt: ‚Wir sind der Gesandte des Herrn der Welten,
17 du sollst die Kinder Israels mit uns wegschicken.'"

26,19
19 Und du hast deine Tat, die du (damals) getan hast, verübt und bist einer der Undankbaren geworden."

26,30–33
30 Er sagte: „Was aber, wenn ich dir eine offenkundige Sache bringe?"
31 Er sagte: „Dann bring sie her, so du zu denen gehörst, die die Wahrheit sagen."
32[132] Er warf seinen Stab, da war er eine offenkundige Schlange.
33 Und er zog seine Hand heraus, da war sie weiß für die Zuschauer.

26,51–66
51 Wir erhoffen, dass unser Herr uns unsere Verfehlungen vergebe dafür, dass wir (nun) die Ersten der Gläubigen sind."
52 Und Wir haben dem Mose offenbart: „Zieh bei Nacht mit meinen Dienern fort; ihr werdet da verfolgt werden."
53 Da schickte Pharao zu den Städten Leute, die sie versammelten:
54 „Diese sind ein kleiner Rest;
55 dennoch versetzten sie uns in Groll.
56 Aber wir sind eine zusammenrückende Gruppe auf der Hut."
57 So ließen Wir sie fortziehen von Gärten und Quellen,
58 von Schätzen und von trefflicher Stätte.
59 So war es. Und Wir gaben sie den Kindern Israels zum Erbe.
60 Sie verfolgten sie also bei Sonnenuntergang.
61 Als die beiden Scharen einander sahen, sagten die Gefährten des Mose: „Wir werden eingeholt."
62 Er sagte: „Nein. Mit mir ist mein Herr. Er wird mich rechtleiten."
63 Da offenbarten Wir dem Mose: „Schlag mit deinem Stab das Meer." So spaltete es sich, und jeder Teil war wie ein gewaltiger Berg.
64 Und Wir ließen die anderen dort herankommen.
65 Und Wir retteten Mose und die, die mit ihm waren, alle.
66 Dann ließen Wir die anderen ertrinken.

26,74
74 Sie sagten: „Aber wir fanden, dass bereits unsere Väter so handelten."

26,78–82
78 der mich erschaffen hat und mich nun rechtleitet,
79 und der mir zu essen und zu trinken gibt
80 und, wenn ich krank bin, mich heilt,
81 und der mich sterben lässt und dann wieder lebendig macht,
82 und von dem ich erhoffe, dass Er mir

---

[130] 10–68: Vgl. 7,103–137.
[131] Vgl. 20,25–32; Bibel: Exodus 4,10–16.
[132] Vgl. 7,107 f.; Bibel: Exodus 4,1–7.

am Tag des Gerichtes meine Verfehlung vergebe.

26,107

107 Ich bin für euch ein treuer Gesandter.

26,111

111 Sie sagten: „Sollen wir dir glauben, wo dir (nur) die Niedrigsten folgen?"

26,123–159

123[133] Die ʿĀd ziehen die Gesandten der Lüge.
124 Als ihr Bruder Hūd zu ihnen sagte: „Wollt ihr denn nicht gottesfürchtig sein?
125 Ich bin für euch ein treuer Gesandter.
126 So fürchtet Gott und gehorcht mir.
127 Ich verlange von euch dafür keinen Lohn. Mein Lohn obliegt nur dem Herrn der Welten.
128 Wollt ihr denn weiter auf jeder Anhöhe ein Wahrzeichen bauen und ein sinnloses Spiel treiben
129 und euch Bauwerke nehmen in der Hoffnung, dass ihr ewig weilen würdet?
130 Und, wenn ihr zugreift, greift ihr gewalttätig zu.
131 So fürchtet Gott und gehorcht mir.
132 Und fürchtet den, der euch beigestanden hat mit dem, was ihr wisst,
133 der euch beigestanden hat mit Vieh und Söhnen,
134 und Gärten und Quellen.
135 Ich fürchte für euch die Pein eines gewaltigen Tages."
136 Sie sagten: „Es ist uns gleich, ob du ermahnst oder ob du nicht zu denen gehörst, die ermahnen.
137 Das hier ist nichts als die Sitte der Früheren.
138 Und wir werden bestimmt nicht gepeinigt werden." **139** So ziehen sie ihn der Lüge. Da ließen Wir sie verderben. Darin ist wahrlich ein Zeichen. Aber die meisten von ihnen sind nicht gläubig.
140 Und dein Herr ist der Mächtige, der Barmherzige.
141[134] Die Thamud ziehen die Gesandten der Lüge.
142 Als ihr Bruder Sālih zu ihnen sagte: „Wollt ihr denn nicht gottesfürchtig sein?
143 Ich bin für euch ein treuer Gesandter.
144 So fürchtet Gott und gehorcht mir.
145 Ich verlange von euch keinen Lohn. Mein Lohn obliegt nur dem Herrn der Welten.
146 Werdet ihr etwa in dem, was hier ist, in Sicherheit gelassen,
147 in Gärten und an Quellen,
148 in Getreidefeldern und Palmen, deren Blütenscheiden zart sind?
149 Und werdet ihr weiter geschickt aus den Bergen Häuser meißeln?
150 So fürchtet Gott und gehorcht mir.
151 Und gehorcht nicht dem Befehl der Maßlosen,
152 die Unheil auf der Erde stiften und keine Besserung bringen."
153 Sie sagten: „Du bist ja einer von denen, die einem Zauber verfallen sind.
154 Du bist nur ein Mensch wie wir. So bring ein Zeichen her, so du zu denen gehörst, die die Wahrheit sagen."
155 Er sagte: „Dies ist eine Kamelstute; sie hat eine Trinkzeit, und ihr habt eine Trinkzeit an einem bestimmten Tag.
156 Und rührt sie nicht mit etwas Bösem an, sonst ergreift euch die Pein eines gewaltigen Tages."
157 Und sie schnitten ihr die Flechsen durch und stachen sie. So wurden sie zu Leuten, die (ihre Tat) bereuen.
158 Da ergriff sie die Pein. Darin ist wahrlich ein Zeichen. Aber die meisten von ihnen sind nicht gläubig.
159 Und dein Herr ist der Mächtige, der Barmherzige.

26,179–189

179 „So fürchtet Gott und gehorcht mir.
180 Ich verlange von euch dafür keinen

[133] 123–140: Vgl. 7,65–72.
[134] 141–159: Vgl. 7,73–79.

Lohn. Mein Lohn obliegt nur dem Herrn der Welten.
181 Gebt volles Maß und seid nicht solche, die Verlust verursachen.
182 Und wägt mit der richtigen Waage.
183 Und zieht den Menschen nicht ab, was ihnen gehört, und verbreitet nicht das Unheil auf der Erde.
184 Und fürchtet den, der euch und die früheren Geschöpfe erschaffen hat."
185 Sie sagen: „Du bist ja einer von denen, die einem Zauber verfallen sind.
186 Du bist nur ein Mensch wie wir. Wir meinen, dass du zu den Lügnern gehörst.
187 Lass doch Stücke vom Himmel auf uns herabfallen, so du zu denen gehörst, die die Wahrheit sagen."
188 Er sagte: „Mein Herr weiß besser, was ihr tut."
189 Sie ziehen ihn der Lüge. Da ergriff sie die Pein des Tages der Überschattung. Es war die Pein eines gewaltigen Tages.

26,193–197
193 … mit ihm ist der treue Geist herabgestiegen
194 auf dein Herz, damit du einer der Warner seist,
195 in deutlicher arabischer Sprache.
196 Und er ist in den Schriften der Früheren (erwähnt).
197 War es ihnen denn nicht ein Zeichen, dass die Gelehrten der Kinder Israels über ihn Bescheid wissen?

26,210–212
210 Nicht die Satane sind mit ihm[135] herabgestiegen;
211 es ziemt ihnen nicht, und sie vermögen es nicht.
212 Sie sind vom Hören ausgeschlossen.

26,216
216 Wenn sie gegen dich ungehorsam sind, dann sprich: „Ich bin unschuldig an dem, was ihr tut."

27,12
12 Und stecke deine Hand in deinen Hemdausschnitt, so kommt sie weiß, jedoch nicht von Übel befallen, heraus. Dies zählt zu neun Zeichen, gerichtet an Pharao und sein Volk. Sie sind ja ein frevlerisches Volk."

27,23–33
23 „Ich habe herausgefunden, dass eine Frau über sie herrscht, dass ihr von allen Dingen zugeteilt worden ist, und dass sie einen gewaltigen Thron hat.
24 Und ich habe herausgefunden, dass sie und ihr Volk vor der Sonne niederfallen, statt vor Gott. Und der Satan hat ihnen ihre Werke verlockend gemacht und sie vom Weg abgewiesen, so dass sie der Rechtleitung nicht folgen,
25 (dies), damit[136] sie nicht vor Gott niederfallen, der das Verborgene in den Himmeln und auf der Herde herausbringt, und weiß, was ihr verbergt, und was ihr offen legt.
26 Gott, es gibt keinen Gott außer Ihm, dem Herrn des majestätischen Thrones."
27 Er sagte: „Wir werden schauen, ob du die Wahrheit sagst oder ob du zu den Lügnern gehörst.
28 Geh mit diesem meinem Schreiben und überbring es ihnen. Dann kehr dich von ihnen ab und schau, was sie erwidern."
39 Sie sagte: „O ihr Vornehmen, mir ist ein edles Schreiben überbracht worden.
30 Es sei von Salomo. Und es lautet: ‚Im Namen Gottes, des Erbarmers, des Barmherzigen.
31 Seid mir gegenüber nicht überheblich und kommt ergeben zu mir.'"
32 Sie sagte: „O ihr Vornehmen, gebt mir Auskunft über meine Angelegenheit. Ich entscheide ja keine Angelegenheit, es sei denn in eurer Gegenwart."

---

[135] mit dem Koran.
[136] Oder: auf dass …

33 Sie sagten: „Wir besitzen eine Streitmacht und besitzen eine starke Schlagkraft. Aber dir gehört es, zu befehlen. So sieh zu, was du befehlen willst."

27,40

40 Der, der Wissen aus dem Buch besaß, sagte: „Ich bringe ihn dir, bevor dein Blick zu dir zurückkehrt." Als er ihn da bei sich stehen sah, sagte er: „Dies ist von der Huld meines Herrn, damit Er mich prüft, ob ich dankbar oder undankbar bin. Und wer dankbar ist, ist dankbar zu seinem eigenen Vorteil. Und wenn einer undankbar ist, so ist mein Herr auf niemanden angewiesen und freigiebig."

27,51–53

51 Schau, wie die Folge ihrer Ränke war: Wir zerstörten sie und ihr Volk allesamt.
52 Da sind ihre Häuser verödet dafür, dass sie Unrecht taten. Darin ist ein Zeichen für Leute, die Bescheid wissen.
53 Und Wir retteten diejenigen, die glaubten und gottesfürchtig waren.

27,57

57 Da retteten Wir ihn und seine Angehörigen, außer seiner Frau. Wir bestimmten, dass sie zu denen gehörte, die zurückblieben und dem Verderben anheim fielen.

27,59–64

59 Sprich: Lob sei Gott! Und Friede sei über seinen Dienern, die Er sich erwählt hat! Ist Gott besser oder das, was sie (Ihm) beigesellen?
60 Oder wer hat die Himmel und die Erde erschaffen und euch vom Himmel Wasser herabkommen lassen? Dadurch haben Wir Gärten wachsen lassen, die Freude bereiten. Ihr hättet unmöglich deren Bäume wachsen lassen können. Gibt es denn einen (anderen) Gott neben Gott? Nein, ihr seid ja Leute, die (Gott andere) gleichsetzen.
61 Oder wer hat die Erde zu einem festen Grund gemacht und Flüsse durch sie gemacht und auf ihr fest gegründete Berge gemacht und zwischen den beiden Meeren eine Schranke gemacht? Gibt es denn einen (anderen) Gott neben Gott? Nein, die meisten von ihnen wissen nicht Bescheid.
62 Oder wer erhört den Bedrängten, wenn er zu Ihm ruft, und behebt das Böse und macht euch zu Nachfolgern auf der Erde? Gibt es denn einen (anderen) Gott neben Gott? Aber ihr bedenkt es wenig.
63 Oder wer führt euch in den Finsternissen des Festlandes und des Meeres (den rechten Weg)? Und wer schickt seiner Barmherzigkeit die Winde als frohe Botschaft voraus? Gibt es denn einen (anderen) Gott neben Gott? Erhaben ist Gott über das, was sie (Ihm) beigesellen.
64 Und wer macht die Schöpfung am Anfang und wiederholt sie? Und wer versorgt euch vom Himmel und von der Erde? Gibt es denn einen (anderen) Gott neben Gott? Sprich: Bringt her euren Beweis, so ihr die Wahrheit sagt.

27,69

69 Sprich: Geht auf der Erde umher und schaut, wie das Ende der Übeltäter war.

27,76–77

76 Dieser Koran erzählt den Kindern Israels das Meiste von dem, worüber sie uneins sind.
77 Und es ist eine Rechtleitung und Barmherzigkeit für die Gläubigen.

27,86

86 Haben sie nicht gesehen, dass Wir die Nacht gemacht haben, damit sie in ihr ruhen, und den Tag, an dem man sehen kann? Darin sind Zeichen für Leute, die glauben.

27,88

88 Und du siehst die Berge: Du meinst, sie stünden fest, während sie wie Wolken vorbeiziehen. (Es ist) das Werk Gottes, der alles sorgfältig gemacht hat. Er hat Kenntnis von dem, was ihr tut.

28,7–13

7 Und Wir gaben der Mutter des Mose ein: „Stille ihn. Und falls du Angst um ihn hast, so leg ihn ins Meer. Hab keine Angst und sei nicht betrübt. Wir werden ihn dir zurückbringen und ihn zu einem der Gesandten machen."

8 Da lasen ihn die Angehörigen Pharaos auf, damit er ihnen ein Feind und Grund zum Kummer sei. Pharao, Hāmān und deren Truppen handelten verfehlt.

9 Die Frau Pharaos sagte: „Er wird für mich und dich ein Grund zur Freude sein. Tötet ihn nicht. Möge er Nutzen bringen, oder vielleicht nehmen wir ihn als Kind an." Dabei merkten sie nicht (was ihnen das bringen würde).

10 Und das Herz der Mutter des Mose war leer.[137] Fast hätte sie ihn offen bekannt gegeben, wenn Wir nicht ihr Herz gefestigt hätten, damit sie zu den Gläubigen gehöre.

11 Und sie sagte zu seiner Schwester: „Folge seiner Spur." Sie beobachtete ihn beiläufig, ohne dass sie es merkten.

12 Nun hatten Wir ihm zuvor Ammenbrüste verwehrt. Da sagte sie: „Soll ich euch auf Hausleute hinweisen, die ihn für euch betreuen und ihm wohlgesinnt sein würden?"

13 So brachten Wir ihn zu seiner Mutter zurück, damit sie durch ihn frohen Mutes und nicht betrübt sei, und sie sollte wissen, dass das Versprechen Gottes wahr ist. Aber die meisten von ihnen wissen nicht Bescheid.

28,17–35

17 Er sagte: „Mein Herr, weil Du mich begnadet hast, werde ich nie den Übeltätern Beistand leisten."

18 Am Morgen war er in der Stadt voller Angst und sah sich immer wieder um. Und siehe, der ihn am Tag zuvor um Unterstützung gebeten hatte, schrie zu ihm um Hilfe. Mose sagte zu ihm: „Du bist offenkundig stark abgeirrt."

19 Als er nun mit Gewalt den greifen wollte, der ihrer beider Feind war, sagte er: „O Mose, willst du denn mich töten, wie du gestern einen Menschen getötet hast? Du willst nichts anderes, als ein Gewalttäter im Land zu sein, und du willst nicht zu denen gehören, die Besserung bringen."

20 Ein Mann kam vom äußersten Ende der Stadt gelaufen. Er sagte: „O Mose, die Vornehmen beraten über dich, um dich zu töten. So geh fort, ich gehöre zu denen, die dir gut raten."

21 Er ging aus ihr fort voller Angst und sah sich immer wieder um. Er sagte: „Mein Herr, errette mich von den Leuten, die Unrecht tun."

22 Und als er sich in Richtung Madyan begab, sagte er: „Möge mein Herr mich den rechten Weg führen!"

23 Als er nun zum Wasser von Madyan kam, fand er dort eine (ganze) Gemeinschaft von Menschen, die (ihr Vieh) tränkten. Und er fand außer ihnen zwei Frauen, die (ihre Tiere) zurückhielten. Er sagte: „Was ist mit euch?" Sie sagten: „Wir tränken (unsere Tiere) nicht, bis die Hirten (ihr Vieh) zurückgetrieben haben. Und unser Vater ist (auch) ein hochbetagter Greis."

24 Da tränkte er ihnen (ihre Tiere). Dann zog er sich zurück in den Schatten und sagte: „Mein Herr, ich bin dessen bedürf-

---

[137] aus Trauer und Verzweiflung – oder: war erleichtert, da sie somit ihr Kind retten konnte.

tig, was Du auch immer an Gutem zu mir herabsendest."
25 Die eine von den beiden kam zu ihm, sie ging verschämt. Sie sagte: „Mein Vater ruft dich, um dir den Lohn dafür zu geben, dass du uns (die Tiere) getränkt hast." Als er zu ihm kam und ihm die Geschichte erzählte, sagte er: „Hab keine Angst. Du bist den Leuten entkommen, die Unrecht tun."
26 Die eine von den beiden sagte: „O mein Vater, dinge ihn. Der Beste, den du dingen kannst, ist der, der stark und vertrauenswürdig ist."
27 Er sagte: „Ich will dir eine dieser meiner beiden Töchter zur Frau geben unter der Bedingung, dass du acht Jahre in meinen Dienst trittst. Wenn du sie aber auf zehn voll machst, so ist das deine Entscheidung. Ich will gegen dich keine Härte zeigen. Du wirst, so Gott will, finden, dass ich zu den Rechtschaffenen gehöre."
28 Er sagte: „Dies sei zwischen mir und dir abgemacht. Welche der beiden Fristen ich auch erfülle, es darf keine Übertretung gegen mich geben. Und Gott ist Sachwalter über das, was wir sagen."
29 Als Mose die Frist erfüllte und mit seinen Angehörigen fortzog, nahm er auf der Seite des Berges ein Feuer wahr. Er sagte zu seinen Angehörigen: „Bleibt hier. Ich habe ein Feuer wahrgenommen. Vielleicht kann ich euch davon eine Nachricht oder einen Scheit aus dem Feuer bringen, so dass ihr euch wärmen könnt."
30 Als er dort ankam, wurde ihm vom rechten Ufer des Tals im gesegneten Land aus dem Baum zugerufen: „O Mose, wahrlich, Ich bin Gott, der Herr der Welten.
31 Und wirf deinen Stab." Als er nun sah, dass er sich schüttelte, als wäre er eine flinke Schlange, kehrte er den Rücken und wandte sich nicht mehr um. – „O Mose, komm her und hab keine Angst. Du sollst zu denen gehören, die in Sicherheit sind.
32 Und stecke deine Hand in deinen Hemdausschnitt, so kommt sie weiß, jedoch nicht von Übel befallen, heraus. Und zieh deinen Arm an dich weg vom Schreck[138]. Das sind zwei Beweise von deinem Herrn, gerichtet an Pharao und seine Vornehmen. Sie sind ja ein frevlerisches Volk."
33 Er sagte: „Mein Herr, ich habe einen von ihnen getötet. So fürchte ich, dass sie mich töten.
34 Auch hat mein Bruder Aaron eine redegewandtere Zunge. So sende ihn mit mir zur Unterstützung, dass er mich bestätige. Ich fürchte, dass sie mich der Lüge zeihen."
35 Er sprach: „Wir werden deinen Arm durch deinen Bruder festigen, und Wir erteilen euch beiden eine Ermächtigung, so dass sie nicht zu euch gelangen können. (Geht also) mit unseren Zeichen. Ihr und diejenigen, die euch folgen, werden die Sieger sein."

28,38
38 Und Pharao sagte: „O ihr Vornehmen, ich weiß euch keinen anderen Gott als mich. So entfache mir, o Hāmān, einen Brand auf Lehm, und mache mir einen offenen Hochbau, auf dass ich zum Gott des Mose emporsteige. Siehe, ich meine, dass er zu den Lügnern gehört."

28,40
40 Da ergriffen Wir ihn und seine Truppen und warfen sie ins Meer. So schau, wie das Ende derer war, die Unrecht tun.

---

[138] aus Erschrecken vor dem Zeichen an seiner Hand – oder: vor seinem in eine Schlange verwandelten Stab. – Andere Übersetzung: aus Entschlossenheit und zur Überwindung deiner Angst.

28,43
43 Und Wir ließen Mose das Buch zukommen, nachdem Wir die früheren Generationen haben verderben lassen, als Einsicht bringende Zeichen für die Menschen und als eine Rechtleitung und Barmherzigkeit, auf dass sie es bedenken.

28,48–49
48 Als nun von Uns her die Wahrheit zu ihnen kam, sagten sie: „Wäre ihm doch das Gleiche zugekommen, was Mose zugekommen ist!" Haben sie denn nicht das verleugnet, was zuvor Mose zugekommen ist? Sie sagten: „Zwei Zauberwerke, die einander beistehen." Und sie sagten: „Wir verleugnen sie alle beide."
49 Sprich: Dann bringe ein Buch von Gott bei, das eine bessere Rechtleitung enthält als diese beiden, so will ich ihm folgen, wenn ihr die Wahrheit sagt.

28,53–56
53 Und wenn er ihnen verlesen wird, sagen sie: „Wir glauben an ihn. Es ist die Wahrheit von unserem Herrn. Wir waren schon vor ihm gottergeben."
54 Diese erhalten ihren Lohn zweifach dafür, dass sie geduldig waren. Und sie wehren das Böse mit dem Guten ab und spenden von dem, was Wir ihnen beschert haben.
55 Und wenn sie unbedachte Rede hören, wenden sie sich davon ab und sagen: „Wir haben unsere Werke und ihr habt eure Werke (zu verantworten). Friede sei über euch! Wir suchen nicht den Umgang mit den Törichten."
56 Du kannst nicht rechtleiten, wen du gern möchtest. Gott ist es, der rechtleitet, wen Er will. Er weiß besser, wer der Rechtleitung folgt.

28,60
60 Und was immer euch zuteil geworden ist, ist Nutznießung und Schmuck des diesseitigen Lebens. Was aber bei Gott ist, ist besser und beständiger. Habt ihr denn keinen Verstand?

28,80
80 Und diejenigen, denen das Wissen zugekommen war, sagten: „Wehe euch! Der Lohn Gottes ist besser für den, der glaubt und Gutes tut. Und es[139] wird nur den Geduldigen dargeboten."

28,84–85
84 Wer mit einer guten Tat kommt, erhält etwas Besseres als sie. Wenn aber einer mit einer schlechten Tat kommt, so wird denen, die böse Taten begehen, nur das vergolten, was sie zu tun pflegten.
85 Der dir den Koran verpflichtend gemacht hat, wird dich zu einem Ort der Wiederkehr zurückkehren lassen. Sprich: Mein Herr weiß besser, wer die Rechtleitung bringt und wer sich in einem offenkundigen Irrtum befindet.

28,88
88 Und rufe neben Gott keinen anderen Gott an. Es gibt keinen Gott außer Ihm. Alle Dinge werden untergehen, nur sein Antlitz nicht. Ihm gehört das Urteil, und zu Ihm werdet ihr zurückgebracht.

29,2–3
2 Meinen die Menschen, dass sie in Ruhe gelassen werden, nur weil sie sagen: „Wir glauben", ohne dass sie der Versuchung ausgesetzt werden?
3 Wir haben schon diejenigen, die vor ihnen lebten, der Versuchung ausgesetzt. Gott wird gewiss in Erfahrung bringen, wer die Wahrheit sagt, und Er wird gewiss in Erfahrung bringen, wer die Lügner sind.

29,8
8 Und Wir haben dem Menschen aufgetragen, seine Eltern gut zu behandeln.

---

[139] das Paradies.

Wenn sie dich aber bedrängen, Mir das beizugesellen, wovon du kein Wissen hast, dann gehorche ihnen nicht. Zu Mir wird eure Rückkehr sein, da werde Ich euch kundtun, was ihr zu tun pflegtet.

29,16–27

16 Und (Wir sandten) Abraham[140]. Als er zu seinem Volk sagte: „Dienet Gott und fürchtet Ihn. Das ist besser für euch, so ihr Bescheid wisst.

17 Ihr dient an Stelle Gottes Götzen und schafft (dabei) nur Lüge. Die, denen ihr an Stelle Gottes dient, können euch keinen Lebensunterhalt bringen. So sucht den Lebensunterhalt bei Gott und dienet Ihm und danket Ihm. Zu Ihm werdet ihr zurückgebracht.

18 Und wenn ihr (die Botschaft) für Lüge erklärt, so haben vor euch (manche) Gemeinschaften (sie) für Lüge erklärt. Und dem Gesandten obliegt nur die deutliche Ausrichtung (der Botschaft)."

19 Haben sie denn nicht gesehen, wie Gott die Schöpfung am Anfang macht und sie dann wiederholt? Dies ist für Gott ein Leichtes.

20 Sprich: Geht auf der Erde umher und schaut, wie Er die Schöpfung am Anfang gemacht hat. Dann lässt Gott die letzte Schöpfung entstehen. Gott hat Macht zu allen Dingen.

21 Er peinigt, wen Er will, und Er erbarmt sich, wessen Er will. Und zu Ihm werdet ihr zurückgebracht.

22 Und ihr könnt weder auf der Erde noch im Himmel etwas vereiteln. Und ihr habt außer Gott weder Freund noch Helfer.

23 Und diejenigen, die die Zeichen Gottes und der Begegnung mit Ihm verleugnen, diese haben die Hoffnung auf meine Barmherzigkeit verloren, und für sie ist eine schmerzhafte Pein bestimmt.

24 Die Antwort seines[141] Volkes war nur, dass sie sagten: „Tötet ihn oder verbrennt ihn." Da rettete ihn Gott aus dem Feuer. Darin sind Zeichen für Leute, die glauben.

25 Und er sagte: „Ihr habt euch ja an Stelle Gottes Götzen genommen aus Liebe zueinander im diesseitigen Leben. Aber dann, am Tag der Auferstehung, verleugnet ihr einander und verflucht ihr einander. Eure Heimstätte ist das Feuer, und ihr werdet keine Helfer haben."

26 Da glaubte Lot ihm und sagte: „Ich wandere zu meinem Herrn aus. Er ist der Mächtige, der Weise." **27** und Wir schenkten ihm[142] Isaak und Jakob und ließen in seiner Nachkommenschaft die Prophetie und das Buch auftreten, und Wir ließen ihm seinen Lohn im Diesseits zukommen. Und im Jenseits gehört er zu den Rechtschaffenen.

29,44

44 Gott hat die Himmel und die Erde in Wahrheit erschaffen. Darin ist ein Zeichen für die Gläubigen.

29,46

46 Und streitet mit den Leuten des Buches nur auf die beste Art, mit Ausnahme derer von ihnen, die Unrecht tun. Und sagt: „Wir glauben an das, was zu uns herabgesandt und zu euch herabgesandt wurde. Unser Gott und euer Gott ist einer. Und wir sind Ihm ergeben."

29,49–51

49 Nein, es enthält deutliche Zeichen in der Brust derer, denen das Wissen zugekommen ist. Und nur die, die Unrecht tun, verleugnen unsere Zeichen.

50 Und sie sagen: „Wenn doch Zeichen von seinem Herrn auf ihn herabgesandt würden!" Sprich: Über die Zeichen verfügt Gott. Ich aber bin nur ein deutlicher Warner.

---

[140] Vgl. 6,74–84.

[141] des Abraham.

[142] Abraham.

51 Genügt es ihnen denn nicht, dass Wir das Buch auf dich hinabgesandt haben, das ihnen verlesen wird? Darin ist eine Barmherzigkeit und eine Ermahnung für Leute, die glauben.

29,58–59

58 Diejenigen, die glauben und die guten Werke tun, werden Wir im Paradies in Obergemächer einweisen, unter denen Bäche fließen; darin werden sie ewig weilen. Vorzüglich ist der Lohn derer, die (gut) handeln,

59 die geduldig sind und auf ihren Herrn vertrauen.

29,61

61 Und wenn du sie fragst, wer die Himmel und die Erde erschaffen und die Sonne und den Mond dienstbar gemacht hat, sagen sie bestimmt: „Gott." Wie leicht lassen sie sich doch abwenden!

29,65

65 Wenn sie in ein Schiff einsteigen, rufen sie Gott an, wobei sie Ihm gegenüber aufrichtig in der Religion sind. Kaum hat Er sie ans Land errettet, da gesellen sie (Ihm wieder andere) bei …

30,2–5

2 Die Byzantiner sind besiegt worden

3 im nächstliegenden Land. Aber sie werden nach ihrer Niederlage selbst siegen,

4 in einigen Jahren.[143] Gott gehört der Befehl vorher und nachher. An jenem Tag werden die Gläubigen sich freuen

5 über die Unterstützung Gottes. Gott unterstützt, wen Er will. Und Er ist der Mächtige, der Barmherzige.

30,9

9 Sind sie nicht auf der Erde umhergegangen und haben geschaut, wie das Ende derer war, die vor ihnen lebten? Sie hatten eine stärkere Kraft als sie, pflügten und bebauten das Land noch mehr, als sie es bebauten. Und ihre Gesandten kamen zu ihnen mit den deutlichen Zeichen. Nicht Gott hat ihnen Unrecht getan, sondern sie haben sich selbst Unrecht getan.

30,11

11 Gott macht die Schöpfung am Anfang, und dann wiederholt Er sie. Dann werdet ihr zu Ihm zurückgebracht.

30,17–25

17 Preis sei Gott, wenn ihr den Abend und wenn ihr den Morgen erreicht!

18 Und Lob sei Ihm in den Himmeln und auf der Erde, am Abend, und wenn ihr den Mittag erreicht!

19 Er bringt das Lebendige aus dem Toten, und Er bringt das Tote aus dem Lebendigen hervor. Und Er belebt die Rede nach ihrem Absterben. Und so werdet auch ihr hervorgebracht.

20 Und es gehört zu seinen Zeichen, dass Er euch aus Erde erschaffen hat, da waret ihr Menschen, die sich ausbreiten.

21 Und es gehört zu seinen Zeichen, dass Er euch aus euch selbst Gattinnen erschaffen hat, damit ihr bei ihnen wohnet. Und Er hat Liebe und Barmherzigkeit zwischen euch gemacht. Darin sind Zeichen für Leute, die nachdenken.

22 Zu seinen Zeichen gehört die Erschaffung der Himmel und der Erde, und auch die Verschiedenheit eurer Sprachen und Arten. Darin sind Zeichen für die Wissenden.

23 Und zu seinen Zeichen gehört euer Schlaf, und auch euer Streben nach etwas von seiner Huld, und (dies) in der Nacht und am Tag. Darin sind Zeichen für Leute, die hören.

---

[143] Die Byzantiner wurden von den Persern geschlagen und verloren Damaskus (613) und Jerusalem (614). Aber Heraklius führte einen Feldzug gegen die Perser (622–627), der mit einem großen Sieg bei Ninive endete (627).

24 Und es gehört zu seinen Zeichen, dass Er euch den Blitz als Grund zur Angst und zum Begehren[144] sehen lässt, und dass Er Wasser vom Himmel herabkommen lässt und damit die Erde nach ihrem Absterben belebt. Darin sind Zeichen für Leute, die Verstand haben.
25 Und es gehört zu seinen Zeichen, dass der Himmel und die Erde durch seinen Befehl bestehen. Dann, wenn Er euch mit einem Ruf aus der Erde ruft, da kommt ihr hervor.

30,30–31

30 Und richte dein Gesicht auf die Religion als Anhänger des reinen Glaubens. Das ist die Schöpfung Gottes, die Er für die Menschen festgelegt hat. Die Schöpfung Gottes kann nicht abgeändert werden. Das ist die richtige Religion. Aber die meisten Menschen wissen nicht Bescheid.
31 (Haltet daran fest), indem ihr euch Ihm reumütig zuwendet, und fürchtet Ihn und verrichtet das Gebet. Und ihr sollt nicht zu den Polytheisten gehören …

30,36

36 Und wenn Wir die Menschen Barmherzigkeit kosten lassen, freuen sie sich darüber. Wenn sie aber etwas Böses trifft für das, was ihre Hände vorausgeschickt haben, geben sie gleich die Hoffnung auf.

30,38–39

38 Lass dem Verwandten sein Recht zukommen, ebenso dem Bedürftigen und dem Reisenden. Das ist besser für die, die das Antlitz Gottes suchen. Das sind die, denen es wohl ergeht.
39 Und was ihr auf Zins ausleiht, damit es sich aus dem Vermögen der Menschen vermehre, es vermehrt sich bei Gott nicht. Und was ihr an Almosen gebt in der Suche nach dem Antlitz Gottes … – das sind die, die das Doppelte[145] erzielen.

30,41–45

41 Unheil ist auf dem Festland und auf dem Meer erschienen aufgrund dessen, was die Hände der Menschen erworben haben. Er will sie damit einiges kosten lassen von dem, was sie getan haben, auf dass sie (dann) umkehren.
42 Sprich: Geht auf der Erde umher und schaut, wie das Ende derer war, die früher lebten. Die meisten von ihnen waren Polytheisten.
43 Richte nun dein Gesicht auf die richtige Religion, bevor ein Tag kommt, der von Gott nicht zurückgewiesen wird. An jenem Tag werden sie sich (in Gruppen) spalten.
44 Wer ungläubig ist, dessen Unglaube lastet auf ihm. Und diejenigen, die Gutes tun, bereiten sich selbst die Lagerstätte vor,
45 dass Er denen, die glauben und die guten Werke tun, aus seiner Huld vergelte. Er liebt nicht die Ungläubigen.

30,50

50 Schau auf die Spuren der Barmherzigkeit Gottes, wie Er die Erde nach ihrem Absterben wieder belebt. Ein solcher (Gott) kann wahrlich (auch) die Toten wieder lebendig machen. Und Er hat Macht zu allen Dingen.

31,2–3

2 Dies sind die Zeichen des weisen Buches,
3 eine Rechtleitung und Barmherzigkeit für die Rechtschaffenen,

31,8–9

8 Für diejenigen, die glauben und die guten Werke tun, sind die Gärten der Wonne bestimmt;
9 darin werden sie ewig weilen. Dies ist

---

[144] Verlangen nach dem belebenden Regen.
[145] Oder: das Vielfache.

das Versprechen Gottes in Wahrheit. Und Er ist der Mächtige, der Weise.

31,13
13 Und als Luqmān zu seinem Sohn sagte, indem er ihn ermahnte: „O mein lieber Sohn, geselle Gott nichts bei. Die Beigesellung ist ein gewaltiges Unrecht."

31,15
15 Wenn sie dich bedrängen, Mir das beizugesellen, wovon du kein Wissen hast, dann gehorche ihnen nicht. Und geh mit ihnen im Diesseits in rechtlicher Weise um. Und folge dem Weg derer, die sich Mir reumütig zuwenden. Zu Mir wird dann eure Rückkehr sein, da werde Ich euch kundtun, was ihr zu tun pflegtet.

31,18
18 Und zeige den Menschen nicht hochnäsig die Wange, und schreite nicht unbekümmert auf der Erde umher. Gott liebt niemanden, der eingebildet und prahlerisch ist.

31,20
20 Habt ihr nicht gesehen, dass Gott euch das, was in den Himmeln und auf der Erde ist, dienstbar gemacht hat, und dass Er über euch seine Gnade ausgegossen hat äußerlich und innerlich? Und unter den Menschen gibt es welche, die über Gott streiten ohne (richtiges) Wissen, ohne Rechtleitung und ohne erleuchtendes Buch.

31,22
22 Wer sich Gott völlig hingibt und dabei rechtschaffen ist, der hält sich an der festesten Handhabe. Und zu Gott führt das Ende der Angelegenheiten.

32,6–7
6 Jener ist der, der über das Unsichtbare und das Offenbare Bescheid weiß, der Mächtige, der Barmherzige,
7 der alles, was Er erschaffen hat, gut gemacht hat. Zuerst erschuf Er den Menschen aus Ton,

32,9
9 Dann formte Er ihn und blies ihm von seinem Geist ein. Und Er machte euch Gehör, Augenlicht und Herz. Ihr seid aber wenig dankbar.

32,11
11 Sprich: Abberufen wird euch der Engel des Todes, der mit euch betraut ist. Dann werdet ihr zu eurem Herrn zurückgebracht.

32,15
15 Nur die glauben an unsere Zeichen, die, wenn sie damit ermahnt werden, in Anbetung niederfallen und das Lob ihres Herrn singen, und die nicht hochmütig sind.

32,19
19 Diejenigen, die glauben und die guten Werke tun, erhalten die Gärten der Heimstätte als Herberge für das, was sie zu tun pflegten.

32,25–30
25 Wahrlich, dein Herr wird am Tag der Auferstehung zwischen ihnen über das entscheiden, worüber sie uneins waren.
26 Ist es ihnen nicht deutlich geworden, wie viele Generationen, in deren Wohnungen sie nun schreiten, Wir vor ihnen haben verderben lassen? Darin sind Zeichen. Wollen sie denn nicht hören?
27 Haben sie nicht gesehen, dass Wir das Wasser zum dürren Land treiben und dadurch Getreide hervorbringen, das ihr Vieh und sie selbst verzehren? Wollen sie denn nicht einsichtig sein?
28 Und sie sagen: „Wann wird dieser Richterspruch eintreten, so ihr die Wahrheit sagt?"
29 Sprich: Am Tag des Richterspruchs

wird denen, die ungläubig waren, ihr Glaube nicht (mehr) nützen. Und ihnen wird kein Aufschub gewährt.
30 So wende dich ab von ihnen und warte ab. Sie warten auch selbst ab.

33,4

4 Gott hat keinem Mann zwei Herzen in seinem Inneren gemacht. Und Er hat eure Gattinnen, von denen ihr euch durch den Rückenspruch[146] trennt, nicht (wirklich) zu euren Müttern gemacht. Und Er hat eure Adoptivsöhne nicht (wirklich) zu euren Söhnen gemacht. Das ist eure Rede aus eurem Munde. Aber Gott sagt die Wahrheit, und Er führt den (rechten) Weg.

33,7

7 Und als Wir von den Propheten ihre Verpflichtung entgegennahmen, und auch von dir und von Noach, Abraham, Mose und Jesus, dem Sohn Marias. Wir nahmen von ihnen eine schwere Verpflichtung entgegen.

33,9

9 O ihr, die ihr glaubt, gedenket der Gnade Gottes zu euch, als Truppen zu euch kamen.[147] Da sandten Wir gegen sie einen Wind und auch Truppen, die ihr nicht sehen konntet. Und Gott sieht wohl, was ihr tut.

33,17

17 Sprich: Wer ist es denn, der euch vor Gott schützen könnte, wenn Er euch Böses will oder wenn Er euch Barmherzigkeit (erweisen) will? Und sie werden für sich außer Gott weder Freund noch Helfer finden.

33,18–19

18 Gott kennt wohl diejenigen von euch, die (die anderen) behindern und die zu ihren Brüdern sagen: „Kommt her zu uns." Und sie lassen sich nur wenig auf den Kampf ein
19 und sind dabei geizig euch gegenüber. Wenn aber die Angst sich einstellt, siehst du, wie sie zu dir mit kreisenden Augen blicken wie einer, der vor dem Tod ohnmächtig wird. Ist dann die Angst vorüber, verbrühen sie euch mit scharfen Zungen aus Gier nach dem (erbeuteten) Gut. Das sind keine Gläubigen. Gott macht ihre Werke wertlos. Und dies ist Gott ein Leichtes.

33,21

21 Ihr habt im Gesandten Gottes ein schönes Vorbild, (und zwar) für jeden, der auf Gott und den Jüngsten Tag hofft und Gottes viel gedenkt.

33,29

29 Und wenn ihr Gott und seinen Gesandten und die jenseitige Wohnstätte begehrt, so hat Gott für die Rechtschaffenen von euch einen großartigen Lohn bereitet.

33,33–36

33 Haltet euch in euren Häusern auf. Und stellt nicht euren Schmuck zur Schau wie in der Zeit der früheren Unwissenheit. Verrichtet das Gebet und entrichtet die Abgabe und gehorcht Gott und seinem Gesandten. Gott will die Unreinheit von euch entfernen, die Leute des Hauses, und euch völlig rein machen.
34 Und gedenkt dessen, was von den Zeichen Gottes und von der Weisheit in euren Häusern verlesen wird. Gott ist feinfühlig und hat Kenntnis von allem.
35 Für die muslimischen Männer und

---

[146] Diese Formel der Scheidung lautet: „Du sollst mir wie der Rücken meiner Mutter sein", d. h. verwehrt, und so soll zwischen uns keine eheliche Gemeinschaft mehr bestehen. Vgl. 58,2.

[147] In den Versen 9–27 wird an den Grabenkrieg um Medina und an die Vernichtung des jüdischen Stammes Quraya (im Jahr 627) erinnert.

Frauen, Männer und Frauen, die gläubig, ergeben, wahrhaftig, geduldig, demütig sind, die Almosen geben, fasten, ihre Scham bewahren und Gottes viel gedenken – für sie hat Gott Vergebung und einen großartigen Lohn bereitet.
36 Ein Gläubiger oder eine Gläubige darf, wenn Gott und sein Gesandter eine Angelegenheit entschieden haben, nicht die Möglichkeit haben, in ihrer Angelegenheit frei zu wählen. Und wer wegen Gott und seinen Gesandten ungehorsam ist, der befindet sich in einem offenkundigen Irrtum.

33,40–41
40 Muhammad ist nicht der Vater irgendeines von euren Männern, sondern der Gesandte Gottes und das Siegel der Propheten. Und Gott weiß über alle Dinge Bescheid.
41 O ihr, die ihr glaubt, gedenket Gottes in häufigem Gedenken.

33,59
59 O Prophet, sag deinen Gattinnen und deinen Töchtern und den Frauen der Gläubigen, sie sollen etwas von ihrem Überwurf über sich herunterziehen. Das bewirkt eher, dass sie erkannt werden und dass sie nicht belästigt werden. Und Gott ist voller Vergebung und barmherzig.

33,62
62 So war das beispielhafte Verfahren Gottes mit denen, die vorher dahingegangen sind. Und du wirst im Verfahren Gottes keine Veränderung finden.

33,64–66
64 Gott hat die Ungläubigen verflucht, und Er hat für sie einen Feuerbrand bereitet;
65 darin werden sie auf immer ewig weilen; und sie werden weder Freund noch Helfer finden. **66** Am Tag, da ihre Gesichter im Feuer gewendet werden, sagen sie: „O hätten wir doch Gott gehorcht und hätten wir doch dem Gesandten gehorcht!"

33,70–72
70 O ihr, die ihr glaubt, fürchtet Gott und sprecht zutreffende Worte,
71 dann lässt Er eure Werke als gut gelten und vergibt euch eure Sünden. Und wer Gott und seinem Gesandten gehorcht, der erringt einen großartigen Erfolg.
72 Wir haben das Vertrauenspfand[148] den Himmeln und der Erde und den Bergen angeboten, sie aber weigerten sich, es zu tragen, sie waren erschrocken davor. Der Mensch trug es – er tut wirklich Unrecht und ist sehr töricht.

34,10
10 Und Wir ließen David eine Huld von Uns zukommen. – „Ihr Berge, singt Kehrverse mit ihm, und auch ihr Vögel." Und Wir machten für ihn das Eisen geschmeidig.

34,13
13 Sie machten ihm, was er wollte an Heiligtümern, Bildwerken, Schüsseln wie Trögen und feststehenden Kesseln. – „Verrichtet, ihr Sippe Davids, eure Arbeit in Dankbarkeit." Ja, nur wenige von meinen Dienern sind dankbar.

34,20–25
20 Wahrlich, Iblis fand seine Meinung von ihnen bestätigt. Sie folgten ihm, mit Ausnahme eines Teils der Gläubigen.
21 Und er hatte keine Macht über sie. Es geschah nur, damit Wir feststellen, wer an das Jenseits glaubt, und (ihn unterscheiden) von dem, der darüber Zweifel hegt. Dein Herr ist Hüter aller Dinge.
22 Sprich: Ruft die an, die ihr an Stelle

[148] Ist es die Rechtschaffenheit, das Gesetz oder einfach das Leben?

Gottes angeht. Sie verfügen nicht einmal über das Gewicht eines Stäubchens, weder in den Himmeln noch auf der Erde. Und sie haben an ihnen beiden keinen Anteil. Und Er hat unter ihnen keinen, der Ihm Beistand leisten könnte.
23 Auch nützt bei Ihm die Fürsprache nicht, außer wenn Er es jemandem erlaubt. Wenn dann die Angst von ihrem Herzen entfernt worden ist, sagen sie: „Was hat euer Herr gesagt?" Sie sagen: „Die Wahrheit." Und Er ist der Erhabene, der Große.
24 Sprich: Wer versorgt euch von den Himmeln und der Erde? Sprich: Gott. Entweder wir folgen einer Rechtleitung oder ihr, oder wir befinden uns in einem offenkundigen Irrtum oder ihr.
25 Sprich: Ihr habt nicht zu verantworten, was wir verübt haben, und wir haben nicht zu verantworten, was ihr tut.

34,34–37
34 Und Wir haben in keine Stadt einen Warner gesandt, ohne dass die, die in ihr üppig lebten, gesagt hätten: „Das, womit ihr gesandt seid, das verleugnen wir."
35 Und sie sagen: „Wir haben mehr Vermögen und Kinder. Und wir werden gewiss nicht gepeinigt werden." **36** Sprich: Mein Herr teilt den Lebensunterhalt großzügig, wem Er will, und auch bemessen zu. Aber die meisten Menschen wissen nicht Bescheid.
37 Es ist nicht euer Vermögen, und es sind auch nicht eure Kinder, die euch Zutritt in unsere Nähe verschaffen, mit Ausnahme derer, die glauben und Gutes tun. Diese erhalten einen doppelten Lohn für das, was sie getan haben, und sie werden in den Obergemächern in Sicherheit sein.

34,47
47 Was ich auch immer an Lohn hätte verlangen können, das gehört euch. Mein Lohn obliegt Gott allein. Und er ist Zeuge über alle Dinge.

35,1
1 Lob sei Gott, dem Schöpfer der Himmel und der Erde, der die Engel zu Boten gemacht hat mit Flügeln, je zwei, drei und vier! Er fügt der Schöpfung hinzu, was Er will. Gott hat Macht zu allen Dingen.

35,3
3 O ihr Menschen, gedenket der Gnade Gottes zu euch. Gibt es denn einen anderen Schöpfer als Gott, der euch vom Himmel und von der Erde versorgt? Es gibt keinen Gott außer Ihm. Wie leicht lasst ihr euch doch abwenden!

35,6
6 Der Satan ist euch ein Feind. So nehmt auch ihr ihn euch zum Feind. Er ruft ja seine Anhänger dazu, zu den Gefährten des Feuerbrandes zu gehören.

35,8
8 Soll der, dem sein böses Tun verlockend gemacht worden ist und der es dann auch schön findet, (rechtgeleitet sein)? Gott führt irre, wen Er will, und Er leitet recht, wen Er will. So soll deine Seele nicht über sie in Bedauern zergehen. Gott weiß, was sie machen.

35,11
11 Und Gott hat euch aus Erde, dann aus einem Tropfen erschaffen und euch dann zu Paaren gemacht. Kein Weib wird schwanger oder kommt nieder, es sei denn mit seinem Wissen. Und keinem, der alt wird, wird das Altwerden oder eine Verkürzung seiner Lebenszeit zuteil, ohne dass es in einem Buch stünde. Dies ist Gott ein Leichtes.

35,23–24
23 Du bist nur ein Warner.
24 Wir haben dich mit der Wahrheit gesandt als Freudenboten und als Warner. Und es gibt keine Gemeinschaft, bei der nicht früher ein Warner aufgetreten wäre.

35,31–33
31 Und was Wir dir vom Buch offenbart haben, ist die Wahrheit als Bestätigung dessen, was vor ihm vorhanden war. Gott hat Kenntnis von seinen Dienern, und Er sieht sie wohl.
32 Dann haben Wir das Buch denen von unseren Dienern, die Wir auserwählt haben, zum Erbe gegeben. Manch einer von ihnen tut sich selbst Unrecht, manch anderer von ihnen zeigt einen maßvollen Wandel, und manch anderer von ihnen ist (sogar) im Wettlauf nach den guten Dingen (den anderen) voraus mit der Erlaubnis Gottes. Das ist die große Huld:
33 die Gärten von Eden, in die sie eingehen. Geschmückt werden sie mit Armringen aus Gold und mit Perlen, und ihre Kleidung darin ist aus Seide.

35,38–39
38 Gott ist der, der das Unsichtbare der Himmel und der Erde weiß. Er weiß über das innere Geheimnis Bescheid.
39 Er ist es, der euch zu aufeinander folgenden Generationen auf der Erde gemacht hat. Wer nun ungläubig ist, dessen Unglaube lastet auf ihm. Und den Ungläubigen bringt ihr Unglaube bei ihrem Herrn nur noch mehr Abscheu. Und den Ungläubigen bringt ihr Unglaube nur noch mehr Verlust.

35,42–43
42 Und sie haben bei Gott ihren eifrigsten Eid geschworen, sie würden, wenn ein Warner zu ihnen käme, treuer der Rechtleitung folgen als irgendeine von den Gemeinschaften. Als dann aber ein Warner zu ihnen kam, mehrte es in ihnen nur noch die Abneigung,
43 da sie sich auf der Erde hochmütig verhielten und böse Ränke schmiedeten. Aber die bösen Ränke umschließen nur ihre Urheber. Erwarten sie denn (für sich) etwas anderes als die Art, wie mit den Früheren verfahren wurde? Du wirst bei dem Verfahren Gottes keine Veränderung finden, und du wirst bei dem Verfahren Gottes keine Verwandlung finden.

36,17–19
17 „Und uns obliegt nur die deutliche Ausrichtung (der Botschaft)."
18 Sie sagten: „Wir sehen in euch ein böses Omen. Wenn ihr nicht aufhört, werden wir euch bestimmt steinigen, und euch wird bestimmt eine schmerzhafte Pein von uns treffen."
19 Sie sagten: „Euer Omen ist bei euch selbst. (Redet ihr denn so,) wenn ihr ermahnt werdet? nein, ihr seid eher maßlose Leute."

36,31
31 Haben sie denn nicht gesehen, wie viele Generationen Wir vor ihnen haben verderben lassen, und dass sie zu ihnen nicht zurückkehrten?

36,33–40
33 Und ein Zeichen ist für sie die abgestorbene Erde. Wir haben sie belebt und aus ihr Körner hervorgebracht, von denen sie essen.
34 Und Wir haben auf ihr Gärten von Palmen und Weinstöcken angelegt und auf ihr Quellen hervorbrechen lassen,
35 damit sie von ihren Früchten essen können. Nicht ihre Hände haben sie geschaffen. Wollen sie denn nicht dankbar sein?
36 Preis sei dem, der die Paare alle erschaffen hat: bei dem, was die Erde wachsen lässt, bei ihnen selbst und bei dem, was sie nicht wissen!
37 Und ein Zeichen ist für sie die Nacht. Wir ziehen von ihr den Tag weg, und schon befinden sie sich im Dunkeln.
38 Und die Sonne läuft zu einem für sie bestimmten Aufenthaltsort. Das ist das Dekret dessen, der mächtig ist und Bescheid weiß.
39 Und den Mond haben

Wir in Stationen gemessen, bis er abnimmt und wie ein alter Palmstiel wird.
40 Weder darf die Sonne den Mond einholen noch kommt die Nacht dem Tag zuvor. Und jedes Gestirn nimmt seinen Lauf in einer (eigenen) Sphäre.

36,54
54 „Heute wird niemandem irgendein Unrecht getan. Und euch wird nur das vergolten, was ihr zu tun pflegtet."

36,57
57 Sie haben darin Früchte, und sie haben, was sie für sich wünschen.

36,60–61
60 Habe Ich euch, o ihr Kinder Adams, nicht auferlegt, ihr sollt nicht dem Satan dienen – er ist euch ja ein offenkundiger Feind –,
61 ihr sollt Mir dienen – das ist ein gerader Weg?

36,69–72
69 Und Wir haben ihn nicht das Dichten gelehrt, und es ziemt ihm nicht. Das ist doch nur eine Ermahnung und ein deutlicher Koran,
70 damit er diejenigen warne, die (da) leben, und der Spruch fällig werde gegen die Ungläubigen.
71 Haben sie denn nicht gesehen, dass Wir ihnen unter dem, was unsere Hände gemacht haben, Herdentiere erschaffen haben, über die sie verfügen?
72 Und Wir haben sie ihnen unterworfen. Einige von ihnen dienen ihnen als Reittiere, von anderen können sie essen.

36,77
77 Hat denn der Mensch nicht gesehen, dass Wir ihn aus einem Tropfen erschaffen haben, und doch ist er ein offenkundiger Widerstreiter.

36,82
82 Sein Befehl, wenn Er etwas will, ist, dazu nur zu sagen: Sei! und es ist.

37,4–15
4 Euer Gott ist ein Einziger,
5 der Herr der Himmel und der Erde und dessen, was dazwischen ist, und der Herr der östlichen Gegenden.
6 Wir haben den untersten Himmel mit einem Schmuck geziert: mit den Sternen.
7 Und dies zum Schutz vor jedem rebellischen Satan.
8 So können sie[149] der obersten Ratsversammlung nicht lauschen, und sie werden von allen Seiten beworfen,
9 damit sie zurückgestoßen werden – und für sie ist eine ständige Pein bestimmt –,
10 außer dem, der etwas aufschnappt und den dann eine leuchtende Sternschnuppe verfolgt. **11** Frag sie doch um ihre Meinung: Ist es etwa schwerer, sie zu erschaffen, als die, die Wir (sonst) erschaffen haben? Wir haben sie ja aus haftendem Ton erschaffen.
12 Nein, du wunderst dich[150], sie aber höhnen.
13 Und wenn sie ermahnt werden, bedenken sie es nicht.
14 Und wenn sie ein Zeichen sehen, verhöhnen sie es miteinander.
15 Und sie sagen: „Das ist nur eine offenkundige Zauberei."

37,22–24
22 Versammelt nun diejenigen, die Unrecht getan haben, ihre Partner und das, was sie verehrten
23 an Stelle Gottes. Dann führt sie zum Weg der Hölle
24 und stellt sie auf, sie werden zur Verantwortung gezogen.

---

149 die Satane.
150 wie verstockt sie sind.

37,37–148
37 Aber nein, er ist mit der Wahrheit gekommen und hat die Gesandten bestätigt.
38 Ihr werdet bestimmt die schmerzhafte Pein kosten,
39 und euch wird nur für das vergolten, was ihr zu tun pflegtet,
40 ausgenommen den auserwählten Dienern Gottes.
41 Für diese ist ein festgelegter Unterhalt bestimmt:
42 Früchte, und sie werden ehrenvoll behandelt
43 in den Gärten der Wonne
44 auf Liegen einander gegenüber.
45 Dabei wird ihnen ein Becher aus einem Quell herumgereicht,
46 weiß, genussvoll für die, die (daraus) trinken.
47 Darin steckt keine heimtückische Beeinträchtigung, und dadurch werden sie nicht berauscht.
48 Und bei ihnen sind (Huri), die ihre Blicke zurückhalten und schöne, große Augen haben,
49 als ob sie wohl verwahrte Eier wären.
50 Und sie gehen aufeinander zu, um sich gegenseitig zu befragen.
51 Ein Sprecher unter ihnen sagt: „Ich hatte einen Gesellen,
52 der sagte: ‚Gehörst du wirklich zu denen, die es für wahr halten?
53 Sollen wir, wenn wir gestorben und Staub und Knochen geworden sind, dann wirklich gerichtet werden?'"
54 Er sagt (weiter): „Wollt ihr denn hinabschauen?"
55 Er schaut selbst hinab und sieht ihn[151] mitten in der Hölle.
56 Er sagt: „Bei Gott, beinahe hättest du mich ins Verderben gestürzt.
57 Und ohne die Gnade meines Herrn würde ich nun zu denen gehören, die vorgeführt werden.
58 Ist es nicht wirklich so, dass wir sterben
59 nur durch unseren ersten Tod, und dass wir nicht gepeinigt werden?
60 Das ist doch der großartige Erfolg!
61 Für ein solches Ziel sollen diejenigen, die handeln, (ihre Werke) tun."
62 Ist dies als Herberge[152] besser oder der Zaqqm-Baum?
63 Den haben Wir zu einer Versuchung für die gemacht, die Unrecht tun.
64 Es ist ein Baum, der aus dem Grund der Hölle herauskommt
65 und dessen Fruchtschneide so ist, als
wären es Köpfe von Satanen. **66** Sie essen
davon und füllen sich die Bäuche.
67 Dann erhalten sie darauf eine Mischung von heißem Wasser.
68 Dann kehren sie zur Hölle zurück.
69 Sie haben ihre Väter im Irrtum vorgefunden,
70 da werden sie auf ihren Spuren eilig getrieben.
71 Vor ihnen sind bereits die meisten unter den Früheren abgeirrt,
72 und Wir haben unter sie Warner gesandt.
73 So schau, wie das Ende der Gewarnten war,
74 ausgenommen der auserwählten Diener Gottes.
75 Und wahrlich, Noach[153] rief Uns an – welch vorzüglicher Erhörer sind Wir!
76 Und Wir erretteten ihn und seine Angehörigen aus der großen Drangsal
77 und machten seine Nachkommenschaft zu den (einzig) Überlebenden.
78 Und Wir ließen seinen Ruf unter den späteren Generationen fortbestehen.
79 Friede sei über Noach unter den Weltenbewohnern!
80 So entlohnen Wir die Rechtschaffenen.
81 Er gehört zu unseren gläubigen Dienern.

---

151 seinen Gesellen.
152 Oder: als Bewirtung.
153 75–82: vgl. 7,59–64.

82 Dann ließen Wir die anderen ertrinken.
83 Zu seiner Gemeinde gehört Abraham.[154]
84 Als er mit gesundem Herzen zu seinem Herrn kam.
85 Als er zu seinem Vater und seinem Volk sagte: „Was verehrt ihr da?
86 Sucht ihr eine Lüge: Götter an Stelle Gottes?
87 Welche Meinung habt ihr denn vom Herrn der Welten?“
88 Und er warf einen Blick zu den Sternen
89 und sagte: „Ich bin krank.“
90 Da kehrten sie ihm den Rücken.
91 Nun schlich er sich zu ihren Göttern und sagte: „Wollt ihr nicht essen?
92 Was ist mit euch, dass ihr nicht redet?“
93 Und er wandte sich und schlug auf sie mit der Rechten ein.
94 Da kamen sie auf ihn zugeeilt.
95 Er sagte: „Wie könnt ihr denn das verehren, was ihr selbst meißelt,
96 wo doch Gott euch und das, was ihr tut, erschaffen hat?“
97 Sie sagten: „Baut für ihn einen Bau und werft ihn in die Hölle.“
98 Sie wollten gegen ihn mit einer List vorgehen. Da machten Wir sie zu den Unterlegenen.
99 Er sagte: „Ich gehe zu meinem Herrn. Er wird mich rechtleiten.
100 O mein Herr, schenk mir einen von den Rechtschaffenen.“
101 Da verkündeten Wir ihm einen langmütigen Knaben.
102 Als dieser das Alter erreichte, dass er mit ihm laufen konnte, sagte er: „Mein lieber Sohn, ich sehe im Schlaf, dass ich dich schlachte. Schau jetzt, was du meinst.“ Er sagte: „O mein Vater, tu, was dir befohlen wird. Du wirst finden, so Gott will, dass ich zu den Standhaften gehöre.“
103 Als sie sich beide ergeben gezeigt hatten und er ihn auf die eine Stirnseite niedergeworfen hatte
104 da riefen Wir ihm zu: „O Abraham,
105 du hast das Traumgesicht wahr gemacht.“ So entlohnen Wir die Rechtschaffenen.
106 Das ist die offenkundige Prüfung.
107 Und wir lösten ihn[155] mit einem großen Schlachtopfer aus.
108 Und Wir ließen seinen Ruf unter den späteren Generationen fortbestehen.
109 Friede sei über Abraham!
110 So entlohnen Wir die Rechtschaffenen.
111 Er gehört zu unseren gläubigen Dienern.
112 Und Wir verkündeten ihm Isaak als einen Propheten von den Rechtschaffenen.
113 Und Wir segneten ihn und Isaak. Unter ihren Nachkommen gibt es welche, die rechtschaffen sind, und welche, die sich selbst offenkundig Unrecht tun.
114 Und Wir erwiesen Mose und Aaron eine Wohltat[156]
115 und erretteten sie beide und ihr Volk aus der großen Drangsal.
116 Und Wir unterstützten sie, da waren sie es, die die Sieger wurden.
117 Und Wir ließen ihnen beide das deutliche Buch zukommen
118 und führten sie den geraden Weg.
119 Und Wir ließen ihren Ruf unter den späteren Generationen fortbestehen.
120 Friede sei über Mose und Aaron!
121 So entlohnen Wir die Rechtschaffenen.
122 Sie beide gehören zu unseren gläubigen Dienern.
123 Auch Elias war einer der Gesandten.
124 Als er zu seinem Volk sagte: „Wollt ihr nicht gottesfürchtig sein?

---

[154] 83–113: Vgl. 6,74–84; 2,124–141.
[155] seinen Sohn.
[156] 114–122; Vgl. 7,103–137.

125 Wie könnt ihr den Baal anrufen und den Besten der Schöpfer verlassen,
126 Gott, euren Herrn und den Herrn eurer Vorväter?"
127 Da ziehen sie ihn der Lüge. So werden sie gewiss vorgeführt werden,
128 ausgenommen die auserwählten Diener Gottes.
129 Und Wir ließen seinen Ruf unter den späteren Generationen fortbestehen.
130 Friede sei über Elias!
131 So entlohnen Wir die Rechtschaffenen.
132 Er gehört zu unseren gläubigen Dienern.
133 Auch Lot[157] war einer der Gesandten,
134 Als Wir ihn und alle seine Angehörigen erretteten,
135 außer einer alten Frau unter denen, die zurückblieben und dem Verderben anheimfielen.
136 Dann zerstören Wir die anderen.
137 Ihr kommt ja an ihnen vorbei, am Morgen
138 und in der Nacht. Habt ihr denn keinen Verstand?
139 Auch Jonas war einer der Gesandten.
140 Als er zum voll beladenen Schiff davonlief.
141 Er warf Lose und wurde einer der Unterlegenen.
142 Der Fisch verschlang ihn, der sich Tadel zugezogen hatte.
143 Und wäre er nicht einer von denen geworden, die (Gott) preisen,
144 wäre er in seinem Bauch geblieben, bis zu dem Tag, an dem sie auferweckt werden.
145 Da warfen Wir ihn auf das kahle Land; dabei war er krank. **146** Und Wir ließen eine Kürbisstaude über ihm wachsen.
147 Und Wir sandten ihn zu Hunderttausend oder gar mehr.
148 Da glaubten sie. Und wir gewährten ihnen Nutznießung für eine Weile.

37,158

158 Und sie stellen zwischen Ihm und den Djinn eine Verwandtschaft her. Aber die Djinn wissen, dass sie vorgeführt werden –

37,168

168 „Wenn wir nur eine Ermahnung gleich der der Früheren hätten (...)"

38,4

4 Sie wunderten sich darüber, dass ein Warner aus ihrer Mitte zu ihnen gekommen ist. Die Ungläubigen sagen: „Dies ist ein Zauberer, der lügt ..."

38,16–48

16 Und sie sagen: „Unser Herr, lass unseren Anteil uns ereilen noch vor dem Tag der Abrechnung."
17 Ertrag mit Geduld, was sie sagen. Und gedenke unseres Dieners David, des Kraftvollen. Er war bereit zur Umkehr.
18 Und Wir machten die Berge dienstbar, dass sie zusammen mit ihm am Abend und bei Sonnenaufgang lobpreisen,
19 und auch die Vögel in Scharen. Alle waren bereit, zu Ihm umzukehren.
20 Und Wir festigten seine Königsherrschaft und ließen ihm die Weisheit und die Fähigkeit zu entscheidendem Spruch zukommen.
21 Ist der Bericht über die Streitenden zu dir gelangt?[158] Als sie über die Mauern in die Räume einstiegen.
22 Als sie bei David eintraten. Da hatte er Angst vor ihnen. Sie sagten: „Fürchte dich nicht. Wir sind zwei Streitparteien, von denen die eine gegen die andere Übergriffe begangen hat. So urteile zwischen uns nach der Wahrheit, handle nicht ungerecht und führe uns zum rechten Weg.
23 Dieser mein Bruder besitzt neunundneunzig Schafe, ich aber ein einziges

---

157 133–138: Vgl. 7,80–84.
158 Vgl. Bibel: 2. Samuel 12,1–4.

Schaf. Nun sagte er: ‚Vertraue es mir an', und er setzte mich in der Rede unter Druck."

24 Er sagte: „Er hat dir Unrecht getan, dass er dein Schaf zu seinen Schafen hinausverlangte. Viele von den Partnern begehen gegeneinander Übergriffe, ausgenommen diejenigen, die glauben und die guten Werke tun – und das sind nur wenige." Und David verstand, dass Wir ihn der Versuchung ausgesetzt hatten. Da bat er seinen Herrn um Vergebung und warf sich in Verneigung nieder und wandte sich (Ihm) reumütig zu.

25 Da vergaben Wir ihm dies. Bestimmt ist für ihn der Zutritt in unsere Nähe und eine schöne Heimstatt.

26 O David, Wir haben dich zum Nachfolger auf der Erde bestellt. So urteile zwischen den Menschen nach der Wahrheit und folge nicht der (eigenen) Neigung, dass sie dich nicht vom Weg Gottes abirren lässt. Für diejenigen, die vom Weg Gottes abirren, ist eine harte Pein bestimmt dafür, dass sie den Tag der Abrechnung vergessen haben.

27 Und Wir haben den Himmel und die Erde und das, was dazwischen ist, nicht umsonst erschaffen. Das ist die Meinung derer, die ungläubig sind. Wehe aber denen, die ungläubig sind, vor dem Feuer!

28 Oder sollen Wir etwa diejenigen, die glauben und die guten Werke tun, den Unheilstiftern auf Erden gleichstellen, oder die Gottesfürchtigen denen, die voller Laster sind?

29 Dies ist ein gesegnetes Buch, das Wir zu dir hinabgesandt haben, damit sie seine Zeichen betrachten und damit die Einsichtigen es bedenken.

30 Und Wir schenkten David den Salomo. Welch trefflicher Diener! Er war immer bereit zur Umkehr.

31 Als ihm zur Abendzeit die auf drei Füßen stehenden, schnellen Pferde vorgeführt wurden.

32 Da sagte er: „Ich habe mich der Liebe der (irdischen) Güter hingegeben und darüber übersehen, meines Herrn zu gedenken, bis sie[159] hinter dem Vorhang verschwand.

33 Bring sie mir her." Da begann er, ihnen über Beine und Hals zu streichen[160].

34 Und Wir unterwarfen Salomo der Versuchung und setzten ein leibhaftiges Wesen auf seinen Stuhl. Dann bekehrte er sich.

35 Er sagte: „Mein Herr, vergib mir und schenke mir eine Königsherrschaft, wie sie keinem nach mir geziemt. Du bist ja der Freigiebige."

36 Da machten Wir ihm den Wind dienstbar, dass er nach seinem Befehl sanft eilte, wohin er es für treffend hielt;

37 und auch die Satane, jeden Bauarbeiter und Taucher,

38 und andere, in Ketten aneinander gebunden.

39 „Das ist unsere Gabe. So sei wohltätig oder zurückhaltend, und dies, ohne zu rechnen."

40 Bestimmt ist für ihn der Zutritt in unsere Nähe und eine schöne Heimstatt.

41 Und gedenke unseres Dieners Ijob. Als er zu seinem Herrn rief: „Mich hat der Satan mit Mühsal und Pein berührt."

42 „Stampfe mit dem Fuß. Das ist kühles Wasser zum Waschen und zum Trinken."

43 Und Wir schenkten ihm seine Angehörigen (wieder) und noch einmal die gleiche Zahl dazu, aus Barmherzigkeit von Uns und als Ermahnung für die Einsichtigen.

44 Und: „Nimm in deine Hand ein Bündel (Zweige) und schlag damit zu und sei nicht eidbrüchig." Wir fanden ihn geduldig. Welch trefflicher Diener! Er war immer bereit zur Umkehr.

45 Und gedenke unserer Diener Abra-

---

[159] die Sonne.

[160] Oder: ihnen Beine und Hals zu zerhauen.

ham, Isaak und Jakob, die Kraft und Einsicht besaßen.
46 Wir haben sie mit einer besonderen Erwählung ausgezeichnet, mit dem Gedenken an die (jenseitige) Wohnstätte.
47 Sie gehören bei Uns zu den Auserwählten und Guten.
48 Und gedenke Ismaels, Elischas und des Dhu l-Kifl. Alle gehören zu den Guten.

38,51
51 Sie lehnen sich darin, und sie rufen darin nach vielen Früchten und nach Getränk.

38,53
53 Das ist, was euch für den Tag der Abrechnung verheißen ist.

38,57–58
57 Das ist – sie sollen es kosten – heißes Wasser und stinkender Eiter
58 und anderes dergleichen in verschiedenen Arten.

38,71–78
71[161] Als dein Herr zu den Engeln sprach: „Ich werde einen Menschen aus Ton erschaffen.
72 Wenn Ich ihn geformt und ihm von meinem Geist eingeblasen habe, dann fallt und werft euch vor ihm nieder."
73 Da warfen sich die Engel alle zusammen nieder,
74 außer Iblis; er verhielt sich hochmütig und war einer der Ungläubigen.
75 Er sprach: „O Iblis, was hat dich daran gehindert, dich vor dem niederzuwerfen, was Ich mit meinen Händen erschaffen habe? Verhältst du dich (jetzt) hochmütig, oder gehörst du etwa zu den Ranghohen?"
76 Er sagte: „Ich bin besser als er. Mich hast Du aus Feuer erschaffen, ihn hast Du (nur) aus Ton erschaffen."
77 Er sprach: „Dann geh aus ihm[162] hinaus. Du bist der Steinigung würdig,
78 und auf dir liegt mein Fluch bis zum Tag des Gerichtes."

38,82–83
82 Er sagte: „Bei deiner Macht, ich werde sie allesamt abirren lassen,
83 außer deinen auserwählten Dienern unter ihnen."

39,6–8
6 Er hat euch aus einem einzigen Wesen erschaffen, dann machte Er aus ihm seine Gattin. Und Er hat für euch an Vieh acht (Tiere) in Paaren[163] herabgesandt. Er erschafft euch im Schoß eurer Mütter, eine Schöpfung nach der anderen, in dreifacher Finsternis. Das ist eben Gott, euer Herr. Ihm gehört die Königsherrschaft. Es gibt keinen Gott außer Ihm. Wie leicht lasst ihr euch doch abbringen!
7 Wenn ihr ungläubig seid, so ist Gott nicht auf euch angewiesen. Er findet kein Gefallen am Unglauben für seine Diener. Wenn ihr dankbar seid, so findet Er daran Gefallen für euch. Und keine Last tragende (Seele) trägt die Last einer anderen. Alsdann wird eure Rückkehr zu eurem Herrn sein. Dann wird Er euch kundtun, was ihr zu tun pflegtet. Er weiß wohl über das innere Geheimnis Bescheid.
8 Und wenn ein Schaden den Menschen trifft, ruft er zu seinem Herrn, indem er sich Ihm reumütig zuwendet. Wenn Er ihm Gnade von sich gewährt, vergisst er, wofür er vorher gebetet hat, und er stellt Gott andere als Gegenpart zur Seite, um (die Menschen) von seinem Weg abirren zu lassen. Sprich: Genieße deinen Unglauben ein wenig; du gehörst zu den Gefährten des Feuers.

---

[161] 71–85: vgl. 15,26–43.
[162] aus dem Paradies.
[163] Das sind jeweils ein Paar Kamele, Rinder, Schafe und Ziegen.

39,23
23 Gott hat die beste Botschaft herabgesandt, ein Buch mit gleichartigen, sich wiederholenden Versen, vor dem die Haut derer, die ihren Herrn fürchten, erschauert. Dann werden ihre Haut und ihr Herz weich und neigen sich dem Gedenken Gottes zu. Das ist die Rechtleitung Gottes. Er leitet damit recht, wen Er will. Und wen Gott irreführt, der hat niemanden, der ihn rechtleiten könnte.

39,27–28
27 Und Wir haben den Menschen in diesem Koran allerlei Gleichnisse angeführt – auf dass sie es bedenken –,
28 als einem arabischen Koran, an dem nichts Krummes ist, auf dass sie gottesfürchtig werden.

39,34
34 Sie haben bei ihrem Herrn, was sie wollen. Das ist der Lohn der Rechtschaffenen …

39,37
37 Und wen Gott rechtleitet, den kann niemand irreführen. Ist nicht Gott mächtig und übt er nicht Rache?

39,41
41 Wir haben für die Menschen das Buch mit der Wahrheit auf dich hinabgesandt. Wer der Rechtleitung folgt, tut das zu seinem eigenen Vorteil. Wer irregeht, geht irre zu seinem eigenen Schaden. Und du bist nicht ihr Sachwalter.

39,49
49 Wenn ein Schaden den Menschen berührt, ruft er zu Uns. Wenn Wir ihm dann Gnade von Uns gewähren, sagt er: „Es ist mir aufgrund von Wissen zugekommen." Nein, es ist eine Versuchung. Aber die meisten von ihnen wissen nicht Bescheid.

39,53
53 Sprich: O meine Diener, die ihr gegen euch selbst Übertretungen begangen habt, gebt die Hoffnung auf die Barmherzigkeit Gottes nicht auf. Gott vergibt die Sünden alle. Er ist ja der, der voller Vergebung und barmherzig ist.

39,69
69 Und die Erde erstrahlt im Lichte ihres Herrn. Das Buch wird hingelegt. Die Propheten und die Zeugen werden herbeigebracht. Und es wird zwischen ihnen nach der Wahrheit entschieden, und ihnen wird kein Unrecht getan.

40,7
7 Diejenigen, die den Thron tragen, und diejenigen, die um ihn stehen[164], singen das Lob ihres Herrn und glauben an Ihn. Sie bitten um Vergebung für die, die glauben: „Unser Herr, Du umschließt alle Dinge in Deiner Barmherzigkeit und Deinem Wissen. So vergib denen, die sich bekehrt haben und deinem Weg gefolgt sind, und bewahre sie vor der Pein der Hölle.

40,12
12 „Dies ist so, weil ihr, wenn immer Gott allein angerufen wurde, ungläubig geblieben seid, ihr aber, wenn Ihm (andere) beigesellt wurden, geglaubt hab. Das Urteil gehört Gott, dem Erhabenen, dem Großen."

40,15
15 Er hat hohe Rangstufen und ist Herr des Thrones. Er legt den Geist von seinem Befehl, auf wen von seinen Dienern Er will, damit er vor dem Tag der Begegnung warne.

[164] das sind die Engel.

40,17

17 Heute wird jeder Seele vergolten für das, was sie erworben hat. Heute geschieht kein Unrecht. Gott ist schnell im Abrechnen.

40,21

21 Sind sie denn nicht auf der Erde umhergegangen und haben geschaut, wie das Ende derer war, die vor ihnen lebten? Sie hatten eine stärkere Kraft und hinterließen mehr Spuren auf der Erde als sie. Da ergriff sie Gott wegen ihrer Sünden. Und es gab für sie niemanden, der sie vor Gott hätte schützen können.

40,35

35 Diejenigen, die über die Zeichen Gottes streiten, ohne eine Ermächtigung erhalten zu haben, erregten damals großen Abscheu bei Gott und bei denen, die gläubig sind. So versiegelt Gott das Herz eines jeden, der hochmütig und gewalttätig ist.

40,40

40 Wer etwas Schlechtes tut, dem wird gleich viel vergolten. Und diejenigen, die Gutes tun, ob Mann oder Weib, und dabei gläubig sind, werden ins Paradies eingehen, wo ihnen Unterhalt beschert wird ohne Abrechnung.

40,46

46 … das Feuer, dem sie morgens und abends vorgeführt werden. Und am Tag, da die Stunde heraufkommt (heißt es): „Lasst die Leute Pharaos in die härteste Pein eingehen."

40,55

55 So sei geduldig. Das Versprechen Gottes ist wahr. Und bitte um Vergebung für deine Sünde. Und sing das Lob deines Herrn am Abend und am frühen Morgen.

40,59

59 Die Stunde kommt bestimmt, an ihr ist kein Zweifel möglich. Aber die meisten Menschen glauben nicht.

40,64

64 Gott ist es, der euch die Erde zu einem festen Grund und den Himmel zu einem Bau gemacht, euch gestaltet und euer Gestalten schön geformt und euch von den köstlichen Dingen beschert hat. So ist Gott, euer Herr. Gesegnet sei Gott, der Herr der Welten!

40,68–70

68 Er ist es, der lebendig macht und sterben lässt. Und wenn Er eine Sache beschlossen hat, sagt Er zu ihr nur: „Sei!", und sie ist.
69 Hast du nicht auf jene geschaut, die über die Zeichen Gottes streiten? Wie leicht lassen sie sich doch abbringen!
70 Sie, die das Buch und das, womit Wir unsere Gesandten geschickt haben, für Lüge erklären. Sie werden es zu wissen bekommen …

40,82

82 Sind sie denn nicht auf der Erde umhergegangen und haben geschaut, wie das Ende derer war, die vor ihnen lebten? Sie waren zahlreicher als sie, hatten eine stärkerer Kraft und hinterließen mehr Spuren auf der Erde. Und nicht nützte ihnen, was sie zu erwerben pflegten.

41,2–4

2 Herabsendung von dem Erbarmer, dem Barmherzigen,
3 ein Buch, dessen Zeichen im Einzelnen dargelegt sind, als arabischer Koran, für Leute, die Bescheid wissen,
4 als Freudenbote und Warner. Aber die meisten von ihnen wenden sich ab, so dass sie nicht hören.

41,14

14 Als die Gesandten zu ihnen kamen von vorn und von hinten: „Dienet Gott allein“, sagten sie: „Wenn unser Herr gewollt hätte, hätte Er Engel herabgesandt. So verleugnen wir das, womit ihr gesandt worden seid.“

41,28

28 Das ist der Lohn der Feinde Gottes: das Feuer, in dem sie eine ewige Wohnstätte haben, als Vergeltung dafür, dass sie unsere Zeichen immer wieder verleugnet haben.

41,30–32

30 Auf diejenigen, die sagen: „Unser Herr ist Gott“, und sich dann recht verhalten, kommen die Engel herab: „Fürchtet euch nicht, seid nicht traurig und freut euch auf das Paradies, das euch immer wieder versprochen wurde.

31 Wir sind eure Freunde im diesseitigen Leben und im Jenseits. Ihr habt darin, was eure Seele begehrt, und ihr habt darin, was ihr beansprucht,

32 – eine Herberge von einem, der voller Vergebung und barmherzig ist.“

41,34–37

34 Nicht gleich sind die gute und die schlechte Tat. Wehre mit einer Tat, die besser ist, da wird der, zwischen dem und dir eine Feindschaft besteht, so, als wäre er ein warmherziger Freund. **35** Aber dies[165] wird nur denen verliehen, die geduldig sind, ja es wird nur dem verliehen, der ein gewaltiges Glück hat.

36 Und wenn dich vom Satan ein Stachel aufstachelt, dann suche Zuflucht bei Gott. Er ist der, der alles hört und weiß.

37 Und zu seinen Zeichen gehören die Nacht und der Tag, die Sonne und der Mond. Werft euch weder vor der Sonne noch vor dem Mond nieder. Werft euch nieder vor Gott, der sie erschaffen hat, so ihr Ihm dienen wollt.

41,43

43 Es wird dir nur das gesagt, was schon den Gesandten vor dir gesagt wurde. Dein Herr schenkt Vergebung und verhängt eine schmerzhafte Strafe.

41,46

46 Wer Gutes tut, tut es zu seinem eigenen Vorteil. Und wer Böses tut, tut es zu seinem eigenen Schaden. Und dein Herr tut den Dienern kein Unrecht.

41,49

49 Der Mensch wird nicht überdrüssig, um das Gute zu bitten. Wenn das Böse ihn berührt, dann ist er verzweifelt und gibt die Hoffnung auf.

41,51

51 Und wenn Wir dem Menschen Gnade erweisen, wendet er sich ab und entfernt sich beiseite. Und wenn das Böse ihn berührt, ergeht er sich in ausführlichem Beten.

42,3–7

3 So offenbart Gott dir, so wie (früher) denjenigen, die vor dir lebten, (Er), der Mächtige, der Weise.

4 Ihm gehört, was in den Himmeln und was auf der Erde ist, und Er ist der Erhabene, der Majestätische.

5 Die Himmel brechen bald auseinander von oben her. Und die Engel singen das Lob ihres Herrn und bitten um Vergebung für die, die auf der Erde sind. Ja, Gott ist der, der voller Vergebung und barmherzig ist.

6 Über diejenigen, die sich an seiner Stelle Freunde nehmen, ist Gott Hüter, und nicht bist du ihr Sachwalter.

7 Und so haben Wir dir einen arabischen Koran offenbart, damit du die Mutter der Städte[166] und die Menschen in ihrer Um-

---

[165] die Kraft zu dieser Haltung.

[166] Mekka.

gebung warnest, und damit du vor dem Tag der Versammlung warnest; an ihm ist kein Zweifel möglich. Ein Teil wird im Paradies sein und ein Teil im Feuerbrand.

42,10–19

10 Und worüber ihr auch uneins seid, das Urteil darüber steht Gott (alleine) zu. Das ist eben Gott, mein Herr. Auf Ihn vertraue ich, und zu Ihm wende ich mich reumütig.

11 (Er ist) der Schöpfer der Himmel und der Erde. Er hat euch aus euch selbst Gattinnen gemacht, und auch aus den Tieren Paare, so dass Er euch dadurch vermehrt. Nichts ist Ihm gleich. Er ist der, der alles hört und sieht.

12 Er hat die Schlüssel der Himmel und der Erde. Er teilt den Lebensunterhalt großzügig, wem er will, und auch bemessen zu. Siehe, Er weiß über alle Dinge Bescheid.

13 Er hat euch von der Religion verordnet, was Er Noach aufgetragen hat, und was Wir dir offenbart haben, und was Wir Abraham, Mose und Jesus aufgetragen haben: Haltet die (Bestimmungen der) Religion ein und bringt keine Spaltungen hinein. Den Polytheisten fällt das schwer, wozu du sie aufrufst. Gott erwählt dazu, wen Er will, und Er führt dazu, wer sich (Ihm) reumütig zuwendet.

14 Und sie spalten sich darin erst, nachdem das Wissen zu ihnen gekommen war, dies aus ungerechter Auflehnung untereinander. Und gäbe es nicht einen früher ergangenen Spruch von deinem Herrn auf eine bestimmte Frist, so wäre zwischen ihnen entschieden worden. Siehe, diejenigen, denen nach ihnen das Buch zum Erbe übergeben wurde, hegen darüber starken Zweifel.

15 Darum rufe du auf und verhalte dich recht, wie dir befohlen worden ist. Und folge nicht ihren Neigungen, sondern sprich: Ich glaube an das, was Gott an Büchern herabgesandt hat, und mir ist befohlen worden, unter euch Gerechtigkeit zu üben. Gott ist unser Herr und euer Herr. Wir haben unsere Werke und ihr habt eure Werke (zu verantworten). Es gibt keinen Streitgrund zwischen uns und euch. Gott wird uns zusammenbringen. Und zu Ihm führt der Lebensweg.

16 Diejenigen, die über Gott streiten, nachdem auf Ihn gehört worden ist, deren Streitgrund wird bei ihrem Herrn widerlegt. Auf ihnen liegt Zorn, und bestimmt ist für sie eine harte Pein.

17 Gott ist es, der das Buch mit der Wahrheit herabgesandt hat, und auch die Waage. Woher willst du es wissen? Vielleicht steht die Stunde nahe bevor.

18 Diejenigen, die nicht an sie glauben, wünschen, sie zu beschleunigen. Die aber, die glauben, sind erschrocken vor ihr und wissen, dass sie Wirklichkeit ist. Aber diejenigen, die über die Stunde streiten, befinden sich in tiefem Irrtum.

19 Gott ist feinfühlig zu seinen Dienern. Er beschert Lebensunterhalt, wem Er will. Und Er ist der Starke, der Mächtige.

42,23

23 Das ist die Frohbotschaft, die Gott seinen Dienern, die glauben und die guten Werke tun, verkündet. Sprich: Ich verlange von euch keinen Lohn dafür, es sei denn, die Liebe wie zu den Verwandten. Und wer ein gutes Werk tut, dem schenken Wir dafür noch mehr Gutes. Gott ist voller Vergebung und zeigt sich erkenntlich.

42,25

25 Er ist es, der die Umkehr von seinen Dienern annimmt und die Missetaten verzeiht. Und Er weiß, was ihr tut.

42,28

28 Und Er ist es, der den Regen herabkommen lässt, nachdem sie die Hoffnung aufgegeben haben, und der seine Barmherzigkeit ausbreitet. Und Er ist der Freund und des Lobes würdig.

42,37

37 die schweren Sünden und die schändlichen Taten meiden und, wenn sie in Zorn geraten, (lieber) vergeben,

42,40

40 Eine böse Tat soll mit etwas gleich Bösem vergolten werden. Wer aber verzeiht und Besserung schafft, dessen Lohn obliegt Gott. Er liebt ja die nicht, die Unrecht tun.

42,51–52

51 Und es steht keinem Menschen zu, dass Gott zu ihm spricht, es sei denn durch Offenbarung oder hinter einem Vorhang, oder indem Er einen Boten sendet, der (ihm) dann mit seiner Erlaubnis offenbart, was Er will. Er ist erhaben und weise.

52 Und so haben Wir dir Geist von unserem Befehl offenbart. Du wusstest nicht (vorher), was das Buch und was der Glaube ist. Und doch haben wir es zu einem Licht gemacht, mit dem Wir rechtleiten, wen von unseren Dienern Wir wollen. Und wahrlich, du führst zu einem geraden Weg …

43,2–4

2 Beim deutlichen Buch!

3 Wir haben es zu einem arabischen Koran gemacht, auf dass ihr verständig werdet.

4 Er ist aufgezeichnet in der Urnorm des Buches bei Uns, erhaben und weise.

43,13

13 damit ihr euch auf ihrem Rücken zurechtsetzt und dann, wenn ihr euch darauf zurechtgesetzt habt, der Gnade eures Herrn gedenkt und sagt: „Preis sei dem, der uns diese dienstbar gemacht hat! Wir hätten es allein gewiss nicht schaffen können.

43,19

19 Und sie machen die Engel, welche ja die Diener des Erbarmers sind, zu weiblichen Wesen. Waren sie denn bei ihrer Erschaffung zugegen? Ihr Zeugnis wird aufgeschrieben, und sie werden zur Verantwortung gezogen.

43,36

36 Wer sich gegenüber den Ermahnungen des Erbarmers wie blind verhält, für den bestellen Wir einen Satan, der ihm dann zum Gesellen wird.

43,40

40 Willst du denn die Tauben hören lassen oder die Blinden und die, die sich in einem offenkundigen Irrtum befinden, rechtleiten?

43,49

49 Und sie sagten: „O du Zauberer, rufe für uns deinen Herrn an aufgrund seines Bundes mit dir, dann werden wir der Rechtleitung folgen."

43,53

53 „Wären ihm doch Armringe aus Gold überbracht worden, oder die Engel mit ihm als Begleitung gekommen!"

43,55–59

55 Als sie unseren Zorn erregten, rächten Wir uns an ihnen und ließen sie alle ertrinken.

56 Und Wir machten sie zu einem dahingegangenen Volk und zu einem Beispiel für die anderen.

57 Und als der Sohn Marias als Beispiel angeführt wurde, da erging sich dein Volk gleich in lautem Spott.

58 Und sie sagten: „Wer ist besser, unsere Götter oder er?" Sie führten ihn dir nur

zum Streiten an. Nein, sie sind streitsüchtige Leute.
59 Er ist nichts als ein Diener, den Wir begnadet und zu einem Beispiel für die Kinder Israels gemacht haben.

43,63
63 Und als Jesus mit den deutlichen Zeichen kam, sagte er: „Ich komme zu euch mit der Weisheit, und um euch einiges von dem, worüber ihr uneins seid, deutlich zu machen. So fürchtet Gott und gehorcht mir."

43,71
71 Es werden ihnen Schüsseln aus Gold und Becher herumgereicht. Und darin gibt es, was die Seele begehrt und für die Augen eine Wonne ist. „Und ihr werdet darin ewig weilen."

43,74
74 Die Übeltäter aber werden in der Pein der Hölle ewig weilen.

43,77
77 Und sie rufen: „O Mālik, dein Herr soll mit uns ein Ende machen." Er sagt: „Ihr werdet (hier) bleiben."

43,80
80 Oder meinen sie, Wir würden nicht hören, was sie insgeheim und in vertraulichem Gespräch sagen? Doch, und auch unsere Boten schreiben bei ihnen (alles) auf.

43,86
86 Und diejenigen, die sie an seiner Stelle anrufen, verfügen nicht darüber, Fürsprache einzulegen, ausgenommen die, welche die Wahrheit bezeugen und die Bescheid wissen.

43,89
89 Übe Nachsicht mit ihnen und sprich: „Frieden!" Sie werden es noch zu wissen bekommen.

44,2–5
2 Beim deutlichen Buch!
3 Wir haben es in einer gesegneten Nacht hinabgesandt. – Wir haben ja (die Menschen) immer wieder gewarnt –,
4 in der jede weise Angelegenheit einzeln entschieden wird **5** als eine Angelegenheit von unserer Seite – ja., Wir haben immer wieder (Warner) gesandt –,

44,11
11 … der die Menschen überdecken wird. Das ist eine schmerzhafte Pein.

44,16
16 Am Tag, da Wir mit großer Gewalt zugreifen werden, da werden Wir uns rächen.

44,23
23 … „Zieh bei Nacht mit meinen Dienern fort; ihr werdet da verfolgt werden …

44,33
33 … und ließen ihnen von den Zeichen solche zukommen, die eine offenkundige Prüfung enthielten.

44,40
40 Der Tag der Scheidung ist der Termin für sie alle …

44,43–45
43 Der Zaqqūm-Baum
44 ist die Speise des Sünders;
45 wie geschmolzenes Erz kocht er in den Bäuchen,

44,55
55 Sie rufen darin nach Früchten jeder Art (und leben) in Sicherheit.

45, 3–5

3 In den Himmeln und auf der Erde sind Zeichen für die Gläubigen.
4 Und in eurer Erschaffung und in dem, was Er an Getier sich ausbreiten lässt, sind Zeichen für Leute, die Gewissheit hegen.
5 Und auch im Aufeinanderfolgen von Nacht und Tag und in dem, was Gott an Lebensunterhalt vom Himmel herabkommen lässt und dadurch die Erde nach ihrem Absterben belebt, und im Wechsel der Winde sind Zeichen für Leute, die Verstand haben.

46, 12

12 Und ihm ging das Buch des Mose als Vorbild und Barmherzigkeit voraus. Und dies ist ein Buch zur Bestätigung in arabischer Sprache, um diejenigen, die Unrecht tun, zu warnen, und als Frohbotschaft für die Rechtschaffenen.

46, 15–17

15 Und Wir haben dem Menschen aufgetragen, seine Eltern gut zu behandeln. Seine Mutter hat ihn unter widrigen Umständen getragen und unter widrigen Umständen geboren. Die Zeit von der Schwangerschaft bis zur Entwöhnung beträgt dreißig Monate. Wenn er dann seine Vollkraft erreicht hat und (auch) das Alter von vierzig Jahren erreicht hat, sagt er: „Mein Herr, gib mir ein, für Deine Gnade zu danken, mit der Du mich und meine Eltern begnadet hast, und etwas Gutes zu tun, was Dir wohlgefällt. Und schenke mir Gutes in meiner Nachkommenschaft. Ich kehre zu Dir um, und ich gehöre zu denen, die sich (Dir) ergeben."
16 Das sind die, von denen Wir das Beste von dem, was sie getan haben, annehmen und deren Missetaten Wir übergehen, unter den Gefährten des Paradieses. Dies ist das wahrhaftige Versprechen, das ihnen immer wieder gegeben wurde.
17 Und der, der zu seinen Eltern sagt: „Pfui über euch! Wollt ihr denn mir versprechen, ich würde hervorgebracht werden, wo vor mir Generationen dahingegangen sind?" … Sie aber bitten Gott um Hilfe: „Wehe dir, glaube doch. Das Versprechen Gottes ist wahr." Da sagt er: „Das sind nichts als die Fabeln der Früheren."

46, 25

25 „… der auf den Befehl seines Herrn alles zerstört." Am Morgen waren sie so, dass man nur noch ihre Wohnungen sah. So vergelten Wir den Leuten, die Übeltäter sind.

46, 31

31 O unser Volk hört auf den Rufer Gottes und glaubt an ihn, so vergibt Er euch etwas von euren Sünden und schützt euch vor einer schmerzhaften Pein.

47, 4

4 Wenn ihr auf die, die ungläubig sind, trefft, dann schlagt (ihnen) auf die Nacken. Wenn ihr sie schließlich schwer niedergekämpft habt, dann schnürt (ihnen) die Fesseln fest. Danach gilt es, sie aus Gnade oder gegen Lösegeld zu entlassen. (Handelt so), bis der Krieg seine Waffenlasten ablegt. So ist es. Und wenn Gott wollte, würde Er sie selbst strafen. Aber Er möchte die einen von euch durch die anderen prüfen. Denen, die auf dem Weg Gottes getötet werden, lässt Er ihre Werke mehrmals fehlgehen.

47, 10

10 Sind sie denn nicht auf der Erde umhergegangen und haben geschaut, wie das Ende derer war, die vor ihnen lebten? Gott hat über sie Zerstörung gebracht. Den Ungläubigen wird etwas Ähnliches widerfahren.

47, 15

15 Mit dem Paradies, das den Gottesfürchtigen versprochen ist, ist es wie folgt:

Darin sind Bäche mit Wasser, das nicht faul ist, und Bäche mit Milch, deren Geschmack sich nicht ändert, und Bäche mit Wein, der genussvoll ist für die, die davon trinken, und Bäche mit gefiltertem Honig. Und sie haben darin allerlei Früchte und Vergebung von ihrem Herrn. (Sind diese etwa) denen gleich, die im Feuer ewig weilen und heißes Wasser zu trinken bekommen, das ihre Eingeweide zerreißt?

47,19

19 Wisse nun, dass es keinen Gott gibt außer Gott. Und bitte um Vergebung für deine Sünde und für die gläubigen Männer und die gläubigen Frauen. Gott weiß, wie ihr umherzieht und wo ihr bleibt.

47,22

22 Ob ihr wohl, wenn ihr euch abkehrt, auf der Erde Unheil stiftet und die Verwandtschaftsbande zerreißt?

47,27

27 Wie wird es wohl sein, wenn die Engel sie abberufen und sie dabei ins Gesicht und auf den Rücken schlagen?

47,32–34

32 Diejenigen, die ungläubig sind, vom Weg Gottes abweisen und sich dem Gesandten widersetzen, nachdem ihnen die Rechtleitung deutlich geworden ist, können Gott nicht schaden. Und Er wird ihre Werke wertlos machen.
33 O ihr, die ihr glaubt, gehorcht Gott und gehorcht dem Gesandten und lasst eure Werke nicht fehlgehen.
34 Denen, die ungläubig sind und vom Weg Gottes abweisen und dann als Ungläubige sterben, wird Gott niemals vergeben.

47,38

38 Siehe, ihr werdet aufgerufen, auf dem Weg Gottes zu spenden. Jedoch gibt es unter euch welche, die sich geizig zeigen. Wer sich aber geizig zeigt, ist geizig gegen sich selbst. Gott ist der, der auf niemanden angewiesen ist, ihr aber seid die Armen. Wenn ihr euch abkehrt, nimmt Er an eurer Stelle ein anderes Volk, und sie werden dann nicht so sein wie ihr.

48,1–2

1 Wir haben dir einen offenkundigen Erfolg[167] verliehen,
2 damit Gott dir deine Sünden vergebe, die früheren und die späteren, und damit Er seine Gnade an dir vollende und dich einen geraden Weg führe …

48,16

16 Sprich zu den Zurückgelassenen unter den arabischen Beduinen: „Ihr werdet dazu aufgerufen, gegen Leute, die eine starke Schlagkraft besitzen, zu kämpfen, es sei denn, sie vergeben sich. Wenn ihr gehorcht, lässt Gott euch einen schönen Lohn zukommen. Wenn ihr euch aber abkehrt, wie ihr euch vorher abgekehrt habt, dann peinigt Er euch mit einer schmerzhaften Pein."

48,21–22

21 Auch eine andere (Beute), die ihr nicht zu erreichen vermochtet, hat Gott schon umfangen. Gott hat Macht zu allen Dingen.
22 Und hätten diejenigen, die ungläubig sind, gegen euch gekämpft, sie hätten den Rücken gekehrt. Und dann finden sie weder Freund noch Helfer.

48,28–29

28 Er ist es, der seinen Gesandten mit der Rechtleitung und der Religion der Wahrheit gesandt hat, um ihr die Oberhand zu

---

[167] Vielleicht die Eroberung Mekkas (630) oder, wie die muslimischen Autoren meinen, der diplomatische Erfolg beim Friedensabkommen in Hudaybiya (628).

verleihen über alle Religion. Und Gott genügt als Zeuge.
29 Muhammad ist der Gesandte Gottes. Und diejenigen, die mit ihm sind, sind den Ungläubigen gegenüber heftig, gegeneinander aber barmherzig. Du siehst, wie sie sich verneigen und niederwerfen im Streben nach Gottes Huld und Wohlgefallen. Ihr Merkmal steht auf ihrem Gesicht als Spur der Niederwerfung. Das ist ihre Beschreibung in der Tora. Beschrieben werden sie im Evangelium[168] wie ein Saatfeld, das seine Triebe hervorbringt und stärker werden lässt, so dass sie verdicken und auf den Halmen stehen, zum Gefallen derer, die gesät haben. (Dies) damit Er die Ungläubigen durch sie in Wut versetze. Gott hat denjenigen von ihnen, die glauben und die guten Werke tun, Vergebung und großartigen Lohn versprochen.

49,1

1 O ihr, die ihr glaubt, kommt nicht Gott und seinen Gesandten zuvor und fürchtet Gott. Gott hört und weiß alles.

49,4

4 Von denen, die dich rufen, während du dich in den Gemächern aufhältst, haben die meisten keinen Verstand.

49,9–13

9 Und wenn zwei Gruppen von den Gläubigen einander bekämpfen, so stiftet Frieden zwischen ihnen. Wenn die eine von ihnen gegen die andere in ungerechter Weise vorgeht, dann kämpft gegen diejenige, die in ungerechter Weise vorgeht, bis sie zum Befehl Gottes umkehrt. Wenn sie umkehrt, dann stiftet Frieden zwischen ihnen nach Gerechtigkeit. Und handelt dabei gerecht. Gott liebt die, die gerecht handeln.
10 Die Gläubigen sind ja Brüder. So stiftet Frieden zwischen euren beiden Brüdern und fürchtet Gott, auf dass ihr Erbarmen findet.
11 O ihr, die ihr glaubt, die einen sollen nicht die anderen verhöhnen, vielleicht sind diese eben besser als sie. Auch sollen nicht Frauen andere Frauen verhöhnen, vielleicht sind diese eben besser als sie. Und nörgelt nicht untereinander und gebt einander keine Schimpfnamen. Welch schlimmer Name, der des Frevels, nach der Annahme des Glaubens! Diejenigen, die nicht umkehren, sind die, die Unrecht tun.
12 O ihr, die ihr glaubt, meidet viel von den Mutmaßungen. Manche Mutmaßung ist Sünde. Spioniert nicht und führt nicht üble Nachrede übereinander. Möchte denn einer von euch das Fleisch seines Bruders, wenn er tot ist, essen? Es wäre euch doch zuwider. Fürchtet Gott. Gott wendet sich gnädig zu und ist barmherzig.
13 O ihr Menschen, Wir haben euch von einem männlichen und einem weiblichen Wesen erschaffen, und Wir haben euch zu Verbänden und Stämmen gemacht, damit ihr einander kennen lernt. Der Angesehenste von euch bei Gott, das ist der Gottesfürchtigste von euch. Gott weiß Bescheid und hat Kenntnis von allem.

50,16–18

16 Wir haben doch den Menschen erschaffen und wissen, was ihm seine Seele einflüstert. Und Wir sind ihm näher als die Halsschlagader.
17 Wenn die beiden[169], die entgegenzunehmen haben, entgegennehmen, zur Rechten und zur Linken sitzend,
18 wird er kein Wort sprechen, ohne dass bei ihm ein Bewacher bereitstünde.

---

[168] Vgl. vielleicht Matthäus 13,8.31–32; Markus 4,26–27.30–32.
[169] Engel, die über die Menschen Buch führen.

50, 21
21 Und jede Seele kommt, und mit ihr ein Treiber und ein Zeuge.

50, 29
29 „... Der Spruch wird bei Mir nicht abgeändert. Und ich tue den Dienern kein Unrecht."

51, 9–10
9 Der wird davon abwendig gemacht, wer sich abwenden lässt.
10 Dem Tod geweiht seien die, die nur Schätzungen anstellen ...

51, 20–21
20 Und auf der Erde gibt es Zeichen für die, die Gewissheit hegen,
21 und auch in euch selbst. Wollt ihr denn nicht sehen?

51, 38
38 (Ein Zeichen ist) auch in Mose[170], als Wir ihn mit einer offenkundigen Ermächtigung zu Pharao sandten.

52, 11–14
11 ... wehe an jenem Tag denen, die (die Botschaft) der Lüge erklären,
12 die in ausschweifenden Reden ihr Spiel treiben!
13 Am Tag, da sie unerbittlich ins Feuer der Hölle gestoßen werden:
14 „Das ist das Feuer, das ihr immer wieder für Lüge erklärt habt ..."

52, 22–23
22 Und Wir versorgen sie mit Früchten und Fleisch von dem, was sie begehren.
23 Darin[171] greifen sie untereinander nach einem Becher, der nicht zu unbedachter Rede verleitet[172] und in dem nichts Sündhaftes steckt.

52, 29–30
29 Ermahne nun; du bist dank der Gnade deines Herrn weder ein Wahrsager noch ein Besessener.
30 Oder sagen sie etwa: „Ein Dichter. Wir warten ab, was für ein Unheil das Schicksal ihm bringen wird?"

52, 34
34 Sie sollen doch eine Botschaft gleicher Art beibringen, so sie die Wahrheit sagen.

53, 2–20
2 Euer Gefährte[173] geht nicht irre und ist nicht einem Irrtum erlegen,
3 und er redet nicht aus eigener Neigung.
4 Es ist nichts anderes als eine Offenbarung, die offenbart wird.
5 Belehrt hat ihn einer, der starke Kräfte hat,
6 der Macht besitzt. Er stand aufrecht da,
7 am obersten Horizont.
8 Dann kam er näher und stieg nach unten,
9 so dass er (nur) zwei Bogenlängen entfernt war oder noch näher.
10 Da offenbarte Er seinem Diener, was Er offenbarte.
11 Sein Herz hat nicht gelogen, was er sah.
12 Wollt ihr denn mit ihm streiten über das, was er sieht?
13 Und er sah ihn ein anderes Mal herabkommen,
14 beim Zizyphusbaum am Ende des Weges,
15 bei dem der Garten der Heimstätte ist.
16 Als den Zizyphusbaum bedeckte, was (ihn) bedeckte,
17 da wich der Blick nicht ab, und er überschritt das Maß nicht.

---

170 38–40; Vgl. 7, 103–137.
171 Im Paradies.
172 Da er nicht betrunken macht.
173 Muhammad

18 Wahrlich, er sah etwas von den größten Zeichen seines Herrn.
19 Habt ihr Lāt und ʿUzzā gesehen,
20 und auch Manāt[174], diese andere, die Dritte?

53,26
26 Und wie manche Engel gibt es in den Himmeln, deren Fürsprache nichts nützt, außer nachdem Gott es erlaubt hat, wem Er will und wer sein Gefallen hat.

53,32
32 Diejenigen, die die schweren Sünden und die schändlichen Taten meiden, abgesehen von leichten Verfehlungen … Wahrlich, dein Herr hat eine umfassende Vergebung. Er weiß besser über euch Bescheid, als Er euch aus der Erde entstehen ließ und als ihr Embryos im Leib eurer Mütter waret. So erklärt nicht euch selbst für rein. Er weiß besser, wer gottesfürchtig ist.

53,34
34 … und nur wenig gibt und dann (auch) aufhört?

53,57–58
57 Die nahende Stunde[175] steht bevor.
58 Niemand außer Gott kann sie beheben.

54,1–2
1 Nahegerückt ist die Stunde[176], und gespalten hat sich der Mond.
2 Und wenn sie ein Zeichen sehen, wenden sie sich ab und sagen: „Eine ständige Zauberei."

54,9
9 Schon vor ihnen hat das Volk Noachs (ihren Gesandten) der Lüge geziehen.[177] Sie ziehen unseren Diener der Lüge und sagten: „Ein Besessener." Und er wurde (von ihnen) zurechtgewiesen.

54,23–31
23 Die Thamud haben die Warner der Lüge geziehen[178].
24 Sie sagten: „Sollen wir denn einem Menschen aus unseren Reihen, der allein dasteht, folgen? Dann befänden wir uns im Irrtum und litten an Wahnsinn.
25 Ist die Ermahnung wirklich gerade ihm aus unserer Mitte überbracht worden? Nein, vielmehr ist er ein überheblicher Lügner."
26 Morgen werden sie zu wissen bekommen, wer der überhebliche Lügner ist.
27 Wir werden die Kamelstute schicken als Versuchung für sie. So beobachte sie und sei geduldig.
28 Und gib ihnen kund, dass das Wasser zwischen ihnen zu teilen ist. Jede Trinkzeit soll (dann abwechselnd) wahrgenommen werden.
29 Sie aber riefen ihren Gefährten her. Er griff zu und schnitt (der Kamelstute) die Flechsen durch und stach sie.
30 Wie waren dann meine Pein und Meine Warnungen!
31 Wir sandten über sie einen einzigen Schrei, da waren sie plötzlich wie das dürre Zeug dessen, der Tiergehege baut.

54,52
52 Alles, was sie getan haben, steht in den Schriften.

55,1–10
1 Der Erbarmer
2 hat den Koran gelehrt.
3 Er hat den Menschen erschaffen.

---

[174] Die Schicksalsgöttin. Das waren die drei Göttinnen, die die Polytheisten in der Kaʿba verehrten, und zwar neben Allah (Gott), den sie als Hochgott betrachteten.
[175] des Gerichtes.
[176] des Gerichtes.
[177] Vgl. 7,59–64.
[178] Vgl. 7,73–79.

4 Er hat ihn deutliche Rede gelehrt.
5 Die Sonne und der Mond laufen nach Berechnung.
6 Der Sturm und die Bäume werfen sich nieder.
7 Den Himmel hat Er emporgehoben und die Waage aufgestellt.
8 Ihr sollt beim Wägen nicht das Maß überschreiten,
9 das Gewicht nach Gerechtigkeit messen und beim Wägen nicht weniger geben.
10 Und die Erde hat Er für die Geschöpfe gelegt;

55, 14–15

14 Er hat den Menschen aus einer Trockenmasse wie dem Töpferton erschaffen.
15 Und Er hat die Djinn aus einer Feuerflamme erschaffen.

55, 22

22 Aus ihnen beiden kommen Perlen und Korallen hervor.

55, 27

27 … bleiben wird nur das Antlitz deines Herrn, das erhabene und ehrwürdige.

55, 46

46 Für den, der den Stand seines Herrn fürchtet, sind zwei Gärten bestimmt …

55, 58

58 … als wären sie Hyazinth und Korallen.

55, 62

62 Außer ihnen beiden gibt es zwei andere Gärten …

56, 7–80

7 … und in drei Gruppen aufgeteilt werden.
8 Die von der rechten Seite – was sind die von der rechten Seite?
9 Und die von der unglückseligen Seite – was sind die von der unglückseligen Seite?
10 Und die Allerersten, ja sie werden die Allerersten sein.
11 Das sind die, die in der Nähe (Gottes) zugelassen werden,
12 in den Gärten der Wonne.
13 Eine große Schar von den Früheren
14 und wenige von den Späteren.
15 Auf durchwobenen Betten
16 lehnen sie sich einander gegenüber.
17 Unter ihnen machen ewig junge Knaben die Runde
18 mit Humpen und Krügen und einem Becher aus einem Quell,
19 von dem sie weder Kopfweh bekommen noch sich berauschen,
20 und mit Früchten von dem, was sie sich auswählen,
21 und Fleisch und Geflügel von dem, was sie begehren.
22 Und (darin sind) großäugige Huri,
23 gleich wohlverwahrten Perlen.
24 (Dies) als Lohn für das, was sie zu tun pflegten.
25 Sie hören darin keine unbedachte Rede und nichts Sündhaftes,
26 sondern nur das Wort: „Friede! Friede!“
27 Die von der rechten Seite – was sind die von der rechten Seite?
28 Sie sind unter Zyziphusbäumen ohne Dornen
29 und übereinander gereihten Bananen
30 und ausgestrecktem Schatten,
31 an Wasser, das sich ergießt,
32 mit vielen Früchten,
33 die weder aufhören, noch verwehrt sind,
34 und auf erhöhten Unterlagen.
35 Wir haben sie[179] eigens entstehen lassen
36 und sie zu Jungfrauen gemacht,
37 liebevoll und gleichaltrig,
38 für die von der rechten Seite.
39 Eine große Schar von den Früheren,

[179] die Hūrī, die Paradiesjungfrauen.

40 und eine große Schar von den Späteren.
41 Und die von der linken Seite – was sind die von der linken Seite?
42 Sie sind in glühendem Wind und heißem Wasser,
43 und in Schatten aus schwarzem Rauch,
44 der weder kühl noch trefflich ist.
45 Sie lebten ja vordem üppig
46 und verharrten in der gewaltigen Untreue.
47 Und sie sagten: „Wenn wir gestorben und zu Staub und Knochen geworden sind, sollen wir dann wirklich auferweckt werden?
48 Und auch unsere Vorväter?“
49 Sprich: Die Früheren und die Späteren
50 werden versammelt zum Termin eines bestimmten Tages.
51 Dann werdet ihr, die ihr irregeht und (die Botschaft) für Lüge erklärt,
52 von Zaqqum-Bäumen essen
53 und davon die Bäuche füllen,
54 und darauf heißes Wasser trinken;
55 trinken werdet ihr, wie durstkranke Kamele trinken.
56 Das ist ihre Bewirtung am Tag des Gerichtes.
57 Wir sind es doch, die euch erschaffen haben. Würdet ihr es doch für wahr halten!
58 Habt ihr gesehen, was (für einen Samen) ihr zum Erguss bringt?
59 Seid ihr es, die ihn erschaffen, oder sind nicht vielmehr Wir es, die (ihn) erschaffen?
60 Wir haben für euch den Tod festgelegt. Und niemand kann Uns voraus sein (und abwenden),
61 dass Wir (gegen euch) euresgleichen eintauschen und euch in einen Zustand entstehen lassen, den ihr nicht kennt.
62 Ihr wisst doch um die erste Schöpfung. Würdet ihr es doch bedenken!
63 Habt ihr gesehen, was ihr (an Feldern) bestellt?
64 Sät ihr darin, oder sind nicht vielmehr Wir es, die säen?
65 Wenn Wir wollten, Wir könnten es zu zermalmtem Zeug machen, und ihr würdet verwundert darüber reden:
66 „Wir sind mit Schulden belastet.
67 Nein, wir entbehren vielmehr alles.“
68 Habt ihr denn das Wasser gesehen, das ihr trinkt?
69 Habt ihr es von den Wolken herabkommen lassen, oder sind nicht vielmehr Wir es, die (es) herabkommen lassen?
70 Wenn Wir wollten, Wir könnten es bitter machen. Würdet ihr doch dankbar sein!
71 Habt ihr denn das Feuer gesehen, das ihr zündet?
72 Habt ihr etwa den dazu nötigen Baum entstehen lassen, oder sind nicht vielmehr Wir es, die (ihn) entstehen lassen?
73 Wir haben es zur Ermahnung und zur Nutznießung für die Wüstenwanderer gemacht.
74 So preise den Namen deines majestätischen Herrn.
75 Nein, Ich schwöre bei den Niedergangsorten der Sterne
76 – das ist, wenn ihr es nur wüsstet, ein gewaltiger Schwur:
77 Das ist wahrlich ein trefflicher Koran
78 in einem wohl verwahrten Buch,
79 das nur die berühren dürfen, die rein gemacht worden sind;
80 Herabsendung vom Herrn der Welten.

56, 90–91

90 Und wenn er zu denen von der rechten Seite gehört,
91 dann wird er mit „Friede sei dir!“ begrüßt von denen, die von der rechten Seite sind.

57, 18

18 Denen, Männern und Frauen, die Almosen geben und damit Gott ein schönes Darlehen leihen, wird Er es vervielfachen.

Und bestimmt ist für sie ein trefflicher Lohn.

57,22

22 Kein Unglück trifft ein auf der Erde oder bei euch selbst, ohne dass es in einem Buch stünde, bevor Wir es erschaffen. Dies ist Gott ein Leichtes.

57,25–28

25 Wir haben unsere Gesandten mit den deutlichen Zeichen gesandt und mit ihnen das Buch und die Waage herabkommen lassen, damit die Menschen für die Gerechtigkeit eintreten. Und Wir haben das Eisen herabkommen lassen. In ihm ist heftige Schlagkraft und vielerlei Nutzen für die Menschen. Gott wollte feststellen, wer Ihn und seine Gesandten unterstützt, auch in Abwesenheit. Gott ist stark und mächtig.
26 Und wir sandten Noach und Abraham und ließen in ihrer Nachkommenschaft die Propheten und das Buch auftreten. Einige von ihnen folgten der Rechtleitung, und viele von ihnen waren Frevler.
27 Dann ließen Wir nach ihnen unsere Gesandten folgen. Und Wir ließen Jesus, den Sohn Marias, folgen und ihm das Evangelium zukommen. Und Wir setzten in die Herzen derer, die ihm folgten, Mitleid und Barmherzigkeit, und auch Mönchtum, das sie erfanden – Wir haben es ihnen nicht vorgeschrieben –, dies nur im Trachten nach dem Wohlgefallen Gottes. Sie beobachteten es jedoch nicht in der rechten Weise. Und so ließen Wir diejenigen von ihnen, die glaubten, ihren Lohn zukommen. Aber viele von ihnen waren Frevler.
28 O ihr, die ihr glaubt, fürchtet Gott und glaubt an seinen Gesandten, dann lässt Er euch einen doppelten Anteil an seiner Barmherzigkeit zukommen, macht euch ein Licht, in dem ihr wandeln könnt, und vergibt euch. Gott ist voller Vergebung und barmherzig.

58,5

5 Diejenigen, die sich Gott und seinem Gesandten widersetzen, werden niedergeworfen, wie die niedergeworfen wurden, die vor ihnen lebten. Wir haben doch deutliche Zeichen hinabgesandt. Und für die Ungläubigen ist eine schmähliche Pein bestimmt.

58,8

8 Hast du nicht auf jene geschaut, denen verboten wurde, vertrauliche Gespräche zu führen, die aber dann zurückkehrten zu dem, was ihnen verboten wurde und miteinander über Sünde, Übertretung und Ungehorsam gegen den Gesandten vertraulich sprechen? Und wenn sie zu dir kommen, grüßen sie dich mit einem (Ausdruck), mit dem Gott dich nicht gegrüßt hat, und sagen bei sich: „Könnte Gott uns nur peinigen für das, was wir sagen!“ Ihnen genügt doch die Hölle, in der sie brennen werden – welch schlimmes Ende!

58,13–14

13 Seid ihr erschrocken davor, dass ihr vor eurem vertraulichen Gespräch im Voraus Almosen geben sollt? Nun, wenn ihr es nicht tut und Gott sich euch wieder gnädig zuwendet, dann verrichtet das Gebet und entrichtet die Abgabe, und gehorcht Gott und seinen Gesandten. Und Gott hat Kenntnis von dem, was ihr tut.
14 Hast du nicht auf jene geschaut, die sich Leute zu Freunden nehmen, auf die Gott zornig ist? Sie gehören nicht zu euch, und auch nicht zu ihnen. Und sie leisten wissentlich falsche Eide.

58,16

16 Sie haben sich ihre Eide zu einem Schutzschild genommen und so (die Menschen) vom Weg Gottes abgewiesen. Bestimmt ist für sie eine schmähliche Pein.

58,19–22
19 Der Satan hat von ihnen Besitz ergriffen und sie die Ermahnung Gottes vergessen lassen. Sie sind die Partei des Satans. Siehe, die Partei des Satans sind ja doch die Verlierer.
20 Diejenigen, die sich Gott und seinem Gesandten widersetzen, die gehören zu den Niedrigsten.
21 Gott hat vorgeschrieben: „Siegen werde Ich, Ich und meine Gesandten." Gott ist stark und mächtig.
22 Du wirst nicht feststellen, dass Leute, die an Gott und den Jüngsten Tag glauben, denen Liebe zeigen, die sich Gott und seinen Gesandten widersetzen, auch wenn sie ihre Väter wären oder ihre Söhne, ihre Brüder oder ihre Sippenmitglieder. In deren Herzen hat Er den Glauben geschrieben und sie mit einem Geist von sich gestärkt. Er wird sie in Gärten eingehen lassen, unter denen Bäche fließen; darin werden sie ewig weilen. Gott hat Wohlgefallen an ihnen, und sie haben Wohlgefallen an Ihm. Sie sind die Partei Gottes. Siehe, die Partei Gottes sind die, denen es wohl ergeht.

59,4
4 Dies dafür, dass sie sich Gott und seinem Gesandten widersetzen. Und wenn jemand sich Gott widersetzt, so verhängt Gott eine harte Strafe.

59,7–10
7 Was Gott seinem Gesandten von den Bewohnern der Städte als Beute zugeteilt hat, gehört Gott und dem Gesandten, und den Verwandten, den Waisen, den Bedürftigen, den Reisenden. Dies, damit es nicht eben unter den Reichen von euch die Runde macht. Und was der Gesandte euch zukommen lässt, das sollt ihr nehmen. Und was er euch verwehrt, davon sollt ihr euch fernhalten. Und fürchtet Gott. Gott verhängt eine harte Strafe.
8 (Das gehört) den armen Auswanderern, die aus ihren Wohnstätten und von ihrem Besitz vertrieben wurden, die nach Gottes Huld und Wohlgefallen streben und Gott und seinen Gesandten unterstützen. Das sind die Wahrhaftigen.
9 Und diejenigen, die vor ihnen in der Wohnstätte und im Glauben zu Hause waren[180], lieben die, die zu ihnen ausgewandert sind; sie empfinden in ihrem Inneren kein Bedürfnis für das, was diesen[181] zugekommen ist, und sie bevorzugen sie vor sich selbst, auch wenn sie selbst Not leiden. Und diejenigen, die vor ihrer eigenen Habsucht bewahrt bleiben, sind die, denen es wohl ergeht.
10 Und diejenigen, die nach ihnen gekommen sind, sagen: „Unser Herr, vergib uns und unseren Brüdern, die uns im Glauben vorangegangen sind. Und setze in unsere Herzen keinen Groll gegen die, die glauben. Unser Herr, du hast Mitleid und bist barmherzig."

59,19–24
19 Und seid nicht wie diejenigen, die Gott vergessen haben und die Er dann sich selbst vergessen ließ. Das sind die Frevler.
20 Nicht gleich sind die Gefährten des Feuers und die Gefährten des Paradieses. Die Gefährten des Paradieses sind es, die den Erfolg erzielen.
21 Hätten Wir diesen Koran auf einen Berg hinabgesandt, du hättest gesehen, wie er aus Furcht vor Gott demütig innehält und sich spaltet. Diese Gleichnisse führen Wir den Menschen an, auf dass sie nachdenken.
22 Er ist Gott, außer dem es keinen Gott gibt, der über das Unsichtbare und das Offenbare Bescheid weiß. Er ist der Erbarmer, der Barmherzige.
23 Er ist Gott, außer dem es keinen Gott

---
180 Das sind die Muslime von Medina.
181 Wörtlich: ihnen, d. h. den Auswanderern.

gibt, der König, der Heilige, der Inbegriff des Friedens, der Stifter der Sicherheit, der alles fest in der Hand hat, der Mächtige, der Gewaltige, der Stolze. Preis sei Gott! (Er ist erhaben) über das, was sie (Ihm) beigesellen.
24 Er ist Gott, der Schöpfer, der Erschaffer, der Bildner. Sein sind die schönsten Namen. Ihn preist, was in den Himmeln und auf der Erde ist. Und Er ist der Mächtige, der Weise.

60, 1

1 O ihr, die ihr glaubt, nehmt euch nicht meine Feinde und eure Feinde zu Freunden, indem ihr ihnen Liebe entgegenbringt, wo sie doch das verleugnen, was von der Wahrheit zu euch gekommen ist, und den Gesandten und euch selbst vertreiben, weil ihr an Gott, euren Herrn, glaubt. (Haltet euch daran), wenn ihr wirklich ausgezogen seid zum Einsatz auf meinem Weg und im Streben nach meinem Wohlgefallen. Ihr zeigt ihnen heimlich Liebe, wo Ich doch besser weiß, was ihr verbergt und was ihr offen legt. Und wer von euch das tut, der ist vom rechten Weg abgeirrt.

60, 4

4 Ihr habt doch ein schönes Beispiel in Abraham und denen, die mit ihm waren, als sie zu ihrem Volk sagten: „Wir sind unschuldig an euch und an dem, was ihr an Stelle Gottes verehrt. Wir verleugnen euch. Und zwischen uns und euch sind Feindschaft und Hass auf immer sichtbar geworden, bis ihr an Gott allein glaubt." Dies, bis auf das Wort Abrahams zu seinem Vater: „Ich werde für dich um Vergebung bitten.[182] Und ich kann dir vor Gott keinen Nutzen bringen. Unser Herr, auf Dich vertrauen wir, und Dir wenden wir uns reumütig zu. Und zu Dir führt der Lebensweg …"

60, 6

6 Ihr habt in ihnen ein schönes Beispiel, und zwar jeder, der auf Gott hofft und den Jüngsten Tag erwartet. Wenn einer sich abkehrt, so ist Gott der, der auf niemanden angewiesen und des Lobes würdig ist.

60, 8

8 Gott verbietet euch nicht, denen, die nicht gegen euch der Religion wegen gekämpft und euch nicht aus euren Wohnstätten vertrieben haben, Pietät zu zeigen und Gerechtigkeit angedeihen zu lassen. Gott liebt ja die, die gerecht handeln.

60, 10

10 O ihr, die ihr glaubt, wenn gläubige Frauen als Auswanderer zu euch kommen, dann prüft sie. Gott weiß besser über ihren Glauben Bescheid. Wenn ihr feststellt, dass sie gläubig sind, dann schickt sie nicht zu den Ungläubigen zurück. Zur Ehe sind weder diese Frauen ihnen erlaubt noch sind sie diesen Frauen erlaubt. Und lasst ihnen[183] jedoch zukommen, was sie (seinerzeit für diese Frauen) ausgegeben haben. Es ist für euch kein Vergehen, sie zu heiraten, wenn ihr ihnen ihren Lohn zukommen lasst. Und haltet nicht am Eheband mit den ungläubigen Frauen fest, und fordert, was ihr (bei der Eheschließung) ausgegeben habt, zurück. Auch sie sollen zurückfordern, was sie ausgegeben haben. Das ist das Urteil Gottes. Er urteilt zwischen euch. Und Gott weiß Bescheid und ist weise.

60, 12–13

12 O Prophet, wenn gläubige Frauen zu dir kommen, um dir Treue zu geloben, dass sie Gott nichts beigesellen, nicht stehlen, keinen Ehebruch begehen, ihre Kinder nicht töten, keine Verleumdung

---

[182] Vgl. 19,47; 9,114; 14,41; 26,86.
[183] den früheren Männern dieser Frauen.

vorbringen, die sie vor ihren eigenen Händen und Füßen erdichten, und gegen dich nicht ungehorsam sind in dem, was recht ist, dann nimm ihr Treueversprechen an und bitte Gott für sie um Vergebung. Gott ist voller Vergebung und barmherzig.
13 O ihr, die ihr glaubt, nehmt nicht Leute zu Freunden, auf die Gott zornig ist. Sie haben die Hoffnung auf das Jenseits aufgegeben, so wie die Ungläubigen die Hoffnung aufgegeben haben in Bezug auf die (Toten) in den Gräbern.

61,6–11
6 Und als Jesus, der Sohn Marias, sagte: „O Kinder Israels, ich bin der Gesandte Gottes an euch, um zu bestätigen, was von der Tora vor mir vorhanden war, und einen Gesandten zu verkünden, der nach mir kommt: Sein Name ist Ahmad[184]." Als er nun mit den deutlichen Zeichen zu ihnen kam, sagten sie: „Das ist eine offenkundige Zauberei."
7 Und wer ist ungerechter als der, der gegen Gott Lügen erdichtet. Während er zur Gottergebenheit aufgerufen wird? Und Gott leitet die ungerechten Leute nicht recht.
8 Sie wollen das Licht Gottes mit ihrem Mund auslöschen. Aber Gott wird sein Licht vollenden, auch wenn es den Ungläubigen zuwider ist.
9 Er ist es, der seinen Gesandten mit der Rechtleitung und der Religion der Wahrheit gesandt hat, um ihr die Oberhand zu verleihen über alle Religion, auch wenn es den Polytheisten zuwider ist.
10 O ihr, die ihr glaubt, soll ich euch auf einen Handel hinweisen, der euch vor einer schmerzhaften Pein rettet?
11 Ihr sollt an Gott und seinen Gesandten glauben, euch auf dem Weg Gottes mit eurem Vermögen und mit eigener Person einsetzen – das ist besser für euch, so ihr Bescheid wisst –,

61,14
14 O ihr, die ihr glaubt, seid die Helfer Gottes, so wie Jesus, der Sohn Marias, zu den Jüngern gesagt hat: „Wer ist mein Helfer (auf dem Weg) zu Gott hin?" Die Jünger sagten: „Wir sind die Helfer Gottes." Eine Gruppe der Kinder Israels glaubte, und eine (andere) Gruppe war ungläubig. Da stärkten Wir diejenigen, die glaubten, gegen ihre Feinde, und sie bekamen die Oberhand.

62,4
4 Das ist die Huld Gottes. Er lässt sie zukommen, wem Er will. Und Gott besitzt große Huld.

62,8–11
8 Sprich: Der Tod, vor dem ihr flieht, wird euch erreichen. Dann werdet ihr zu dem, der das Unsichtbare und das Offenbare kennt, zurückgebracht, und Er wird euch kundtun, was ihr zu tun pflegtet.
9 O ihr, die ihr glaubt, wenn am Freitag zum Gebet gerufen wird, dann eilt zum Gedenken Gottes und lasst das Kaufgeschäft ruhen. Das ist besser für euch, so ihr Bescheid wisst.
10 Wenn das Gebet beendet ist, dann breitet euch im Land aus und strebt nach etwas von der Huld Gottes. Und gedenkt Gottes viel, auf dass es euch wohl ergehe.
11 Und wenn sie einen Handel oder eine Gelegenheit zur Zerstreuung sehen, laufen sie hin und lassen dich stehen. Sprich: Was bei Gott ist, ist doch besser als Zerstreuung und Handel. Und Gott ist der beste Versorger.

63,3
3 Dies, weil sie erst gläubig waren, dann aber ungläubig wurden. Da wurden ihre Herzen versiegelt, so dass sie nicht begreifen.

---
[184] Oder: der Hochgelobte.

63,6–9

6 Für sie ist es gleich, ob du für sie um Vergebung bittest oder nicht bittest. Gott wird ihnen nicht vergeben. Gott leitet die frevlerischen Leute nicht recht.
7 Sie sind es, die sagen: „Spendet nicht für diejenigen, die beim Gesandten Gottes sind, bis sie davoneilen." Doch Gott gehören die Vorratskammern der Himmel und der Erde. Aber die Heuchler begreifen es nicht.
8 Sie sagen: „Wenn wir nach Medina zurückkehren, werden sicher die Mächtigen die Schwächeren aus ihr vertreiben." Doch Gott gehört die Macht, und auch seinem Gesandten und den Gläubigen. Aber die Heuchler wissen nicht Bescheid.
9 O ihr, die ihr glaubt, euer Vermögen und eure Kinder sollen euch nicht vom Gedenken Gottes ablenken. Diejenigen, die dies tun, das sind die Verlierer.

64,3

3 Er hat die Himmel und die Erde in Wahrheit erschaffen, und Er hat euch gestaltet und eure Gestalten schön gemacht. Und zu Ihm führt der Lebensweg.

64,14–16

14 O ihr, die ihr glaubt, unter euren Gattinnen und euren Kindern sind welche, die euch Feind sind. So nehmt euch vor ihnen in Acht. Wenn ihr verzeiht, nachsichtig seid und vergibt, so ist Gott voller Vergebung und barmherzig.
15 Euer Vermögen und eure Kinder sind eine Versuchung. Aber Gott hält einen großartigen Lohn bereit.
16 Fürchtet nun Gott, so viel ihr eben könnt. Und hört zu und gehorcht. Und spendet: Es ist besser für euch. Und diejenigen, die vor ihrer eigenen Habsucht bewahrt bleiben, das sind die, denen es wohl ergeht.

65, 1–6

1 O Prophet, wenn ihr die Frauen entlasst, dann entlasst sie unter Beachtung ihrer Wartezeit, und berechnet die Wartezeit (sorgfältig). Und fürchtet Gott, euren Herrn. Weiset sie nicht aus ihren Häusern aus. Sie sollen auch nicht selbst ausziehen, es sei denn, sie begehen eine offenkundige schändliche Tat. Das sind die Rechtsbestimmungen Gottes. Wer die Rechtsbestimmungen Gottes übertritt, der tut sich selbst Unrecht. Du weißt nicht, ob nicht Gott vielleicht danach eine neue Lage herbeiführt.
2 Wenn sie das Ende ihrer Frist erreichen, dann behaltet sie in rechtlicher Weise oder trennt euch von ihnen in rechtlicher Weise. Und nehmt zwei gerechte Leute von euch zu Zeugen, und erhaltet das Zeugnis Gottes aufrecht. Damit wird derjenige ermahnt, der an Gott und den Jüngsten Tag glaubt. Und wer Gott fürchtet, dem schafft er einen Ausweg
3 und beschert Unterhalt, von wo er damit nicht rechnet. Und wer auf Gott vertraut, dem genügt Er. Gott erzielt sein Anliegen. Gott legt für jede Sache ein Maß fest.
4 Und für die von euren Frauen, die keine Menstruation mehr erwarten, falls ihr da Zweifel hegt, gilt eine Wartezeit von drei Monaten. Und ebenso für die, die keine Menstruation haben. Für die, die schwanger sind, ist ihre Frist erreicht, wenn sie gebären, was sie (in ihrem Leib) tragen. Und wer Gott fürchtet, dem schafft Er Erleichterung in seiner Angelegenheit.
5 Das ist die Anordnung Gottes, die Er zu euch herabgesandt hat. Und wer Gott fürchtet, dem sühnt Er seine Missetaten und dem verleiht Er einen großartigen Lohn.
6 Lasst sie dort wohnen, wo ihr selbst wohnt, euren Möglichkeiten entsprechend. Und fügt ihnen keinen Schaden zu, um sie in Bedrängnis zu bringen. Und wenn sie schwanger sind, dann übernehmt für sie die nötigen Aufwendungen,

bis sie gebären, was sie (in ihrem Leib) tragen. Wenn sie für euch das Kind stillen, dann lasst ihnen ihren Lohn zukommen, und beratet euch untereinander (darüber) in rechtlicher Weise. Und wenn ihr euch schwer einigen könnt, dann wird wohl eine andere (das Kind) für ihn stillen.

66,2–8

2 Gott hat für euch festgelegt, wie eure Eide zu lösen sind. Und Gott ist euer Schutzherr, und Er ist der, der Bescheid weiß und weise ist.
3 Als der Prophet einer seiner Gattinnen einige Worte im Geheimen anvertraute. Als sie sie dann mitteilte und Gott ihm darüber Auskunft gab, gab er einen Teil davon bekannt und überging einen anderen Teil. Als er es ihr nun mitteilte, sagte sie: „Wer hat dir das kundgetan?" Er sagte: „Kundgetan hat (es) mir der, der Bescheid weiß und Kenntnis (von allem) hat."
4 Wenn ihr beide zu Gott umkehrt – eure Herzen waren ja dem Gerede zugeneigt – … Und wenn ihr einander gegen ihn Beistand leistet, so ist Gott sein Schutzherr, und Gabriel, die Rechtschaffenen von den Gläubigen und außerdem die Engel werden (ihm) Beistand leisten.
5 Möge sein Herr ihm, wenn er euch (alle) entlässt, zum Tausch andere Gattinnen geben, die besser sind als ihr: muslimische Frauen, die gläubig und demütig ergeben sind, bereit zur Umkehr sind, (Gott) dienen und umherziehen[185], ob sie früher verheiratet waren oder Jungfrauen sind.
6 O ihr, die ihr glaubt, hütet euch selbst und eure Angehörigen vor einem Feuer, dessen Brennstoff Menschen und Steine sind und über das hartherzige und strenge Engel gesetzt sind, die gegen Gott nicht ungehorsam sind in dem, was Er ihnen befiehlt, sondern tun, was ihnen befohlen wird.
7 O ihr, die ihr ungläubig seid, entschuldigt euch heute nicht. Euch wird nur das vergolten, was ihr zu tun pflegtet.
8 O ihr, die ihr glaubt, kehrt zu Gott um in aufrichtiger Umkehr. Möge Gott euch eure Missetaten sühnen und euch in Gärten eingehen lassen, unter denen Bäche fließen, am Tag, da Gott den Propheten und die, die mit ihm gläubig sind, nicht zu Schanden macht! Ihr Licht eilt vor ihnen und zu ihrer Rechten her. Sie sagen: „Unser Herr, vollende für uns unser Licht und vergib uns. Du hast Macht zu allen Dingen."

66,10–12

10 Gott hat für die, die ungläubig sind, die Frau Noachs und die Frau Lots[186] als Beispiel angeführt. Sie beide unterstanden zwei Dienern von unseren rechtschaffenen Dienern. Aber sie waren treulos zu ihnen, so konnten ihnen diese vor Gott nichts nützen. Und es wurde gesagt: „Geht ins Feuer ein mit denen, die hineingehen."
11 Und Gott hat für die, die glauben, die Frau des Pharao als Beispiel angeführt. Als sie sagte: „Mein Herr, baue mir ein Haus bei Dir im Paradies, und errette mich von Pharao und seinem Handeln, und errette mich vor den Leuten, die Unrecht tun."
12 Und (auch) Maria[187], die Tochter ʿImrāns, die ihre Scham unter Schutz stellte, worauf Wir in sie von unserem Geist bliesen. Und sie hielt die Worte ihres Herrn und seine Bücher für wahr und gehörte zu denen, die (Gott) demütig ergeben sind.

67,3

3 (Er), der sieben Himmel in Schichten erschaffen hat. Und du kannst an der

---

[185] Oder: wie Wandermönche asketisch leben; vgl. 9,112.
[186] Zur Frau Lots siehe unter anderen Stellen 7,83; 11,81; 15,59 f.
[187] Es ist Maria, die Mutter Jesu Christi; vgl. 3,33 f.

Schöpfung des Erbarmers kein Missverhältnis sehen. Wende deinen Blick zurück: Siehst du irgendeinen Mangel?

67,15

15 Er ist es, der euch die Erde gefügig gemacht hat. So schreitet auf ihrem Rücken umher und esst von dem, was Er (euch) beschert. Und zu Ihm führt die Auferstehung.

67,23

23 Sprich: Er ist es, der euch entstehen ließ und euch Gehör, Augenlicht und Herz machte. Ihr seid aber wenig dankbar.

68,2–4

2 Du bist dank der Gnade deines Herrn kein Besessener.
3 Bestimmt ist für dich ein Lohn, der nicht aufhört.
4 Und du besitzt großartige Charakterzüge.

68,15

15 Wenn ihm unsere Zeichen verlesen werden, sagt er: „Die Fabeln der Früheren."

69,19

19 Wem dann sein Buch in seine Rechte gereicht wird, der sagt: „Nehmt und lest mein Buch.

69,25

25 Wem aber sein Buch in seine Linke gereicht wird, der sagt: „O wäre mir doch mein Buch nicht gereicht worden!

69,40–43

40 Das ist die Rede eines edlen Gesandten,
41 das ist nicht die Rede eines Dichters. Aber ihr seid ja so wenig gläubig.
42 Das ist auch nicht die Rede eines Wahrsagers. Aber ihr bedenkt es ja so wenig.
43 Es ist eine Herabsendung vom Herrn der Welten.

70,19–20

19 Der Mensch ist als kleinmütig erschaffen.
20 Wenn das Böse ihn trifft, ist er sehr mutlos;

70,24–25

24 … und die ein bestimmtes Recht auf ihr Vermögen einräumen
25 dem Bettler und den Unbemittelten.

70,29–32

29 … und die ihre Scham bewahren,
30 außer gegenüber ihren Gattinnen, oder was ihre Rechte (an Sklavinnen) besitzt – dann sind sie nicht zu tadeln;
31 diejenigen aber, die darüber hinaus (andere) begehren, das sind die, die Übertretungen begehen –,
32 und die auf das ihnen Anvertraute und ihre Verpflichtung Acht geben …

71,1–28

1 Wir haben Noach[188] zu seinem Volk gesandt: „Warne dein Volk, bevor eine schmerzhafte Pein über sie kommt."
2 Er sagte: „O mein Volk, ich bin euch ein deutlicher Warner:
3 Dienet Gott und fürchtet Ihn, und gehorchet mir,
4 dann vergibt Er euch etwas von euren Sünden und stellt euch zu einer bestimmten Frist zurück. Die Frist Gottes, wenn sie eintrifft, kann nicht aufgeschoben werden, wenn ihr es nur wüsstet!?
5 Er sagte: „Mein Herr, ich habe mein Volk bei Nacht und bei Tag gerufen.
6 Mein Rufen hat sie aber nur in ihrer Flucht bestärkt.
7 Sooft ich sie rief, damit Du ihnen ver-

188 Vgl. 7,59–64.

gibst, steckten sie ihre Finger in die Ohren, hüllten sich in Gewänder, blieben verstockt und verhielten sich sehr hochmütig.
8 Dann richtete ich an sie den Ruf öffentlich.
9 Dann sprach ich zu ihnen offen und im Geheimen.
10 Ich sagte: Bittet euren Herrn um Vergebung – Er vergibt ja viel –,
11 dann wird Er den Himmel über euch ergiebig regnen lassen
12 und euch mit Vermögen und Söhnen beistehen, für euch Gärten machen und für euch Bäche machen.
13 Was ist mit euch, dass ihr nicht von Gott erwartet, dass Er würdevoll handelt,
14 wo Er euch doch in Phasen erschaffen hat?
15 Habt ihr nicht gesehen, wie Gott sieben Himmel in Schichten erschaffen hat,
16 den Mond darin zu einem Licht gemacht und die Sonne zu einer Leuchte gemacht hat?
17 Gott hat euch aus der Erde wie Pflanzen wachsen lassen.
18 Dann wird Er euch zu ihr zurückkehren lassen und (wieder aus ihr) hervorbringen.
19 Und Gott hat euch die Erde zu einer ausgebreiteten Unterlage gemacht,
20 damit ihr auf ihr Wege als breite Durchgänge begehen könnt."
21 Noach sagte: „Mein Herr, sie sind gegen mich ungehorsam geworden und sind einem gefolgt, der durch sein Vermögen und seine Kinder nur noch größeren Verlust hat.
22 Und sie haben ungeheure Ränke geschmiedet.
23 Und sie sagten: ‚Verlasst doch nicht eure Götter. Verlasst doch nicht Wadd, noch Suwāʿ, noch Yaghūth, und auch nicht Yaʿūq und Nasr.'
24 Sie haben viele irregeführt. So lass die, die Unrecht tun, noch tiefer in die Irre gehen."
25 Wegen ihrer Sünden wurden sie ertränkt und in ein Feuer geführt. Da fanden sie für sich außer Gott keine Helfer.
26 Und Noach sagte: „Mein Herr, lass keinen von den Ungläubigen weiter auf der Erde wohnen.
27 Wenn du sie (leben) lässt, führen sie deine Diener irre und bringen zur Welt nur solche, die voller Laster und sehr ungläubig sind.
28 Mein Herr, vergib mir und meinen Eltern und dem, der als Gläubiger mein Haus betritt, und den gläubigen Männern und den gläubigen Frauen. Und stürze die, die Unrecht tun, noch tiefer ins Verderben."

72,3

3 Und[189] erhaben ist die Majestät unseres Herrn. Er hat sich weder eine Gefährtin noch ein Kind genommen.

72,6

6 Und einige Männer unter den Menschen suchten Zuflucht bei einigen Männern unter den Djinn und mehrten somit bei ihnen ihre Gewalttätigkeit.

72,15

15 Diejenigen aber, die dem Falschen zuneigen, werden Brennholz für die Hölle sein.

72,23

23 Ich habe nur etwas auszurichten von Gott und seinen Botschaften. Und für diejenigen, die gegen Gott und seinen Gesandten ungehorsam sind, ist das Feuer der Hölle bestimmt; darin werden sie auf immer ewig weilen.

---

[189] „Und" leitet hier und in den folgenden Versen die verschiedenen Teile des Berichtes der Djinn ein.

73,9

9 (Er ist) der Herr des Ostens und des Westens. Es gibt keinen Gott außer Ihm. So nimm Ihn dir zum Sachwalter.

73,20

20 Dein Herr weiß, dass du (zum Gebet) aufstehst beinahe zwei Drittel der Nacht oder die Hälfte oder ein Drittel davon, und ebenso eine Gruppe von denen, die mit dir sind. Und Gott bestimmt das Maß der Nacht und des Tages. Er weiß, dass ihr es nicht (selbst) würdet erfassen können. Da wandte Er sich euch zu. So verlest aus dem Koran, was leicht (zu bewältigen) ist. Er weiß, dass es unter euch Kranke geben würde, und andere, die im Land herumwandern im Streben nach der Huld Gottes, und (wieder) andere, die auf dem Weg Gottes kämpfen. Verlest also daraus, was leicht (zu bewältigen) ist, und verrichtet das Gebet und entrichtet die Abgabe und leiht Gott ein schönes Darlehen. Und was ihr für euch selbst an Gutem vorausschickt, das werdet ihr bei Gott vorfinden als noch besser und großartiger belohnt. Und bittet Gott um Vergebung. Gott ist ja voller Vergebung und barmherzig.

74,1–7

1 Der du dich zugedeckt hast,
2 steh auf und warne,
3 und preise die Größe deines Herrn,
4 und reinige deine Kleider,
5 und entferne dich von den Götzen,
6 und poch nicht auf dein Verdienst, um mehr zu erhalten,
7 und sei geduldig, bis dein Herr sein Urteil fällt.

74,28–32

28 Es lässt keinen Rest bestehen, und es lässt nichts übrig bleiben.
29 Es versengt die Haut.
30 Es hat über sich neunzehn (Wächter).
31 Als Wächter des Feuers haben Wir nur Engel eingesetzt. Und ihre Zahl haben Wir zu einer Versuchung gemacht für die, die ungläubig sind, damit diejenigen Gewissheit erlangen, denen das Buch zugekommen ist, und damit diejenigen, die glauben, an Glauben zunehmen, und damit diejenigen, denen das Buch zugekommen ist, und auch die Gläubigen keinen Zweifel hegen, und damit diejenigen, in deren Herzen Krankheit ist, und (auch) die Ungläubigen sagen: „Was will denn Gott mit einem solchen Gleichnis?“ Auf diese Weise führt Gott irre, wen Er will, und leitet recht, wen Er will. Und über die Heerscharen deines Herrn weiß nur Er Bescheid. Und es ist nur eine Ermahnung für die Menschen.
32 Nein, beim Mond …

74,38–39

38 Ein jeder haftet für das, was er erworben hat,
39 ausgenommen die von der Rechten;

74,44

44 … und wir pflegten nicht den Bedürftigen zu speisen,

75,16–17

16 Bewege deine Zunge nicht damit[190], um dich damit zu übereilen.
17 Uns obliegt es, ihn zusammenzustellen und ihn vorzulesen.

75,22–23

22 An jenem Tag gibt es strahlende Gesichter,
23 die zu ihrem Herrn schauen.

75,36–39

36 Meint denn der Mensch, dass er unbeachtet gelassen wird?
37 Ist er nicht ein Samentropfen, der sich ergießt,

[190] mit dem Koran.

38 dann ein Embryo gewesen? Da hat Er erschaffen und gebildet,
39 und daraus das Paar gemacht: den Mann und das Weib.

76,5
5 Die Frommen trinken aus einem Becher, in dem Kampfer beigemischt ist …

76,9
9 „Wir speisen euch in der Suche nach dem Antlitz Gottes. Wir wollen von euch weder Lohn noch Dank …

76,15
15 Herumgereicht werden ihnen Gefäße aus Silber und Humpen wie Gläser …

76,17
17 Und darin wird ihnen ein Becher zu trinken gegeben, in dem Ingwer beigemischt ist …

76,21
21 Sie haben grüne Gewänder aus Seide und auch Brokat an, und sie sind mit Armringen aus Silber geschmückt. Und ihr Herr gibt ihnen ein reines Getränk zu trinken.

77,1–7
1 Bei denen, die nacheinander wie eine Mähne gesandt werden
2 und die im Sturm daherstürmen,
3 bei denen, die offen ausbreiten
4 und die deutlich unterscheiden,
5 und die eine Ermahnung überbringen,
6 als Entschuldigung oder als Warnung!
7 Was euch angedroht wird, wird gewiss eintreffen.

78, 9–11
9 Und Wir haben euren Schlaf zum Ausruhen gemacht.
10 Und Wir haben die Nacht zu einem Kleid gemacht.
11 Und Wir haben den Tag zum Erwerb des Lebensunterhalts gemacht.

78,34
34 … und ein randvoller Becher.

78,38
38 … am Tag, da der Geist und die Engel in einer Reihe stehen. Sie werden nicht sprechen, ausgenommen der, dem der Erbarmer es erlaubt und der das Richtige sagt.

79,24
24 Er sagte: „Ich bin euer Herr, der Höchste."

79,34
34 Wenn dann die große, alles überwältigende Katastrophe kommt,

79,46
46 Am Tag, da sie sie sehen werden, ist es so, als hätten sie nur einen Abend verweilt oder den Morgen darauf.

80,24–32
24 Der Mensch soll auf seine Nahrung schauen.
25 Wir gießen doch Wasser in Strömen,
26 dann spalten Wir die Erde auf
27 und lassen auf ihr Korn wachsen.
28 und Weinstöcke und Gemüse,
29 und Ölbäume und Palmen,
30 und Gärten mit großen dicken Bäumen,
31 und Früchten und Gras,
32 als Nutznießung für euch und euer Vieh.

81, 1–29
1 Wenn die Sonne (von einer Hülle) umwunden wird,
2 und wenn die Sterne herabstürzen,
3 und wenn die Berge versetzt werden,
4 und wenn die im zehnten Monat ste-

henden Kamelstuten vernachlässigt werden,
5 und wenn die wilden Tiere versammelt werden,
6 und wenn die Meere angefüllt werden,
7 und wenn die Seelen zu ihren Partnern gesellt werden,
8 und wenn das Mädchen, das verscharrt wurde, gefragt wird,
9 wegen welcher Sünde sie denn getötet wurde,
10 und wenn die Blätter ausgebreitet werden,
11 und wenn der Himmel (wie ein Fell) abgezogen wird,
12 und wenn die Hölle angefacht wird,
13 und wenn das Paradies herangebracht wird,
14 dann wird jeder erfahren, was er vorgebracht hat.
15 Nein, Ich schwöre bei den rückläufigen Planeten,
16 die dahineilen und sich in ihrem Bau verbergen,
17 und bei der Nacht, wenn sie an einem Ende steht,
18 und beim Morgen, wenn er anbricht:
19 Das ist die Rede eines edlen Gesandten[191],
20 der Kraft besitzt und beim Herrn des Thrones hoch gestellt ist,
21 dem man dort gehorcht und der treu ist.
22 Euer Gefährte ist kein Besessener.
23 Er hat ihn gewiss am deutlichen Horizont gesehen,
24 und er hält nicht aus Geiz das (ihm offenbarte) Verborgene zurück.
25 Das ist nicht die Rede eines gesteinigten Satans.
26 Wo geht ihr denn hin?
27 Das ist nur eine Ermahnung für die Weltenbewohner,
28 für die von euch, die sich recht verhalten wollen.
29 Und ihr wollt nicht, es sei denn, Gott will es, (Er), der Herr der Welten.

82,6–12

6 O Mensch, was hat dich gegen deinen edelmütigen Herrn betört,
7 der dich erschaffen und gebildet und zurechtgeformt hat,
8 und dich in der Gestalt, die Er wollte, zusammengefügt hat?
9 Nein, ihr erklärt lieber das Gericht für Lüge.
10 Über euch sind Hüter eingesetzt,
11 vortreffliche, die (alles) aufschreiben,
12 und die wissen, was ihr tut.

83,1–3

1 Wehe denen, die das Maß verkürzen,
2 die, wenn sie sich von den Menschen zumessen lassen, volles Maß verlangen,
3 wenn sie ihnen aber zumessen oder abwägen, weniger geben.

83,7–9

7 Nein, das Buch[192] derer, die voller Laster sind, befindet sich im tiefen Kerker (Sidjjīn).
8 Und woher sollst du wissen, was der tiefe Kerker ist?
9 Es ist ein deutlich geschriebenes Buch.

83,18–31

18 Nein, das Buch der Frommen befindet sich in der Hohen Stätte.
19 Und woher sollst du wissen, was die Hohe Stätte ist?
20 Es ist ein deutlich geschriebenes Buch,
21 das diejenigen schauen, die in der Nähe (Gottes) zugelassen sind.
22 Die Frommen leben in Wonne,
23 auf Liegen (gelehnt), und halten Ausschau.
24 Du erkennst auf ihren Gesichtern das strahlende Glück der Wonne.
25 Ihnen wird ein versiegeltes reines Getränk zu trinken gegeben,
26 dessen Siegel aus Moschus ist – darum

---

[191] Gabriel.
[192] In dem ihre Taten verzeichnet sind.

sollen die Wettkämpfer um die Wette streiten –,
27 und mit Tasnim beigemischt, **28** aus einer Quelle, aus der diejenigen trinken, die in der Nähe (Gottes) zugelassen sind.
29 Die Übeltäter lachten über die, die glauben.
30 Und, wenn sie sie im Vorbeigehen trafen, zwinkerten sie einander zu.
31 Und, wenn sie zu ihren Angehörigen zurückkehrten, kehrten sie mit Wohlbehagen zurück.

84,7
7 Wem nun ein Buch in seine Rechte gereicht wird …

84,10
10 Wem aber sein Buch hinter seinem Rücken gereicht wird …

84,24–25
24 So verkünde ihnen eine schmerzhafte Pein,
25 außer denen, die glauben und die guten Werke tun: Sie empfangen einen Lohn, der nicht aufhört.

85,4–8
4 Dem Tod geweiht seien die Leute des Grabens,
5 des Feuers mit seinem Brennstoff,
6 wenn sie daran sitzen
7 und bezeugen, was sie den Gläubigen angetan haben.
8 Und nichts anderes lässt sie ihnen[193] grollen, als dass sie an Gott glauben, den Mächtigen, der des Lobes würdig ist.

85,14
14 Er ist der, der viel vergibt und liebevoll ist …

85,20–22
20 Und Gott umschließt sie von hinten her.
21 Nein, es ist ein glorreicher Koran
22 auf einer wohlverwahrten Tafel.

86,5–7
5 Der Mensch soll doch betrachten, aus was für einem Stoff er erschaffen ist.
6 Er ist aus einem sich ergießenden Wasser erschaffen,
7 das zwischen Lende und Rippen herauskommt.

87,6–9
6 Wir werden dich lesen lassen, und du wirst (nicht) vergessen,
7 außer dem, was Gott will. Er weiß, was offen liegt und was verborgen bleibt.
8 Und wir werden dir das Gute leicht machen.
9 Ermahne nun, so die Ermahnung etwas nützt.

87,16–19
16 Aber ihr zieht das diesseitige Leben vor, **17** wo doch das Jenseits besser ist und eher Bestand hat.
18 Dies steht in den früheren Blättern,
19 den Blättern von Abraham und Mose.

88,2–5
2 An jenem Tag wird es gesenkte Gesichter geben,
3 die sich abarbeiten und Mühsal erleiden,
4 in einem glühenden Feuer brennen
5 und aus einer siedenden Quelle zu trinken bekommen.

88,12–14
12 Es gibt darin eine fließende Quelle,
13 und es gibt darin erhöhte Betten,
14 hingestellte Humpen …

89,1–4
1 Bei der Morgenröte
2 und den zehn Nächten,

---

[193] den Gläubigen.

3 und der geraden und der ungeraden (Zahl),
4 und der Nacht, wenn sie dahingeht!

89,17–20
17 Aber nein, ihr behandelt die Waise nicht großzügig,
18 und ihr haltet nicht zur Speisung des Bedürftigen an.
19 Ihr verzehrt das Erbe ohne Unterschied.
20 Und ihr hegt für den Besitz eine allzu große Liebe.

90,8–10
8 Haben Wir ihm nicht zwei Augen gemacht,
9 eine Zunge und zwei Lippen,
10 und ihm beide Wege gewiesen?

90,12
12 Woher sollst du wissen, was der steile Weg ist?

90,17–18
17 Und dass man außerdem zu denen gehört, die glauben, einander die Geduld nahe legen und einander die Barmherzigkeit nahe legen.
18 Das sind die von der rechten Seite.

92,8–11
8 Wer aber geizig ist und sich verhält, als wäre er auf niemanden angewiesen,
9 und das Allerbeste für Lüge erklärt,
10 dem werden Wir die Drangsal leicht machen,
11 und sein Vermögen wird ihm nichts nützen, wenn er zu Grunde geht.

92,20
20 … sondern in der Suche nach dem Antlitz seines Herrn, des Allerhöchsten.

93,1–8
1 Beim Morgen
2 und der Nacht, wenn sie still ist!
3 Dein Herr hat dir nicht den Abschied gegeben und hasst (dich) nicht.
4 Wahrlich, das Jenseits ist besser für dich als das Diesseits.
5 Und wahrlich, dein Herr wird dir geben, und du wirst zufrieden sein.
6 Hat Er dich nicht als Waise gefunden und dir Unterkunft besorgt,
7 und dich abgeirrt gefunden und rechtgeleitet,
8 und bedürftig gefunden und reich gemacht?

93,11
11 … und erzähle von der Gnade deines Herrn.

94,1–8
1 Haben Wir dir nicht deine Brust geweitet
2 und dir eine Last abgenommen,
3 die deinen Rücken schwer erdrückte,
4 und dir deinen Ruf erhöht?
5 Wahrlich, mit der Erschwernis gibt es eine Erleichterung,
6 ja, mit der Erschwernis gibt es eine Erleichterung.
7 Wenn du fertig bist, dann mühe dich ab
8 und richte deine Wünsche auf deinen Herrn aus.

95,1–4
1 Beim Feigenbaum und dem Ölbaum,
2 und dem Berg Sinai,
3 und diesem sicheren Gebiet!
4 Wir haben den Menschen in schönster ebenmäßiger Gestalt erschaffen …

96,1–7
1 Lies im Namen deines Herrn, der erschaffen hat,
2 den Menschen erschaffen hat aus einem Embryo.
3 Lies. Dein Herr ist der Edelmütigste,
4 der durch das Schreibrohr gelehrt hat,
5 den Menschen gelehrt hat, was er nicht wusste.

6 Nein, der Mensch zeigt ein Übermaß an Frevel,
7 dass er meint, er wäre auf niemanden angewiesen.

96, 17
17 Er soll doch da seine Mitstreiter herbeirufen.

97, 1
1 Wir haben ihn[194] in der Nacht der Bestimmung hinabgesandt.

97, 3–5
3 Die Nacht der Bestimmung ist besser als tausend Monate.
4 Die Engel und der Geist kommen in ihr mit der Erlaubnis ihres Herrn herab mit jedem Anliegen.
5 Voller Frieden ist sie bis zum Aufgang der Morgenröte.

98, 5
5 Es wurde ihnen jedoch nur befohlen, Gott zu dienen und dabei Ihm gegenüber aufrichtig in der Religion zu sein, als Anhänger des reinen Glaubens, und das Gebet zu verrichten und die Abgabe zu entrichten. Das ist die richtige Religion.

99, 1–8
1 Wenn die Erde durch ihr heftiges Beben erschüttert wird,
2 und die Erde ihre schweren Lasten[195] hervorbringt,
3 und der Mensch sagt: „Was ist mit ihr?“,
4 an jenem Tag erzählt sie ihre Nachrichten,
5 weil dein Herr (es) ihr offenbart hat.
6 An jenem Tag kommen die Menschen in verschiedenen Gruppen hervor, damit ihnen ihre Werke gezeigt werden.
7 Wer nun Gutes im Gewicht eines Stäubchens tut, wird es sehen.
8 Und wer Böses im Gewicht eines Stäubchens tut, wird es sehen.

100, 1–5
1 Bei denen, die schnaubend laufen,
2 und die Funken stieben lassen,
3 und die am Morgen stürmen
4 und damit Staub aufwirbeln,
5 und dadurch in die Mitte (der Feinde) eindringen!

101, 6–9
6 Wer dann schwere Waagschalen[196] hat,
7 der wird ein zufriedenes Leben haben.
8 Und wer leichte Waagschalen hat,
9 der wird zur Mutter einen Abgrund haben

103, 2–3
2 Der Mensch erleidet bestimmt Verlust,
3 außer denjenigen, die glauben und die guten Werke tun, und einander die Wahrheit[197] nahe legen und die Geduld nahe legen.

104, 1–9
1 Wehe jedem Stichler und Nörgler,
2 der sein Vermögen zusammenbringt und es zählt
3 und dabei meint, sein Vermögen würde ihn unsterblich machen!
4 Nein, er wird bestimmt in die Zermalmende[198] geworfen werden.
5 Woher sollst du wissen, was die Zermalmende ist?
6 Es ist das angefachte Feuer Gottes,
7 das die Herzen durchdringt.
8 Es überdeckt sie
9 in lang gestreckten Säulen.

106, 1–3
1 Dafür, dass Er die Quraysh zusammenbringen lässt,

---

194 den Koran.
195 die Toten.
196 durch seine guten Werke.
197 Oder: das Rechte.
198 die Hölle.

2 dass er sie zusammenbringt für die Reise[199] des Winters und des Sommers,
3 sollen sie dem Herrn dieses Hauses dienen …

107, 1–2
1 Hast du den gesehen, der das Gericht für Lüge erklärt?
2 Das ist der, der die Waise zurückstößt …

109, 1–6
1 Sprich: O ihr Ungläubigen,
2 ich verehre nicht, was ihr verehrt,
3 auch ihr verehrt nicht, was ich verehre.
4 Weder ich werde verehren, was ihr verehrt habt,
5 noch werdet ihr verehren, was ich verehre.
6 Ihr habt eure Religion, und ich habe meine Religion.

112, 1–4
1 Sprich: Er ist Gott, ein Einziger,
2 Gott, der Undurchdringliche.[200]
3 Er hat nicht gezeugt, und Er ist nicht gezeugt worden,
4 und niemand ist ihm ebenbürtig.

113, 1–5
1 Sprich: Ich suche Zuflucht beim Herrn des Frühlichtes
2 vor dem Unheil dessen, was Er erschaffen hat,
3 und vor dem Unheil der Finsternis, wenn sie einsetzt,
4 und vor dem Unheil der Hexen, die auf die Knoten blasen,
5 und vor dem Unheil eines Neiders, wenn er neidisch ist.

114, 1–5
1 Sprich: Ich suche Zuflucht beim Herrn der Menschen,
2 dem König der Menschen,
3 dem Gott der Menschen,
4 vor dem Unheil des Einflüsterers, des Heimtückischen,
5 der da in die Brust der Menschen einflüstert …

[199] Karawanenreise.
[200] Oder: der Souveräne; der in den Anliegen angegangen wird.

Zeittafel

um 570	Geburt Muhammads, des Verkünders des Islams, in Mekka/Arabien
um 610	Berufungserlebnis Muhammads
um 613	Öffentliches Auftreten Muhammads in Mekka und Beginn seiner Verkündigung
622	Auswanderung von Mekka nach Medina (Hidjra)
630	Eroberung Mekkas durch die Muslime
631	Tod Muhammads
632–661	Die „Rechtgeleiteten Khalifen“: Abu Bakr (632–634), ʿUmar (634–644: Eroberung der byzantinischen Provinzen von Palästina, Syrien und Ägypten sowie des Iraq), ʿUthman (644–656), ʿAli (656–661) (Hauptstadt Medina)
661–750	Das Khalifat der Umayyaden (Hauptstadt Damaskus)
665–698	Eroberung Nordafrikas
711–732	Eroberung Spaniens und Vordringen in Frankreich; Ausbreitung nach Osten bis zum Industal
732	Niederlage bei Poitiers durch Karl Martell
756–1031	Umbayyadenreich in Andalusien
750–1258	Das Khalifat der ʿAbbasiden (Hauptstadt Baghdad) (Harun al-Rashid: 786–809; Maʾmun: 813–833)
968–1171	Fatimiden in Nordafrika
1096–1270	Christliche Kreuzzüge
1174–1250	Kurdische Ayyubiden (u. a. Salah al-Din, der Jerusalem 1187 zurückeroberte)
1250–1517	Mamluken in Ägypten
1258	Eroberung Baghdads durch die Mongolen. Ende des Khalifats der ʿAbbasiden
1301	Gründung des Osmanischen Reiches durch Osman I.
1453	Eroberung Konstantinopels durch die Osmanen
1492	Fall von Granada/Spanien. Ende der islamischen Herrschaft in Spanien
1526	Erste Belagerung Wiens durch die Osmanen
1556–1707	Blütezeit des Reiches der Moghulen in Indien
1798	Napoleon in Ägypten. Kontakte zu Europa
1830	Eroberung Algeriens durch die Franzosen
1858	Ende des islamischen Reiches in Indien
1882	Eroberung Ägyptens durch die Briten
1917	Balfour-Deklaration: Errichtung einer Heimstätte für die Juden in Palästina wird versprochen
1923	Abschaffung des osmanischen Sultanats
1923–1938	Reformbewegung Kemal Atatürks in der Türkei
1948	Gründung des Staates Israel
1969	Erste Islamische Gipfelkonferenz in Rabat/Marokko
1979	Ausrufung der Islamischen Republik Iran
1991	Januar–Februar: Golfkrieg nach dem Einmarsch irakischer Truppen in Kuwait (2. 8. 1990)
2001	März-April: Irak-Krieg: US-Truppen marschieren in den Irak ein
2006	Juli: Krieg Israels gegen die Hizbollah im Libanon

Allgemeine Literaturhinweise zum Islam

Der Koran. Übersetzung von *Adel Theodor Khoury.* Unter Mitwirkung von Muhammad Salim Abdullah (GTB 783), Gütersloh 1987, 3. Aufl. 2001.

Adel Theodor Khoury, So sprach der Prophet. Worte aus der islamischen Überlieferung (GTB 785), Gütersloh 1988.

Adel Theodor Khoury, Der Koran. Arabisch-Deutsch: Übersetzung und wissenschaftlicher Kommentar, Bde. 1–12, Gütersloh 1990–2001.

Adel Theodor Khoury, Der Koran. Arabisch-Deutsch übersetzt und kommentiert, Gütersloh 2004.

Adel Theodor Khoury, Der Koran erschlossen und kommentiert, Düsseldorf 2005, 2. Aufl. 2006.

Rudi Paret, Der Koran. Übersetzung (TB), Stuttgart 1985.

Rudi Paret, Der Koran. Kommentar und Konkordanz (TB), Stuttgart ³1986.

Handwörterbuch des Islam, Leiden 1941; Neudruck 1976 (= HIsl).

Shorter Encyclopaedia of Islam, Leiden 1974 (= ShEI).

The Encyclopaedia of Islam, neue Ausgabe, Leiden/London 1960 ff. (= EI²).

Adel Theodor Khoury (Hrsg.), Lexikon religiöser Grundbegriffe: Judentum, Christentum, Islam, Graz/Wien/Köln ²1997.

Yves Thoraval, Lexikon der islamischen Kultur, hrsg. und übersetzt von Ludwig Hagemann und Oliver Lellek. Darmstadt 1999.

K. Kreiser/R. Wielandt (Hrsg.), Lexikon der Islamischen Welt, Stuttgart 1992.

M. S. Abdullah, Geschichte des Islams in Deutschland (Islam und westliche Welt 5), Graz/Wien/Köln 1981.

M. S. Abdullah, Islam. Muslimische Identität und Wege zum Gespräch. Düsseldorf 2002.

C.-G. Anawati/L. Gardet, Mystique musulmane, Paris ²1968.

N. Ayubi, Politischer Islam, Freiburg 2002.

T. Andrae, Islamische Mystiker (Urban-Bücher), Stuttgart ²1980.

P. Antes, Ethik und Politik im Islam, Stuttgart 1982.

P. Antes, Der Islam als politischer Faktor, Hannover ³1997.

M. Bauschke, Jesus im Koran, Köln 2001.

W. Bihl, Islam. Historisches Phänomen und politische Herausforderung für das 21. Jahrhundert, Köln 2003.

J. Bouman, Das Wort vom Kreuz und das Bekenntnis zu Allah, Frankfurt/M. 1980.

J. Bouman, Der Koran und die Juden. Die Geschichte einer Tragödie, Darmstadt 1990.

H. Bobzin, Mohammed, München 2000.

H. Bobzin, Koran. Eine Einführung. München 1999.

A. Bsteh (Hrsg.), Friede für die Menschheit. Grundlagen, Probleme und Zukunftsperspektiven aus islamischer und christlicher Sicht (Beiträge zur Religionstheologie 8), Mödling 1994.

A. Bsteh (Hrsg.), Eine Welt für alle. Grundlagen eines gesellschaftlichen und kulturellen Pluralismus in christlicher und islamischer Perspektive (Beiträge zur Religionstheologie 9), Mödling 1999.

A. Bsteh (Hrsg.), Der Islam als Anfrage an christliche Philosophie und Theologie (Studien zur Religionstheologie 1), Mödling 1994.

A. Bsteh (Hrsg.), Christlicher Glaube in der Begegnung mit dem Islam (Studien zur Religionstheologie 2), Mödling 1996.

A. Bsteh (Hrsg.), Gerechtigkeit in den internationalen und interreligiösen Beziehungen in islamischer und christlicher Perspektive, Mödling 1997.

A. Bsteh (Hrsg.), Werte – Rechte – Pflichten. Grundfragen einer gerechten Ordnung des Zusammenlebens in christlicher und islamischer Sicht, Mödling 2001.

F. Buhl, Das Leben Muhammads, Heidelberg [3]1961.

T. Burckhardt, Vom Sufitum, München 1953.

H. Busse, Die theologischen Beziehungen des Islams zu Judentum und Christentum. Grundlagen des Dialogs im Koran und die gegenwärtige Situation, Darmstadt 1988.

N. J. Coulson, A History of Islamic Law, Edinburgh 1964.

N. J. Coulson, Conflicts and Tentions in Islamic Jurisprudence, Chigago/London 1969.

N. Daniel, Islam and the West. The Making of an Image, Edinburgh [3]1966, Neudruck Oxford 1997.

N. Daniel, The Arabs and Medieval Europe, London/New York [2]1979.

W. Ende/U. Steinbach (Hrsg.), Der Islam in der Gegenwart, München 1996.

G. Endress, Der Islam. Eine Einführung in seine Geschichte, München [3]1997.

L. Gardet, La cité musulmane, vie sociale et politique, Paris [2]1961.

L. Gardet, Dieu et la destinée de l'homme, Paris 1967.

L. Gardet, Islam, Köln 1968.

U. Haarmann (Hrsg.), Geschichte der Arabischen Welt, München 1987.

L. Hagemann, Der Kur'ān in Verständnis und Kritik bei Nikolaus von Kues (Frankfurter Theologische Studien 21), Frankfurt/M. 1976.

L. Hagemann, Martin Luther und der Islam, Altenberge [2]1998.

L. Hagemann, Christentum und Islam zwischen Konfrontation und Begegnung (Religionswissenschaftliche Studien 4), Würzburg/Altenberge [3]1994.

L. Hagemann, Propheten – Zeugen des Glaubens. Koranische und biblische Deutungen, Würzburg/Altenberge [2]1993.

L. Hagemann, Eschatologie im Islam, in: A. Th. Khoury/P. Hünermann (Hrsg.), Weiterleben – nach dem Tode? Die Antwort der Weltreligionen (Herderbücherei 1202), Freiburg/Basel/Wien 1985, 103–120.

L. Hagemann, Schuld und Versöhnung im Islam, in: B. Mensen (Hrsg.), Schuld und Versöhnung in verschiedenen Religionen, Nettetal 1986, 39–58.

L. Hagemann/R. Glei, Thomas von Aquin: De ratione fidei. Kommentierte lat.-dt. Textausgabe, Altenberge 1987.

L. Hagemann, Leiden im Islam, in: A. Th. Khoury/P. Hünermann (Hrsg.), Warum leiden? Die Antwort der Weltreligionen (Herderbücherei 1212), Freiburg/Basel/Wien 1987, 110–130.

L. Hagemann, Der Gott der Christen und Muslime, Leutesdorf 1987.

L. Hagemann, Sterben und Weiterleben aus islamischer Sicht, in: H. Waldenfels (Hrsg.), Ein Leben nach dem Leben? Die Antwort der Religionen, Düsseldorf 1988, 67–81.

L. Hagemann/R. Glei, Nicolai de Cusa Cribratio Alkorani – Sichtung des Korans. 1.–3. Buch. Lat.-Dt. (Philosophische Bibliothek 420a-c), Hamburg 1989–1991.

L. Hagemann, Zwischen Religion und Politik – Islamischer Fundamentalismus auf dem Vormarsch?, in: L. Hagemann/E. Pulsfort (Hrsg.), „Ihr alle aber seid Brüder". FS Adel Theodor Khoury, Würzburg/Altenberge [2]1990, 244–260.

L. Hagemann, Disput um die Menschenrechte. Islamische Perspektiven, in: L. Hagemann/R. Glei (Hrsg.), EN KAI PLÄTHOS – Einheit und Vielheit. FS Karl Bormann, Würzburg/Altenberge 1993, 377–393.

L. Hagemann/E. Pulsfort, Maria in Bibel und Koran. Eine komparatistische Studie (Religionswissenschaftliche Studien 19), Würzburg/Altenberge 1992.

L. Hagemann/A. Th. Khoury, Christentum und Christen im Denken zeitgenössischer Muslime (Religionswissenschaftliche Studien 7), Würzburg/Altenberge [2]1994.

L. Hagemann/A. Th. Khoury, Dürfen Muslime auf Dauer in einem nicht-islamischen Land leben? Zu einer Dimension der Integration muslimischer Mitbürger in eine nicht-islamische Gesellschaftsordnung (Religionswissenschaftliche Studien 42), Würzburg/Altenberge 1997.

L. Hagemann/A. Th. Khoury (Hrsg.), Blick in die Zukunft. FS Smail Balić (Religionswissenschaftliche Studien 45), Würzburg/Altenberge 1998.

L. Hagemann, Christentum contra Islam. Eine Geschichte gescheiterter Beziehungen, Darmstadt [2]2005.

L. Hagemann s. auch A. Th. Khoury

H. Halm, Die Schia, Darmstadt 1988.

H. Halm, Der schiitische Islam. Von der Religion zur Revolution, München 1994.

P. Heine, Ethnologie des Nahen und Mittleren Ostens. Eine Einführung, Berlin 1989.

P. Heine, Weinstudien. Untersuchungen zu Anbau, Produktion und Konsum des Weines im arabisch-islamischen Mittelalter, Wiesbaden 1982.

P. Heine, Kulinarische Studien. Untersuchungen zur Kochkunst im arabisch-islamischen Mittelalter, Wiesbaden 1988.

P. Heine, Konflikt der Kulturen oder Feindbild Islam. Alte Vorurteile – neue Klischees – reale Gefahren (Herder spektrum 4455), Freiburg 2000.

P. Heine, Terror in Allahs Namen. Extremistische Kräfte im Islam (Herder spektrum 5546), Freiburg 2004.

P. Heine s. auch: *A. Th. Khoury*

A. Th. Khoury, Les théologiens byzantins et l'Islam. Textes et auteurs (VIIIe–XIIIe s.), Louvain 1969.

A. Th. Khoury, Polémique byzantine contre l'Islam, Leiden 1972.

A. Th. Khoury, Apologetique byzantine contre l'Islam, Altenberge 1982.

A. Th. Khoury, Einführung in die Grundlagen des Islams, Würzburg/Altenberge 1995, Neudruck 1999.

A. Th. Khoury, Toleranz im Islam, Altenberge [2]1986.

A. Th. Khoury, Tendances et courants de l'Islam arabe contemporain, vol. 2: Un modèle d'Etat islamique: L'Arabie Saoudite, München/Mainz 1983.

A. Th. Khoury, Islamische Minderheiten in der Diaspora, München/Mainz 1985.

A. Th. Khoury, Der Islam. Sein Glaube – seine Lebensordnung – sein Anspruch (Herder/Spektrum 4167), Freiburg [6]2001.

A. Th. Khoury, Wer war Muhammad? Lebensgeschichte und prophetischer Anspruch (Herder TB 1719), Freiburg 1990.

A. Th. Khoury, Was ist los in der islamischen Welt? Die Konflikte verstehen, Freiburg 1991.

A. Th. Khoury, Was sagt der Koran zum Heiligen Krieg? Gütersloh 1991.

A. Th. Khoury, Christen unterm Halbmond. Religiöse Minderheiten unter der Herrschaft des Islams, Freiburg/Basel/Wien 1994.

A. Th. Khoury, Der Islam und die westliche Welt. Religiöse und politische Grundfragen, Darmstadt 2001.

A. Th. Khoury, Mit Muslimen in Frieden leben. Friedenspotentiale des Islam, Würzburg 2002.

A. Th. Khoury/L. Hagemann, Christentum und Christen im Denken zeitgenössischer Muslime (Religionswissenschaftliche Studien 7), Würzburg/Altenberge [2]1993.

A. Th. Khoury/P. Heine/J. Oebbecke, Handbuch Recht und Kultur des Islams in der deutschen Gesellschaft, Gütersloh 2000.

G. Krämer, Gottes Staat als Republik – Reflexionen zeitgenössischer Muslime zu Islam, Menschenrechten und Demokratie, Baden-Baden 1999.

R. G. Kratz/T. Nagel (Hrsg.), Abraham, unser Vater. Die gemeinsamen Wurzeln von Judentum, Christentum und Islam, Göttingen 2003.

H. Küng, Der Islam – Geschichte, Gegenwart, Zukunft, München 2004; TB München 2006.

K.-J. Kuschel, Streit um Abraham. Was Juden, Christen und Muslime trennt – und was sie eint. München 1994, Neuausgabe Düsseldorf 2001.

Th. Lemmen/M. Miehl, Miteinander leben. Christen und Muslime im Gespräch (Gütersloher TB 749), Gütersloh 2001.

Th. Lemmen, Muslime in Deutschland. Eine Herausforderung für Kirche und Gesellschaft, Baden-Baden 2002.

*B. Lewis (Hrsg.),*Welt des Islams. Geschichte und Kultur im Zeichen des Propheten, Braunschweig 1976.

B. Lewis, Die Welt der Ungläubigen. Wie der Islam Europa entdeckte, Frankfurt/Berlin/Wien 1983.

B. Lewis, Die Juden in der islamischen Welt, München 1987.

B. Lewis, Kaiser und Kalifen. Christentum und Islam im Ringen um Macht und Vorherrschaft, München 1996.

B. Lewis, Die politische Sprache des Islam, Berlin 2002.

M. Lutz-Bachmann/A. Fidora (Hrsg.), Juden, Christen und Muslime. Religionsdialoge im Mittelalter. Darmstadt 2004.

F. Meier, Vom Wesen der islamischen Mystik, Basel 1943.

T. Nagel, Der Koran. Einführung – Texte – Erläuterungen, München 1983.

T. Nagel, Staat und Glaubensgemeinschaft im Islam. Geschichte der politischen Ordnungsvorstellungen im Islam, 2 Bde., Zürich 1981.

T. Nagel, Geschichte der islamischen Theologie. Von Mohammed bis zur Gegenwart, München 1994.

T. Nagel, Islamisches Recht, München 2001.

T. Nagel s. R. G. Kratz

V. Nienhaus, Islam und moderne Wirtschaft. Positionen und Perspektiven (Islam und westliche Welt 6), Graz/Wien/Köln 1982.

A. Noth, Heiliger Krieg und Heiliger Kampf in Islam und Christentum, Bonn 1966.

R. Paret, Muhammad und der Koran (Urban Bücher 32), Stuttgart 2005.

G. Risse, „Gott ist Christus, der Sohn der Maria". Eine Studie zum Christusbild im Koran, Bonn 1989.

M. Rohe, Der Islam – Alltagskonflikte und Lösungen (Herder spektrum 4942), Freiburg 2001.

J. Schacht, An Introduction to Islamic Law, Oxford 1964.

J. Schacht, The Origins of Muhammadan Jurisprudence, Oxford 1967.

C. Schedl, Muhammad und Jesus. Die christologisch relevanten Texte des Koran, Wien/Freiburg/Basel 1978.

A. Schimmel, Und Mohammed ist sein Prophet, Köln 1982.

A. Schimmel, Mystische Dimensionen des Islam, Köln 1985 u. ö.

A. Schimmel, Die Religion des Islam. Eine Einführung, Stuttgart 1990.

A. Schimmel, Sufismus. Eine Einführung in die islamische Mystik (Beck Wissen 2129), München 2000.

A. Schimmel, Das islamische Jahr. Zeiten und Feste, München 2001.

A. Schimmel u. a., Der Islam III (Die Religionen der Menschheit 25,3), Stuttgart 1990.

R. Schulze, Geschichte der islamischen Welt im 20. Jahrhundert, München 2002.

F. Sen/H. Aydin, Islam in Deutschland, München 2002.

U. Spuler-Stegemann, Muslime in Deutschland. Informationen und Klärungen (Herder spektrum 5245), Freiburg ^{3}2002.

U. Steinbach/R. Rüdiger (Hrsg.), Der Nahe und Mittlere Osten: Politik, Gesellschaft, Wirtschaft, Geschichte, Kultur, 2 Bde., Opladen 1988.

H. Stieglecker, Die Glaubenslehren des Islam, Paderborn ^{2}1983 u. ö.

B. Tibi, Die Krise des modernen Islams, Frankfurt/M, ^{2}1990.

B. Tibi, Der Islam und das Problem der kulturellen Bewältigung sozialen Wandels, Frankfurt/M. 1985.

B. Tibi, Vom Gottesreich zum Nationalstaat. Islam und panarabischer Nationalismus, Frankfurt/M. 1987.

B. Tibi, Im Schatten Allahs. Der Islam und die Menschenrechte, München 1994.

B. Tibi, Fundamentalismus im Islam. Eine Gefahr für den Weltfrieden? Darmstadt ³2002.

B. Tibi, Der neue Totalitarismus. „Heiliger Krieg" und westliche Sicherheit. Darmstadt 2004.

C. Troll, Muslime fragen, Christen antworten (Topos TB 489), Kevelaer 2003.

J. Waardenburg, Islamisch-Christliche Beziehungen. Geschichtliche Streifzüge, Würzburg/Altenberge 1992.

W. M. Watt/A. T. Welch, Der Islam I (Die Religionen der Menschheit 25,1), Stuttgart 1980.

W. M. Watt/M. Marmura, Der Islam II (Die Religionen der Menschheit 25,2), Stuttgart 1985.

H. Zirker, Christentum und Islam. Theologische Verwandtschaft und Konkurrenz, Düsseldorf ²1992.

H. Zirker, Islam – Theologische und gesellschaftliche Herausforderungen, Düsseldorf 1993.

H. Zirker, Der Koran – Zugänge und Lesarten, Darmstadt 1999.

L. HAGEMANN

Sach- und Namenregister

Die *kursiv* hervorgehobenen Begriffe geben die Stichwörter des vorliegenden Islam-Lexikons wieder.

T

U

V

W